Der ewige Brunnen

Der ewige Brunnen

EIN VOLKSBUCH DEUTSCHER DICHTUNG

Gesammelt und herausgegeben

von

Ludwig Reiners

VERLAG C.H. BECK MÜNCHEN

Neuauflage 1970
der zweiten, durchgearbeiteten und erweiterten Ausgabe 1959
185.–206. Tausend der Gesamtauflage

ISBN 3 406 02124 7 Leinen
ISBN 3 406 02125 5 Leder
Schutzumschlag: Andreas Brylka, Hamburg
(nach einem Entwurf von Elisabeth Kraus-Guyer)
Einband: Andreas Brylka

Druck der C. H. Beck'schen Buchdruckerei Nördlingen
Printed in Germany

Meiner neunzigjährigen Mutter

als Dank für die vielen Gedichte,

die sie mich von Kind an

gelehrt hat.

GEDICHT UND LEBEN

Im Jahre 1808 ließ die bayerische Regierung durch den Zentral-Schulrat Friedrich Immanuel Niethammer bei Goethe anfragen, ob er bereit sei, eine Sammlung von Gedichten zusammenzustellen, welche das „natürlichste gemeinschaftliche Bildungsmittel" der Nation werden könne; es solle für die Deutschen sein, was Homer für die Griechen war. Goethe antwortete, diesen Plan hege er schon lange; Niethammer möge ihn vertraulich behandeln, damit niemand ihm zuvorkomme; er solle aber schon jetzt Sorge tragen, daß in allen Bundesstaaten, auch in den österreichischen Erblanden, kein Nachdruck stattfinden dürfe. Und dann legt er seine Gedanken zu dieser Sammlung dar: Ein Volksbuch müsse den Charakter ansprechen, nicht den Geschmack. Auf den Charakter wirke der Gehalt, nicht die Form. Die Sammlung müsse ein „Unteres" enthalten, das befriedige und anlocke, ein „Mittleres", das allmählich aufgenommen werden könne, und ein „Oberstes", an dem die Menschen ihre „Ahndungsfähigkeit" üben könnten. Das Buch müsse nach „Rubriken" geordnet sein wie Vaterland, Familie, Liebe, Unsterblichkeit, und es müsse schlechthin alles enthalten: Legenden und Fabeln, Begebenheiten und Spottgedichte, naive Scherze und derbe Späße, Geistreiches und Gefälliges, Oden an Gott und Lieder der Studenten, Terzinen und Knittelverse, kurzum es müsse „durch Masse imponieren". Goethe hat sich mit diesem Plan lange beschäftigt, aber er hat ihn nie verwirklicht. Auch später ist eine Sammlung von solcher Breite, wie sie Goethe vorschwebte, nicht angelegt worden. Die Lücke ist verblieben, und sie ist schmerzlich.

Denn der Mensch bedarf des Verses, wie er des Waldes und des Weines bedarf. Eingezwängt in das zweckvolle Gehäuse der Alltagsarbeit, die ihn erregt und ermattet, aber nicht erfüllt und beglückt, strebt er zu anderen Ufern, zu denen ihn nur Kräfte tragen können, die ihn in der Tiefe seines Wesens erfassen. Solcher Kräfte gibt es viele, und eine von ihnen ist das Gedicht. Dem geistigen Kern unserer Epoche eher verschwistert als Glaube oder Natur, vermag es auch zu denen zu sprechen, die religiös unmusikalisch sind oder die Stimme des Waldes nicht mehr vernehmen, und es spricht in einer Sprache, wie sie sonst nur aus unserer Kinderzeit herübertönt.

Der Mensch unserer Tage ist oft der Belehrung so müde wie der Zerstreuung. Was er ersehnt, sind Wege zu tieferen Daseinsformen, Wege, die aus der Bedrängnis des Alltags herausführen, die den Blick freigeben auf unbekannte, auf schönere Reiche.

Gerade diesen Blick schenkt uns das Gedicht. Es belehrt nicht: es erhellt. Es zerstreut nicht: es entrückt. Es läßt uns teilhaben an Welten, die allen anderen Schritten unerreichbar sind. Es überwindet die Not des Daseins, indem es große Sinnbilder beschwört und an ihrer Hand uns in das Reich des Ewigen hebt. Das Gedicht ist nicht Zierat des Lebens, sondern sein unentbehrlicher Teil. Die Menschheit würde ärmer, wenn sein Widerhall erstürbe.

Bei der Auswahl der Gedichte kam ich mir bisweilen vor wie jener Arzt in Tausendundeiner Nacht, dem der Sultan gestattet, sich einige Handvoll Edelsteine aus seinem Schatzgewölbe mitzunehmen, in dem die Diamanten, Rubine und Smaragde in Pferdeeimern an den Wänden stehen. Des funkelnden Reichtums deutscher Dichtung ist kein Ende, und den besten Ratschlag für die Auswahl bietet jener Brief Goethes an Niethammer. Er bewahrt uns auch vor dem modernen Irrtum, ein jedes Gedicht müsse ein „Wortkunstwerk" sein – ich hätte das Gesicht Goethes sehen mögen, wenn er diesen Ausdruck vernommen hätte. „Form" und „Inhalt" säuberlich auseinanderzuschneiden, ist schlechtes 18. Jahrhundert: die Form ist die Kontur des Inhalts, und der Goethe'sche Begriff des „Gehalts" tritt überwölbend hinzu. Gewiß, im Gedicht ist nur vorhanden, was nicht bloß geredet, sondern durch den Zauber der Sprache ins Leben heraufbeschworen ist. Aber diese Magie ist nicht Sache der Wortkunstgewerbler, sondern tieferer Kräfte. Die Aufgabe war, die Fülle der Welten widerzuspiegeln in der Fülle der Gedichte, in deren Buntheit jede Tonhöhe und jede Kunstform an ihrer Stelle Rang und Recht hat.

Wer das Buch zur Hand nimmt, wird in ihm Gedichte vermissen, die er liebt, und andere vorfinden, die er nicht mag. Aber diese Klippen kann keine Sammlung vermeiden, die zu vielen Menschen sprechen will; jedermann wird vieles finden, was ihm gemäß ist. Auch in dem Hause der Mutter Sprache sind viele Wohnungen.

Die Dichtkunst wie die Kirche darf die Pforten nicht verengen, sondern muß sie weit öffnen, wenn sie viele Menschen an sich ziehen will. Der Ältere wird auf diesen Seiten die Verse wiederfinden, die die Freude seiner Jugend waren; ich habe manche um ihrer Vertrautheit willen auch dann aufgenommen, wenn der Kunstgeschmack über sie hinweggegangen ist; ein Buch, das zugleich Nachschlagewerk sein will, darf auch die Vollzähligkeit nicht verachten. Der Jüngere wird Dichter finden, die man ihm als verstaubt verschrien hat; ihm muß man jene Geschichte erzählen, wie der Prinz von Preußen, der spätere Kaiser Wilhelm I., den Astronomen Friedrich Wilhelm Argelander fragte: „Nun, mein lieber Argelander, was gibt es Neues am gestirnten Himmel?" und von dem einstigen Spielgefährten die drastische Antwort empfing: „Kennen denn Königliche Hoheit schon das Alte?" Schließlich wird der Leser hier Namen begegnen, die er sonst nur in anderem Zusammenhang kennt: Kant und Schopenhauer, Gneisenau und Moltke, Mozart, Spitzweg und Thoma, Lagarde und Burckhardt, Rathenau und Wilamowitz. Ihre Schöpfungen sind keine Produkte der Wortkunst, aber Urkunden eines wichtigen Lebens.

Schwieriger als die Auswahl war die Anordnung. Gedichte nach den Anfangsbuchstaben der Dichter oder nach ihrem Lebensalter zu ordnen, ist mir von jeher vorgekommen, als wolle man Blumen alphabetisch zum Strauß binden. Die Anordnung nach dem „Gehalt" schenkt uns oft überraschende Akkorde; sie muß freilich auch kühne Übergänge in Kauf nehmen, wie wir sie sonst nur im wirklichen Leben finden.

Ein Buch wie dieses hat den Ehrgeiz, ein wenig mehr zu sein als ein Buch, nämlich ein Teil des gelebten Lebens. Wir alle haben wieder und wieder die Erfahrung gemacht, daß uns aus einem einzelnen Vers Kraft zuwachsen kann: indem er das Einmalige des Alltags als Vision des Ewigen vor uns hinstellt, löst er uns aus der Erdenschwere und hebt uns in ein höheres Reich. Wenn der Leser in ihm für alle Stimmungen seines Daseins die antwortenden Gegenbilder finden kann, dann vermag diese Welt der Gedichte ihn in seinen Freuden zu stärken, in seinen Leiden zu trösten und in seinem Wesen zu vertiefen und zu befreien.

Dies Buch hätte nicht entstehen können, wenn nicht Gertrud Grote und Georg Sund mir mit der Unermüdlichkeit des sachkundigen Liebhabers bei Auswahl und Anordnung geholfen hätten. Ich danke ihnen von Herzen. Vor allem danke ich meinem Verleger, Herrn Dr. Dr. h. c. Heinrich Beck, dafür, daß er meinen Lieblingsplan in dieser Weise verwirklicht hat.

*

Die Punkte am Schluß eines Gedichtes oder vor dem Dichternamen verweisen auf die Anmerkungen. Gekürzte Gedichte sind im Verzeichnis der Gedichtanfänge und -überschriften durch einen Punkt gekennzeichnet.

Wenn bei einem Gedicht der Verfasser nicht genannt ist, so ist er unbekannt.

Bei Stellen, die Dramen oder Epen entnommen sind, ist im Verzeichnis der Gedichtanfänge angegeben, aus welchem Werk sie stammen.

Rechtschreibung und Zeichensetzung entsprechen, von wenigen Ausnahmen abgesehen, der heutigen Übung.

München, im Sommer 1955

Ludwig Reiners

INHALT

Die Poesie ist das Leben, gesehen in Reinheit und gefaßt in den Zauber der Sprache.
Jakob Grimm

Große Dichtung, ist sie nur die höchste Leistung menschlichen Vermögens oder ist sie eine Stimme von jenseits des Menschen?
Thornton Wilder

Man sollte alle Tage wenigstens . . . ein gutes Gedicht lesen.
Goethe

Das Auswendiglernen von Gedichten verschönert das einsame Lebe und erhebt oft in bedeutenden Augenblicken.
Wilhelm von Humboldt

Was in der Zeiten Bildersaal
jemals ist trefflich gewesen,
das wird immer einer einmal
wieder auffrischen und lesen.
Goethe

Gedichte sind gemalte Fensterscheiben!
Sieht man vom Markt in die Kirche hinein,
da ist alles dunkel und düster;
und so sieht's auch der Herr Philister.
Der mag denn wohl verdrießlich sein
und lebenslang verdrießlich bleiben.
Kommt aber nur einmal herein!
Begrüßt die heilige Kapelle!
Da ist's auf einmal farbig helle:
Geschicht und Zierat glänzt in Schnelle,
bedeutend wirkt ein edler Schein;
dies wird euch Kindern Gottes taugen,
Erbaut euch und ergötzt die Augen!
Goethe

Wer vieles bringt, wird manchem etwas bringen,
und jeder geht zufrieden aus dem Haus.
Goethe

BUCH DER KINDHEIT

DIE SCHRITTE

Klein ist, mein Kind, dein erster Schritt,
klein wird dein letzter sein.
Den ersten gehn Vater und Mutter mit,
den letzten gehst du allein.

Sei's um ein Jahr, dann gehst du, Kind,
viel Schritte unbewacht,
wer weiß, was das dann für Schritte sind
im Licht und in der Nacht?

Geh kühnen Schritt, tu tapfren Tritt,
groß ist die Welt und dein.
Wir werden, mein Kind, nach dem letzten Schritt
wieder beisammen sein.

Albrecht Goes

EIN WIEGENLIED
BEIM MONDSCHEIN ZU SINGEN

So schlafe nun, du Kleine!
Was weinest du?
Sanft ist im Mondenscheine
und süß die Ruh'.

Auch kommt der Schlaf geschwinder
und sonder Müh';
Der Mond freut sich der Kinder
und liebet sie.

Er liebt zwar auch die Knaben,
doch Mädchen mehr,
gießt freundlich schöne Gaben
von oben her

auf sie aus, wenn sie saugen,
recht wunderbar,
schenkt ihnen blaue Augen
und blondes Haar.

Alt ist er wie ein Rabe,
sieht manches Land;
mein Vater hat als Knabe
ihn schon gekannt.

Und bald nach ihren Wochen
hat Mutter mal
mit ihm von mir gesprochen:
sie saß im Tal

in einer Abendstunde,
den Busen bloß,
ich lag mit offnem Munde
in ihrem Schoß;

sie sah mich an; für Freude
ein Tränchen lief;
der Mond beschien uns beide,
ich lag und schlief,

da sprach sie: „Mond, oh, scheine,
ich hab' sie lieb,
schein Glück für meine Kleine!"
Ihr Auge blieb

noch lang am Monde kleben
und flehte mehr.
Der Mond fing an zu beben,
als hörte er.

Und denkt nun immer wieder
an diesen Blick
und scheint von hoch hernieder
mir lauter Glück.

Er schien mir unterm Kranze
ins Brautgesicht
und bei dem Ehrentanze;
du warst noch nicht.

Matthias Claudius

DIE MUTTER SPRICHT ZU IHREM KIND

Du bist Wesen, ich bin Raum,
du die Frucht und ich der Baum.
Kind, in deine ersten Lüste
senk' ich meine braunen Brüste
und mein Bild in deinen ersten Traum.

Du wirst jung, ich werde alt,
Vogel du mir, ich dein Wald;
liebe Stimme, singe, singe,
Echo bin ich, und ich klinge
heute noch – wer weiß, ich schweige bald.

Du wirst groß, ich werde klein,
große Träume warten dein –
Doch für deine neuen Lüste
suchst du nicht der Mutter Brüste,
in der Kammer schlaf' ich dann allein,
dunkel wird der Wald und stille sein.

Albrecht Goes

KLEINER KNABE

Der kleine Knabe sitzt auf der Mutter Schoße,
der kleine Knabe hält eine Aster in Händen.
Er staunt mit kristallenen Augen ins Blaue, Große:
Welt überfällt ihn von allen Ecken und Enden.

Seine Füße haben den Boden noch nie berührt,
seine Hände ahnen noch nichts vom Schwert.
Er geht wie vom Wind sanft durch die Lüfte geführt.
Er hat noch nichts als Milch und Schlummer begehrt.

Ina Seidel

WIEGENLIEDER

Guten Abend, gute Nacht,
mit Rosen bedacht,
Mit Näglein besteckt,
schlupf unter die Deck'.
Morgen früh, wenn's Gott will,
wirst du wieder geweckt.

Da droben auf dem Berge,
da wehet der Wind,
da sitzet Maria
und wieget ihr Kind.
Sie wiegt es mit ihrer schneeweißen Hand,
dazu braucht sie kein Wiegenband.

AMMEN-UHR

Der Mond, der scheint,
das Kindlein weint,
die Glock' schlägt zwölf,
daß Gott doch allen Kranken helf!

Gott alles weiß!
Das Mäuslein beißt,
die Glock' schlägt Ein,
der Traum spielt auf den Kissen dein.

Das Nönnchen läut'
zur Mettezeit,
die Glock' schlägt zwei,
sie gehn ins Chor in einer Reih.

Der Wind, der weht,
der Hahn, der kräht,
die Glock' schlägt drei,
der Fuhrmann hebt sich von der Streu.

Der Gaul, der scharrt,
die Stalltür knarrt,
die Glock' schlägt vier,
der Kutscher siebt den Haber schier.

Die Schwalbe lacht,
die Sonn' erwacht,
die Glock' schlägt fünf,
der Wandrer macht sich auf die Strümpf'.

Das Huhn gagackt,
die Ente quackt,
die Glock' schlägt sechs,
steh auf, steh auf, du faule Hex!

Zum Bäcker lauf,
ein Wecklein kauf,
die Glock' schlägt sieben,
die Milch tu an das Feuer schieben.

Tut Butter 'nein
und Zucker fein,
die Glock' schlägt acht,
geschwind dem Kind die Supp' gebracht!

Schlaf, Kindlein, schlaf!
Der Vater hüt't die Schaf',
die Mutter schüttelt das Bäumelein,
da fällt herab ein Träumelein.
Schlaf, Kindlein, schlaf!

Schlaf, Kindlein, schlaf!
Am Himmel ziehn die Schaf';
die Sternlein sind die Lämmerlein,
der Mond, der ist das Schäferlein.
Schlaf, Kindlein, schlaf!

Schlaf, Kindlein, schlaf!
So schenk' ich dir ein Schaf
mit einer goldnen Schelle fein,
das soll dein Spielgeselle sein.
Schlaf, Kindlein, schlaf!

WIEGENLIED FÜR MEINEN JUNGEN

Schlaf, mein Küken – Racker, schlafe!
Guck: im Spiegel stehn zwei Schafe,
bläkt ein großes, mäkt ein kleines,
und das kleine, das ist meines!
Bengel, Bengel, brülle nicht,
du verdammter Strampelwicht.

Und du kommst und nimmst die Spenden,
säst sie aus mit Sonntagshänden,
und die Erde blüht von Farben
und die Menschen tun's in Garben –
Herr, den Bengel kümmert nischt,
was man auch für Lügen drischt.

Still, mein süßes Engelsfüllen:
Morgen schneit es Zuckerpillen,
übermorgen blanke Dreier,
nächste Woche goldne Eier,
und der liebe Gott, der lacht,
daß der ganze Himmel kracht.

Warte nur, du Satansrachen:
Heute nacht, du kleiner Drachen,
durch den roten Höllenbogen
kommt ein Schmetterling geflogen,
huscht dir auf die Nase, hu,
deckt dir beide Augen zu;

deckt die Flügel sacht zusammen,
daß du träumst von stillen Flammen,
von zwei Flammen, die sich fanden,
Hölle, Himmel still verbanden – –
so, nu schläft er; es gelang;
Himmel, Hölle, Gott sei Dank!

Richard Dehmel

MOTETTO,

als der erste Zahn durch war

Viktoria! Viktoria!
Der kleine weiße Zahn ist da.
Du, Mutter! komm, und groß und klein

im Hause! kommt und guckt hinein
und seht den hellen, weißen Schein.

Der Zahn soll Alexander heißen!
Du liebes Kind! Gott halt' ihn dir gesund
und geb' dir Zähne mehr in deinen kleinen Mund
und immer was dafür zu beißen!

Matthias Claudius

Wenn die bunten Blumen blühn,
kriegt Georg ein Röcklein.
Wenn die Haseln werden grün,
schneid ich ihm ein Stöcklein.

Sitz nun auf, sitz auf geschwind,
reiten sollst du heute.
Machst du's brav, mein liebes Kind,
freun sich alle Leute.

Mutter gibt dir Kuchenschnitt,
Vater gibt Rosinen.
Reit nur wacker Schritt für Schritt,
kannst sie bald verdienen.

Auch die kleinen Blümelein
nicken auf und nieder.
Reit nur in die Welt hinein,
aber komme wieder!

ABENDS

Auf meinem Schoße sitzet nun
und ruht der kleine Mann;
mich schauen aus der Dämmerung
die zarten Augen an.

Er spielt nicht mehr, er ist bei mir,
will nirgend anders sein.
Die kleine Seele tritt heraus
und will zu mir herein.

Theodor Storm

ERINNERUNG

Der Abend kam. Die Schatten fielen.
Rings an den Fenstern ward es hell.
Die Kleine, müd von Lauf und Spielen,
lag mir am Fuß im Bärenfell.

Die nackten Beinchen hochgezogen,
hielt sie in kleiner Hand den Stift
und füllte meinen schönsten Bogen
mit Häkchen einer Runenschrift.

Rings war's so still, wie zum Gebete;
der ems'ge Stift nur raschelt leis . . .
Es schrieb kein Dichter und Prophete
sein Weisheitsbuch mit größrem Fleiß!

Da plötzlich schmeichelnd mit den lieben
Äuglein mein Kindchen zu mir schlich:
„Weißt du, Papa, was ich geschrieben?“
„Ein Briefchen?“ – „Ja.“ – „An wen?“ – „An dich!“

„Goldkind, an mich? Was steht darinnen?
Der Abend macht die Augen trüb . . .“
Und sie, nach lächelndem Besinnen: . . .
„Daß ich dich lieb hab’, furchtbar lieb!“

Es floß ein letzter Sonnenschimmer
ums Köpfchen ihr mit goldnem Hauch –
„Das schreibst du mir im selben Zimmer?
Sag’s mir doch laut, dann weiß ich’s auch.“

Da sah mich an das kleine Wesen
und reicht’ das Blatt mir lächelnd hin:
„Behalt’s, Papa, dann kannst du’s lesen,
wenn ich mal nicht im Zimmer bin . . .“

. . . . O bittres Wort aus lieben Zeiten,
das du der Sehnsucht Flügel leihst!
Es schlug die Stunde längst zum Scheiden,
und dieses Zimmer ist verwaist.

Von deinem Jauchzen, deinem Lieben,
von all dem, was sich nie vergißt,
ist nur ein Blatt zurückgeblieben,
das wirr und kraus bekritzelt ist. . . .

Rudolf Presber

KINDHEITSGARTEN

Als ich dein war,
weißt du es noch?
Als mir das Haar
nach deinem Odem roch,
tauig und naß
voll deiner Tränen hing,
als mir dein Gras
noch bis zur Schulter ging,
als meine Hand,
braun und klein wie ein Tier,
aufwarf den Sand,
wühlte zum Herzen dir –
weißt du es noch? –
Rund war mein Knie,
von deinen Rinden zerrissen . . .
Ach, du – ich weiß – aber wie
solltest du wissen –

Ina Seidel

DAS KARUSSELL

Jardin du Luxembourg

Mit einem Dach und seinem Schatten dreht
sich eine kleine Weile der Bestand
von bunten Pferden, alle aus dem Land,
das lange zögert, eh es untergeht.
Zwar manche sind an Wagen angespannt,
doch alle haben Mut in ihren Mienen;
ein böser roter Löwe geht mit ihnen
und dann und wann ein weißer Elefant.

Sogar ein Hirsch ist da ganz wie im Wald,
nur daß er einen Sattel trägt und drüber
ein kleines blaues Mädchen aufgeschnallt.

Und auf dem Löwen reitet weiß ein Junge
und hält sich mit der kleinen heißen Hand,
dieweil der Löwe Zähne zeigt und Zunge.

Und dann und wann ein weißer Elefant.

Und auf den Pferden kommen sie vorüber,
auch Mädchen, helle, diesem Pferdesprunge
fast schon entwachsen; mitten in dem Schwunge
schauen sie auf, irgendwohin, herüber –

Und dann und wann ein weißer Elefant.

Und das geht hin und eilt sich, daß es endet,
und kreist und dreht sich nur und hat kein Ziel.
Ein Rot, ein Grün, ein Grau vorbeigesendet,
ein kleines, kaum begonnenes Profil.
Und manchesmal ein Lächeln, hergewendet,
ein seliges, das blendet und verschwendet
an dieses atemlose, blinde Spiel.

Rainer Maria Rilke

EINEM KIND ZU EINER PUPPE

Wiege, Kind, das wunderbare
Wesen, das im Arm du hast!
Ohne Leben scheint es fast
mit dem aufgeklebten Haare.
Auf den Wangen die zwei Streife
grellen Rots sind reichlich kühn . . .
Nur das Kleid mit weißer Schleife
ist wie deines, hell und grün.

Wichtiges ist jetzt zu tun:
Ihm ein wenig Brei zu reichen,
kleines Kissen glattzustreichen.
Es will essen, es will ruhn.
Manchmal freilich nippt es bloß,
statt daß es den Teller rein ißt . . .
Doch bedenk, daß es noch klein ist,
und du selber bist schon groß!

Schau, es läßt sich besser an!
Setz das Ding nur auf und nieder –
wie es da die Augenlider
öffnen schon und schließen kann!
Jedes Spiel, das du gespielt,
bring ihm bei und die Befehle
gib ihm, die man dir befiehlt,
bis es lebt mit deiner Seele,

bis es lacht und weint wie du!
Wie du's wiegst in deinem Schoße,
wirst du selber, wirst im Nu,
eh du's dachtest, eine große
lächelnde und ernste Frau.
Es schlägt Augen auf wie deine:
Zweier süßer Edelsteine
unerschöpflich tiefes Blau!

Max Kommerell

DER SÜSSE SCHLAF

Das Kind war schlafen gegangen,
still ward es auf Flur und Treppen.
Es schlurfte und rauschte zur Türe hinaus,
Pantoffeln und seidene Schleppen,
dazwischen war es wie Hufgestampf
und silberne Glöckchen zu hören . . .
Denn die Märchen mußten alle hinaus,
um den süßen Schlaf nicht zu stören.

Der süße Schlaf kam so leise herein
über heimliche Schwellen und Stufen,
der süße Schlaf nahm das Kind bei der Hand
und hat es bei Namen gerufen.
Er wußte von Drachen und Zwergen nichts
und von Königssöhnen und Riesen –
nur den Mondschein ließ er zum Fenster herein
und den Duft von den blühenden Wiesen.

Ina Seidel

DER KIRSCHENSTRAUSS

Blond und fein, ein Lockenköpfchen,
das kaum vier der Jahre hat,
trippelt ängstlich durch das Gäßchen,
jeder Schritt noch eine Tat.

Eier trägt es in den Händen,
die es so verlegen hält,
wie auf alten Kaiserbildern
Karl der Große seine Welt.

Arme Kleine! Wenn sie fielen,
gäb es keinen Kuchen mehr,
und der Weg ist so gefährlich,
und das Herzchen pocht so sehr!

Hätte sie geahnt, wie teuer
oft sich büßt der Tatendrang,
nimmer hätt sie ihn der Mutter
abgeschmeichelt, diesen Gang.

Dennoch käm sie wohl zu Hause,
forderte der Kirschenstrauß,
den die Krämerin ihr schenkte,
nur den Durst nicht so heraus.

Doch sie möchte eine kosten
von den Beeren, rund und rot,
denn es sind für sie die ersten,
und das bringt ihr große Not.

Ihre Hand zum Mund zu führen,
wagt sie nimmer, denn das Ei
könnte ihr derweil entschlüpfen,
hält sie doch den Strauß dabei.

Drum versucht sie's, sich zu bücken,
doch die Kluft ist gar zu weit,
und sie spitzt umsonst die Lippen
nach der würzgen Süßigkeit.

Aber sie gerät ins Straucheln,
und das Unglück wär geschehn,
bliebe sie nicht auf der Stelle,
wie erstarrt vor Schrecken, stehn.

Denn die Eier wollen gleiten,
und sie hält sie nur noch fest,
weil sie beide unwillkürlich
gegen Leib und Brust gepreßt.

Lange wird es zwar nicht dauern;
bellt der erste kleine Hund,
fährt sie noch einmal zusammen,
und sie rollen auf den Grund.

Doch da springt, den Küchenlöffel
in der mehlbestäubten Hand,
ihr die Mutter rasch entgegen,
und das Schicksal ist gebannt.

Friedrich Hebbel

NATUR

Hab' heut' vor mir des Weges gehn
eine Gnädige mit ihrem Knäblein gesehn –
hochelegant, das Bürschlein zumal
geschnitten aus dem Modejournal,
nun hielten Madame just Lektion,
dozierten vom feinen Anstandston:
da müsse nicht Schritt und Tritt allein,

auch Wort und Blick gemessen sein –
drum solle sich's endlich mal menagieren,
zum Beispiel nicht so mit den Armen vagieren –
man müsse ja sonst glauben, daß er
so ein hergelaufener Junge wär,
man müsse sich sonst ja ordentlich schämen,
ihn wieder mit spazieren zu nehmen!

Das Bürschlein – fünf Jahr mocht's, denk' ich, zählen –
schien auch die Sache ziemlich zu quälen:
es trippelte sittsam und still fürbaß
und dachte betrübt an dies und das,
zerknickt, schien's, von dem Herzeleid
ob seiner schlimmen Verworfenheit.
Und als des Wegs eine Pfütze kam,
die endlich sein Auge in Anspruch nahm,
wandt's, eingedenk der Lehren, sich
zur Mutter und fragte bescheidentlich:
„Darf ich mich mal in die Pfütze legen?"

Da dacht' ich: o lust'ge – Mama Natur,
laß du sie ängsteln und pfuschen nur
mit ihrer Lackier- und Verkleisterung:
du wirst ein Mensch – Glückauf, mein Jung'!

Ferdinand Avenarius

D' KÜECHLE

D' Muett'r backt Küechle; d'r flachskopfig Bue,
der lehrt in d'r Bibel un guckt ere zue.

„Du, Müett'rli", sait er, „was bisch au so still?"
„He", meint sie, „he, wil i nit schwätze grad will."

„Waisch", sait er, „des Stillsi, i ka's nit v'rtrage;
gang, Müett'rli, sag ebbs." – „Was soll i denn sage?"

„He", meint er un blettert druf los in sim Büechli,
„de künntsch emol sage: Wotsch[1] nit au e Küechli?"

August Ganther

[1] Willst

NA'N BUTEN[1]

Kind: De Sünn is schön, dat Gras is grön,
och, schall ik nich na'n Garn?[2]
Moder: Kind, Kind! Dar sitt de Mann in'n Sot.[3]
De kriggt di bi de Haar!
Kind: De kriggt mi bi de Haar to fat?[4]
Moder: Un treckt di in den Sot!
Kind: Un ik kann gar ni ruter[5] kam?
Moder: Und du büst musedot!
Kind: Denn kam ik in en smuck lütt Sark!
Moder: Un inne kole[6] Eer,
ganz wit vun hier, günt[7] anne Kark![8]
Kind: Denn lop ik wedder her!
Moder: Denn löppst du nich, denn büst du dot!
Kind: Denn neih ik awer ut![9]
Moder: Denn büst du inner in de Eer!
Kind: Denn kam ik wedder rut.
Denn plück ik eerst de smucken Blöm,
denn kam ik antofahrn,
denn schint de warme Sünn so schön –
och, lat mi na den Garn!
Moder: Hörst du ni eben, wat der bell?
Dar is en Hund so grot!
Kind: Den kriggt de Mann bi't Haar to fat
und halt em in den Sot!
Denn kann he gar ni ruter kam,
und wi plückt all de Blöm!
Denn lat uns nu man rut na'n Garn,
de Sünn de schint so schön!
Moder: Kind, Kind, din Vader ward je bös!
Kind: Un sleit[10] den groten Hund!
Nu lat uns man!
Moder: So lat uns denn,
du söte Pappelmund![11]

Klaus Groth

[1] Draußen [2] Garten [3] Brunnen [4] fassen [5] wieder heraus
[6] kalt [7] hinter [8] Kirche [9] kneife aus [10] schlägt
[11] Plappermund

AUS DER KINDHEIT

„Ja, das Kätzchen hat gestohlen,
und das Kätzchen wird ertränkt.
Nachbars Peter sollst du holen,
daß er es im Teich versenkt!"

Nachbars Peter hat's vernommen,
ungerufen kommt er schon;
„Ist die Diebin zu bekommen,
gebe ich ihr gern den Lohn!"

„Mutter, nein, er will sie quälen,
gestern warf er schon nach ihr,
bleibt nichts andres mehr zu wählen,
so ertränk' ich selbst das Tier."

Sieh, das Kätzchen kommt gesprungen,
wie es glänzt im Morgenstrahl!
Lustig hüpft's dem kleinen Jungen
auf den Arm zu seiner Qual.

„Mutter, laß das Kätzchen leben,
jedesmal, wenn's dich bestiehlt,
sollst du mir kein Frühstück geben –
sieh nur, wie es artig spielt!"

„Nein, der Vater hat's geboten,
hundertmal ist ihr verziehn!"
„Hat sie doch vier weiße Pfoten!"
„Einerlei! Ihr Tag erschien!"

„Nachbarin, ich folg' ihm leise,
ob er es auch wirklich tut!"
Peter spricht es häm'scher Weise,
und der Knabe hört's mit Wut.

Unterwegs auf manchem Platze
bietet er sein Liebchen aus;
aber keiner will die Katze,
jeder hat sie längst im Haus.

Ach, da ist er schon am Teiche,
und sein Blick, sein scheuer, schweift,
ob ihn Peter noch umschleiche –
ja, er steht von fern und pfeift.

„Nun, wir müssen alle sterben,
Großmama ging dir vorauf,
und du wirst den Himmel erben,
kratze nur, sie macht dir auf!"

Jetzt, um sie recht tief zu betten,
wirft er sie mit aller Macht,
doch zugleich, um sie zu retten,
springt er nach, als er's vollbracht.

Eilte Peter nicht, der lange,
gleich im Augenblick herzu,
fände er, es ist mir bange,
hier im Teich die ew'ge Ruh.

In das Haus zurückgetragen,
hört er auf die Mutter nicht,
schweigt auf alle ihre Fragen,
schließt die Augen trotzig-dicht.

Von dem Zucker, den sie brachte,
nimmt er zwar zerstreut ein Stück;
doch den Tee, den sie ihm machte,
weist er ungestüm zurück.

Welch ein Ton! Er dreht sich stutzend,
und auf einer Fensterbank,
spinnend und sich emsig putzend,
sitzt sein Kätzchen blink und blank.

„Lebt sie, Mutter?" „Dem Verderben
warst du näher, Kind, als sie!"
„Und sie soll auch nicht mehr sterben?"
„Trinke nur, so soll sie's nie!"

Friedrich Hebbel

BUBENSONNTAG

Wenn ich einst, ein kleiner Bube,
sonntags früh im Bette lag
und die helle Kirchenglocke
all das Schweigen unterbrach:

O, wie schlüpft' ich dann so hurtig
aus dem Bett ins Kleid hinein,
und wie gern ließ ich das Frühstück,
um zuerst bei Gott zu sein.

Ein Gesangbuch unterm Arme,
eh' ich 's Lesen noch verstand,
ging ich fort, gebeugten Hauptes,
fromm verschränkend Hand in Hand.

Kam mein Hündchen froh gesprungen,
schalt ich: „Komm mir nicht zu nah!"
Kaum daß ich, zur Seite schielend,
nach der Vogelfalle sah.

Fiel die Kirchentür nun knarrend
hinter meinem Rücken zu,
sprach ich furchtsam-zuversichtlich:
„Jetzt allein sind Gott und du!"

Längst mit ganzem, vollem Herzen
hing ich ja an meinem Gott.
Doch, daß niemand ihn erblicke,
hielt ich stets für eitel Spott.

Und so hofft' ich jeden Morgen,
endlich einmal ihn zu sehn;
war's denn nichts, in meinen Jahren
stets um fünfe aufzustehn?

Auf dem hohen Turm die Glocke
war schon lange wieder stumm.
Der Altar warf düstre Schatten,
Gräber lagen rings herum.

Drang ein Schall zu mir herüber,
dacht' ich: „Jetzt wirst du ihn schaun!"
Aber meine Augen schlossen
sich zugleich vor Angst und Graun.

Und dies Zittern, dies Erbangen
und mein kalter Todesschweiß –
daß der Herr vorbeigewandelt,
galt mir alles für Beweis.

Still und träumend dann zu Hause
schlich ich mich in süßer Qual.
Und mein klopfend Herz gelobte
sich mehr Mut fürs nächste Mal.

Friedrich Hebbel

KINDHEIT

Da rinnt der Schule lange Angst und Zeit
mit Warten hin, mit lauter dumpfen Dingen.
O Einsamkeit, o schweres Zeitverbringen . . .
Und dann hinaus: die Straßen sprühn und klingen,
und auf den Plätzen die Fontänen springen,
und in den Gärten wird die Welt so weit. –
Und durch das alles gehn im kleinen Kleid,
ganz anders als die andern gehn und gingen –:

O wunderliche Zeit, o Zeitverbringen,
o Einsamkeit.

Und in das alles fern hinauszuschauen:
Männer und Frauen; Männer, Männer, Frauen
und Kinder, welche anders sind und bunt;
und da ein Haus und dann und wann ein Hund
und Schrecken lautlos wechselnd mit Vertrauen –:
o Trauer ohne Sinn, o Traum, o Grauen,
o Tiefe ohne Grund.

Und so zu spielen: Ball und Ring und Reifen
in einem Garten, welcher sanft verblaßt,
und manchmal die Erwachsenen zu streifen,
blind und verwildert in des Haschens Hast,
aber am Abend still, mit kleinen steifen
Schritten nach Haus zu gehn, fest angefaßt –:
O immer mehr entweichendes Begreifen,
o Angst, o Last.

Und stundenlang am großen grauen Teiche
mit einem kleinen Segelschiff zu knien;
es zu vergessen, weil noch andre gleiche
und schönere Segel durch die Ringe ziehn,
und denken müssen an das kleine bleiche
Gesicht, das sinkend aus dem Teiche schien –:
O Kindheit, o entgleitende Vergleiche.
Wohin? Wohin?

Rainer Maria Rilke

DAS SEGELSCHIFF DES KNABEN

Es stand im elterlichen Birkenschranke
hinter Kram und Glas,
aber seine Planke
war vom Räubermeere naß.

Durch Bauernmohn und Balsaminen
glückselig schwebend schnitt sein Kiel.
Ihm nachzustaunen war im Knabenspiel
dein erstes ernstes Dienen.

Und saß dein Kinderschopf gefangen
in Staub- und Schulgeruch –
schon wieder: die Matrosen sangen
durch das Vokabelbuch.

Und einmal waren alle tot.
So kam das Schiff gezogen,
als um dein ländlich frühes Abendbrot
Septemberwespen flogen.

Es fuhr, wo es nicht mehr den Wal gelüstet
zu schwimmen, aber da bliebst du bei ihm,
die Segel brausten, in den Wind gebrüstet,
wie Haufen weißer Cherubim.

– Noch fliegt die Wespe. Noch bist du bereit,
den alten Segler heimzusteuern
in dichte, wilde Ewigkeit.
Du hörst dorther ganz fern Salute feuern.

Oskar Loerke

MITTAGSZAUBER

Im Garten wandelt hohe Mittagszeit,
der Rasen glänzt, die Wipfel schatten breit;
von oben sieht, getaucht in Sonnenschein
und leuchtend Blau, der alte Dom herein.

Am Birnbaum sitzt mein Töchterchen im Gras;
die Märchen liest sie, die als Kind ich las;
ihr Antlitz glüht, es ziehn durch ihren Sinn
Schneewittchen, Däumling, Schlangenkönigin.

Kein Laut von außen stört; 's ist Feiertag –
nur dann und wann vom Turm ein Glockenschlag!
Nur dann und wann der mattgedämpfte Schall
im hohen Gras von eines Apfels Fall!

Da kommt auf mich ein Dämmern wunderbar,
gleichwie im Traum verschmilzt, was ist und war:
die Seele löst sich und verliert sich weit
ins Märchenreich der eignen Kinderzeit.

Emanuel Geibel

O wüßt' ich doch den Weg zurück,
den lieben Weg zum Kinderland!
O warum sucht' ich nach dem Glück
und ließ der Mutter Hand?

O wie mich sehnet auszuruhn,
von keinem Streben aufgeweckt,
die müden Augen zuzutun,
von Liebe sanft bedeckt!

Und nichts zu forschen, nichts zu spähn
und nur noch träumen leicht und lind;
der Zeiten Wandel nicht zu sehn,
zum zweitenmal ein Kind!

O zeigt mir doch den Weg zurück,
den lieben Weg zum Kinderland!
Vergebens such' ich nach dem Glück,
ringsum ist öder Strand.

Klaus Groth

*

WEISST DU, WIEVIEL STERNE STEHEN

Weißt du, wieviel Sterne stehen
an dem blauen Himmelszelt?
Weißt du, wieviel Wolken gehen
weithin über alle Welt?
Gott der Herr hat sie gezählet,
daß ihm auch nicht eines fehlet
an der ganzen großen Zahl.

Weißt du, wieviel Mücklein spielen
in der hellen Sonnenglut?
Wieviel Fischlein auch sich kühlen
in der hellen Wasserflut?
Gott der Herr rief sie mit Namen,
daß sie all ins Leben kamen,
daß sie nun so fröhlich sind.

Weißt du, wieviel Kinder frühe
stehn aus ihren Bettlein auf,
daß sie ohne Sorg' und Mühe
fröhlich sind im Tageslauf?
Gott im Himmel hat an allen
seine Lust, sein Wohlgefallen,
kennt auch dich und hat dich lieb.

Wilhelm Hey

BALLADE

Und die Sonne machte den weiten Ritt
um die Welt,
und die Sternlein sprachen: ,,Wir reisen mit
um die Welt!"
Und die Sonne, sie schalt sie: ,,Ihr bleibt zu Haus!
Denn ich brenn' euch die goldnen Äuglein aus
bei dem feurigen Ritt um die Welt."

Und die Sternlein gingen zum lieben Mond
in der Nacht,
und sie sprachen: ,,Du, der auf Wolken thront
in der Nacht,
laß uns wandeln mit dir, denn dein milder Schein,
er verbrennet uns nimmer die Äugelein."
Und er nahm sie, Gesellen der Nacht.

Nun willkommen, Sternlein und lieber Mond,
in der Nacht!
Ihr verstehet, was still in den Herzen wohnt
in der Nacht.
Kommt und zündet die himmlischen Lichter an,
daß ich lustig mitschwärmen und spielen kann
in den freundlichen Spielen der Nacht.

Ernst Moritz Arndt

VOM BÜBLEIN, DAS ÜBERALL HAT MITGENOMMEN SEIN WOLLEN

Denk an! das Büblein ist einmal
spazieren gangen im Wiesental;
da wurd's müd gar sehr
und sagt': ,,Ich kann nicht mehr;
wenn nur was käme
und mich mitnähme!"

Da ist das Bächlein geflossen kommen
und hat 's Büblein mitgenommen;
das Büblein hat sich aufs Bächlein gesetzt,
und hat gesagt: ,,So gefällt mir's jetzt."

Aber was meinst du? das Bächlein war kalt,
das hat das Büblein gespürt gar bald;
es hat's gefroren gar sehr,
es sagt': „Ich kann nicht mehr;
wenn nur was käme
und mich mitnähme!"

Da ist das Schifflein geschwommen kommen
und hat 's Büblein mitgenommen;
das Büblein hat sich aufs Schifflein gesetzt
und hat gesagt: „Da gefällt mir's jetzt."

Aber siehst du? das Schifflein war schmal,
das Büblein denkt: „Da fall' ich einmal";
da fürcht't es sich gar sehr
und sagt': „Ich mag nicht mehr;
wenn nur was käme
und mich mitnähme!"

Da ist die Schnecke gekrochen kommen
und hat 's Büblein mitgenommen;
das Büblein hat sich ins Schneckenhäuslein gesetzt
und hat gesagt: „Da gefällt mir's jetzt."

Aber denkt! die Schnecke war kein Gaul,
sie war im Kriechen gar zu faul;
dem Büblein ging's langsam zu sehr;
es sagt': „Ich mag nicht mehr;
wenn nur was käme
und mich mitnähme!"

Da ist der Reiter geritten gekommen,
der hat 's Büblein mitgenommen;
das Büblein hat sich hinten aufs Pferd gesetzt
und hat gesagt: „So gefällt mir's jetzt."
Aber gib acht! das ging wie der Wind,
es ging dem Büblein gar zu geschwind;

es hopst darauf hin und her
und schreit: „Ich kann nicht mehr;
wenn nur was käme
und mich mitnähme!"

Da ist ein Baum ihm ins Haar gekommen
und hat 's Büblein mitgenommen;
er hat's gehängt an einen Ast gar hoch,
dort hängt das Büblein und zappelt noch.

Das Kind fragt:

„Ist denn das Büblein gestorben?"

Antwort:

„Nein! es zappelt ja noch!
Morgen gehen wir 'naus und tun's runter."

Friedrich Rückert

KLAGE UM DEN KLEINEN JAKOB

Wo ist der kleine Jakob geblieben?
Hatte die Kühe waldein getrieben,
kam nimmer wieder.
Schwestern und Brüder
gingen ihn suchen in'n Wald hinaus –
Kleiner Jakob! Kleiner Jakob! Komm zu Haus!

Wohin ist der kleine Jakob gegangen?
Es hat ihn ein Unterird'scher gefangen,
muß unten wohnen,
trägt goldne Kronen,
gläserne Schuh', hat ein gläsern Haus –
Kleiner Jakob! Kleiner Jakob! Komm zu Haus!

Was macht der kleine Jakob da unten?
Streuet als Diener das Estrich mit bunten
Blumen und schenket
Wein ein und denket:
Wärest du wieder zum Wald hinaus!
Kleiner Jakob! Kleiner Jakob! Komm zu Haus!

So muß der kleine Jakob da wohnen,
helfen ihm nichts seine güldenen Kronen,
Schuhe noch Kleider,
weinet sich leider –
ach! armer Jakob! – die Äuglein aus.
Kleiner Jakob! Kleiner Jakob! Komm zu Haus!

Ernst Moritz Arndt

DAS BUCKLICHT MÄNNLEIN

Will ich in mein Gärtlein gehn,
will mein' Zwiebeln gießen,
steht ein bucklicht Männlein da,
fängt als an zu niesen.

Will ich in mein Küchel gehn,
will mein Süpplein kochen,
steht ein bucklicht Männlein da,
hat mein Töpflein brochen.

Will ich in mein Stüblein gehn,
will mein Müslein essen,
steht ein bucklicht Männlein da,
hat's schon halber gessen.

Geh' ich in mein Kämmerlein,
will mein Bettlein machen,
steht ein bucklicht Männlein da,
fängt als an zu lachen.

Wenn ich an mein Bänklein knie,
will ein bißlein beten,
steht ein bucklicht Männlein da,
fängt als an zu reden:

„Liebes Kindlein, ach, ich bitt',
bet fürs bucklicht Männlein mit!"

DIE WANDELNDE GLOCKE

Es war ein Kind, das wollte nie
zur Kirche sich bequemen,
und sonntags fand es stets ein Wie,
den Weg ins Feld zu nehmen.

Die Mutter sprach: Die Glocke tönt,
und so ist dir's befohlen,
und hast du dich nicht hingewöhnt,
sie kommt und wird dich holen.

Das Kind, es denkt: Die Glocke hängt
da droben auf dem Stuhle.
Schon hat's den Weg ins Feld gelenkt,
als lief' es aus der Schule.

Die Glocke Glocke tönt nicht mehr,
die Mutter hat gefackelt.
Doch welch ein Schrecken! hinterher
die Glocke kommt gewackelt.

Sie wackelt schnell, man glaubt es kaum;
das arme Kind im Schrecken,
es läuft, es kommt als wie im Traum:
die Glocke wird es decken.

Doch nimmt es richtig seinen Husch,
und mit gewandter Schnelle
eilt es durch Anger, Feld und Busch
zur Kirche, zur Kapelle.

Und jeden Sonn- und Feiertag
gedenkt es an den Schaden,
läßt durch den ersten Glockenschlag,
nicht in Person sich laden.

Goethe

DER GETREUE ECKART

O wären wir weiter, o wär ich zu Haus!
Sie kommen. Da kommt schon der nächtliche Graus
Sie sinds, die unholdigen Schwestern.
Sie streifen heran und sie finden uns hier,
Sie trinken das mühsam geholte, das Bier,
Und lassen nur leer uns die Krüge.

So sprechen die Kinder und drücken sich schnell;
Da zeigt sich vor ihnen ein alter Gesell:
Nur stille, Kind! Kinderlein, stille!
Die Hulden, sie kommen von durstiger Jagd,
Und laßt ihr sie trinken, wie's jeder behagt,
Dann sind sie euch hold, die Unholden.

Gesagt so geschehn! und da naht sich der Graus
Und sieht so grau und so schattenhaft aus,
Doch schlürft es und schlampft es aufs beste.
Das Bier ist verschwunden, die Krüge sind leer;
Nun saust es und braust es, das wütige Heer,
Ins weite Getal und Gebirge.

Die Kinderlein ängstlich gen Hause so schnell,
Gesellt sich zu ihnen der fromme Gesell:
Ihr Püppchen, nur seid mir nicht traurig. –
Wir kriegen nun Schelten und Streich' bis aufs Blut. –
Nein keineswegs, alles geht herrlich und gut,
Nur schweiget und horchet wie Mäuslein.

Und der es euch anrät und der es befiehlt,
Er ist es, der gern mit den Kindelein spielt,
Der alte Getreue, der Eckart.
Vom Wundermann hat man euch immer erzählt,
Nur hat die Bestätigung jedem gefehlt,
Die habt ihr nun köstlich in Händen.

Sie kommen nach Hause, sie setzen den Krug
Ein jedes der Eltern bescheiden genug
Und harren der Schläg und der Schelten.
Doch siehe, man kostet: Ein herrliches Bier!
Man trinkt in die Runde schon dreimal und vier,
Und noch nimmt der Krug nicht ein Ende.

Das Wunder, es dauert zum morgenden Tag.
Doch fraget, wer immer zu fragen vermag:
Wie ists mit den Krügen ergangen?
Die Mäuslein, sie lächeln, im stillen ergetzt;
Sie stammeln und stottern und schwatzen zuletzt,
Und gleich sind vertrocknet die Krüge.

Und wenn euch, ihr Kinder, mit treuem Gesicht
Ein Vater, ein Lehrer, ein Aldermann spricht,
So horchet und folget ihm pünktlich!
Und liegt auch das Zünglein in peinlicher Hut,
Verplaudern ist schädlich, verschweigen ist gut;
Dann füllt sich das Bier in den Krügen.

Goethe

DAS MÄNNLEIN IN DER GANS

Das Männlein ging spazieren einmal
auf dem Dach, ei seht doch!
Das Männlein ist hurtig, das Dach ist schmal,
gib acht, es fällt noch.
Eh' sich's versieht, fällt's vom Dach herunter,
und bricht den Hals nicht, das ist ein Wunder.

Unter dem Dach steht ein Wasserzüber,
hineinfällt's nicht schlecht;
da wird es naß über und über,
ei, das geschieht ihm recht.
Da kommt die Gans gelaufen,
die wird 's Männlein saufen.

Die Gans hat 's Männlein 'nuntergeschluckt,
sie hat einen guten Magen;
aber das Männlein hat sie doch gedruckt,
das wollt' ich sagen.
Da schreit die Gans ganz jämmerlich;
das ist der Köchin ärgerlich.

Die Köchin wetzt das Messer,
sonst schneidt's ja nicht:
„Die Gans schreit so, es ist nicht besser,
als daß man sie sticht;
wir wollen sie nehmen und schlachten
zum Braten auf Weihnachten."

Sie rupft die Gans und nimmt sie aus
und brät sie,
aber das Männlein darf nicht 'raus,
versteht sich.
Die Gans wird eben gebraten;
was kann's dem Männlein schaden?

Weihnachten kommt die Gans auf den Tisch
im Pfännlein;
der Vater tut sie 'raus und zerschneid't sie frisch.
Und das Männlein?
Wie die Gans zerschnitten,
kriecht 's Männlein aus der Mitten.

Da springt der Vater vom Tisch auf,
da wird der Stuhl leer;
da setzt das Männlein sich drauf
und macht sich über die Gans her.
Es sagt: „Du hast mich gefressen,
jetzt will ich dafür dich essen."

Da ißt das Männlein gewaltig drauflos,
als wären's seiner sieben;
da essen wir alle dem Männlein zum Trotz,
da ist nichts übergeblieben
von der ganzen Gans als ein Tätzlein,
das kriegen dort hinten die Kätzlein.

Nichts kriegt die Maus,
das Märlein ist aus.
Was ist denn das?
Ein Weihnachtsspaß;
aufs Neujahr lernst
du, was?
Den Ernst.

Friedrich Rückert

LÜGENLIED

Ich will euch erzählen und will auch nicht lügen:
ich sah zwei gebratene Ochsen fliegen,
sie flogen gar ferne;
sie hatten den Rücken gen Himmel gekehrt,
die Füße wohl gegen die Sterne.

Ein Amboß und ein Mühlenstein,
die schwammen bei Köln wohl über den Rhein;
sie schwammen gar leise;
ein Frosch verschlang sie alle beid'
zu Pfingsten wohl auf dem Eise.

Es fuhr ein Schiff auf trocknem Land;
es hatte die Segel gen Wind gespannt
und segelt' im vollen Laufen.
Da stieß es an einen hohen Berg;
da tat das Schiff ersaufen.

In Straßburg stand ein hoher Turm,
der trotzte Regen, Wind und Sturm
und stand fest über die Maßen;
den hat der Kuhhirt mit seinem Horn
eines Morgens umgeblasen.

So will ich hiermit mein Liedlein beschließen,
und sollt's auch die werte Gesellschaft verdrießen,
will trinken und nicht mehr lügen;
bei mir zuland sind die Mücken so groß
als hier die größesten Ziegen.

Mutschekühchen von Halberstadt,
bring doch unserm Kindchen was!
Was soll ich ihm denn bringen?
Ein Paar Schuh' mit Ringen,
ein Paar Schuh' mit Gold beschlagen,
die soll unser Kindchen tragen.

Ich schenk dir was:
Was ist denn das?
Ein silbernes Wart ein Weilchen
und ein goldnes Nixchen
in einem niemalenen Büchschen.

Auf dem Berge Sinai
wohnt der Schneider Kikriki.
Seine Frau, die alte Grete,
saß auf dem Balkon und nähte.
Fiel herab, fiel herab,
und das linke Bein brach ab.
Kam der Doktor Hinkelmann,
leimt' das Bein mit Spucke an.

Ick sitze da und esse Klops,
uff eenmal kloppt's.
Ick sitze, staune, wunder mir,
uff eenmal jeht se uff, de Tür.
Nanu, denk' ick, ick denk', nanu!
Jetzt is se uff, erst war se zu.
Ick jehe raus und kieke,
und wer steht draußen? Icke!

KLETTERBÜBLEIN

Steigt das Büblein auf den Baum,
ei, so hoch, man sieht es kaum.
Schlüpft von Ast zu Ästchen,
hüpft zum Vogelnestchen.
Ui! da lacht es,
hui! Da kracht es –
plumps, da liegt es drunten.

Friedrich Güll

GEH, DU SCHWARZE AMSEL!

Daß ich so schwarz bin –
Schuld hab ich nicht allein.
Schuld hat meine Mutter g'habt,
weil sie mich nicht gewaschen hat,
da ich noch klein,
da ich wunderwinzig bin gesein.

SCHULREIME

Hörst du's schlagen halber acht?
Gleich das Buch zurechtgemacht!
Schau, schon rudelt's groß und klein,
dick und dünn zur Schul' hinein.
Willst du gar der letzte sein?

Schnell die Mappe übern Kopf
und die Kappe auf den Schopf.
Und nun spring und lern recht viel.
Wer sich tummelt, kommt ans Ziel.

Friedrich Güll

DER TINTENTEUFEL

Im Tintenfaß, ganz unten drin,
da sitzt der Tintenteufel.
Schwarz ist der Kerl, schwarz ist sein Sinn
voll Bosheit – ohne Zweifel.

Stellst du das Fäßlein unbedacht
auf frischgewaschne Decken,
wupp! spritzt er schnell heraus ganz sacht
die schlimmen Tintenflecken.

Und tauchst du gar die Feder ein,
so muß er dran sich klammern,
und dann verschafft er dir viel Pein;
was kümmert ihn dein Jammern?

Er tropft den Klecks auf das Papier
und garst'ge Fahrer macht er,
schreibt Fehler, kritzelt ein Geschmier,
und wenn du weinst – dann lacht er.

Franz Bauer

Feder, das ist nichts Schönes von dir,
daß du so ungeschickt bist bei mir.
Schreibst bei der Schwester so schön und geschwind,
bei mir es nur Hahnentrappen sind.
Komm, Feder, gib dir die rechte Müh',
daß ich auch so schön schreiben kann wie sie.

DIE GESCHICHTE VOM DUMMEN HÄNSCHEN

Hänschen will ein Tischler werden,
ist zu schwer der Hobel;
Schornsteinfeger will er werden,
doch ihm scheint's nicht nobel;
Hänschen will ein Bergmann werden,
mag sich doch nicht bücken;
Hänschen will ein Müller werden,
doch die Säcke drücken;
Hänschen will ein Weber werden,
doch das Garn zerreißt er.
Immer, wenn er kaum begonnen,
jagt ihn fort der Meister.
Hänschen, Hänschen, denke dran,
was aus dir noch werden kann!
Hänschen will ein Schlosser werden,
sind zu heiß die Kohlen;

Hänschen will ein Schuster werden,
sind zu hart die Sohlen;
Hänschen will ein Schneider werden,
doch die Nadeln stechen;
Hänschen will ein Glaser werden,
doch die Scheiben brechen;
Hänschen will Buchbinder werden,
riecht zu sehr der Kleister.
Immer, wenn er kaum begonnen,
jagt ihn fort der Meister.
Hänschen, Hänschen, denke dran,
was aus dir noch werden kann!
Hänschen hat noch viel begonnen,
Brachte nichts zu Ende;
drüber ist die Zeit verronnen,
schwach sind seine Hände,
Hänschen ist nun Hans geworden,
und er sitzt voll Sorgen,
hungert, bettelt, weint und klaget
abends und am Morgen:
„Ach, warum nicht war ich Dummer
in der Jugend fleißig?
Was ich immer nun beginne –
dummer Hans nur heiß' ich.
Ach, nun glaub' ich selbst daran,
daß aus mir nichts werden kann!"

Rudolf Löwenstein

DAS BÜBLEIN AUF DEM EISE

Gefroren hat es heuer
noch gar kein festes Eis.
Das Büblein steht am Weiher
und spricht zu sich ganz leis:
„Ich will es einmal wagen,
das Eis muß doch nun tragen.
Wer weiß!"

Das Büblein stampft und hacket
mit seinem Stiefelein.
Das Eis auf einmal knacket,
und krach! schon bricht's hinein.
Das Büblein platscht und krabbelt,
als wie ein Krebs und zappelt
mit Arm und Bein.

„O helft, ich muß versinken
in lauter Eis und Schnee!
O helft, ich muß ertrinken
im tiefen, tiefen See!"
Wär' nicht ein Mann gekommen,
der sich ein Herz genommen –
o weh!

Der packt es bei dem Schopfe
und zieht es so heraus,
vom Fuße bis zum Kopfe
wie eine Wassermaus.
Das Büblein hat getropfet,
der Vater hat's geklopfet
zu Haus.

Friedrich Güll

EIN LIED, HINTERM OFEN ZU SINGEN

Der Winter ist ein rechter Mann,
kernfest und auf die Dauer;
sein Fleisch fühlt sich wie Eisen an
und scheut nicht süß noch sauer.

War je ein Mann gesund, ist er's;
er krankt und kränkelt nimmer,
weiß nichts von Nachtschweiß noch Vapeurs
und schläft im kalten Zimmer.

Er zieht sein Hemd im Freien an
und läßt's vorher nicht wärmen
und spottet über Fluß im Zahn
und Kolik in Gedärmen.

Aus Blumen und aus Vogelsang
weiß er sich nichts zu machen,
haßt warmen Drang und warmen Klang
und alle warme Sachen.

Doch wenn die Füchse bellen sehr,
wenn's Holz im Ofen knittert,
und um den Ofen Knecht und Herr
die Hände reibt und zittert;

wenn Stein und Bein vor Frost zerbricht,
und Teich' und Seen krachen;
das klingt ihm gut, das haßt er nicht,
dann will er tot sich lachen.

Sein Schloß von Eis liegt ganz hinaus
beim Nordpol an dem Strande;
doch hat er auch ein Sommerhaus
im lieben Schweizerlande.

Da ist er denn bald dort, bald hier,
gut Regiment zu führen.
Und wenn er durchzieht, stehen wir
und sehn ihn an und frieren.

Matthias Claudius

AN DEN MAI

Komm, lieber Mai, und mache
die Bäume wieder grün!
Und laß mir an dem Bache
die kleinen Veilchen blühn!
Wie möcht' ich doch so gerne
ein Blümchen wieder sehn!
Ach, lieber Mai, wie gerne
einmal spazierengehn!

Zwar Wintertage haben
wohl auch der Freuden viel.
Man kann im Schnee eins traben
und treibt manch Abendspiel.
Baut Häuserchen von Karten,
spielt Blindekuh und Pfand.
Auch gibt's viel Schlittenfahrten
ins schöne freie Land.

Doch wenn die Vögel singen
und wir dann froh und flink
auf grünem Rasen springen,
das ist ein ander Ding.

Jetzt muß mein Steckenpferdchen
ganz still im Winkel stehn.
Denn draußen in dem Gärtchen
kann man fürwahr nicht gehn.

Am meisten aber dauret
mich Lottens Herzeleid.
Das arme Mädchen lauret
recht auf die Blumenzeit.
Umsonst hol' ich ihr Spielchen
zum Zeitvertreib herbei.
Sie sitzt in ihrem Stühlchen
wie's Hühnchen auf dem Ei.

Ach, wenn's doch erst gelinder
und grüner draußen wär'!
Komm, lieber Mai, wir Kinder,
wir bitten gar zu sehr.
O komm! und bring vor allem
recht viele Veilchen mit!
Bring auch viel Nachtigallen
und schöne Kuckucks mit!

nach Christian Adolf Overbeck

FRÜHLINGSLIED

Die Luft ist blau, das Tal ist grün,
die kleinen Maienglocken blühn
und Schlüsselblumen drunter;
der Wiesengrund
ist schon so bunt
und malt sich täglich bunter.

Drum komme, wem der Mai gefällt,
und freue sich der schönen Welt
und Gottes Vatergüte,
die diese Pracht
hervorgebracht,
den Baum und seine Blüte.

Ludwig Christoph Heinrich Hölty

DAS LIEDLEIN VOM KIRSCHBAUM

Zum Frühling sprach der liebe Gott:
„Geh, deck dem Würmlein
seinen Tisch!"
Darauf der Kirschbaum Blätter trug,
viel tausend Blätter grün und frisch.

Und 's Würmlein – aus dem Ei erwacht's
nach langem Schlaf im Winterhaus.
Es streckt sich, sperrt sein Mäulchen auf
und reibt die blöden Augen aus.

Und drauf so nagt's mit stillem Zahn
am zarten Blättlein hier und dort
und spricht: „Wie ist's Gemüs so gut!
Man kommt schier nimmer wieder fort."

Und aber sprach der liebe Gott:
„Deck jetzt dem Bienlein
seinen Tisch!"
Darauf der Kirschbaum Blüten trug,
viel tausend Blüten weiß und frisch.

Und bei der Sonne Morgenlicht
schaut 's Bienlein und es fliegt heran
und denkt: „Das wird mein Kaffee sein,
sie haben kostbar Porzellan.

Wie sauber sehn die Kelchlein aus!"
So steckt's sein Züngelchen hinein
und trinkt und sagt: „Wie schmeckt's
so süß!
Der Zucker muß doch wohlfeil sein."

Zum Sommer sprach der liebe Gott:
„Deck auch dem Spätzlein seinen Tisch!"
Darauf der Kirschbaum Früchte trug,
viel tausend Kirschen rot und frisch.

Und 's Spätzlein sagt: „Ist's so gemeint,
da nimmt man Platz und fragt
nicht lang.
Das gibt mir Kraft in Mark und Bein
und stärkt die Kehle zum Gesang."

Zum Herbste sprach der liebe Gott:
„Räum ab, sie haben alle jetzt!"
Drauf kam die kühle Bergesluft,
und schon hat's kleinen Reif gesetzt.

Die Blätter werden gelb und rot
und fallen bei des Windes Wehn,
und was vom Boden aufwärts kommt,
muß auch zum Boden abwärts gehn.

Zum Winter sprach Gott zum Beschluß:
„Deck wacker zu, was übrig ist!"
Da streut' er Schnee im Überfluß.

nach Johann Peter Hebel

EINKEHR

Bei einem Wirte wundermild,
da war ich jüngst zu Gaste;
ein goldner Apfel war sein Schild
an einem langen Aste.

Es war der gute Apfelbaum,
bei dem ich eingekehret;
mit süßer Kost und frischem Schaum
hat er mich wohl genähret.

Es kamen in sein grünes Haus
viel leichtbeschwingte Gäste;
sie sprangen frei und hielten Schmaus
und sangen auf das beste.

Ich fand ein Bett zu süßer Ruh'
auf weichen, grünen Matten;
der Wirt, er deckte selbst mich zu
mit seinem kühlen Schatten.

Nun fragt' ich nach der Schuldigkeit,
da schüttelt er den Wipfel.
Gesegnet sei er allezeit
von der Wurzel bis zum Gipfel!

Ludwig Uhland

DAS MÄNNLEIN IM WALDE

Ein Männlein steht im Walde
ganz still und stumm,
es hat von lauter Purpur
ein Mäntlein um.
Sagt, wer mag das Männlein sein,
das da steht im Wald allein
mit dem purpurroten Mäntelein?

Das Männlein steht im Walde
auf einem Bein
und hat auf seinem Haupte
schwarz Käpplein klein.
Sagt, wer mag das Männlein sein,
das da steht im Wald allein
mit dem kleinen, schwarzen Käppelein?

Hoffmann von Fallersleben

KNECHT RUPRECHT

Von drauß vom Walde komm' ich her;
ich muß euch sagen, es weihnachtet sehr!
Allüberall auf den Tannenspitzen
sah ich goldene Lichtlein sitzen;
und droben aus dem Himmelstor
sah mit großen Augen das Christkind hervor,
und wie ich so strolcht durch den finstern Tann,
da rief's mich mit heller Stimme an:
„Knecht Ruprecht", rief es, „alter Gesell,
hebe die Beine und spute dich schnell!
Die Kerzen fangen zu brennen an,
das Himmelstor ist aufgetan,
Alt' und Junge sollen nun
von der Jagd des Lebens einmal ruhn;
und morgen flieg' ich hinab zur Erden,
denn es soll wieder Weihnachten werden!"

Ich sprach: „O lieber Herre Christ,
meine Reise fast zu Ende ist;
ich soll nur noch in diese Stadt,
wo's eitel gute Kinder hat."
– „Hast denn das Säcklein auch bei dir?"
Ich sprach: „Das Säcklein, das ist hier;
denn Äpfel, Nuß und Mandelkern
fressen fromme Kinder gern."
– „Hast denn die Rute auch bei dir?"
Ich sprach: „Die Rute, die ist hier;
doch für die Kinder nur, die schlechten,
die trifft sie auf den Teil, den rechten."
Christkindlein sprach: „So ist es recht!
So geh mit Gott, mein treuer Knecht!"

Von drauß vom Walde komm' ich her;
ich muß euch sagen, es weihnachtet sehr!
Nun sprecht, wie ich's hierinnen find!
Sind's gute Kind, sind's böse Kind?

Theodor Storm

DER WEIHNACHTSMANN

Morgen kommt der Weihnachtsmann,
kommt mit seinen Gaben.
Trommel, Pfeifen und Gewehr,
Fahn' und Säbel und noch mehr,
ja ein ganzes Kriegesheer
möcht' ich gerne haben.

Bring uns, lieber Weihnachtsmann,
bring auch morgen, bringe
Musketier und Grenadier,
Zottelbär und Panthertier,
Roß und Esel, Schaf und Stier,
lauter schöne Dinge!

Doch du weißt ja unsern Wunsch,
kennst ja unsre Herzen.
Kinder, Vater und Mama,
auch sogar der Großpapa,
alle, alle sind wir da,
warten dein mit Schmerzen.

Hoffmann von Fallersleben

Morgen, Kinder, wird's was geben,
morgen werden wir uns freun;
welch ein Jubel, welch ein Leben
wird in unserm Hause sein!
Einmal werden wir noch wach,
heisa, dann ist Weihnachtstag!

Wie wird dann die Stube glänzen
von der großen Lichterzahl,
schöner als bei frohen Tänzen
ein geputzter Kronensaal!
Wißt ihr noch vom vor'gen Jahr,
wie's am Weihnachtsabend war?

Wißt ihr noch mein Reiterpferdchen,
Malchens nette Schäferin?
Jettchens Küche mit dem Herdchen
und dem blank geputzten Zinn?
Heinrichs bunten Harlekin
mit der gelben Violin?

Alle Jahre wieder
kommt das Christuskind
auf die Erde nieder,
wo wir Menschen sind.

Kehrt mit seinem Segen
ein in jedes Haus,
geht auf allen Wegen
mit uns ein und aus.

Ist auch mir zur Seite
still und unerkannt,
daß es treu mich leite
an der lieben Hand.

Wilhelm Hey

Christkindelein, Christkindelein,
komme doch zu uns herein!
Wir haben frisch Heubündelein
und auch ein gutes Gläschen Wein;
das Bündelein fürs Eselein,
fürs Kindelein das Gläselein,
und beten können wir auch.

Ihr Kinderlein, kommet! O kommet doch all.
Zur Krippe her kommet in Bethlehems Stall
und seht, was in dieser hochheiligen Nacht
der Vater im Himmel für Freude uns macht.

O seht in der Krippe im nächtlichen Stall,
seht hier bei des Lichtleins hellglänzendem Strahl
in reinlichen Windeln das himmlische Kind,
viel schöner und holder, als Engel es sind.

Da liegt es, ach Kinder, auf Heu und auf Stroh,
Maria und Joseph betrachten es froh.
Die redlichen Hirten knien betend davor,
hoch oben schwebt jubelnd der Engelein Chor.

O beugt wie die Hirten anbetend die Knie,
erhebet die Händlein und danket wie sie.
Stimmt freudig, ihr Kinder – wer wollt' sich nicht freun –
stimmt freudig zum Jubel der Engel mit ein.

Christoph von Schmid

Ich wollt' mich zur Mutter Maria vermieten,
ich sollt' ihr das Kindelein helfen wiegen.
Sie führte mich in ein Kämmerlein,
da waren die lieben Engelein,
die sangen alle: Gloria
gelobet sei Mutter Maria!

MÜDE BIN ICH

Müde bin ich, geh' zur Ruh',
schließe beide Äuglein zu;
Vater, laß die Augen dein
Über meinem Bette sein!

Hab ich unrecht heut getan,
sieh es, lieber Gott, nicht an!
Deine Gnad' und Jesu Blut
macht ja allen Schaden gut.

Alle, die mir sind verwandt,
Gott, laß ruhn in deiner Hand.
Alle Menschen, groß und klein,
sollen dir befohlen sein.

Kranken Herzen sende Ruh,
nasse Augen schließe zu;
laß den Mond am Himmel stehn
und die stille Welt besehn.

Luise Hensel

ABENDGEBET

Abends, wenn ich schlafen geh',
vierzehn Engel bei mir stehn,
zwei zu meiner Rechten,
zwei zu meiner Linken,
zwei zu meinen Häupten,
zwei zu meinen Füßen,
zwei, die mich decken,
zwei, die mich wecken,
zwei, die mich weisen
in das himmlische Paradeisen.

MORGENLIED

Steht auf, ihr lieben Kinderlein,
der Morgenstern mit hellem Schein
läßt sich sehn frei gleich wie ein Held
und leuchtet in die ganze Welt.

Sei willkommen, du lieber Tag,
vor dir die Nacht nicht bleiben mag,
leucht uns in unsre Herzen fein
mit deinem himmlischen Schein.

JUGEND UND FREUNDSCHAFT

SCHÖN IST DIE JUGEND

Schön ist die Jugend bei frohen Zeiten,
schön ist die Jugend, sie kommt nicht mehr.
Drum sag' ich's noch einmal:
Schön sind die Jugendjahr',
schön ist die Jugend, sie kommt nicht mehr.

Es blühen Rosen, es blühen Nelken,
es blühen Blumen, sie welken ab.

Es blüht ein Weinstock und der trägt Reben,
und aus den Reben quillt edler Wein.

Drum bindet Rosen und bindet Kränze,
schön ist die Jugend, sie kommt nicht mehr.
Drum sag' ich's noch einmal:
Schön sind die Jugendjahr',
schön ist die Jugend, sie kommt nicht mehr.

GESELLSCHAFTSLIED

Es kann schon nicht alles so bleiben
hier unter dem wechselnden Mond;
es blüht eine Zeit und verwelket,
was mit uns die Erde bewohnt.

Wir sitzen so fröhlich beisammen,
wir haben uns alle so lieb,
wir heitern einander das Leben,
Ach wenn es doch immer so blieb'!

Doch weil es nicht immer kann bleiben,
so haltet die Freude recht fest!
Wer weiß denn, wie bald uns zerstreuet
das Schicksal nach Ost und nach West.

Doch sind wir auch fern von einander,
so bleiben die Herzen sich nah;
und alle, ja alle wird's freuen,
wenn einem was Gutes geschah!

Und kommen wir wieder zusammen
auf wechselnder Lebensbahn,
so knüpfen ans fröhliche Ende
den fröhlichen Anfang wir an.

August von Kotzebue

GOLD UND SILBER

Gold und Silber lieb' ich sehr,
kann's auch gut gebrauchen,
hätt' ich nur ein ganzes Meer,
mich hineinzutauchen;
's braucht nicht grad geprägt zu sein,
hab's auch so ganz gerne,
sei's des Mondes Silberschein,
sei's das Gold der Sterne.

Doch viel schöner ist das Gold,
das vom Lockenköpfchen
meines Liebchens niederrollt
in zwei blonden Zöpfchen.
Darum, du, mein liebes Kind,
laß uns herzen, küssen,
bis die Locken silbern sind,
und wir scheiden müssen.

Seht, wie blinkt der goldne Wein
hier in meinem Becher;
horcht, wie klingt so silberrein
froher Sang der Zecher;
daß die Zeit einst golden war,
will ich nicht bestreiten,
denk' ich doch im Silberhaar
gern vergangner Zeiten. . .

August Schnetzler

O ALTE BURSCHENHERRLICHKEIT

O alte Burschenherrlichkeit,
wohin bist du verschwunden?
Nie kehrst du wieder, goldne Zeit,
so froh und ungebunden!
Vergebens spähe ich umher,
ich finde deine Spur nicht mehr,
o jerum, jerum, jerum,
o quae mutatio rerum!

Den Burschenhut bedeckt der Staub,
es sank der Flaus in Trümmer,
der Hieber ward des Rostes Raub,
erblichen ist sein Schimmer,
verklungen der Kommersgesang,
verhallt Rapier- und Sporenklang.
O jerum, jerum, jerum,
o quae mutatio rerum!

Wo sind sie, die vom breiten Stein
nicht wankten und nicht wichen,
die ohne Moos bei Scherz und Wein
den Herrn der Erde glichen?
Sie zogen mit gesenktem Blick
in das Philisterland zurück.
O jerum, jerum, jerum,
o quae mutatio rerum!

Da schreibt mit finsterm Amtsgesicht
der eine Relationen,
der andre seufzt beim Unterricht
und der macht Rezensionen;
der schilt die sünd'ge Seele aus
und der flickt ihr verfallnes Haus.
O jerum, jerum, jerum,
o quae mutatio rerum!

Allein das rechte Burschenherz,
kann nimmermehr erkalten,
im Ernste wird, wie hier im Scherz,
der rechte Sinn stets walten.
Die alte Schale nur ist fern,
geblieben ist uns doch der Kern:
Und den laßt fest uns halten!

Drum, Freunde! reichet euch die Hand,
damit es sich erneue,
der alten Freundschaft heil'ges Band,
das alte Band der Treue.
Klingt an und hebt die Gläser hoch:
Die alten Burschen leben noch,
noch lebt die alte Treue!

Eugen Höfling

ALT HEIDELBERG

Alt Heidelberg, du feine,
du Stadt an Ehren reich,
am Neckar und am Rheine
kein' andre kommt dir gleich.

Stadt fröhlicher Gesellen,
an Weisheit schwer und Wein,
klar ziehn des Stromes Wellen,
Blauäuglein blitzen drein.

Und kommt aus lindem Süden
der Frühling übers Land,
so webt er dir aus Blüten
ein schimmernd Brautgewand.

Auch mir stehst du geschrieben
ins Herz gleich einer Braut,
es klingt wie junges Lieben
dein Name mir so traut.

Und stechen mich die Dornen,
und wird mir's drauß zu kahl,
geb' ich dem Roß die Sporen
und reit' ins Neckartal.

Joseph Victor von Scheffel

WANDERLIED

Wohlauf, die Luft geht frisch und rein,
wer lange sitzt, muß rosten;
den allersonnigsten Sonnenschein
läßt uns der Himmel kosten.
Jetzt reicht mir Stab und Ordenskleid
der fahrenden Scholaren,
ich will zu guter Sommerzeit
ins Land der Franken fahren!

Der Wald steht grün, die Jagd geht gut,
schwer ist das Korn geraten;
sie können auf des Maines Flut
die Schiffe kaum verladen.
Bald hebt sich auch das Herbsten an,
die Kelter harrt des Weines;
der Winzer Schutzherr Kilian
beschert uns etwas Feines.

Wallfahrer ziehen durch das Tal
mit fliegenden Standarten,
hell grüßt ihr doppelter Choral
den weiten Gottesgarten.
Wie gerne wär' ich mitgewallt,
ihr Pfarr' wollt' mich nicht haben!
So muß ich seitwärts durch den Wald
als räudig Schäflein traben.

Zum heil'gen Veit von Staffelstein
komm' ich emporgestiegen
und seh' die Lande um den Main
zu meinen Füßen liegen:
Von Bamberg bis zum Grabfeldgau
umrahmen Berg und Hügel
die breite, stromdurchglänzte Au –
ich wollt', mir wüchsen Flügel!

Einsiedelmann ist nicht zu Haus,
dieweil es Zeit zu mähen;
ich seh' ihn an der Halde drauß
bei einer Schnittrin stehen.
Verfahrner Schüler Stoßgebet
heißt: Herr, gib uns zu trinken!
Doch wer bei schöner Schnittrin steht,
dem mag man lange winken.

Einsiedel, das war mißgetan,
daß du dich hubst von hinnen!
Es liegt, ich seh's dem Keller an,
ein guter Jahrgang drinnen.
Hoiho! Die Pforten brech' ich ein
und trinke, was ich finde.
Du heil'ger Veit von Staffelstein,
verzeih mir Durst und Sünde!

Joseph Victor von Scheffel

DER MAI IST GEKOMMEN

Der Mai ist gekommen, die Bäume schlagen aus,
da bleibe, wer Lust hat, mit Sorgen zu Haus!
Wie die Wolken dort wandern am himmlischen Zelt,
so steht auch mir der Sinn in die weite, weite Welt.

Herr Vater, Frau Mutter, daß Gott euch behüt'!
Wer weiß, wo in der Ferne mein Glück mir noch blüht;
es gibt so manche Straße, da nimmer ich marschiert,
es gibt so manchen Wein, den ich nimmer noch probiert.

Und abends im Städtlein, da kehr' ich durstig ein:
„Herr Wirt, mein Herr Wirt, eine Kanne blanken Wein!
Ergreife die Fiedel, du lust'ger Spielmann du,
von meinem Schatz das Liedel, das sing' ich dazu!"

O Wandern, o Wandern, du freie Burschenlust!
Da wehet Gottes Odem so frisch in die Brust;
da singet und jauchzet das Herz zum Himmelszelt:
Wie bist du doch so schön, o du weite, weite Welt!

Emanuel Geibel

WANDERLIED

Wohlauf! noch getrunken
den funkelnden Wein!
Ade nun, ihr Lieben!
Geschieden muß sein.
Ade nun, ihr Berge,
du väterlich Haus!
Es treibt in die Ferne
mich mächtig hinaus.

Die Sonne, sie bleibet
am Himmel nicht stehn,
es treibt sie, durch Länder
und Meere zu gehn.
Die Woge nicht haftet
am einsamen Strand,
die Stürme, sie brausen
mit Macht durch das Land.

Mit eilenden Wolken
der Vogel dort zieht,
und singt in der Ferne
ein heimatlich Lied.
So treibt es den Burschen
durch Wälder und Feld,
zu gleichen der Mutter,
der wandernden Welt.

Da grüßen ihn Vögel
bekannt überm Meer,
sie flogen von Fluren
der Heimat hieher;
da duften die Blumen
vertraulich um ihn,
sie trieben vom Lande
die Lüfte dahin.

Die Vögel, die kennen
sein väterlich Haus;
die Blumen einst pflanzt' er
der Liebe zum Strauß;
und Liebe, die folgt ihm,
sie geht ihm zur Hand:
so wird ihm zur Heimat
das ferneste Land.

Justinus Kerner

SEHNSUCHT

In dieser Winterfrühe
wie ist mir doch zumut!
O Morgenrot, ich glühe
von deinem Jugendblut.

Es glüht der alte Felsen
und Wald und Burg zumal,
berauschte Nebel wälzen
sich jäh hinab in das Tal.

Mit tatenfroher Eile
erhebt sich Geist und Sinn
und flügelt goldne Pfeile
durch alle Ferne hin.

Auf Zinnen möcht' ich springen
in alter Fürsten Schloß,
möcht' hohe Lieder singen,
mich schwingen auf das Roß!

Und stolzen Siegeswagen
stürzt' ich mich brausend nach!
Die Harfe wird zerschlagen,
die nur von Liebe sprach.

– Wie? schwärmst du so vermessen,
Herz, hast du nicht bedacht,
hast du mit eins vergessen,
was dich so trunken macht?

Ach wohl! was aus mir singet,
ist nur der Liebe Glück,
die wirren Töne schlinget
sie sanft in sich zurück.

Eduard Mörike

SEHNSUCHT

Es schienen so golden die Sterne,
am Fenster ich einsam stand
und hörte aus weiter Ferne
ein Posthorn im stillen Land.
Das Herz mir im Leibe entbrennte,
da hab' ich mir heimlich gedacht:
Ach, wer da mitreisen könnte
in der prächtigen Sommernacht!

Zwei junge Gesellen gingen
vorüber am Bergeshang.
Ich hörte im Wandern sie singen
die stille Gegend entlang:

Von schwindelnden Felsenschlüften,
wo die Wälder rauschen so sacht,
von Quellen, die von den Klüften
sich stürzen in Waldesnacht.

Sie sangen von Marmorbildern,
von Gärten, die überm Gestein
in dämmernden Lauben verwildern,
Palästen im Mondenschein,
wo die Mädchen am Fenster lauschen,
wann der Lauten Klang erwacht,
und die Brunnen verschlafen rauschen
in der prächtigen Sommernacht.

Joseph von Eichendorff

NACH DER ERSTEN BERGFAHRT

Einem jungen Mädchen

Liebes Kind, du bist gemagert, bist verbrannt von Mittagssonnen,
deine Wangen blühen frischer, wuschest dich an kühlen Bronnen,
wie du schreitest, schlank und kräftig, über deines Gärtchens Stufen!
Deine Stimme wurde voller, die das Echo wachgerufen,
in dem klaren Herdgeläute wurde deine Stimme heller,
deine wegeskund'gen Blicke kreisen rascher, streifen schneller,
deine Lippen wurden stiller, edler wurde deine Stirne,
und dein Auge, großgeöffnet, es betrachtet noch die Firne.

Conrad Ferdinand Meyer

ZUVERSICHT

O Jugend meiner Sinne,
o Jugend meiner Jahre!
Mir glückt, was ich beginne;
mich freut, was ich gewahre!

Ich will in meine Hände
des Schicksals Führung nehmen;
ich denke nicht ans Ende,
kein Fürchten soll mich lähmen.

Und naht der Tod am Schlusse,
will ich ihn selber werben
und wie der Hauch im Kusse
im Schoß der Liebe sterben.

Ricarda Huch

LEBENSGENUSS

Brüder, laßt uns lustig sein,
weil der Frühling währet,
und der Jugend Sonnenschein
unser Laub verkläret;
Grab und Bahre warten nicht,
wer die Rosen jetzo bricht,
dem ist der Kranz bescheret. . .

Johann Christian Günther

EILE ZUM LIEBEN

Ach, Liebste, laß uns eilen,
wir haben Zeit!
Es schadet das Verweilen
uns beiderseit.

Der edlen Schönheit Gaben
fliehn Fuß für Fuß,
daß alles, was wir haben,
verschwinden muß.

Der Wangen Zier verbleichet,
das Haar wird greis,
der Augen Feuer weichet,
die Brunst wird Eis.

Das Mündlein von Korallen
wird ungestalt,
die Händ' als Schnee verfallen,
und du wirst alt.

Drum laß uns jetzt genießen
der Jugend Frucht,
eh' denn wir folgen müssen
der Jahre Flucht.

Wo du dich selber liebest,
so liebe mich.
Gib mir, daß, wann du gibest,
verlier' auch ich.

Martin Opitz

LEBENSPFLICHTEN

Rosen auf den Weg gestreut
und des Harms vergessen!
Eine kleine Spanne Zeit
ward uns zugemessen.

Heute hüpft im Frühlingstanz
noch der frohe Knabe;
morgen weht der Totenkranz
schon auf seinem Grabe.

Wonne führt die junge Braut
heute zum Altare,
eh' die Abendwolke taut,
liegt sie auf der Bahre.

Ungewisser, kurzer Dauer
ist dies Erdenleben
und zur Freude, nicht zur Trauer
uns von Gott gegeben.

Gebet Harm und Grillenfang,
gebet ihn den Winden;
ruht bei frohem Becherklang
unter grünen Linden.

Ludwig Christoph Heinrich Hölty

Rosen pflücke, Rosen blühn,
morgen ist nicht heut!
Keine Stunde laß entfliehn –
flüchtig ist die Zeit!

Trink und küsse! Sieh, es ist
heut Gelegenheit!
Weißt du, wo du morgen bist?
Flüchtig ist die Zeit!

Aufschub einer guten Tat
hat schon oft gereut!
Hurtig leben ist mein Rat –
flüchtig ist die Zeit!

Johann Wilhelm Ludwig Gleim

DER TAG DER FREUDE

Umkränzt mit Rosen eure Scheitel,
noch stehen euch die Rosen gut,
und nennet kein Vergnügen eitel,
dem Wein und Liebe Vorschub tut.
Was kann das Totenreich gestatten?
Nein! lebend muß man fröhlich sein.
Dort herzen wir nur kalte Schatten;
dort trinkt man Wasser und nicht Wein.

Seht! Phyllis kömmt: o neues Glücke,
auf! Liebe zeige deine Kunst,
bereichre hier die schönsten Blicke
mit Sehnsucht und mit Gegengunst.

O Phyllis! glaube meiner Lehre:
Kein Herz muß unempfindlich sein.
Die Sprödigkeit bringt etwas Ehre;
doch kann die Liebe mehr erfreun.

Der Wein, den ich dir überreiche,
ist nicht vom herben Alter schwer.
Doch, daß ich dich mit ihm vergleiche,
sei jung und feurig, so wie er.
So kann man dich vollkommen nennen:
So darf die Jugend uns erfreun,
und ich der Liebe selbst bekennen:
Auf Phyllis' Küsse schmeckt der Wein.

• Friedrich von Hagedorn

Die Jugend lernt mit Fallen gehn.
Sie muß sich halb verbrennen, halb versehnen
und zwischen Sturm und wilden Klippen stehn.

Christian Hofmann von Hoffmannswaldau

DER LÄNDLER

Auf die Terrasse war ich hinbefohlen,
der jugendlichen, schönen, geistvollen,
holdseligen Prinzessin vorzulesen.
Ich wählte Tasso.
Durch den Sommerabend
umschwirrt uns schon das erste Nachtinsekt.
Die Sonne war gesunken. Rot Gewölk
stand hellgetönt, mit Blau vermischt, im Westen.
Der Garten vor uns, tief gelegen, hüllt
sich ein in dunkle Schatten mehr und mehr –
und eine Nachtigall beginnt.
Der Diener
setzt auf den Tisch die Lampe, deren Licht
nicht durch den schwächsten Zug ins Flackern kommt.
Von unten, aus dem Dorfe, klingt Musik
und deutlich aus der Finsternis heraus –
Leuchtstriche, blitzen eines Tanzsaals Fenster –
die Paare huschen schnell vorbei dahinter.
Zuweilen, wenn die Tür geöffnet steht,
erschallt Gestampf, der Brummbaß, Kreischen, Jauchzen.

Unbändig scheint die Freude dort zu sein.
Ich trage unterdessen weiter vor,
wie flüchtige Bilder, unbewußt, den Trubel
im Tal an mir vorüberziehen lassend.
Und jene Verse hab' ich grad getroffen:
,,Beschränkt der Rand des Bechers einen Wein,
der schäumend wallt und brausend überquillt?":
Als ich die Lider hob und die Prinzeß,
die säumig ihre Linke das Geländer
hinüber ruhen läßt, erblicke, wie sie,
nicht meiner Lesung achtend, niederschaut,
das braune Auge träumerisch, sehnsüchtig
hinunterwendet auf den fröhlichen Ländler.
,,Wie wär' es, fänden wohl Durchlaucht Vergnügen,
sich dort dem frohen Reigen anzuschließen?"
Und sie, ein Seufzer: ,,Ach, ich tät's so gern."
Wenn ich's nur bringen könnte, wiedergeben,
wie jenes Wort von ihr gesprochen klang,
das ,,so", das ,,gern", wenn ich's nur treffen könnte,
wie sie das sagte: ,,Ach, ich tät's so gern."

Detlev von Liliencron

SO SOLL ES SEIN

Malaga und Malvasier,
süßen, heißen Wein,
trinken alle Tage wir:
So soll es sein.

Hände los! Die Wiesen hin!
Laube wird Palast,
drinnen ich ein König bin:
Du sei mein Gast.

Junges Volk und Sonnenschein,
bunter Strauß und Kranz.
Fliehen, Greifen, Ringelreihn,
Schritt, Schwung und Tanz.

Küsse werden nicht gezählt,
Liebe lädt uns ein.
Jugend ist nun jung vermählt:
So soll es sein!

Alfred Walther von Heymel

Die jubelnd nie den überschäumten Becher
gehoben in der heiligen Mitternacht,
und denen nie ein dunkles Mädchenauge,
zur Sünde lockend, sprühend zugelacht –

die nie den ernsten Tand der Welt vergaßen
und freudig nie dem Strudel sich vertraut –
oh, sie sind klug, sie bringen's weit im Leben . . .
Ich kann nicht sagen, wie mir davor graut!

Otto Erich Hartleben

ARMUT DER WEISHEIT

Ihr alten Bücher, glänzend noch bei Nacht
in Gold und Leder und voll weiser Lehren –
ihr redet mir von einst'ger Kaiserpracht,
bringt Platon, Sirach, Epikur zu Ehren.
Ihr baut mir eine Welt aus euren Blättern,
und Geister steigen auf aus euren Lettern.

Ach, ich ersehne nur im Mondenschein
ein lebend Herz, und eure Geister machen
mich bitter fühlen, daß ich bin allein,
fern der Geliebten, fern dem holden Lachen
des Mädchenmunds – o Plato, Epikur,
dagegen seid ihr arme Schelme nur.

• *Julius Grosse*

NACHTWANDLER

Trommler, laß dein Kalbfell klingen,
und, Trompeter, blas darein,
daß sie aus den Betten springen,
mordio, Michel, mordio! schrein,
tuut und trumm, tuut und trumm,
Zipfelmützen ringsherum.

Und so geh' ich durch die hellen,
mondeshellen Gassen hin,
fröhlich zwischen zwei Mamsellen,
Wäscherin und Plätterin:
links Luischen, rechts Marie,
und voran die Musici.

Aber sind wir bei dem Hause,
das ich euch bezeichnet hab',
macht gefälligst eine Pause
und seid schweigsam wie das Grab!
Scht und hm, scht und hm,
sachte um das Haus herum.

Meine heftige Henriette
wohnt in diesem kleinen Haus,
lärmen die wir aus dem Bette,
kratzt sie uns die Augen aus.
Scht und hm, scht und hm,
sachte um das Haus herum.

Lustig wieder, Musikanten!
Die Gefahr droht nun nicht mehr;
trommelt alle alten Tanten
wieder an die Fenster her!
Tuut und trumm, tuut und trumm,
Zipfelmützen ringsherum.

Ja, so geh' ich durch die hellen,
mondeshellen Gassen hin,
fröhlich zwischen zwei Mamsellen,
Wäscherin und Plätterin:
links Luischen, rechts Marie,
und voran die Musici.

Gustav Falke

AUF DEM MASKENBALL

Die Geigen girren leise,
die Flöten flüstern so fein,
die Masken drehn sich im Kreise,
plump fährt die Pauke drein.

Die Bläser blähen die Backen,
das Bombardon poltert wie wild,
da dreht sich auf zierlichsten Hacken
auf einmal das zierlichste Bild.

Ein Seufzer der Klarinette,
ein zärtliches Ach der Obo';
tanze mit mir, Pierette!
– Kein Füßchen tanzte je so.

Die Geigen girren leise,
die Flöten flüstern so fein,
die Masken drehn sich im Kreise,
ein Pfropfenknall fährt drein.

Die Bläser blähen die Backen,
das Bombardon winselt wie wund.
Den Arm um den reizendsten Nacken,
such' ich den reizendsten Mund.

Ein Seufzer der Klarinette,
ein zärtliches Ach der Obo';
küsse mich, Pierette!
– Kein Mündchen küßte je so.

Gustav Falke

NACH DEM BALLE

Setz in des Wagens Finsternis
getrost den Atlässchuh!
Die Füchse schäumen ins Gebiß;
und nun, Johann, fahr zu!
Es ruht an meiner Schulter aus
und schläft, ein müder Veilchenstrauß,
die kleine blonde Komtesse.

Die Nacht versinkt in Sumpf und Moor,
ein erster roter Streif.
Der Kiebitz schüttelt sich im Rohr
aus Schopf und Pelz den Reif.
Noch hört im Traum der Rosse Lauf,
dann schlägt die blauen Augen auf
die kleine blonde Komtesse.

Die Sichel klingt vom Wiesengrund,
der Tauber girrt und lacht,
am Rade kläfft der Bauernhund,
all Leben ist erwacht.
Ach, wie die Sonne köstlich schien,
wir fuhren schnell nach Gretna Green;
ich und die kleine Komtesse.

• *Detlev von Liliencron*

TANZLIED

Es ist ein Reihen geschlungen
ein Reihen auf dem grünen Plan,
und ist ein Lied gesungen,
das hebt mit Sehnen an,
mit Sehnen also süße,
daß Weinen sich mit Lachen paart:
Hebt, hebt im Tanz die Füße
auf lenzeliche Art.

Otto Julius Bierbaum

DIE SCHWESTER

Meine Schwester hat Hochzeit – die Glocken gehn,
alle Leute nach meiner Schwester sehn,
meine Schwester trägt Schleier und Myrtenkranz,
ihre seidne Schleppe fliegt im Tanz.

Der Bräutigam redet und lacht so laut,
er küßt die zitternden Hände der Braut –
meine schmale Hand hat noch niemand geküßt,
nicht weiß meine Lippe, was Liebe ist.

Kein heißes Begehren trat vor mich hin,
es freite mich keiner, wie schön ich auch bin,
ich bin's, die nicht Liebe noch Liebsten kennt –
und mein Blut ist jung und mein Mund, der brennt!

Agnes Miegel

Mädchen! schlingt die wildsten Tänze,
reißt nur euren Kranz entzwei!
Ohne Furcht, denn solche Kränze
flicht man immer wieder neu;
doch den andern, den ich meine,
nehmt, ihr Zärtlichen, in acht!
Und zumal im Mondenscheine,
und zumal in solcher Nacht.

Eduard Mörike

BALLADE IN FLÖREN

Im Doktorkasten des Bestecks Gefunkle . . .
Da hob sich drüben lauernd leis ein Lauf,
und die Pistole schlug das dunkle
und wimperlose Auge zu ihm auf, –

und sah ihn an . . . und was in einzlen Bildern
bisher nur unverbunden in ihm stand,
das ward bewegter Film und ward ein Schildern,
das rasend sich von dunkler Spule wand.

. . . .

Wer gestern allzu heiß genoß,
der büßt es eben heute –
es war einmal ein altes Schloß
voll junger Edelleute.

Wie schlanke Reiser standen sie
um eine weiße Rose,
und bunte Bänder banden sie
um diese makellose. –

Ein Regen fiel, die Nacht war kühl,
im Gang die Hespen funkeln,
ein leiser Schritt – die Luft ward schwül,
sie küßten sich im Dunkeln.

„Was lange in dir schlief, ist
so spät erwacht in süßem Drang!“ –
„Wenn der Brunnen tief ist,
ist die Kette lang!“

„Und doch kannst du küssen,
als ob dir's dein Mund gelehrt!“
„Liebster, Rosen müssen
duften lernen unbegehrt!“

„Deinen Bruder bitt' ich
morgen offen dich als Braut!“
„Liebster, alles litt' ich,
die ich dir vertraut,

doch ich darf nicht leiden,
daß er von uns zwein erfährt,
weil sich von euch beiden
einer von mir kehrt!

Seiner Freunde bester
hat schon von mir Schwur und Wort,
und er schützt die Schwester
für den Fernen dort.“

„Und du konntest kosen,
trotzdem, wie für mich allein!?“
„Duften nicht die Rosen
einem – und auch zwein?“

„Wort ist Spinneweben,
reiß es mir zulieb entzwei!“ –
„Wer sich ganz gegeben,
der ist nicht mehr frei . . .“

„Und er nahm die Gabe,
die ich nicht im Traum gewann?!“
„Warst bis jetzt du Knabe,
sei von heut auch – ein Mann!“

„Ja, als Mann will ich der Männer
ehrenhafter Freund auch sein,
und als ehrlichem Bekenner
wird dein Bruder mir verzeihn!“ ---

Er stürmte fort und küßte nicht
den Tau vom Rosenblatte, –
er mochte wohl die Rose nicht,
die keine Dornen hatte.

Er dachte nicht, daß sein Genoß
ihn doch mit Tod bedräute, –
es waren in dem alten Schloß
so junge Edelleute!

. . . .

Im Doktorkasten des Bestecks Gefunkle,
da hob sich drüben lauernd leis ein Lauf,
und die Pistole schlug das dunkle
und wimperlose Auge zu ihm auf . . .

Börries von Münchhausen

JUGENDGEDENKEN

Ich will spiegeln mich in jenen Tagen,
die wie Lindenwipfelwehn entflohn,
wo die Silbersaite, angeschlagen,
klar, doch bebend gab den ersten Ton,
der mein Leben lang,
erst heute noch, widerklang,
ob die Saite längst zerrissen schon;

wo ich ohne Tugend, ohne Sünde,
blank wie Schnee vor dieser Sonne lag,
wo dem Kindesauge noch die Binde
lind verbarg den blendend hellen Tag:
Du entschwundene Welt
klingst über Wald und Feld
hinter mir wie ferner Wachtelschlag.

Wie so fabelhaft ist hingegangen
jener Zeit bescheidne Frühlingspracht,
wo, von Mutterliebe noch umfangen,
schon die Jugendliebe leis erwacht
wie, vom Sonnenschein
durchspielt, ein Edelstein,
den ein Glücklicher ans Licht gebracht.

Wenn ich scheidend einst muß überspringen
jene Kluft, die keine Brücke trägt,
wird mir nicht ein Lied entgegenklingen,
das bekannt und ahnend mich erregt?
O, die Welt ist weit!
Ob nicht die Jugendzeit
irgendwo noch an das Herz mir schlägt?

Träumerei! Was sollten jene hoffen,
die nie sahn der Jugend Lieblichkeit,
die ein unnatürlich Los getroffen,
Frucht zu bringen ohne Blütenzeit!
Ach, was man nicht kennt,
danach das Herz nicht brennt
und bleibt kalt dafür in Ewigkeit!

In den Waldeskronen meines Lebens
atme fort, du kühles Morgenwehn!
Heiter leuchte, Frühstein guten Strebens,
laß mich treu in deinem Scheine gehn!
Rankend Immergrün
soll meinen Stab umblühn,
nur noch einmal will ich rückwärts sehn!

Gottfried Keller

IM WALDE

Hier an der Bergeshalde
verstummet ganz der Wind;
die Zweige hängen nieder,
darunter sitzt das Kind.

Sie sitzt in Thymiane,
sie sitzt in lauter Duft;
die blauen Fliegen summen
und blitzen durch die Luft.

Es steht der Wald so schweigend,
sie schaut so klug darein;
um ihre braunen Locken
hinfließt der Sonnenschein.

Der Kuckuck lacht von ferne,
es geht mir durch den Sinn:
Sie hat die goldnen Augen
der Waldeskönigin.

Theodor Storm

Du milchjunger Knabe,
wie siehst du mich an?
Was haben deine Augen
für eine Frage getan!

Alle Ratsherrn der Stadt
und alle Weisen der Welt
bleiben stumm auf die Frage,
die deine Augen gestellt!

Ein leeres Schneckhäusel,
schau, liegt dort im Gras;
da halte dein Ohr dran,
drin brümmelt dir was!

Gottfried Keller

ANS ZIEL

Gestern ein Rieseln
im weichen Eise.
Heute ein Bach
auf der Frühlingsreise.
Gestern ein Kind
mit Schleif und Band,
heute Jungfrau
im Festgewand.
Wohin? Wer weiß?
Und wem der Preis?
Frage die Biene,
wohin sie fliegt.
Frage die Hoffnung,
wo Eden liegt.

Johann Georg Fischer

ALS DER ERSTE SCHNEE FIEL

Gleich einem König, der in seine Staaten
zurück als Sieger kehrt, empfängt ein Jubel dich!
Der Knabe balgt um deine Flocken sich
wie bei der Krönung um Dukaten.

Selbst mir, obschon ein Mädchen und der Rute
lang nicht mehr untertan, bist du ein lieber Gast;
denn siehst du nicht, seit du die Erde hast
so weich belegt, wie ich mich spute,

zu fahren, ohne Segel, ohne Räder,
auf einer Muschel hin durch deinen weißen Flor,
so sanft und doch so leicht, so schnell, wie vor
dem Westwind eine Flaumenfeder.

Aus allen Fenstern und aus allen Türen
sieht mir der bleiche Neid aus hohlen Augen nach;
selbst die Matrone wird ein leises Ach
und einen Wunsch um mich verlieren.

Denn der, um den wir Mädchen oft uns stritten,
wird hinter mir, so schlank wie eine Tanne, stehn
und sonst auf nichts mit seinen Augen sehn
als auf das Mädchen in dem Schlitten.

Leopold Friedrich Günther von Goeckingk

DIE GESCHLECHTER

Sieh in dem zarten Kind zwei liebliche Blumen vereinigt,
Jungfrau und Jüngling, sie deckt beide die Knospe noch zu.
Leise löst sich das Band, es entzweien sich zart die Naturen,
und von der holden Scham trennet sich feurig die Kraft.
Gönne dem Knaben zu spielen, in wilder Begierde zu toben:
nur die gesättigte Kraft kehret zur Anmut zurück.
Aus der Knospe beginnt die doppelte Blume zu streben,
köstlich ist jede, doch stillt keine dein sehnendes Herz.
Reizende Fülle schwellt der Jungfrau blühende Glieder,
aber der Stolz bewacht streng, wie der Gürtel, den Reiz.
Scheu wie das zitternde Reh, das ihr Horn durch die Wälder verfolget,
flieht sie im Mann nur den Feind, hasset noch, weil sie nicht liebt.
Trotzig schauet und kühn aus finstren Wimpern der Jüngling,
und, gehärtet zum Kampf, spannet die Sehne sich an.
Fern in der Speere Gewühl und auf die stäubende Rennbahn
ruft ihn der lockende Ruhm, reißt ihn der brausende Mut.
Jetzt beschütze dein Werk, Natur! Auseinander auf immer
fliehet, wenn du nicht vereinst, feindlich, was ewig sich sucht.
Aber da bist du, du Mächtige, schon: aus dem wildesten Streite
rufst du der Harmonie göttlichen Frieden hervor . . .

Schiller

UNGEDULD

Immer wieder in die Weite,
über Länder an das Meer,
Phantasien, in der Breite
schwebt am Ufer hin und her!
Neu ist immer die Erfahrung:
Immer ist dem Herzen bang,
Schmerzen sind der Jugend Nahrung,
Tränen seliger Lobgesang.

Goethe

DER KNABE

Ich möchte einer werden so wie die,
die durch die Nacht mit wilden Pferden fahren,
mit Fackeln, die gleich aufgegangnen Haaren
in ihres Jagens großem Winde wehn.
Vorn möcht' ich stehen wie in einem Kahne,
groß und wie eine Fahne aufgerollt.
Dunkel, aber mit einem Helm von Gold,
der unruhig glänzt. Und hinter mir gereiht
zehn Männer aus derselben Dunkelheit
mit Helmen, die wie meiner unstet sind,
bald klar wie Glas, bald dunkel, alt und blind.
Und einer steht bei mir und bläst uns Raum
mit der Trompete, welche blitzt und schreit,
und bläst uns eine schwarze Einsamkeit,
durch die wir rasen wie ein rascher Traum:
die Häuser fallen hinter uns ins Knie,
die Gassen biegen sich uns schief entgegen,
die Plätze weichen aus: wir fassen sie,
und unsre Rosse rauschen wie ein Regen.

Rainer Maria Rilke

Ein Knabe stand ich so im Frühlingsglänzen
und meinte aufzuschweben in das All,
unendlich Sehnen über alle Grenzen
durchwehte mich in ahnungsvollem Schwall!
Und Wanderzeiten kamen, rauschumfangen!
Da leuchtete manchmal die ganze Welt,

und Rosen glühten, und die Glocken klangen
von fremdem Lichte jubelnd und erhellt:
Wie waren da lebendig alle Dinge
dem liebenden Erfassen nah gerückt,
wie fühlt' ich mich beseelt und tief entzückt,
ein lebend Glied im großen Lebensringe!
Da ahnte ich, durch mein Herz auch geleitet,
den Liebesstrom, der alle Herzen nährt,
und ein Genügen hielt mein Ich geweitet,
das heute kaum mir noch den Traum verklärt.

Hugo von Hofmannsthal

DER GOTT DER JUGEND

Gehn dir im Dämmerlichte,
wenn in der Sommernacht
für selige Gesichte
dein liebend Auge wacht,
noch oft der Freunde Manen
und, wie der Sterne Chor,
die Geister der Titanen
des Altertums empor;

wird da, wo sich im Schönen
das Göttliche verhüllt,
noch oft das tiefe Sehnen
der Liebe dir gestillt;
belohnt des Herzens Mühen
der Ruhe Vorgefühl,
und tönt von Melodien
der Seele Saitenspiel:

So such im stillsten Tale
den blütenreichsten Hain,
und gieß aus goldner Schale
den frohen Opferwein!
Noch lächelt unveraltet
des Herzens Frühling dir,
der Gott der Jugend waltet
noch über dir und mir.

• *Friedrich Hölderlin*

GESANG DER JÜNGLINGE

Heilig ist die Jugendzeit!
Treten wir in Tempelhallen,
wo in düstrer Einsamkeit
dumpf die Tritte widerschallen!
Edler Geist des Ernstes soll
sich in Jünglingsseelen senken,
jede still und andachtsvoll
ihrer heil'gen Kraft gedenken.

Gehn wir ins Gefild hervor,
das sich stolz dem Himmel zeiget,
der so feierlich empor
übern Erdenfrühling steiget!
Eine Welt voll Fruchtbarkeit
Wird aus dieser Blüte brechen.
Heilig ist die Frühlingszeit,
Soll an Jünglingsseelen sprechen.

Fasset die Pokale nur!
Seht ihr nicht so purpurn blinken
Blut der üppigen Natur?
Laßt uns hohen Mutes trinken,
daß sich eine Feuerkraft
selig in der andern fühle!
Heilig ist der Rebensaft,
ist des Jugendschwungs Gespiele.

Seht das holde Mädchen hier!
Sie entfaltet sich im Spiele;
eine Welt erblüht in ihr
zarter, himmlischer Gefühle.

Sie gedeiht im Sonnenschein,
unsre Kraft in Sturm und Regen.
Heilig soll das Mädchen sein,
denn wir reifen uns entgegen!

Darum geht in Tempel ein,
edeln Ernst in euch zu saugen;
stärkt an Frühling euch und Wein,
sonnet euch an schönen Augen!
Jugend, Frühling, Festpokal,
Mädchen in der holden Blüte,
heilig sei'n sie allzumal
unsrem ernsteren Gemüte!

Ludwig Uhland

AN DIE JÜNGLINGE

Trinkt des Weines dunkle Kraft,
die euch durch die Seele fließt
und zu heil'ger Rechenschaft
sie im Innersten erschließt!
Blickt hinab nun in den Grund,
dem das Leben still entsteigt,
forscht mit Ernst, ob es gesund
jedem Höchsten sich verzweigt!

Geht an einen schaur'gen Ort,
denkt an aller Ehren Strauß,
sprecht dann laut das Schöpfungswort,
sprecht das Wort: er werde! aus.
Ja, es werde! spricht auch Gott,
und sein Segen senkt sich still,
denn den macht er nicht zum Spott,
der sich selbst vollenden will.

Betet dann, doch betet nur
zu euch selbst, und ihr beschwört
aus der eigenen Natur
einen Geist, der euch erhört.

Leben heißt tief einsam sein:
In die spröde Knospe drängt
sich kein Tropfen Taus hinein,
eh' sie innre Glut zersprengt.

Gott dem Herrn ist's ein Triumph,
wenn ihr nicht vor ihm vergeht,
wenn ihr, statt im Staube dumpf
hinzuknien, herrlich steht,
wenn ihr stolz, dem Baume gleich,
euch nicht unter Blüten bückt,
wenn die Last des Segens euch
erst hinab zur Erde drückt.

Fort den Wein! Wer noch nicht flammt,
ist nicht seines Kusses wert,
und wer selbst vom Feuer stammt,
steht schon lange glutverklärt.
Euch geziemt nur eine Lust,
nur ein Gang durch Sturm und Nacht,
der aus eurer dunklen Brust
einen Sternenhimmel macht!

Friedrich Hebbel

DER GEGENWART

Ei, wer schilt die Jugend euch?
Ihr sind alle Lebensgüter,
vor der Freuden Zauberreich
steht sie als des Gartens Hüter.

Sie ist stolz und stark und kühn,
reich an Streben und an Taten, [Blühn,
braucht's doch auch erst Frühlings
eh' der Sommer reift die Saaten.

Aber eines weiß sie nicht
und wird's, oft getäuscht, erkennen:
Daß, was heut am lautsten spricht,
wofür alle Herzen brennen,

was in jeder Meinung steht
als für ewig eingegraben,
kaum, daß ein Jahrzehnt vergeht,
nur ein Spott noch ist der Knaben.

Daß, wie Mode formt das Kleid,
auch der Geist tauscht seine Trachten,
und ein Richter nur: die Zeit,
als ein letzter sei zu achten.

Darum wirkt mit rascher Tat,
übergebt euch Strom und Lüften,
doch das Urteil und den Rat
laßt den Reifern und Geprüften!

Franz Grillparzer

„Sag nur, wie trägst du so behäglich
der tollen Jugend anmaßliches Wesen?"
Fürwahr, sie wären unerträglich,
Wär' ich nicht auch unerträglich gewesen.

Goethe

Baccalaureus:

Dies ist der Jugend edelster Beruf!
Die Welt, sie war nicht, eh' ich sie erschuf;
die Sonne führt' ich aus dem Meer herauf;
mit mir begann der Mond des Wechsels Lauf;
da schmückte sich der Tag auf meinen Wegen,
die Erde grünte, blühte mir entgegen.
Auf meinen Wink, in jener ersten Nacht,
entfaltete sich aller Sterne Pracht.
Wer, außer mir, entband euch aller Schranken
philisterhaft einklemmender Gedanken?
Ich aber frei, wie mir's im Geiste spricht,
verfolge froh mein innerliches Licht
und wandle rasch, im eigensten Entzücken,
das Helle vor mir, Finsternis im Rücken.
(ab)

Mephistopheles:

Original, fahr hin in deiner Pracht! –
Wie würde dich die Einsicht kränken:

wer kann was Dummes, wer was Kluges denken,
das nicht die Vorwelt schon gedacht? –
Doch sind wir auch mit diesem nicht gefährdet,
in wenig Jahren wird es anders sein:
wenn sich der Most auch ganz absurd gebärdet,
es gibt zuletzt doch noch e' Wein.

• *Goethe*

RECHENSCHAFT

Der Meister

Frisch! der Wein soll reichlich fließen!
Nichts Verdrießlichs weh' uns an!
Sage, willst du mitgenießen,
hast du deine Pflicht getan?

Einer

Zwei recht gute junge Leute
liebten sich nur gar zu sehr,
gestern zärtlich, wütend heute,
morgen wär' es noch viel mehr:
Senkte sie hier das Genicke,
dort zerrauft' er sich das Haar;
alles bracht' ich ins Geschicke,
und sie sind ein glücklich Paar.

Chor

Sollst uns nicht nach Weine lechzen!
Gleich das volle Glas heran!
Denn das Ächzen und das Krächzen
hast du heut schon abgetan.

Einer

Warum weinst du, junge Waise?
„Gott! ich wünschte mir das Grab!
Denn mein Vormund, leise, leise,
bringt mich an den Bettelstab."
Und ich kannte das Gelichter,
zog den Schächer vor Gericht,
streng und brav sind unsre Richter,
und das Mädchen bettelt nicht.

Chor

Sollst uns nicht nach Weine lechzen!
Gleich das volle Glas heran!
Denn das Ächzen und das Krächzen
hast du heut schon abgetan.

Einer

Einem armen kleinen Kegel,
der sich nicht besonders regt,
hat ein ungeheurer Flegel
heute grob sich aufgelegt.
Und ich fühlte mich ein Mannsen,
ich gedachte meiner Pflicht,
und ich hieb dem langen Hansen
gleich die Schmarre durchs Gesicht.

Chor

Sollst uns nicht nach Weine lechzen!
Gleich das volle Glas heran!
Denn das Ächzen und das Krächzen
hast du heut schon abgetan.

Einer

Wenig hab' ich nur zu sagen:
Denn ich habe nichts getan.
Ohne Sorgen, ohne Plagen
nahm ich mich der Wirtschaft an;
doch ich habe nichts vergessen,
ich gedachte meiner Pflicht:

Alle wollten sie zu essen,
und an Essen fehlt' es nicht.

Chor
Sollst uns nicht nach Weine lechzen!
Gleich das volle Glas heran!
Denn das Ächzen und das Krächzen
hast du heut schon abgetan.

Einer
Einer wollte mich erneuen,
macht' es schlecht, verzeih' mir Gott!
Achselzucken, Kümmereien!
Und er hieß ein Patriot.
Ich verfluchte das Gewäsche,
rannte meinen alten Lauf.
Narre! wenn es brennt, so lösche,
hat's gebrannt, bau wieder auf!

Chor
Sollst uns nicht nach Weine lechzen!
Gleich das volle Glas heran!
Denn das Ächzen und das Krächzen
hast du heut schon abgetan.

Meister
Jeder möge so verkünden,
was ihm heute wohl gelang!
Das ist erst das rechte Zünden,
daß entbrenne der Gesang.
Keinen Druckser hier zu leiden,
sei ein ewiges Mandat!
Nur die Lumpe sind bescheiden,
Brave freuen sich der Tat.

Chor
Sollst uns nicht nach Weine lechzen!
Schnell das volle Glas heran!
Denn das Ächzen und das Krächzen
haben wir nun abgetan.

Drei Stimmen
Heiter trete jeder Sänger,
hochwillkommen, in den Saal:
Denn nur mit dem Grillenfänger
halten wir's nicht liberal,
fürchten hinter diesen Launen,
diesem ausstaffierten Schmerz,
diesen trüben Augenbraunen
Leerheit oder schlechtes Herz.

Chor
Niemand soll nach Weine lechzen!
Doch kein Dichter soll heran,
der das Ächzen und das Krächzen
nicht zuvor hat abgetan!

Goethe

Ein edler Mensch kann einem engen Kreise
nicht seine Bildung danken. Vaterland
und Welt muß auf ihn wirken. Ruhm und Tadel
muß er ertragen lernen. Sich und andre
wird er gezwungen recht zu kennen. Ihn
wiegt nicht die Einsamkeit mehr schmeichelnd ein.
Es will der Feind – es darf der Freund nicht schonen;
dann übt der Jüngling streitend seine Kräfte,
fühlt, was er ist, und fühlt sich bald ein Mann.

Es bildet ein Talent sich in der Stille,
sich ein Charakter in dem Strom der Welt.

Goethe

Die wahre Freundschaft zeigt sich im Versagen
zur rechten Zeit, und es gewährt die Liebe
gar oft ein schädlich Gut, wenn sie den Willen
des Fordernden mehr als sein Glück bedenkt.
Du scheinest mir in diesem Augenblick
für gut zu halten, was du eifrig wünschest,
und willst im Augenblick, was du begehrst.
Durch Heftigkeit ersetzt der Irrende,
was ihm an Wahrheit und an Kräften fehlt.

Mit fremden Menschen nimmt man sich zusammen,
da merkt man auf, da sucht man seinen Zweck
in ihrer Gunst, damit sie nutzen sollen:
Allein bei Freunden läßt man frei sich gehn,
man ruht in ihrer Liebe, man erlaubt
sich eine Laune; ungezähmter wirkt
die Leidenschaft, und so verletzen wir
am ersten die, die wir am zärtsten lieben.

Goethe

AN HERMANN

Unter Tränen rissest du dich von meinem Halse!
In die Finsternis lang sah ich verworren dir nach.
Wie? auf ewig? sagtest du so? Dann lässet auf ewig
meine Jugend von mir, lässet mein Genius mich!
Und warum? bei allem, was heilig, weißt du es selber,
wenn es der Übermut schwärmender Jugend nicht ist?
O verwegenes Spiel! Komm! nimm dein Wort noch zurücke!
– Aber du hörtest nicht, ließest mich staunend allein.
Monde vergingen und Jahre; die heimliche Sehnsucht im Herzen,
standen wir fremd, es fand keiner ein mutiges Wort,
um den kindischen Bann, den luftgewebten, zu brechen,
und der gemeine Tag löschte bald jeglichen Wunsch.
Aber heutige Nacht erschien mir wieder im Traume
deine Knabengestalt – Wehe! wo rett' ich mich hin
vor dem lieblichen Bild? Ich sah dich unter den hohen
Maulbeerbäumen im Hof, wo wir zusammen gespielt.
Und du wandtest dich ab, wie beschämt, ich strich dir die Locken
aus der Stirne: O du, rief ich, was kannst du dafür!

Weinend erwacht' ich zuletzt, trüb schien der Mond auf mein Lager,
aufgerichtet im Bett saß ich und dachte dir nach.
Oh, wie tobte mein Herz! Du fülltest wieder den Busen
mir, wie kein Bruder vermag, wie die Geliebte nicht kann!

Eduard Mörike

Gib treulich mir die Hände,
sei Bruder mir und wende
den Blick vor deinem Ende
nicht wieder weg von mir!

Ein Tempel, wo wir knien,
ein Ort, wohin wir ziehen,
ein Glück, für das wir glühen,
ein Himmel mir und dir!

Novalis

LIED DER FREUNDSCHAFT

Der Mensch hat nichts so eigen,
so wohl steht ihm nichts an,
als daß er Treu' erzeigen
und Freundschaft halten kann;
wann er mit seinesgleichen
soll treten in ein Band,
verspricht sich, nicht zu weichen
mit Herzen, Mund und Hand.

Die Red' ist uns gegeben,
damit wir nicht allein
für uns nur sollen leben
und fern von Leuten sein;
wir sollen uns befragen
und sehn auf guten Rat,
das Leid einander klagen,
so uns betreten hat.

Was kann die Freude machen,
die Einsamkeit verhehlt?
Das gibt ein doppelt Lachen,
was Freunden wird erzählt;
der kann sein Leid vergessen,
der es von Herzen sagt;
der muß sich selbst auffressen,
der in geheim sich nagt.

Gott stehet mir vor allen,
die meine Seele liebt;
dann soll mir auch gefallen,
der mir sich herzlich gibt.
Mit diesem Bunds-Gesellen
verlach' ich Pein und Not,
geh' auf den Grund der Höllen
und breche durch den Tod.

Ich hab', ich habe Herzen,
so treue wie gebührt,
die Heuchelei und Scherzen
nie wissentlich berührt;
ich bin auch ihnen wieder
von Grund der Seelen hold;
ich lieb' euch mehr, ihr Brüder,
als aller Erden Gold.

Simon Dach

DIE BÜRGSCHAFT

Zu Dionys, dem Tyrannen, schlich
Damon, den Dolch im Gewande;
ihn schlugen die Häscher in Bande.
„Was wolltest du mit dem Dolche, sprich!“
entgegnet ihm finster der Wüterich. –
„Die Stadt vom Tyrannen befreien!“
„Das sollst du am Kreuze bereuen.“

„Ich bin“, spricht jener, „zu sterben bereit
und bitte nicht um mein Leben;
doch willst du Gnade mir geben,
ich flehe dich um drei Tage Zeit,
bis ich die Schwester dem Gatten gefreit,
ich lasse den Freund dir als Bürgen –
ihn magst du, entrinn' ich, erwürgen.“

Da lächelt der König mit arger List
und spricht nach kurzem Bedenken:
„Drei Tage will ich dir schenken.
Doch wisse: wenn sie verstrichen, die Frist,
eh du zurück mir gegeben bist,
so muß er statt deiner erblassen,
doch dir ist die Strafe erlassen.“

Und er kommt zum Freunde: „Der König gebeut,
daß ich am Kreuz mit dem Leben
bezahle das frevelnde Streben;
doch will er mir gönnen drei Tage Zeit,
bis ich die Schwester dem Gatten gefreit,
so bleib du dem König zum Pfande,
bis ich komme, zu lösen die Bande.“

Und schweigend umarmt ihn der treue Freund
und liefert sich aus dem Tyrannen,
der andere ziehet von dannen.
Und ehe das dritte Morgenrot scheint,
hat er schnell mit dem Gatten die Schwester vereint,
eilt heim mit sorgender Seele,
damit er die Frist nicht verfehle.

Da gießt unendlicher Regen herab,
von den Bergen stürzen die Quellen,
und die Bäche, die Ströme schwellen.
Und er kommt ans Ufer mit wanderndem Stab,
da reißet die Brücke der Strudel hinab,
und donnernd sprengen die Wogen
des Gewölbes krachenden Bogen.

Und trostlos irrt er an Ufers Rand:
Wie weit er auch spähet und blicket
und die Stimme, die rufende, schicket –
da stößet kein Nachen vom sichern Strand,
der ihn setze an das gewünschte Land,
kein Schiffer lenket die Fähre,
und der wilde Strom wird zum Meere.

Da sinkt er ans Ufer und weint und fleht,
die Hände zum Zeus erhoben:
„O hemme des Stromes Toben!
Es eilen die Stunden, im Mittag steht
die Sonne, und wenn sie niedergeht
und ich kann die Stadt nicht erreichen,
so muß der Freund mir erbleichen."

Doch wachsend erneut sich des Stromes Wut,
und Welle auf Welle zerrinnet,
und Stunde und Stunde entrinnet,
da treibt ihn die Angst, da faßt er sich Mut
und wirft sich hinein in die brausende Flut
und teilt mit gewaltigen Armen
den Strom, und ein Gott hat Erbarmen.

Und gewinnt das Ufer und eilet fort
und danket dem rettenden Gotte:
da stürzet die raubende Rotte
hervor aus des Waldes nächtlichem Ort,
den Pfad ihm sperrend, und schnaubet Mord
und hemmet des Wanderers Eile
mit drohend geschwungener Keule.

„Was wollt ihr?" ruft er, für Schrecken bleich;
„Ich habe nichts als mein Leben,

das muß ich dem Könige geben!"
Und entreißt die Keule dem nächsten gleich:
„Um des Freundes willen erbarmet euch!"
Und drei, mit gewaltigen Streichen,
erlegt er, die andern entweichen.

Und die Sonne versendet glühenden Brand,
und von der unendlichen Mühe
ermattet, sinken die Knie:
„O, hast du mich gnädig aus Räuberhand,
aus dem Strom mich gerettet ans heilige Land,
und soll hier verschmachtend verderben,
und der Freund mir, der liebende, sterben!"

Und horch! da sprudelt es silberhell
ganz nahe, wie rieselndes Rauschen,
und stille hält er, zu lauschen;
und sieh, aus dem Felsen, geschwätzig, schnell,
springt murmelnd hervor ein lebendiger Quell,
und freudig bückt er sich nieder
und erfrischet die brennenden Glieder.

Und die Sonne blickt durch der Zweige Grün
und malt auf den glänzenden Matten
der Bäume gigantische Schatten;
und zwei Wanderer sieht er die Straße ziehn,
will eilenden Laufes vorüberfliehn,
da hört er die Worte sie sagen:
„Jetzt wird er ans Kreuz geschlagen."

Und die Angst beflügelt den eilenden Fuß,
ihn jagen der Sorge Qualen;
da schimmern in Abendrots Strahlen
von ferne die Zinnen von Syrakus,
und entgegen kommt ihm Philostratus,
des Hauses redlicher Hüter,
der erkennet entsetzt den Gebieter:

„Zurück! du rettest den Freund nicht mehr,
so rette das eigene Leben!
Den Tod erleidet er eben.

Von Stunde zu Stunde gewartet' er
mit hoffender Seele der Wiederkehr,
ihm konnte den mutigen Glauben
der Hohn des Tyrannen nicht rauben."

,,Und ist es zu spät, und kann ich ihm nicht
ein Retter willkommen erscheinen,
so soll mich der Tod ihm vereinen.
Des rühme der blut'ge Tyrann sich nicht,
daß der Freund dem Freunde gebrochen die Pflicht –
er schlachte der Opfer zweie
und glaube an Liebe und Treue."

Und die Sonne geht unter, da steht er am Tor
und sieht das Kreuz schon erhöhet,
das die Menge gaffend umstehet;
an dem Seile schon zieht man den Freund empor,
da zertrennt er gewaltig den dichten Chor:
,,Mich, Henker!" ruft er, ,,erwürget!
Da bin ich, für den er gebürget!"

Und Erstaunen ergreifet das Volk umher,
in den Armen liegen sich beide
und weinen für Schmerzen und Freude.
Da sieht man kein Auge tränenleer,
und zum Könige bringt man die Wundermär';
der fühlt ein menschliches Rühren,
läßt schnell vor den Thron sie führen.

Und blicket sie lange verwundert an;
drauf spricht er: ,,Es ist euch gelungen,
ihr habt das Herz mir bezwungen,
und die Treue, sie ist doch kein leerer Wahn –
so nehmet auch mich zum Genossen an.
Ich sei, gewährt mir die Bitte,
in eurem Bunde der dritte."

• *Schiller*

DER GUTE KAMERAD

Ich hatt' einen Kameraden,
einen bessern findst du nit.
Die Trommel schlug zum Streite,
er ging an meiner Seite
in gleichem Schritt und Tritt.

Eine Kugel kam geflogen;
gilt's mir oder gilt es dir?
Ihn hat es weggerissen,
er liegt mir vor den Füßen,
als wär's ein Stück von mir.

Will mir die Hand noch reichen,
derweil ich eben lad':
kann dir die Hand nicht geben;
bleib du im ew'gen Leben,
mein guter Kamerad!

Ludwig Uhland

DER SOLDAT

Es geht bei gedämpfter Trommel Klang,
wie weit noch die Stätte, der Weg wie lang!
O käm' er zur Ruh' und wär' es vorbei!
Ich glaub', es bricht mir das Herz entzwei.

Ich hab' in der Welt nur ihn geliebt,
nur ihn, dem jetzt man den Tod doch gibt.
Bei klingendem Spiele wird paradiert,
dazu bin ich auch kommandiert.

Da schaut er auf zum letztenmal
in Gottes Sonne freudigen Strahl;
nun binden sie ihm die Augen zu –
dir schenke Gott die ewige Ruh!

Es haben die neun wohl angelegt,
acht Kugeln haben vorbeigefegt;
sie zitterten alle vor Jammer und Schmerz,
ich aber, ich traf ihn mitten ins Herz.

Adelbert von Chamisso

DER POSTILLION

Lieblich war die Maiennacht,
Silberwölklein flogen,
ob der holden Frühlingspracht
freudig hingezogen.

Schlummernd lagen Wies' und Hain,
jeder Pfad verlassen;
niemand als der Mondenschein
wachte auf den Straßen.

Leise nur das Lüftchen sprach,
und es zog gelinder
durch das stille Schlafgemach
all der Frühlingskinder.

Heimlich nur das Bächlein schlich;
denn der Blüten Träume
dufteten gar wonniglich
durch die stillen Räume.

Rauher war mein Postillion
ließ die Geißel knallen,
über Berg und Tal davon
frisch sein Horn erschallen.

Und von flinken Rossen vier
scholl der Hufe Schlagen,
die durchs blühende Revier
trabten mit Behagen.

Wald und Flur im schnellen Zug
kaum gegrüßt – gemieden;
und vorbei, wie Traumesflug,
schwand der Dörfer Frieden.

Mitten in dem Maienglück
lag ein Kirchhof innen,
der den raschen Wanderblick
hielt zu ernstem Sinnen.

Hingelehnt an Bergesrand
war die bleiche Mauer,
und das Kreuzbild Gottes stand
hoch, in stummer Trauer.

Schwager ritt auf seiner Bahn
stiller jetzt und trüber;
und die Rosse hielt er an,
sah zum Kreuz hinüber:

„Halten muß hier Roß und Rad!
Mag's Euch nicht gefährden;
drüben liegt mein Kamerad
in der kühlen Erden!

Ein gar herzlieber Gesell!
Herr, 's ist ewig schade!
Keiner blies das Horn so hell
wie mein Kamerade!

Hier ich immer halten muß,
dem dort unterm Rasen
zum getreuen Brudergruß
sein Leiblied zu blasen!"

Und dem Kirchhof sandt' er zu
frohe Wandersänge,
daß es in die Grabesruh'
seinem Bruder dränge.

Und des Hornes heller Ton
klang vom Berge wieder,
ob der tote Postillion
stimmt' in seine Lieder. –

Weiter ging's durch Feld und Hag
mit verhängtem Zügel;
lang mir noch im Ohre lag
jener Klang vom Hügel.

• *Nikolaus Lenau*

AN DAS TRINKGLAS
EINES VERSTORBENEN FREUNDES

Du herrlich Glas, nun stehst du leer,
Glas, das er oft mit Lust gehoben;
die Spinne hat rings um dich her
indes den düstern Flor gewoben.

Jetzt sollst du mir gefüllet sein
mondhell mit Gold der deutschen Reben!
In deiner Tiefe heil'gen Schein
schau' ich hinab mit frommem Beben.

Was ich erschau' in deinem Grund,
ist nicht Gewöhnlichen zu nennen,
doch wird mir klar zu dieser Stund',
wie nichts den Freund vom Freund kann trennen.

Auf diesen Glauben, Glas so hold!
Trink' ich dich aus mit hohem Mute.
Klar spiegelt sich der Sterne Gold,
Pokal, in deinem teuren Blute.

Still geht der Mond das Tal entlang,
ernst tönt die mitternächt'ge Stunde,
leer steht das Glas, der heil'ge Klang
tönt nach in dem kristallnen Grunde.

Justinus Kerner

SPIEL

Denkst, Freund, des wilden Knabenspiels du noch,
das wir getrieben einst am Bergesjoch,
wann unser freud'ger Wandertag verglomm
und höher stets und immer höher klomm?
Wir sprangen jubelnd über Stock und Stein
bergan und wieder in das Licht hinein,
und noch einmal und noch einmal,
bis uns entschlüpft' der letzte Sonnenstrahl.

Das Spiel, das wir im Alpentale dort
getrieben, Freund, wir spielen's heut noch fort.
Wann neben uns das süße Licht erbleicht,
wir steigen, bis von neuem wir's erreicht.
Wir springen rüstig über Stock und Stein
und mitten wieder in den Tag hinein,
und noch einmal und noch einmal,
bis uns entschlüpft der letzte Lebensstrahl.

Conrad Ferdinand Meyer

BUCH DER LIEBE

Wunderlichstes Buch der Bücher
ist das Buch der Liebe;
aufmerksam hab' ich's gelesen:
wenig Blätter Freuden,
ganze Hefte Leiden;
einen Abschnitt macht die Trennung.
Wiedersehn! ein klein Kapitel,
fragmentarisch. Bände Kummers,
mit Erklärungen verlängert,
endlos, ohne Maß.
O! Nisami! – doch am Ende
hast den rechten Weg gefunden;
Unauflösliches, wer löst es?
Liebende, sich wieder findend.

• *Goethe*

Stehen nicht Amors Tempel offen?
Wallet nicht zu dem Schönen die Welt?
Da ist das Fürchten! Da ist das Hoffen!
König ist hier, wer den Augen gefällt!
Auch die Liebe beweget das Leben,
daß sich die graulichten Farben erheben.
Reizend betrügt sie die glücklichen Jahre,
die gefällige Tochter des Schaums;
in das Gemeine und Traurigwahre
webt sie die Bilder des goldenen Traums.

Schiller

★

DER WUNSCH

Du holder Gott der süß'sten Lust auf Erden,
der schönsten Göttin schöner Sohn!
Komm, lehre mich die Kunst, geliebt zu werden;
die leichte Kunst zu lieben weiß ich schon.

Komm ebenfalls und bilde Phyllis' Lachen,
Cythere, gib ihr Unterricht;
denn Phyllis weiß die Kunst, verliebt zu machen;
die leichte Kunst zu lieben weiß sie nicht.

• *Friedrich von Hagedorn*

Nach meiner Lieb' viel hundert Knaben trachten,
allein der, den ich lieb', will mein nicht achten.
Ach weh mir armen Maid, vor Lieb' muß ich verschmachten.

Jeder begehrt zu mir sich zu verpflichten,
allein der, den ich lieb', tut mich vernichten.
Ach weh mir armen Maid, was soll ich denn anrichten?

Von allen keiner mag mir widerstreben,
allein der, den ich lieb', will sich nicht geben.
Ach weh mir armen Maid, was soll mir dann das Leben?

Ach, Amor, laß doch Phyllis nicht so spröde,
rief Damon aus in seinem Schmerz;
ach, Amor, laß doch Damon nicht so blöde,
rief Phyllis aus, und gib ihm etwas Herz!

Friedrich Hebbel

Ach Fräulein zart, du bist mein Herz und Leben,
niemand nach Gott, als du, kann Hilf' mir geben;
Warum trachtst du denn nur mich zu betrüben?
Mach's wie du willst, so will ich stets dich lieben.

Dein' schön' Gestalt hat mir mein Herz umfangen,
nach dir allein hab' ich all mein Verlangen:
warum trachtst du denn nur mich zu betrüben?
Mach's wie du willst, so will ich stets dich lieben.

Silvia ist wohlgemacht.
Ihre Glieder sind wie Ketten,
und ich wollte sicher wetten,
daß von hundert Amouretten
drei nicht ihre Schönheit hätten,
noch ihr holdes Angesicht –
nur ihr Herze tauget nicht.

Ach du ungezognes Herz!
Wenn du denn allein mißfällest,
wenn du ihren Geist verstellest,
wenn du ihren Mund vergällest
und mit Trotze von dir prellest,
was sich dir und ihr verpflicht' –
warum ändert sie sich nicht?

Benjamin Neukirch

Wer ein Liebchen hat gefunden,
die es treu und redlich meint,
lohn' es ihr durch tausend Küsse,
mach' ihr all das Leben süße,
sei ihr Tröster, sei ihr Freund!
Trallalera, trallalera!

Doch sie treu sich zu erhalten,
schließ' er Liebchen sorglich ein;
denn die losen Dinger haschen
jeden Schmetterling und naschen
gar zu gern vom fremden Wein.
Trallalera, trallalera!

Sonderlich beim Mondenscheine,
Freunde, nehmt sie wohl in acht!
Oft lauscht da ein junges Herrchen,
kirrt und lockt das kleine Närrchen,
und dann, Treue, gute Nacht!
Trallalera, trallalera!

• *Christoph Friedrich Bretzner*

DIE FORELLE

In einem Bächlein helle,
da schoß in froher Eil'
die launige Forelle
vorüber wie ein Pfeil.
Ich stand an dem Gestade
und sah in süßer Ruh'
des muntern Fisches Bade
im klaren Bächlein zu.

Ein Fischer mit der Rute
wohl an dem Ufer stand
und sah's mit kaltem Blute,
wie sich das Fischlein wand.
Solang dem Wasser Helle,
so dacht' ich, nicht gebricht,
so fängt er die Forelle
mit seiner Angel nicht.

Doch plötzlich ward dem Diebe
die Zeit zu lang. Er macht
das Bächlein tückisch trübe,
und eh' ich es gedacht,
so zuckte seine Rute,
das Fischlein zappelt' dran,
und ich mit regem Blute
sah die Betrogne an.

Die ihr am goldnen Quelle
der sichern Jugend weilt,
denkt doch an die Forelle!
Seht ihr Gefahr, so eilt!
Meist fehlt ihr nur aus Mangel
der Klugheit. Mädchen, seht
Verführer mit der Angel!
Sonst blutet ihr zu spät.

Christian Friedrich Daniel Schubart

PHIDILE

Ich war erst sechzehn Sommer alt,
unschuldig und nichts weiter,
und kannte nichts als unsern Wald,
als Blumen, Gras und Kräuter.

Da kam ein fremder Jüngling her;
ich hatt' ihn nicht verschrieben,
und wußte nicht, wohin noch her;
der kam und sprach von Lieben.

Er hatte schönes langes Haar
um seinen Nacken wehen;
und einen Nacken, als der war,
hab' ich noch nie gesehen.

Sein Auge, himmelblau und klar!
Schien freundlich was zu flehen;
so blau und freundlich, als das war,
hab' ich noch keins gesehen.

Und sein Gesicht, wie Milch und Blut!
Ich hab's nie so gesehen;
auch, was er sagte, war sehr gut,
nur konnt' ich's nicht verstehen.

Er ging mir allenthalben nach
und drückte mir die Hände,
und sagte immer O und Ach
und küßte sie behende.

Ich sah ihn einmal freundlich an
und fragte, was er meinte;
da fiel der junge schöne Mann
mir um den Hals, und weinte.

Das hatte niemand noch getan;
doch war's mir nicht zuwider,
und meine beiden Augen sahn
in meinen Busen nieder.

Ich sagt' ihm nicht ein einzig Wort,
als ob ich's übelnähme,
kein einzigs, und – er flohe fort;
wenn er doch wiederkäme!

Matthias Claudius

ALTES LIED

Es ist manch heimliche Quelle,
die klagend im Dunkeln singt:
Ist denn kein Becher zur Stelle,
kein Becherlein, das mich trinkt?

Es ist an heimlicher Stelle
manch Becherlein arm und leer,
das von der klagenden Quelle
so gern gefüllet wär'!

Wenn das vom klagenden Quelle
und der vom Becherlein wüßt':
manch Mädchen und mancher Geselle,
die hätten sich längst geküßt!

Georg Busse-Palma

DAS HEXLEIN

Und woni uffem Schnidstuehl sitz
für Basseltang[1] und Liechtspöhn schnitz,
se chunnt e Hexli wohlgimuet
und frogt no frey: „Haut's Messer guet?"

Und seit[2] mer frey no Guete Tag!
Und woni lueg[3], und woni sag:
„'s chönnt besser go, un Große Dank!"
Se wird mer 's Herz uf eimol chrank.

Und uf und furt enanderno,
und woni lueg, isch's nümme do,
und woni rüef: „Du Hexli, he!"
Se git's mer scho kei Antwort meh.

Und sider schmeckt mer 's Esse nit;
stell umme, was de hesch und witt[4],
und wenn en anders schlofe cha,
se höri alli Stunde schla.

Und was i schaff, das grotet nit,
und alli Schritt und alli Tritt,
se chunnt mer ebe das Hexli für,
und was i schwetz, isch hinterfür.

's isch wohr, es hat e Gsichtli gha
's verluegte si en Engel dra,
und 's seit mit so 'me freye Muet,
So lieb und süeß: „Haut 's Messer guet?"

Und leider hani's ghört und gseh,
und sellemols und nümme meh.
Dort isch's an Hag und Hurst verbey,
und witers über Stock und Stei.

Wer spöchtet mer mi Hexli us,
wer zeigt mer siner Muetter Hus?
I lauf no, was i laufe cha,
wer weiß, se triffi's doch no a!

I lauf no alli Dörfer us,
i suech und frog vo Hus zu Hus,
und würd mer nit mi Hexli chund,
se würdi ebe nümme gsund.

Johann Peter Hebel

[1] Zeitvertreib [2] sagt [3] schau [4] hast und weißt

DER BEVORZUGTE

Ich bin die Kathrein
von Peterwardein.
Hab' im Weißkircher Amt
die Männer allesamt.
Zygan und Magyar
und die Deutschen gar.
Was ich nur an mir hab',
daß keiner ein' andre mag?
Der Janauschek
geht nicht von meiner Schürze weg.
Der prächtige Kasimir
tanzt einzig mit mir.
Der Wenzel, der Janos, der Razziwill
tun, was ich will.
Wo ich mein Köpferl zeig',
gibt's Gaudi und Streit.
Wer nicht gestochen liegt,
der hat die Schwindsucht kriegt.
Den Benedikt
haben's ins Narrenhaus g'schickt.
Dem Gutsherrn sein Sohn
ist zu den Türken davon.
Der Franz hat si g'henkt,
der Friedel ertränkt.
Nur der Dieter steht fern,
den mag' i gern.

Carl Spitteler

HE SÄ MI SO VEEL

He sä mi so veel, un ik sä em keen Wort,
un all wat ik sä, weer: „Jehann, ik mutt fort!“

He sä mi von Leev[1] und vun Himmel un Eer
he sä mi vun allens – ik weet ni mal mehr!

He sä mi so veel, un ik sä em keen Wort.
Un all wat ik sä, weer: „Jehann, ik mutt fort!“

He heel mi de Hann', un he be[2] mi so dull,
ik schull em doch gut ween, un ob ik ni wull?

Ik weer je ni bös, awer sä doch keen Wort,
un all wat ik sä, weer: „Jehann, ik mutt fort!“

Nu sitt ik un denk, un denk jümmer deran,
mi düch, ik muss seggt hebbn: „Wa geern, min Jehann!“

Un doch, kumt dat wedder, so segg ik keen Wort,
und hollt he mi, segg ik: „Jehann, ik mutt fort!“

Klaus Groth

[1] Liebe [2] bat

WOS D'LIAB OLL'S IS

D' Liab is a Rauba
möcht in Herzerle sein;
und won ma nit aufmocht,
so bricht's oan holt ein.

D' Liab is a Vögerl,
in Mai fliegt's daher;
tuas fonga, schau, späta,
do kimts neamamehr.

Und's Vögerl is hoamisch,
mei Herz is sei Haus;
hiazt, wo ih ah aufmoch',
fliagts neamamehr aus.

A hellklingends Glöckl
in Herzen is d' Liab;
gib Ocht, daß's koan Sprung kriagt,
sist leits nocha trüab!

D' Liab is a Wasserl,
rinnt unta die Bruck,
und mei Herz is a Schifferl,
kimt neamamehr zruck.

D' Liab is a Bleamerl,
recht guat muaßt es pflegn;
schau, d' Liab braucht a Busserl,
wia 's Bleamerl an Regn.

Peter Rosegger

DARF IH 'S DIRNDL LIABN?

Ih bin jüngst verwichn
hin zan Pforra gschlichn:
„Därf ih 's Dirndl liabn?" –
„Untasteh dih nit, bei meina Seel,
wonstas Dirndl liabst, so kimst in d'Höll!"

Bin ih vull Valonga
zu da Muata gonga:
„Därf ih 's Dirndl liabn?"
„O mei liaba Schotz, es is noh z'frua,
noch funfzehn Jahrln erst, mei
liaba Bua!"

Woar in groß Nötn,
hon ih 'n Votan betn:
„Därf ih 's Dirndl liabn?" Zurn,
„Duners Schlangl!", schreit er in sein
„willst mein Steckn kostn, konst es tuan!"

Wos is onzufanga?
Bin zan Herrgott gonga:
„Därf ih 's Dirndl liabn?"
„Ei jo freili", sogt er und hot glocht,
„wegn an Büaberl hon ih 's Dirndl
ja gmocht!"

Peter Rosegger

EEN DING

„Och, Moder, ich will een Ding haan."
„Wat för'n Ding, ming Herzenskind?"
„Een Ding, een Ding!"
„Wilst du denn een Pöppken haan?"
„Ne, Moder, ne!
Ji sied[1] keen gode Moder,
ji könnt dat Ding nicht roden[2],
wat dat Kind för'n Ding will haan.
Dingerling, Ding, Ding."

„Och, Moder, ich will een Ding haan!"
„Wat för'n Ding, ming Herzenskind?"
„Een Ding, een Ding!"
„Wilst du nich een Ringelche haan?"
„Ne, Moder, ne!
Ji sied keen gode Moder,
ji könnt dat Ding nich roden,
wat dat Kind för'n Ding will haan.
Dingerling, Ding, Ding."

„Och, Moder, ich will een Ding haan!"
„Wat för'n Ding, ming Herzenskind?"
„Een Ding, een Ding."
„Wilst du denn eene Mann haan?"
„Ja, Moder, ja!
Ji sied een gode Moder,
ji könnt dat Ding ja roden,
wat dat Kind för'n Ding will haan.
Dingerling, Ding, Ding."

[1] Ihr seid [2] raten

MYRTEN

Sie brach ein Reis vom Hochzeitskranz
und pflanzt' es gläubig ein.
„Nun trage mir ein Kränzlein grün
fürs künftige Töchterlein!"

Sind sechzehn Jahre wohl herum;
das Reislein wuchs heran.
Hier sitzt das wackre Töchterlein –
fehlt nur der Freiersmann.

Theodor Storm

BARBARAZWEIGE

Am Barbaratage holt' ich
drei Zweiglein vom Kirschenbaum,
die setzt' ich in eine Schale,
drei Wünsche sprach ich im Traum.

Der erste, daß einer mich werbe,
der zweite, daß er noch jung,
der dritte, daß er auch habe
des Geldes wohl genung.

Weihnachten vor der Mette
zwei Stöcklein nur blühen zur Frist:
ich weiß einen armen Gesellen,
den nähm' ich, wie er ist.

Martin Greif

SCHÖN-ROHTRAUT

Wie heißt König Ringangs Töchterlein?
Rohtraut, Schön-Rohtraut.
Was tut sie denn den ganzen Tag,
da sie wohl nicht spinnen und nähen mag?
Tut fischen und jagen.
O daß ich doch ihr Jäger wär'!
Fischen und Jagen freute mich sehr.
– Schweig stille, mein Herze!

Und über eine kleine Weil,
Rohtraut, Schön-Rohtraut,
so dient der Knab' auf Ringangs Schloß
in Jägertracht und hat ein Roß,
mit Rohtraut zu jagen.
O daß ich doch ein Königssohn wär'!
Rohtraut, Schön-Rohtraut lieb ich so sehr.
– Schweig stille, mein Herze!

Einsmals sie ruhten am Eichenbaum,
da lacht' Schön-Rohtraut:
„Was siehst mich an so wunniglich?
Wenn du das Herz hast, küsse mich!"
Ach! erschrak der Knabe!
Doch denket er: „Mir ist's vergunnt",
und küsset Schön-Rohtraut auf den Mund
– Schweig stille, mein Herze!

Darauf sie ritten schweigend heim,
Rohtraut, Schön-Rohtraut;
es jauchzt der Knab' in seinem Sinn!
„Und würdst du heute Kaiserin,
mich sollt's nicht kränken!
Ihr tausend Blätter im Walde wißt,
ich hab' Schön-Rohtrauts Mund geküßt!
– Schweig stille, mein Herze!"

Eduard Mörike

Aus ihren Augen lacht die Freude,
auf ihren Lippen blüht die Lust,
und unterm Amazonenkleide
hebt Mut und Stolz und Drang die Brust.

Doch unter Locken, welche fliegen
um ihrer Schulter Elfenbein,
verrät ein Seitenblick beim Siegen
den schönen Wunsch, besiegt zu sein!

Jakob Michael Reinhold Lenz

AN DIE SPRÖDE

Gertrude, weiße Blume,
was bist du so stolz;
es wächst kein grünes Blättlein
am trockenen Holz.

Die Nachtigall singt nicht
in Schnee und in Eis;
die Liebe schmeckt am schönsten,
wenn niemand es weiß.

Gertrude, weiße Blume,
der Flieder, der blüht;
die Nachtigall im Walde,
die singet ihr Lied.

Sie singet von Liebe,
sie singet von Glück;
die Zeit, die verpaßt ist,
die kommt nicht zurück.

Gertrude, weiße Blume,
und kurz ist der Mai;
was willst du noch warten,
bald ist es vorbei.

Hermann Löns

HEIDENRÖSLEIN

Sah ein Knab' ein Röslein stehn,
Röslein auf der Heiden,
war so jung und morgenschön,
lief er schnell, es nah zu sehn,
sah's mit vielen Freuden.
Röslein, Röslein, Röslein rot,
Röslein auf der Heiden.

Knabe sprach: „Ich breche dich,
Röslein auf der Heiden!“
Röslein sprach: „Ich steche dich,
daß du ewig denkst an mich,
und ich will's nicht leiden.“
Röslein, Röslein, Röslein rot,
Röslein auf der Heiden.

Und der wilde Knabe brach
's Röslein auf der Heiden;
Röslein wehrte sich und stach,
half ihm doch kein Weh und Ach,
mußt' es eben leiden.
Röslein, Röslein, Röslein rot,
Röslein auf der Heiden.

Goethe

DAS MÄDCHEN MIT DEN HELLEN AUGEN

Das Mädchen mit den hellen Augen,
die wollte keines Liebste sein;
sie sprang und ließ die Zöpfe fliegen,
die Freier schauten hinterdrein.

Die Freier standen ganz von ferne
in blanken Röcken lobesam.
„Frau Mutter, ach, so sprecht ein Wörtchen
und macht das liebe Kindlein zahm!"

Die Mutter schlug die Händ' zusammen,
die Mutter rief: „Du töricht Kind,
greif zu, greif zu! Die Jahre kommen,
die Freier gehen gar geschwind!"

Sie aber ließ die Zöpfe fliegen
und lachte alle Weisheit aus;
da sprang durch die erschrocknen Freier
ein toller Knabe in das Haus.

Und wie sie bog das wilde Köpfchen
und wie ihr Füßchen schlug den Grund,
er schloß sie fest in seine Arme
und küßte ihren roten Mund.

Die Freier standen ganz von ferne,
die Mutter rief vor Staunen schier:
„Gott schütz' dich vor dem ungeschlachten,
ohn' Maßen groben Kavalier!"

Theodor Storm

WIE ER WOLLE GEKÜSSET SEIN

Nirgends hin als auf den Mund:
Da sinkt's in des Herzens Grund;
nicht zu frei, nicht zu gezwungen,
nicht mit gar zu fauler Zungen.

Nicht zu wenig, nicht zu viel:
Beides wird sonst Kinderspiel.
Nicht zu laut und nicht zu leise:
Bei der Maß' ist rechte Weise.

Nicht zu harte, nicht zu weich,
bald zugleich, bald nicht zugleich.
Nicht zu langsam, nicht zu schnelle,
nicht ohn' Unterscheid der Stelle.

Halb gebissen, halb gehaucht,
halb die Lippen eingetaucht,
nicht ohn' Unterscheid der Zeiten,
Mehr alleine denn bei Leuten.

Paul Fleming

Jungfern, wenn des Liebsten Mund
sich zu eurem Munde schicket –
haltet still! Es ist der Grund,
drauf die Lieb ihr Siegel drücket.

Friedrich von Logau

Wie willst du weiße Lilien
zu roten Rosen machen?
Küß eine weiße Galathee:
Sie wird errötet lachen.

Friedrich von Logau

Man meint, ein abgestohlner Kuß sei minder angenehme?
Der Kuß wird süßer, wenn man schaut, wie sie so schön sich schäme,
und was man leichter haben kann, ist selten sehr bequeme.

Friedrich von Logau

Die Großmutter spricht:
Ein Manneskuß sticht
und beißt, gleich der Schlange,
drum wahr deine Wange.

Recht hat sie hierin;
denn als mich letzthin
der Jäger tat küssen,
hat er mich gebissen.

Noch sind mir zur Stund'
die Lippen ganz wund;
doch sprech' ich von Herzen:
Mir macht er nicht Schmerzen!

Und biss' er mich sehr,
ich wehrt's ihm nicht mehr;
zwar ist es nicht üblich,
doch beißt er zu lieblich!

Die süße Näscherei,
ein lieblich Mündleinkuß,
macht zwar niemanden fett,
stillt aber viel Verdruß.

Friedrich von Logau

DIE KÜSSE

Als sich aus Eigennutz Elisse
dem muntern Koridon ergab,
nahm sie für einen ihrer Küsse
ihm anfangs dreißig Schäfchen ab.

Am andern Tag erschien die Stunde,
daß er den Tausch viel besser traf.
Sein Mund gewann von ihrem Munde
Schon dreißig Küsse für ein Schaf.

Der dritte Tag war zu beneiden:
Da gab die milde Schäferin
um einen neuen Kuß mit Freuden
ihm alle Schafe wieder hin.

Allein am vierten ging's betrübter,
indem sie Herd' und Hund verhieß
für einen Kuß, den ihr Geliebter
umsonst an Doris überließ.

Friedrich von Hagedorn

Einst ging ich meinem Mädchen nach
tief in den Wald hinein
und fiel ihr um den Hals, und – ach!
droht' sie, ich werde schrein.

Da rief ich trotzig: Ha! ich will
den töten, der uns stört!
Still, lispelt' sie, Geliebter, still!
Daß ja dich niemand hört.

Goethe

Karl gab Julchen einen Kuß,
unterm Schirm beim Regenguß.
Julchen wurde sehr verlegen,
nahm es dann entsetzlich krumm,
und nun schaut's, ist Karl zugegen,
immer sich nach Regen um.

Neumond und geküßter Mund
sind gleich wieder hell und frisch und gesund.

Goethe

Gäben alle Küsse Flecken,
wären alle Mädchen Schecken.

Der erste Kuß ist aller Küsse Krone;
beim zweiten wird das Weib schon halb Matrone.

DIE WURZELN DES ÜBELS

Mein Kind, das ist der Grund des Übels:
Ich kann bei dir nicht stündlich sein;
sonst kämst du nicht auf den Gedanken,
daß Küssen könnte sündlich sein.

Das Gegenteil will ich beweisen;
doch soll die Wirkung gründlich sein,
so muß vor allem das Verfahren
sowohl geheim als mündlich sein.

Heinrich Leuthold

Amors Pfeil hat Widerspitzen.
Wen er traf, der lass' ihn sitzen,
und erduld' ein wenig Schmerz!
Wer geprüften Rat verachtet
und ihn auszureißen trachtet,
der zerfleischet ganz sein Herz.

Gottfried August Bürger

Ein Zaun dazwischen
mag die Lieb' erfrischen!

DIE LIEBENDEN

Meinem Freund, dem wunderlichen,
wechseln seltsam die Gelüste.
Als wir jüngst den Wald durchstrichen,
denkt ihr wohl, daß er mich küßte?

Meine Hand hielt er gefangen,
zog ein kleines scharfes Scherchen –
wär' ein Mensch des Wegs gegangen,
ihn erstaunte solches Pärchen.

Auf dem Stamm, da wir gesessen,
gegen alle Liebesregel
hat er Scherz und Kuß vergessen,
schnitt behutsam mir die Nägel.

Sprach: So große gelbe Katzen
schuf Natur nicht treu und ehrlich,
haben Schwerter an den Tatzen,
und ihr Krallen ist gefährlich.

Feilt' und glättet' drauf bedächtig,
und ich hielt und mußte lachen,
denn das Werk gelang ihm prächtig,
könnt' es selbst nicht besser machen.

Und ich dachte still das meine:
Solche große gelbe Katzen,
wie ich meinem Freund erscheine,
können ohne Krallen kratzen.

Isolde Kurz

IM GARTEN

Die hohen Himbeerwände
trennten dich und mich,
doch im Laubwerk unsre Hände
fanden von selber sich.

Die Hecke konnt' es nicht wehren,
wie hoch sie immer stund:
Ich reichte dir die Beeren,
und du reichtest mir deinen Mund.

Ach, schrittest du durch den Garten
noch einmal im raschen Gang,
wie gerne wollt' ich warten,
warten stundenlang.

Theodor Fontane

SOMMERMITTAG

Nun ist es still um Hof und Scheuer,
und in der Mühle ruht der Stein;
der Birnenbaum mit blanken Blättern
steht regungslos im Sonnenschein.

Die Bienen summen so verschlafen;
und in der offnen Bodenluck',
benebelt von dem Duft des Heues,
im grauen Röcklein nickt der Puck.

Der Müller schnarcht und das Gesinde,
und nur die Tochter wacht im Haus;
die lachet still und zieht sich heimlich
fürsichtig die Pantoffeln aus.

Sie geht und weckt den Müllerburschen,
der kaum den schweren Augen traut:
„Nun küsse mich, verliebter Junge;
doch sauber, sauber! nicht zu laut."

Theodor Storm

TRIN

Mit Nadel und Tweern[1]
keem de lütt Deern.
As se mi nu den utneiten Knopp anneiht,
un so flink de Finger ehr geiht,
un se so neech[2] bi mi steit,
denk ick, wat kann dat sien, man to[3]
Un ick gev ehr 'n Söten,[4] hallo, hallo.
Auk, har[5] ick een weg, un dat wern Släg,
datt ick glieks dat Jammern kreeg.

Do kiekt se mi ganz luri[6] an:
Häv ick wehdan, min leve Mann?
Ja, segg ick, un ganz sachen[7]
fat ick se üm, greep frischen Mot,
un nu güngt ja allns up eenmal got.

Als se gung, segg ick: Lütt Deern,
Kumms ock mal wedder mit Nadel und Tweern?
„Ja geern!"

Detlev von Liliencron

[1] Zwirn [2] nah [3] nur zu [4] Kuß [5] hatt [6] betrübt [7] sachte

VOM BUSSELN

Geh, gib mir a' Bussel
Und mach koa so G'schicht,
i druck scho' die Aug'n zua,
daß's niemand siecht.

Geh, gib mir a' Bussel,
oa Bussel – was tuat's?
Es gibt ja nix Bessers,
als wie ebbes Guats.

Karl Stieler

'S BUSS'L

A Buss'l is a g'schboasig's[1] Ding,
es rig'ld oam's ganzi Bluad,
ma issd's nöd und ma drinkd's ah nöd,
und's schmökd doh goar so guad.

Es wiard oam so kuarjos dabai,
das ma's nöd sag'n kan,
in Laib soan lauta Köfa[2] drin,
dö fangan z'wuarl'n[3] an.

Und wear amahl o an Buss'l kriagd,
dear gibd schon goar kaon Rua,
und wan eam's Deand'l hundad gibd,
so had a noh nöd gnua.

Bua! wansd' di nöd rechd z'röd'n drausd[4]
mid'n Deand'l, nim s'bai'n Hals,
bap[5] iar a safdig's Buss'l an,
so woass s' schon nachar al's.

Und wan s' ah duad rechd öargali,
sie gibd da koani Schlög;
und wan s' ah fuchz'gmahl 's Mahl äwischd,
sie wischd's so g'schwind nöd wög.

Ignaz Franz Castelli

[1] spaßig [2] Käfer [3] wimmeln [4] zu reden traust [5] kleb

DAT KÜSSEN

Nu hew'ck di faat't,[1] du säute[2] Diern,
nu sast du di woll gäben;
'ne säute Diern, di küss ick giern[3]
Noch ümmer för mien Läben.

Süh so! den iersten hest all[4] weg,
du möst man nich so toben;
ne, bliew man hier, as ick di segg,
wie möten[5] wieder proben.

Dat güng all bäter, süh mal süh!
Dat güng recht sacht un liesen;[6]
mien säute Diern, so bliew man bi,
denn wardst ehr bald wat wiesen.[7]

Den Dunner ok! wat wier denn dat?
Dat wier jo Fett un Füer?
Mien säute Diern, nu weit[8] ick wat –
du kannst dat all von früher!

Rudolf Tarnow

[1] gefaßt [2] süße [3] gern [4] schon [5] müssen [6] leise [7] weisen, zeigen [8] weiß

BAUERNREGEL

Im Sommer such ein Liebchen dir
in Garten und Gefild!
Da sind die Tage lang genug,
da sind die Nächte mild.

Im Winter muß der süße Bund
schon fest geschlossen sein,
so darfst nicht lange stehn im Schnee
bei kaltem Mondenschein.

Ludwig Uhland

Wann darf i denn kemma
ans Fenster zu dir
und denk dra, daß's kalt is,
daß i nit derfrier!

„Na kimmst halt um neuni,
dees werd des recht' sei,
da kimmt aa mei Vater,
der hoazt dir schon ei."

Franz von Kobell

Und a Liab ohne Gschpass
is wi'a Baum ohne Ast,
is wi'a Wagn ohne Rad,
wi'a Bild ohne Gnad.

Und wann mei Schatz heirat,
was hab nacha i?
Nacha hab i an Dreck
und a Fotagrafie.

I werd di scho liabn,
wann d'Zaunsteckn blüahn,
wann der Bach aufi rinnt,
nachher heirat i di gschwind.

Ja, mei Schatz is a Jager,
i kenn ihn am Geahn,
reich is er net, g'scheit is er net,
aber sackerisch schean.

De bisch halt nett un buschberli,[1]
zell isch emol gewiß,
drum ewwe, horch! drum liew' i di,
fast meh als d' Käth un d'Liß.

Zwor d'Käth und d'Liß,
un d'Liß und d'Käth
sin süfer[2] alli beid un nett,
so viel isch au gewiß.

Doch sin sie nit so buschberli,
sie springe nit wie du,
so ardi! Ei drum liew' i di,
du Katzemisel, du!

Ehrenfried Stöber

[1] munter [2] sauber

WIHL A GIEHN?[1]

De Hanne sat zum Knächte:
,,Wihl a giehn!
Arr is mer just der Rächte,
wihl a giehn!
Bale hält a's mit dar eenen,
mit dar sillen, mit dar jenen,
jede sohl em stille stiehn;
wihl a giehn!"

Do spricht dar Knächt, dar Rake:
,,Bleib ok stiehn!
Du bist anne tumme Gake,[2]
bleib ok stiehn!
Wenn ihch ooch haseliere[3]
gegen dreie ader viere,
weeßt de doch, wie treu ihch bihn;
bleib ok stiehn!

Und nimmst mich do zum Manne,
bleib ok stiehn!"
Oder wieder ruft de Hanne:
,,Wihl a giehn!"
So streitn se sich alle beede,
alle Tage, 's is anne Freede,
baß se ei de Kerche[4] ziehn:
Wihl a giehn?
Bleib ok stiehn!

Karl von Holtei

[1] Will er gehn? [2] Dummes Ding [3] herumzaudere [4] Kirche

Die Lieb' ist wie's Wetter,
bald stürmisch, bald still;
a Narr, der durchs Bitten
was ausrichten will.

Und d' Lieb' ist a Haus,
da geht d' Freud' ein und aus,
und i woaß nit, was s' treibt,
daß s' nit allweil drin bleibt.

ABSAGEBRIEF

„Jean, leb wohl! mei Vatter leidt's net
un merr soll die Eltern ehrn;
ohne Sege da gedeiht's net,
wann merr noch so glicklich wern.

Ewig zwar wern ich dich liewe,
nimmermehr vergess' ich dich;
doch die Eltern zu betriewe,
des breng' ich nicht iwer mich.

Geh net mehr am Haus voriwer,
daß dich nicht mei Vatter sieht,
dann ich krieh' sonst Vorwerf driwer,
wie ich se schon oft hab' krieht.

Teurer Jean, du des bedenke!
Gelt, du dust's for ganz gewiß?
Du den alten Mann net krenke
un komm erscht, wann's dunkel is!

Awer komm dorchs Hinnerpörtche!
Dann mei kindlich Ehrlichkeit
wääs zwar des gehääme Örtche,
wo der Vorderschlissel leiht;

Doch die Eltern zu betriehe,
liewer Jean, sei fern von mir! –
Nää! un kräg ich's ääch verziehe –
drum komm dorch die Hinnerdir.

Stolper ja net uff de Stäge,
dann mei Vatter is ze Haus;
du's um seines Schlummers wege!
Liewer zieh die Stiwel aus!"

Friedrich Stoltze

HANS UND GRETE

Sie:

Guckst du mir denn immer nach,
wo du nur mich findest?
Nimm die Äuglein doch in acht,
daß du nicht erblindest!

Er:

Gucktest du nicht stets herum,
würdest mich nicht sehen;
nimm dein Hälschen doch in acht!
Wirst es noch verdrehen.

Ludwig Uhland

VON DER LIEBE

Schrieb die schöne Adelheid:
„Daß ich Euer Liebesleid
süß zu stillen mag geruhn
habt Ihr folgendes zu tun:
Wenn die Abendwinde wehn,
müßt Ihr heut um sieben stehn
unter meinem Fensterlein,
aber nur auf einem Bein."

Das Unglaubliche geschah!
Um Punkt sieben stand er da!
Ganz allein auf einem Bein
stand er da im Mondenschein! –
Lache keiner, der dies hört!
Lieb' hat jeden schon betört,
jedem schlägt sein Stündlein fein,
da er tanzt auf einem Bein.

Franz Karl Ginzkey

So oft i mei Deandl siach,
muaß i laut lachn,
weils gar so a herrisches
Göscherl kann machn.

's Deandl hat koa Herzl,
sie werd scho oans kriagn,
es könna di junga Taubn
aa net glei fliagn.

Mei Deandl hoaßt Theres,
bal i's anschau', schaugt's bös,
bal i's anglang', na schreit's,
ja, mit da Theres is 's a Kreuz.

Und i will grad a Bleamerl
und i will ja koan Strauß,
grad a bißl a Bussl,
dös bitt' i miar aus.

EIN TRAUM

O Traum, der mich entzücket!
Was hab' ich nicht erblicket!
Ich warf die müden Glieder
in einem Tale nieder,
wo einen Teich, der silbern floß,
ein schattigtes Gebüsch umschloß.

Da sah ich durch die Sträuche
mein Mädchen bei dem Teiche;
das hatte sich, zum Baden,
der Kleider meist entladen
bis auf ein untreu weiß Gewand,
das keinem Lüftchen widerstand.

Der freie Busen lachte,
den Jugend reizend machte.
Mein Blick blieb lüstern stehen
bei diesen regen Höhen,
wo Zephir unter Lilien blies
und sich die Wollust fühlen ließ.

Sie fing nun an, o Freuden!
sich vollends auszukleiden:
doch ach! indem's geschiehet,
erwach' ich, und sie fliehet.
O, schlief' ich doch von neuem ein!
Nun wird sie wohl im Wasser sein!

Johann Peter Uz

Es rauscht was, es kummt was
vastohl'n auf mih zua:
Hab' g'moant, 's is mein Derndal,
daweil war's a Kuah!

Mei Schatz is koa Zucker,
da bin i scho froh,
sonst hätt' i'n scho aufgschleckt,
so hab' i'n halt no.

Johann Gabriel Seidl

HANS DER SCHWÄRMER

Hans Töffel liebt Schön Doris sehr,
Schön Doris Hans Töffel vielleicht noch mehr.
Doch seine Liebe, ich weiß nicht wie,
ist zu scheu, zu schüchtern, zu viel Elegie.
Im Kreise liest er Gedichte vor,
Schön Doris steht unten am Gartentor:
ach, käm' er doch frisch zu mir hergesprungen,
wie wollt' ich ihn herzen, den lieben Jungen.
Hans Töffel liest oben Gedichte.

Am andern Abend, der blöde Tor,
Hans Töffel trägt wieder Gedichte vor,
was Schön Doris wirklich sehr verdrießt,
da er immer weiter und weiter liest.
Sie schleicht sich hinaus, er gewahrt es nicht;
just sagt er von Heine ein herrlich Gedicht.
Schön Doris steht unten in Rosendüften
und hätte so gern seinen Arm um die Hüften.
Hans Töffel liest oben Gedichte.

Am andern Abend ist großes Fest,
viel Menschen sind eng aneinandergepreßt.
Heut muß er's doch endlich sehn, der Poet,
wenn Schön Doris sacht aus der Türe geht.
Der Junker Hans Jürgen, der merkt es gleich;
die Linden duften, die Nacht ist so weich.
Und unten im stillen, dunkeln Garten
braucht heute Schön Doris nicht lange zu warten.
Hans Töffel liest oben Gedichte.

Detlev von Liliencron

In Liebesflammenqual vorm Jahr
und doch frisch angesengt schon heuer?
Das alte Sprichwort lügt fürwahr –
gebrannte Kinder lockt das Feuer.

Paul Heyse

FAHRENDES VOLK

Endlich ist es mir gelungen,
endlich hab' ich es erreicht;
meine Liebe liegt bezwungen,
und mein Herz ist wieder leicht.

Kaum am Horizont gewittert
noch von fern der tolle Wust;
doch mein frierend Herze zittert
schaudernd in der kalten Brust.

Und mich faßt ein schmerzlich Sehnen;
und wie ein verlornes Glück
wünsch' ich mir die alten Tränen
und die alte Glut zurück.

Arthur Fitger

ARIOSO

Ich will euch nicht betrügen:
ich bin heut nicht vernünftig.
Heut will ich mich vergnügen,
der Weisheit folg' ich künftig.
Des Augenwinks
Beschwörung,
des Wangenrunds
Betörung,
der Lippe listig Grüßen,
wen saht ihr nicht
zu Füßen?

Ich will euch nicht betrügen:
ich stecke noch im Kerker;
und wollt' ich zehnmal lügen,
er wäre zehnmal stärker.
Nennt mich getrost
Verräter;
der Weisheit folg' ich
später.
Wie heißt es von den Festen?
Die letzten sind
die besten.

Rudolf Alexander Schröder

★

DIE NACHTIGALL

Das macht, es hat die Nachtigall
die ganze Nacht gesungen;
da sind von ihrem süßen Schall,
da sind in Hall und Widerhall
die Rosen aufgesprungen.

Sie war doch sonst ein wildes Blut;
nun geht sie tief in Sinnen,
trägt in der Hand den Sommerhut
und duldet still der Sonne Glut
und weiß nicht, was beginnen.

Das macht, es hat die Nachtigall
die ganze Nacht gesungen;
da sind von ihrem süßen Schall,
da sind in Hall und Widerhall
die Rosen aufgesprungen.

Theodor Storm

IM VOLKSTON

Als ich dich kaum gesehn,
mußt' es mein Herz gestehn,
ich könnt' dir nimmermehr
vorübergehn.

Fällt nun der Sternenschein
nachts in mein Kämmerlein,
lieg' ich und schlafe nicht
und denke dein.

Ist doch die Seele mein
so ganz geworden dein,
zittert in deiner Hand,
tu ihr kein Leid!

Theodor Storm

HEIMLICHE LIEBE

Kein Feuer, keine Kohle
kann brennen so heiß
als heimliche Liebe,
von der niemand nichts weiß.

Keine Rose, keine Nelke
kann blühen so schön,
als wenn zwei verliebte Seelen
beieinander tun stehn.

Setze du einen Spiegel
ins Herz mir hinein,
damit du kannst sehen,
wie so treu ich es mein'!

DER NEUGIERIGE

Ich frage keine Blume,
ich frage keinen Stern;
sie können mir nicht sagen,
was ich erführ' so gern.

Ich bin ja auch kein Gärtner,
die Sterne stehn zu hoch;
mein Bächlein will ich fragen,
ob mich mein Herz belog.

O Bächlein meiner Liebe,
wie bist du heut so stumm!
Will ja nur eines wissen,
ein Wörtchen um und um.

Ja heißt das eine Wörtchen,
das andere heißet Nein,
die beiden Wörtchen schließen
die ganze Welt mir ein.

O Bächlein meiner Liebe,
was bist du wunderlich!
Will's ja nicht weitersagen,
sag, Bächlein, liebt sie mich?

Wilhelm Müller

MÄDCHENRÄTSEL

Träumt er zur Erde, wen,
sagt mir, wen meint er?
Schwillt ihm die Träne, was,
Götter, was weint er?

Bebt er, ihr Schwestern, was,
redet, erschrickt ihn?
Jauchzt er, o Himmel, was
ist's, was beglückt ihn?

Heinrich von Kleist

Du bist wie eine Blume
so hold und schön und rein;
ich schau' dich an, und Wehmut
schleicht mir ins Herz hinein.

Mir ist, als ob ich die Hände
aufs Haupt dir legen sollt',
betend, daß Gott dich erhalte
so rein und schön und hold.

Heinrich Heine

Seit ich ihn gesehen,
glaub' ich blind zu sein;
wo ich hin nur blicke,
seh' ich ihn allein.
Wie im wachen Traume
schwebt sein Bild mir vor,
taucht aus tiefstem Dunkel
heller nur empor.

Sonst ist licht- und farblos
alles um mich her,
nach der Schwestern Spiele
nicht begehr' ich mehr.
Möchte lieber weinen
still im Kämmerlein;
seit ich ihn gesehen,
glaub' ich blind zu sein.

Adelbert von Chamisso

SELBSTGESPRÄCH

Und wenn sie wüßte, daß ich nichts tu',
als immer nur träumen von ihr, –
sie schlösse vielleicht ihre Wohnung zu
und käme ins Zimmer zu mir.

„Ach du, ich höre ein Flüstergewand –:
an der Türe lauscht sie versteckt.
Die Klinke, die ist von der zögernden Hand
wie mit lauter Schnee überdeckt."

„Ach du: eine Spalte gefüllt mit Licht!
Die Tür geht auf wie im Wind –"
Hände, rasch vor mein Angesicht –
Augen, bleibt mir nicht blind!

„Sag mir, der du Tage und Nächte
Fremdling der Liebe du, – versäumst,
was riefst du ihr, von der du träumst,
als Gruß und Willkomm zu?"

Nein, Gruß und Willkomm wüßt' ich nicht –
wüßt' nicht ein liebes Wort ... –
„O still: jetzt zieht sie von deinem Gesicht
beide Hände fort.

Sie küßt dich mitten auf den Mund ..."
Ach, wär' es nur Stirn oder Haar –:
es währte mein Blühen im Herzensgrund
weit über mein Sterbejahr!

Felix Braun

JUNGE LIEBE

Über dem Brünnlein nicket der Zweig,
Waldvögel zwitschern und flöten,
wild Anemon' und Schlehdorn bleich
im Abendstrahle sich röten,
und ein Mädchen mit blondem Haar
beugt über der glitzernden Welle,
schlankes Mädchen, kaum fünfzehn Jahr,
mit dem Auge der scheuen Gazelle.

Ringelblumen blättert sie ab:
„Liebt er, liebt er mich nimmer?“
Und wenn „liebt“ das Orakel gab,
um ihr Antlitz gleitet ein Schimmer:
„Liebt er nicht“ – o Grimm und Graus!
Daß der Himmel den Blüten gnade!
Gras und Blumen, den ganzen Strauß,
wirft sie zürnend in die Kaskade.

Gleitet dann in die Kräuter lind,
ihr Auge wird ernst und sinnend;
frommer Eltern heftiges Kind,
nur Minne nehmend und minnend,
Kannte sie nie ein anderes Band
als des Blutes, die schüchterne Hinde;
und nun Einer, der nicht verwandt –
ist das nicht eine schwere Sünde?

Mutlos seufzet sie niederwärts,
in argem Schämen und Grämen,
will zuletzt ihr verstocktes Herz
recht ernstlich in Frage nehmen.
Abenteuer sinnet sie aus:
wenn das Haus nun stände in Flammen
und um Hilfe riefen heraus
der Karl und die Mutter zusammen?

Plötzlich ein Perlenregen dicht
stürzt ihr glänzend aus beiden Augen,
in die Kräuter gedrückt ihr Gesicht,
wie das Blut der Erde zu saugen,
ruft sie schluchzend: „Ja, ja, ja!“
Ihre kleinen Hände sich ringen,
„retten, retten würd' ich Mama
und zum Karl in die Flamme springen!“

Annette von Droste-Hülshoff

FRÜHLINGSNACHT

Übern Garten durch die Lüfte
hört' ich Wandervögel ziehn,
das bedeutet Frühlingsdüfte,
unten fängts schon an zu blühn.

Jauchzen möcht' ich, möchte weinen,
ist mir's doch, als könnt's nicht sein!
Alte Wunder wieder scheinen
mit dem Mondesglanz herein.

Und der Mond, die Sterne sagen's,
und in Träumen rauscht's der Hain,
und die Nachtigallen schlagen's:
„Sie ist deine, sie ist dein!“

Joseph von Eichendorff

Du bist mîn, ich bin dîn:
des solt du gewis sîn.
Du bist beslozzen
In mînem herzen;
verlorn ist daz slüzzelîn:
du muost immer drinne sîn.

DIE BEIDEN

Sie trug den Becher in der Hand
– ihr Kinn und Mund glich seinem Rand –
so leicht und sicher war ihr Gang,
kein Tropfen aus dem Becher sprang.

So leicht und fest war seine Hand:
er ritt auf einem jungen Pferde,
und mit nachlässiger Gebärde
erzwang er, daß es zitternd stand.

Jedoch, wenn er aus ihrer Hand
den leichten Becher nehmen sollte,
so war es beiden allzu schwer:
denn beide bebten sie so sehr,
daß keine Hand die andre fand
und dunkler Wein am Boden rollte.

Hugo von Hofmannsthal

DIE ZÄRTLICHKEITEN

Ich liebe jene ersten bangen Zärtlichkeiten,
die halb noch Frage sind und halb schon Anvertraun,
weil hinter ihnen schon die andern Stunden schreiten,
die sich wie Pfeiler wuchtend in das Leben baun.

Ein Duft sind sie; des Blutes flüchtigste Berührung,
ein rascher Blick, ein Lächeln, eine leise Hand –
sie knistern schon wie rote Funken der Verführung
und stürzen Feuergarben in der Nächte Brand.

Und sind doch seltsam süß, weil sie im Spiel gegeben
noch sanft und absichtslos und leise nur verwirrt,
wie Bäume, die dem Frühlingswind entgegenbeben,
der sie in seiner harten Faust zerbrechen wird.

Stefan Zweig

NEUE LIEBE, NEUES LEBEN

Herz, mein Herz, was soll das geben?
Was bedränget dich so sehr?
Welch ein fremdes, neues Leben!
Ich erkenne dich nicht mehr.
Weg ist alles, was du liebtest,
weg, warum du dich betrübtest,
weg dein Fleiß und deine Ruh –
ach, wie kamst du nur dazu!

Fesselt dich die Jugendblüte,
diese liebliche Gestalt,
dieser Blick voll Treu und Güte
mit unendlicher Gewalt?

Will ich rasch mich ihr entziehen,
mich ermannen, ihr entfliehen,
führet mich im Augenblick,
ach, mein Weg zu ihr zurück.

Und an diesem Zauberfädchen,
das sich nicht zerreißen läßt,
hält das liebe, lose Mädchen
mich so wider Willen fest:
muß in ihrem Zauberkreise
leben nun auf ihre Weise.
Die Verändrung, ach, wie groß!
Liebe! Liebe! laß mich los!

Goethe

Er ist gekommen
in Sturm und Regen,
ihm schlug beklommen
mein Herz entgegen.
Wie konnt' ich ahnen,
daß seine Bahnen
sich einen sollten meinen Wegen?

Er ist gekommen
in Sturm und Regen,
er hat genommen
mein Herz verwegen.
Nahm er das meine?
Nahm ich das seine?
Die beiden kamen sich entgegen.

Er ist gekommen
in Sturm und Regen,
nun ist entglommen
des Frühlings Segen.
Der Freund zieht weiter,
ich seh' es heiter,
denn er bleibt mein auf allen Wegen.

Friedrich Rückert

Liebe schwärmt auf allen Wegen,
Treue wohnt für sich allein;
Liebe kommt Euch rasch entgegen,
aufgesucht will Treue sein.

Goethe

GEFUNDEN

Ich ging im Walde
so für mich hin,
und nichts zu suchen,
das war mein Sinn.

Im Schatten sah ich
ein Blümchen stehn,
wie Sterne leuchtend,
wie Äuglein schön.

Ich wollt' es brechen,
da sagt' es fein:
Soll ich zum Welken
gebrochen sein?

Ich grub's mit allen
den Würzlein aus,
zum Garten trug ich's
am hübschen Haus.

Und pflanzt' es wieder
am stillen Ort;
nun zweigt es immer
und blüht so fort.

Goethe

Ein getreues Herze wissen
hat des höchsten Schatzes Preis.
Der ist selig zu begrüßen,
der ein treues Herze weiß.
Mir ist wohl bei höchstem Schmerze,
denn ich weiß ein treues Herze.

Läuft das Glücke gleich zuzeiten
anders, als man will und meint,
ein getreues Herz hilft streiten
wider alles, was ist feind.
Mir ist wohl bei höchstem Schmerze,
denn ich weiß ein treues Herze.

Gunst, die kehrt sich nach dem Glücke.
Geld und Reichtum, das zerstäubt.
Schönheit läßt uns bald zurücke.
Ein getreues Herze bleibt.
Mir ist wohl bei höchstem Schmerze,
denn ich weiß ein treues Herze.

Nichts ist süßers als zwei Treue,
wenn sie eines worden sein.
Dies ist's, des ich mich erfreue.
Und sie gibt ihr Ja auch drein.
Mir ist wohl bei höchstem Schmerze,
denn ich weiß ein treues Herze.

Paul Fleming

AN LIDA

Den einzigen, Lida, welchen du lieben kannst,
forderst du ganz für dich und mit Recht.
Auch ist er einzig dein,
denn seit ich von dir bin,
scheint mir des schnellsten Lebens
lärmende Bewegung
nur ein leichter Flor, durch den ich deine Gestalt
immerfort wie in Wolken erblicke:

Sie leuchtet mir freundlich und treu,
wie durch des Nordlichts bewegliche Strahlen
ewige Sterne schwimmen.

Goethe

DIE ZUFRIEDENEN

Ich saß bei jener Linde
mit meinem trauten Kinde,
wir saßen Hand in Hand;
kein Blättchen rauscht' im Winde,
die Sonne schien gelinde
herab aufs stille Land.

Wir saßen ganz verschwiegen
mit innigem Vergnügen,
das Herz kaum merklich schlug.
Was sollten wir auch sagen?
Was konnten wir uns fragen?
Wir wußten ja genug.

Es mocht' uns nichts mehr fehlen,
kein Sehnen konnt' uns quälen,
nichts Liebes war uns fern;
aus liebem Aug' ein Grüßen,
vom lieben Mund ein Küssen
gab eins dem andern gern.

Ludwig Uhland

MEIN HERZ, ICH WILL DICH FRAGEN

Mein Herz, ich will dich fragen:
Was ist denn Liebe, sag?
„Zwei Seelen und ein Gedanke,
zwei Herzen und ein Schlag!"

Und sprich, woher kommt Liebe?
„Sie kommt und sie ist da!"
Und sprich, wie schwindet Liebe?
„Die war's nicht, der's geschah!"

Und was ist reine Liebe?
„Die ihrer selbst vergißt!"
Und wann ist Lieb am tiefsten?
„Wenn sie am stillsten ist."

Und wann ist Lieb am reichsten?
„Das ist sie, wenn sie gibt!"
Und sprich, wie redet Liebe?
„Sie redet nicht, sie liebt!"

Friedrich Halm

Es hat sich gegen Liebe die Vernunft ermannt
und als Empörungsfahne Weisheit aufgesteckt.
Die Liebe hat zum Angriff einen Hauch gesandt,
und die Vernunft hat zitternd das Gewehr gestreckt.

Friedrich Rückert

Kein Pfad mehr und kein Steg
dahinter sind.
Denn dein Weg ist mein Weg.
Ich fände ihn blind.

Hans Heinrich Ehrler

MIT ZWEI WORTEN

Am Gestade Palästinas, auf und nieder, Tag um Tag,
„London?“ frug die Sarazenin, wo ein Schiff vor Anker lag.
„London!“ bat sie lang vergebens, nimmer müde, nimmer zag,
bis zuletzt an Bord sie brachte eines Bootes Ruderschlag.

Sie betrat das Deck des Seglers und ihr wurde nicht gewehrt.
Meer und Himmel. „London?“ frug sie, von der Heimat abgekehrt,
suchte, blickte, durch des Schiffers ausgestreckte Hand belehrt,
nach den Küsten, wo die Sonne sich in Abendglut verzehrt . . . . .

„Gilbert?“ fragt die Sarazenin im Gedräng der großen Stadt,
und die Menge lacht und spottet, bis sie dann Erbarmen hat.
„Tausend Gilbert gibt's in London!“ Doch sie sucht und wird nicht matt.
„Labe dich mit Trank und Speise!“ Doch sie wird von Tränen satt.

„Gilbert!“ – „Nichts als Gilbert? Weißt du keine andern Worte? Nein?“
„Gilbert!“ – „Hört, das wird der weiland Pilger Gilbert Becket sein,
den gebräunt in Sklavenketten glüher Wüste Sonnenschein,
dem die Bande löste heimlich eines Emirs Töchterlein.“

„Pilgrim Gilbert Becket!“ dröhnt es, braust es längs der Themse Strand.
Sieh, da kommt er ihr entgegen, von des Volkes Mund genannt,
über seine Schwelle führt er, die das Ziel der Reise fand.
Liebe wandert mit zwei Worten gläubig über Meer und Land.

Conrad Ferdinand Meyer

Ich liebe dich, weil ich dich lieben muß;
ich liebe dich, weil ich nicht anders kann;
ich liebe dich nach einem Himmelsschluß;
ich liebe dich durch einen Zauberbann.
Dich lieb' ich wie die Rose ihren Strauch;
dich lieb' ich, wie die Sonne ihren Schein;
dich lieb' ich, weil du bist mein Lebenshauch;
dich lieb' ich, weil dich lieben ist mein Sein.

Friedrich Rückert

LIEBESLIED

Wie soll ich meine Seele halten, daß
sie nicht an deine rührt? Wie soll ich sie
hinheben über dich zu andern Dingen?
Ach gerne möcht ich sie bei irgendwas
Verlorenem im Dunkel unterbringen
an einer fremden stillen Stelle, die
nicht weiterschwingt, wenn deine Tiefen schwingen.
Doch alles, was uns anrührt, dich und mich,
nimmt uns zusammen wie ein Bogenstrich,
der aus zwei Saiten eine Stimme zieht.
Auf welches Instrument sind wir gespannt?
Und welcher Spieler hat uns in der Hand?
O süßes Lied.

Rainer Maria Rilke

NEUES LEBEN

Hat dich die Liebe berührt:
still unterm lärmenden Volke
gehst du in goldener Wolke,
sicher vom Gotte geführt.

Nur wie verloren umher
lässest die Blicke du wandern,
gönnst ihre Freuden den andern,
trägst nur nach Einem Begehr.

Scheu in dich selber verzückt,
möchtest du hehlen vergebens,
daß nun die Krone des Lebens
strahlend die Stirne dir schmückt.

Paul Heyse

MENSCHENBEIFALL

Ist nicht heilig mein Herz, schöneren Lebens voll,
seit ich liebe? warum achtetet ihr mich mehr,
da ich stolzer und wilder,
wortereicher und leerer war?

Ach! der Menge gefällt, was auf den Marktplatz taugt,
und es ehret der Knecht nur den Gewaltsamen;
an das Göttliche glauben
die allein, die es selber sind.

Friedrich Hölderlin

Freudvoll
und leidvoll,
gedankenvoll sein,
langen
und bangen
in schwebender Pein,
himmelhoch jauchzend,
zum Tode betrübt –
glücklich allein
ist die Seele, die liebt.

Goethe

WILLKOMMEN UND ABSCHIED

Es schlug mein Herz: geschwind zu Pferde!
Es war getan, fast eh' gedacht.
Der Abend wiegte schon die Erde,
und an den Bergen hing die Nacht;
schon stand im Nebelkleid die Eiche,
ein aufgetürmter Riese, da,
wo Finsternis aus dem Gesträuche
mit hundert schwarzen Augen sah.

Der Mond von einem Wolkenhügel
sah kläglich aus dem Duft hervor,
die Winde schwangen leise Flügel,
umsausten schauerlich mein Ohr,
die Nacht schuf tausend Ungeheuer,
doch frisch und fröhlich war mein Mut;
in meinen Adern welches Feuer!
In meinem Herzen welche Glut!

Dich sah ich, und die milde Freude
floß von dem süßen Blick auf mich;
ganz war mein Herz an deiner Seite
und jeder Atemzug für dich.
Ein rosenfarbnes Frühlingswetter
umgab das liebliche Gesicht,
und Zärtlichkeit für mich – ihr Götter!
Ich hofft' es, ich verdient' es nicht!

Doch ach! Schon mit der Morgensonne
verengt' der Abschied mir das Herz:
in deinen Küssen welche Wonne!
In deinem Auge welcher Schmerz!
Ich ging. Du standst und sahst zur Erden,
und sahst mir nach mit nassem Blick –
und doch, welch Glück, geliebt zu werden!
Und lieben, Götter, welch ein Glück!

Goethe

HEIMKEHR

O brich nicht, Steg, du zitterst sehr!
O stürz nicht, Fels, du dräuest schwer!
Welt, geh nicht unter, Himmel, fall nicht ein,
eh' ich mag bei der Liebsten sein!

Ludwig Uhland

MAILIED

Wie herrlich leuchtet
mir die Natur!
Wie glänzt die Sonne!
Wie lacht die Flur!

Es dringen Blüten
aus jedem Zweig
und tausend Stimmen
aus dem Gesträuch,

und Freud und Wonne
aus jeder Brust.
O Erd', o Sonne,
o Glück, o Lust!

O Lieb', o Liebe!
So golden schön,
wie Morgenwolken
auf jenen Höhn!

Du segnest herrlich
das frische Feld,
im Blütendampfe
die volle Welt.

O Mädchen, Mädchen,
wie lieb' ich dich!
Wie blickt dein Auge!
Wie liebst du mich!

So liebt die Lerche
Gesang und Luft,
und Morgenblumen
den Himmelsduft,

wie ich dich liebe
mit warmem Blut,
die du mir Jugend
und Freud' und Mut

zu neuen Liedern
und Tänzen gibst.
Sei ewig glücklich,
wie du mich liebst!

Goethe

Mir ist zu licht zum Schlafen,
der Tag bricht in die Nacht,
die Seele ruht im Hafen,
ich bin so froh verwacht.

Ich hauchte meine Seele
im ersten Kusse aus,
was ist's, daß ich mich quäle,
ob sie auch fand ein Haus!

Sie hat es wohl gefunden
auf ihren Lippen schön,
o welche sel'ge Stunden!
Wie ist mir so geschehn.

Was soll ich nun noch sehen?
Ach, alles ist in ihr,
was fühlen, was erflehen?
Es ward ja alles mir!

Ich habe was zu sinnen,
ich hab', was mich beglückt,
in allen meinen Sinnen
bin ich von ihr entzückt.

Ludwig Achim von Arnim

EIN STAMMELND GEBET

Mein Gott, ist das wahr?
Dieses Antlitz so fein,
diese Augen so klar
sind wirklich mein?

Dieser Schmelz im Geblüt
und die hauchende Brust,
diese Stirn hinterglüht
von tiefgeistiger Lust?

O du schmale Gestalt,
zerreißt dich denn nicht
meine Erdengewalt,
meiner Schwermut Gewicht?

Mein Gott, kann das sein:
du schenktest sie mir?
O laß sie noch hier!
O, bliebe sie mein!

Arnold Krieger

Daß unsrer Glut die Zeit nicht schade,
räumt sie kein Recht aus Schwachheit ein,
und ihre Gunst bleibt immer Gnade,
und ich muß immer dankbar sein.

Goethe

GANZ ODER GAR NICHT

Wer da will der Liebe leben,
muß sich ganz der Liebe geben,
sich nicht teilen, nicht zersplittern,
ganz im Kuß hinüberzittern;
muß des Herzens ganzes Drängen
auf des Mundes Spitze zwängen;
muß nicht denken, rechnen, klügeln,
sich nicht fesseln oder zügeln;
muß den Arm nicht ängstlich halten,
gilt es, Hüften zu umfalten;
nicht voll Scheu die Hand befühlen,
gilt's, im seidnen Haar zu wühlen;
muß im seligen Versenktsein
unklar, ob er ist und denkt, sein.

Friedrich Rückert

DAS ROSENBAND

Im Frühlingsschatten fand ich sie;
da band ich sie mit Rosenbändern.
Sie fühlt' es nicht und schlummerte.

Ich sah sie an; mein Leben hing
mit diesem Blick an ihrem Leben;
ich fühlt' es wohl und wußt' es nicht.

Doch lispelt' ich ihr sprachlos zu
und rauschte mit den Rosenbändern:
da wachte sie vom Schlummer auf.

Sie sah mich an; ihr Leben hing
mit diesem Blick an meinem Leben,
und um uns ward's Elysium.

Friedrich Gottlieb Klopstock

DIE BEIDEN LIEBENDEN

Ich bin kein großer, reicher Herr,
und sie ist keine hohe Dame,
doch hold, auch ohne Prunkgezerr,
erklingt ein kurzer Schäfername.
Dagegen herzen wir uns frei,
sind sicher vor Verrätertücken,
auch schielet keine Spötterei,
wann wir uns Knie und Hände drücken.

Im Denken ist sie Pallas ganz,
und Juno ganz am edlen Gange,
Terpsichore beim Freudentanz,
Euterpe neidet sie im Sange;
ihr weicht Aglaja, wenn sie lacht,
Melpomene bei sanfter Klage,
die Wollust ist sie in der Nacht,
die holde Sittsamkeit bei Tage.

Wenn sie an ihrem Tischchen sitzt,
so werd ich scherzend hingewinket:
„Komm, schmücke selbst dein Mädchen itzt,
wie deiner Laun' am besten dünket!"
Und mich beflügelt ihr Gebot,
sie unvermutet zu umfangen;
dann schminkt mit hohem Morgenrot
mein Kuß die jugendlichen Wangen.

Drauf leg' ich ihr die Schnürbrust an.
Vor Wonne beben mir die Hände.
Das Band zerreißt, so oft es kann,
damit die Arbeit später ende.
Wie flink bin ich nicht stets bereit,
so liebe Dienste zu verrichten!
Doch schneller noch, zur Abendzeit,
das Werk des Morgens zu zernichten.

Wohl hundert Launen, kraus und hold,
umflattern täglich meine Traute.
Bald singt und lacht, bald weint und schmollt,
bald klimpert sie auf ihrer Laute,

tanzt hin und wieder, blitzgeschwind,
bringt bald ein Büchelchen, bald Karten,
bald streut sie alles in den Wind
und eilt hinunter in den Garten.

Ich hinterher, ereile sie
in einer sichern, stillen Grotte.
Freund Amor treibt, sie weiß nicht wie,
sie tief ins Dunkel. Dank dem Gotte!
Sie bebt, von meinem Arm umstrickt.
Mein Kuß erstickt ihr letztes Lallen.
Sie sinkt. Ich halte sie entzückt,
und – halt! – und lasse sie nicht fallen.

• *Gottfried August Bürger*

Hatem:

Locken! haltet mich gefangen
in dem Kreise des Gesichts!
Euch geliebten braunen Schlangen
zu erwidern hab' ich nichts.

Nur dies Herz, es ist von Dauer,
schwillt in jugendlichstem Flor;
unter Schnee und Nebelschauer
rast ein Ätna dir hervor.

Du beschämst wie Morgenröte
jener Gipfel ernste Wand,
und noch einmal fühlet Hatem
Frühlingshauch und Sommerbrand.

Schenke, her! Noch eine Flasche!
Diesen Becher bring' ich ihr!
Findet sie ein Häufchen Asche,
sagt sie: Der verbrannte mir.

• *Goethe*

Suleika spricht:

Der Spiegel sagt mir, ich bin schön!
Ihr sagt: zu altern sei auch mein Geschick.
Vor Gott muß alles ewig stehn,
in mir liebt Ihn, für diesen Augenblick.

Goethe

Wenn du mir sagst, du habest als Kind, Geliebte, den Menschen
nicht gefallen, und dich habe die Mutter verschmäht,
bis du größer geworden und still dich entwickelt – ich glaub' es:
gerne denk' ich dich mir als ein besonderes Kind.
Fehlet Bildung und Farbe doch auch der Blüte des Weinstocks,
wenn die Beere, gereift, Menschen und Götter entzückt.

Goethe

VERSUCHUNG

Wenn sie in silberner Schale mit Wein uns würzet die Erdbeern,
dicht mit Zucker noch erst streuet die Kinder des Walds:
o, wie schmacht' ich hinauf zu den duftigern Lippen, wie dürstet
nach des gebogenen Arms schimmernder Weiße mein Mund!

Eduard Mörike

NIMMERSATTE LIEBE

So ist die Lieb'! So ist die Lieb'!
Mit Küssen nicht zu stillen:
Wer ist der Tor und will ein Sieb
mit eitel Wasser füllen?
Und schöpfst du an die tausend Jahr
und küssest ewig, ewig gar,
du tust ihr nie zu Willen.

Die Lieb', die Lieb' hat alle Stund
neu wunderlich Gelüsten;
wir bissen uns die Lippen wund,
da wir uns heute küßten.
Das Mädchen hielt in guter Ruh,
wie's Lämmlein unterm Messer;
ihr Auge bat: „Nur immer zu!
Je weher, desto besser!“

So ist die Lieb'! und war auch so,
wie lang es Liebe gibt,
und anders war Herr Salomo,
der Weise, nicht verliebt.

Eduard Mörike

HEUTE WÄR' ICH FAST ERSCHROCKEN

Heute wär' ich fast erschrocken
dir zu Füßen hingestürzt,
als du plötzlich deiner Locken
wilden Reichtum losgeschürzt.

Glänzend um die schlanken Glieder
wallt' ihr fesselloser Schwall
auf des Teppichs Purpur nieder
wie ein schwarzer Wasserfall.

Ach, und als du nun die braunen
Rätselaugen aufwärts schlugst
und in reizendem Erstaunen,
was mich so verwirre, frugst,

als du dann zum Spiegel hüpftest
und die Schnur von Perlen dir
tändelnd um die Stirne knüpftest –
o wie schön erschienst du mir!

Lauschend, keines Wortes mächtig,
stand ich, atemlos gebannt,
wie verzaubert in ein prächtig
Märchen aus dem Morgenland.

Emanuel Geibel

MIT EINEM GEMALTEN BAND

Kleine Blumen, kleine Blätter
streuen mir mit leichter Hand
gute junge Frühlingsgötter
tändelnd auf ein luftig Band.

Zephir, nimm's auf deine Flügel,
schling's um meiner Liebsten Kleid!
Und so tritt sie vor den Spiegel
all in ihrer Munterkeit.

Sieht mit Rosen sich umgeben,
selbst wie eine Rose jung:
einen Blick, geliebtes Leben!
Und ich bin belohnt genung.

Fühle, was dies Herz empfindet,
reiche frei mir deine Hand,
und das Band, das uns verbindet,
sei kein schwaches Rosenband!

Goethe

SCHERZ

Einen Morgengruß ihr früh zu bringen
und mein Morgenbrot bei ihr zu holen,
geh' ich sachte an des Mädchens Türe,
öffne rasch, da steht mein schlankes Bäumchen
vor dem Spiegel schon und wascht sich emsig.
O, wie lieblich träuft die weiße Stirne,
träuft die Rosenwange Silbernässe!
Hangen aufgelöst die süßen Haare!
Locker spielen Tücher und Gewänder.
Aber wie sie zagt und scheucht und abwehrt!
Gleich, sogleich soll ich den Rückzug nehmen!
„Närrchen", rief ich, „sei mir so kein Närrchen:
das ist Brautrecht, ist Verlobtensitte.
Laß mich nur, ich will ja blind und lahm sein,
will den Kopf und alle beiden Augen
in die Fülle deiner Locken stecken,
will die Hände mit den Flechten binden –"
„Nein, du gehst!" – „Im Winkel laß mich stehen,
dir bescheidentlich den Rücken kehren!" –
„Ei, so mag's, damit ich Ruhe habe!"
Und ich stand gehorsam in der Ecke,
lächerlich, wie ein gestrafter Junge,
der die Lektion nicht wohl bestanden,
muckste nicht und kühlte mir die Lippen
an der weißen Wand mit leisem Kusse,
eine volle, eine lange Stunde;

ja, so wahr ich lebe. Doch, wer etwa
einen kleinen Zweifel möchte haben
(was ich ihm just nicht verargen dürfte),
nun, der frage nur das Mädchen selber:
die wird ihn – noch zierlicher belügen.

Eduard Mörike

MIT DEN SCHUHEN

Was man will, kann man nicht geben,
und man gibt nur, was man muß,
also gibt man einen Kuß
und man gäbe gern das Leben.

Also gibt man einen Strauß
statt des Gartens um ein Haus,
gibt das Buch als den Entgelt
für die Weisheit aller Welt,

drängt den Ring an einen Finger,
schlingt die Kette um den Hals –
alles nur wie ein geringer
Abschlag auf die Schuld des Alls!

Jenes Alls, in dem man ist,
wenn man eine liebt –
wer der Gabe Sinn vergißt,
was hat er, was er gibt?

Alle Gabe ist nur Sinn
und Bild in einer Hülle.
Seit ich fühle alle Fülle,
weiß ich erst, wie arm ich bin!

Mach mich du, geliebtes Kind,
zum reichsten von den Leuten!
Sieh nicht an, was Gaben sind,
nur an, was sie bedeuten!

Für das ganze Feld die Ähre,
für den Himmel nimm den Stern,
und mich selbst für was ich gern
um deinetwillen wäre!

Diese Hände mit den Schuhn –
fühle, was sie nur vertreten,
sieh nicht, was sie eben tun,
nur was sie lieber täten!

Nimm sie so, wie ich sie sende,
denn sie meinen, Süße –
lieber legt' ich beide Hände
unter deine Füße!

Zwar sie stehn für keine Gabe
– dennoch sei das Spiel verziehn!
Alles ist ja nur geliehn,
solang ich dich nicht habe.

Rudolf Borchardt

BLUMENGRUSS

Der Strauß, den ich gepflücket,
grüße dich vieltausendmal!
Ich habe mich oft gebücket,
ach, wohl eintausendmal,
und ihn ans Herz gedrücket
wie hunderttausendmal!

Goethe

SPIELZEUG

Liebchen fand ich spielend. Einen Kasten
hatte sie entdeckt voll längstvergeßnen,
staub'gen Kinderspielzeugs: Mauern, Tore,
Rathaus, Häuser, Häuserchen und Kirche.
Sie erbaut das Städtchen mit gelenken
Händen, stellt den Kirchturm in die Mitte . . . .
Doch ein Häuschen hat sie vorbehalten,
vorbehalten sieben grüne Pappeln
für ein allerliebstes kleines Landgut.
Nicht zu nah! Im Städtchen klatscht man sündlich.
Nicht zu ferne! Man bedarf der Menschen.
„Eben sind wir eingezogen!" jubelt'
sie und klatscht' in ihre kleinen Hände.
In der Wonne des erworbnen Heimes
riß ich Liebchen an mich so gewaltsam,
daß den Arm sie streckte wie ertrinkend . . .
Was erwischte sie mit schnellen Fingern,
eng an meine Brust gepreßt? Die Kirche,
ja, die Kirche mit dem roten Dach war's.
und sie stellt' sie dicht vor unser Landhaus.

Conrad Ferdinand Meyer

POETA CREATOR

Ein Glückwunschgedicht

Dir zu gutem Jahrgeleit,
Liebste, tat ich viel,
trieb ich vor Beginn der Zeit
großes Zauberspiel.

Heftete die Silberzier
an den Himmelsplan,
Waage, Sirius und Stier
und Aldebaran.

Schnitzte dir das Mondenhorn
blank aus Elfenbein,
ritzte ihm mit goldnem Dorn
meine Zeichen ein.

Hab' im West den Himmelshang
rot und gold betupft,
Flocken für den Christnachtsgang
dir zurechtgezupft.

Salzte dir das Kattegatt
und den blauen Belt,
türmte Mönch und Ararat
und das Dach der Welt.

Schickte in die Fluten kühl
Karpfen und Delphin,
tat ins dunkle Felsgestühl
Quarz und Almandin.

Schiffe habe ich entsandt
in den Ozean
und bis in das Neumondsland
meine Eisenbahn.

Flüsse schüttete ich hin,
Rhone, Nidda, Schlei,
Orinoko, Po und Inn,
Lahn und Jenissei.

Städte hab' ich ausgestreut
und sie groß benannt,
Marktgewühl und Turmgeläut
ihnen zuerkannt.

Famagusta, Astrachan,
Algier, Lima, Tours,
Löbichau und Teheran,
Mülheim (an der Ruhr).

Tempel, Säule, Siegesmal,
Burg und Löwentor,
Krönungsdom und Kaisersaal
wölbte ich empor.

Völker habe ich gesät
gelb und weiß und braun
Dir allein zum Spielgerät,
Männer, Kinder, Fraun.

Jedem wies ich Würde an,
Perser, Mohr und Christ,
Bischof, Herzog, Ackersmann,
Fischer und Chymist,

Gärtnerin und Pulcinell,
Zofe, Dieb, Notar,
Geiger, Zimmermannsgesell,
Derwisch und Husar . . .

Hab' dem düstren Wasserfall
Gischt und Glanz verliehn.
Übte mit der Nachtigall
ihre Melodien.

Setzte vor den Fensterschlitz
dir das Seegeviert,
das der weiße Möwenblitz
ruhelos umgiert.

Hab', so weit mein Auge sah,
grün den Grund beschickt,
Wiesen mit Campanula
und Salbei bestickt.

Pflanzte Mohn und Akelei,
Zimt und Zuckerrohr
und ein Kräutlein Wohlverleih
in den Gartenflor.

Gab dem Birnbaum goldne Last,
schlanken Gang dem Reh,
frühen Duft dem Seidelbast,
Schmeichelhaar dem Feh.

Hab den Floh mit Springerkraft
königlich beschenkt
und mit unerschöpftem Saft
jeden Strauch getränkt.

Schuf das Einhorn ohne Fehl,
Flügelstolz den Greif,
lieh dem Pfau sein Kronjuwel,
seinen Siebenschweif.

Gab der Schlang' den Züngeldolch
und das Schuppenkleid
und dem gelben Feuermolch
Unverbrennbarkeit.

Kräuselte den lichten Schaum
auf dem roten Wein,
kleidete in zarten Flaum
dir den Pfirsich ein.

Kaffeestaude wird gebaut,
Kolanuß und Reis,
Ananas und Tabakskraut
nur auf mein Geheiß.

Alle Dinge fügte ich
an den rechten Platz,
selbst den bernsteinfarbnen Strich
in das Aug der Katz'.

Aber heiß von Schöpferbrunst
plante ich noch mehr,
richtete ich voller Kunst
einen Popanz her.

Formte Tod und Krokodil,
Krieg und Pestgerücht
und zu Spiel und Widerspiel
nächtliches Gezücht.

Ja, den Kasperl-Kavalier
mit dem dicken Bauch
und der blanken Ordenszier,
Liebste, schuf ich auch.

Spielten stolz und meisterlich
sie ihr Räuberstück,
in den Kasten lege ich
lächelnd sie zurück.

Also hab' ich Schwarz und Bunt
deinethalb gemischt
und dir alles Erdenrund
gastlich aufgetischt.

Schuf ich alles dir zu Sinn,
alles dir zugut,
nimm die Welt willfährig hin
und mit hellem Mut.

Weil ja Liebe sie entwarf
bis zum ärmsten Keim,
nichts ist, was dich schrecken darf,
und du bist daheim.

Werner Bergengruen

DAS BLAUGRÜNE GEHEIMNIS ODER DER VERRÄTERISCHE KIRCHTURM

Wann war's, daß wir lagen im grünen Gras?
Im Juli ferne.
Was sagtest du, daß du mich habest, was?
„Kein bißchen gerne."

Was blühte dir in den roten Mund?
Mariamargretchen.
Wem meintest du, daß du gleichest im Grund?
„Einem Gartenbeetchen."

Ich sprach: „Ja, was soll ich nun eigentlich Kraut,
wen Unkraut nennen?"
Wie ein Iltis hast du mich angeschaut.
Nicht zu verkennen.

Wir hatten auf unserm Sommersitz
vergnüglich gedauert.
Da kam hinterm Hügel ein Kirchturmspitz
hervorgelauert.

„Ja komm nur, du Frommer! und spionier!
Spitz Nas' und Ohren!
Notiere dir jeden Kuß wegen mir!
Bist stumm geboren.

Was nützt dir der Zeiger im Zifferblatt
als Stunden zu drehen?
Gut, daß er kein Sprachrohr im Schnabel hat,
er würd' uns verkrähen."

Und weil einmal Leichtsinn und Würde nicht sehr
zusammenpassen,
so schnitten wir eben, es war nicht schwer,
dem Kirchturm Grimassen.

Wir stiegen am Abend voll blauen Glücks
aus dem grünen Himmel.
Da verfolgt' uns der Kirchturm hinterrücks
mit Glockengebimmel:

„Fürio! ihr Leute! Landjäger herbei!
Weglagerer, Diebe!
Es zünseln, es brenzeln die beiden zwei
brandstiftende Liebe!"

„Ei, daß dich das Wetter, du Schreihals du!
Der Blitz soll dich treffen!
Uns erst mit erlogener Kirchhofruh'
so schändlich zu äffen!"

Was hilft's? jetzt weiß doch die Lästerwelt,
wie wir es halten.
Drum wollen wir nur um so fester, gelt?
zusammenhalten.

Carl Spitteler

DAS STELLDICHEIN

Das ist die richtige Stelle:
die Linde am Straßenrain
und drüben die alte Kapelle;
hier ist das Stelldichein.
Die Sterne am Himmel stehen,
die Glocke im Dorf schlägt acht.

Von Elsebeth nichts zu sehen. –
Ich hab' mir's gleich gedacht.
Sie kann sich nicht trennen, ich wette,
vom Spiegel daheim an der Wand
und nestelt an Spange und Kette
und zupft an Tüchlein und Band.

Am Ende läßt sie mich harren
die liebe, lange Nacht.
Gewiß, sie hat mich zum Narren. –
Ich hab' mir's gleich gedacht.
Vielleicht – o du falsche Schlange!
Jetzt wird mir's auf einmal klar,
warum der Frieder, der lange,
heut morgen so lustig war.
Der Schrecken lähmt mir die Glieder,
ich bin betrogen, verlacht,
die Elsebeth hält's mit dem Frieder. –
Ich hab' mir's gleich gedacht.
Ich hebe zum Schwure die Hände
zum Sternenhimmel – doch halt,
was kommt durch das Wiesengelände
vom Dorf herüber gewallt?
Ich sehe zwei niedliche Füße,
sie nahen sich zaghaft und sacht,
sie kommt, die Treue, die Süße. –
Ich hab' mir's gleich gedacht.

Rudolf Baumbach

AUF DER MILCH- UND HONIGWIESE

Sieh diesen Milch- und Honigblütensegen
am Hügel hin.
Hier will ich mich zu deinen Füßen legen.
Lieg auch dahin.

Man kann getrost ins Gras die Eintracht lenken.
Gib mir die Hand.
Die Wolken manchmal waagrecht anzudenken
ist intressant.

Nimm diese Decke unter deinen Rücken.
Liegst du bequem?
Doch könntest du noch etwas näher rücken,
wär's angenehm.

Nun schau' ich bloß den hohen Himmelsbogen
und sonst nichts mehr,
und um und um von weichem Gräserwogen
ein endlos Meer.

Hörst du die Grillen, wie sie emsig künden
den Takt der Zeit?
Und eine ferne Glocke hallt aus Gründen
der Freundlichkeit.

Ich glaub', ich kann jetzt kühn die Augen schließen,
ich trau' mir's zu.
Ich seh' im Traum ein schlimmes Pflänzlein sprießen,
und das bist du.

Denk dir, ich hör' des Pflänzleins Atem singen,
ganz leis und fein.
Dies Liedlein darf mir nicht umsonst verklingen,
drum hauch' ich's ein.

Kannst du ein wohlgemeintes Wort vertragen?
Ich muß, vergib.
Ich will dir's einmal deutsch und deutlich sagen:
Wer hat dich lieb?

Carl Spitteler

EINEN SOMMER LANG

Zwischen Roggenfeld und Hecken
führt ein schmaler Gang;
süßes, seliges Verstecken
einen Sommer lang.

Wenn wir uns von ferne sehen,
zögert sie den Schritt,
rupft ein Hälmchen sich im Gehen,
nimmt ein Blättchen mit.

Hat mit Ähren sich das Mieder
unschuldig geschmückt,
sich den Hut verlegen nieder
in die Stirn gerückt.

Finster kommt sie langsam näher,
färbt sich rot wie Mohn;
doch ich bin ein feiner Späher,
kenn' die Schelmin schon.

Noch ein Blick in Weg und Weite,
ruhig liegt die Welt,
und es hat an ihre Seite
mich der Sturm gesellt.

Zwischen Roggenfeld und Hecken
führt ein schmaler Gang;
süßes, seliges Verstecken
einen Sommer lang.

Detlev von Liliencron

WALDFREVEL

Seht den Schuft am Waldessaum
mit gewandten Sprüngen fliegend,
einen jungen Eschenbaum
auf den breiten Schultern wiegend!
Hat die Axt, die er gestohlen,
vornen in den Stamm geschwungen,
weit noch hinter seinen Sohlen
kommt der Wipfel nachgesprungen.
Wie er heimlich lacht und singt,
daß das Herz im Leibe springt!
Und die Dirne kommt daher
mit geschnittnen Weidenruten;
von der Last, die drückend schwer,
stehn die Wangen ihr in Gluten.
Und der Bursche wirft die schwere
Bürde beider in den Graben,
beide springen nach, als wäre
dort ein Nest voll Glück zu haben.

Wo ein kleiner Freudenquell
tief im Erlengrunde fließet
und die Silberadern hell
durch das samtne Moos ergießet,
wirft der schlanke Dieb sich nieder
mit der Dirn im braunen Arm,
löst ihr hastig Tuch und Mieder,
und er flüstert liebewarm,
daß sein brennend Herz erklingt,
wie die Nuß im Feuer singt:

„Schätzchen, o du kommst mir just,
daß ich meine Schätze grabe,
wieder einmal meine Lust
am verborgnen Reichtum habe!
Zeig mir der Korallen Schein
an dem frischen roten Munde,
gib mir schnell mein Elfenbein,
all das fein gedrehte, runde!“
Wie der Has' im Kohle springt
ihm das Herz und singt und klingt!

„Laß mich wägen all mein Gold,
deines Haares schwere Güsse!
Laß mich zählen meinen Sold,
Zähle mir ein Hundert Küsse
blank und bar auf meine Lippen,
weil uns kein Verräter lauschet!
Laß mich von dem Weine nippen,
der mich armen Schelm berauschet!
Nun verhüll die Herrlichkeit
mit den Lumpen, mit den Fetzen,
daß kein Auge ungeweiht
Spähen kann nach meinen Schätzen!
Dieses Tuch um deine Haare
dreimal, viermal sorglich winde,
daß die goldne Schimmerware
ja kein Strahl der Sonne finde!“

Gleich ist drauf die Dirn davon
durch den dunklen Wald gesprungen,
wieder hat der Bursche schon
seinen Eschenbaum geschwungen;
wie die Beine rasch ihn tragen
mit dem langen, schwanken Raube!
Einen grünen Siegeswagen,
schleift die Kron' er nach im Staube.
Wie die Grill' im Grase springt
ihm das Herz und singt und klingt!

Gottfried Keller

BEGEGNUNG

Was doch heut nacht ein Sturm gewesen,
bis erst der Morgen sich geregt!
Wie hat der ungebetne Besen
Kamin und Gassen ausgefegt!

Da kommt ein Mädchen schon die Straßen,
das halb verschüchtert um sich sieht;
wie Rosen, die der Wind zerblasen,
so unstet ihr Gesichtchen glüht.

Ein schöner Bursch tritt ihr entgegen,
Er will ihr voll Entzücken nahn:
Wie sehn sich freudig und verlegen
die ungewohnten Schelme an!

Er scheint zu fragen, ob das Liebchen
die Zöpfe schon zurecht gemacht,
die heute nacht im offenen Stübchen
ein Sturm in Unordnung gebracht.

Der Bursche träumt noch von den Küssen,
die ihm das süße Kind getauscht,
er steht, von Anmut hingerissen,
derweil sie um die Ecke rauscht.

Eduard Mörike

Willst du dein Herz mir schenken,
so fang es heimlich an,
daß unser beider Denken
niemand erraten kann.
Die Liebe muß bei beiden
allzeit verschwiegen sein.
Drum schließ die größten Freuden
in deinem Herzen ein.

Begehre keine Blicke
von meiner Liebe nicht.
Der Neid hat viele Tücke
auf unsern Bund gericht'.
Du mußt die Brust verschließen,
halt deine Neigung ein.
Die Lust, die wir genießen,
muß ein Geheimnis sein.

Es ist kein lieber Ding auf Erden
denn Frauenlieb', wem sie kann werden.

Martin Luther

Meiner Frauen roter Mund,
der brennt recht scharlachfarb,
er brennt recht wie ein' rote Ros'
in ihrer ersten Blüt'.
Er brennt recht wie der rot Rubin
in Goldes Farb',
er brennt recht wie ein' heiße Kohl',
liegt in des Feuers Glut.

Ihr Hälslein weiß, ihr schwarze Äuglein klar,
darzu trägt sie ein goldfarb krauses Haar,
ihr werter Leib ist weißer als kein Hermelein,
Kein Meister lebt auf dieser Erd',
der mir's malen könnt' so fein.

Wollt' Gott, wär' ich ein lauter Spiegelglas!
Daß sich die allerschönste Frau
all Morgen vor mir pflanzieret;
wollt' Gott, wär' ich ein seiden Hemdlein weiß,
daß mich die allerschönste Frau
an ihrem Leibe trüge! –

EVA VON TROTT

Sie deckten die steinernen Fliesen
mit totenschwarzem Samt,
um graue Pfeilerriesen
ein Heer von Kerzen flammt'.

Die Weihrauchnebel umzogen
des Hochaltares Schrein,
es füllten der Wölbung Bogen
die Totenlitanein.

Zu Füßen dem Altare
der schmale Schragen stand,
es legte auf die Bahre
der Herzog seine Hand.

„Er gönnt meinem Glück nicht Ruhe,
der Ritter und Pfaffen Neid,
nun berg' ich's in schwarzer Truhe,
im weißen Sterbekleid.

Nun senken zur Gruft sie nieder
meine schöne Eva Trott."
Es bargen seine Lider
der Augen stummen Spott.

Der Abt bekreuzte die Bahre,
das Requiescat klang.
Der Herzog vom Altare
schritt schwer die Hall' entlang.

Er kam zum Tor gegangen,
ein Knappe hielt sein Roß,
um mädchenweiche Wangen
das eiserne Helmband schloß.

Der Herzog griff in die Zügel,
er lachte: „Dank, Herr Tod!"
Da bebte die Hand am Bügel,
ein' weiße Stirne ward rot.

„Nun laß die Pfaffen plärren
in weihrauchdumpfer Luft
und mit eisernem Riegel sperren
die leere Totengruft!

Ich weiß eine Burg, mein Knappe,
die schirmt vor Feind und Fahr –
da will aus eiserner Kappe
ich lösen dein schwarzes Haar.

Da küss' ich den Mund, den roten,
den Pfaffen zu Trutz und Spott!
Da weck' ich auf von den Toten
meine schöne Eva Trott!"

Lulu von Strauß und Torney

TRAUM DURCH DIE DÄMMERUNG

Weite Wiesen im Dämmergrau;
die Sonne verglomm, die Sterne ziehn:
Nun geh ich zu der schönsten Frau,
weit über Wiesen im Dämmergrau,
tief in den Busch von Jasmin.

Durch Dämmergrau in der Liebe Land;
ich gehe nicht schnell, ich eile nicht;
mich zieht ein weiches, samtenes Band
durch Dämmergrau in der Liebe Land,
in ein blaues, mildes Licht.

Otto Julius Bierbaum

PHILINE

Singet nicht in Trauertönen
von der Einsamkeit der Nacht!
Nein, sie ist, o holde Schönen,
zur Geselligkeit gemacht.

Wie das Weib dem Mann gegeben
als die schönste Hälfte war,
ist die Nacht das halbe Leben,
und die schönre Hälfte zwar.

Könnt ihr euch des Tages freuen,
der nur Freuden unterbricht?
Er ist gut, sich zu zerstreuen,
zu was anderm taugt er nicht.

Aber wenn in nächtger Stunde
süßer Lampe Dämmrung fließt,
und vom Mund zum nahen Munde
Scherz und Liebe sich ergießt;

wenn der rasche, lose Knabe,
der sonst wild und feurig eilt,
oft bei einer kleinen Gabe
unter leichten Spielen weilt;

wenn die Nachtigall Verliebten
liebevoll ein Liedchen singt,
das Gefangnen und Betrübten
nur wie Ach und Wehe klingt:

Mit wie leichtem Herzensregen
horchet ihr der Glocke nicht,
die mit zwölf bedächtgen Schlägen
Ruh' und Sicherheit verspricht!

Darum an dem langen Tage
merke dir es, liebe Brust:
Jeder Tag hat seine Plage,
und die Nacht hat ihre Lust.

Goethe

ABENDS

Komm, Liebchen! es neigen
die Wälder sich dir;
und alles mit Schweigen
erwartet dich hier.

Der Himmel im glatten
umdämmerten Quell!
Dies Plätzchen im Schatten,
dies andre so hell!

Im Schatten, der Liebe
dich lockendes Glück,
dir flüsternd: es bliebe
noch vieles zurück –

Es blieben der süßen
Geheimnisse viel;
so festes Umschließen;
so wonniges Spiel!

Da rauscht es! da wanken
auf jeglichem Baum
die Äste; da schwanken
die Vögel im Traum.

Dies Wanken, dies Zittern
der Blätter im Teich –
o Liebe! dein Wittern!
o Liebe! dein Reich!

Johann Georg Jacobi

Unter der Linden
bei der Heide,
wo unser zweier Bett gemacht,
da mögt ihr finden,
wie wir beide
pflückten im Grase der
Blumen Pracht.
Vor dem Wald im tiefen Tal,
Tandaradei!
lieblich sang die Nachtigall.

Ich kam gegangen
hin zur Aue –
mein Trauter harrte schon am Ort.
Wie ward ich empfangen,
o Himmelsfraue!
Des bin ich selig immerfort.
Ob er mich küßte? Wohl
manche Stund'
Tandaradei!
Seht, wie ist so rot mein Mund.

Da tät er machen
uns ein Bette
aus Blumen mannigfalt und bunt.
Darob wird lachen,
wer an der Stätte
vorüberkommt, aus
Herzensgrund:
Er wird sehn im Rosenhag,
Tandaradei!
sehen, wo das Haupt mir lag!

Wie ich da ruhte,
wenn man es wüßte,
barmherziger Gott – ich
schämte mich,
wie mich der Gute
herzte und küßte,
keiner erfahr' es als er und ich,
und ein kleines Vögelein –
Tandaradei!
das wird wohl verschwiegen sein!

nach Walther von der Vogelweide

DER SPÄTE MAI

Die roten Blätter rauschen,
der Sommer ist lange vorbei,
es leuchten unsere Augen,
es blüht in uns der Mai.

Wir können die Liebe nicht bergen,
wir sind uns viel zu gut,
es brennen unsere Lippen,
in den Schläfen klopft unser Blut.

Wir reden schüchterne Worte,
wir sehn aneinander vorbei,
scheu wie die erste Liebe
macht uns der späte Mai.

Was zögerst du, was zagst du,
wer weiß, bald fällt der Schnee,
die ungeküßten Küsse,
das ist das bitterste Weh.

Hermann Löns

Dat du mien Leewsten büst,
dat du wull weest!
Kumm bi de Nacht, kumm bi de
Nacht,
segg, wo du heest.

Kumm du um Middernacht,
kumm du Klock een!
Vader slöpt, Moder slöpt
ik slaap' alleen.

Klopp an de Kamerdör,
faat an de Klink!
Vader meent, Moder meent,
dat deit de Wind.

DIE HASEL

Es wollt' ein Mägdlein tanzen gehn,
sucht' Rosen auf der Heide,
was fand sie da am Wege stehn?
Eine Hasel, die war grüne.

„Nun grüß dich Gott, Frau Haselin!
Von was bist du so grüne?“
„Nun grüß dich Gott, feins Mägdelein!
Von was bist du so schöne?“

„Von was daß ich so schöne bin,
das kann ich dir wohl sagen:
Ich iss' weiß Brot, trink' kühlen Wein,
davon bin ich so schöne.“

„Ißt du weiß Brot, trinkst kühlen Wein,
und bist davon so schöne,
auf mich so fällt der kühle Tau,
davon bin ich so grüne.“

„Hüt dich, hüt dich, Frau Haselin,
und tu dich wohl umschauen!
Ich hab daheim zween Brüder stolz,
die wollen dich abhauen.“

„Und haun sie mich im Winter ab,
im Sommer grün' ich wieder;
verliert ein Mägdlein ihren Kranz,
den findt sie nie mehr wieder.“

Ach, wenn es nun die Mutter wüßt',
wie du so wild mich hast geküßt,
sie würde beten ohne Ende,
daß Gott, der Herr, das Unglück wende.

Und wenn es mein Herr Bruder wüßt',
wie du so wild mich hast geküßt,
er eilte wohl mit Windesschnelle
und schlüge dich tot auf der Stelle.

Doch wenn es meine Schwester wüßt',
wie du so wild mich hast geküßt,
auch ihr Herz würde in Sehnsucht schlagen
und Glück und Sünde gerne ertragen.

Paul Remer

MÄDCHENLIED

„Was rinnen dir die Tränen,
die Tränen stumm und heiß
durch deine feinen Finger,
die Finger fein und weiß?“

Mein Schleier ist zerrissen
und wehet doch kein Wind
und bin doch nirgends gangen
niemals, wo Dornen sind . . .

Die Glocken haben heute
so sonderbaren Klang,
Gott weiß, warum ich weine,
mir ist zum Sterben bang.

Hugo von Hofmannsthal

Gretchen am Spinnrade:

Meine Ruh' ist hin,
mein Herz ist schwer,
ich finde sie nimmer
und nimmermehr.

Wo ich ihn nicht hab',
ist mir das Grab,
die ganze Welt
ist mir vergällt.

Mein armer Kopf
ist mir verrückt,
mein armer Sinn
ist mir zerstückt.

Meine Ruh' ist hin,
mein Herz ist schwer,
ich finde sie nimmer
und nimmermehr.

Nach ihm nur schau' ich
zum Fenster hinaus,
nach ihm nur geh' ich
aus dem Haus.

Sein hoher Gang,
sein' edle Gestalt,
seines Mundes Lächeln,
seiner Augen Gewalt,

und seiner Rede
Zauberfluß,
sein Händedruck,
und ach, sein Kuß!

Meine Ruh' ist hin,
mein Herz ist schwer,
ich finde sie nimmer
und nimmermehr.

Mein Busen drängt
sich nach ihm hin,
ach dürft' ich fassen
und halten ihn

und küssen ihn,
so wie ich wollt',
an seinen Küssen
vergehen sollt'!

Goethe

ICH HAB' DIE NACHT GETRÄUMET

Ich hab' die Nacht geträumet
wohl einen schweren Traum;
es wuchs in meinem Garten
ein Rosmarienbaum.

Der Kirchhof war der Garten,
das Blumenbeet ein Grab,
und von dem grünen Baume
fiel Kron und Blüten ab.

Die Blüten tät ich sammeln
in einen goldnen Krug;
der fiel mir aus den Händen,
daß er in Stücke schlug.

Draus sah ich Perlen rinnen
und Tröpflein rosenrot.
Was mag der Traum bedeuten?
Herzliebster, bist du tot?

Es waren zwei Königskinder,
die hatten einander so lieb;
sie konnten zusammen nicht kommen,
das Wasser war viel zu tief.

„Ach Liebster, könntest du schwimmen,
so schwimm doch herüber zu mir!
Drei Kerzen will ich anzünden,
und die sollen leuchten dir."

Das hört' ein falsches Nönnchen,
die tät, als wenn sie schlief;
sie tät die Kerzlein auslöschen,
der Jüngling ertrank so tief.

Es war an ein' Sonntagmorgen,
die Leut waren alle so froh,
nicht so die Königstochter,
ihr' Augen saßen ihr zu.

„Ach Mutter, herzliebste Mutter,
mir tut der Kopf so weh.
Ich möchte spazieren gehen
wohl an der blauen See."

„Ach Tochter, herzliebste Tochter,
allein sollst du nicht gehn,
weck auf deinen jüngsten Bruder
und der soll mit dir gehn."

„Ach Mutter, herzliebste Mutter,
mein Bruder ist noch ein Kind,
der schießt ja all die Vöglein,
die auf Grünheide sind."

„Ach Tochter, herzliebste Tochter,
allein sollst du nicht gehn,
weck auf deine jüngste Schwester,
und die soll mit dir gehn!"

„Ach Mutter, herzliebste Mutter,
meine Schwester ist noch ein Kind,
sie pflückt ja all die Blümlein,
die auf Grünheide sind."

Die Mutter ging zur Kirche,
die Tochter hielt ihren Gang.
Sie ging so lang spazieren,
bis sie den Fischer fand.

„Ach Fischer, liebster Fischer,
willst du dir verdienen groß Lohn,
so wirf dein Netz ins Wasser
und fisch mir den Königssohn."

Was zog sie von ihrem Finger,
ein Ringlein von Gold so rot,
„sieh da, wohledler Fischer,
kauf deinen Kindern Brot."

Der Fischer warf seine Netze,
er warf sie bis auf den Grund,
er fischte und fischte so lange,
bis er den Königssohn fand.

Den schloß sie in ihre Arme
und küßte ihn auf den Mund,
„ach, Mündlein, könntest du sprechen,
so wär mein jung Herze gesund."

Was nahm sie von ihrem Haupte?
Die goldene Königskron',
„sieh da, wohledler Fischer,
hier hast du deinen Lohn."

Sie schwang sich um ihren Mantel
und sprang wohl in die See,
„lebt wohl, lieb Vater und Mutter,
ihr seht mich nimmermehr."

Da hört' man Glöckchen läuten,
da hört' man Jammer und Not.
Hier liegen zwei Königskinder,
sind alle beide tot.

DER WIRTIN TÖCHTERLEIN

Es zogen drei Burschen wohl über den Rhein,
bei einer Frau Wirtin, da kehrten sie ein.

„Frau Wirtin! hat Sie gut Bier und Wein?
Wo hat Sie ihr schönes Töchterlein?"

„Mein Bier und Wein ist frisch und klar.
Mein Töchterlein liegt auf der Totenbahr'."

Und als sie traten zur Kammer hinein,
da lag sie in einem schwarzen Schrein.

Der erste, der schlug den Schleier zurück
und schaute sie an mit traurigem Blick:

„Ach! lebtest du noch, du schöne Maid!
Ich würde dich lieben von dieser Zeit."

Der zweite deckte den Schleier zu
und kehrte sich ab und weinte dazu:

„Ach! daß du liegst auf der Totenbahr!
Ich hab' dich geliebet so manches Jahr."

Der dritte hub ihn wieder sogleich
und küßte sie an den Mund so bleich:

„Dich liebt' ich immer, dich lieb' ich noch heut
und werde dich lieben in Ewigkeit."

Ludwig Uhland

Es fiel ein Reif in Frühlingsnacht,
wohl über die schöne blau Blümelein.
Sie sind verwelket, verdörret.

Ein Knabe hatte ein Mädlein lieb,
sie liefen heimlich von Hause fort,
es wußt's nicht Vater noch Mutter.

Sie liefen weit ins fremde Land,
sie hatten weder Glück noch Stern,
sie sind verdorben, gestorben.

Auf ihrem Grab Blaublümchen blühn,
umschlingen sich treu wie sie im Grab,
der Reif sie nicht welket, nicht dörret.

Anton Wilhelm von Zuccalmaglio

HEIMLICHER LIEBE PEIN

Mein Schatz, der ist auf die Wanderschaft hin,
ich weiß aber nicht, was ich so traurig bin,
vielleicht ist er tot und liegt in guter Ruh,
drum bring' ich meine Zeit so traurig zu.

Als ich mit mei'm Schatz in die Kirch wollt' gehn,
viel falsche, falsche Zungen unter der Türe stehn.
Die eine redt dies, die andre redt das,
das macht mir gar oft die Äugelein naß.

Die Disteln und Dornen, die stechen also sehr,
die falschen, falschen Zungen aber noch viel mehr,
kein Feuer auf Erden auch brennet also heiß
als heimliche Liebe, die niemand nicht weiß.

Ach herzlieber Schatz, ich bitte dich noch eins,
du wollest auch bei meiner Begräbnis sein,
bei meiner Begräbnis bis ins kühle Grab,
dieweil ich dich so treulich geliebet hab.

Ach Gott, was hat mein Vater und Mutter getan,
sie haben mich gezwungen zu einem ehlichen Mann,
zu einem ehlichen Mann, den ich nicht geliebt,
das macht mir ja mein Herz so betrübt.

AN DIE MENSCHENGESICHTER

Ich habe was Liebes, das hab' ich zu lieb;
was kann ich, was kann ich dafür?
Drum sind mir die Menschengesichter nicht hold:
Doch spinn' ich ja leider nicht Seide noch Gold,
ich spinne nur Herzeleid mir.

Auch mich hat was Liebes im Herzen zu lieb;
was kann es fürs liebende Herz?
Auch ihm sind die Menschengesichter nicht hold:
Doch spinnt es ja leider nicht Seide noch Gold,
es spinnt sich nur Elend und Schmerz.

Wir seufzen und sehnen, wir schmachten uns nach,
wir sehnen und seufzen uns krank.
Die Menschengesichter verargen uns das;
sie reden, sie tun uns bald dies und bald das,
und schmieden uns Fessel und Zwang.

Wenn ihr für die Leiden der Liebe was könnt,
Gesichter, so gönnen wir's euch.
Wenn wir es nicht können, so irr' es euch nicht!
Wir können, ach leider! wir können es nicht,
nicht für das mongolische Reich!

Wir irren und quälen euch andre ja nicht;
wir quälen ja uns nur allein.
Drum, Menschengesichter, wir bitten euch sehr,
drum laßt uns gewähren und quält uns nicht mehr,
o laßt uns gewähren allein!

Gottfried August Bürger

Wem nie durch Liebe Leid geschah,
dem ward auch Lieb' durch Lieb' nie nah;
Leid kommt wohl ohne Lieb' allein,
Lieb' kann nicht ohne Leiden sein.

nach Gottfried von Straßburg

DER ASRA

Täglich ging die wunderschöne
Sultanstochter auf und nieder
um die Abendzeit am Springbrunn,
wo die weißen Wasser plätschern.

Täglich stand der junge Sklave
um die Abendzeit am Springbrunn,
wo die weißen Wasser plätschern;
täglich ward er bleich und bleicher.

Eines Abends trat die Fürstin
auf ihn zu mit raschen Worten:
„Deinen Namen will ich wissen,
deine Heimat, deine Sippschaft!“

Und der Sklave sprach: „Ich heiße
Mohammed, ich bin aus Yemen,
und mein Stamm sind jene Asra,
welche sterben, wenn sie lieben.“

Heinrich Heine

BARBARA ALLEN

Es war im Herbst, im bunten Herbst,
wenn die rotgelben Blätter fallen,
da wurde John Graham vor Liebe krank,
vor Liebe zu Barbara Allen.

Seine Läufer liefen hinab in die Stadt
und suchten, bis sie gefunden:
„Ach, unser Herr ist krank nach dir,
komm, Lady, und mach ihn gesunden."

Die Lady schritt zum Schloß hinan,
schritt über die marmornen Stufen,
sie trat ans Bett, sie sah ihn an:
„John Graham, du ließest mich rufen."

„Ich ließ dich rufen, ich bin im Herbst,
und die rotgelben Blätter fallen –
hast du kein letztes Wort für mich?
Ich sterbe, Barbara Allen."

„John Graham, ich hab' ein letztes Wort.
Du warst mein all und eines;
du teiltest Pfänder und Bänder aus,
mir aber gönntest du keines.

John Graham, und ob du mich lieben
ich weiß, ich hatte dich lieber, [magst,
ich sah nach dir, du lachtest mich an
und gingest lachend vorüber.

Wir haben gewechselt, ich und du,
die Sprossen der Liebesleiter:
Du bist nun unten, du hast es gewollt,
ich aber bin oben und heiter."

Sie ging zurück. Eine Meil' oder zwei.
Da hörte sie Glocken schallen.
Sie sprach: „Die Glocken klingen für ihn,
für ihn und für – Barbara Allen.

Liebe Mutter, mach ein Bett für mich,
unter Weiden und Eschen geborgen;
John Graham ist heute gestorben um mich,
und ich sterbe um ihn morgen."

Theodor Fontane

ABENDLIED

Rose Marie, Rose Marie,
sieben Jahre mein Herz nach dir schrie,
Rose Marie, Rose Marie,
aber du hörtest es nie.

Jedwede Nacht, jedwede Nacht,
hat mir im Traume dein Bild zugelacht,
kam dann der Tag, kam dann der Tag,
wieder alleine ich lag.

Jetzt bin ich alt, jetzt bin ich alt,
aber mein Herz ist noch immer nicht kalt,
schläft wohl schon bald, schläft wohl
doch bis zuletzt es noch hallt: [schon bald,

Rose Marie, Rose Marie,
sieben Jahre mein Herz nach dir schrie,
Rose Marie, Rose Marie,
aber du hörtest es nie.

Hermann Löns

NOCH EINMAL

Noch einmal fällt in meinen Schoß
die rote Rose Leidenschaft;
noch einmal hab' ich schwärmerisch
in Mädchenaugen mich vergafft.

Noch einmal legt ein junges Herz
an meines seinen starken Schlag;
noch einmal weht an meine Stirn
ein juniheißer Sommertag.

Theodor Storm

FRAGE UND ANTWORT

Fragst du mich, woher die bange
Liebe mir zum Herzen kam,
und warum ich ihr nicht lange
schon den bittern Stachel nahm?

Sprich, warum mit Geisterschnelle
wohl der Wind die Flügel rührt.

Und woher die süße Quelle
die verborgnen Wasser führt?

Banne du auf seiner Fährte
mir den Wind in vollem Lauf!
Halte mit der Zaubergerte
du die süßen Quellen auf!

Eduard Mörike

Wer gab dir, Minne, die Gewalt,
daß du so ganz allmächtig bist?

Du siegest über jung und alt,
und gegen dich hilft keine List.

nach Walther von der Vogelweide

RITTER OLAF

I

Vor dem Dome stehn zwei Männer,
tragen beide rote Röcke,
und der eine ist der König,
und der Henker ist der andre.

Und zum Henker spricht der König:
„Am Gesang der Pfaffen merk' ich,
daß vollendet schon die Trauung –
halt bereit dein gutes Richtbeil."

Glockenklang und Orgelrauschen,
und das Volk strömt aus der Kirche;
bunter Festzug, in der Mitte
die geschmückten Neuvermählten.

Leichenblaß und bang und traurig
schaut die schöne Königstochter;
keck und heiter schaut Herr Olaf,
und sein roter Mund, der lächelt.

Und mit lächelnd rotem Munde
spricht er zu dem finstern König:
„Guten Morgen, Schwiegervater!
Heut ist dir mein Haupt verfallen.

Sterben soll ich heut. Oh, laß mich
nur bis Mitternacht noch leben,
daß ich meine Hochzeit feire
mit Bankett und Fackeltänzen.

Laß mich leben, laß mich leben,
bis geleert der letzte Becher,
bis der letzte Tanz getanzt ist –
laß bis Mitternacht mich leben!"

Und zum Henker spricht der König:
„Unserm Eidam sei gefristet
bis um Mitternacht sein Leben –
halt bereit dein gutes Richtbeil."

II

Herr Olaf sitzt beim Hochzeitschmaus,
er trinkt den letzten Becher aus.
An seine Schulter lehnt
sein Weib und stöhnt –
der Henker steht vor der Türe.

Der Reigen beginnt, und Herr Olaf erfaßt
sein junges Weib, mit wilder Hast
sie tanzen, bei Fackelglanz,
den letzten Tanz –
der Henker steht vor der Türe.

Die Geigen geben so lustigen Klang,
die Flöten seufzen so traurig und bang!
Wer die beiden tanzen sieht,
dem erbebt das Gemüt –
der Henker steht vor der Türe.

Und wie sie tanzen im dröhnenden Saal,
Herr Olaf flüstert zu seinem Gemahl:
„Du weißt nicht, wie lieb ich dich hab' –
so kalt ist das Grab!" –
Der Henker steht vor der Türe.

III

Herr Olaf, es ist Mitternacht,
dein Leben ist verflossen!
Du hattest eines Fürstenkinds
in freier Lust genossen.

Die Mönche murmeln das Totengebet,
der Mann im roten Rocke,
er steht mit einem blanken Beil
schon vor dem schwarzen Blocke.

Herr Olaf steigt in den Hof hinab,
da blinken viel' Schwerter und Lichter.
Es lächelt des Ritters roter Mund,
mit lächelndem Munde spricht er:

„Ich segne die Sonne, ich segne den Mond
und die Stern', die am Himmel schweifen.
Ich segne auch die Vögelein,
die in den Lüften pfeifen.

Ich segne das Meer, ich segne das Land
und die Blumen auf der Aue.
Ich segne die Veilchen; sie sind so sanft
wie die Augen meiner Fraue.

Ihr Veilchenaugen meiner Frau,
durch euch verlier' ich mein Leben!
Ich segne auch den Holunderbaum,
wo du dich mir ergeben."

Heinrich Heine

Es war ein alter König,
sein Herz war schwer, sein Haupt
war grau;
der arme, alte König,
er nahm eine junge Frau.

Es war ein schöner Page,
blond war sein Haupt, leicht war
sein Sinn;
er trug die seidne Schleppe
der jungen Königin.

Kennst du das alte Liedchen?
Es klingt so süß, es klingt so trüb!
Sie mußten beide sterben,
sie hatten sich viel zu lieb.

Heinrich Heine

EWIGE LIEBE

Nicht im Paradiese,
nicht in den Gefilden
ew'ger Seligkeiten,
wenn dahin mit milden
Worten Gott mich wiese,
würd' ich freudig schreiten,
wenn ich liegen könnte
dir im Grab zur Seite,
wo mich von dir trennte
keines Fingers Breite.
Wenn auch von dir schwände
alles Fleisch, das warme,
Knochen deine Hände,
Knochen deine Arme,
wärst mir Glück und Frieden,
wenn uns nur beschieden
alle hundert Jahre
eine Stunde käme,
die den Schlaf der Bahre
von uns beiden nähme,
daß wir uns erkennten
trotz des Todes Walten
und in unsrer alten
Liebe jäh entbrennten.

Ricarda Huch

ICH UND DU

Wir träumten voneinander
und sind davon erwacht,
wir leben, um uns zu lieben,
und sinken zurück in die Nacht.

Du tratst aus meinem Traume,
aus deinem trat ich hervor,
wir sterben, wenn sich eines
im andern ganz verlor.

Auf einer Lilie zittern
zwei Tropfen, rein und rund,
zerfließen in eins und rollen
hinab in des Kelches Grund.

Friedrich Hebbel

PEREGRINA

Der Spiegel dieser treuen, braunen Augen
ist wie von innerm Gold ein Widerschein;
tief aus dem Busen scheint er's anzusaugen,
dort mag solch Gold in heil'gem Gram gedeihn.
In diese Nacht des Blickes mich zu tauchen,
unwissend Kind, du selber lädst mich ein –
Willst, ich soll kecklich mich und dich entzünden,
reichst lächelnd mir den Tod im Kelch der Sünden!

Eduard Mörike

ARIE

Schließt euch, geliebte Blicke,
nach der Umarmung zu,
fühllos Gefühl erquicke
dein Blut im Schoß der Ruh'.

Löst euch, geliebte Glieder,
reizendes Haupt, sink hin,
ein fächelndes Gefieder
besänftige jeden Sinn.

Dämmrung vor dich zu schatten,
heb ich die Hand ins Licht:
fühl's nicht, und fühl nur matten
den Tag vor dem Gesicht.

Fühl's nicht, und mich laß fühlen,
wie die mich nun noch preßt,
die leichte Hand, vom Kühlen
entseelt, mich halb entläßt –

Und wie ein Traum die feuchten
Lippen dir halb entschließt –
schließt euch, geliebte Leuchten.
Auch wer euch träumt, genießt.

Rudolf Borchardt

Im Arm der Liebe schliefen wir selig ein.
Am offnen Fenster lauschte der Sommerwind,
und unsrer Atemzüge Frieden
trug er hinaus in die helle Mondnacht. –

Und aus dem Garten tastete zagend sich
ein Rosenduft an unserer Liebe Bett
und gab uns wundervolle Träume,
Träume des Rausches – so reich an Sehnsucht!

Otto Erich Hartleben

Du willst es nicht in Worten sagen,
doch legst du's brennend Mund auf Mund,
und deiner Pulse tiefes Schlagen
tut liebliches Geheimnis kund.

Du fliehst vor mir, du scheue Taube,
und drückst dich fest an meine Brust;
du bist der Liebe schon zum Raube
und bist dir kaum des Worts bewußt.

Du biegst den schlanken Leib mir ferne,
indes dein roter Mund mich küßt;
behalten möchtest du dich gerne,
da du doch ganz verloren bist.

Du fühlst, wir können nicht verzichten;
warum zu geben scheust du noch?
Du mußt die ganze Schuld entrichten,
du mußt, gewiß, du mußt es doch.

In Sehnen halb und halb in Bangen,
am Ende rinnt die Schale voll;
die holde Scham ist nur empfangen,
daß sie in Liebe sterben soll.

Theodor Storm

FÜR DIE MOUCHE

Zu Häupten aber meiner Ruhestätt
stand eine Blume, rätselhaft gestaltet,
die Blätter schwefelgelb und violett,
doch wilder Liebreiz in der Blume waltet.

Doch, Zauberei des Traumes! Seltsamlich,
die Blume der Passion, die schwefelgelbe,
verwandelt in ein Frauenbildnis sich,
und das ist sie – die Liebste, ja dieselbe.

Du warst die Blume, du geliebtes Kind,
an deinen Küssen mußt' ich dich erkennen.
So zärtlich keine Blumenlippen sind,
so feurig keine Blumentränen brennen!

Geschlossen war mein Aug', doch angeblickt
hat meine Seel' beständig dein Gesichte,
du sahst mich an, beseligt und verzückt
und geisterhaft beglänzt vom Mondenlichte.

Wir sprachen nicht, jedoch mein Herz vernahm,
was du verschwiegen dachtest im Gemüte –
das ausgesprochne Wort ist ohne Scham,
das Schweigen ist der Liebe keusche Blüte.

Heinrich Heine

Wo hast du all die Schönheit hergenommen,
du Liebesangesicht, du Wohlgestalt!
Um dich ist alle Welt zu kurz gekommen.
Weil du die Jugend hast, wird alles alt,
weil du das Leben hast, muß alles sterben,
weil du die Kraft hast, ist die Welt kein Hort,
weil du vollkommen bist, ist sie ein Scherben,
weil du der Himmel bist, gibt's keinen dort!

Ricarda Huch

Du kamst zu mir, mein Abgott, meine Schlange,
in dunkler Nacht, die um dich her erglühte.
Ich diente dir mit Liebesüberschwange
und trank das Feuer, das dein Atem sprühte.
Du flohst, ich suchte lang in Finsternissen.
Da kannten mich die Götter und Dämonen
an jenem Glanze, den ich dir entrissen,
und führten mich ins Licht, mit dir zu thronen.

Ricarda Huch

Da waren trümmer nicht noch scherben
da war kein abgrund war kein grab
da war kein sehnen war kein werben:
wo eine stunde alles gab.

Von tausend blüten war ein quillen
im purpurlicht der zauberei.
Des vogelsangs unbändig schrillen
durchbrach des frühlings erster schrei.

Das war ein stürzen ohne zäume
ein rasen das kein arm beengt –
ein öffnen neuer duftiger räume
ein rausch der alle sinne mengt.

Stefan George

SONETT

Weil deine Schöne mir im Blut begegnet,
wo auch ich glitt in meiner Adern Zweigen,
erharrt' ich gläubig dein gewisses Neigen
und die gefügte Stunde, die mich segnet.

Als dann die Hand, die meiner kaum entgegnet,
mich aufwärts zerrte in ein rasend Steigen
und fremdem Gott mich zwang das Knie zu beugen
und Stein und Schlacke auf mich niederregnet –

Doch immer aus den Wellen, aus den trüben,
treib ich seitab mit deinem Bild aus Golde,
das leuchtend meinem Auge stets geblieben:

Zerschlage mich in deinem harten Solde –
zu tief ist deine Spur in mich getrieben,
daß anders ich sie je erkennt' denn holde.

Veronika Erdmann

AN DIE ERSEHNTE

Ich habe dich Gerte getauft, weil du so schlank bist,
und weil mich Gott mit dir züchtigen will,
und weil eine Sehnsucht in deinem Gang ist
wie in schmächtigen Pappeln im April.

Ich kenne dich nicht – aber eines Tages
wirst du im Sturm an meine Türe klopfen,
und ich werde öffnen auf dies Klopfen,
und meine zuchtlose Brust wird gleichen Schlages
an deine zuchtlosen Brüste klopfen.

Denn ich kenne dich – deine Augen glänzen wie Knospen,
und du willst blühen, blühen, blühen!
Und deine jungen Gedanken sprühen
wie gepeitschte Sträucher an Sturzbächen;
und du möchtest wie ich den Stürmen Gottes trotzen
oder zerbrechen!

Richard Dehmel

AN SIE

Je enger wir uns aneinander banden,
je ferner voneinander rückten wir;
da unsere Pfühle noch beisammen standen,
berghohe Tiefe schied mich da von dir.

Seit ich, so schwerem Bann mich zu entziehen,
von dir ins Weite bin hinausgerannt,
bleibt dir, ich mag zur fernsten Küste fliehen,
dies Herz, ein treuer Kompaß, zugewandt.

Was soll ich nun aus diesem Wechsel lernen?
Was tun zur Heilung solcher Seelenpein?
Mich nähern, um mich wieder zu entfernen?
Fern bleiben, um dir ewig nah zu sein?

David Friedrich Strauß

LIEBE

Wenn wir uns nicht haben und uns sehnen,
dann ist's, als hätten wir uns endlich ganz.
Doch wenn wir nahe sind und uns geborgen wähnen,
verdunkelt sich die Lust, verblaßt der Glanz.

Die Ferne ist es nicht und nicht die Nähe.
Ach, immer lebt das Innigste allein.
Laß uns, wie gut es auch, wie schlimm es um uns stehe,
laß uns barmherzig zueinander sein!

Manfred Hausmann

STILLER SCHREI

Wenn du nur zuweilen lächelst,
nur zuweilen Kühle fächelst
dieser ungemeßnen Glut –
in Geduld will ich mich fassen
und dich alles treiben lassen,
was der Liebe wehe tut.

Georg Friedrich Daumer

BETTLERLIEBE

O laß mich nur von ferne stehn
und hangen stumm an deinem Blick;
du bist so jung, du bist so schön,
aus deinen Augen lacht das Glück.

Und ich so arm, so müde schon,
ich habe nichts, was dich gewinnt,
o wär' ich doch ein Königssohn,
und du ein arm verlornes Kind!

Theodor Storm

HYAZINTHEN

Fern hallt Musik; doch hier ist stille Nacht,
mit Schlummerduft anhauchen mich die Pflanzen:
Ich habe immer, immer dein gedacht;
ich möchte schlafen, aber du mußt tanzen.

Es hört nicht auf, es rast ohn Unterlaß;
die Kerzen brennen, und die Geigen schreien,
es teilen und es schließen sich die Reihen,
und alle glühen; aber du bist blaß.

Und du mußt tanzen; fremde Arme schmiegen
sich an dein Herz; o leide nicht Gewalt!
Ich seh' dein weißes Kleid vorüberfliegen
und deine leichte, zärtliche Gestalt. – –

Und süßer strömend quillt der Duft der Nacht
und träumerischer aus dem Kelch der Pflanzen.
Ich habe immer, immer dein gedacht;
ich möchte schlafen, aber du mußt tanzen.

Theodor Storm

ELISABETH

Ich soll erzählen,
die Nacht ist schon spät –
willst du mich quälen,
schöne Elisabeth?

Daran ich dichte
und du dazu,
meine Liebesgeschichte
ist dieser Abend und du.

Du mußt nicht stören,
die Reime verwehn.
Bald wirst du sie hören,
hören und nicht verstehn.

Hermann Hesse

*

Morgen muß ich fort von hier
und muß Abschied nehmen.
O du allerschönste Zier,
Scheiden, das bringt Grämen!
Da ich dich so treu geliebt
über alle Maßen,
soll ich dich verlassen!

Wenn zwei gute Freunde sind,
die einander kennen,
Sonn' und Mond bewegen sich,
ehe sie sich trennen.
Noch viel größer ist der Schmerz,
wenn ein treu verliebtes Herz
in die Fremde ziehet.

Küsset dir ein Lüftelein
Wangen oder Hände,
denke, daß es Seufzer sei'n,
die ich zu dir sende.
Tausend schick' ich täglich aus,
die da wehen um dein Haus,
weil ich dein gedenke.

Wenn ich ein Vöglein wär',
und wann ich Flügel hätt',
flieget ich zu dir.
Weil's aber nicht kann sein,
weil's aber nicht kann sein,
so bleib' ich hier.

Wenn ich ein Mädchen seh',
geh' ich gleich hin zu ihr,
schau' ihr ins G'sicht.
Da ich aber näher tritt,
sind's ihre Äuglein nicht
und nicht ihr G'sicht.

Bin ich entfernt von dir
bin ich im Traum bei dir,
redest mit mir,
daß du mir tausendmal,
daß du mir tausendmal
dein Herz geschenkt.

Es ist kein' Stund' in der Nacht,
wo nicht mein Herz erwacht
und an dich denkt,
daß du mir tausendmal,
daß du mir tausendmal
dein Herz geschenkt.

DER VERLIEBTE REISENDE

Da fahr' ich still im Wagen,
du bist so weit von mir,
wohin er mich mag tragen,
ich bleibe doch bei dir.

Da fliegen Wälder, Klüfte
und schöne Täler tief
und Lerchen hoch in Lüften,
als ob dein' Stimme rief.

Die Sonne lustig scheinet
weit über das Revier.
Ich bin so froh verweinet
und singe still in mir.

Vom Berge geht's hinunter,
das Posthorn schallt im Grund,
mein' Seel' wird mir so munter,
grüß' dich aus Herzensgrund.

Joseph von Eichendorff

DER SPINNERIN LIED

Es sang vor langen Jahren
wohl auch die Nachtigall,
das war wohl süßer Schall,
da wir zusammen waren.

Ich sing' und kann nicht weinen
und spinne so allein
den Faden klar und rein,
solang der Mond wird scheinen.

Da wir zusammen waren,
da sang die Nachtigall,
nun mahnet mich ihr Schall,
daß du von mir gefahren.

Sooft der Mond mag scheinen,
gedenk' ich dein allein,
mein Herz ist klar und rein,
Gott wolle uns vereinen!

Seit du von mir gefahren,
singt stets die Nachtigall,
ich denk' bei ihrem Schall,
wie wir zusammen waren.

Gott wolle uns vereinen,
hier spinn' ich so allein,
der Mond scheint klar und rein,
ich sing' und möchte weinen!

Clemens Brentano

AN DIE ENTFERNTE

Diese Rose pflück' ich hier,
in der fremden Ferne;
liebes Mädchen, dir, ach dir
brächt' ich sie so gerne!

Doch bis ich zu dir mag ziehn
viele weite Meilen,
ist die Rose längst dahin,
denn die Rosen eilen.

Nie soll weiter sich ins Land
Lieb' von Liebe wagen,
als sich blühend in der Hand
läßt die Rose tragen;

oder als die Nachtigall
Halme bringt zum Neste,
oder als ihr süßer Schall
wandert mit dem Weste.

Nikolaus Lenau

JÄGERLIED

Zierlich ist des Vogels Tritt im Schnee,
wenn er wandelt auf des Berges Höh';
zierlicher schreibt Liebchens liebe Hand,
schreibt ein Brieflein mir in ferne Land'.

In die Lüfte hoch ein Reiher steigt,
dahin weder Pfeil noch Kugel fleugt.
Tausendmal so hoch und so geschwind
die Gedanken treuer Liebe sind.

Eduard Mörike

FRÖHLICHE BOTSCHAFT

Dort, wo die Wellen schäumen
am äußersten Sees-End,
dort liegt zwischen Apfelbäumen
ein Haus und ein freundlich Geländ'.

Ein Mädchen mit blonden Haaren
wird weilen in der Näh',
das wird dich herüberfahren
wohl über den blauen See.

Und lacht sie fröhlich und heiter
und blühn ihr die Wangen rot,
dann sag ihr von mir nichts weiter,
als nur: ich wäre tot.

Doch siehst du ihr Mündchen beben
und trübt sich ihr Auge klar,
dann sag ihr: ich sei noch am Leben
und komme zurück übers Jahr.

Und senkt sie den Blick, den frommen,
und stottert sie scheu und verwirrt –
dann sag ihr: ich sei schon gekommen
und sitze beim Schwanenwirt.

Heinrich Leuthold

Der Brief, den du geschrieben,
er macht mich gar nicht bang;
du willst mich nicht mehr lieben,
aber dein Brief ist lang.

Zwölf Seiten, eng und zierlich!
Ein kleines Manuskript!
Man schreibt nicht so ausführlich,
wenn man den Abschied gibt.

Heinrich Heine

Die Liebste sprach: „Ich halt' dich nicht,
du hast mir nichts geschworn.
Die Menschen soll man halten nicht,
sind nicht zur Treu geborn.

Zieh deine Straßen hin, mein Freund,
beschau dir Land um Land,
In vielen Betten ruh dich aus,
viel Frauen nimm bei der Hand.

Wo dir der Wein zu sauer ist,
da trink du Malvasier,
und wenn mein Mund dir süßer ist,
so komm nur wieder zu mir!"

Hugo von Hofmannsthal

Das ist im Leben häßlich eingerichtet,
daß bei den Rosen gleich die Dornen stehn,
und was das arme Herz auch sehnt und dichtet,
zum Schlusse kommt das Voneinandergehn.
In deinen Augen hab' ich einst gelesen,
es blitzte drin von Lieb' und Glück ein Schein:
Behüt' dich Gott, es wär' zu schön gewesen,
behüt' dich Gott, es hat nicht sollen sein!

Joseph Victor von Scheffel

ABREISE

So hab' ich nun die Stadt verlassen,
wo ich gelebet lange Zeit;
ich ziehe rüstig meiner Straßen,
es gibt mir niemand das Geleit.

Man hat mir nicht den Rock zerrissen
(es wär' auch schade für das Kleid),
noch in die Wange mich gebissen
vor übergroßem Herzeleid.

Auch keinem hat's den Schlaf vertrieben,
daß ich am Morgen weitergeh';
sie konnten's halten nach Belieben,
von einer aber tut's mir weh.

Ludwig Uhland

WANDERSCHAFT

Im Walde blüht der Seidelbast,
im Graben liegt noch Schnee;
das du mir heut geschrieben hast,
das Brieflein tat mir weh.

Jetzt schneid' ich einen Stab im Holz,
ich weiß ein ander Land,
da sind die Jungfern nicht so stolz
der Liebe abgewandt.

Im Walde blüht der Seidelbast,
kein Brieflein tut mir weh,
und das du mir geschrieben hast,
schwimmt draußen auf dem See,
schwimmt draußen auf dem Bodensee,
ja draußen auf dem See.

Hermann Hesse

VOM SCHEIDEN

Wenn dir ein Mägdlein recht gefällt
und sie nimmt einen andern,
dann heißt es in die weite Welt
zu wandern.

Mit neuem Glück an neuem Ort
zufrieden sind die mehrsten,
oft treibt ein zweiter Nagel fort
den ersten.

Da draußen viele Mädchen sind,
so viele blond' und braune,
als Rosen blühn im Maienwind
am Zaune.

Doch wenn die Kur dir schlecht gelingt,
so werde Kapuziner,
und wenn kein Ablaß Frieden bringt,
trink Valtelliner.

Trink aus und würfle bei Morgenrot
um Dirnen mit blankem Messer –
stäch' dich vorher ein Lanzknecht tot,
wär's besser.

Und tut er's nicht, so zeche fort,
doch wirf hinaus auf die Gasse
die Menschen mit ihrem Krämerwort,
daß Liebe sich heilen lasse . . .

Wenn dir ein Mägdlein recht gefällt
und sie nimmt einen andern,
dann ist's am besten, aus der Welt
zu wandern.

Emil Prinz zu Schönaich-Carolath

DAS ZERBROCHENE RINGLEIN

In einem kühlen Grunde,
da geht ein Mühlenrad,
mein' Liebste ist verschwunden,
die dort gewohnet hat.

Sie hat mir Treu' versprochen,
gab mir ein'n Ring dabei,
sie hat die Treu gebrochen,
mein Ringlein sprang entzwei.

Ich möcht' als Spielmann reisen
weit in die Welt hinaus
und singen meine Weisen
und gehn von Haus zu Haus.

Ich möcht' als Reiter fliegen
wohl in die blut'ge Schlacht,
um stille Feuer liegen
im Feld bei dunkler Nacht.

Hör' ich das Mühlrad gehen:
ich weiß nicht, was ich will –
ich möcht' am liebsten sterben,
da wär's auf einmal still!

Joseph von Eichendorff

Wenn die Sonne weggegangen,
kommt die Dunkelheit heran,
Abendrot hat goldne Wangen,
und die Nacht hat Trauer an.

Seit die Liebe weggegangen,
bin ich nun ein Mohrenkind,
und die roten frohen Wangen
dunkel und verloren sind.

Dunkelheit muß tief verschweigen
alles Wehe, alle Lust;
aber Mond und Sterne zeigen,
was mir wohnet in der Brust.

Wenn die Lippen dir verschweigen
meines Herzens stille Glut,
müssen Blick und Tränen zeigen,
wie die Liebe nimmer ruht.

Clemens Brentano

Wo sind die Stunden
der süßen Zeit,
da ich zuerst empfunden,
wie deine Lieblichkeit
mich dir verbunden?
Sie sind verrauscht, es bleibet
doch dabei,
daß alle Lust vergänglich sei.

Ich schwamm in Freude;
der Liebe Hand
spann mir ein Kleid von Seide.
Das Blatt hat sich gewandt.
Ich geh' im Leide,
ich wein' jetzund, daß Lieb' und
Sonnenschein
stets voller Angst und Wolken sein.

Christian Hofmann von Hoffmannswaldau

AGNES

Rosenzeit! wie schnell vorbei,
schnell vorbei
bist du doch gegangen!
Wär' mein Lieb nur blieben treu,
blieben treu,
sollte mir nicht bangen.

Um die Ernte wohlgemut,
wohlgemut
Schnitterinnen singen.
Aber ach! mir kranken Blut,
mir kranken Blut
will nichts mehr gelingen.

Schleiche so durchs Wiesental,
so durchs Tal,
als im Traum verloren,
nach dem Berg, da tausendmal,
tausendmal
er mir Treu geschworen.

Oben auf des Hügels Rand,
abgewandt,
wein' ich bei der Linde;
an dem Hut mein Rosenband,
von seiner Hand,
spielet in dem Winde.

Eduard Mörike

's Ist alles dunkel, 's ist alles trübe,
dieweil mein Schatz einen andern liebt.
Ich hab geglaubt, sie liebt nur mich,
ich hab geglaubt, sie liebt nur mich,
aber nein, aber nein, sie hasset mich.

Was nützet mir ein schöner Garten,
wenn andre drin spazierengehn
und brechen all die Blümlein ab,
daran ich meine, so ganz alleine,
daran ich meine Freude hab'.

Was nützet mir ein schönes Mädchen,
wenn andere mit spazierengehn
und küssen ihr die Schönheit ab,
daran ich meine, so ganz alleine,
daran ich meine Freude hab'.

Bald kommen nun die schwarzen Brüder
und tragen mich zum Tor hinaus
und legen mich ins kühle Grab,
darin ich meine, so ganz alleine,
darin ich meine Ruhe hab'.

DAS VERLASSENE MÄGDLEIN

Früh, wann die Hähne krähn,
eh' die Sternlein verschwinden,
muß ich am Herde stehn,
muß Feuer zünden.

Schön ist der Flammen Schein,
es springen die Funken;
ich schaue so drein,
in Leid versunken.

Plötzlich, da kommt es mir,
treuloser Knabe,
daß ich die Nacht von dir
geträumet habe.

Träne auf Träne dann
stürzet hernieder;
so kommt der Tag heran –
o ging' er wieder!

Eduard Mörike

KOA TROST

Es hat a Diendl g'scherzt und g'lacht,
is g'west so lusti und froh,
und auf amal wie über Nacht
tuat s'nimmermehr a so.

„Ha Diendl, ha sag, was waar denn dees,
ha sag, was is dir gschegn,[1]
is ebba dei schneeweiß Katzl furt,
dees d'gar so gern hast mögn?

Hat ebba da Wind dein Nagerlstock[2]
vom Fenster abi keit,
's san gwest gar schöne Bliemin dra',
i woass, di habn di gfreut.

Hat ebber a böser Schauer gschlagn,
wie Krter[3] gwesn is,
und haben d'Leut koa Musi ghabt,
gel, dees verdrißt di gwiß."

„Koa Katzl, na, koa Nagerlstock,
koa Schauer ko dafür,
mei Bua der is mer untreu wor'n,
mei Bua der laßt vo mir."

„Mein! Diendl, was is's um an Buabn,
der dir sei Lieb verkehrt,
schau, oana, der koa Treu nit hat,
der is scho z'erscht nix wert.

Um so an Buabn is koa Schad,
hat aa koan Ehr in Leib,
und wenn er di lang g'heiret hätt,
's waar grad zun Zeitvertreib."

„O mei Gott, ja, des habts wohl recht
und dengerscht,[4] woaß nit wie,
so is ma, daß i sterbn möcht,
den Buabn vergiß i nie."

Da hat des Diendl bitter gwoant,
der ander aa is still –
es geit halt Sachan auf der Welt,
da nutzt der Trost nit viel.

Franz von Kobell

[1] geschehen [2] Nelkenstock [3] Kirchweih [4] dennoch

Schwesterlein, Schwesterlein, wann gehn wir nach Haus?
„Morgen, wenn die Hahnen krähn,
wolln wir nach Hause gehn,
Brüderlein, Brüderlein, dann gehn wir nach Haus.“

Schwesterlein, Schwesterlein, wann gehn wir nach Haus?
„Morgen, wenn der Tag anbricht,
eh' endet die Freude nicht,
Brüderlein, Brüderlein, der fröhliche Braus.“

Schwesterlein, Schwesterlein, wohl ist es Zeit?
„Mein Liebster tanzt mit mir.
Geh' ich, tanzt er mit ihr.
Brüderlein, Brüderlein, laß du mich heut.“

Schwesterlein, Schwesterlein, was bist du blaß?
„Das macht der Morgenschein
auf meinen Wängelein,
Brüderlein, Brüderlein, die vom Taue naß.“

Schwesterlein, Schwesterlein, du wankest so matt?
„Suche die Kammertür,
suche mein Bettlein mir,
Brüderlein, es wird fein unterm Rasen sein.“

Anton Wilhelm von Zuccalmaglio

MÄDCHENGEBET

Ich bitte dich, Herrgott, durch Christi Blut,
bewahr mir meinen lieben Liebsten gut!

Ich bitte dich, Herrgott, aus Herzensgrund,
daß mich mein Liebster küßt auf meinen Mund!

Kniefällig bitt' ich dich, bei meiner Seligkeit,
gib, daß er stirbt, wenn er ein' andre freit!

Agnes Miegel

Es steht ein Baum im Odenwald,
der hat viel grüne Äst';
da bin ich schon viel tausendmal
bei meinem Schatz gewest.

Da sitzt ein schöner Vogel drauf,
der pfeift gar wunderschön;
ich und mein Schätzel lauern auf,
wenn wir mit'nander gehn.

Der Vogel sitzt in seiner Ruh'
wohl auf dem höchsten Zweig,
und schauen wir dem Vogel zu,
so pfeift er alsogleich.

Der Vogel sitzt in seinem Nest
wohl auf dem grünen Baum!
Ach, Schätzel, bin ich bei dir g'west,
oder ist es nur ein Traum?

Und als ich wied'rum kam zu dir,
gehauen war der Baum!
Ein andrer Liebster steht bei ihr –
o du verfluchter Traum!

Der Baum, der steht im Odenwald,
und ich bin in der Schweiz;
da liegt der Schnee, und ist so kalt:
mein Herz es mir zerreißt!

BRUDER LIEDERLICH

Die Feder am Sturmhut in Spiel und Gefahren,
Halli.
Nie lernt' ich im Leben fasten noch sparen,
Hallo.
Der Dirne lass' ich die Wege nicht frei;
wo Männer sich raufen, da bin ich dabei,
und wo sie saufen, da sauf' ich für drei.
Halli und Hallo.

Verdammt, es blieb mir ein Mädchen hängen,
Halli.
Ich kann sie mir nicht aus dem Herzen zwängen,
Hallo.
Ich glaube, sie war erst siebzehn Jahr',
trug rote Bänder im schwarzen Haar
und plauderte wie der lustigste Star.
Halli und Hallo.

Was hatte das Mädel zwei frische Backen,
Halli.
Krach, konnten die Zähne die Haselnuß knacken,
Hallo.
Sie hat mir das Zimmer mit Blumen geschmückt,

die wir auf heimlichen Wegen gepflückt;
wie hab' ich dafür ans Herz sie gedrückt.
Halli und Hallo.

Ich schenkt' ihr ein Kleidchen von gelber Seiden,
Halli.
Sie sagte, sie möcht' mich unsäglich gern leiden,
Hallo.
Und als ich die Taschen ihr vollgesteckt
mit Pralinés, Feigen und feinem Konfekt,
da hat sie von morgens bis abends geschleckt.
Halli und Hallo.

Wir haben superb uns die Zeit vertrieben,
Halli.
Ich wollte, wir wären zusammengeblieben,
Hallo.
Doch wurde die Sache mir stark ennuyant;
ich sagt' ihr, daß mich die Regierung ernannt,
Kamele zu kaufen in Samarkand.
Halli und Hallo.

Und als ich zum Abschied die Hand gab der Kleinen,
Halli.
Da fing sie bitterlich an zu weinen,
Hallo.
Was denk' ich just heut ohn' Unterlaß,
daß ich ihr so rauh gab den Reisepaß . . .
Wein her, zum Henker, und da liegt Trumpf As.
Halli und Hallo.

Detlev von Liliencron

LIED DES HARFENMÄDCHENS

Heute, nur heute
bin ich so schön;
morgen, ach morgen
muß alles vergehn!

Nur diese Stunde
bist du noch mein;
sterben, ach sterben
soll ich allein.

Theodor Storm

DER SCHWERE ABEND

Die dunklen Wolken hingen
herab so bang und schwer,
wir beide traurig gingen
im Garten hin und her.

So heiß und stumm, so trübe
und sternlos war die Nacht,
so ganz wie unsre Liebe
zu Tränen nur gemacht.

Und als ich mußte scheiden
und gute Nacht dir bot,
wünscht' ich bekümmert beiden
im Herzen uns den Tod.

Nikolaus Lenau

LASS SCHARREN DEINER ROSSE HUF

Geh nicht, die Gott für mich erschuf!
Laß scharren deiner Rosse Huf
den Reiseruf!

Du willst von meinem Herde fliehn?
Und weißt ja nicht, wohin, wohin
dich deine Rosse ziehn!

Die Stunde rinnt! das Leben jagt!
wir haben uns noch nichts gesagt –
bleib, bis es tagt!

Du darfst aus meinen Armen fliehn?
Und weißt ja nicht, wohin, wohin
dich deine Rosse ziehn ...

Conrad Ferdinand Meyer

DIE ZEIT IST HIN

Die Zeit ist hin, du löst dich unbewußt
und leise mehr und mehr von meiner Brust;
ich suche dich mit sanftem Druck zu fassen,
doch fühl' ich wohl, ich muß dich gehen lassen.

So laß mich denn, bevor du weit von mir
im Leben gehst, noch einmal danken dir;
und magst du nie, was rettungslos vergangen,
in schlummerlosen Nächten heimverlangen.

Hier steh' ich nun und schaue bang zurück;
vorüber rinnt auch dieser Augenblick,
und wieviel Stunden dir und mir gegeben,
wir werden keine mehr zusammen leben.

Theodor Storm

DIE EINE KLAGE

Wer die tiefste aller Wunden
hat in Geist und Sinn empfunden,
bittrer Trennung Schmerz;
wer geliebt, was er verloren,
lassen muß, was er erkoren,
das geliebte Herz,

der versteht in Lust die Tränen
und der Liebe ewig Sehnen
eins in Zwei zu sein,
eins im andern sich zu finden,
daß der Zweiheit Grenzen schwinden
und des Daseins Pein.

Wer so ganz in Herz und Sinnen
konnt' ein Wesen lieb gewinnen,
oh! den tröstet's nicht,
daß für Freuden, die verloren,
neue werden neu geboren:
Jene sind's doch nicht.

Das geliebte, süße Leben,
dieses Nehmen und dies Geben,
Wort und Sinn und Blick,
dieses Suchen und dies Finden
dieses Denken und Empfinden
gibt kein Gott zurück.

Karoline von Günderode

Ein Irrsal kam in die Mondscheingärten
einer einst heiligen Liebe.
Schaudernd entdeckt' ich verjährten Betrug
und mit weinendem Blick, doch grausam,
hieß ich das schlanke,
zauberhafte Mädchen
ferne gehen von mir.
Ach, ihre hohe Stirn
war gesenkt, denn sie liebte mich;
aber sie zog mit Schweigen
fort in die graue
Welt hinaus.

Krank seitdem,
Wund ist und wehe mein Herz.
Nimmer wird es genesen!
Als ginge, luftgesponnen, ein Zauberfaden
von ihr zu mir, ein ängstig Band,
so zieht es, zieht mich schmachtend ihr nach!
– Wie? wenn ich eines Tags auf meiner Schwelle
sie sitzen fände, wie einst, im Morgen-Zwielicht,
das Wanderbündel neben ihr,
und ihr Auge, treuherzig zu mir aufschauend,
sagte, da bin ich wieder
hergekommen aus weiter Welt!

Eduard Mörike

BEIM ABSCHIED

Du sprachst zu mir nach langem Sinnen,
wie zitterte dein süßes Wort
und deine Hand: „Nun geh von hinnen,
ich bin dir gut – mehr nicht – geh fort!"

Doch wenn ich dann von dir gegangen,
dann zieht dein sehnend Bild mir nach,
schlingt mir den Arm um Hals und Wangen
und bittet: „Glaub nicht, was ich sprach."

Karl Stieler

DER ES GEGEBEN

Der es gegeben,
daß ich so jung dich fand,
Gott hielt dein und mein Leben
wie Blumen in seiner Hand.

Daß er die eine
verwarf und zertrat,
er weiß alleine,
warum er es tat.

Der nimmt und der gibt,
weiß, warum er uns schied –
Herz, das mich immer geliebt,
Herz, das mich immer verriet.

So kurz nur gegeben
die Frist, die uns band –
Gott hielt dein und mein Leben
wie Blumen in seiner Hand!

Agnes Miegel

Kleiner Vogel meiner Liebe,
es sind draußen dunkle Diebe.
Und ich seh' die groben Hände,
die dich greifen noch am Ende.
Ich doch hatte milde Hände,
die dich in die Sonne gaben
und nun selber nichts mehr haben.

Hans Heinrich Ehrler

LICHT UND SCHATTEN

Schwarz ihre Brauen,
weiß ihre Brust,
klein mein Vertrauen,
groß doch die Lust.

Schwatzhaft in Blicken,
schweigend die Zung',
alt das Mißglücken,
Wunsch immer jung.

Arm, was ich brachte,
reich meine Lieb',
warm, was ich dachte,
kalt, was ich schrieb.

Franz Grillparzer

Und weißt du, warum so trübe,
so schwer mir das Herz muß sein?
Du hast mich geküßt ohne Liebe,
das wolle dir Gott verzeihn!

Theodor Storm

Rose weiß, Rose rot,
wie süß ist doch dein Mund,
Rose rot, Rose weiß,
dein denk' ich alle Stund,
alle Stund bei Tag und Nacht,
daß dein Mund mir zugelacht,
dein roter Mund.

Ein Vogel sang im Lindenbaum,
ein süßes Lied er sang,
Rose weiß, Rose rot,
das Herz im Leib mir sprang,
sprang vor Freude hin und her,
als ob dein Lachen bei ihm wär',
so süß es klang.

Rose weiß, Rose rot,
was wird aus mir und dir?
Ich glaube gar, es fiel ein Schnee,
dein Herz ist nicht bei mir,
nicht bei mir, geht andern Gang,
falsches Lied der Vogel sang
von mir und dir.

Hermann Löns

Die Welt war mir zuwider,
die Berge lagen auf mir,
der Himmel war mir zu nieder,
ich sehnte mich nach dir, nach dir.
O lieb Mädel, wie schlecht bist du!

Ich trieb wohl durch die Gassen
zwei lange Jahre mich;
an den Ecken mußt' ich passen
und harren nur auf dich, auf dich.
O lieb Mädel, wie schlecht bist du!

Ich hab' vor deiner Türe
die hellgestirnte Nacht,
daß dich mein Lieben rühre,
oft liebeskrank durchwacht.
O lieb Mädel, wie schlecht bist du!

Ich ging nicht zu dem Feste,
trank nicht den edlen Wein,
ertrug den Spott der Gäste,
um nur bei dir, bei dir zu sein.
O lieb Mädel, wie schlecht bist du!

Bin zitternd zu dir gekommen,
als wärst du ein Jungfräulein,
hab' dich in Arm genommen,
als wärst du mein allein, allein.
O lieb Mädel, wie schlecht bist du!

Bergab bin ich gegangen
mit dir zu jeder Stund,
hab' fest an dir gehangen
und ging mit dir zugrund.
O lieb Mädel, wie schlecht bist du!

Clemens Brentano

DER VERZWEIFELNDE

Nicht mehr zu dir zu gehen,
beschloß ich und beschwor ich,
und gehe jeden Abend,
denn jede Kraft und jeden Halt verlor ich.

Ich möchte nicht mehr leben,
möcht' augenblicks verderben,
und möchte doch auch leben
Für dich, mit dir, und nimmer, nimmer sterben.

Ach rede, sprich ein Wort nur,
ein einziges, ein klares!
Gib Leben oder Tod mir,
nur dein Gefühl enthülle mir, dein wahres!

Georg Friedrich Daumer

Wie glänzt das Gefäß! O wie faßt es sich schlank!
So bieten die Himmel berauschenden Trank.
Was birgt wohl das Zaudern? Verwegene Tat;
das Lächeln, das Neigen, was birgt es? Verrat;
die heiligen Blicke? Vernichtenden Scherz;
der göttliche Busen? Ein hündisches Herz.

O sag mir, ich lüge! O sag, sie ist rein!
Willkommner als Sinn soll der Wahnsinn mir sein.
Vom Wahnsinn zum Sinne, welch glücklicher Schritt!
Vom Sinne zum Wahnsinn! wer litt, was ich litt?
Nun ist mir's bequem, dein gestrenges Gebot;
ich eile zu scheiden, ich suche den Tod.
Sie zog mir mein Leben ins ihre hinein;
ich habe nichts mehr, um lebendig zu sein.

Goethe

MELUSINENS LIED

O Guy von Lusignan,
ich seh' dir's an, unglücklich willst du werden!
Was willst du, Mann,
du willst von mir, was ich nicht geben kann!

Ich fasse die Beschwerden,
die unheilbaren, nicht, davon du brennst . . .
nur die Gebärden
seh' ich, sonst nichts, untröstlich Kind der Erden!

Ich bin, wie du mich kennst:
das lebt nicht hinter mir, wonach du lüstest:
Wenn du begännst
danach zu greifen, griffest du Gespenst!

Kein Weg, bei mir zu stehen,
ging tiefer als durch Wonnen Mund auf Mund –
ins Tiefre gehen
nur Stürze tauben Steins in meine Seen –

daß mich's noch einmal triebe
zu dir! Da warst du froh und rot und rein:
nun bist du Stein, nun bist du weiß wie Lein,
weil du mich liebst –; und weil ich dich nicht liebe. –

O Guy von Lusignan,
ich seh' dir's an, du schluchzest in der Kehle!
Geh beichten, Mann!
ich hab' es nicht, was dich getrösten kann!

Gleich einem Meerjuwele
fischtest du mich zu dir, und ich gewann
dich frischen Brand in meinen kalten Bann –
mehr weiß ich nicht: was frommt, daß ich mich quäle?

O Guy von Lusignan,
ich geb's je keinem, was ich vor dir hehle!
Nur Mund und Leib will ich an jeden Mann
verschenken, daß er mir von dir erzähle!

Vielleicht, es spürt's kein andrer, was mir fehle?
Ein Fischer nicht? Dein Jäger nicht im Tann – –
o Guy von Lusignan –
stirb nicht daran; ich habe keine Seele.

• *Rudolf Borchardt*

Arlette :

Es scheint so fremd, so unbegreiflich weit.
Ja, was du sagst, das war, doch nicht allein.
Es muß ja mehr, viel mehr gewesen sein.
Ein Etwas, das ich heute nimmer finde,
ein Zauber, den ich heute nicht ergründe.
Je mehr du fragst, es wird nur trüb und trüber,
ein Abgrund scheint von gestern mich zu trennen,
und fremd steh' ich mir selber gegenüber . . . –
und, was ich nicht versteh', heiß mich nicht nennen!
Vergib, vergiß dies Gestern, laß mich bleiben,
laß Nächte drübergleiten, Tage treiben . . .

Andrea :

Dies Gestern ist so eins mit deinem Sein,
du kannst es nicht verwischen, nicht vergessen:
es ist, so lang wir wissen, daß es war.
In meine Arme müßt' ich's täglich pressen,
im Dufte saug' ich's ein aus deinem Haar!
Und heute-gestern ist ein leeres Wort.
Was einmal war, das lebt auch ewig fort.

Wir werden ruhig auseinandergehen
und ruhig etwa auch uns wiedersehen.
Und daß Du mich betrogen und mein Lieben,
davon ist kaum ein Schmerz zurückgeblieben . . .
Doch eines werd' ich niemals dir verzeih'n:
daß du zerstört den warmen, lichten Schein,
der für mich lag auf der entschwund'nen Zeit.
Und daß du die dem Ekel hast geweiht!

Ich kann so gut verstehen die ungetreuen Frauen . . .
So gut, mir ist, als könnt' ich in ihre Seelen schauen.
Ich seh' in ihren Augen die Lust, sich aufzugeben,
im Niegenossenen, Verbotenen zu beben . . .
Die Lust am Spiel, die Lust, sich selber einzusetzen,
die Lust am Sieg und Rausch, am Trügen und Verletzen . . .
Ich seh' ihr Lächeln und – die törichten, die Tränen,
das rätselhafte Suchen, das ruhelose Sehnen . . .

Ich fühle, wie sie's drängt zu törichten Entschlüssen,
wie sie die Augen schließen und wie sie quälen müssen,
wie sie ein jedes Gestern für jedes Heut begraben,
und wie sie nicht verstehen, wenn sie getötet haben.

Hugo von Hofmannsthal

OHNMACHT

Und wenn mein Arm den Nacken dir umwindet,
irrt er der Spur vergangner Nächte nach,
und wenn mein Mund den deinen bebend findet,
küßt er ihm kaum vergeßne Küsse wach.

Und in den reichsten Stunden, liebesüßen,
umschwelgt uns trunkener Erinnrung Bann;
aus meinem Lächeln und aus meinem Grüßen
schaut ein Gewesnes dich vertraulich an.

Und wenn ich mit dem Blick des Hohns dich quäle,
seh' ich im Aug' dir ein Gedenken glühn.
Und was ich löschen will aus deiner Seele,
in hellern Farben laß ich dir's erglühn.

Und wenn ich mich gemartert von dir wende,
spielt um die Lippen dir ein müder Zug –
der lächelt stumm: ich kenn' ja auch das Ende,
wie's immer kommt – mit Ekel und Betrug.

Arthur Schnitzler

LIED

Du, der ich's nicht sage, daß ich bei Nacht
weinend liege,
deren Wesen mich müde macht
wie eine Wiege,
du, die mir nicht sagt, wenn sie erwacht
meinetwillen:
wie, wenn wir diese Pracht
ohne zu stillen
in uns ertrügen?
. . . .

Sieh dir die Liebenden an,
wenn erst das Bekennen begann,
wie bald sie lügen.
. . . .

Du machst mich allein. Dich einzig kann ich vertauschen
Eine Weile bist du's, dann wieder ist es das Rauschen,
oder es ist ein Duft ohne Rest.
Ach, in den Armen hab' ich sie alle verloren,
du nur, du wirst immer wieder geboren:
weil ich niemals dich anhielt, halt 'ich dich fest.

Rainer Maria Rilke

Atmende Nacht und Bäume ohne Wind
verführen mich, an deinen Mund zu denken,
und daß die Pferde, mich hinwegzulenken,
schon vor den Wagen angebunden sind;
daß alles uns verließ, wie Wasser rinnt,
daß von dem Lieblichsten, was wir uns schenken,
nichts bleiben kann und weniges gedenken:
Blick, Lächeln, Hand und Wort und Angebind';

und daß ich so einsam bekümmert liege,
und dir so fern, wie du mir fern geblieben –
die Silberdünste, die den Mond umflügeln,
sind ihm so ferne nicht, als ich dir fliege,
so ferne Morgenrot nicht Morgenhügeln,
wie diese Lippen deinen, die sie lieben.

Rudolf Borchardt

EPILOG

Gott trennt, die er zusammenberief,
wie er im Schöpfungswort schon trennte:
wir taumelten in Gnaden tief,
im Wahn, wenn eins beim andern schlief,
und noch und wieder ihn erkennte,
sei's einz'ger Sinn der Elemente.

Er aber schlägt aus unserm Leibe
den letzten wahren Funken nicht:

Wer, hingestreckt beim süßen Weibe,
nur sehnt, daß immer solches bleibe,
hat abgewandt sich dem Gericht,
drin Welt besteht, dran Welt zerbricht.

Einst spürten wir wie Schmerz den Funken,
der zueinander uns befahl:
jetzt ist der Schmerz uns lang versunken,
und Lust, nur Lust wird draus getrunken
noch aber-aberhundert Mal –
Gott aber will uns in der Qual.

Und ahnend seinen Schnitt im Herzen,
eh' wir uns heben, da wir küssen,
noch decken wir ihn zu mit Scherzen,
bis ausgebrannt die letzten Kerzen –
und aus den leeren Finsternissen
auffahren wir in jähem Wissen.

Veronika Erdmann

O blühende Heide, welken wirst du müssen!
Du Sternenantlitz, mußt du auch vergehn?
Es gäb' ein andres Glück, als dich zu küssen,
und andre Wünsche, als dich anzusehn?
Ihr Seelenaugen, warmes Licht der Liebe,
erlöschen sollt ihr? nie mehr widerspiegeln
die goldne Bläue über diesen Hügeln?
Du wärst dahin, und Erd' und Himmel bliebe?

Ricarda Huch

SOMMERS ENDE

Gleichtönig, leis und klagend rinnt
den lauen Abend lang der Regen,
hinweinend wie ein müdes Kind,
der nahen Mitternacht entgegen.

Der Sommer, seiner Feste müd,
hält seinen Kranz in welken Händen
und wirft ihn weg – er ist verblüht –
und neigt sich bang und will verenden.

Auch unsre Liebe war ein Kranz
auflodernd heißer Sommerfeste,
nun löst sich sacht der letzte Tanz,
der Regen stürzt, es fliehn die Gäste.

Und eh' wir der verwelkten Pracht
und der erloschenen Glut uns schämen,
laß uns in dieser ernsten Nacht
von unsrer Liebe Abschied nehmen.

Hermann Hesse

Tu sie fort, tu immer sie fort
zu den Gallenäpfeln unter das welke Laub,
die süße Liebe auf dieser bitteren Erde –

Wie wirst du leben, wie werden wir leben?
Einsam – und bald auch keiner,
nach dem andern zu suchen, mehr sein.

Gehab dich wohl, gehab dich wohl,
und auf dem Steige des Waldes leuchtet noch
dein rotes Tuch –

Georg von der Vring

Heute sah ich wieder dich am Strand
Schaum der Wellen dir zu Füßen trieb
mit dem Finger grubst du in den Sand
Zeichen ein, von denen keines blieb.

Ganz versunken warst du in dein Spiel
mit der ewigen Vergänglichkeit
Welle kam und Stern und Kreis zerfiel
Welle ging und du warst neu bereit.

Lachend hast du dich zu mir gewandt,
ahntest nicht den Schmerz, den ich erfuhr;
denn die schönste Welle zog zum Strand
und sie löschte deiner Füße Spur.

Marie Luise Kaschnitz

Immer horch' ich, ob niemand mich ruft –

Wie ein Fenster,
über das unablässig
der Regen herabrinnt,
liegt mein Gesicht
unter meinen Tränen.

O der Wildnis wildeste Blume
lächelte mir
O der Nacht nächtigste Locke
schlief bei mir:
O daß ich nie vergesse
wie schön es war,
Wenn Gram beschattet
was nicht mehr ist.

Paula Ludwig

AN EINE GELIEBTE

Wie behutsam war
deinem Haar mein Haar,
und wir näherten uns nicht.
In den Wolken stand
als ein kühler Brand
jener Stern, der Liebe spricht.

Und da bist du ja
wieder schön und nah,
und ich träume in dich hin . . .
Dieser Geigenton!
Ja, du warst es schon,
als ich jung gewesen bin.

Wenn du wiederkommst,
wenn du wiederkommst,
(o wie sehn' ich mich nach dir!),
will ich leise sein
und es nicht bereun,
daß dein Herz so schlägt in mir.

Nur den Finger leis,
rührt der Finger leis,
und es ist sonst nichts geschehn.
Sieh, mein Angesicht
spürt dich lieb und licht –
doch jetzt mußt du wieder gehn!

Josef Weinheber

Epimetheus:

Wer von der Schönen zu scheiden verdammt ist,
fliehe mit abgewendetem Blick!
Wie er, sie schauend, im Tiefsten entflammt ist,
zieht sie, ach! reißt sie ihn ewig zurück.

Frage dich nicht in der Nähe der Süßen:
scheidet sie? scheid' ich? Ein grimmiger Schmerz
fasset im Krampf dich, du liegst ihr zu Füßen,
und die Verzweiflung zerreißt dir das Herz.

Kannst du dann weinen und siehst sie durch Tränen,
fernende Tränen, als wäre sie fern:

Bleib! Noch ist's möglich! Der Liebe, dem Sehnen
neigt sich der Nacht unbeweglichster Stern.

Fasse sie wieder! Empfindet selbander
euer Besitzen und euren Verlust!
Schlägt nicht ein Wetterstrahl euch auseinander,
inniger dränget sich Brust nur an Brust.

Wer von der Schönen zu scheiden verdammt ist,
fliehe mit abgewendetem Blick!
Wie er, sie schauend, im Tiefsten entflammt ist,
zieht sie, ach! reißt sie ihn ewig zurück.

Goethe

Suleika:

Ach, um deine feuchten Schwingen,
West, wie sehr ich dich beneide:
Denn du kannst ihm Kunde bringen,
was ich in der Trennung leide!

Die Bewegung deiner Flügel
weckt im Busen stilles Sehnen;
Blumen, Augen, Wald und Hügel
stehn bei deinem Hauch in Tränen.

Doch dein mildes, sanftes Wehen
kühlt die wunden Augenlider;
ach, für Leid müßt' ich vergehen,
hofft' ich nicht zu sehn ihn wieder.

Eile denn zu meinem Lieben,
spreche sanft zu seinem Herzen;
doch vermeid, ihn zu betrüben,
und verbirg ihm meine Schmerzen.

Sag ihm, aber sag's bescheiden,
seine Liebe sei mein Leben;
freudiges Gefühl von beiden
wird mir seine Nähe geben.

• *Marianne von Willemer*

NÄHE DES GELIEBTEN

Ich denke dein, wenn mir der Sonne Schimmer
vom Meere strahlt;
ich denke dein, wenn sich des Mondes Flimmer
in Quellen malt.

Ich sehe dich, wenn auf dem fernen Wege
der Staub sich hebt;
in tiefer Nacht, wenn auf dem schmalen Stege
der Wandrer bebt.

Ich höre dich, wenn dort mit dumpfem Rauschen
die Welle steigt;

im stillen Haine geh' ich oft zu lauschen,
wenn alles schweigt.
Ich bin bei dir, du seist auch noch so ferne,
du bist mir nah!
Die Sonne sinkt, bald leuchten mir die Sterne.
Oh, wärst du da!

Goethe

SEHNSUCHT

Um bei dir zu sein,
trüg' ich Not und Fährde,
ließ' ich Freund und Haus
und die Fülle der Erde.

Mich verlangt nach dir
wie die Flut nach dem Strande,
wie die Schwalbe im Herbst
nach dem südlichen Lande,

wie den Alpsohn heim,
wenn er denkt, nachts alleine,
an die Berge voll Schnee
im Mondenscheine.

Ricarda Huch

ERINNERUNG

Glück der Engel, wo geblieben?
Wo geblieben, schöner Tag,
als mit unbesorgtem Lieben
ihre Hand auf meinem Herzen lag.

Oh, sie fühlte jeden Schlag
und in jedem lauter Lieben.
Wo geblieben,
Glück der Engel, schöner Tag?

Johann Georg Jacobi

WAS BLEIBT

Nun laß nicht Blick noch Wort
mehr zeigen,
was wir uns schenkten, ich und du!
Wir decken vor uns selbst mit Schweigen
die eine süße Stunde zu.

Auch meiner Sehnsucht Flammen
sanken,
der ahnungsbange Zauber brach,
nur meines Herzens tiefes Danken
geht stumm noch deinen Wegen nach.

Und nur noch zwischen unsern Seelen
wird leis, wie Sommerwinde wehn,
von dieses Tages Traum erzählen
ein zartes schweigendes Verstehn!

Lulu von Strauß und Torney

ERSTER SCHNEE

Aus silbergrauen Gründen tritt
ein schlankes Reh
im winterlichen Wald
und prüft vorsichtig, Schritt für Schritt,
den reinen, kühlen, frischgefallenen Schnee.

Und deiner denk ich, zierlichste Gestalt.

Christian Morgenstern

WEIT IN DER FREMDE

Weit in der Fremde
immer bist du mir nah –
wo sind die Tage hin,
da ich zuerst dich sah?

Leichtsinnig und jung
war ich und lachte so gern –
ach, wieviel weinte ich,
warst du mir fern.

Wie war das Leben da
lockend und unbekannt –
nach seinem bunten
Narrenseil griff meine Hand.

Was so heiß ich begehrte,
alles verging, alles verblich –
nur eins blieb immer:
Ich liebe dich.

Agnes Miegel

BALLADE VOM BRENNESSELBUSCH

Liebe fragte Liebe: „Was ist noch nicht mein?"
Sprach zur Liebe Liebe: „Alles, alles dein!"
Liebe küßte Liebe: „Liebste, liebst du mich?"
Küßte Liebe Liebe: „Ewig, ewiglich!" – –

Hand in Hand hernieder stieg er mit Maleen
von dem Heidehügel, wo die Nesseln stehn,
eine Nessel brach er, gab er ihrer Hand,
zu der Liebsten sprach er: „Uns brennt heißrer Brand!

Lippe glomm auf Lippe, bis die Lust zum Schmerz,
bis der Atem stockte, brannte Herz an Herz,
darum, wo nur Nesseln stehn am Straßenrand,
wolln wir daran denken, was uns heute band!" –

Spricht von Treu' die Liebe, sagt sie ‚ewig' nur –
ach, die Treu' am Mittag gilt nur bis zwölf Uhr,
Treue gilt am Abend, bis die Nacht begann –
und doch weiß ich Herzen, die verbluten dran.

Krieg verschlug das Mädchen, wie ein Blatt verweht,
das im Wind die Wege fremder Koppeln geht,
und ihr lieber Liebster stieg zum Königsthron,
eine Königstochter nahm der Königssohn.

Sieben Jahre gingen, und die Nessel stand
sieben Jahr an jedem deutschen Straßenrand.
Wer hat die Treu' gehalten? Gott alleine weiß,
ob nicht wunde Treue brennet doppelt heiß!

Bei der Jagd im Walde stand mit schwerem Sinn,
stand am Knick der König bei der Königin,
Nesselblatt zum Munde hob er wie gebannt,
und die Lippe brannte, wie sie einst gebrannt:

„Brennettelbusch,
Brennettelbusch so kleene,
wat steihst du so alleene!
Brennettelbusch,
wo is myn Tyd 'eblewen,
un wo es myn Maleen?"

„Sprichst mit fremder Zunge?" frug die Königin.
„So sang ich als Junge", sprach er vor sich hin.
Heim sie ritten schweigend, Abend hing im Land –
seine Lippen brannten, wie sie einst gebrannt!

Durch den Garten streifte still die Königin,
zu der Magd am Flusse trat sie heimlich hin,
welche Wäsche spülte noch im Sternenlicht,
Tränen sahn die Sterne auf der Magd Gesicht:

„Brennettelbusch,
Brennettelbusch so kleene,
wat steihst du so alleene!
Brennettelbusch,
ik hev de Tyd 'eweten,
dar was ik nich alleen!"

Sprach die Dame leise: „Sah ich dein Gesicht
unter dem Gesinde? Nein, ich sah es nicht!"
Sprach das Mädchen leiser: „Konntest es nicht sehn,
Gestern bin ich kommen, und ich heiß Maleen!" –

Viele Wellen wallen weit ins graue Meer,
eilig sind die Wellen, ihre Hände leer,
eine schleicht so langsam mit den Schwestern hin,
trägt in nassen Armen eine Königin. – –

Liebe fragte Liebe: „Sag, weshalb du weinst?"
Raunte Lieb' zur Liebe: „Heut ist nicht mehr einst!"
Liebe klagte Liebe: „Ist's nicht wie vorher?"
Sprach zur Liebe Liebe: „Nimmer – nimmermehr."

Börries von Münchhausen

DER KÖNIG IN THULE

Es war ein König in Thule
gar treu bis an das Grab,
dem sterbend seine Buhle
einen goldnen Becher gab.

Es ging ihm nichts darüber,
er leert' ihn jeden Schmaus;
die Augen gingen ihm über,
so oft er trank daraus.

Und als er kam zu sterben,
zählt' er seine Städt im Reich:
gönnt' alles seinen Erben,
den Becher nicht zugleich.

Er saß beim Königsmahle,
die Ritter um ihn her,
auf hohem Vätersaale
dort auf dem Schloß am Meer.

Dort stand der alte Zecher,
trank letzte Lebensglut
und warf den heil'gen Becher
hinunter in die Flut.

Er sah ihn stürzen, trinken
und sinken tief ins Meer.
Die Augen täten ihm sinken –
trank nie einen Tropfen mehr.

Goethe

Wer je gelebt in Liebesarmen,
der kann im Leben nie verarmen;
und müßt' er sterben fern, allein,
er fühlte noch die sel'ge Stunde,
wo er gelebt an ihrem Munde,
und noch im Tode ist sie sein.

Theodor Storm

Immer leiser wird mein Schlummer,
nur wie Schleier liegt mein Kummer
zitternd über mir.
Oft im Traume hör' ich dich
rufen drauß vor meiner Tür.
Niemand wacht und öffnet dir,
ich erwach' und weine bitterlich.

Ja, ich werde sterben müssen.
Eine andre wirst du küssen,
wenn ich bleich und kalt,
eh' die Maienlüfte wehen
eh' die Drossel singt im Wald;
willst du mich noch einmal sehen,
komm, o komme bald.

Hermann Lingg

Stunden voll von süßen Traurigkeiten
rinnen nun in meine hellen Tage,
seit ich es in meinem Herzen trage,
daß du mein bist und ich muß dich meiden.

Sinnend lass' ich durch die Finger gleiten
der Erinnerung goldne Kettenglieder;
aber leise rinnen mit hernieder
Stunden voll von süßen Traurigkeiten.

Rudolf G. Binding

Immer wieder, ob wir der Liebe Landschaft auch kennen
und den kleinen Kirchhof mit seinen klagenden Namen
und die furchtbar verschweigende Schlucht, in welcher die andern
enden: immer wieder gehn wir zu zweien hinaus
unter die alten Bäume, lagern uns immer wieder
zwischen die Blumen, gegenüber dem Himmel.

Rainer Maria Rilke

★

DIE LIEBENDEN

Trennen wollten wir uns? wähnten es gut und klug?
Da wir's taten, warum schröckt' uns, wie Mord, die Tat?
Ach! Wir kennen uns wenig,
denn es waltet ein Gott in uns.

Friedrich Hölderlin

Das ist der Liebe heil'ger Götterstrahl,
der in die Seele schlägt und trifft und zündet,
wenn sich Verwandtes zum Verwandten findet,
da ist kein Widerstand und keine Wahl,
es löst der Mensch nicht, was der Himmel bindet.

Schiller

Liebe ward von Gott der Welt verliehen,
um zu Gott die Seele zu erziehen.
In die Schule bin ich früh gegangen,
habe nicht die rechte Lehr' empfangen.
Unerzogen ist das Seelchen blieben,
bis du ihm zum Meister wardst verschrieben.
Mußt Geduld nur haben! will ja gerne
lernen, erst ist not, daß ich verlerne;
denn es blieb an mir das Falsche hangen.
Schlimmer als von vornen anzufangen!
Mußt mich alles erst vergessen lassen,
soll ich rein die neue Lehre fassen.

Friedrich Rückert

GEBURT DER LIEBE

Du haderst wohl zuweilen, Liebster, sag,
mit dem Geschick, das uns so spät geeint.
Verlorne Zeit, verlornes Leben scheint
dir jeder nicht zu zweit vollbrachte Tag.

Schilt nicht, wenn ich zu widersprechen wag'.
Das große wunderliche Leben meint,
daß keine Herzensträne ungeweint,
kein Umweg unbegangen bleiben mag.

Sieh, da war Tappens noch und Tastens Zeit,
hier Übermut und da verlorne Spur
und dort die Schlucht des schweigenden Verzichts.

Durchmessen mußt' ich all dies Weitundbreit,
bis endlich, Liebster, ich durch dich erfuhr
Geburt der Liebe wie Geburt des Lichts.

Albrecht Goes

WIEDERFINDEN

Ist es möglich! Stern der Sterne,
drück' ich wieder dich ans Herz!
Ach, was ist die Nacht der Ferne
für ein Abgrund, für ein Schmerz!
Ja, du bist es, meiner Freuden
süßer, lieber Widerpart;
eingedenk vergangner Leiden,
Schaudr' ich vor der Gegenwart.

Als die Welt im tiefsten Grunde
lag an Gottes ew'ger Brust,
ordnet' er die erste Stunde
mit erhabner Schöpfungslust,
und er sprach das Wort: Es werde!
Da erklang ein schmerzlich Ach!
Als das All mit Machtgebärde
in die Wirklichkeiten brach.

Auf tat sich das Licht: so trennte
scheu sich Finsternis von ihm,
und sogleich die Elemente
scheidend auseinanderfliehn.
Rasch, in wilden, wüsten Träumen
jedes nach der Weite rang,
starr, in ungemeßnen Räumen,
ohne Sehnsucht, ohne Klang.

Stumm war alles, still und öde,
einsam Gott zum erstenmal!
Da erschuf er Morgenröte,
die erbarmte sich der Qual;
sie entwickelte dem Trüben
ein erklingend Farbenspiel,
und nun konnte wieder lieben,
was erst auseinanderfiel.

Und mit eiligem Bestreben
sucht sich, was sich angehört;
und zu ungemeßnem Leben
ist Gefühl und Blick gekehrt.
Sei's Ergreifen, sei es Raffen,
Wenn es nur sich faßt und hält!
Allah braucht nicht mehr zu schaffen,
wir erschaffen seine Welt.

So, mit morgenroten Flügeln,
riß es mich an deinen Mund,
und die Nacht mit tausend Siegeln
kräftigt sternenhell den Bund.
Beide sind wir auf der Erde
musterhaft in Freud' und Qual,
und ein zweites Wort: Es werde!
Trennt uns nicht zum zweitenmal.

• *Goethe*

Suleika:

Nimmer will ich dich verlieren!
Liebe gibt der Liebe Kraft.
Magst du meine Jugend zieren
mit gewalt'ger Leidenschaft.
Ach! wie schmeichelt's meinem Triebe,
wenn man meinen Dichter preist:
Denn das Leben ist die Liebe,
und des Lebens Leben Geist.

Goethe

AMORS SCHMIEDE

Sie

Ist's denn wahr und ward dies alte,
trübe Herz an meinem jung?
Ach, in deiner Brauen Falte
wacht und webt Erinnerung.

Als du mir, der Späterkornen,
sankst ans Herz zum erstenmal,
neuer lacht dem Blindgebornen
nicht des Lichtes erster Strahl.

Doch ich weiß, an deinem Munde
haben andre sich berauscht,
haben in verschwiegner Stunde
Seel' um Seele dir getauscht.

All die goldnen Liebesscherze
sind ein Spiel, das dir vertraut.
Liebster, sag, auf solches Herze
ist mein Glück denn fest gebaut?

Er

Weiß ja, was in Herzensgrunde
dir geheime Sorgen schafft.
Höre drum aus meinem Munde
Lehre tiefster Wissenschaft:

Amor ist ein Schmied geheißen,
steht am Feuer Nacht und Tag,
auf sein alt' und neues Eisen
führt er singend manchen Schlag.

Herzen schartig rostzerfressen
nimmt er gern und schmilzt sie ein,
aus dem Feuer seiner Essen
gehn sie ganz und spiegelrein.

Sieh, das meine sonst so trübe,
hell entstrahlt ihm jetzt dein Bild,
nimm's und glaub, daß jede Liebe
gleich der ersten Liebe gilt.

Isolde Kurz

IHR HEIM

Lang vorüber ging ich den Gehegen,
drin der Giebel deines Heimes ragt,
dieser Pforte, diesen Schattenwegen!
Wer da wohne, hab' ich nicht gefragt.
Wer da wohne
hinter einer dunkeln Lindenkrone,
hat das Herz mir nicht vorausgesagt.

Pfade liefen durch die feuchte Wiese,
kleine Sohlen sah ich hier und dort
eingezeichnet auf dem weichen Kiese,
aber meines Weges zog ich fort.
Ich begehrte
zu verfolgen nicht die flücht'ge Fährte,
zu betreten nicht den stummen Ort.

Auch ein Rauschen hört' ich aus der Linde,
die der Hauch der Abendlüfte bog;
„Komme, Wandrer", rief es, „komm und finde!"
während rascher ich des Weges zog.
Ich vertraute
dem Versprechen nicht der Geisterlaute,
deren Wehn mir oft das Herz betrog.

Und den Stern der Liebe sah ich eilen
dort zum dunkelscharfen Bergesrand,
auf dem schlanken Giebel blitzend weilen
wie ein zitternd Feuer, eh' er schwand.
Im Entweichen
gab der Freund am Himmel mir ein Zeichen,
wann er über meinem Glücke stand.

Längst versunken glaubt' ich's in die Ferne,
das so nahe mir verborgen lag!
Wer versteht den stillen Wink der Sterne
vor dem rechten, dem bestimmten Tag?
Vor der Stunde,
die ihn zieht zu dem ersehnten Bunde,
den nicht Tod noch Leben trennen mag?

Lang vorüber ging ich deiner Liebe
durch den Staub des Lebens unbewußt,
daß zur Wonne mir die Klage bliebe
und ein leiser Schmerz in sel'ger Brust –
Schmerz und Klage
über ohne dich verdarbte Tage,
die mit deinem Kuß du stillen mußt.

Conrad Ferdinand Meyer

DER ZÖGERNDE

Ich zögerte, dich gutzuheißen.
Mein Auge, allzu scharf geübt,
die Hülle von dem Bild zu reißen,
war durch den Ätzgrund noch getrübt.

Ich zögerte, dich zu erkennen,
ich maß den Ton und Widerhall.
Zu oft enttäuschten mich die Tennen,
darauf die Ernte kam zu Fall.

Doch da ich dich noch prüfend ritzte
und meine Frage in dich drang,
geschah es, daß Erkenntnis blitzte
und Feuer lachend mich verschlang.

Arnold Krieger

Nicht ihres Lächelns holder Zauber war's,
nicht ihres Wesens schöner Außenschein,
die Reize nicht, die auf der Wange schweben,
selbst nicht der Glanz der göttlichen Gestalt:
Es war ihr tiefstes und geheimstes Leben,
was mich ergriff mit heiliger Gewalt,
wie Zaubers Kräfte unbegreiflich weben.
Die Seelen schienen ohne Worteslaut,
sich ohne Mittel geistig zu berühren,
als sich mein Atem mischte mit dem ihren;
fremd war sie mir und innig doch vertraut,
und klar auf einmal fühlt' ich's in mir werden:
Die ist es oder keine sonst auf Erden!

Schiller

Du meine Seele, du mein Herz,
du meine Wonn', o du mein Schmerz,
du meine Welt, in der ich lebe,
mein Himmel du, darin ich schwebe,
o du mein Grab, in das hinab
ich ewig meinen Kummer gab!
Du bist die Ruh', du bist der Frieden,
du bist der Himmel, mir beschieden.
Daß du mich liebst, macht mich mir wert,
dein Blick hat mich vor mir verklärt,
du hebst mich liebend über mich,
mein guter Geist, mein beßres Ich!

Friedrich Rückert

PANAZEE

Wenn du kommst, so ist mir Heil beschieden,
bin ich unstet, bringst du mir den Frieden,
bin ich krank, so spendest du mir Leben,
jedem Weh kannst du die Heilung geben.

Deine Hand, gelegt auf meine Stirne,
scheucht des Fiebers Glut mir aus dem Hirne,
deine liebe Hand auf meinem Herzen
ist ein Heilkraut gegen alle Schmerzen.

Deinen Namen nenn' ich nur mit Bangen,
denn ein Zauber liegt darin gefangen,
wenn mich wer bei diesem Namen riefe,
müßt' ich aufstehn aus des Grabes Tiefe.

Kennten sie die Kraft in deinen Händen,
Kranke suchten dich aus allen Enden,
küßten dich wie Heiligengebeine
und verehrten dich in goldnem Schreine.

Möchten dich am Ende sehr beläst'gen,
sperrten dich in ein Reliquienkästchen.
Kennten sie die Kraft in deinem Namen,
selbst der Priester spräche . . . . . statt Amen.

Isolde Kurz

KEHR EIN BEI MIR!

Du bist die Ruh',
der Friede mild,
die Sehnsucht du
und was sie stillt.

Ich weihe dir
voll Lust und Schmerz
zur Wohnung hier
mein Aug' und Herz.

Kehr ein bei mir
und schließe du
still hinter dir
die Pforten zu!

Treib andern Schmerz
aus dieser Brust!
Voll sei dies Herz
von deiner Lust.

Dies Augenzelt,
von deinem Glanz
allein erhellt,
o füll es ganz!

Friedrich Rückert

DIE ABGESCHIEDENEN

So hab' ich endlich dich gerettet
mir aus der Menge wilden Reihn!
Du bist in meinen Arm gekettet,
du bist nun mein, nun einzig mein.
Es schlummert alles diese Stunde,
nur wir noch leben auf der Welt,
wie in der Wasser stillem Grunde
der Meergott seine Göttin hält.

Verrauscht ist all das rohe Tosen,
das deine Worte mir verschlang,
dein leises, liebevolles Kosen
ist nun mein einz'ger, süßer Klang.
Die Erde liegt in Nacht gehüllet,
kein Licht erglänzt auf Flur und Teich,
nur dieser Lampe Schimmer füllet
noch unsrer Liebe kleines Reich.

Ludwig Uhland

GLÜCKES GENUG

Wenn sanft du mir im Arme schliefst,
ich deinen Atem hören konnte,
im Traum du meinen Namen riefst,
um deinen Mund ein Lächeln sonnte –
Glückes genug.

Und wenn nach heißem, ernstem Tag
du mir verscheuchtest schwere Sorgen,
wenn ich an deinem Herzen lag
und nicht mehr dachte an ein Morgen –
Glückes genug.

Detlev von Liliencron

FREUNDLICHE VISION

Nicht im Schlafe hab' ich das geträumt,
hell am Tage sah ich's schön vor mir:
eine Wiese voller Margeriten;
tief ein weißes Haus in grünen Büschen;
Götterbilder leuchten aus dem Laube.
Und ich geh' mit einer, die mich lieb hat,
ruhigen Gemütes in die Kühle
dieses weißen Hauses, in den Frieden,
der voll Schönheit wartet, daß
wir kommen.

Otto Julius Bierbaum

GLEICHNIS

Und deine Arme sind der Wald,
darin ich Tau der Frühe finde,
und deine Augen wie die Linde,
daraus der Duft des Sommers wallt.

Und deine Lippen wie der Zug
besonnter Berge, die mich rufen,
und deine Hände sind wie Kufen,
darin der Winzer Trauben trug.

Und dein Verschweigen redet mehr
als aller lauten Stunden Stimmen,
bis meine letzten Bitten schwimmen
in deines Herzens warmes Meer.

Ruth Schaumann

AN DIE GELIEBTE

Wenn ich, von deinem Anschaun tief gestillt,
mich stumm an deinem heil'gen Wert vergnüge,
dann hör' ich recht die leisen Atemzüge
des Engels, welcher sich in dir verhüllt,

und ein erstaunt, ein fragend Lächeln quillt
auf meinem Mund, ob mich kein Traum betrüge,
daß nun in dir, zu ewiger Genüge,
mein kühnster Wunsch, mein einz'ger, sich erfüllt?

Von Tiefe dann zu Tiefen stürzt mein Sinn,
ich höre aus der Gottheit nächt'ger Ferne
die Quellen des Geschicks melodisch rauschen.

Betäubt kehr' ich den Blick nach oben hin,
zum Himmel auf – da lächeln alle Sterne;
ich kniee, ihrem Lichtgesang zu lauschen.

Eduard Mörike

Ich bin mit meiner Liebe
vor Gott gestanden,
ich stellte diese Triebe
zu seinen Handen.

Ich bin von diesen Trieben
nun unbetreten:
ich kann dich, Liebster, lieben
zugleich und beten.

Friedrich Rückert

BEKENNTNIS

Ich sah nie eine Blume an,
mich dünkt, eh' du mein Leben teiltest
und, wie's in Unrast schier zerrann,
mit deines Wesens Treue heiltest.

Ich blickte zu den Sternen auf,
mich dünkt, mit Andacht nie,
bevor der wild verströmte Lauf
an dir zu Recht und Maß gedieh.

Ich horcht' auf keines Menschen Wort,
und was in mich geklungen,
mich dünkt, die Wünsche trugen's fort
gar eigensüchtig, unbezwungen.

Bis deines Herzens stillsten Laut,
Geliebte, ich vernahm;
wie sich die Eine mir vertraut,
die Welt ans Herz mir kam.

Joachim von der Goltz

LIEBE

Was die Liebe kann begehren,
Liebe darf es frei gewähren.

Was von Liebe ward verschuldet,
gern von Liebe wird's geduldet.

Alles Fehlen, alles Irren
Liebe weiß es zu entwirren;

trägt mit seliger Gebärde
alle Not und Schuld der Erde;

am Geliebten jeden Flecken
weiß sie sorgsam zu verdecken;

ja, ihn völlig freizusprechen,
lächelnd teilt sie sein Verbrechen.

Robert Prutz

AM HIMMELSTOR

Mir träumt, ich komm' ans Himmelstor
und finde dich, die Süße!
Du saßest bei dem Quell davor
und wuschest dir die Füße.

Du wuschest, wuschest ohne Rast
den blendend weißen Schimmer,
begannst mit wunderlicher Hast
dein Werk von neuem immer.

Ich frug: „Was badest du dich hier
mit tränennassen Wangen?"
Du sprachst: „Weil ich im Staub mit dir,
so tief im Staub gegangen."

Conrad Ferdinand Meyer

ABBITTE

Heilig Wesen! Gestört hab' ich die goldene
Götterruhe dir oft und der geheimeren
tiefern Schmerzen des Lebens
hast du manche gelernt von mir.

O vergiß es, vergib! gleich dem Gewölke dort
vor dem friedlichen Mond, geh' ich dahin, und du
ruhst und glänzest in deiner
Schöne wieder, du süßes Licht.

Friedrich Hölderlin

AN CHARLOTTE VON STEIN

Warum gabst du uns die tiefen Blicke,
unsre Zukunft ahnungsvoll zu schaun,
unsrer Liebe, unsrem Erdenglücke
wähnend selig nimmer hinzutraun?
Warum gabst uns, Schicksal, die Gefühle,
uns einander in das Herz zu sehn,
um durch all die seltenen Gewühle
unser wahr Verhältnis auszuspähn?

Ach, so viele tausend Menschen kennen,
dumpf sich treibend, kaum ihr eigen Herz,
schweben zwecklos hin und her und rennen
hoffnungslos in unversehnem Schmerz;
jauchzen wieder, wenn der schnellen Freuden
unerwart'te Morgenröte tagt.
Nur uns armen liebevollen beiden
ist das wechselseit'ge Glück versagt,
uns zu lieben, ohn' uns zu verstehen,
in dem andern sehn, was er nie war,
immer frisch auf Traumglück auszugehen
und zu schwanken auch in Traumgefahr.

Glücklich, den ein leerer Traum beschäftigt!
Glücklich, dem die Ahnung eitel wär'!
Jede Gegenwart und jeder Blick bekräftigt
Traum und Ahnung leider uns noch mehr.
Sag, was will das Schicksal uns bereiten?
Sag, wie band es uns so rein genau?
Ach, du warst in abgelebten Zeiten
meine Schwester oder meine Frau.

Kanntest jeden Zug in meinem Wesen,
spähtest, wie die reinste Nerve klingt,
konntest mich mit einem Blicke lesen,
den so schwer ein sterblich Aug durchdringt.
Tropftest Mäßigung dem heißen Blute,
richtetest den wilden irren Lauf;
und in deinen Engelsarmen ruhte
die zerstörte Brust sich wieder auf;

Hieltest zauberleicht ihn angebunden
und vergaukeltest ihm manchen Tag.
Welche Seligkeit glich jenen Wonnestunden,
da er dankbar dir zu Füßen lag,
fühlt' sein Herz an deinem Herzen schwellen,
fühlte sich in deinem Auge gut,
alle seine Sinnen sich erhellen
und beruhigen sein brausend Blut!

Und von allem dem schwebt ein Erinnern
nur noch um das ungewisse Herz,
fühlt die alte Wahrheit ewig gleich im Innern
und der neue Zustand wird ihm Schmerz.
Und wir scheinen uns nur halb beseelet,
dämmernd ist um uns der hellste Tag.
Glücklich, daß das Schicksal, das uns quälet,
uns doch nicht verändern mag,

Goethe

Es lacht in dem steigenden jahr dir
der duft aus dem garten noch leis,
flicht in dem flatternden haar dir
eppich und ehrenpreis.

Die wehende saat ist wie gold noch,
vielleicht nicht so hoch mehr und reich;
rosen begrüßen dich hold noch,
ward auch ihr glanz etwas bleich.

Verschweigen wir was uns verwehrt ist,
geloben wir glücklich zu sein,
wenn auch nicht mehr uns beschert ist
als noch ein rundgang zu zwein.

Stefan George

FÜR EWIG

Denn was der Mensch in seinen Erdeschranken
von hohem Glück mit Götternamen nennt:
die Harmonie der Treue, die kein Wanken,
der Freundschaft, die nicht Zweifelsorge kennt,
das Licht, das Weisen nur zu einsamen Gedanken,
das Dichtern nur in schönen Bildern brennt –
das hatt' ich all, in meinen besten Stunden,
in ihr entdeckt und es für mich gefunden.

Goethe

MARIENBADER ELEGIE

Und wenn der Mensch in seiner Qual verstummt,
gab mir ein Gott, zu sagen, was ich leide.

Was soll ich nun vom Wiedersehen hoffen,
von dieses Tages noch geschloßner Blüte?
Das Paradies, die Hölle steht dir offen;
wie wankelsinnig regt sich's im Gemüte! –
Kein Zweifeln mehr! Sie tritt ans Himmelstor,
zu ihren Armen hebt sie dich empor.

So warst du denn im Paradies empfangen,
als wärst du wert des ewig schönen Lebens;
dir blieb kein Wunsch, kein Hoffen, kein Verlangen,
hier war das Ziel des innigsten Bestrebens,
und in dem Anschaun dieses einzig Schönen
versiegte gleich der Quell sehnsüchtiger Tränen.

Wie regte nicht der Tag die raschen Flügel,
schien die Minuten vor sich herzutreiben.
Der Abendkuß, ein treu verbindlich Siegel:
so wird es auch der nächsten Sonne bleiben.
Die Stunden glichen sich in zartem Wandern
wie Schwestern zwar, doch keine ganz den andern.

Der Kuß, der letzte, grausam süß, zerschneidend –
ein herrliches Geflecht verschlungner Minnen.
Nun eilt, nun stockt der Fuß, die Schwelle meidend,
als trieb' ein Cherub flammend ihn von hinnen;
das Auge starrt auf düstrem Pfad verdrossen –
es blickt zurück: die Pforte steht verschlossen.

Und nun verschlossen in sich selbst, als hätte
dies Herz sich nie geöffnet, selige Stunden
mit jedem Stern des Himmels um die Wette
an ihrer Seite leuchtend nicht empfunden;
und Mißmut, Reue, Vorwurf, Sorgenschwere
belasten's nun in schwüler Atmosphäre.

Ist denn die Welt nicht übrig? Felsenwände,
sind sie nicht mehr gekrönt von heil'gen Schatten?
Die Ernte, reift sie nicht? Ein grün Gelände,
zieht sich's nicht hin am Fluß durch Busch und Matten?
Und wölbt sich nicht das überweltlich Große,
Gestaltenreiche, bald Gestaltenlose?

Wie leicht und zierlich, klar und zart gewoben
schwebt, seraphgleich, aus ernster Wolken Chor,
als glich' es ihr, am blauen Äther droben
ein schlank Gebild aus lichtem Duft empor;
so sahst du sie in frohem Tanze walten,
die lieblichste der lieblichsten Gestalten.

Doch nur Momente darfst dich unterwinden,
ein Luftgebild statt ihrer festzuhalten.
Ins Herz zurück! dort wirst du's besser finden,
dort regt sie sich in wechselnden Gestalten.
Zu vielen bildet Eine sich hinüber,
so tausendfach, und immer, immer lieber.

Wie zum Empfang sie an den Pforten weilte
und mich von dannauf stufenweis beglückte,
selbst nach dem letzten Kuß mich noch ereilte,
den letztesten mir auf die Lippen drückte:
So klar beweglich bleibt das Bild der Lieben
mit Flammenschrift ins treue Herz geschrieben.

Ins Herz, das fest, wie zinnenhohe Mauer,
sich ihr bewahrt und sie in sich bewahret,
für sie sich freut an seiner eignen Dauer,
nur weiß von sich, wenn sie sich offenbaret,
sich freier fühlt in so geliebten Schranken
und nur noch schlägt, für alles ihr zu danken.

War Fähigkeit zu lieben, war Bedürfen
von Gegenliebe weggelöscht, verschwunden,
ist Hoffnungslust zu freudigen Entwürfen,
Entschlüssen, rascher Tat sogleich gefunden!
Wenn Liebe je den Liebenden begeistet,
ward es an mir aufs lieblichste geleistet;

und zwar durch sie! – Wie lag ein innres Bangen
auf Geist und Körper, unwillkommner Schwere,
von Schauerbildern rings der Blick umfangen
im wüsten Raum beklommner Herzensleere;
nun dämmert Hoffnung von bekannter Schwelle!
Sie selbst erscheint in milder Sonnenhelle.

Dem Frieden Gottes, welcher euch hienieden
mehr als Vernunft beseliget – wir lesen's –
vergleich ich wohl der Liebe heitern Frieden
in Gegenwart des allgeliebten Wesens;
da ruht das Herz, und nichts vermag zu stören
den tiefsten Sinn: den Sinn, ihr zu gehören.

In unsers Busens Reine wogt ein Streben,
sich einem Höhern, Reinern, Unbekannten
aus Dankbarkeit freiwillig hinzugeben,
Enträtselnd sich den ewig Ungenannten;
wir heißen's: fromm sein! – Solcher seligen Höhe
fühl' ich mich teilhaft, wenn ich vor ihr stehe.

Vor ihrem Blick, wie vor der Sonne Walten,
vor ihrem Atem, wie vor Frühlungslüften,
zerschmilzt, so längst sich eisig starr gehalten,
der Selbstsinn tief in winterlichen Grüften;
kein Eigennutz, kein Eigenwille dauert,
vor ihrem Kommen sind sie weggeschauert.

Es ist, als wenn sie sagte: „Stund um Stunde
wird uns das Leben freundlich dargeboten.
Das Gestrige ließ uns geringe Kunde,
das Morgende – zu wissen ist's verboten!
Und wenn ich je mich vor dem Abend scheute,
die Sonne sank und sah noch, was mich freute.

Drum tu wie ich und schaue, froh verständig,
dem Augenblick ins Auge! Kein Verschieben!
Begegn ihm schnell, wohlwollend wie lebendig,
im Handeln sei's, zur Freude sei's dem Lieben!
Nur, wo du bist, sei alles, immer kindlich,
so bist du alles, bist unüberwindlich."

Du hast gut reden, dacht' ich: zum Geleite
gab dir ein Gott die Gunst des Augenblickes,
und jeder fühlt an deiner holden Seite
sich augenblicks den Günstling des Geschickes;
mich schreckt der Wink, von dir mich zu entfernen –
was hilft es mir, so hohe Weisheit lernen!

Nun bin ich fern! Der jetzigen Minute,
was ziemt denn der? Ich wüßt' es nicht zu sagen.
Sie bietet mir zum Schönen manches Gute;
das lastet nur, ich muß mich ihm entschlagen.
Mich treibt umher ein unbezwinglich Sehnen,
da bleibt kein Rat als grenzenlose Tränen.

So quellt denn fort und fließet unaufhaltsam –
doch nie geläng's, die innre Glut zu dämpfen!
Schon rast's und reißt in meiner Brust gewaltsam,
wo Tod und Leben grausend sich bekämpfen.
Wohl Kräuter gäb's, des Körpers Qual zu stillen;
allein dem Geist fehlt's am Entschluß und Willen,

fehlt's am Begriff: wie sollt' er sie vermissen?
Er wiederholt ihr Bild zu tausend Malen.
Das zaudert bald, bald wird es weggerissen,
undeutlich jetzt und jetzt im reinsten Strahlen.
Wie könnte dies geringstem Troste frommen,
die Ebb' und Flut, das Gehen wie das Kommen?

Verlaßt mich hier, getreue Weggenossen!
Laßt mich allein am Fels, in Moor und Moos;
nur immer zu! euch ist die Welt erschlossen,
die Erde weit, der Himmel hehr und groß;
betrachtet, forscht, die Einzelheiten sammelt,
Naturgeheimnis werde nachgestammelt.

Mir ist das All, ich bin mir selbst verloren,
der ich noch erst den Göttern Liebling war;
sie prüften mich, verliehen mir Pandoren,
so reich an Gütern, reicher an Gefahr;
sie drängten mich zum gabeseligen Munde,
sie trennen mich – und richten mich zugrunde.

• *Goethe*

Allein ihr strebt nach fernen Gütern,
und euer Streben muß gewaltsam sein.
Ihr wagt es, für die Ewigkeit zu handeln,
wenn wir ein einzig nah beschränktes Gut
auf dieser Erde noch besitzen möchten
und wünschen, daß es uns beständig bliebe.
Wir sind von keinem Männerherzen sicher,
das noch so warm sich einmal uns ergab.
Die Schönheit ist vergänglich, die ihr doch
allein zu ehren scheint. Was übrig bleibt,
das reizt nicht mehr, und was nicht reizt, ist tot.
Wenn's Männer gäbe, die ein weiblich Herz
zu schätzen wüßten, die erkennen möchten,
welch einen holden Schatz von Treu' und Liebe
der Busen einer Frau bewahren kann;
wenn das Gedächtnis einzig schöner Stunden
in euren Seelen lebhaft bleiben wollte;
wenn euer Blick, der sonst durchdringend ist,
auch durch den Schleier dringen könnte, den
uns Alter oder Krankheit überwirft;
wenn der Besitz, der ruhig machen soll,
nach fremden Gütern euch nicht lüstern machte:
Dann wär' uns wohl ein schöner Tag erschienen,
wir feierten dann unsre goldne Zeit.

Goethe

★

Die Liebe hemmet nichts; sie kennt nicht Tür noch Riegel
und dringt durch alles sich;
sie ist ohn' Anbeginn, schlug ewig ihre Flügel
und schlägt sie ewiglich.

Matthias Claudius

BUCH DER EHE

Ich wünsche mir eine hübsche Frau,
die nicht alles nähme gar zu genau,
doch aber zugleich am besten verstände,
wie ich mich selbst am besten befände.

Goethe

EHEWEISHEIT VOR 400 JAHREN

Der Mann schreiet / das Weib schweiget;
schweigt er dann / redt sie ihn an.
Ist er grimmsinnig / ist sie kühlsinnig;
ist er vielgrimmig / ist sie stillgrimmig.

Ist er stillgrimmig / ist sie schrillstimmig;
tobt er aus Grimm / so weicht sie ihm.
Ist er wütig / wird sie gütig;
mault er aus Grimm / spricht sie zu ihm.

Er ist die Sonn' / sie ist der Mond.
Er hat die Macht / sie sänftigt sacht.
Also wird gestillt / was grob und wild,
damit man nicht / im Sprichwort spricht:

Zwei harte Stein'
mahl'n niemals klein!

Walter Meckauer nach Johann Fischart

Ein Jahrmarkt ohne Hiebe,
ein Jüngling ohne Liebe,
ein Ehestand, der wohlbestellt,
sind seltsame Dinge in dieser Welt.

Abraham a Santa Clara

Welche Frau hat einen guten Mann,
der sieht man's am Gesicht wohl an.

Goethe

Man könnt' erzogene Kinder gebären,
wenn die Eltern erzogen wären.

Goethe

Du schiltst dich selbst, wenn du dein Kind schiltst ungezogen;
denn zogest du's zuvor, so wär' es nun gezogen.

Friedrich Rückert

*

BRAUTGESANG

Die Gespielen:

Komm heraus, komm heraus, o du schöne, schöne Braut,
deine guten Tage sind nun alle, alle aus,
dein Schleierlein weht so feucht und tränenschwer,
o, wie weinet die schöne Braut so sehr!
Mußt die Mägdlein lassen stehn,
mußt nun zu den Frauen gehn.

Lege an, lege an heut auf kurze, kurze Zeit
dein Seidenröslein, dein reiches Brustgeschmeid,
dein Schleierlein weht so feucht und tränenschwer,
o, wie weinet die schöne Braut so sehr!
Mußt die Zöpflein schließen ein
unterm goldnen Häubelein.

Lache nicht, lache nicht, deine Gold- und Perlenschuh'
werden dich schon drücken, sind eng genug dazu!
Dein Schleierlein weht so feucht und tränenschwer,
o, wie weinet die schöne Braut so sehr!
Wenn die andern tanzen gehn,
mußt du bei der Wiege stehn.

Winke nur, winke nur, sind gar leichte, leichte Wink',
bis den Finger drücket der goldne Treuering.
Dein Schleierlein weht so feucht und tränenschwer,
o, wie weinet die schöne Braut so sehr!
Ringlein sehn heut lieblich aus,
Morgen werden Fesseln draus.

Springe heut, springe heut deinen letzten, letzten Tanz,
Welken erst die Rosen, stehen Dornen in dem Kranz!
Dein Schleierlein weht so feucht und tränenschwer,
o, wie weinet die schöne Braut so sehr!
Mußt die Blümlein lassen stehn,
mußt nun auf den Acker gehn.

Clemens Brentano

KLEINER RAT

An seine Schwester Nannerl

Du wirst im Eh'stand viel erfahren,
was dir ein halbes Rätsel war;
bald wirst du aus Erfahrung wissen,
wie Eva einst hat handeln müssen,
daß sie hernach den Kain gebar.

Doch, Schwester, diese Eh'standspflichten
wirst du von Herzen gern verrichten,
denn glaube mir, sie sind nicht schwer.
Doch jede Sache hat zwo Seiten:

Der Eh'stand bringt zwar viele Freuden,
allein auch Kummer bringet er.

Drum, wenn dein Mann dir finstre Mienen,
die du nicht glaubest zu verdienen,
in seiner übeln Laune macht,
so denke, das ist Männergrille,
und sag: Herr, es gescheh' dein Wille
bei Tag, und meiner in der Nacht.

Wolfgang Amadeus Mozart

ANKE VON THARAU

Anke von Tharau ist's, die mir gefällt,
sie ist mein Leben, mein Gut und mein Geld.

Anke von Tharau hat wieder ihr Herz
auf mich gerichtet, in Lieb und in Schmerz.

Anke von Tharau, mein Reichtum, mein Gut,
du meine Seele, mein Fleisch und mein Blut.

Käm' alles Wetter gleich auf uns zu schlahn,
wir sind gesinnt, beieinander zu stahn.

Krankheit, Verfolgung, Betrübnis und Pein
soll unsrer Liebe Verknotigung sein.

Recht als ein Palmenbaum über sich steigt,
je mehr ihn Hagel und Regen angreift:

So werd' die Lieb' in uns mächtig und groß,
durch Kreuz, durch Leiden, durch allerlei Not.

Würdest du gleich einmal von mir getrennt,
lebtest da, wo man die Sonne kaum kennt:

Ich will dir folgen, durch Wälder, durch Meer,
durch Eis, durch Eisen, durch feindliches Heer.

Anke von Tharau, mein' Sonne, mein Schein,
mein Leben schließ' ich in deines hinein.

aus dem Kreis um Simon Dach

HOCHZEITSLIED

Aus der Eltern Macht und Haus
tritt die zücht'ge Braut heraus
an des Lebens Scheide –
geh und lieb und leide!

Freigesprochen, unterjocht,
wie der junge Busen pocht
in Gewand von Seide –
geh und lieb und leide!

Frommer Augen helle Lust
überstrahlt an voller Brust
blitzendes Geschmeide –
geh und lieb und leide!

Merke dir's, du blondes Haar:
Schmerz und Lust Geschwisterpaar,
unzertrennlich beide –
geh und lieb und leide!

Conrad Ferdinand Meyer

DIE BRAUT

Am Tage der Hochzeit

Wie schmachtet' ich noch jüngst
um seinetwillen!
Und dennoch wein' ich nun
für mich im stillen.

Ach, als er heute mich
so heiß umfangen,
kam in die Seele mir
ein endlos Bangen.

Schluchzend an seinem Hals
konnt' ich nicht sprechen;
mir war's, als wollte was
in mir zerbrechen.

Das höchste Glück, so nah,
macht, daß ich bebe –
o Liebster, wüßtest du,
was ich dir gebe.

Emanuel Geibel

HOCHZEITSLIED

Im Schlafgemach, fern von dem Feste,
sitzt Amor dir getreu und wacht,
daß nicht die List mutwill'ger Gäste
das Brautbett dir unsicher macht.
Er harrt auf dich. Der Fackel Schimmer
umglänzt ihn, und ihr flammend Gold
treibt Weihrauchdampf, der durch das Zimmer
in wollustvollen Wirbeln rollt.

Wie schlägt dein Herz beim Schlag der Stunde,
der deiner Gäste Lärm verjagt!
Wie blickst du nach dem schönen Munde,
der dir nun bald nichts mehr versagt.

Du gehst, und wünschend geht die Menge;
ach wer doch auch so glücklich wär' !
Die Mutter weint, und ihre Strenge
hielt' gern dich ab und darf nicht mehr.

Dein ganzes Glück nun zu vollenden,
trittst du ins Heiligtum herein;
die Flamme in des Amors Händen
wird wie ein Nachtlicht still und klein.
Schnell hilft der Schalk die Braut entkleiden
und ist doch nicht so schnell wie du,
sieht euch noch einmal an, bescheiden
hält er zuletzt die Augen zu.

• *Goethe*

WIDMUNG

Aber wir gehen ja alle aus einer Hand in die andre,
bis uns die eine bezwingt, die uns am engsten umschließt.
Sieh, erst dann aufschlagen wir ganz die verschleierten Augen,
und in dir anderm versinkt tief die bezauberte Welt.

Veronika Erdmann

BRAUTLIED

Glieder bei Gliedern gelöst,
Schlaf in die Lider geflößt,
Herzen, die ruhiger pochen,
und kein Wort mehr gesprochen,
nur in befriedigter Brust
eins noch des andern bewußt.

Lippen, die küßten sich wund,
küßten die Herzen gesund,
weg das Siechen und Sehnen,
Seufzer und Küsse und Tränen.
Liebe ward wieder ein Kind,
schuldlos, wie Selige sind.

Horch, und die Glocke erscholl,
mahnt, daß die Stunde nun voll.
Leicht wie Flaum ist das Leben,
das sich der Liebe gegeben.
Sterne, o neiget den Blick
auf ein vollkommnes Geschick !

Droben rudert ein Schwan
milchweiß schimmernde Bahn,
hell das Gefieder von Sternen,
zieht er durch himmlische Fernen,
rudert nach Traumland voraus,
sucht der Glückseligen Haus.

Weile, du goldener Schwan.
Stunde, den Flügel halt an.
Über dem bräutlichen Dache
leis beziehet die Wache.
Bleibt in der Sel'gen Revier –
Traumland und Glücksland sind hier.

Isolde Kurz

DAS HEILIGSTE

Wenn zwei sich in einander still versenken,
nicht durch ein schnödes Feuer aufgewiegelt,
nein, keusch in Liebe, die die Unschuld spiegelt,
und schamhaft zitternd, während sie sich tränken,

dann müssen beide Welten sich verschränken,
dann wird die Tiefe der Natur entriegelt,
und aus dem Schöpfungsborn, im Ich entsiegelt,
springt eine Welle, die die Sterne lenken.

Was in dem Geist des Mannes, ungestaltet,
und in der Brust des Weibes, kaum empfunden,
als Schönstes dämmerte, das muß sich mischen;

Gott aber tut, die eben sich entfaltet,
die lichten Bilder seiner jüngsten Stunden
hinzu, die unverkörperten und frischen.

Friedrich Hebbel

LEBENSWEG

Ich bin durchs Leben auf dich zugegangen,
so fest und klar, wie übers grüne Land
die Taube flog, die lange eingefangen
und doch den Weg zur süßen Heimat fand.

Und denke ich an Sturm und Streit und Streben,
an meiner Jugend Wandern dort und hier,
so ist mir oft: Es war mein ganzes Leben
ein stiller, unbeirrter Weg zu dir.

Börries von Münchhausen

EHE

O daß ich dich fand,
einzig warm und fest,
Hand in meiner Hand,
Hand, die mich nicht läßt!

Meiner Sinne Sinn,
meiner Augen Licht,
wenn ich nächtig bin,
wandelst du dich nicht.

Unsrer Sterne still
ziehn wir morgenwärts,
wie den Blutstrom will,
meines Herzens Herz.

Ina Seidel

DAHEIM

Stets, wenn ich beim Heimgang sehe
unsres Herdes Rauch,
rührt mich deine liebe Nähe
wie ein Frühlingshauch.

Trieb mich einst durchs Weltgedränge
flücht'ges Traumgebild,
hier in dieser trauten Enge
atm' ich tiefgestillt.

Ob es auch an Schätzen fehle,
reich ist nur, wer liebt,
wem sich eine reine Seele
voll und treu ergibt.

Was auch kommt, wie sollt ich zagen
Hand in Hand mit dir?
Alles, alles will ich tragen,
bleibst nur du bei mir.

Wilhelm Hertz

IN DE SCHUMMERN

Nu lang mi de Hand her
un kumm mit din Kopp,
un dar wo dat Hart sleit,[1]
dar legg em man op!

Denn hang ik di lisen[2]
min Arm umme Nack
un küß di de Ogen
un strakel din Back.

Denn sitt wi to snacken[3],
denn sitt wi to dröm;
un buten[4] dar blinkert
de Steerns dör de Böm.

Un buten is't düster,
un Freed[5] oppe Eer –
un schull 'k noch wat wünschen,
ick wüss ni, wat't weer!

Johann Meyer

[1] schlägt [2] leise [3] sprechen [4] draußen [5] Friede

TROST

So komme, was da kommen mag!
Solang du lebest, ist es Tag.

Und geht es in die Welt hinaus,
wo du mir bist, bin ich zu Haus.

Ich seh' dein liebes Angesicht,
ich sehe die Schatten der Zukunft nicht.

Theodor Storm

LOSE

Der einst er seine junge
sonnige Liebe gebracht,
die hat ihn gehen heißen,
nicht weiter sein gedacht.

Drauf hat er heimgeführet
ein Mädchen still und hold;
die hat aus allen Menschen
nur einzig ihn gewollt.

Und ob sein Herz in Liebe
niemals für sie gebebt,
sie hat um ihn gelitten
und nur für ihn gelebt.

Theodor Storm

DIE BESCHRÄNKTE FRAU

Ein Krämer hatte eine Frau,
die war ihm schier zu sanft und milde,
ihr Haar zu licht, ihr Aug zu blau,
zu gleich ihr Blick dem Mondenschilde;
wenn er sie sah so still und sacht
im Hause gleiten wie ein Schemen,
dann faßt' es ihn wie böse Macht,
er mußte sich zusammennehmen.

Vor allem macht' ihm Überdruß
ein Wort, das sie an alles knüpfte,
das freilich in der Rede Fluß
gedankenlos dem Mund entschlüpfte:
„In Gottes Namen!“, sprach sie dann,
wenn schwere Prüfungsstunden kamen;
und wenn zu Weine ging ihr Mann,
dann sprach sie auch: „In Gottes
Namen!“

Das schien ihm lächerlich und dumm,
mitunter frevelhaft vermessen;
oft schalt er, und sie weinte drum
und hat es immer doch vergessen.
Gewöhnung war es früher Zeit
und klösterlich verlebter Jugend;
so war es keine Sündlichkeit
und war auch eben keine Tugend.

Ein Sprichwort sagt: Wem gar
nichts fehlt,
den ärgert an der Wand die Fliege.
So hat dies Wort ihn mehr gequält
als andre Hinterlist und Lüge.
Und sprach sie sanft: „Es paßte schlecht!“,
durch Demut seinen Groll zu zähmen,
so schwur er, übel oder recht,
werd' es ihn ärgern und beschämen.

Ein Blütenhag war seine Lust.
Einst sah die Frau ihn sinnend stehen
und ganz versunken, unbewußt,
so Zweig an Zweig vom Strauche drehen.
„In Gottes Namen!“, rief sie, „Mann,
du ruinierst den ganzen Hagen!“
Der Gatte sah sie grimmig an;
fürwahr, fast hätt' er sie geschlagen.

Doch wer das Unglück sucht und Reu',
dem werden sie entgegeneilen.
Der Handel ist ein zart Gebäu
und ruht gar sehr auf fremden Säulen:
ein Freund falliert; ein Schuldner flieht;
ein Gläub'ger will sich nicht gedulden;
und eh' ein halbes Jahr verzieht,
weiß unser Krämer sich in Schulden.

Die Gattin hat ihn oft gesehn
gedankenvoll im Sande waten,
am Kontobuche seufzend stehn,
und hat ihn endlich auch erraten.
Sie öffnet heimlich ihren Schrein,
langt aus verborgner Fächer Grube;
dann leise, wie der Mondenschein,
schlüpft sie in ihres Mannes Stube.

Der saß, die schwere Stirn gestützt,
und rauchte fort am kalten Rohre.
,,Karl!" drang ein scheues Flüstern itzt,
und wieder: ,,Karl!" zu seinem Ohre;
sie stand vor ihm wie Blut so rot,
als gält' es eine Schuld gestehen.
,,Karl", sprach sie, ,,wenn uns Unheil droht,
ist's denn unmöglich, ihm entgehen?"

Drauf reicht' sie aus der Schürze dar
ein Säckchen, stramm und schwer zu tragen,
drin alles, was sie achtzehn Jahr
erspart am eigenen Behagen.
Er sah sie an mit raschem Blick
und zählte, zählte nun aufs neue;
dann sprach er seufzend: ,,Mein Geschick
ist zu verwirrt – dies langt wie Spreue!"

Sie bot ein Blatt und wandt' sich um,
erzitternd, glüh gleich der Granate;
es war ihr kleines Eigentum,
das Erbteil einer frommen Pate.
,,Nein", sprach der Mann, ,,das soll nicht sein!"
Und klopfte freundlich ihre Wangen.
Dann warf er einen Blick hinein
und sagte dumpf: ,,Schier möcht' es langen."

Nun nahm sie aus der Schürze Grund
all ihre armen Herrlichkeiten:
Teelöffelchen, Dukaten rund,
was ihr geschenkt von Kindeszeiten.
Sie gab es mit so freud'gem Zug!
Doch war's, als ob ihr Mund sich regte,
als sie zuletzt aufs Kontobuch
der sel'gen Mutter Trauring legte.

,,Fast langt es", sprach gerührt der Mann,
,,und dennoch kann es schmählich enden;
willst du dein Leben dann fortan,
geplündert, fristen mit den Händen?"
Sie sah ihn an – nur Liebe weiß
an liebem Blicke so zu hangen –
,,in Gottes Namen!" sprach sie leis,
und weinend hielt er sie umfangen.

• *Annette von Droste-Hülshoff*

DIE BRAUT

Vergiß den arbeitsschweren Tag, du Lieber!
Er ist vorbei, du bist ja hier!
Vergiß ihn, blicke nicht so fremd an mir vorüber!
Nimm mich in deine Arme und sei gut zu mir!

Ich lebe nur, wenn ich dich in der Nähe spüre
wie jetzt. Jetzt lebe ich. Und bin ich blaß,
so ist's vor Glück, weil ich dich an den Händen führe.
Ach, denke nicht, ich wollte wunder was!

Nur eine Zeitlang so am Fenster stehen,
das ist schon alles, was ich will,
und in die Niederung hinuntersehen
auf der ein Hauch von Abend liegt und von April,

und dann vielleicht ein bißchen phantasieren
und schöne Dinge für den Sommer planen
und tiefer atmen, wenn die Eisenbahnen
sich rollend in der fernen Nacht verlieren.

Manfred Hausmann

MANN UND WEIB

Dem Weibe ist ein schönes Los beschieden,
was sie auch hat, sie hat es ganz und immer,
sie freut sich an des fernsten Sternes Schimmer,
allein sie schließt sich ab in klarem Frieden.

Der Mann wird nie so sehr vom Glück gemieden,
als er es meidet, denn er faßt es nimmer,
gleichgültig, wird es besser, wird es schlimmer,
er hört nicht auf, das Dasein umzuschmieden.

Ihr ist es wie ein zugeworfner Faden,
sie hält sich dran und schaudert vor den Wogen,
die unten dräun, und trinkt des Himmels Lüfte.

Er widersteht nicht, sich im Meer zu baden,
und forscht, vom hellen Leben abgezogen,
ob Gott sich nicht verbirgt im Schoß der Grüfte.

Friedrich Hebbel

HEIMKEHR

Du mußt mir glauben, daß mir all die Welt
so fremd ist und so fern.
Die Städte mit den Lichtern, Pferd und Zelt,
ich mag sie nicht mehr gern.

Sie sind wie Tand und Nichts in meinem Sinn.
Ich habe nicht gewußt,
daß ich so ganz bei dir zu Hause bin,
an deiner lieben Brust

Und in der Stille, die du um dich hast
beim Lächeln des Verzeihns
und ganz in diesem allzu scheuen fast
Erbeben deines Seins,

wenn du, indem du mir ins Auge siehst,
mit hilflosem Entschluß
den Arm hebst und mich atmend niederziehst
in deinen Duft und Kuß.

Manfred Hausmann

Schließe mir die Augen beide
mit den lieben Händen zu!
Geht doch alles, was ich leide,
unter deiner Hand zur Ruh.

Und wie leise sich der Schmerz
Well' um Welle schlafen leget,
wie der letzte Schlag sich reget,
füllest du mein ganzes Herz.

Theodor Storm

EMPFÄNGNIS

Immer nahn uns ungeborne Seelen,
wenn wir atmen, Brust an Brust,
suchen sich ins Leben einzustehlen,
auf der Woge unsrer Lust.

Scherz und Kuß und inniges Vergeuden
unerschöpflich blinde Nacht!
Morgenfrühe ruft zu frischen Freuden, –
doch das neue Sein erwacht,

und nun möchte Aug' in Auge sehen.
Fühlst du, was in uns beginnt?
Neue Sonne zwingt uns, zu gestehen,
ob wir ihres Willens sind.

Hans Carossa

ERSTES KIND

So jung war deine Mutter nie
als in dem Lenz, da sie dich trug,
da noch dein Herz in ihrem schlug –
so jung war deine Mutter nie.

Tag war wie Nacht und Nacht wie Tag,
sie lag mit Augen wach und groß,
du wuchsest ja in ihrem Schoß –
Tag war wie Nacht und Nacht wie Tag.

Auch nicht als Kind war sie so jung,
dem Frühling so vertraut wie da,
der Erde so verwandt und nah –
auch nicht als Kind war sie so jung.

Der Frühling war in ihrem Blut,
die Knospe dehnte sich und sprang,
die Amsel brütete und sang,
und Frühling war der Mutter Blut.

Ina Seidel

DIE JUNGE MUTTER

Im grün verhangnen duftigen Gemach
auf weißen Kissen liegt die junge Mutter;
wie brennt die Stirn! sie hebt das Auge schwach
zum Bauer, wo die Nachtigall das Futter
den nackten Jungen reicht: „Mein armes Tier“,
so flüstert sie, „und bist du auch gefangen
gleich mir, wenn draußen Lenz und Sonne prangen,
so hast du deine Kleinen doch bei dir!“

Den Vorhang hebt die graue Wärterin
und legt die Finger mahnend auf die Lippen;
die Kranke dreht das schwere Auge hin,
gefällig will sie von dem Tranke nippen;
er mundet schon, und ihre bleiche Hand
faßt fester den Kristall – o milde Labe! –
„Elisabeth, was macht mein kleiner Knabe?“ –
„Er schläft“, versetzt die Alte abgewandt.

„Wie mag er zierlich liegen! – Kleines Ding!“ –
und selig lächelnd sinkt sie in die Kissen;
ob man den Schleier um die Wiege hing,
den Schleier, der am Erntefest zerrissen?
Man sieht es kaum, sie flickte ihn so nett,
daß alle Frauen höchlich es gepriesen,
und eine Ranke ließ sie drüber sprießen.
„Was läutet man im Dom, Elisabeth?“ –

„Madame, wir haben heut Mariatag.“
So hoch im Mond? sie kann sich nicht besinnen. –
Wie war es nur? – doch ihr Gehirn ist schwach,
und leise suchend zieht sie aus dem Linnen
ein Häubchen, in dem Strahle kümmerlich
läßt sie den Faden in die Nadel gleiten;
so ganz verborgen will sie es bereiten,
und leise, leise zieht sie Stich um Stich.

Da öffnet knarrend sich die Kammertür,
vorsicht'ge Schritte übern Teppich schleichen.
„Ich schlafe nicht, Rainer, komm her, komm hier!
Wann wird man endlich mir den Knaben reichen?“
Der Gatte blickt verstohlen himmelwärts,
küßt wie ein Hauch die kleinen heißen Hände:
„Geduld, Geduld, mein Liebchen, bis zum Ende!
Du bist noch gar zu leidend, gutes Herz.“

„Du duftest Weihrauch, Mann.“ – „Ich war im Dom;
schlaf, Kind!“ und wieder gleitet er von dannen.
Sie aber näht, und liebliches Phantom
spielt um ihr Aug von Auen, Blumen, Tannen. –
Ach, wenn du wieder siehst die grüne Au,
siehst über einem kleinen Hügel schwanken
den Tannenzweig und Blumen drüber ranken,
dann tröste Gott dich, arme junge Frau!

Annette von Droste-Hülshoff

ULRIKE

Als du aus dem Namenlosen tauchtest,
hold mich spiegelnd in dem blinden Blick,
sprachlos deinen süßen Atem hauchtest,
ach, da hielt ich mich für dein Geschick.
Und da gab ich dir den großen Namen,
um dein fließend Leben einzurahmen.

Goldgestickt auf schwarzem Sammet klang mir
jener Name, der Ulrike hieß,
und mein Herz in jenem Namen sang dir
Hoffnung, die wie sanfter Südwind blies:
königlicher Name alter Zeiten
sollte Schutz um dich, du Kindchen, breiten.

Doch die roten Fiebertage kamen,
und sie gruben dir das kleine Grab.
Ganz beladen mit dem schweren Namen
gingst du – und da nahm ihn Gott dir ab.
Und da reichte aus dem Dunkel nieder
seine Hand mir stumm den Namen wieder.

Schöner Kronreif, den du doch nicht brauchtest,
hängt nun arm und leer in meiner Hand.
Namenlos ins Unbenannte tauchtest
du zurück und lächelst unverwandt:
weder Wort noch Name soll uns trennen,
nur am Leuchten sollen wir uns kennen.

Ina Seidel

GODE NACHT

Över de stillen Straten
geit klar de Klokkenslag;
god Nacht! Din Hart will slapen,
un morgen is ok en Dag.

Din Kind liggt in de Weegen,
un ik bün ok bi di;
din Sorgen und din Leven
is allens um un bi.

Noch eenmal lat uns spräken:
Goden Abend, gode Nacht!
De Maand schpient op de Däken.
Uns' Herrgott hölt de Wacht.

Theodor Storm

DIE MUTTER BEI DER WIEGE

Schlaf, süßer Knabe, süß und mild!
Du deines Vaters Ebenbild!
Das bist du; zwar dein Vater spricht,
du habest seine Nase nicht.

Nur eben itzo war er hier
und sah dir ins Gesicht
und sprach: Viel hat er zwar von mir,
doch meine Nase nicht.

Mich dünkt es selbst, sie ist zu klein,
doch muß es seine Nase sein;
denn wenn's nicht seine Nase wär',
wo hättst du denn die Nase her?

Schlaf, Knabe; was dein Vater spricht,
spricht er wohl nur im Scherz;
hab immer seine Nase nicht,
und habe nur sein Herz!

Matthias Claudius

ALS ER SEIN WEIB UND'S KIND AN IHRER BRUST SCHLAFEND FAND

Das heiß' ich rechte Augenweide,
's Herz weidet sich zugleich.
Der alles segnet, segn' euch beide!
Euch liebes Schlafgesindel, euch!

Matthias Claudius

Kein Glück ist auf dem Erdenrund
heilkräft'ger, süßer, reiner
als Kindermund an deinem Mund
und Kinderhand in deiner.

Paul Heyse

IN SO UND SO VIEL WOCHEN

Als ich vom Reisen heimgekehrt,
wie froh begrüßt' ich Haus und Herd!
Die Zeit ist hingeschlendert,
hat nirgends nichts verändert.

Zum Willkomm trug mein Weib herein
dieselbe Flasche Cyperwein,
die wir mit Herzenspochen
beim Abschied angestochen.

Die Bettchen hab ich still beschaut,
drin lagen unsre Kinder traut
mit rotgeschlafnen Wangen,
wie da ich fortgegangen.

Rings alles an der alten Statt,
im Buch noch eingemerkt das Blatt,
bei dem ich abgebrochen
vor so und so viel Wochen.

Doch morgens, horch! was trippelt da?
Was ruft mir: Guten Tag, Papa?
Der Tausend! Ernst, mein Junge!
Wer löste dir die Zunge?

Wer half dir auf die Beine flink?
Du rutschtest kaum noch, als ich ging,
und hast kein Wort gesprochen
vor so und so viel Wochen.

Ach freilich, deine Welt, mein Kind,
verwandelt noch sich blitzgeschwind.
Erst wenn wir älter werden,
geht's fein im Schritt auf Erden.

Dann klärt der Siebenmeilenlauf
der Jugend wunderlich uns auf,
daß wir auch vorwärtskrochen
um so und so viel Wochen.

Paul Heyse

IM HERBSTE

Es rauscht, die gelben Blätter fliegen,
am Himmel steht ein falber Schein;
du schauerst leis und drückst dich fester
in deines Mannes Arm hinein.

Was nun von Halm zu Halme wandelt,
was nach den letzten Blumen greift,
hat heimlich im Vorübergehen
auch dein geliebtes Haupt gestreift.

Doch reißen auch die zarten Fäden,
die warme Nacht auf Wiesen spann –
es ist der Sommer nur, der scheidet;
was geht denn uns der Sommer an!

Du legst die Hand an meine Stirne
und schaust mir prüfend ins Gesicht;
aus deinen milden Frauenaugen
bricht gar zu melancholisch Licht.

Erlosch auch hier ein Duft, ein Schimmer,
ein Rätsel, das dich einst bewegt,
daß du in meine Hand gefangen
die freie Mädchenhand gelegt?

O schaudre nicht! Ob auch unmerklich
der hellste Sonnenschein verrann –
es ist der Sommer nur, der scheidet;
was geht denn uns der Sommer an?

Theodor Storm

Selbst die glücklichste der Ehen,
Tochter, hat ihr Ungemach;
selbst die besten Männer gehen
öfters ihren Launen nach.
Wer sich von dem goldnen Ringe
goldne Tage nur verspricht,
o, der kennt den Lauf der Dinge
und das Herz des Menschen nicht.

Manche wirft sich ohne Sorgen
in des Gatten Arm wie du
und beweint am andern Morgen
ihre Freiheit, ihre Ruh.

Aus dem Sklaven ihrer Blicke
wird ein mürrischer Tyrann;
banger Kummer folgt dem Glücke,
das mit ihrem Traum zerrann.

Doch dein Glück dir selbst zu schaffen,
Tochter, steht in deiner Hand:
die Natur gab dir die Waffen,
gab dir Sanftmut und Verstand.
Lerne deines Gatten Herzen
liebevoll entgegengehn,
leichte Kränkungen verschmerzen,
kleine Fehler übersehn.

Friedrich Wilhelm Gotter

ENGEL-EHE

Wie Flederwisch und Bürste sie regiert!
Glas und Gerät, es blitzt nur alles so
und lacht und lebt! Nur, ach, sie selber nicht!
Ihr schmuck Gesicht, dem Manne ihrer Wahl,
wenn ihre wirtschaftliche Bahn er kreuzt,
gleich einer Maske hält sie's ihm entgegen;
und fragt er gar, so wirft sie ihm das Wort
als wie dem Hunde einen Knochen zu.
Denn er ist schuld an allem, was sie plagt,
am Trotz der Mägde, an den großen Wäschen,
am Tagesmühsal und der Nächte Wachen,
schuld an dem schmutz'gen Pudel und den Kindern! –
Und er? – Er weiß, wenn kaum der grimme Tod
sein unverkennbar Mal ihm aufgeprägt,
dann wird, der doch in jedem Weibe schläft,
der Engel auch in seinem Weib erwachen;
ihr eigen Weh bezwingend wird sie dann,
was aus der Jugend Süßes ihr verblieb,

heraufbeschwören; leuchten wird es ihm
aus ihren Augen, lind wie Sommeratem
wird dann ihr Wort zu seinem Herzen gehn. –
Doch wähnet nicht, daß dies ihn tröste! Nein,
den künft'gen Engel, greulich haßt er ihn;
er magert ab, er schlottert im Gebein,
er wird daran ersticken jedenfalls.
Doch eh' ihm ganz die Kehle zugeschnürt,
muß er sein Weib in Himmelsglorie sehn;
die Rede, die er brütend ausstudiert,
womit vor seinem letzten Atemzug,
jedwedes Wort ein Schwert, auf einen Schlag
er alles Ungemach ihr hat vergelten wollen,
er wird sie nimmer halten; Segenstammeln
wird noch von seinen toten Lippen fliehn.
Das alles weiß er, und es macht ihn toll;
er geht umher und fluchet innerlich.
Ja, manches Mal im hellsten Sonnenschein
durchfährt es ihn, als stürz' er in das Grab.
Es war sein Weib, sie sprach ein sanftes Wort;
und zitternd blickt er auf: „Oh, Gott sei Dank,
noch nicht, noch nicht das Engelsangesicht!"

Theodor Storm

Weißt, wo es keinen Herrn und keinen Diener gibt?
Wo eins dem andern dient, weil eins das andre liebt.

Friedrich Rückert

Es ließe sich alles versöhnen,
wenn keine Rechenkunst es will.
In einer schönen
ganz neuen und scheuen
Stunde spricht ein Bereuen
so mutig still.

Es kann ein ergreifend Gedicht
werden, das kurze Leben,
wenn ein Vergeben
aus Frömmigkeit schlicht
sein Innerstes spricht.

Zwei Liebende auseinandergerissen:
Gut wollen und einfach sein!
Wenn beide das wissen,
kann ihr Dach wieder sein Dach sein
und sein Kissen ihr Kissen.

Joachim Ringelnatz

DU GEHST HINAUS

Du gehst hinaus
ganz stumm vor Schmach.
Ich stehe da
und sehe dir nach.
Das Haar nicht gemacht,
kein Band im Schuh,
komm nur nicht wieder,
Zigeunerin du!
Deine dreißig Jahr',
deinen Gang, deine Ruh',
wie satt ich dich habe,
Zigeunerin du!

Du sprichst im Haus
mit Kind und Magd.
Ich sitze da
und bin verzagt.
Ich sehe zur Tür,
die Tür bleibt zu.
Willst du nicht kommen,
Schwermütige du?
Dein loses Haar,
deinen leisen Schuh,
wie lieb ich dich habe,
Schwermütige du!

Manfred Hausmann

Die Liebe,
welch lieblicher Dunst;
doch in der Ehe,
da steckt die Kunst.

Theodor Storm

Geh fleißig um mit deinen Kindern! habe
sie Tag und Nacht um dich, und liebe sie,
und laß dich lieben einzig-schöne Jahre;
denn nur den engen Traum der Kindheit sind
sie dein, nicht länger! Mit der Jugend schon
durchschleicht sie vieles bald – was du nicht bist,
und lockt sie mancherlei – was du nicht hast,
erfahren sie von einer alten Welt,
die ihren Geist erfüllt; die Zukunft schwebt
nun ihnen vor. So geht die Gegenwart

verloren. Mit dem Wandertäschchen dann
voll Nötigkeiten zieht der Knabe fort.
Du siehst ihm weinend nach, bis er verschwindet,
und nimmer wird er wieder dein! Er kehrt
zurück, er liebt, er wählt der Jungfraun eine,
er lebt! Sie leben, andre leben auf
aus ihm – du hast nun einen Mann an ihm,
hast einen Menschen – aber mehr kein Kind!
Die Tochter bringt vermählt dir ihre Kinder
aus Freude gern noch manchmal in dein Haus!
Du hast die Mutter – aber mehr kein Kind. –

Geh fleißig um mit deinen Kindern! habe
sie Tag und Nacht um dich, und liebe sie,
und laß dich lieben einzig-schöne Jahre!

Leopold Schefer

AN DIE MÜTTER

Mütter! die ihr euch erquickt
an der Kinder teuren Zügen;
und mit ahnendem Vergnügen
vieles Künft'ge drin erblickt:
schaut einmal recht tief hinein
und verschafft uns sichre Kunde:
wird der Väter Kampf und Wunde
in den Kindern fruchtbar sein?

Ludwig Uhland

Kinder sind Rätsel von Gott und schwerer als alle zu lösen;
aber der Liebe gelingt's, wenn sie sich selber bezwingt.

Friedrich Hebbel

Stör nicht den Traum der Kinder,
wenn eine Lust sie herzt;
ihr Weh schmerzt sie nicht minder,
als dich das deine schmerzt.

Es trägt wohl mancher Alte,
des Herz längst nicht mehr flammt,
im Antlitz eine Falte,
die aus der Kindheit stammt.

Julius Hammer

Süß ist's, den Reiz der Welt zu saugen,
wenn Herz und Sinn in Blüte stehn,
doch süßer noch, mit deines Kindes Augen
die Welt noch einmal frisch zu sehn.

Emanuel Geibel

AN GRETCHEN

Jüngst, als unsere Mädchen, zur Fastnacht beide verkleidet,
im Halbdunkel sich scheu erst an der Türe gezeigt,
dann sich die Blonde als Schäferin dir, mir aber die kleine
Mohrin mit Lachen zumal warf in den offenen Arm
und du, Liebste, von fern mein Gefühl nicht ahnend, ins Ohr mir
(der ich verblüfft da saß) flüstertest „lobe sie doch" : – :
O wie gedacht' ich der Zeit, da diese nicht waren und wir uns
beide noch fremd, ja du selber noch hießest ein Kind.
Einst und Jetzt im Wechsel – ein fliegender Blitz der Gedanken
machte mich stumm, und hoch wallte vor Freuden mein Herz.

Eduard Mörike

DAS VIERZEHNJÄHRIGE HERZ

Er ist so schön! – sein lichtes Haar,
das möcht' ich mit keinem vertauschen,
wie seidene Fäden so weich und klar,
wenn zarte Löckchen sich bauschen;
oft streichl' ich es, dann lacht er traun,
nennt mich „seine alberne Barbe";
es ist nicht schwarz, nicht blond, nicht braun.
Nun ratet, wie nennt sich die Farbe?

Und seine Gebärde ist königlich,
geht majestätisch zu Herzen,
zuckt er die Braue, dann fürcht' ich mich
und möchte auch weinen vor Schmerzen;
und wieder, seh' ich sein Lächeln blühn,
so klar wie das reine Gewissen,
da möchte ich gleich auf den Schemel knien
und die guten Hände ihm küssen.

Heut bin ich in aller Frühe erwacht,
beim ersten Glitzern der Sonne,
und habe mich gleich auf die Sohlen gemacht
zum Hügel drüben am Bronnen;
Erdbeeren fand ich, glüh wie Rubin,
schau, wie im Korbe sie lachen!
Die stell' ich ihm nun an das Lager hin,
da sieht er sie gleich beim Erwachen.

Ich weiß, er denkt mit dem ersten Blick:
„Das tat meine alberne Barbe!"
Und freundlich streicht er das Haar zurück
von seiner rühmlichen Narbe,
ruft mich bei Namen und zieht mich nah,
daß Tränen die Augen mir trüben;
ach, er ist mein herrlicher Vater ja,
soll ich ihn denn nicht lieben, nicht lieben?

Annette von Droste-Hülshoff

AN GEORGE FONTANE

bei Gelegenheit seines zweiten Geburtstages

Mein lieber George! und kann ich dir auch
am heutigen Tage nichts schenken,
so will ich doch nach altem Brauch
in Versen deiner gedenken;

in Versen, worin dein Dichter-Papa
sich immerdar ergossen,
wenn ihm, was just nicht selten geschah,
die Pfennige spärlich flossen.

Ich wünsche dir tüchtig Fleisch und Speck
und immer dickere Waden,
und wächst dein Herz am rechten Fleck,
so kann das auch nicht schaden.

Dein Vater ist nicht schlecht, nicht gut,
nur grade kein Menschenfresser;
drum sage nicht: „Es liegt im Blut" –
sondern werde ein bissel besser.

Die Schulen leisten jetzt so viel,
so klug wird unsre Jugend,
so komm denn auch, du höchstes Ziel
der eingetrichterten Tugend.

Ach, wenn du dann in Prima sitzt
und unter den Sextaknaben
gewahrest, wie dein Vater schwitzt –
so wolle Mitleid haben.

Blick auf den Ulx – der dein Papa –
mit nachsichtsvollen Augen,
denn „ehren sollst du die Eltern ja",
auch wenn sie gar nichts taugen. . .

Theodor Fontane

LIED AN MEINEN SOHN

Der Sturm behorcht mein Vaterhaus,
mein Herz klopft in die Nacht hinaus,
laut; so erwacht' ich vom Gebraus
des Forstes schon als Kind.
Mein junger Sohn, hör zu, hör zu:
in deine ferne Wiegenruh'
stöhnt meine Worte dir im Traum
der Wind.

Einst hab' ich auch im Schlaf gelacht,
mein Sohn, und bin nicht aufgewacht
vom Sturm: bis eine graue Nacht
wie heute kam.
Dumpf brandet heut im Forst der Föhn
wie damals, als ich sein Getön
vor Furcht wie meines Vaters Wort
vernahm.

Horch, wie der knospige Wipfelsaum
sich sträubt, sich beugt, von Baum zu
Baum;
mein Sohn, in deinen Wiegentraum
zornlacht der Sturm – hör zu, hör zu!
Er hat sich nie vor Furcht gebeugt!
Horch, wie er durch die Kronen keucht:
sei Du! sei Du! –

Und wenn dir einst von Sohnespflicht,
mein Sohn, dein alter Vater spricht,
gehorch ihm nicht, gehorch ihm nicht:
horch, wie der Föhn im Forst den
Frühling braut!
Horch, er bestürmt mein Vaterhaus;
mein Herz tönt in die Nacht hinaus,
laut . . .

Richard Dehmel

Mein kind kam heim.
Ihm weht der seewind noch im haar.
Noch wiegt sein tritt
bestandne furcht und junge lust der fahrt.

Vom salzigen sprühn
entflammt noch seiner wange brauner schmelz:
frucht schnell gereift
in fremder sonnen wildem duft und brand.

Sein blick ist schwer
schon vom geheimnis das ich niemals weiß
und leicht umflort
da er vom lenz in unsern winter traf.

So offen quoll
die knospe auf daß ich fast scheu sie sah
und mir verbot
den mund der einen mund zum kuß schon kor.

Mein arm umschließt
was unbewegt von mir zu andrer welt
erblüht und wuchs –
mein eigentum und mir unendlich fern.

Stefan George

AN DEN VATER

Vater! Manchmal mahnt es mich beim Weine,
wenn mir schwer der Leib und hell das Hirn,
wie wir oftmals saßen, Stirn an Stirn,
und am Glase deine Hand und meine.

Wir besprachen Tägliches vom Tage,
Trost erheischend aus dem bunten Wahn –
nur mitunter blickten wir uns an,
als erwarte jedes eine Frage.

Und ein keusches Lieben ließ uns beide
dann bewegt sein, nahe, wie noch nie,
denn wir beide standen unterm Leide:

Du vor deinem Tod, der nächtens schrie –
ich in meiner Jugend Dornenkleide –
und doch sagte keines: Komm und sieh!

Franz Theodor Csokor

ELTERNLIED

Kinder laufen fort.
Lang her kann's noch gar nicht sein,
kamen sie zur Tür herein,
saßen zwistiglich vereint
alle um den Tisch.

Kinder laufen fort.
Und es ist schon lange her.
Schlechtes Zeugnis kommt nicht mehr,
Stunden Ärgers, Stunden schwer:
Scharlach, Diphterie!

Kinder laufen fort.
Söhne hangen Weibern an.
Töchter haben ihren Mann.
Briefe kommen, dann und wann,
nur auf einen Sprung.

Kinder laufen fort.
Etwas nehmen sie doch mit.
Wir sind ärmer, sie sind quitt.
Und die Uhr geht Schritt für Schritt
um den leeren Tisch.

Franz Werfel

DER GOLDENE BALL

Was auch an Liebe mir vom Vater ward,
ich hab's ihm nicht vergolten, denn ich habe
als Kind noch nicht gekannt den Wert der Gabe
und ward als Mann dem Manne gleich und hart.

Nun wächst ein Sohn mir auf, so heiß geliebt
wie keiner, dran ein Vaterherz gehangen,
und ich vergelte, was ich einst empfangen,
an dem, der mir's nicht gab – noch wiedergibt.

Denn wenn er Mann ist und wie Männer denkt,
wird er, wie ich, die eignen Wege gehen,
sehnsüchtig werde ich, doch neidlos sehen,
wenn er, was mir gebührt, dem Enkel schenkt. –

Weithin im Saal der Zeiten sieht mein Blick
dem Spiel des Lebens zu, gefaßt und heiter,
den goldnen Ball wirft jeder lächelnd weiter,
– und keiner gab den goldnen Ball zurück!

Börries von Münchhausen

Glücklich, glücklich nenn' ich den,
dem des Daseins letzte Stunde
schlägt in seiner Kinder Mitte.
Solches Scheiden heißt nicht Sterben;

denn er lebt im Angedenken,
lebt in seines Wirkens Früchten,
lebt in seiner Kinder Taten,
lebt in seiner Enkel Mund.

Franz Grillparzer

DIE MUTTER

Denk an das Aug', das, überwacht,
noch eine Freude dir bereitet;
denk an die Hand, die manche Nacht
dein Schmerzenslager dir gebreitet.

Des Herzens denk, das einzig wund
und einzig selig deinetwegen;
und dann knie nieder auf den Grund
und fleh um deiner Mutter Segen.

Annette von Droste-Hülshoff

MEINER MUTTER

Wie oft sah ich die blassen Hände nähen,
ein Stück für mich – wie liebevoll du sorgtest!
Ich sah zum Himmel deine Augen flehen,
ein Wunsch für mich – wie liebevoll du sorgtest!
Und an mein Bett kamst du mit leisen Zehen,
ein Schutz für mich – wie sorgenvoll du horchtest!
Längst schon dein Grab die Winde überwehen,
ein Gruß für mich – wie liebevoll du sorgtest!

Detlev von Liliencron

DIE FEINEN OHREN

Meiner Mutter

Du warst allein.
Ich sah durchs Schlüsselloch
den matten Schein
der späten Lampe noch.

Was stand ich nur und trat nicht ein?
Und brannte doch,
und war mir doch, es müßte sein,
daß ich noch einmal deine Stirne strich
und zärtlich flüsterte: Wie lieb' ich dich.

Die alte böse Scheu,
dir ganz mein Herz zu zeigen,
sie quält mich immer neu.
Nun lieg' ich durch die lange Nacht
und horche in das Schweigen,
ob wohl ein weißes Haupt noch wacht.

Und einmal hab ich leis gelacht:
was sorgst du noch,
sie weiß es doch,
sie hat gar feine Ohren,
ihr geht von deines Herzens Schlag,
obwohl die Lippe schweigen mag,
auch nicht ein leiser Ton verloren.

Gustav Falke

MEIN MÜADERL

I mag wiadawöll sein,[1]
i mag wiadawöll wern,
mein Müaderl, dös olt,
hat mi denna[2] nu gern.

’n Müadan eahn Herz
is an ewiga Brunn,
und so worm gehts davan,
wie in Mai vo da Sunn.

Mein Vada hat greint
und hat gsait: Iatz maschir!
Bo da Nacht hat ma d’Muada
wieda afthan dö Tür.

Mein Vada hat gsait,
daß a’ nix meh hegat;[3]
mein Müaderl, dös olt,
hat sa Kiderl umdraht.[4]

Und in Kidelsack stöckt,
is’s nöt viel, is’s a weng,
awer öbbas is dringstöckt,
so lang i nu denk.

Aft hat s’ mas in d’ Händ druckt
mit wuinaden[5] Augn,
und hat gsait: Bfüat di Gott, Franz,
as wird da schon taugn.

Bfüat di Gott! Bfüat di Gott!
Und kehr hald wieda-um,
wann da ’s Ertl[6] ganz ausgeht
und ’s Anbandeldrum.[7]

Und han ma schan gstoribn
und steht nixö meh
af da Welt von dan ’n Öltan[8]
wias[9] Toadtnkreuz in d’ Heh:

so knia die halt hin, Franz,
und bet is an Eicht,[10]
daß is denna da Herrgott
’n Himmel voleicht![11]

Wos d’host, das woaßt eh,
und wos is, dassl a:
in da graoßbleameten Druha[12]
von Kamerl hiba.[13]

Mein, i lög dars schan z’samm
und a’ Zöderl[14] dazua,
wann i ollsgfähr,[15] ehst hoamkimmst,
in d’Ewigkeit mua.

Um koan Geld derfst nöt suacha,
du suachst umasis;[16]
botracht na dein Schicksal,
aft woasst schon, wos is! –

Und iatz geh in Gottsnam!
Und schau nu amol z’ruck,
ehst di aui und ai drahst
üban Hausruck.[17]

A’ sodl[18] hats gsait,
aft hamer a’Weil gwoant,
ja, wer wird denn nöt woan,
wanns oans go so guat moant.

Und wann i mi ända,
wann i brav wir und frum,
zwögn da Muada is gscheha,
sist[19] kehrt mi neamd um.

Franz Stelzhamer

[1] ich kann wie immer sein [2] dennoch [3] hergibt [4] Tasche ausgeleert [5] weinenden [6] Rest [7] und nichts mehr anzustücken ist [8] Eltern [9] wie das [10] für eine Weile [11] verleiht [12] großblumige Truhe [13] nebenan [14] Zettel [15] etwa [16] umsonst [17] Hausruckwald [18] so [19] sonst

MUTTER

Ich sehe dich in einer Kerze Licht
im Rahmen einer dunklen Pforte stehn.
Du spürst die Kühle von den Bergen wehn.
Du frierst ja, Mutter . . . dennoch weichst du nicht.

Du schaust mir nach, der in die Nacht enteilt.
In dunklen Schicksals ungewisse Frist,
mit einem Lächeln, das nur Weinen ist,
mit einem Schmerz, den kein Vertrauen heilt.

Ich sehe dich in deiner Liebe Licht,
im Zittern deiner weißen Haare stehn,
du spürst die große, dunkle Kühle wehn –

und langsam, langsam senkt sich dein Gesicht.
Noch immer leuchtet fern der Kerze Schein –
du frierst ja, Mutter . . . Mutter – geh hinein . . .

Albrecht Haushofer

AN MEINEN SOHN

Wo bist du? Ach, ich höre dich nicht mehr;
die Kinderstimme, die mich nächtlich rief,
wenn ich im Arm des Albtraums schlief.
Nun ist die Nacht so blind und leer.

Das Bergwerk hat wie Tuch den Schritt verschluckt
die öde Steppe deinen Ruf verweht,
die Sümpfe fraßen dein Gebet.
Dein Herz am Stacheldrahte zuckt.

Wo flog dein Lachen hin, der Amselton,
und deine Tränen ruhn in welchem Teich?
Dein Kleid, dem grauen Nebel gleich,
verhüllt dich ganz, mein lieber Sohn.

Ich frage jede Stunde nach dir aus,
die mit dem Ostwind kommt und weitergeht,

doch stumm hört sie, was schweigend fleht,
leer bleibt die Nacht, leer bleibt das Haus.

Wenn du noch lebst, von Hunger und von Not
den Mund erfüllt wie vom erstickten Schrei,
dir selbst nur ein Gewicht von Blei,
so ist es besser als der Tod.

Ist besser als das Nichts aus schwarzem Samt –
ein neuer Atem hebe deine Brust,
o fühle, daß du kommen mußt,
du Leben, das von meinem stammt!

Oda Schaefer

MÜTTER UND TÖCHTER

Einst kommst du, mein Kind, vom Leibe los
und er sinkt zurück in meinen Schoß.

Weil ich auch dann hingesunken bin.
Meiner Mutter Leib nahm mich dahin,

die mit dir und mir in Fleisch und Blut
eingegangen in die Ahnin ruht.

Erdig und verwittert, Leib in Leib,
Wipfel sank zur Wurzel, Weib in Weib. –

Ob sich hinter dir die Türe schließt?
Ob aus dir einst keine Tochter sprießt?

Qual und Seligkeit hört auf zu wandern,
Erde, ruhn wir, eine in der andern.

Während deine Söhne Schollen reißen,
Ernten aus uns auferstehen heißen,

sich die Erde und die Frauen beugend,
unvernichtbar, ruhelos und zeugend.

Ina Seidel

DIE SCHNITTERIN

War einst ein Knecht, einer Witwe
der hatte sich schwer vergangen. [Sohn,
Da sprach sein Herr: „Du bekommst
morgen mußt du hangen.“ [deinen Lohn,

Als das seiner Mutter kundgetan,
auf die Erde fiel sie mit Schreien:
„O lieber Herr Graf und hört mich an,
er ist der letzte von dreien.

Den ersten schluckte die schwarze See,
seinen Vater schon mußte sie haben,
den andern haben in Schonens Schnee
eure schwedischen Feinde begraben.

Und laßt Ihr mir den letzten nicht
und hat er sich vergangen,
laßt meines Alters Trost und Licht
nicht schmählich am Galgen hangen.“

Die Sonne hell im Mittag stand,
der Graf saß hoch zu Pferde,
das jammernde Weib hielt sein Gewand
und schrie vor ihm auf der Erde.

Da rief er: „Gut, eh die Sonne geht,
kannst du drei Äcker mir schneiden,
drei Äcker Gerste, dein Sohn besteht,
den Tod soll er nicht leiden.“

So trieb er Spott, gar hart gelaunt,
und ist seines Wegs geritten.
Am Abend aber, der Strenge staunt,
drei Äcker waren geschnitten.

Was stolz im Halm stand über Tag,
sank hin, er mußt' es schon glauben.
Und dort, was war's, was am Feldrand lag?
Sein Schimmel stieg mit Schnauben.

Drei Äcker Gerste, ums Abendrot,
lagen in breiten Schwaden,
daneben die Mutter, und die war tot.
So kam der Knecht zu Gnaden.

Gustav Falke

THIES UND OSE

In Wenningstedt bei Karten und Korn
erschlug einst ein Bauer in jähem Zorn
seinen Gast. Thies Thießen war stark,
und der Hansen ein Stänker um jeden Quark.

Nun lag er bleich und im Blut auf dem Stroh.
Aber wo war Thies Thießen? Wo?
Sie suchten ihn und fanden ihn nicht,
und der Galgen machte ein langes Gesicht.

Ose, des Mörders Weib, kam in Not.
Vier Kinder wollten von ihr Brot.
Ihr Kram ging zurück. Stück für Stück
ward verkauft, und sie suchte bei Fremden ihr Glück.

Doch stand sie in Ehren bei jedermann
und tat ihnen leid. Die Zeit verrann,
und Thies Thießen war und blieb
weg, als wäre die Welt ein Sieb.

So wurden es Jahre. Auf einmal fing's
zu tuscheln an, bis nach Rantum ging's:
„Habt ihr gesehen?" „Schon lange." „Nanu!"
„Meint ihr?" Und sie nickten sich zu.

Sie war doch sonst ein ehrlich Weib,
nun schreit ihre Schande das Kind im Leib.
„Mit wem sie's wohl hält?" „Das Mannsvolk ist toll!"
– Das war ein Geschwätz, alle Stuben voll.

Die fromme Ose ertrug es in Scham,
kein Wort über ihre Lippen kam.
Nur einem fraß es am Herzen und fraß,
bis ihm der Schmerz in den Fäusten saß.

Und eh' sich's die Lästermäuler versahn,
stand er auf: „Ich hab's getan!"
Und standen alle und glotzten sehr:
„Thies Thießen? Gott sei bei uns! Woher?"

„Nicht verrat' ich das Dünenloch,
und ihr findet es nimmer. Sie aber fand's doch.
Und geht's um den Hals, das Kind ist mein.
Und verdammt, wer's nicht glaubt. Ich bläu's ihm ein."

Und er sah elend aus und schwach,
und er hielt sie wie ein Gespenst in Schach,
bis ihnen allen allmählich klar,
daß der da wirklich Thies Thießen war. –

Der Hansen war tot, von keinem vermißt,
ein Säufer war er und schlechter Christ.
Aber der Thießen, ein Kerl ist er doch!
Und die Ose, gibt's eine bravere noch?

Alle die Jahre in Elend und Not
teilte sie ihr Hungerbrot
treulich mit ihm. Und jetzt weinte sie da
an seinem Hals. Es ging allen nah.

Sie kauten und spuckten und sahen sich an
und schoben sich sacht an Thießen heran
und brummten und schüttelten ihm die Hand.
Das war ihr Gericht. Und so blieb er im Land.

Gustav Falke

UN SÖL ICK IRE VAN DI GAHN[1]

Un söl ick ire van di gahn,
dat makt mi gor to bang;
am leiwsten güng'ck mit di tosam
den letzten sworen[2] Gang.
Ick heww[3] mi so, uns' Herrgott weit't!
An di, Hannjochen, wennt,[4]
dat schütt mi up min Hart so swer,
wenn uns dei Dood nu trennt.

Un söl ick ire van di gahn,
as wi dat denkt allbeir,
denn wäs man nich so trurig, Hans,
dat dauh mi nich toleir'!
Denn täuw[5] ick in min Graww so lang,
Hannjochen, bät du kümmst
un as dien ol Brut aww mi haalst
un mit to Gott mi nimmst.

John Brinckman

[1] gehen [2] schweren [3·4] hab gewöhnt [5] wart

DIE GRÄFIN VON GLEICHEN

Die Gräfin Madei stand hoch oben im Turm.
Wie Segel brausten die bunten Fahnen im Sturm.

Wie Vogelschwingen wehte ihr Schleier im Wind –
die Gräfin spähte hinab von Tränen blind.

Weit unten im Tal wie ein gleißender Lindwurm zog's,
wie Mönchsgesang im hallenden Winde flog's.

Blinkend im Märzlicht sah sie des Kreuzheers Zeichen.
Noch einmal im Sattel hob sich der Graf von Gleichen.

Und gell und schrill, wie ein sinkender Vogel ruft,
seinen Namen schrie sie noch einmal in die Luft,

dann schritt sie tastend die enge Stiege hinab.
Das Zimmer unten war dunkel und still wie das Grab.

Schwelend verglühten die Scheite im Kamin.
Vor dem Bilde der Jungfrau lag Gräfin Madei auf den Knien.

Die Monde gehen, die Jahre gehen vorbei.
Singend dreht ihren Wocken die Gräfin Madei.

Und jeden einzigen Tag, den Gott werden läßt,
stehn Burg und Hof und Saal geschmückt wie zum Fest.

Und jeden Tag, wenn die Sonne zur Rüste geht,
die Gräfin mit ihren Kindern am Burgtor steht,

und immer bei des Aveläutens Klang
suchend sieht sie nach Süden, den Weg entlang.

Und Jahr um Jahr, vom Turm der grauen Gleichen,
flammt durch die Nacht wegweisender Fackeln Zeichen.

Die Burg von Gleichen steht geschmückt wie zum Fest.
Durch die bekränzte Pforte schreitet die Pest.

Mit hartem Klang der Klöppel der Glocke schlug,
als Gräfin Madei ihre Kinder zu Grabe trug.

Da sprach der von Wachenburg, der bei ihr stand:
„Frau, was tragt Ihr im Leid kein Trauergewand?“

Sie sagte: „Sack und Asche will ich tragen,
wenn die Glocken von Gleichen um ihren Herren klagen.

Verdorren mögen Blätter und junges Geäst,
wenn Gott den Stamm im Wetter stehen läßt!“

Am St. Johannistag, bei der Feuer Flammen,
kamen die Magen der Gräfin Madei zusammen

und sprachen: „Base, dein Feld und Forst verkommt,
es gibt kein Gut, dem die Herrschaft der Kunkel frommt.

Viel edle Herren gehen im Thüringer Land –
einen neuen Ring streife auf deine Hand.

Siebenmal ist im Tal das Korn geschnitten,
seit Lutz von Gleichen zum Heiligen Grabe geritten.

Mit Artois und MacDonald vor Joppe ritt er zum Strauß.
Artois und MacDonald kehrten nimmer nach Haus.

Und keine Heidenschlacht in Sarons Gefild
sah mehr den schreitenden Pardel im blauen Schild.

Der Graf von Gleichen ist tot und du bist frei!“ –
Aufstand langsam und zornig die Gräfin Madei.

„Wäre er tot – ich schrie's in die Welt hinaus!
Nie klang ein Zeichen von seinem Tod durchs Haus.

Die Doggen heulten nicht winselnd vor meiner Schwelle.
Die Särge dröhnten nicht hallend in der Kapelle,

sein steifer Hengst frißt Hafer aus meiner Hand,
meine Bienen summen und tragen und kehren zum Stand,

Tag für Tag singt mein Herz den gleichen Reim: –
Ludwig von Gleichen lebt und er kehrt heim!"

Sieben Jahre gehen und wieder sieben.
Arme Gräfin Madei – wo ist deine Schönheit geblieben?

Am Ostermorgen in ihrer Gäste Ring
die Gräfin Madei ins Dorf zur Messe ging.

Da kam ein Wandrer müde und sonnverbrannt,
der hielt eines Rößleins Halfter in der Hand,

das ritt eine Frau in fremder Tracht – und sie
war wegmüde und schön wie die Gottesmutter Marie.

Als die Gräfin den braunen Mann gesehn,
im Staub des Weges blieb sie vor ihm stehn.

Er aber sprach: „Gelobt sei dieser Tag!
Nun kehr' ich heim, der in Ketten und Banden lag,

nach zwanzig Jahren wieder durchschreit' ich dies Tor!"
Da trat der von Wachenburg, der Greis, davor:

„Willkommen sollst du sein in Deinem Haus
Ludwig Gleichen – doch treib die Kebse hinaus!"

Da sprach der Graf von Gleichen: „Ohm, fürwahr,
vor meinem Schwerte schirmt Euch das weiße Haar.

Eines Königs Tochter war sie in ihrem Land,
ein Sklave ich – und sie brachte mir Speis' und Gewand.

Sie brachte die Feile, die meine Ketten durchfeilt'.
Sie hat mit dem Flüchtling Hunger und Not geteilt.

Der Heilige Vater, der Papst Urban in Rom,
hat sie mir angetraut in St. Peters Dom."

Aber murrend standen und finster die Vettern umher:
„Was weiß der Römer von unseres Hauses Ehr?"

Da sprach die Gräfin Madei: „Ohm Wachenburg,
zur Seite weicht und laßt meinen Herrn in die Burg!

Du immer Geliebter, mein Herz schlägt froh und laut,
wie unter dem Gürtel schlug das Herz der Braut.

Meine Schönheit verging, wie der Duft des Klees verfliegt,
meine Brust ist verwelkt, mein Leib wie ein Brunnen versiegt,

in steinernem Sarge schläft, was ich Dir gebar.
Gram kämmte mit eisernem Kamm mein Haar, mein blondes Haar –

gesegnet sei die Fremde, die Dich mir gab,
aus dem Sattel hebe ich selber sie herab.

Du sollst sie haben und halten nach unserem Recht,
aus ihrem Schoße zeuge ein neu Geschlecht,

daß wieder im Land, wenn des Todes Speer Dich schlägt,
einer wandert, der Deinen Namen trägt.

Ihr Vettern, ich bitte Euch, gebt Ihr ihm einst das Geleit,
einen leeren Sarg stellt seinem Sarg zur Seit,

und lehnt die Tür der Kapelle leise an,
daß ich zu meinem Herren schleichen kann,

an seiner Seite mich wieder betten mag,
in seinen Armen erstehen am Jüngsten Tag." –

Laut schmetternd grüßte des Wächters Horn vom Turm,
wie Segel brausten die blauen Banner im Sturm.

Stumm standen die Herren und stumm die Fremde stand.
Der Graf von Gleichen hielt überm Auge die Hand.

Weit drunten im Tal aus schwelendem Weihrauchsqualm
flogen weiße Schleier und summte ein Osterpsalm.

Blinkend im Märzlicht winkte des Kreuzes Zeichen –
wandernd im Staub schritt ihm nach die Gräfin von Gleichen.

Agnes Miegel

FÜR ALLE ZEITEN

Wenn jetzt der Tod uns beiden winkte,
wenn eines Atems uns die Sinne schwänden
und wenn wir Herz an Herz erstarrten,
ein marmorn Paar,

ließ' ich aus leichter Hand mein Leben fliehen,
die Erde willig lassend, die geliebte,
die Wolkenschatten auf besonnten Bergen,
am Zaun die Winden.

In meinem Arm hielt' ich mein Leben
und nähm' es mit auf schwarzen Schwingen,
getrost, in Deinem Arm zu ruhen
für alle Zeiten.

Paul Jaeger

★

ZU LEHEN

Ich bin nicht mein, du bist nicht dein.
Keiner kann sein eigen sein.

Ich bin nicht dein, du bist nicht mein.
Keiner kann des andern sein.

Hast mich nur zu Lehn genommen,
hab zu Lehn dich überkommen.

Also mag's geschehn:
hilf mir, liebstes Lehn,

daß ich alle meine Tage
treulich dich zu Lehen trage

und dich einstmals vor der letzten Schwelle
unversehrt dem Lehnsherrn wiederstelle.

Werner Bergengruen

CHIDHER

Chidher, der ewig junge, sprach:
Ich fuhr an einer Stadt vorbei,
ein Mann im Garten Früchte brach;
ich fragte, seit wann die Stadt hier sei?
Er sprach, und pflückte die Früchte fort:
„Die Stadt steht ewig an diesem Ort
und wird so stehen ewig fort." –
Und aber nach fünfhundert Jahren
kam ich desselbigen Wegs gefahren.

Da fand ich keine Spur der Stadt;
ein einsamer Schäfer blies die Schalmei,
die Herde weidete Laub und Blatt;
ich fragte, wie lang ist die Stadt vorbei?
Er sprach, und blies auf dem Rohre fort:
„Das eine wächst, wenn das andere dorrt;
das ist mein ewiger Weideort." –
Und aber nach fünfhundert Jahren
kam ich desselbigen Wegs gefahren.

Da fand ich ein Meer, das Wellen schlug,
ein Schiffer warf die Netze frei;
und als er ruhte vom schweren Zug,
fragt' ich, seit wann das Meer hier sei?
Er sprach und lachte meinem Wort:
„So lang, als schäumen die Wellen dort,
fischt man und fischt man in diesem Port." –
Und aber nach fünfhundert Jahren
kam ich desselbigen Wegs gefahren.

Da fand ich einen waldigen Raum
und einen Mann in der Siedelei,
er fällte mit der Axt den Baum;
ich fragte, wie alt der Wald hier sei?
Er sprach: „Der Wald ist ein ewiger Hort!
Schon ewig wohn' ich an diesem Ort,
und ewig wachsen die Bäum hier fort." –
Und aber nach fünfhundert Jahren
kam ich desselbigen Wegs gefahren.

Da fand ich eine Stadt, und laut
erschallte der Markt vom Volksgeschrei.
Ich fragte: Seit wann ist die Stadt erbaut?
Wohin ist Wald und Meer und Schalmei?
Sie schrien und hörten nicht mein Wort:
„So ging es ewig an diesem Ort
und wird es gehen ewig fort." –
Und aber nach fünfhundert Jahren
will ich desselbigen Weges fahren.

• Friedrich Rückert

Warum bin ich vergänglich, o Zeus?" so fragte die Schönheit.
„Macht' ich doch," sagte der Gott, „nur das Vergängliche schön."
Und die Liebe, die Blumen, der Tau und die Jugend vernahmen's;
alle gingen sie weg, weinend, von Jupiters Thron.

Goethe

EWIG JUNG IST NUR DIE SONNE

Heute fanden meine Schritte mein vergeßnes Jugendtal,
seine Sohle lag verödet, seine Berge standen kahl.
Meine Bäume, meine Träume, meine buchendunkeln Höhn –
ewig jung ist nur die Sonne, sie allein ist ewig schön.

Drüben dort in schilf'gem Grunde, wo die müde Lache liegt,
hat zu meiner Jugendstunde sich lebend'ge Flut gewiegt,
durch die Heiden, durch die Weiden ging ein wandernd Herdgetön –
ewig jung ist nur die Sonne, sie allein ist ewig schön.

Conrad Ferdinand Meyer

LIED DER JAHRE

Wer bin ich und wie halte ich die Jahre,
die glühn, verflackern, lischen wie der Mohn?
Wohin der Duft? Und wer bewahrt den Ton?
Hoch flog der Ball im Aufwind junger Jahre.
Nun fällt er schon . . .?

Ist dies verloren, ist es je gewesen?
Schlaf unter Sternen; Küsten meerumblaut;
der Ströme Wandern; Städte hochgebaut? –
Ich könnte wieder alte Straßen gehen . . .
Sie wären nicht vertraut.

Wer bin ich, da mir dies entsunken?
Und wer, vor dem, das Zukunft mir gespart?
Und wer, vom Winde schwach, vom Weine trunken,
inmitten dieses Schwarms und dieser Fahrt
von Seelenvögeln und von Geisterfunken?
Gib Antwort, Gegenwart!

Ich bin, ich atme – eines: Mund und Flöte.
Ich spiele mir ein Lied; ich bin das Lied.
Ich bin der Hauch, der durch die Höhlung zieht,
der Spieler und das Spiel, der Leib der Flöte,
der Flöte Lied.

Was frag' ich nach dem Lied verschollner Jahre . . .
Ich bin, ich atme. Hör' ich nicht den Ton?
Hell schwebt die Wolke. Leuchtend brennt der Mohn.
Die Flöte harrt. Laß singen deine Jahre.
Ich hör' sie schon.

Rudolf Hagelstange

ABENDSTIMMUNG

Der Morgen lacht wie eine junge Frau,
streng blickt am Abend meine Ufenau,

durch Flutendunkel geisterhaft gestreckt,
von nahen Bergesschatten zugedeckt.

Lang hat sich das Soldatenschiff ergetzt
an einem Echo. Beide schweigen jetzt.

Verklungen ist der Vesperglocke Schall,
ein dunkler Friede waltet überall.

Wär' ich ein Jüngling voller Leidenschaft,
beängstigt von der eignen Lebenskraft,

in Tränen löste sich, was bang und wild
ein junges Herz bestürmt, vor diesem Bild.

Nun hab' ich handelnd meine Glut gedämpft,
den Vesperfrieden hab' ich mir erkämpft,

und schreite, wann du, Sonne, dich entfernst,
getrost durch diesen tiefen Abendernst.

In den gestrengen Zügen der Natur
empfind' ich die verwandte Seele nur.

Conrad Ferdinand Meyer

In jüngern Tagen war ich des Morgens froh,
des Abends weint' ich; jetzt, da ich älter bin,
beginn' ich zweifelnd meinen Tag, doch
heilig und heiter ist mir sein Ende.

Friedrich Hölderlin

BALLADE DES ÄUSSEREN LEBENS

Und Kinder wachsen auf mit tiefen Augen,
die von nichts wissen, wachsen auf und sterben,
und alle Menschen gehen ihre Wege.

Und süße Früchte werden aus den herben
und fallen nachts wie tote Vögel nieder
und liegen wenig Tage und verderben.

Und immer weht der Wind, und immer wieder
vernehmen wir und reden viele Worte
und spüren Lust und Müdigkeit der Glieder.

Und Straßen laufen durch das Gras, und Orte
sind da und dort, voll Fackeln, Bäumen, Teichen,
und drohende, und totenhaft verdorrte . . .

Wozu sind diese aufgebaut? Und gleichen
einander nie? Und sind unzählig viele?
Was wechselt Lachen, Weinen und Erbleichen?

Was frommt das alles uns und diese Spiele,
die wir doch groß und ewig einsam sind
und wandernd nimmer suchen irgend Ziele?

Was frommt's, dergleichen viel gesehen haben?
Und dennoch sagt der viel, der „Abend" sagt,
ein Wort, daraus Tiefsinn und Trauer rinnt

wie schwerer Honig aus den hohlen Waben.

Hugo von Hofmannsthal

Du kannst nicht sein, du kannst dich nur verschwenden,
kannst bleiben nicht, die Erde wandert aller Enden;
du kannst nicht sammeln, jedes Gold wird Blei,
und nichts ergreifen, alles schwirrt vorbei;
du kannst nicht wissen, denn es ward schon Trug.
Du kannst nur lieben. Lieben ist genug.

Ernst Bertram

VANITAS! VANITATUM VANITAS!

Die Herrlichkeit der Erden
muß Rauch und Aschen werden,
kein Fels, kein Erz kann stehn.
Dies, was uns kann ergetzen,
was wir für ewig schätzen,
wird als ein leichter Traum vergehn.

Was sind doch alle Sachen,
die uns ein Herze machen,
als schlechte Nichtigkeit?
Was ist des Menschen Leben,
der immer um muß schweben,
als eine Phantasie der Zeit?

Der Ruhm, nach dem wir trachten,
den wir unsterblich achten,
ist nur ein falscher Wahn;
sobald der Geist gewichen
und dieser Mund erblichen,
fragt keiner, was man hier getan.

Es hilft kein weises Wissen,
wir werden hingerissen
ohn' einen Unterscheid.
Was nützt der Schlösser Menge?
Dem hie die Welt zu enge,
dem wird ein enges Grab zu weit.

Dies alles wird zerrinnen,
was Müh' und Fleiß gewinnen,
und saurer Schweiß erwirbt;
was Menschen hier besitzen,
kann für den Tod nicht nützen,
dies alles stirbt uns, wenn man stirbt.

Ist eine Lust, ein Scherzen,
das nicht ein heimlich Schmerzen
mit Herzensangst vergällt?
Was ist's, womit wir prangen?
Wo wirst du Ehr' erlangen,
die nicht in Hohn und Schmach verfällt?

Was pocht man auf die Throne,
da keine Macht noch Krone
kann unvergänglich sein?
Es mag vom Toten-Reihen
kein Szepter dich befreien,
kein Purpur, Gold noch edler Stein.

Wie eine Rose blühet,
wenn man die Sonne siehet
begrüßen diese Welt;
die, eh' der Tag sich neiget,
eh' sich der Abend zeiget,
verwelkt und unversehns abfällt:

so wachsen wir auf Erden
und hoffen, groß zu werden,
und schmerz- und sorgenfrei;
doch eh' wir zugenommen
und recht zur Blüte kommen,
bricht uns des Todes Sturm entzwei.

Wir rechnen Jahr auf Jahre:
indessen wird die Bahre
uns vor die Tür gebracht;
drauf müssen wir von hinnen
und, eh' wir uns besinnen,
der Erden sagen gute Nacht.

Auf, Herz! Wach und bedenke,
daß dieser Zeit Geschenke
den Augenblick nur dein!
Was du zuvor genossen,
ist als ein Strom verschossen.
Was künftig – wessen wird es sein?

Andreas Gryphius

VOM KÜNFTIGEN ALTER

Der Frost hat mir bereifet des Hauses Dach;
doch warm ist mir's geblieben im Wohngemach.
Der Winter hat die Scheitel mir weiß gedeckt;
doch fließt das Blut, das rote, durchs Herzgemach.
Der Jugendflor der Wangen, die Rosen sind
gegangen, all gegangen einander nach.
Wo sind sie hingegangen? ins Herz hinab:
Da blühn sie nach Verlangen, wie vor so nach.
Sind alle Freudenströme der Welt versiegt?
Noch fließt mir durch den Busen ein stiller Bach.
Sind alle Nachtigallen der Flur verstummt?
Noch ist bei mir im Stillen hier eine wach.
Sie singet: Herr des Hauses! verschleuß dein Tor,
daß nicht die Welt, die kalte, dring ins Gemach.
Schleuß aus den rauhen Odem der Wirklichkeit,
und nur dem Duft der Träume gib Dach und Fach!
Ich habe Wein und Rosen in jedem Lied,
und habe solcher Lieder noch tausendfach.
Vom Abend bis zum Morgen und Nächte durch
will ich dir singen Jugend und Liebes-Ach!

Friedrich Rückert

„Die Jahre nahmen dir, du sagst, so vieles:
die eigentliche Lust des Sinnespieles;
Erinnerung des allerliebsten Tandes
von gestern, weit und breiten Landes
durchschweifen frommt nicht mehr; selbst nicht von oben
der Ehren anerkannte Zier, das Loben,
erfreulich sonst. Aus eignem Tun Behagen
quillt nicht mehr auf, dir fehlt ein dreistes Wagen!
Nun wüßt' ich nicht, was dir Besondres bliebe?"

Mir bleibt genug! Es bleibt Idee und Liebe!

Goethe

Nicht schelt' ich dich, du schöne Stunde,
weil du so schnell entwichen bist!
Du brachtest mir die süße Kunde,
daß noch mein Herz kein totes ist.

Wie sollt' ich mit dem Becher hadern,
weil er von meinem Mund sich trennt:
er goß durch alle meine Adern
den Wein, aus dem die Sonne brennt.

Friedrich Hebbel

MIT VIERZIG JAHREN

Mit vierzig Jahren ist der Berg erstiegen,
wir stehen still und schaun zurück,
dort sehen wir der Kindheit stilles liegen
und dort der Jugend lautes Glück.

Noch einmal schau, und dann gekräftigt weiter
erhebe deinen Wanderstab!
Hindehnt ein Bergesrücken sich, ein breiter,
und hier nicht, drüben geht's hinab.

Nicht atmend aufwärts brauchst du mehr zu steigen,
die Ebne zieht von selbst dich fort;
dann wird sie sich mit dir unmerklich neigen,
und eh' du's denkst, bist du im Port.

Friedrich Rückert

DES MENSCHEN ALTER

Ein Kind – vergißt sich selbst; ein Knabe – kennt sich nicht;
ein Jüngling – acht't sich schlecht; ein Mann – hat immer Pflicht;
ein Alter – nimmt Verdruß; ein Greis – wird wieder Kind:
Was meinst du, was doch dies für Herrlichkeiten sind?

Friedrich von Logau

DER MENSCH

Empfangen und genähret
vom Weibe wunderbar,
kömmt er und sieht und höret
und nimmt des Trugs nicht wahr;
gelüstet und begehret,
und bringt sein Tränlein dar;
verachtet und verehret,
hat Freude und Gefahr;
glaubt, zweifelt, wähnt und lehret,
hält nichts und alles wahr;
erbauet und zerstöret
und quält sich immerdar;
schläft, wachet, wächst und zehret,
trägt braun und graues Haar.
Und alles dieses währet,
wenn's hoch kömmt, achtzig Jahr.
Dann legt er sich zu seinen Vätern nieder,
und er kömmt nimmer wieder.

Matthias Claudius

Weißt du, was in dieser Welt
mir am meisten wohlgefällt?
Daß die Zeit sich selbst verzehret
und die Welt nicht ewig währet.

Friedrich von Logau

Auf Erden stehet nichts, es muß vorüberfliegen.
Es kommt der Tod daher, du kannst ihn nicht besiegen.
Ein Weilchen weiß vielleicht noch wer, was du gewesen.
Dann wird das weggefegt, und weiter kehrt der Besen.

Theodor Storm

O weh, wohin verschwunden ist mir Jahr um Jahr?
Ist all mein Leben ein Traum nur, oder ist es wahr?
Wovon ich wähnte, daß es wäre, war das nicht?
Ich habe wohl geschlafen und ich weiß es nicht.
Nun bin ich erwachet und mir ist unbekannt,
was mir hiervor war kundig wie die eigne Hand.
Leute und Land, da ich von Kind an bin erzogen,
die sind mir fremd geworden, als wär' es all gelogen.
Die meine Gespielen waren, die sind träg und alt.
Verwildert ist das Feld, verhauen ist der Wald,
nur das Wasser fließet, wie es einstens floß,
fürwahr, ich denke, Unglück ist nun mein Genoß.
Mich grüßet mancher träge, der mich einst wohl gekannt,
die Welt ist allenthalben in des Unheils Hand.
Wenn ich gedenk' an manchen sonnelichten Tag,
der mir ist entfallen wie in das Meer ein Schlag,
immer mehr o weh!

nach Walther von der Vogelweide

DIE KÜRZE

„Warum bist du so kurz, liebst du, wie vormals, denn
nun nicht mehr den Gesang? fandst du, als Jüngling, doch
in den Tagen der Hoffnung,
wenn du sangest, ein Ende nie?"

Wie mein Glück, ist mein Lied. – Willst du im Abendrot
froh dich baden? Hinweg ist's und die Erd' ist kalt,
und der Vogel der Nacht schwirrt
unbequem vor dem Auge dir.

Hölderlin

LAUF DER WELT

Zu einer Tasse mit dem Bildnis Goethes

Als ich ein junger Geselle war,
lustig und guter Dinge,
da hielten die Maler offenbar
mein Gesicht für viel zu geringe,
dafür war mir manch schönes Kind
dazumal von Herzen treu gesinnt.

Nun ich hier als Altmeister sitz',
rufen sie mich aus auf Straßen und Gassen,
zu haben bin ich, wie der alte Fritz,
auf Pfeifenköpfen und Tassen.
Doch die schönen Kinder, die bleiben fern;
o Traum der Jugend! o goldner Stern!

• Friedrich Förster

„Wie bist du so ausgeartet?
Sonst warst du am Abend so herrlich und hehr!"
Wenn man kein Liebchen erwartet,
gibt's keine Nacht mehr.

Goethe

Nicht jede Besserung ist Tugend;
oft ist sie nur das Werk der Zeit.
Die wilde Hitze roher Jugend
wird mit den Jahren Sittsamkeit.
Und was Natur und Zeit getan,
sieht unser Stolz als Besserung an.

Christian Fürchtegott Gellert

„Was man in der Jugend wünscht, hat man im Alter genug",
so sagen die Reichbegabten mit Fug;
wir aber, mindern Pfunds Verwalter,
was wir jung hatten, wünschen wir im Alter.

Franz Grillparzer

Soll das kurze Menschenleben
immer reife Frucht dir geben,
mußt du jung dich zu den Alten,
alternd dich zur Jugend halten.

Paul Heyse

DAS ALTER

Das Alter ist ein höflich Mann:
Einmal übers andre klopft er an,
aber nun sagt niemand: Herein!
Und vor der Türe will er nicht sein.
Da klinkt er auf, tritt ein so schnell,
und nun heißt's, er sei ein grober Gesell.

Goethe

Ein alter Mann ist stets ein König Lear! –
Was Hand in Hand mitwirkte, stritt,
ist längst vorbeigegangen;
was mit und an dir liebte, litt,
hat sich woanders angehangen.
Die Jugend ist um ihretwillen hier,
es wäre törig zu verlangen:
Komm, ältele du mit mir.

Goethe

DER GREIS

Die bösen Tage sind kommen;
da sind sie nun, die Jahre,
von denen ich sagen muß:
Leer sind sie mir von Freuden!
Sonne, Licht, Mond und Sterne
dunkeln um mich; ich sehe nur Wolken
und höre nur rasselnden Regen.
Die Hüter meiner Leibeshütte, die Hände, zittern.
Es krümmen sich die Starken, meine Füße.
Meine Zähne, die Mühlenmägde,
haben Feierabend gemacht.
Aus den Fenstern der Augen blicken nicht mehr
freundlich lächelnde Geister.
Verschlossen sind die Türen nach der Straße,
denn vergebens horcht das Ohr nach Vogellaut;
verstummt sind ihm die Töchter des Gesangs.
Schwindelnd fürcht' ich mich auf dem Hügel
und schrecke beim Tritte auf ebenem Wege.
Gleich dem Mandelbaume blüht mein Scheitelhaar.

An meinem Stabe zusammengekrümmt,
bin ich der Heuschrecke gleich.
Vertrocknet ist in mir die Lust.
Bald werd' ich beziehen mein ewiges Haus –
und die Kläger werden beflort gehen auf den Gassen.

Doch einst wird des Lebens Silberstrick wieder geflochten,
neugeschaffen mein Herz, die güldene Kugel.
Dann rasselt wieder am Rade des Brunnens der Eimer
und schöpft aus dem Quelle lebendes Wasser.
Geselle dich immer zur Erde, mein Staub;
bist ja mit ihr verwandt.
Du aber, mein Geist,
fleugst auf zu Gott, der dich gegeben hat.

Christian Friedrich Daniel Schubart

BALD

Es währt noch eine kurze Weile,
daß du durch diese Straße gehst
hinauf, herab die lange Zeile,
und manchmal grüßend stillestehst.

Bald wird der ein' und andre sagen:
den Alten sehen wir nicht mehr,
er ging an kalt' und warmen Tagen
doch hier sein Stündchen hin und her.

Es sei! Des Lebens volle Schalen
hab' ich geneigt an meinen Mund,
und auch des Lebens ganze Qualen
hab' ich geschmeckt bis auf den Grund.

Getan ist manches, was ich sollte,
nicht spurlos lass' ich meine Bahn;
doch manches, was ich sollt' und wollte,
wie manches ist noch ungetan!

Wohl sinkt sie immer noch zu frühe
herab, die wohlbekannte Nacht,
doch wer mit aller Sorg und Mühe
hat je sein Tagewerk vollbracht!

Schau um dich! Sieh die hellen Blicke,
der Wangen jugendfrisches Blut,
und sage dir: In jede Lücke
ergießt sich junge Lebensglut.

Es ist gesorgt, brauchst nicht zu sorgen;
mach Platz, die Menschheit stirbt nicht aus.
Sie feiert ewig neue Morgen,
du steige fest ins dunkle Haus!

Friedrich Theodor Vischer

Die Ehre hat mich nie gesucht;
die hätte mich auch nie gefunden.
Wählt man, in zugezählten Stunden,
ein prächtig Feierkleid zur Flucht?

Auch Schätze hab' ich nie begehrt.
Was hilft es, sie auf kurzen Wegen
für Diebe mehr als sich zu hegen,
wo man das wenigste verzehrt?

Wie lange währt's, so bin ich hin
und einer Nachwelt untern Füßen!
Was braucht sie, wen sie tritt, zu wissen?
Weiß ich nur, wer ich bin!

Gotthold Ephraim Lessing

Das ist das ew'ge Lied und Leid,
daß die Erfahrung erst gedeiht,
wenn Mut und Kraft verrauchen.

Die Jugend kann – das Alter weiß.
Du kaufst erst um des Lebens Preis
die Kunst, das Leben zu gebrauchen.

Carl Siebel

Hat dir der Tag was gebracht? So fragt sich am Abend der Jüngling;
hat dir der Tag was geraubt? fragt sich der Mann und der Greis.

Friedrich Hebbel

DAS GEMEINSAME SCHICKSAL

Siehe, wir hassen, wir streiten, es trennet uns Neigung und Meinung;
aber es bleichet indes dir sich die Locke wie mir.

Schiller

AUCH DU

Nun hast du auch gelassen
von Groll und edlem Streit,
du fandest goldne Gassen
der Weltzufriedenheit. –

Mich mahnt dein Herz, das helle,
nun frei von Kampf und Weh,
an eine Riesenwelle,
die müde ward der See,

die sich im Überborden
einst aus dem Meer gewiegt
und nun, zum Teich geworden,
tiefblau im Walde liegt.

Wohl deckt mit Blütenflocken
mittsommers sie das Rohr,
wohl tönt's wie ferne Glocken
aus ihrem Grund hervor,

wohl nicken grüne Erlen
darüber, schlummerschwer –
doch hat sie keine Perlen
und keine Stürme mehr.

Emil Prinz von Schönaich-Carolath

DIE ALTEN UND DIE JUNGEN

„Unverständlich sind uns die Jungen",
wird von den Alten beständig gesungen;
meinerseits möcht' ich's damit halten:
„Unverständlich sind mir die Alten."
Dieses Am-Ruder-bleiben-Wollen
in allen Stücken und allen Rollen,
dieses Sich-unentbehrlich-Vermeinen
samt ihrer „Augen stillem Weinen",
als wäre der Welt ein Weh getan –
ach, ich kann es nicht verstahn.
Ob unsre Jungen, in ihrem Erdreisten,
wirklich was Besseres schaffen und leisten,
ob dem Parnasse sie näher gekommen
oder bloß einen Maulwurfshügel erklommen,
ob sie, mit andern Neusittenverfechtern,
die Menschheit bessern oder verschlechtern,
ob sie Frieden sä'n oder Sturm entfachen,
ob sie Himmel oder Hölle machen –
eins läßt sie stehn auf siegreichem Grunde:
sie haben den Tag, sie haben die Stunde;
der Mohr kann gehn, neu Spiel hebt an,
sie beherrschen die Szene, sie sind dran.

Theodor Fontane

HAUSSPRUCH

Dies Haus ist mein und doch nicht mein,
wird nach mir eines andern sein,
war vor mir eines andern schon
und bleibet stehn, geh' ich davon.
Da ich's bekam in Heim und Hut,
sein Herd bleib' warm, sein' Mauern gut,
der Brunnen dran mir nie versieg',
und frei zu Dach die Taube flieg'!
Geschafft sei, was darin getan,
daß es der Nachbar wissen kann,
doch guck' er mir nicht jedenfalls
mit seinem Fernrohr in den Hals!

Dies Haus sei all zu meiner Zeit
dem Fleiße und der Kunst geweiht,
und Liebe gehe für und für
von Herz zu Herz durch jede Tür!
Es schließe ein, es halte fern,
und frohe Gäste heg' es gern,
ein Krümel Brot, ein Schlüpfel Wein,
da wird es wohl zum Guten sein.
Viel mehr steht nicht in unsrer Macht,
so nutzet auch kein Vorbedacht:
in Gottes Hand stell' ich dies Haus
und die da gehen ein und aus.

Josef Weinheber

HERR VON RIBBECK AUF RIBBECK IM HAVELLAND

Herr von Ribbeck auf Ribbeck im Havelland,
ein Birnbaum in seinem Garten stand,
und kam die goldene Herbsteszeit
und die Birnen leuchteten weit und breit,
da stopfte, wenn's Mittag vom Turme scholl,
der von Ribbeck sich beide Taschen voll,
und kam in Pantinen ein Junge daher,
so rief er: „Junge, wiste ne Beer?"
Und kam ein Mädel, so rief er: „Lütt Dirn,
kumm man röwer, ick hebb ne Birn."

So ging es viel Jahre, bis lobesam
der von Ribbeck auf Ribbeck zu sterben kam.
Er fühlte sein Ende, 's war Herbsteszeit,
wieder lachten die Birnen weit und breit;
da sagte von Ribbeck: „Ich scheide nun ab.
Legt mir eine Birne mit ins Grab!"
Und drei Tage drauf, aus dem Doppeldachhaus,
trugen von Ribbeck sie hinaus.
Alle Bauern und Büdner mit Feiergesicht
sangen „Jesus meine Zuversicht!"
Und die Kinder klagten, das Herze schwer:
„He ist dod nu. Wer giwt uns nu ne Beer?"

So klagten die Kinder. Das war nicht recht –
ach, sie kannten den alten Ribbeck schlecht!
Der neue freilich, der knausert und spart,
hält Park und Birnbaum strenge verwahrt.
Aber der alte, vorahnend schon
und voll Mißtraun gegen den eigenen Sohn,
der wußte genau, was damals er tat,
als um eine Birn ins Grab er bat;
und im dritten Jahr aus dem stillen Haus
ein Birnbaumsprößling sproßt' heraus.

Und die Jahre gehen wohl auf und ab,
längst wölbt sich ein Birnbaum über dem Grab,
und in der goldenen Herbsteszeit
leuchtet's wieder weit und breit,

und kommt ein Jung übern Kirchhof her,
so flüstert's im Baume: „Wiste ne Beer?"
Und kommt ein Mädel, so flüstert's: „Lütt Dirn,
kumm man röwer, ick gew di ne Birn!"

So spendet Segen noch immer die Hand
des von Ribbeck auf Ribbeck im Havelland.

Theodor Fontane

LEDERHOSEN-SAGA

Es war ein alter schwarzbrauner Hirsch,
Großvater schoß ihn auf der Pirsch,
und weil seine Decke so derb und dick,
stiftete er ein Familienstück.
Nachdem er lange nachgedacht,
ward eine Hose daraus gemacht,
denn Geschlechter kommen, Geschlechter vergehen,
hirschlederne Reithosen bleiben bestehen.

Er trug sie dreiundzwanzig Jahr,
eine wundervolle Hose es war!
Und als mein Vater sie kriegte zu Lehen,
da hatte die Hose gelernt zu stehen,
steif und mit durchgebeulten Knien
stand sie abends vor dem Kamin, –
Schweiß, Regen, Schnee, – ja, mein Bester:
eine lederne Hose wird immer fester!

Und als mein Vater an die Sechzig kam,
einen Umbau der Hose er vor sich nahm,
das Leder freilich war unerschöpft,
doch die Büffelhornknöpfe war'n dünngeknöpft
wie alte Groschen, wie Scheibchen nur, –
er erwarb eine neue Garnitur.

Und dann allmählich machte das Reiten
ihm nicht mehr den Spaß wie in früheren Zeiten.
Besonders der Trab in den hohen Kadenzen
ist kein Vergnügen für Exzellenzen,
so fiel die Hose durch Dotation
an mich in der dritten Generation.

Ein Reiterleben in Niedersachsen, –
die Gaben der Hose war'n wieder gewachsen!
Sie saß jetzt zu Pferde wie aus Guß,
und hatte wunderbaren Schluß,
und abends stand sie mit krummen Knien
wie immer zum Trocknen am Kamin.

Aus Großvaters Tagen herüber klingt
eine ferne Sage, die sagt und singt,
die Hose hätte in jungen Tagen
eine prachtvolle grüne Farbe getragen,
mein Vater dagegen – weiß ich genau –
nannte die Hose immer grau.

Seit neunzehnhundert ist sie zu schaun
etwa wie guter Tabak: braun!
So entwickelt sie, fern jedem engen Geize,
immer neue ästhetische Reize,
und wenn mein Ältester einst sie trägt,
wer weiß, ob sie nicht ins Blaue schlägt!

Denn fern im Nebel der Zukunft schon
seh' ich die Hose an meinem Sohn.
Er wohnt in ihr, wie wir drin gewohnt,
und es ist nicht nötig, daß er sie schont,
ihr Leder ist gänzlich unerschöpft –
die Knöpfe nur sind wieder durchgeknöpft,
und er stiftet, folgend der Väter Spur,
eine neue Steinnußgarnitur.

Ja, Geschlechter kommen, Geschlechter gehen,
hirschlederne Reithosen bleiben bestehen.

Börries von Münchhausen

JA, DAS MÖCHT' ICH NOCH ERLEBEN

Eigentlich ist mir alles gleich,
der eine wird arm, der andre wird reich,
aber mit Bismarck – was wird das noch geben?
Das mit Bismarck, das möcht' ich noch erleben.
Eigentlich ist alles so so,
heute traurig, morgen froh,

Frühling, Sommer, Herbst und Winter,
ach, es ist nicht viel dahinter.
Aber mein Enkel, soviel ist richtig,
wird mit nächstem vorschulpflichtig,
und in etwa vierzehn Tagen
wird er eine Mappe tragen,
Löschblätter will ich ins Heft ihm kleben –
ja, das möcht' ich noch erleben.
Eigentlich ist alles nichts,
heute hält's und morgen bricht's,
hin stirbt alles, ganz geringe
wird der Wert der ird'schen Dinge;
doch wie tief herabgestimmt
auch das Wünschen Abschied nimmt,
immer klingt es noch daneben:
Ja, das möcht' ich noch erleben.

Theodor Fontane

Der Mensch erfährt, er sei auch wer er mag,
ein letztes Glück und einen letzten Tag.

Goethe

ERWARTUNG UND ERFÜLLUNG

In den Ozean schifft mit tausend Masten der Jüngling;
still, auf gerettetem Boot, treibt in den Hafen der Greis.

Schiller

ALTER

Das aber ist des Alters Schöne,
daß es die Saiten reiner stimmt,
daß es der Lust die grellen Töne,
dem Schmerz den herbsten
Stachel nimmt.

Ermessen läßt sich und verstehen
die eigne mit der fremden Schuld,
und wie auch rings die Dinge gehen,
du lernst dich fassen in Geduld.

Die Ruhe kommt erfüllten
Strebens,
es schwindet des verfehlten Pein –
und also wird der Rest des Lebens
ein sanftes Rückerinnern sein.

Ferdinand von Saar

MIN JEHANN[1]

Ik wull, wi weern noch kleen, Jehann,
do weer de Welt so grot!
Wi seten op den Steen, Jehann,
weest noch? bi Nawers Sot.[2]
An Heben seil[3] de stille Maan,[4]
wi segen, wa he leep,[5]
un snacken, wa de Himmel hoch
un wa de Sot wul deep.

Weest noch, wa still dat weer, Jehann?
Dar röhr[6] keen Blatt an Bom.
So is dat nu ni mehr, Jehann,
as höchstens noch in Drom.[7]
Och ne, wenn do de Scheper[8] sung,
alleen int wide Feld:
ni wahr, Jehann? dat weer en Ton!
De eenzige op de Welt.

Mitünner inne Schummerntid[9]
denn ward mi so to Mot,
denn löppt mi't langs den Rügg so hitt,[10]
as domals bi den Sot.
Denn dreih ik mi so hasti um,
as weer ik nich alleen:
doch allens, wat ik finn, Jehann,
dat is – ik sta un ween.

Klaus Groth

[1] Des Dichters Bruder [2] Brunnen [3] am Himmel segelt [4] Mond [5] lief
[6] rührte sich [7] Traum [8] Schäfer [9] Dämmerzeit [10] Rücken so heiß

AUS DER JUGENDZEIT

Aus der Jugendzeit, aus der Jugendzeit
klingt ein Lied mir immerdar;
o wie liegt so weit, o wie liegt so weit,
was mein einst war!

Was die Schwalbe sang, was die Schwalbe sang,
die den Herbst und Frühling bringt;
ob das Dorf entlang, ob das Dorf entlang
das jetzt noch klingt?

„Als ich Abschied nahm, als ich Abschied nahm,
waren Kisten und Kasten schwer;
als ich wieder kam, als ich wieder kam,
war alles leer."

O du Kindermund, o du Kindermund,
unbewußter Weisheit froh,
vogelsprachekund, vogelsprachekund,
wie Salomo!

O du Heimatflur, o du Heimatflur,
laß zu deinem heil'gen Raum
mich noch einmal nur, mich noch einmal nur
entfliehn im Traum!

Als ich Abschied nahm, als ich Abschied nahm,
war die Welt mir voll so sehr;
als ich wieder kam, als ich wieder kam,
war alles leer.

Wohl die Schwalbe kehrt', wohl die Schwalbe kehrt',
und der leere Kasten schwoll;
ist das Herz geleert, ist das Herz geleert,
wird's nie mehr voll.

Keine Schwalbe bringt, keine Schwalbe bringt
dir zurück, wonach du weinst;
doch die Schwalbe singt, doch die Schwalbe singt
im Dorf wie einst:

„Als ich Abschied nahm, als ich Abschied nahm,
waren Kisten und Kasten schwer;
als ich wieder kam, als ich wieder kam,
war alles leer."

Friedrich Rückert

IN DER FREMDE

Aus der Heimat hinter den Blitzen rot
da kommen die Wolken her,
aber Vater und Mutter sind lange tot,
es kennt mich dort keiner mehr.

Wie bald, wie bald kommt die stille Zeit,
da ruhe ich auch, und über mir
rauschet die stille Waldeinsamkeit
und keiner mehr kennt mich auch hier.

Joseph von Eichendorff

DAS SCHLOSS BONCOURT

Ich träum' als Kind mich zurücke
und schüttle mein greises Haupt;
wie sucht ihr mich heim, ihr Bilder,
die lang ich vergessen geglaubt?

Hoch ragt aus schatt'gen Gehegen
ein schimmerndes Schloß hervor,
ich kenne die Türme, die Zinnen,
die steinerne Brücke, das Tor.

Es schauen vom Wappenschilde
die Löwen so traulich mich an,
ich grüße die alten Bekannten
und eile den Burghof hinan.

Dort liegt die Sphinx am Brunnen,
dort grünt der Feigenbaum,
dort, hinter diesen Fenstern,
verträumt' ich den ersten Traum.

Ich tret' in die Burgkapelle
und suche des Ahnherrn Grab;
dort ist's, dort hängt vom Pfeiler
das alte Gewaffen herab.

Noch lesen umflort die Augen
die Züge der Inschrift nicht,
wie hell durch die bunten Scheiben
das Licht darüber auch bricht.

So stehst du, o Schloß meiner Väter,
mir treu und fest in dem Sinn,
und bist von der Erde verschwunden,
der Pflug geht über dich hin.

Sei fruchtbar, o teurer Boden,
ich segne dich mild und gerührt
und segn' ihn zwiefach, wer immer
den Pflug nun über dich führt.

Ich aber will auf mich raffen,
mein Saitenspiel in der Hand,
die Weiten der Erde durchschweifen
und singen von Land zu Land.

• *Adelbert von Chamisso*

IM ALTER

Wie wird nun alles so stille wieder!
So war mir's oft in der Kinderzeit,
die Bäche gehen rauschend nieder
durch die dämmernde Einsamkeit,
kaum noch hört man einen Hirten singen,
aus allen Dörfern, Schluchten weit
die Abendglocken herüberklingen,
versunken nun mit Lust und Leid
die Täler, die noch einmal blitzen,
nur hinter dem stillen Walde weit
noch Abendröte an den Bergesspitzen,
wie Morgenrot der Ewigkeit.

Joseph von Eichendorff

VERGÄNGLICHKEIT

Vom Baum des Lebens fällt
mir Blatt um Blatt.
O taumelbunte Welt,
wie machst du satt,
wie machst du satt und müd,
wie machst du trunken!
Was heut noch glüht,
ist bald versunken.
Bald klirrt der Wind
über mein braunes Grab,
über das kleine Kind
beugt sich die Mutter herab.
Ihre Augen will ich wiedersehn,
ihr Blick ist mein Stern,
alles andre mag gehn und verwehn,
alles stirbt, alles stirbt gern.
Nur die ewige Mutter bleibt,
von der wir kamen,
ihr spielender Finger schreibt
in die flüchtige Luft unsre Namen.

Hermann Hesse

DIE ZWEI GESELLEN

Es zogen zwei rüst'ge Gesellen
zum erstenmal von Haus,
so jubelnd recht in die hellen,
klingenden, singenden Wellen
des vollen Frühlings hinaus.

Die strebten nach hohen Dingen,
die wollten, trotz Lust und Schmerz,
was Rechts in der Welt vollbringen,
und wem sie vorübergingen,
dem lachten Sinnen und Herz. –

Der erste, der fand ein Liebchen,
die Schwieger kauft' Hof und Haus;
der wiegte gar bald ein Bübchen,
und sah aus heimlichem Stübchen
behaglich ins Feld hinaus.

Dem zweiten sangen und logen
die tausend Stimmen im Grund,
verlockend' Sirenen, und zogen
ihn in der buhlenden Wogen
farbig klingenden Schlund.

Und wie er auftaucht' vom Schlunde,
da war er müde und alt.
Sein Schifflein, das lag im Grunde,
so still war's rings in die Runde,
und über die Wasser weht's kalt.

Es singen und klingen die Wellen
des Frühlings wohl über mir:
und seh' ich so kecke Gesellen,
die Tränen im Auge mir schwellen –
ach Gott, führ uns liebreich zu dir!

Joseph von Eichendorff

ÜBER DIE HEIDE

Über die Heide hallet mein Schritt;
dumpf aus der Erde wandert es mit.

Herbst ist gekommen, Frühling ist weit –
gab es denn einmal selige Zeit?

Brauende Nebel geisten umher;
schwarz ist das Kraut und der Himmel so leer.

Wär' ich hier nur nicht gegangen im Mai!
Leben und Liebe – wie flog es vorbei!

Theodor Storm

WELKE ROSE

In einem Buche blätternd, fand
ich eine Rose welk, zerdrückt,
und weiß auch nicht mehr, wessen Hand
sie einst für mich gepflückt.

Ach, mehr und mehr im Abendhauch
verweht Erinnrung; bald zerstiebt
mein Erdenlos, dann weiß ich auch
nicht mehr, wer mich geliebt.

Nikolaus Lenau

AUF DEM CANAL GRANDE

Auf dem Canal grande betten
tief sich ein die Abendschatten,
hundert dunkle Gondeln gleiten
als ein flüsterndes Geheimnis.

Aber zwischen zwei Palästen
glüht herein die Abendsonne,
flammend wirft sie einen grellen
breiten Streifen auf die Gondeln.

In dem purpurroten Lichte
laute Stimmen, hell Gelächter,
überredende Gebärden
und das frevle Spiel der Augen.

Eine kleine, kurze Strecke
treibt das Leben leidenschaftlich
und erlischt im Schatten drüben
als ein unverständlich Murmeln.

Conrad Ferdinand Meyer

Der Strom, der neben mir verrauschte, wo ist er nun?
Der Vogel, dessen Lied ich lauschte, wo ist er nun?
Wo ist die Rose, die die Freundin am Herzen trug,
und jener Kuß, der mich berauschte, wo ist er nun?
Und jener Mensch, der ich gewesen, und den ich längst
mit einem andern Ich vertauschte, wo ist er nun?

August von Platen

Tag, der den Sommer endet,
Herz, dem das Zeichen fiel:
die Flammen sind versendet,
die Fluten und das Spiel.

Die Bilder werden blasser,
entrücken sich der Zeit,
wohl spiegelt sie noch ein Wasser,
doch auch dies Wasser ist weit.

Du hast eine Schlacht erfahren,
trägst noch ihr Stürmen, ihr Fliehn,
indessen die Schwärme, die Scharen,
die Heere weiter ziehn.

Rosen und Waffenspanner,
Pfeile und Flammen weit – :
die Zeichen sinken, die Banner – :
Unwiederbringlichkeit.

Gottfried Benn

AUFGEHENDER MOND

Die Sterne schwinden aus der Bahn,
es hebt der Mond zu schweben an.
Die weiße Scheibe flugbereit.
Wie einsam ist die Zeit!

Viel andre Zeiten unterm Mond
verschwanden schon, die hier gewohnt.
Die Menschen blühn und welken ab.
Wie einsam ist ein Grab!

Es glüht der Mond auf Gräber hin.
Mir schläft schon mancher Freund darin.
Sie sind so fern wie Mond und Stern.
O ewig ist so fern!

Sie schlafen lang', sie lebten kaum.
Wie schön hing einst der Mond im Raum!
Sie lebten froh, sie schlafen bang.
O ewig ist so lang!

Georg von der Vring

TERZINEN ÜBER VERGÄNGLICHKEIT

Noch spür' ich ihren Atem auf den Wangen:
wie kann das sein, daß diese nahen Tage
fort sind, für immer fort, und ganz vergangen?

Dies ist ein Ding, das keiner voll aussinnt,
und viel zu grauenvoll, als daß man klage:
daß alles gleitet und vorüberrinnt

und daß mein eignes Ich, durch nichts gehemmt,
herüberglitt aus einem kleinen Kind
mir wie ein Hund unheimlich stumm und fremd.

Dann: daß ich auch vor hundert Jahren war
und meine Ahnen, die im Totenhemd,
mit mir verwandt sind wie mein eignes Haar,

so eins mit mir als wie mein eignes Haar.

Hugo von Hofmannsthal

EIN LEBENS-LIED

Daß einmal mein dies Leben war,
daß in ihm jene Kiefern standen
und Ufer schlafend sich vorüberwanden,
daß ich in Wäldern aufschrie sonderbar,
daß einmal mein dies Leben war!

Wo Ufer schlafend sich vorüberwanden,
was trug der Fluß mit Schilf und Wolk' davon?
Wo bin ich – und ich höre noch den Ton
von Ruderbooten, wie sie lachend landen,
wo Ufer schlafend sich vorüberwanden.

Wo bin ich – und ich höre noch den Ton
von Equipagen, dicht im Kies verfahren,
Kastanien- und Laternensprache waren
noch da und Worte – doch wo sind sie schon?
Wo bin ich – und ich höre noch den Ton?

Kastanien- und Laternensprache waren
noch da und Atem einer breiten Schar.
Und mein war ein Gefühl von Gang und Haaren.
O Ewigkeit! – Und werd' ich es bewahren,
daß einmal mein dies Leben war!

Franz Werfel

KLAGE UND TROST

Jenes Licht, das einst in den Stuben
unsrer Jugend am Abend so sanft gebrannt,
ist nirgend mehr. Und die wir gekannt
und geliebt als hübsche Mädchen und Buben,
sind hingewelkt und in Gräbern vermodert.
Das Licht, das heut über den Straßen
so kühlgrell und so über die Maßen
verschwenderisch gleißt und lodert,
ist anders als alle Lichter waren
in den Städten unserer Kinderzeit,
und anders geworden sind Plätze und Gassen,
so neu, so steinern, so breit.

Auch was die Kriege übriggelassen,
Städtchen und Dörfer, heimatlich altvertraut,
aus andern, erschreckten Augen schaut,
es dröhnt und stöhnt von ungeduldigen Motoren,
Kirche und Friedhof stehn im Gewühl,
altgeworden, verschüchtert, verloren,
die Leute am Steuer blicken versorgt und kühl.

Aber der Regen, wenn er in Frühlingserde
leise sinkt oder ins Sommerlaub rauscht,
klingt und riecht noch wie einst, und der lautlosen Natter Gebärde,
wenn sie mit eckigem Köpfchen wittert und lauscht,

oder des halben Mondes heimliche Trauer,
wie er so fremd und verstohlen sich hebt
über der nächtlichen Berge zackige Mauer,
und der Weide Gezweig, wenn es im Föhnwind bebt,
oh, und der Abendberge inniges Glühen
oder der ersten Krokus schüchtern-schelmisches Blühen
sind noch wie immer, ihr Zauber ist ungebrochen.
Wie sie vor Zeiten in jener versunkenen Welt
uns begrüßt und freundlich zu uns gesprochen
und uns die Seele mit Trost und Freude erhellt,
sprechen sie heut noch und geben Antwort dem Herzen,
dem die Jahre wie Tage vorüberfliehn,
gleich dem Lampenschein und dem sanften Schimmer der Kerzen,
der die Abende unsrer Kindheit beschien.

Hermann Hesse

SPRUCH FÜR EINE SONNENUHR

Der Tag geht über mein Gesicht.
Die Nacht, sie tastet leis vorbei.
Und Tag und Nacht ein gleich Gewicht
und Nacht und Tag ein Einerlei.

Es schreibt die dunkle Schrift der Tag
und dunkler noch schreibt sie die Nacht.
Und keiner lebt, der deuten mag,
was beider Schatten ihm gebracht.

Und ewig kreist die Schattenschrift.
Leblang stehst du im dunklen Spiel.
Bis einmal dich die Deutung trifft:
Die Zeit ist um. Du bist am Ziel.

Rudolf G. Binding

BUCH DES TODES

Es ist ein Schnitter, heißt der Tod,
hat Gewalt vom großen Gott;
heut wetzt er das Messer,
es schneid't schon viel besser,
bald wird er drein schneiden,
wir müssen's nur leiden.
Hüt dich, schön's Blümelein!

Was heut noch grün und frisch dasteht,
wird morgen weggemäht:
die edlen Narzissen
die englischen Schlüsseln,
die schönen Hyazinthen,
die türkischen Binden.
Hüt dich, schön's Blümelein!

Viel hunderttausend ungezählt
da unter die Sichel hinfällt:
rot Rosen, weiß Lilien,
euch wird er austilgen;
auch euch Kaiserkronen
wird er nicht verschonen.
Hüt dich, schön's Blümelein!

Das himmelfarben Ehrenpreis,
die Tulipanen gelb und weiß,
die silbernen Glöckchen,
die goldenen Flöckchen,
sinkt alles zur Erden,
was wird daraus werden?
Hüt dich, schön's Blümelein!

Ihr hübsch Lavendel, Rosmarein,
ihr vielfarbigen Röselein,
ihr stolzen Schwertlilien,
ihr krausen Basilien,
ihr zarten Violen,
man wird euch bald holen.
Hüt dich, schön's Blümelein!

Aus Seiden ist der Fingerhut,
aus Sammet ist das Wohlgemuth.
Noch ist er so blind,
nimmt, was er nur find't,
kein Sammet, kein Seiden
mag ihn vermeiden.
Hüt dich, schön's Blümelein!

Tod, Tod, komm her, ich fürcht' dich nit,
Trutz! komm und tu ein Schnitt.
Und werd' ich verletzet,
so werd' ich versetzet
in den himmlischen Garten,
auf den wir all warten.
Freu dich, schön's Blümelein!

Der grimmig Tod mit seinem Pfeil tut nach dem Leben zielen,
sein' Bogen schießt er ab in Eil' und läßt mit sich nicht spielen.
Das Leben schwind't wie Rauch im Wind, kein Fleisch mag ihm entrinnen,
kein Gut noch Schatz find't bei ihm Platz, du mußt mit ihm von hinnen.

NACH ALTDEUTSCHER WEISE

Es ist bestimmt in Gottes Rat,
daß man, was man am liebsten hat,
muß meiden;
wiewohl nichts in dem Lauf der Welt
dem Herzen, ach, so sauer fällt
als Scheiden, ja Scheiden!

So dir geschenkt ein Knösplein was,
so tu es in ein Wasserglas –
doch wisse:
blüht morgen dir ein Röslein auf,
es welkt wohl noch die Nacht darauf;
das wisse, ja wisse!

Und hat dir Gott ein Lieb beschert,
und hältst du sie recht innig wert,
die Deine –
es werden wohl acht Bretter sein,
da legst du sie, wie bald! hinein;
dann weine, ja weine!

Nur mußt du mich auch recht verstehn,
ja, recht verstehn!
Wenn Menschen auseinandergehn,
so sagen sie: Auf Wiedersehn!
Ja, Wiedersehn!

Ernst von Feuchtersleben

DER LINDENBAUM

Am Brunnen vor dem Tore
da steht ein Lindenbaum:
ich träumt' in seinem Schatten
so manchen süßen Traum.

Ich schnitt in seine Rinde
so manches liebe Wort;
es zog in Freud und Leide
zu ihm mich immer fort.

Ich mußt' auch heute wandern
vorbei in tiefer Nacht,
da hab' ich noch im Dunkel
die Augen zugemacht.

Und seine Zweige rauschten,
als riefen sie mir zu:
komm her zu mir, Geselle,
hier findst du deine Ruh!

Die kalten Winde bliesen
mir grad ins Angesicht,
der Hut flog mir vom Kopfe
ich wendete mich nicht.

Nun bin ich manche Stunde
entfernt von jenem Ort,
und immer hör ich's rauschen:
du fändest Ruhe dort!

Wilhelm Müller

DER WANDERER IN DER SÄGEMÜHLE

Dort unten in der Mühle
saß ich in süßer Ruh'
und sah dem Räderspiele,
und sah den Wassern zu.

Sah zu der blanken Säge,
es war mir wie ein Traum,
die bahnte lange Wege
in einen Tannenbaum.

Die Tanne war wie lebend,
in Trauermelodie;
durch alle Fasern bebend,
sang diese Worte sie:

Du kehrst zur rechten Stunde,
o Wanderer, hier ein,
du bist's, für den die Wunde
mir dringt ins Herz hinein!

Du bist's, für den wird werden,
wenn kurz gewandert du,
dies Holz im Schoß der Erden
ein Schrein zur langen Ruh.

Vier Bretter sah ich fallen,
mir ward's ums Herze schwer,
ein Wörtlein wollt' ich lallen,
da ging das Rad nicht mehr.

Justinus Kerner

Zwei Wandrer schritten durch den Wald,
den Schlag auf Schlag das Beil durchhallt.

Was jeder wünschte sehnsuchtsvoll,
ihm aus dem Klang entgegenscholl.

Der Rüst'ge sprach: „Dort liegt der Strand,
man baut ein Schiff nach fernem Land."

Der Müde sprach: „Man baut ein Haus,
die Liebe schmückt's mit Blumen aus."

Sie drangen durch das Baumgeflecht,
und sieh! da hatten beide recht.

Man baut' ein Schiff nach fernem Land,
ein Haus, umpflanzt von lieber Hand:

man zimmert', was der Wald verbarg,
aus seinen Stämmen einen Sarg.

Hieronymus Lorm

DIE KAPELLE

Droben stehet die Kapelle,
schauet still ins Tal hinab.
Drunten singt bei Wies' und Quelle
froh und hell der Hirtenknab'.

Traurig tönt das Glöcklein nieder,
schauerlich der Leichenchor,
stille sind die frohen Lieder,
und der Knabe lauscht empor.

Droben bringt man sie zu Grabe,
die sich freuten in dem Tal.
Hirtenknabe, Hirtenknabe!
Dir auch singt man dort einmal.

Ludwig Uhland

KLAGE OHNE TRAUER

Die Spinne wirft ihr Silberseil.
Der Wind schläft ein. So bleibt es heil.

Wie schnell flog meine Zeit vorbei,
aus jeder Hecke Vogelschrei.

Die Erde spricht, Heuschreck ihr Mund,
blaugrüne Diemen, wigwamrund.

Die Pappel samt. Die Wolle schneit,
als Polster meinem Kopf bereit.

Ein Seufzer seufzt: „Vergeh, vergeh";
die Pappel rauscht: „Es tut nicht weh".

Wilhelm Lehmann

DENK ES, O SEELE!

Ein Tännlein grünet wo,
wer weiß, im Walde,
ein Rosenstrauch, wer sagt,
in welchem Garten?
Sie sind erlesen schon,
denk es, o Seele!
auf deinem Grab zu wurzeln
und zu wachsen.

Zwei schwarze Rößlein weiden
auf der Wiese,
sie kehren heim zur Stadt
in muntern Sprüngen.
Sie werden schrittweis gehn
mit deiner Leiche;

vielleicht, vielleicht noch eh'
an ihren Hufen
das Eisen los wird,
das ich blitzen sehe!

Eduard Mörike

★

DER FEIND

Einen kenne ich,
wir lieben ihn nicht.
Einen nenne ich,
der die Schwerter zerbricht.
Weh! Sein Haupt steht in der Mitternacht,
sein Fuß in dem Staub,
vor ihm weht das Laub
zur dunkeln Erde hernieder.
Ohne Erbarmen
in den Armen
trägt er die kindlich taumelnde Welt;
Tod, so heißt er,
und die Geister
beben vor ihm, dem schrecklichen Held.

Clemens Brentano

KLAGE

O jammervolle Welt, dem Tod bestimmt,
drin jeder Scherz sich muß zum Schmerze wenden:
der Lerchenjubel, den dein Ohr vernimmt,
er muß mit einem Schmerzenstone enden.

Kaum ist ein Lied zur Zither angestimmt,
springt schon die Saite unter deinen Händen!
Ach, nur der Fisch, der durch das Wasser schwimmt,
hat keinen Todeslaut: wär's anders, fänden

die Dörfer an den Flüssen keinen Schlaf!
Es schreit der Kiesel, den das Eisen traf,
erbärmlich auf, als lebte jemand drin,

der Schmerz verspürt! O jammervolle Welt!
Wie eine Harfe bist du aufgestellt!
Der Wind geht wie ein Seufzen durch dich hin!

Georg Britting

Rasch tritt der Tod den Menschen an,
es ist ihm keine Frist gegeben;
es stürzt ihn mitten in der Bahn,
es reißt ihn fort vom vollen Leben.
Bereitet oder nicht, zu gehen,
er muß vor seinen Richter stehen!

Schiller

DER TOD

Der Tod ist unser Vater, von dem uns neu empfängt
das Erdgrab, unsre Mutter, und uns in ihr vermengt;
wann nun der Tag wird kommen und da wird sein die Zeit,
gebiert uns diese Mutter zur Welt der Ewigkeit.

Friedrich von Logau

Wenn der Jüngste Tag will werden,
da falln die Sternlein auf die Erden,
da beugen sich die Bäumelein,
da singen die Weißvögelein.

Da kommt der liebe Gott gezogen
auf einem großen Regenbogen:
„Ihr Toten, ihr sollt auferstehn!
Ihr sollt vor Gottes Gerichte gehn!

Ihr sollt treten auf die Spitzen,
da die lieben Englein sitzen!
Ihr sollt treten auf die Bahn!"
Der liebe Gott nehm' uns all in Gnaden an.

Mitten wir im Leben sind
mit dem Tod umfangen.
Wen suchen wir, der Hilfe tu,
daß wir Gnad erlangen?

Das bist du, Herr, alleine.
Uns reuet unsre Missetat,
die dich, Herr, erzürnet hat.
Heiliger Herre Gott,
heiliger starker Gott,
heiliger barmherziger Heiland,
du ewiger Gott!
Laß uns nicht versinken
in des bittern Todes Not,
Kyrie Eleison!

Martin Luther

EIN CHRISTLICHES SPRÜCHLEIN

In meinen Leidensnächten ohne Stern
erlab' ich mich an guter Sprüche Kern.

Sankt Paule, der du mir zu jeder Frist
aus dem Apostelbund der liebste bist,

eins deiner Sprüchlein so von ungefähr
in bittern Nöten bet' ich vor mir her:

„Es ängstet sich, es sehnt sich allezeit
die Kreatur in ihrer Endlichkeit!"

Oft wird der edle Leib, das schöne Sein
zum dumpfen Kerker ohne Licht und Schein.

Dann ist es nicht ein hergebracht Gebet,
es ist der Geist, der in uns seufzt und fleht,

und wärst Du, Gott und Herr, nicht ewiglich,
ein solches Stoßgebet erschüfe Dich.

Conrad Ferdinand Meyer

EIN HEIDNISCHES SPRÜCHLEIN

Heut fiel mir wieder ein – ich weiß nicht wie –
ein Spruch aus Sokrates' Apologie:

„Was wartet unser, wann des Erdeseins
unruhig Licht erlischt? – Von zweien eins:

für sel'gen Wandel ein bequemer Raum!
Ein ungekränkter Schlummer ohne Traum!"

Wir Christen haben ein gewisses Licht,
doch auch ein Heidensprüchlein schadet nicht.

• *Conrad Ferdinand Meyer*

STERBELIED

Es ist genug! mein matter Sinn
sehnt sich dahin,
wo meine Väter schlafen;
ich hab' es endlich guten Fug,
es ist genug!
Ich muß mir Rast verschaffen.

Ich bin ermüdt, ich hab geführt
die Tages Bürd',
es muß einst Abend werden.
Erlös mich, Herr, spann aus den Pflug,
es ist genug!
Nimm von mir die Beschwerden.

Die große Last hat mich gedrückt,
ja, schier erstickt,
so viele lange Jahre.
Ach, laß mich finden, was ich such';
es ist genug!
mit solches Kreuzes Ware.

Nun gute Nacht, ihr meine Freund',
ihr meine Feind',
ihr Guten und ihr Bösen!
Euch folg' die Treu, euch folg' der Trug,
es ist genug!
Mein Gott will mich auflösen.

So nimm nun, Herr, hin meine Seel',
die ich befehl'
in deine Händ' und Pflege;
schreib sie ein in dein Lebensbuch;
es ist genug!
daß ich mich schlafen lege.

Nicht besser soll es mir ergehn,
als wie geschehn
den Vätern, die erworben
durch ihren Tod des Lebens Ruch.
Es ist genug!
Es sei also gestorben.

Anton Ulrich Herzog von Braunschweig

STERBEGEDICHT

Zeuch aus, gefangne Seele!
weil Stahl und Kerker bricht;
des Leibes Jammerhöhle
hemmt deine Freiheit nicht;
das Grab, mein Ruhekissen,
begräbt die Sklaverei;
da nun der Strick zerrissen,
so wird der Vogel frei.

Mein Ohr vernimmt das Zeichen,
so mir zu Schiffe ruft,
laßt nun die Segel streichen,
der Hafen meiner Gruft
macht, daß ich nicht mehr strande,
der Himmel wird mein Haus;
wohlan! wir sind am Lande,
steig, müder Geist! steig aus.

Johann Christian Günther

AN EINEN FREUND

Du nimmst als Strebenden
den kranken Mann,
siehst als noch Lebenden
den Toten an.
O rufe nicht zur Wehr,
mich nicht zum Tun;
mir ziemt kein Kämpfen mehr,
mir ziemt nur Ruhn.

Lieg ich im Bette hier
wie in der Gruft,
steigt der Gedanke mir
hoch in die Luft;
ich überschau als Schwan
mit Vogelblick
des Lebens wirre Bahn
und mein Geschick.

Nicht war, was ich geschafft,
allwege gut.
Ach, bald gebrach's an Kraft
und bald an Mut.
Hier von des Glückes Huld
ward ich begrüßt;
dort hab' ich eigne Schuld
wie schwer gebüßt.

Das, halb im Traume, geht
an mir vorbei,
mein Leben ist verweht,
und ich bin frei.
Was blieb dir, Seele, nun,
als daß mit Ernst
du in dir selber ruhn,
du sterben lernst?

David Friedrich Strauß

VOR DEN TÜREN

Ich habe geklopft an des Reichtums Haus;
man reicht' mir 'nen Pfennig zum Fenster heraus.
Ich habe geklopft an der Liebe Tür,
da standen schon fünfzehn andre dafür.
Ich klopfte leis an der Ehre Schloß;
„Hier tut man nur auf dem Ritter zu Roß."
Ich habe gesucht der Arbeit Dach;
da hört' ich drinnen nur Weh und Ach!
Ich suchte das Haus der Zufriedenheit;
es kannt' es niemand weit und breit.
Nun weiß ich noch ein Häuslein still,
wo ich zuletzt anklopfen will.
Zwar wohnt darin schon mancher Gast,
doch ist für viele im Grab noch Rast.

Friedrich Rückert

LEBEN

Und wieder ist es Schlafenszeit,
ein grauer Tag zerrann,
und morgen legst du Müh' und Kleid
gehorsam wieder an.

Und wenn du manchen Morgen so
dich in den Tag gefügt,
kaum traurig, aber selten froh,
sagt Gott wohl: Es genügt.

Richard von Schaukal

HE MUCH[1] NI MEHR

Levt harr he as en Christenminsch
un arbeidt as dat hör,[2]
he harr sin Lust, he harr sin Last,
he much toletzt ni mehr.

He weer ni krank, un doch ni recht,
he leeg un harr keen Rau,
de an sin Bett seet,[3] weer sin Knecht,
ok de weer old un grau.

He seggt: Vertell[4] mi wat, Jehann!
Denn klän de von towärn,[5]
un as se beid noch Burssen weern
un Jungs un halwe Gärn.

He hör em to as na en Leed,
as wenn he Wunner hör,
he lev noch mal de schöne Tid
un frei se noch mal där.

Denn sä he: Nu ist nog, Jehann,
ik föhl, nu kummt uns Herr.
Do mak he sacht de Ogen to,
he much toletzt ni mehr.

Klaus Groth

[1] mochte [2] sich gehört [3] saß [4] erzähl [5] sprach von einst

Laßt mich's immer leiser sagen,
immer sanfter, eh' ich scheide:
wüßt' ich doch von keinem Leide,
das zu klagen.

Einer raubt, was ihr euch raubtet,
nimmt euch ab, was ihr genommen;
jedem frommt ein anders Frommen,
als ihr glaubtet.

Klagt ihr immer und verklagt euch,
schuldig um die fremden Schulden;
ich erfuhr's: Ihr lernt gedulden;
ihr vertragt euch.

Kleid und Haus, sie wären deine?
Dein der Hof, das Land, die Krone?
Still! – Ihr wißt's euch selbst zum Hohne,
was ich meine.

Still, und laßt mich's leiser sagen,
sanfter sagen, eh' wir scheiden:
Menschen-Los ist Menschen-Leiden. –
Lernt's ertragen.

Rudolf Alexander Schröder

SCHLAF

Nun trifft es mich, wie's jeden traf,
ich liege wach, es meidet mich der Schlaf,
nur im Vorbeigehn flüstert er mir zu:
„Sei nicht in Sorg', ich sammle deine Ruh',
und tret' ich ehstens wieder in dein Haus,
so zahl' ich alles dir auf einmal aus."

Theodor Fontane

NACHTGEFÜHL

Wenn ich mich abends entkleide,
gemachsam, Stück für Stück,
so tragen die müden Gedanken
mich vorwärts oder zurück.

Ich denke der alten Tage,
da zog die Mutter mich aus;
sie legte mich still in die Wiege,
die Winde brausten ums Haus.

Ich denke der letzten Stunde,
da werden's die Nachbarn tun;
sie senken mich still in die Erde,
dann werd' ich lange ruhn.

Schließt nun der Schlaf mein Auge,
wie träum' ich oftmals das:
es wäre eins von beidem,
nur wüßt' ich selber nicht, was.

Friedrich Hebbel

DAS LETZTE ZIEL

Ich glaub' nicht an die Dauer
jenseits der Kirchhofsmauer,
doch wünsch' ich nur so viel
mir als das letzte Ziel:

wenn abgetan des Lebens Last,
zu fühlen meine tiefe Rast.

Hieronymus Lorm

Schlafen, Schlafen, nichts als Schlafen!
Kein Erwachen, keinen Traum!
Jener Wehen, die mich trafen,
leisestes Erinnern kaum!
Daß ich, wenn des Lebens Fülle
niederklingt in meine Ruh,
nur noch tiefer mich verhülle,
fester tu' die Augen zu.

Friedrich Hebbel

Ich möchte hingehn wie das Abendrot
und wie der Tag in seinen letzten Gluten –
o leichter, sanfter, ungefühlter Tod!
Mich in den Schoß des Ewigen verbluten.

Ich möchte hingehn wie der heitre Stern,
im vollsten Glanz, in ungeschwächtem Blinken;
so stille und so schmerzlos möchte gern
ich in des Himmels blaue Tiefen sinken.

Du wirst nicht hingehn wie das Abendrot,
du wirst nicht stille wie der Stern versinken,
du stirbst nicht einer Blume leichten Tod,
kein Morgenstrahl wird deine Seele trinken.

Wohl wirst du hingehn, hingehn ohne Spur,
doch wird das Elend deine Kraft erst schwächen,
sanft stirbt es einzig sich in der Natur,
das arme Menschenherz muß stückweis brechen.

Georg Herwegh

BEGINN DES ENDES

Ein Punkt nur ist es, kaum ein Schmerz,
nur ein Gefühl, empfunden eben;
und dennoch spricht es stets darein,
und dennoch stört es dich zu leben.

Wenn du es andern klagen willst,
so kannst du's nicht in Worte fassen.
Du sagst dir selber: „Es ist nichts!"
Und dennoch will es dich nicht lassen.

So seltsam fremd wird dir die Welt,
und leis verläßt dich alles Hoffen,
bis du es endlich, endlich weißt,
daß dich des Todes Pfeil getroffen.

Theodor Storm

ZULETZT

Was hohen Trachtens den Verstand
und heißen Schlags das Herz bewegt,
das alles wird zum Possentand,
wenn sich der Mensch zum Sterben legt.

Wilhelm Jensen

Was einer ist, was einer war,
beim Scheiden wird es offenbar.
Wir hören's nicht, wenn Gottes Weise summt.
Wir schaudern erst, wenn sie verstummt.

Hans Carossa

LETZTER HAUCH

Wem ich dieses klage,
weiß, ich klage nicht;
der ich dieses sage,
fühlt, ich zage nicht.

Heute heißt's: verglimmen,
wie ein Licht verglimmt,
in der Luft verschwimmen,
wie ein Ton verschwimmt.

Möge schwach wie immer,
aber hell und rein
dieser letzte Schimmer,
dieser Ton nur sein.

David Friedrich Strauß

Wenn ich Abschied nehme, will ich leise gehn,
keine Hand mehr drücken, nimmer rückwärts sehn.

In dem lauten Saale denkt mir keiner nach,
dankt mir keine Seele, was die meine sprach.

Morgendämmrung weht mir draußen um das Haupt,
und sie kommt, die Sonne, der ich doch geglaubt.

Lärmt bei euren Lampen und vergeßt mich schnell!
Lösche, meine Lampe! – Bald ist alles hell.

Carl Weitbrecht

NÄCHTLICHE STUNDE

Nächtliche Stunde, die mir vergeht,
da ich's ersinne, bedenke und wende,
und diese Nacht geht schon zu Ende.
Draußen ein Vogel sagt: es ist Tag.

Nächtliche Stunde, die mir vergeht,
da ich's ersinne, bedenke und wende,
und dieser Winter geht schon zu Ende.
Draußen ein Vogel sagt: es ist Frühling.

Nächtliche Stunde, die mir vergeht,
da ich's ersinne, bedenke und wende,
und dieses Leben geht schon zu Ende.
Draußen ein Vogel sagt: es ist Tod.

Karl Kraus

Still zu wissen, du gehst
bald hinab zu den Vätern.
Oben im heiligen Blau
fahren die Wolken im Wind.

Beug dich über die Strömung,
höre die Wasser schweigen!
Hast du je vorher
ähnlich wie diesmal geliebt?

Wer noch Zeit hat, der weiß nichts.
Tiefes Leben! O Abschied,
bittre Schwäche des Herzens
unter der Blumengewalt.

Nicht zu fassen und traurig.
Süße, süße Gestalten!
Ach, mit Blüten beschwert ihm
nicht seine letzte Fahrt!

Dunklerer, brauner Herbst,
laß dich noch einmal umarmen!
Fallen die Früchte, vielleicht
bricht gelaßner das Herz.

Fortgehn im Frühling ist schwer.
Wachsam sind aber die Toten.
Schöne Blume, ich darf nicht.
Strenge Mutter, ich geh . . .

Josef Weinheber

ES RINNEN ROTE QUELLEN

Es rinnen rote Quellen
um mein gesegnet Haus;
es tränkt ein schwarzer Reiter
sein schwarzes Roß daraus.

Er lehnt schon hundert Jahre
vor meinem runden Tor;
die Zeit wird ihm nicht lange.
Ich komme nie hervor.

Es braucht nur dreie Schritte,
so kann ich bei ihm stehn,
so kann ich mit ihm reden,
wie meine Wünsche gehn.

Das ist so schön zu wissen!
Ich sag es tausendmal:
„Es wartet einer draußen!"
Und bleibe doch im Saal.

Der Reiter schläft im Schatten,
sein Panzerhemd blinkt gut;
dem Rappen ist sehr schläfrig,
mir ist sehr froh zu Mut.

Walther Calé

Alles, was geschieht,
ist nur Leid und Lied.
Gott spielt auf der Harfe Trost sich zu.
Welle fällt und steigt.
Ach, wie bald schon neigt
sich dein Haupt im Tod. Dann lächle du.

Klabund

DER KÖNIG AUF DEM TURME

Da liegen sie alle, die grauen Höhn,
die dunkeln Täler in milder Ruh';
der Schlummer waltet, die Lüfte wehn
keinen Laut der Klage mir zu.

Für alle hab' ich gesorgt und gestrebt,
mit Sorgen trank ich den funkelnden Wein;
die Nacht ist gekommen, der Himmel belebt,
meine Seele will ich erfreun.

O du goldne Schrift durch den Sternenraum,
zu dir ja schau' ich liebend empor.
Ihr Wunderklänge, vernommen kaum,
wie besäuselt ihr sehnlich mein Ohr!

Mein Haar ist ergraut, mein Auge getrübt,
die Siegeswaffen hängen im Saal,
habe Recht gesprochen und Recht geübt:
wann darf ich rasten einmal?

O selige Rast, wie verlang' ich dein!
O herrliche Nacht, wie säumst du so lang!
Da ich schaue der Sterne lichteren Schein
und höre volleren Klang!

Ludwig Uhland

Tief in den Himmel verklingt
traurig der letzte Stern.
Noch eine Nachtigall singt
fern – fern.
Geh schlafen, mein Herz, es ist Zeit.
Kühl weht die Ewigkeit.

Matt im Schoß liegt die Hand,
einst so tapfer am Schwert.
War, wofür du entbrannt,
Kampfes wert?
Geh schlafen, mein Herz, es ist Zeit.
Kühl weht die Ewigkeit.

Ricarda Huch

KLAGE

Schlaf und Tod, die düstern Adler
umrauschen nachtlang dieses Haupt:
des Menschen goldnes Bildnis
verschlänge die eisige Woge
der Ewigkeit. An schaurigen Riffen
zerschellt der purpurne Leib.
Und es klagt die dunkle Stimme
über dem Meer.
Schwester stürmischer Schwermut
sieh ein ängstlicher Kahn versinkt
unter Sternen,
dem schweigenden Antlitz der Nacht.

Georg Trakl

WANDRERS NACHTLIED

Über allen Gipfeln
ist Ruh',
in allen Wipfeln
spürest du
kaum einen Hauch;
die Vögelein schweigen im Walde.
Warte nur, balde
ruhest du auch.

Goethe

★

DUNKLER FALTER

Wenn zwei Eheleute zum Sternenhimmel starrn,
oder ein Bruder hält seiner lieben Schwester das Garn,
oder ein Freund schenkt bedachtsam dem Freunde ein –

schwebt ein dunkler Falter über den zwein:

einer von uns muß hinter dem Sarge gehn,
dran im Straßenwinde die Schleifen wehn,
einer von uns muß streun mit kalter Hand
Erde hernieder vom bretternen Grabesrand,
einer von uns muß gehn nach Haus allein –

lieber Gott, laß mich der andere sein!

Börries von Münchhausen

VISION

Ich sah ein Weib in Dämmerlüften;
aus Sternglanz wob sich ihr Gewand.
Sie stand auf grasverdeckten Grüften
mit Saat und Sichel in der Hand.

Vor ihr im Staub rief um Erbarmen
ein zahllos Volk mit Weh und Ach.
Sie flehten mit erhobnen Armen,
und jammernd scholl es tausendfach:

„O wehr dem Tod, dem nimmersatten!
Natur, was tat dir unser Glück?
Gib mir mein Kind! Gib mir den Gatten!
Nur einen Tag gib ihn zurück!“ –

Sie sah mit keinem Blicke nieder,
hinstarrend in ihr ew'ges Reich:
„Was ich vereint, das trenn' ich wieder.
Ihr wißt es. Warum liebt ihr euch?“

Wilhelm Hertz

NÄNIE

Auch das Schöne muß sterben! Das Menschen und Götter bezwinget,
nicht die eherne Brust rührt es des stygischen Zeus.
Einmal nur erweichte die Liebe den Schattenbeherrscher,
und an der Schwelle noch, streng, rief er zurück sein Geschenk.
Nicht stillt Aphrodite dem schönen Knaben die Wunde,
die in den zierlichen Leib grausam der Eber geritzt.
Nicht errettet den göttlichen Held die unsterbliche Mutter,
wann er, am skäischen Tor fallend, sein Schicksal erfüllt.
Aber sie steigt aus dem Meer mit allen Töchtern des Nereus,
und die Klage hebt an um den verherrlichten Sohn.

Siehe! Da weinen die Götter, es weinen die Göttinnen alle,
daß das Schöne vergeht, daß das Vollkommene stirbt.
Auch ein Klaglied zu sein im Mund der Geliebten, ist herrlich,
denn das Gemeine geht klanglos zum Orkus hinab.

• *Schiller*

LETHE

Jüngst im Traume sah ich auf den Fluten
einen Nachen ohne Ruder ziehn,
Strom und Himmel stand in matten Gluten
wie bei Tages Nahen oder Fliehn.

Saßen Knaben drin mit Lotoskränzen,
Mädchen beugten über Bord sich schlank,
kreisend durch die Reihe sah ich glänzen
eine Schale, draus ein jedes trank.

Jetzt erscholl ein Lied voll süßer Wehmut,
das die Schar der Kranzgenossen sang –
ich erkannte deines Nackens Demut,
deine Stimme, die den Chor durchdrang.

In die Welle taucht' ich. Bis zum Marke
schaudert' ich, wie seltsam kühl sie war.
Ich erreicht' die leise ziehnde Barke,
drängte mich in die geweihte Schar.

Und die Reihe war an dir, zu trinken,
und die volle Schale hobest du,
sprachst zu mir mit trautem Augenwinken:
„Herz, ich trinke dir Vergessen zu!"

Dir entriß in trotz'gem Liebesdrange
ich die Schale, warf sie in die Flut,
sie versank, und siehe, deine Wange
färbte sich mit einem Schein von Blut.

Flehend küßt' ich dich in wildem Harme,
die den bleichen Mund mir willig bot,
da zerrannst du lächelnd mir im Arme
und ich wußt' es wieder – du bist tot.

• *Conrad Ferdinand Meyer*

DER TOD UND DAS MÄDCHEN

Das Mädchen:

Vorüber! Ach vorüber!
Geh, wilder Knochenmann!
Ich bin noch jung, geh, Lieber!
Und rühre mich nicht an.

Der Tod:

Gib deine Hand, du schön und zart Gebild!
Bin Freund und komme nicht zu strafen.
Sei gutes Muts! ich bin nicht wild,
sollst sanft in meinen Armen schlafen!"

Matthias Claudius

Der Tod, das ist die kühle Nacht,
das Leben ist der schwüle Tag.
Es dunkelt schon, mich schläfert,
der Tag hat mich müd gemacht.

Über mein Bett erhebt sich ein Baum,
drin singt die junge Nachtigall;
sie singt von lauter Liebe,
ich hör' es sogar im Traum.

Heinrich Heine

Von dunklem Schleier umsponnen
ist mir das Tageslicht;
wohl steigen neue Sonnen –
ich seh' sie nicht.

Mir schweift der Blick hinüber
in Weiten, dämmerfern;
vom Himmel blinkt ein trüber
einsamer Stern.

Ein Mädchen, bleich von Wangen,
winkt mir von drüben zu:
Ich bin vorangegangen,
was zögerst du?

Adolf Friedrich von Schack

TRAUERWEIDE

Es schneit und eist den ganzen Tag,
der Frost erklirret scharf und blank,
und wie ich mich gebärden mag –
es liegt ein Mägdlein ernstlich krank.

Das Rosengärtlein ist verschneit,
das blühte als ihr Angesicht,
noch glimmt, wie aus der Ferne weit,
der Augen mildes Sternenlicht.

Noch ziert den Mund ein blasses Rot
und immer eines Kusses wert;
sie läßt's geschehen, weil die Not
die Menschenkinder beten lehrt.

Ich lieb' auch deinen lieben Mund,
lieb' deine Seele nicht allein –
im Frühling wollen wir gesund
und beide wieder fröhlich sein!

Ich lieb' auch deiner Füße Paar,
wenn sie in Gras und Blumen gehn;
in einem Bächlein sommerklar
will ich sie wieder baden sehn!

Auf dem besonnten Kieselgrund
stehn sie wahrhaftig wie ein Turm,
obgleich der Knöchel zartes Rund
bedroht ein kleiner Wellensturm!

Da scheint die Wintersonne bleich
durchs Fenster in den stillen Raum,
und auf dem Glase, Zweig an Zweig,
erglänzt ein Trauerweidenbaum!

Gottfried Keller

DER MAIBAUM

Wir liebten uns. Ich saß an deinem Bette
und sah auf deinen todesmatten Mund.
Dein Auge suchte mich an irrer Stätte:
hörst du den Sensenschnitt im Wiesengrund?

Und Pfingsten rings. Die Stadt war ausgeflogen
in hellen Kleidern und im Frühlingshut.
Wir waren um den schönsten Tag betrogen;
o Tag, sei gnädig ihrer Fieberglut.

Zu deinem Haupte bog, zu deinen Füßen
bog sich ein grünes Birkenbäumchen vor;
sie sollten dich vom heiligen Leben grüßen,
ein letzter Gruß dir sein am schwarzen Tor.

Ich hatte gestern sie für dich geschnitten,
an einer Stelle, die dir wohlbekannt,
zu der wir ausgelassen oft geschritten,
an der wir oft gesessen Hand in Hand.

An jenem Ort steht eine alte Weide,
vor Neid und Sonne unsre Schützerin;
da ist es still, und überall die Heide,
am Ginster zittert die Libelle hin.

Ein Wasser schwatzt sich selig durchs Gelände,
ein reifer Roggenstrich schließt ab nach Süd;
da stützt Natur die Stirne in die Hände
und ruht sich aus von ihrer Arbeit müd.

Weißt du den Abend noch, wir saßen lange,
ein nahendes Gewitter hielt uns fest
an unserm Weidenbusch, du fragtest bange,
es klang so zag: Und wenn du mich verläßt?

Sieh zu mir auf, beschirmt von Birkenzweigen:
ich war dir treu, wir haben uns geglaubt.
Aus Wüsten zieht, aus Wolken her das Schweigen,
die Sense sirrt, und sterbend sinkt dein Haupt.

Detlev von Liliencron

LETZTE WACHE

Wie dunkel sind deine Schläfen
und deine Hände so schwer,
bist du schon weit von dannen
und hörst mich nicht mehr?

Unter dem flackernden Lichte
bist du so traurig und alt,
und deine Lippen sind grausam
in ewiger Starre gekrallt.

Morgen schon ist hier das Schweigen
und vielleicht in der Luft
noch das Rascheln der Kränze
und ein verwesender Duft.

Aber die Nächte werden
leerer nun, Jahr um Jahr,
hier, wo dein Haupt lag und leise
immer dein Atem war.

Georg Heym

DIE ERSTE NACHT

Jetzt kommt die Nacht, die erste Nacht im Grab.
O, wo ist aller Glanz, der dich umgab?
In kalter Erde ist dein Bett gemacht.
Wie wirst du schlummern diese Nacht?

Vom letzten Regen ist dein Kissen feucht,
Nachtvögel schrein, vom Wind emporgescheucht,
kein Lämpchen brennt dir mehr, nur kalt und fahl
spielt auf der Schlummerstatt der Mondenstrahl.

Die Stunden schleichen – schläfst du bis zum Tag?
Horchst du wie ich auf jeden Glockenschlag?
Wie kann ich ruhn und schlummern kurze Frist,
wenn du, mein Lieb, so schlecht gebettet bist?

Isolde Kurz

MORGENGRUSS DER GELIEBTEN

So wie ich morgens auf die Augen schlage,
die vielgeliebten Züge sie erblicken,
die mir mit stillempfundenem Entzücken
umkränzten einst des Lebens goldne Tage.

Der Mensch weiß nicht, was mit dem letzten Schlage
des Herzens das Geschick ihm kann entrücken.
Der Tod geht um ihn her, wie dunkle Sage,
die tausend Lebensklänge dumpf ersticken.

Wie anders sich erschloß des Morgens Pforte,
als mir noch tönten ihrer Stimme Worte,
als sie mit leisen heißersehnten Tritten

in meine Kammer liebend kam geschritten!
O dieser Paradiesestage Wonnen,
wie sind sie alle nun in nichts zerronnen!

Wilhelm von Humboldt

Nicht tadl' ich deiner Schmerzen Glut, Verwitweter!
Wer glücklich war, der wiederholt sein Glück im Schmerz.

Goethe

EINER TOTEN

Das aber kann ich nicht ertragen,
daß so wie sonst die Sonne lacht;
daß wie in deinen Lebenstagen
die Uhren gehn, die Glocken schlagen,
einförmig wechseln Tag und Nacht;

daß, wenn des Tages Lichter schwanden,
wie sonst der Abend uns vereint;
und daß, wo sonst dein Stuhl gestanden,
schon andre ihre Plätze fanden,
und nichts dich zu vermissen scheint;

indessen von den Gitterstäben
die Mondesstreifen schmal und karg
in deine Gruft hinunterweben,
und mit gespenstig trübem Leben
hinwandeln über deinen Sarg.

Theodor Storm

NUN HAST DU MIR DEN ERSTEN SCHMERZ GETAN

Nun hast du mir den ersten Schmerz getan,
der aber traf.
Du schläfst, du harter, unbarmherz'ger Mann,
den Todesschlaf.

Es blicket die Verlaßne vor sich hin,
die Welt ist leer.
Geliebet hab' ich und gelebt, ich bin
nicht lebend mehr.

Ich zieh' mich in mein Innres still zurück,
der Schleier fällt,
da hab' ich dich und mein vergangnes Glück,
du meine Welt!

Adelbert von Chamisso

DER TOD

Ach, es ist so dunkel in des Todes Kammer,
tönt so traurig, wenn er sich bewegt
und nun aufhebt seinen schweren Hammer
und die Stunde schlägt.

Matthias Claudius

DER KLEINE FRANZ

Zarter Knabe, der du bang
sonst im Finstern zagtest,
sprich, wie du den großen Gang
durch das Dunkel wagtest,
wagtest, in den Schlund, davor
alle zitternd stehen,
durch das schwarzverhängte Tor
so allein zu gehen?

Seit dem letzten Sonnenstrahl
o wie weit die Reise!
Weiter, weiter tausendmal,
als vom Kind zum Greise!
Jüngst erst auf der Mutter Schoß,
ihr am Busen lagst du,
nun die Größten riesengroß
plötzlich überragst du.

Adolf Friedrich von Schack

AUF DEN TOD EINES KINDES

Du kamst, du gingst mit leiser Spur,
ein flücht'ger Gast im Erdenland;
woher? Wohin? Wir wissen nur:
aus Gottes Hand in Gottes Hand.

Ludwig Uhland

AUS DEN KINDERTOTENLIEDERN

Oft denk' ich, sie sind nur ausgegangen,
bald werden sie wieder nach Haus gelangen,
der Tag ist schön, o sei nicht bang,
sie machen nur einen weitern Gang.

Jawohl, sie sind nur ausgegangen,
und werden jetzt nach Haus gelangen,
o sei nicht bang, der Tag ist schön,
sie machen den Gang zu jenen Höhn.

Sie sind uns nur vorausgegangen,
und werden nicht hier nach Haus verlangen,
wir holen sie ein auf jenen Höhn
im Sonnenschein, der Tag ist schön.

Friedrich Rückert

DAS PFERDCHEN

Damals, ach! – die Ärzte kamen,
fühlten Puls ihm und Gesicht,
nannten viel gelehrte Namen,
und mein Ohr verstand sie nicht.

Doch im Aug' gelehrter Toren
las ich mehr als die Gefahr,
las ich, daß mein Kind verloren
und der Tag sein Würger war.

„Ruhe, ruh, mein süßes Leben!"
Und er sah mich bettelnd an:
„Willst du mir mein Pferdchen geben,
Mutter, daß ich's streicheln kann?" . . .

„Soll er einmal noch sich kräft'gen,
– heut ist schon der neunte Tag –
gebt ihm nichts, was ihn beschäft'gen,
nichts, was ihn erregen mag."

Also hat der Arzt gesprochen,
eh' er wandte sich zu gehn . . .
wild ans Mutterherz mir pochen
fühlt' ich meines Kindes Flehn.

Und ich kann's nach Jahren heute,
kann es nimmermehr bereun,
daß ich vor der letzten Freude
wagte nicht zurückzuscheun.

Daß mit heißem, stillem Danke
für den Wunsch, der ihn noch hält,
ich sein Pferdchen sucht' im Schranke,
wo er's selbst noch hingestellt.

Und ich gab's und schaute bange,
wie er's fiebernd griff und fest
an die feuchte, heiße Wange
hielt das kleine Pferd gepreßt.

Stürmisch unter müden Rippen
flog sein Herzchen – fieberrot
glüht' die Stirn . . . mit trocknen Lippen
küßt' ers leise – und war tot . . .

Für mein Sehnen, für mein Lieben,
das ihn Tag und Nacht umfing,
ist er blond und klein geblieben,
wie er damals von mir ging.

Und im blauen Himmelsgarten,
wo die Sterne Blumen sind,
träum' ich, müßt' er mich erwarten
als mein einzig liebes Kind.

Wenn nach bangen Erdentagen
er mir dort entgegentritt,
ach, ich weiß, er wird mich fragen:
„Bringst du mir mein Pferdchen mit?"

Rudolf Presber

Mir war's, ich hört' es an der Türe pochen,
und fuhr empor, als wärst du wieder da
und sprächest wieder, wie du oft gesprochen,
mit Schmeichelton: Darf ich hinein, Papa?

Und da ich abends ging am steilen Strand,
fühlt' ich dein Händchen warm in meiner Hand.

Und wo die Flut Gestein herangewälzt,
sagt' ich ganz laut: Gib acht, daß du nicht fällst!

Paul Heyse

Tragt mir die Schale fort mit Walderdbeeren!
So schmerzlich süße Bilder wecken sie,
daß ich der Tränen kaum mich kann erwehren.

Saß nicht beim Nachtisch stets auf meinem Knie
das liebe Kind, mit ungeduld'ger Bitte,
bis ich der Schmeichlerin den Teller lieh?

Und dann mit spitzen Fingern aus der Mitte
die schönsten Beeren lesend, immer zwei
für sich erwählte sie, für mich die dritte.

Oft zweifelt' ich bei mir, was röter sei,
die Waldfrucht oder meines Kindes Lippen;
was süßer, wußt' ich wohl. Das ist vorbei.

Nie wirst du mehr aus meinem Glase nippen,
nie mehr von einem Teller mit mir naschen,
nie mehr, Bachstelzchen, auf dem Schoß mir wippen.

Von meiner Zunge nicht hinwegzuwaschen
ist dieser bittre Schmack. Die Süßigkeit
der Welt wird mir im Mund zu Salz und Aschen.

Denn wenn ein Mahl begann in Fröhlichkeit,
zum Nachtisch schleicht ein kleiner Gast ins Zimmer
und stellt sich leise bittend mir zur Seit,

und Nacht umdunkelt jeden Freudenschimmer.

Paul Heyse

AUF MEINES KINDES TOD

Von fern die Uhren schlagen,
es ist schon tiefe Nacht,
die Lampe brennt so düster,
dein Bettlein ist gemacht.

Die Winde nur noch gehen
wehklagend um das Haus,
wir sitzen einsam drinne
und lauschen oft hinaus.

Es ist, als müßtest leise
du klopfen an die Tür,
du hätt'st dich nur verirret
und kämst nun müd zurück.

Wir armen, armen Toren!
Wir irren ja im Graus
des Dunkels noch verloren –
du fandst dich längst nach Haus.

Joseph von Eichendorff

WANN KIMMST DENN HOAM?

Und wia ni no oa Bui bi gwen
und han i' d' Schul geh müassn,
da woa'n i ollwall kreuzfidel –
nua dös tat mi vodriassn:
wann nach da Schul i furt han wölln
aufs Feld ganz i da G'hoam,[1]
und mi mei Muida[2] hat dawischt
und gfragt: ,,Wann kimmst denn hoam?"

Viel spoda[3] woa' s; i woa' r oa Ma[4]
und han mi ehrli gschundn,
vo früahauf bis i' d' spodi Nacht
han i koa Ruah nöt gfundn.
Und wann i furt bi, hat mei Wei'
so manchsmal i da G'hoam
dö lia'm[5] Augn voll Wossa[6] ghabt
und gfragt: ,,Wann kimmst denn hoam?"

Am Freidhof draußt zwei Grawer san,
zwee brave Leut liegn drei' –
s' old Muidal is dös oani Leut
und 's onda is mei Wei' . . .
i denk an sö und alli Nacht
siach[7] i s' voa mir in Troam,
und all Zwee schaun mi trauri a'
und fragn: ,,Wann kimmst denn hoam?" . . .

Franz Josef Dürauer

[1] im Geheimen [2] Mutter [3] später [4] Mann [5] lieben [6] Wasser [7] sehe

VERLASSEN

Verlassen, verlassen,
verlassen bin i,
wia der Stan af der Straßen,
ka Diandle mag mi.
Drum geh i zum Kirchlan,
zum Kirchlan weit 'naus,
durt knia i mi nieder
und wan[1] mi halt aus.

Im Wald steht a Hügerl,
viel Blüemlan blüahn drauf,
durt schlaft mei arms Diandle,
ka Liab weckts mehr auf;
durthin is mei Wallfahrt,
durthin is mei Sinn,
durt mirk i recht deutlich,
wia verlassen i bin.

Thomas Koschat

[1] wein

DER LIEBE DAUER

O lieb, solang du lieben kannst!
O lieb, solang du lieben magst!
Die Stunde kommt, die Stunde kommt,
wo du an Gräbern stehst und klagst!

Und sorge, daß dein Herze glüht
und Liebe hegt und Liebe trägt,
solang ihm noch ein ander Herz
in Liebe warm entgegenschlägt!

Und wer dir seine Brust erschließt,
o tu ihm, was du kannst, zulieb!
Und mach ihm jede Stunde froh,
und mach ihm keine Stunde trüb!

Und hüte deine Zunge wohl,
bald ist ein böses Wort gesagt!
O Gott, es war nicht bös gemeint –
der andre aber geht und klagt.

O lieb, solang du lieben kannst!
O lieb, solang du lieben magst!
Die Stunde kommt, die Stunde kommt,
wo du an Gräbern stehst und klagst!

Dann kniest du nieder an der Gruft,
und birgst die Augen, trüb und naß,
– sie sehn den andern nimmermehr –
ins lange, feuchte Kirchhofsgras.

Und sprichst: O schau auf mich herab,
der hier an deinem Grabe weint!
Vergib, daß ich gekränkt dich hab'!
O Gott, es war nicht bös gemeint!

Er aber sieht und hört dich nicht,
kommt nicht, daß du ihn froh umfängst;
der Mund, der oft dich küßte, spricht
nie wieder: ich vergab dir längst!

Er tat's, vergab dir lange schon,
doch manche heiße Träne fiel
um dich und um dein herbes Wort.
Doch still – er ruht, er ist am Ziel!

O lieb, solang du lieben kannst!
O lieb, solang du lieben magst!
Die Stunde kommt, die Stunde kommt,
wo du an Gräbern stehst und klagst!

Ferdinand Freiligrath

ZU SPÄT

Sie haben dich fortgetragen,
ich kann es dir nicht mehr sagen,
wie oft ich bei Tag und Nacht
dein gedacht,
dein und was ich dir angetan
auf dunkler Jugendbahn.
Ich habe gezaudert, versäumet,
hab' immer von Frist geträumet;
über den Hügel der Wind nun weht:
es ist zu spät.

Friedrich Theodor Vischer

Über alle Gräber wächst zuletzt das Gras,
alle Wunden heilt die Zeit, ein Trost ist das,
wohl der schlechteste, den man dir kann erteilen;
armes Herz, du willst nicht, daß die Wunden heilen.
Etwas hast du noch, solang es schmerzlich brennt;
das Verschmerzte nur ist tot und abgetrennt.

Friedrich Rückert

Du bist ein Schatten am Tage
und in der Nacht ein Licht;
du lebst in meiner Klage
und stirbst im Herzen nicht.

Wo ich mein Zelt aufschlage,
da wohnst du bei mir dicht;
du bist mein Schatten am Tage
und in der Nacht mein Licht.

Wo ich auch nach dir frage,
find' ich von dir Bericht,
du lebst in meiner Klage
und stirbst im Herzen nicht.

Du bist ein Schatten am Tage
und in der Nacht ein Licht;
du lebst in meiner Klage
und stirbst im Herzen nicht.

Friedrich Rückert

Nicht in das Grab, nicht übers Grab verschwendet
ein edler Mann der Sehnsucht hohen Wert.
Er kehrt in sich zurück und findet staunend
in seinem Busen das Verlorne wieder.

Goethe

EINER TOTEN

Wie fühl' ich heute deine Macht,
als ob sich deine Wimper schatte
vor mir auf diesem ampelhellen Blatte
um Mitternacht!
Dein Auge sieht
begierig mein entstehend Lied.

Dein Wesen neigt sich meinem zu,
du bist's! Doch deine Lippen schweigen,
und liesest du ein Wort, das zart und eigen,
bist's wieder du,
dein Herzensblut,
indes dein Staub im Grabe ruht.

Mir ist, wann mich dein Atem streift,
der ich erstarkt' an Kampf und Wunden,
als seist in deinen stillen Grabesstunden
auch du gereift
an Liebeskraft,
an Willen und an Leidenschaft.

Die Marmorurne setzten dir
die Deinen – um dich zu vergessen,
sie erbten, bauten, freiten unterdessen,
du lebst in mir!
Wozu beweint?
Du lebst und fühlst mit mir vereint!

Conrad Ferdinand Meyer

GRABSPRUCH

Je länger du dort bist,
um so mehr bist du hier,
je weiter du fort bist,
um so näher bei mir.

Du wirst mir notwendiger,
als das tägliche Brot ist –
du wirst lebendiger,
je länger du tot bist!

Börries von Münchhausen

Steh auf! Wirf dies ererbte Graun von dir!
Ich bin nicht schauerlich, bin kein Gerippe!
Aus des Dionysos, der Venus Sippe,
ein großer Gott der Seele steht vor dir.
Wenn in der lauen Sommerabendfeier
durch goldne Luft ein Blatt herabgeschwebt,
hat dich mein Wehen angeschauert,
das traumhaft um die reifen Dinge webt;
wenn Überschwellen der Gefühle
mit warmer Flut die Seele zitternd füllte,
wenn sich im plötzlichen Durchzucken
das Ungeheure als verwandt enthüllte,
und du, hingebend dich im großen Reigen,
die Welt empfingest als dein eigen:
in jeder wahrhaft großen Stunde,
die schauern deine Erdenform gemacht,
hab' ich dich angerührt im Seelengrunde
mit heiliger, geheimnisvoller Macht.

Hugo von Hofmannsthal

Der Sämann säet den Samen,
die Erde empfängt ihn, und über ein kleines
keimet die Blume herauf –

Du liebtest sie. Was auch dies Leben
sonst für Gewinn hat, war klein dir geachtet,
und sie entschlummerte dir.

Was weinest du neben dem Grabe
und hebst die Hände zur Wolke des Todes
und der Verwesung empor?

Wie Gras auf dem Felde sind Menschen
dahin, wie Blätter, nur wenige Tage
gehn wir verkleidet einher!

Der Adler besuchet die Erde,
doch säumt nicht, schüttelt vom Flügel den Staub und
kehret zur Sonne zurück.

Matthias Claudius

Wem ein Geliebtes stirbt, dem ist es wie ein Traum,
die ersten Tage kommt er zu sich selber kaum.

Wie er's ertragen soll, kann er sich selbst nicht fragen;
und wenn er sich besinnt, so hat er's schon ertragen.

Friedrich Rückert

AUS DEM GRABE

Indessen du voll Kummer
in deinem Bett gewacht,
lag ich in sanftem Schlummer
im Grab die erste Nacht.

Um mich, du mein Gefährte,
gräme dich nicht zu sehr;
o glaube mir: die Erde
ist keinem Guten schwer.

Des Tages banger Schwüle,
des Streites Lärm entrückt,
ach, wie mich hier die Kühle,
die Stille mich beglückt.

Es steigt fortan mein Wollen
in Bäumen schlank empor;
in Blumen, düftevollen,
bricht mein Gefühl hervor;

und sproßt vom Grabesboden
ein Lilienstengel auf,
den reich' ich von den Toten
dir, lieber Freund, hinauf.

David Friedrich Strauß

DIE FRÜHEN GRÄBER

Willkommen, o silberner Mond,
schöner, stiller Gefährt der Nacht!
Du entfliehst? Eile nicht, bleib, Gedankenfreund!
Sehet, er bleibt, das Gewölk wallte nur hin.

Des Maies Erwachen ist nur
schöner noch, wie die Sommernacht,
wenn ihm Tau, hell wie Licht, aus der Locke träuft
und zu dem Hügel herauf rötlich er kömmt.

Ihr Edleren, ach es bewächst
eure Male schon ernstes Moos!
O wie war glücklich ich, als ich noch mit euch
sahe sich röten den Tag, schimmern die Nacht!

Friedrich Gottlieb Klopstock

VERMÄCHTNIS

Ihr Freunde, hänget, wenn ich gestorben bin,
die kleine Harfe hinter dem Altar auf,
wo an der Wand die Totenkränze
manches verstorbenen Mädchens schimmern.

Der Küster zeigt dann freundlich dem Reisenden
die kleine Harfe, rauscht mit dem roten Band,
das, an der Harfe festgeschlungen,
unter den goldenen Saiten flattert.

Oft, sagt er staunend, tönen im Abendrot
von selbst die Saiten leise wie Bienenton;
die Kinder, hergelockt vom Kirchhof,
hörten's und sahn, wie die Kränze bebten.

Ludwig Christoph Heinrich Hölty

DIE KLEINE BITTE

Decke mich denn am Ende
mit Weiden und weißem Klee,
Rosen als letzte Spende
tun meinem Herzen weh.

Lilien als letzte Gabe
sind nur der Jungfrauen Gut,
über dem armen Grabe
singen Vögel bei ihrer Brut.

Weiden und brütende Meisen
über dem Hügel zur stillen Zeit –
und ich darf lächelnd reisen
in die tiefste Verborgenheit.

Ruth Schaumann

OFFENBARUNG

Auf deinem Grabe saß ich stumm
in lauer Sommernacht;
die Blumen blühten rings herum,
die schon dein Grab gebracht.
Und still und märchenhaft umfing
ihr Duft mich, süß und warm,
bis ich in sanftem Weh verging,
wie einst in deinem Arm.

Und meine Augen schlossen sich,
vom Schlummer leicht begrüßt;
mir war, als würden sie durch dich
mir leise zugeküßt.
Still auf den Rasen sank ich hin,
der deinen Staub bedeckt,
doch ward zugleich der innre Sinn
mir wunderbar geweckt.

Was ich geträumt, ich weiß es nicht,
ich ahn' es nur noch kaum,
daß du, ein himmlisches Gesicht,
mir nahe warst im Traum.
Doch was dies flücht'ge Wiedersehn
in meiner Brust geschafft,
das kann die Seele wohl verstehn,
die glüht in neuer Kraft.

Du hast der Dinge Ziel und Grund
an Gottes Thron durchschaut,
und tatest kühn mir wieder kund,
was dir der Tod vertraut.
Und wenn das große Lösungswort
auch mit dem Traum entschwand,
so wirkt es doch im Tiefsten fort,
gewaltig, unerkannt!

Friedrich Hebbel

BEI DEM GRABE MEINES VATERS

Friede sei um diesen Grabstein her!
Sanfter Friede Gottes! Ach, sie haben
einen guten Mann begraben,
und mir war er mehr;

träufte mir von Segen, dieser Mann,
wie ein milder Stern aus bessern Welten!
Und ich kann's ihm nicht vergelten,
was er mir getan.

Er entschlief; sie gruben ihn hier ein.
Leiser, süßer Trost, von Gott gegeben,
und ein Ahnden von dem ew'gen Leben
düft' um sein Gebein!

Bis ihn Jesus Christus, groß und hehr!
Freundlich wird erwecken – ach, sie haben
einen guten Mann begraben,
und mir war er mehr.

Matthias Claudius

FREMD IN DER HEIMAT

In der Heimat war ich wieder,
alles hab' ich mir besehn,
als ein Fremder auf und nieder
mußt' ich in den Straßen gehn.

Nur im Friedhof fern alleine
hab' ich manchen Freund erkannt,
und bei einem Leichensteine
fühlt' ich eine leise Hand.

Martin Greif

ALLERSEELEN

Stell auf den Tisch die duftenden Reseden,
die letzten roten Astern trag herbei
und laß uns wieder von der Liebe reden
wie einst im Mai.

Gib mir die Hand, daß ich sie heimlich drücke,
und wenn man's sieht, mir ist es einerlei,
gib mir nur einen deiner süßen Blicke
wie einst im Mai.

Es blüht und funkelt heut auf jedem Grabe,
ein Tag im Jahre ist den Toten frei;
komm an mein Herz, daß ich dich wieder habe,
wie einst im Mai.

Hermann von Gilm

AUF SOMMERLICHEM FRIEDHOF

(1944)

Die Fliegenschnäpper, steinauf, steinab.
Der Rosenduft begräbt dein Grab.
Es könnte nirgends stiller sein:
der darin liegt, erschein, erschein!

Der Eisenhut blitzt blaues Licht.
Komm, wisch den Schweiß mir vom Gesicht.
Der Tag ist süß und ladet ein,
noch einmal säßen wir zu zwein.

Sirene heult, Geschützmaul bellt.
Sie morden sich: es ist die Welt.
Komm nicht! Komm nicht! Laß mich allein,
der Erdentag lädt nicht mehr ein.
Ins Qualenlose flohest du,
o Grab, halt deine Tür fest zu!

Wilhelm Lehmann

AUF DEM KIRCHHOF

Der Tag ging regenschwer und sturmbewegt,
ich war an manch vergessenem Grab gewesen.
Verwittert Stein und Kreuz, die Kränze alt,
die Namen überwachsen, kaum zu lesen.

Der Tag ging sturmbewegt und regenschwer,
auf allen Gräbern fror das Wort: Gewesen.
Wie sturmestot die Särge schlummerten,
auf allen Gräbern taute still: Genesen.

Detlev von Liliencron

GRABSPRUCH

Gott ist wahrhaftig und gerecht,
hier ruht der Herr und auch sein Knecht;
nun, ihr Weltweise, tret't herbei
und sagt, wer Knecht und Herr da sei.

CHRONIK

Geschrieben steht auf einem von den Blättern,
den arg vergilbten, mit Gelehrtenschrift,
was Andres Arnold, Roßhirt hier, betrifft,
in längst veralteten, längst blassen Lettern:

Geboren siebzehnhundertvierzig. Dann geworben
um Magdalena Kümmerle. Getraut.
Am Haus des Lebens schlecht und recht gebaut.
Elf Kinder. Früh verwitwet. Spät gestorben.

Dies ist das Leben irgendeines Mannes,
und keiner sieht mehr dieses Lebens Spur,
und unsre späten Augen finden nur
im Kinderreihen dreimal stehn: Johannes.

Nur dies. Und wissen plötzlich die Geschichte
von diesem Leben, das uns eines war
wie alle sind, und das mit einem klar
im eignen Leide steht, im eignen Lichte:

Dreimal die Zeugungsnacht. Und dreimal schwanger.
Dreimal gebären. Dreimal erster Schrei.
Dreimal ein Kampf, wer hier der Stärkre sei:
Gott oder Roßhirt. Dreimal Totenanger.

Dreimal ein Kindergrab. Mit weißen Steinen
schön eingefaßt. Und Blumen. Und man kann
sie sonntags sehen. Einen großen Mann,
sein Weib daneben. Still, ganz ohne Weinen.

Und dreimal hier im Buch den gleichen Namen:
Johannes Arnold. Und das Kreuz besagt:
In Christi Namen schlafe, bis es tagt.
Du warst, Herr, und du bleibst der Sieger. Amen.

Albrecht Goes

ALTER FRIEDHOF

Urnen füllen sich und Krüge
mit der Jahre grünem Moose.
Es verliert im Busch der Weg sich,
es verwilderte die Rose.

Rost stürzt durch die Tür der Grüfte,
wo die Gräser fröhlich sprießen,
Schloß und Riegel bröckeln nieder.
Was ist hier noch zu verschließen?

Nutzlos sind die Lebenslettern
denen, die so tief hier schlafen.
Namen lösen sich und Zahlen
von den alten Epitaphen.

An den Steinen, die zerfallen,
an den Kreuzen, die sich neigen,
merkst du, daß die Totenklagen
längst geheilt sind durch das Schweigen.

Denn es löst die Zeit die Schmerzen,
die uns bleiben als Vermächtnis.
Länger währt das Reich der Toten
als der Lebenden Gedächtnis.

Friedrich Georg Jünger

GRODEK

Am Abend tönen die herbstlichen Wälder
von tödlichen Waffen, die goldnen Ebenen
und blauen Seen, darüber die Sonne
düstrer hinrollt; umfängt die Nacht
sterbende Krieger, die wilde Klage
ihrer zerbrochenen Münder.
Doch stille sammelt im Weidengrund
rotes Gewölk, darin ein zürnender Gott wohnt,
das vergossne Blut sich, mondne Kühle;
alle Straßen münden in schwarze Verwesung.
Unter goldnem Gezweig der Nacht und Sternen
es schwankt der Schwester Schatten durch den schweigenden Hain,
zu grüßen die Geister der Helden, die blutenden Häupter;
und leise tönen im Rohr die dunklen Flöten des Herbstes.
O stolzere Trauer! ihr ehernen Altäre,
die heiße Flamme des Geistes nährt heute ein gewaltiger Schmerz,
die ungebornen Enkel.

Georg Trakl

CHOR DER TOTEN

Wir Toten, wir Toten sind größere Heere
als ihr auf der Erde, als ihr auf dem Meere!
Wir pflügten das Feld mit geduldigen Taten,
ihr schwinget die Sichel und schneidet die Saaten,

und was wir vollendet und was wir begonnen,
das füllt noch dort oben die rauschenden Bronnen,
und all unser Lieben und Hassen und Hadern,
das klopft noch dort oben in sterblichen Adern,
und was wir an gültigen Sätzen gefunden,
dran bleibt aller irdische Wandel gebunden,
und unsere Töne, Gebilde, Gedichte
erkämpfen den Lorbeer im strahlenden Lichte,
wir suchen noch immer die menschlichen Ziele –
drum ehret und opfert! Denn unser sind viele!

Conrad Ferdinand Meyer

EINST

Und wenn ich selber längst gestorben bin,
wird meine Erde wieder blühend stehen,
und Saat und Sichel, Schnee und Sommerpracht
und weißer Tag und blaue Mitternacht
wird über die geliebte Scholle gehen.

Und werden Tage ganz wie heute sein:
die Gärten voll vom Dufte der Syringen,
und weiße Wolken, die im Blauen ziehn,
und junger Felder seidnes Ährengrün,
und drüberhin ein endlos Lerchensingen!

Und werden Kinder lachen vor dem Tor
und an den Hecken grüne Zweige brechen,
und werden Mädchen wandern Arm in Arm
und durch den Sommerabend still und warm
mit leisen Lippen von der Liebe sprechen!

Und wird wie heut der junge Erdentag
von keinem Gestern wissen mehr noch sagen,
und wird wie heut doch jeder Sommerwind
aus tausend Tagen, die vergessen sind,
geheime Süße auf den Flügeln tragen!

Lulu von Strauß und Torney

TROST

Unsterblich duften die Linden –
was bangst du nur?
Du wirst vergehn und deiner Füße Spur
wird bald kein Auge mehr im Staube finden.
Doch blau und leuchtend wird der Sommer stehn
und wird mit seinem süßen Atemwehn
gelind die arme Menschenbrust entbinden.
Wo kommst du her? Wie lang bist du noch hier?
Was liegt an dir?
Unsterblich duften die Linden. –

Ina Seidel

DER SCHWAN

Diese Mühsal, durch noch Ungetanes
schwer und wie gebunden hinzugehn,
gleicht dem ungeschaffnen Gang des Schwanes.

Und das Sterben, dieses Nichtmehrfassen
jenes Grunds, auf dem wir täglich stehn,
seinem ängstlichen Sich-Niederlassen – :

in die Wasser, die ihn sanft empfangen
und die sich, wie glücklich und vergangen,
unter ihm zurückziehn, Flut um Flut;
während er unendlich still und sicher
immer mündiger und königlicher
und gelassener zu ziehn geruht.

Rainer Maria Rilke

BUCH DER NATUR

Ich sehe klar genug, was ich zu sehen brauche;
die ganze Schöpfung lebt von Gottes Lebenshauche.

Wie sie den Hauch empfing, das ist von Nacht umhangen,
wir aber preisen Gott, daß sie den Hauch empfangen.

Friedrich Rückert

★

HOFFNUNG

Und dräut der Winter noch so sehr
mit trotzigen Gebärden,
und streut er Eis und Schnee umher,
es muß doch Frühling werden.

Blast nur, ihr Stürme, blast mit Macht,
mir soll darob nicht bangen,
auf leisen Sohlen über Nacht
kommt doch der Lenz gegangen.

Drum still! Und wie es frieren mag,
o Herz, gib dich zufrieden,
es ist ein großer Maientag
der ganzen Welt beschieden.

Und wenn dir oft auch bangt und graut,
als sei die Höll' auf Erden,
nur unverzagt auf Gott vertraut!
Es muß doch Frühling werden.

Emanuel Geibel

Es wächst viel Brot in der Winternacht,
weil unter dem Schnee frisch grünet
die Saat;
erst wenn im Lenze die Sonne lacht,
spürst du, was Gutes der Winter tat.

Und deucht die Welt dir öd und leer
und sind die Tage dir rauh
und schwer,
sei still und habe des Wandels acht:
es wächst viel Brot in der Winternacht.

Friedrich Wilhelm Weber

LICHTMESS

Stille Luft und eingewölkte Himmelskuppel, hinter deren
Lichter Alabasterwölbung steht mit silberklaren schweren
Strahlenschwertern ausgebreitet, abgedämpft und göttlich fern:
der im Winterdunst verlorne,
der ersehnte, neu geborne
ungeheure Sonnenstern.

Ina Seidel

VORFRÜHLING

In dieser Märznacht trat ich spät aus meinem Haus.
Die Straßen waren aufgewühlt von Lenzgeruch und grünem Saatregen.
Winde schlugen an. Durch die verstörte Häusersenkung ging ich weit hinaus
bis zu dem unbedeckten Wall und spürte: meinem Herzen schwoll ein neuer Takt
entgegen.

In jedem Lufthauch war ein junges Werden ausgespannt.
Ich lauschte, wie die starken Wirbel mir im Blute rollten.
Schon dehnte sich bereitet Acker. In den Horizonten eingebrannt
war schon die Bläue hoher Morgenstunden, die ins Weite führen sollten.

Die Schleusen knirschten. Abenteuer brach aus allen Fernen.
Überm Kanal, den junge Ausfahrtswinde wellten, wuchsen helle Bahnen,
in deren Licht ich trieb. Schicksal stand wartend in umwehten Sternen.
In meinem Herzen lag ein Stürmen wie von aufgerollten Fahnen.

Ernst Stadler

AUFBRUCH

Über Nacht, vom ersten warmen Winde
kühn gemacht,
hat der März das Tal geschwinde
grün gemacht.

Wärmt der Wald sich, mager und gestrüppig
erst das Fell,
bald des Kirschbaums Knospen, üppig
bersten hell.

Süßer Regen weint den weh gefrornen
Garten auf.
Blüten, die im Schnee verlornen,
warten drauf.

Hinter das vom Winter ausgebleichte
Grau der Welt
ist nun schon das frühlingsleichte
Blau gestellt.

Morgen kommt die Sonne: Furcht und Hoffen
stöhnt vom Schlag –
von des Lichtes Blitz getroffen
tönt der Tag!

Eugen Roth

VORFRÜHLING

Es läuft der Frühlingswind
durch kahle Alleen,
seltsame Dinge sind
in seinem Wehn.

Er hat sich gewiegt,
wo Weinen war,
und hat sich geschmiegt
in zerrüttetes Haar.

Er schüttelte nieder
Akazienblüten
und kühlte die Glieder,
die atmend glühten.

Lippen im Lachen
hat er berührt,
die weichen und wachen
Fluren durchspürt.

Er glitt durch die Flöte
als schluchzender Schrei,
an dämmernder Röte
flog er vorbei.

Er flog mit Schweigen
durch flüsternde Zimmer
und löschte im Neigen
der Ampel Schimmer.

Es läuft der Frühlingswind
durch kahle Alleen,
seltsame Dinge sind
in seinem Wehn.

Durch die glatten
kahlen Alleen
treibt sein Wehn
blasse Schatten

und den Duft,
den er gebracht,
von wo er gekommen
seit gestern nacht.

Hugo von Hofmannsthal

ER IST'S

Frühling läßt sein blaues Band
wieder flattern durch die Lüfte;
süße, wohlbekannte Düfte
streifen ahnungsvoll das Land.
Veilchen träumen schon,
wollen balde kommen.
– Horch, von fern ein leiser Harfenton!
Frühling, ja du bist's!
Dich hab' ich vernommen!

Eduard Mörike

MÄRZTAG

Wolkenschatten fliehen über Felder,
blau umdunstet stehen ferne Wälder.

Kraniche, die hoch die Luft durchpflügen,
kommen schreiend an in Wanderzügen.

Lerchen steigen schon in lauten Schwärmen,
überall ein erstes Frühlingslärmen.

Lustig flattern, Mädchen, deine Bänder,
kurzes Glück träumt durch die weiten Länder.

Kurzes Glück schwamm mit den Wolkenmassen,
wollt' es halten, mußt' es schwimmen lassen.

Detlev von Liliencron

Die Kinder haben die Veilchen gepflückt,
all, all, die da blühten am Mühlengraben.
Der Lenz ist da; sie wollen ihn fest
in ihren kleinen Fäusten haben.

Theodor Storm

Dar wahn en Mann int gröne Gras,
de harr keen Schüttel,[1] harr keen Taß,
de drunk dat Water, wo he't funn,
de plück de Kirschen, wo se stunn'.

Wat weert en Mann! wat weert en Mann!
de harr ni Putt,[2] de harr ni Pann,
de eet de Appeln vun den Bom,
de harr en Bett vun luter Blom.[3]

De Sünn dat weer sin Taschenuhr,
dat Holt[4] dat weer sin Vagelbur,[5]
de sungn em abends äwern Kopp,
de wecken em des Morgens op.

De Mann, dat weer en narrschen Mann,
de Mann, de fung dat Gruweln[6] an:
nu möt wi all in Hüser wahn'. –
Kumm mit, wi wüllt int Gröne gan!

Klaus Groth

[1] Schüssel [2] Topf [3] Blumen [4] Holz, Wald [5] Vogelbauer [6] Grübeln

BUSCHWINDRÖSCHEN

Du Mädchen – nein, Seele nur
in blassem Mädchengesicht;
Aufblick aus Hauch, und Spur
aus Sternenlicht:

nähm' ich dich, stürbest du. Aber wer,
wer wagte, dein Mörder zu sein?
Stehst du, so zart, nicht hehr
in der Opfer vordersten Reihn?

Du so zart,
Abklang aus Ahnung und Licht,
bist nach der Edlen Art
groß im Verzicht,

groß im Ertragen auch.
All der Sternflug, nachtvoll und schwer
stürzt auf dich, Aufblick aus Hauch,
fessellos her –

Du aber, welk und beraubt
schon im Nahn einer Hand,
stehst, trägst dem Schicksal ein Haupt
klar zugewandt,

blühst unterm Himmelssturz,
schön, rein, still in des Daseins Haft.
Leidend mit all deiner Kraft.
Denn das Leben ist kurz . . .

Josef Weinheber

FRÜHLINGSGLAUBE

Die linden Lüfte sind erwacht,
sie säuseln und weben Tag und Nacht,
sie schaffen an allen Enden.
O frischer Duft, o neuer Klang!
Nun, armes Herze, sei nicht bang!
Nun muß sich alles, alles wenden.

Die Welt wird schöner mit jedem Tag,
man weiß nicht, was noch werden mag,
das Blühen will nicht enden.
Es blüht das fernste, tiefste Tal:
nun, armes Herz, vergiß der Qual!
Nun muß sich alles, alles wenden!

Ludwig Uhland

FRÜHLING

Nun ist er endlich kommen doch
in grünem Knospenschuh;
„Er kam, er kam ja immer noch",
die Bäume nicken sich's zu.

Sie konnten ihn all erwarten kaum,
nun treiben sie Schuß auf Schuß;
im Garten der alte Apfelbaum,
er sträubt sich, aber er muß.

Wohl zögert auch das alte Herz
und atmet noch nicht frei,
es bangt und sorgt: „Es ist erst März,
und März ist noch nicht Mai."

O schüttle ab den schweren Traum
und die lange Winterruh:
es wagt es der alte Apfelbaum,
Herze, wag's auch du.

Theodor Fontane

DER LENZ

Da kommt der Lenz, der schöne Junge,
den alles lieben muß,
herein mit einem Freudensprunge
und lächelt seinen Gruß;

und schickt sich gleich mit frohem
zu all den Streichen an, [Necken
die er auch sonst dem alten Recken,
dem Winter, angetan.

Er gibt sie frei, die Bächlein alle,
wie auch der Alte schilt,
die der in seiner Eisesfalle
so streng gefangen hielt.

Schon ziehn die Wellen flink von dannen
mit Tänzen und Geschwätz
und spötteln über des Tyrannen
zerronnenes Gesetz.

Den Jüngling freut es, wie die raschen
hinlärmen durchs Gefild,
und wie sie scherzend sich enthaschen
sein aufgeblühtes Bild.

Froh lächelt seine Mutter Erde
nach ihrem langen Harm;
sie schlingt mit jubelnder Gebärde
das Söhnlein in den Arm.

Nikolaus Lenau

Ja, es umgibt uns eine neue Welt!
Der Schatten dieser immer grünen Bäume
wird schon erfreulich. Schon erquickt uns wieder
das Rauschen dieser Brunnen. Schwankend wiegen
im Morgenwinde sich die jungen Zweige.
Die Blumen von den Beeten schauen uns
mit ihren Kinderaugen freundlich an.
Der Gärtner deckt getrost das Winterhaus
schon der Zitronen und Orangen ab.
Der blaue Himmel ruhet über uns,
und an dem Horizonte löst der Schnee
der fernen Berge sich in leisen Duft.

Goethe

LENZFAHRT

Am Himmel wächst der Sonne Glut,
aufquillt der See, das Eis zersprang,
das erste Segel teilt die Flut,
mir schwillt das Herz wie Segeldrang.

Zu wandern ist das Herz verdammt,
das seinen Jugendtag versäumt,
sobald die Lenzessonne flammt,
sobald die Welle wieder schäumt.

Verscherzte Jugend ist ein Schmerz
und einer ew'gen Sehnsucht Hort,
nach seinem Lenze sucht das Herz
in einem fort, in einem fort!

Und ob die Locke mir ergraut
und bald das Herz wird stillestehn,
noch muß es, wann die Welle blaut,
nach seinem Lenze wandern gehn.

Conrad Ferdinand Meyer

IM FRÜHLING

Hier lieg' ich auf dem Frühlingshügel:
die Wolke wird mein Flügel,
ein Vogel fliegt mir voraus.

Ach, sag mir, alleinzige Liebe,
wo du bleibst, daß ich bei dir bliebe!
Doch du und die Lüfte, ihr habt kein Haus.

Der Sonnenblume gleich steht mein Gemüte offen,
sehnend,
sich dehnend
in Lieben und Hoffen.
Frühling, was bist du gewillt?
Wann werd' ich gestillt?

Die Wolke seh' ich wandeln und den Fluß,
es dringt der Sonne goldner Kuß
mir tief bis ins Geblüt hinein;
die Augen, wunderbar berauschet,
tun, als schliefen sie ein,
nur noch das Ohr dem Ton der Biene lauschet.
Ich denke dies und denke das,
ich sehne mich, und weiß nicht recht nach was:
halb ist es Lust, halb ist es Klage;
mein Herz, o sage,
was webst du für Erinnerung
in golden grüner Zweige Dämmerung?
– Alte unnennbare Tage!

Eduard Mörike

DIE NACHTIGALLEN

Möcht' wissen, was sie schlagen
so schön bei der Nacht,
's ist in der Welt ja doch niemand,
der mit ihnen wacht.

Und die Wolken, die reisen,
und das Land ist so blaß,
und die Nacht wandert leise,
man hört's kaum, durchs Gras.

Nacht, Wolken, wohin sie gehen,
ich weiß es recht gut,
liegt ein Grund hinter den Höhen,
wo meine Liebste jetzt ruht.

Zieht der Einsiedel sein Glöcklein,
sie höret es nicht,
es fallen ihr die Löcklein
übers ganze Gesicht.

Und daß sie niemand erschrecket,
der liebe Gott hat sie schier
ganz mit Mondschein bedecket,
da träumt sie von mir.

Joseph von Eichendorff

VERGISSMEINNICHT

O du leises Weh,
o du kühler Schnee
auf die schuldgebräunte Stirne her:
wie ein Weinen blinkt,
da er niedersinkt,
dieses Himmels stille Wiederkehr.

Wie die Zeit verwich!
Warum schaut ihr mich
mit dem Kinderblick so traurig an?
Letzten Schmetterling,
den der Knabe fing:
ach, ich wurde grau im Lebenswahn.

Ja, Vergißmeinnicht . . .
aber keine spricht,
keine Stimme mir das liebe Wort.
O, ihr mahnt und klagt,
aber ungefragt,
ist das Licht im Herzen mir verdorrt.

Daß ich immer noch,
daß ich nimmer doch
wissen müßte um ein Kindheitsland!
Längst nicht mehr gefühlt:
um so tiefer wühlt,
daß ich wieder seine Sterne fand.

O du leises Weh!
O du kühler Schnee
auf die schuldgebräunte Stirne her:
wie ein Weinen blinkt,
da er niedersinkt,
dieses Himmels stille Wiederkehr.

Josef Weinheber

SYRINGEN

Fast überirdisch dünkt mich euer Grüßen,
Syringen ihr, mit eurem Duft, dem süßen!

Wohl darf ich euch nach Geisterweise werten:
ein schwellend Duftlied seid ihr von Verklärten.

Gott, wie ich doch in dieser blauen Kühle
der Blumenwolke hier mich wohlig fühle!

Süß heimlich ahnend, was hineinverwoben,
wie fühl' ich mich so frei, so stolz gehoben!

Bin ich es selbst, des einstig Erdenwesen
nun auch einmal zu solchem Glanz genesen?

Sind's meine Lieben, die, ach, längst begraben,
in diesen Düften Fühlung mit mir haben?

Christian Wagner

DER ROSENBUSCH

Es haben meine wilden Rosen
– erschauernd vor dem Hauch der Nacht –
die windeleichten, dichten, losen
Blüten behutsam zugemacht.

Doch sind sie so voll Licht gesogen,
daß es wie Schleier sie umweht,
und daß die Nacht in scheuem Bogen
am Rosenbusch vorübergeht.

Hermann Claudius

IM GRASE

Glocken und Zyanen,
Thymian und Mohn.
Ach, ein fernes Ahnen
hat das Herz davon.

Und im sanften Nachen
trägt es so dahin.
Zwischen Traum und Wachen
frag' ich, wo ich bin.

Seh' die Schiffe ziehen,
fühl' den Wellenschlag,
weiße Wolken fliehen
durch den späten Tag –

Glocken und Zyanen,
Mohn und Thymian.
Himmlisch wehn die Fahnen
über grünem Plan:

Löwenzahn und Raden,
Klee und Rosmarin.
Lenk es, Gott, in Gnaden
nach der Heimat hin.

Das ist deine Stille.
Ja, ich hör' dich schon.
Salbei und Kamille,
Thymian und Mohn,

und schon halb im Schlafen
– Mohn und Thymian –
landet sacht im Hafen
nun der Nachen an.

Josef Weinheber

GARTEN

Besänftigender Winde Schritte
sind in der Hecke auf der Wacht,
von Laurin, Herrn der Jahresmitte
und Herrn der Rosen, angefacht.

Es ist, sie fegen aus dem Garten,
mit sommerheiterer Geduld,
was welther weht: soviel des Harten,
soviel der Qual, soviel der Schuld.

Soviel der Unschuld nährt im Engen
das Feuer, menschenunerweckt;
es kann davon die Hand versengen,
was eine halbe Hand bedeckt.

Verwunschen stille Selbstgefühle,
Kokardenblume, Bärenklau.
Verschollner Gram und Ahnungskühle,
Lavendelruch, Lavendelblau.

Gedanken viel im Eingedanken,
an Balsamquellen Schar bei Schar,
so spielen Sterne, Glocken, Ranken
nach außen, was geist-innen war.

Entblättern Rosen mit dem Tage,
so scheinen sie alther zu schnein
zu ihres bösen Königs Klage
aus spitzem Dolomitgestein.

Oskar Loerke

AN DIE NELKE

Blume, runder Sternenkreis,
du, der Rose jüngre Schwester,
die sich stolzer noch und fester
in sich selbst zu schließen weiß,

offen weisest du dein Herz;
aber zwo gerollte Flammen
züngeln über ihm zusammen,
zückend brünstig himmelwärts

bittersüßen Würzgeruch,
Feuerstrahl aus dunklen Schlüften;
und doch schwebst du rank in Lüften
wie der Falter, dein Besuch.

Blühst im Fenster noch, wenn neu
sich der Garten vorbereitet,
schöne Freundin, die mich treu
durch das ganze Jahr begleitet.

Rudolf Alexander Schröder

FELDEINSAMKEIT

Ich ruhe still im hohen, grünen Gras
und sende lange meinen Blick nach oben,
von Grillen rings umschwirrt ohn Unterlaß,
von Himmelsbläue wundersam umwoben.

Und schöne, weiße Wolken ziehn dahin
durchs tiefe Blau, wie schöne stille Träume:
mir ist, als ob ich längst gestorben bin,
und ziehe selig mit durch ew'ge Räume.

Hermann Ludwig Allmers

SOMMER

Am Abend schweigt die Klage
des Kuckucks im Wald.
Tiefer neigt sich das Korn,
der rote Mohn.

Schwarzes Gewitter droht
über dem Hügel.
Das alte Lied der Grille
erstirbt im Feld.

Nimmer regt sich das Laub
der Kastanie.
Auf der Wendeltreppe
rauscht dein Kleid.

Stille leuchtet die Kerze
im dunklen Zimmer;
eine silberne Hand
löschte sie aus;

windstille, sternlose Nacht.

Georg Trakl

VOR DEM GEWITTER

Die Schwalbe peitscht die Wege.
Noch ist der Himmel frei.
Schon hör ich dumpfe Schläge.
Im Mühlgrund knarrt die Säge.
Vom Feld der Wachtel Schrei.

Die schwarzen Wolkenberge
reißt jäh ein Blitz entzwei.
Weiß nicht, wo ich mich berge.
Die Stuben dumpf wie Särge.
Herr, steh mir bei!

Richard Billinger

Der Sommer ist fürchterlich:
siehst du ihn toben?
Wie kann man ihn loben,
der seine Lanzen wirft,
uns zu erstechen –
und daß sie aus Gold sind
und nicht aus Eisen
wie sonst die Messer,
macht es nicht besser!

Wie kann man ihn preisen,
den blauen Himmel
mit seinen weißen
Wolken im Freudentanz?
Er tut den Augen weh,
all dieser Glanz.
Die wilden Blumen sind
wie Feuerräder
über dem Gras im Wind.
Später, am Abend, glüht
schrecklich der Mond.

Es blitzen die Schlangen
durch Dorn und Gesträuche.
Zwar die Kreuzotter
im spiegelnden glatten
Kleid kannst du erschlagen –
grün surren die Fliegen dann
über dem As!
Hätt' er nicht den schwarzen
Schatten, der Wald,
und die Quelle froschkalt,
wär' nicht zu ertragen
die hitzige Zeit.

Georg Britting

VOR DER ERNTE

Nun störet die Ähren im Felde
ein leiser Hauch,
wenn eine sich beugt, so bebet
die andre auch.

Es ist, als ahnten sie alle
der Sichel Schnitt –
die Blumen und fremden Halme
erzittern mit.

Martin Greif

OBERON

Durch den warmen Lehm geschnitten
zieht der Weg. Inmitten
wachsen Lolch und Bibernell.
Oberon ist ihn geritten
heuschreckschnell.

Oberon ist längst die Sagenzeit hinabgeglitten,
nur ein Klirren
wie von goldnen Reitgeschirren
bleibt,
wenn der Wind die Haferkörner reibt.

Wilhelm Lehmann

ERNTEGEWITTER

Ein jäher Blitz. Der Erntewagen schwankt.
Aus seinen Garben fahren Dirnen auf
und springen schreiend in die Nacht hinab.
Ein Blitz. Auf einer goldnen Garbe thront
noch unvertrieben eine frevle Maid,
der das gelöste Haar den Nacken peitscht.
Sie hebt das volle Glas mit nacktem Arm,
als brächte sie's der Glut, die sie umflammt,
und leert's auf einen Zug. Ins Dunkel wirft
sie's weit und gleitet ihrem Becher nach.
Ein Blitz. Zwei schwarze Rosse bäumen sich.
Die Peitsche knallt. Sie ziehen an. Vorbei.

Conrad Ferdinand Meyer

SOMMERBILD

Ich sah des Sommers letzte Rose stehn,
sie war, als ob sie bluten könne, rot;
da sprach ich schauernd im Vorübergehn:
so weit im Leben ist zu nah am Tod!

Es regte sich kein Hauch am heißen Tag,
nur leise strich ein weißer Schmetterling;
doch ob auch kaum die Luft sein Flügelschlag
bewegte, sie empfand es und verging.

Friedrich Hebbel

ASTERN

Astern –, schwelende Tage,
alte Beschwörung, Bann,
die Götter halten die Waage
eine zögernde Stunde an.

Noch einmal die goldenen Herden
der Himmel, das Licht, der Flor,
was brütet das alte Werden
unter den sterbenden Flügeln vor?

Noch einmal das Ersehnte,
den Rausch, der Rosen du –,
der Sommer stand und lehnte
und sah den Schwalben zu,

noch einmal ein Vermuten,
wo längst Gewißheit wacht:
die Schwalben streifen die Fluten
und trinken Fahrt und Nacht.

Gottfried Benn

SEPTEMBERMORGEN

Im Nebel ruhet noch die Welt,
noch träumen Wald und Wiesen:
bald siehst du, wenn der Schleier fällt,
den blauen Himmel unverstellt,
herbstkräftig die gedämpfte Welt
in warmem Golde fließen.

Eduard Mörike

HERBSTLICH SONNIGE TAGE

Herbstlich sonnige Tage,
mir beschieden zur Lust,
euch mit leiserem Schlage
grüßt die atmende Brust.

O wie waltet die Stunde
nun in seliger Ruh'!
Jede schmerzende Wunde
schließet leise sich zu.

Nur zu rasten, zu lieben,
still an sich selber zu baun,
fühlt sich die Seele getrieben
und mit Liebe zu schaun.

Jedem leisen Verfärben
lausch' ich mit stillem Bemühn,
jedem Wachsen und Sterben,
jedem Welken und Blühn.

Was da webet im Ringe,
was da blüht auf der Flur,
Sinnbild ewiger Dinge
ist's dem Schauenden nur.

Jede sprossende Pflanze,
die mit Düften sich füllt,
trägt im Kelche das ganze
Weltgeheimnis verhüllt.

Emanuel Geibel

Gärtner:

Blumen sehet ruhig sprießen,
reizend euer Haupt umzieren;
Früchte wollen nicht verführen,
kostend mag man sie genießen.

Bieten bräunliche Gesichter
Kirschen, Pfirschen, Königspflaumen;
kauft! denn gegen Zung und Gaumen
hält sich Auge schlecht als Richter.

Kommt, von allerreifsten Früchten
mit Geschmack und Lust zu speisen!

Über Rosen läßt sich dichten,
in die Äpfel muß man beißen.

Sei's erlaubt, uns anzupaaren
eurem reichen Jugendflor,
und wir putzen reifer Waren
Fülle nachbarlich empor.

Unter lustigen Gewinden,
in geschmückter Lauben Bucht,
alles ist zugleich zu finden:
Knospe, Blätter, Blume, Frucht.

Goethe

HERBSTLIED

Bunt sind schon die Wälder,
gelb die Stoppelfelder,
und der Herbst beginnt.
Rote Blätter fallen,
graue Nebel wallen,
kühler weht der Wind.

Wie die volle Traube
aus dem Rebenlaube
purpurfarbig strahlt!

Am Geländer reifen
Pfirsiche, mit Streifen
rot und weiß bemalt.

Sieh! wie hier die Dirne
emsig Pflaum' und Birne
in ihr Körbchen legt;
dort, mit leichten Schritten,
jene goldne Quitten
in den Landhof trägt!

Flinke Träger springen,
und die Mädchen singen,
alles jubelt froh!
Bunte Bänder schweben
zwischen hohen Reben
auf dem Hut von Stroh!

Geige tönt und Flöte
bei der Abendröte
und im Mondenglanz;
junge Winzerinnen
winken und beginnen
deutschen Ringeltanz.

Johann Gaudenz von Salis-Seewis

FÜLLE

Genug ist nicht genug! Gepriesen werde
der Herbst! Kein Ast, der seiner Frucht entbehrte!
Tief beugt sich mancher allzureich beschwerte,
der Apfel fällt mit dumpfem Laut zur Erde.

Genug ist nicht genug! Es lacht im Laube!
Die saftige Pfirsche winkt dem durstigen Munde!
Die trunknen Wespen summen in die Runde:
„Genug ist nicht genug!“ um eine Traube.

Genug ist nicht genug! Mit vollen Zügen
schlürft Dichtergeist am Borne des Genusses,
das Herz, auch es bedarf des Überflusses,
genug kann nie und nimmermehr genügen!

Conrad Ferdinand Meyer

VERKLÄRTER HERBST

Gewaltig endet so das Jahr
mit goldnem Wein und Frucht der Gärten.
Rund schweigen Wälder wunderbar
und sind des Einsamen Gefährten.

Da sagt der Landmann: Es ist gut.
Ihr Abendglocken lang und leise
gebt noch zum Ende frohen Mut.
Ein Vogelzug grüßt auf der Reise.

Es ist der Liebe milde Zeit.
Im Kahn den blauen Fluß hinunter
wie schön sich Bild an Bildchen reiht –
das geht in Ruh und Schweigen unter.

Georg Trakl

IM HERBST

Die Sonnenblumen leuchten am Zaun,
still sitzen Kranke im Sonnenschein.
Im Acker mühn sich singend die Frau'n,
die Klosterglocken läuten darein.

Die Vögel sagen dir ferne Mär',
die Klosterglocken läuten darein.
Vom Hof tönt sanft die Geige her.
Heut keltern sie den braunen Wein.

Da zeigt der Mensch sich froh und lind.
Heut keltern sie den braunen Wein.
Weit offen die Totenkammern sind
und schön bemalt vom Sonnenschein.

Georg Trakl

SPÄTE ZEIT

Still das Laub am Baum verklagt.
Einsam frieren Moos und Grund.
Über allen Jägern jagt
hoch im Wind ein fremder Hund.

Überall im nassen Sand
liegt des Waldes Pulverbrand,
Eicheln wie Patronen.

Herbst schoß seine Schüsse ab,
leise Schüsse übers Grab.

Horch, es rascheln Totenkronen,
Nebel ziehen und Dämonen.

Peter Huchel

HERBSTTAG

Herr: es ist Zeit. Der Sommer war sehr groß.
Leg deinen Schatten auf die Sonnenuhren,
und auf den Fluren laß die Winde los.

Befiehl den letzten Früchten voll zu sein;
gib ihnen noch zwei südlichere Tage,
dränge sie zur Vollendung hin und jage
die letzte Süße in den schweren Wein.

Wer jetzt kein Haus hat, baut sich keines mehr.
Wer jetzt allein ist, wird es lange bleiben,
wird wachen, lesen, lange Briefe schreiben
und wird in den Alleen hin und her
unruhig wandern, wenn die Blätter treiben.

Rainer Maria Rilke

ENDE DES HERBSTES

Ich sehe seit einer Zeit,
wie alles sich verwandelt.
Etwas steht auf und handelt
und tötet und tut Leid.

Vom Mal zu Mal sind all
die Gärten nicht dieselben;
von den gilbenden zu der gelben
langsamem Verfall:
wie war der Weg mir weit.

Jetzt bin ich schon bei den leeren
und schaue durch alle Alleen.
Fast bis zu den fernsten Meeren
kann ich den ernsten schweren
verwehrenden Himmel sehn.

Rainer Maria Rilke

WEG IN DIE DÄMMERUNG

Bald will's Abend sein.
Stumm steht das Geheg.
Und ich geh' allein
den verschneiten Weg,

der, vom Hang gelenkt,
sich mit leisem Schwung
leiser abwärts senkt
in die Niederung.

Birken, starr von Eis,
Pfahlwerk, unbehaun,
Dorn und Erlenreis,
ein verwehter Zaun

geben seiner Spur
anfangs das Geleit,
dann gehört er nur
der Unendlichkeit,

die verdämmernd webt
und ihn unbestimmt,
wie er weiterstrebt,
in ihr Dunkel nimmt.

Reif erknirscht und Schnee
unter meinem Schuh.
Weg, auf dem ich steh',
dir gehör' ich zu!

Wer des Lichts begehrt,
muß ins Dunkel gehn.
Was das Grauen mehrt,
läßt das Heil erstehn.

Wo kein Sinn mehr mißt,
waltet erst der Sinn.
Wo kein Weg mehr ist,
ist des Wegs Beginn.

Manfred Hausmann

VOR DEM WINTER

Kein Himmel in der Frühe,
nach halben Schritten wird es still,
und wie das Blatt vom Baume fiel,
verzuckt ein Lichtlein ohne Will,
grämt sich und hat nicht Mühe.

Es will der Tag nicht raten.
Als löste sich von unserm Mund
das Blatt, so sind die Worte wund.
Im Nebel rinnen Stund um Stund,
verrinnen unsre Taten.

Allein in letzter Höhe
steht noch ein Blatt und zittert bald.
Und wird im Sterben voll Gestalt;
ein Wind als wie ein Messer kalt
nimmt auch das letzte Blatt.

Konrad Weiß

Nun laß mich rufen über die verschneiten
Gefilde wo du wegzusinken drohst:
wie du mich unbewußt durch die gezeiten
gelenkt – im anfang spiel und dann mein trost.

Du kamst beim prunk des blumigen geschmeides,
ich sah dich wieder bei der ersten mahd
und unterm rauschen rötlichen getreides
wand immer sich zu deinem haus mein pfad.

Dein wort erklang mir bei des laubes dorren
so traulich daß ich ganz mich dir befahl
und als du schiedest lispelte verworren
in seufzertönen das verwaiste tal.

So hat das schimmern eines augenpaares
als ziel bei jeder wanderung geglimmt.
So ward dein sanfter sang der sang des jahres
und alles kam weil du es so bestimmt.

Stefan George

WINTERNACHT

Nicht ein Flügelschlag ging durch die Welt,
still und blendend lag der weiße Schnee.
Nicht ein Wölklein hing am Sternenzelt,
keine Welle schlug im starren See.

Aus der Tiefe stieg der Seebaum auf,
bis sein Wipfel in dem Eis gefror;
an den Ästen klomm die Nix herauf,
schaute durch das grüne Eis empor.

Auf dem dünnen Glase stand ich da,
das die schwarze Tiefe von mir schied;
dicht ich unter meinen Füßen sah
ihre weiße Schönheit Glied um Glied.

Mit ersticktem Jammer tastet' sie
an der harten Decke her und hin,
ich vergess' das dunkle Antlitz nie,
immer, immer liegt es mir im Sinn!

Gottfried Keller

HEILIGE NACHT

Im Wald is so staad,
alle Weg san vawaht,
alle Weg san vaschniebn,
is koa Steigl net bliebn.

Hörst d' as z'weitest im Wald,
wann da Schnee oba fallt,
wann si's Astl o'biagt,
wann a Vogel auffliagt.

Aba heunt kunnt's scho sei,
es waar nomal so fei,
es waar nomal so staad,
daß si gar nix rührn tat.

Kimmt die heilige Nacht.
Und da Wald is aufgwacht,
schaugn de Has'n und Reh,
schaugn de Hirsch übern Schnee.

Hamm sie neamad net gfragt,
hot's eahr neamad net gsagt,
und kennan s' do bald,
d' Muatta Gottes im Wald.

Ludwig Thoma

KALENDARIUM FÜR LANDLEUT'

Jänner

Das Jahr geht an mit weißer Pracht.
Drei König' stapfen durch die Nacht.
Das Rehlein scharrt den harten Grund,
klar ziehn die Stern' in ernster Rund.
Der Weg verweht, das Haus so still,
der Bauer liest in der Postill',
der Ofen singt, die Stund' vergeht,
nur sacht! Wir kommen nie zu spät.
Um Fabian, Sebastian
hebt neu der Baum zu saften an,
und an dem Tag von Pauls Bekehr
ist halb der Winter, hin und her.

Februar

Die Dohlen überm Baumschlag schrein.
Es fegt der Wind den Himmel rein.
Der Schlitten schellt, das Tannicht rauscht,
die Magd aus stiller Kammer lauscht.
Der Knecht fährt mit dem Holz zu Tal,
viel Narren hat der Karneval.
Schon färbt sich rost der Haselstrauch,
am Fenster friert der Atemhauch.
Was Matheis und Sankt Peter macht,
das bleibt noch so durch vierzig Nacht.
Der Riegel knirscht – o Heimlichkeit!
Jetzt ist der Frühling nimmer weit.

März

Die Wälder brausen nah und fern.
Die Erde riecht, es regnet gern.
Windröschen stehn im apern Grund,
an Kunigund wird's warm von unt.
Die Kranich ziehn, bald blüht der Schleh:
um Benedikt den Hafer sä!
Den Hering iß zu Okuli,
das Licht zur Gleiche löscht Marie,
sie kommt und richt' die Reben auf,
nimmt auch den leichten Frost in Kauf;
und ist getan, was nötig war,
so gebe Gott ein gutes Jahr!

April

Der Regen sprüht, die Sonne scheint.
Der Knecht, er lacht, die Magd, sie weint.
Vom Kirschbaum flockt's, der Kuckuck [schreit,
der Rebentrieb hat all noch Zeit.
Ein Farbenbogen steht gespannt,
und nimmer ruhn Gerät und Hand.
Noch drohn Sankt Georg und
Sankt Marx,
die sind schon so, der Blüh viel Args.
Wenn aber nur die Frösch' nicht schrein,
dann kann's um Peregrin auch schnein.
Was wär' denn das für ein April,
der nicht tun dürfte, was er will?

Mai

Die Schwalbe flitzt im Sonnenglast,
der Brunnen rauscht dem jungen Gast,
der Zeiger an der Sonnenuhr
malt an die Kirchturmwand die Spur.
So wächst das Jahr mit Lust und Mühn:
Sankt Urban, laß die Reben blühn!
Schon rührt sich neu der Wein im Faß,
die Quetsche tönt zum Kirmesbaß.
Sind erst vorbei die strengen Herrn
Pankraz, Servaz, dann tanzt man gern,
wo auf dem Platz der Maibaum steht,
dem süßer Wind die Bänder dreht.

Juni

Im heißen Hauch mondsilbergrün,
die Wiese wehet her und hin.
Goldamselruf, Hornissenton,
den Wald bekrönt die Sommerkron'.
Mit seiner Sens' Sankt Barnabas
rückt an und schneidet ab das Gras
im Dengeltakt und Mäherschritt.
Und alls, was Hände hat, tut mit.
Jetzt regne nur nicht, heiliger Veit,
bis uns das Heu im Stadel leit
und Peter-Paul, gestellt ans End',
die Deichsel gegen Juli wendt.

Juli

Kornblume blau, Mohn flammig rot:
im Mittag rauscht das heilige Brot.
Die Linde schneit, die Wachtel schlägt,
der Bauer bang das Wetter wägt.
Die erste Birn' bricht Margaret,
drauf überall die Ernt' angeht.
Im Schatten steht der Schnitterkrug,
die Magd geht mit dem Ochsenzug.
Der starke Leib, die schwere Fracht:
im fernen Land ein Donner kracht.
Mög' uns der Himmel gnädig sein –
Sankt Jakob, Dank! Das Korn
fährt ein.

August

Im Garten vor dem Pfarrhaus blühn
Veil, Sonnenblum' und Rosmarin.
Vincula Petri geht alsdann
den Weizen mit der Sense an.
Die Traube kocht, es gilbt der Mais,
die Störche sammeln sich zur Reis',
und bleibn sie noch nach Barthelmä,
ein Winter kommt, der tut nicht weh.
Brachüber grast das Weidevieh,
und auf den Tennen schlagen sie
den Flegeltakt durchs ganze Land.
So geht das Ackerjahr zu Rand.

September

Ägyd bläst in des Herbstes Horn.
Die Beere schwankt am Brombeerdorn.
Der Apfel fällt mit leisem Laut,
großauf am Bach die Distel blaut.
Die Schwalbe zieht, der Wanderschuh
treibt dunkel einer Heimat zu.
Gekühlte Tage, klar und schön,
mit braunem Laub und weißen Höhn:
wie lange noch? Der Abend fällt,
Flurfeuer glimmt, Rauchnebel schwelt.
Nach Haus zu gehn, ist wohlgetan.
Sankt Michael, zünd die Lampe an!

Oktober

Gilb tanzt das Laub am dürren Schaft.
Die Kelter preßt den holden Saft.
Sankt Gall heimst, was er nicht gebaut,
Simon und Juda schneidt das Kraut.
Die Krähen hocken schwarz und dicht.
Der Knecht das Holz zum Herd hin schlicht'.
Der Brunfthirsch röhrt im Graben drin,
und Regen regnet grau dahin.
Jäh heult der Hund. Im Stubeneck
die Kinder sitzen stumm vor Schreck.
Jetzt bläst der Wind im Sterbehaus
dem Ahn die Totenkerze aus.

November

Im Kirchhof brennt das stille Licht.
Die Toten ruhen, weine nicht.
Geborgen in der Erd', vergeht
der Keim, umdaß er aufersteht.
Martini Reif, Andreä Schnee,
die Magd trägt aus ihr süßes Weh.
Vom Hochwald dröhnt der Büchsenhall,
es stampft das Vieh im warmen Stall,
der Nebel hüllt das stille Land,
die Kerze ist herabgebrannt.
Laß frosten, laß vergehn, laß schnein!
Der Mensch muß wach und einsam sein.

Dezember

Im Stall bei Esel, Ochs' und Rind
zur Nacht geboren ward das Kind.
Und wieder still wie ehedem
der Stern leucht' über Bethlehem.
Gott in der Höh' sei Preis und Ehr,
und Fried' den Menschen weit umher.
Gevatter, schlachte du ein Schwein,
back Honigbrot, fahr auf den Wein
und heiz die Stuben nach Gebühr,
daß uns das Kindlein ja nicht frier'!
Wir feiern's mit bei Trunk und Schmaus:
die Glock' schlägt zwölf. Das Jahr ist aus.

• *Josef Weinheber*

WETTERREGELN

Ist's in der Neujahrsnacht finster und still,
fehlt es am Geld oder am guten Will'.

Sonnt sich der Dachs in der Lichtmeß-Woch',
wird ihm warm oder es friert ihn noch.

Ist der März naß,
füllt er dem Bauern das Regenfaß.

Im ganzen April
kann's wettern, wie's will.

Donnert's im Mai,
ist der April vorbei.

Juni kalt und sonnenarm,
macht den Bauern nicht sonderlich warm.

Juli trocken und heiß,
klebt dem Bauern die Hose am Steiß.

Herrscht im August eine Bärenhitze,
vertrocknet manchmal die letzte Pfütze.

Ist im September der Krebs nimmer gut,
man keinen zu essen besser tut.

Schaut im Oktober die Maus aus dem Loch,
hat sie schon g'fressen oder 's hungert sie noch.

Guckt an Martini die Sonne hervor,
schwitzt die Gans im Ofenrohr.

Dezemberwind
macht die Nasen rot, die es nicht schon sind.

*

AN EINEM WINTERMORGEN, VOR SONNENAUFGANG

O flaumenleichte Zeit der dunkeln Frühe!
Welch neue Welt bewegest du in mir?
Was ist's, daß ich auf einmal nun in dir
von sanfter Wollust meines Daseins glühe?

Einem Kristall gleicht meine Seele nun,
den noch kein falscher Strahl des Lichts getroffen;
zu fluten scheint mein Geist, er scheint zu ruhn,
dem Eindruck naher Wunderkräfte offen,
die aus dem klaren Gürtel blauer Luft
zuletzt ein Zauberwort vor meine Sinne ruft.

Bei hellen Augen glaub' ich doch zu schwanken;
ich schließe sie, daß nicht der Traum entweiche.
Seh' ich hinab in lichte Feenreiche?
Wer hat den bunten Schwarm von Bildern und Gedanken
zur Pforte meines Herzens hergeladen,
die glänzend sich in diesem Busen baden,
goldfarb'gen Fischlein gleich im Gartenteiche?

Ich höre bald der Hirtenflöten Klänge,
wie um die Krippe jener Wundernacht,
bald weinbekränzter Jugend Lustgesänge;
wer hat das friedenselige Gedränge
in meine traurigen Wände hergebracht?

Und welch Gefühl entzückter Stärke,
in dem mein Sinn sich frisch zur Ferne lenkt!
Vom ersten Mark des heut'gen Tags getränkt,
fühl' ich mir Mut zu jedem frommen Werke.
Die Seele fliegt, so weit der Himmel reicht,
der Genius jauchzt in mir! Doch sage,
warum wird jetzt der Blick von Wehmut feucht?
Ist's ein verloren Glück, was mich erweicht?
Ist es ein werdendes, was ich im Herzen trage?
– Hinweg, mein Geist: hier gilt kein Stillestehn!
Es ist ein Augenblick, und alles wird verwehn!

Dort, sieh! am Horizont lüpft sich der Vorhang schon!
Es träumt der Tag, nun sei die Nacht entflohn;
die Purpurlippe, die geschlossen lag,
haucht, halbgeöffnet, süße Atemzüge:
auf einmal blitzt das Aug', und, wie ein Gott, der Tag
beginnt im Sprung die königlichen Flüge!

Eduard Mörike

VOR TAG

Nun liegt und zuckt am fahlen Himmelsrand
in sich zusammengesunken das Gewitter.
Nun denkt der Kranke: „Tag! jetzt werd' ich schlafen!"
Und drückt die heißen Lider zu. Nun streckt
die junge Kuh im Stall die starken Nüstern
nach kühlem Frühduft. Nun im stummen Wald
hebt der Landstreicher ungewaschen sich
aus weichem Bett vorjährigen Laubes auf
und wirft mit frecher Hand den nächsten Stein
nach einer Taube, die schlaftrunken fliegt,
und graust sich selber, wie der Stein so dumpf
und schwer zur Erde fällt. Nun rennt das Wasser,
als wollte es der Nacht, der fortgeschlichnen, nach
ins Dunkel stürzen, unteilnehmend, wild
und kalten Hauches hin, indessen droben

der Heiland und die Mutter leise, leise
sich unterreden auf dem Brücklein: leise,
und doch ist ihre kleine Rede ewig
und unzerstörbar wie die Sterne droben.
Er trägt sein Kreuz und sagt nur: „Meine Mutter!"
Und sieht sie an, und: „Ach, mein lieber Sohn!"
sagt sie. – Nun hat der Himmel mit der Erde
ein stumm beklemmend Zwiegespräch. Dann geht
ein Schauer durch den schweren, alten Leib:
sie rüstet sich, den neuen Tag zu leben.
Nun steigt das geisterhafte Frühlicht. Nun
schleicht einer ohne Schuh' von einem Frauenbett,
läuft wie ein Schatten, klettert wie ein Dieb
durchs Fenster in sein eignes Zimmer, sieht
sich im Wandspiegel und hat plötzlich Angst
vor diesem blassen, übernächtigen Fremden,
als hätte dieser selbe heute nacht
den guten Knaben, der er war, ermordet
und käme jetzt, die Hände sich zu waschen
im Krüglein seines Opfers wie zum Hohn,
und darum sei der Himmel so beklommen
und alles in der Luft so sonderbar.
Nun geht die Stalltür. Und nun ist auch Tag.

Hugo von Hofmannsthal

Geschämig tritt die falbe
Aurora vor das Himmelshaus,
da legt die graue Schwalbe
fromm plaudernd ihr die Träume aus.

Da sinken in das Blaue
der Sterne Geisteraugen ein,
da wäscht sich in dem Taue
das Licht den Sonnenschleier rein.

Clemens Brentano

KONZERT IN DER FRÜHE

Wohllaut zu rieseln begann es,
tränkte das Grauende bunt.

Zaubrig die Schläfen umrann es.
Morgenland hob sich vom Grund.
Silber schüttende Wellen
füllten die Schale dem Traum.

Heiter umblühten mich Schellen,
Flöten und Zimbelschaum.

Dünung hat auf und nieder
süß mir den Saum gereicht.
Schwerer wurden die Lider,
doch das Leben wog leicht.

Arnold Krieger

HEIMGANG IN DER FRÜHE

In der Dämmerung
um Glock zwei, Glock dreie,
trat ich aus der Tür
in die Morgenweihe.

Klanglos liegt der Weg,
und die Bäume schweigen,
und das Vogellied
schläft noch in den Zweigen.

Hör' ich hinter mir
sacht ein Fenster schließen.
Will mein strömend Herz
übers Ufer fließen?

Sieht mein Sehnen nur
blond und blaue Farben?
Himmelsrot und grün
samt den andern starben.

Ihrer Augen Blau
küßt die Wölkchenherde,
und ihr blondes Haar
deckt die ganze Erde.

Was die Nacht mir gab,
wird mich lang durchbeben;
meine Arme weit
fangen Lust und Leben.

Eine Drossel weckt
plötzlich aus den Bäumen,
und der Tag erwacht
still aus Liebesträumen.

Detlev von Liliencron

FRÜH IM WAGEN

Es graut vom Morgenreif
in Dämmerung das Feld,
da schon ein blasser Streif
den fernen Ost erhellt;

man sieht im Lichte bald
den Morgenstern vergehn
und doch am Fichtenwald
den vollen Mond noch stehn:

so ist mein scheuer Blick,
den schon die Ferne drängt,
noch in das Schmerzensglück
der Abschiedsnacht versenkt.

Dein blaues Auge steht,
ein dunkler See, vor mir,
dein Kuß, dein Hauch umweht,
dein Flüstern mich noch hier.

An deinem Hals begräbt
sich weinend mein Gesicht,
und Purpurschwärze webt
mir vor dem Auge dicht.

Die Sonne kommt; – sie scheucht
den Traum hinweg im Nu,
und von den Bergen streicht
ein Schauer auf mich zu.

Eduard Mörike

DAS FENSTER

Mein Fenster geht nach Morgen,
nach Morgen geht mein Sinn;
da ziehen meine Sorgen
und meine Sehnsucht hin.

Ihr Mitternachtsgesichte,
nun weichet weit zurück;
mich grüßt vom reinen Lichte
der erste frühe Blick.

Das goldne Tor steht offen,
die liebe Stimme spricht,
da weilt mein süßes Hoffen,
da wohnt das ew'ge Licht.

Max von Schenkendorf

MORGENLIED

Mit edeln Purpurröten
und hellem Amselschlag,
mit Rosen und mit Flöten
stolziert der junge Tag.
Der Wanderschritt des Lebens
ist noch ein leichter Tanz,
ich gehe wie im Reigen
mit einem frischen Kranz.

Ihr taubenetzten Kränze
der neuen Morgenkraft,
geworfen aus den Lüften
und spielend aufgerafft –
wohl manchen ließ ich welken
noch vor der Mittagsglut;
zerrissen hab ich manchen
aus reinem Übermut!

Mit edeln Purpurröten
und hellem Amselschlag,
mit Rosen und mit Flöten
stolziert der junge Tag –
hinweg, du dunkle Klage,
aus all dem Licht und Glanz!
Den Schmerz verlorner Tage
bedeckt ein frischer Kranz.

Conrad Ferdinand Meyer

MITTAG

Am Waldessaume träumt die Föhre.
Am Himmel weiße Wölkchen nur.
Es ist so still, daß ich sie höre,
die tiefe Stille der Natur.

Rings Sonnenschein auf Wies' und Wegen,
die Wipfel stumm, kein Lüftchen wach.
Und doch, es klingt, als ström' ein Regen
leis tönend auf das Blätterdach.

Theodor Fontan

UM DIE DRITTE STUNDE

Die dritte Stunde nachmittags
das ist die müde Stunde,
es geht das Zittern ihres Schlags
wie Lähmung in die Runde.

Da liegt sie stumm, die heiße Welt,
verschmachtet und begraben,
der Glutengott alleine hält
die Fackel noch erhaben.

Wie Wüstenodem tödlich drückt
sein schwüles Reich die Matten,
und von des Turmes Kuppel bückt
sich welk der müde Schatten.

Verlechzend ist auf dürrem Moos
das Flurgeräusch entschlafen,
die Welle schlürft gedankenlos
ums träge Schiff im Hafen.

Wie ein erschlagner Riese schweigt
die glühe Felsenflanke,
im Menschenhaupt hat sich geneigt
zum Schlummer der Gedanke.

Kein Laut ergeht, kein Hauch, kein Lied
gibt noch von Leben Kunde,
als ob der Erdengeist verschied
um diese dürre Stunde.

Johann Georg Fischer

LANDSCHAFT

Meine Augen weinen
ohne eine Not,
in den dunklen Hainen
rinnt das Abendrot.

Leise füllt die Erde
wieder sich mit Tau
und die Weidepferde
werden sanft und grau.

Ist die Dämmrung bange,
ist sie Zuversicht?
Neben deine Wange
schmiegt sich mein Gesicht.

An des Himmels Stille
hängt die Welt so stumm
und ein großer Wille
schließt sich warm darum.

Ruth Schaumann

ABENDGEFÜHL

Friedlich bekämpfen
Nacht sich und Tag.
Wie das zu dämpfen,
wie das zu lösen vermag!

Der mich bedrückte,
schläfst du schon, Schmerz?
Was mich beglückte,
sage, was war's doch, mein Herz?

Freude wie Kummer,
fühl' ich, zerrann,
aber den Schlummer
führten sie leise heran.

Und im Entschweben,
immer empor,
kommt mir das Leben
ganz wie ein Schlummerlied vor.

Friedrich Hebbel

ZWIELICHT

Dämmrung will die Flügel spreiten,
schaurig rühren sich die Bäume,
Wolken ziehn wie schwere Träume –
was will dieses Graun bedeuten?

Hast ein Reh du, lieb vor andern,
laß es nicht alleine grasen,
Jäger ziehn im Wald und blasen,
Stimmen hin und wider wandern.

Hast du einen Freund hienieden,
trau ihm nicht zu dieser Stunde,
freundlich wohl mit Aug und Munde,
sinnt er Krieg im tück'schen Frieden.

Was heut müde gehet unter,
hebt sich morgen neugeboren.
Manches bleibt in Nacht verloren –
hüte dich, bleib wach und munter!

Joseph von Eichendorff

IM ABENDROT

Wir sind durch Not und Freude
gegangen Hand in Hand,
vom Wandern ruhn wir beide
nun überm stillen Land.

Rings sich die Täler neigen,
es dunkelt schon die Luft,
zwei Lerchen nur noch steigen
nachträumend in den Duft.

Tritt her, und laß sie schwirren,
bald ist es Schlafenszeit,
daß wir uns nicht verirren
in dieser Einsamkeit.

O weiter, stiller Friede!
So tief im Abendrot,
wie sind wir wandermüde –
ist das etwa der Tod?

Joseph von Eichendorff

ABEND

Der schnelle Tag ist hin; die Nacht schwingt ihre Fahn'
und führt die Sternen auf. Der Menschen müde Scharen
verlassen Feld und Werk; wo Tier und Vögel waren,
traurt itzt die Einsamkeit. Wie ist die Zeit vertan!

Der Port naht mehr und mehr sich zu der Glieder Kahn.
Gleich wie dies Licht verfiel, so wird in wenig Jahren
ich, du, und was man hat, und was man sieht, hinfahren.
Dies Leben kömmt mir vor als eine Rennebahn.

Laß, höchster Gott, mich doch nicht auf dem Laufplatz gleiten!
Laß mich nicht Ach, nicht Pracht, nicht Lust, nicht Angst verleiten!
Dein ewig, heller Glanz sei vor und neben mir!

Laß, wenn der müde Leib entschläft, die Seele wachen,
und wenn der letzte Tag wird mit mir Abend machen,
so reiß mich aus dem Tal der Finsternis zu dir!

Andreas Gryphius

AN DEN MOND

Guter Mond, du gehst so stille
durch die Abendwolken hin;
deines Schöpfers weiser Wille
hieß auf jener Bahn dich ziehn.

Leuchte freundlich jedem Müden
in das stille Kämmerlein!
Und dein Schimmer gieße Frieden
ins bedrängte Herz hinein!

Theodor Enslin

ABENDLIED

Der Mond ist aufgegangen,
die goldnen Sternlein prangen
am Himmel hell und klar;
der Wald steht schwarz und schweiget,
und aus den Wiesen steiget
der weiße Nebel wunderbar.

Wie ist die Welt so stille
und in der Dämmrung Hülle
so traulich und so hold!
Als eine stille Kammer,
wo ihr des Tages Jammer
verschlafen und vergessen sollt.

Seht ihr den Mond dort stehen?
Er ist nur halb zu sehen
und ist doch rund und schön!
So sind wohl manche Sachen,
die wir getrost belachen,
weil unsre Augen sie nicht sehn.

Wir stolze Menschenkinder
sind eitel arme Sünder
und wissen gar nicht viel;
wir spinnen Luftgespinste
und suchen viele Künste
und kommen weiter von dem Ziel.

Gott, laß uns dein Heil schauen,
auf nichts Vergänglichs trauen,
nicht Eitelkeit uns freun!
Laß uns einfältig werden
und vor dir hier auf Erden
wie Kinder fromm und fröhlich sein.

Wollst endlich sonder Grämen
aus dieser Welt uns nehmen
durch einen sanften Tod!
Und wenn du uns genommen,
laß uns in' Himmel kommen,
du, unser Herr und unser Gott!

So legt euch denn, ihr Brüder,
in Gottes Namen nieder!
Kalt ist der Abendhauch.
Verschon uns, Gott, mit Strafen
und laß uns ruhig schlafen!
Und unsern kranken Nachbar auch!

Matthias Claudius

STILLE DER NACHT

Willkommen, klare Sommernacht,
die auf betauten Fluren liegt!
Gegrüßt mir, goldne Sternenpracht,
die spielend sich im Weltraum wiegt!

Das Urgebirge um mich her
ist schweigend wie mein Nachtgebet;
weit hinter ihm hör' ich das Meer
im Geist und wie die Brandung geht.

Ich höre einen Flötenton,
den mir die Luft von Westen bringt,
indes herauf im Osten schon
des Tages leise Ahnung dringt.

Ich sinne, wo in weiter Welt
jetzt sterben mag ein Menschenkind –
und ob vielleicht den Einzug hält
das vielersehnte Heldenkind.

Doch wie im dunklen Erdental
ein unergründlich Schweigen ruht,
ich fühle mich so leicht zumal
und wie die Welt so still und gut.

Der letzte leise Schmerz und Spott
verschwindet aus des Herzens Grund;
es ist, als tät' der alte Gott
mir endlich seinen Namen kund.

Gottfried Keller

DIE NACHTBLUME

Nacht ist wie ein stilles Meer,
Lust und Leid und Liebesklagen
kommen so verworren her
in dem linden Wellenschlagen.

Wünsche wie die Wolken sind,
schiffen durch die stillen Räume,
wer erkennt im lauen Wind,
ob's Gedanken oder Träume? –

Schließ' ich nun auch Herz und Mund,
die so gern den Sternen klagen:
leise doch im Herzensgrund
bleibt das linde Wellenschlagen.

Joseph von Eichendorff

Dämmrung senkte sich von oben,
schon ist alle Nähe fern;
doch zuerst emporgehoben
holden Lichts der Abendstern!
Alles schwankt ins Ungewisse,
Nebel schleichen in die Höh;
schwarzvertiefte Finsternisse
widerspiegelnd ruht der See.

Nun am östlichen Bereiche
ahn' ich Mondenglanz und -glut,
schlanker Weiden Haargezweige
scherzen auf der nächsten Flut.
Durch bewegter Schatten Spiele
zittert Lunas Zauberschein,
und durchs Auge schleicht die Kühle
sänftigend ins Herz hinein.

Goethe

HYMNE AN DIE NACHT

Muß immer der Morgen wiederkommen?
Endet nie des Irdischen Gewalt?
Unselige Geschäftigkeit verzehrt
den himmlischen Anflug der Nacht?
Wird nie der Liebe geheimes Opfer
ewig brennen?
Zugemessen ward
dem Lichte seine Zeit
und dem Wachen –
aber zeitlos ist der Nacht Herrschaft,
ewig ist die Dauer des Schlafs.
Heiliger Schlaf!
Beglücke zu selten nicht
der Nacht geweihte –
in diesem irdischen Tagwerk
nur die Toren verkennen dich
und wissen von keinem Schlafe
als dem Schatten,
den du mitleidig auf uns wirfst
in jener Dämmrung
der wahrhaften Nacht.
Sie fühlen dich nicht
in der goldnen Flut der Trauben,
in des Mandelbaums
Wunderöl
und dem braunen Safte des Mohns.
Sie wissen nicht,
daß du es bist,
der des zarten Mädchens
Busen umschwebt
und zum Himmel den Schoß macht –
ahnden nicht,
daß aus alten Geschichten
du himmelöffnend entgegentrittst
und den Schlüssel trägst
zu den Wohnungen der seligen,
unendlicher Geheimnisse
schweigender Bote.

Novalis

UM MITTERNACHT

Um Mitternacht ging ich, nicht eben gerne,
klein, kleiner Knabe, jenen Kirchhof hin
zu Vaters Haus, des Pfarrers; Stern am Sterne,
sie leuchteten doch alle gar zu schön;
um Mitternacht.

Wenn ich dann ferner, in des Lebens Weite,
zur Liebsten mußte, mußte, weil sie zog,
Gestirn und Nordschein über mir im Streite,
ich gehend, kommend Seligkeiten sog;
um Mitternacht.

Bis dann zuletzt des vollen Mondes Helle
so klar und deutlich mir ins Finstre drang,
auch der Gedanke willig, sinnig, schnelle
sich ums Vergangne wie ums Künftige schlang;
um Mitternacht.

Goethe

MANCHE NACHT

Wenn die Felder sich verdunkeln,
fühl ich, wird mein Auge heller.
Schon versucht ein Stern zu funkeln
und die Grillen wispern schneller.

Jeder Laut wird bilderreicher,
das Gewohnte sonderbarer,
hinterm Wald der Himmel bleicher,
jeder Wipfel hebt sich klarer.

Und du merkst es nicht im Schreiten,
wie das Licht verhundertfältigt
sich entringt den Dunkelheiten.
Plötzlich stehst du überwältigt.

Richard Dehmel

WEG

Mit dem Monde will ich wandeln:
Schlangenwege über Berge
führen Träume, bringen Schritte
durch den Wald dem Monde zu.

Durch Zypressen staunt er plötzlich,
daß ich ihm entgegengeh'.
Aus dem Ölbaum blaut er lächelnd,
wenn mich's friedlich talwärts zieht.

Schlangenwege durch die Wälder
bringen mich zum Silbersee:
nur ein Nachen auf dem Wasser,
heilig oben unser Mond.

Schlangenwege durch die Wälder
führen mich zu einem Berg.
Oben steht der Mond und wartet,
und ich steige leicht empor.

Theodor Däubler

Der Mond geht groß aus dem Abend hervor,
steht über dem Schloß und dem Gartentor
und läßt sanft glühend die Erde los.
Der Mond ist wie eine feurige Ros',
die meine Liebste im Garten verlor.

Mein Schatten an den steinernen Wänden
geht hinter mir wie ein dienender Mohr.
Ich werde den Mohren hinsenden,
er hebe die Rose vorsichtig auf
und bringe sie ihr in den dunklen Händen.

Maximilian Dauthendey

DEM AUFGEHENDEN VOLLMONDE

Willst du mich sogleich verlassen!
Warst im Augenblick so nah!
Dich umfinstern Wolkenmassen,
und nun bist du gar nicht da.

Doch du fühlst, wie ich betrübt bin,
blickt dein Rand herauf als Stern!
Zeugest mir, daß ich geliebt bin,
sei das Liebchen noch so fern.

So hinan denn! hell und heller,
reiner Bahn, in voller Pracht!
Schlägt mein Herz auch schmerzlich schneller,
überselig ist die Nacht.

Goethe

Nacht ist schon hereingesunken,
schließt sich heilig Stern an Stern,
große Lichter, kleine Funken
glitzern nah und glänzen fern;
glitzern hier im See sich spiegelnd,
glänzen droben klarer Nacht,
tiefsten Ruhens Glück besiegelnd
herrscht des Mondes volle Pracht.

Goethe

MONDNACHT

Es war, als hätt' der Himmel
die Erde still geküßt,
daß sie im Blütenschimmer
von ihm nun träumen müßt'.

Die Luft ging durch die Felder,
die Ähren wogten sacht,
es rauschten leis die Wälder,
so sternklar war die Nacht.

Und meine Seele spannte
weit ihre Flügel aus,
flog durch die stillen Lande,
als flöge sie nach Haus.

Joseph von Eichendorff

HELLE NACHT

Der Mond kommt über die Berge . . .
wo schwimmst du her, wo legst du an,
uralter stummer Ferge?
Wann ist dein Weg getan?

Hier unten in den Tiefen,
wie fließt zusammen Fern und Nah,
und Rätsel, die schon schliefen,
sind wieder wach und da.

Die schwarzen Wälder bangen
hinab ins nebelweiße Land . . .
sind wir im Kreis gegangen
um eines Grabes Rand?

Ein Brunnen plätschert leise
und traumverworren Reim auf Reim.
Verstünden wir die Weise,
wir fänden heut noch heim.

Owlglass

DIE WEIHE DER NACHT

Nächtliche Stille!
Heilige Fülle,
wie von göttlichem Segen schwer,
säuselt aus ewiger Ferne daher.

Was da lebte,
was aus engem Kreise
auf ins Weitste strebte,
sanft und leise
sank es in sich selbst zurück
und quillt auf in unbewußtem Glück.

Und von allen Sternen nieder
strömt ein wunderbarer Segen,
daß die müden Kräfte wieder
sich in neuer Frische regen,
und aus seinen Finsternissen
tritt der Herr, so weit er kann,
und die Fäden, die zerrissen,
knüpft er alle wieder an.

Friedrich Hebbel

UM MITTERNACHT

Gelassen stieg die Nacht ans Land,
lehnt träumend an der Berge Wand,
ihr Auge sieht die goldne Waage nun
der Zeit in gleichen Schalen stille ruhn;
und kecker rauschen die Quellen hervor,
sie singen der Mutter, der Nacht, ins Ohr
vom Tage,
vom heute gewesenen Tage.

Das uralt alte Schlummerlied,
sie achtet's nicht, sie ist es müd;
ihr klingt des Himmels Bläue süßer noch,
der flücht'gen Stunden gleichgeschwungnes Joch.
Doch immer behalten die Quellen das Wort,
es singen die Wasser im Schlafe noch fort
vom Tage,
vom heute gewesenen Tage.

Eduard Mörike

GESANG ZU ZWEIEN IN DER NACHT

Sie:

Wie süß der Nachtwind nun die Wiese streift
und klingend jetzt den jungen Hain durchläuft!
Da noch der freche Tag verstummt,
hört man der Erdenkräfte flüsterndes Gedränge,
das aufwärts in die zärtlichen Gesänge
der reingestimmten Lüfte summt.

Er:

Vernehm' ich doch die wunderbarsten Stimmen,
vom lauen Wind wollüstig hingeschleift,
indes, mit ungewissem Licht gestreift,
der Himmel selber scheinet hinzuschwimmen.

Sie:

Wie ein Gewebe zuckt die Luft manchmal,
durchsichtiger und heller aufzuwehen;
dazwischen hört man weiche Töne gehen

von sel'gen Feeen, die im blauen Saal
zum Sphärenklang,
und fleißig mit Gesang,
silberne Spindeln hin und wider drehen.

Er:

O holde Nacht, du gehst mit leisem Tritt
auf schwarzem Samt, der nur am Tage grünet,
und luftig schwirrender Musik bedienet
sich nun dein Fuß zum leichten Schritt,
womit du Stund um Stunde missest,
dich lieblich in dir selbst vergissest –
du schwärmst, es schwärmt der Schöpfung Seele mit!

Eduard Mörike

NACHTGERÄUSCHE

Melde mir die Nachtgeräusche, Muse,
die ans Ohr des Schlummerlosen fluten!
Erst das traute Wachtgebell der Hunde,
dann der abgezählte Schlag der Stunde,
dann ein Fischer-Zwiegespräch am Ufer,
dann? Nichts weiter als der ungewisse
Geisterlaut der ungebrochnen Stille,
wie das Atmen eines jungen Busens,
wie das Murmeln eines tiefen Brunnens,
wie das Schlagen eines dumpfen Ruders,
dann der ungehörte Tritt des Schlummers.

Conrad Ferdinand Meyer

NACHTLIED

Quellende, schwellende Nacht,
voll von Lichtern und Sternen;
in den ewigen Fernen,
sage, was ist da erwacht?

Herz in der Brust wird beengt;
steigendes, neigendes Leben,
riesenhaft fühle ich's weben,
welches das meine verdrängt.

Schlaf, da nahst du dich leis
wie dem Kinde die Amme,
und um die dürftige Flamme
ziehst du den schützenden Kreis.

Friedrich Hebbel

NACHTS

Im bangen Zimmer entschlief ich kaum
und war kaum wieder erwacht:
kühl blickte der Stern, kühl hauchte der Baum,
kühl wehte der Wind in der Nacht.

Und immer der Bronnen, der rauscht und quillt,
als wären, geschehn und vollbracht,
dein Tag ein Traum und dein Traum ein Bild,
ein Bild und ein Wind in der Nacht.

Rudolf Alexander Schröder

AN DEN MOND

Füllest wieder Busch und Tal
still mit Nebelglanz,
lösest endlich auch einmal
meine Seele ganz;

breitest über mein Gefild
lindernd deinen Blick,
wie des Freundes Auge mild
über mein Geschick.

Jeden Nachklang fühlt mein Herz
froh- und trüber Zeit,
wandle zwischen Freud' und Schmerz
in der Einsamkeit.

Fließe, fließe, lieber Fluß!
Nimmer werd ich froh;
so verrauschte Scherz und Kuß,
und die Treue so.

Ich besaß es doch einmal,
was so köstlich ist!
Daß man doch zu seiner Qual
nimmer es vergißt!

Rausche, Fluß, das Tal entlang,
ohne Rast und Ruh,
rausche, flüstre meinem Sang
Melodieen zu,

wenn du in der Winternacht
wütend überschwillst,
oder um die Frühlingspracht
junger Knospen quillst.

Selig, wer sich vor der Welt
ohne Haß verschließt,
einen Freund am Busen hält
und mit dem genießt,

was, von Menschen nicht gewußt
oder nicht bedacht,
durch das Labyrinth der Brust
wandelt in der Nacht.

Goethe

Wenn über stiller Heide
des Mondes Sichel schwebt,
mag lösen sich vom Leide
Herz, das im Leiden bebt.

Tritt vor aus deiner Kammer
und trage deinen Schmerz,
trage des Weltlaufs Jammer
der Ewigkeit ans Herz.

Das Ewige ist stille,
laut die Vergänglichkeit;
schweigend geht Gottes Wille
über den Erdenstreit.

In deinen Schmerzen schweige,
tritt in die stille Nacht;
das Haupt in Demut neige,
bald ist der Kampf vollbracht.

Wilhelm Raabe

WIE RAFFT' ICH MICH AUF

Wie rafft' ich mich auf in der Nacht, in der Nacht
und fühlte mich fürder gezogen,
die Gassen verließ ich, vom Wächter bewacht,
durchwandelte sacht
in der Nacht, in der Nacht
das Tor mit dem gotischen Bogen.

Der Mühlbach rauschte durch felsigen Schacht,
ich lehnte mich über die Brücke,
tief unter mir nahm ich der Wogen in acht,
die wallten so sacht
in der Nacht, in der Nacht,
doch wallte nicht eine zurücke.

Es drehte sich oben, unzählig entfacht,
melodischer Wandel der Sterne,
mit ihnen der Mond in beruhigter Pracht,
sie funkelten sacht
in der Nacht, in der Nacht,
durch täuschend entlegene Ferne.

Ich blickte hinauf in der Nacht, in der Nacht,
ich blickte hinunter aufs neue:
o wehe, wie hast du die Tage verbracht,
nun stille du sacht
in der Nacht, in der Nacht
im pochenden Herzen die Reue!

August von Platen

EIN WANDERSPRUCH

Der Wandrer, von der Heimat weit,
wenn rings die Gründe schweigen,
der Schiffer in Meeres Einsamkeit,
wenn die Stern' aus den Fluten steigen:

die beiden schauern und lesen
in stiller Nacht,
was sie nicht gedacht,
da es noch fröhlicher Tag gewesen.

Joseph von Eichendorff

DER ALTE BRUNNEN

Lösch aus dein Licht und schlaf! Das immer wache
Geplätscher nur des alten Brunnens tönt.
Wer aber Gast war unter meinem Dache,
hat sich stets bald an diesen Ton gewöhnt.

Zwar kann es einmal sein, wenn du schon mitten
im Traume bist, daß Unruh' geht ums Haus,
der Kies beim Brunnen knirscht von harten Tritten,
das helle Plätschern setzt auf einmal aus,

und du erwachst, – dann mußt du nicht erschrecken!
Die Sterne stehn vollzählig überm Land,
und nur ein Wandrer trat ans Marmorbecken,
der schöpft vom Brunnen mit der hohlen Hand.

Er geht gleich weiter. Und es rauscht wie immer.
O freue dich, du bleibst nicht einsam hier.
Viel Wandrer gehen fern im Sternenschimmer,
und mancher noch ist auf dem Weg zu dir.

Hans Carossa

DURCHWACHTE NACHT

Wie sank die Sonne glüh und schwer,
und aus versengter Welle dann
wie wirbelte der Nebel Heer
die sternenlose Nacht heran! –
Ich höre ferne Schritte gehn –
die Uhr schlägt zehn.

Noch ist nicht alles Leben eingenickt,
der Schlafgemächer letzte Türen knarren;
vorsichtig, in der Rinne Bauch gedrückt,
schlüpft noch der Iltis an des Giebels Sparren,
die schlummertrunkne Färse murrend nickt,
und fern im Stalle dröhnt des Rosses Scharren,
sein müdes Schnauben, bis, vom Mohn getränkt,
sich schlaff die regungslose Flanke senkt.

Betäubend gleitet Fliederhauch
durch meines Fensters offnen Spalt,
und an der Scheibe grauem Rauch
der Zweige wimmelnd Neigen wallt.
Matt bin ich, matt wie die Natur! –
Elf schlägt die Uhr.

O wunderliches Schlummerwachen, bist
der zartren Nerve Fluch du oder Segen? –
's ist eine Nacht vom Taue wach geküßt,
das Dunkel fühl' ich kühl wie feinen Regen
an meine Wangen gleiten, das Gerüst
des Vorhangs scheint sich schaukelnd zu bewegen,
und dort das Wappen an der Decke Gips
schwimmt sachte mit dem Schlängeln des Polyps.

Wie mir das Blut im Hirne zuckt!
Am Söller geht Geknister um,
im Pulte raschelt es und ruckt,
als drehe sich der Schlüssel um.
Und – horch! der Seiger hat gewacht!
's ist Mitternacht.

War das ein Geisterlaut? So schwach und leicht
wie kaum berührten Glases schwirrend Klingen
und wieder wie verhaltnes Weinen steigt
ein langer Klageton aus den Syringen,
gedämpfter, süßer nun, wie tränenfeucht,
und selig kämpft verschämter Liebe Ringen; –
o Nachtigall, das ist kein wacher Sang,
ist nur im Traum gelöster Seele Drang.

Da kollert's nieder vom Gestein!
Des Turmes morsche Trümmer fällt,
das Käuzlein knackt und hustet drein;
ein jäher Windesodem schwellt
Gezweig und Kronenschmuck des Hains; –
die Uhr schlägt eins.

Und drunten das Gewölke rollt und klimmt;
gleich einer Lampe aus dem Hünenmale
hervor des Mondes Silbergondel schwimmt,
verzitternd auf der Gasse blauem Stahle;
an jedem Fliederblatt ein Fünkchen glimmt,
und hell gezeichnet von dem blassen Strahle,
legt auf mein Lager sich des Fensters Bild,
vom schwanken Laubgewimmel überhüllt.

Jetzt möcht' ich schlafen, schlafen gleich,
entschlafen unterm Mondeshauch,
umspielt vom flüsternden Gezweig,
im Blute Funken, Funk im Strauch,
und mir im Ohre Melodei; –
die Uhr schlägt zwei.

Und immer heller wird der süße Klang,
das liebe Lachen; es beginnt zu ziehen
gleich Bildern von Daguerre die Deck' entlang,
die aufwärts steigen mit des Pfeiles Fliehen;
mir ist, als seh' ich lichter Locken Hang,
gleich Feuerwürmern seh' ich Augen glühen,
dann werden feucht sie, werden blau und lind,
und mir zu Füßen sitzt ein schönes Kind.

Es sieht empor, so froh gespannt,
die Seele strömend aus dem Blick;
nun hebt es gaukelnd seine Hand,
nun zieht es lachend sie zurück;
und – horch! des Hahnes erster Schrei! –
Die Uhr schlägt drei.

Wie bin ich aufgeschreckt, – o süßes Bild,
du bist dahin, zerflossen mit dem Dunkel!

Die unerfreulich graue Dämmrung quillt,
verloschen ist des Flieders Taugefunkel,
verrostet steht des Mondes Silberschild,
im Walde gleitet ängstliches Gemunkel,
und meine Schwalbe an des Frieses Saum
zirpt leise, leise auf im schweren Traum.

Der Tauben Schwärme kreisen scheu,
wie trunken in des Hofes Rund,
und wieder gellt des Hahnes Schrei,
auf seiner Streue rückt der Hund,
und langsam knarrt des Stalles Tür –
die Uhr schlägt vier.

Da flammt's im Osten auf, – o Morgenglut!
Sie steigt, sie steigt, und mit dem ersten Strahle
strömt Wald und Heide vor Gesangesflut,
das Leben quillt aus schäumendem Pokale,
es klirrt die Sense, flattert Falkenbrut,
im nahen Forste schmettern Jagdsignale,
und wie ein Gletscher sinkt der Träume Land
zerrinnend in des Horizontes Brand.

• *Annette von Droste-Hülshoff*

*

TRÜBES WETTER

Es ist ein stiller Regentag,
so weich, so ernst, und doch so klar,
wo durch den Dämmer brechen mag
die Sonne weiß und sonderbar.

Ein wunderliches Zwielicht spielt
beschaulich über Berg und Tal;
Natur, halb warm und halb verkühlt,
sie lächelt noch und weint zumal.

Die Hoffnung, das Verlorensein
sind gleicher Stärke in mir wach;
die Lebenslust, die Todespein,
sie ziehn auf meinem Herzen Schach.

Ich aber, mein bewußtes Ich,
beschau' das Spiel in stiller Ruh',
und meine Seele rüstet sich
zum Kampfe mit dem Schicksal zu.

Gottfried Keller

REGENLIED

Walle, Regen, walle nieder,
wecke mir die Träume wieder,
die ich in der Kindheit träumte,
wenn das Naß im Sande schäumte!

Wenn die matte Sommerschwüle
lässig stritt mit frischer Kühle
und die blanken Blätter tauten
und die Saaten dunkler blauten.

Welche Wonne, in dem Fließen
dann zu stehn mit nackten Füßen!
An dem Grase hinzustreifen
und den Schaum mit Händen greifen.

Oder mit den heißen Wangen
kalte Tropfen aufzufangen
und den neuerwachten Düften
seine Kinderbrust zu lüften!

Wie die Kelche, die da troffen,
stand die Seele atmend offen,
wie die Blumen düftetrunken
in den Himmelstau versunken.

Schauernd kühlte jeder Tropfen
tief bis an des Herzens Klopfen,
und der Schöpfung heilig Weben
drang bis ins verborgne Leben.

Walle, Regen, walle nieder,
wecke meine alten Lieder,
die wir in der Türe sangen,
wenn die Tropfen draußen klangen!

Möchte ihnen wieder lauschen,
ihrem süßen, feuchten Rauschen,
meine Seele sanft betauen
mit dem frommen Kindergrauen.

Klaus Groth

MEIN WETTER

Wenn's so einmal vom Morgen an
und wieder bis zum Morgen
recht frisch und wacker regnen kann,
wenn sich am Tag verborgen
die Sonne hält, nicht Mond noch Stern
die schwarze Nacht erleuchten,
das hab' ich doch so gern, so gern,
kann mir so traulich däuchten.

Wenn tief im dichten Waldgehölz,
scheu vor des Sturmes Rasen,
das junge Reh mit nassem Pelz,
der Hirsch kaum wagt zu grasen,
die wilde Ent' ein Plätzchen sucht
mit Muttersorg' und Hilfe,
sich triefend mit der jungen Zucht
zu bergen im Geschilfe,

wenn hart sich an die Fenster drängt
der Sturm mit lautem Zischen,
die Tropfen, die er angesprengt,
wild wieder wegzuwischen;
wenn sich der Spatz ins Nestchen duckt,
nur selten an der Erde
die Schwalbe streicht, die ängstlich
ob's nicht bald heller werde: guckt,

dann ist's ein Wetter recht für mich!
Warum, kann ich nicht sagen.
Kaum kann so süß, so inniglich,
ein Maitag mir behagen.
Ach! Liebe führt mich froh zu dir,
schlägt auch den kältsten Regen
in noch so großen Tropfen mir
der wilde Sturm entgegen.

Wohl war der Kuß so seligsüß
von deiner Lipp', o Gute!
Wann ich mit dir am Erlenfließ
auf Kuckucksblumen ruhte.
Doch hören wir es, Arm in Arm,
im Stübchen draußen regnen:
wie tut's dann auch so süß, wenn warm
sich Mund und Mund begegnen!

Friedrich Wilhelm Schmidt von Werneuchen

BIRKENLEGENDCHEN

Birke, du schwankende, schlanke,
wiegend am blaßgrünen Hag,
lieblicher Gottesgedanke
vom dritten Schöpfungstag!

Gott stand und formte der Pflanzen
endlos wucherd Geschlecht,
schuf die Eschen zu Lanzen,
Weiden zum Schildegeflecht.

Gott schuf die Nessel zum Leide,
Alraunenwurzeln zum Scherz,
Gott schuf die Rebe zur Freude,
Gott schuf die Distel zum Schmerz.

Mitten in Arbeit und Plage
hat er ganz leise gelacht,
als an den sechsten der Tage,
als er an Eva gedacht.

Sinnend in göttlichen Träumen
gab seine Schöpfergewalt
von den mannhaften Bäumen
einem die Mädchengestalt.

Göttliche Hände im Spiele
lockten ihr blonden das Haar,
daß ihre Haut ihm gefiele,
seiden und schimmernd sie war. –

Biegt sie und schmiegt sie im Winde
fröhlich der Zweigelein Schwarm,
wiegt sie, als liegt ihr ein Kinde
frühlingsglückselig im Arm.

Birke, du mädchenhaft schlanke,
schwankend am grünenden Hag,
lieblicher Gottesgedanke
vom dritten Schöpfungstag!

Börries von Münchhausen

JETZT REDE DU

Du warest mir ein täglich Wanderziel,
viellieber Wald, in dumpfen Jugendtagen,
ich hatte dir geträumten Glücks so viel
anzuvertraun, so wahren Schmerz zu klagen.

Und wieder such ich dich, du dunkler Hort,
und deines Wipfelmeers gewaltig Rauschen –
jetzt rede du! Ich lasse dir das Wort!
Verstummt ist Klag' und Jubel. Ich will lauschen.

Conrad Ferdinand Meyer

WALDLIED

Arm in Arm und Kron' an Krone steht der Eichenwald verschlungen,
heut hat er bei guter Laune mir sein altes Lied gesungen.

Fern am Rande fing ein junges Bäumchen an sich sacht zu wiegen,
und dann ging es immer weiter an ein Sausen, an ein Biegen;

kam es her in mächt'gem Zuge, schwoll es an zu breiten Wogen,
hoch sich durch die Wipfel wälzend kam die Sturmesflut gezogen.

Und nun sang und pfiff es graulich in den Kronen, in den Lüften,
und dazwischen knarrt' und dröhnt' es unten in den Wurzelgrüften.

Manchmal schwang die höchste Eiche gellend ihren Schaft alleine,
donnernder erscholl nur immer drauf der Chor vom ganzen Haine!

Einer wilden Meeresbrandung hat das schöne Spiel geglichen;
alles Laub war weißlich schimmernd nach Nordosten hingestrichen.

Also streicht die alte Geige Pan der Alte laut und leise,
unterrichtend seine Wälder in der alten Weltenweise.

In den sieben Tönen schweift er unerschöpflich auf und nieder,
in den sieben alten Tönen, die umfassen alle Lieder.

Und es lauschen still die jungen Dichter und die jungen Finken,
kauernd in den dunklen Büschen sie die Melodien trinken.

Gottfried Keller

SCHWARZSCHATTENDE KASTANIE

Schwarzschattende Kastanie,
mein windgeregtes Sommerzelt,
du senkst zur Flut dein weit Geäst,
dein Laub, es durstet und es trinkt,
schwarzschattende Kastanie!
Im Porte badet junge Brut
mit Hader oder Lustgeschrei,
und Kinder schwimmen leuchtend weiß
im Gitter deines Blätterwerks,
schwarzschattende Kastanie!
Und dämmern See und Ufer ein

und rauscht vorbei das Abendboot,
so zuckt aus roter Schiffslatern'
ein Blitz und wandert auf dem Schwung
der Flut, gebrochnen Lettern gleich,
bis unter deinem Laub erlischt
die rätselhafte Flammenschrift,
schwarzschattende Kastanie!

Conrad Ferdinand Meyer

DER ABEND

Schweigt der Menschen laute Lust:
rauscht die Erde wie in Träumen
wunderbar mit allen Bäumen,
was dem Herzen kaum bewußt,
alte Zeiten, linde Trauer,
und es schweifen leise Schauer
wetterleuchtend durch die Brust.

Joseph von Eichendorff

ABSCHIED
im Walde bei Lubowitz

O Täler weit, o Höhen,
o schöner, grüner Wald,
du meiner Lust und Wehen
andächt'ger Aufenthalt!
Da draußen, stets betrogen,
saust die geschäft'ge Welt,
schlag noch einmal die Bogen
um mich, du grünes Zelt!

Wenn es beginnt zu tagen,
die Erde dampft und blinkt,
die Vögel lustig schlagen,
daß dir dein Herz erklingt:
da mag vergehn, verwehen
das trübe Erdenleid,
da sollst du auferstehen
in junger Herrlichkeit!

Da steht im Wald geschrieben
ein stilles, ernstes Wort
von rechtem Tun und Lieben,
und was des Menschen Hort.
Ich habe treu gelesen
die Worte, schlicht und wahr,
und durch mein ganzes Wesen
ward's unaussprechlich klar.

Bald werd' ich dich verlassen,
fremd in der Fremde gehn,
auf buntbewegten Gassen
des Lebens Schauspiel sehn;
und mitten in dem Leben
wird deines Ernsts Gewalt
mich Einsamen erheben,
so wird mein Herz nicht alt.

Joseph von Eichendorff

IM GRASE

Süße Ruh, süßer Taumel im Gras,
von des Krautes Arome umhaucht,
tiefe Flut, tief, tief trunkne Flut,
wenn die Wolk' am Azure verraucht,
wenn aufs müde, schwimmende Haupt
süßes Lachen gaukelt herab,
liebe Stimme säuselt und träuft
wie die Lindenblüt' auf ein Grab.

Wenn im Busen die Toten dann,
jede Leiche sich streckt und regt,
leise, leise den Odem zieht,
die geschloßne Wimper bewegt,
tote Lieb', tote Lust, tote Zeit,
all die Schätze, im Schutt verwühlt,
sich berühren mit schüchternem Klang
gleich den Glöckchen, vom Winde umspielt.

Stunden, flücht'ger ihr als der Kuß
eines Strahls auf den trauernden See,
als des ziehenden Vogels Lied,
das mir niederperlt aus der Höh,
als des schillernden Käfers Blitz,
wenn den Sonnenpfad er durcheilt,
als der heiße Druck einer Hand,
die zum letzten Male verweilt.

Dennoch, Himmel, immer mir nur
dieses eine: nur für das Lied
jedes freien Vogels im Blau
eine Seele, die mit ihm zieht,
nur für jeden kärglichen Strahl
meinen farbigschillernden Saum,
jeder warmen Hand meinen Druck,
und für jedes Glück meinen Traum.

Annette von Droste-Hülshoff

GANYMED

Wie im Morgenglanze
du rings mich anglühst,
Frühling, Geliebter!
Mit tausendfacher Liebeswonne
sich an mein Herz drängt
deiner ewigen Wärme
heilig Gefühl,
unendliche Schöne!

Daß ich dich fassen möcht'
in diesen Arm!
Ach, an deinem Busen
lieg' ich, schmachte,
und deine Blumen, dein Gras
drängen sich an mein Herz.
Du kühlst den brennenden
Durst meines Busens,
lieblicher Morgenwind!
Ruft drein die Nachtigall
liebend nach mir aus dem Nebeltal.

Ich komm', ich komme!
Wohin? Ach, wohin?

Hinauf! Hinauf strebt's.
Es schweben die Wolken
abwärts, die Wolken
neigen sich der sehnenden Liebe.
Mir! Mir!
In euerm Schoße
aufwärts!
Umfangend umfangen!
Aufwärts an deinen Busen,
all-liebender Vater!

Goethe

MAHOMETS GESANG

Seht den Felsenquell,
freudehell,
wie ein Sternenblick!
Über Wolken
nährten seine Jugend
gute Geister
zwischen Klippen im Gebüsch.

Jünglingfrisch
tanzt er aus der Wolke
auf die Marmorfelsen nieder,
jauchzet wieder
nach dem Himmel.

Durch die Gipfelgänge
jagt er bunten Kieseln nach,
und mit frühem Führertritt
reißt er seine Bruderquellen
mit sich fort.

Drunten werden in dem Tal
unter seinem Fußtritt Blumen,
und die Wiese
lebt von seinem Hauch.

Doch ihn hält kein Schattental,
keine Blumen,
die ihm seine Knie umschlingen,
ihm mit Liebesaugen schmeicheln:
nach der Ebne dringt sein Lauf
schlangenwandelnd.

Bäche schmiegen
sich gesellig an. Nun tritt er
in die Ebne silberprangend,
und die Ebne prangt mit ihm,
und die Flüsse von der Ebne
und die Bäche von den Bergen
jauchzen ihm und rufen: Bruder!
Bruder, nimm die Brüder mit,
mit zu deinem alten Vater,
zu dem ew'gen Ozean,
der mit ausgespannten Armen
unser wartet,
die sich, ach, vergebens öffnen,
seine Sehnenden zu fassen;
denn uns frißt in öder Wüste
gier'ger Sand. Die Sonne droben
saugt an unserm Blut. Ein Hügel
hemmet uns zum Teiche! Bruder,
nimm die Brüder von der Ebne,
nimm die Brüder von den Bergen
mit, zu deinem Vater mit!

Kommt ihr alle! –
Und nun schwillt er
herrlicher: Ein ganz Geschlechte
trägt den Fürsten hoch empor!
Und im rollenden Triumphe
gibt er Ländern Namen. Städte
werden unter seinem Fuß.
Unaufhaltsam rauscht er weiter,
läßt der Türme Flammengipfel,
Marmorhäuser, eine Schöpfung
seiner Fülle, hinter sich.

Zedernhäuser trägt der Atlas
auf den Riesenschultern; sausend
wehen über seinem Haupte
tausend Flaggen durch die Lüfte,
zeugen seiner Herrlichkeit.

Und so trägt er seine Brüder,
seine Schätze, seine Kinder
dem erwartenden Erzeuger
freudebrausend an das Herz.

• *Goethe*

AUF DEM SEE

Und frische Nahrung, neues Blut
saug' ich aus freier Welt:
wie ist Natur so hold und gut,
die mich am Busen hält!

Die Welle wieget unsern Kahn
im Rudertakt hinauf,
und Berge, wolkig himmelan,
begegnen unserm Lauf.

Aug', mein Aug', was sinkst du nieder?
Goldne Träume, kommt ihr wieder?
Weg, du Traum! so gold du bist:
hier auch Lieb' und Leben ist.

Auf der Welle blinken
tausend schwebende Sterne,
weiche Nebel trinken
rings die türmende Ferne;
Morgenwind umflügelt
die beschattete Bucht,
und im See bespiegelt
sich die reifende Frucht.

Goethe

REISELIED

Wasser stürzt, uns zu verschlingen,
rollt der Fels, uns zu erschlagen,
kommen schon auf starken Schwingen
Vögel her, uns fortzutragen.

Aber unten liegt ein Land,
Früchte spiegelnd ohne Ende
in den alterslosen Seen.

Marmorstirn und Brunnenrand
steigt aus blumigem Gelände,
und die leichten Winde wehn.

Hugo von Hofmannsthal

AM TURME

Ich steh' auf hohem Balkone am Turm,
umstrichen vom schreienden Stare,
und laß gleich einer Mänade den Sturm
mir wühlen im flatternden Haare;
o wilder Geselle, o toller Fant,
ich möchte dich kräftig umschlingen,
und, Sehne an Sehne, zwei Schritte vom Rand
auf Tod und Leben dann ringen!

Und drunten seh' ich am Strand, so frisch
wie spielende Doggen, die Wellen
sich tummeln rings mit Geklaff und Gezisch
und glänzende Flocken schnellen.
Oh, springen möcht' ich hinein alsbald,
recht in die tobende Meute,
und jagen durch den korallenen Wald
das Walroß, die lustige Beute!

Und drüben seh' ich ein Wimpel wehn
so keck wie eine Standarte,
seh' auf und nieder den Kiel sich drehn
von meiner luftigen Warte;
oh, sitzen möcht' ich im kämpfenden Schiff,
das Steuerruder ergreifen,
und zischend über das brandende Riff
wie eine Seemöve streifen.

Wär' ich ein Jäger auf freier Flur,
ein Stück nur von einem Soldaten,
wär' ich ein Mann doch mindestens nur,
so würde der Himmel mir raten;
nun muß ich sitzen so fein und klar,
gleich einem artigen Kinde,
und darf nur heimlich lösen mein Haar
und lassen es flattern im Winde!

• *Annette von Droste-Hülshoff*

MÖWENFLUG

Möwen sah um einen Felsen kreisen
ich in unermüdlich gleichen Gleisen,
auf gespannter Schwinge schweben bleibend,
eine schimmernd weiße Bahn beschreibend,
und zugleich in grünem Meeresspiegel
sah ich um dieselben Felsenspitzen
eine helle Jagd gestreckter Flügel
unermüdlich durch die Tiefe blitzen.
Und der Spiegel hatte solche Klarheit,
daß sich anders nicht die Flügel hoben
tief im Meer als hoch in Lüften oben,
daß sich völlig glichen Trug und Wahrheit.

Allgemach beschlich es mich wie Grauen,
Schein und Wesen so verwandt zu schauen,
und ich fragte mich, am Strand verharrend,
ins gespenstische Geflatter starrend:
Und du selber? Bist du echt beflügelt?
Oder nur gemalt und abgespiegelt?
Gaukelst du im Kreis mit Fabeldingen?
Oder hast du Blut in deinen Schwingen?

Conrad Ferdinand Meyer

MEERESSTRAND

Ans Haff nun fliegt die Möwe,
und Dämmrung bricht herein;
über die feuchten Watten
spiegelt der Abendschein.

Graues Geflügel huschet
neben dem Wasser her;
wie Träume liegen die Inseln
im Nebel auf dem Meer.

Ich höre des gärenden Schlammes
geheimnisvollen Ton,
einsames Vogelrufen –
so war es immer schon.

Noch einmal schauert leise
und schweiget dann der Wind;
vernehmlich werden die Stimmen,
die über der Tiefe sind.

Theodor Storm

MEERES-ABEND

Du schüttelst, Baum, dein dunkles Haupt,
so ganz gedanken-überlaubt,
so altersgrün, so zeitbestaubt.

Da flog der leichte Windgott aus,
mit Schwingen spitz, im kalten Saus,
und kreist und bläst ums Bauernhaus.

Dann schleicht er einer Schlange gleich
durchs wehnde Gras, hinan den Deich,
und hockt dort schwarz, vorm Abend bleich.

O Glanz des Meers perlmutterklar!
Der Windgott schließt das Augenpaar
und lächelt schmal aus wirrem Haar.

Verschwand er dann? Der Deich ist leer.
Es schläft der Baum, das Haus, das Meer.
Aus Westen weht ein Traum daher . . .

Albrecht Schaeffer

DER REITER UND DER BODENSEE

Der Reiter reitet durchs helle Tal,
auf Schneefeld schimmert der Sonne Strahl.
Er trabet im Schweiß durch den kalten Schnee,
er will noch heut an den Bodensee;
noch heut mit dem Pferd in den sichern Kahn,
will drüben landen vor Nacht noch an.
Auf schlimmem Weg, über Dorn und Stein,
er braust auf rüstigem Roß feldein.
Aus den Bergen heraus, ins ebene Land,
da sieht er den Schnee sich dehnen wie Sand.

Weit hinter ihm schwinden Dorf und Stadt,
der Weg wird eben, die Bahn wird glatt.
In weiter Fläche kein Bühl, kein Haus,
die Bäume gingen, die Felsen aus;
so flieget er hin eine Meil' und zwei,
er hört in den Lüften der Schneegans Schrei;
es flattert das Wasserhuhn empor,
nicht anderen Laut vernimmt sein Ohr;
keinen Wandersmann sein Auge schaut,
der ihm den rechten Pfad vertraut.
Fort geht's, wie auf Samt, auf dem weichen Schnee,
wann rauscht das Wasser, wann glänzt der See?
Da bricht der Abend, der frühe, herein:
von Lichtern blinket ein ferner Schein.
Es hebt aus dem Nebel sich Baum an Baum,
und Hügel schließen den weiten Raum.
Er spürt auf dem Boden Stein und Dorn,
dem Rosse gibt es den scharfen Sporn.
Und Hunde bellen empor am Pferd,
und es winkt im Dorf ihm der warme Herd.
„Willkommen am Fenster, Mägdelein,
an den See, an den See, wie weit mag's sein?"
Die Maid, sie staunet den Reiter an:
„Der See liegt hinter dir und der Kahn.
Und deckt' ihn die Rinde von Eis nicht zu,
ich spräch', aus dem Nachen stiegest du."
Der Fremde schaudert, er atmet schwer:
„Dort hinten die Ebne, die ritt ich her!"
Da recket die Magd die Arm in die Höh:
„Herr Gott! so rittest du über den See!
An den Schlund, an die Tiefe bodenlos,
hat gepocht des rasenden Hufes Stoß!
Und unter dir zürnten die Wasser nicht?
Nicht krachte hinunter die Rinde dicht?
Und du wardst nicht die Speise der stummen Brut?
Der hungrigen Hecht' in der kalten Flut?"
Sie rufet das Dorf herbei zu der Mär,
es stellen die Knaben sich um ihn her;
die Mütter, die Greise, sie sammeln sich:
„Glückseliger Mann, ja, segne du dich!

Herein zum Ofen, zum dampfenden Tisch,
  brich mit uns das Brot und iß vom Fisch!"
Der Reiter erstarret auf seinem Pferd,
  er hat nur das erste Wort gehört.
Es stocket sein Herz, es sträubt sich sein Haar,
  dicht hinter ihm grinst noch die grause Gefahr.
Es siehet sein Blick nur den gräßlichen Schlund,
  sein Geist versinkt in den schwarzen Grund.
Im Ohr ihm donnert's, wie krachend Eis,
  wie die Well' umrieselt ihn kalter Schweiß.
Da seufzt er, da sinkt er vom Roß herab,
  da ward ihm am Ufer ein trocken Grab.

Gustav Schwab

FAHRT INS FEXTAL

Als deine Sonne meinen Schnee beschien,
ein Sonntag war's im blauen Engadin.

Der Winter glühte und der Frost war heiß,
unendlich sprühten Funken aus dem Eis.

Knirschend ergab sich alle Gegenwart,
Licht tanzte zur Musik der Schlittenfahrt.

Wir fuhren jenseits aller Jahreszeit
irgendwohin in die Vergangenheit.

Was rauh begonnen war, verlief uns hold,
ein Tag von Silber dankt dem Strahl von Gold.

Der Zauber führt in ein versunknes Reich.
Wie bettet Kindertraum das Leben weich!

Voll alter Spiele ist das weiße Tal;
die Berge sammeln wir wie Bergkristall.

Trennt heut die Elemente keine Kluft?
Ein Feuerfluß verbindet Erd und Luft.

Wir leben anders. Wenn's so weiter geht,
ist dies hier schon der andere Planet!

Ins Helle schwebend schwindet aller Raum.
So schwerlos gleitet nach dem Tod der Traum.

Nicht birgt die Zeit im Vorrat uns ein Weh.
Bleicht sich das Haar, so gibt es guten Schnee.

Uns wärmt der Winter. Leben ist ein Tag,
da Silvaplanas Wind selbst ruhen mag.

Nicht Ziel, nur Rast ist's, die das Glück sich gab,
hält einmal dieser Schlitten vor dem Grab.

• *Karl Kraus*

DIE BERGE

Wir waren arm, und so fuhren wir lang
mit dem Personenzug.
Meine Mutter hatte nur Wien gesehn,
und ich war jung genug.
Wir fuhren lang über hügliges Land,
ich zählte jede Station,
ich trug sie wohl ein in mein Schön-
an vierzig waren es schon. [schreibheft,

Dann wurde ich müd, und ich schlief
Auf einmal – wie ward ich wach? [ein. –
Was donnerte her? was brach herein?
Was rauschte und sauste nach?
Es ward so kühl und so finster das Grün,
als schatteten Wände nah.
Meine Mutter zog mich zum Fenster hin –
und ich sah:

Da ragten Berge himmelan,
grünmoosig und felsigkahl,
und einzelne Fichten hingen daran,
und ein Wasser stürzte zu Tal.
Das Wasser, ja, das brauste so laut,
weiß schleiernd, mit gläsernem Bug.
Kalt war's – mir schauderte Mark und
Dumpf fort stampfte der Zug. [Haut.

Und höher und höher stieg das Gewänd.
Woher soviel Wasser quoll?
Es floß vielleicht aus dem Firmament,
dunkelblau und wolkenvoll.
„Das ist das Gesäuse", sprach jemand.
Meine Mutter nickte bloß.
Heftig griff sie nach meiner Hand
und ließ sie nicht mehr los.

Und die Berge blieben. Zum erstenmal
im Sommer sah ich Schnee.
„Eine Gemse!" rief meine Mutter. „Da!"
Aber es war nur ein Reh.
Unter hölzerner Brücke die Ache warf
grünweißen Wellengischt.
Ah, wehte die Luft eisigkühl und scharf,
mit Nadel- und Harzduft vermischt! –

Es war schon Abend, da stiegen wir aus,
das Dorf lag so fremd, voll Gefahr.
Unser Haus war ein altes Bauernhaus,
alles war wunderbar.
Mein Bett nur war zu früh gemacht,
es gab noch so vieles zu schaun –
meine Mutter weinte die ganze Nacht,
so laut rauschte die Traun.

Felix Braun

JUNI IN BERLIN

Lieber Gott, die Linden blühn!
Lieber Gott, was hab' ich getan,
daß ich in Mauern wohnen muß?
Draußen im Land deine Bäume sind grün,
hier hängt alles voll Ruß.

Ich kaufte mir eine Rose um Geld –
Rosen sind besser als Brot.
Ich habe sie neben mein Kissen gestellt,
sie blüht und duftet sich tot.

Lieber Gott, in mein Zimmer
scheint jetzt der Mond –
ach, warum hab' ich immer,
immer in Städten gewohnt?

Ina Seidel

ICH WILL HERAUS AUS DIESER STADT

Ich weiß, daß Berge auf mich warten,
draußen – weit –
und Wald und Winterfeld und Wiesengarten
voll Gotteinsamkeit –

weiß, daß für mich ein Wind durch Wälder dringt,
so lange schon –
daß Schnee fällt, daß der Mond nachtleise singt
den Ewig-Ton –

fühle, daß nachts Wolken schwellen,
Bäume,
daß Ebenen, Gebirge wellen
in meine Träume –

die Winterberge, meine Berge, tönen –
Wälder sind verschneit –
ich will hinaus, mit Euch mich zu versöhnen,
ich will heraus aus dieser Zeit,

hinweg von Märkten, Zimmern, Treppenstufen,
Straßenbraus –
die Waldberge, die Waldberge rufen,
locken mich hinaus!

Bald hab' ich diese Straßenwochen,
bald diesen Stadtbann aufgebrochen
und ziehe hin, wo Ströme durch die Ewig-Erde pochen,
ziehe selig in die Welt!

Gerrit Engelke

★

DER PANTHER

Im Jardin des Plantes, Paris

Sein Blick ist vom Vorübergehn der Stäbe
so müd geworden, daß er nichts mehr hält.
Ihm ist, als ob es tausend Stäbe gäbe
und hinter tausend Stäben keine Welt.

Der weiche Gang geschmeidig starker Schritte,
der sich im allerkleinsten Kreise dreht,
ist wie ein Tanz von Kraft um eine Mitte,
in der betäubt ein großer Wille steht.

Nur manchmal schiebt der Vorhang der Pupille
sich lautlos auf –. Dann geht ein Bild hinein,
geht durch der Glieder angespannte Stille –
und hört im Herzen auf zu sein.

Rainer Maria Rilke

AN EINE KATZE

Katze, stolze Gefangene,
lange kamst du nicht mehr.
Nun, über dämmerverhangene
Tische zögerst du her,

Feierabendbote,
feindlich dem emsigen Stift,
legst mir die Vorderpfote
leicht auf begonnene Schrift,

mahnst mich zu neuem Besinnen,
du so gelassen und schön!
Leise schon hör ich dich spinnen
heimliches Orgelgetön.

Lautlos geht eine Türe.
Alles wird ungewohnt.
Wenn ich die Stirn dir berühre,
fühl ich auf einmal den Mond.

Woran denkst du nun? An dein Heute?
Was du verfehlt und erreicht?
An dein Spiel? Deine Jagd? Deine Beute?
Oder träumst du vielleicht,

frei von versuchenden Schemen
grausamer Gegenwart,
milde teilzunehmen
an der menschlichen Art,

selig in großem Verzichte
Welten entgegenzugehn,
wandelnd in einem Lichte,
das wir beide nicht sehn?

Hans Carossa

MEIN KÄTZLEIN

Klagelied

Man fand dich fern vom warmen Hause,
bedrängt von Schnee und eis'gem Wind,
trug dich zu meiner stillen Klause,
verirrtes, armes Katzenkind.

Du schriest und klagtest in dem neuen
unheimlich bücherreichen Ort,
doch bald verschwand dein wildes Scheuen,
du fühltest dich in sichrem Hort.

Das Spiel begann, ein lustig Jagen,
ein Wettkampf in verwegnem Sprung,
ein Raufen, Purzeln, Überschlagen,
mit welcher Grazie, welchem Schwung!

Du dientest mir zu allen Stunden
mit Arlecchino-Schelmerein,
wie tief hast du die Pflicht empfunden,
mein dankbarer Hanswurst zu sein!

Nie war mir bang, die Witze gehen
zum komischen Ballett dir aus,
durch stete Fülle der Ideen
belebtest du das ganze Haus.

Die Nase fein, die Augen helle,
zart rosenfarb der kleine Mund,
jedwede Linie eine Welle
und jede Regung weich und rund.

Da kam, von Teufeln angestiftet,
ein Mäuschen her in einer Nacht –
du fraßest es, es war vergiftet,
und ach, dein Schicksal war vollbracht.

Es suchen dich die alten Freunde
in jedem Winkel aus und ein,
du warst der liebenden Gemeinde,
was einst der Max dem Wallenstein.

Und leb' ich nach dem Lärm hienieden
noch fort auf einem stillen Stern,
sei auch in Gnaden herbeschieden
das Kätzlein zu dem alten Herrn.

Friedrich Theodor Vischer

SCHWANZMEISEN

In heitrer Muße hat Euch Gott gemacht.
Sein Schöpferlächeln formte Federbäuchlein
mit schmalem Schwänzchen drollig lang bedacht,
das ganze übermalt von Farbenhäuchlein.

Schon wippt ein Pfannenstielchen durch die Luft
und allsogleich ein Schwarm von vielen, vielen,
die, kleine Gottgedanken, Licht und Duft,
ein klingend Zirpen durch die Weide spielen.

Wie seid Ihr nur in diese Welt gelangt?
In diese Welt! – Ein Wunder, uns zu trösten,
auf daß wir fühlen, wenn der Geist uns bangt,
im Kleinsten, lächelnd, ist der Herr am größten.

Cola Beaucamp

BIENENLIED

Ein Liedlein will ich singen
von Honigvögelein,
die hin und her sich schwingen,
wo bunte Blumen sein.
Das Völklein in dem Grünen,
es schmauset auf der Weid',
ich singe von den Bienen
auf dieser freien Heid'.

Der Winter hält gefangen
das zarte Jungfernvolk,
bis daß der Schnee vergangen,
Frost, Schauer, Nebelwolk'.
Und wann die Weste stimmen
nach linder Lenzen Art,
so machen sich die Immen
auf ihre Blumenfahrt.

Sie ziehen mit der Trummel,
der Stachel weist das Schwert;
ihr Brummel und Gehummel
hat niemand noch gefährd't.

Sie nehmen sonder Morden
den zarten Blumenraub,
und ihre Beut' ist worden
der Bäum' und Blüten Laub.

Wie sie die Wachsburg bauen
aus güldnem Pergament,
kann niemand nicht beschauen,
ja, keines Künstlers Händ'
hat man so sehr bewundert,
die Zimmerchen so gleich,
sechseckig ist gesondert
das Honigkönigreich.

Man sieht sie friedlich leben
ohn' Eigennutz und Streit,
in steter Mühe weben
zu Lenz- und Winterszeit;
sie pflegen einzutragen
der Blumen Saft und Tau,
und führen mit Behagen
gesamt den Zuckerbau.

DER HUND IN DER KIRCHE

Wie gedacht' ich jenes Tags der Worte,
die das Weib aus Kanaan gesprochen:
„Fressen doch die Hündlein von den Brocken,
die von ihrer Herren Tische fallen!"

In der dörflich bunten, halbgefüllten,
in der sommerlich geschmückten Kirche
betete der Priester am Altare:
„Dieses reine, unbefleckte Opfer,
milder Vater, wollest Du gesegnen!"

Durch die Stille, die der Bitte folgte,
klang ein dünnes, trippelndes Bewegen
von der Tür, im Rücken der Gemeinde,
zaghaft erst, verlegen, dann geschwinder.
Viele Augen wandten sich zur Seite.
Manche Fromme runzelte die Stirne,
gern bereit, ein Ärgernis zu nehmen. –

Auf den schwarz und weiß geschachten Fliesen
kam ein kleiner Hund auf kurzen Beinen
flink den Mittelgang entlanggelaufen,
ohne Abkunft, bäuerlicher Artung,
mißgefärbt und haarig wie ein Wollknäul,
aber drollig, jung und voller Neugier.

Tief am Boden lag die schwarze Nase,
witternd, schnuppernd suchte er die Richtung.
Er verhielt, er hob die rechte Pfote
eingewinkelt an, er hob die Ohren
und mit freudigem Kläffen schoß er schräge
ganz nach vorne zu den linken Bänken,
wo gedrängt die kleinen Mädchen knieten.

Ihrer eine, sonntäglich gekleidet,
siebenjährig, schlank und schmalgesichtig,
ward von jäher Röte überflutet,
und behend den dunkelbraunen Scheitel
neigte tief sie über ihr Gebetbuch.

Doch nun stießen sie die Nachbarinnen
kichernd an, voll Eifer und nicht ohne
eine kleine heilige Schadenfreude.

Selig, daß die Herrin er gefunden,
mit dem Stummelschwänzchen munter wedelnd,

suchte durchs Gewirr der Kinderfüße
sich der Hund zu ihr hindurchzuzwängen.
Kein Verleugnen half mehr, und die Kleine,
zitternd fast und nicht mehr fern den Tränen,
schnellte auf und schob sich widerwillig
durch die Reihe, schon den Hund im Arme,
knickste in des Hochaltares Richtung
und begann geschwind zur Tür zu flüchten
auf den schwarz und weiß geschachten Fliesen.
Und ein Sonnenstrahl fiel durch das bunte
Fenster und beglänzte ihre Haare
und das rote, glühende Gesichtchen.
Doch noch war der Ausgang nicht gewonnen,
als das Glöckchen hell zur Wandlung schellte,
alle knieten. Und das Kind hielt inne,
wandte sich und mit gesenktem Scheitel
ging es hurtig in die Kniee nieder.
Sorglich mit der Linken hielt die Kleine
eng den Hund gepreßt an ihre Brüstchen
und bekreuzte gläubig mit der Rechten
sich und ihn.
Da lächelte am Pfeiler
fromm der Löwe Hieronymi.
Das Getier der heiligen Geschichten,
dieses schneller, jenes erst mit Zögern,
schwer verstehend, wie es manches Art ist,
tat's ihm nach auf Bildern und Altären
überall. Es hoben an zu lächeln
Ochs' und Esel und der Fisch des Jonas,
Lucä Stier und des Johannes Adler,
Hund und Hirsch des heiligen Hubertus,
Martins Pferd und des Georgius Streithengst,
Lamm und Taube, endlich die gekrümmte
Schlange unterm Fuß der Gottesmutter.
Aus der Orgel aber stieg verstohlen
silberhell ein winziges Gelächter,
tropfte, perlte, wenigen vernehmlich.
Doch dann schwoll sie auf und rief mit Jauchzen:
„Lobt Ihn, alle Kreatur!"

Werner Bergengruen

HEKTORS ABSCHIED

Andromache:

Will sich Hektor ewig von mir wenden,
wo Achill mit den unnahbarn Händen
dem Patroklus schrecklich Opfer bringt?
Wer wird künftig deinen Kleinen lehren
Speere werfen und die Götter ehren,
wenn der finstre Orkus dich verschlingt?

Hektor:

Teures Weib, gebiete deinen Tränen!
Nach der Feldschlacht ist mein feurig Sehnen,
diese Arme schützen Pergamus.
Kämpfend für den heil'gen Herd der Götter,
fall' ich, und des Vaterlandes Retter
steig' ich nieder zu dem styg'schen Fluß.

Andromache:

Nimmer lausch' ich deiner Waffen Schalle,
müßig liegt dein Eisen in der Halle,
Priams großer Heldenstamm verdirbt.
Du wirst hingehn, wo kein Tag mehr scheinet,
der Cocytus durch die Wüsten weinet,
deine Liebe in dem Lethe stirbt.

Hektor:

All mein Sehnen will ich, all mein Denken
in des Lethe stillen Strom versenken,
aber meine Liebe nicht.
Horch! der Wilde tobt schon an den Mauern,
gürte mir das Schwert um, laß das Trauern!
Hektors Liebe stirbt im Lethe nicht.

• *Schiller*

KASSANDRA

Freude war in Trojas Hallen,
eh' die hohe Feste fiel;
Jubelhymnen hört man schallen
in der Saiten goldnes Spiel;
alle Hände ruhen müde
von dem tränenvollen Streit,
weil der herrliche Pelide
Priams schöne Tochter freit.

Und geschmückt mit Lorbeerreisern,
festlich wallet Schar auf Schar
nach der Götter heil'gen Häusern,
zu des Thymbriers Altar.
Dumpf erbrausend durch die Gassen
wälzt sich die bacchant'sche Lust,
und in ihrem Schmerz verlassen
war nur eine traur'ge Brust.

Freudlos in der Freude Fülle,
ungesellig und allein,
wandelte Kassandra stille
in Apollos Lorbeerhain.
In des Waldes tiefste Gründe
flüchtete die Seherin,
und sie warf die Priesterbinde
zu der Erde zürnend hin:

,,Alles ist der Freude offen,
alle Herzen sind beglückt,
und die alten Eltern hoffen,
und die Schwester steht geschmückt.
Ich allein muß einsam trauern,
denn mich flieht der süße Wahn,
und geflügelt diesen Mauern
seh' ich das Verderben nahn.

Eine Fackel seh' ich glühen,
aber nicht in Hymens Hand;
nach den Wolken seh' ich's ziehen,
aber nicht wie Opferbrand.
Feste seh' ich froh bereiten,
doch im ahnungsvollen Geist
hör' ich schon des Gottes Schreiten,
der sie jammervoll zerreißt.

Und sie schelten meine Klagen,
und sie höhnen meinen Schmerz,
einsam in die Wüste tragen
muß ich mein gequältes Herz,
von den Glücklichen gemieden,
und den Fröhlichen ein Spott!
Schweres hast du mir beschieden,
pythischer, du arger Gott!

Dein Orakel zu verkünden,
warum warfest du mich hin
in die Stadt der ewig Blinden,
mit dem aufgeschloßnen Sinn?
Warum gabst du mir zu sehen,
was ich doch nicht wenden kann?
Das Verhängte muß geschehen,
das Gefürchtete muß nahn.

Frommt's, den Schleier aufzuheben,
wo das nahe Schrecknis droht?
Nur der Irrtum ist das Leben,
und das Wissen ist der Tod.
Nimm, o nimm die traur'ge Klarheit,
mir vom Aug den blut'gen Schein!
Schrecklich ist es, deiner Wahrheit
sterbliches Gefäß zu sein.

Meine Blindheit gib mir wieder
und den fröhlich dunkeln Sinn!
Nimmer sang ich freud'ge Lieder,
seit ich deine Stimme bin.
Zukunft hast du mir gegeben,
doch du nahmst den Augenblick,
nahmst der Stunde fröhlich Leben –
nimm dein falsch Geschenk zurück!

Nimmer mit dem Schmuck der Bräute
kränzt' ich mir das duft'ge Haar,
seit ich deinem Dienst mich weihte
an dem traurigen Altar.
Meine Jugend war nur Weinen,
und ich kannte nur den Schmerz,
jede herbe Not der Meinen
schlug an mein empfindend Herz.

Fröhlich seh' ich die Gespielen,
alles um mich lebt und liebt
in der Jugend Lustgefühlen,
mir nur ist das Herz getrübt.
Mir erscheint der Lenz vergebens,
der die Erde festlich schmückt:
wer erfreute sich des Lebens,
der in seine Tiefen blickt!

Selig preis' ich Polyxenen
in des Herzens trunknem Wahn,
denn den Besten der Hellenen
hofft sie bräutlich zu umfahn.
Stolz ist ihre Brust gehoben,
ihre Wonne faßt sie kaum,
nicht euch Himmlische dort oben
neidet sie in ihrem Traum.

Und auch ich hab' ihn gesehen,
den das Herz verlangend wählt,
seine schönen Blicke flehen,
von der Liebe Glut beseelt.
Gerne möcht' ich mit dem Gatten
in die heim'sche Wohnung ziehn,
doch es tritt ein styg'scher Schatten
nächtlich zwischen mich und ihn.

Ihre bleichen Larven alle
sendet mir Proserpina;
wo ich wandre, wo ich walle,
stehen mir die Geister da.
In der Jugend frohe Spiele
drängen sie sich grausend ein,
ein entsetzliches Gewühle –
nimmer kann ich fröhlich sein.

Und den Mordstahl seh' ich blinken
und das Mörderauge glühn;
nicht zur Rechten, nicht zur Linken
kann ich vor dem Schrecknis fliehn;
nicht die Blicke darf ich wenden;
wissend, schauend, unverwandt
muß ich mein Geschick vollenden,
fallend in dem fremden Land."

Und noch hallen ihre Worte –
horch! da dringt verworrner Ton
fernher aus des Tempels Pforte:
tot lag Thetis' großer Sohn!
Eris schüttelt ihre Schlangen,
alle Götter fliehn davon,
und des Donners Wolken hangen
schwer herab auf Ilion.

• *Schiller*

DAS SIEGESFEST

Priams Feste war gesunken,
Troja lag in Schutt und Staub,
und die Griechen, siegestrunken,
reich beladen mit dem Raub,
saßen auf den hohen Schiffen
längs des Hellespontos Strand,
auf der frohen Fahrt begriffen
nach dem schönen Griechenland.
Stimmet an die frohen Lieder!
Denn dem väterlichen Herd
sind die Schiffe zugekehrt,
und zur Heimat geht es wieder.

Und in langen Reihen, klagend,
saß der Trojerinnen Schar,
schmerzvoll an die Brüste schlagend,
bleich, mit aufgelöstem Haar.
In das wilde Fest der Freuden
mischten sie den Wehgesang,
weinend um das eigne Leiden
in des Reiches Untergang.
Lebe wohl, geliebter Boden!
Von der süßen Heimat fern
folgen wir dem fremden Herrn.
Ach wie glücklich sind die Toten!

Und den hohen Göttern zündet
Kalchas jetzt das Opfer an;
Pallas, die die Städte gründet
und zertrümmert, ruft er an
und Neptun, der um die Länder
seinen Wogengürtel schlingt,
und den Zeus, den Schreckensender,
der die Ägis grausend schwingt.
Ausgestritten, ausgerungen
ist der lange, schwere Streit,
ausgefüllt der Kreis der Zeit,
und die große Stadt bezwungen.

Atreus' Sohn, der Fürst der Scharen,
übersah der Völker Zahl,
die mit ihm gezogen waren
einst in des Skamanders Tal.
Und des Kummers finstre Wolke
zog sich um des Königs Blick:
von dem hergeführten Volke
bracht' er wen'ge nur zurück.
Drum erhebe frohe Lieder,
wer die Heimat wiedersieht,
wem noch frisch das Leben blüht!
Denn nicht alle kehren wieder.

„Alle nicht, die wiederkehren,
mögen sich des Heimzugs freun,
an den häuslichen Altären
kann der Mord bereitet sein.
Mancher fiel durch Freundestücke,
den die blut'ge Schlacht verfehlt!"
Sprach's Ulyß mit Warnungsblicke,
von Athenens Geist beseelt.
Glücklich, wem der Gattin Treue
rein und keusch das Haus bewahrt!
Denn das Weib ist falscher Art,
und die Arge liebt das Neue.

Und des frisch erkämpften Weibes
freut sich der Atrid und strickt
um den Reiz des schönen Leibes
seine Arme hochbeglückt.
„Böses Werk muß untergehen,
Rache folgt der Freveltat;
denn gerecht in Himmelshöhen
waltet des Kroniden Rat."
Böses muß mit Bösem enden;
an dem frevelnden Geschlecht
rächet Zeus das Gastesrecht,
wägend mit gerechten Händen.

„Wohl dem Glücklichen mag's ziemen,"
ruft Oïleus' tapfrer Sohn,
„die Regierenden zu rühmen
auf dem hohen Himmelsthron!
Ohne Wahl verteilt die Gaben,
ohne Billigkeit das Glück;
denn Patroklus liegt begraben,
und Thersites kommt zurück!"
Weil das Glück aus seiner Tonnen
die Geschicke blind verstreut,
freue sich und jauchze heut,
wer das Lebenslos gewonnen!

„Ja, der Krieg verschlingt die Besten!
Ewig werde dein gedacht,
Bruder, bei der Griechen Festen,
der ein Turm war in der Schlacht.
Da der Griechen Schiffe brannten,
war in deinem Arm das Heil;
doch dem Schlauen, Vielgewandten
ward der schöne Preis zuteil."
Friede deinen heil'gen Resten!
Nicht der Feind hat dich entrafft:
Ajax fiel durch Ajax' Kraft.
Ach, der Zorn verderbt die Besten!

Dem Erzeuger jetzt, dem großen,
gießt Neoptolem des Weins:
„Unter allen ird'schen Losen,
hoher Vater, preis' ich deins:
von des Lebens Gütern allen
ist der Ruhm das höchste doch;
wenn der Leib in Staub zerfallen,
lebt der große Name noch."
Tapfrer, deines Ruhmes Schimmer
wird unsterblich sein im Lied;
denn das ird'sche Leben flieht,
und die Toten dauern immer.

„Weil des Liedes Stimmen schweigen
von dem überwundnen Mann,
so will ich für Hektorn zeugen",
hub der Sohn des Tydeus an;
„der für seine Hausaltäre
kämpfend, ein Beschirmer, fiel –
krönt den Sieger größre Ehre,
ehret ihn das schönre Ziel!"
Der für seine Hausaltäre
kämpfend sank, ein Schirm und Hort,
auch in Feindes Munde fort
lebt ihm seines Namens Ehre.

Nestor jetzt, der alte Zecher,
der drei Menschenalter sah,
reicht' den laubumkränzten Becher
der betränten Hekuba:
„Trink ihn aus, den Trank der Labe,
und vergiß den großen Schmerz!
Wundervoll ist Bacchus' Gabe,
Balsam fürs zerrißne Herz."
Trink ihn aus, den Trank der Labe,
und vergiß den großen Schmerz!
Balsam fürs zerrißne Herz,
wundervoll ist Bacchus' Gabe.

„Denn auch Niobe, dem schweren
Zorn der Himmlischen ein Ziel,
kostete die Frucht der Ähren
und bezwang das Schmerzgefühl.
Denn solang die Lebensquelle
schäumet an der Lippen Rand,
ist der Schmerz in Lethes Welle
tief versenkt und festgebannt!"
Denn solang die Lebensquelle
an der Lippen Rande schäumt,
ist der Jammer weggeträumt,
fortgespült in Lethes Welle.

Und von ihrem Gott ergriffen,
hub sich jetzt die Seherin,
blickte von den hohen Schiffen
nach dem Rauch der Heimat hin.

„Rauch ist alles ird'sche Wesen;
wie des Dampfes Säule weht,
schwinden alle Erdengrößen;
nur die Götter bleiben stet."
Um das Roß des Reiters schweben,
um das Schiff die Sorgen her;
morgen können wir's nicht mehr,
darum laßt uns heute leben!

Schiller

HELENA

In Menelaos' goldnem Saale
saß Nestors Sohn und Telemach.
Sie freuten sich mit ihm beim Mahle,
doch als er von Odysseus sprach,
barg in des Mantels Purpurhülle
der Jüngling rasch sein Angesicht
und seiner Tränen dunkle Fülle –
nur Helenen entging es nicht.

Sie kam gleich Artemis geschritten
vom duftenden Gemach hervor,
ihr stellte an der Tafel Mitten
den Stuhl der Dienerinnen Chor,
den Teppich brachten sie, den weichen,
und eilten, ihrer Königin
den Korb von Silber darzureichen,
die Spindel und das Garn darin.

Und so zu Menelaos wandte
die Gattin sich von ihrem Thron:
„Wenn ich den Gast dort recht erkannte,
so ist er des Odysseus Sohn."
„Er sieht – ich mußt' ihn längst betrachten",
sprach Menelaos, „ganz ihm gleich,
und als des Helden wir gedachten,
ward auch sein Herz von Tränen weich."

„Es ist so!", rief der Nestoride,
dem bei der Herzenssaite Ton
die Träne bebt' am Augenlide,
„er ist es, des Odysseus Sohn,
des vielerfahrnen, reich an Ehren,
dem ach! noch fern in wilder Flut,
der Heimkehr Tag die Götter wehren,
der schon vielleicht im Meere ruht!"

„O welche Stunde, reich gesegnet",
rief Menelaos, „bringst du mit,
da mir des Mannes Sohn begegnet,
der viel für mich erlitt und stritt;
wie wär' er selbst erst mir willkommen!
Ich räumte eine Stadt ihm ein,
so sollt' er bei mir aufgenommen
bis an sein Lebensende sein."

Er sprach es, und in aller Herzen
drang Kümmernis und tiefer Gram,
daß ein Erinnern aller Schmerzen
die großen Seelen überkam.
Doch Helena stund auf und mischte
ein Zaubermittel in den Wein,
das vom Gedächtnis weg verwischte
jedweden Kummer, jede Pein.

Und alle Haß- und Zorngedanken,
des Unglücks Macht, der Feinde
Hohn
vergaßen, die den Zauber tranken,
nur Helena trank nicht davon.
Ihr Blick sah nach des Tores Schwelle,
sie starrte traumhaft vor sich aus:
ihr war, als leuchte Fackelhelle,
ein schöner Jüngling trat ins Haus.

Er war's, der zärtliche Verbrecher,
er schwebte lächelnd auf sie zu,
doch Menelaos hob den Becher:
„Trink, Helena, vergiß auch du!"
Sieh, schmerzlich winkend schwand der
Schatten
und wies auf ein noch blutig Erz.
Es traf ihr Blick den Blick des Gatten,
und Todesfrost durchfror ihr Herz.

• *Hermann Lingg*

DIE BRAUT VON KORINTH

Nach Korinthus von Athen gezogen
kam ein Jüngling, dort noch unbekannt.
Einen Bürger hofft' er sich gewogen:
beide Väter waren gastverwandt,
hatten frühe schon
Töchterchen und Sohn
Braut und Bräutigam voraus genannt.

Aber wird er auch willkommen scheinen,
wenn er teuer nicht die Gunst erkauft?
Er ist noch ein Heide mit den Seinen,
und sie sind schon Christen und getauft.
Keimt ein Glaube neu,
wird oft Lieb und Treu
wie ein böses Unkraut ausgerauft.

Und schon lag das ganze Haus im stillen,
Vater, Töchter, nur die Mutter wacht;
sie empfängt den Gast mit bestem Willen,
gleich ins Prunkgemach wird er gebracht.
Wein und Essen prangt,
eh' er es verlangt:
so versorgend wünscht sie gute Nacht.

Aber bei dem wohlbestellten Essen
wird die Lust der Speise nicht erregt.
Müdigkeit läßt Speis und Trank vergessen,

daß er angekleidet sich aufs Bette legt;
und er schlummert fast,
als ein seltner Gast
sich zur offnen Tür hereinbewegt.

Denn er sieht, bei seiner Lampe Schimmer
tritt, mit weißem Schleier und Gewand,
sittsam still ein Mädchen in das Zimmer,
um die Stirn ein schwarz- und goldnes Band.
Wie sie ihn erblickt,
hebt sie, die erschrickt,
mit Erstaunen eine weiße Hand.

,,Bin ich", rief sie aus, ,,so fremd im Hause,
daß ich von dem Gaste nichts vernahm?
Ach, so hält man mich in meiner Klause!
Und nun überfällt mich hier die Scham.
Ruhe nur so fort
auf dem Lager dort,
und ich gehe schnell, so wie ich kam."

,,Bleibe, schönes Mädchen!", ruft der Knabe,
rafft von seinem Lager sich geschwind:
,,Hier ist Ceres', hier ist Bacchus' Gabe,
und du bringst den Amor, liebes Kind!
Bist vor Schrecken blaß!
Liebe, komm und laß,
laß uns sehn, wie froh die Götter sind!"

,,Ferne bleib, o Jüngling, bleibe stehen!
Ich gehöre nicht den Freuden an.
Schon der letzte Schritt ist, ach, geschehen
durch der guten Mutter kranken Wahn,
die genesend schwur:
Jugend und Natur
sei dem Himmel künftig untertan.

Und der alten Götter bunt Gewimmel
hat sogleich das stille Haus geleert.
Unsichtbar wird einer nur im Himmel,
und ein Heiland wird am Kreuz verehrt;

Opfer fallen hier,
weder Lamm noch Stier,
aber Menschenopfer unerhört."

Und er fragt und wäget alle Worte,
deren keines seinem Geist entgeht:
„Ist es möglich, daß am stillen Orte
die geliebte Braut hier vor mir steht?
Sei die meine nur!
Unsrer Väter Schwur
hat vom Himmel Segen uns erfleht."

„Mich erhältst du nicht, du gute Seele!
Meiner zweiten Schwester gönnt man dich.
Wenn ich mich in stiller Klause quäle,
ach, in ihren Armen denk an mich,
die an dich nur denkt,
die sich liebend kränkt;
in die Erde bald verbirgt sie sich."

„Nein, bei dieser Flamme sei's geschworen,
gütig zeigt sie Hymen uns voraus:
bist der Freude nicht und mir verloren,
kommst mit mir in meines Vaters Haus.
Liebchen, bleibe hier!
Feire gleich mit mir
unerwartet unsern Hochzeitsschmaus!"

Und schon wechseln sie der Treue Zeichen:
golden reicht sie ihm die Kette dar,
und er will ihr eine Schale reichen,
silbern, künstlich, wie nicht eine war.
„Die ist nicht für mich;
doch, ich bitte dich,
eine Locke gib von deinem Haar."

Eben schlug die dumpfe Geisterstunde,
und nun schien es ihr erst wohl zu sein.
Gierig schlürfte sie mit blassem Munde
nun den dunkel blutgefärbten Wein;

doch vom Weizenbrot,
das er freundlich bot,
nahm sie nicht den kleinsten Bissen ein.

Und dem Jüngling reichte sie die Schale,
der, wie sie, nun hastig lüstern trank.
Liebe fordert er beim stillen Mahle:
ach, sein armes Herz war liebekrank!
Doch sie widersteht,
wie er immer fleht,
bis er weinend auf das Bette sank.

Und sie kommt und wirft sich zu ihm nieder:
„Ach, wie ungern seh' ich dich gequält!
Aber, ach, berührst du meine Glieder,
fühlst du schaudernd, was ich dir verhehlt.
Wie der Schnee so weiß,
aber kalt wie Eis
ist das Liebchen, das du dir erwählt."

Heftig faßt er sie mit starken Armen,
von der Liebe Jugendkraft durchmannt:
„Hoffe doch bei mir noch zu erwarmen,
wärst du selbst mir aus dem Grab gesandt!"
Wechselhauch und Kuß!
Liebesüberfluß!
„Brennst du nicht und fühlest mich entbrannt?"

Liebe schließet fester sie zusammen,
Tränen mischen sich in ihre Lust;
gierig saugt sie seines Mundes Flammen,
eins ist nur im andern sich bewußt.
Seine Liebeswut
wärmt ihr starres Blut,
doch es schlägt kein Herz in ihrer Brust.

Unterdessen schleichet auf dem Gange
häuslich spät die Mutter noch vorbei,
horchet an der Tür und horchet lange,
welch ein sonderbarer Ton es sei:

Klag- und Wonnelaut,
Bräutigams und Braut,
und des Liebesstammelns Raserei!

Unbeweglich bleibt sie an der Türe,
weil sie erst sich überzeugen muß,
und sie hört die höchsten Liebesschwüre,
Lieb- und Schmeichelworte, mit Verdruß:
,,Still! der Hahn erwacht!" –
,,Aber morgen nacht
bist du wieder da?" – und Kuß auf Kuß.

Länger hält die Mutter nicht das Zürnen,
öffnet das bekannte Schloß geschwind:
,,Gibt es hier im Hause solche Dirnen,
die dem Fremden gleich zu Willen sind?"
So zur Tür hinein.
Bei der Lampe Schein
sieht sie – Gott!, sie sieht ihr eigen Kind.

Und der Jüngling will im ersten Schrecken
mit des Mädchens eignem Schleierflor,
mit dem Teppich die Geliebte decken,
doch sie windet gleich sich selbst hervor.
Wie mit Geists Gewalt
hebet die Gestalt
lang und langsam sich im Bett empor.

,,Mutter! Mutter!", spricht sie hohle Worte,
,,so mißgönnt Ihr mir die schöne Nacht!
Ihr vertreibt mich von dem warmen Orte,
bin ich zur Verzweiflung nur erwacht?
Ist's Euch nicht genug,
daß ins Leichentuch,
daß Ihr früh mich in das Grab gebracht?

Aber aus der schwerbedeckten Enge
treibet mich ein eigenes Gericht.
Eurer Priester summende Gesänge
und ihr Segen haben kein Gewicht;
Salz und Wasser kühlt
nicht, wo Jugend fühlt;
ach, die Erde kühlt die Liebe nicht!

Dieser Jüngling war mir erst versprochen,
als noch Venus' heitrer Tempel stand.
Mutter, habt Ihr doch das Wort gebrochen,
weil ein fremd, ein falsch Gelübd' Euch band!
Doch kein Gott erhört,
wenn die Mutter schwört,
zu versagen ihrer Tochter Hand.

Aus dem Grabe werd' ich ausgetrieben,
noch zu suchen das vermißte Gut,
noch den schon verlornen Mann zu lieben
und zu saugen seines Herzens Blut.
Ist's um den geschehn,
muß nach andern gehn,
und das junge Volk erliegt der Wut.

Schöner Jüngling, kannst nicht länger leben!
Du versiechest nun an diesem Ort.
Meine Kette hab ich dir gegeben;
deine Locke nehm' ich mit mir fort.
Sieh sie an genau!
Morgen bist du grau,
und nur braun erscheinst du wieder dort.

Höre, Mutter, nun die letzte Bitte:
Einen Scheiterhaufen schichte du!
Öffne meine bange kleine Hütte,
bring in Flammen Liebende zur Ruh!
Wenn der Funke sprüht,
wenn die Asche glüht,
eilen wir den alten Göttern zu."

• *Goethe*

DER GOTT UND DIE BAJADERE

Indische Legende

Mahadöh, der Herr der Erde,
kommt herab zum sechstenmal,
daß er unsersgleichen werde,
mitzufühlen Freud' und Qual.

Er bequemt sich, hier zu wohnen,
läßt sich alles selbst geschehn.
Soll er strafen oder schonen,
muß er Menschen menschlich sehn.
Und hat er die Stadt sich als Wandrer betrachtet,
die Großen belauert, auf Kleine geachtet,
verläßt er sie abends, um weiterzugehn.

Als er nun hinausgegangen,
wo die letzten Häuser sind,
sieht er, mit gemalten Wangen,
ein verlornes schönes Kind.
„Grüß dich, Jungfrau!" – „Dank der Ehre!
Wart, ich komme gleich hinaus." –
„Und wer bist du?" – „Bajadere,
und dies ist der Liebe Haus."
Sie rührt sich, die Zimbeln zum Tanze zu schlagen;
sie weiß sich so lieblich im Kreise zu tragen,
sie neigt sich und biegt sich und reicht ihm den Strauß.

Schmeichelnd zieht sie ihn zur Schwelle,
lebhaft ihn ins Haus hinein.
„Schöner Fremdling, lampenhelle
soll sogleich die Hütte sein.
Bist du müd, ich will dich laben,
lindern deiner Füße Schmerz.
Was du willst, das sollst du haben,
Ruhe, Freuden oder Scherz."
Sie lindert geschäftig geheuchelte Leiden.
Der Göttliche lächelt; er siehet mit Freuden
durch tiefes Verderben ein menschliches Herz.

Und er fordert Sklavendienste;
immer heitrer wird sie nur,
und des Mädchens frühe Künste
werden nach und nach Natur.
Und so stellet auf die Blüte
bald und bald die Frucht sich ein:
ist Gehorsam im Gemüte,
wird nicht fern die Liebe sein.
Aber, sie schärfer und schärfer zu prüfen,
wählet der Kenner der Höhen und Tiefen
Lust und Entsetzen und grimmige Pein.

Und er küßt die bunten Wangen,
und sie fühlt der Liebe Qual,
und das Mädchen steht gefangen,
und sie weint zum erstenmal;
sinkt zu seinen Füßen nieder,
nicht um Wollust noch Gewinst,
ach, und die gelenken Glieder,
sie versagen allen Dienst!
Und so zu des Lagers vergnüglicher Feier
bereiten den dunklen behaglichen Schleier
die nächtlichen Stunden, das schöne Gespinst.

Spät entschlummert unter Scherzen,
früh erwacht nach kurzer Rast,
findet sie an ihrem Herzen
tot den vielgeliebten Gast.
Schreiend stürzt sie auf ihn nieder;
aber nicht erweckt sie ihn,
und man trägt die starren Glieder
bald zur Flammengrube hin.
Sie höret die Priester, die Totengesänge,
sie raset und rennet und teilet die Menge.
„Wer bist du? was drängt zu der Grube dich hin?“

Bei der Bahre stürzt sie nieder,
ihr Geschrei durchdringt die Luft:
„Meinen Gatten will ich wieder!
Und ich such' ihn in der Gruft.
Soll zu Asche mir zerfallen
dieser Glieder Götterpracht?
Mein! er war es, mein vor allen!
Ach, nur Eine süße Nacht!“
Es singen die Priester: Wir tragen die Alten
nach langem Ermatten und spätem Erkalten,
wir tragen die Jugend, noch eh' sie's gedacht.

„Höre deiner Priester Lehre:
Dieser war dein Gatte nicht.
Lebst du doch als Bajadere,
und so hast du keine Pflicht.

Nur dem Körper folgt der Schatten
in das stille Totenreich;
nur die Gattin folgt dem Gatten:
das ist Pflicht und Ruhm zugleich.
Ertöne, Drommete, zu heiliger Klage!
O nehmet, ihr Götter, die Zierde der Tage,
o nehmet den Jüngling in Flammen zu euch!"

So das Chor, das ohn Erbarmen
mehret ihres Herzens Not;
und mit ausgestreckten Armen
springt sie in den heißen Tod.
Doch der Götterjüngling hebet
aus der Flamme sich empor,
und in seinen Armen schwebet
die Geliebte mit hervor.
Es freut sich die Gottheit der reuigen Sünder;
Unsterbliche heben verlorene Kinder
mit feurigen Armen zum Himmel empor.

• *Goethe*

DIE HEXE VON EN DOR

Auf Samuels Grabe glänzte die Sonne grell,
und Saul, der finstre, ward König von Israel;
schwarz blickte sein brennendes Auge am Morgen der Schlacht
und düster aufs fliehende Volk zur Mitternacht.

Wohl schrie er zum Gotte der Väter am Rauchaltar,
wohl bracht' er den weißen Widder zum Opfer dar,
wohl floß das Blut der Farren wie rotes Band
vom weißen Stein über seine braune Hand –

umsonst Gebet und Blut und die Kraft im Speer,
es hörte der alte Gott sein altes Volk nicht mehr.
Am lodernden Lagerfeuer sprach Saul verstört:
„So zeigt mir das Weib, das die Toten heraufbeschwört!"

Und sie ritten zur Hexe von En Dor bei der Nacht;
dreimal schlug Saul an die Tür, sie ward aufgemacht;
dreimal zu den Pforten des Todes schrie Schalomai,
und die Pforten des Todes barsten beim dritten Schrei.

Und es dampfte Gewölk, und es sagte der Hexe Mund:
„Einen Krieger seh ich steigen aus tiefem Grund . . ."
Da wallte ein Mantel im Rauch und ein Pardelfell:
vor König Saul stand Richter Samuel.

„Was störst du mich auf von den Toten zu irdischem Licht?" – –
„Der Ewige hört die alten Gebete nicht!
Es schwelt der Rauch vom Steine nieder zum Grund,
es schweigen Sterne, Träume und Priestermund!

Meine Söhne und ich, wir starrten zur Opferglut,
meinen Söhnen und mir versagten Gebet und Blut,
meine Söhne und ich, wir standen im Schrei der Schlacht,
– und tausend Erschlagene fielen in einer Nacht!"

Da sprach eine Stimme, und sprach nicht dort noch hier:
„Morgen bist du und deine Söhne bei mir!"
Aufschrie der König – sein Herz schlug schweren Schlag,
und über Gilboa graute sein Schicksalstag.

• *Börries von Münchhausen*

BELSAZER

Die Mitternacht zog näher schon;
in stummer Ruh lag Babylon.

Nur oben in des Königs Schloß,
da flackert's, da lärmt des Königs Troß.

Dort oben in dem Königssaal
Belsazer hielt sein Königsmahl.

Die Knechte saßen in schimmernden Reihn
und leerten die Becher mit funkelndem Wein.

Es klirrten die Becher, es jauchzten die Knecht';
so klang es dem störrigen Könige recht.

Des Königs Wangen leuchten Glut;
im Wein erwuchs ihm kecker Mut.

Und blindlings reißt der Mut ihn fort;
und er lästert die Gottheit mit sündigem Wort.

Und er brüstet sich frech und lästert wild!
Die Knechtenschar ihm Beifall brüllt.

Der König rief mit stolzem Blick;
der Diener eilt und kehrt zurück.

Er trug viel gülden Gerät auf dem Haupt,
das war aus dem Tempel Jehovas geraubt.

Und der König ergriff mit frevler Hand
einen heiligen Becher, gefüllt bis am Rand.

Und er leert ihn hastig bis auf den Grund
und rufet laut mit schäumendem Mund:

„Jehova! dir künd' ich auf ewig Hohn –
ich bin der König von Babylon!"

Doch kaum das grause Wort verklang,
dem König ward's heimlich im Busen bang.

Das gellende Lachen verstummte zumal;
es wurde leichenstill im Saal.

Und sieh! und sieh! an weißer Wand,
da kam's hervor, wie Menschenhand;

und schrieb, und schrieb an weißer Wand
Buchstaben von Feuer, und schrieb und schwand.

Der König stieren Blicks da saß,
mit schlotternden Knien und totenblaß.

Die Knechtenschar saß kalt durchgraut
und saß gar still, gab keinen Laut.

Die Magier kamen, doch keiner verstand
zu deuten die Flammenschrift an der Wand.

Belsazer ward aber in selbiger Nacht
von seinen Knechten umgebracht.

Heinrich Heine

DIE NIBELUNGEN

In der dunkelnden Halle saßen sie,
sie saßen geschart um die Flammen,
Hagen Tronje zur Linken, sein Schwert
auf dem Knie,
die Könige saßen zusammen.

Schön Kriemhild kauerte nah der Glut.
Von ihren schmalen Händen
zuckte der Schein wie Gold und Blut
und sprang hinauf an den Wänden.

König Gunter sprach: „Mein Herz geht
hör' ich den Ostwind klagen! [schwer,
Spielmann, lang deine Fiedel her,
sing uns von frohen Tagen!"

Aufflog ein jubelnder Bogenstrich
und flatterte an den Balken,
Herr Volker sang: „Einst zähmte ich
einen edelen Falken ..."

Die blonde Kriemhild blickte auf
und sprach mit Tränen und leise:
„Spielmann, hör mit dem Liede auf,
sing eine andre Weise!"

Die braune Fiedel raunte alsbald
träumend und ganz versonnen,
Herr Volker sang: „Im Odenwald
da fließt ein kühler Bronnen ..."

Die blonde Kriemhild wandte sich
und sprach mit Tränen und bange:
„Mein Herz schlägt laut und
fürchtet sich
und bebt bei deinem Sange ..."

Anhub die Fiedel zum drittenmal
aufweinend in Gram und Leide.
Herrn Volkers Stimme sang
im Saal,
wie ein Vogel auf nächtiger Heide:

„Es glimmt empor aus ewiger Nacht
heißer als alle Feuersglut,
gelb wie das Aug' der Zwergenbrut,
das gierig seinen Glanz bewacht, –
o weh der Lust, die mich gezeugt!

Wie Brunft nach Brunft im Forste schreit,
wie nach der Lohe lechzt die Glut,
so treibt die Gier nach Menschenblut
ans Licht den Hort der Dunkelheit, –
o weh dem Schoß, der mich gebar!

Es ruft den Neid, es weckt den Mord,
stört auf die Drachen Trug und List,
hetzt Rachsucht, die die Rache frißt, –
und immer röter glüht der Hort, –
o weh der Brust, die mich gesäugt!

Es treibt und schwimmt im Purpurquell,
es trinkt den Quell und lechzt nach mehr,
es braust und schäumt, die Flut steigt
schnell,
breit wie die Donau strömt es her, –
o weh der Lieb', die lieb mir war!

Es schäumt und braust, atmet und steigt,
schon brandet's draußen an die Tür,
es klopft und pocht, der Riegel weicht,
nun flutet's heiß und rot herfür, –
weh über mich, weh über euch!"

Jäh bei dem letzten Bogenstrich
sprangen die Saiten und schrien,
Hagen von Tronje neigte sich
und wiegte sein Schwert auf den Knien.

Die Könige saßen bleich und verstört,
doch die schöne Kriemhild lachte,
sie sprach: „Nie hab' ich ein Lied gehört,
das mich lustiger machte!"

Sie kniete nieder und schürte die Glut.
Von ihren schmalen Händen
zuckte der Schein wie Gold und Blut
und sprang hinauf an den Wänden.

• *Agnes Miegel*

HAGENS STERBELIED

Nun werd' ich sehr alleine!
Die Fürsten liegen tot –
wie glänzt im Mondenscheine
der Estrich blutig rot!

Die fröhlichen Burgunden,
wie sie nun stille sind!
Ich höre, wie aus Wunden
das Blut in Tropfen rinnt.

Es steiget aus dem Hause
ein Dunst von Blute schwer,
schon kreischen nach dem Schmause
die Geier rings umher.

Es schläft der König Gunter
in fieberwirrem Schlaf,
seit ihn vom Turm herunter
ein spitzer Bolzen traf.

Und Volker liegt erschlagen;
er lachte, wie er fiel:
„Nimm all mein Erbe, Hagen,
nimm du mein Saitenspiel."

Er trug, vor Heunentücken
geschirmt, die Fiedel traut
auf seinem sichern Rücken,
den nie ein Feind geschaut.

Sie scholl wie Nachtigallen,
wenn Volker sie gespannt:
wohl anders wird sie schallen
in meiner harten Hand.

Vier Saiten sind zersprungen –
drei haften noch daran! –
Ich habe nie gesungen,
ich bin kein Fiedelmann.

Doch treibt mich's zu versuchen,
wie Hagens Weise geht;
ich denk', ein gutes Fluchen
ist auch kein schlecht Gebet!

So sei'n verflucht die Weiber,
Weib ist, was feig und schlecht:
hier um zwei weiße Leiber
verdirbt Burgunds Geschlecht!

Und Fluch dem Wahngetriebe
von Sitte, Liebe, Recht:
erlogen ist die Liebe,
und nur der Haß ist echt.

Die Reue ist der Narren!
Nur das ist Atmens wert,
im Tod noch auszuharren
beim Groll, beim Stolz, beim Schwert.

Und hätt' ich zu beraten
neu meine ganze Bahn,
ich ließe meiner Taten
nicht eine ungetan.

Und käm', der Welt Entzücken,
ein zweiter Siegfried her,
ich stieß' ihm in den Rücken
zum zweitenmal den Speer!

Was reißt ihr, feige Saiten?
Versagt ihr solchem Sang? – –
Ha, wer mit mächt'gem Schreiten
kommt dort den Hof entlang?

Das ist kein Heunenspäher,
das dröhnt wie Schicksalsgang,
und näher, immer näher – –
ein Schatte riesenlang. –

Auf, Gunter, jetzt erwache,
den Schritt kenn' ich von fern:
auf, auf! der Tod, die Rache
und Dietrich kommt von Bern!

• *Felix Dahn*

GUDRUNS KLAGE

Nun geht in grauer Frühe
der scharfe Märzenwind,
und meiner Qual und Mühe
ein neuer Tag beginnt.
Ich wall' hinab zum Strande
durch Reif und Dornen hin,
zu waschen die Gewande
der grimmen Königin.

Das Meer ist tief und herbe,
doch tiefer ist die Pein,
von Freund und Heimatserbe
allzeit geschieden sein;
doch herber ist's, zu dienen
in fremder Mägde Schar,
und hat mir einst geschienen
die güldne Kron' im Haar.

Mir ward kein guter Morgen,
seit ich dem Feind verfiel:
mein Speis und Trank sind Sorgen,
und Kummer mein Gespiel.
Doch berg' ich meine Tränen
in stolzer Einsamkeit;
am Strand den wilden Schwänen
allein sing' ich mein Leid.

Kein Dräuen soll mir beugen
den hochgemuten Sinn;
ausduldend will ich zeugen,
von welchem Stamm ich bin.
Und so sie hold gebaren,
wie Spinnweb acht' ich's nur;
ich will getreu bewahren
mein Herz und meinen Schwur.

O Ortwin, trauter Bruder,
o Herwig! Buhle wert,
was rauscht nicht euer Ruder,
was klingt nicht euer Schwert!
Umsonst zur Meereswüste
hinspäh' ich jede Stund':
doch naht sich dieser Küste
kein Wimpel, das mir kund.

Ich weiß es: nicht vergessen
habt ihr der armen Maid;
doch ist nur kurz gemessen
dem steten Gram die Zeit.
Wohl kommt ihr einst, zu sühnen;
zu retten, ach, zu spät,
wann schon der Sand der Dünen
um meinen Hügel weht.

Es dröhnt mit dumpfem Schlage
die Brandung in mein Wort;
der Sturm zerreißt die Klage
und trägt beschwingt sie fort.

O möcht' er brausend schweben
und geben euch Bericht:
,,Wohl lass' ich hier das Leben,
die Treue lass' ich nicht!"

• *Emanuel Geibel*

DER BLINDE KÖNIG

Was steht der nord'schen Fechter Schar
hoch auf des Meeres Bord?
Was will in seinem grauen Haar
der blinde König dort?
Er ruft, in bittrem Harme
auf seinen Stab gelehnt,
daß überm Meeresarme
das Eiland widertönt:

,,Gib, Räuber, aus dem Felsverlies
die Tochter mir zurück!
Ihr Harfenspiel, ihr Lied so süß
war meines Alters Glück.
Vom Tanz auf grünem Strande
hast du sie weggeraubt;
dir ist es ewig Schande,
mir beugt's das graue Haupt."

Da tritt aus seiner Kluft hervor
der Räuber, groß und wild,
er schwingt sein Hünenschwert empor
und schlägt an seinen Schild:
,,Du hast ja viele Wächter,
warum denn litten's die?
Dir dient so mancher Fechter,
und keiner kämpft um sie?"

Noch stehn die Fechter alle stumm,
tritt keiner aus den Reihn,
der blinde König kehrt sich um:
,,Bin ich denn ganz allein?"
Da faßt des Vaters Rechte
sein junger Sohn so warm:
,,Vergönn mir's, daß ich fechte!
Wohl fühl' ich Kraft im Arm."

,,O Sohn, der Feind ist riesenstark,
ihm hielt noch keiner stand;
und doch, in dir ist edles Mark,
ich fühl's am Druck der Hand.
Nimm hier die alte Klinge!
Sie ist der Skalden Preis.
Und fällst du, so verschlinge
die Flut mich armen Greis!"

Und horch! es schäumet und es rauscht
der Nachen übers Meer;
der blinde König steht und lauscht,
und alles schweigt umher,
bis drüben sich erhoben
der Schild und Schwerter Schall
und Kampfgeschrei und Toben
und dumpfer Widerhall.

Da ruft der Greis so freudig bang:
,,Sagt an, was ihr erschaut!
Mein Schwert (ich kenn' s am guten Klang),
es gab so scharfen Laut." –
,,Der Räuber ist gefallen,
er hat den blut'gen Lohn.
Heil dir, du Held vor allen,
du starker Königssohn!"

Und wieder wird es still umher,
der König steht und lauscht:
,,Was hör ich kommen übers Meer?
Es rudert und es rauscht." –
,,Sie kommen angefahren,
dein Sohn mit Schwert und Schild,
in sonnenhellen Haaren
dein Töchterlein Gunild."

„Willkommen!“ ruft vom hohen Stein
der blinde Greis hinab,
„nun wird mein Alter wonnig sein
und ehrenvoll mein Grab.

Du legst mir, Sohn, zur Seite
das Schwert von gutem Klang,
Gunilde, du befreite,
singst mir den Grabgesang.“

Ludwig Uhland

GORM GRYMME

König Gorm herrscht über Dänemark,
er herrscht die dreißig Jahr,
sein Sinn ist fest, seine Hand ist stark,
weiß worden ist nur sein Haar,
weiß worden sind nur seine buschigen Brau'n,
die machten manchen stumm;
in Grimme liebt er dreinzuschaun –
Gorm Grymme heißt er drum.

Und die Jarls kamen zum Feste des Jul,
Gorm Grymme sitzt im Saal,
und neben ihm sitzt, auf beinernem Stuhl,
Thyra Danebod, sein Gemahl;
sie reichen einander still die Hand
und blicken sich an zugleich,
ein Lächeln in beider Auge stand –
Gorm Grymme, was macht dich so weich?

Den Saal hinunter, in offner Hall',
da fliegt es wie Locken im Wind,
Jung-Harald spielt mit dem Federball,
Jung-Harald, ihr einziges Kind,
sein Wuchs ist schlank, blond ist sein Haar,
blau-golden ist sein Kleid,
Jung-Harald ist heut fünfzehn Jahr,
und sie lieben ihn allbeid'.

Sie lieben ihn beid'; eine Ahnung bang
kommt über die Königin,
Gorm Grymme aber, den Saal entlang
auf Jung-Harald deutet er hin,
und er hebt sich zum Sprechen – sein Mantel rot
gleitet nieder auf den Grund:
„Wer je mir spräche: ‚er ist tot‘,
der müßte sterben zur Stund'!“

Und Monde gehn. Es schmolz der Schnee,
der Sommer kam zu Gast,
dreihundert Schiffe fahren in See,
Jung-Harald steht am Mast,
er steht am Mast, er singt ein Lied,
bis sich's im Winde brach,
das letzte Segel, es schwand, es schied –
Gorm Grymme schaut ihm nach.

Und wieder Monde. Grau-Herbstestag
liegt über Sund und Meer,
drei Schiffe mit mattem Ruderschlag
rudern heimwärts drüber her;
schwarz hängen die Wimpel; auf Brömsebro-Moor
Jung-Harald liegt im Blut –
wer bringt die Kunde vor Königs Ohr?
Keiner hat den Mut.

Thyra Danebod schreitet hinab an den Sund,
sie hatte die Segel gesehn;
sie spricht: „Und bangt sich euer Mund,
ich meld' ihm, was geschehn."
Ab legt sie ihr rotes Korallengeschmeid
und die Gemme von Opal,
sie kleidet sich in ein schwarzes Kleid
und tritt in Hall' und Saal.

In Hall' und Saal. An Pfeiler und Wand
Goldteppiche ziehen sich hin,
schwarze Teppiche nun mit eigener Hand
hängt drüber die Königin,
und sie zündet zwölf Kerzen, ihr flackernd Licht,
es gab einen trüben Schein,
und sie legt ein Gewebe, schwarz und dicht,
auf den Stuhl von Elfenbein.

Eintritt Gorm Grymme. Es zittert sein Gang,
es schreitet wie im Traum,
er starrt die schwarze Hall' entlang,
die Lichter, er sieht sie kaum,

er spricht: „Es weht wie Schwüle hier,
ich will an Meer und Strand,
reich meinen rot-goldenen Mantel mir
und reiche mir deine Hand.“

Sie gab ihm um einen Mantel dicht,
der war nicht golden, nicht rot,
Gorm Grymme sprach: „Was niemand spricht,
ich sprech es: Er ist tot.“
Er setzte sich nieder, wo er stand,
ein Windstoß fuhr durchs Haus,
die Königin hielt des Königs Hand,
die Lichter loschen aus.

Theodor Fontane

DES SÄNGERS FLUCH

Es stand in alten Zeiten ein Schloß, so hoch und hehr;
weit glänzt' es über die Lande bis an das blaue Meer,
und rings von duft'gen Gärten ein blütenreicher Kranz,
drin sprangen frische Brunnen in Regenbogenglanz.

Dort saß ein stolzer König, an Land und Siegen reich,
er saß auf seinem Throne so finster und so bleich;
denn was er sinnt, ist Schrecken, und was er blickt, ist Wut,
und was er spricht, ist Geißel, und was er schreibt, ist Blut.

Einst zog nach diesem Schlosse ein edles Sängerpaar,
der ein' in goldnen Locken, der andre grau von Haar.
Der Alte mit der Harfe, der saß auf schmuckem Roß,
es schritt ihm frisch zur Seite der blühende Genoß.

Der Alte sprach zum Jungen: „Nun sei bereit, mein Sohn!
Denk unsrer tiefsten Lieder, stimm an den vollsten Ton!
Nimm alle Kraft zusammen, die Lust und auch den Schmerz!
Es gilt uns heut, zu rühren des Königs steinern Herz.“

Schon stehn die beiden Sänger im hohen Säulensaal,
und auf dem Throne sitzen der König und sein Gemahl,
der König furchtbar prächtig, wie blut'ger Nordlichtschein,
die Königin süß und milde, als blickte Vollmond drein.

Da schlug der Greis die Saiten, er schlug sie wundervoll,
daß reicher, immer reicher der Klang zum Ohre schwoll;
dann strömte himmlisch helle des Jünglings Stimme vor,
des Alten Sang dazwischen wie dumpfer Geisterchor.

Sie singen von Lenz und Liebe, von sel'ger goldner Zeit,
von Freiheit, Männerwürde, von Treu und Heiligkeit,
sie singen von allem Süßen, was Menschenbrust durchbebt,
sie singen von allem Hohen, was Menschenherz erhebt.

Die Höflingsschar im Kreise verlernet jeden Spott,
des Königs trotz'ge Krieger, sie beugen sich vor Gott;
die Königin, zerflossen in Wehmut und in Lust,
sie wirft den Sängern nieder die Rose von ihrer Brust.

„Ihr habt mein Volk verführet; verlockt ihr nun mein Weib?“
Der König schreit es wütend, er bebt am ganzen Leib;
er wirft sein Schwert, das blitzend des Jünglings Brust durchdringt,
draus statt der goldnen Lieder ein Blutstrahl hoch aufspringt.

Und wie vom Sturm zerstoben ist all der Hörer Schwarm.
Der Jüngling hat verröchelt in seines Meisters Arm;
der schlägt um ihn den Mantel und setzt ihn auf das Roß,
er bind't ihn aufrecht feste, verläßt mit ihm das Schloß.

Doch vor dem hohen Tore, da hält der Sängergreis,
da faßt er seine Harfe, sie, aller Harfen Preis,
an einer Marmorsäule, da hat er sie zerschellt;
dann ruft er, daß es schaurig durch Schloß und Gärten gellt:

„Weh euch, ihr stolzen Hallen! Nie töne süßer Klang
durch eure Räume wieder, nie Saite noch Gesang,
nein, Seufzer nur und Stöhnen und scheuer Sklavenschritt,
bis euch zu Schutt und Moder der Rachegeist zertritt!

Weh euch, ihr duft'gen Gärten im holden Maienlicht!
Euch zeig' ich dieses Toten entstelltes Angesicht,
daß ihr darob verdorret, daß jeder Quell versiegt,
daß ihr in künft'gen Tagen versteint, verödet liegt.

Weh dir, verruchter Mörder, du Fluch des Sängertums!
Umsonst sei all dein Ringen nach Kränzen blut'gen Ruhms!
Dein Name sei vergessen, in ew'ge Nacht getaucht,
sei wie ein letztes Röcheln in leere Luft verhaucht!"

Der Alte hat's gerufen, der Himmel hat's gehört.
Die Mauern liegen nieder, die Hallen sind zerstört;
noch eine hohe Säule zeugt von verschwundner Pracht;
auch diese, schon geborsten, kann stürzen über Nacht.

Und rings statt duft'ger Gärten ein ödes Heideland,
kein Baum verstreuet Schatten, kein Quell durchdringt den Sand,
des Königs Namen meldet kein Lied, kein Heldenbuch;
versunken und vergessen! Das ist des Sängers Fluch.

Ludwig Uhland

DER TAUCHER

„Wer wagt es, Rittersmann oder Knapp',
zu tauchen in diesen Schlund?
Einen goldnen Becher werf' ich hinab,
verschlungen schon hat ihn der schwarze Mund.
Wer mir den Becher kann wiederzeigen,
er mag ihn behalten; er ist sein eigen."

Der König spricht es und wirft von der Höh'
der Klippe, die schroff und steil
hinaushängt in die unendliche See,
den Becher in der Charybde Geheul.
„Wer ist der Beherzte, ich frage wieder,
zu tauchen in diese Tiefe nieder?"

Und die Ritter, die Knappen um ihn her
vernehmen's und schweigen still,
sehen hinab in das wilde Meer,
und keiner den Becher gewinnen will.
Und der König zum drittenmal wieder fraget:
„Ist keiner, der sich hinunterwaget?"

Doch alles noch stumm bleibt wie zuvor.
Und ein Edelknecht, sanft und keck,
tritt aus der Knappen zagendem Chor,
und den Gürtel wirft er, den Mantel weg,
und alle die Männer umher und Frauen
auf den herrlichen Jüngling verwundert schauen.

Und wie er tritt an des Felsen Hang
und blickt in den Schlund hinab:
die Wasser, die sie hinunterschlang,
die Charybde jetzt brüllend wiedergab,
und wie mit des fernen Donners Getose
entstürzen sie schäumend dem finstern Schoße.

Und es wallet und siedet und brauset und zischt,
wie wenn Wasser mit Feuer sich mengt,
bis zum Himmel spritzet der dampfende Gischt,
und Flut auf Flut sich ohn' Ende drängt,
und will sich nimmer erschöpfen und leeren,
als wollte das Meer noch ein Meer gebären.

Doch endlich, da legt sich die wilde Gewalt,
und schwarz aus dem weißen Schaum
klafft hinunter ein gähnender Spalt,
grundlos, als ging's in den Höllenraum,
und reißend sieht man die brandenden Wogen
hinab in den strudelnden Trichter gezogen.

Jetzt schnell, eh die Brandung wiederkehrt,
der Jüngling sich Gott befiehlt,
und – ein Schrei des Entsetzens wird rings gehört,
und schon hat ihn der Wirbel hinweggespült,
und geheimnisvoll über dem kühnen Schwimmer
schließt sich der Rachen; er zeigt sich nimmer.

Und stille wird's über dem Wasserschlund,
in der Tiefe nur brauset es hohl;
und bebend hört man von Mund zu Mund:
„Hochherziger Jüngling, fahre wohl!"
Und hohler und hohler hört man's heulen,
und es harrt noch mit bangem, mit schrecklichem Weilen.

Und wärfst du die Krone selber hinein
und sprächst: Wer mir bringet die Kron',
er soll sie tragen und König sein! –
Mich gelüstete nicht nach dem teuren Lohn.
Was die heulende Tiefe da unten verhehle,
das erzählt keine lebende, glückliche Seele!

Wohl manches Fahrzeug, vom Strudel gefaßt,
schoß gäh in die Tiefe hinab;
doch zerschmettert nur rangen sich Kiel und Mast
hervor aus dem alles verschlingenden Grab. –
Und heller und heller, wie Sturmes Sausen,
hört man's näher und immer näher brausen.

Und es wallet und siedet und brauset und zischt,
wie wenn Wasser mit Feuer sich mengt,
bis zum Himmel spritzet der dampfende Gischt,
und Well' auf Well' sich ohn' Ende drängt,
und wie mit des fernen Donners Getose
entstürzt es brüllend dem finstern Schoße.

Und sieh! aus dem finster flutenden Schoß
da hebet sich's schwanenweiß,
und ein Arm und ein glänzender Nacken wird bloß,
und es rudert mit Kraft und mit emsigem Fleiß,
und er ist's, und hoch in seiner Linken
schwingt er den Becher mit freudigem Winken.

Und atmete lang und atmete tief
und begrüßte das himmlische Licht.
Mit Frohlocken es einer dem andern rief:
„Er lebt! Er ist da! Es behielt ihn nicht!
Aus dem Grab, aus der strudelnden Wasserhöhle
hat der Brave gerettet die lebende Seele."

Und er kommt, es umringt ihn die jubelnde Schar,
zu des Königs Füßen er sinkt,
den Becher reicht er ihm kniend dar,
und der König der lieblichen Tochter winkt,
die füllt ihn mit funkelndem Wein bis zum Rande,
und der Jüngling sich also zum König wandte:

„Lang lebe der König! Es freue sich,
wer da atmet im rosigten Licht!
Da unten aber ist's fürchterlich,
und der Mensch versuche die Götter nicht
und begehre nimmer und nimmer zu schauen,
was sie gnädig bedecken mit Nacht und Grauen.

Es riß mich hinunter blitzesschnell –
da stürzt' mir aus felsigem Schacht
wildflutend entgegen ein reißender Quell:
mich packte des Doppelstroms wütende Macht,
und wie einen Kreisel mit schwindelndem Drehen
trieb mich's um, ich konnte nicht widerstehen.

Da zeigte mir Gott, zu dem ich rief
in der höchsten schrecklichen Not,
aus der Tiefe ragend ein Felsenriff,
das erfaßt' ich behend und entrann dem Tod –
und da hing auch der Becher an spitzen Korallen,
sonst wär' er ins Bodenlose gefallen.

Denn unter mir lag's noch, bergetief,
in purpurner Finsternis da,
und ob's hier dem Ohre gleich ewig schlief,
das Auge mit Schaudern hinuntersah,
wie's von Salamandern und Molchen und Drachen
sich regt' in dem furchtbaren Höllenrachen.

Schwarz wimmelten da, in grausem Gemisch,
zu scheußlichen Klumpen geballt,
der stachligte Roche, der Klippenfisch,
des Hammers greuliche Ungestalt,
und dräuend wies mir die grimmigen Zähne
der entsetzliche Hai, des Meeres Hyäne.

Und da hing ich und war's mir mit Grausen bewußt,
von der menschlichen Hilfe so weit,
unter Larven die einzige fühlende Brust,
allein in der gräßlichen Einsamkeit,
tief unter dem Schall der menschlichen Rede
bei den Ungeheuern der traurigen Öde.

Und schaudernd dacht' ich's, da kroch's heran,
regte hundert Gelenke zugleich,
will schnappen nach mir – in des Schreckens Wahn
laß' ich los der Koralle umklammerten Zweig;
gleich faßt mich der Strudel mit rasendem Toben!
Doch es war mir zum Heil, er riß mich nach oben."

Der König darob sich verwundert schier
und spricht: „Der Becher ist dein,
und diesen Ring noch bestimm' ich dir,
geschmückt mit dem köstlichsten Edelgestein,
versuchst du's noch einmal und bringst mir Kunde,
was du sahst auf des Meeres tiefunterstem Grunde."

Das hörte die Tochter mit weichem Gefühl,
und mit schmeichelndem Munde sie fleht:
„Laßt, Vater, genug sein das grausame Spiel!
Er hat Euch bestanden, was keiner besteht,
und könnt Ihr des Herzens Gelüsten nicht zähmen,
so mögen die Ritter den Knappen beschämen."

Drauf der König greift nach dem Becher schnell,
in den Strudel ihn schleudert hinein:
„Und schaffst du den Becher mir wieder zur Stell',
so sollst du der trefflichste Ritter mir sein
und sollst die als Ehgemahl heut noch umarmen,
die jetzt für dich bittet mit zartem Erbarmen."

Da ergreift's ihm die Seele mit Himmelsgewalt,
und es blitzt aus den Augen ihm kühn,
und er siehet erröten die schöne Gestalt
und sieht sie erbleichen und sinken hin –
da treibt's ihn, den köstlichen Preis zu erwerben,
und stürzt sich hinunter auf Leben und Sterben.

Wohl hört man die Brandung, wohl kehrt sie zurück,
sie verkündet der donnernde Schall –
da bückt sich's hinunter mit liebendem Blick:
es kommen, es kommen die Wasser all,
sie rauschen herauf, sie rauschen nieder,
den Jüngling bringt keines wieder.

Schiller

DER STOLZE GAST

„Er darf, er soll's nicht länger treiben,
sein Stolz ist unser aller Spott,
er soll nicht mehr im Lande bleiben,
der durch uns hingeht wie ein Gott.

Er lacht beim Ruf der Münsterglocken,
trägt Tag und Nacht sein breites Schwert,
und trotzig schüttelt er die Locken,
wenn man ihn unsere Sitte lehrt.

Mit fremden Weisen, kühn und wilde,
bezwang er unsrer Skalden Kunst: –
verbann ihn, Königin Gunilde,
nicht länger schirm' ihn deine Gunst.

Er kam, ein Flüchtling, sturmverschlagen,
ans Land und niemand weiß, woher:
die Welle soll ihn wieder tragen,
den Wilden, in das wilde Meer."

Vom Drachenhelm bis auf die Sohlen
stand er gehüllt in schwarzes Erz:
er schwieg: nur manchmal flog verstohlen
sein Blick durchs Fenster küstenwärts.

Er stand zunächst an ihrem Throne,
gestützt auf seinen hohen Schild;
sie lächelt unter ihrer Krone
und dräut ihm mit dem Finger mild:

„Ich hört', wie schwer sie Euch verklagen:
wie wollt Ihr Euch verteid'gen? Sprecht."
Doch er, den Blick emporgeschlagen,
sprach: „Königin, sie haben recht.

Ich fühle hoch mich, unvergleichbar,
ob diesen frommen, zahmen Herrn
und ihrem Sinn so unerreichbar,
wie ihrem Arm der Morgenstern."

„Hörst du sein freches Überheben?
Auf, werft den Höhnemund ins Meer!"
Sie aber sprach mit leisem Beben:
„Und, Fremdling, dieser Stolz, woher?"

„Woher? Nicht, weil dem neuen Glauben
sich nie dies freie Haupt gebeugt,
nicht, weil ich, wie der Falk die Tauben,
die Christenritter oft gescheucht,

nicht, weil wie Heklas Feueratem
mein Lied all ihre Singkunst schmolz,
nein, nicht auf mir und meinen Taten,
auf einem Weibe ruht mein Stolz.

Wohl mag sein Haupt zu Sternen heben
und fühlen sich den Göttern gleich
der Mann, dem Seel' und Leib gegeben
die schönste Maid im Nordenreich."

„Und wo, du Prahler", scholl's im Saale,
„und wer ist dieses Wunderweib?"
Da warf den Schild von schwarzem Stahle
er mächtig über seinen Leib,

sein breites Schwert schwang er mit Schalle
und auf den Thronsitz sprang er hin:
„Dies Weib? Wohlan, ihr kennt sie alle:
Hier steht sie, eure Königin!"

„Ha, Tod dem Frevler", klang es wieder
und alle Klingen wurden bloß.
„Zu spät", sprach er vom Thron hernieder:
„Der alten Götter Macht ist groß.

Blickt aus zum Strand! Hört ihr es schallen?
hie Thor und Odin! tönt's mit Wucht,
und meine Drachenschiffe wallen
mit stolzen Wimpeln in die Bucht.

Mein ist dies Reich und in drei Stunden,
Herr Bischof, räumet ihr das Land.
Doch du, mein Weib, das sich verbunden
dem Flüchtling arm und unbekannt,

die schönste Nordlandskrone legen
will auf die weiße Stirn' ich dir,
denn Sigurd bin ich von Norwegen
und Meer und Inseln dienen mir."

Felix Dahn

JARL IRON UND ISOLDE

Herr Iron sprach: „Isolde,
lang hab' ich nicht gejagt;
zu Walde will ich reiten
bei Zeiten,
sowie der Morgen tagt."

„O störe doch den Auern
im Walde nicht die Mast,
und laß bei ihren Trebern
den Ebern
doch endlich einmal Rast!

Ist's billig, daß du draußen
im kalten Walde jagst,
wenn du in meinen Armen
erwarmen,
wenn du mich küssen magst?"

„Nichts freut mich mehr, als rüstig
zu ziehn durchs Waldrevier,
weit über Busch und Dornen
zu hornen,
zu fällen manches Tier.

Ja, morgen will ich reiten,
zwei Wochen bleib' ich aus;
dann bring' ich dir von Auern
und Hauern
manch schönes Stück nach Haus."

Er sprach's und war entschlafen.
Ihr tat die Rede weh;
sie schlich mit leisen Tritten,
bis mitten
sie draußen stand im Schnee.

Am Tor bei einer Linde
warf sie die Kleider ab
und legte nackt sich nieder,
daß wieder
der Schnee ihr Bildnis gab.

Dann schlüpfte sie zurücke
in Hemd und Rock und Schuh
und schlich ins Bett und streckte
und deckte
sich leis und heimlich zu.

Wie's nun im Osten graute,
aufsprang Herr Iron schnell:
Die Sterne ziehn hinunter,
nun munter,
nun munter mein Gesell!

Er ging von Bett zu Bette
und weckte Mann für Mann.
Isolde sprach: „O bleibe
beim Weibe!
Und reite nicht von dann!"

„Warum sollt' ich nicht reiten?
Warum nicht in den Wald?
Ja, wenn die Eber kämen
und nähmen
im Schloß den Aufenthalt!

So aber muß ich suchen
und reiten weit zu Roß.
Es laufen Hirsch und Kälber
von selber
nicht zu mir her ins Schloß."

Isolde sprach: „Wohl weiß ich
ganz nah das schönste Tier;
du magst die Welt durchstreichen.
Seinsgleichen
begegnet nimmer dir.

Es stand vor unserm Hause,
soeben sah ich's nur;
komm folge mir zur Linden,
da finden
wir sicher noch die Spur."

Sie ging und wies ihm draußen
das wunderschöne Bild:
„Will dich der Schuß verdrießen,
so schießen
sich andre dieses Wild!"

Herr Iron sprach und lachte:
„Das Tier ist mein allein,
drum will ich auch, du holde
Isolde,
allein der Jäger sein.

Führt Roß und Hund zu Stalle,
Gesellen, bleibet hier!
Ich hab' in diesen Stunden
gefunden
das allerschönste Tier."

Wilhelm Wackernagel

KLEIN ROLAND

Frau Berta saß in der Felsenkluft,
sie klagt' ihr bittres Los.
Klein Roland spielt' in freier Luft,
des Klage war nicht groß.

„O König Karl, mein Bruder hehr,
o daß ich floh von dir!
Um Liebe ließ ich Pracht und Ehr',
nun zürnst du schrecklich mir.

O Milon, mein Gemahl so süß!
Die Flut verschlang mir dich.
Die ich um Liebe alles ließ,
nun läßt die Liebe mich.

Klein Roland, du mein teures Kind,
nun Ehr' und Liebe mir,
klein Roland, komm herein geschwind!
Mein Trost kommt all von dir.

Klein Roland, geh zur Stadt hinab,
zu bitten um Speis und Trank;
und wer dir gibt eine kleine Gab,
dem wünsche Gottes Dank!"

Der König Karl zur Tafel saß
im goldnen Rittersaal,
die Diener liefen ohn Unterlaß
mit Schüssel und Pokal.

Von Flöten, Saitenspiel, Gesang
ward jedes Herz erfreut;
doch reichte nicht der helle Klang
zu Bertas Einsamkeit.

Und draußen in des Hofes Kreis,
da saßen der Bettler viel;
die labten sich an Trank und Speis
mehr als am Saitenspiel.

Der König schaut in ihr Gedräng
wohl durch die offne Tür:
da drückt sich durch die dichte Meng'
ein feiner Knab' herfür.

Des Knaben Kleid ist wunderbar,
Vierfarb zusammengestückt;
doch weilt er nicht bei der Bettlerschar,
herauf zum Saal er blickt.

Herein zum Saal klein Roland tritt,
als wär's sein eigen Haus;
er hebt eine Schüssel von Tisches Mitt'
und trägt sie stumm hinaus.

Der König denkt: „Was muß ich sehn?
Das ist ein sondrer Brauch."
Doch weil er's ruhig läßt geschehn,
so lassen's die andern auch.

Es stund nur an eine kleine Weil',
klein Roland kehrt in den Saal;
er tritt zum König hin mit Eil'
und faßt seinen Goldpokal.

„Heida! halt an, du kecker Wicht!",
der König ruft es laut.
Klein Roland läßt den Becher nicht,
zum König auf er schaut.

Der König erst gar finster sah,
doch lachen mußt' er bald:
„Du trittst in die goldne Halle da
wie in den grünen Wald;

du nimmst die Schüssel von Königs Tisch,
wie man Äpfel bricht vom Baum;
du holst wie aus dem Bronnen frisch
meines roten Weines Schaum."

„Die Bäurin schöpft aus dem Bronnen
die bricht die Äpfel vom Baum; [frisch,
meiner Mutter ziemet Wildbret und
ihr roten Weines Schaum." [Fisch,

„Ist deine Mutter so edle Dam',
wie du berühmst, mein Kind,
so hat sie wohl ein Schloß lustsam
und stattlich Hofgesind?

Sag an! wer ist denn ihr Truchseß?
Sag an! wer ist ihr Schenk?"
„Meine rechte Hand ist ihr Truchseß,
meine linke, die ist ihr Schenk."

„Sag an! wer sind die Wächter treu?"
„Meine Augen blau allstund."
„Sag an! wer ist ihr Sänger frei?"
„Der ist mein roter Mund."

„Die Dam' hat wackre Diener, traun!
Doch liebt sie sondre Livrei,
wie Regenbogen anzuschaun,
mit Farben mancherlei."

„Ich hab bezwungen der Knaben acht
von jedem Viertel der Stadt,
die haben mir als Zins gebracht
vierfältig Tuch zur Wat."

„Die Dame hat nach meinem Sinn
den besten Diener der Welt.
Sie ist wohl Bettlerkönigin,
die offne Tafel hält.

So edle Dame darf nicht fern
von meinem Hofe sein.
Wohlauf, drei Damen! auf, drei Herrn!
Führt sie zu mir herein!“

Klein Roland trägt den Becher flink
hinaus zum Prunkgemach;
drei Damen, auf des Königs Wink,
drei Ritter folgen nach.

Es stund nur an eine kleine Weil',
der König schaut in die Fern,
da kehren schon zurück mit Eil'
die Damen und die Herrn.

Der König ruft mit einem Mal:
„Hilf Himmel! seh' ich recht?
Ich hab' verspottet im offnen Saal
mein eigenes Geschlecht.

Hilf Himmel! Schwester Berta, bleich,
im grauen Pilgergewand!
Hilf Himmel! in meinem Prunksaal
den Bettelstab in der Hand!“ [reich

Frau Berta fällt zu Füßen ihm,
das bleiche Frauenbild.
Da regt sich prötzlich der alte Grimm,
er blickt sie an so wild.

Frau Berta senkt die Augen schnell,
kein Wort zu reden sich traut;
klein Roland hebt die Augen hell,
den Öhm begrüßt er laut.

Da spricht der König in mildem Ton:
„Steh auf, du Schwester mein!
Um diesen deinen lieben Sohn
soll dir verziehen sein.“

Frau Berta hebt sich freudenvoll:
„Lieb Bruder mein, wohlan!
Klein Roland dir vergelten soll,
was du mir Guts getan.

Soll werden seinem König gleich,
ein hohes Heldenbild;
soll führen die Farb' von manchem Reich
in seinem Banner und Schild;

soll greifen in manches Königs Tisch
mit seiner freien Hand;
soll bringen zu Heil und Ehre frisch
sein seufzend Mutterland.“

• *Ludwig Uhland*

ROLAND SCHILDTRÄGER

Der König Karl saß einst zu Tisch
zu Aachen mit den Fürsten.
Man stellte Wildbret auf und Fisch
und ließ auch keinen dürsten;
viel Goldgeschirr von klarem Schein,
manch roten, grünen Edelstein
sah man im Saale leuchten.

Da sprach Herr Karl, der starke Held:
„Was soll der eitle Schimmer?
Das beste Kleinod dieser Welt,
das fehlet uns noch immer:
dies Kleinod, hell wie Sonnenschein,
ein Riese trägt's im Schilde sein,
tief im Ardennerwalde.“

Graf Richard, Erzbischof Turpin,
Herr Haimon, Naims von Baiern,
Milon von Anglant, Graf Garin,
die wollten da nicht feiern:
sie haben Stahlgewand begehrt
und hießen satteln ihre Pferd',
zu reiten nach dem Riesen.

Jung Roland, Sohn des Milon, sprach:
,,Lieb Vater, hört! ich bitte:
vermeint Ihr mich zu jung und schwach,
daß ich mit Riesen stritte,
doch bin ich nicht zu winzig mehr,
euch nachzutragen Euern Speer
samt Eurem guten Schilde.“

Die sechs Genossen ritten bald
vereint nach den Ardennen,
doch als sie kamen in den Wald,
da täten sie sich trennen.
Roland ritt hinterm Vater her:
wie wohl ihm war, des Helden Speer,
des Helden Schild zu tragen!

Bei Sonnenschein und Mondenlicht
streiften die kühnen Degen,
doch fanden sie den Riesen nicht
in Felsen noch Gehegen.
Zur Mittagsstund am vierten Tag
der Herzog Milon schlafen lag
in einer Eiche Schatten.

Roland sah in der Ferne bald
ein Blitzen und ein Leuchten,
davon die Strahlen in dem Wald
die Hirsch und Reh aufscheuchten.
Er sah, es kam von einem Schild,
den trug ein Riese groß und wild,
vom Berge niedersteigend.

Roland gedacht im Herzen sein:
,,Was ist das für ein Schrecken!
Soll ich den lieben Vater mein
im besten Schlaf erwecken?
Es wachet ja sein gutes Pferd,
es wacht sein Speer, sein Schild und Schwert,
es wacht Roland der junge.“

Roland das Schwert zur Seite band,
Herrn Milons starkes Waffen,
die Lanze nahm er in die Hand
und tät den Schild aufraffen.
Herrn Milons Roß bestieg er dann
und ritt erst sachte durch den Tann,
den Vater nicht zu wecken.

Und als er kam zur Felsenwand,
da sprach der Ries' mit Lachen:
,,Was will doch dieser kleine Fant
auf solchem Rosse machen?
Sein Schwert ist zwier so lang als er,
vom Rosse zieht ihn schier der Speer,
der Schild will ihn erdrücken.“

Jung Roland rief: ,,Wohlauf zum Streit!
Dich reuet noch dein Necken.
Hab' ich die Tartsche lang und breit,
kann sie mich besser decken;
ein kleiner Mann, ein großes Pferd,
ein kurzer Arm, ein langes Schwert
muß eins dem andern helfen.“

Der Riese mit der Stange schlug,
auslangend in die Weite;
jung Roland schwenkte schnell genug
sein Roß noch auf die Seite.
Die Lanz' er auf den Riesen schwang,
doch von dem Wunderschilde sprang
auf Roland sie zurücke.

Jung Roland nahm in großer Hast
das Schwert in beide Hände;
der Riese nach dem seinen faßt',
er war zu unbehende;
mit flinkem Hiebe schlug Roland
ihm unterm Schild die linke Hand,
daß Hand und Schild entrollten.

Dem Riesen schwand der Mut dahin,
wie ihm der Schild entrissen;
das Kleinod, das ihm Kraft verliehn,
mußt er mit Schmerzen missen.
Zwar lief er gleich dem Schilde nach,
doch Roland in die Knie ihn stach,
daß er zu Boden stürzte.

Roland ihn bei den Haaren griff,
hieb ihm das Haupt herunter,
ein großer Strom von Blute lief
ins tiefe Tal hinunter;
und aus des Toten Schild hernach
Roland das lichte Kleinod brach
und freute sich am Glanze.

Dann barg er's unterm Kleide gut
und ging zu einer Quelle;
da wusch er sich von Staub und Blut
Gewand und Waffen helle.
Zurücke ritt der jung Roland
dahin, wo er den Vater fand
noch schlafend bei der Eiche.

Er legt' sich an des Vaters Seit',
vom Schlafe selbst bezwungen,
bis in der kühlen Abendzeit
Herr Milon aufgesprungen:
,,Wach auf, wach auf, mein Sohn Roland!
Nimm Schild und Lanze schnell zur Hand
daß wir den Riesen suchen!"

Sie stiegen auf und eilten sehr,
zu schweifen in der Wilde.
Roland ritt hinterm Vater her
mit dessen Speer und Schilde.
Sie kamen bald zu jener Stätt',
wo Roland jüngst gestritten hätt';
der Riese lag im Blute.

Roland kaum seinen Augen glaubt',
als nicht mehr war zu schauen
die linke Hand, dazu das Haupt,
so er ihm abgehauen,
nicht mehr des Riesen Schwert und Speer,
auch nicht sein Schild und Harnisch mehr,
nur Rumpf und blut'ge Glieder.

Milon besah den großen Rumpf:
,,Was ist das für 'ne Leiche?
Man sieht noch am zerhaunen Stumpf,
wie mächtig war die Eiche.
Das ist der Riese! Frag' ich mehr?
Verschlafen hab' ich Sieg und Ehr',
drum muß ich ewig trauern."

Zu Aachen vor dem Schlosse stund
der König Karl gar bange:
,,Sind meine Helden wohl gesund?
Sie weilen allzulange.
Doch seh' ich recht, auf Königswort,
so reitet Herzog Haimon dort,
des Riesen Haupt am Speere."

Herr Haimon ritt in trübem Mut,
und mit gesenktem Spieße
legt' er das Haupt, besprengt mit Blut,
dem König vor die Füße:
,,Ich fand den Kopf im wilden Hag,
und fünfzig Schritte weiter lag
des Riesen Rumpf am Boden."

Bald auch der Erzbischof Turpin
den Riesenhandschuh brachte,
die ungefüge Hand noch drin;
er zog sie aus und lachte:
„Das ist ein schön Reliquienstück!
Ich bring' es aus dem Wald zurück,
fand es schon zugehauen."

Der Herzog Naims von Baierland
kam mit des Riesen Stange:
„Schaut an, was ich im Walde fand!
Ein Waffen, stark und lange.
Wohl schwitz' ich von dem schweren Druck;
hei! bairisch Bier, ein guter Schluck,
sollt mir gar köstlich munden!"

Graf Richard kam zu Fuß daher,
ging neben seinem Pferde;
das trug des Riesen schwere Wehr,
den Harnisch samt dem Schwerte:
„Wer suchen will im wilden Tann,
manch Waffenstück noch finden kann,
ist mir zu viel gewesen."

Der Graf Garin tät ferne schon
den Schild des Riesen schwingen.
„Der hat den Schild, des ist die Kron',
der wird das Kleinod bringen." –
„Den Schild hab' ich, ihr lieben Herrn!
Das Kleinod hätt' ich gar zu gern,
doch das ist ausgebrochen."

Zuletzt tät man Herrn Milon sehn,
der nach dem Schlosse lenkte;
er ließ das Rößlein langsam gehn,
das Haupt er traurig senkte.
Roland ritt hinterm Vater her
und trug ihm seinen starken Speer
zusamt dem festen Schilde.

Doch wie sie kamen vor das Schloß
und zu den Herrn geritten,
macht' er von Vaters Schilde los
den Zierat in der Mitten;
das Riesenkleinod setzt' er ein,
das gab so wunderklaren Schein
als wie die liebe Sonne.

Und als nun diese helle Glut
im Schilde Milons brannte,
da rief der König frohgemut:
„Heil, Milon von Anglante!
Der hat den Riesen übermannt,
ihm abgeschlagen Haupt und Hand,
das Kleinod ihm entrissen."

Herr Milon hatte sich gewandt,
sah staunend all die Helle:
„Roland, sag an, du junger Fant!
Wer gab dir das, Geselle?"
„Um Gott, Herr Vater, zürnt mir nicht,
daß ich erschlug den groben Wicht,
derweil Ihr eben schliefet!"

Ludwig Uhland

GRAF RICHARD OHNEFURCHT

Graf Richard von der Normandie
erschrak in seinem Leben nie.
Er schweifte Nacht wie Tag umher,
manchem Gespenst begegnet' er:
Doch hat ihm nie was Graun gemacht
bei Tage noch um Mitternacht.

Weil er so viel bei Nacht tät reiten,
so ging die Sage bei den Leuten,
er seh' in tiefer Nacht so licht,
als mancher wohl am Tage nicht.
Er pflegte, wenn er schweift' im Land,
so oft er wo ein Münster fand,

wenn's offen war, hineinzutreten,
wo nicht, doch außerhalb zu beten.
So traf er in der Nacht einmal
ein Münster an im öden Tal;
da ging er fern von seinen Leuten,
nachdenklich, ließ sie fürbaß reiten;
sein Pferd er an die Pforte band,
im Innern einen Leichnam fand.
Er ging vorbei hart an der Bahre
und kniete nieder am Altare,
warf auf'nen Stuhl die Handschuh' eilig,
den Boden küßt' er, der ihm heilig.
Noch hatt' er nicht gebetet lange,
da rührte hinter ihm im Gange
der Leichnam sich auf dem Gestelle;
der Graf sah um und rief: „Geselle,
du seist ein guter oder schlimmer,
leg dich aufs Ohr und rühr dich nim-
Dann erst er sein Gebet beschloß, [mer!"
(weiß nicht, ob's klein war oder groß),
sprach dann, sich segnend: „Herr! mein'
zu deinen Händen ich empfehl'." [Seel'
Sein Schwert er faßt' und wollte gehen,
da sah er das Gespenst aufstehen,
sich drohend ihm entgegenrecken,
die Arme in die Weite strecken,
als wollt' es mit Gewalt ihn fassen
und nicht mehr aus der Kirche lassen.
Richard besann sich kurze Weile,
er schlug das Haupt ihm in zwei Teile;
ich weiß nicht, ob es wehgeschrien,
doch mußt's den Grafen lassen ziehn.
Er fand sein Pferd am rechten Orte;
schon ist er aus des Kirchhofs Pforte,
als er der Handschuh' erst gedenkt.
Er läßt sie nicht, zurück er lenkt,
hat sie vom Stuhle weggenommen –
wohl mancher wär' nicht wieder kommen.

Ludwig Uhland

KÖNIG KARLS MEERFAHRT

Der König Karl fuhr über Meer
mit seinen zwölf Genossen,
zum heil'gen Lande steuert' er
und ward vom Sturm verstoßen.
Da sprach der kühne Held Roland:
„Ich kann wohl fechten und schirmen,
doch hält mir diese Kunst nicht stand
vor Wellen und vor Stürmen."
Dann sprach Herr Holger aus Dänemark:
„Ich kann die Harfe schlagen;
was hilft mir das, wenn also stark
die Wind und Wellen jagen?"
Dann sprach der schlimme Ganelon,
er sprach es nur verstohlen:
„Wär' ich mit guter Art davon,
möcht' euch der Teufel holen!"
Erzbischof Turpin seufzte sehr:
„Wir sind die Gottesstreiter;
komm, liebster Heiland, über das Meer
und führ uns gnädig weiter!"
Graf Richard Ohnefurcht hub an:
„Ihr Geister aus der Hölle!
Ich hab' euch manchen Dienst getan,
jetzt helft mir von der Stelle!"
Da sprach der graue Herr Riol:
„Ich bin ein alter Degen
und möchte meinen Leichnam wohl
dereinst ins Trockne legen."
Da sprach Herr Gottfried lobesan:
„Ich lass' mir's halt gefallen,
man richtet mir nicht anders an,
als meinen Brüdern allen."
Der König Karl am Steuer saß,
der hat kein Wort gesprochen,
er lenkt' das Schiff mit festem Maß,
bis sich der Sturm gebrochen.

Ludwig Uhland

LA BLANCHE NEF

,,Herr König, ich bin Steffens Kind,
der den Erobrer einst geführt!
Es ist ein Lehn, daß mein Gesind',
mein Schiff allein den König führt!

Voraus den schnellsten Seglern fliegt
mein Boot, La Blanche Nef genannt;
es weiß, wo sichre Tiefe liegt,
es furcht das Meer, es kennt den Strand!"

– ,,Nicht mich, doch meinen besten Hort,
vier Königskinder, führest du –
sie knospen, weil mein Leben dorrt –
die junge Normandie dazu!

Gelobe mir dein himmlisch Teil,
gelobe mir dein männlich Wort:
Du bringst an Leib und Seele heil
die Kinder mir nach England dort!"

– ,,Ich schwöre dir mein himmlisch Teil,
ich schwöre dir mein männlich Wort:
An Leib und Seele bring' ich heil
die Kinder dir nach England dort!"

Des Schiffers geller Pfiff erscholl,
in See das Boot des Königs stach –
ein Korb, von frischen Blumen voll,
glitt Blanche Nef, la Belle, nach.

So leichtbeschwingt wie nie zuvor
durchfurchte Blanche Nef die See
mit ihrem kräft'gen Knabenflor
und Mägdlein, schlank wie Hirsch
und Reh.

Die Königskinder hell und zart,
erhöht inmitten saßen sie,
ringsum gepaart in Zucht und Art
das Edelblut der Normandie.

Vier Stimmen sangen frisch und schön,
und hundertstimmig scholl der Chor;
es zog das junge Lustgetön
die Nixen aus der Flut empor.

– ,,Ich warne junge Herrlichkeit
und dich, normännisch Edelblut,
das Singen schafft der Nixe Leid,
dem freudelosen Kind der Flut!"

– ,,Und schaffen dem Gezücht wir Leid
und quälen wir das Halbgeschlecht
und reizen wir der Nixe Neid,
das, Steffen, ist uns eben recht!"

Gemach verlosch das Abendrot,
des Tages Gluten schliefen ein,
ausbreitet über Meer und Boot
der Mond den bleichen Geisterschein.

Die See ist wunderlich erregt.
Was wandert um des Kieles Lauf?
Von Armen wird die Flut bewegt,
beglänzte Nacken tauchen auf.

Der Steffen ernst am Steuer stand:
,,Das Meer ist klar . . . doch droht
Gefahr . . ."
er deutet mit gestreckter Hand:
,,Da naht sie schon, die Nixenschar!"

Umklammert hält den schrägen Mast
ein blanker Leib als Schiffsfigur,
daß Blanche Nef, von Graun erfaßt,
in wilder Flucht von dannen fuhr.

– ,,Ich warne junge Herrlichkeit,
vergeßt die Nachtgebete nicht!"
– ,,Ei, Steffen, Kind der alten Zeit,
süß herzt es sich im Mondenlicht . . ."

Es klimmt und überklimmt das Bord,
es läßt sich nieder aus den Taun,
es kichert wie ein freches Wort,
es schaudert wie ein lüstern Graun . . .

es reizt, es quält, es schlüpft, es schmiegt
sich zwischen Edelknecht und Maid,
bis sich das Paar in Armen liegt
zu früher Lust, zu Tod und Leid . . .

Dem Steffen steigt das Haar. Er starrt
auf ein gespenstig Bacchanal:
die Königskinder, hell und zart,
verblühen all im Mondenstrahl.

,,Verloren geht mein himmlisch Teil,
gebrochen ist mein männlich Wort:
nicht bring' an Leib und Seele heil
die Kinder ich nach England dort!

Stirb, Blanche Nef! Bevor es tagt!
Im Wasser weiß ich hier ein Riff . . .''
Er dreht das Steuer stracks und jagt
der Klippe zu das Sündenschiff.

Der König lauscht zurück: ,,Das scholl
wie Sterbeschrei!'' Klar ist der Sund.
Ein Korb von welken Blumen voll,
sinkt Blanche Nef zum Meeresgrund.

Conrad Ferdinand Meyer

DIE SCHÖNE LILOFEE

Es freit' ein wilder Wassermann.
Er freit' nach königlichem Stamm
um die schöne Lilofee.

Er ließ eine Brücke mit Gold beschlagen,
darauf sollt' sie spazieren gahn,
die schöne Lilofee.

Und als sie auf die Brücke kam,
der Wassermann zog sie hinab,
die schöne Lilofee.

Da unten war sie sieben Jahr.
Und sieben Kind sie ihm gebar,
die schöne Lilofee.

Und als sie bei der Wiege stand,
da hört' sie einen Glockenklang,
die schöne Lilofee.

,,Ach Wassermann, lieber Wassermann,
laß mich einmal zur Kirche gahn,
mich arme Lilofee.''

Und da sie auf den Kirchhof kam,
da neigt' sich Laub und grünes Gras
vor der schönen Lilofee.

Und da sie in die Kirche kam,
da neigt' sich Graf und Edelmann
vor der schönen Lilofee.

Der Vater machte die Bank ihr auf,
die Mutter legte das Kissen drauf
der schönen Lilofee.

Sie führten sie an den gedeckten Tisch
und trugen ihr auf viel Fleisch und Fisch,
der schönen Lilofee.

Da sie den ersten Bissen aß,
fiel ihr ein Apfel in den Schoß,
der schönen Lilofee.

,,Ach, liebe Mutter, seid so gut,
werft mir den Apfel in Feuersglut,
mir armen Lilofee.''

„Ei, willst du mich verbrennen hier?
Wer wird unsre Kinder ernähren mir,
du schöne Lilofee?"

„Die Kinder, die wollen teilen wir.
Nimmst du ihr drei, nimm ich ihr vier,
ich arme Lilofee."

„Nimm ich ihr drei, nimmst du ihr drei,
das siebente wollen wir teilen gleich,
du schöne Lilofee.

Nimm ich ein Bein, nimmst du ein Bein,
daß wir einander gleiche sein,
du schöne Lilofee."

„Und eh' ich mir lass' mein Kind zerteiln,
viel lieber will ich im Wasser weiln,
ich arme Lilofee!"

ZWEI LIEBCHEN

Ein Schifflein auf der Donau schwamm,
drin saßen Braut und Bräutigam,
er hüben und sie drüben.

Sie sprach: „Herzliebster, sage mir,
zum Angebind, was geb' ich dir?"

Sie streift zurück ihr Ärmelein,
sie greift ins Wasser frisch hinein.

Der Knabe, der tät gleich also
und scherzt mit ihr und lacht so froh.

„Ach, schöne Frau Done, geb' Sie mir
für meinen Schatz eine hübsche Zier!"

Sie zog heraus ein schönes Schwert;
der Knab' hätt lang so eins begehrt.

Der Knab', was hält er in der Hand?
Milchweiß ein köstlich Perlenband.

Er legt's ihr um ihr schwarzes Haar,
sie sah wie eine Fürstin gar.

„Ach, schöne Frau Done, geb' Sie mir
für meinen Schatz eine hübsche Zier!"

Sie langt hinein zum andern Mal,
faßt einen Helm von lichtem Stahl.

Der Knab' vor Freud' entsetzt sich schier,
fischt ihr einen goldnen Kamm dafür.

Zum dritten sie ins Wasser griff:
ach weh! da fällt sie aus dem Schiff.

Er springt ihr nach, er faßt sie keck,
Frau Done reißt sie beide weg:

Frau Done hat ihr Schmuck gereut,
das büßt der Jüngling und die Maid.

Das Schifflein leer hinunterwallt;
die Sonne sinkt hinter die Berge bald.

Und als der Mond am Himmel stand,
die Liebchen schwimmen tot ans Land,
er hüben und sie drüben.

Eduard Mörike

DER FISCHER

Das Wasser rauscht', das Wasser schwoll,
ein Fischer saß daran,
sah nach dem Angel ruhevoll,
kühl bis ans Herz hinan.
Und wie er sitzt und wie er lauscht,
teilt sich die Flut empor:
aus dem bewegten Wasser rauscht
ein feuchtes Weib hervor.

Sie sang zu ihm, sie sprach zu ihm:
,,Was lockst du meine Brut
mit Menschenwitz und Menschenlist
hinauf in Todesglut?
Ach, wüßtest du, wie's Fischlein ist
so wohlig auf dem Grund,
du stiegst herunter, wie du bist,
und würdest erst gesund.

Labt sich die liebe Sonne nicht,
der Mond sich nicht im Meer?
Kehrt wellenatmend ihr Gesicht
nicht doppelt schöner her?
Lockt dich der tiefe Himmel nicht,
das feuchtverklärte Blau?
Lockt dich dein eigen Angesicht
nicht her in ewgen Tau?"

Das Wasser rauscht', das Wasser schwoll,
netzt' ihm den nackten Fuß;
sein Herz wuchs ihm so sehnsuchtsvoll,
wie bei der Liebsten Gruß.
Sie sprach zu ihm, sie sang zu ihm,
da war's um ihn geschehn:
halb zog sie ihn, halb sank er hin,
und ward nicht mehr gesehn.

Goethe

ERLKÖNIG

Wer reitet so spät durch Nacht und Wind?
Es ist der Vater mit seinem Kind.
Er hat den Knaben wohl in dem Arm,
er faßt ihn sicher, er hält ihn warm.

,,Mein Sohn, was birgst du so bang dein Gesicht?"
,,Siehst, Vater, du den Erlkönig nicht,
den Erlenkönig mit Kron' und Schweif?"
,,Mein Sohn, es ist ein Nebelstreif."

,,Du liebes Kind, komm, geh mit mir!
Gar schöne Spiele spiel' ich mit dir;
manch bunte Blumen sind an dem Strand,
meine Mutter hat manch gülden Gewand."

,,Mein Vater, mein Vater, und hörest du nicht,
was Erlenkönig mir leise verspricht!?"
,,Sei ruhig, bleibe ruhig, mein Kind;
in dürren Blättern säuselt der Wind."

„Willst, feiner Knabe, du mit mir gehn?
Meine Töchter sollen dich warten schön;
meine Töchter führen den nächtlichen Reihn
und wiegen und tanzen und singen dich ein.“

„Mein Vater, mein Vater, und siehst du nicht dort
Erlkönigs Töchter am düstern Ort?“
„Mein Sohn, mein Sohn, ich seh' es genau,
es scheinen die alten Weiden so grau.“

„Ich liebe dich, mich reizt deine schöne Gestalt;
und bist du nicht willig, so brauch ich Gewalt.“
„Mein Vater, mein Vater, jetzt faßt er mich an!
Erlkönig hat mir ein Leids getan!“

Dem Vater grauset's, er reitet geschwind,
er hält in Armen das ächzende Kind,
erreicht den Hof mit Mühe und Not –
in seinen Armen das Kind war tot.

Goethe

WALDGESPRÄCH

Es ist schon spät, es wird schon kalt,
was reitst du einsam durch den Wald?
Der Wald ist lang, du bist allein,
du schöne Braut! Ich führ' dich heim!

„Groß ist der Männer Trug und List,
vor Schmerz mein Herz gebrochen ist,
wohl irrt das Waldhorn her und hin,
o flieh! Du weißt nicht, wer ich bin.“

So reich geschmückt ist Roß und Weib,
so wunderschön der junge Leib,
jetzt kenn' ich dich – Gott steh' mir bei!
Du bist die Hexe Lorelei.

„Du kennst mich wohl – von hohem Stein
schaut still mein Schloß tief in den Rhein.
Es ist schon spät, es wird schon kalt,
kommst nimmermehr aus diesem Wald!“

Joseph von Eichendorff

LORELEY

Zu Bacharach am Rheine
wohnt' eine Zauberin,
die war so schön und feine
und riß viel Herzen hin.

Und machte viel zuschanden
der Männer rings umher,
aus ihren Liebesbanden
war keine Rettung mehr!

Der Bischof ließ sie laden
vor geistliche Gewalt
und mußte sie begnaden,
so schön war ihr' Gestalt.

Er sprach zu ihr gerühret:
,,Du arme Lore Lay!
Wer hat dich denn verführet
zu böser Zauberei?"

,,Herr Bischof, laßt mich sterben,
ich bin des Lebens müd,
weil jeder muß verderben,
der meine Augen sieht!

Die Augen sind zwei Flammen,
mein Arm ein Zauberstab –
o schickt mich in die Flammen,
o brechet mir den Stab!"

Ich kann dich nicht verdammen,
bis du mir erst bekennt,
warum in deinen Flammen
mein eignes Herz schon brennt!

Den Stab kann ich nicht brechen,
du schöne Lore Lay!
Ich müßte denn zerbrechen
mein eigen Herz entzwei!

,,Herr Bischof, mit mir Armen
treibt nicht so bösen Spott
und bittet um Erbarmen
für mich den lieben Gott!

Ich darf nicht länger leben,
ich liebe keinen mehr, –
den Tod sollt Ihr mir geben,
drum kam ich zu Euch her!

Mein Schatz hat mich betrogen,
hat sich von mir gewandt,
ist fort von mir gezogen,
fort in ein fremdes Land.

Die Augen sanft und wilde,
die Wangen rot und weiß,
die Worte still und milde,
das ist mein Zauberkreis.

Ich selbst muß drin verderben,
das Herz tut mir so weh,
vor Schmerzen möcht' ich sterben,
wenn ich mein Bildnis seh'.

Drum laßt mein Recht mich finden,
mich sterben wie ein Christ,
denn alles muß verschwinden,
weil er nicht bei mir ist!"

Drei Ritter läßt er holen:
,,Bringt sie ins Kloster hin!
Geh, Lore! Gott befohlen
sei dein berückter Sinn!

Du sollst ein Nönnchen werden,
ein Nönnchen schwarz und weiß,
bereite dich auf Erden
zu deines Todes Reis'!"

Zum Kloster sie nun ritten,
die Ritter alle drei
und traurig in der Mitten
die schöne Lore Lay.

,,O Ritter, laßt mich gehen
auf diesen Felsen groß,
ich will noch einmal sehen
nach meines Lieben Schloß.

Ich will noch einmal sehen
wohl in den tiefen Rhein
und dann ins Kloster gehen
und Gottes Jungfrau sein!"

Der Felsen ist so jähe,
so steil ist seine Wand,
doch klimmt sie in die Höhe,
bis daß sie oben stand.

Es binden die drei Reiter
die Rosse unten an
und klettern immer weiter
zum Felsen auch hinan.

Die Jungfrau sprach: „Da gehet
ein Schifflein auf dem Rhein,
der in dem Schifflein stehet,
Der soll mein Liebster sein!

Mein Herz wird mir so munter,
er muß mein Liebster sein!“ –
Da lehnt sie sich hinunter
und stürzet in den Rhein.

Die Ritter mußten sterben,
sie konnten nicht hinab;
sie mußten all' verderben,
ohn' Priester und ohn' Grab!

Wer hat dies Lied gesungen?
Ein Schiffer auf dem Rhein,
und immer hat's geklungen
von dem Dreiritterstein:

Lore Lay!
Lore Lay!
Lore Lay!
Als wären es meiner drei!

Clemens Brentano

DIE LORELEI

Ich weiß nicht, was soll es bedeuten,
daß ich so traurig bin;
ein Märchen aus alten Zeiten,
das kommt mir nicht aus dem Sinn.

Die Luft ist kühl und es dunkelt,
und ruhig fließt der Rhein;
der Gipfel des Berges funkelt
im Abendsonnenschein.

Die schönste Jungfrau sitzet
dort oben wunderbar;
ihr goldnes Geschmeide blitzet,
sie kämmt ihr goldenes Haar.

Sie kämmt es mit goldenem Kamme
und singt ein Lied dabei;
das hat eine wundersame,
gewaltige Melodei.

Den Schiffer im kleinen Schiffe
ergreift es mit wildem Weh;
er schaut nicht die Felsenriffe,
er schaut nur hinauf in die Höh'.

Ich glaube, die Wellen verschlingen
am Ende Schiffer und Kahn;
und das hat mit ihrem Singen
die Lore-Ley getan.

Heinrich Heine

ROMANZE

Horch, horch, was singen die Wellen am Strand?
Es waren drei Jäger im Oberland,
die wollten fischen und jagen
in ihren jungen Tagen.

Sie kamen an einen Wald so grau,
da saß eine wilde, uralte Frau,
die kämmte die weißen Locken,
das Herz tät ihnen stocken.

„Vor tausend Jahren da war ich schön,
da jagt' ich die Hirsche auf Bergeshöhn.
Kein König zog vorüber,
er küßte mich viel lieber!

Mein Haar ward grau, mein Haupt ward schwer,
mag heute keiner mich küssen mehr.
Wollt ihr das Alter nicht ehren?
Ich will euch Sitte lehren!"

Drei Haare sie riß aus dem greisen Schopf,
die wirbelt sie lachend über den Kopf;
drei schöne Mädchen alsbalde
hinschwebten über dem Walde.

Die Jäger standen und staunten sehr,
dann stürmten sie nach mit Waff' und Wehr,
das flüchtige Wild zu fangen –
sind alle verlorengegangen.

Julius Grosse

DER ZAUBERLEHRLING

Hat der alte Hexenmeister
sich doch einmal wegbegeben!
Und nun sollen seine Geister
auch nach meinem Willen leben;
seine Wort' und Werke
merkt' ich und den Brauch,
und mit Geistesstärke
tu' ich Wunder auch.
Walle, walle
manche Strecke,
daß zum Zwecke
Wasser fließe
und mit reichem, vollem Schwalle
zu dem Bade sich ergieße!

Und nun komm, du alter Besen!
Nimm die schlechten Lumpenhüllen!
Bist schon lange Knecht gewesen;
nun erfülle meinen Willen!
Auf zwei Beinen stehe,
oben sei ein Kopf,
eile nun und gehe
mit dem Wassertopf!
Walle, walle
manche Strecke,
daß zum Zwecke
Wasser fließe
und mit reichem, vollem Schwalle
zu dem Bade sich ergieße!

Seht, er läuft zum Ufer nieder –
wahrlich, ist schon an dem Flusse,
und mit Blitzesschnelle wieder
ist er hier mit raschem Gusse.
Schon zum zweiten Male!
Wie das Becken schwillt!
Wie sich jede Schale
voll mit Wasser füllt!
Stehe! stehe!
Denn wir haben
deiner Gaben
vollgemessen! –
Ach, ich merk' es! Wehe! wehe!
Hab' ich doch das Wort vergessen!

Ach, das Wort, worauf am Ende
er das wird, was er gewesen!
Ach, er läuft und bringt behende!
Wärst du doch der alte Besen!
Immer neue Güsse
bringt er schnell herein,
ach, und hundert Flüsse
stürzen auf mich ein!
Nein, nicht länger
kann ich's lassen,
will ihn fassen.
Das ist Tücke!
Ach, nun wird mir immer bänger!
Welche Miene! welche Blicke!

O du Ausgeburt der Hölle!
Soll das ganze Haus ersaufen?
Seh' ich über jede Schwelle
doch schon Wasserströme laufen.
Ein verruchter Besen,
der nicht hören will!
Stock, der du gewesen,
steh doch wieder still!
Willst's am Ende
gar nicht lassen?
Will dich fassen,
will dich halten
und das alte Holz behende
mit dem scharfen Beile spalten.

Seht, da kommt er schleppend wieder!
Wie ich mich nur auf dich werfe,
gleich, o Kobold, liegst du nieder!
Krachend trifft die glatte Schärfe.
Wahrlich, brav getroffen!
Seht, er ist entzwei!
Und nun kann ich hoffen,
und ich atme frei!
Wehe! wehe!
Beide Teile
stehn in Eile
schon als Knechte
völlig fertig in die Höhe!
Helft mir, ach, ihr hohen Mächte!

Und sie laufen! Naß und nässer
wird's im Saal und auf den Stufen.
Welch entsetzliches Gewässer!
Herr und Meister, hör' mich rufen! –
Ach, da kommt der Meister!
Herr, die Not ist groß!
Die ich rief, die Geister,
werd' ich nun nicht los.
„In die Ecke,
Besen! Besen!
Seid's gewesen.
Denn als Geister
ruft euch nur zu seinem Zwecke
erst hervor der alte Meister."

Goethe

DAS RIESENSPIELZEUG

Burg Nideck ist im Elsaß der Sage wohlbekannt,
die Höhe, wo vorzeiten die Burg der Riesen stand;
sie selbst ist nun verfallen, die Stätte wüst und leer,
du fragest nach den Riesen, du findest sie nicht mehr.

Einst kam das Riesenfräulein aus jener Burg hervor,
erging sich sonder Wartung und spielend vor dem Tor
und stieg hinab den Abhang bis in das Tal hinein,
neugierig zu erkunden, wie's unten möchte sein.

Mit wen'gen raschen Schritten durchkreuzte sie den Wald,
erreichte gegen Haslach das Land der Menschen bald,
und Städte dort und Dörfer und das bestellte Feld
erschienen ihren Augen gar eine fremde Welt.

Wie jetzt zu ihren Füßen sie spähend niederschaut,
bemerkt sie einen Bauer, der seinen Acker baut;
es kriecht das kleine Wesen einher so sonderbar,
es glitzert in der Sonne der Pflug so blank und klar.

„Ei! artig Spielding!“ ruft sie, „das nehm' ich mit nach Haus!“
Sie knieet nieder, spreitet behend ihr Tüchlein aus
und feget mit den Händen, was sich da alles regt,
zu Haufen in das Tüchlein, das sie zusammenschlägt,

und eilt mit freud'gen Sprüngen, man weiß, wie Kinder sind,
zur Burg hinan und suchet den Vater auf geschwind:
„Ei Vater, lieber Vater, ein Spielding wunderschön!
So Allerliebstes sah ich noch nie auf unsern Höh'n.“

Der Alte saß am Tische und trank den kühlen Wein,
er schaut sie an behaglich, er fragt das Töchterlein:
„Was Zappeliges bringst du in deinem Tuch herbei?
Du hüpfest ja vor Freuden; laß sehen, was es sei.“

Sie spreitet aus das Tüchlein und fängt behutsam an,
den Bauer aufzustellen, den Pflug und das Gespann;
wie alles auf dem Tische sie zierlich aufgebaut,
so klatscht sie in die Hände und springt und jubelt laut.

Der Alte wird gar ernsthaft und wiegt sein Haupt und spricht:
„Was hast du angerichtet? Das ist kein Spielzeug nicht!
Wo du es hergenommen, da trag es wieder hin,
der Bauer ist kein Spielzeug, was kommt dir in den Sinn?

Sollst gleich und ohne Murren erfüllen mein Gebot;
denn wäre nicht der Bauer, so hättest du kein Brot;
es sprießt der Stamm der Riesen aus Bauernmark hervor,
der Bauer ist kein Spielzeug, da sei uns Gott davor!“

Burg Nideck ist im Elsaß der Sage wohl bekannt,
die Höhe, wo vor Zeiten die Burg der Riesen stand;
sie selbst ist nun verfallen, die Stätte wüst und leer,
und fragst Du nach den Riesen, du findest sie nicht mehr.

Adelbert von Chamisso

DER RATTENFÄNGER

Zu Hameln fechten Mäus' und Ratzen
am hellen Tage mit den Katzen;
der Hungertod ist vor der Tür:
was tut der weise Rat dafür?
  Im ganzen Land
  macht er's bekannt:
  wer von den Räubern
  die Stadt kann säubern,
des Bürgermeisters Töchterlein,
die soll zum Lohn sein eigen sein.

Am dritten Tage hört man's klingen
wie wenn im Lenz die Schwalben singen;
der Rattenfänger zieht heran –
o seht den bunten Jägersmann!
  Er blickt so wild
  und singt so mild,
  die Ratten laufen
  ihm zu in Haufen;
er lockt sie nach mit Wunderschall,
ertränkt sie in der Weser all.

Die Bürger nach den Kirchen wallen,
zum Dankgebet die Glocken schallen:
des Bürgermeisters Töchterlein
muß nun des Rattenfängers sein.
  Der Vater spricht:
  „Ich duld' es nicht!
  So hoher Ehren
  mag ich entbehren.
Mit Sang und Flötenspiel gewinnt
man keines Bürgermeisters Kind."

In seinem bunten Jägerstaate
erscheint der Spielmann vor dem Rate.
Sie sprechen all aus einem Ton
und weigern den bedungnen Lohn:
  „Das Mägdelein?
  Es kann nicht sein;
  Herr Rattenfänger,
  müht Euch nicht länger!
Eur Flötenspiel ist eitel Dunst
und kam wohl von des Satans Kunst."

Am andern Morgen hört man's klingen,
wie wenn die Nachtigallen singen.
Ein Flöten- und ein Liedersang,
so süß vertraut, so liebebang!
  Da zieht heran
  der Jägersmann,
  der Rattenfänger,
  der Wundersänger,
und Kinder, Knaben, Mägdelein
in hellen Scharen hinterdrein.

Und hold und holder hört man's klingen,
wie wenn die lieben Englein singen,
und vor des Bürgermeisters Tür,
da tritt sein einzig Kind herfür.
  Das Mägdelein
  muß in den Reihn;
  die Mäuschen laufen
  ihm zu in Haufen.
Er lockt sie nach mit Wunderschall,
und nach der Weser zogen all.

Die Eltern liefen nach den Toren,
doch jede Spur war schon verloren.
Kein Eckart hatte sie gewarnt,
des Jägers Netz hält sie umgarnt.
  Zwei kehrten um,
  eins blind, eins stumm.
  Aus ihrem Munde
  kommt keine Kunde.
Da hob der Mütter Jammer an.
So rächte sich der Wundermann.

Karl Simrock

DER FEUERREITER

Sehet ihr am Fensterlein
dort die rote Mütze wieder?
Nicht geheuer muß es sein,
denn er geht schon auf und nieder.
Und auf einmal welch Gewühle
bei der Brücke, nach dem Feld!
Horch! das Feuerglöcklein gellt:
  Hinterm Berg,
  hinterm Berg
brennt es in der Mühle!

Schaut! da sprengt er wütend schier
durch das Tor, der Feuerreiter,
auf dem rippendürren Tier,
als auf einer Feuerleiter!
Querfeldein! Durch Qualm und Schwüle
rennt er schon und ist am Ort!
Drüben schallt es fort und fort:
  Hinterm Berg,
  hinterm Berg
brennt es in der Mühle.

Der so oft den roten Hahn
meilenweit von fern gerochen,
mit des heil'gen Kreuzes Span
freventlich die Glut besprochen –
weh! dir grinst vom Dachgestühle
dort der Feind im Höllenschein.
Gnade Gott der Seele dein!
  Hinterm Berg,
  hinterm Berg
rast er in der Mühle!

Keine Stunde hielt es an,
bis die Mühle borst in Trümmer;
doch den kecken Reitersmann
sah man von der Stunde nimmer.
Volk und Wagen im Gewühle
kehren heim von all dem Graus;
auch das Glöcklein klinget aus:
  Hinterm Berg,
  hinterm Berg
brennt's! –

Nach der Zeit ein Müller fand
ein Gerippe samt der Mützen
aufrecht an der Kellerwand
auf der beinern' Mähre sitzen:
Feuerreiter, wie so kühle
reitest du in deinem Grab!
Husch! da fällt's in Asche ab.
  Ruhe wohl,
  ruhe wohl
drunten in der Mühle!

Eduard Mörike

LENORE

Lenore fuhr ums Morgenrot
empor aus schweren Träumen:
„Bist untreu, Wilhelm, oder tot?
Wie lange willst du säumen?" –
Er war mit König Friedrichs Macht
gezogen in die Prager Schlacht
und hatte nicht geschrieben,
ob er gesund geblieben.

Der König und die Kaiserin,
des langen Haders müde,
erweichten ihren harten Sinn
und machten endlich Friede;
und jedes Heer, mit Sing und Sang,
mit Paukenschlag und Kling und Klang,
geschmückt mit grünen Reisern,
zog heim zu seinen Häusern.

Und überall, allüberall,
auf Wegen und auf Stegen,
zog alt und jung dem Jubelschall
der Kommenden entgegen.
„Gottlob!" rief Kind und Gattin laut,
„willkommen!" manche frohe Braut;
ach! aber für Lenoren
war Gruß und Kuß verloren.

Sie frug den Zug wohl auf und ab
und frug nach allen Namen;
doch keiner war, der Kundschaft gab,
von allen, so da kamen.
Als nun das Heer vorüber war,
zerraufte sie das Rabenhaar
und warf sich hin zur Erde
mit wütiger Gebärde.

Die Mutter lief wohl hin zu ihr:
„Ach, daß sich Gott erbarme!
Du trautes Kind, was ist mit dir?" –
Und schloß sie in die Arme –
„O Mutter, Mutter, hin ist hin!
Nun fahre Welt und alles hin!
Bei Gott ist kein Erbarmen.
O weh, o weh mir Armen!" –

„Hilf, Gott, hilf! Wer den Vater kennt,
der weiß, er hilft den Kindern.
Das hochgelobte Sakrament
wird deinen Jammer lindern." –
„O Mutter, Mutter, was mich brennt,
das lindert mir kein Sakrament!
Kein Sakrament mag Leben
den Toten wiedergeben." –

„Hör, Kind! Wie, wenn der falsche Mann
im fernen Ungarlande
sich seines Glaubens abgetan
zum neuen Ehebande?
Laß fahren, Kind, sein Herz dahin!
Er hat es nimmermehr Gewinn!
Wenn Seel' und Leib sich trennen,
wird ihn sein Meineid brennen!" –

„O Mutter! Mutter! hin ist hin!
Verloren ist verloren!
Der Tod, der Tod ist mein Gewinn!
O wär' ich nie geboren!
Lisch aus, mein Licht! auf ewig aus!
Stirb hin, stirb hin in Nacht und Graus!
Bei Gott ist kein Erbarmen;
o weh, o weh mir Armen!" –

So wütete Verzweifelung
ihr in Gehirn und Adern.
Sie fuhr mit Gottes Vorsehung
vermessen fort zu hadern,
zerschlug den Busen und zerrang
die Hand bis Sonnenuntergang,
bis auf am Himmelsbogen
die goldnen Sterne zogen.

Und außen, horch! gings trapp trapp trapp
als wie von Rosses Hufen,
und klirrend stieg ein Reiter ab
an des Geländers Stufen.
Und horch! und horch den Pfortenring,
ganz lose, leise, klinglingling!
Dann kamen durch die Pforte
vernehmlich diese Worte:

„Holla, holla! Tu auf, mein Kind!
Schläfst, Liebchen, oder wachst du?
Wie bist noch gegen mich gesinnt?
Und weinest oder lachst du?" –
„Ach, Wilhelm, du? – So spät bei Nacht?
Geweinet hab ich und gewacht;
ach! großes Leid erlitten!
Wo kommst du hergeritten?" –

„Wir satteln nur um Mitternacht.
Weit ritt ich her von Böhmen:
Ich habe spät mich aufgemacht
und will dich mit mir nehmen!" –
„Ach, Wilhelm, erst herein
geschwind!
Den Hagedorn durchsaust der Wind,
herein, in meinen Armen,
Herzliebster, zu erwarmen!"

„Laß sausen durch den Hagedorn,
laß sausen, Kind, laß sausen!
Der Rappe scharrt, es klirrt der Sporn;
ich darf allhier nicht hausen.
Komm, schürze, spring und schwinge dich
auf meinen Rappen hinter mich!
Muß heut noch hundert Meilen
mit dir ins Brautbett eilen." –

„Ach, wolltest hundert Meilen noch
mich heut ins Brautbett tragen?
Und horch, es brummt die Glocke noch,
die elf schon angeschlagen." –
„Sieh hin, sieh her, der Mond scheint
hell;
wir und die Toten reiten schnell,
ich bringe dich, zur Wette,
noch heut ins Hochzeitbette." –

„Sag an, wo ist dein Kämmerlein?
Wo?, wie dein Hochzeitbettchen?" –
„Weit, weit von hier! Still, kühl
und klein! –
Sechs Bretter und zwei Brettchen!" –
„Hat's Raum für mich?" – „Für dich
und mich!
Komm, schürze, spring und schwinge
dich!
Die Hochzeitsgäste hoffen!
Die Kammer steht uns offen." –

Schön Liebchen schürzte, sprang
und schwang
sich auf das Roß behende;
wohl um den trauten Reiter schlang
sie ihre Lilienhände,
und hurre hurre, hopp hopp hopp!
Ging's fort in sausendem Galopp,
daß Roß und Reiter schnoben
und Kies und Funken stoben.

Sieh da! sieh da! Am Hochgericht
tanzt' um des Rades Spindel
halb sichtbarlich bei Mondenlicht
ein luftiges Gesindel.
„Sa! sa! Gesindel! hier! komm hier!
Gesindel, komm und folge mir!
Tanz uns den Hochzeitsreigen,
wenn wir zu Bette steigen!" –

Und das Gesindel husch husch
husch!
Kam hinten nachgeprasselt,
wie Wirbelwind am Haselbusch
durch dürre Blätter rasselt.
Und weiter, weiter, hopp hopp hopp!
Ging's fort in sausendem Galopp,
daß Roß und Reiter schnoben
und Kies und Funken stoben.

„Rapp'! Rapp'! Mich dünkt, der Hahn
schon ruft . . .
bald wird der Sand verrinnen . . .
Rapp'! Rapp'! ich wittre
Morgenluft . . .
Rapp'! tummle dich von hinnen!
Vollbracht, vollbracht ist unser
Lauf!
Das Hochzeitbette tut sich auf!
Die Toten reiten schnelle!
Wir sind, wir sind zur Stelle." –

Rasch auf ein eisern Gittertor
ging's mit verhängtem Zügel;
mit schwanker Gert' ein Schlag davor
zersprengte Schloß und Riegel.
Die Flügel flogen klirrend auf,
und über Gräber ging der Lauf;
es blinkten Leichensteine
rundum im Mondenscheine.

Ha sieh! Ha sieh! Im Augenblick,
hu! hu! ein gräßlich Wunder!
Des Reiters Koller, Stück für Stück,
fiel ab wie mürber Zunder,
zum Schädel ohne Zopf und Schopf,
zum nackten Schädel ward sein Kopf,
sein Körper zum Gerippe
mit Stundenglas und Hippe.

Hoch bäumte sich, wild schnob der Rapp'
und sprühte Feuerfunken;
und hui! war's unter ihr hinab
verschwunden und versunken.
Geheul! Geheul aus hoher Luft,
Gewinsel kam aus tiefer Gruft.
Lenorens Herz mit Beben
rang zwischen Tod und Leben.

Nun tanzten wohl bei Mondenglanz
rundum herum im Kreise
die Geister einen Kettentanz
und heulten diese Weise:
„Geduld! Geduld! Wenn's Herz auch bricht!
Mit Gott im Himmel hadre nicht!
Des Leibes bist du ledig;
Gott sei der Seele gnädig!"

Gottfried August Bürger

TANNHÄUSER

Nun will ich aber heben an
von dem Tannhäuser singen,
und was er wunders hat getan
mit Frau Venussinnen.

Tannhäuser war ein Ritter gut,
denn er wollt' Wunder schauen,
er wollt' in der Frau Venus Berg
zu andern schönen Frauen.

Und als ein Jahr vorüber war,
seine Sünden wurden ihm leide:
„Frau Venus, edle Fraue fein,
ich will wieder von Euch scheiden."

„Herr Tannhäuser, Ihr seid mir lieb,
behaltet's in Gedanken!
Ihr habt mir einen Eid geschworn:
Ihr wollt von mir nit wanken."

„Frau Venus! nein, das hab' ich nit,
ich will dem widersprechen,
und redt das jemand außer Euch,
Gott helf' mir's an ihm rächen!"

„Herr Tannhäuser, wie redt Ihr nun?
Ihr sollet bei mir bleiben,
ich will Euch mein Gespielen geben
zu einem steten Weibe."

„Und nähm' ich nun ein ander Weib,
ich hab' in meinem Sinne,
so müßt' ich in der Höllen Glut
auch ewiglich verbrinnen."

„Ihr sagt viel von der Höllen Glut,
habt es doch nie empfunden –
gedenkt an meinen roten Mund!
Der lacht zu allen Stunden."

„Was hilft mir Euer roter Mund?
Der kümmert mich nicht sehre;
nun gebt mir Urlaub, Fräulein zart,
um aller Frauen Ehre!“

„Tannhäuser, redet nicht also!
Ihr tut Euch nicht wohl besinnen;
so gehn wir in ein Kämmerlein
und spielen der edlen Minnen.“

„Euer Minne ist mir worden leid,
ich hab' in meinem Sinne:
Frau Venus, edle Frau so zart,
ihr seid eine Teufelinne.“

„Herr Tannhäuser, was redt Ihr nun,
daß Ihr mich so tut schelten?
Und sollt Ihr länger hier innen sein,
ihr müsset's sehr entgelten.“

„Frau Venus, nein, das will ich nicht,
ich mag nicht länger bleiben.
Maria, Mutter, reine Maid,
nun hilf mir von den Weiben!“

„Tannhäuser, Ihr sollt Urlaub han,
mein Lob, das sollt Ihr preisen,
wo Ihr auch in dem Land umfahrt;
nehmt Urlaub von dem Greisen!“

Da schied er wiedrum aus dem Berg
in Jammer und in Reue:
„Ich will gen Rom wohl in die Stadt
auf eines Papstes Treue.“

„Ach, Papste, lieber Herre mein!
Ich klag' Euch meine Sünde,
die ich mein Tag begangen hab',
wie ich Euch will verkünden.

Ich bin gewesen auch ein Jahr
bei Venus, einer Frauen.
Nun wollt' ich Beicht' und Buß' empfahn,
ob ich möcht' Gott anschauen.“

Der Papst hat ein Stäblein in der Hand,
und das war also dürre:
„So wenig das Stäblein grünen mag,
kommst du zu Gottes Hulde.“

„Und sollt' ich leben nur ein Jahr,
ein Jahr auf dieser Erden,
so wollt' ich Beicht' und Buß' empfahn
und Gottes Trost erwerben!“

Da zog er wiederum aus der Stadt
in Jammer und in Leiden.
„Maria, Mutter, reine Maid!
Ich muß mich von dir scheiden.“

Er zog nun wiederum in den Berg
und ewiglich ohn Ende:
„Ich will zu meiner Frauen zart,
wo mich Gott will hin senden.“

„Seid gottwillkommen, Tannhäuser!
Ihr habt mir lang gefehlet;
seid willkommen, mein lieber Herr,
zum Buhlen auserwählet!“

So ging's bis an den dritten Tag.
Der Stab fing an zu grünen.
Der Papst schickt' aus in alle Land,
wo Tannhäuser hin wär kommen?

Da war er wiederum in den Berg
und hatt' sein Lieb erkoren,
des muß der vierte Papst Urban
auch ewig sein verloren.

DER GEIGER ZU GMÜND

Einst ein Kirchlein sonder gleichen,
noch ein Stein von ihm steht da,
baute Gmünd der sangesreichen
heiligen Cäcilia.

Schuh', aus reinem Gold geschlagen,
und von Silber hell ein Kleid
hat die Heilige getragen;
denn da war's noch gute Zeit.

Einst ein Geiger kam gegangen,
ach, den drückte große Not;
matte Beine, bleiche Wangen
und im Sack kein Geld, kein Brot!

Vor dem Bild hat er gesungen
und gespielet all sein Leid,
hat der Heil'gen Herz durchdrungen:
horch, melodisch rauscht ihr Kleid!

Lächelnd bückt das Bild sich nieder
aus der lebenlosen Ruh',
wirft dem armen Sohn der Lieder
hin den rechten goldnen Schuh.

Nach des nächsten Goldschmieds Hause
eilt er, ganz vom Glück berauscht,
singt und träumt vom besten Schmause,
wenn der Schuh um Geld vertauscht.

Aber kaum den Schuh ersehen,
führt der Goldschmied rauhen Ton,
und zum Richter wird mit Schmähen
wild geschleppt des Liedes Sohn.

Bald ist der Prozeß geschlichtet,
allen ist es offenbar,
daß das Wunder nur erdichtet,
er der frechste Räuber war.

Weh! du armer Sohn der Lieder
sangest wohl den letzten Sang!
An dem Galgen auf und nieder
sollst, ein Vogel, fliegen bang.

Seine Geige mitzuführen,
war des Geigers letzte Bitt'.
„Wo so viele musizieren,
musizier' ich Geiger mit!"

An Cäcilias Kapelle
jetzt der Zug vorüberkam,
nach des offnen Kirchleins Schwelle
geigt er recht in tiefem Gram.

Und wer kurz ihn noch gehasset,
seufzt: „Das arme Geigerlein!"
„Eins noch bitt' ich", singt er, „lasse
mich zur Heil'gen noch hinein!"

Man gewährt ihm; vor dem Bilde
geigt er abermals sein Leid,
und er rührt die Himmlischmilde;
horch, melodisch rauscht ihr Kleid!

Lächelnd bückt das Bild sich nieder
aus der lebenlosen Ruh,
wirft dem armen Sohn der Lieder
hin den zweiten goldnen Schuh.

Voll Erstaunen steht die Menge,
und es sieht nun jeder Christ,
wie der Mann der Volksgesänge
selbst der Heil'gen teuer ist.

Justinus Kerner

DER NARR DES GRAFEN VON ZIMMERN

Was rollt so zierlich, klingt so lieb
treppauf und -ab im Schloß?
Das ist des Grafen Zeitvertreib
und stündlicher Genoß:
Sein Narr, annoch ein halbes Kind
und rosiges Gesellchen,
so leicht und luftig wie der Wind,
und trägt den Kopf voll Schellchen.

Noch ohne Arg, wie ohne Bart,
an Possen reich genug,
ist doch der Fant von guter Art
und in der Torheit klug;
und was vergecken und verdrehn
die zappeligen Hände,
gerät ihm oft wie aus Versehn
zuletzt zum guten Ende.

Der Graf mit seinem Hofgesind
weilt in der Burgkapell',
da ist, wie schon das Amt beginnt,
kein Ministrant zur Stell'.
Rasch nimmt der Pfaff den Narrn [beim Ohr
und zieht ihn zum Altare;
der Knabe sieht sich fleißig vor,
daß er nach Bräuchen fahre.

Und gut, als wär er's längst gewohnt,
bedient er den Kaplan;
doch wann's die Müh' am besten lohnt,
bricht oft der Unstern an;
denn als die heilge Hostia
vom Priester wird erhoben,
o Schreck! so ist kein Glöcklein da,
den süßen Gott zu loben!

Ein Weilchen bleibt es totenstill,
erbleichend lauscht der Graf,
der gleich ein Unheil ahnen will,
das ihn vom Himmel traf.
Doch schon hat sich der Narr bedacht,
den Handel zu versöhnen;
die Kappe schüttelt er mit Macht,
daß alle Glöcklein tönen!

Da strahlt von dem Ciborium
ein goldnes Leuchten aus;
es glänzt und duftet um und um
im kleinen Gotteshaus,
wie wenn des Himmels Majestät
in frischen Veilchen läge:
Der Herr, der durch die Wandlung geht –
er lächelt auf dem Wege!

Gottfried Keller

VINUM SACRUM

Es schlichen zwei schlimme Gesellen
sich in die Kapelle hinein;
in Kannen, in goldnen, geweihten,
stand dort der heilige Wein.

Da spricht der eine mit Lachen
zum andern in sündigem Mut:
„Komm, willst du dich mit mir be- [rauschen
in Christi eigenem Blut?"

Der andere greift nach der Kanne
und setzt sie flugs an den Mund;
sie trinken, und trinken, und trinken,
doch kommen sie nicht auf den Grund.

Sie trinken, und trinken, und trinken
und treiben viel frostigen Scherz,
doch steigt keine Glut auf die Wangen,
doch flammt keine Lust durch das Herz.

Sie trinken, und trinken, und trinken,
die Kanne bleibt voll, wie sie war,
da packt sie ein innerstes Grausen,
sie stürzen hin am Altar.

Sie rufen: „Er blutet aufs neue,
wer stillt des Blutes Lauf!

Er zeigt uns die offenen Wunden,
o weh uns, wir rissen sie auf!"

Nun schau'n sie ewig den Heiland,
ein blasses, blutendes Bild;
er blickt sie an, nicht finster,
ach, so unendlich mild!

• *Friedrich Hebbel*

DIE HIMMELSPFÖRTNERIN

Es sang eine Drossel: „Ein Wunder geschah!"
Da sprangen die Knospen mit Macht.
Da wußten die Menschen, der Frühling sei da,
mit Sausen sei er erwacht.
Im Kloster St. Agnes erschloß sich die Tür
in Sehnsucht so weit wie noch nie –
es trat in den Frühling ganz leise herfür
die Pförtnerin Anne Marie.

Sie schaute die Bäume im lieblichsten Grün,
die Lüfte wehten so lind.
Auch sah sie zu Füßen ein Veilchen erblühn,
des Frühlings verschüchtertes Kind.
Es schwammen die Wolken in schneeiger Pracht
wie wandernde Schwäne – o sieh!
Da faßte der Sehnsucht unselige Macht
die Pförtnerin Anne Marie.

Sie nestelte hastig die Schlüssel vom Band
und lief zur Kapelle nicht weit.
Sie legte die Schlüssel mit zitternder Hand
zu Füßen der heiligen Maid.
„O Gebenedeite, bewahre sie du,
die einst mir die Würde verlieh!
Es ziemt nicht des Herzens geheiligte Ruh
der Sünderin Anne Marie!"

Sie lief aus den schweigenden Mauern hinaus,
sie lief mit dem Wind übers Feld,
der Frühling umschlang sie mit Jubelgebraus,
er trug sie hinaus in die Welt.
O liebliche Blume, unseliges Kind,
das nur in der Stille gedieh –

wie bald ward zerblättert die Rose im Wind!
Was weinst du so, Anne Marie?

Und Jahre vergingen. Wie vertrug sie die Last
des Leids und der Liebe so schwer!
Von gierigen Klauen des Lebens umfaßt
hinbrach sie und konnte nicht mehr.
O daß doch der Schwestern ehrwürdiger Chor
ihr sanft ihre Sünde verzieh'!
Als Bettlerin pochte demütig ans Tor,
die Pförtnerin Anne Marie.

Und siehe – wer öffnet' ganz leise die Tür
und lächelt' gütig und lind?
Die heil'ge Maria trat selber herfür
und sagte: „Willkommen mein Kind!
Du gabst mir die Schlüssel zur Pforte in Hut,
ich hab' sie gehütet, da sieh –
empfange sie wieder, bewahre sie gut,
o Pförtnerin Anne Marie!"

Da rief sie in Eile die Schwestern herbei
und klagte, wie schwer ihr geraubt
die Sünde des Lebens den himmlischen Mai,
doch schüttelten diese das Haupt.
Es sprach die Äbtissin: „Du fieberst, mein Kind,
denn höre, du fehltest uns nie!
Du dientest uns täglich in Treuen gesinnt,
o Pförtnerin Anne Marie!"

Da ahnten die Schwestern, es wäre geschehn
ein köstliches Wunder allhie.
Sie hoben die Hände mit brünstigem Flehn
und sanken anbetend aufs Knie,
o liebliche Sage, du rufst mich mit Macht,
so oft mir ein Frühling gedieh!
Es gibt keinen Lenz, da ich dein nicht gedacht,
o Pförtnerin Anne Marie!

Franz Karl Ginzkey

AUS DER GESCHICHTE

DER TRUNKENE GOTT

Weiße Marmorstufen steigen
durch der Gärten laub'ge Nacht,
schlanke Palmenfächer neigen
in des Himmels blaue Pracht.
Über Tempeln, Hainen, Grüften
zecht in abendweichen Lüften
Alexanders Lieblingsschar;
kniend bietet ihm ein Knabe,
daß der Erde Herr sich labe,
Wein in edler Schale dar.

Herrlich ist's, den Wein zu schlürfen,
lagernd in der Götter Rat,
zwischen schwelgenden Entwürfen
und der wundergleichen Tat!
Goldne Becher überquellen,
Ruhmesgeister mit den hellen
Helmen tauchen aus der Flut –
goldne Schalen überschäumen,
Geister, die gebunden träumen,
steigen auf in Zornesglut.

Kleitos neben Philipps Sohne
furcht die Stirne kummervoll,
der benarbte Mazedone
schlürft im Weine Gram und Groll:
Er gedenkt der Heergenossen,
die die erste Phalanx schlossen
in den Bergen kühl und fern –
seinen dunklen Mut zu kränken,
lüstet es den schönen Schenken,
lagernd an dem Knie des Herrn.

Die erhabne Stirn und Braue
träumt den Zug ins Inderland,
lauschend liest den Traum das schlaue
Kind, den Blick emporgewandt:
„Bacchus bist du, der belaubte,
mit dem schwärmerischen Haupte,
der ins Land der Sonne zieht!
Ohne Heer kannst du bezwingen,
nur den Thyrsus darfst zu schwingen,
winke nur, und Indien kniet!"

Finster grollt der alte Streiter:
„Durch der Wüste heißen Sand?
Immer ferner, immer weiter?
Nach des Indus Fabelstrand?
Kann ein Wink dir Sieg erwerben,
warum bluten, warum sterben
wir für dich? Zu deinem Spott?
Lebende kannst du belohnen,
deine toten Mazedonen
wecke sie, bis du ein Gott!

– Welchen dampfenden Altares
freust du auf der Erde dich?
Bist du die Gewalt des Ares,
helmumflattert, fürchterlich?
Herr, bevor den niedern Talen
du dich nahtest ohne Strahlen,
welches war dein himmlisch Amt?
Bist du Zeus? Bist du ein andrer?
Bist du Helios, der Wandrer,
dessen Stirne sonnig flammt?"

Grimmig neigt der graue Fechter
sich zum Ohr des Gottes hin,
mit unseligem Gelächter
rührt er an der Schulter ihn:
„Gast des Himmels, warum sinken
Haupt und Schulter dir zur Linken?
Lastet dir der Erde Raub?
Mit den Göttern willst du zechen?
Spotten hör' ich dein Gebrechen:
Alexander, du bist Staub!"

Eine zürnende Gebärde!
Blitz und Sturz! Ein Gott in Wut!
Ein Erdolchter an der Erde
windet sich in seinem Blut . . .
In den Abendlüften Schauer,
ein verhülltes Haupt in Trauer,
ausgerast und ausgegrollt!
Marmorgleich versteinte Zecher,
und ein herrenloser Becher,
der hinab die Stufen rollt.

• *Conrad Ferdinand Meyer*

SCIPIO

Schau dort den Mann! Er kommt gegangen,
die Toga lässig umgehangen:
Das ist der große Scipio,
dem sich Karthago gab verloren,
vor dem vor Roms geborstnen Toren
des Barkas grauser Enkel floh.

Es ist der Weg zum Kapitole,
den er mit ruhmbeschwingter Sohle
als Triumphator einst erstieg.
Er geht mit ernster Römersitte
auch heut hinauf in festem Schritte,
als führt' er eine Schar zum Sieg.

Und dennoch durft' er heute zagen!
Mag jedes Haupt er überragen,
die Mißgunst haßt sein großes Tun.
Er ist verklagt als Landverräter,
und vor dem Hof der greisen Väter
erhebt die Klage der Tribun:

„Wir haben Geld dir reich gesendet;
es ward auf diesen Krieg verschwendet
des Volkes Schweiß und letzte Kraft.
Dir haben wir uns überlassen;
du hast verstreut des Silbers Massen:
Wohlan, so gib uns Rechenschaft!

Stolz gibst du reiche Pracht zu schauen;
rings an den Bergen, auf den Auen
wird Öl und Korn und Wein dir reif.
Wer mag dem Zweifel da gebieten?
Und drum im Namen der Quiriten
verklag' ich dich auf Unterschleif!"

Da hebt sich Scipio vom Sitze,
es bleiben seines Auges Blitze
mitleidig auf dem Kläger ruhn.
Aufschlägt er eine Bücherrolle,
und mild, als wüßt er nichts von Grolle
beginnt er seine Rede nun:

„Leicht wär's, ihr Väter, mir zu rechten!
Ich schrieb im Feld in heißen Nächten
dies Rechnungsbuch mit eigner Hand.
Von meinem Quästor untersiegelt,
des Lippe jetzt der Tod verriegelt,
ist's meiner Ehre gültig Pfand.

Und weil mich die Erinnrung freute,
so hielt ich's aufbewahrt bis heute:
Nun aber, dünkt mich's, ist's genug.
Zu fragen nach Beweis und Pfande,
es wäre mir und Euch zur Schande –
dies meine Antwort: kommt zum Spruch!"

Er schweigt und reißt das Buch in Fetzen
und wirft es zu des Hofs Entsetzen
aufs Kohlenbecken Stück für Stück.
Dann schürt bedachtsam er die Flammen,
bis es zu Asche fiel zusammen,
und geht zu seinem Sitz zurück.

Still wird's – dann jauchzt es in der Runde:
„Frei, frei von Schuld!“ aus jedem Munde;
der Kläger bebt in banger Scham.
Doch in dem wilden Beifallrufen
neigt sich der Held und geht die Stufen
hinab so ruhig, wie er kam.

• *Gottfried Kinkel*

DER TRIUMPHATOR

Stolz im Triumph glorreicher Siege,
wie keiner sie erkämpft zuvor,
zieht auf der leuchtenden Quadrige
Ämilius Paulus durch das Tor;
es wirbelt Duft aus goldnen Becken,
Roms Tempel sind mit Purpurdecken,
so schön sie Tyrus beut, behängt,
und rauschend tönt's wie Meeresbranden,
wo sich das Volk in Festgewanden,
des Feierzuges harrend, drängt.

Auf Helmen, Schilden, Wurfgeschossen
auf Rüstungen von blankem Stahl,
auf Marmorbildern, Erzkolossen
spielt wie verirrt der Sonnenstrahl;
Jünglinge nerv'gen Armes führen
von des Clitumnus weißen Stieren
die schönsten hundert, kranzgeschmückt;
in Reihen dann, ein Spott der Sieger,
nahn Macedoniens blasse Krieger,
von ehrner Ketten Wucht gedrückt.

Drauf er, dem bis zu Asiens Landen
sich gestern noch gedehnt das Reich,
der König selbst in Eisenbanden,
dem niedersten der Sklaven gleich;
an seiner Seite flehn zwei Söhne,
fast Kinder noch, von holder Schöne,
der stolzen Römer Mitleid an;
dann siehe! durch die Ehrenbogen
der Legionen trunknes Wogen,
des Siegers weißes Roßgespann!

Beim Jauchzen der Triumphgesänge,
das tausendstimmig rings erschallt,
rollt die Quadriga durch die Menge
und macht am Kapitole halt.
Ämilius steigt durchs Jubelrufen
des Volkes die porphyrnen Stufen
zum Haus des Donnerers hinauf;
da, durch die Menschenwoge dringend,
stürzt, bleich von Antlitz, händeringend,
ein Sklav' ihm nach in hast'gem Lauf.

„O Herr, vernimm die Trauerkunde!
Was dir des Lebens Liebstes war,
ward dir geraubt in einer Stunde,
der Zwillingssöhne blühend Paar!
Ein Blitzstrahl hat die zwei erschlagen,
als mittags sie entschlummert lagen
im Ölwald der Akademie;
her von Athen, damit die Laren
der Heimat ihren Staub bewahren,
im Sarkophage bring' ich sie."

Die rings die Botschaft hören, schauen
voll Mitleid auf Ämilius:
„Weh, daß in Gram und Todesgrauen
ihm der Triumphtag enden muß!"
Doch er tritt, kaum entfärbt die Wange,
zum Tempel ein mit festem Gange,
vollzieht das Opfer am Altar
und ruft, indes die Flammen lohen:
„Nun bring' ich erst, Ihr Ew'gen, Hohen,
euch Dank aus vollem Herzen dar!

Als kühn wie nie mit Siegesprangen
von Schlacht zu Schlacht Roms Adler [flog,
als König Perseus selbst gefangen
einher vor meinem Wagen zog,
da bebt' ich vor des Schicksals Tücke,
da dacht' ich: allzu großem Glücke
stürmt rächend das Verderben nach;
mir bangte, daß des Unheils Bürde
sich über Rom entladen würde
in ungeheurem Wetterschlag.

Doch nun, ihr Götter, darf ich hoffen,
gerettet sei das Vaterland,
da mich allein der Blitz getroffen,
den das Geschick herabgesandt;
gesättigt nun in einer vollen
gewalt'gen Rache ward sein Grollen,
denn Unglück traf mein Haupt so [schwer,
daß den Besiegten ich beneide;
ihm blieben seine Söhne beide,
ich aber habe keinen mehr!"

• *Adolf Friedrich von Schack*

DAS GRAB IM BUSENTO

Nächtlich am Busento lispeln, bei Cosenza, dumpfe Lieder;
aus den Wassern schallt es Antwort, und in Wirbeln klingt es wider!

Und den Fluß hinauf, hinunter ziehn die Schatten tapfrer Goten,
die den Alarich beweinen, ihres Volkes besten Toten.

Allzufrüh und fern der Heimat mußten hier sie ihn begraben,
während noch die Jugendlocken seine Schulter blond umgaben.

Und am Ufer des Busento reihten sie sich um die Wette,
um die Strömung abzuleiten, gruben sie ein frisches Bette.

In der wogenleeren Höhlung wühlten sie empor die Erde,
senkten tief hinein den Leichnam, mit der Rüstung, auf dem Pferde.

Deckten dann mit Erde wieder ihn und seine stolze Habe,
daß die hohen Stromgewächse wüchsen aus dem Heldengrabe.

Abgelenkt zum zweiten Male, ward der Fluß herbeigezogen:
mächtig in ihr altes Bette schäumten die Busentowogen.

Und es sang ein Chor von Männern: ,,Schlaf in deinen Heldenehren!
Keines Römers schnöde Habsucht soll dir je dein Grab versehren!"

Sangen's, und die Lobgesänge tönten fort im Gotenheere;
wälze sie, Busentowelle, wälze sie von Meer zu Meere!

August von Platen

KÖNIG KARL AM MEER

Der König stand am Fenster und schaute auf die See:
,,Was seh' ich dort, ein Weißes, da oben auf der Höh?"
,,Das ist die weiße Möwe, die auf dem Meere schwebt,
sich mit den Wellen senket und schaukelnd wieder hebt."

,,Bei Gott, die Zeichen kenn' ich! Es ist ein Wikingschiff,
das scheut nicht Sturm und Wellen, das schreckt kein Klippenriff;
die Männer, die es führen, dürsten nach Sturm und Streit –
Herr König, greift zum Schwerte, zu fechten gibt's noch heut!"

Sie legen an das Ufer, Normannen, stolz Geschlecht,
Seekön'ge auf den Wogen, Schlachtkön'ge im Gefecht;
sie springen von dem Schiffe, die Schwerter in der Hand,
,,heisa, nun sollst du zinsen, du reiches Frankenland!"

Es saß der arme Fischer an seinem Netz und spann.
Sie bringen vor ihren Führer ihn als gefangnen Mann:
,,Sag an, wie heißt die Küste? Was für ein Schloß liegt dort?
Wer ist sein Herr? Dein Leben bürg' uns, daß wahr dein Wort!"

,,Ihr Herren, schont mich Alten, ich bin ein schwacher Greis,
gern will ich euch verkünden, soviel ich immer weiß,
dies ist der Seine Mündung, ihr steht auf Frankreichs Grund,
und in dem Schlosse droben wohnt König Karl zur Stund."

,,Der König Karl?" – Wie Blitze läuft um das Wort im Rund.
,,Der König Karl?" – Sie zagen, verstummt ist jeder Mund.
,,Der König Karl? – Da möchte erblühn uns wenig Heil,
da gibt's nur Stahl und Eisen, nicht Gold und Silber zuteil."

Sie steigen wieder zu Schiffe, sie drehn die Segel geschwind –
viel lieber wollen sie kämpfen mit Wellen und Wetter und Wind,
der Name hat in ihnen den besten Mut gefällt,
wer möchte auch bestehen den alten Frankenheld?

Der König hat's vernommen, da wird ihm trüb zu Sinn,
er schaute fragend vom Meere zu seinem Sohne hin,
der stand in der Halle und drehte den Rosenkranz in der Hand –
da sah er nieder und seufzte: „Mein armes, armes Land!"

Heinrich von Mühler

WELTHERRSCHER IN WEST UND OST

Als Kaiser Karl zu Aachen saß,
zu Pfingsten Hof zu halten,
da kamen Gäste ferne her,
gar seltsame Gestalten.

Mit weitem, wallendem Gewand,
mit schwarzem Aug und Bart,
mit Schwertern wie die Sicheln krumm,
mit Sitten fremder Art.

Viel Sklaven folgten reich geschmückt
den stattlichen Gesandten,
hoch ragten aus dem bunten Zug
zween mächt'ge Elefanten.

Und wiehernd bog den schlanken Hals
manch feingegliedert Roß,
am Scharlachzügel fromm geführt
vom schwarzen Dienertroß.

Auch brachten schöne Knaben dar
in silbernen Geschirren
Gewürze aus dem Morgenland
wie Balsam, Weihrauch, Myrrhen.

Doch aller Schätze Köstlichstes
ein alter Diener trug –
ein Wunderwerk, die Wasseruhr,
die jede Stunde schlug.

Und als man sie zum Kaiser führt,
sie neigen sich zur Erden,
die Arme auf der Brust gekreuzt,
ehrfürchtig an Gebärden.

Und als den Boden dreimal sie
geküßt mit dem Gesicht,
da stehn sie vor des Kaisers Stuhl,
ihr Ältester aber spricht:

„O Sultan, deiner Taten Ruhm,
er ist mit hundert Zungen
vom Occident zum Orient
bis Bagdad hin erklungen;

drum beut dir Harun al Raschid
im fernen Morgenland,
der große Fürst der Gläubigen,
durch uns die Bruderhand.

Er bittet, daß von dir zu ihm
ein Friedensbund besteht,
weil Allahs Hand im Westen dich,
im Osten ihn erhöht."

Da neigte Karl in Hulden sich
und gab mit vollen Händen
den Gästen reichlich Botensold,
dem Sultan Gegenspenden.

So reichten über Land und Meer
zwei Helden sich die Hand,
so huldigte der reiche Ost
dem fernen Abendland.

Johannes Knottnerus

KLAGELIED KAISER OTTOS III.

O Erde, nimm den Müden,
den Lebensmüden auf,
der hier im fernen Süden
beschließt den Pilgerlauf!
Schon steh' ich an der Grenze,
die Leib und Seele teilt,
und meine zwanzig Lenze
sind rasch dahin geeilt.

Voll unerfüllter Träume,
verwaist, in Gram versenkt,
entfallen mir die Zäume,
die dieses Reich gelenkt.
Ein andrer mag es zügeln
mit Händen minder schlaff,
von diesen sieben Hügeln
bis an des Nordens Haff!

Nun fühl' ich erst, wie eitel
des Glücks Geschenke sind,
wiewohl ich auf dem Scheitel
schon Kronen trug als Kind!
Was je mir schien gewichtig,
zerstiebt wie ein Atom:
O Welt, du bist so nichtig,
du bist so klein, o Rom!

O Rom, wo meine Blüten
verwelkt wie dürres Laub,
dir ziemt es nicht, zu hüten
den kaiserlichen Staub!
Die mir die Treue brachen
zerbrächen mein Gebein:
beim großen Karl in Aachen
will ich bestattet sein.

O Freunde, laßt das Klagen,
mir aber gebt Entsatz
und macht dem Leichenwagen
mit euren Waffen Platz!
Bedeckt das Grab mit Rosen,
das ich so früh gewann,
und legt den tatenlosen
zum tatenreichsten Mann!

August von Platen

DIE WEIBER VON WINSPERG

Der erste Hohenstaufen, der König Konrad, lag
mit Heeresmacht vor Winsperg seit manchem langen Tag;
der Welfe war geschlagen, noch wehrte sich das Nest,
die unverzagten Städter, die hielten es noch fest.

Der Hunger kam, der Hunger! das ist ein scharfer Dorn;
nun suchten sie die Gnade, nun fanden sie den Zorn.
„Ihr habt mir hier erschlagen gar manchen Degen wert,
und öffnet ihr die Tore, so trifft euch doch das Schwert."

Da sind die Weiber kommen: „Und muß es also sein,
gewährt uns freien Abzug, wir sind vom Blute rein."
Da hat sich vor den Armen des Helden Zorn gekühlt,
da hat ein sanft Erbarmen im Herzen er gefühlt.

„Die Weiber mögen abziehn, und jede habe frei,
was sie vermag zu tragen und ihr das Liebste sei!
Laßt ziehn mit ihrer Bürde sie ungehindert fort!
Das ist des Königs Meinung, das ist des Königs Wort."

Und als der frühe Morgen im Osten kaum gegraut,
da hat ein seltnes Schauspiel vom Lager man geschaut;
es öffnet leise, leise sich das bedrängte Tor,
es schwankt ein Zug von Weibern mit schwerem Schritt hervor.

Tief beugt die Last sie nieder, die auf dem Nacken ruht,
sie tragen ihre Ehherrn, das ist ihr liebstes Gut.
„Halt an die argen Weiber!" ruft drohend mancher Wicht;
der Kanzler spricht bedeutsam: „Das war die Meinung nicht."

Da hat, wie er's vernommen, der fromme Herr gelacht:
„Und war es nicht die Meinung, sie haben's gut gemacht;
gesprochen ist gesprochen, das Königswort besteht,
und zwar von keinem Kanzler zerdeutelt und zerdreht."

So war das Gold der Krone wohl rein und unentweiht.
Die Sage schallt herüber aus halbvergeßner Zeit.
Im Jahr elfhundertvierzig, wie ich's verzeichnet fand,
galt Königswort noch heilig im deutschen Vaterland.

Adelbert von Chamisso

SCHWÄBISCHE KUNDE

Als Kaiser Rotbart lobesam
zum heil'gen Land gezogen kam,
da mußt' er mit dem frommen Heer
durch ein Gebirge, wüst und leer.
Daselbst erhub sich große Not,
viel Steine gab's und wenig Brot,
und mancher deutsche Reitersmann
hat dort den Trunk sich abgetan.
Den Pferden wars so schwach im Magen,
fast mußt' der Reiter die Mähre tragen.

Nun war ein Herr aus Schwabenland,
von hohem Wuchs und starker Hand,
des Rößlein war so krank und schwach,
er zog es nur am Zaume nach:
er hätt' es nimmer aufgegeben,
und kostet's ihn das eigne Leben.
So blieb er bald ein gutes Stück
hinter dem Heereszug zurück;
da sprengten plötzlich in die Quer
fünfzig türkische Reiter daher:

Die huben an auf ihn zu schießen,
nach ihm zu werfen mit den Spießen.
Der wackre Schwabe forcht' sich nit,
ging seines Weges Schritt vor Schritt,
ließ sich den Schild mit Pfeilen spicken
und tät nur spöttlich um sich blicken,
bis einer, dem die Zeit zu lang,
auf ihn den krummen Säbel schwang.
Da wallt dem Deutschen auch sein Blut,
er trifft des Türken Pferd so gut,
er haut ihm ab mit einem Streich
die beiden Vorderfüß' zugleich.
Als er das Tier zu Fall gebracht,
da faßt er erst sein Schwert mit Macht,
er schwingt es auf des Reiters Kopf,
haut durch bis auf den Sattelknopf,
haut auch den Sattel noch zu Stücken
und tief noch in des Pferdes Rücken;
zur Rechten sieht man wie zur Linken
einen halben Türken heruntersinken.
Da packt die andern kalter Graus:
Sie fliehen in alle Welt hinaus,
und jedem ist's, als würd ihm mitten
durch Kopf und Leib hindurch-
geschnitten.
Drauf kam des Wegs 'ne Christenschar,
die auch zurückgeblieben war;
die sahen nun mit gutem Bedacht,
was Arbeit unser Held gemacht.
Von denen hat's der Kaiser vernommen.
Der ließ den Schwaben vor sich kommen;
er sprach: „Sag an, mein Ritter wert!
Wer hat dich solche Streich' gelehrt?"
Der Held bedacht' sich nicht zu lang:
„Die Streiche sind bei uns im Schwang,
sie sind bekannt im ganzen Reiche,
man nennt sie halt nur
Schwabenstreiche."

Ludwig Uhland

BARBAROSSA

Der alte Barbarossa,
der Kaiser Friederich,
im unterird'schen Schlosse
hält er verzaubert sich.

Er ist niemals gestorben,
er lebt darin noch jetzt;
er hat im Schloß verborgen
zum Schlaf sich hingesetzt.

Er hat hinabgenommen
des Reiches Herrlichkeit
und wird einst wiederkommen
mit ihr, zu seiner Zeit.

Der Stuhl ist elfenbeinern,
darauf der Kaiser sitzt;
der Tisch ist marmelsteinern,
worauf sein Haupt er stützt.

Sein Bart ist nicht von Flachse,
er ist von Feuersglut,
ist durch den Tisch gewachsen,
worauf sein Kinn ausruht.

Er nickt als wie im Traume,
sein Aug halb offen zwinkt;
und je nach langem Raume
er einem Knaben winkt.

Er spricht im Schlaf zum Knaben:
„Geh hin vors Schloß, o Zwerg,
und sieh, ob noch die Raben
herfliegen um den Berg.

Und wenn die alten Raben
noch fliegen immerdar,
so muß ich auch noch schlafen
verzaubert hundert Jahr."

Friedrich Rückert

AGNES BERNAUER

Es reiten drei Herren zu München hinaus,
sie reiten wohl vor der Bernauerin Haus:
„Bernauerin, bist du darinnen?

Bist du dann darinnen, so tritt du heraus!
Der Herzog ist draußen vor deinem Haus,
mit all seinem Hofgesinde."

Sobald die Bernauerin die Stimme vernahm,
ein schneeweißes Hemd zog sie gar bald an,
wohl vor den Herzog zu treten.

Sobald die Bernauerin vors Tor 'naus kam,
drei Herren gleich die Bernauerin vernahm'n:
„Bernauerin, was willst du machen?

Ei, willst du lassen den Herzog entwegen?
Oder willst du lassen dein jung frisches Leben,
ertrinken im Donauwasser?" –

„Und eh' ich will lassen mein' Herzog entwegen,
so will ich lassen mein jung frisches Leben,
ertrinken im Donauwasser.

Der Herzog ist mein, und ich bin sein;
sind wir gar treu versprochen."

Bernauerin auf dem Wasser schwamm,
Maria, Mutter Gottes, hat sie gerufen an,
sollt' ihr aus dieser Not helfen:

„Hilf mir, Maria, aus dem Wasser heraus,
mein Herzog läßt dir bauen ein Gotteshaus,
von Marmelstein einen Altar."

Sobald sie dies hat gesprochen aus,
Maria, Mutter Gottes, hat geholfen aus
und von dem Tod sie errettet. –

Sobald die Bernauerin auf die Brucken kam,
drei Henkersknecht zur Bernauerin kam':
„Bernauerin, was willst du machen?

Ei, willst du werden ein Henkersweib?
Oder willst du lassen dein jung stolzen Leib,
ertrinken im Donauwasser?"

„Und eh' ich will werden ein Henkersweib,
so will ich lassen mein' jung stolzen Leib,
ertrinken im Donauwasser!"

Es stund kaum an den dritten Tag,
dem Herzog kam eine traurige Klag:
„Bernauerin ist ertrunken!"

„Auf! rufet mir alle Fischer daher,
sie sollen fischen bis an das rote Meer,
daß sie mein feines Lieb suchen."

Es kommen gleich alle Fischer daher,
sie haben gefischt bis an das rote Meer,
Bernauerin haben sie gefunden.

Sie legen's dem Herzog wohl auf den Schoß,
der Herzog viel tausend Tränen vergoß,
er tät gar herzlich weinen.

„So rufet mir her fünftausend Mann,
einen neuen Krieg will ich nun fangen an
mit meinem Herrn Vatern eben.

Und wär' mein Herr Vater mir nicht so lieb,
ich ließ ihn aufhängen als wie einen Dieb,
wär' aber mir eine große Schande."

Es stund kaum an den dritten Tag,
dem Herzog kam eine traurige Klag':
sein Herr Vater ist gestorben!

„Die mir helfen meinen Herrn Vater begraben,
rote Mäntel müssen sie haben,
rot müssen sie sich tragen.

Und die mir helfen mein Feinslieb begraben,
schwarze Mäntel müssen sie haben,
schwarz müssen sie sich tragen!

So wollen wir stiften ein' ewige Meß,
daß man der Bernauerin nicht vergess',
man wolle für sie beten!"

AGNES BERNAUERIN

Sie sangen am Herd, als die Flamme schied:
„Es ist ein' Ros' entsprungen."
Sie sprachen zu ihr, als verklungen das Lied:
„Was hast du nicht mitgesungen?

Was bist du so blaß, Agnes Bernauerin,
was starrst du so vor dich nieder?"
Sie sprach wie schlafend vor sich hin
und schloß ihre schweren Lider:

„Mir träumte in der Andreasnacht,
ich sei an die Donau gegangen.
Der Himmel glomm in blutiger Pracht,
und die roten Wellen sangen.

Sie trugen mir zu in schaukelndem Tanz
eine Krone, sternbeschienen, –
und wie ich sie hob, war's ein Sterbekranz
von welkenden Rosmarinen."

• *Agnes Miegel*

PAPST JULIUS

Halb vom Hades schon bezwungen,
von Lemuren schon umschwebt,
hat er doch sich losgerungen –
sieh, er atmet! Sieh, er lebt!
Hinter seinen greisen Brauen
flammt's! Jetzt langt er nach dem Bart,
zürnt und schilt den Tod mit rauhen,
ungestümen Worten hart:

„Weg mir aus dem Angesichte,
Larven, die mir bleich gedroht!
Charon, aus dem Sonnenlichte
weg ins Schilf mit deinem Boot!
Keine Macht ist dir gegeben,
bis ich selbst dich rufen mag!
Heute hab' ich noch zu leben
einen vollgedrängten Tag!

Arzt, statt deiner faden Tropfen
gib mir des Falerners Glut!
Lasse meine Pulse klopfen,
wirf mir Feuer in das Blut!
Auf die Türen! Weg die Kissen!
Meine Feldherrn, tretet ein!
Meine Meister, laßt sie wissen,
daß sie dreifach emsig sei'n!

Regst, Bramante, die geschickten
Hände du? Vollende doch!
Diese Augen, sie erblickten
gerne deine Kuppel noch!
Michelangelo, willkommen!
Warum schaust du wieder scheel?
Dort erblick' ich meinen frommen
meinen süßen Raffael!

Als den Hirten nicht des Lammes,
bildet mich als Mosen ab,
der den Dränger seines Stammes
niederschlug mit wucht'gem Stab —
wo die Wasserstürze tosen
in die Brunnenschale jach,
setzet, Meister, mich als Mosen,
der die Felsenwand zerbrach!

Moses bin ich in dem Blitze
Sinais, in Rauch und Dampf:
Meine donnernden Geschütze
enden flammend jeden Kampf!
Mit den neugegoßnen Stücken
bring' ich Burg und Stadt zu Fall,
schmettre Breschen, breche Lücken
in den stärksten Mauerwall!

Falkner, sprich, was macht mein Sperber,
der die Klaue sich zerstieß?
Marschalk, sag, wie lebt mein Berber,
den zu scharf ich jagen ließ?
Tummelt, Diener, zum Ergötzen
mir im Hof ein feurig Tier!
Laßt es springen, laßt es setzen
vor den alten Augen mir!

Helmt mir die gefurchte Stirne!
Harnischt mir die welke Hand!
Der Italien macht zur Dirne,
jagt den Fremdling aus dem Land!
Reicht ein Schwert! Ich will es retten!
Ruft, Drommeten, ruft zur Schlacht!
In der Faust zerrißne Ketten,
schreit' ich durch des Hades Nacht!"

• *Conrad Ferdinand Meyer*

ANNA BULLEN

Die rostigen Angeln knarrten,
der Büttel sprach: „Steh auf!
Steh auf, deine Richter warten,
steige die Treppen hinauf."

Anna Bullens Kette klirrte
rasselnd an ihrer Hand,
ihr Blondhaar, das verwirrte,
floß übers Büßergewand.

„Wer sind die Lords, als Richter
vom König mir gesandt?"
„Es sind drei stolze Gesichter
und sind dir wohlbekannt.

Der eine in braunen Haaren
heißt Percy Northumberland."
„Ich trug in jungen Jahren
seinen Brautring an der Hand."

„Graf Norfolk ist der zweite,
der finstere Papist" –,
„Von meiner Mutter Seite
Norfolk mir Oheim ist.

Er und Graf Percy bogen
huldigend einst die Knie,
ihr ritterlich Schwert gezogen:
‚Treu dir!' gelobten sie.

Meineidige Schurken, ich weine
nicht um euer falsches Wort, –
sag, Büttel, nur das eine:
Wer ist der dritte Lord?"

„In Sünde und Verderben
lebte er sechzig Jahr,
vom Blute seines Erben
scharlachen sein Talar.

Seiner Stirne Runzeln alle
sind eine Schrift der Schmach."–
Sie traten in die Halle,
und Anna Bullen sprach:

"Nun sei du mein Berater,
führ meine Sache, Gott,
Lord Wilford selbst, mein Vater,
liefert mich aufs Schafott!"

• *Agnes Miegel*

ICH HAB'S GEWAGT MIT SINNEN

Ich hab's gewagt mit Sinnen
und trag' des noch kein' Reu' –
mag ich nit dran gewinnen,
noch muß man spüren Treu'!
Darmit ich mein':
Nit ei'm allein –
wenn man es wollt' erkennen –
dem Land zugut!
Wiewohl man tut
ein Pfaffenfeind mich nennen.

Da lass' ich jeden lügen
und reden was er will;
hätt' Wahrheit ich geschwiegen,
mir wären Hulder viel:
Nun hab' ich's gsagt!
Bin drum verjagt,
das klag' ich allen Frummen,
wiewohl noch ich
nit weiter fliech,
vielleicht werd' wieder kummen. –

Will nun ihr selbst nit raten
dies fromme Nation,
ihr's Schadens sich ergatten,
als ich vermahnet hon –
so ist mir leid.
Hiemit ich scheid',
will mengen baß die Karten!
Bin unverzagt:
ich hab's gewagt,
und will des Ends erwarten.

• *Ulrich von Hutten*

BAUERNAUFSTAND

Die Glocken stürmten vom Bernwardsturm,
der Regen durchrauschte die Straßen,
und durch die Glocken und durch den Sturm
gellte des Urhorns Blasen.

Das Büffelhorn, das lange geruht,
Veit Stoßperg nahm's aus der Lade,
das alte Horn, es brüllte nach Blut,
und wimmerte: "Gott genade!"

Ja, gnade dir Gott, du Ritterschaft!
Der Bauer stund auf im Lande,
und tausendjährige Bauernkraft
macht Schild und Schärpe zuschande!

Die Klingsburg hoch am Berge lag,
sie zogen hinauf in Waffen,
auframmte der Schmied mit einem Schlag
das Tor, das er fronend geschaffen.

Dem Ritter fuhr ein Schlag ins Gesicht
und ein Spaten zwischen die Rippen, –
er brachte das Schwert aus der Scheide
nicht,
und nicht den Fluch von den Lippen.

Aufrauschte die Flamme mit aller Kraft,
brach Balken, Bogen und Bande, –
ja, gnade dir Gott, du Ritterschaft:
Der Bauer stund auf im Lande!

Börries von Münchhausen

PIDDER LÜNG

Der Amtmann von Tondern, Henning Pogwisch,
schlägt mit der Faust auf den Eichentisch:
„Heut fahr' ich selbst hinüber nach Sylt,
und hol' mir mit eigner Hand Zins und Gült.
Und kann ich die Abgaben der Fischer nicht fassen,
sollen sie Nasen und Ohren lassen,
und ich höhn' ihrem Wort:
Lewwer duad üs Slaav!"[1]

Im Schiff vorn der Ritter, panzerbewehrt,
stützt sich finster auf sein langes Schwert.
Hinter ihm, von der hohen Geistlichkeit,
steht Jürgen, der Priester, beflissen, bereit.
Er reibt sich die Hände, er bückt den Nacken.
„Der Obrigkeit helf' ich die Frevler packen,
in den Pfuhl das Wort:
Lewwer duad üs Slaav!"

Gen Hörnum hat die Prunkbarke den Schnabel gewetzt,
ihr folgen die Ewer, kriegsvolkbesetzt.
Und es knirschen die Kiele auf den Sand,
und der Ritter, der Priester springen ans Land,
und waffenrasselnd hinter den beiden
entreißen die Söldner die Klingen den Scheiden.
Nun gilt es, Friesen:
Lewwer duad üs Slaav.

Die Knechte umzingeln das erste Haus.
Pidder Lüng schaut verwundert zum Fenster heraus.
Der Ritter, der Priester treten allein
über die ärmliche Schwelle hinein.

[1] Lieber tot als Sklave

Des langen Peters starkzählige Sippe
sitzt grad an der kargen Mittagskrippe.
Jetzt zeige dich, Pidder:
Lewwer duad üs Slaav.

Der Ritter verneigt sich mit hämischem Hohn,
der Priester will anheben seinen Sermon.
Der Ritter nimmt spöttisch den Helm vom Haupt
und verbeugt sich noch einmal: ,,Ihr erlaubt,
daß wir euch stören bei euerm Essen,
bringt hurtig den Zehnten, den ihr vergessen,
und euer Spruch ist ein Dreck:
Lewwer duad üs Slaav."

Da reckt sich Pidder, steht wie ein Baum:
,,Henning Pogwisch, halt deine Reden im Zaum!
Wir waren der Steuern von jeher frei,
und ob du sie wünschst, ist uns einerlei.
Zieh ab mit deinen Hungergesellen,
hörst du meine Hunde bellen?
Und das Wort bleibt stehn:
Lewwer duad üs Slaav!"

,,Bettelpack", fährt ihn der Amtmann an,
und die Stirnader schwillt dem geschienten Mann,
,,du frißt deinen Grünkohl nicht eher auf,
als bis dein Geld hier liegt zu Hauf."
Der Priester zischelt von Trotzkopf und Bücken
und verkriecht sich hinter des Eisernen Rücken.
O Wort, geh nicht unter:
Lewwer duad üs Slaav!

Pidder Lüng starrt wie wirrsinnig den Amtmann an,
immer heftiger in Wut gerät der Tyrann,
und er speit in den dampfenden Kohl hinein:
,,Nun geh an deinen Trog, du Schwein!"
Und er will, um die peinliche Stunde zu enden,
zu seinen Leuten nach draußen sich wenden.
Dumpf dröhnt's von drinnen:
Lewwer duad üs Slaav!

Einen einzigen Sprung hat Pidder getan.
Er schleppt an den Napf den Amtmann heran,
und taucht ihm den Kopf ein, und läßt ihn nicht frei,
bis der Ritter erstickt ist im glühheißen Brei.
Die Fäuste dann lassend vom furchtbaren Gittern,
brüllt er, die Türen und Wände zittern,
das stolzeste Wort:
    Lewwer duad üs Slaav!

Der Priester liegt ohnmächtig ihm am Fuß,
die Häscher stürmen mit höllischem Gruß,
durchbohren den Fischer und zerren ihn fort,
in den Dünen, im Dorf rasen Messer und Mord.
Pidder Lüng doch, ehe sie ganz ihn verderben,
ruft noch einmal im Leben, im Sterben
sein Herrenwort:
    Lewwer duad üs Slaav!

Detlev von Liliencron

DER ALTE LANDSKNECHT

Ist gar ein elend Leben –
die tumbe Jugend tollt;
sie tun die Kannen heben
und sind den Weibern hold.
Ich lieg' auf kaltem Stroh,
im Buckel reißt's mich so –
sie sollten Ruhe geben
und sparn das schöne Gold.

Dublonen und Dukaten,
wie seid ihr gar so rund!
Mit Malvasier und Braten
rouliert ihr durch den Schlund;
den hübschen Fräulein fein
geht Geld gar lieblich ein,
sie küssen's dem Soldaten
von seinem roten Mund.

Das ist ein lieblich Kosen,
ein Plaudern süß und dumm –
die Nacht ist voller Rosen,
die Nacht ist still und stumm –
du Narr, so gläubst du dran?
Schau sie bei Licht nur an!
Sie han all die Franzosen,
den morbum gallicum.

Ich zähmt ein' wilde Tauben
und hielt sie mannig Jahr –
wie tät sie wacker schnauben,
wenn sie voll Zürnens war!
Mich kränkt's zu dieser Frist,
daß sie nicht lebig ist:
Sie kunnt' mir helfen klauben
die Läus aus meinem Haar.

Ich wollt', ich läg erschlagen
wohl draußen auf der Heid.
Die Würmer, die mich nagen,
die tun mir itzt schon leid.
Sie kriegen Zähneweh,
mein Fleisch sprach längst: ade!
Mir ist, ich hör' ihr Klagen:
Ist gar ein' schlimme Zeit!

Moritz Jahn

DER PILGRIM VOR ST. JUST

Nacht ist's und Stürme sausen für und für,
hispanische Mönche, schließt mir auf die Tür!

Laßt hier mich ruhn, bis Glockenton mich weckt,
der zum Gebet euch in die Kirche schreckt!

Bereitet mir, was euer Haus vermag,
ein Ordenskleid und einen Sarkophag!

Gönnt mir die kleine Zelle, weiht mich ein,
mehr als die Hälfte dieser Welt war mein.

Das Haupt, das nun der Schere sich bequemt,
mit mancher Krone ward's bediademt.

Die Schulter, die der Kutte nun sich bückt,
hat kaiserlicher Hermelin geschmückt.

Nun bin ich vor dem Tod den Toten gleich.
Und fall' in Trümmer wie das alte Reich.

• *August von Platen*

DIE VERSTUMMTE LAUTE

Sie mochte gern an seiner Schulter lehnen
in einem weichen Abenddämmerlicht.
Sie barg vor ihm das Rieseln ihrer Tränen,
den halbenthüllten Reiz der Seele nicht:
„Freund, einz'ger Freund auf diesem düstern Eiland,
ich welke! Chastelard, auch du bist bleich!
Schlag deine Laute! Singe mir von weiland,
von meinem ersten Königreich!"

Er stürmte durch die Saiten: „Jener Tage
ins Meer gesunkne Sonnen sind verblaßt!
Maria Stuart! Ich erhebe Klage,
daß du geschluchzt an meinem Herzen hast!
Mit deinen Tränen bade hier dem reinen,
entseelten Gott die Marmorfüße bleich –
Weib, sündlich ist's, vor einem Menschen weinen
mit diesen Augen warm und weich!

Was war ich dir? Der nichtige Vertraute!
Ein Echo, das von deinen Seufzern scholl!
Ein Spiegel, drin sie eitel sich beschaute,
die Zähre, die dir an der Wimper quoll!
War dir die Laute nur, darauf zu breiten
die Fingerspitzen, und ich hallte schön –
ich hasse dich!" Er riß entzwei die Saiten
mit einem gellen Mißgetön.

Er floh davon, hinaus in Wald und Wildnis.
Doch wo er lechzend schlürft' aus einem Quell,
sah er im Brunnen ein geliebtes Bildnis
aus naher Tiefe schimmern dunkelhell,
sah er ein blasses Angesicht in Zähren;
es schwand und blickte wiederum empor,
von Sehnen und Erfüllen und Gewähren
rauscht's um den Born in Schilf und Rohr.

„Maria!" so beginnt in ihrer Kammer
am Lager kniend sie das Nachtgebet.
„Maria!" wiederholt voll Glut und Jammer
ein Mund, der neben ihr im Dunkel fleht.
Sie schreit. Man kommt. Von Fackelglut gerötet
bebt sie vor Zorn: „Ein Mörder! Fesselt ihn!"
Er lächelt: „Ist sie schön! Auch wenn sie tötet!"
Und gibt den Schergen sich dahin.

Er schreitet seinem Blutgerüst entgegen
in einem klaren, kühlen Morgenrot.
Mit hohlen Blicken flüstert angelegen
als hagrer Pater der vermummte Tod:
„Freund, du bekommst es gut! Du wirst entlastet!
Ich absolviere dich von Lust und Pein!
Von keiner weichen, weißen Hand betastet,
wirst du die stumme Laute sein!"

• *Conrad Ferdinand Meyer*

BOTHWELL

Wie bebte Königin Marie,
als durchs geheime Pförtlein spat
mit ungebognem Haupt und Knie
in ihr Gemach Graf Bothwell trat!

Ihr schön Gesicht ward leichenweiß;
sie zuckt' und sah in fragend an:
Er wischte von der Stirn den Schweiß
und sagte dumpf: „Es ist getan!

Es ist getan, dein süßer Mund
war nicht für Buben solcher Art,
heut abend um die achte Stund'
hielt Heinrich Darnley Himmelfahrt."

Sie schrie empor: „Verzeih' dir Gott!
Nimm all mein Gold, nimm hin und flieh!"
Da lacht' er laut in grimmem Spott:
„Was soll mir Gold für Blut, Marie?

Ich liebe dich, und wenn ich mich
der Höll' ergab zu dieser Frist:
So war's um dich, allein um dich,
weil du der schönste Teufel bist.

Die Hand, die einen König schlug,
greift auch nach einer Königin."
Er rief's, und, Graun in jedem Zug,
starr wie ein Wachsbild sank sie hin.

Er hub sie auf; sie fühlt' es nicht,
daß ihr ins Fleisch sein Stahlhemd schnitt;
ihr lockig Haupthaar wallte dicht
um seine Schultern, wie er schritt.

Er stieß den Ring an ihre Hand,
er schwang sie vor sich fest aufs Roß,
und jagt' ins wetterschwüle Land
hinaus mit ihr gen Dunbar Schloß.

Schwarz war die Nacht, als wäre rings
erloschen jeder Stern des Heils;
nur manchmal in den Wolken ging's,
gleichwie das Blitzen eines Beils.

• *Emanuel Geibel*

DIE SCHLACHT BEI NASEBY

Vertrieben aus London, des Landes Herz,
und geschlagen bei Marston-Moor, –
Stuarts Heere wandelten niederwärts
in der Führer versinkender Spur.

Aber einmal, noch einmal kam Hoffen und Mut
in die zage zerbrochene Macht.
Schon träumte der Stolz und die schweigende Wut
vom Vergelten nach siegender Schlacht:

Prinz Rupprecht, der Länder und Meere durchtobt
auf Kämpfen und Fahrten um Frauen,
und sein blasser König, der heimlich gelobt,
vielhundert Galgen zu bauen.

Die Rundköpfe senkten vor Naseby die Stirn:
König Belial, komm heran!
Ihr Auge hieß Cromwell, Cromwell ihr Hirn;
zehntausende wog der Mann.

Und die Sonne stach und die Schlacht stieg auf,
Blut, Brüllen, flammender Rauch.
Verstaut und verbissen rang Hauf' an Hauf'
und die Toten rangen auch,

die Toten, das heilige Königtum
und sein ragender Wille im Land
und des Adels Recht und des Adels Ruhm:
Man jagte sie unter den Sand.

Karl Stuart ritt über die Heide hin,
verloren Krone und Herd;
einer fleischroten Sonne Verscheiden beschien
die Einsamen, König und Pferd.

Und er starrte hinein und sein Auge ward feucht;
fest griff ihm der Wind ins Gelock –
auf den nächtigen Wolken zerrann das Geleucht
wie Blut über einem Block.

• *Franz Theodor Csokor*

DIE STUARTS

Puritaner-Lied

Sie dünken nach Gnad' und göttlichem [Recht
sich dieses Landes Erben,
und sind doch ein verloren Geschlecht
und müssen alle sterben.

Sie machten von je den sündigen Leib
zum Herrscher ihrer Seelen –
ihre Ahnfrau war das Babelweib,
von dem die Bücher erzählen.

Sie mußten zweimal das Schafott
mit ihrem Blute färben,
doch unversöhnt ist unser Gott:
Sie müssen alle sterben.

Sie konnten errichten Jehovas Thron,
sie sind zu schwach befunden,
nun klopfen an Tür und Tore schon
ihres Hauses letzte Stunden.

Es kommt ein Wetter, es braust ein Strom,
die Lüge muß verderben – –
die Stuarts stehen all zu Rom
und müssen alle sterben.

Theodor Fontane

ALTE LANDSKNECHTE

Im Himmel droben, in einer Ecken,
wo die alten Soldaten die Beine strecken,
weit weg von Heiligen und Propheten,
von Märtyrern und von Anachoreten
sitzen an eines Kamines Flammen
die seligen alten Landsknecht beisammen.

Manchmal greift einer nach der Tasche,
sucht nach den Knöcheln, sucht nach der Flasche, –
aber im Himmel gibt's nichts dergleichen!
Höchstens, daß mal ein Englein kommt,
ihnen ein Schälchen Tau zu reichen,
das den seligen Seelen frommt.

Und wenn gar einer mal fluchen will:
„Potz Tod und Teufel und Frundsberger Drill!",
geht's ihm nicht aus dem Maul heraus,
wird gleich ein Halleluja draus!
So daß der Reuter, vom Wunder benommen,
gar ein einfältiges Lächeln bekommen,
den Knebelbart zur Seite drückt
und ein weniges auf die Seite rückt.

Sind ja selig und freuen sich ja –
sind ihrer aber zu wenige da!
Alle Kameraden und Kumpane,
Hauptleute, Obristen und Feldkaplane,
alle Brüder vom Schwert sitzen drunten zusammen
und brennen in den höllischen Flammen.

Aber manchmal in ihren Ohren es klingt,
und mit leisem Gebrumm geht ein Summen um,
wie vom Schlegel, der über das Kalbfell springt:
„Terum tum tum, terum tum tum . . .“

Da laufen sie alle zur Himmelstür,
lauschen alle ganz verzückt herfür
herunter zur Erde und ihren Tönen.
Da donnern die Trommeln und schüttern und dröhnen,
da rasseln die Trommeln, die fellbespannten,
da blasen die welschen Kriegsmusikanten,
da wandern die Freunde mit Karren und Kind,
da flackern die großen Fahnen im Wind,
da brennen die Dörfer, – der Rauch bricht vor
über Wolken und Winde zum Himmelstor.
Und die alten Landsknechte atmen beklommen
den Rauch, der von sündiger Erde gekommen,
sie lauschen und spähn, ihnen zittern die Hände,
wie sich das Glück der Feldschlacht wende.

Da kommt Sankt Peter und treibt sie zurück.
Noch ein letzter wehmütiger Blick –
an des himmlischen Kamines Flammen
sitzen wieder die alten Landsknecht beisammen,
sagt keiner ein Wort, denn mit leisem Gebrumm
noch immer das Lied ihres Lebens klingt,
und ein Summen geht um,
wie vom Schlegel, der über das Kalbfell springt:
„Terum tum tum, terum tum tum . . .“

Börries von Münchhausen

SCHLACHTFELD AM BARENBERGE

Wir jagten am Abend von Ringelheim,
die Sporen im Pferde, gen Süden;
wir ritten hastig und ritten geheim,
in den Dörfern heulten die Rüden,
und vor den Dörfern, bös und verwacht,
die Feuer von Tillys Papisten –
wir fanden zur Stunde nach Mitternacht
das Heer des Dänischen Christen.

Der lag vor Lutter in triefendem Zelt
bei gelöschten Feuern, voll Sorgen,
und wir abendmahlten im Regen-Feld
vor der großen Schlacht von morgen.
Der Prediger schützte das Brot im Ge-
und wenn er machte die Runde, [wand,
er tastete mit der linken Hand
im Finstern nach unserem Munde.

Dann kam der Morgen und kam die Schlacht,
und der Mittag kam – und wir wichen,
und die Stirnen, die Helmdruck rot gemacht,
in den Nebeln des Abends erblichen.
Und wir lagen, wie uns die Wunden gesellt,
an der Brust der Ewigen Mutter,
und grellschräg leuchtete übers Feld
das im Regen verknisternde Lutter.

Da hob sich vor mir am Grabenrand
ein Reiter, die Brust zerschossen,
kalkweiß die Lippen, der Bart verbrannt,
der sprach, zum Tode entschlossen:
„Ich weiß, du läßt mich im himmlischen Heer
die Schärpe des Ruhmes erben,
so dank' ich dir, Heiland, mein Leben bisher
und das ehrliche Reitersterben!“

Dann griff er mit blutüberströmter Hand
aus der Erde, zerstampft von den Heeren,
drei Handvoll schwarzdurchsickertes Land
und warf sie auf sich in Ehren
und segnete kirchlich sein wunderlich Werk:
„Von Erde bist du genommen
und bist vor Lutter am Barenberg
wieder zu Erde gekommen!“

Und schob sich zurecht, und mit klarem Gesicht
begann er plötzlich zu singen,
und „Jesus, meine Zuversicht . . .“
ging über die Heide mit Klingen,
wie daheim in der Kirche zu Apelern,
so sang er mit starker Stimme –
vom Himmelsrand herdonnerte fern
die vergrollende Schlacht voll Grimme.

Und hier und da auf Acker und Rain
hob sich's in Kollett und Koller
und stimmte durchs Dunkel tapfer mit ein,
bis es klang getroster und voller –
der Regen rieselte säuselnd und sacht,
so summt an der Wiege die Mutter,
und die lange, die bange Todesnacht
fiel über das Feld vor Lutter . . .

• *Börries von Münchhausen*

WIEGENLIED AUS DEM DREISSIGJÄHRIGEN KRIEG

Horch, Kind, horch, wie der Sturmwind weht
und rüttelt am Erker!
Wenn der Braunschweiger draußen steht,
der faßt uns noch stärker.
Lerne beten, Kind, und falten fein die Händ,
damit Gott den tollen Christian von uns wend'!

Schlaf, Kind, schlaf, es ist Schlafens-Zeit,
ist Zeit auch zum Sterben.
Bist du groß, wird dich weit und breit
die Trommel anwerben.
Lauf ihr nach, mein Kind, hör deiner Mutter Rat;
fällst du in der Schlacht, so würgt dich kein Soldat.

„Herr Soldat, tu mir nichts zuleid,
und laß mir mein Leben!“
„Herzog Christian führt uns zum Streit,
kann kein Pardon geben.
Lassen muß der Bauer mir sein Gut und Hab
zahle nicht mit Geld, nur mit dem kühlen Grab.“

Schlaf, Kind, schlaf, werde stark und groß.
Die Jahre, sie rollen;
folgst bald selber auf stolzem Roß
Herzog Christian dem Tollen.
Wie erschrickt der Pfaff und wirft sich auf die Knie –
„Für den Bauer nicht Pardon, den Pfaffen aber nie!“

Still, Kind, still, wenn Herr Christian kommt,
der lehrt dich zu schweigen!
Sei fein still, bis dir selber frommt,
ein Roß zu besteigen.
Sei fein still, dann bringt der Vater bald dir Brot,
wenn nach Rauch der Wind nicht schmeckt, und nicht der Himmel rot.

Ricarda Huch

SCHLOSS EGER

Lärmend, im Schloß zu Eger,
über dem Ungarwein,
sitzen die Würdenträger
Herzogs Wallenstein:
Tertschka, des Feldherrn Schwager,
Illo und Kinsky dazu,
ihre Heimat das Lager
und die Schlacht ihre Ruh.

Lustig flackern die Kerzen,
aber der Tertschka spricht:
„Ist mir's Nacht im Herzen
oder vorm Gesicht?
Diese Lichter leuchten
wie in dunkler Gruft,
und die Wände, die feuchten,
hauchen Grabesluft.“

Feurig funkelt der Unger,
aber der Kinsky spricht:
,,Draußen bei Frost und Hunger
schüttelte so mich's nicht;
hielte lieber bei Lützen
wieder in Qualm und Rauch;
wolle Gott uns schützen,
oder – der Teufel auch.''

Illo nur, Herz wie Kehle
hält er bei Laune sich,
dicht ist seine Seele
gegen Hieb und Stich,
trägt ein Büffelkoller
wie sein Körper traun,
lustiger und toller
war er nie zu schaun.

Und vom Trunke heiser
ruft er jetzt und lacht:
,,Das erst ist der Kaiser,
wer den Kaiser macht;
Eid und Treue brechen,
taten wir's allein?
Hoch der König der Tschechen,
Herzog Wallenstein!''

Burg- und Schloßbewohner
ruhen . . . Da sieh, in Stahl,
Butlersche Dragoner
dringen in den Saal;
Butler selbst, im Helme,
tritt an den Illo: ,,Sprich,
seid ihr Schurken und Schelme,
oder gut kaiserlich?''

Hei, da fahren die Klingen
wie von selber heraus,
von dem Pfeifen und Schwingen
löschen die Lichter aus;
weiter geht es im Dunkeln,
nein, im Dunkeln nicht:
ihrer Augen Funkeln
gibt das rechte Licht.

Tertschka fällt; daneben
Kinsky mit Fluch und Schwur;
mehr um Tod wie Leben
ficht selbst Illo nur,
schlägt blindhin in Scherben
Schädel und Flaschen jetzt,
wie ein Eber im Sterben
noch die Hauer wetzt.

Licht und Fackel kommen,
geben düstren Schein:
Ineinander verschwommen
blinken Blut und Wein;
überall im Saale
Leichen in buntem Gemisch,
stumm, vor seinem Mahle,
sitzt der Tod am Tisch.

Butler aber, wie Wetter,
donnert jetzt: ,,Laßt sie ruhn!
Das sind erst die Blätter –
an die Wurzel nun!''
Bald in Schlosses Ferne
hört man's krachen und schrein –
schau nicht in die Sterne,
rette dich, Wallenstein!

• *Theodor Fontane*

TRÄNEN DES VATERLANDES

Wir sind doch nunmehr ganz, ja mehr denn ganz verheeret!
Der frechen Völker Schar, die rasende Posaun',
das vom Blut fette Schwert, die donnernde Kartaun'
hat aller Schweiß und Fleiß und Vorrat aufgezehret.

Die Türme stehn in Glut, die Kirch ist umgekehret,
das Rathaus liegt im Graus, die Starken sind zerhaun,
die Jungfraun sind geschändt, und wo wir hin nur schaun,
ist Feuer, Pest und Tod, der Herz und Geist durchfähret.

Hier durch die Schanz' und Stadt rinnt allzeit frisches Blut.
Dreimal sind schon sechs Jahr', als unser Ströme Flut,
von so viel Leichen schwer, sich langsam fortgedrungen.

Doch schweig' ich noch von dem, was ärger als der Tod,
was grimmer denn die Pest und Glut und Hungersnot:
Daß nun der Seelen Schatz so vielen abgezwungen.

Andreas Gryphius

DER DAXELHOFEN

Den Hauptmann Daxelhofen
bestaunten in der Stadt Paris
die Kinder und die Zofen
um seines blonden Bartes Vlies –
Prinz Condé zog zu Felde,
der Hauptmann Daxelhofen auch,
da fuhr am Bord der Schelde
der Blitz und quoll der Pulverrauch.

Die Lilienbanner hoben
sich sachte weg aus Niederland
und schoben sich und schoben
tout doucement zum Rheinesstrand.
„Herr Prinz, welch köstlich Düften!
So duftet nur am Rhein der Wein!
Und dort der Turm in Lüften,
Herr Prinz, das ist doch Mainz am Rhein?

In meinem Pakt geschrieben
steht: Ewig nimmer gegens Reich!
So steht's und ist geblieben
und bleibt sich unverbrüchlich gleich!
Ich bin von Schwabenstamme,
bin auch ein Eidgenosse gut,
und daß mich Gott verdamme,
vergieß' ich Deutscher deutsches Blut!

In Mainz als Feind zu rücken,
reißt mich kein Höllenteufel fort!
Betret' ich dort die Brücken,
so sei mir Hand und Schlund verdorrt!
Nicht dürft' ich mich bezechen
mit frommen Christenleuten mehr!
Mein' Waffen lieber brechen
als brechen Eid und Mannesehr!"

„Lala", kirrt Condé, „ferner
dient Ihr um Doppel-Tripellohn."
Da bricht vorm Knie der Berner
in Stücke krachend sein Sponton,
dem Prinzen wirft zu Füßen
die beiden Trümmer er und spricht:
„Den König laß' ich grüßen,
das Deutsche Reich befehd' ich nicht!"

Conrad Ferdinand Meyer

DEUTSCHES RECHT

Der Räuber sprach: „Unsa Gwandl ist letz,
gel Bua! Wir habn lang nix gessen.
Wos nutzt dann der Ring der toten Metz?
Nutzt ihr nixi; si kann'n nit fressen.
Do Bueb, do nimb! Ein Springwurz rot.
Mogst es nit han? Auf Metzen tot
seind oft schon Teufeln gsessen."

Schon hat den gewaltigen Stein zerschellt
mit dem Webebaum der Bube.
Der Alte die Leiter stellt und hält,
der Bub, der steigt in die Grube.
Wie die Hölle sie klafft, der Moder sticht,
er steht, schlägt Feuer, er förcht sich nicht,
hat ein Herz wie ein Wolf, der Bube.

Es tanzen die Lichter im Totenhaus,
rennen Molche rund um die Truhen,
aus zerlechzendem Holz schaut ein Schädel heraus,
„tu nur schlafa, dir brauch i nix tuen";
die Truhen herdann, die ist's, die von Erz,
er sprengt sie, da wendet sich um sein Herz –
eine schneeweiße Braut sieht er ruhen.

„Zeuch ihn ihr ab! Zeuch ihn ihr ab!",
Heult's über dem Totenreiche.
Doch unter den Toten der wilde Knab'
beugt sich hin zu der strahlenden Leiche:
„Behalt deinen Ring, Frau wunderbar!
Schöner Frau nimmer auf Erden war!"
Und küßt auf den Mund die bleiche.

Heiß war der Kuß, wie das Leben heiß.
Zugrund alle Drachen fahren.
Ha, was geschieht! Die Tote weiß
bewegt sich! Engel und Scharen!
Lebendiges Blut aus der Wunde floß,
aus dem Mund tritt Blut – jetzt öffnet sie groß
die Augen, die sternenklaren.

Wohl heult von dannen der alte Dieb:
„Hilf Gott und alli Zwelfboten!“
Der junge jauchzt: „O du schönstes Liab,
lebst du dann unter die Toten?“
Und die Jungfrau, die drei Tage schlief,
mit flehender Stimme dem Vater rief,
und sie lebte unter den Toten.

Da umfaßt er lind ihren Leib so rein,
ihre Augen rührend bitten,
und trägt sie über Gewürm und Gebein
hinweg mit siegreichen Schritten:
Auf den Armen trägt er sie aus der Gruft.
Der erste Hahn schon vom Aichet ruft,
die Nacht, die ist schon verlitten.

Streng weht der Ost, dünn ist ihr Kleid.
An seinem Herzen sie zittert, hu, hu!
Den Wolfspelz er zeucht von den Schultern breit,
steht entblößt und deckt sie zu.
Ein Brot noch hätt er, womit er sie speist.
In Feuer, in Feuer der Himmel kreist,
ruft der Kuckuck dem Liebchen Kucku.

Im Richtersaal zu Steyr tagt
der Rat gelehrt und strenge.
Das Steyrerkreuz in Trauer ragt,
der Tod spannt aus die Fänge.
Seine Sense blitzt, seine Sense mäht
den Riesen jung, der nackend steht
vorm schwarzen Ratsgepränge.

„In nomine caesareae Maiestatis! – Dieser Knab',
der als Räuber durchs Land vagieret,
hat einer edlen Patriziae Grab
mit gottloser Hand violieret.
Vor solche mehr denn heidnische Tat
ist er zum schweren Tod auf dem Rad
juxta legem kondemnieret.“

So sprach der Richter in seiner Pracht,
es erhub sich die schwarze Stube.

„Macte Judex!", riefen die Räte mit Macht.
Groß schaute der wilde Bube.
Heda, was gibt's? Hallbardier, Hartschier!
Ach, ein blondes Kindlein geht ein zur Tür,
ein Lamm in die Löwengrube.

Schüchtern sie sprach: „Schön' Gruß meinem Herrn",
und neigt' sich mit zartem Erröten.
Er sprach: „Was führet den Morgenstern
zum Saturn, zum Richter, Freyln Greten?"
Da sprach sie leis: „Vor den armen Mann,
der hier gefangen steht – der mir Guets getan –
möcht ich haben schön vorgebeten."

Doch mit finsterem Wort wies der Richter sie ab,
„das laßt sein, der muß sterben nach Rechten;
ein Heiltum hat er geschändet, ein Grab,
drum aufs Rad lass' ich rechtens ihn flechten."
Da sprach sie zitternd, zu Tode erschreckt:
„Aber Herr, er hat mich vom Tode erweckt,
ja vom Tode . . . nach dreien Nächten . . ."

„Des preisen wir Gottes Majestät,
der Sünd' in Segen gewendet,
doch dreimal unter Strafe steht,
wer Grüft' und Gräber schändet.
Auch Judas half, da er Jesum verriet,
zum Heil der Welt ohne Willen mit,
und hat doch am Strick geendet."

Sie sprach: „Nun weiß ich's; Ihr seid mir feind."
Er strich sich den Bart, den greisen,
den blonden Engelskopf senkt sie und weint.
Da raunen die Räte, die weisen.
Sieh da! Der Riese den Knechten entrinnt!
Tät einen zarten Schrei das Kind,
stund er bei ihr in den Eisen.

„Host bitt", er sprach, „fürn Wolfen graus?
Dirndl viel zart – tuast weinen?
Loß gehn – in der Pein lach' i's alli aus,
aba du, du därfst nit weinen."

Da schluchzte sie weh: „Ich will weinen Blut."
Doch der Richter, der rief die Hartschierer in Wut:
„Zum Tod mit ihm, weg von der Reinen!"

Ha, wie sie ihn packen! Ihr brechen die Knie,
sie lallt: „Maria, hilf gnädig!"
Wolf Händel sprach: „Kind, hier hilft keine Marie,
doch – vielleicht hülf ein Weibsbild ledig."
„Wer ist sie, was hat sie zu tun, o sprecht!"
„Nimmt sie zur Eh' ihn nach altdeutschem Recht,
geht er der Strafe ledig."

„Das Recht ist schlecht, das Recht ist schlecht."
schrie der Richter, „auch will's schon veralten.
Bringt sie mir her, die Hur', die den möcht'!"
Doch das Kind sprach, die Händlein gefalten:
„Bitt schön die Herren! So wie ich hier steh',
will nehmen den armen Rauber zur Eh'
und ihn also beim Leben erhalten."

Da ging ein Schauer durchs weite Gemach,
alle Wangen entfärbte das Grauen.
Nur der junge Riese für Liebe und Schmach
glüht wie Feuer bis über die Brauen.
Wild dräute der Richter: „Habt ihrer nicht acht!
Sie rast! Er betört sie mit teuflischer Macht,
der Vampir, die reinste der Frauen!"

Ein Wehschrei wie Brüllen des Urs sich da wand
aus der Brust des gefesselten Recken.
„Es Füx! Ihren Leib! Nit ihr Hand noch Gewand!
Manner, kummt's! Tuats aufs Rad mi strecken!"
Doch sie lief zu ihm hin, wie er schnaubte für Weh,
und legt' ihre Hand wie Lilien und Schnee
in die Raubhand, der Steyrer Schrecken.

Und bebend sie rief: „Mein Hemdlein war Seid',
und du gingst wie die liebe Not!
Du hast nit geraubt mein Kleid noch Geschmeid,
und sah uns doch keiner als Gott –
und ein Vöglein klein, das sang vieltraut."
Da wandte der Mann sich und schluchzte laut,
und im Saal ward's wie Morgenrot.

Vor der Jungfrau gebeugt der Gewaltige stund,
nur der Raubkatz Fell um die Lenden.
,,Laß mi sterben'', bat er mit bleichem Mund.
,,Von mir Sünder tu, Reinste, dich wenden.''
Da rief sie hell: ,,So verlasse mich Gott,
verlass' ich dich je, der mich freite vom Tod
und mich trug wie eine Mutter auf Händen.''

Teutsches Recht! wie ein Wetter der Saal losbrach,
des Richters Spiel war verloren.
,,In nomine civitatis styrensis!'' er sprach,
,,dieser Knab' war dem Tod erkoren,
doch nach teutschem Recht freit vom Tod ihn ein Weib,
es sei, er gehöre mit Leben und Leib
dieser Jungfrau edelgeboren.''

Hell jauchzt das Kind, wie ein Lerchlein hell
überjauchzt es den Baß, den harten:
,,Eia mein lieblicher Trautgesell,
jetzt gehn wir in' Rosengarten.
Da kommt dich grüßen der Vater mein,
da will ich dir winden ein Kränzelein
von Rosen rot vielzarten.''

Er schaut sie an mit den Augen groß,
wie man sieht einen Engel schweben,
bang hebt sich die Brust gebräunt und bloß,
und die riesigen Glieder ihm beben.
Ganz leise er sprach: ,,Frau, führe mich!''
Da rauschte es fern und feierlich:
Sein Wald, der ihm gab das Leben.

Und die heiligen Arme entbreitet so mild
zum Segen der Herrgott von Steyer.
Und der Tod unterm Kreuze stiert wild, so wild,
wie ein angeschossener Geier.
Ja, Tod, deine Macht zu Boden liegt,
die Liebe, die Liebe hat dich besiegt –
und morgen ist Brauttag in Steyr.

Enrica von Handel-Mazzetti

JEKATERINAS BESTECHUNG

Noch einmal von dem öden Sande
der Gegenwart entführ' ich euch
in die verlornen bunten Lande
voll Märchenblumen und Gesträuch,
hört, was bei Huschi mir der Hirte
aus Kaiser Peters Zeit erzählt,
als er den Zweig der grauen Myrte
zum Schäferstecken abgeschält:

Der Trommelruf des Großen Zaren,
durchs ew'ge Rußland rauschend, rief
zum Türkenkriege die Bojaren –
wie dröhnten seine Trommeln tief!
Und aus den unermeßnen Weiten
drängt sich's in Horden zur Gefahr,
und Asiens heiße Völker reiten
stromgleich zusammen, Schar um Schar.

Da poltern der Tungusen Hufe,
grauüberstaubt vom Marsche längst,
da treibt mit quäkend gellem Rufe
der Kamtschadale seinen Hengst,
da strafft der Finne die Gamasche,
fischhautgenäht, am Schenkel auf,
da schaukelt die Melonenflasche
an des Kirgisen Sattelknauf!

Da flattert von des Orotschonen
durchnähter Wange buntes Garn,
und der Kasak streift die Patronen,
daß sie an seinem Kittel schnarrn,
und da: Bei schneidenden Fanfaren
wiegt im Galopp den schlanken Leib,
Sattel an Sattel mit dem Zaren,
des Weißen Zaren blondes Weib!

Das Weib trug prunkend her der Brüste
ganz wundervollen Überfluß,
die weiße Rose, die sie küßte,
ward rot vor Scham bei ihrem Kuß,

sie griff nach ihres Schimmels Schweife
und riß ihn toll und lachte viel,
vom Riemen taumelte die Pfeife
auf ihrer Schenkel Sehnenspiel. –

Am Pruth hinlagert, ungeheuer
breit ausgeschwellt, die fremde Pracht,
zehntausend grelle Lagerfeuer
ängstigen die Karpathen-Nacht,
und doch: Wie viele auch der Sporen
blutübertropfte Spur vereint –
schon morgen sind sie all verloren,
denn sechsfach stärker ist der Feind. –

O Weibes-Schönheit, süße Flamme,
die Leben spendet und zerstört,
die, gleich dem Meer und Meeres-Schlamme,
in Reinheit und in Schmutz verkehrt,
du süße Milch, die alle saugen,
und die aus blanken Hügeln fließt,
darüber aus dem Quell der Augen
die bittre Träne sich ergießt!

Im Zelte hockt der Sultan auf dem Kissen
und denkt der reifen Frucht, die morgen fällt,
da bauscht der Vorhang und wird aufgerissen,
des Zaren schöne Liebste tritt ins Zelt:
„Ich weiß, du duckst mein ganzes Volk zu Grabe,
wenn du es willst, mit deiner Fäuste Druck,
drum bring' ich alles, was ich an mir habe,
denn ich weiß auch: Der Groß-Herr liebt den Schmuck!"

Der Haare Spangen löst sie ab als Spenden,
da stürzt herab die blondverwirrte Flut
und schäumt kaskadengleich an schmalen Lenden –
wie sie das Perlen-Mieder von sich tut,
da trägt sie wundervoll die starren Brüste,
als ob des Zaren mächtigster Bojar
die goldnen Äpfel beider Reiche müßte
im Krönungszuge tragen zum Altar.

Sie schlüpft aus den türkisbesetzten Schuhen
und steht auf weichen Sohlen zögernd da, –
wie köstlich ihre rosigen Zehen ruhen
tiefeingesenkt im blauen Bochara!
Dann rauschen des Gewands Smaragden nieder,
und aus den Falten steigt sie, blond und bloß,
dehnt seidenblank den Samt der jungen Glieder:
„Gibst du für das, was ich dir gab, uns los?"

Die Worte tropfen einzeln in die Stille,
in die sich kurz ein heisrer Atem flicht –
faßt denn des Auges durstige Pupille
so weißer Schönheit ungebrochnes Licht!
Ach, Weibes-Schönheit, süß wie Milch zu saugen,
wenn sie aus blanken Hügeln selig fließt,
darein doch aus der Großen Mutter Augen
die salz'ge Träne ewig sich ergießt! –

Von seines Kissens rotem Saffiane
tastet der Sultan, zitternd, fieberhaft,
und des Propheten grüne Seidenfahne
kreischt abgerissen vom entweihten Schaft:
„Da, nimm! Und in die heilige Standarte
hülle das Heilige, das ich geschaut!
Du setztest so viel auf die eine Karte,
daß mir vor – mir und deiner Kühnheit graut!

Geh heim und rühm dich mit dem grünen Kleide!
Den Groß-Herrn selbst bestachst du heute nacht,
denn wisse: Ohne diese Fahnen-Seide
geht nie ein Moslem in die Russenschlacht!" –
Jekaterina ging. Als die Gewehre
Tau-Perlen tropften, morgenlichtumgraut,
da lösten voneinander sich die Heere,
lautlos wie Eis, das auseinandertaut.

Börries von Münchhausen

DER ALTE DERFFLING

Es haben alle Stände
so ihren Degenwert,
und selbst in Schneiderhände
kam einst das Heldenschwert;
drum jeder, der da zünftig
mit Nadel und mit Scher',
der mache jetzt und künftig
vor Derffling sein Honneur.

In seinen jungen Tagen
war das ein Schneiderblut,
doch mocht' ihm nicht behagen
so Zwirn wie Fingerhut,
und wenn er als Geselle
so saß und fädelt' ein,
schien ihm die Schneiderhölle
die Hölle selbst zu sein.

Einst, als das Nadelhalten
ihm schier ans Leben ging,
dacht' er: „Das Schädelspalten
ist doch ein ander Ding!"
Fort warf er Maß und Elle
voll Kriegslust an die Wand
und nahm an Nadels Stelle
den Säbel in die Hand.

Sonst focht er still und friedlich
nach Handwerksburschenrecht,
jetzt war er unermüdlich
beim Fechten im Gefecht;
es war der flinke Schneider
zum Stechen wohl geschickt,
oft hat er an die Kleider
dem Feinde was geflickt.

Er stieg zu hohen Ehren,
Feldmarschall ward er gar,
es mocht' ihn wenig kehren,
daß einst er Schneider war;
nur, fand er einen Spötter,
verstund er keinen Spaß
und brummte: „Für Hundsfötter
ist hier mein Ellenmaß."

Krank lag in seinem Schlosse
der greise Feldmarschall.
Keins seiner Lieblingsrosse
kam wiehernd aus dem Stall;
er sprach: „Als alter Schneider
weiß ich seit langer Zeit:
Man wechselt seine Kleider –
auch hab' ich des nicht Leid.

Es fehlt der alten Hülle,
in Breite schon und Läng,
der Geist tritt in die Fülle,
der Leib wird ihm zu eng;
gesegnet sei dein Wille,
Herr Gott, in letzter Not!"
Er sprach's und wurde stille –
der alte Held war tot.

Theodor Fontane

PRINZ EUGEN

Prinz Eugenius, der edle Ritter,
wollt' dem Kaiser wiedrum liefern
Stadt und Festung Belgerad.
Er ließ schlagen einen Brucken,
daß man kunnt' hinüberrucken
mit der Armee wohl für die Stadt.

Als der Brucken nun war geschlagen,
daß man kunnt' mit Stuck und Wagen
frei passiern den Donaufluß:
Bei Semlin schlug man das Lager,
alle Türken zu verjagen
ihn'n zum Spott und zum Verdruß.

Am einundzwanzigsten August so eben
kam ein Spion bei Sturm und Regen,
schwur's dem Prinzen und zeigt's ihm an,
daß die Türken futragieren
so viel, als man kunnt' verspüren,
an die dreimalhunderttausend Mann.

Als Prinz Eugenius dies vernommen,
ließ er gleich zusammenkommen
sein' General und Feldmarschall.
Er tät sie recht instruieren,
wie man sollt' die Truppen führen
und den Feind recht greifen an,

Bei der Parole tät er befehlen,
daß man sollt' die Zwölfe zählen
bei der Uhr um Mitternacht;
da sollt' alls zu Pferd aufsitzen,
mit dem Feinde zu scharmützen,
was zum Streit nur hätte Kraft.

Alles saß auch gleich zu Pferde,
jeder griff nach seinem Schwerte,
ganz still ruckt' man aus der Schanz.
Die Musketier wie auch die Reiter
täten alle tapfer streiten,
es war fürwahr ein schöner Tanz!

Ihr Konstabler auf der Schanzen,
spielet auf zu diesem Tanzen
mit Kartaunen groß und klein,
mit den großen, mit den kleinen
auf die Türken, auf die Heiden,
daß sie laufen all davon!

PRINZ EUGEN, DER EDLE RITTER

Zelte, Posten, Werda-Rufer!
Lust'ge Nacht am Donauufer!
Pferde stehn im Kreis umher
angebunden an den Pflöcken;
an den engen Sattelböcken
hangen Karabiner schwer.

Um das Feuer auf der Erde,
vor den Hufen seiner Pferde
liegt das östreich'sche Pikett.
Auf dem Mantel liegt ein jeder,
von den Tschakos weht die Feder,
Leutnant würfelt und Kornett.

Neben seinem müden Schecken
ruht auf einer wollnen Decken
der Trompeter ganz allein:
„Laßt die Knöchel, laßt die Karten!
Kaiserliche Feldstandarten
wird ein Reiterlied erfreun!

Vor acht Tagen die Affäre
hab' ich, zu Nutz dem ganzen Heere,
in gehör'gen Reim gebracht;
selber auch gesetzt die Noten;
drum, ihr Weißen und ihr Roten!
Merket auf und gebet acht!"

Und er singt die neue Weise
einmal, zweimal, dreimal leise
denen Reitersleuten vor;
und wie er zum letzten Male
endet, bricht mit einem Male
los der volle, kräftge Chor:

,,Prinz Eugen, der edle Ritter!"
Hei, das klang wie Ungewitter
weit ins Türkenlager hin.
Der Trompeter tät den Schnurrbart streichen
und sich auf die Seite schleichen
zu der Marketenderin.

Ferdinand Freiligrath

HÖCHSTÄDT

Marlborough zieht aus zum Kriege,
die Fahnen läßt er wehn;
da reicht zu Kampf und Siege
die Hand ihm Prinz Eugen.

Sie mustern ihre Truppen
bei Höchstädt auf dem Plan:
,,Gut stehn im Brett die Puppen,
frisch auf, wir greifen an!"

Und wie sie mit den Haufen
dem Feind entgegenziehn,
da kommt gejagt mit Schnaufen
ein Hofkurier aus Wien.

Er springt im bunten Staate
vom Roß und neigt sich tief:
,,Vom hohen Kriegshofrate,
Durchlauchtigster, ein Brief!"

Der kleine Kapuziner
schiebt ihn ins Wams bedacht:
,,Der Herrn ergebner Diener!
Das les' ich nach der Schlacht."

Er wirft sich auf die Franzen,
Marlborough bleibt nicht zurück;
bei Höchstädt an den Schanzen
das ward ihr Meisterstück.

Wohl kracht's von Wall und Turme,
wohl sinken Roß und Mann,
doch vorwärts geht's im Sturme,
die Feldherrn hoch voran.

Im dichten Kugelregen,
den Degen in der Hand,
erklimmen sie verwegen
des Lagers steilen Rand.

Da packt den Feind ein Grausen,
da flieht er fern und nah,
und hinter ihm mit Brausen
erschallt's: Victoria!

Doch abends, als die Flaschen
im Kreis ums Feuer gehn,
da zieht aus seiner Taschen
sein Brieflein Prinz Eugen;

studiert's und reicht's dem Briten,
der blickt hinein und lacht:
,,Parbleu! die Herrn verbitten
in Wien sich jede Schlacht.

Nur kluge Retirade
sauviers' uns, meint der Wisch;
erlesner Senf! nur schade,
für diesmal Senf nach Tisch!"

Emanuel Geibel

FRIEDERICUS REX

Friedericus Rex, unser König und Herr,
der rief seine Soldaten allesamt ins Gewehr,
zweihundert Bataillons und an die tausend Schwadronen,
und jeder Grenadier kriegte sechzig Patronen.

,,Ihr verfluchten Kerls", sprach Seine Majestät,
,,daß jeder in der Bataille seinen Mann mir steht.
Sie gönnen mir nicht Schlesien und die Grafschaft Glatz
und die hundert Millionen in meinem Schatz.

Die Kaiserin hat sich mit den Franzosen alliiert
und das Römische Reich gegen mich revoltiert,
die Russen seind gefallen in Preußen ein;
auf, laßt uns sie zeigen, daß wir brave Landskinder sein!

Meine Generale Schwerin und Feldmarschall von Keith,
und der Generalmajor von Zieten seind allemal bereit.
Kotz Mohren, Blitz und Kreuzelement,
wer den Fritz und seine Soldaten nicht kennt." –

,,Nun adjö, Lowise, wisch ab das Gesicht,
eine jede Kugel, die trifft ja nicht,
denn träf' jede Kugel apart ihren Mann,
wo kriegten die Könige ihre Soldaten dann!

Die Musketenkugel macht ein kleines Loch,
die Kanonenkugel ein weit größeres noch;
die Kugeln sind alle von Eisen und Blei,
und manche Kugel geht manchem vorbei.

Unsre Artillerie hat ein vortrefflich Kaliber,
und von den Preußen geht keiner nicht zum Feinde über;
die Schweden, die haben verflucht schlechtes Geld,
wer weiß, ob der Östreicher besseres hält.

Mit Pomade bezahlt den Franzosen sein König,
wir kriegen's alle Woche bei Heller und Pfennig.
Kotz Mohren, Blitz und Kreuzsackerment,
wer kriegt so prompt wie der Preuße sein Traktament!

Friedericus, mein König, den der Lorbeerkranz ziert,
ach, hättst du nur öfters zu plündern permittiert,
Friedericus Rex, mein König und Held,
wir schlügen den Teufel für dich aus der Welt."

Willibald Alexis

BEI TORGAU

Auch die Grenadiere wollen nicht mehr.
Wie ein Rasender jagt der König daher
und hebt den Stock und ruft unter Beben:
,,Racker, wollt ihr denn ewig leben?
Bedrüger . . .“
,,Fritze, nichts von Bedrug;
für fünfzehn Pfennig ist's heute genug.“

Theodor Fontane

ERSTES BATAILLON GARDE

Erstes Bataillon Garde. Parad' oder Schlacht
ihm wenig ,,Differenzen“ macht,
ob in Potsdam sie trommelnd auf Wache ziehn,
ob sie stehen und fallen bei Kolin,
ob Patronenverknattern, ob Kugelpfiff,
immer derselbe feste Griff,
dieselbe Ruh'. Jede Miene drückt aus:
,,Ich gehör' zur Familie, bin mit vom Haus.“

Ihrer viere sitzen im Knapphanszelt,
eine Kottbuser hat sich jeder bestellt,
einen Kornus dazu; das Bier ist frisch.
Ein Berliner setzt sich mit an den Tisch,
ein Berliner Budiker – da währt's nicht lange,
Plappermühl' ist im besten Gange.
,,Wahrhaftig, ihr habt die schönste Montur,
Litzen, Paspel, Silberschnur,
Blechmützen wie Gold, gut Traktement,
und der König jeden von euch kennt.
Erstes Bataillon Garde, Prachtkerle von alln,
solch Götterleben sollt' mir gefalln.“

Drei schwiegen. Endlich der vierte spricht:
,,Ne, Freund Berliner! So is es nicht.
Eine propre Montur, was soll uns die geben?
Unser Götter- is bloß ein Jammerleben.

Potsdam, o du verfluchtes Loch,
führst du doch heut in die Hölle noch
und nähmst ihn mit mitsamt seinen Hunden,
da wär' auch der gleich mit abgefunden,
ich mein' den da oben – uns läg' nichts dran,
is doch bloß ein Quälgeist und Tyrann,
schont nicht Fremde, nicht Landeskinder,
immer derselbe Menschenschinder,
immer dieselbe verfluchte Ravage –
Potsdam, o du große Blamage!"

Das war dem Berliner nach seinem Sinn,
er lächelte pfiffig vor sich hin:
„Ich sag' das schon lange. Was hat er denn groß?
Große Fenstern hat er, sonst is nich viel los.
Und reden kann er. Na, das kann jeder,
hier aber, er zieht nicht gerne von Leder."

Da lachten alle vier, und der eine spricht:
„Ne, Freund Budiker, so geht das nicht.
Zuhören kannst du, wenn wir mal fluchen,
aber du darfst es nicht selber versuchen;
wir dürfen frech sein und schimpfen und schwören,
weil wir selber mit zugehören,
wir dürfen reden von Menschenschinder,
dafür sind wir seine Kinder;
Potsdam, o du verfluchtes Loch,
aber, er, er ist unser König doch,
unser großer König, Gott soll mich verderben,
wollt' ich nicht gleich für Fritzen sterben."

Theodor Fontane

KRIEGSLIED

's ist Krieg! 's ist Krieg! O Gottes Engel wehre
und rede Du darein!
's ist leider Krieg – und ich begehre
nicht schuld daran zu sein!

Was sollt' ich machen, wenn im Schlaf mit Grämen
und blutig, bleich und blaß
die Geister der Erschlagnen zu mir kämen
und vor mir weinten, was?

Wenn wackre Männer, die sich Ehre suchten,
verstümmelt und halb tot
im Staub sich vor mir wälzten und mir fluchten
in ihrer Todesnot?

Wenn tausend, tausend Väter, Mütter, Bräute,
so glücklich vor dem Krieg,
nun alle elend, alle arme Leute,
wehklagten über mich?

Wenn Hunger, böse Seuch' und ihre Nöten
Freund, Freund und Feind ins Grab
versammleten und mir zu Ehren krähten
von einer Leich herab?

Was hülf' mir Kron' und Land und Gold und Ehre?
Die könnten mich nicht freun!
's ist leider Krieg – und ich begehre
nicht schuld daran zu sein!

Matthias Claudius

AUF DEN TOD DER KAISERIN

Sie machte Frieden! Das ist mein Gedicht.
War ihres Volkes Lust und ihres Volkes Segen,
und ging getrost und voller Zuversicht
dem Tod als ihrem Freund entgegen.
Ein Welterobrer kann das nicht.
Sie machte Frieden! Das ist mein Gedicht.

• *Matthias Claudius*

DIE KARYATIDE

Im Hof des Louvre trägt ein Weib
die Zinne mit dem Marmorhaupt,
mit einem allerliebsten Haupt.
Als Meister Goujon sie geformt,
in feinen Linien, überschlank,
und stehend auf dem Baugerüst
die letzte Locke meißelte,
erschoß den Meister hinterrücks
(am Tag des Sankt Barthélemy)
ein überzeugter Katholik.
Vorstürzend überflutet' er
den feinen Busen ganz mit Blut.
Dann sank er rücklings in den Hof.
Die Marmormagd entschlummerte
und schlief dreihundert Jahre lang,
ein Feuerschein erwärmte sie
(am Tag, da die Kommune focht).
Sie gähnt' und blickte rings sich um·
„Wo bin ich denn? In welcher Stadt?
Sie morden sich. Es ist Paris."

Conrad Ferdinand Meyer

PRINZ LOUIS FERDINAND

Sechs Fuß hoch aufgeschossen,
ein Kriegsgott anzuschaun,
der Liebling der Genossen,
der Abgott schöner Fraun,
blauäugig, blond, verwegen
und in der jungen Hand
den alten Preußendegen –
Prinz Louis Ferdinand.

Die Generalitäten
kopfschütteln früh bis spät,
sie räuspern sich und treten
vor seine Majestät.
Sie sprechen: „Nicht zu dulden
ist dieser Lebenslauf,
die Mädchen und die Schulden
zehren den Prinzen auf.“

Der König drauf mit Lachen:
„Dank schön, ich wußt' es schon!
Es gilt, ihn kirr zu machen,
drum: Festungsgarnison!
Er muß in die Provinzen
und nicht länger hier verziehn,
nach Magdeburg mit dem Prinzen–
und nie Urlaub nach Berlin.“

Der Prinz vernimmt die Märe,
saß eben bei seinem Schatz:
„Nach Magdeburg, auf Ehre,
das ist ein schlimmer Platz!“
Er meldet sich am Orte,
und es spricht der General:
„Täglich elf Uhr zum Rapporte,
ein für allemal!“

O Prinz, das will nicht munden!
Doch denkt er: „Sei gescheit,
volle vierundzwanzig Stunden
sind eine hübsche Zeit.

Relais, viermal verschnaufen,
auf dem Sattel Nachtquartier,
und kann's ein Pferd nicht laufen,
so laufen's ihrer vier.“

Hin fliegt er wie die Schwalben,
fünf Meilen ist Station,
vom Braunen auf den Falben,
das ist die Havel schon;
vom Rappen auf den Schimmel,
nun faßt die Sehnsucht ihn,
drei Meilen noch – hilf, Himmel!
Prinz Louis in Berlin.

Gegeben und genommen
wird einer Stunde Glück.
Dann, flugs, wie er gekommen,
im Fluge geht's zurück.
Elf Uhr am andern Tage
hält er am alten Ort,
und mit dem Glockenschlage
da steht er zum Rapport.

Das war nur bloßes Reiten.
Doch wer so reiten kann,
der ist in rechten Zeiten
auch wohl der rechte Mann.
Schon über Tal und Hügel
stürmt ostwärts der Koloß –
Prinz Louis sitzt am Flügel
im Rudolstädter Schloß.

Es blitzt der Saal von Kerzen,
zwölf Lichter um ihn stehn,
Nacht ist's in seinem Herzen,
und Nacht nur kann er sehn.
Die Töne schwellen, rauschen,
es klingt wie Lieb' und Haß,
die Damen stehn und lauschen,
und was er spielt, ist das:

„Zu spät zu Kampf und Beten!
Der Feinde Rossehuf
wird über Nacht zertreten,
was ein Jahrhundert schuf;
ich seh' es fallen, enden,
und wie alles zusammenbricht –
ich kann den Tag nicht wenden,
aber leben will ich ihn nicht!"

Und als das Wort verklungen,
rollt Donner schon der Schlacht,
er hat sich aufgeschwungen,
und sein Herze noch einmal lacht,
vorauf den andern allen
er stolz zusammenbrach;
Prinz Louis war gefallen,
und Preußen fiel – ihm nach.

• *Theodor Fontane*

GERMANIA AN IHRE KINDER

Die des Maines Regionen,
die der Elbe heitre Au'n,
die der Donau Strand bewohnen,
die das Odertal bebaun,
aus des Rheines Laubensitzen,
von dem duftgen Mittelmeer,
von der Riesenberge Spitzen,
von der Ost- und Nordsee her!

Chor:

Horchet! – Durch die Nacht, ihr Brüder
welch ein Donnerruf hernieder?
Stehst du auf, Germania?
Ist der Tag der Rache da?

Deutsche, mut'ger Kinder Reigen,
die, mit Schmerz und Lust geküßt,
in den Schoß mir kletternd steigen,
die mein Mutterarm umschließt,
meines Busens Schutz und Schirmer,
unbesiegtes Marsenblut,
Enkel der Kohortenstürmer,
Römerüberwinderbrut!

Chor:

Zu den Waffen! Zu den Waffen!
Was die Hände blindlings raffen!
Mit dem Spieße, mit dem Stab
strömt ins Tal der Schlacht hinab!

Alle Triften, alle Stätten
färbt mit ihren Knochen weiß;
welchen Rab und Fuchs verschmähten,
gebet ihn den Fischen preis;
dämmt den Rhein mit ihren Leichen,
laßt, gestaut von ihrem Bein,
schäumend um die Pfalz ihn weichen,
und ihn dann die Grenze sein!

Chor:

Eine Lustjagd, wie wenn Schützen
auf die Spur dem Wolfe sitzen!
Schlagt ihn tot! das Weltgericht
fragt euch nach den Gründen nicht!

Rettung von dem Joch der Knechte,
das, aus Eisenerz geprägt,
eines Höllensohnes Rechte
über unsern Nacken legt!
Schutz den Tempeln vor Verheerung!
Unsrer Fürsten heil'gem Blut
Unterwerfung und Verehrung!
Gift und Dolch der Afterbrut!

Chor:

Frei auf deutschem Grunde walten
laßt uns nach dem Brauch der Alten,
seines Segens selbst uns freun:
Oder unser Grab ihn sein!

• *Heinrich von Kleist*

ANDREAS HOFER

Als der Sandwirt von Passeier
Innsbruck hat mit Sturm genommen,
die Studenten, ihm zur Feier,
mit den Geigen mittags kommen,
laufen alle aus der Lehre,
ihm ein Lebehoch zu bringen,
wollen ihm zu seiner Ehre
seine Heldentaten singen.

Doch der Held gebietet Stille,
spricht dann ernst: „Legt hin die Geigen!
Ernst ist Gottes Kriegeswille,
wir sind all dem Tode eigen.
Ich ließ nicht um lust'ge Spiele
Weib und Kind in Tränen liegen,
weil ich nach dem Himmel ziele,
kann ich ird'sche Feind besiegen.

Kniet bei euren Rosenkränzen,
dies sind meine frohsten Geigen;
wenn die Augen betend glänzen,
wird sich Gott der Herr drein zeigen.
Betet leise für mich Armen,
betet laut für unsern Kaiser,
dies ist mir das liebste Carmen:
Gott schütz edle Fürstenhäuser!

Ich hab' keine Zeit zum Beten
sagt dem Herrn der Welt, wie's stehe,
wieviel Leichen wir hier säten
in dem Tal und auf der Höhe,
wie wir hungern, wie wir wachen
und wie viele brave Schützen
nicht mehr schießen, nicht mehr lachen –
Gott allein kann uns beschützen!"

Max von Schenkendorf

HOFERS TOD

Zu Mantua in Banden
der treue Hofer war.
In Mantua zum Tode
führt' ihn der Feinde Schar.
Es blutete der Brüder Herz,
ganz Deutschland, ach, in Schmach und Schmerz,
mit ihm das Land Tirol.

Die Hände auf dem Rücken,
Andreas Hofer ging
mit ruhig festen Schritten,
ihm schien der Tod gering;
der Tod, den er so manches Mal
vom Iselberg geschickt ins Tal
im heil'gen Land Tirol.

Doch als aus Kerkergittern
im festen Mantua
die treuen Waffenbrüder
die Händ' er strecken sah,
da rief er laut: „Gott sei mit euch,
mit dem verratnen Deutschen Reich
und mit dem Land Tirol!"

Dem Tambour will der Wirbel
nicht unterm Schlägel vor,
als nun Andreas Hofer
schritt durch das finstre Tor;
der Sandwirt, noch in Banden frei,
dort stand er fest auf der Bastei,
der Mann vom Land Tirol.

Dort soll er niederknien.
Er sprach: „Das tu' ich nit!
Will sterben, wie ich stehe,
will sterben, wie ich stritt!
So wie ich steh' auf dieser Schanz.
Es leb' mein guter Kaiser Franz,
mit ihm sein Land Tirol!"

Und von der Hand die Binde
nimmt ihm der Korporal.
Andreas Hofer betet
allhier zum letztenmal.
Dann ruft er: „Nun, so trefft mich recht!
Gebt Feuer! Ach, wie schießt ihr schlecht!
Ade, mein Land Tirol!"

Julius Mosen

VATERLANDSLIED

Der Gott, der Eisen wachsen ließ,
der wollte keine Knechte;
drum gab er Säbel, Schwert und Spieß
dem Mann in seine Rechte;
drum gab er ihm den kühnen Mut,
den Zorn der freien Rede,
daß er bestände bis aufs Blut,
bis in den Tod, die Fehde.

So wollen wir, was Gott gewollt,
mit rechten Treuen halten,
und nimmer im Tyrannensold
die Menschenschädel spalten;
doch, wer für Tand und Schande ficht,
den hauen wir zu Scherben,
der soll im deutschen Lande nicht
mit deutschen Männern erben.

O Deutschland, heil'ges Vaterland!
O deutsche Lieb und Treue!
Du hohes Land! Du schönes Land!
Dir schwören wir aufs neue:
Dem Buben und dem Knecht die Acht!
Der füttre Krähn und Raben!
So ziehn wir aus zur Hermannsschlacht
und wollen Rache haben.

Laßt wehen, was nur wehen kann,
Standarten wehn und Fahnen!
Wir wollen heut uns, Mann für Mann,
zum Heldentode mahnen.
Auf! Fliege, stolzes Siegspanier,
voran den kühnen Reihen!
Wir siegen oder sterben hier
den süßen Tod der Freien.

Ernst Moritz Arndt

LÜTZOWS WILDE JAGD

Was glänzt dort vom Walde im Sonnenschein?
Hör's näher und näher brausen.
Es zieht sich herunter in düsteren Reihn,
und gellende Hörner schallen darein
und erfüllen die Seele mit Grausen.
Und wenn ihr die schwarzen Gesellen fragt:
Das ist Lützows wilde verwegene Jagd.

Was zieht dort rasch durch den finstern Wald
und streift von Bergen zu Bergen?

Es legt sich in nächtlichen Hinterhalt;
das Hurra jauchzt, und die Büchse knallt,
es fallen die fränkischen Schergen.
Und wenn ihr die schwarzen Jäger fragt:
Das ist Lützows wilde verwegene Jagd.

Die wilde Jagd und die deutsche Jagd
auf Henkersblut und Tyrannen! –
Drum, die ihr uns liebt, nicht geweint und geklagt!
Das Land ist ja frei, und der Morgen tagt,
wenn wir's auch nur sterbend gewannen!
Und von Enkeln zu Enkeln sei's nachgesagt:
Das war Lützows wilde verwegene Jagd.

• *Theodor Körner*

DIE GRENADIERE

Nach Frankreich zogen zwei Grenadier',
die waren in Rußland gefangen;
und als sie kamen ins deutsche Quartier,
sie ließen die Köpfe hangen.

Da hörten sie beide die traurige Mär,
daß Frankreich verlorengegangen,
besiegt und zerschlagen das große Heer –
und der Kaiser, der Kaiser gefangen.

Da weinten zusammen die Grenadier'
wohl ob der kläglichen Kunde.
Der eine sprach: „Wie weh wird mir,
wie brennt meine alte Wunde!"

Der andre sprach: „Das Lied ist aus,
auch ich möcht' mit dir sterben;
doch hab' ich Weib und Kind zu Haus
die ohne mich verderben."

„Was schert mich Weib, was schert mich Kind,
ich trage weit beßres Verlangen;
laß sie betteln gehn, wenn sie hungrig sind –
mein Kaiser, mein Kaiser gefangen!

Gewähr mir, Bruder, eine Bitt:
Wenn ich jetzt sterben werde,
so nimm meine Leiche nach Frankreich mit,
begrab mich in Frankreichs Erde.

Das Ehrenkreuz am roten Band
sollst du aufs Herz mir legen;
die Flinte gib mir in die Hand
und gürt mir um den Degen.

So will ich liegen und horchen still,
wie eine Schildwach', im Grabe,
bis einst ich höre Kanonengebrüll
und wiehernder Rosse Getrabe.

Dann reitet mein Kaiser wohl über mein Grab,
viel Schwerter klirren und blitzen;
dann steig' ich gewaffnet hervor aus dem Grab –
den Kaiser, den Kaiser zu schützen!"

Heinrich Heine

WIR HATTEN GEBAUET

Wir hatten gebauet
ein stattliches Haus
und drin auf Gott vertrauet
trotz Wetter, Sturm und Graus.

Sie lugten, sie suchten
nach Trug und Verrat,
verleumdeten, verfluchten
die junge, grüne Saat.

Man schalt es Verbrechen,
man täuschte sich sehr;
die Form kann zerbrechen,
die Liebe nimmermehr.

Die Form ist zerbrochen,
von außen herein,
doch was man drin gerochen
ist eitel Dunst und Schein.

Das Band ist zerschnitten,
war schwarz, rot und gold,
und Gott hat es gelitten,
wer weiß, was er gewollt!

Das Haus mag zerfallen –
was hat's denn für Not?
Der Geist lebt in uns allen,
und unsre Burg ist Gott!

• *August von Binzer*

AM 18. OKTOBER 1816

Wenn heut ein Geist herniederstiege,
zugleich ein Sänger und ein Held,
ein solcher, der im heil'gen Kriege
gefallen auf dem Siegesfeld,
der sänge wohl auf deutscher Erde
ein scharfes Lied, wie Schwertesstreich,
nicht so, wie ich es künden werde,
nein, himmelskräftig, donnergleich:

„Ihr Fürsten! seid zuerst befraget:
Vergaßt ihr jenen Tag der Schlacht,
an dem ihr auf den Knien laget
und huldigtet der höhern Macht?
Wenn eure Schmach die Völker lösten,
wenn ihre Treue sie erprobt,
so ist's an euch, nicht zu vertrösten,
zu leisten jetzt, was ihr gelobt.

Ihr Völker, die ihr viel gelitten,
vergaßt auch ihr den schwülen Tag?
Das Herrlichste, was ihr erstritten,
wie kommt's, daß es nicht frommen mag?
Zermalmt habt ihr die fremden Horden,
doch innen hat sich nichts gehellt,
und Freie seid ihr nicht geworden,
wenn ihr das Recht nicht festgestellt.

Ihr Fürstenrät' und Hofmarschälle
mit trübem Stern auf kalter Brust,
die ihr vom Kampf um Leipzigs Wälle
wohl gar bis heute nichts gewußt,
vernehmt! an diesem heut'gen Tage
hielt Gott der Herr ein groß Gericht.
Ihr aber hört nicht, was ich sage,
ihr glaubt an Geisterstimmen nicht.

Was ich gesollt, hab' ich gesungen,
und wieder schwing' ich mich empor;
was meinem Blick sich aufgedrungen,
verkünd' ich dort dem sel'gen Chor:
Nicht rühmen kann ich, nicht verdammen,
untröstlich ist's noch allerwärts:
Doch sah ich manches Auge flammen,
und klopfen hört' ich manches Herz."

• *Ludwig Uhland*

DAS ALTE, GUTE RECHT

Wo je bei altem, gutem Wein
der Württemberger zecht,
da soll der erste Trinkspruch sein
„Das alte, gute Recht!"

Das Recht, das unsres Fürsten Haus
als starker Pfeiler stützt,
und das im Lande ein und aus
der Armut Hütten schützt;

das Recht, das uns Gesetze gibt,
die keine Willkür bricht,
das offene Gerichte liebt
und gültig Urteil spricht;

das Recht, das mäßig Steuern schreibt
und wohl zu rechnen weiß,
das an der Kasse sitzen bleibt
und kargt mit unserem Schweiß;

das Recht, das jedem freien Mann
die Waffen gibt zur Hand,
damit er stets verfechten kann
den Fürsten und das Land;

das Recht, das jedem offen läßt
den Zug in alle Welt,
das uns allein durch Liebe fest
am Mutterboden hält;

das Recht, das eine schlimme Zeit
lebendig uns begrub,
das jetzt mit neuer Regsamkeit
sich aus dem Grab erhub.

Ja, wenn auch wir von hinnen sind,
besteh' es fort und fort
und sei für Kind und Kindeskind
des schönsten Glückes Hort!

• *Ludwig Uhland*

NACHRUF

Noch ist kein Fürst so hochgefürstet,
so auserwählt kein ird'scher Mann,
daß, wenn die Welt nach Freiheit dürstet,
er sie mit Freiheit tränken kann,
daß er allein in seinen Händen
den Reichtum alles Rechtes hält,
um an die Völker auszuspenden
so viel, so wenig ihm gefällt.

Die Gnade fließet aus vom Throne,
das Recht ist ein gemeines Gut,
es liegt in jedem Erdensohne,
es quillt in uns wie Herzensblut;
und wenn sich Männer frei erheben
und treulich schlagen Hand in Hand,
dann tritt das innre Recht ins Leben,
und der Vertrag gibt ihm Bestand.

Vertrag! Es ging auch hierzulande
von ihm der Rechte Satzung aus,
es knüpfen seine heil'gen Bande
den Volksstamm an das Fürstenhaus,
ob einer im Palast geboren,
in Fürstenwiege sei gewiegt,
als Herrscher wird ihm erst geschworen,
wenn der Vertrag besiegelt liegt.

Solch teure Wahrheit ward verfochten,
und überwunden ist sie nicht.
Euch, Kämpfer, ist kein Kranz geflochten,
wie der beglückte Sieg ihn flicht;
nein, wie ein Fähnrich, wund und blutig,
sein Banner rettet im Gefecht,
so blickt ihr tief gekränkt, doch mutig
und stolz auf das gewahrte Recht.

Kein Herold wird's den Völkern künden
mit Pauken und Trompetenschall,
und dennoch wird es Wurzel gründen
in deutschen Gauen – überall,
daß Weisheit nicht das Recht begraben,
noch Wohlfahrt es ersetzen mag,
daß bei dem biedern Volk in Schwaben
das Recht besteht und der Vertrag.

Ludwig Uhland

Im traurigen Monat November war's,
die Tage wurden trüber,
der Wind riß von den Bäumen das Laub,
da reist' ich nach Deutschland hinüber.

Und als ich an die Grenze kam,
da fühlt' ich ein stärkeres Klopfen
in meiner Brust, ich glaube sogar,
die Augen begunnen zu tropfen.

Und als ich die deutsche Sprache vernahm,
da ward mir seltsam zumute;
ich meint' nicht anders, als ob das Herz
recht angenehm verblute.

Ein kleines Harfenmädchen sang.
Sie sang mit wahrem Gefühle
und falscher Stimme, doch ward ich sehr
gerühret von ihrem Spiele.

Sie sang von Liebe und Liebesgram,
Aufopfrung und Wiederfinden
dort oben, in jener besseren Welt,
wo alle Leiden schwinden.

Ich kenne die Weise, ich kenne den Text,
ich kenn' auch die Verfasser.
Ich weiß, sie tranken heimlich Wein
und predigten öffentlich Wasser.

Ein neues Lied, ein besseres Lied,
o Freunde, will ich euch dichten!
Wir wollen hier auf Erden schon
das Himmelreich errichten.

Wir wollen auf Erden glücklich sein
und wollen nicht mehr darben.
Verschlemmen soll nicht der faule Bauch,
was fleißige Hände erwarben.

Es wächst hienieden Brot genug
für alle Menschenkinder,
auch Rosen und Myrten, Schönheit und
und Zuckererbsen nicht minder. [Lust,

Ja, Zuckererbsen für jedermann,
sobald die Schoten platzen!
Den Himmel überlassen wir
den Engeln und den Spatzen.

Und wachsen uns Flügel nach dem Tod,
so wollen wir euch besuchen
dort oben, und wir, wir essen mit euch
die seligsten Torten und Kuchen.

Die Jungfer Europa ist verlobt
mit dem schönen Geniusse
der Freiheit, sie liegen einander im Arm,
sie schwelgen im ersten Kusse.

Ein Hochzeitscarmen ist mein Lied,
das bessere, das neue;
in meiner Seele gehen auf
die Sterne der höchsten Weihe.

Seit ich auf deutsche Erde trat,
durchströmen mich Zaubersäfte –
der Riese hat wieder die Mutter berührt,
und es wuchsen ihm neu die Kräfte.

Heinrich Heine

HECKER-LIED

Dreiunddreißig Jahre
währt die Knechtschaft schon.
Nieder mit die Hunde
von der Reaktion.
Blut – Blut muß fließen
knüppelhageldick,
damit wollen wir begießen
die freie Republik.

Schmiert die Guillotine
mit der Pfaffen Fett,
schmeißt die Konkubine
aus des Fürsten Bett.

An dem Darm des Pfaffen
hängt den Edelmann,
laßt ihn dran erschlaffen,
bis er nicht mehr kann.

Wenn euch die Leute fragen:
Lebet Hecker noch?
So sollt ihr ihnen sagen:
Ja, ja, er lebet noch.
Er hängt an keinem Baume,
er hängt an keinem Strick,
er hängt nur an dem Traume
der freien Republik.

DIEGO LEON

Der Platz ist leer, das Volk hat sich verlaufen,
der Dampf verflog, die Schüsse sind verhallt;
nur hier und dort steht einsam noch ein Haufen,
im Auge Zorn, die Hände starr geballt;
Husaren ziehn; – ein Tag der Schmach war euer!
Ihr goßt das Blei, das seine Brust zerriß!
Ihr schoßt es ab! Euch galt sein Wort: „Gebt Feuer!
. . . Exoriare aliquis!"
Schlank, hoch und herrlich trat er aus dem Wagen;
dann küßt' er brünstig ein Marienbild.
„In allen Schlachten hab' ich dich getragen:
Was du vermochtest, hast du treu erfüllt!
Die dich mir gab, mein Weib hat dich gesegnet;
geh zu ihr heim – getan ist deine Pflicht!

Du lenkst die Kugeln, so die Walstatt regnet,
der Richtstatt Kugeln lenkst du nicht!“ –

Die Salve fiel: – was wollt Ihr weiter wissen?
Die Salve fiel: – sein Auge zuckte nicht!
„Legt an, gebt Feu'r!“ – Zerschmettert und zerrissen
sank in den Staub sein edel Angesicht! –
So war sein Tod! Ich heiß' ihn einen schönen!
Es war ein mut'ger, ritterlicher Fall,
und er verdient es, daß ihm Verse dröhnen,
dumpf, wie gedämpfter Trommeln Schall.

Die Ihr gehört – frei hab' ich sie verkündet!
Ob jedem recht: – schiert ein Poet sich drum?
Seit Priams Tagen, weiß er, wird gesündigt
in Ilium und außer Ilium!
Er beugt sein Knie dem Helden Bonaparte,
und hört mit Zürnen d'Enghiens Todesschrei:
Der Dichter steht auf einer höhern Warte,
als auf den Zinnen der Partei.

• *Ferdinand Freiligrath*

IM FRÜHLING

O laß sie träumen den Kaiserwahn,
Alt-Deutschlands Ritter und Recken;
wie werden sich vor dem roten Hahn
die roten Adler verstecken!

O laß sie träumen noch eine Nacht!
Dann wetzen wir aus die Scharte,
dann werden Fidibusse gemacht
aus der europäischen Karte.

Die Völker kommen und läuten Sturm –
erwache, mein Blum, erwache!
Vom Kölner Dome zum Stephansturm
wird brausen die Rache, die Rache.

Die alten Kohorten am Tiberstrom
stehn auf beim Klang der Trompeten:
Die Glocken schweigen, du ewiges Rom,
vergiß dein Singen und Beten!

Die Glocken schweigen, die Pfaffen
in ihren zertrümmerten Hallen; [schrein
den Heiligen wird der goldene Schein
vom zitternden Haupte fallen.

Die Henker falten, vor Schrecken bleich,
die blutigen Hände zusammen;
und aus dem stürzenden Österreich
hoch lodern werden die Flammen.

Das alles, das alles soll geschehn
in kommenden Frühlingstagen –
Herrgott, laß die Welt nicht untergehn,
eh' die Nachtigallen schlagen!

• *Georg Herwegh*

ENFANT PERDU

Verlorner Posten in dem Freiheitskriege,
hielt ich seit dreißig Jahren treulich aus.
Ich kämpfte ohne Hoffnung, daß ich siege,
ich wußte, nie komm' ich gesund nach Haus.

Ich wachte Tag und Nacht – ich konnt' nicht schlafen,
wie in dem Lagerzelt der Freunde Schar –
(auch hielt das laute Schnarchen dieser Braven
mich wach, wenn ich ein bißchen schlummrig war).

In jenen Nächten hat Langweil' ergriffen
mich oft, auch Furcht – (nur Narren fürchten nichts) –
sie zu verscheuchen, hab' ich dann gepfiffen
die frechen Reime eines Spottgedichts.

Ja, wachsam stand ich, das Gewehr im Arme,
und nahte irgendein verdächt'ger Gauch,
so schoß ich gut und jagt' ihm eine warme,
brühwarme Kugel in den schnöden Bauch.

Mitunter freilich mocht' es sich ereignen,
daß solch ein schlechter Gauch gleichfalls sehr gut
zu schießen wußte – ach, ich kann's nicht leugnen –
die Wunden klaffen – es verströmt mein Blut.

Ein Posten ist vakant! – Die Wunden klaffen –
der eine fällt, die andern rücken nach –
doch fall' ich unbesiegt, und meine Waffen
sind nicht gebrochen – nur mein Herze brach.

• *Heinrich Heine*

WIEN 1848

Stadt der Freude, Stadt der Töne,
morgenfrohes, stolzes Wien,
dessen frühlingsheitre Söhne
nun der Freiheit Rosen ziehn:
Ja, wir haben uns versündigt,
als wir grollten deiner Lust,
deinem Jauchzen, das verkündigt
eine starke, tiefe Brust.

Auf den zauberischen Wogen
deutscher Tänze schwebtest du;
Wetter kamen schwül gezogen,
schelmisch logst du üppige Ruh'.
Eisgrau saßen tote Wächter
vor dem klangerfüllten Haus –
sieh, da sandt'st du edle Fechter
singend in das Frührot aus!

Mit den Flöten, mit den Geigen,
mit Posaunen hell voran
führe vorwärts deinen Reigen
auf der morgenroten Bahn!
Einmal noch durch deutsche Lande
führ ein deutsches Kaiserbild,
reich zu schaun im Goldgewande,
und wir grüßen fromm und mild!

Dieser Traum wird auch verwehen
und am alten Sternenzelt
endlich unter die Sterne gehen,
zu der toten Götterwelt;
und wo flimmernd Schwan und Leier
und das Bild des Kreuzes sprühn,
wird dereinst im stillen Feuer
Caroli magni Krone glühn!

Aber dann in tausend Wiegen,
hier in Gold und dort in Holz,
wird der junge Kaiser liegen,
freier Mütter Ruhm und Stolz.
Wird als Hirt auf Blumenauen
im Gebirg als Jäger gehn,
auf des Meerschiffs schwanken Tauen
als ein braver Seemann stehn!

• *Gottfried Keller*

1848

Wohlan! Werft um, reißt ein! macht euch nur laut!
Verkennt der Gottheit stillgeschäft'gen Finger,
und all, woran Jahrhunderte gebaut,
erklärt es als der Willkür Sklavenzwinger.

Das schönste Werk der Weisheit und der Kraft,
daß sie die Roheit, schwer genug, gebändigt,
hebt's auf! Entlaßt den Pöbel seiner Haft,
erklärt der Bildung Werk als schon beendigt.

Macht alles gleich! hüllt in dasselbe Kleid
der Menschheit urerschaffne nackte Blöße,
bis alles ärmlich, wie ihr selber seid,
und euer Maß die vorbestimmte Größe.

Nicht was ihr habt, nein das nur, was euch fehlt,
empfahl euch in des Pöbels hohe Gnaden,
der trunken damals, als er euch gewählt,
und taumelnd noch von seinen Barrikaden.

„Allein die Bildung sei jetzt allgemein“ –
als wäre Bildung eine fertge Größe,
die man, wie ins Gefäß den firnen Wein,
ein Totes in ein Unlebendges gösse!

Wie du die Bildung aufnimmst, sie erfaßt,
das macht den fremden Geist in dir lebendig,
das bunte Wissen es vermehrt die Last,
ein Tor ist, wer gelehrt und nicht verständig.

Wollt ihr auf festen Grund das Neue baun,
soll Welt und Mitwelt euch's mit Danke lohnen,
denn eurer Klugheit wollen wir vertraun –
mit eurer Weisheit mögt ihr uns verschonen.

Franz Grillparzer

FELDMARSCHALL RADETZKY

Glück auf, mein Feldherr, führe den Streich!
Nicht bloß um des Ruhmes Schimmer,
in deinem Lager ist Österreich,
wir andern sind einzelne Trümmer.

Wär' uns ein Beispiel dein ruhmvoller Krieg,
wir reichten uns freudig die Hände.
Im Anschluß von allen liegt der Sieg,
im Glück eines jeden das Ende.

• *Franz Grillparzer*

Der Freiheitsdrang, der uns kam über Nacht,
wird, fürcht' ich, wenig leisten.
Wißt ihr, was mir ihn verdächtig macht?
Die Lumpe ergreift er am meisten.

Franz Grillparzer

Ihr habt bei Nacht und Nebel gekriegt,
und euer Feind, er liegt besiegt;
doch als man die Leiche beim Licht erkannt,
da war's euer eigenes Vaterland.

Franz Grillparzer

MAHNUNG

Genug gemeistert nun die Weltgeschichte!
Die Sterne, die durch alle Zeiten tagen,
ihr wolltet sie mit frecher Hand zerschlagen
und jeder leuchten mit dem eignen Lichte.

Doch unaufhaltsam rucken die Gewichte,
von selbst die Glocken von den Türmen schlagen,
der alte Zeiger, ohne euch zu fragen,
weist flammend auf die Stunde der Gerichte.

O stille Schauer, wunderbares Schweigen,
wenn heimlichflüsternd sich die Wälder neigen,
die Täler alle geisterbleich versanken,

und in Gewittern von den Bergesspitzen
der Herr der Weltgeschichte schreibt mit Blitzen –
denn seine sind nicht euere Gedanken.

Joseph von Eichendorff

DER GORDISCHE KNOTEN

Ihr rüttelt an dem Königspalast
mit unverdrossenem Mute,
ihr baut ein neues Haus mit Hast
und schreit zum Kitt nach Blute.
Doch ist es fertig, das neue Haus,
nach manchem saueren Tage,
der Bonaparte bleibt nicht aus,
der's stürzt mit einem Schlage!

Die Arme gekreuzt, gewaltig und stumm,
so wird er vor euch stehen,
ihr aber ziehet den Buckel krumm
und traget seine Livreen.

Und schlachten laßt ihr euch gern und froh
mit dienstergebener Miene,
und denket: besser in Waterloo,
als unter der Guillotine! –

So kommt es, ihr Männer des ewigen: Nein,
so kommt's, ihr Tyrannenvertreiber,
es wird eine Zeit der Helden sein
nach der Zeit der Schreier und Schreiber.
Bis dahin webt mit Fleiß und List
eure Schlingen ineinander,
wenn der gordische Knoten fertig ist,
schickt Gott den Alexander.

Moritz von Strachwitz

Sie sollen ihn nicht haben,
den freien deutschen Rhein,
ob sie wie gier'ge Raben
sich heiser darnach schrein.

Solang er ruhig wallend
sein grünes Kleid noch trägt,
solang ein Ruder schallend
in seine Wogen schlägt!

Sie sollen ihn nicht haben,
den freien deutschen Rhein,
solang sich Herzen laben
an seinem Feuerwein,

solang in seinem Strome
noch fest die Felsen stehn,
solang sich hohe Dome
in seinem Spiegel sehn!

Sie sollen ihn nicht haben,
den freien deutschen Rhein,
bis seine Flut begraben
des letzten Manns Gebein.

• *Nikolaus Becker*

DIE WACHT AM RHEIN

Es braust ein Ruf wie Donnerhall,
wie Schwertgeklirr und Wogenprall:
Zum Rhein, zum Rhein, zum deutschen Rhein!
Wer will des Stromes Hüter sein?
Lieb Vaterland, magst ruhig sein;
fest steht und treu die Wacht am Rhein!

Solang ein Tropfen Blut noch glüht,
noch eine Faust den Degen zieht,
und noch ein Arm die Büchse spannt,
betritt kein Feind hier deinen Strand!
Lieb Vaterland, magst ruhig sein;
fest steht und treu die Wacht am Rhein!

Der Schwur erschallt, die Woge rinnt,
die Fahnen flattern hoch im Wind:
Zum Rhein, zum Rhein, zum deutschen Rhein!
Wir alle wollen Hüter sein!
Lieb Vaterland, magst ruhig sein;
fest steht und treu die Wacht am Rhein!

Max Schneckenburger

BEI WÖRTH

Der Preußen-Kronprinz fragt bei Wörth
an Jager von die Boarn, an kloan:
„Warst sechsasechzge aa scho mit?“
„Ja“, sagt der sell, „dös wollt' i moan!

Aber dort hamma ghabt koa Glück.
I glaub' allwail und b'steh's ganz laut:
Hä'n Sie uns damals aa scho gführt,
na hä'n ma d'Preußen grad so g'haut.“

Karl Stieler

DIE TROMPETE VON VIONVILLE

16. August 1870

Sie haben Tod und Verderben gespien:
Wir haben es nicht gelitten.
Zwei Kolonnen Fußvolk, zwei Batterien,
wir haben sie niedergeritten.

Die Säbel geschwungen, die Zäume verhängt,
tief die Lanzen und hoch die Fahnen,
so haben wir sie zusammengesprengt, –
Kürassiere wir und Ulanen.

Doch ein Blutritt war es, ein Todesritt;
wohl wichen sie unsern Hieben,
doch von zwei Regimentern, was ritt und was stritt,
unser zweiter Mann ist geblieben.

Die Brust durchschossen, die Stirn zerklafft,
so lagen sie bleich auf dem Rasen,
in der Kraft, in der Jugend dahingerafft, –
nun, Trompeter, zum Sammeln geblasen!

Und er nahm die Trompet, und er hauchte hinein;
da, – die mutig mit schmetterndem Grimme
uns geführt in den herrlichen Kampf hinein,
der Trompete versagte die Stimme.

Nur ein klanglos Wimmern, ein Schrei voll Schmerz,
entquoll dem metallenen Munde;
eine Kugel hatte durchlöchert ihr Erz, –
um die Toten klagte die wunde!

Um die Tapfern, die Treuen, die Wacht am Rhein,
um die Brüder, die heut gefallen, –
um sie alle, es ging uns durch Mark und Bein,
erhub sie gebrochenes Lallen.

Und nun kam die Nacht, und wir ritten hindann,
rundum die Wachtfeuer lohten;
die Rosse schnoben, der Regen rann –
und wir dachten der Toten, der Toten!

Ferdinand Freiligrath

AN UHLANDS GEIST

Ems 1871, als an der Wirtstafel ein Kellner aufwartete, der sonntags zwei Orden trug.

Wenn heut dein Geist herniederstiege
in diese deine deutsche Welt,
wie sie nach neuem heil'gem Kriege
ihr Haus gemauert und bestellt:
Hoch auf dem Giebel Preußens Krone,
der Bau ein erblich Kaisertum –
du zögst in Falten zweifelsohne
die Stirn und schautest kaum dich um;

dein Auge sänk' in seine Höhle,
ein Seufzer kündete dein Leid:
„Oh, von der Freiheit heil'gem Öle
ist solch ein Scheitel nicht geweiht!
O Tag, so bist du nicht gewesen,
an den ich lange fromm geglaubt,
Tag, wo mein Volk sich würd' erlesen
in freier Wahl sein Herrscherhaupt!" –

In Ehrfurcht sei von uns gebeten,
hieher in diesen heitern Saal
zum Tisch der Lebenden zu treten,
du ernster Gast im Erdental!
Du pflegst das Volk nicht zu verachten,
so wolle denn, von uns umringt,
den schlanken jungen Mann betrachten,
der uns den Wein, die Schüsseln bringt.

Sieh hin, er trägt ein Kreuz von Eisen
an einem schwarz und weißen Band;
dir ist, was dieser Schmuck will heißen,
von alten Tagen wohl bekannt.
Doch kann er's nicht von damals haben,
als Erbe streicht man es nicht ein,
s muß von diesem wackern Knaben
mit eignem Arm errungen sein.

Das zweite, das daneben funkelt
von buntem Schmelz und Goldeslicht,
das feine Ritterkreuz verdunkelt
des schlichten Nachbars Ehre nicht:
Sein Landsherr hat's ihm angeheftet,
des Männerwertes wohl bewußt.
Gib zu: Hier ist dein Wort entkräftet
vom trüben Stern auf kalter Brust.

Wenn er, gefällig anzuschauen,
mit grünen Bohnen uns bedenkt:
Jüngst hat er mit gegoßnen blauen
aus heißem Rohr den Feind beschenkt.
Mit leichtem Griff befreit er eben
das Rebenblut aus seiner Haft:
So sachte nicht im Kampf ums Leben
entkorkte er den roten Saft.

Da diente er bei andrem Schmause
dem fürchterlichen Schlachtengott
im mörderischen Kugelsause
bei Mars-la-Tour und Gravelotte.
Mit seinem Volk in Wehr und Waffen
hat er im blutgestriemten Feld
redlich am Reiche mitgeschaffen,
zugleich ein Kellner und ein Held. –

Es taut auf deinem Angesichte;
dem Geist von höherem Geschlecht,
dem Genius der Weltgeschichte
beugt sich dein Trotz aufs alte Recht.
Noch ist nicht alles rund beisammen,
auch uns gefällt's nicht allerwärts,
doch seh' ich dir das Auge flammen
und klopfen hör' ich dir das Herz.

• *Friedrich Theodor Vischer*

ALTE SCHWEIZER

Sie kommen mit dröhnenden Schritten entlang
den von Raffaels Fresken verherrlichten Gang
in der puffigen alten geschichtlichen Tracht,
als riefe das Horn sie zur Murtener Schlacht:

„Herr Heiliger Vater, der Gläubigen Hort,
so kann es nicht gehn und so geht es nicht fort!
Du sparst an den Kohlen, du knickerst am Licht –
an deinen Helvetiern knausre du nicht!

Wann den Himmel ein Heiliger Vater gewann,
ergibt es elf Taler für jeglichen Mann!
So galt's und so gilt's von Geschlecht zu Geschlecht,
wir pochen auf unser historisches Recht!

Herr Heiliger Vater, du weißt, wer wir sind!
Bescheidene Leute von Ahne zu Kind!
Doch werden wir an den Moneten gekürzt,
wir kommen wie brüllende Löwen gestürzt!

Herr Heiliger Vater, die Taler heraus!
Sonst räumen wir Kisten und Kasten im Haus . . .
Potz Donner und Hagel und höllischer Pfuhl!
Wir versteigern dir den apostolischen Stuhl!"

Der Heilige Vater bekreuzt sich entsetzt
und zaudert und langt in die Tasche zuletzt –
da werden die Löwen zu Lämmern im Nu:
„Herr Heiliger Vater, jetzt segne uns du!"

• *Conrad Ferdinand Meyer*

DER BISMARCH

Im Wirtshaus hocken s'beieinand,
da hängt der Bismarch an der Wand;
no, dem sei Bildl kennt ma' glei'.
Um den geht heunt die Streiterei.

Der Fuhrknecht sagt: ,,Zum Teufelholen,
dös hätt' a Fuhrmann werden sollen,
der wirft nit um und schmeißt nit a'
und eh'st di umschaugst, is er da."
,,Na", schreit der Maurersepp daneben,
,,dös hätt' an guaten Maurer geben,
der hat wurzweg, dös werds schon
wissen,
die alte Hütten niederg'rissen
und hat uns hing'stellt an schöns Haus."
,,Mei"', schreit der Jackel, ,,laß mi' aus
(der Jackel is a Zimmermann)
der hat scho' no' was mehrers tan,
der hat aa drumbaut no' an Zaun,
daß d'Spitzbub'n si' nit einitrau'n."
Der Jaagerhans hockt aa dabei.
,,Geh", sagt er, ,,mit der Lumperei
von enkerm G'schäft, da kemmts mir
g'stohlen,
a Jaager hätt' er werden sollen,
weil er allweil an Punkten trifft!"
So schreit der Hansl, weil's ihn gift.

Da ruft der Hausknecht 'rein in
d'Stuben:
,,Tuts nit so aufbegehren, Buben,
was besser waar' – dös best ist g'wiß:
Daß er der Bismarch wor'n is!"

Karl Stieler

BISMARCK

März 1890

Du gehst von deinem Werke,
dein Werk geht nicht von dir,
denn wo du bist, ist Deutschland,
du warst, drum wurden wir.

Was wir durch dich geworden,
wir wissen's und die Welt – – –
was ohne dich wir bleiben,
Gott sei's anheimgestellt.

Ernst von Wildenbruch

WO BISMARCK LIEGEN SOLL

Nicht in Dom oder Fürstengruft,
er ruh' in Gottes freier Luft
draußen auf Berg und Halde,
noch besser: tief, tief im Walde;
Widukind lädt ihn zu sich ein:
,,Ein Sachse war er, drum ist er mein,
im Sachsenwald soll er begraben sein."

Der Leib zerfällt, der Stein zerfällt,
aber der Sachsenwald, der hält;
und kommen nach dreitausend Jahren
Fremde hier des Weges gefahren
und sehen, geborgen vorm Licht der Sonnen,
den Waldgrund in Efeu tief eingesponnen
und staunen der Schönheit und jauchzen froh,
so gebietet einer: „Lärmt nicht so! –
Hier unten liegt Bismarck irgendwo."

Theodor Fontane

2. AUGUST 1914

Wir wollen in den Tagen
der steilsten Lebensfahrt
nicht säumen – und nicht fragen:
Was alles ward.

Wenn auf des Hauses Pfosten
die Sonne morgen scheint,
schaut sie in West und Osten
den Feind.

Sie spürt ein Wipfelbeben
und hört ein Flügelwehn.
Deutschland kämpft um sein Leben;
es wird nicht untergehn.

Alfred Kerr

STOLZE ZEIT

1914

Frohlockt, ihr Freunde, daß wir leben
und daß wir jung sind und gelenk,
nie hat es solch ein Jahr gegeben,
und nie war Jugend solch Geschenk!

Wir durften stehn und durften schreiten,
so morgenwärts wie abendwärts
die größte aller Erdenzeiten,–
uns brandet' sie ans junge Herz.

Wir sahn die Asiaten stürmen,
mit Hochlands Tapferen geeint,
auf uns von seiner Dome Türmen
spie seinen Strahl der alte Feind,

auf uns im ungeheuren Bette
goß sich aus Steppen dunkles Meer.
Es brach vor unsrer Hände Kette
des Morgens Heer, des Abends Heer.

Wir würden gern sie wiedersehen,
die sanfte Zeit, die Friedenszeit,
denn keiner mag ins Dunkel gehen,
er geht mit Neid, er geht mit Leid;

vielleicht war Schönes noch auf Erden
für seine Augen auferbaut, –
das Größte, das ihm konnte werden,
dies stolze Jahr hat er geschaut.

Bruno Frank

BEKENNTNIS

Immer schon haben wir eine Liebe zu dir gekannt,
bloß wir haben sie nie mit einem Namen genannt.
Als man uns rief, da zogen wir schweigend fort,
auf den Lippen nicht, aber im Herzen das Wort Deutschland.

Daß kein fremder Fuß betrete den heimischen Grund,
stirbt ein Bruder in Polen, liegt einer in Flandern wund.
Alle hüten wir deiner Grenzen heiligen Saum.
Unser blühendstes Leben für deinen dürrsten Baum, Deutschland.

Immer schon haben wir eine Liebe zu dir gekannt,
bloß wir haben sie nie bei ihrem Namen genannt.
Herrlich zeigte es aber deine größte Gefahr,
daß dein ärmster Sohn auch dein getreuester war.

Denk es, o Deutschland.

Karl Bröger

ÖSTERREICHISCHES REITERLIED

Drüben am Wiesenrand
hocken zwei Dohlen –
fall' ich am Donaustrand?
Sterb' ich in Polen?
Was liegt daran?
Eh' sie meine Seele holen,
kämpf' ich als Reitersmann.

Drüben am Ackerrain
schreien zwei Raben –
werd' ich der erste sein,
den sie begraben?
Was ist dabei?
Viel Hunderttausend traben
in Östreichs Reiterei.

Drüben im Abendrot
fliegen zwei Krähen –
wann kommt der Schnitter Tod,
um uns zu mähen?
Es ist nicht schad!
Seh' ich nur unsere Fahnen wehen
auf Belgerad!

Hugo Zuckermann

„ZUM EWIGEN FRIEDEN" VON IMMANUEL KANT

„Bei dem traurigen Anblick nicht sowohl der Übel, die das menschliche Geschlecht aus Naturursachen drücken, als vielmehr derjenigen, welche die Menschen sich untereinander selbst antun, erheitert sich doch das Gemüt durch die Aussicht, es könne künftig besser werden; und zwar mit uneigennützigem Wohlwollen, wenn wir längst im Grabe sein und die Früchte, die wir zum Teil selbst gesät haben, nicht einernten werden."

Nie las ein Blick, von Tränen übermannt,
ein Wort wie dieses von Immanuel Kant.

Bei Gott, kein Trost des Himmels übertrifft
die heilige Hoffnung dieser Grabesschrift.

Dies Grab ist ein erhabener Verzicht:
„Mir wird es finster, und es werde Licht!"

Für alles Werden, das am Menschsein krankt,
stirbt der Unsterbliche. Er glaubt und dankt.

Ihm hellt den Abschied von dem dunklen Tag,
daß dir noch einst die Sonne scheinen mag.

Durchs Höllentor des Heute und Hienieden
vertrauend träumt er hin zum ewigen Frieden.

Er sagt es, und die Welt ist wieder wahr,
und Gottes Herz erschließt sich mit „und zwar".

Urkundlich wird es; nimmt der Glaube Teil,
so widerfährt euch das verheißne Heil.

O rettet aus dem Unheil euch zum Geist,
der euch aus euch die guten Wege weist!

Welch eine Menschheit! Welch ein hehrer Hirt!
Weh dem, den der Entsager nicht beirrt!

Weh, wenn im deutschen Wahn die Welt verschlief
das letzte deutsche Wunder, das sie rief!

Bis an die Sterne reichte einst ein Zwerg.
Sein irdisch Reich war nur ein Königsberg.

Doch über jedes Königs Burg und Wahn
schritt eines Weltalls treuer Untertan.

Sein Wort gebietet über Schwert und Macht
und seine Bürgschaft löst aus Schuld und Nacht.

Und seines Herzens heiliger Morgenröte
Blutschande weicht: daß Mensch den Menschen töte.

Im Weltbrand bleibt das Wort ihr eingebrannt:
Zum ewigen Frieden von Immanuel Kant!

• *Karl Kraus*

FRÜHLINGSGLAUBE

Es wandert eine schöne Sage
wie Veilchenduft auf Erden um,
wie sehnend eine Liebesklage
geht sie bei Tag und Nacht herum.

Das ist das Lied vom Völkerfrieden
und von der Menschheit letztem Glück,
von goldner Zeit, die einst hienieden,
der Traum als Wahrheit, kehrt zurück,

wo einig alle Völker beten
zum Einen König, Gott und Hirt;
von jenem Tag, wo die Propheten
ihr leuchtend Recht gesprochen wird.

Dann wirds nur eine Schmach noch [geben
nur eine Sünde in der Welt:
Des Eigen-Neides Widerstreben,
der es für Traum und Wahnsinn hält.

Wer jene Hoffnung gab verloren
und böslich sie verloren gab,
der wäre besser ungeboren:
Denn lebend wohnt er schon im Grab.

Gottfried Keller

AN DIE VÖLKER DER ERDE

1945

Zwölf, du äußerste Zahl und Maß der Vollkommenheiten,
Zahl der Reife, der heilig gesetzten! Vollendung der Zeiten!
Zwölfmal ist das schütternde Eis auf den Strömen geschwommen,
zwölfmal das Jahr zu des Sommers glühendem Scheitel geklommen,
zwölfmal kehrten die Schwalben, weißbrüstige Pfeile, nach Norden,
zwölfmal ist gesät und zwölfmal geerntet worden.
Zwölfmal grünten die Weiden und haben die Bäche beschattet,
Kinder wuchsen heran und Alte wurden bestattet.
Viertausend Tage, viertausend unendliche Nächte,
Stunde für Stunde befragt, ob eine das Zeichen brächte!

Völker, Ihr zählt, was an Frevel in diesem Jahrzwölft geschehen.
Was gelitten wurde, hat keiner von Euch gesehen,
keiner die Taufe, darin wir getauft, die Buße, zu der wir erwählt,
und der Engel allein hat Striemen und Tränen gezählt.
Er nur vernahm durch Fanfarengeschmetter, Festrufe und Glockendröhnen
der Gefolterten Schreien, Angstseufzer und Todesstöhnen,
er nur den flatternden Herzschlag aus nächtlichen Höllenstunden,
er nur das Wimmern der Fraun, denen die Männer verschwunden,
er nur den lauernden Schleichschritt um Fenster und Pforten,
er nur das Haßgelächter der Richter und Häftlingseskorten – –
Völker der Welt, die der Ordnung des Schöpfers entglitt,
Völker, wir litten für Euch und für Eure Verschuldungen mit.
Litten, behaust auf Europas uralter Schicksalsbühne,
litten stellvertretend für Alle ein Leiden der Sühne.
Völker der Welt, der Abfall war allen gemein:
Gott hatte jedem gesetzt, des Bruders Hüter zu sein.
Völker der Welt, die mit uns dem nämlichen Urgrund entstammen:
Zwei Jahrtausende stürzten vor Euren Grenzen zusammen.
Alles Schrecknis geschah vor Euren Ohren und Blicken,
und nur ein Kleines war es, den frühen Brand zu ersticken.
Neugierig wittertet Ihr den erregenden Atem des Brandes.
Aber das Brennende war der Herzschild des Abendlandes!
Sicher meintet Ihr Euch hinter Meeren und schirmendem Walle
und vergaßt das Geheimnis: Was Einen trifft, das trifft Alle.
Jeglicher ließ von der Trägkeit des Herzens sich willig verführen,
jeglicher dachte: „Was tut es . . . an mich wird das Schicksal nicht rühren . . .
ja, vielleicht ists ein Vorteil . . . das Schicksal läßt mit sich reden . . .“
Bis das Schicksal zu reden begann, ja, zu reden mit einem jeden.
Bis der Dämon, gemästet, von unsrem Blute geschwellt,
brüllend über die Grenzen hervorbrach, hinein in die Welt.
Völker der Erde, Ihr haltet Euer Gericht.
Völker der Erde, vergeßt dieses Eine nicht:
Immer am lautesten hat sich der Unversuchte entrüstet,
immer der Ungeprüfte mit seiner Stärke gebrüstet,
immer der Ungestoßne gerühmt, daß er niemals gefallen.
Völker der Welt, der Ruf des Gerichts gilt uns Allen.
Alle verklagt das gemeinsam Verratne, gemeinsam Entweihte.
Völker, vernehmt mit uns Allen das göttliche: Metanoeite!

• *Werner Bergengruen*

BUCH DES VATERLANDES

ARCHIBALD DOUGLAS

„Ich hab' es getragen sieben Jahr,
und ich kann es tragen nicht mehr,
wo immer die Welt am schönsten war,
da war sie öd und leer.

Ich will hintreten vor sein Gesicht
in dieser Knechtsgestalt,
er kann meine Bitte versagen nicht,
ich bin ja worden alt.

Und trüg' er noch den alten Groll,
frisch wie am ersten Tag,
so komme, was da kommen soll,
und komme, was da mag."

Graf Douglas spricht's. Am Weg ein Stein
lud ihn zu harter Ruh',
er sah in Wald und Feld hinein,
die Augen fielen ihm zu.

Er trug einen Harnisch, rostig und schwer,
darüber ein Pilgerkleid –
da horch, vom Waldrand scholl es her
wie von Hörnern und Jagdgeleit.

Und Kies und Staub aufwirbelte dicht,
herjagte Meut' und Mann,
und ehe der Graf sich aufgericht't,
waren Roß und Reiter heran.

König Jakob saß auf hohem Roß,
Graf Douglas grüßte tief;
dem König das Blut in die Wange schoß,
der Douglas aber ief:

„König Jakob, schaue mich gnädig an
und höre mich in Geduld!
Was meine Brüder dir angetan,
es war nicht meine Schuld.

Denk nicht an den alten Douglas-Neid,
der trotzig dich bekriegt,
denk lieber an deine Kinderzeit,
wo ich dich auf den Knien gewiegt.

Denk lieber zurück an Stirling-Schloß,
wo ich Spielzeug dir geschnitzt,
dich gehoben auf deines Vaters Roß
und Pfeile dir zugespitzt.

Denk lieber zurück an Linlithgow,
an den See und den Vogelherd,
wo ich dich fischen und jagen froh
und schwimmen und springen gelehrt.

O, denk an alles, was einsten war,
und sänftige deinen Sinn –
ich hab' es gebüßet sieben Jahr,
daß ich ein Douglas bin."

„Ich seh' dich nicht, Graf Archibald,
ich hör' deine Stimme nicht;
mir ist, als ob ein Rauschen im Wald
von alten Zeiten spricht.

Mir klingt das Rauschen süß und traut,
ich lausch' ihm immer noch;
dazwischen aber klingt es laut:
Er ist ein Douglas doch!

Ich seh' dich nicht, ich höre dich nicht,
das ist alles, was ich kann;
ein Douglas vor meinem Angesicht
wär' ein verlorener Mann."

König Jakob gab seinem Roß den Sporn;
bergan ging jetzt sein Ritt,
Graf Douglas faßte den Zügel vorn
und hielt mit dem Könige Schritt.

Der Weg war steil, und die Sonne stach,
und sein Panzerhemd war schwer;
doch ob er schier zusammenbrach,
er lief doch nebenher.

,,König Jakob, ich war dein Seneschall,
ich will es nicht fürder sein,
ich will nur warten dein Roß im Stall
und ihm schütten die Körner ein;

ich will ihm selber machen die Streu
und es tränken mit eigener Hand:
Nur laß mich atmen wieder auf neu
die Luft im Vaterland!

Und willst du nicht, so hab einen Mut,
und ich will es danken dir,
und zieh dein Schwert und triff mich gut
und laß mich sterben hier!"

König Jakob sprang herab vom Pferd,
hell leuchtete sein Gesicht;
aus der Scheide zog er sein breites Schwert,
aber fallen ließ er es nicht.

,,Nimm's hin, nimm's hin und trag es neu
und bewache mir meine Ruh'!
Der ist in tiefster Seele treu,
wer die Heimat liebt wie du.

Zu Roß! wir reiten nach Linlithgow
und du reitest an meiner Seit';
da wollen wir fischen und jagen froh
als wie in alter Zeit."

• *Theodor Fontane*

AN DAS VATERLAND

O mein Heimatland! O mein Vaterland!
Wie so innig, feurig lieb' ich dich!
Schönste Ros', ob jede mir verblich,
duftest noch an meinem öden Strand!

Als ich arm, doch froh, fremdes Land durchstrich,
Königsglanz mit deinen Bergen maß,
Thronenflitter bald ob dir vergaß,
wie war da der Bettler stolz auf dich!

Werf' ich von mir einst dies mein Staubgewand,
beten will ich dann zu Gott dem Herrn:
,,Lasse strahlen deinen schönsten Stern
nieder auf mein irdisch Vaterland!"

Gottfried Keller

O lerne fühlen, welches Stamms du bist!
Wirf nicht für eiteln Glanz und Flitterschein
die echte Perle deines Wertes hin!
Das Haupt zu heißen eines freien Volks,
das dir aus Liebe nur sich herzlich weiht,
das treulich zu dir steht in Kampf und Tod –
das sei dein Stolz, des Adels rühme dich!

Die angebornen Bande knüpfe fest;
ans Vaterland, ans teure, schließ dich an,
das halte fest mit deinem ganzen Herzen!
Hier sind die starken Wurzeln deiner Kraft;
dort in der fremden Welt stehst du allein,
ein schwankes Rohr, das jeder Sturm zerknickt.

Schiller

AN DIE DEUTSCHEN

Spottet nimmer des Kinds, wenn noch das alberne
auf dem Rosse von Holz herrlich und viel sich dünkt,
o ihr Guten! auch wir sind
tatenarm und gedankenvoll!

Aber kommt, wie der Strahl aus dem Gewölke kommt,
aus Gedanken vielleicht geistig und reif die Tat?
Folgt die Frucht, wie des Haines
dunklem Blatte, der stillen Schrift?

Friedrich Hölderlin

GESANG DES DEUTSCHEN

O heilig Herz der Völker, o Vaterland!
Allduldend gleich der schweigenden Mutter Erd'
und allverkannt, wenn schon aus deiner
Tiefe die Fremden ihr Bestes haben.

Sie ernten den Gedanken, den Geist von dir,
sie pflücken gern die Traube, doch höhnen sie
dich, ungestalte Rebe! daß du
schwankend den Boden und wild umirrest.

Du Land des hohen, ernsteren Genius!
Du Land der Liebe! Bin ich der Deine schon,
oft zürnt' ich weinend, daß du immer
blöde die eigene Seele leugnest.

Doch wie der Frühling wandelt der Genius
von Land zu Land. Und wir? ist denn einer auch
von unsern Jünglingen, der nicht ein
Ahnden, ein Rätsel der Brust, verschwiege?

Wo ist dein Delos, wo dein Olympia,
daß wir uns alle finden am höchsten Fest?
Doch wie errät der Sohn, was du den
Deinen, Unsterbliche, längst bereitest?

Friedrich Hölderlin

DEUTSCHES LEID

Schiffer, zieh fort die Brücke,
du lockst mich nimmermehr an Bord,
ich weiß von keinem Glücke,
ich weiß von keinem Zufluchtsort.

Und ob sich draußen weiten
noch Länder froh und gastbereit,
und ihre Arme breiten
wie fremder Mütter Lindigkeit:

Ich würde doch entbehren
bei ihres reichen Tisches Brot,
ich würde mich verzehren
nach meiner Heimat bittrer Not,

ich stünde doch in Ketten
mitten im festlich hohen Saal,
ich könnt' mich niemals retten
vor meines Volkes Schuld und Qual.

Mir bräche doch in Scherben
des vollen Bechers Prunkgerät,
ich müßte dennoch, dennoch sterben,
wenn Deutschland untergeht.

Gertrud von le Fort

ALTNIEDERLÄNDISCHES DANKGEBET

Wir treten / zum Beten
vor Gott, den Gerechten,
er waltet / und haltet
ein strenges Gericht,
er läßt von den Schlechten
die Guten nicht knechten,
sein Name sei gelobt,
er vergißt unser nicht.

Im Streite / zur Seite
ist Gott uns gestanden,
er wollte / es sollte
das Recht siegreich sein.
Da ward, kaum begonnen,
die Schlacht schon gewonnen,
du, Gott, warst ja mit uns,
der Sieg, er war dein.

Wir loben / dich, oben,
du Lenker der Schlachten,
und flehen, / mögst stehen
uns fernerhin bei,
daß deine Gemeinde
nicht Opfer der Feinde.
Dein Name sei gelobt!
O Herr, mach uns frei!
Herr, mach uns frei!

Nein, eine Grenze hat Tyrannenmacht.
Wenn der Gedrückte nirgends Recht kann finden,
wenn unerträglich wird die Last – greift er
hinauf getrosten Mutes in den Himmel
und holt herunter seine ew'gen Rechte,
die droben hangen unveräußerlich
und unzerbrechlich wie die Sterne selbst –
Der alte Urstand der Natur kehrt wieder,
wo Mensch dem Menschen gegenübersteht –
Zum letzten Mittel, wenn kein andres mehr
verfangen will, ist ihm das Schwert gegeben –
Der Güter Höchstes dürfen wir verteid'gen
gegen Gewalt – Wir stehn für unser Land,
wir stehn für unsre Weiber, unsre Kinder!

• *Schiller*

Hermann:

Desto fester sei bei der allgemeinen Erschütterung,
Dorothea, der Bund! Wir wollen halten und dauern,
fest uns halten und fest der schönen Güter Besitztum.
Denn der Mensch, der zur schwankenden Zeit auch schwankend gesinnt ist,
der vermehret das Übel und breitet es weiter und weiter;
aber wer fest auf dem Sinne beharrt, der bildet die Welt sich.
Nicht dem Deutschen geziemt es, die fürchterliche Bewegung
fortzuleiten und auch zu wanken hierhin und dorthin.
Dies ist unser! so laß uns sagen und so es behaupten!
Denn es werden noch stets die entschlossenen Völker gepriesen,
die für Gott und Gesetz, für Eltern, Weiber und Kinder
stritten und gegen den Feind zusammenstehend erlagen.
Du bist mein; und nun ist das Meine meiner als jemals.
Nicht mit dem Kummer will ich's bewahren und sorgend genießen,
sondern mit Mut und Kraft. Und drohen diesmal die Feinde,
oder künftig, so rüste mich selbst und reiche die Waffen.
Weiß ich durch dich nur versorgt das Haus und die liebenden Eltern,
oh, so stellt sich die Brust dem Feinde sicher entgegen.
Und gedächte jeder wie ich, so stünde die Macht auf
gegen die Macht, und wir erfreuten uns alle des Friedens.

Goethe

DES DEUTSCHEN VATERLAND

Was ist des Deutschen Vaterland?
Ist's Preußenland? Ist's Schwabenland?
Ist's, wo am Rhein die Rebe blüht?
Ist's, wo am Belt die Möwe zieht?
O nein! nein! nein!
Sein Vaterland muß größer sein.

Was ist des Deutschen Vaterland?
Ist's Pommerland? Westfalenland?
Ist's, wo der Sand der Dünen weht?
Ist's, wo die Donau brausend geht?
O nein! nein! nein!
Sein Vaterland muß größer sein.

Was ist des Deutschen Vaterland?
So nenne mir das große Land!
Ist's Land der Schweizer? ist's Tirol?
Das Land und Volk gefiel' mir wohl;
doch nein! nein! nein!
Sein Vaterland muß größer sein.

Was ist des Deutschen Vaterland?
So nenne mir das große Land!
Gewiß, es ist das Österreich,
an Ehren und an Siegen reich?
O nein! nein! nein!
Sein Vaterland muß größer sein.

Was ist des Deutschen Vaterland?
So nenne mir das große Land!
So weit die deutsche Zunge klingt
und Gott im Himmel Lieder singt,
das soll es sein!
Das, wackrer Deutscher, nenne dein!

Das ganze Deutschland soll es sein!
O Gott vom Himmel, sieh darein!
Und gib uns rechten deutschen Mut,
daß wir es lieben treu und gut.
Das soll es sein!
Das ganze Deutschland soll es sein!

Ernst Moritz Arndt

DAS LIED DER DEUTSCHEN

Deutschland, Deutschland über alles,
über alles in der Welt,
wenn es stets zu Schutz und Trutze
brüderlich zusammenhält.
Von der Maas bis an die Memel,
von der Etsch bis an den Belt,
Deutschland, Deutschland über alles,
über alles in der Welt.

Deutsche Frauen, deutsche Treue,
deutscher Wein und deutscher Sang
sollen in der Welt behalten
ihren alten schönen Klang,
uns zu edler Tat begeistern
unser ganzes Leben lang,
deutsche Frauen, deutsche Treue,
deutscher Wein und deutscher Sang.

Einigkeit und Recht und Freiheit
für das deutsche Vaterland –
danach laßt uns alle streben
brüderlich mit Herz und Hand!
Einigkeit und Recht und Freiheit
sind des Glückes Unterpfand –
blüh im Glanze dieses Glückes,
blühe, deutsches Vaterland!

Hoffmann von Fallersleben

ABSCHIED

Kein Wort, auch nicht das kleinste, kann ich sagen,
wozu das Herz den vollen Schlag verwehrt:
die Stunde drängt, gerüstet steht der Wagen,
es ist die Fahrt der Heimat abgekehrt.

Doch ist's das flehendste von den Gebeten:
Ihr mögt dereinst, wenn mir es nicht vergönnt,
mit festem Fuß auf diese Scholle treten,
von der sich jetzt mein heißes Auge trennt! –

Und du, mein Kind, mein jüngstes, dessen Wiege
auch noch auf diesem teuren Boden stand,
hör mich! denn alles andere ist Lüge:
Kein Mann gedeihet ohne Vaterland!

Kannst du den Sinn, den diese Worte führen,
mit deiner Kinderseele nicht verstehn,
so soll es wie ein Schauer dich berühren
und wie ein Pulsschlag in dein Leben gehn!

Theodor Storm

IN DER FREMDE

Oft hab' ich dich rauh gescholten,
Muttersprache, so vertraut!
Höher hätte mir gegolten
südlicher Sirenenlaut.

Und nun irr' ich in der Ferne
freudenlos von Ort zu Ort
und vernähm', ach, wie so gerne
nur ein einzig deutsches Wort.

Einsam schweif' ich in die Felder,
such' ein Echo der Natur;
aber Bäche, Winde, Wälder
rauschen fremd auf dieser Flur.

Unverstanden, unbeachtet,
wie mein deutsches Lied verhallt,
bleibt es, wann mein Busen schmachtet
und in bangem Sehnen wallt.

August Wilhelm von Schlegel

DIE AUSWANDERER

Ich kann den Blick nicht von euch wenden;
ich muß euch anschaun immerdar:
Wie reicht ihr mit geschäft'gen Händen
dem Schiffer eure Habe dar!

Ihr Männer, die ihr von dem Nacken
die Körbe langt, mit Brot beschwert,
das ihr aus deutschem Korn gebacken,
geröstet habt auf deutschem Herd;

und ihr, im Schmuck der langen Zöpfe,
ihr Schwarzwaldmädchen, braun und schlank,
wie sorgsam stellt ihr Krüg und Töpfe
auf der Schaluppe grüne Bank!

Das sind die selben Töpf' und Krüge,
oft an der Heimat Born gefüllt;
wenn am Missouri alles schwiege,
sie malten euch der Heimat Bild:

Des Dorfes steingefaßte Quelle,
zu der ihr schöpfend euch gebückt,
des Herdes traute Feuerstelle,
das Wandgesims, das sie geschmückt.

Bald zieren sie im fernen Westen
des leichten Bretterhauses Wand;
bald reicht sie müden, braunen Gästen
voll frischen Trunkes eure Hand.

Er trinkt daraus der Tscherokese,
ermattet, von der Jagd bestaubt;
nicht mehr von deutscher Rebenlese
tragt ihr sie heim mit Grün belaubt.

O sprecht! warum zogt ihr von dannen?
Das Neckartal hat Wein und Korn;
der Schwarzwald steht voll finstrer Tannen,
im Spessart klingt des Älplers Horn.

Wie wird es in den fremden Wäldern
euch nach der Heimatberge Grün,
nach Deutschlands gelben Weizenfeldern,
nach seinen Rebenhügeln ziehn!

Wie wird das Bild der alten Tage
durch eure Träume glänzend wehn!
Gleich einer stillen, frommen Sage
wird es euch vor der Seele stehn.

Der Bootsmann winkt! – Zieht hin in Frieden!
Gott schütz' euch, Mann und Weib und Greis!
Sei Freude eurer Brust beschieden
und euren Feldern Reis und Mais!

Ferdinand Freiligrath

DAS BLEIBENDE

Solang noch der Tatrawind leicht
slowakische Blumen bestreicht,
so lang wirken Mädchen sie ein
in trauliche Buntstickerei'n.

Solang noch im bayrischen Wald
die Axt im Morgengraun hallt,
so lang auch der Einsame sitzt,
der Gott und die Heiligen schnitzt.

Solang auf ligurischer Fahrt
das Meer seine Fischer gewahrt,
so lang wird am Strand es schaun
die spitzenklöppelnden Fraun.

Ihr Völker der Erde, mich rührt
das Bleibende, das ihr vollführt.
Ich selbst, ohne Volk, ohne Land,
stütz' nun meine Stirn in die Hand.

Franz Werfel

Ich hatte einst ein schönes Vaterland.
Der Eichenbaum
wuchs dort so hoch, die Veilchen nickten sanft,
es war ein Traum.

Das küßte mich auf deutsch und sprach auf deutsch
(man glaubt es kaum
wie gut es klang) das Wort: „Ich liebe dich!"
Es war ein Traum.

• *Heinrich Heine*

HEIMWEH

Wer in die Fremde will wandern,
der muß mit der Liebsten gehn,
es jubeln und lassen die andern
den Fremden alleine stehn.

Was wisset ihr, dunkele Wipfel,
von der alten – schönen Zeit?
Ach, die Heimat hinter den
Gipfeln,
wie liegt sie von hier so weit.

Am liebsten betracht' ich die Sterne,
die schienen, wie ich ging zu ihr,
die Nachtigall hör' ich so gerne,
sie sang vor der Liebsten Tür.

Der Morgen, das ist meine Freude!
Da steig' ich in stiller Stund
auf den höchsten Berg in die Weite,
grüß' dich, Deutschland,
aus Herzensgrund!

Joseph von Eichendorff

BRÜDERSCHAFT

Im Krug zum grünen Kranze,
da kehrt' ich durstig ein:
Da saß ein Wandrer drinnen
am Tisch beim kühlen Wein.

Ein Glas war eingegossen,
das wurde nimmer leer;
sein Haupt ruht' auf dem Bündel,
als wär's ihm viel zu schwer.

Ich tät mich zu ihm setzen,
ich sah ihm ins Gesicht,
das schien mir gar befreundet,
und dennoch kannt' ich's nicht.

Da sah auch mir ins Auge
der fremde Wandersmann
und füllte meinen Becher
und sah mich wieder an.

Hei, was die Becher klangen,
wie brannte Hand in Hand:
„Es lebe die Liebste deine,
Herzbruder, im Vaterland!"

Wilhelm Müller

DER SCHWEIZER

Zu Straßburg auf der Schanz,
da ging mein Trauern an,
das Alphorn hört' ich drüben wohl anstimmen,
ins Vaterland mußt' ich hinüberschwimmen,
das ging nicht an.

Ein' Stunde in der Nacht
sie haben mich gebracht;
sie führten mich gleich vor des Hauptmanns Haus,
ach Gott, sie fischten mich im Strome auf,
mit mir ist's aus.

Früh morgens um zehn Uhr
stellt man mich vor das Regiment;
ich soll da bitten um Pardon,
und ich bekomm' doch meinen Lohn,
das weiß ich schon.

Ihr Brüder allzumal,
heut seht ihr mich zum letztenmal;
der Hirtenbub ist doch nur schuld daran,
das Alphorn hat mir solches angetan,
das klag' ich an.

O Himmelskönig, Herr!
Nimm du meine arme Seele dahin,
nimm sie zu dir in den Himmel ein,
laß sie ewig bei dir sein
und vergiß nicht mein!

Steh' ich in finstrer Mitternacht
so einsam auf der stillen Wacht,
so denk' ich an mein fernes Lieb,
ob mir's auch treu und hold verblieb.

Als ich zur Fahne fortgemüßt,
hat sie so herzlich mich geküßt,
mit Bändern meinen Hut geschmückt
und weinend mich ans Herz gedrückt.

Jetzt bei der Lampe mildem Schein,
gehst du wohl in dein Kämmerlein,
und schickst dein Nachtgebet zum Herrn,
auch für den Liebsten in der Fern.

Doch wenn du traurig bist und weinst,
mich von Gefahr umrungen meinst –
sei ruhig, bin in Gottes Hut!
Er liebt ein treu Soldatenblut.

Wilhelm Hauff

Im Feldquartier auf hartem Stein
streck' ich die müden Füße
und sende in die Nacht hinein
dem Liebchen tausend Grüße.
Nicht ich allein hab's so gemacht,
Annemarie!
Von ihren Mädeln träumt heut Nacht
die ganze Kompanie!

Wir müssen mit der Feinde Pack
gar wilde Schlachten schlagen,
von einem Wiedersehenstag
kann ich dir noch nichts sagen.
Vielleicht werd' ich bald bei dir sein,
Annemarie!
Vielleicht scharrt man schon morgen ein
die ganze Kompanie!

Und schießt mich eine Kugel tot,
kann ich nicht heimwärts wandern,
so wein dir nicht die Äuglein rot,
so nimm dir einen andern!
Nimm einen Burschen jung und fein,
Annemarie!
Es muß ja nicht grad einer sein
von meiner Kompanie!

LILI MARLEEN

Vor der Kaserne,
vor dem großen Tor
stand eine Laterne.
Und steht sie noch davor,
so wolln wir uns da wiedersehn,
bei der Laterne wolln wir stehn
wie einst, Lili Marleen.

Unsere beiden Schatten
sahn wie einer aus.
Daß wir so lieb uns hatten,
das sah man gleich daraus,
und alle Leute solln es sehn,
wenn wir bei der Laterne stehn
wie einst, Lili Marleen.

Schon rief der Posten:
Sie blasen Zapfenstreich,
es kann drei Tage kosten. –
Kamerad, ich komm' ja gleich.
Da sagten wir auf Wiedersehn,
wie gerne wollt' ich mit dir gehn,
mit dir, Lili Marleen.

Deine Schritte kennt sie,
deinen zieren Gang;
alle Abend brennt sie.
Mich vergaß sie lang.
Und sollte mir ein Leids geschehn,
wer wird bei der Laterne stehn
mit dir, Lili Marleen?

Aus dem stillen Raume,
aus der Erde Grund
hebt mich wie im Traume
dein verliebter Mund.
Wenn sich die späten Nebel drehn
werd' ich bei der Laterne stehn
wie einst, Lili Marleen.

Hans Leip

DIE MUSIK KOMMT

Klingling, bumbum und
tschingdada,
zieht im Triumph der Perserschah?
Und um die Ecke brausend bricht's
wie Tubaton des Weltgerichts,
voran der Schellenträger.

Brumbrum, das große Bombardon,
der Beckenschlag, das Helikon,
die Pikkolo, der Zinkenist,
die Türkentrommel, der Flötist,
und dann der Herre Hauptmann.

Der Hauptmann naht mit
stolzem Sinn,
die Schuppenketten unterm Kinn,
die Schärpe schnürt den schlanken Leib,
beim Zeus! das ist kein Zeitvertreib;
und dann die Herren Leutnants.

Zwei Leutnants, rosenrot und braun,
die Fahne schützen sie als Zaun,
die Fahne kommt, den Hut nimm ab,
der bleiben treu wir bis ins Grab!
Und dann die Grenadiere.

Der Grenadier im strammen Tritt,
in Schritt und Tritt und Tritt und Schritt,
das stampft und dröhnt und klappt
und flirrt,
Laternenglas und Fenster klirrt;
und dann die kleinen Mädchen.

Die Mädchen alle, Kopf an Kopf,
das Auge blau und blond der Zopf,
aus Tür und Tor und Hof
und Haus
schaut Mine, Trine, Stine aus;
vorbei ist die Musike.

Klingling, tschingtsching und Paukenkrach,
noch aus der Ferne tönt es schwach,
ganz leise bumbum bumbum tsching;
zog da ein bunter Schmetterling,
tschingtsching, bum, um die Ecke?

Detlev von Liliencron

DIE BEIDEN ZÜGE

Horch, welch ein Jubel, welch ein Glockenhall!
Die Straße braust von Menschenwogenschwall.
Das ist ein Drängen, Wimmeln und Gewühl,
begeistrungshungrig und erwartungsschwül.
Da jauchzt der Aufruhr: „Platz, der Festzug naht."
Musik bricht an. Wie ich ans Fenster trat,
sah ich beim Bannergruß und Flaggenwinken
Halbarden glänzen, Morgensterne blinken.
Von Samt und Seide lachte Farbenlust,
und frohe Andacht schwellte jede Brust.

Plötzlich durch die geputzte Sonntagswelt
ertönt ein „Halt!" Ein ferner Hornstoß gellt.
Die Menge weicht, das Lebehoch verstummt,
mit dumpfen Schlägen eine Trommel brummt.
Über die Brücke stampft, bestaubt, bepackt,
ein schweigend Bataillon in festem Takt.
Die Fahne hoch, der Oberst an der Spitze,
und aller Augen sprühen Mutesblitze.

„Im Zug zu Vieren!" herrscht Kommandoschall,
und durch die Reihen klirrt der Widerhall.
Jeder gehorchte ohne Wort und Wank,
und keiner hofft auf Beifall oder Dank.
Die Züge schwenkten links und rechter Hand –
sagt an, mit welchem zog das Vaterland?

Carl Spitteler

FIRNELICHT

Wie pocht das Herz mir in der Brust
trotz meiner jungen Wanderlust,
wann, heimgewendet, ich erschaut
die Schneegebirge, süß umblaut,
das große, stille Leuchten!

Ich atmet' eilig, wie auf Raub,
der Märkte Dunst, der Städte Staub.
Ich sah den Kampf. Was sagest du,
mein reines Firnelicht, dazu,
du großes, stilles Leuchten?

Nie prahlt' ich mit der Heimat noch
und liebe sie von Herzen doch!
In meinem Wesen und Gedicht
allüberall ist Firnelicht,
das große, stille Leuchten.

Was kann ich für die Heimat tun,
bevor ich geh' im Grabe ruhn?
Was geb' ich, das dem Tod entflieht?
Vielleicht ein Wort, vielleicht ein Lied,
ein kleines, stilles Leuchten!

Conrad Ferdinand Meyer

DAHEIM

Ein Weg durch Korn und roten Klee,
darüber der Lerche Singen,
das stille Dorf, der helle See,
süßes Wehen, frohes Klingen.

Es wogt das Korn im Sonnenbrand,
darüber die Glocken schallen.
Sei mir gegrüßt, mein deutsches Land,
du schönstes Land vor allen!

Emil Prinz zu Schönaich-Carolath

SCHWARZWALD

Seltsam schöne Hügelfluchten,
dunkle Berge, helle Matten,
rote Felsen, braune Schluchten,
überflort von Tannenschatten!

Wenn darüber eines Turmes
frommes Läuten mit dem Rauschen
Sich vermischt des Tannensturmes,
kann ich lange Stunden lauschen.

Dann ergreift wie eine Sage,
nächtlich am Kamin gelesen,
das Gedächtnis mich der Tage,
da ich hier zu Haus gewesen.

Da die Fernen edler, weicher,
da die tannenforstbekränzten
Berge seliger und reicher
mir im Knabenauge glänzten.

Hermann Hesse

HEIMKEHR

Wia staad[1] mei Roas[2] heut geht!
und siehgst koa Wölkerl net
und waaht koa Wind. –
Die Sterndln all mitnand
schaugn auf mei Hoamatland,
mein'n liabn Herzogstand,
den suach i gschwind.

Es derf aa finsta sei,
i find mi dengerscht[3] drei,
i kenn's ja guat,
weil's do mei Hoamat is,
und ebba gspürst aa gwieß
in alla Finsternis
dei Fleisch und Bluat.

[1] langsam [2] Reise [3] dennoch

Des sell geht nia verlorn,
i bi koan andra worn
draußt umanand,
und was aa kemma mecht,
obs guat geht oda schlecht,
i ghör zu dir erscht recht,
mei boarisch Land!

Max Dingler

DER REICHSTE FÜRST

Preisend mit viel schönen Reden
ihrer Länder Wert und Zahl,
saßen viele deutsche Fürsten
einst zu Worms im Kaisersaal.

„Herrlich", sprach der Fürst von Sachsen,
„ist mein Land und seine Macht,
Silber hegen seine Berge
wohl in manchem tiefen Schacht."

„Seht mein Land in üpp'ger Fülle",
sprach der Kurfürst von dem Rhein,
„goldne Saaten in den Tälern,
auf den Bergen edlen Wein!"

„Große Städte, reiche Klöster",
Ludwig, Herr zu Bayern, sprach,
„schaffen, daß mein Land dem Euren
wohl nicht steht an Schätzen nach."

Eberhard, der mit dem Barte,
Württembergs geliebter Herr,
sprach: „Mein Land hat kleine Städte,
trägt nicht Berge silberschwer;

doch ein Kleinod hält's verborgen:
Daß in Wäldern, noch so groß,
ich mein Haupt kann kühnlich legen
jedem Untertan in Schoß."

Und es rief der Herr von Sachsen,
der von Bayern, der vom Rhein:
„Graf im Bart! Ihr seid der reichste,
euer Land trägt Edelstein!"

Justinus Kerner

IM SCHWABENLAND

Und die Bäume, die sind mit Stangen gestützt,
sonst knicken sie unter der Last,
und manchem hat auch das nichts genützt,
von der Fülle brach der Ast,
und der Riß lag weißlich und ungeschützt,
an dem Saft hat der Käfer gepraßt.

Die Hänge rauchten im grauen Duft,
und der Wein stieg kletternd hinan,
bis oben, wo rauher das Strauchwerk begann,
und die Felsenkluft
sich öffnete schwarz in den Tann.

Und der Fluß floß unten und dampfte hinauf,
sein Silber war glänzend wie nie.
Wo der Berg schob vorwärts sein Knie,
da standen die Nußbäum' beinander zuhauf,
im Wind leis rühreten sie
der Blätter behaglich Geschnauf.

Auf den Höhen, da war Gemäuer und Turm,
uralt, zerbröckelnder Stein.
Und die Ebene, kochend im Sonnensturm,
trieb Feuer hinein in den Wein,
und noch im Apfel der weiße Wurm
sog die Hitze wollüstig ein.

Aus Stroh waren die Dächer, steinhart gepreßt,
ein Schafhirt schwang grüßend den Stab.
Und die Blumen wallten das Fenster herab,
herzrot, wie ein glühendes Nest,
und noch bei der Kirch' das verfallene Grab,
in der Ecke verächtlich allein,
das blühte und schwoll, als wär' es ein Fest,
in Schwaben begraben zu sein.

Georg Britting

HEIMAT

Hier kocht der Wein, hier winkt ein gutes Haus,
hier steht die Wolke silberweiß im Wind.
Der Hirte führt dich in sein Tal hinaus,
wo die Gesichte deiner Jugend sind.

Hier braust dein Quell, hier blüht dein Weizenkorn.
Der Seelenfalter wiegt sich durch die Luft,
die Au ergrünt, du schlürfst der Halde Duft,
hier stößt die Fabel in ihr goldnes Horn.

Verhalten rinnt das Harz, ein Vogel schreit,
die Stille küßt dich wie mit Sonnenmund,
von Blumenschätzen gleißt der Honiggrund,
und Dörfer kunden alte, wunderbare Zeit.

Verwunschne Burgen stehen hoch im Licht,
voll Trunkenheit, bespült von großem Blau.
Aus tiefen Fenstern neigt sich ein Gesicht,
vernarbt von Abenteuern seltsam aschengrau.

Froh rollt ein Wagen auf glückhafter Fahrt –
die grünen Berge öffnen ihre Tore weit
und atmen kühl aus Steinversunkenheit,
und Wasser schweigen, tief und traumbewahrt.

Friedrich Schnack

EIGEN LAND

Es blinkt ein Pflug im Thüringer Land,
den führt eine feste, fröhliche Hand
durch meine, meine Erde!
Und mein ist der Pflug und mein das Gespann,
die silbernen Birken, der kupferne Tann
und mein am Walde die Herde!

Was ist in der Welt ein köstlicher Ding
als dieses, das ich von den Ahnen empfing!
Ich steige im Frühdunst zu Pferde,
die Güter der Gasse schiebt fort meine Hand:
Es blinkt ein Pflug im Thüringer Land,
der geht durch meine Erde!

Börries von Münchhausen

Wo der Ostwind rauschend
über die Wälder der Oder fährt,
bin ich daheim.
Ich habe meinen Namen geschnitzt
in Stamm und Rinde,
so weiß ich, er wächst in sie hinein
und nie werde ich ganz vergessen sein
in der Fremde.

Ostländisch bin ich, das heißt
verdunkelt und einsam sein,
im Erbe des Blutes
tragen die Stimme der Ebene
und ruhelosen Wolkenzug.
Hier, wo der Vorfahr zur Rodung
die erste Saat hintrug,
hier nur bin ich geborgen.

Zwischen den weiten Wiesen
am Traumlicht der Schlehen vorüber
traurig die Schiffe hinabrinnen sehn,
funkelnd stehn im Abendschein tief im Strom
die läutenden Türme der alten Stadt
und der dunkelnde Dom
in den ruhlosen Wassern . . .

Friedrich Bischoff

DAS FERNE GRAB

Die Wandervögel ziehen –
daß ich nicht Flügel hab' !
Noch einmal wollt ich knieen
an meiner Mutter fernem Grab.

Noch einmal Blumen tragen
auf das verlassne Hügelbeet,
mit bangen Augen fragen,
ob auch das Kreuz darauf noch steht?

Das Haus ist wohl verschwunden,
darin sie einst so mild gebot –
ob es noch Trümmer kunden?
Oder sind auch die Trümmer tot?

Ging alles ganz zugrunde,
was sie geliebt an diesem Ort?
Hör' ich in weiter Runde
wohl noch ein einz'ges deutsches Wort?

Am Friedhoftore schlingen
die fremden Kinder Ringelreihn,
der Sprache dunkles Klingen
geht mir so feindlich ein.

Ich könnt' sie alle hassen:
Wie brächten sie der Mutter Leid!
Und doch, sie würd' umfassen
auch diese noch mit Gütigkeit.

O könnt' ich einmal weinen
bei ihr um dies verlorne Land,
die heiße Hand vereinen
mit ihrer stillen, sanften Hand,

in ihre Liebe betten,
was mich so zornig überfällt,
und ihr ans Herze retten
die ganze mutterlose Welt.

Gertrud von le Fort

HEIMWEH

Ich hörte heute morgen
am Klippenhang die Stare schon.
Sie sangen wie daheim –
und doch war es ein andrer Ton.

Und blaue Veilchen blühten
auf allen Hügeln bis zur See,
in meiner Heimat Feldern
liegt in den Furchen noch der Schnee.

In meiner Stadt im Norden
stehn sieben Brücken, grau und greis,
an ihre morschen Pfähle
treibt dumpf und schütternd jetzt das Eis.

Und über grauen Wolken
es fein und engelslieblich klingt, –
und meiner Heimat Kinder
verstehen, was die erste Lerche singt.

Agnes Miegel

ABSEITS

Es ist so still, die Heide liegt
im warmen Mittagssonnenstrahle,
ein rosenroter Schimmer fliegt
um ihre alten Gräbermale;
die Kräuter blühn; der Heideduft
steigt in die blaue Sommerluft.

Laufkäfer hasten durchs Gesträuch
in ihren goldnen Panzerröckchen,
die Bienen hängen Zweig um Zweig
sich an der Edelheide Glöckchen,
die Vögel schwirren aus dem Kraut –
die Luft ist voller Lerchenlaut.

Ein halbverfallen niedrig Haus
steht einsam hier und sonnbeschienen;
der Kätner lehnt zur Tür hinaus,
behaglich blinzelnd nach den Bienen;
sein Junge auf dem Stein davor
schnitzt Pfeifen sich aus Kälberrohr.

Kaum zittert durch die Mittagsruh
ein Schlag der Dorfuhr, der entfernten;
dem Alten fällt die Wimper zu,
er träumt von seinen Honigernten.
– Kein Klang der aufgeregten Zeit
drang noch in diese Einsamkeit.

Theodor Storm

DIE STADT

Am grauen Strand, am grauen Meer
und seitab liegt die Stadt;
der Nebel drückt die Dächer schwer,
und durch die Stille braust das Meer
eintönig um die Stadt.

Es rauscht kein Wald, es schlägt im Mai
kein Vogel ohn' Unterlaß;
die Wandergans mit hartem Schrei
nur fliegt in Herbstesnacht vorbei,
am Strande weht das Gras.

Doch hängt mein ganzes Herz an dir,
du graue Stadt am Meer;
der Jugend Zauber für und für
ruht lächelnd doch auf dir, auf dir,
du graue Stadt am Meer.

• *Theodor Storm*

Roland der Ries', am Rathaus zu Bremen
steht er im Standbild, standhaft und wacht.

Roland der Ries' am Rathaus zu Bremen,
Kämpfer einst Kaiser Karls in der Schlacht.

Roland der Ries' am Rathaus zu Bremen,
männlich die Mark einst hütend mit Macht.

Roland der Ries', am Rathaus zu Bremen
lehnet an langer Lanz' er und lacht.

Roland der Ries', am Rathaus zu Bremen
wieder wie weiland wacht er und wacht.

Friedrich Rückert

In Nord und Süd
de Welt is wit.
In Ost und West
dat Hus is't best.

Grön is dat Land,
rood is de Kant,
witt is de Sand;
dat is de Flagg vun't hillige Land.[1]

[1] Helgoland

MEI FRANKFORT

Es is kää Stadt uff der weite Welt,
die so mer wie mei Frankfort gefällt,
un es will mer net in mei Kopp enei:
Wie kann nor e Mensch net von Frankfort sei!
Un wär'sch e Engel un Sonnekalb,
e Fremder is immer von außerhalb!
Der beste Mensch is es Ärgernis,
wann er net ääch von Frankfort is.

Adolf Stoltze

FAHRT AUF DEM RHEIN

Wer will mit uns treiben
auf singenden Wellen,
wer will sich verschreiben
dem strudelnden, hellen
Herzen des Rheins?

Wir kommen, zu loben
die Ufer, die bunten,
die Heiligen droben,
die Irdischen drunten,
all Kinder des Rheins.

Von Burg und Kapelle
soll Antwort uns schallen:
Das Kreuz in der Zelle,
der Wein in den Hallen
zum Gruße geeint.

Wer will mit uns treiben
auf singenden Wellen,
wer will sich verschreiben
dem strudelnden, hellen
Herzen des Rheins?

Stefan Andres

WARNUNG VOR DEM RHEIN

An den Rhein, an den Rhein, zieh nicht an den Rhein,
mein Sohn, ich rate dir gut:
da geht dir das Leben zu lieblich ein;
da blüht dir zu freudig der Mut!

Siehst die Mädchen so frank und die Männer so frei,
als wär' es ein adlig Geschlecht,
gleich bist du mit glühender Seele dabei:
So dünkt es dich billig und recht.

Und im Strome, da taucht die Nix aus dem Grund,
und hast du ihr Lächeln gesehn,
und sang dir die Lurlei mit bleichem Mund,
mein Sohn, so ist es geschehn:

Dich bezaubert der Laut, dich betört der Schein,
Entzücken faßt dich und Graus;
nun singst du nur immer: Am Rhein, am Rhein!
und kehrst nicht wieder nach Haus.

Karl Simrock

's Gmiatlichsei' ond 's Luschtichsei'
des steckt o's schao em Bluat,
wenn d'Kirbe[1] ischt, wenn d'Kirbe ischt,
no lupft[2] dr Schwob da Huat!

Mit vierzg Johr wearnd miar Schwoba gscheit,
des woiß a jedes Kend;
de andre dia send ibel dra',
dia bleibet, wia se send!

[1] Kirchweih [2] lüftet

DIE DOPPELSTADT

Eilberpfeil[1] es schöan on propper,
rengseröm sond Bösch on Böam.
Speegelkloar wöar ok de Wopper,
wenn se nit van – Barmen köam.

[1] Elberfeld

MIR IN SACHSEN

Redt ihr nur andersch anderwärts,
mir reden säksch in Sachsen;
uns is der Schnawel gleich wie's Herz
a bißchen weech gewachsen

Edwin Bormann

Lande hab ich viel gesehen,
gern der Besten achtend allerwärts;
übel soll es mir ergehen,
käme jemals noch dahin mein Herz,
daß ihm wohlgefallen
könnte fremde Sitte.
Nun, was hülf' es mir, wenn ich für Falsches stritte?
Deutsche Zucht steht über allem.

Von der Elbe bis zum Rheine
und hinwieder bis zum Ungarland
mögen wohl die Besten sein,
die ich auf weiter Erde fand.
Weiß ich recht zu schauen
Schönheit, Zucht und Ehr',
nun, bei Gott, so schwör' ich, anders nimmermehr
finden sich so holde Frauen.

Deutsche Männer, die sind wohlgezogen
und wie Engel sind die Frauen schön.
Wer sie tadelt, ist betrogen,
anders kann ich's wahrlich nicht verstehn.
Zucht und reine Minne,
wer die suchen will,
komm' in unser Land! Da blüht der Wonne viel.
Lebt' ich lange noch darinne!

nach Walther von der Vogelweide

TIROL

Herr Walther reitet durch das Land
wohl unterm blauen Himmel,
der Frühling führt am weißen Band
behutsam seinen Schimmel.

Ein Silberglöcklein heimlich klingt
und läutet wo im Winde,
die Amsel ohne Ende singt
aus einer hohen Linde.

Herr Walther von der Vogelweid,
es singen deine Weisen
im Wald und auf der grünen Heid
die Finken und die Meisen.

Wo in Tirol ein Bäumlein blüht
und zwei sich drunter lieben,
da steht von deiner Hand ein Lied
ins Himmelsblau geschrieben.

Das wird in jedem Jahr so sein,
wenn's silberhell erklungen,
dann lächeln still in sich hinein
die Alten und die Jungen:

„Herr Walther reitet durch das Land,
der Lenz führt seinen Schimmel.
Vergiß nicht dein Tiroler Land,
Gottvater droben im Himmel."

Georg Schmückle

ÖSTERREICHISCHES LIED

Wo sich der ewige Schnee
spiegelt im Alpensee,
Sturzbach am Fels zerstäubt,
eingedämmt Werke treibt,

wo in der Berge Herz
dämmert das Eisenerz,
Hammer Gestein zerstampft,
zischend die Schmelzglut dampft,

wo durch der Ebene Gold
silbern der Strom hinrollt,
Ufer von Früchten schwillt,
hügelan Rebe quillt,

Pflügerschweiß, Städtefleiß
hat da die rechte Weis',
was auch Geschick beschied,
immer noch blüht ein Lied.

Österreich heißt das Land!
Da er's mit gnädiger Hand
schuf, und so reichbegabt,
Gott hat es liebgehabt!

Anton Wildgans

EIN FREUND GING NACH AMERIKA

Ein Freund ging nach Amerika
und schrieb mir vor einigen Lenzen:
Schicke mir Rosen aus Steiermark,
ich hab' eine Braut zu bekränzen!

Und als vergangen war ein Jahr,
da kam ein Brieflein gelaufen:
Schicke mir Wasser aus Steiermark,
ich hab' ein Kindlein zu taufen!

Und wieder ein Jahr, da wollte der Freund,
ach, noch was anderes haben:
Schicke mir Erde aus Steiermark,
muß Weib und Kind begraben!

Und so ersehnte der arme Mann
auf fernsten, fremden Wegen
für höchste Freud, für tiefstes Leid
des Heimatlandes Segen!

Peter Rosegger

DER KRIEGSGEFANGENE

Deutsche Heimat, deine Lande
nur noch einmal frei der Bande
mit versehntem Aug' zu grüßen
und auf wandermüden Füßen
deine Erde zu betreten,
ist mein Beten.

Nur noch einmal deine Felder,
deine dunkeldichten Wälder,
wo auf grünen Kiefernzweigen
sprießend helle Kerzen steigen,
deine Wälder zu betreten,
ist mein Beten.

Nur noch einmal deine Heiden,
deine Blumenhügelweiden,
die in roten Lichtern glänzen,
buntgeschmückt von Blütenkränzen,
deine Heiden zu betreten,
ist mein Beten . . .

Edwin Erich Dwinger

HEIMAT

Ich hab' es lange nicht gewußt,
was Heimat sei und Vaterland.
Sprach's einer mit durchglühter Brust,
winkt' ich nur spöttisch mit der Hand.
Von meiner Tage Not gewürgt,
sprach ich mit haßverzerrtem Mund:
Nicht einmal hat für mich gebürgt
der Heimat hochgepriesner Grund.

Hab' keinen Acker, und mein Feld
ist einer Kammer Dielenholz,
mir wuchs aus keiner eignen Welt
der Scholle harter Bauernstolz.
Wenn ich im Sonntagsfrieden ging
ins wälderfrohe Land hinein,
mein Herz ein böses Weh empfing
durch das Gefühl: es ist nicht dein.

Da kam des Krieges rote Flut –
ich hörte, wie die Erde schrie:
„Du bist mein Fleisch, du bist mein Blut!
Steh auf, steh auf und banne sie!"
Ein Rauschen sprang in meiner Brust
empor und wurde wilder Brand. –
Auf einmal ward es mir bewußt,
was Heimat heißt und Vaterland.

Alfons Petzold

BUCH DES KAMPFES

PROMETHEUS

Bedecke deinen Himmel, Zeus,
mit Wolkendunst
und übe, dem Knaben gleich,
der Disteln köpft,
an Eichen dich und Bergeshöhn!
Mußt mir meine Erde
doch lassen stehn
und meine Hütte, die du nicht gebaut,
und meinen Herd,
um dessen Glut
du mich beneidest.

Ich kenne nichts Ärmeres
unter der Sonn' als euch, Götter!
Ihr nähret kümmerlich
von Opfersteuern
und Gebetshauch
eure Majestät
und darbtet, wären
nicht Kinder und Bettler
hoffnungsvolle Toren.

Da ich ein Kind war,
nicht wußte, wo aus noch ein,
kehrt' ich mein verirrtes Auge
zur Sonne, als wenn drüber wär'
ein Ohr, zu hören meine Klage,
ein Herz, wie meins,
sich des Bedrängten zu erbarmen.

Wer half mir
wider der Titanen Übermut?
Wer rettete vom Tode mich,
von Sklaverei?
Hast du nicht alles selbst vollendet,
heilig glühend Herz?

Und glühtest jung und gut,
betrogen, Rettungsdank
dem Schlafenden da droben?

Ich dich ehren? Wofür?
Hast du die Schmerzen gelindert
je des Beladenen?
Hast du die Tränen gestillet
je des Geängsteten?
Hat nicht mich zum Manne geschmiedet
die allmächtige Zeit
und das ewige Schicksal,
meine Herrn und deine?

Wähntest du etwa,
ich sollte das Leben hassen,
in Wüsten fliehen,
weil nicht alle
Blütenträume reiften?

Hier sitz' ich, forme Menschen
nach meinem Bilde,
ein Geschlecht, das mir gleich sei,
zu leiden, zu weinen,
zu genießen und zu freuen sich,
und dein nicht zu achten,
wie ich!

• *Goethe*

Unergründlicher Schmerz!
Knirscht' ich in vorigen Stunden.
Jetzt, mit noch blutenden Wunden,
segnet und preist dich mein Herz.

Nun ein heiliger Krieg!
Höchste und tiefste Gewalten
drängen in allen Gestalten!
Trotze, so bleibt dir der Sieg.

Alles Leben ist Raub;
Funken, die Sonnen entstammen,
lodern, das All zu durchflammen,
da verschluckt sie der Staub.

Tatst du in Qual und in Angst
erst genug für dein Leben,
werden sie selbst dich erheben,
wie du es hoffst und verlangst.

Greife ins All nun hinein!
Wie du gekämpft und geduldet,
sind dir die Götter verschuldet,
nimm dir, denn alles ist dein!

Nun versagen sie nichts
als den letzten der Sterne,
der dich in dämmernder Ferne
knüpft an den Urquell des Lichts.

Ihm entlocke den Blitz,
der dich, dein Ird'sches verzehrend
und dich mit Feuer verklärend,
löst für den ewigen Sitz!

Friedrich Hebbel

EINLASS

Huri:
Heute steh' ich meine Wache
vor des Paradieses Tor,
weiß nicht grade, wie ich's mache,
kommst mir so verdächtig vor!

Ob du unsern Mosleminen
auch recht eigentlich verwandt?
Ob dein Kämpfen, dein Verdienen
dich ans Paradies gesandt?

Zählst du dich zu jenen Helden?
Zeige deine Wunden an,
die mir Rühmliches vermelden,
und ich führe dich heran.

Dichter:
Nicht so vieles Federlesen!
Laß mich immer nur herein:
Denn ich bin ein Mensch gewesen
und das heißt ein Kämpfer sein.

Schärfe deine kräft'gen Blicke!
Hier – durchschaue diese Brust,
sieh der Lebenswunden Tücke,
sieh der Liebeswunden Lust!

Und doch sang ich gläub'ger Weise:
Daß mir die Geliebte treu,
daß die Welt, wie sie auch kreise,
liebevoll und dankbar sei.

Mit den Trefflichsten zusammen
wirkt' ich, bis ich mir erlangt,
daß mein Nam' in Liebesflammen
von den schönsten Herzen prangt.

Nein! du wählst nicht den Geringern!
Gib die Hand, daß Tag für Tag
ich an deinen zarten Fingern
Ewigkeiten zählen mag.

• *Goethe*

BEHERZIGUNG

Feiger Gedanken
bängliches Schwanken,
weibisches Zagen,
ängstliches Klagen
wendet kein Elend,
macht dich nicht frei.

Allen Gewalten
zum Trutz sich erhalten,
nimmer sich beugen,
kräftig sich zeigen
rufet die Arme
der Götter herbei.

Goethe

AN WILHELMINE

Nicht aus des Herzens bloßem Wunsche keimt
des Glückes schöne Götterpflanze auf.
Der Mensch soll mit der Mühe Pflugschar sich
des Schicksals harten Boden öffnen, soll
des Glückes Erntetag sich selbst bereiten
und Taten in die offnen Furchen streun.

Er soll mit Etwas den Genuß erkaufen,
wär's auch mit des Genusses Sehnsucht nur.

Nicht zu dem Schiffer schwimmet aus der Ferne
des Indiers goldner Überfluß heran,
er muß auf ungewissen Brettern sich
dem trügerischen Meere anvertraun.
Er muß der Sandbank hohe Fläche meiden,
der Klippe spitzgeschliffnen Dolch umgehn,
sich mühsam durch der Meere Strudel winden,
mit Stürmen kämpfen, sich mit Wogen schlagen,
bis ihn der Küste sichrer Port empfängt.

Auch zu der Liebe schwimmt nicht stets das Glück,
wie zu dem Kaufmann nicht der Indus schwimmt.
Sie muß sich ruhig, in des Lebens Schiff,
des Schicksals wildem Meere anvertraun,
dem Wind des Zufalls seine Segel öffnen,
es an der Hoffnung Steuerruder lenken,
und, stürmt es, vor der Treue Anker gehn.
Sie muß des Wankelmutes Sandbank meiden,
geschickt des Mißtrauns spitzen Fels umgehn,
und mit des Schicksals wilden Wogen kämpfen,
bis in des Glückes sichern Port sie läuft.

Heinrich von Kleist

ZURUF

Alles kann sich umgestalten!
Mag das dunkle Schicksal walten.
Mutig! auf der steilsten Bahn;
trau dem Glücke! trau den Göttern!
Steig, trotz Wogendrang und Wettern,
kühn, wie Cäsar, in den Kahn.

Laß den Schwächling angstvoll zagen!
Wer um Hohes kämpft, muß wagen,
Leben gelt' es oder Tod.
Laß die Woge donnernd branden!
Nur bleib immer, magst du landen
oder scheitern, selbst Pilot!

Friedrich von Matthisson

RITTER, TOD UND TEUFEL

Weil etwas kahl mein Kämmerlein ich fand,
sprach ich zum Pfarrer: Ziere mir die Wand!

– „Da meine Brief' und Helgen! Hutten, schaut,
was Euch belustigt oder auferbaut!

Ergötzt Euch ‚Ritter Tod und Teufel' hier?
Nehmt hin das Blatt! Der Ritter, Herr, seid Ihr."

Das sagst du, Pfarrer, gut. Ich häng' es auf
und nagl' es an mit meines Schwertes Knauf.

Dem garst'gen Paar, davor den Memmen graut,
hab' immerdar ich fest ins Aug geschaut.

Mit diesen beiden starken Knappen reit'
ich auf des Lebens Straßen allezeit,

bis ich den einen zwing' mit tapferm Sinn
und von dem andern selbst bezwungen bin.

• *Conrad Ferdinand Meyer*

Gut verloren – etwas verloren!
Mußt rasch dich besinnen
und neues gewinnen.
Ehre verloren – viel verloren!
Mußt Ruhm gewinnen,
da werden die Leute sich anders besinnen.
Mut verloren – alles verloren!
Da wär' es besser: nicht geboren.

Goethe

Wer Gott vertraut,
frisch um sich haut,
der wird wohl hier auf Erden
niemals zuschanden werden.

Friedrich Carl Prinz von Preußen

Was verkürzt mir die Zeit?
Tätigkeit!
Was macht sie unerträglich lang?
Müßiggang!
Was bringt in Schulden?
Harren und dulden!
Was macht gewinnen?
Nicht lange besinnen!
Was bringt zu Ehren?
Sich wehren!

Goethe

Läßt sich nicht vermeiden der Strauß,
so fasse kühn das Schwert am Hefte!
Im Angriff wachsen dir die Kräfte,
dem feigen Zaudrer gehn sie aus.

Emanuel Geibel

GEBET

Herr, laß mich hungern dann und wann,
satt sein macht stumpf und träge,
und schick mir Feinde, Mann um Mann,
Kampf hält die Kräfte rege.

Gib leichten Fuß zu Spiel und Tanz,
Flugkraft in goldne Ferne,
und häng den Kranz, den vollen Kranz,
mir höher in die Sterne.

Gustav Falke

ERMUNTERUNG

Fort mit deinem alten Laster!
Allen Mißmut ausgefegt!
Für die Wunden, die es schlägt,
reicht das Leben auch das Pflaster.

Riß der Strom hinweg die Brücke,
mutig in den Kahn hinein!
Nahm die Kugel dir ein Bein,
greife rüstig nach der Krücke!

David Friedrich Strauss

Schlage die Trommel und fürchte dich nicht,
und küsse die Marketenderin!
Das ist die ganze Wissenschaft,
das ist der Bücher tiefster Sinn.

Trommle die Leute aus dem Schlaf,
trommle Reveille mit Jugendkraft,
marschiere trommelnd immer voran,
das ist die ganze Wissenschaft.

Das ist die Hegelsche Philosophie,
das ist der Bücher tiefster Sinn.
Ich hab' sie begriffen, weil ich gescheit,
und weil ich ein guter Tambour bin.

Heinrich Heine

DAS NATURGESETZ

So war's immer, mein Freund, und so wird's bleiben: die Ohnmacht
hat die Regel für sich, aber die Kraft den Erfolg.

Schiller

Schnell fertig ist die Jugend mit dem Wort,
das schwer sich handhabt wie des Messers Schneide;
aus ihrem heißen Kopfe nimmt sie keck
der Dinge Maß, die nur sich selber richten.
Gleich heißt ihr alles schändlich oder würdig,
bös oder gut – und was die Einbildung
phantastisch schleppt in diesen dunkeln Namen,
das bürdet sie den Sachen auf und Wesen.
Eng ist die Welt, und das Gehirn ist weit.
Leicht bei einander wohnen die Gedanken,
doch hart im Raume stoßen sich die Sachen;
wo eines Platz nimmt, muß das andere rücken,
wer nicht vertrieben sein will, muß vertreiben;
da herrscht der Streit, und nur die Stärke siegt.
Ja, wer durchs Leben gehet ohne Wunsch,
sich jeden Zweck versagen kann, der wohnt
im leichten Feuer mit dem Salamander
und hält sich rein im reinen Element.

Mich schuf aus gröberm Stoffe die Natur,
und zu der Erde zieht mich die Begierde.
Dem bösen Geist gehört die Erde, nicht
dem guten. Was die Göttlichen uns senden
von oben, sind nur allgemeine Güter;
ihr Licht erfreut, doch macht es keinen reich;
in ihrem Staat erringt sich kein Besitz.
Den Edelstein, das allgeschätzte Gold
muß man den falschen Mächten abgewinnen,
die unterm Tage schlimmgeartet hausen.
Nicht ohne Opfer macht man sie geneigt,
und keiner lebet, der aus ihrem Dienst
die Seele hätte rein zurückgezogen.

Schiller

DAS HERZ VON DOUGLAS

„Graf Douglas, presse den Helm ins Haar,
gürt um dein lichtblau Schwert,
schnall an dein schärfstes Sporenpaar
und sattle dein schnellstes Pferd!

Der Totenwurm pickt in Scones Saal,
ganz Schottland hört ihn hämmern,
König Robert liegt in Todesqual,
sieht nimmer den Morgen dämmern!" –

Sie ritten vierzig Meilen fast
und sprachen Worte nicht vier,
und als sie kamen vor Königs Palast,
da blutete Sporn und Tier.

König Robert lag im Norderturn,
sein Auge begann zu zittern:
„Ich höre das Schwert von Bannockburn
auf der Treppe rasseln und schüttern! –

Ha! Gottwillkomm, mein tapfrer Lord!
Es geht mit mir zu End',
und du sollst hören mein letztes Wort
und schreiben mein Testament:

Es war am Tag von Bannockburn,
da aufging Schottlands Stern,
es war am Tag von Bannockburn,
da schwur ich's Gott dem Herrn:

Ich schwur, wenn der Sieg mir sei verliehn
und fest mein Diadem,
mit tausend Lanzen wollt' ich ziehn
hin gen Jerusalem.

Der Schwur wird falsch, mein Herz steht still,
es brach in Müh' und Streit,
es hat, wer Schottland bändigen will,
zum Pilgern wenig Zeit.

Du aber, wenn mein Wort verhallt
und aus ist Stolz und Schmerz,
sollst schneiden aus meiner Brust alsbald
mein schlachtenmüdes Herz.

Du sollst es hüllen in roten Samt
und schließen in gelbes Gold,
und es sei, wenn gelesen mein Totenamt,
im Banner das Kreuz entrollt.

Und nehmen sollst du tausend Pferd'
und tausend Helden frei
und geleiten mein Herz in des Heilands Erd',
damit es ruhig sei!"

„Nun vorwärts, Angus und Lothian,
laßt flattern den Busch vom Haupt,
der Douglas hat des Königs Herz,
wer ist es, der's ihm raubt?

Mit den Schwertern schneidet die Taue ab,
alle Segel in die Höh!
Der König fährt in das schwarze Grab,
und wir in die schwarzblaue See!"

Sie fuhren Tage neunzig und neun,
gen Ost war der Wind gewandt,

und bei dem hundertsten Morgenschein,
da stießen sie an das Land.

Sie ritten über die Wüste gelb,
wie im Tale blitzt der Fluß;
die Sonne stach durchs Helmsgewölb
als wie ein Bogenschuß.

Und die Wüste war still, und kein Lufthauch blies,
und schlaff hing Schärpe und Fahn';
da flog in Wolken der stäubende Kies,
draus flimmernde Spitzen sahn.

Und die Wüste ward voll, und die Luft erscholl,
und es hob sich Wolk' an Wolk'.
Aus jeder berstenden Wolke quoll
speerwerfendes Reitervolk.

Zehntausend Lanzen funkelten rechts,
zehntausend schimmerten links,
„Allah, il Allah!", scholl es rechts,
„Il Allah!", scholl es links. –

Der Douglas zog die Zügel an,
und still stand Herr und Knecht:
„Beim heiligen Kreuz und St. Alban,
das gibt ein grimmig Gefecht!"

Eine Kette von Gold um den Hals ihm hing,
dreimal um ging sie rund,
eine Kapsel an der Kette hing,
die zog er an den Mund:

„Du bist mir immer gegangen voran,
o Herz! bei Tag und Nacht,
drum sollst du auch heut, wie du stets getan,
vorangehn in die Schlacht.

Und verlasse der Herr mich drüben nicht,
wie ich hier dir treu verblieb,
und gönne mir noch auf das Heidengezücht
einen christlichen Schwerteshieb."

Er warf den Schild auf die linke Seit
und band den Helm herauf,
und als zum Würgen er saß bereit,
in den Bügeln stand er auf:

„Wer dies Geschmeid mir wieder schafft,
des Tages Ruhm sei sein!"
Da warf er das Herz mit aller Kraft
in die Feinde mitten hinein.

Sie schlugen das Kreuz mit dem linken Daum,
die Rechte den Schaft legt' ein,
die Schilde zurück und los den Zaum!
Und sie ritten drauf und drein –

Und es war ein Stoß, und es war eine Flucht
und rasender Tod rundum,
und die Sonne versank in die Meeresbucht,
und die Wüste war wieder stumm.

Und der Stolz des Ostens, er lag gefällt
im meilenweiten Kreis,
und der Sand ward rot auf dem Leichenfeld,
der nie mehr wurde weiß.

Von den Heiden allen, durch Gottes Huld
entrann nicht Mann, noch Pferd,
kurz ist die schottische Geduld
und lang ein schottisch Schwert!

Doch wo am dicksten ringsumher
die Feinde lagen im Sand,
da hatte ein falscher Heidenspeer
dem Grafen das Herz durchrannt.

Und er schlief mit klaffendem Kettenhemd,
längst aus war Stolz und Schmerz,
doch unter dem Schilde festgeklemmt
lag König Roberts Herz.

Moritz von Strachwitz

DER RITT IN DEN TOD

„Greif aus, du mein junges, mein feuriges Tier,
noch einmal verwachs' ich zentaurisch mit dir!

Umschmettert mich, Tuben! Erhebet den Ton!
Den Latiner besiegte des Manlius Sohn!

Voran die Trophän! Der latinische Speer!
Der eroberte Helm! Die erbeutete Wehr!

Duell ist bei Strafe des Beiles verpönt . . .
doch er liegt, der die römische Wölfin gehöhnt!

Liktoren, erfüllet des Vaters Gebot!
Ich besitze den Kranz und verdiene den Tod –

Bevor es sich rollend im Sande bestaubt,
erheb' ich in ewigem Jubel das Haupt!"

• *Conrad Ferdinand Meyer*

EIN WANDERER

Und ob du tausendmal mich kränkst,
o Welt voll Schmerz, voll Süßigkeit,
und mich in ferne Irre lenkst,
seitab vom Glück so weit, so weit –
doch will ich dir gehören,
dir treue Liebe schwören,
für Lust und Schmerzen gleich bereit.

Dank dir für jedes Leid, o Welt,
dank dir für jede Freud' und Lust!
Für jeden Wunsch, der mir zerschellt,
für jedes Beben dieser Brust!
Bis meine Lippen schweigen,
bleib' ich getreu dein eigen,
denn mir im Innern rufts: du mußt!

Jacob Burckhardt

REITERLIED

Wohlauf, Kameraden, aufs Pferd, aufs Pferd!
Ins Feld, in die Freiheit gezogen!
Im Felde, da ist der Mann noch was wert,
da wird das Herz noch gewogen,
da tritt kein anderer für ihn ein,
auf sich selber steht er da ganz allein.

Aus der Welt die Freiheit verschwunden ist,
man sieht nur Herren und Knechte,
die Falschheit herrschet, die Hinterlist
bei dem feigen Menschengeschlechte.
Der dem Tod ins Angesicht schauen kann,
der Soldat allein ist der freie Mann.

Des Lebens Ängsten, er wirft sie weg,
hat nicht mehr zu fürchten, zu sorgen,
er reitet dem Schicksal entgegen keck,
trifft's heute nicht, trifft es doch morgen.
Und trifft es morgen, so lasset uns heut
noch schlürfen die Neige der köstlichen Zeit.

Warum weint die Dirn und zergrämet sich schier?
Laß fahren dahin, laß fahren!
Er hat auf Erden kein bleibend Quartier,
kann treue Lieb' nicht bewahren.
Das rasche Schicksal, es treibt ihn fort,
seine Ruh läßt er an keinem Ort.

Drum frisch, Kameraden, den Rappen gezäumt,
die Brust im Gefechte gelüftet!
Die Jugend brauset, das Leben schäumt,
frisch auf, eh' der Geist noch verdüftet!
Und setzet ihr nicht das Leben ein,
nie wird euch das Leben gewonnen sein.

Schiller

REITERS MORGENGESANG

Morgenrot,
leuchtest mir zum frühen Tod?
Bald wird die Trompete blasen,
dann muß ich mein Leben lassen,
ich und mancher Kamerad.

Kaum gedacht,
war der Lust ein End gemacht!
Gestern noch auf stolzen Rossen,
heute durch die Brust geschossen,
morgen in das kühle Grab.

Ach, wie bald
schwindet Schönheit und Gestalt!
Tust du stolz mit deinen Wangen,
die mit Milch und Purpur prangen?
Ach, die Rosen welken all!

Darum still
füg' ich mich, wie Gott es will.
Nun, so will ich wacker streiten
und sollt' ich den Tod erleiden,
stirbt ein braver Reitersmann.

Wilhelm Hauff

Kein schönrer Tod ist in der Welt,
als wer vorm Feind erschlagen
auf grüner Heid, im breiten Feld
darf nicht hörn groß Wehklagen,

im engen Bett nur einer allein
muß an den Todesreihen,
hier findet er Gesellschaft fein,
falln wie die Kräuter im Maien.

Manch frommer Held mit Freudigkeit
hat zugesetzt Leib und Blute,
starb sel'gen Tod auf grüner Heid
dem Vaterland zugute.

Kein schönrer Tod ist in der Welt,
als wer vorm Feind erschlagen
auf grüner Heid, im freien Feld
darf nicht hörn groß Wehklagen.

REITERLIED

Die bange Nacht ist nun herum,
wir reiten still, wir reiten stumm
und reiten ins Verderben.
Wie weht so scharf der Morgenwind!
Frau Wirtin, noch ein Glas geschwind
vorm Sterben, vorm Sterben.

Du junges Gras, was stehst so grün?
Mußt bald wie lauter Röslein blühn;
mein Blut ja soll dich färben.
Den ersten Schluck, ans Schwert die Hand,
den trink' ich, für das Vaterland
zu sterben, zu sterben.

Und schnell den zweiten hinterdrein,
und der soll für die Freiheit sein,
der zweite Schluck vom Herben! [gleich?
Dies Restchen – nun, wem bring' ich's
dies Restchen dir, o Römisch Reich,
zum Sterben, zum Sterben!

Dem Liebchen – doch das Glas ist leer,
die Kugel saust, es blitzt der Speer;
bringt meinem Kind die Scherben!
Auf! in den Feind wie Wetterschlag!
O Reiterlust, am frühen Tag
zu sterben, zu sterben!

Georg Herwegh

SOLDATEN-MORGENLIED

Erhebt euch von der Erde,
ihr Schläfer aus der Ruh!
Schon wiehern uns die Pferde
den guten Morgen zu.
Die lieben Waffen glänzen
so hell im Morgenrot,
man träumt von Siegeskränzen,
man denkt auch an den Tod.

Du reicher Gott, in Gnaden
schau her vom blauen Zelt!
Du selbst hast uns geladen
in dieses Waffenfeld.
Laß uns vor dir bestehen
und gib uns heute Sieg;
die Christenbanner wehen,
dein ist, o Herr, der Krieg.

Ein Morgen soll noch kommen,
ein Morgen mild und klar;
sein harren alle Frommen,
ihn schaut der Engel Schar.
Bald scheint er sonder Hülle
auf jeden deutschen Mann;
o brich, du Tag der Fülle,
du Freiheitstag, brich an!

Dann Klang von allen Türmen
und Klang aus jeder Brust
und Ruhe nach den Stürmen
und Lieb' und Lebenslust!

Es schallt auf allen Wegen
dann frohes Siegsgeschrei –
und wir, ihr wackern Degen,
wir waren auch dabei!

Max von Schenkendorf

DER GRENZLAUF

Es hatten die von Uri und die von Glarus Streit.
Sie taten der Grenze willen einander Schmach und Leid.
Eins mähte des andern Wiese, eins haschte des andern Kuh.
Es schauten die Guten im Lande dem Hader mit Unmut zu.

Sie sprachen: „Es laufe von Altdorf, es laufe von Glarus ein Mann;
wo sie einander begegnen, da sei die Grenze fortan!
Wenn Tag und Nacht sich gleichen, beim ersten Hahnenschrei,
da sollen die beiden laufen, daß Recht und Friede sei!"

Nun hielten heimlich die Urner den magersten Gockel bereit.
Sie ließen ihn fasten und darben und dachten: Wer hungert, der schreit!
Es haben derweilen die Glarner den üppigsten Hahn sich erspäht.
Sie mästeten ihn und meinten: Wem's allzuwohl ist, der kräht!

Die Urner waren die Schlauen: Im Traum schon krähte der Hahn.
Ihr Bote sprang wie die Gemse dahin die steigende Bahn.
Schon glühten breiter die Gipfel in flammender Morgenfrüh',
da gähnte der Glarner Gockel ein faules „Kükerüküh!".

Nun schwang der Glarner die Fersen als wie ein fliehendes Wild;
er flog wie ein Adler der Berge hinan über Fels und Gefild.
Schon sieht er den andern kommen, da wird er zum schwirrenden Pfeil,
ihm braust's in den Ohren, es hämmert sein Herz in bebender Eil'.

Doch weh, schon hatte der andre des Vorteils gar zu viel!
Schon hatte der Urner den Seinen erjagt ein köstlich Ziel.
Da bat ihn der Glarner mit Tränen: „Daß Gott dein Herz erbarm'!
Gönn uns noch diese Weide! mein Land und Volk ist arm."

Mit Lachen rief der Sieger: „Es werde, wie du sagst,
wenn du mich auf den Schultern hinübertragen magst!"

Da lud der wackre Glarner sich auf den starken Mann
und schritt mit bebenden Knien den grünen Hang hinan.

Er klimmt hinan mit Zittern; ihm schwindelt und ihm graust,
er krallt in Gras und Felsen sich fest mit blutender Faust,
er beißt die Lippen blutig, daß er nicht ächzen will,
dann bricht er stumm zusammen und ist auf ewig still. –

Es stiegen aus beiden Landen zum Schiedspruch die Männer herauf.
Es hoben mit leuchtenden Augen die Glarner den Toten auf.
Es schritten die Sieger von Uri gar langsam und stille hindann,
sie hatten die Wiese gar gerne. Sie hätten lieber den Mann.

Otto Ernst

JOHANNA SEBUS

Der Damm zerreißt, das Feld erbraust,
die Fluten spülen, die Fläche saust.
„Ich trage dich, Mutter, durch die Flut,
noch reicht sie nicht hoch, ich wate gut.“ –
„Auch uns bedenke, bedrängt wie wir sind,
die Hausgenossin: drei arme Kind!
Die schwache Frau! . . . Du gehst davon!“ –
Sie trägt die Mutter durchs Wasser schon.
„Zum Bühle, da rettet euch! harret derweil;
gleich kehr' ich zurück, uns allen ist Heil.
Zum Bühl ist's noch trocken und wenige Schritt;
doch nehmt auch mir meine Ziege mit!“

Der Damm zerschmilzt, das Feld erbraust,
die Fluten wühlen, die Fläche saust.
Sie setzt die Mutter auf sichres Land,
schön Suschen gleich wieder zur Flut gewandt.
„Wohin? Wohin? Die Breite schwoll;
des Wassers ist hüben und drüben voll.
Verwegen ins Tiefe willst du hinein!“ –
„Sie sollen und müssen gerettet sein!“

Der Damm verschwindet, die Welle braust,
eine Meereswoge, sie schwankt und saust.
Schön Suschen schreitet gewohnten Steg,

umströmt auch gleitet sie nicht vom Weg,
erreicht den Bühl und die Nachbarin;
doch der und den Kindern kein Gewinn!

Der Damm verschwand, ein Meer erbraust's,
den kleinen Hügel im Kreis umsaust's.
Da gähnet und wirbelt der schäumende Schlund
und ziehet die Frau mit den Kindern zu Grund;
das Horn der Ziege faßt das ein',
so sollten sie alle verloren sein!
Schön Suschen steht noch strack und gut:
Wer rettet das junge, das edelste Blut!
Schön Suschen steht noch wie ein Stern;
doch alle Werber sind ihr fern.
Rings um sie her ist Wasserbahn,
kein Schifflein schwimmet zu ihr heran.
Noch einmal blickt sie zum Himmel hinauf,
da nehmen die schmeichelnden Fluten sie auf.

Kein Damm, kein Feld! Nur hier und dort
bezeichnet ein Baum, ein Turm den Ort.
Bedeckt ist alles mit Wasserschwall;
doch Suschens Bild schwebt überall. –
Das Wasser sinkt, das Land erscheint,
und überall wird schön Suschen beweint. –
Und dem sei, wer's nicht singt und sagt,
im Leben und Tod nicht nachgefragt!

• *Goethe*

DER LOTSE

„Siehst du die Brigg dort auf den Wellen?
Sie steuert falsch, sie treibt herein
und muß am Vorgebirg zerschellen,
lenkt sie nicht augenblicklich ein.

Ich muß hinaus, daß ich sie leite!"
„Gehst du ins offne Wasser vor,
so legt dein Boot sich
auf die Seite
und richtet nimmer sich empor."

„Allein ich sinke nicht vergebens,
wenn sie mein letzter Ruf belehrt:
Ein ganzes Schiff voll jungen Lebens
ist wohl ein altes Leben wert.

Gib mir das Sprachrohr. Schifflein, eile!
Es ist die letzte, höchste Not!" –
Vor fliegendem Sturme
gleich dem Pfeile
hin durch die Schären eilt das Boot.

Jetzt schießt es aus dem Klippenrande!
,,Links müßt ihr steuern!" hallt ein Schrei.
Kieloben treibt das Boot zu Lande,
und sicher fährt die Brigg vorbei.

Ludwig Giesebrecht

JOHN MAYNARD

John Maynard!
,,Wer ist John Maynard?"

,,John Maynard war unser Steuermann,
aushielt er, bis er das Ufer gewann,
er hat uns gerettet, er trägt die Kron',
er starb für uns, unsre Liebe sein Lohn.
John Maynard."

Die ,,Schwalbe" fliegt über den Eriesee,
Gischt schäumt um den Bug wie Flocken von Schnee,
von Detroit fliegt sie nach Buffalo –
die Herzen aber sind frei und froh,
und die Passagiere mit Kindern und Fraun
im Dämmerlicht schon das Ufer schaun,
und plaudernd an John Maynard heran
tritt alles: ,,Wie weit noch, Steuermann?"
Der schaut nach vorn und schaut in die Rund:
,,Noch dreißig Minuten . . . halbe Stund."

Alle Herzen sind froh, alle Herzen sind frei –
da klingt's aus dem Schiffsraum her wie Schrei,
,,Feuer!" war es, was da klang,
ein Qualm aus Kajüt' und Luke drang,
ein Qualm, dann Flammen lichterloh,
und noch zwanzig Minuten bis Buffalo.

Und die Passagiere, buntgemengt,
am Bugspriet stehn sie zusammengedrängt,
am Bugspriet vorn ist noch Luft und Licht,
am Steuer aber lagert sich's dicht,
und ein Jammern wird laut: ,,Wo sind wir? wo?"
Und noch fünfzehn Minuten bis Buffalo. –

Der Zugwind wächst, doch die Qualmwolke steht,
der Kapitän nach dem Steuer späht,
er sieht nicht mehr seinen Steuermann,
aber durchs Sprachrohr fragt er an:
„Noch da, John Maynard?" „Ja, Herr. Ich bin."
„Auf den Strand! In die Brandung!" „Ich halte drauf hin."
Und das Schiffsvolk jubelt: „Halt aus! Hallo!"
Und noch zehn Minuten bis Buffalo. – –

„Noch da, John Maynard?" Und Antwort schallt's
mit ersterbender Stimme: „Ja, Herr, ich halt's!"
Und in die Brandung, was Klippe, was Stein,
jagt er die „Schwalbe" mitten hinein.
Soll Rettung kommen, so kommt sie nur so.
Rettung: der Strand von Buffalo!

Das Schiff geborsten. Das Feuer verschwelt.
Gerettet alle. Nur einer fehlt!

Alle Glocken gehn; ihre Töne schwelln
himmelan aus Kirchen und Kapelln,
ein Klingen und Läuten, sonst schweigt die Stadt,
ein Dienst nur, den sie heute hat:
Zehntausend folgen oder mehr,
und kein Aug' im Zuge, das tränenleer.

Sie lassen den Sarg in Blumen hinab,
mit Blumen schließen sie das Grab,
und mit goldner Schrift in den Marmorstein
schreibt die Stadt ihren Dankspruch ein:
„Hier ruht John Maynard! In Qualm und Brand
hielt er das Steuer fest in der Hand,
er hat uns gerettet, er trägt die Kron',
er starb für uns, unsre Liebe sein Lohn.
John Maynard."

Theodor Fontane

Wenn einen Menschen die Natur erhoben,
ist es kein Wunder, wenn ihm viel gelingt;
man muß in ihm die Macht des Schöpfers loben,
der schwachen Ton zu solcher Ehre bringt;

doch wenn ein Mann von allen Lebensproben
die sauerste besteht, sich selbst bezwingt,
dann kann man ihn mit Freuden andern zeigen
und sagen: Das ist er, das ist sein eigen!

Denn alle Kraft dringt vorwärts in die Weite,
zu leben und zu wirken hier und dort;
dagegen engt und hemmt von jeder Seite
der Strom der Welt und reißt uns mit sich fort;
in diesem innern Sturm und äußern Streite
vernimmt der Geist ein schwerverstanden Wort:
Von der Gewalt, die alle Wesen bindet,
befreit der Mensch sich, der sich überwindet.

Goethe

DER WILDE

Ein Kanadier, der noch Europens
übertünchte Höflichkeit nicht kannte,
und ein Herz, wie Gott es ihm gegeben,
von Kultur noch frei, im Busen fühlte,
brachte, was er mit des Bogens Sehne
fern in Quebecs übereisten Wäldern
auf der Jagd erbeutet, zum Verkaufe.
Als er ohne schlaue Rednerkünste,
so wie man ihm bot, die Felsenvögel
um ein Kleines hingegeben hatte,
eilt' er froh mit dem geringen Lohne
heim zu seinen tief verdeckten Horden
in die Arme seiner braunen Gattin.

Aber ferne noch von seiner Hütte
überfiel ihn unter freiem Himmel
schnell der schrecklichste der Donnerstürme.
Aus dem langen rabenschwarzen Haare
troff der Guß herab auf seinen Gürtel,
und das grobe Haartuch seines Kleides
klebte rund an seinem hagern Leibe.
Schaurig zitternd unter kaltem Regen
eilete der gute, wackre Wilde
in ein Haus, das er von fern erblickte.

„Herr, ach laßt mich, bis der Sturm sich leget",
bat er mit der herzlichsten Gebärde
den gesittet feinen Eigentümer,
„Obdach hier in euerm Hause finden!" –
„Willst du, mißgestaltes Ungeheuer",
schrie ergrimmt der Pflanzer ihm entgegen,
„willst du Diebsgesicht mir aus dem Hause!"
Und ergriff den schweren Stock im Winkel.

Traurig schritt der ehrliche Hurone
fort von dieser unwirtbaren Schwelle,
bis durch Sturm und Guß der späte Abend
ihn in seine friedliche Behausung
und zu seiner braunen Gattin brachte.

Kurze Zeit darauf hatt' unser Pflanzer
auf der Jagd im Walde sich verirret.
Über Stock und Stein, durch Tal und Bäche,
stieg er schwer auf manchen jähen Felsen,
um sich umzusehen nach dem Pfade,
der ihn tief in diese Wildnis brachte,
doch sein Spähn und Rufen war vergebens;
nichts vernahm er als das hohle Echo
längs den hohen, schwarzen Felsenwänden.
Ängstlich ging er bis zur zwölften Stunde,
wo er an dem Fuß des nächsten Berges
noch ein kleines schwaches Licht erblickte.
Furcht und Freude schlug in seinem Herzen,
und er faßte Mut und nahte leise.
„Wer ist draußen?", brach mit Schreckenstone
eine Stimme tief her aus der Höhle.
Und ein Mann trat aus der kleinen Wohnung.
„Freund, im Walde hab' ich mich verirret",
sprach der Europäer furchtsam schmeichelnd;
„gönnet mir, die Nacht hier zuzubringen,
und zeigt morgen früh, ich werd' euch danken,
nach der Stadt mir die gewissen Wege."

„Kommt herein", versetzt der Unbekannte,
„wärmt euch; noch ist Feuer in der Hütte!"
Und er führt ihn auf das Binsenlager,

schreitet finster trotzig in den Winkel,
holt den Rest von seinem Abendmahle,
Hummer, Lachs und frischen Bärenschinken,
um den späten Fremdling zu bewirten.
Mit dem Hunger eines Weidmanns speiste,
festlich wie bei einem Klosterschmause,
neben seinem Wirt der Europäer.
Fest und ernsthaft schaute der Hurone
seinem Gaste spähend auf die Stirne,
der mit tiefem Schnitt den Schinken trennte,
und mit Wollust trank vom Honigtranke.
Eine Bärenhaut auf weichem Moose
war des Pflanzers gute Lagerstätte,
und er schlief bis in die hohe Sonne.

Wie der wilden Zone wildster Krieger,
schrecklich stand mit Köcher, Pfeil und Bogen
der Hurone jetzt vor seinem Gaste
und erweckte ihn; der Europäer
griff bestürzt nach seinem Jagdgewehre;
und der Wilde gab ihm eine Schale,
angefüllt mit süßem Morgentranke.
Als er lächelnd seinen Gast gelabet,
bracht' er ihn durch manche lange Windung,
über Stock und Stein durch Tal und Bäche,
durch das Dickicht auf die rechte Straße.
Höflich dankte fein der Europäer;
finster blickend blieb der Wilde stehen,
sahe starr dem Pflanzer in die Augen,
sprach mit voller, fester, ernster Stimme:
„Haben wir vielleicht uns schon gesehen?"
Wie vom Blitz getroffen stand der Jäger,
und erkannte nun in seinem Wirte
jenen Mann, den er vor wenig Wochen
in den Sturmwind aus dem Hause jagte,
stammelte verwirrt Entschuldigungen.
Ruhig lächelnd sagte der Hurone:
„Seht, ihr fremden, klugen, weißen Leute,
seht, wir Wilden sind doch bessre Menschen!"
Und er schlug sich seitwärts in die Büsche.

Johann Gottfried Seume

KÖNIG RICHARD UND SIR HUGH

„Nun zieh' ich ins gelobte Land,
der heil'ge Christ hat Not,
jetzt helf' ich ihm mit meiner Hand,
der mir oft Hilfe bot.
Und dir, Sir Hugh, empfehl' ich all
mein Volk und was es hat,
Schloß Dover, meines Reiches Wall,
und London, meine Stadt.

Ich kenne dich von edlem Mut,
ich weiß, treu wahrest du
noch treuer als dein höchstes Gut
mein Königsrecht, Sir Hugh.
Mein Vetter Frankreich ist ein Schelm,
mein Bruder John dazu:
Sei du Altenglands Schild und Helm
an meiner Statt, Sir Hugh."

Der König Richard sprach's und stieg
an Bord mit seinem Heer,
in seinen Fahnen flog der Sieg
und Schreck zog vor ihm her;
vorauf dem Kreuzheer stritt der Held,
und hell erklang wie Erz
durch Christenland und Heidenwelt
der Name: Löwenherz!

Sir Hugh indes des Rechtes pflag
und hielt das Reich in acht:
Dem Staat gehört' der laute Tag,
der Lieb' die stille Nacht.
Denn einst, als er zu angeln ging
am Severn, blau und breit,
Sir Hugh als süße Beute fing
die allerschönste Maid.

Das war das junge Fischerkind,
nicht sechzehn Winter alt,
ihr golden Haar so seidenlind,
so wonnig die Gestalt,
in grüner Einsamkeit erblüht,
gleichwie die Wasserros',
die an dem Rang des Severn glüht,
von Schilf versteckt und Moos.

Manch goldnen Abend fuhren sie,
wann süß der Hänfling sang,
wohl Mund an Mund und Knie an Knie
den stillen Strom entlang;
das Ruder ruht – sie treiben leis,
vorauf der wilde Schwan –
und Blüten streuet rot und weiß
der Maiwind in den Kahn.

Seit Monden ruht der flinke Kahn,
umsonst der Vogel schlägt,
kein Liebespaar auf blauer Bahn
der stille Severn trägt:
Sir Hugh zog aus mit Mann und Roß
für König Richards Thron,
denn Frankreich griff nach Doverschloß,
nach London griff Prinz John.

Und manchen Tag stand er im Feld,
es wuchs und wuchs der Feind,
schon vor dem Tor von London hält
er seine Macht vereint.
Und morgen will in blut'ger Schlacht
Sir Hugh die Stadt befrein,
da stürzt ins Zelt bei tiefer Nacht
sein treuster Knapp herein:

,,Du bist betrogen! folge mir
nach Haus, Sir Hugh, nach Haus!
Du kämpfst für König Richard hier,
vieltreuer Mann, den Strauß:
Und König Richard ist zurück
und stiehlt dir wie ein Dieb
im Wald von Glostershire dein Glück
und herzt und kost dein Lieb.

Sie sitzt auf seinem Schoß in Ruh',
er küßt ihren roten Mund,
ich hab's gesehn – ich schwör' dir's zu –
zur Rache fort, zur Stund!"
Wohl ward des Ritters Wange bleich,
doch griff er zum Panier:
,,Wohlauf! zur Schlacht für Kron' und [Reich!
Und dann – nach Glostershire!"

Am Severn vor dem Grafenschloß
saß König Löwenherz,
von seinen bärt'gen Lippen floß
manch frohgemuter Scherz.
Im Rosenbusche saß das Paar,
Wein perlet im Pokal,
er spielt mit ihrem weichen Haar,
mit ihren Fingern schmal.

Da stürmt Sir Hugh herein zum Hag –
die Maid ward rot und fahl,
verbunden seine Linke lag,
die Rechte schwang den Stahl.
Und vor dem König erst mit Zucht
ins Knie sinkt der Baron:
,,Das Heer von Frankreich nahm die [Flucht,
geschlagen ist Prinz John.

Frei Dover, deines Reiches Wall,
frei London, deine Stadt,
und deines Rechtes überall
wahrt' ich an deiner Statt;
ich war Altenglands Schild und Helm" –
da sprang er auf im Schmerz –
,,Doch du, Herr König, bist ein Schelm
und nicht ein Löwenherz!

Und schlug der Feind mich blutig wund
für dich und für dein Recht
mein Zorn ist heil, mein Grimm gesund,
auf, König, zum Gefecht!
Und bist du gleich der Heiden Schreck
und Englands Majestät:
Nicht lebend kommst du mir vom Fleck –
Richard Plantagenet!"

Der König Richard sah ihn an
und sprach in hellem Ton:
,,Gott segne dich, du tapfrer Mann,
Gott segne dich, mein Sohn!
Wohl kannt' ich dich, du herzlich Blut:
Gott weiß, treu wahrtest du
und höher als dein höchstes Gut,
mein Königsrecht, Sir Hugh.

Sir Hugh, ich bin kein falscher Dieb,
liebkos' ich diese Maid,
denn meine Tochter ist dein Lieb,
die Frucht vielsüßer Zeit;
auch ich fing einst am Severnfluß
ein holdes Fischerkind: –
Dein Aug' war hell, und süß dein Kuß,
du arme Rosalind!

Ob lang das Moos dein Grab umgrünt,
heut schauest du in Huld,
wie endlich reich dein Richard sühnt
die alte Liebesschuld;
das Beste, was ich geben kann,
soll unsres Kindes sein:
Ich geb' ihr den getreusten Mann,
der in ganz England mein!"

Felix Dahn

DER HANDSCHUH

Vor seinem Löwengarten,
das Kampfspiel zu erwarten,
saß König Franz,
und um ihn die Großen der Krone,
und rings auf hohem Balkone
die Damen in schönem Kranz.

Und wie er winkt mit dem Finger,
auf tut sich der weite Zwinger,
und hinein mit bedächtigem Schritt
ein Löwe tritt
und sieht sich stumm
rings um
mit langem Gähnen
und schüttelt die Mähnen
und streckt die Glieder
und legt sich nieder.

Und der König winkt wieder,
da öffnet sich behend
ein zweites Tor,
daraus rennt
mit wildem Sprunge
ein Tiger hervor.
Wie der den Löwen erschaut,
brüllt er laut,
schlägt mit dem Schweif
einen furchtbaren Reif
und recket die Zunge,
und im Kreise scheu
umgeht er den Leu
grimmig schnurrend;
drauf streckt er sich murrend
zur Seite nieder.

Und der König winkt wieder,
da speit das doppelt geöffnete Haus
zwei Leoparden auf einmal aus.
Die stürzen mit mutiger Kampfbegier
auf das Tigertier;
das packt sie mit seinen grimmigen Tatzen,
und der Leu mit Gebrüll
richtet sich auf – da wird's still;
und herum im Kreis,
von Mordsucht heiß,
lagern sich die greulichen Katzen.

Da fällt von des Altans Rand
ein Handschuh von schöner Hand
zwischen den Tiger und den Leun
mitten hinein.

Und zu Ritter Delorges spottenderweis'
wendet sich Fräulein Kunigund:
„Herr Ritter, ist eure Lieb so heiß,
wie ihr mirs schwört zu jeder Stund,
ei, so hebt mir den Handschuh auf!"

Und der Ritter, in schnellem Lauf,
steigt hinab in den furchtbarn Zwinger
mit festem Schritte,
und aus der Ungeheuer Mitte
nimmt er den Handschuh mit keckem Finger.

Und mit Erstaunen und mit Grauen
sehens' die Ritter und Edelfrauen,
und gelassen bringt er den Handschuh zurück.
Da schallt ihm sein Lob aus jedem Munde,
aber mit zärtlichem Liebesblick –
er verheißt ihm sein nahes Glück –
empfängt ihn Fräulein Kunigunde.
Und er wirft ihr den Handschuh ins Gesicht:
„Den Dank, Dame, begehr' ich nicht!"
und verläßt sie zur selben Stunde.

Schiller

DIE FÜSSE IM FEUER

Wild zuckt der Blitz. In fahlem Lichte steht ein Turm.
Der Donner rollt. Ein Reiter kämpft mit seinem Roß,
springt ab und pocht ans Tor und lärmt. Sein Mantel saust
im Wind. Er hält den scheuen Fuchs am Zügel fest
Ein schmales Gitterfenster schimmert goldenhell,
und knarrend öffnet jetzt das Tor ein Edelmann . . .

„Ich bin ein Knecht des Königs, als Kurier geschickt
nach Nîmes. Herbergt mich! Ihr kennt des Königs Rock!" –
„Es stürmt. Mein Gast bist du. Dein Kleid, was kümmert's mich?
Tritt ein und wärme dich! Ich sorge für dein Tier!"
Der Reiter tritt in einen dunklen Ahnensaal,
von eines weiten Herdes Feuer schwach erhellt,
und je nach seines Flackerns launenhaftem Licht
droht hier ein Hugenott im Harnisch, dort ein Weib,
ein stolzes Edelweib aus braunem Ahnenbild . . .
Der Reiter wirft sich in den Sessel vor dem Herd
und starrt in den lebend'gen Brand. Er brütet, gafft . . .
Leis sträubt sich ihm das Haar. Er kennt den Herd, den Saal.
Die Flamme zischt. Zwei Füße zucken in der Glut.

Den Abendtisch bestellt die greise Schaffnerin
mit Linnen blendend weiß. Das Edelmägdlein hilft.
Ein Knabe trug den Krug mit Wein. Der Kinder Blick
hangt schreckensstarr am Gast und hangt am Herd entsetzt . . .
Die Flamme zischt. Zwei Füße zucken in der Glut.
„Verdammt! Dasselbe Wappen! Dieser selbe Saal!
Drei Jahre sind's . . . Auf einer Hugenottenjagd . . .
Ein fein, halsstarrig Weib . . . , Wo steckt der Junker? Sprich!'
Sie schweigt. ‚Bekenn!' Sie schweigt. ‚Gib ihn heraus!' Sie schweigt.
Ich werde wild. Der Stolz! Ich zerre das Geschöpf . . .
Die nackten Füße pack' ich ihr und stecke sie
tief mitten in die Glut . . . ‚Gib ihn heraus!' . . . Sie schweigt . . .
Sie windet sich . . . Sahst du das Wappen nicht am Tor?
Wer hieß dich hier zu Gaste gehen, dummer Narr?
Hat er nur einen Tropfen Bluts, erwürgt er dich." –
Eintritt der Edelmann. „Du träumst! Zu Tische, Gast . . ."

Da sitzen sie. Die Drei in ihrer schwarzen Tracht
und er. Doch keins der Kinder spricht das Tischgebet;
ihn starren sie mit aufgerißnen Augen an.

Den Becher füllt und übergießt er, stürzt den Trunk,
springt auf: ,,Herr, gebet jetzt mir meine Lagerstatt!
Müd bin ich wie ein Hund!“ Ein Diener leuchtet ihm,
doch auf der Schwelle wirft er einen Blick zurück
und sieht den Knaben flüstern in des Vaters Ohr . . .
Dem Diener folgt er taumelnd in das Turmgemach.

Fest riegelt er die Tür. Er prüft Pistol' und Schwert.
Gell pfeift der Sturm. Die Diele bebt. Die Decke stöhnt.
Die Treppe kracht . . . Dröhnt hier ein Tritt? Schleicht dort ein Schritt? . . .
Ihn täuscht das Ohr. Vorüberwandelt Mitternacht.
Auf seinen Lidern lastet Blei, und schlummernd sinkt
er auf das Lager. Draußen plätschert Regenflut.
Er träumt. ,,Gesteh!“ Sie schweigt. ,,Gib ihn heraus!“ Sie schweigt.
Er zerrt das Weib. Zwei Füße zucken in der Glut.
Aufsprüht und zischt ein Feuermeer, das ihn verschlingt . . .
,,Erwach! Du solltest längst von hinnen sein! Es tagt!“
Durch die Tapetentür in das Gemach gelangt,
vor seinem Lager steht des Schlosses Herr – ergraut,
dem gestern dunkelbraun sich noch gekraust das Haar.

Sie reiten durch den Wald. Kein Lüftchen regt sich heut.
Zersplittert liegen Ästetrümmer quer im Pfad.
Die frühsten Vöglein zwitschern, halb im Traume noch.
Friedsel'ge Wolken schwimmen durch die klare Luft,
als kehrten Engel heim von einer nächt'gen Wacht.
Die dunkeln Schollen atmen kräft'gen Erdgeruch.
Die Ebne öffnet sich. Im Felde geht ein Pflug.
Der Reiter lauert aus den Augenwinkeln: ,,Herr,
ihr seid ein kluger Mann und voll Besonnenheit
und wißt, daß ich dem größten König eigen bin.
Lebt wohl! Auf Nimmerwiedersehn!“ Der andre spricht:
,,Du sagsts! Dem größten König eigen! Heute ward
sein Dienst mir schwer . . . Gemordet hast du teuflisch mir
mein Weib! Und lebst! . . . Mein ist die Rache, redet Gott.“

Conrad Ferdinand Meyer

DER MARSCHALL

Ich hörte ein Lied, das ich nicht verstand,
und lernte es spät verstehen:
Nie hebe der Adel Herz und Hand
gegen den Herrn der Lehen.

Herr der Lehen der König ist,
Knechte nur sind vermessen,
und wer des Richters dort oben vergißt,
der wird leicht selber vergessen.

Treu dem König und seinem Sohn,
treu in Palast und Hütte,
treu dem Schwerte, treu der Kron',
das ist des Adels Sitte.

Lang und hager, in Gold und Seide,
das Ordensband über dem Marschallskleide,

hat er im Schlosse Tag und Nacht
seines Königs Majestät bewacht.

Sein Ohm war Marschall, sein Vater dann,
er als dritter den Stab gewann.

Alt seine Treue wie sein Geschlecht,
Graf Königstein diente dem König recht.

Durch die Marmorsäle schritt er einher,
sein Fuß so leicht, sein Herz so schwer.

Vom König sein Degen, dem König sein Sinn,
sein Herz, sein Herz der Königin.

Er hat keinen Schritt, keinen Blick gewagt,
er hat kein einziges Wort gesagt,

aber eines Tages – die Sonne schien heiß,
und die Sonne weiß vieles, was ich nicht weiß,

aber eines Tages, er ging in das Tor,
und die Königswache stand davor,

er ging in seines Fürsten Haus –
niemals kam er wieder heraus . . .

Es schwieg der König, nichts wußte der Troß,
und nichts die Wache vorm Königsschloß. –

Der Ältste des Hauses im Schlosse Rot-Haag
rief das Geschlecht zum Familientag.

Da kamen und saßen in Hall' und Saal
der vom Ulenhag und der Grotendal,

der vom Rhein und der von Sassenfähre
ratschlagten, was zu beginnen wäre.

Und Assa Königstein, der junge,
begann in zornigem Überschwunge:

„Die Neuenburger hassen wie wir
den König, und sie vertrauen dir!

Sie sagen, der König hätt' es getan,
sie wolln im Streite bei uns stahn.

Seit wann ist edeles Blut so gering,
daß man es schlachtet ohn' Spruch und Thing?

Laßt uns gegen den König gehn,
die Bürger von Neuenburg zu uns stehn!"

Sprach der älteste Graf von Königstein:
„Herr Vetter, wollet mir verzeihn:

Adel ist recht, und Bauer ist gut,
aber ich hasse unedeles Blut.

Adel ist gut, und Bauer ist recht,
aber ich hasse das kleine Geschlecht!

Seit wann ist Adelsblut so gering,
daß es mit dem Krämer ging!

Was der Vetter verschuldet, wir wissen es nicht –
Königes Sache ist das Gericht!

So laßt uns von Geschlechtes wegen
die Unbill gegen die Gnade wägen,

was wir waren, wir wollen es sein:
Dem König dienen und ihm allein!

Und ist's euch recht, so melde sofort
du dich an des Verschollenen Ort,

trage sein Amt und seine Pflichten,
Adel soll nicht den König richten!"

Lang und hager, in Gold und Seide,
das Ordensband über dem Marschallskleide,

geht im Schlosse aus und ein
der junge Graf von Königstein.

Vom alten hat er den leisen Gang,
die schmalen Nüstern, der Stimme Klang.

Die alte Treue, das alte Geschlecht,
die Königstein dienten dem Fürsten recht. – –

Keine Silbe hat der König gesagt,
er hat kein armes Wort gewagt.

Nur zuweilen, wenn sich der Schatten stiehlt
ins Zimmer: „Majestät, mein König befiehlt?",

Hat's ihn durchzuckt wie ein heimlicher Schlag. –
König Alfred starb binnen Jahr und Tag.

Ich hörte ein Lied, das ich nicht verstand,
und lernte es spät verstehen:
Nie hebe der Adel Herz und Hand
gegen den Herrn der Lehen.

Herr der Lehen der König ist,
Knechte nur sind vermessen,
du diene treu zu jeder Frist,
Gott hat noch nichts vergessen!

Börries von Münchhausen

★

UNTER DEN STERNEN

Wer in der Sonne kämpft, ein Sohn der Erde,
und feurig geißelt das Gespann der Pferde,
wer brünstig ringt nach eines Zieles Ferne,
von Staub umwölkt – wie glaubte der die Sterne?

Doch das Gespann erlahmt, die Pfade dunkeln,
die ew'gen Lichter fangen an zu funkeln,
die heiligen Gesetze werden sichtbar.
Das Kampfgeschrei verstummt. Der Tag ist richtbar.

Conrad Ferdinand Meyer

MÄCHTE DES SCHICKSALS

LIED DER PARZEN

Es fürchte die Götter
das Menschengeschlecht!
Sie halten die Herrschaft
in ewigen Händen
und können sie brauchen,
wie's ihnen gefällt.

Der fürchte sie doppelt,
den je sie erheben!
Auf Klippen und Wolken
sind Stühle bereitet
um goldene Tische.

Erhebet ein Zwist sich –
so stürzen die Gäste,
geschmäht und geschändet,
in nächtliche Tiefen,
und harren vergebens,
im Finstern gebunden,
gerechten Gerichtes.

Sie aber, sie bleiben
in ewigen Festen
an goldenen Tischen.
Sie schreiten vom Berge
zu Bergen hinüber –
aus Schlünden der Tiefe
dampft ihnen der Atem
erstickter Titanen,
gleich Opfergerüchen,
ein leichtes Gewölke.

Es wenden die Herrscher
ihr segnendes Auge
von ganzen Geschlechtern

und meiden, im Enkel
die ehmals geliebten
still redenden Züge
des Ahnherrn zu sehn.

So sangen die Parzen.
Es horcht der Verbannte
in nächtlichen Höhlen,
der Alte, die Lieder,
denkt Kinder und Enkel
und schüttelt das Haupt.

Goethe

HYPERIONS SCHICKSALSLIED

Ihr wandelt droben im Licht
auf weichem Boden, selige Genien!
Glänzende Götterlüfte
rühren euch leicht,
wie die Finger der Künstlerin
heilige Saiten.

Schicksallos, wie der schlafende
Säugling, atmen die Himmlischen;
keusch bewahrt
in bescheidener Knospe,
blühet ewig
ihnen der Geist,
und die seligen Augen
blicken in stiller
ewiger Klarheit.

Doch uns ist gegeben,
auf keiner Stätte zu ruhn,
es schwinden, es fallen
die leidenden Menschen
blindlings von einer
Stunde zur andern,
wie Wasser von Klippe
zu Klippe geworfen,
jahrlang ins Ungewisse hinab.

• *Friedrich Hölderlin*

GRENZEN DER MENSCHHEIT

Wenn der uralte
Heilige Vater
mit gelassener Hand
aus rollenden Wolken
segnende Blitze
über die Erde sät,
küss' ich den letzten
Saum seines Kleides,
kindliche Schauer
treu in der Brust.

Denn mit Göttern
soll sich nicht messen
irgendein Mensch.
Hebt er sich aufwärts
und berührt
mit dem Scheitel die Sterne,
nirgends haften dann
die unsichern Sohlen,
und mit ihm spielen
Wolken und Winde.

Steht er mit festen,
markigen Knochen
auf der wohlgegründeten,
dauernden Erde,
reicht er nicht auf,
nur mit der Eiche
oder der Rebe
sich zu vergleichen.

Was unterscheidet
Götter von Menschen?
Daß viele Wellen
vor jenen wandeln,
ein ewiger Strom:
Uns hebt die Welle,
verschlingt die Welle,
und wir versinken.

Ein kleiner Ring
begrenzt unser Leben,
und viele Geschlechter
reihen sich dauernd
an ihres Daseins
unendliche Kette.

Goethe

AN SCHWAGER KRONOS

Spute dich, Kronos!
Fort den rasselnden Trott!
Bergab gleitet der Weg:
Ekles Schwindeln zögert
mir vor die Stirne dein Haudern.
Frisch, holpert es gleich,
über Stock und Steine den Trott
rasch ins Leben hinein!

Nun schon wieder
den eratmenden Schritt
mühsam Berg hinauf!
Auf denn, nicht träge denn,
strebend und hoffend hinan!

Weit, hoch, herrlich der Blick
rings ins Leben hinein!

Vom Gebirg zum Gebirg
schwebet der ewige Geist,
ewigen Lebens ahndevoll.

Seitwärts des Überdachs Schatten
zieht dich an
und ein Frischung verheißender Blick
auf der Schwelle des Mädchens da.
Labe dich! – Mir auch, Mädchen,
diesen schäumenden Trank,
diesen frischen Gesundheitsblick!

Ab denn, rascher hinab!
Sieh, die Sonne sinkt!
Eh' sie sinkt, eh' mich Greisen
ergreift im Moore Nebelduft,
entzahnte Kiefer schnattern
und das schlotternde Gebein:

Trunknen vom letzten Strahl
reiß mich, ein Feuermeer
mir im schäumenden Aug,
mich Geblendeten, Taumelnden
in der Hölle nächtliches Tor!

Töne, Schwager, ins Horn,
raßle den schallenden Trab,
daß der Orkus vernehme: wir kommen!
Daß gleich an der Türe
der Wirt uns freundlich empfange!

• *Goethe*

DIE STIMME DES SCHICKSALS

Erbarmen nicht, noch Göttergunst, noch Bitten
versöhnen dein Geschick;
uralter Stempel, aus Demant geschnitten,
prägt Leid und Glück.

Wie lange trübt der dunkle Quell der Trauer,
der Lust den Lebensstrom?
Nur Dumpfheit malt auf leere Nebelmauer
ihr Schreckphantom.

Getrost hinab die innerlichen Schächte,
von Finsternis geschwellt;
im Mittelpunkt vermählen sich die Mächte:
Recht, Wille, Welt.

Walther Rathenau

AN DIE GRUNDMÄCHTE

Es zählt vor euch nicht, daß ich Schmerzen leide,
es schweigt die Weide,
wenn man zur Flöte sie schneidet und schält.
Doch daß ich leide und nicht meutere,
und was ich mir draus läutere
zum Zwiegespräch mit euch, es zählt.

Oskar Loerke

DER RING DES POLYKRATES

Er stand auf seines Daches Zinnen,
er schaute mit vergnügten Sinnen
auf das beherrschte Samos hin.
„Dies alles ist mir untertänig",
begann er zu Ägyptens König,
„gestehe, daß ich glücklich bin!"

„Du hast der Götter Gunst erfahren!
Die vormals deinesgleichen waren,
sie zwingt jetzt deines Zepters Macht;
doch einer lebt noch, sie zu rächen:
Dich kann mein Mund nicht glücklich sprechen,
solang des Feindes Auge wacht."

Und eh' der König noch geendet,
da stellt sich, von Milet gesendet,
ein Bote dem Tyrannen dar:
„Laß, Herr, des Opfers Düfte steigen,
und mit des Lorbeers muntern Zweigen
bekränze dir dein festlich Haar.

Getroffen sank dein Feind vom Speere;
mich sendet mit der frohen Märe
dein treuer Feldherr Polydor –"
und nimmt aus einem schwarzen Becken,
noch blutig, zu der beiden Schrecken,
ein wohlbekanntes Haupt hervor.

Der König tritt zurück mit Grauen:
„Doch warn' ich dich, dem Glück zu trauen!"
versetzt er mit besorgtem Blick.
„Bedenk, auf ungetreuen Wellen –
wie leicht kann sie der Sturm zerschellen –
schwimmt deiner Flotte zweifelnd Glück."

Und eh' er noch das Wort gesprochen,
hat ihn der Jubel unterbrochen,
der von der Reede jauchzend schallt:
Mit fremden Schätzen reich beladen,
kehrt zu den heimischen Gestaden
der Schiffe mastenreicher Wald.

Der königliche Gast erstaunet:
„Dein Glück ist heute gut gelaunet,
doch fürchte seinen Unbestand.
Der Kreter waffenkund'ge Scharen
bedräuen dich mit Kriegsgefahren;
schon nahe sind sie diesem Strand."

Und eh' ihm noch das Wort entfallen,
da sieht man's von den Schiffen wallen,
und tausend Stimmen rufen: „Sieg!
Von Feindesnot sind wir befreiet,
die Kreter hat der Sturm zerstreuet,
vorbei, geendet ist der Krieg!"

Das hört der Gastfreund mit Entsetzen:
„Fürwahr, ich muß dich glücklich schätzen,
doch", spricht er, „zittr' ich für dein Heil;
mir grauet vor der Götter Neide:
Des Lebens ungemischte Freude
ward keinem Irdischen zuteil.

Auch mir ist alles wohl geraten;
bei allen meinen Herrschertaten
begleitet mich des Himmels Huld;
doch hatt' ich einen teuren Erben,
den nahm mir Gott; ich sah ihn sterben,
dem Glück bezahlt' ich meine Schuld.

Drum, willst du dich vor Leid bewahren,
so flehe zu den Unsichtbaren,
daß sie zum Glück den Schmerz verleihn.
Noch keinen sah ich fröhlich enden,
auf den mit immer vollen Händen
die Götter ihre Gaben streun.

Und wenn's die Götter nicht gewähren,
so acht' auf eines Freundes Lehren
und rufe selbst das Unglück her;
und was von allen deinen Schätzen
dein Herz am höchsten mag ergetzen,
das nimm und wirf's in dieses Meer!"

Und jener spricht von Furcht beweget:
„Von allem, was die Insel heget,
ist dieser Ring mein höchstes Gut.
Ihn will ich den Erinnen weihen,
ob sie mein Glück mir dann verzeihen –“
und wirft das Kleinod in die Flut.

Und bei des nächsten Morgens Lichte,
da tritt mit fröhlichem Gesichte
ein Fischer vor den Fürsten hin:
„Herr, diesen Fisch hab' ich gefangen,
wie keiner noch ins Netz gegangen;
dir zum Geschenke bring ich ihn.“

Und als der Koch den Fisch zerteilet,
kommt er bestürzt herbeigeeilet
und ruft mit hocherstauntem Blick:
„Sieh, Herr, den Ring, den du getragen,
ihn fand ich in des Fisches Magen;
oh, ohne Grenzen ist dein Glück!“

Hier wendet sich der Gast mit Grausen:
„So kann ich hier nicht ferner hausen,
mein Freund kannst du nicht weiter sein.
Die Götter wollen dein Verderben –
fort eil' ich, nicht mit dir zu sterben.“
Und sprach's und schiffte schnell sich ein.

Schiller

Fliehe, bist du des Führers im eigenen Busen nicht sicher,
fliehe den lockenden Rand, ehe der Schlund dich verschlingt!
Manche gingen nach Licht und stürzten in tiefere Nacht nur;
sicher im Dämmerschein wandelt die Kindheit dahin.

Schiller

DER GESANG DER PARZE

In der Wiege schlummert ein schönes Römerkind,
die graue Parze sitzt daneben und spinnt.
Sie schweigt und spinnt. Doch ist die Mutter fort,
so singt die Parze murmelnd ein dunkles Wort:

„Jetzt liegst du, Kindlein, noch in der Traumesruh'.
Bald, kleine Claudia, spinnest am Rocken du –
du wachsest rasch und entwächst den Kleidlein bald!
Du wachsest schlank! Du wirst eine Wohlgestalt!

Die Fackel lodert und wirft einen grellen Schein,
sie kleiden dich mit dem Hochzeitsschleier ein!
Die Knaben hüpfen empor am Festgelag'
und scherzen ausgelassen zum ernsten Tag.

Eine Herrin wandelt in ihrem eigenen Raum,
und ihre Mägd' und die Sklaven atmen kaum.
Ihr ziemt, daß all die Hände geflügelt sind.
Ihr ziemt, daß all die Lippen gezügelt sind.

Die blühenden Horen schwingen im Reigen sich:
Dir wird ein Knabe, Julier, freue dich!
Doch, wann die Freude schwebt und die Flöte schallt,
dann" – singt die Parze – „kommt der Jammer bald.

Der Tiber flutet und überschwemmt den Strand,
das bleiche Fieber steigt empor ans Land,
der Rufer ruft und kündet von Haus zu Haus:
‚Vernehmt! Den Julier tragen sie heut hinaus!'

Jetzt, kleine Claudia, trägst du unträglich Leid!
In strenge Falten legst du dein Witwenkleid.
Dein Römerknabe springt dir behend vom Schoß
und grüßt dich helmumflattert herab vom Roß . . .

Die Tuben blasen Schlacht und sie blasen Sieg . . .
Da naht's. Da kommt's, was empor die Stufen stieg:
Vier Männer und die Bahre, Claudia, sind's
mit der bekränzten Leiche deines Kinds!

Jetzt, kleine Claudia, bist du zu Tode wund." –
Das Kindlein lächelt. Es klirrt ein Schlüsselbund.
Die Mutter tritt besorgt in die Kammer ein,
und die Parze bleicht im goldenen Morgenschein.

Conrad Ferdinand Meyer

ÜBER EINEM GRABE

Blüten schweben über deinem Grabe.
Schnell umarmte dich der Tod, o Knabe,
den wir alle liebten, die dich kannten,
dessen Augen wie zwei Sonnen brannten,
dessen Blicke Seelen unterjochten,
dessen Pulse stark und feurig pochten,
dessen Worte schon die Herzen lenkten,
den wir weinend gestern hier versenkten.

Maiennacht. Der Sterne mildes Schweigen . . .
Dort! Ich seh' es aus der Erde steigen!
Unterm Rasen quillt hervor es leise,
Flatterflammen drehen sich im Kreise,
ungelebtes Leben zuckt und lodert
aus der Körperkraft, die hier vermodert,
abgemähter Jugend letztes Walten,
letzte Glut verrauscht in Wunschgestalten.

Eine blasse Jagd: Voran ein Zecher,
in der Faust den überfüllten Becher!
Weh'nde Locken will der Buhle fassen,
die entflatternd nicht sich haschen lassen,
lustgestachelt rast er hinter jenen,
ein verhülltes Mädchen folgt in Tränen.
Durch die Brandung mit verstürmten Haaren
seh' ich einen kühnen Schiffer fahren.
Einen jungen Krieger seh' ich toben,
helmbedeckt, das lichte Schwert erhoben.
Einer stürzt sich auf die Rednerbühne,
weites Volksgetos' beherrscht der Kühne.
Ein Gedräng, ein Kämpfen, Ringen, Streben!
Arme strecken sich und Kränze schweben –

Kränze, wenn du lebtest, dir beschieden,
nicht erreichte!
Knabe, schlaf in Frieden!

Conrad Ferdinand Meyer

DAS GLÜCK VON EDENHALL

Von Edenhall der junge Lord
läßt schmettern Festdrommetenschall;
er hebt sich an des Tisches Bord
und ruft in trunkner Gäste Schwall:
„Nun her mit dem Glücke von Edenhall!"

Der Schenk vernimmt ungern den Spruch,
des Hauses ältester Vasall,
nimmt zögernd aus dem seidnen Tuch
das hohe Trinkglas von Kristall;
sie nennen's das Glück von Edenhall.

Darauf der Lord: „Dem Glas zum Preis
schenk Roten ein aus Portugal!"
Mit Händezittern gießt der Greis,
und purpurn Licht wird überall;
Es strahlt aus dem Glücke von Edenhall!

Da spricht der Lord und schwingt's dabei:
„Dies Glas von leuchtendem Kristall
gab meinem Ahn am Quell die Fei;
drein schrieb sie: ‚Kommt dies Glas zu Fall,
fahr wohl dann, o Glück von Edenhall!'

Ein Kelchglas ward zum Los mit Fug
dem freud'gen Stamm von Edenhall;
wir schlürfen gern in vollem Zug,
wir läuten gern mit lautem Schall.
Stoßt an mit dem Glücke von Edenhall!"

Erst klingt es milde, tief und voll,
gleich dem Gesang der Nachtigall,
dann wie des Waldstroms laut Geroll;
zuletzt erdröhnt wie Donnerhall
das herrliche Glück von Edenhall.

„Zum Horte nimmt ein kühn Geschlecht
sich den zerbrechlichen Kristall;
er dauert länger schon als recht;

stoßt an! Mit diesem kräftgen Prall
versuch' ich das Glück von Edenhall."

Und als das Trinkglas gellend springt,
springt das Gewölb mit jähem Knall,
und aus dem Riß die Flamme dringt;
die Gäste sind zerstoben all
mit dem brechenden Glücke von Edenhall.

Einstürmt der Feind mit Brand und Mord,
der in der Nacht erstieg den Wall;
vom Schwerte fällt der junge Lord,
hält in der Hand noch den Kristall,
das zersprungene Glück von Edenhall.

Am Morgen irrt der Schenk allein,
der Greis, in der zerstörten Hall':
Er sucht des Herrn verbrannt Gebein,
er sucht im grausen Trümmerfall
die Scherben des Glücks von Edenhall.

„Die Steinwand", spricht er, „springt zu Stück,
die hohe Säule muß zu Fall,
Glas ist der Erde Stolz und Glück,
in Splitter fällt der Erdenball
einst gleich dem Glücke von Edenhall."

Ludwig Uhland

JA

Als der Herr mit mächt'ger Schwinge
durch die neue Schöpfung fuhr,
folgten in gedrängtem Ringe
Geister seiner Flammenspur.

Seine schönsten Engel wallten
ihm zu Häupten selig leis,
riesenhafte Nachtgestalten
schlossen unterhalb den Kreis.

„Eh' ich euern Reigen löse",
sprach der Allgewalt'ge nun,
„Schwöret, Gute, schwöret, Böse,
meinen Willen nur zu tun!"

Freudig jubelten die Lichten:
„Dir zu dienen, sind wir da!"
Die zerstören, die vernichten,
die Dämonen, knirschten: „Ja."

Conrad Ferdinand Meyer

DIE KRANICHE DES IBYKUS

Zum Kampf der Wagen und Gesänge,
der auf Korinthus' Landesenge
der Griechen Stämme froh vereint,
zog Ibykus, der Götterfreund.
Ihm schenkte des Gesanges Gabe,
der Lieder süßen Mund Apoll;
so wandert' er, an leichtem Stabe,
aus Rhegium, des Gottes voll.

Schon winkt auf hohem Bergesrücken
Akrokorinth des Wandrers Blicken,
und in Poseidons Fichtenhain
tritt er mit frommem Schauder ein.
Nichts regt sich um ihn her; nur Schwärme
von Kranichen begleiten ihn,
die fernhin nach des Südens Wärme
in graulichtem Geschwader ziehn.

„Seid mir gegrüßt, befreundte Scharen,
die mir zur See Begleiter waren!
Zum guten Zeichen nehm' ich euch,
mein Los, es ist dem euren gleich:
Von fernher kommen wir gezogen
und flehen um ein wirtlich Dach.
Sei uns der Gastliche gewogen,
der von dem Fremdling wehrt die Schmach!"

Und munter fördert er die Schritte
und sieht sich in des Waldes Mitte –
da sperren, auf gedrangem Steg,
zwei Mörder plötzlich seinen Weg.
Zum Kampfe muß er sich bereiten,
doch bald ermattet sinkt die Hand,
sie hat der Leier zarte Saiten,
doch nie des Bogens Kraft gespannt.

Er ruft die Menschen an, die Götter,
sein Flehen dringt zu keinem Retter;
wie weit er auch die Stimme schickt,
nichts Lebendes wird hier erblickt.
„So muß ich hier verlassen sterben,
auf fremdem Boden, unbeweint,
durch böser Buben Hand verderben,
wo auch kein Rächer mir erscheint!"

Und schwer getroffen sinkt er nieder,
da rauscht der Kraniche Gefieder;
er hört, schon kann er nicht mehr sehn,
Die nahen Stimmen furchtbar krähn.
„Von euch, ihr Kraniche dort oben,
wenn keine andre Stimme spricht,
sei meines Mordes Klag' erhoben!"
Er ruft es, und sein Auge bricht.

Der nackte Leichnam wird gefunden,
und bald, obgleich entstellt von Wunden,
erkennt der Gastfreund in Korinth
die Züge, die ihm teuer sind.
„Und muß ich so dich wiederfinden,
und hoffte, mit der Fichte Kranz
des Sängers Schläfe zu umwinden,
bestrahlt von seines Ruhmes Glanz!"

Und jammernd hören's alle Gäste,
versammelt bei Poseidons Feste,
ganz Griechenland ergreift der Schmerz,
verloren hat ihn jedes Herz.
Und stürmend drängt sich zum Prytanen
das Volk, es fordert seine Wut,
zu rächen des Erschlagnen Manen,
zu sühnen mit des Mörders Blut.

Doch wo die Spur, die aus der Menge,
der Völker flutendem Gedränge,
gelocket von der Spiele Pracht,
den schwarzen Täter kenntlich macht?
Sind's Räuber, die ihn feig erschlagen?
Tat's neidisch ein verborgner Feind?
Nur Helios vermag's zu sagen,
der alles Irdische bescheint.

Er geht vielleicht mit frechem Schritte
jetzt eben durch der Griechen Mitte,
und während ihn die Rache sucht,
genießt er seines Frevels Frucht.
Auf ihres eignen Tempels Schwelle
trotzt er vielleicht den Göttern, mengt
sich dreist in jene Menschenwelle,
die dort sich zum Theater drängt.

Denn Bank an Bank gedränget sitzen,
es brechen fast der Bühne Stützen,
herbeigeströmt von fern und nah,
der Griechen Völker wartend da.
Dumpfbrausend, wie des Meeres Wogen,
von Menschen wimmelnd wächst der Bau
in weiter stets geschweiftem Bogen
hinauf bis in des Himmels Blau.

Wer zählt die Völker, nennt die Namen,
die gastlich hier zusammenkamen?
Von Theseus' Stadt, von Aulis' Strand,
von Phocis, vom Spartanerland,
von Asiens entlegner Küste,
von allen Inseln kamen sie
und horchen von dem Schaugerüste
des Chores grauser Melodie,

der streng und ernst, nach alter Sitte,
mit langsam abgemeßnem Schritte
hervortritt aus dem Hintergrund,
umwandelnd des Theaters Rund.

So schreiten keine ird'schen Weiber,
die zeugete kein sterblich Haus!
Es steigt das Riesenmaß der Leiber
hoch über menschliches hinaus.

Ein schwarzer Mantel schlägt die Lenden,
sie schwingen in entfleischten Händen
der Fackel düsterrote Glut,
in ihren Wangen fließt kein Blut;
und wo die Haare lieblich flattern,
um Menschenstirnen freundlich wehn,
da sieht man Schlangen hier und Nattern
die giftgeschwollnen Bäuche blähn.

Und schauerlich, gedreht im Kreise,
beginnen sie des Hymnus Weise,
der durch das Herz zerreißend dringt,
die Bande um den Frevler schlingt.
Besinnungraubend, herzbetörend
schallt der Erinnyen Gesang,
er schallt, des Hörers Mark verzehrend,
und duldet nicht der Leier Klang:

„Wohl dem, der frei von Schuld und Fehle
bewahrt die kindlich reine Seele!
Ihm dürfen wir nicht rächend nahn,
er wandelt frei des Lebens Bahn.
Doch wehe, wehe, wer verstohlen
des Mordes schwere Tat vollbracht!
Wir heften uns an seine Sohlen,
das furchtbare Geschlecht der Nacht.

Und glaubt er fliehend zu entspringen,
geflügelt sind wir da, die Schlingen
ihm werfend um den flücht'gen Fuß,
daß er zu Boden fallen muß.
So jagen wir ihn, ohn Ermatten,
versöhnen kann uns keine Reu,
ihn fort und fort bis zu den Schatten
und geben ihn auch dort nicht frei."

So singend tanzen sie den Reigen,
und Stille, wie des Todes Schweigen,
liegt überm ganzen Hause schwer,
als ob die Gottheit nahe wär.
Und feierlich, nach alter Sitte,
umwandelnd des Theaters Rund,
mit langsam abgemeßnem Schritte
verschwinden sie im Hintergrund.

Und zwischen Trug und Wahrheit schwebet
noch zweifelnd jede Brust und bebet
und huldiget der furchtbar'n Macht,
die richtend im Verborgnen wacht,
die unerforschlich, unergründet
des Schicksals dunkeln Knäuel flicht,
dem tiefen Herzen sich verkündet,
doch fliehet vor dem Sonnenlicht.

Da hört man auf den höchsten Stufen
auf einmal eine Stimme rufen:
„Sieh da! sieh da, Timotheus,
die Kraniche des Ibykus!"
Und finster plötzlich wird der Himmel,
und über dem Theater hin
sieht man, in schwärzlichtem Gewimmel,
ein Kranichheer vorüberziehn.

„Des Ibykus!" – Der teure Name,
rührt jede Brust mit neuem Grame,
und wie im Meere Well auf Well,
so läuft's von Mund zu Munde schnell:
„Des Ibykus? den wir beweinen?
den eine Mörderhand erschlug?
Was ist's mit dem? was kann er meinen?
was ist's mit diesem Kranichzug?" –

Und lauter immer wird die Frage,
und ahnend fliegt's mit Blitzesschlage
durch alle Herzen: „Gebet acht,
das ist der Eumeniden Macht!
Der fromme Dichter wird gerochen,
der Mörder bietet selbst sich dar –
ergreift ihn, der das Wort gesprochen,
und ihn, an den's gerichtet war!"

Doch dem war kaum das Wort entfahren,
möcht' er's im Busen gern bewahren;
umsonst! Der schreckensbleiche Mund
macht schnell die Schuldbewußten kund.
Man reißt und schleppt sie vor den Richter,
die Szene wird zum Tribunal,
und es gestehn die Bösewichter,
getroffen von der Rache Strahl.

• *Schiller*

Mein bester Sohn! Es ist nicht immer möglich,
im Leben sich so kinderrein zu halten,
wie's uns die Stimme lehrt im Innersten.
In steter Notwehr gegen arge List
bleibt auch das redliche Gemüt nicht wahr.
Das eben ist der Fluch der bösen Tat,
daß sie, fortzeugend, immer Böses muß gebären.

Schiller

EDWARD

Aus dem Schottischen

„Dein Schwert, wie ist's von Blut so rot?
Edward, Edward!
Dein Schwert, wie ist's von Blut so rot,
und geht so traurig her? – O!"
„O ich hab' geschlagen meinen Geier tot,
Mutter! Mutter!
O ich hab' geschlagen meinen Geier tot,
und keinen hab' ich wie er – O!"

„Deins Geiers Blut ist nicht so rot,
Edward, Edward!
Deins Geiers Blut ist nicht so rot.
Mein Sohn, bekenn mir frei – O!"
„O ich hab' geschlagen mein Rotroß tot,
Mutter, Mutter!
O ich hab' geschlagen mein Rotroß tot,
und's war so stolz und treu – O!"

„Dein Roß war alt, und hast's nicht not,
Edward, Edward!
Dein Roß war alt und hast's nicht not,
dich drückt ein ander Schmerz – O!"
„O ich hab' geschlagen meinen Vater tot,
Mutter, Mutter!
O ich hab' geschlagen meinen Vater tot
und weh, weh ist mein Herz – O!"

„Und was für Buße willt du nun tun?
Edward, Edward!
Und was für Buße willt du nun tun?
Mein Sohn, bekenn mir mehr – O!"
„Auf Erden soll mein Fuß nicht ruhn,
Mutter, Mutter!
Auf Erden soll mein Fuß nicht ruhn,
will gehn fern übers Meer – O!"

„Und was soll werden dein Hof und Hall?
Edward, Edward!
Und was soll werden dein Hof und Hall?
So herrlich sonst und schön – O!"
„Ich lass' es stehn, bis es sink' und fall',
Mutter, Mutter!
Ich lass' es stehn, bis es sink' und fall',
mag nie es wieder sehn – O!"

„Und was soll werden dein Weib und Kind?
Edward, Edward!
Und was soll werden dein Weib und Kind,
wann du gehst über Meer? – O!"
„Die Welt ist groß, laß sie betteln drin,
Mutter, Mutter!
Die Welt ist groß, laß sie betteln drin,
ich seh' sie nimmermehr – O!"

„Und was willt du lassen deiner Mutter teur?
Edward, Edward!
Und was willt du lassen deiner Mutter teur?
Mein Sohn, das sage mir – O!"
„Fluch will ich Euch lassen und höllisch Feur,
Mutter, Mutter!
Fluch will ich Euch lassen und höllisch Feur,
denn Ihr, Ihr rietet's mir! – O!"

Johann Gottfried Herder

Doch im Erstarren such' ich nicht mein Heil,
das Schaudern ist der Menschheit bestes Teil;
wie auch die Welt ihm das Gefühl verteure,
ergriffen, fühlt er tief das Ungeheure.

Goethe

DIE SONNE BRINGT ES AN DEN TAG

Gemächlich in der Werkstatt saß
zum Frühtrunk Meister Nikolas.
Die junge Hausfrau schenkt' ihm ein;
es war im heitern Sonnenschein.
  Die Sonne bringt es an den Tag!

Die Sonne blinkt von der Schale Rand,
malt zitternde Kringel an die Wand;
und wie den Schein er ins Auge faßt,
so spricht er für sich, indem er erblaßt:
  „Du bringst es doch nicht an den Tag!"

„Wer nicht? Was nicht?" die Frau fragt gleich.
„Was stierst du so an? Was wirst du so bleich?"
Und er darauf: „Sei still, nur still!
Ich's doch nicht sagen kann noch will.
  Die Sonne bringt's nicht an den Tag!"

Die Frau nur dringender forscht und fragt,
mit Schmeicheln ihn und Hadern plagt,
mit süßem und mit bitterm Wort;
sie fragt und plagt ihn fort und fort:
  „Was bringt die Sonne nicht an den Tag?"

„Nein, nimmermehr!" – „Du sagst es mir noch!"
„Ich sag' es nicht." – „Du sagst es mir doch!"
Da ward zuletzt er müd und schwach
und gab der Ungestümen nach.
  Die Sonne bringt es an den Tag!

„Auf der Wanderschaft, 's ist zwanzig Jahr,
da traf es mich einst gar sonderbar;
ich hatt' nicht Geld, nicht Ranzen noch Schuh,
war hungrig und durstig und zornig dazu. –
  Die Sonne bringt's nicht an den Tag!

Da kam mir just ein Jud in die Quer;
ringsher wars still und menschenleer.

‚Du hilfst mir, Hund, aus meiner Not;
den Beutel her, sonst schlag' ich dich tot!' –
Die Sonne bringt's nicht an den Tag!

Und er: ‚Vergieße nicht mein Blut;
acht Pfennige sind mein ganzes Gut!'
Ich glaubt' ihm nicht und fiel ihn an;
es war ein alter, schwacher Mann. –
Die Sonne bringt's nicht an den Tag!

So rücklings lag er blutend da;
sein brechendes Aug' in die Sonne sah.
Noch hob er zuckend die Hand empor,
noch schrie er röchelnd mir ins Ohr:
‚Die Sonne bringt es an den Tag!'

Ich macht' ihn schnell noch vollends stumm
und kehrt' ihm die Taschen um und um;
acht Pfenn'ge, das war das ganze Geld.
Ich scharrt ihn ein auf selbigem Feld. –
Die Sonne bringt's nicht an den Tag!

Dann zog ich weit und weiter hinaus,
kam hier ins Land, bin jetzt zu Haus. –
Du weißt nun meine Heimlichkeit,
so halte den Mund und sei gescheit –
Die Sonne bringt's nicht an den Tag.

Wann aber sie so flimmernd scheint,
ich merk' es wohl, was sie da meint,
wie sie sich müht und sich erbost, –
du, schau nicht hin und sei getrost:
Sie bringt es doch nicht an den Tag."

So hatte die Sonn' eine Zunge nun;
der Frauen Zungen ja nimmer ruhn. –
„Gevatterin, um Jesu Christ!
Laßt Euch nicht merken, was Ihr nun wißt!"
Nun bringt's die Sonne an den Tag!

Die Raben ziehen krächzend zumal
nach dem Hochgericht, zu halten ihr Mahl.
Wen flechten sie aufs Rad zur Stund?
Was hat er getan? Wie ward es kund?
Die Sonne bracht' es an den Tag.

Adelbert von Chamisso

DIE VERGELTUNG

I

Der Kapitän steht an der Spiere,
das Fernrohr in gebräunter Hand,
dem schwarzgelockten Passagiere
hat er den Rücken zugewandt.
Nach einem Wolkenstreif in Sinnen
die beiden wie zwei Pfeiler sehn,
der Fremde spricht: „Was braut da
drinnen?“ –
„Der Teufel“, brummt der Kapitän.

Da hebt von morschen Balkens
Trümmer
ein Kranker seine feuchte Stirn,
des Äthers Blau, der See Geflimmer,
ach, alles quält sein fiebernd Hirn!
Er läßt die Blicke, schwer und düster,
entlängs dem harten Pfühle gehn,
die eingegrabnen Worte liest er:
„Batavia. Fünfhundertzehn.“

Die Wolke steigt, zur Mittagsstunde
das Schiff ächzt auf der Wellen Höhn,
Gezisch, Geheul aus wüstem
Grunde,
die Bohlen weichen mit Gestöhn.
„Jesus, Marie! wir sind verloren!“
Vom Mast geschleudert der Matros',
ein dumpfer Krach in aller Ohren,
und langsam löst der Bau sich los.

Noch liegt der Kranke am Verdecke,
um seinen Balken festgeklemmt,
da kommt die Flut, und eine Strecke
wird er ins wüste Meer geschwemmt.
Was nicht geläng' der Kräfte Sporne,
das leistet ihm der starre Krampf,
und wie ein Narwal mit dem Horne
schießt fort er durch der Wellen Dampf.

Wie lange so? – er weiß es nimmer,
dann trifft ein Strahl des Auges Ball,
und langsam schwimmt er mit der
auf ödem glitzernden Kristall. [Trümmer
Das Schiff – die Mannschaft –
sie versanken.
Doch nein, dort auf der Wasserbahn,
dort sieht den Passagier er schwanken
in einer Kiste morschem Kahn.

Armsel'ge Lade! sie wird sinken,
er strengt die heisre Stimme an:
„Nur grade! Freund, du drückst zur
Linken!“
Und immer näher schwankt's heran,
und immer näher treibt die Trümmer,
wie ein verwehtes Möwennest;
„Courage!“, ruft der kranke Schwimmer,
„mich dünkt, ich sehe Land im West!“

Nun rühren sich der Fähren Ende,
er sieht des fremden Auges Blitz,
da plötzlich fühlt er starke Hände,
fühlt wütend sich gezerrt vom Sitz.
„Barmherzigkeit! ich kann nicht
kämpfen.“
Er klammert dort, er klemmt sich hier;
ein heisrer Schrei, den Wellen dämpfen,
am Balken schwimmt der Passagier.

Dann hat er kräftig sich geschwungen
und schaukelt durch das öde Blau,
er sieht das Land wie Dämmerungen
enttauchen und zergehn in Grau.
Noch lange ist er so geschwommen,
umflattert von der Möwe Schrei,
dann hat ein Schiff ihn aufgenommen,
Viktoria! Nun ist er frei!

II

Drei kurze Monde sind verronnen,
und die Fregatte liegt am Strand,
wo mittags sich die Robben sonnen
und Bursche klettern übern Rand,
den Mädchen ist's ein Abenteuer,
es zu erschaun vom fernen Riff,
denn noch zerstört ist nicht geheuer
das greuliche Korsarenschiff.

Und vor der Stadt, da ist ein Waten,
ein Wühlen durch das Kiesgeschrill,
da die verrufenen Piraten
ein jeder sterben sehen will.
Aus Strandgebälken, morsch, zertrümmert,
hat man den Galgen, dicht am Meer,
in wüster Eile aufgezimmert.
Dort dräut er von der Düne her!

Welch ein Getümmel an den Schranken!
„Da kommt der Frei – der Hessel jetzt –
da bringen sie den schwarzen Franken,
der hat geleugnet bis zuletzt!" –
„Schiffbrüchig sei er hergeschwommen",
höhnt eine Alte: „ei, wie kühn!
Doch keiner sprach zu seinem Frommen,
die ganze Bande gegen ihn."

Der Passagier, am Galgen stehend,
hohläugig, mit zerbrochnem Mut,
zu jedem Räuber flüstert flehend:
„Was tat dir mein unschuldig Blut?
Barmherzigkeit! – so muß ich sterben
durch des Gesindels Lügenwort,
o, mög' die Seele euch verderben!"
Da zieht ihn schon der Scherge fort.

Er sieht die Menge wogend spalten –
er hört das Summen im Gewühl –
nun weiß er, daß des Himmels Walten
nur seiner Pfaffen Gaukelspiel!
Und als er in des Hohnes Stolze
will starren nach den Ätherhöhn,
da liest er an des Galgens Holze:
„Batavia. Fünfhundertzehn."

Annette von Droste-Hülshoff

DER GLOCKENGUSS ZU BRESLAU

War einst ein Glockengießer
zu Breslau in der Stadt,
ein ehrenwerter Meister,
gewandt in Rat und Tat.

Er hatte schon gegossen
viel Glocken, gelb und weiß,
für Kirchen und Kapellen,
zu Gottes Lob und Preis.

Und seine Glocken klangen
so voll, so hell, so rein;
er goß auch Lieb' und Glauben
mit in die Form hinein.

Doch aller Glocken Krone,
die er gegossen hat,
das ist die Sünderglocke
zu Breslau in der Stadt;

Im Magdalenenturme
da hängt das Meisterstück,
rief schon manch starres Herze
zu seinem Gott zurück.

Wie hat der gute Meister
so treu das Werk bedacht!
Wie hat er seine Hände
gerührt bei Tag und Nacht!

Und als die Stunde kommen,
daß alles fertig war,
die Form ist eingemauert,
die Speise gut und gar,

da ruft er seinen Buben
zur Feuerwacht herein:
„Ich lass' auf kurze Weile
beim Kessel dich allein,

will mich mit einem Trunke
noch stärken zu dem Guß,
das gibt der zähen Speise
erst einen vollen Fluß!

Doch hüte dich, und rühre
den Hahn mir nimmer an:
Sonst wär' es um dein Leben,
Fürwitziger, getan!"

Der Bube steht am Kessel,
schaut in die Glut hinein:
Das wogt und wallt und wirbelt
und will entfesselt sein –

und zischt ihm in die Ohren
und zuckt ihm durch den Sinn
und zieht an allen Fingern
ihn nach dem Hahne hin.

Er fühlt ihn in den Händen,
er hat ihn umgedreht;
da wird ihm angst und bange,
er weiß nicht, was er tät –

und läuft hinaus zum Meister,
die Schuld ihm zu gestehn,
will seine Knie umfassen
und ihn um Gnade flehn.

Doch wie der nur vernommen
des Knaben erstes Wort,
da reißt die kluge Rechte
der jähe Zorn ihm fort.

Er stößt sein scharfes Messer
dem Buben in die Brust,
dann stürzt er nach dem Kessel,
sein selber nicht bewußt.

Vielleicht, daß er noch retten,
den Strom noch hemmen kann –
doch sieh, der Guß ist fertig,
es fehlt kein Tropfen dran.

Da eilt er abzuräumen,
und sieht, und will's nicht sehn,
ganz ohne Fleck und Makel
die Glocke vor sich stehn.

Der Knabe liegt am Boden,
er schaut sein Werk nicht mehr;
ach, Meister, wilder Meister,
du stießest gar zu sehr!

Er stellt sich dem Gerichte,
er klagt sich selber an.
Es tut den Richtern wehe
wohl um den wackern Mann;

doch kann ihn keiner retten,
und Blut will wieder Blut.
Er hört sein Todesurteil
mit ungebeugtem Mut.

Und als der Tag gekommen,
daß man ihn führt hinaus,
da wird ihm angeboten
der letzte Gnadenschmaus.

„Ich dank' euch", spricht der Meister,
„ihr Herren lieb und wert;
doch eine andre Gnade
mein Herz von euch begehrt:

Laßt mich nur einmal hören
der neuen Glocke Klang!
Ich hab' sie ja bereitet,
möcht 'wissen, ob's gelang."

Die Bitte ward gewähret,
sie schien den Herrn gering;
die Glocke ward geläutet,
als er zum Tode ging.

Der Meister hört sie klingen,
so voll, so hell, so rein!
Die Augen gehn ihm über,
es muß vor Freude sein.

Und seine Blicke leuchten,
als wären sie verklärt;
er hat in ihrem Klange
wohl mehr als Klang gehört.

Hat auch geneigt den Nacken
zum Streich voll Zuversicht;
und was der Tod versprochen,
das bricht das Leben nicht.

Das ist der Glocken Krone,
die er gegossen hat,
die Magdalenenglocke
zu Breslau in der Stadt.

Die ward zur Sünderglocke
seit jenem Tag geweiht;
weiß nicht, ob's anders worden
in dieser neuen Zeit.

Wilhelm Müller

DER HEIDEKNABE

Der Knabe träumt, man schicke ihn fort
mit dreißig Talern zum Heideort,
er ward drum erschlagen am Wege
und war doch nicht langsam und träge.

Noch liegt er im Angstschweiß, da rüttelt ihn
sein Meister und heißt ihm, sich anzuziehn
und legt ihm das Geld auf die Decke
und fragt ihn, warum er erschrecke.

„Ach Meister, mein Meister, sie schlagen mich tot,
die Sonne, sie ist ja wie Blut so rot!"
„Sie ist es für dich nicht alleine,
drum schnell, sonst mach' ich dir Beine!"

„Ach Meister, mein Meister, so sprachst du schon,
das war das Gesicht, der Blick, der Ton,
gleich greifst du" – zum Stock, will er sagen,
er sagt's nicht, er wird schon geschlagen.

„Ach Meister, mein Meister, ich geh', ich geh',
bring meiner Frau Mutter das letzte Ade!
Und sucht sie nach allen vier Winden,
am Weidenbaum bin ich zu finden!"

Hinaus aus der Stadt! Und da dehnt sie sich,
die Heide, nebelnd, gespenstiglich,
die Winde darübersausend.
„Ach, wär' hier ein Schritt wie tausend!"

Und alles so still und alles so stumm,
man sieht sich umsonst nach Lebendigem um,
nur hungrige Vögel schießen
aus Wolken, um Würmer zu spießen.

Er kommt ans einsame Hirtenhaus,
der alte Hirt schaut eben heraus,
des Knaben Angst ist gestiegen,
am Wege bleibt er noch liegen.

„Ach Hirte, du bist ja von frommer Art,
vier gute Groschen hab ich erspart,
gib deinen Knecht mir zur Seite,
daß er bis zum Dorf mich begleite.

Ich will sie ihm geben, er trinke dafür
am nächsten Sonntag ein gutes Bier,
dies Geld hier, ich trag' es mit Beben,
man nahm mir im Traum drum das Leben!"

Der Hirt, der winkte dem langen Knecht,
er schnitt sich eben den Stecken zurecht,
jetzt trat er hervor – wie graute
dem Knaben, als er ihn schaute!

„Ach, Meister Hirte, ach nein, ach nein,
es ist doch besser, ich geh' allein!"

Der Lange spricht grinsend zum Alten:
„Er will die vier Groschen behalten."

„Da sind die vier Groschen!" Er wirft sie hin
und eilt hinweg mit verstörtem Sinn.
Schon kann er die Weide erblicken:
Da klopft ihn der Knecht in den Rücken.

„Du hältst es nicht aus, du gehst zu geschwind,
ei, Eile mit Weile, du bist ja noch Kind,
auch muß das Geld dich beschweren,
wer kann dir das Ausruhn verwehren?

Komm, setz dich unter den Weidenbaum
und dort erzähl mir den häßlichen Traum,
mir träumte – Gott soll mich verdammen,
trifft's nicht mit deinem zusammen!"

Er faßt den Knaben wohl bei der Hand,
der leistet auch nimmermehr Widerstand;
die Blätter flüstern so schaurig,
das Wässerlein rieselt so traurig!

„Nun sprich, du träumtest" – „Es kam ein Mann –"
„War ich das? Sieh mich doch näher an,
ich denke, du hast mich gesehen!
Nun weiter, wie ist es geschehen?

„Er zog ein Messer!" – „War das, wie dies?" –
„Ach ja, ach ja!" – „Er zog's?" – „Und stieß –"
„Er stieß dir's wohl so durch die Kehle?
Was hilft es auch, daß ich dich quäle!"

Und fragt ihr, wie's weiter gekommen sei?
So fragt zwei Vögel, sie saßen dabei,
der Rabe verweilte gar heiter,
die Taube konnte nicht weiter!

Der Rabe erzählt, was der Böse noch tat,
und auch, wie's der Henker gerochen hat;
die Taube erzählt, wie der Knabe
geweint und gebetet habe.

Friedrich Hebbel

FRAGE

Einst wird die Weltposaune dröhnen
und mächtig aus des Engels Mund,
ein lauter Donner, wird es tönen:
Du Erde, öffne deinen Schlund!

Sie schüttelt träumend ihre Glieder,
und alle Gräber tun sich auf
und geben ihre Toten wieder,
die kommen staunend Hauf zu Hauf.

Dann, wenn, den großen Spruch zu sprechen,
der Ew'ge sich vom Stuhl erhebt
und stockend alle Herzen brechen
und Todesangst die Welt durchbebt

und laut erkracht des Himmels Krone –
dann ringsum Schweigen fürchterlich –,
dann will ich stehn vor seinem Throne
und fragen: Warum schufst du mich?

Friedrich Theodor Vischer

DIE GOLDGRÄBER

Sie waren gezogen über das Meer,
nach Glück und Gold stand ihr Begehr,
drei wilde Gesellen, vom Wetter gebräunt,
und kannten sich wohl und waren sich freund.

Sie hatten gegraben Tag und Nacht
am Fluß die Grube, im Berg den Schacht;
in Sonnengluten und Regengebraus,
bei Durst und Hunger hielten sie aus.

Und endlich, endlich, nach Monden voll Schweiß,
da sahn aus der Tiefe sie winken den Preis,
da glüht' es sie an durch das Dunkel so hold,
mit Blicken der Schlange, das feurige Gold.

Sie brachen es los aus dem finsteren Raum,
und als sie's faßten, sie hoben es kaum,

und als sie's wogen, sie jauchzten zugleich:
„Nun sind wir geborgen, nun sind wir reich!"

Sie lachten und kreischten mit jubelndem Schall,
sie tanzten im Kreis um das blanke Metall,
und hätte der Stolz nicht bezähmt ihr Gelüst,
sie hätten's mit brünstiger Lippe geküßt.

Sprach Tom, der Jäger: „Nun laßt uns ruhn!
Zeit ist's, auf das Mühsal uns gütlich zu tun.
Geh, Sam, und hol uns Speisen und Wein!
Ein lustiges Fest muß gefeiert sein!"

Wie trunken schlenderte Sam dahin,
zum Flecken hinab mit verzaubertem Sinn;
sein Haupt umnebelnd beschlichen ihn sacht
Gedanken, wie er sie nimmer gedacht.

Die andern saßen am Bergeshang;
sie prüften das Erz, und es blitzt' und es klang.
Sprach Will, der Rote: „Das Gold ist fein;
nur schade, daß wir es teilen zu drei'n."

„Du meinst?" – „Je, nun, ich meine nur so,
zwei würden des Schatzes besser froh.
Doch wenn . . ." – „Wenn was?" – „Nun, nehmen wir an,
Sam wäre nicht da . . ." – „Ja freilich, dann, dann . . ."

Sie schwiegen lang. Die Sonne glomm
und gleißt' um das Gold; da murmelte Tom:
„Siehst du die Schlucht dort unten?" – „Warum?"
„Ihr Felsen ist tief, und die Bäume sind stumm."

„Versteh' ich dich recht?" – „Was fragst du noch viel!
Wir dachten es beide und führen's ans Ziel.
Ein tüchtiger Stoß und ein Grab im Gestein,
so ist es getan, und wir teilen allein!"

Sie schwiegen aufs neu. Es verglüht' der Tag;
wie Blut auf dem Golde das Spätrot lag.
Da kam er zurück, ihr junger Genoß,
von bleicher Stirne der Schweiß ihm floß.

„Nun her mit dem Korb und dem bauchigen Krug!“
Und sie aßen und tranken mit tiefem Zug.
„Hei lustig, Bruder! Dein Wein ist stark,
er rollt wie Feuer durch Bein und Mark.

Komm, tu uns Bescheid!“ – „Ich trank schon vorher,
nun sind vom Schlafe die Augen mir schwer;
ich streck' ins Geklüft mich.“ – „Nun, gute Ruh'!
Und nimm den Stoß und den dazu!“

Sie trafen ihn mit den Messern gut.
Er schwankt und glitt im rauchenden Blut.
Noch einmal hub er sein blaß Gesicht:
„Herrgott im Himmel, du hältst Gericht!

Wohl um das Gold erschluget ihr mich.
Weh euch! Ihr seid verloren wie ich.
Auch ich, ich wollte den Schatz allein
und mischt' euch tödliches Gift an den Wein!“

Emanuel Geibel

PARABEL

Es ging ein Mann im Syrerland,
führt' ein Kamel am Halfterband.
Das Tier mit grimmigen Gebärden
urplötzlich anfing scheu zu werden
und tat so ganz entsetzlich schnaufen,
der Führer vor ihm mußt entlaufen.
Er lief und einen Brunnen sah
von ungefähr am Wege da.
Das Tier hört' er im Rücken schnauben,
das mußt' ihm die Besinnung rauben.
Er in den Schacht des Brunnens kroch,
er stürzte nicht, er schwebte noch.
Gewachsen war ein Brombeerstrauch
aus des geborstnen Brunnens Bauch;
daran der Mann sich fest tat klammern
und seinen Zustand drauf bejammern.
Er blickte in die Höh und sah
dort das Kamelhaupt furchtbar nah,
das ihn wollt' oben fassen wieder.
Dann blickt' er in den Brunnen nieder;
da sah am Grund er einen Drachen
aufgähnen mit entsperrtem Rachen,
der drunten ihn verschlingen wollte,
wenn er hinunterfallen sollte.
So schwebend in der beiden Mitte,
da sah der Arme noch das Dritte:
Wo in die Mauerspalte ging
des Sträuchleins Wurzel, dran er hing,
da sah er still ein Mäusepaar,
schwarz eine, weiß die andre war.
Er sah die schwarze mit der weißen
abwechselnd an der Wurzel beißen.
Sie nagten, zausten, gruben, wühlten,
die Erd ab von der Wurzel spülten;
und wie sie rieselnd niederrann,
der Drach im Grund aufblickte dann,
zu sehn, wie bald mit seiner Bürde
der Strauch entwurzelt fallen würde.

Der Mann in Angst und Furcht und Not,
umstellt, umlagert und umdroht,
im Stand des jammerhaften Schwebens,
sah sich nach Rettung um vergebens.
Und da er also um sich blickte,
sah er ein Zweiglein, welches nickte
vom Brombeerstrauch mit reifen Beeren
da konnt' er doch der Lust nicht wehren.
Er sah nicht des Kameles Wut
und nicht den Drachen in der Flut
und nicht der Mäuse Tückespiel,
als ihm die Beer' ins Auge fiel.
Er ließ das Tier von oben rauschen
und unter sich den Drachen lauschen
und neben sich die Mäuse nagen,
griff nach den Beerlein mit Behagen.
Sie deuchten ihm zu essen gut,
aß Beer' auf Beerlein wohlgemut,
und durch die Süßigkeit im Essen
war alle seine Furcht vergessen. –

Du fragst: Wer ist der töricht' Mann,
der so die Furcht vergessen kann?
So wiß, o Freund, der Mann bist du;
vernimm die Deutung auch dazu!
Es ist der Drach im Brunnengrund
des Todes aufgesperrter Schlund;
und das Kamel, das oben droht,
es ist des Lebens Angst und Not.
Du bist's, der zwischen Tod und Leben
am grünen Strauch der Welt mußt
schweben.
Die beiden, so die Wurzel nagen,
dich samt den Zweigen, die dich tragen,
zu liefern in des Todes Macht,
die Mäuse heißen Tag und Nacht.
Es nagt die schwarze wohl verborgen
vom Abend heimlich bis zum Morgen,
es nagt vom Morgen bis zum Abend,
die weiße, wurzeluntergrabend.
Und zwischen diesem Graus und Wust
lockt dich die Beere Sinnenlust,
daß du 's Kamel, die Lebensnot,
daß du im Grund den Drachen Tod,
daß du die Mäuse Tag und Nacht
vergissest und auf nichts hast acht,
als daß du recht viel Beerlein haschest,
aus Grabes Brunnenritzen naschest.

Friedrich Rückert

DIE BRÜCKE AM TAY

28. Dezember 1879

When shall we three meet again? (Macbeth)

„Wann treffen wir drei wieder zusamm'?"
„Um die siebente Stund, am Brückendamm."
„Am Mittelpfeiler."
„Ich lösche die Flamm'."
„Ich mit."
„Ich komme vom Norden her."
„Und ich vom Süden,"
„Und ich vom Meer."
„Hei, das gibt einen Ringelreihn,
und die Brücke muß in den Grund hinein."

,,Und der Zug, der in die Brücke tritt
um die siebente Stund'?"
,,Ei, der muß mit."
,,Muß mit."
,,Tand, Tand
ist das Gebilde von Menschenhand!"

Auf der Norderseite das Brückenhaus –
alle Fenster sehen nach Süden aus,
und die Brücknersleut' ohne Rast und Ruh'
und in Bangen sehen nach Süden zu,
sehen und warten, ob nicht ein Licht
übers Wasser hin ,,ich komme" spricht,
,,ich komme, trotz Nacht und Sturmesflug,
ich, der Edinburger Zug."

Und der Brückner jetzt: ,,Ich seh' einen Schein
am anderen Ufer. Das muß er sein.
Nun, Mutter, weg mit dem bangen Traum,
unser Johnie kommt und will seinen Baum,
und was noch am Baume von Lichtern ist,
zünd alles an wie zum heiligen Christ,
der will heuer zweimal mit uns sein –
und in elf Minuten ist er herein."

Und es war der Zug. Am Süderturm
keucht er vorbei jetzt gegen den Sturm,
und Johnie spricht: ,,Die Brücke noch!
Aber was tut es, wir zwingen es doch.
Ein fester Kessel, ein doppelter Dampf,
die bleiben Sieger in solchem Kampf.
Und wie's auch rast und ringt und rennt,
wir kriegen es unter, das Element.

Und unser Stolz ist unsre Brück';
ich lache, denk' ich an früher zurück,
an all den Jammer und all die Not
mit dem elend alten Schifferboot;
wie manche liebe Christfestnacht
hab' ich im Fährhaus zugebracht
und sah unsrer Fenster lichten Schein
und zählte und konnte nicht drüben sein."

Auf der Norderseite, das Brückenhaus –
alle Fenster sehen nach Süden aus,
und die Brücknersleut' ohne Rast und Ruh'
und in Bangen sehen nach Süden zu;
denn wütender wurde der Winde Spiel,
und jetzt, als ob Feuer vom Himmel fiel,
erglüht es in niederschießender Pracht
überm Wasser unten . . . Und wieder ist Nacht.

„Wann treffen wir drei wieder zusamm'?"
„Um Mitternacht, am Bergeskamm."
„Auf dem hohen Moor, am Erlenstamm."
„Ich komme."
„Ich mit."
„Ich nenn' euch die Zahl."
„Und ich die Namen."
„Und ich die Qual."
„Hei!
Wie Splitter brach das Gebälk entzwei."
„Tand, Tand
ist das Gebilde von Menschenhand."

Theodor Fontane

DIE NÄCHTLICHE TRAUUNG

Tief liegt das Dorf in seinem Frieden,
Türen und Tore siegelt der Mond,
das Kirchlein, ein wenig abgeschieden,
ist sein langes Alleinsein gewohnt.
Der greise Pfarrer und seine Gemeinde
schlafen sanft; und Wächter und Hund
denken im Traum selbst an keine Feinde,
alles schweigt wie Grabesgrund,
und es flüstert doch wie von irgendwoher.

Das Dorf kauert an der Westseeküste,
weit oben im Norden, im Jütenland.
Sind's Ruderschläge? Wer's nur wüßte!
Mit der Flut strebt schnell etwas an den Strand.
Gleichmäßiger Ruderschlag, wie auf Kommando;
wohl zwanzig Barkassen enttauchen dem Meer.
Eine Stimme, vorn, ruft: „Avanti, Mirando!"
Und zwanzig Barkassen fliegen her.
Steigt denn ans Ufer ein ganzes Volk?

Plötzlich stehn an des Seelsorgers Lager
zwei Menschen mit grasgrünen Masken vor:
,,Heraus'', hebt an der eine Frager,
,,wir suchen dich, du bist der Pastor.''
Der andre spricht: ,,Sieh, tausend Zechinen,
hier in der linken Hand halt' ich sie fest.
Oder willst du den Dolch dir verdienen,
dann gibt dir meine Rechte den Rest!''
Und Dolch und Zechinen wiegen gleich.

Der erste spricht: ,,Laß die Heiligen walten.''
(Er radebrecht, sein Deutsch ist schlecht.)
,,Du sollst jetzt eine Trau-Rede halten,
mach's kurz und mach es schlicht und recht.
Und gleich eine Leichenpredigt dranknüpfen.
Heraus nun und rasch in deinen Talar.
Dann darfst du wieder ins Bett-Tuch schlüpfen,
doch erst komm mit an deinen Altar.''
Und bebend folgt ihnen der alte Mann.

Wie sie draußen sind, sieht er von zahllosen Kerzen
inwendig glänzen sein Gotteshaus
und hört die Musik aller Lebensschmerzen
aus dem gewaltigen Orgelgebraus.
Er wankt, die beiden müssen ihn stützen,
er betet laut in die Nacht hinein:
,,Der Himmel wird mich vor Satan schützen,
o Jesus., laß mich nicht allein.''
Und dann betritt er die Schwelle.

Er prallt zurück. Auf Gängen und Sitzen –
wartet der Hof? geschmückt wie zum Ball?
Uniformen und Orden blenden und blitzen
wie sonnebeglitzerter Schneekristall.
Viele Admirale und Generale
und noch manch andrer Offizier
füllen mit ihrem Gala-Gestrahle
des schmucklosen Kapellchens enges Revier.
Und der Priester tappt wie im Traum nach vorn.

Er findet vor dem heiligen Schreine
einen finstern Herrn, verwelkt und grau,
bei ihm die Braut, wie im Heiligenscheine,
jung wie am frühen Tag der Tau.
  Ihr stiert aus dem schwarzen Lockendunkel
  ein Diamant von wahnsinnigem Wert,
  über ihr bleich Gesicht irrt sein Gefunkel;
  ihre lieben Augen sind tränenverheert.
Der Prediger spricht seinen Trau-Sermon.

Und gleich darauf, wie ihm befohlen,
hält er mit tiefster Ergriffenheit
eine Leichenrede. Er schluchzt verstohlen;
denkt er an Gottes Gerechtigkeit?
  Der Myrtenzweig und die Gräberblume
  verschlingen sich zum herben Kranz;
  beide gepflückt aus der irdischen Krume
  blühn sie empor in den himmlischen Glanz.
Der arme Geistliche tappt zurück.

Er taumelt, wie von Schwindel befangen,
sein Geist ist verwirrt, kein Amen der Schluß.
Knapp ist er dreißig Schritte gegangen,
hört er einen Pistolenschuß.
  Da packt ihn die Angst, da packt ihn Entsetzen,
  kaum tragen die zitternden Füße ihn fort.
  Wollen die Höllenwölfe ihn hetzen?
  Er hört sie heulen, er stöhnt: Mord! Mord!
Ohnmächtig fällt er am Gartenzaun hin.

Und er erwacht und schleppt sich zum Küster.
Der, gleich hochbejahrt, kindisch lullt und lacht,
und erzählt, wie ein Irrer, ihm mit Geflüster,
was er erlebt hat diese Nacht.
  Die beiden Greise trotteln versonnen
  einem Teich vorbei im Zwielichtgefild;
  der Teich steht still wie zu Stahl geronnen,
  nun regt ihn ihr schlotterndes Spiegelbild.
Dann treten sie ein durchs Kirchenportal:

Das Morgenrot spielt zum Erbarmen
um die junge erschossene Frau,
die mit weit ausgebreiteten Armen
vorm Altar liegt im Dämmergrau.
  Die Myrte ist ihr vom Haupt gerissen,
  um ihre Stirn knittert ein Kranz von Stroh.
  Gibt es ein Großes Weltgewissen?
  Gibt es ein Vöglein, heißt Nirgendwo?
Ein Dreimaster schaukelt auf hoher See.

Detlev von Liliencron

Legt in die Hand das Schicksal dir ein Glück,
mußt du ein andres wieder fallen lassen;
Schmerz und Gewinn erhältst du Stück um Stück,
und Tiefersehntes wirst du bitter hassen.

Des Menschen Hand ist eine Kinderhand,
sie greift nur zu, um achtlos zu zerstören;
mit Trümmern überstreuet sie das Land,
und was sie hält, wird ihr doch nie gehören.

Des Menschen Hand ist eine Kinderhand,
sein Herz ein Kinderherz im heft'gen Trachten.
Greif zu und halt! . . . da liegt der bunte Tand;
und klagen müssen nun, die eben lachten.

Legt in die Hand das Schicksal dir den Kranz,
so mußt die schönste Pracht du selbst zerpflücken;
zerstören wirst du selbst des Lebens Glanz
und weinen über den zerstreuten Stücken.

Wilhelm Raabe

PETER HARDEN

Im Windstoß klirrte Blei und Glas,
aufsprang die Winterraute.
Die Kerze züngelte, blakend und blaß,
und Peter Harden schaute
wie es raschelnd flog, wie ein welkes Blatt
taumelnd vom Wind getrieben
auf das offene Hauptbuch, das vor ihm lag,
und löschte, was er geschrieben.

Er griff danach und zögerte doch
schaudernd in jähem Erbleichen,
so staubig war es, so fleckig und kraus,
so still die Gasse, so stumm das Haus,
fremd waren Schrift und Zeichen:

,,Peter Harden, nun sind es fünfzig Jahr,
daß von früh bis spät du schafftest
und rechnend und schreibend an deinem Pult
Gold und Schätze rafftest.
Du ließest die Augen auf und ab
auf den Zahlenreihen gehen, –
und wäre doch besser, du hättest statt des
nach deinem Kinde gesehen.
Beim Rauschen des steifen Pergaments,
bei der Feder lautem Kratzen
vernahmst du nicht was von jedem Dach
seit Pfingsten pfeifen die Spatzen.
Man wispert es leis im Artushof,
man raunt es in den Kontoren:
Die blonde Barbara Harden hat
ihr Jungfernkränzel verloren.
Alle jungen Knaben der Hansestadt,
die dunkel von Aug und Haaren,
deines blonden Engelsgesichts
heimliche Liebsten waren.

Ich selber schwang das Geschlechterkind
bei Dudelsack, Flöte und Geigen
in der Schifferschenke am Frauentor
halbtrunken im tollen Reigen.
Sieben Nächte hat sie mich sehr geliebt.
Süß war ihr Küssen und Kosen.
Seit gestern aber ist sie der Schatz
eines welschen Matrosen.

Peter Harden, hör auf, bis in die Nacht
deines Reichtums Ziffern zu buchen.
Du brauchst heute nicht am Hafenkai
deine saubere Tochter zu suchen.
Bei den Jahrmarktsbuden am Dominickswall
feiert heut dein Gesinde, –

wer sah den Gast der zu dir kam?
Wer schläft bei deinem Kinde? –"

Peter Hardens Antlitz blieb unbewegt,
als er den Brief geendet.
Langsam hat er im Kontobuch
Seite um Seite gewendet.
Er zählte die Zahlen noch einmal nach,
bedächtig und ernst wie immer,
schrieb Finis drunter und Namenszug
beim flackernden Kerzenschimmer.
Geldkatze zog er und Schlüsselbund
aus samtener Gürteltasche
und kniete nieder an dem Kamin
und blies in die glühende Asche.
Die blauen Adern auf seiner Stirn
schwollen, bis fast sie zersprangen.
Da hat das Feuer unter dem Rost
zu flackern angefangen.
Acht eichene Scheite nahm er dann
und hielt sie in die Flammen.
Dann nahm er Scheite und Schlüsselbund
und biß die Lippen zusammen.

Von Sankt Kathrinen schlug's Mitternacht.
Im Harderhaus an den Wänden
war ein tastendes Knistern aufgewacht
wie von heißen Unholdshänden.
Das kreischende Haustor schloß ein Mann
und schritt durch die Speicherstraßen.
Des jagenden Wetters wilder Sturm
trieb ihn hinab die Gassen.
Er wandte sich einmal, als durch den Sturm
verlorene Schreie gellten
und strich den Bart, als am Hardenhaus
sich jäh die Fenster erhellten.

Über Beischlag und Stufen hinab
stürzten die Handelsherren.
„Beiseite, betrunkenes Jahrmarktspack!
Wer will den Weg uns sperren?

Es kam über unsere Kaufmannschaft
mit dem Wetter Unheil geflogen, –
o hört es! Drüben am Rathaustor
wird die alte Glocke gezogen!"
Sie liefen weiter. Feuerschein
leuchtete ihren Pfaden.
„Der Blitz schlug ein an der ‚Goldenen Axt', –
möge Gott Peter Harden genaden!"
Doch weiter, immer noch ruft und weint
die Glocke in wimmernder Klage –
ein einziger Ruf: „Peter Harden, du?!"
Stille.
Und einer sprach: „Sage!"

Peter Harden sah sie lange an.
Seine hageren Hände hielten
die goldene Kette an seinem Hals,
drauf blitzende Lichter spielten.
Dann trat er herab. Sein Ratsherrntalar
streifte die Sandsteinstufen.
„Verzeiht, daß ich aus Schlaf und Traum
in Wetter und Wind euch gerufen.
Doch kann ich nicht in den Rathaussaal
mit euch zusammen schreiten.
Vorüber für Peter Harden sind
der Ehre glückliche Zeiten.
Ihr werdet in euren Kontoren nicht mehr
mein breites Siegel erbrechen.
An keiner Börse mehr wird man mit Stolz
meinen alten Namen sprechen.
Nun höre mich Stadt, nun höre mich Rat
bei dieser Glocke Schlagen:
Gerechte Klage hebe ich an, –
Peter Harden will ich verklagen!

Ich klage, klage zum erstenmal:
Ich habe mein Kind verdorben,
die einsame Magd, ich sah sie nicht,
erworben hab ich, erworben!
Ich sorgte nicht, ob zu Messe und Beicht'
schritten die jungen Füße, –

und ein Mädchenfuß weicht rasch vom Weg
und verstohlene Wasser sind süße.
Ich klage, klage zum andernmal:
Als ich hörte von ihrer Schande,
selber legt' ich das Feuer an
zu meines Hauses Brande.
Sehr sorgsam schloß ich Türe und Tor.
Meine Tochter und ihr Buhle
fuhren in ihren Sünden hin
zu Gottes Richterstuhle.

Hans Daniel Quandt, meine Kette nimm, –
wohl trug ich sie in Ehren.
Schöffe Rohde, zieh ab meinen Siegelring, –
es ist, als wollt' er sich wehren.
Schon neigt sich der Kran, schon stürzt das Gebälk
an dem Giebelhaus meines Geschlechtes –
richtet ihr Herren, sein letztes Blut
nach den Satzungen unseres Rechtes!

Und wenn ihr nach Lübeck zur Tagfahrt geht
und einer liest meinen Namen
an der Schonenbank, wo mein Wappen steht, –
für mich und die Asche, die dort verweht,
fürbittend sprecht ein stilles Gebet, –"
da sagten die andern:
„Amen!"

Agnes Miegel

★

Aber flüchtet aus der Sinne Schranken
in die Freiheit der Gedanken,
und die Furchterscheinung ist entflohn,
und der ew'ge Abgrund wird sich füllen;
nehmt die Gottheit auf in euren Willen,
und sie steigt von ihrem Weltenthron.

Schiller

GLÜCK UND PFLICHT DES WERKTAGS

ABENDLIED EINES BAUERSMANNS

Das schöne große Tag-Gestirne
vollendet seinen Lauf.
Komm, wisch den Schweiß mir von der
lieb Weib, und dann tisch auf. [Stirne,

Kannst hier auf der Erde decken,
hier unterm Apfelbaum:
Da pflegt es abends gut zu schmecken,
und ist am besten Raum.

Und rufe flugs die kleinen Gäste,
denn hör, mich hungert's sehr;
bring auch den kleinsten aus dem Neste,
wenn er nicht schläft, mit her.

Dem König bringt man viel zu Tische;
er, wie die Rede geht,
hat alle Tage Fleisch und Fische
und Panzen[1] und Pastet;

und ist ein eigner Mann erlesen,
von andrer Arbeit frei,
der ordert ihm sein Tafelwesen
und präsidiert dabei.

Gott lass' ihm alles wohl gedeihen!
Er hat auch viel zu tun
und muß sich Tag und Nacht kasteien,
daß wir in Frieden ruhn.

Und haben wir nicht Herrenfutter;
so haben wir doch Brot
und schöne frische, reine Butter
und Milch, was denn für Not?

Das ist genug für Bauersleute,
wir danken Gott dafür,
und halten offne Tafel heute
vor allen Sternen hier.

Es präsidiert bei unserm Mahle
der Mond, so silberrein!
Und guckt von oben in die Schale
und tut den Segen h'nein.

Nun Kinder, esset, eßt mit Freuden,
und Gott gesegn' es euch!
Sieh, Mond! ich bin wohl zu beneiden,
bin glücklich und bin reich!

Matthias Claudius

[1] Kutteln

JOHANN, DER SEIFENSIEDER

Johann, der muntre Seifensieder,
erlernte viele schöne Lieder
und sang, mit unbesorgtem Sinn,
vom Morgen bis zum Abend hin.
Sein Tagwerk konnt' ihm Nahrung bringen,
und wenn er aß, so mußt' er singen;
und wenn er sang, so war's mit Lust,
aus vollem Hals und freier Brust.
Beim Morgenbrot, beim Abendessen
blieb Ton und Triller unvergessen;
der schallte recht; und seine Kraft
durchdrang die halbe Nachbarschaft.
Man horcht'; man fragt': Wer singt schon wieder?
Wer ist's? der muntre Seifensieder.

Es wohnte diesem in der Nähe
ein Sprößling eigennütz'ger Ehe,
der, stolz und steif und bürgerlich,
im Schmausen keinem Fürsten wich;
ein Garkoch richtender Verwandten,
der Schwäger, Vettern, Nichten, Tanten,
der stets zu halben Nächten fraß
und seiner Wechsel oft vergaß.
Kaum hatte mit den Morgenstunden
sein erster Schlaf sich eingefunden,
so ließ ihm den Genuß der Ruh'
der nahe Sänger nimmer zu.
„Zum Henker, lärmst du dort schon wieder,
vermaledeiter Seifensieder?
Auch wäre doch, zu meinem Heil
der Schlaf hier wie die Austern feil."
Den Sänger, den er früh vernommen,
läßt er an einem Morgen kommen
und spricht: „Mein lustiger Johann!
Wie geht es Euch? Wie fangt Ihr's an?
Es rühmt ein jeder Eure Ware;
sagt, wieviel bringt sie Euch im Jahre?"
„Im Jahre, Herr? Mir fällt nicht bei,
wie groß im Jahr mein Vorteil sei.
So rechn' ich nicht! Ein Tag bescheret,
was der, der auf ihn kommt, verzehret.
Dies folgt im Jahr (ich weiß die Zahl)
dreihundertfünfundsechzigmal."
„Ganz recht; doch könnt Ihr mir's nicht sagen,
was pflegt ein Tag wohl einzutragen?"
„Mein Herr, Ihr forschet allzusehr;
der eine wenig, mancher mehr.
So wie's dann fällt; mich zwingt zur Klage
nichts als die vielen Feiertage;
und wer sie alle rot gefärbt,
der hatte wohl wie Ihr geerbt,
dem war die Arbeit sehr zuwider;
der war gewiß kein Seifensieder."

Dies schien den Reichen zu erfreun.
„Hans", spricht er, „du sollst glücklich sein.
Itzt bist du nur ein schlechter Prahler.
Da hast du bare fünfzig Taler;
nur unterlasse den Gesang.
Das Geld hat einen bessern Klang."
Er dankt und schleicht mit scheuem Blicke,
mit mehr als dieb'scher Furcht zurücke.
Er herzt den Beutel, den er hält,
und zählt und wägt und schwenkt das Geld,
das Geld, den Ursprung seiner Freude
und seiner Augen neue Weide.
Es wird mit stummer Lust beschaut
und einem Kasten anvertraut,
den Band und starke Schlösser hüten,
beim Einbruch Dieben Trotz zu bieten,
den auch der karge Tor bei Nacht
aus banger Vorsicht selbst bewacht.
Sobald sich nur der Haushund reget,
sobald der Kater sich beweget,
durchsucht er alles, bis er glaubt,
daß ihn kein frecher Dieb beraubt.
Er lernt zuletzt, je mehr er spart,
wie oft sich Sorg und Reichtum paart.
Dem Nachbar, den er stets gewecket,
bis der das Geld ihm zugestecket,
dem stellt er bald aus Lust zur Ruh
den vollen Beutel wieder zu
und spricht: „Herr, lehrt mich beßre Sachen,
als statt des Singens Geld bewachen.
Nehmt immer Euren Bettel hin
und laßt mir meinen frohen Sinn.
Fahrt fort, mich heimlich zu beneiden.
Ich tausche nicht mit Euren Freuden.
Der Himmel hat mich recht geliebt,
der mir die Stimme wieder gibt.
Was ich gewesen, werd ich wieder:
Johann, der muntre Seifensieder."

Friedrich von Hagedorn

DIE SCHATZGRÄBER

Ein Winzer, der am Tode lag,
rief seine Kinder an und sprach:
„In unserm Weinberg liegt ein Schatz,
grabt nur danach!" – „An welchem Platz?"
Schrie alles laut den Vater an.
„Grabt nur!" – O weh! da starb der Mann.

Kaum war der Alte beigeschafft,
so grub man nach aus Leibeskraft.
Mit Hacke, Karst und Spaten ward
der Weinberg um und um gescharrt.
Da war kein Kloß, der ruhig blieb;
man warf die Erde gar durchs Sieb,
und zog die Harken kreuz und quer
nach jedem Steinchen hin und her.
Allein da ward kein Schatz verspürt
und jeder hielt sich angeführt.

Doch kaum erschien das nächste Jahr,
so nahm man mit Erstaunen wahr,
daß jede Rebe dreifach trug.
Da wurden erst die Söhne klug,
und gruben nun jahrein jahraus
des Schatzes immer mehr heraus.

Gottfried August Bürger

LETZTE ERNTE

Ich brachte in siebzig Jahren viele Ernten ein,
dies soll mein letztes Fuder wohl gewesen sein!
Die Gäule scheuten am Tore, sie jagten mit Gewalt,
ich schrie und riß an der Leine, aber mein Arm ist alt.

Vor ihren polternden Hufen der Staub flog auf wie Rauch,
die Garben schleiften die Steine – mein alter Rücken auch.
Mutter, was hilft das Weinen? Das ist nun, wie es ist.
Siebzig Jahre und drüber war doch eine schöne Frist!

Daß sie den Schmied nur holen, ein Eisen fehlt dem Roß,
und hinterm Hof am Tore, da ist ein Pfosten los.

Und daß sie nicht vergessen: da, wo die Pappeln stehn,
im letzten Schlag am Berge, da sollen sie Roggen sä'n.

Kommt jeder an die Reihe, König, Bauer und Knecht!
Ist's unsers Herrgotts Wille, so ist es mir auch recht.
Was stehst du vor dem Bette und beugst dich drüber dicht?
Meinst du, Mutter, ich sähe die Totenlichter nicht?

Vier Lichter an der Lade, wie sich's zu Recht gehört,
vier Pferde vor dem Wagen, der mich vom Hofe fährt,
der weißen Klageweiber zween vor meiner Truh',
im breiten linnenen Laken vom Kopf bis auf die Schuh'! –

Mutter, kommen die Kühe schon vom Kamp herein?
Die Schwarze brüllt am Tore, da muß es Melkzeit sein.
Ich höre die Knechte singen vor der Dielentür, –
morgen um Feierabend bin ich nicht mehr hier!

Viel Hände braucht die Ernte. Der Herrgott hat's gewußt.
Gottlob, daß ich nicht früher habe fortgemußt!
Und wenn ich Feierabend heute machen soll, –
gemäht sind die letzten Ähren, und alle Scheuern voll!

Lulu von Strauß und Torney

„Du hast so vieles schon getan,
dünkt dir nicht endlich die Ruhe labend?" –
Freun kann mich nur der Feierabend,
fängt morgen wieder die Arbeit an.

Paul Heyse

Es äfft dich nur dies Rennen, Traben
nach golden mußevoller Zeit;
wenn du die Ruhe glaubst zu haben,
dann eben ist sie doppelt weit.

Auf weichem Pfühl, auf samtnen Kissen,
wenn du sie hältst, wenn du sie hast,
wirst du die holde mehr vermissen
als in des Tages Druck und Last.

All Labsal, was uns hier beschieden,
fällt nur in Kampf und Streit uns zu;
nur in der Arbeit wohnt der Frieden,
und in der Mühe wohnt die Ruh'.

Theodor Fontane

EINEM TAGELÖHNER

Lange Jahre sah ich dich
führen deinen Spaten,
und ein jeder Schaufelstich
ist dir wohlgeraten.

Nie hat dir des Lebens Flucht
bang gemacht, ich glaube –
sorgtest für die fremde Frucht,
für die fremde Traube.

Nie gelodert hat die Glut
dir in eignem Herde,
doch du fußest fest und gut
auf der Mutter Erde.

Nun hast du das Land erreicht,
das du fleißig grubest,
laste dir die Scholle leicht,
die du täglich hubest!

Conrad Ferdinand Meyer

WALDARBEITER

Die runde Säge hängt ihm um den Hals,
Axt unterm Arm, so geht er morgens aus.
Hört seine Schritte hallen harten Falls –
schlafblind, im Dämmer, steht noch Haus bei Haus.

Er hat den meilenweiten Wälderschritt,
den Hut im Nacken und das Brot im Sack,
Geruch von Harz und Borke führt er mit,
und kleiner Feuer Reisigrauchgeschmack.

Des frischen Laubes süßen Moderduft,
und Spechtgeklopf und Häherschrei und schwer
den Wipfelsturz aus goldner Herbstesluft –
Axtruf, lang läutend von den Halden her . . .

Ina Seidel

PROTOKOLL

Ich heiße Friedrich Wilhelm Schläger.
nicht vorbestraft, bin vierzig alt,
verehelicht, ich stand als Jäger
in Bückeburg und bin bestallt
seit sieben Jahren über Echter,
Aubruch, Kirchlohe, Hellenstein
als Jagdaufseher von dem Pächter,
dem adeligen Jagdverein.

Ich merkte es seit ein'gen Wochen;
es war nicht sauber im Revier.
Hier war ein Rehbock aufgebrochen,
dort fehlte eine Ricke mir;
Pfingstsonntag wurden zwei Gescheide
auf einmal mir ins Haus gebracht,
von alten Ricken, alle beide
enthielten eine reife Tracht.

Am dritten Juli bei halb viere
stand ich am Kösterbruche an,
dem besten Wechsel im Reviere.
Da kam von Meyers Busch ein Mann;
die Mütze trug er im Gesichte
und unterm Arme das Gewehr,
er pirschte von der Zwillingsfichte
sich langsam vor der Wiese her.

Dort äste bei der Vorflutbrücke
vertraut seit einer Stunde sich
mit ihrem Kitze eine Ricke.
Auf diese zu der Wilddieb schlich;
ich sah, wie er sich fertigmachte
und langsam vortrat aus dem Wald,
und ehe daß es drüben krachte,
ging ich in Anschlag und schrie: „Halt!"

So wie ich rief, da riß er Funken;
der Hagel schlug um mich herum.
Da nahm aufs Korn ich den Halunken
und machte auch den Finger krumm.
Ich sah im Feuer ihn roullieren,
den Knall er nicht vernommen hat;
er tat nicht Hand noch Fuß mehr rühren,
es saß die Kugel Mitte Blatt.

Hermann Löns

DIE ERDBEERFRAU

„A loadis[1] Erdbeer-Jahr, natürli, gel!
Am Benno-Tag, der Frost, der hats dawischt!"
Sprach sie mich an und lächelte dazu
mit welkem Mund und wasserblauen Augen,
so harmlos wie ein Kind, die dürre Alte.
„Recht schlimm für uns, und schlimmer noch für Euch",
erwidert' ich, „Ihr kommt um den Verdienst,
den besten wohl im Sommer."
„I? No wissns,
geits ihrer weni, werns halt besser zahlt,
die Erdbeer, gar die schöni, ausm Gstoan,[2]
wie ebba selli da!"
Sie rückt' hinweg
den Deckel ihres Korbs, und drinnen lagen
auf Tannenreislein und auf frischen Blättern
Erdbeeren duftend und so purpurrot,
daß schon ihr Anblick eine Labung war.
Der Alten bot er wahren Hochgenuß:
„Die wachsn aufn Staufn, in die Schluchtn",
sagt sie und hebt voll Finderstolz ihr Körbchen.

[1] leidig, schlecht [2] Gestein

Ich hätte seinen Inhalt gern erworben;
er war verkauft. Vom Berge kam die Frau,
nach langem Tagewerk, war hungrig jetzt,
ein wenig müd und sehnte sich nach Hause.
„Es warten Eure Kinder", meinte ich,
„und Enkel dort auf Euch."
„Auf mi wart koas,
i bin alloa", gab sie zerstreut zurück,
und mit der Rechten ihre Augen deckend,
blickt' in die Sonne sie, die goldig flutend
soeben hinter Bergeshöhn versank.

„Da schaugns hin, zum Zwisl schaugns hin,
da bin i morgn um die Zeit scho gwest
gon Abnd hoaßts zur Alm no auffikrabin,
im Heubüh drobn schlaft ma woltern guat
und fruh um zwoa gehts ani scho in d'Staudn.

Gsund bin i, Gott sei Dank!", schloß sie vergnügt,
und zwinkert' nach den glutumsäumten Bergen
voll Liebe hin, „und hon aa koani Sorgn."
„Im Sommer, doch wie sieht's im Winter aus?"
„Mit Gottes Gnad, halt so, a bißl wiescht,[3]
ma hofft halt immer, daß bal Frühling wird.
An Oaschicks[4] bringt ihm scho so kloanweis furt."
„Das ist der Trost der Einsamen," sagt' ich,
„wie Ihr es seid, vielleicht von jeher wart?"

Gutmütig, heitren Spotts zuckt sie die Achseln.
Ob meines Irrtums. „Na, von jeher nit,
i hon amal a schöns Awesn gheit,
an braven Mo, fünf Kinder – ja amal!"
„Fünf Kinder? Hab und Gut? Und steht allein
und arm jetzt in der Welt? . . . Wie ging das zu?"
„No, schiefri ebba. 's Unglück hat uns hoamgsucht,
verbrunna san mer aa", gab sie zur Antwort
und schien zu denken: Ei, was kümmert's dich?
Doch mählich eines Bessern sich besinnend,
hob leise seufzend sie von neuem an:
„Vor dreizehn Jahren – wartens – na, vor achtzehn,

[3] wüst, schlecht [4] einschichtig, einzeln

ja wirkli, achtzehn – wie die Zeit vergeht!
Da is bei uns das großi Feuer gwest.
In d'Tenna eigschlagn hat der Blitz vom Himmi –
und voll mit Troad[5] wies war, so is verbrunnen,
und aa der Mo, sechs Küh, zwoa Kinder, alls
verbrunna."
„Wie? Verbrannt?!"
„Ja, ja, verbrennt.
Mi selba hat der Nachbar no am Zopf,
der damal armsdick war – wer möcht dees glaubn? –
herauszerrt aus die lichtrlohn Flammen.
Die Gloabiger hon si den Grund biholten,
und wiar i gangn, wiar i gstandn bin,
so bin i von der Brandgstätt weiterzogn."
„Mit Euren Kindern?"
„Jo, mit denen drei,
die übri bliebn san, zwoa Diendln und
an kloan Buebn", entgegnet sie gelassen.
„Und dann? Wie habt Ihr dann Euch fortgeholfen?"
Sie hob den Kopf empor: „No, ehrli halt.
Viel garbeit, viel, und aa a bißl bet,
a bißl nur, denn damaln, wissens, Frau,
da war i bös mit unsern lieben Herrgott,
und bins aa blieben no a lange Weil,
denn oans vo meini Diendl is schlecht gratn
und leit da draußn vor der Kirchhofmauer,
i mach en Umweg, mueß i dort vorbi."
„Die zweite aber? – die?"
„Die hat an Bauern,
in Hammerau, an reichn, is versorgt."
„Und sorgt für ihre Mutter, will ich hoffen."
„Für mi? Was denkens denn? Si hat den Mo,
hat ihm ins Haus koan roti Heller bracht
und wird aa koanen naustragn – dees hoff i!"
„Und Euer Sohn?"
„Seidat[6] war'r, Schandarm . . .
I sag, er war, jetzunder is er tot,
erschossn von die Pascher[7] an der Grenz.
Im letzten Hirgscht[8] hon i di Nachricht kriegt."
Sie sprach es langsam, leise, unbewegt,

[5] Getreide [6] Soldat [7] Schmuggler [8] Herbst

sann nach ein Weilchen; wie ein Lichtstrahl flog's
erhellend freudig über ihr Gesicht.
,,Der is mit mir gar oft in d'Erdbeer ganga
wier er a Bua no war und später aa,
der hat die Berg so guat gekennt, wiar i.''

Sie blickte in die Weite, ganz verklärt
vom sanften Glück des lieblichsten Erinnerns,
und wandt' zum Gehen sich mit kurzem Gruß.
Doch plötzlich hielt sie an. Die lichten Augen
erglänzten wild und stoben Zornesfunken.
An uns vorbeigeschritten kam ein Knabe,
der in der Hand ein Schüßlein voll mit Beeren,
armsel'gen, halbgereiften trug. – ,,Du Lump'',
rief ihm die Alte zu, ,,kannsts nit derwartn,
daaß d'Erdbeer rot wer'n, muaßt di greani rupfn?''
Mit hoch erhobner Faust bedroht' sie ihn,
und ein gewaltig Fluchwort flog ihm nach,
als schleunig er und still die Flucht ergriff.
Dann aber ganz erregt von Schmerz und Grimm
sprach sie: ,,Dees is mei allerirgster Kumma,
wenns d'Erdbeer brockn[9] ureif und kloanleizi.
Ma mirkts ja deutli, 's tuat der Pflanzen weh.
Sie wehrt si drum, was sie nur ko, die Armi,
just wier a Muatta um ihr liebis Kind,
do wenn die Frucht erst zeiti worn is,
geits's geduldi her; no jo, sie hat
das Ihre redli to, und denkt ihm halt:
Jetz werst der endli aa dein Frieden gunna!''

Da stockte sie und sah mich fragend an,
bestürzt beinah ob dieser Worte Sinn,
der dämmernd nur ihr zum Bewußtsein kam.

,,Wo wohnens?'' sprach sie hastig,
,,in Sankt Zeno.''

,,Da kimm i lei an nächstn Sunnta hin,
und Erdbeer bring i Ihna, solchi habens
no niemal koana gsegn. Bfüt Ihna Gott!''

Marie von Ebner-Eschenbach

[9] pflücken

DAS GEWITTER

Urahne, Großmutter, Mutter und Kind
in dumpfer Stube beisammen sind;
es spielet das Kind, die Mutter sich schmückt,
Großmutter spinnet, Urahne gebückt
sitzt hinter dem Ofen im Pfühl –
wie wehen die Lüfte so schwül!

Das Kind spricht: „Morgen ist's Feiertag!
Wie will ich spielen im grünen Hag,
wie will ich springen durch Tal und Höhn,
wie will ich pflücken viel Blumen schön;
dem Anger, dem bin ich hold!" –
Hört ihr's wie der Donner grollt?

Die Mutter spricht: „Morgen ist's Feiertag!
Da halten wir alle fröhlich Gelag.
Ich selber, ich rüste mein Feierkleid;
das Leben, es hat auch Lust nach Leid,
dann scheint die Sonne wie Gold!"
Hört ihr's wie der Donner grollt?

Großmutter spricht: „Morgen ist's Feiertag!
Großmutter hat keinen Feiertag.
Sie kochet das Mahl, sie spinnet das Kleid;
das Leben ist Sorg und viel Arbeit;
wohl dem, der tat, was er sollt'!" –
Hört ihr's wie der Donner grollt?

Urahne spricht: „Morgen ist's Feiertag!
Am liebsten morgen ich sterben mag:
Ich kann nicht singen und scherzen mehr,
ich kann nicht sorgen und schaffen schwer,
was tu' ich noch auf der Welt?"
Seht ihr, wie der Blitz dort fällt?

Sie hören's nicht, sie sehen's nicht,
es flammet die Stube wie lauter Licht:
Urahne, Großmutter, Mutter und Kind
vom Strahl miteinander getroffen sind,
vier Leben endet ein Schlag –
und morgen ist's Feiertag.

Gustav Schwab

DIE ALTE WASCHFRAU

Du siehst geschäftig bei dem Linnen
die Alte dort in weißem Haar,
die rüstigste der Wäscherinnen
im sechsundsiebenzigsten Jahr.
So hat sie stets mit sauerm Schweiß
ihr Brot in Ehr und Zucht gegessen
und ausgefüllt mit treuem Fleiß
den Kreis, den Gott ihr zugemessen.

Sie hat in ihren jungen Tagen
geliebt, gehofft und sich vermählt;
sie hat des Weibes Los getragen,
die Sorgen haben nicht gefehlt;
sie hat den kranken Mann gepflegt,
sie hat drei Kinder ihm geboren;
sie hat ihn in das Grab gelegt
und Glaub' und Hoffnung nicht verloren.

Da galt's, die Kinder zu ernähren;
sie griff es an mit heiterm Mut,
sie zog sie auf in Zucht und Ehren,
der Fleiß, die Ordnung sind ihr Gut.
Zu suchen ihren Unterhalt
entließ sie segnend ihre Lieben,
so stand sie nun allein und alt,
ihr war ihr heitrer Mut geblieben.

Sie hat gespart und hat gesonnen
und Flachs gekauft und nachts gewacht,
den Flachs zu feinem Garn gesponnen,
das Garn dem Weber hingebracht;
der hat's gewebt zu Leinewand.
Die Schere brauchte sie, die Nadel,
und nähte sich mit eigner Hand
ihr Sterbehemde sonder Tadel.

Ihr Hemd, ihr Sterbehemd, sie schätzt es,
verwahrt's im Schrein am Ehrenplatz;
es ist ihr Erstes und ihr Letztes,
ihr Kleinod, ihr ersparter Schatz.
Sie legt es an, des Herren Wort
am Sonntag früh sich einzuprägen;
dann legt sie's wohlgefällig fort,
bis sie darin zur Ruh sie legen.

Und ich, an meinem Abend, wollte,
ich hätte, diesem Weibe gleich,
erfüllt, was ich erfüllen sollte
in meinen Grenzen und Bereich;
ich wollt', ich hätte so gewußt
am Kelch des Lebens mich zu laben,
und könnt' am Ende gleiche Lust
an meinem Sterbehemde haben.

Adelbert von Chamisso

Sorgen sind meist von der Nesseln Art,
sie brennen, rührst du sie zu zart;
fasse sie nur an herzhaft,
so ist der Griff nicht schmerzhaft.

Emanuel Geibel

DIE ALTE KINDERFRAU

Ein enges Dachgelaß,
ein Topf Geranium,
und vor dem Fensterglas
die kleine Stadt rundum.

Geschrägt die Mörtelwand,
ein Duft von Würzgekräut,
und weißer Scheuersand
den Dielen eingestreut.

Und Bilder rund und bunt:
Ein Heil'ger, ein Soldat.
Aus Gips ein Pudelhund,
der mich um Zucker bat.

Wie glänzt das alles nah,
vieldeutig und genau,
auch sie ist wieder da,
die alte Kinderfrau.

Vor dem Geranium
ihr Runzelangesicht,
schaut sie sich lächelnd um
und blinzelt in das Licht.

Die Strickstrumpfnadel klirrt,
ihr Scheitel neigt sich weiß.
Im Vogelbauer schwirrt
der Zeisig zwitschernd leis.

Und ich, zu ihren Knien,
ein Knabe, zu Besuch,
den sie half auferziehn
zum ersten Fibelbuch.

Und dem sie wieder nun,
so wie sie ihn gelenkt,
anstatt sich auszuruhn,
uralte Weisheit schenkt;

Geschichten, fromm bedacht,
und Sprüche, drin der Schalk
auf schlesisch raunzt und lacht,
ein rechter Wechselbalg.

Ich seh' noch, gichtig krumm
die Alte, lichtumspielt,
wie das Geranium
das Alpenglühen hielt,

und mich nach Kinderart
still auf der Schemelbank –
so bleibt es mir bewahrt
mein ganzes Leben lang.

Friedrich Bischoff

EIN BALG

Die alte Frau hat ein hartes Gesicht,
doch kluge, sanfte Augen,
die wenig mehr beim Pfenniglicht
und nicht zum Weinen taugen.

Sie war ein Balg . . . Als Findelkind
verlaßner als die Armen,
bat weder Herren noch Gesind
um Futter und Erbarmen.

Sie griff fest zu und schaffte stramm
wie ehrbar-ernste Leute,
daß nie sie Unverdientes nahm,
erfreut das Weib noch heute.

Sie zeigt auch jetzt mit Bauernstolz
erdarbte Talerscheine:
‚Die sind mein unverbranntes Holz,
meine ungetrunkenen Weine . . .

Die sind mein ungegeßnes Brot,
auf jedem steht geschrieben:
Ein Alter ohne Schand' und Not . . .
und was mir Gott schuldig geblieben.‘

Ada Christen

DER SCHMIED

Ich hör' meinen Schatz,
den Hammer er schwinget,
das rauschet, das klinget,
das dringt in die Weite
wie Glockengeläute
durch Gassen und Platz.

Am schwarzen Kamin
da sitzet mein Lieber,
doch, geh' ich vorüber,
die Bälge dann sausen,
die Flammen aufbrausen
und lodern um ihn.

Ludwig Uhland

EIN LANDMÄDCHEN

Wo ein Haus mit treuen Händen
alte Kraft und Zucht bewahrt,
dem gedeiht in seinen Wänden
wohl ein Kind besondrer Art:
Aller Ahnen innig Walten
scheint an ihm hervorzugehn,
sich noch reiner zu entfalten –
solch ein Menschenkind ist schön.

So auch sie, der wir begegnet:
Manche Rede macht' uns klar,
daß mit ihrem Sein gesegnet
nicht ihr Vaterhaus nur war;
nein, im ganzen Tale schweben
wie des Frühlings ersten Hauch
fühlte man ihr junges Leben,
und nicht lang, so fühlt' ich's auch.

Über ihres Vaters Tennen,
wo die Wegchen allzu schmal
hohe Körnerdünen trennen,
wandelte sie leicht einmal,
wohl von dort auf unsre Höhe,
wo uns Haus und Gärtchen stehn,
sprang sie dann gleich einem Rehe,
unsrer Arbeit nachzusehn.

Und wir grüßen mit Entzücken,
sahen sie nur dann und wann
unterm Schaufeln, unterm Bücken
doch mit ganzem Blicke an;
und verrieten ihrem Fragen:
Himbeerhecken pflanzten wir;
unser Gärtchen sollte tragen
wie ein rechtes Waldrevier.

Sie erzählt', wie die Spaliere
an des Hauses Südwand stehn,
und wie drollig junge Tiere,
die sie aufzog, anzusehn;
wie sie dann vom Wald erzählte
und der Bauernschaft im Wald!
Und wie jedes Wort beseelte
ihrer Stimme klarer Alt!

Worte zwar und Klang verwehten . . .
Doch da nahm ich überm Jahr
an dem Ort, den sie betreten,
unverhofftes Wachstum wahr;
da ein kleines Trüppchen Ähren
aus dem Dorn die Häupter hob;
und ich sann, sie zu erklären,
und entbrannte heiß darob.

Und ich grüßte es, das Zeichen,
das voll Unschuld und beredt
kam, mir Botschaft darzureichen
über sie, die es gesät;
die zu unsres Schicksals Wegen
einen Schritt nur braucht zu tun
wie ein Engel, und der Segen
fällt ihr aus den Bänderschuhn.

Unser Mühn pflanzt Dornensträucher,
dran man karge Beeren sucht,
doch von ihrem Schritte reicher
aus dem Acker steigt die Frucht.
Wir vollenden mit Beschwerde,
unser Wohltun wägt erst lang,
doch ihr Wandel gleicht der Erde
gütigem und großem Gang.

Daß noch solche Wesen werden,
das gibt Hoffnung, das gibt Mut;
Freunde, es ist gut auf Erden,
unter Menschen ist es gut!
Seht, wie überall das Leben
insgeheim auf Wohltat sinnt,
und welch Pfand dem übergeben,
welcher sie zum Weib gewinnt.

Max Mell

FEIERABEND

Der runde Mond steht hinterm Apfelbaum,
die Schwester wäscht dem Brüderchen die Füße,
sie bringt im irdenen Napf die Milch, die süße,
und betet mit ihm, der schon halb im Traum.

Der Vater hat die Werkstatt zugemacht,
grau spinnt die Dämmerung die Fenster ein.
Die tags geglättet Wieg' und Totenschrein,
nun ruhen Hand und Hobel aus zur Nacht.

Auf krummem Rücken heim die Mutter bringt
im Korb das Ziegengras, draus duftet schwer
und süß die Nacht. Nun regt sich bald nichts mehr
im Haus und Hof, nur noch der Brunnen singt,

ein gütiger Plauderer, tröstend zärtlich leise
von Tages Arbeit und des Lebens Leid
und von der Erde dunkler Süßigkeit
die immer gleiche, immer neue Weise.

Emil Merker

DES ALTEN PFARRERS WOCHE

Sonntag

Das ist nun so ein schlimmer Tag,
wie der April ihn bringen mag
mit Schlacken, Schnee und Regen.
Zum dritten Mal in das Gebraus
streckt Jungfer Anne vor dem Haus
ihr kupfern Blendlaternchen aus
und späht längs allen Wegen.

„Wo nur der Pfarrer bleiben kann?
Ach, sicher ist dem guten Mann
was übern Weg gefahren!
Ein Pfleger wohl, der Rechnung macht –
aus war der Gottesdienst um acht:
Soll man so streifen in der Nacht
bei Gicht und grauen Haaren!"

Sie schließt die Türe, schüttelt baß
ihr Haupt und wischt am Brillenglas;
so gut dünkt ihr die Stube;
im Ofen kracht's, der Lampenschein
hellt überm Tisch den Sonntagswein,
und lockend lädt der Sessel ein
mit seiner Kissengrube.

Pantoffeln – Schlafrock – alles recht!
Sie horcht aufs neu'; doch hört sie schlecht,
es schwirrt ihr vor den Ohren.
„Wie? hat's geklingelt? ei der Daus,
zum zweiten Male, schnell hinaus!"
Da tritt der Pfarrer schon ins Haus,
ganz blau und steif gefroren.

Die Jungfrau blickt ein wenig quer,
begütigend der Pfarrer her,
wie's recht in diesem Orden.
Dann hustet er: „Nicht Mond
noch Stern!
Der lahme Friedrich hört doch gern
ein christlich Wort am Tag des Herrn,
es ist mir spät geworden!"

Nun sinkt er in die Kissen fest,
wirft ab die Kleider ganz durchnäßt
und schlürft der Traube Segen.
Ach Gott! nur wer jahraus, jahrein
in andrer Dienste lebt allein,
weiß, was es heißt, beim Sonntagswein
sich auch ein wenig pflegen.

Montag

„Wenn ich montags früh erwache,
wird mir's ganz behaglich gleich;
Montag hat so eigne Sache
in dem kleinen Wochenreich.
Denn die Predigt liegt noch ferne,
alle Sorgen scheinen leicht;
keiner kommt am Montag gerne,
sei's zur Trauung, sei's zur Beicht.

Und man darf mir's nicht verdenken,
will ich in des Amtes Frist
dem ein freies Stündchen schenken,
was doch auch zu loben ist.
So erwacht denn, ihr Gesellen
meiner fleiß'gen Jugendzeit!
Wollt in Reih und Glied euch stellen,
alte Bilder, eingeschneit!

Ilion will ich bekriegen,
mit Horaz auf Reisen gehn,
will mit Alexander siegen
und an Memnons Säule stehn.
Oder auch vergnügt ergründen,
was das Vaterland gebracht,
mich mit Kant und Wolf verbünden,
ziehn mit Laudon in die Schlacht."

Auf der Bücherleiter traben
sieh den Pfarrer, lustentbrannt,
sich verschanzen, sich vergraben
unter Heft und Foliant.

Blättern sieh ihn – nicken – spüren –
ganz versunken sitzen dann,
daß mit einer Linie rühren
du das Buch magst und den Mann.

Doch was kann ihn so bewegen?
Aufgeregt scheint sein Gehirn!
Und das Käppchen ganz verwegen
drückt er hastig in die Stirn.
Nun beginnt er gar zu pfeifen,
horch! Das Lied vom Prinz Eugen;
seinen weißen Busenstreifen
seh' ich auf und niedergehn.

Ha, nun ist der Türk' geschlagen!
Und der Pfarrer springt empor,
höher seine Brauen ragen,
senkrecht steht sein Pfeifenrohr.
Im Triumph muß er sich denken
mit dem Kaiser und dem Staat,
sieht sich selbst den Säbel schwenken,
fühlt sich selber als Soldat.

Aber draußen klappen Tritte,
nach dem Pfarrer fragt es hell,
der, aus des Gefechtes Mitte,
huscht in seinen Sessel schnell.
„Ei, das wären saubre Kunden!
Beichtkind und Kommunikant!
Hättet ihr den Pfarr' gefunden
mit dem Säbel in der Hand!"

Dienstag

Auf der breiten Tenne drehn
Paar an Paar so nett,
wo die Musikanten stehn,
Geig' und Klarinett' –
auch der Brummbaß rumpelt drein –
sieht man noch den Bräutgamsschrein
und das Hochzeitbett.

Etwas eigen, etwas schlau
und ein wenig bleich,
sittsam sieht die junge Frau,
würdevoll zugleich;
denn sie ist des Hauses Sproß,
denn sie führt den Ehgenoß
in ihr Erb und Reich.

Sippschaft ist ein weites Band,
geht gar viel hinein;
hundert Kappen goldentbrannt,
Kreuze funkeln drein;
wie das drängt und wie das schiebt!
Was sich kennt und was sich liebt,
will beisammen sein.

Alte Frauen, schweißbedeckt.
Junge Mägd' im Lauf
Spenden, war der Korb verdeckt,
Reihen ab und auf.
Sieben Tische kann man sehn,
sieben Kaffeekessel stehn
breit und glänzend drauf.

Aber freundlich, wie er kam,
sucht der Pfarrer gut
drüben unter tausend Kram
seinen Stab und Hut;
dankt noch schön der Frau vom Haus;
in die Dämmerung hinaus
trabt er wohlgemut.

Wandelt durch die Abendruh',
sinnend allerlei:
„Ei, dort ging es löblich zu,
munter, und nicht frei.
Aber – aber – aber doch –"
und ein langes Aber noch
fügt er seufzend bei.

„Wie das flimmert! wie das lacht!
Kanten, händebreit!“
Ach, die schnöde Kleiderpracht
macht ihm tausend Leid.
Und nun gar – er war nicht blind –
eines armen Mannes Kind;
nein, das ging zu weit.

Kurz, er nimmt sich's ernstlich vor,
heut und hier am Steg,
ja, an der Gemeinde Ohr,
Wächter treu und reg,
will er's tragen ungescheut;
o, er findet schon die Zeit
und den rechten Weg.

Mittwoch

Begleitest du sie gern,
des Pfarrers Lust und Plagen:
Sich gleich an allen Tagen
triffst du den frommen Herrn.
Der gute Seelenhirt!
Tritt über seine Schwelle;
da ist er schon zur Stelle
als des Kollegen Wirt.

In wohlgemeinten Sorgen,
wie er geschäftig tut!
Doch dämmert kaum der Morgen,
dies eben dünkt ihm gut.
Am Abend kam der Freund,
erschöpft nach Art der Gäste;
nun säubre man aufs beste,
daß alles nett erscheint.

Schon strahlt die große Kanne,
die Teller blitzen auf;
noch scheuert Jungfer Anne
und horcht mitunter auf.
Ach, sollte sie der Gast
im alten Jäckchen finden,
sie müßte ganz verschwinden
vor dieser Schande Last.

Und was zur Hand tut stehen,
das reizt den Pfarrer sehr,
die Jungfer wird's nicht sehen,
er macht sich drüber her;
die Schlaguhr greift er an
mit ungeschickten Händen
und sucht sie sacht zu wenden:
der übermütge Mann!

Schleppt Foliantenbürde,
putzt Fensterglas und Tisch;
fürwahr, mit vieler Würde
führt er den Flederwisch.
Am Paradiesesbaum
die Blätter, zart aus Knochen,
eins hat er schon zerbrochen,
jedoch man sieht es kaum.

Und als er just in Schatten
die alte Klingel stellt –
es kömmt ihm wohl zustatten –
da rauscht es draußen, gelt!
Fidel schlägt an in Hast,
die Jungfer ist geflüchtet,
und stattlich aufgerichtet,
begrüßt der Pfarr' den Gast.

Wie dem so wohl gefallen
die Aussicht und das Haus,
wie der entzückt von allen,
nicht Worte drücken's aus!
Ich sag' es ungeniert,
sie kamen aus den Gleisen,
sich Ehre zu erweisen,
der Gast und auch der Wirt.

Und bei dem Mittagessen,
das man vortrefflich fand,
da ward auch nicht vergessen
der Lehr- und Ehrenstand.
Ich habe viel gehört,
doch nichts davongetragen,

nur dieses mag ich sagen:
Sie sprachen sehr gelehrt.

Und sieh nur! drüben schreitet
der gute Pfarrer just,
er hat den Gast geleitet
und spricht aus voller Brust:
„Es ist doch wahr! mein Haus,
so nett und blank da droben,
ich muß es selber loben,
es nimmt sich einzig aus.“

Donnerstag

Winde rauschen, Flocken tanzen,
jede Schwalbe sucht das Haus,
nur der Pfarrer unerschrocken
segelt in den Sturm hinaus.
Nicht zum besten sind die Pfade,
aber leidlich würd' es sein,
trüg' er unter seinem Mantel
nicht die Äpfel und den Wein.

Ach, ihm ist so wohl zu Mute,
daß dem kranken Zimmermann
er die längst gegönnte Gabe
endlich einmal bieten kann.
Immer muß er heimlich lachen,
wie die Anne Äpfel las,
und wie er den Wein stibitzte,
während sie im Keller saß.

Längs des Teiches sieh ihn flattern,
wie er rudert, wie er streicht,
kann den Mantel nimmer zwingen
mit den Fingern starr und feucht.
Öfters aus dem trüben Auge
eine kalte Zähre bricht,
wehn ihm seine grauen Haare
spinnenwebig ums Gesicht.

Doch, Gottlob! da ist die Hütte,
und nun öffnet sich das Haus,
und nun keuchend auf der Tenne
schüttelt er die Federn aus.
Ach, wie freut der gute Pfarrer
sich am blanken Feuerschein!
Wie geschäftig schenkt dem Kranken
er das erste Gläschen ein.

Setzt sich an des Lagers Ende,
stärkt ihm bestens die Geduld,
und von seinen frommen Lippen
einfach fließt das Wort der Huld.
Wenn die abgezehrten Hände
er so fest in seine schließt,
anders fühlt sich dann der Kranke,
meint, daß gar nichts ihn verdrießt.

Mit der Einfalt, mit der Liebe
schmeichelt er die Seele wach,
kann an jedes Herz sich legen,
sei es kraftvoll oder schwach.
Aber draußen will es dunkeln,
draußen tröpfelt es vom Dach; –
lange sehn ihm nach die Kinder,
und der Kranke seufzt ihm nach.

Freitag

Zu denken in gestandnen Tagen
der Sorge, die so treulich sann,
der Liebe, die ihn einst getragen,
wohl ziemt es jedem Ehrenmann.
Am Lehrer alt, am Schüler mild
magst du nicht selten es gewahren;
und sind sie beide grau an Haaren,
um desto werter ist das Bild.

Zumeist dem Priester wird beschieden
für frühe Treue dieser Lohn;
nicht einsam ist des Alters Frieden,
der Zögling bleibt sein lieber Sohn.
Ja, was erstarrt im Lauf der Zeit
und wehrt dem Neuen einzudringen,
des Herzens steife Flechsen schlingen
sich fester um Vergangenheit.

So läßt ein wenig Putz gefallen
sich heut der gute Pfarrer gern,
das span'sche Rohr, die Silberschnallen,
denn heute geht's zum jungen Herrn.
Der mag in reifen Jahren stehn,
da ihn erwachsne Kinder ehren,
allein das kann den Pfarr' nicht stören,
der ihn vor Zeiten klein gesehn.

Still wandelnd durch des Parkes Linden,
in deren Schutz das Veilchen blüht,
der Alte muß es freundlich finden,
daß man so gern ihn freitags sieht;
er weiß, dem Junker sind noch frisch
die lieben längst entschwundnen Zeiten
und seines Lehrers schwache Seiten:
Ein Gläschen Wein, ein guter Fisch.

Schon tritt er in des Tores Halle;
da, wie aus reifem Erbsenbeet
der Spatzen Schar, so hinterm Walle
hervor es flattert, lacht und kräht,
der kleinen Junker wilde Schar,
die still gelauscht im Mauerbogen
und nun den Pfarrer so betrogen,
so überrumpelt ganz und gar.

Wie dann des Hauses Wirt sich freute,
der Mann mit früh ergrautem Haar,
nicht wich von seines Lehrers Seite
und rückwärts ging um dreißig Jahr;
wie er in alter Zeiten Bann
nur flüsternd sprach, nach Schüler Weise,
man sieht es an und lächelt leise,
doch mit Vergnügen sieht man's an.

Und später beim Spazierengehen
die beiden hemmen oft den Schritt,
nach jeder Blume muß man sehen,
und manche Pflanze wandert mit.
Der eine ist des Amtes bar,
nichts hat der andre zu regieren;
sie gehn aufs neu botanisieren,
der Theolog und sein Scholar.

Doch mit dem Abend naht das Scheiden
man schiebt es auf, doch kommt's heran,
die Kinder wollen's gar nicht leiden.
Am Fenster steht der Edelmann
und spinnt noch lange, lange aus,
vielfarb'ger Bilder bunt Gezwirne;
dann fährt er über seine Stirne
und atmet auf und ist zu Haus.

Samstag

Wie funkeln hell die Sterne,
wie dunkel scheint der Grund,
und aus des Teiches Spiegel
steigt dort der Mond am Hügel
grad um die elfte Stund.

Da hebt vom Predigthefte
der müde Pfarrer sich;
wohl war er unverdrossen
und endlich ist's geschlossen
mit langem Federstrich.

Nun öffnet er das Fenster,
er trinkt den milden Duft,
und spricht: „Wer soll' es sagen,
noch Schnee vor wenig Tagen,
und dies ist Maienluft."

Die strahlende Rotunde
sein ernster Blick durchspäht,
schon will der Himmelswagen
die Deichsel abwärts tragen:
„Ja, ja, es ist schon spät!"

Und als dies Wort gesprochen,
es fällt dem Pfarrer auf,
als müss' er eben deuten
auf sich der ganz zerstreuten,
arglosen Rede Lauf.

Nie schien er sich so hager,
nie fühlt' er sich so alt,
als seit er heut begraben
den langen Moritz Raben,
den Förster dort vom Wald.

Am gleichen Tag geboren,
getauft am gleichen Tag!
Das ist ein seltsam Wesen
und läßt uns deutlich lesen,
was wohl die Zeit vermag!

Der Nacht geheimes Funkeln,
und daß sich eben muß,
wie Mondesstrahlen steigen,
der frische Hügel zeigen,
das Kreuz an seinem Fuß:

Das macht ihn ganz beklommen,
den sehr betagten Mann,
er sieht den Flieder schwanken,
und längs des Hügels wanken
die Schatten ab und an.

Wie oft sprach nicht der Tote
nach seiner Weise kühn:
„Herr Pfarr', wir alten Knaben,
wir müssen sachte traben,
die Kirchhofsblumen blühn."

„So mögen sie denn blühen!",
spricht sanft der fromme Mann,
er hat sich aufgerichtet,
sein Auge, mild umlichtet,
schaut fest den Äther an.

„Hast du gesandt ein Zeichen
durch meinen eignen Mund,
und willst mich gnädig mahnen
an unser aller Ahnen
uralten ew'gen Bund;

nicht lässig sollst du finden
den, der dein Siegel trägt,
doch nach dem letzten Sturme" –
da eben summt's vom Turme,
und zwölf die Glocke schlägt –

„Ja, wenn ich bin entladen
der Woche Last und Pein,
dann führe, Gott, der Milde,
das Werk nach deinem Bilde
in deinen Sonntag ein."

• *Annette von Droste-Hülshoff*

DER ALTE TURMHAHN

Zu Cleversulzbach im Unterland
hundertunddreizehn Jahr' ich stand,
auf dem Kirchenturm ein guter Hahn,
als ein Zierat und Wetterfahn'.
In Sturm und Wind und Regennacht
hab' ich allzeit das Dorf bewacht.
Manch falber Blitz hat mich gestreift,
der Frost meinen roten Kamm bereift',
auch manchen lieben Sommertag,
da man gern Schatten haben mag,
hat mir die Sonne unverwandt
auf meinen goldigen Leib gebrannt.
So ward ich schwarz für Alter ganz,
und weg ist aller Glitz und Glanz.
Da haben sie mich denn zuletzt
veracht't und schmählich abgesetzt.
Meinthalb! so ist der Welt ihr Lauf,
jetzt tun sie einen andern nauf.
Stolzier, prachtier und dreh dich nur!
Dir macht der Wind noch andre Cour.

Ade, o Tal, du Berg und Tal!
Rebhügel, Wälder allzumal!
Herzlieber Turm und Kirchendach,
Kirchhof und Steglein übern Bach!
Du Brunnen, dahin spat und früh

Öchslein springen, Schaf und Küh,
Hans hinterdrein kommt mit dem Stekken
und Bastes Evlein auf dem Schecken!
– Ihr Störch' und Schwalben, grobe Spatzen,
euch soll ich nimmer hören schwatzen!
Lieb deucht mir jedes Drecklein itzt,
damit ihr ehrlich mich beschmitzt.
Ade, Hochwürden, Ihr, Herr Pfarr',
Schulmeister auch, du armer Narr!
Aus ist, was mich gefreut so lang,
Geläut und Orgel, Sang und Klang.

Von meiner Höh' so sang ich dort
und hätt' noch lang gesungen fort,
da kam so ein krummer Teufelshöcker,
ich schätz', es war der Schieferdecker,
packt' mich, kriegt' nach manch hartem Stoß
mich richtig von der Stange los.
Mein alt preßhafter Leib schier brach,
da er mit mir fuhr ab dem Dach
und bei den Glocken schnurrt hinein;
die glotzten sehr verwundert drein,
regt' ihnen doch weiter nicht den Mut,
dachten eben, wir hangen gut.

Jetzt tät man mich mit altem Eisen
dem Meister Hufschmied überweisen;
der zahlt' zween Batzen und meint wunder,
wie viel es wär' für solchen Plunder.
Und also ich selben Mittag
betrübt vor seiner Hütte lag.
Ein Bäumlein – es war Maienzeit –
schneeweiße Blüten auf mich streut,
Hühner gackeln um mich her,
unachtend, was das für ein Vetter wär.
Da geht mein Pfarrherr nun vorbei,
grüßt den Meister und lächelt: „Ei,
wär's so weit mit uns, armer Hahn?
Andrees, was fangt Ihr mit ihm an?
Ihr könnt ihn weder sieden noch braten,
mir aber müßt' es schlimm geraten,
einen alten Kirchendiener gut
nicht zu nehmen in Schutz und Hut.
Kommt! tragt ihn mir gleich vor ins Haus,
trinket ein kühl Glas Wein mit aus."

Der rußig Lümmel, schnell bedacht.
nimmt mich vom Boden auf und lacht.
Es fehlt' nicht viel, so tat ich frei
gen Himmel einen Freudenschrei.
Im Pfarrhaus, ob dem fremden Gast
war groß und klein erschrocken fast;
bald aber in jedem Angesicht
ging auf ein rechtes Freudenlicht.
Frau, Magd und Knecht, Mägdlein und Buben
den großen Göckel in der Stuben
mit siebenfacher Stimmen Schall
begrüßen, begucken, betasten all.
Der Gottesmann drauf mildiglich
mit eignen Händen trägt er mich
nach seinem Zimmer, Stiegen auf,
nachpolteret der ganze Hauf'.

Hier wohnt der Frieden auf der Schwell'!
In den geweißten Wänden hell
sogleich empfing mich sondre Luft,
Bücher- und Gelahrtenduft,
Gerani- und Resedaschmack,
auch ein Rüchlein Rauchtabak.
(Dies war mir all noch unbekannt.)
Ein alter Ofen aber stand
in der Ecke linker Hand.
Recht als ein Turm tät er sich strecken
mit seinem Gipfel bis zur Decken,
mit Säulwerk, Blumwerk, kraus und spitz –
o anmutsvoller Ruhesitz!

Zuöberst auf dem kleinen Kranz
der Schmied mich auf ein Stänglein
pflanzt'.
Betrachtet mir das Werk genau!
Mir deucht's ein ganzer Münsterbau;
mit Schildereien wohl geziert,
mit Reimen christlich ausstaffiert.
Davon vernahm ich manches Wort,
dieweil der Ofen ein guter Hort
für Kind und Kegel und alte Leut',
zu plaudern, wann es wind't und schneit.

Hier seht ihr seitwärts auf der Platten
eines Bischofs Krieg mit Mäus' und
Ratten,
mitten im Rheinstrom sein Kastell.
Das Ziefer kommt geschwommen schnell,
die Knecht nichts richten mit Waffen
und Wehr,
der Schwänze werden immer mehr.
Viel tausend gleich in dicken Haufen
frech an der Mauer auf sie laufen,
fallen dem Pfaffen in sein Gemach;
sterben muß er mit Weh und Ach,
von den Tieren aufgefressen,
denn er mit Meineid sich vermessen.
–Sodann König Belsazers seinen Schmaus,
Weiber und Spielleut', Saus und Braus;
zu großem Schrecken an der Wand
Rätsel schreibt eines Geistes Hand.
– Zuletzt da vorne stellt sich für
Sara lauschend an der Tür,
als der Herr mit Abraham
vor seiner Hütte zu reden kam
und ihme einen Sohn versprach.
Sara sich Lachens nicht entbrach,
weil beide schon sehr hoch betaget.
Der Herr vernimmt es wohl und fraget:
„Wie, lachet Sara? glaubt sie nicht,
was der Herr will, leicht geschicht?"
Das Weib hinwieder Flausen machet,
spricht: „Ich habe nicht gelachet."
Das war nun wohl gelogen fast,
der Herr es doch passieren laßt,
weil sie nicht leugt aus arger List,
auch eine Patriarchin ist.

Seit daß ich hier bin, dünket mir
die Winterszeit die schönste schier.
Wie sanft ist aller Tage Fluß
bis zum geliebten Wochenschluß!
– Freitag zu Nacht, noch um die Neune,
bei seiner Lampen Trost alleine,
mein Herr fangt an sein Predigtlein
studieren; anderst mag's nicht sein;
eine Weil am Ofen brütend steht,
unruhig hin und dannen geht:
Sein Text ihm schon die Adern reget;
drauf er sein Werk zu Faden schläget.
Inmittelst einmal auch etwan
hat er ein Fenster aufgetan –
ah, Sternenlüfteschwall wie rein
mit Haufen dringet zu mir ein!
Den Verrenberg ich schimmern seh',
den Schäferbühel dick mit Schnee!

Zu schreiben endlich er sich setzet,
ein Blättlein nimmt, die Feder netzet,
zeichnet sein Alpha und sein O
über dem Exordio.
Und ich von meinem Postament
kein Aug ab meinem Herrlein wend';
seh', wie er, mit Blicken steif ins Licht
sinnt, prüfet jedes Worts Gewicht,
einmal sacht eine Prise greifet,
vom Docht den roten Butzen streifet;
auch dann und wann zieht er vor sich
ein Sprüchlein an vernehmentlich,
so ich mit vorgerecktem Kopf
begierlich bringe gleich zu Kropf.
Gemachsam kämen wir also
bis Anfang Applicatio.
Indes der Wächter Elfe schreit.

Mein Herr denkt: es ist Schlafenszeit;
ruckt seinen Stuhl und nimmt das
Licht;
,,Gut' Nacht, Herr Pfarr'!" – Er hört es
nicht.
Im Finstern wär' ich denn allein.
Das ist mir eben keine Pein.
Ich hör' in der Registratur
erst eine Weil die Totenuhr,
lache den Marder heimlich aus,
der scharrt sich müd am Hühnerhaus;
Windweben um das Dächlein stieben;
ich höre, wie im Wald da drüben –
man heißet es im Vogeltrost –
der grimmig Winter sich erbost,
ein Eichlein spalt't jähling mit Knallen,
eine Buche, daß die Täler schallen.
– Du meine Güt', da lobt man sich
so frommen Ofen dankbarlich!
Er wärmelt halt die Nacht so hin,
es ist ein wahrer Segen drin.
– Jetzt, denk' ich, sind wohl hier und dort
Spitzbuben aus auf Raub und Mord;
denk', was eine schöne Sach' es ist,
brave Schloß und Riegel zu jeder Frist!
Was ich wollt' machen herentgegen,
wenn ich eine Leiter hört' anlegen;
und sonst was so Gedanken sind;
ein warmes Schweißlein mir entrinnt.
Um zwei, gottlob, und um die drei
glänzet empor ein Hahnenschrei,
um fünfe, mit der Morgenglocken,
mein Herz sich hebet unerschrocken,
ja voller Freuden auf es springt,
als der Wächter endlich singt:
,,Wohlauf, im Namen Jesu Christ!
Der helle Tag erschienen ist!"

Ein Stündlein drauf, wenn mir die Sporen
bereits ein wenig steif gefroren,
rasselt die Lis' im Ofen, brummt,
bis 's Feuer angeht, saust und summt.
Dann von der Küch' rauf, gar nicht übel,
die Supp' ich wittre, Schmalz und Zwie-
bel.
Endlich, gewaschen und geklärt,
mein Herr sich frisch zur Arbeit kehrt.

Am Samstag muß ein Pfarrer fein
daheim in seiner Klause sein,
nicht visiteln, herumkutschieren,
seine Faß einbrennen, sonst hantieren.
Meiner hat selten solch Gelust.
Einmal – ihr sagt nichts weiter just –
zimmert' er den ganzen Nachmittag
dem Fritz an einem Meisenschlag,
dort an dem Tisch, und schwatzt' und
schmaucht';
mich alten Tropf kurzweilt' es auch.

Jetzt ist der liebe Sonntag da.
Es läut't zur Kirchen fern und nah.
Man orgelt schon; mir wird dabei,
als säß' ich in der Sakristei.
Es ist kein Mensch im ganzen Haus;
ein Mücklein hör' ich, eine Maus.
Die Sonne sich ins Fenster schleicht,
zwischen die Kaktusstöck hinstreicht
zum kleinen Pult von Nußbaumholz,
eines alten Schreinermeisters Stolz;
beschaut sich, was da liegt umher,
Konkordanz und Kinderlehr,
Oblatenschachtel, Amtssigill,
im Tintenfaß sich spiegeln will,
zuteuerst Sand und Grus besicht,
sich an dem Federmesser sticht
und gleitet überm Armstuhl frank
hinüber an den Bücherschrank.
Da stehn in Pergament und Leder
vornan die frommen Schwabenväter:
Andreä, Bengel, Rieger zween
samt Ötinger sind da zu sehn.

Wie sie die goldnen Namen liest,
noch goldener ihr Mund sie küßt,
wie sie rührt an Hillers Harfenspiel –
horch! klingt es nicht? so fehlt nicht viel.

Inmittelst läuft ein Spinnlein zart
an mir hinauf nach seiner Art
und hängt sein Netz, ohn' erst zu fragen,
mir zwischen Schnabel auf und Kragen.
Ich rühr' mich nicht aus meiner Ruh,
schau' ihm eine ganze Weile zu.
Darüber ist es wohl geglückt,
daß ich ein wenig eingenickt. –
Nun sagt, ob es in Dorf und Stadt
ein alter Kirchhahn besser hat?

Ein Wunsch im stillen dann und wann
kommt einen freilich wohl noch an.
Im Sommer stünd' ich gern da draus
bisweilen auf dem Taubenhaus,
wo dicht dabei der Garten blüht,
man auch ein Stück vom Flecken sieht.
Dann in der schönen Winterzeit,
als zum Exempel eben heut:
Ich sag' es grad – da haben wir
gar einen wackern Schlitten hier,
grün, gelb und schwarz; – er ward verwichen
erst wieder sauber angestrichen:
Vorn auf dem Bogen brüstet sich
ein fremder Vogel hoffärtig –
wenn man mich etwas putzen wollt',
nicht, daß es drum viel kosten sollt',
ich stünd' so gut dort als wie der
und machet niemand nicht Unehr!
– Narr! denk' ich wieder, du hast dein Teil!
Willst du noch jetzo werden geil?
Mich wundert, ob dir nicht gefiel',
daß man, der Welt zum Spott und Ziel,
deinen warmen Ofen gar zuletzt
mitsamt dir auf die Läufe setzt',
daß auf dem Gsims da um dich säß'
Mann, Weib und Kind, der ganze Käs!
Du alter Scherb, schämst du dich nicht,
auf Eitelkeit zu sein erpicht?
Geh in dich, nimm dein Ende wahr!
Wirst nicht noch einmal hundert Jahr.

Eduard Mörike

Die Welt, die fremde, lohnt mit Kränkung,
was sich, umwerbend, ihr gesellt:
Das Haus, die Heimat, die Beschränkung,
die sind das Glück und sind die Welt.

Theodor Fontane

KLEINE STADT

Die vielen kleinen Gassen,
die die langgestreckte Hauptstraße überqueren,
laufen alle ins Grüne.
Überall fängt Land an.
Überall strömt Himmel ein und Geruch von Bäumen
und der starke Duft der Äcker.
Überall erlischt die Stadt.

In einer feuchten Herrlichkeit von Wiesen,
und durch den grauen Ausschnitt
niedrer Dächer schwankt
Gebirge, über das die Reben klettern,
die mit hellen Stützen in der Sonne leuchten.
Darüber aber schließt sich Kiefernwald:
Der stößt
wie eine breite dunkle Mauer an die rote Fröhlichkeit
der Sandsteinkirche.
Am Abend, wenn die Fabriken schließen,
ist die große Straße mit Menschen gefüllt.
Sie gehen langsam
oder bleiben mitten auf der Gasse stehn.
Sie sind geschwärzt von Arbeit und Maschinenruß.
Aber ihre Augen tragen
noch Scholle, zähe Kraft des Bodens
und das feierliche Licht der Felder.

Ernst Stadler

STADT

Zehntausend starre Blöcke sind im Tal errichtet,
aus: Stein auf Stein um Holz- und Eisenroste hochgeschichtet;
und Block an Block zu einem Berg gedrückt,
von Dampfrohr, Turm und Bahn noch überbrückt,
von Draht, der Netz an Netze spinnt.
Der Berg, von vielen Furchen tief durchwühlt:
Das ist das große Labyrinth,
dadurch das Schicksal Mensch um Menschen spült.

Fünfhunderttausend rollt im Kreis das große Leben
durch alle Rinnen fort und fort in ungeheurem Streben:
In Kaufhaus, Werkstatt, Saal und Bahnhofshalle,
in Schule, Park, am Promenadenwalle,
im Fahrstuhlschacht, im Bau am Kran,
treppauf und -ab, durch Straßen über Plätze,
auf Wagen, Rad und Straßenbahn:
Da schäumt des Menschenstrudels wirre Hetze.

Fünfhunderttausend Menschen rollt das große Leben
durch alle Rinnen fort und fort in ungeheurem Streben.

Und karrt der Tod auch hundert täglich fort,
es braust der Lärm wie sonst an jedem Ort.
Schleppt er vom Hammerblock den Schmied,
schleppt er vom Kurvengleis den Wagenleiter:
Noch stärker brüllt das Straßenlied:
Der Wagen fährt – der Hammer dröhnt weiter.

Gerrit Engelke

DER HAUER

Die breite Brust schweratmend hingestemmt,
hämmert er Schlag für Schlag die Eisenpflöcke
in das Gestein, bis aus dem Sprung der Blöcke
Staub sprudelt und den Kriechgang überschwemmt.

Im schwanken Flackerblitz des Grubenlichts
blänkert der nackte Körper wie metallen;
Schweißtropfen stürzen, perlenrund im Fallen,
aus den weit offenen Poren des Gesichts.

Der Hauer summt ein dummes Lied zum Takt
des Hammers und zum Spiel der spitzen Eisen
und stockt nur, wie von jähem Schreck gepackt,

wenn hinten weit im abgeteuften Stollen
Sprengschüsse dumpf wie Donnerschläge rollen,
und stockt, und läßt die Lampe dreimal kreisen.

Paul Zech

VON ARBEIT UND WERK

Arbeit ist Heimat! Heimat? Kann das sein?
Nun weiß ich es und fühl's in jeder Nacht:
Das Werk, das ich verließ, war mein.
Nun seh' ich Strom und Schiff und Stadt und Schacht
und fühle: aller Arbeit Macht
in den Fabriken, die aus Stahl und Stein
gepanzert sind, umhüllt von Flammenschein und Rauch,
war unser aller Werk und meines auch.

Ich war so lange euer Knecht und fluchte
in euch dem Kerker, der die Sklaven zwingt.
Nun bin ich schon so lang
in meiner Freiheit, die mich ganz durchdringt;
jetzt aber fühl' ich, sieh: es suchte
mich heute nacht der Hammer, den ich schwang,
der Hebel, den ich zog, die Kette, die ich schlang,
das Feuer, das ich schürte, die Karre, die ich schob,
der Kranen, den ich führte, der Webstuhl, dran ich wob.
Das Roß, das einst ich lenkte
und fütterte und tränkte,
das liebe, treue Tier.
Nach meiner Arbeit sehnt' ich mich,
und diese sich nach mir!

Heinrich Lersch

KLEINES GLÜCK

Sie geht in aller Frühe,
noch eh' die Dämmrung schwand,
den Weg zur Tagesmühe
im ärmlichen Gewand;
die dunklen Nebel feuchten
noch in der Straße dicht,

sonst sähe man beleuchten
ein Lächeln ihr Gesicht;
die Götter mögen wissen,
warum sie heimlich lacht –
es weiß es nur das Kissen,
was ihr geträumt heut nacht.

Hermann Lingg

Die Menschen, die in den Höfen wohnen,
sind arm und selig in ihrer Weise
mit karger Luft und dem bißchen Sonne,
und sie sprechen gedämpft und lachen leise.
In ihren weißen Fenstern stehen
alltägliche Blumen in braunen Töpfen,
und hinter den Blumen, mit reichen Zöpfen,
sitzen die Frauen und Mädchen und nähen,
lassen von ihren geneigten Köpfen
nur die schimmernden Kronen sehen.

Aber des Abends, aus ihren Stuben,
steigen die Mütter zum Brunnen nieder,

und die blassen Mädchen und Buben
singen uralte Kinderlieder,
die die Seele so seltsam rühren,
bis die Mütter das Spiel beenden
und die Zögernden an den Händen
zu den Wiegen und Betten führen . . .

Die Menschen, die in den Höfen wohnen,
sind arm und selig in ihrer Weise
mit karger Luft und dem bißchen Sonne,
und sie sprechen gedämpft und lachen leise.
Ihre Geschicke sind klein bemessen,
ranken sich wie stille Reben,
und es ist, als hätte das Leben
und als würde der Tod sie vergessen.

Anton Wildgans

DIE MUSIK DER ARMEN LEUTE

Der Herr Musikprofessor spricht:
„Die Drehorgeln, die dulde man nicht!
Sie sind eine Plage und ein Skandal!"
Mein lieber Professor, nun hören Sie mal:

Ein enger Hof – kein Sonnenschein
fällt dort das ganze Jahr hinein.
Da herrscht ein seltsam muffiger Duft,
nach Armut riecht's und Kellerluft,
da blüht keine Blume, da grünt kein Laub,
die Kinder spielen in Müll und Staub.
Nun kommt ein Leiermann hervor
und schleppt seinen Kasten durchs offene Tor.
Einen lustigen Walzer spielt er auf,
da rennt es herbei in schnellem Lauf,
da krabbeln aus ihren Höhlen heraus
die Kinder in dem ganzen Haus,
und über die blassen, ernsten Gesichter
fliegt es dahin wie Sonnenlichter;
sie tanzen und wiegen sich hin und her
im Walzertakt – was will man mehr?

In der Kellertür steht ein schlumpiges Weib,
ihr hängen die Kleider um den Leib,
den Säugling hält sie in dem Arm,
in ein Wollentuch gewickelt warm.
Sie läßt ihn tanzen, und wie er sich regt
und mit den magern Ärmchen schlägt,
ist über die vergrämten Wangen
ein Strahl von Mutterfreude gegangen.
Das Mädchen für alles im ersten Stock,
es faßt mit den Fingerspitzen den Rock
und trällert den Text und dreht sich und lacht:
An den blauen Dragoner hat sie gedacht;
des Sonntags nach vollbrachtem Werk
im „Schwarzen Adler“ zu Schöneberg – –
er war so unbeschreiblich flott
und tanzte den Walzer wie ein Gott.

Der Leiermann hat die Blicke erhoben
und wartet auf den Segen von oben.
Dann kommt – das hört ein jeder gern:
„Einst spielt' ich mit Zepter, mit Krone und Stern.“
Der arme Schreiber in seiner Kammer
vergißt eine Weile den täglichen Jammer.
Er läßt die kritzelnde Feder stehn
und seinen Blick zu den Wolken gehn,
die über die Dächer dahingezogen.
So hoch sind einst seine Träume geflogen
von Ruhm und Glück und Sonnenschein:
„O selig, o selig, ein Kind noch zu sein!“

Der Leiermann dreht seine Kurbel um,
seine Blicke wandern ringsherum.
Ein anderes Stück nun stellt er ein:
„Ich bitt' euch, lieben Vögelein!“
Die Nähterin läßt die Maschine stehn,
und ihre Traumgedanken gehn
zum letzten Roman, den sie gelesen.
Wie edel ist doch der Graf gewesen,
daß er das arme Mädchen nahm,
obgleich es doch fast zur Enterbung kam.
Dann seufzt sie. Ach, sie weiß, wie es geht;

die edlen Grafen sind dünn gesät!
Doch wenn auch kein Graf. Wenn einer nur käme,
den sie möchte und der sie nähme!
Draußen schießen die Schwalben vorbei,
sie blickt ihnen nach und summt dabei:
„Ich bitt' euch lieben Vögelein,
will keins von euch mein Bote sein?"

Der Leiermann aber schaut sich stumm
von einem Fenster zum andern um,
zieht sein Register und spielt mit Schall:
„Es braust ein Ruf wie Donnerhall!"
In seiner Werkstatt der Schuster nun
läßt eine Weile den Hammer ruhn.
Er war bei Wörth und bei Sedan
und vor Paris und Orleans,
und wie er denkt an jene Zeit,
wird sein Soldatenherz ihm weit!
Er klopft mit kampfgewohnter Hand –
mit Gott für König und Vaterland –
gar mächtig auf das Leder ein:
„Lieb Vaterland, magst ruhig sein!"

Der Leiermann aber blickt und späht,
damit sein Lohn ihm nicht entgeht.
Und sieh, der Segen bleibt nicht fern,
denn Armut gibt der Armut gern.
Bald hier, bald dort mit leisem Klapp,
in Papier gewickelt, fällt es herab.
Und ob auch der Herr Professor schreit –
hier fühlt man nichts als Dankbarkeit,
denn ein wenig Licht ins graue Heute
bringt die Musik der armen Leute.

Heinrich Seidel

FRITZ KATZFUSS

Fritz Katzfuß war ein siebzehnjähr'ger Junge,
rothaarig, sommersprossig, etwas faul,
und stand in Lehre bei der Witwe Marzahn,

die geizig war und einen Laden hatte,
drin Hering, Schlackwurst, Datteln, Schweizerkäse,
samt Pumpernickel, Lachs und Apfelsinen
ein friedlich Dasein miteinander führten.
Und auf der hohen, etwas schmalen Leiter
mit ihren halb schon weggetretnen Sprossen
sprang unser Katzfuß, wenn die Mädchen kamen
und Soda, Waschblau, Grieß, Korinthen wollten,
geschäftig hin und her.

Ja, sprang er wirklich?
Die Wahrheit zu gestehn, das war die Frage.
Die Mädchen, deren Schatz oft draußen paßte,
vermeinten ganz im Gegenteil, er „nöle",
sei wie verbiestert und durchaus kein ‚Katzfuß'.
Im Laden, wenn Frau Marzahn auf ihn passe,
da ging es noch, wenn auch nicht grad aufs beste,
das Schlimme käm' erst, wenn er wegen Selter-
und Sodawasser in den Keller müsse,
da sei dann manchmal gradzu zum Verzweifeln,
und wär' er nicht solch herzensguter Junge,
der nie was sage, nie zu wenig gebe,
ja, meistens, daß die Waagschal überklappe,
so wär's nicht zu beleben.

Und nicht besser
klang, was die Herrin selber von ihm sagte,
die Witwe Marzahn. „Wo der dumme Junge
nur immer steckt? Hier vorne muß er flink sein,
doch soll er übern Hof und auf den Boden,
so dauert's ewig, und ist gar Geburtstag
von Kaiser Wilhelm oder Sedanfeier
und soll der Stock raus mit der preuß'schen Fahne
(mein sel'ger Marzahn war nicht für die deutsche),
Fritz darf nicht rauf – denn bis dreiviertel Stunden
ist ihm das mindste."

So sprach Witwe Marzahn,
und kurz und gut, Fritz Katzfuß war ein Rätsel,
und nur das eine war noch rätselvoller:
Daß, wie's auch drohn und donnerwettern mochte,
ja, selbst wenn Blitz und Schlag zusammenfielen,
daß Fritz nie maulte, greinte, wütend wurde;

nein, unverändert blieb sein stilles Lächeln
und schien zu sagen: ‚Arme Kreaturen,
ihr glaubt mich dumm, ich bin der Überlegne.
Kramladenlehrling! Eure Welt ist Kram,
und wenn ihr Waschblau fordert oder Stärke,
blaut zu, soviel ihr wollt. Mein Blau der Himmel.‘

So ging die Zeit, und Fritz war wohl schon siebzehn;
ein Oxhoft Apfelwein war angekommen
und lag im Hof. Von da sollt's in den Keller.
Fritz schlang ein Tau herum, und weil die Hitze
groß war und drückend, was er wenig liebte,
so warf er seinen Shirting-Rock beiseite,
nicht recht geschickt, so daß der Kragenhängsel
nach unten hing. Und aus der Vordertasche
glitt was heraus und fiel zur Erde. Lautlos.
Fritz merkt' es nicht. Die Witwe Marzahn aber
schlich sich heran und nahm ein Buch – das war es –
vom Boden auf und sah hinein: ‚Gedichte.
Gedichte, erster Teil, von Wolfgang Goethe.‘
Zerlesen war's und schlecht und abgestoßen
und Zeichen eingelegt: ein Endchen Strippe,
Briefmarkenränder, und als dritt und letztes,
zu glauben kaum, ein Streifen Schlackwurstpelle,
die Seiten links und rechts befleckt, befettet,
und oben stand, nun was? stand ‚Mignonlieder‘.
Und Witwe Marzahn las: ‚Dahin, dahin,
möcht' ich mit dir, o mein Geliebter, ziehn.‘
Nun war es klar. Um so was träg und langsam,
um Goethe, Verse, Mignon.
Armer Lehrling,
ich weiß dein Schicksal nicht, nur eines weiß ich:
Wie dir die Lehrzeit hinging bei Frau Marzahn,
ging mir das Leben hin. Ein Band von Goethe
blieb mir bis heut mein bestes Wehr und Waffen,
und wenn die Witwe Marzahn mich gepeinigt
und dumme Dinger, die nach Waschblau kamen,
mich langsam fanden, kicherten und lachten –
ich lächelte, grad so wie du gelächelt,
Fritz Katzfuß, du mein Ideal, mein Vorbild.
Der Band von Goethe gab mir Kraft und Leben,

vielleicht auch Dünkel . . . All genau dasselbe,
nur andres Haar und – keine Sommersprossen.

Theodor Fontane

KAMMERMUSIK

Der Apotheker, der Kaufmann, der Arzt und der Richter,
es sind immer wieder dieselben Gesichter;
so eine Kleinstadt, es ist ein Graus,
Gott gebe, ich wäre schon wieder heraus.

Aber am Sonntag lädt der Herr Richter
„Auf einen Löffel Suppe" den Großstadtdichter.
Der Apotheker, der Kaufmann, der Arzt, die drei
sind natürlich auch dabei.

Das Essen ist gut, da ist nichts zu sagen,
ihr Minister des Innern ist eben der Magen;
und der Wein nicht übel; nun ja, man spürt,
„Man" hat eben in der Hauptstadt studiert.

Dann spricht man und raucht; es geschieht auch zuweilen,
daß Minuten ohne Gespräch enteilen;
dann spricht man wieder. Und dann, auf Ehr,
bringt die Hausfrau Notenständer her.

Und dann, da ich seufze: „Es ist nicht zu ändern!"
Sitzen die Alten schon vor ihren Ständern;
ein jeder den Fiedelbogen nimmt;
zwei Geigen, Viola und Cello. „Es stimmt."

Und sie spielen. Beethoven. Erst etwas befangen;
dann steigen Flämmlein in ihre Wangen,
und herrlich durch das Zimmer ziehn
die unendlichen, mächtigen Melodien.

Ich sitze und lausche, aufs tiefste erschüttert;
mein Herz wird mild, und die Seele erzittert.
Der Flügelschlag der Kunst durchrauscht
die Luft, dem fromm die Seele lauscht.

Mir wird, versunken im Anblick der Alten,
als müßt' zum Gebet ich die Hände falten:
O Himmel, im Alter bewahre auch mir
die Freude am Schönen wie diesen hier!

Hugo Salus

AUF EIN GRAB

Der hier begraben liegt, hat nicht viel Geld erworben
und außer dieser hier nie eine Liegenschaft.
Er ist wie jedermann geboren und gestorben,
und niemand rühmte ihn um Tat- und Geisteskraft.

Da er nichts hinterließ, ist er wohl längst vergessen.
Du, Fremder, bleibe stehn und merk auf diese Schrift.
Dann sag mir, ob sein Lob nicht manches übertrifft,
das in der Leute Mund und ihrem Ohr gesessen.

Daß jedes Jahr geblüht, war seine größte Lust!
Da schritt er ohne Hut gemächlich über Land.
Und wenn zu Winterszeit er erstmals heizen mußt',
dann hat er wie den Schlaf den Ofen Freund genannt.

Er teilte brüderlich sein Brot mit Hund und Meise
und wer es sonst begehrt'. Hat niemanden verdammt,
hat niemanden gehaßt als nur das Steueramt,
sprach nie vom Börsenkurs und selten über Preise.

Versichert war er nicht und nicht im Sportvereine.
Er ging zu keiner Wahl, er diente keinem Herrn,
sang nicht im Kirchenchor. Zeitungen hielt er keine.
Doch daß ich's nicht vergeß: er hatte Rettich gern.

Er rauchte Caporal. Ist wenig nur gereist.
Dafür hat's ihn gefreut, in jungem Gras zu ruhn.
Dann war er noch bemüht, gar niemand wehzutun,
und lobte Gottes Treu' und Zuger Kirschengeist.

Du, Wandrer, bitt für ihn. Und bleibe eingedenk,
daß Gott dein Kämmrer ist, dein Truchseß und dein Schenk.

Werner Bergengruen

*

DAS LIED VON DER GLOCKE

Vivos voco. Mortuos plango. Fulgura frango

Fest gemauert in der Erden
steht die Form aus Lehm gebrannt.
Heute muß die Glocke werden!
Frisch, Gesellen, seid zur Hand!
Von der Stirne heiß
rinnen muß der Schweiß,
soll das Werk den Meister loben;
doch der Segen kommt von oben.

Zum Werke, das wir ernst bereiten,
geziemt sich wohl ein ernstes Wort;
wenn gute Reden sie begleiten,
dann fließt die Arbeit munter fort.
So laßt uns jetzt mit Fleiß betrachten,
was durch die schwache Kraft entspringt;
den schlechten Mann muß man verachten,
der nie bedacht, was er vollbringt.
Das ist's ja, was den Menschen zieret,
und dazu war ihm der Verstand,
daß er im innern Herzen spüret,
was er erschafft mit seiner Hand.

Nehmet Holz vom Fichtenstamme,
doch recht trocken laßt es sein,
daß die eingepreßte Flamme
schlage zu dem Schwalch hinein!
Kocht des Kupfers Brei,
schnell das Zinn herbei,
daß die zähe Glockenspeise
fließe nach der rechten Weise!

Was in des Dammes tiefer Grube
die Hand mit Feuers Hilfe baut,
hoch auf des Turmes Glockenstube,
da wird es von uns zeugen laut.
Noch dauern wird's in späten Tagen
und rühren vieler Menschen Ohr
und wird mit dem Betrübten klagen
und stimmen zu der Andacht Chor.
Was unten tief dem Erdensohne
das wechselnde Verhängnis bringt,
das schlägt an die metallne Krone,
die es erbaulich weiterklingt.

Weiße Blasen seh' ich springen,
wohl! die Massen sind im Fluß.
Laßt's mit Aschensalz durchdringen,
das befördert schnell den Guß.
Auch von Schaume rein.
muß die Mischung sein,
daß vom reinlichen Metalle
rein und voll die Stimme schalle.

Denn mit der Freude Feierklange
begrüßt sie das geliebte Kind
auf seines Lebens erstem Gange,
den es in Schlafes Arm beginnt.
Ihm ruhen noch im Zeitenschoße
die schwarzen und die heitern Lose;
der Mutterliebe zarte Sorgen
bewachen seinen goldnen Morgen. –
Die Jahre fliehen pfeilgeschwind.
Vom Mädchen reißt sich stolz der Knabe,
er stürmt ins Leben wild hinaus,
durchmißt die Welt am Wanderstabe.
Fremd kehrt er heim ins Vaterhaus,
und herrlich, in der Jugend Prangen,
wie ein Gebild aus Himmelshöhn,
mit züchtigen, verschämten Wangen
sieht er die Jungfrau vor sich stehn.
Da faßt ein namenloses Sehnen
des Jünglings Herz, er irrt allein,
aus seinen Augen brechen Tränen,
er flieht der Brüder wilden Reihn.
Errötend folgt er ihren Spuren

und ist von ihrem Gruß beglückt,
das Schönste sucht er auf den Fluren,
womit er seine Liebe schmückt.
O zarte Sehnsucht, süßes Hoffen,
der ersten Liebe goldne Zeit!
Das Auge sieht den Himmel offen,
es schwelgt das Herz in Seligkeit –
o daß sie ewig grünen bliebe,
die schöne Zeit der jungen Liebe!

Wie sich schon die Pfeifen bräunen!
Dieses Stäbchen tauch' ich ein:
Sehn wir's überglast erscheinen,
wird's zum Gusse zeitig sein.
Jetzt, Gesellen, frisch!
prüft mir das Gemisch,
ob das Spröde mit dem Weichen
sich vereint zum guten Zeichen.

Denn wo das Strenge mit dem Zarten,
wo Starkes sich und Mildes paarten,
da gibt es einen guten Klang.
Drum prüfe, wer sich ewig bindet,
ob sich das Herz zum Herzen findet!
Der Wahn ist kurz, die Reu' ist lang. –
Lieblich in der Bräute Locken
spielt der jungfräuliche Kranz,
wenn die hellen Kirchenglocken
laden zu des Festes Glanz.
Ach! des Lebens schönste Feier
endigt auch den Lebensmai,
mit dem Gürtel, mit dem Schleier
reißt der schöne Wahn entzwei.
Die Leidenschaft flieht,
die Liebe muß bleiben,
die Blume verblüht,
die Frucht muß treiben.
Der Mann muß hinaus
ins feindliche Leben,
muß wirken und streben
und pflanzen und schaffen,
erlisten, erraffen,
muß wetten und wagen,
das Glück zu erjagen.
Da strömet herbei die unendliche Gabe,
es füllt sich der Speicher mit köstlicher Habe,
die Räume wachsen, es dehnt sich das Haus.
Und drinnen waltet
die züchtige Hausfrau,
die Mutter der Kinder,
und herrschet weise
im häuslichen Kreise,
und lehret die Mädchen
und wehret den Knaben
und reget ohn' Ende
die fleißigen Hände
und mehrt den Gewinn
mit ordnendem Sinn,
und füllet mit Schätzen die duftenden Laden
und dreht um die schnurrende Spindel den Faden,
und sammelt im reinlich geglätteten Schrein
die schimmernde Wolle, den schneeigten Lein,
und füget zum Guten den Glanz und den Schimmer,
und ruhet nimmer.

Und der Vater mit frohem Blick
von des Hauses weitschauendem Giebel
überzählet sein blühend Glück,
siehet der Pfosten ragende Bäume
und der Scheunen gefüllte Räume
und die Speicher, vom Segen gebogen,
und des Kornes bewegte Wogen,
rühmt sich mit stolzem Mund:
Fest, wie der Erde Grund,
gegen des Unglücks Macht

steht mir des Hauses Pracht! –
Doch mit des Geschickes Mächten
ist kein ew'ger Bund zu flechten,
und das Unglück schreitet schnell.

Wohl! nun kann der Guß beginnen,
schön gezacket ist der Bruch.
Doch, bevor wir's lassen rinnen,
betet einen frommen Spruch!
Stoßt den Zapfen aus!
Gott bewahr' das Haus!
Rauchend in des Henkels Bogen
schießt's mit feuerbraunen Wogen.

Wohltätig ist des Feuers Macht,
wenn sie der Mensch bezähmt, bewacht,
und was er bildet, was er schafft,
das dankt er dieser Himmelskraft;
doch furchtbar wird die Himmelskraft,
wenn sie der Fessel sich entrafft,
einhertritt auf der eigenen Spur
die freie Tochter der Natur.
Wehe, wenn sie losgelassen,
wachsend ohne Widerstand
durch die volkbelebten Gassen
wälzt den ungeheuren Brand!
Denn die Elemente hassen
das Gebild der Menschenhand.
Aus der Wolke
quillt der Segen,
strömt der Regen
aus der Wolke, ohne Wahl,
zuckt der Strahl!
Hört ihr's wimmern hoch vom Turm?
Das ist Sturm!
Rot wie Blut
ist der Himmel,
das ist nicht des Tages Glut!
Welch Getümmel
Straßen auf!
Dampf wallt auf!
Flackernd steigt die Feuersäule,
durch der Straße lange Zeile
wächst es fort mit Windeseile,
kochend, wie aus Ofens Rachen,
glühn die Lüfte, Balken krachen,
Pfosten stürzen, Fenster klirren,
Kinder jammern, Mütter irren,
Tiere wimmern
unter Trümmern.
Alles rennet, rettet, flüchtet,
taghell ist die Nacht gelichtet.
Durch der Hände lange Kette
um die Wette
fliegt der Eimer, hoch im Bogen
spritzen Quellen, Wasserwogen.
Heulend kommt der Sturm geflogen,
der die Flamme brausend sucht.
Prasselnd in die dürre Frucht
fällt sie, in des Speichers Räume,
in der Sparren dürre Bäume,
und als wollte sie im Wehen
mit sich fort der Erde Wucht
reißen in gewaltger Flucht,
wächst sie in des Himmels Höhen
riesengroß. –
Hoffnungslos
weicht der Mensch der Götterstärke,
müßig sieht er seine Werke
und bewundernd untergehen.

Leergebrannt
ist die Stätte,
wilder Stürme rauhes Bette.
In den öden Fensterhöhlen
wohnt das Grauen,
und des Himmels Wolken schauen
hoch hinein.

Einen Blick
nach dem Grabe
seiner Habe

sendet noch der Mensch zurück –
greift fröhlich dann zum Wanderstabe.
Was Feuers Wut ihm auch geraubt,
ein süßer Trost ist ihm geblieben:
Er zählt die Häupter seiner Lieben,
und sieh! ihm fehlt kein teures Haupt.

In die Erd' ist's aufgenommen,
glücklich ist die Form gefüllt;
wird's auch schön zutage kommen,
daß es Fleiß und Kunst vergilt?
Wenn der Guß mißlang?
Wenn die Form zersprang?
Ach, vielleicht, indem wir hoffen,
hat uns Unheil schon getroffen.

Dem dunkeln Schoß der heil'gen Erde
vertrauen wir der Hände Tat,
vertraut der Sämann seine Saat
und hofft, daß sie entkeimen werde
zum Segen, nach des Himmels Rat.
Noch köstlicheren Samen bergen
wir trauernd in der Erde Schoß
und hoffen, daß er aus den Särgen
erblühen soll zu schönerm Los.

Von dem Dome
schwer und bang
tönt die Glocke
Grabgesang.
Ernst begleiten ihre Trauerschläge
einen Wandrer auf dem letzten Wege.

Ach! die Gattin ist's, die teure,
ach! es ist die treue Mutter,
die der schwarze Fürst der Schatten
wegführt aus dem Arm des Gatten,
aus der zarten Kinder Schar,
die sie blühend ihm gebar,
die sie an der treuen Brust
wachsen sah mit Mutterlust –
ach! des Hauses zarte Bande
sind gelöst auf immerdar;
denn sie wohnt im Schattenlande,
die des Hauses Mutter war;
denn es fehlt ihr treues Walten,
ihre Sorge wacht nicht mehr;
an verwaister Stätte schalten
wird die Fremde, liebeleer.

Bis die Glocke sich verkühlet,
laßt die strenge Arbeit ruhn.
Wie im Laub der Vogel spielet,
mag sich jeder gütlich tun.
Winkt der Sterne Licht,
ledig aller Pflicht
hört der Bursch die Vesper schlagen,
Meister muß sich immer plagen.

Munter fördert seine Schritte
fern im wilden Forst der Wandrer
nach der lieben Heimathütte.
Blökend ziehen heim die Schafe,
und der Rinder
breitgestirnte, glatte Scharen
kommen brüllend,
die gewohnten Ställe füllend.
Schwer herein
schwankt der Wagen,
kornbeladen;
bunt von Farben
auf den Garben
liegt der Kranz,
und das junge Volk der Schnitter
fliegt zum Tanz.
Markt und Straße werden stiller,
um des Lichts gesell'ge Flamme,
sammeln sich die Hausbewohner,
und das Stadttor schließt sich knarrend.
Schwarz bedecket
sich die Erde;
doch den sichern Bürger schrecket
nicht die Nacht,

die den Bösen gräßlich wecket;
denn das Auge des Gesetzes wacht.

Heil'ge Ordnung, segenreiche
Himmelstochter, die das Gleiche
frei und leicht und freudig bindet,
die der Städte Bau gegründet,
die herein von den Gefilden
rief den ungesell'gen Wilden,
eintrat in der Menschen Hütten,
sie gewöhnt zu sanften Sitten
und das teuerste der Bande
wob, den Trieb zum Vaterlande!

Tausend fleiß'ge Hände regen,
helfen sich in munterm Bund,
und in feurigem Bewegen
werden alle Kräfte kund.
Meister rührt sich und Geselle
in der Freiheit heil'gem Schutz;
jeder freut sich seiner Stelle,
bietet dem Verächter Trutz.
Arbeit ist des Bürgers Zierde,
Segen ist der Mühe Preis;
ehrt den König seiner Würde,
ehret uns der Hände Fleiß.

Holder Friede,
süße Eintracht,
weilet, weilet
freundlich über dieser Stadt!
Möge nie der Tag erscheinen,
wo des rauhen Krieges Horden
dieses stille Tal durchtoben;
wo der Himmel,
den des Abends sanfte Röte
lieblich malt,
von der Dörfer, von der Städte
wildem Brande schrecklich strahlt!

Nun zerbrecht mir das Gebäude,
seine Absicht hat's erfüllt,
daß sich Herz und Auge weide
an dem wohlgelungnen Bild.
Schwingt den Hammer, schwingt,
bis der Mantel springt!
Wenn die Glock' soll auferstehen,
muß die Form in Stücke gehen.

Der Meister kann die Form zerbrechen
mit weiser Hand, zur rechten Zeit;
doch wehe, wenn in Flammenbächen
das glühnde Erz sich selbst befreit!
Blindwütend, mit des Donners Krachen,
zersprengt es das geborstne Haus,
und wie aus offnem Höllenrachen
speit es Verderben zündend aus.
Wo rohe Kräfte sinnlos walten,
da kann sich kein Gebild gestalten;
wenn sich die Völker selbst befrein,
da kann die Wohlfahrt nicht gedeihn.

Weh, wenn sich in dem Schoß der Städte
der Feuerzunder still gehäuft,
das Volk, zerreißend seine Kette,
zur Eigenhilfe schrecklich greift!
Da zerret an der Glocke Strängen
der Aufruhr, daß sie heulend schallt
und, nur geweiht zu Friedensklängen,
die Losung anstimmt zur Gewalt.

Freiheit und Gleichheit! hört man schallen,
der ruh'ge Bürger greift zur Wehr,
die Straßen füllen sich, die Hallen,
und Würgerbanden ziehn umher.
Da werden Weiber zu Hyänen
und treiben mit Entsetzen Scherz;
noch zuckend, mit des Panthers Zähnen,
zerreißen sie des Feindes Herz.
Nichts Heiliges ist mehr, es lösen
sich alle Bande frommer Scheu;
der Gute räumt den Platz dem Bösen,
und alle Laster walten frei.

Gefährlich ist's, den Leu zu wecken,
verderblich ist des Tigers Zahn;
jedoch der schrecklichste der Schrecken,
das ist der Mensch in seinem Wahn.
Weh denen, die dem Ewigblinden
des Lichtes Himmelsfackel leihn!
Sie strahlt ihm nicht, sie kann nur zünden
und äschert Städt' und Länder ein.

Freude hat mir Gott gegeben!
Sehet! wie ein goldner Stern
aus der Hülse, blank und eben,
schält sich der metallne Kern.
Von dem Helm zum Kranz
spielt's wie Sonnenglanz,
Auch des Wappens nette Schilder
loben den erfahrnen Bilder.

Herein! Herein!
Gesellen alle, schließt den Reihen,
daß wir die Glocke taufend weihen!
‚Concordia' soll ihr Name sein.
Zur Eintracht, zu herzinnigem Vereine
versammle sie die liebende Gemeine.

Und dies sei fortan ihr Beruf,
wozu der Meister sie erschuf:
Hoch überm niedern Erdenleben
soll sie in blauem Himmelszelt,
die Nachbarin des Donners, schweben
und grenzen an die Sternenwelt,
soll eine Stimme sein von oben,
wie der Gestirne helle Schar,
die ihren Schöpfer wandelnd loben
und führen das bekränzte Jahr.
Nur ewigen und ernsten Dingen
sei ihr metallner Mund geweiht,
und stündlich mit den schnellen Schwingen
berühr' im Fluge sie die Zeit.
Dem Schicksal leihe sie die Zunge;
selbst herzlos, ohne Mitgefühl,
begleite sie mit ihrem Schwunge
des Lebens wechselvolles Spiel.
Und wie der Klang im Ohr vergehet,
der mächtig tönend ihr entschallt,
so lehre sie, daß nichts bestehet,
daß alles Irdische verhallt.

Jetzo mit der Kraft des Stranges
wiegt die Glock' mir aus der Gruft,
daß sie in das Reich des Klanges
steige, in die Himmelsluft.
Ziehet, ziehet, hebt!
Sie bewegt sich, schwebt.
Freude dieser Stadt bedeute,
Friede sei ihr erst Geläute.

Schiller

Ja! diesem Sinne bin ich ganz ergeben,
das ist der Weisheit letzter Schluß:
Nur der verdient sich Freiheit wie das Leben,
der täglich sie erobern muß.

Goethe

BUCH VOM ESSEN UND TRINKEN

DAS ESSEN

Ein Mensch beim Essen ist ein gut Gesicht,
wenn er nichts denkt und nur die Kiefer mahlen,
die Zähne malmen und die Blicke strahlen
von einem sonderbaren Urweltlicht.

Vorspeisen sind wie Segel über Buchten,
schlank und zum Hafen schnellend in erregter Fahrt,
indes die schweren Fleischgerichte wuchten
gewaltig über Wiesen von Gemüsen zart.

Welch ein entzücktes Spiel: zu hohen Festen
erlesner Bissen Liebreiz zu erflehn,
und welche Lust: sich mächtig vollzumästen,
satt und mit Saft gefüllt vom Hals bis zu den Zeh'n.

Fischfleisch ist weiß und heilig oder rosen,
und manchmal rauchgebeizt und lauchgewürzt.
Auch kleine Fische gibt's in blanken Dosen,
die man wie Schnäpse jach hinunterstürzt.

Wildbret: Du Perle Cumberlands, von edler Fäule,
und nackter Horden rohgebratner Fraß!
Wohl dem, der Schneehuhn oder Rentierkeule
(gespickt, mit Sahne) hoch im Norden aß.

Beefsteak tatare ist fast so stark an Gnade
wie ein am Grill gebratnes Lendenstück,
und viele Götter leben im Salate,
saftrot und samenkerngeschwellt das Weib Tomate,
und grünes Kraut im Frühling ist ein kühles Glück.

Wenn du Kartoffeln oder Spargel ißt,
schmeckst du den Sand der Felder und den Wurzelsegen,
des Himmels Hitze und den großen Regen,
die kühlen Wässer und den warmen Mist.

Laßt mich hier schweigen vom Besoffensein,
vom tiefsten, tödlichsten Hinübergleiten,
vom hellsten, wachsten Indiewindereiten,
die Welt ist groß und unser Wort ist klein.

Laßt mich hier schweigen von dem Blutgericht
geheimster Liebe in verrauschten Zeiten –
laßt mich nur essen, dankbar und bescheiden –
ein Mensch beim Essen ist ein gut Gesicht.

Carl Zuckmayer

METZELSUPPENLIED

Wir haben heut nach altem Brauch
ein Schweinchen abgeschlachtet;
der ist ein jüdisch heikler Gauch,
wer solch ein Fleisch verachtet.
Es lebe zahm und wildes Schwein!
Sie leben alle, groß und klein,
die blonden und die braunen!

So säumet denn, ihr Freunde, nicht,
die Würste zu verspeisen
und laßt zum würzigen Gericht
die Becher fleißig kreisen!
Es reimt sich trefflich Wein und Schwein
und paßt sich köstlich Wurst und Durst;
bei Würsten gibt's zu bürsten.

Auch unser edles Sauerkraut,
wir sollen's nicht vergessen;
ein Deutscher hat's zuerst gebaut,
drum ist's ein deutsches Essen.
Wenn solch ein Fleischchen, weiß und mild
im Kraute liegt, das ist ein Bild
wie Venus in den Rosen.

Und wird von schönen Händen dann
das schöne Fleisch zerleget,
das ist, was einem deutschen Mann
gar süß das Herz beweget.
Gott Amor naht und lächelt still
und denkt: „Nur daß, wer küssen will,
zuvor den Mund sich wische!"

Ihr Freunde, tadle keiner mich,
daß ich von Schweinen singe!
Es knüpfen Kraftgedanken sich
oft an geringe Dinge.
Ihr kennet jenes alte Wort,
ihr wißt: es findet hier und dort
ein Schwein auch eine Perle.

Ludwig Uhland

Fehlt dir, o Mensch, die Harmonie
in deinem Innenleben,
so wird dich eine Symphonie
zu reinen Höhen heben.

Aus Sauerkraut besteht sie und
Schweinshaxen, rosig runden,
und war dein Herze noch so wund,
es wird sogleich gesunden.

Otto Julius Bierbaum

RESTAURATION

nach Durchlesung eines Manuskripts mit Gedichten

Das süße Zeug ohne Saft und Kraft!
Es hat mir all mein Gedärm erschlafft.
Es roch, ich will des Henkers sein,
wie lauter welke Rosen und Kamilleblümlein.
Mir ward ganz übel, mauserig, dumm,
ich sah mich schnell nach was Tüchtigem um,
lief in den Garten hinterm Haus,
zog einen herzhaften Rettich aus,
fraß ihn auf bis auf den Schwanz,
da ward ich wieder frisch und genesen ganz.

• *Eduard Mörike*

DAS SCHLARAFFENLAND

Ein Gegend heißt Schlaraffenland,
den faulen Leuten wohlbekannt.
Das liegt drei Meil hinter Weihnachten.
Und welcher darein wölle trachten,
der muß sich großer Ding vermessen
und durch ein Berg mit Hirsbrei essen,
der ist wohl dreier Meilen dick.
Alsdann ist er im Augenblick
in demselbing Schlaraffenland,
da aller Reichtum ist bekannt.
Da sind die Häuser deckt mit Fladen,
Leckkuchen die Haustür und Laden,
von Speckkuchen Dielen und Wänd,
die Balken von Schweinebraten send.
Um jedes Haus so ist ein Zaun
geflochten von Bratwürsten braun.
Von Malvasier so sind die Brunnen,
kommen eim selbs ins Maul gerunnen.
Auf den Tannen wachsen Krapfen,
wie hie zu Land die Tannzapfen.
Auf Fichten wachsen bachen Schnitten.
Eirplätz tut man von Birken schütten.
Wie Pfifferling wachsen die Flecken.
Die Weintrauben in Dorenhecken.
Auf Weidenkoppen Semmel stehn,
darunter Bäch mit Millich gehn;
die fallen dann in Bach herab,
daß jedermann zu essen hab.
Auch gehen die Fisch in den Lachen
gesotten, braten, gsulzt und bachen
und gehn bei dem Gestad gar nahen,
lassen sich mit den Händen fahen.
Auch fliegen um (möget ihr glauben)
gebraten Hühner, Gäns und Tauben.
Wer sie nicht facht und ist so faul,
dem fliegen sie selbs in das Maul.
Die Säu all Jahr gar wohl geraten,
laufen im Land um, sind gebraten.
Jede ein Messer hat im Rück,
darmit ein jeder schneidt ein Stück
und steckt das Messer wieder drein.
Die Kreuzkäs wachsen wie die Stein.
So wachsen Bauern auf den Baumen,
gleich wie in unserm Land die Pflaumen.
Wenn s' zeitig sind, so fallen s' ab,
jeder in ein Paar Stiefel rab.
Wer Pferd hat, wird ein reicher Meier,
wann sie legen ganz Körb voll Eier.

So schütt man aus den Eseln Feigen.
Nicht hoch darf man nach Kirschen steigen,
wie die Schwarzbeer sie wachsen tun.
Auch ist in dem Land ein Jungbrunn,
darin verjungen sich die Alten.
Viel Kurzweil man im Land ist halten.
So zu dem Ziel schießen die Gäst,
der weitst vom Blatt gewinnt das Best.
Im Laufen gewinnt der Letzt allein.
Das Polsterschlafen ist gemein.
Ihr Weidwerk ist mit Flöh und Läusen,
mit Wanzen, Ratzen und mit Mäusen.
Auch ist im Land gut Geld gewinnen.
Wer sehr faul ist und schläft darinnen,
dem gibt man von der Stund zween Pfen-
er schlaf ihr gleich viel oder wenig. [nig,
Ein Furz gilt einen Binger Haller,
drei Rülpser einen Jochimstaler.
Und welcher da sein Geld verspielt,
zwiefach man ihm das wiedergilt.
Und welcher auch nicht geren zahlt,
wenn die Schuld wird eins Jahres alt,
so muß ihm jener darzu geben.
Und welcher geren wohl ist leben,
dem gibt man von dem Trunk ein Batzen.
Und welcher wohl die Leut kann fatzen,
dem gibt man ein Plappert[1] zu Lohn.
Für ein groß Lüg geit man ein Kron.

Doch muß sich da hüten ein Mann,
aller Vernunft ganz müßig stahn.
Wer Sinn und Witz gebrauchen wollt,
dem würd kein Mensch im Lande hold,
und wer gern arbeit' mit der Hand,
dem verbeut mans Schlaraffenland.
Wer Zucht und Ehrbarkeit hätt lieb,
denselben man des Landes vertrieb.
Wer unnütz ist, will nichts nit lehren,
der kommt im Land zu großen Ehren,
wann wer der Faulest wird erkannt,
derselb ist König in dem Land.
Wer wüst, wild und unsinnig ist,
grob, unverstanden alle Frist,
aus dem macht man im Land ein Fürsten.
Wer geren ficht, mit Leberwürsten,
aus dem ein Ritter wird gemacht.
Wer schlüchtisch[2] ist und nichtsen acht,
dann essen, trinken und viel schlafen,
aus dem macht man im Land ein Grafen.
Wer tölpisch ist und nichtsen kann,
der ist im Land ein Edelmann.

Wer also lebt wie obgenannt,
der ist gut ins Schlaraffenland,
das von den Alten ist erdicht,
zu Straf der Jugend zugericht,
die gewöhnlich faul ist und gefräßig,
ungeschickt, heillos und nachlässig,
daß man s' weis' ins Land zu Schlaraffen,
darmit ihr schlüchtisch Weis' zu strafen,
daß sie haben auf Arbeit acht,
weil faule Weis' nie Gutes bracht.

nach Hans Sachs

[1] Drei Kreuzer [2] liederlich

Das wär' dir ein schönes Gartengelände,
wo man den Weinstock mit Würsten bände.

Goethe

Wer aber recht bequem ist und faul,
flög' dem eine gebratne Taube ins Maul,
er würde höchlich sich's verbitten,
wär' sie nicht auch geschickt zerschnitten.

Goethe

Es wird mit Recht ein guter Braten
gerechnet zu den guten Taten,
und daß man ihn gehörig mache,
ist weibliche Charaktersache.
Ein braves Mädchen braucht dazu
mal erstens reine Seelenruh,
daß bei Verwendung der Gewürze
sie sich nicht hastig überstürze.
Dann zweitens braucht sie Sinnigkeit,
ja, sozusagen, Innigkeit,
damit sie alles appetitlich,
bald so, bald so und recht gemütlich
begießen, drehn und wenden könne,
daß an der Sache nichts verbrenne.
In Summa braucht sie Herzensgüte,
ein sanftes Sorgen im Gemüte,
fast etwas Liebe, insofern,
für all die hübschen, edlen Herrn,
die diesen Braten essen sollen
und immer gern was Gutes wollen.
Ich weiß, daß hier ein jeder spricht:
Ein böses Mädchen kann es nicht.
Drum hab' ich mir auch stets gedacht
zu Haus und anderwärts:
Wer einen guten Braten macht,
hat auch ein gutes Herz.

Wilhelm Busch

SENDSCHREIBEN

Wer nicht richtet, sondern fleißig ist,
wie ich bin und wie du bist,
den belohnt auch die Arbeit mit Genuß;
nichts wird auf der Welt ihm Überdruß.
Denn er blecket nicht mit stumpfem Zahn
lang Gesottnes und Gebratnes an,
das er, wenn er noch so sittlich kaut,
endlich doch nicht sonderlich verdaut;
sondern faßt ein tüchtig Schinkenbein,
haut da gut taglöhnermäßig drein,
füllt bis oben gierig den Pokal,
trinkt und wischt das Maul wohl nicht einmal.

Sieh, so ist Natur ein Buch lebendig,
unverstanden, doch nicht unverständlich;
denn dein Herz hat viel und groß Begehr:
Was wohl in der Welt für Freude wär',
allen Sonnenschein und alle Bäume,
alles Meergestad und alle Träume
in dein Herz zu sammeln miteinander,
wie die Welt durchwühlend Banks, Solander.

Und wie muß dir's werden, wenn du fühlest,
daß du alles in dir selbst erzielest:
Freude hast an deiner Frau und Hunden,
als noch keiner im Elysium gefunden,

als er da mit Schatten lieblich schweifte
und an goldne Gottgestalten streifte.
Nicht in Rom, in Magna Graecia –
dir im Herzen ist die Wonne da!
Wer mit seiner Mutter, der Natur, sich hält,
findt im Stengelglas wohl eine Welt.

• *Goethe*

EPIPHANIASFEST

Die heil'gen drei König mit ihrem Stern,
sie essen, sie trinken und bezahlen nicht gern;
sie essen gern, sie trinken gern,
sie essen, trinken und bezahlen nicht gern.

Die heiligen drei König sind kommen allhier,
es sind ihrer drei und sind nicht ihrer vier;
und wenn zu dreien der vierte wär',
so wär' ein heil'ger Drei König mehr.

Ich erster bin der weiß' und auch der schön',
bei Tage solltet ihr erst mich sehn!
Doch ach, mit allen Spezerein
werd ich sein Tag kein Mädchen mir erfrein.

Ich aber bin der braun' und bin der lang',
bekannt bei Weibern wohl und bei Gesang.
Ich bringe Gold statt Spezerein,
da werd' ich überall willkommen sein.

Ich endlich bin der schwarz' und bin der klein'
und mag auch wohl einmal recht lustig sein.
Ich esse gern, ich trinke gern,
ich esse, trinke und bedanke mich gern.

Die heiligen drei König sind wohlgesinnt,
sie suchen die Mutter und das Kind.
Der Joseph fromm sitzt auch dabei,
der Ochs' und Esel liegen auf der Streu.

Wir bringen Myrrhen, wir bringen Gold,
dem Weihrauch sind die Damen hold.
Und haben wir Wein von gutem Gewächs,
so trinken wir drei so gut als ihrer sechs.

Da wir nun hier schöne Herrn und Fraun,
aber keine Ochsen und Esel schaun,
so sind wir nicht am rechten Ort
und ziehen unseres Weges weiter fort.

Goethe

RATSCHLAG FÜR GUTES TRINKEN

O trinke nie, um etwas zu vergessen,
es sinkt nur um so schwerer in dich ein.
Und trinke lieber bei und nach dem Essen.
Zuerst ein klarer Schnaps. Dann Bier, dann Wein.

Viel besser ist, beim Trunk sich zu erinnern.
Die Seele spinnt, wenn man gelassen säuft,
ein zart Gewebe, gleich den Seidenspinnern,
dieweil die Rede hin und wieder läuft.

Es ist auch manchmal gut, zu zwein zu trinken
und sich die höchste Freude anzutun,
bis dann die Leiber auf ein Lager sinken,
wo sie gesättigt miteinander ruhn.

Am besten trinkt sich's in verwandtem Kreise
um einen Tisch gesellt, daran man lang
und müßig sitzt, mit faulem Fleiße
einander steigernd bis zum Pansgesang.

Vermeide stets, dich einsam zu besaufen,
und laß es bleiben, wenn du traurig bist.
Doch laß getrost dich voll und voller laufen,
wenn dir so ist, wie mir es immer ist.

Hör auf, wenn dir im Kopf die Bienen sausen.
Hör auf, wenn Ärger oder Scham dich plagt.
Doch segne jenes ungeheure Brausen
windstiller Nächte, kurz bevor es tagt.

Dann mag geschehen, während Fensterscheiben
wie Gletscher glühn im ersten Morgenstrahl,
daß Bilder dir und Worte sich verleiben
wie eine unverrückbar heilige Zahl.

Carl Zuckmayer

AN DEN WEIN

Du, den feurig der Gott weckte am herbstlichen Hang,
sieh, dein Sänger ergreift tiefen Blickes das Glas.
Ach, du schimmerst ihm wieder,
klar und aller Geheimnisse voll.

Wenn er jemals ein Glück bis zur Wurzel gefühlt,
war es glühend der Strom, welcher wie Sühneblut
sich dem seinen vermählte,
daß er dunkelster Nacht vergaß.

Sonst ein elender Mensch, dem das Leben den Fuß
auf den Nacken gesetzt, müde der Tat und des Worts,
war zum Spiel er den Winden
und dem Flug der Vögel zum Spott.

O, daß du die Gewalt gibst der Seele zurück,
die einst den Jüngling gespornt, größer als groß zu sein,
mit den Wolken zu fliegen,
die kein Schatten der Erde schwärzt.

O, daß du sein Gedicht, das ihm die Qual gebar,
näher zum Traume hinführst, näher dem zeugenden Quell,
und im Rausche vollendest
Eingang in das tönende Licht.

Dank dir! Dank dir und Preis! Der du den reifsten Sinn
dieser schwankenden Welt deinem Sänger enthüllst,
wenn er trunkenen Leibes
aus der Wirrnis flieht an des Gottes Herz.

Josef Weinheber

Aus Feuer ist der Geist geschaffen,
drum schenkt mir süßes Feuer ein!
Die Lust der Lieder und der Waffen,
die Lust der Liebe schenkt mir ein,
der Taube süßes Sonnenblut,
das Wunder glaubt und Wunder tut!

Ernst Moritz Arndt

HERR BACCHUS

Herr Bacchus ist ein braver Mann,
das kann ich euch versichern;
mehr als Apoll, der Leiermann,
mit seinen Notenbüchern.

Apoll muß tiefgebückt und krumm
in Fürstensäle schleichen;
allein mit Bacchus gehn sie um,
als wie mit ihresgleichen.

Drum wollen wir auf den Parnaß
vor allen andern Dingen
das große Heidelberger Faß
voll Nierensteiner bringen.

Man lebte so nach altem Brauch
bisher dort allzu nüchtern.
Drum blieben die neun Jungfern auch
von je und je so schüchtern.

Ha! zapften sie sich ihren Trank
aus Bacchus' Nektartonnen,
sie jagten Blödigkeit und Zwang
ins Kloster zu den Nonnen.

Fürwahr! sie ließen nicht mit Müh'
zur kleinsten Gunst sich zwingen
und ungerufen würden sie
uns in die Arme springen.

• *Gottfried August Bürger*

Trunken müssen wir alle sein!
Jugend ist Trunkenheit ohne Wein;
trinkt sich das Alter wieder zur Jugend,
so ist es wundervolle Tugend.
Für Sorgen sorgt das liebe Leben,
und Sorgenbrecher sind die Reben.

Goethe

Solang man nüchtern ist,
gefällt das Schlechte;
wie man getrunken hat,
weiß man das Rechte.

Goethe

Die Wahrheit ist im Wein.
Das heißt: In unsern Tagen
muß einer betrunken sein,
um Lust zu haben, die Wahrheit zu sagen.

Friedrich Rückert

Wer niemals einen Rausch gehabt,
der ist kein braver Mann;
wer seinen Durst mit Achteln labt,
fang' lieber gar nicht an.
Da dreht sich alles um und um
in unserm Capitolium.

Doch zu viel trinken ist nicht gut,
drei Quartel sind eben recht;
da steht auf einem Ohr der Hut,
ist nur der Wein auch echt.
Trinkt unsereiner zu viel Wein,
findt er sich nicht zum Haus hinein.

Ein jeder Trinker lebe hoch,
der bei dem vollen Glas
schon oft der Arbeit hartes Joch,
des Lebens Müh' vergaß.
Wer dich verschmäht, du edler Wein,
der ist nicht wert, ein Mensch zu sein.

Drum trink' ich, weil ich trinken kann
und mir das Weinchen schmeckt,
so lange, bis der Sensenmann
ins kühle Grab mich streckt.
Denn endet sich mein Lebenslauf,
so hört von selbst das Trinken auf.

Joachim Perinet

GRAD AUS DEM WIRTSHAUS

Grad aus dem Wirtshaus nun komm' ich heraus;
Straße, wie wunderlich siehst du mir aus!
Rechter Hand, linker Hand, beides vertauscht;
Straße, ich merke wohl, du bist berauscht.

Was für ein schief Gesicht, Mond, machst denn du?
Ein Auge hat er auf, eins hat er zu;
du wirst betrunken sein, das seh' ich hell;
schäme dich, schäme dich, alter Gesell!

Und die Laternen erst – was muß ich sehn! –
die können alle nicht grade mehr stehn;
wackeln und fackeln die Kreuz und die Quer,
scheinen betrunken mir allesamt schwer.

Alles im Sturme rings, großes und klein;
wag' ich darunter mich nüchtern allein?
Das scheint bedenklich mir, ein Wagestück;
da geh' ich lieber ins Wirtshaus zurück.

Heinrich von Mühler

Den liebsten Buhlen, den ich han,
der leit beim Wirt im Keller,
er hat ein hölzens Röcklein an
und heißt der Muskateller.
Er hat mich nechten trunken gmacht
und fröhlich heut den ganzen Tag;
Gott geb' ihm heint eine gute Nacht!

Von diesem Buhlen, den ich mein',
will ich dir bald eins bringen,
es ist der allerbeste Wein,
macht mich lustig zu singen,
frischt mir das Blut, gibt freien Mut,
als durch sein Kraft und Eigenschaft.
Nu grüß' dich Gott, mein Rebensaft!

ERGO BIBAMUS

Hier sind wir versammelt zu löblichem Tun,
drum, Brüderchen, *Ergo bibamus!*
Die Gläser, sie klingen, Gespräche, sie ruhn,
beherziget *Ergo bibamus!*
Das heißt noch ein altes, ein tüchtiges Wort,
es passet zum ersten und passet so fort,
und schallet ein Echo vom festlichen Ort,
ein herrliches *Ergo bibamus!*

Ich hatte mein freundliches Liebchen gesehn,
da dacht' ich mir: *Ergo bibamus!*
Und nahte mich traulich, da ließ sie mich stehn;
ich half mir und dachte: *Bibamus!*
Und wenn sie versöhnet euch herzet und küßt,
und wenn ihr das Herzen und Küssen vermißt,
so bleibet nur, bis ihr was Besseres wißt,
beim tröstlichen *Ergo bibamus!*

Mich ruft das Geschick von den Freunden hinweg;
ihr Redlichen, *Ergo bibamus!*
Ich scheide von hinnen mit leichtem Gepäck;
drum doppeltes *Ergo bibamus!*
Und was auch der Filz von dem Leibe sich schmorgt,
so bleibt für den Heitren doch immer gesorgt,
weil immer dem Frohen der Fröhliche borgt;
nun, Brüderchen, *Ergo bibamus!*

Goethe

PUNSCHLIED

Vier Elemente,
innig gesellt,
bilden das Leben,
bauen die Welt.

Preßt der Zitrone
saftigen Stern!
Herb ist des Lebens
innerster Kern.

Jetzt mit des Zuckers
linderndem Saft
zähmet die herbe
brennende Kraft!

Gießet des Wassers
sprudelnden Schwall!
Wasser umfänget
ruhig das All.

Tropfen des Geistes
gießet hinein!
Leben dem Leben
gibt er allein.

Schiller

Bringt mir Blut der edlen Reben,
bringt mir Wein!
Wie ein Frühlingsvogel schweben
in den Lüften soll mein Leben
in dem Wein.

Bringt mir Efeu, bringt mir Rosen
zu dem Wein!
Mag Fortuna sich erbosen,
selbst will ich mein Glück mir losen
in dem Wein.

Bringt mir Mägdlein hold und mundlich
zu dem Wein!
Rollt die Stunde glatt und rundlich,
greif' ich mir die Lust sekundlich
in dem Wein.

Klang dir Bacchus, Gott der Liebe
in dem Wein!
Sorgen fliehen fort wie Diebe,
und wie Helden glühn die Triebe
bei dem Wein.

Höchster Klang, wem sollst du klingen
in dem Wein?
Süßestes von allen Dingen,
dir, o Freiheit, will ich's bringen
in dem Wein!

Ernst Moritz Arndt

TISCHLIED

Mich ergreift, ich weiß nicht wie,
himmlisches Behagen.
Will mich's etwa gar hinauf
zu den Sternen tragen?
Doch ich bleibe lieber hier,
kann ich redlich sagen,
beim Gesang und Glase Wein
auf den Tisch zu schlagen.

Wundert euch, ihr Freunde, nicht,
wie ich mich gebärde;
wirklich ist es allerliebst
auf der lieben Erde;
darum schwör' ich feierlich
und ohn' alle Fährde,
daß ich mich nicht freventlich
wegbegeben werde.

Da wir aber allzumal
so beisammen weilen,
dächt' ich, klänge der Pokal
zu des Dichters Zeilen.
Gute Freunde ziehen fort,
wohl einhundert Meilen,
darum soll man hier am Ort
anzustoßen eilen.

Wie wir nun zusammen sind,
sind zusammen viele.
Wohl gelingen denn, wie uns,
andern ihre Spiele!
Von der Quelle bis ans Meer
mahlet manche Mühle,
und das Wohl der ganzen Welt
ist's, worauf ich ziele.

Goethe

Laß mir die Knaben vom Feste,
denn sie haben noch nichts erlebt!
Das ist am Weine das Beste,
daß die Erinnerung drüber schwebt.

Emanuel Geibel

Auf Schritt und Tritt sich aufzupassen,
was soll es frommen?
Wer nicht wagen darf, sich gehn zu lassen,
wird nicht weit kommen.

Paul Heyse

RAUSCH

Rausch, mein riesiger, bartumwallter
Bruder, tritt zu mir herein!
Sieh dies Glas! Das ist ein alter,
mondscheingelber, feurigkühler, brennendkalter Wein.

Morgenroter, abendroter
Vetter: Saug am Ziegenschlauch,
daß ein butterheller, fetter
Wein dir salbt den Bauch!

Neige dich, mein riesenhafter
Purpurbruder, über mich!
Torkelnd, ein erschlaffter Knabe,
dem das Wangenrot verblich,

berg' ich tief mich in den Falten
deines Kleides. In den roten Klüften
träume ich die alten Träume,
hingelagert an den Hügeln deiner Hüften.

Georg Britting

DIE ACHTUNDACHTZIGER WEINE

Ein saures Stück Arbeit

In diesem Jahr am Rheine
sind leider gewachsen Weine,
die an Wert nur geringe,
es reiften nur Säuerlinge
im Verlauf dieses Herbstes;
nur Herberes bracht er und Herbstes –
zu viel Regen, zu wenig Sonnenschein
ließ erhofften Segen zerronnen sein,
nichts Gutes floß in die Tonnen ein.
Der 88er Rheinwein
ist, leider Gottes, kein Wein,
um Leidende zu laben,
um Gram zu begraben,
um zu vertreiben Trauer;
er ist dafür zu sauer.

An der Mosel steht es noch schlimmer,
da hört man nichts als Gewimmer,
nichts als Ächzen und Stöhnen
von den Vätern und Söhnen,
den Müttern und Töchtern
über den noch viel schlechtern
Ertrag der heurigen Lese.
Der Wein ist wahrhaft böse,
ein Rachenputzer und Krätzer,
wie unter Gläubigen ein Ketzer,
wie ein Strolch, ein gefährlicher,
in dem Kreise Ehrlicher
unter guten Weinen erscheint er,
aller Freude ist ein Feind er.
Aller Lust ein Verderber;

sein Geschmack ist fast noch herber
als der des Essigs, des reinen –
ein Wein ist er zum Weinen.

Aber der Wein, der in Sachsen
in diesem Jahr ist gewachsen,
und bei Naumburg, im Tale
der rasch fließenden Saale,
der ist saurer noch viele Male
als der sauerste Moselwein.
Wenn du ihn schlürfst in dich hinein,
ist dir's, als ob ein Stachelschwein
dir kröche durch die Kehle,
das deinen Magen als Höhle
erkor, darin zu hausen.
Angst ergreift dich und Grausen.

Aber der Grünberger
ist noch sehr viel ärger.
Laß ihn nicht deine Wahl sein!
Gegen ihn ist der Saalwein
noch viel süßer als Zucker.
Er ist ein Wein für Mucker,
für die schlechtesten Dichter
und dergleichen Gelichter.
Er macht lang die Gesichter,
blaß die Wangen; wie Rasen
so grün färbt er die Nasen.
Wer ihn trinkt, den durchschauert es,
wer ihn trank, der bedauert es.
Er hat etwas so Versauertes,
daß er sich nicht läßt mildern
und schwer ist zu schildern
in Worten oder Bildern.

Aber der Züllichauer
ist noch zwölfmal so sauer
als der Wein von Grünberg,
der ist an Säure ein Zwerg
gegen den Wein von Züllichau.
Wie eine borstige wilde Sau
zu einer zarten Taube
so verhält sich, das glaube,
dieser Wein zu dem Rebensaft
aus Schlesien. Er ist schauderhaft,
er ist gräßlich und greulich,
über die Maßen abscheulich.
Man sollte ihn nur auf Schächerbänken
den Gästen in die Becher schenken,
mit ihm nur schwere Verbrecher tränken
aber nicht ehrliche Zecher kränken.

Wenn du einmal kommst
in diesem Winter nach Bomst,
deine Erfahrung zu mehren,
und man setzt, um dich zu ehren,
dir heurigen Bomster Wein vor,
dann, bitt' ich dich, sieh dich fein vor,
daß du nichts davon verschüttest
und dein Gewand nicht zerrüttest,
weil er Löcher frißt in die Kleider
und auch in das Schuhwerk, leider.
Denn dieses Weines Säure
ist eine so ungeheure,
daß gegen ihn Schwefelsäure
der Milch gleich ist, der süßen,
die zarte Kindlein genießen.
Fällt ein Tropfen davon auf den Tisch,
so fährt er mit lautem Gezisch
gleich hindurch durch die Platte.
Eisen zerstört er wie Watte,
durch Stahl geht er wie durch Butter,
er ist aller Sauerkeit Mutter.
Standhalten vor diesem Sauern
weder Schlösser noch Mauern.
Es löst in dem scharfen Bomster Wein
sich Granit auf und Ziegelstein.
Diamanten werden sogleich,
in ihn hineingelegt, pflaumenweich,
aus Platina macht er Mürbeteig.
Dieses vergiß nicht, falls du kommst
in diesem Winter einmal nach Bomst.

Johannes Trojan

LACRIMAE CHRISTI

Es war in alten Zeiten
ein schwäbischer Fiedelmann,
der kräftig strich die Saiten
und lustige Mären spann.

Mit Friederich dem Andern
ins Welschland zog er ein,
und kostete im Wandern
von einem jeden Wein.

Und als auf seinem Zuge
er nach Neapel kam,
quoll ihm aus irdnem Kruge
ein Tropfen wundersam.

Er trank mit durst'gem Munde
und rief den Wirt herbei:
„Viellieber, gebt mir Kunde,
was für ein Wein das sei.

Er rinnt mir altem Knaben
wie Feuer durchs Gebein;
von allen Gottesgaben
muß das die beste sein."

Der dicke Kellermeister
gab ihm die Auskunft gern:
„Lacrimae Christi heißt er,
denn Tränen sind's des Herrn."

Da überkam ein Trauern
den fremden Fiedelmann;
er dachte an den Sauern,
der in der Heimat rann.

Und betend sank er nieder,
den Blick emporgewandt:
„Herr, weinst du einmal wieder,
so wein im Schwabenland!"

Rudolf Baumbach

HISTORIE VON NOAH

Als Noah aus dem Kasten war,
da trat zu ihm der Herre dar,
der roch des Noäh Opfer fein
und sprach: „Ich will dir gnädig sein,
und weil du ein so frommes Haus,
so bitt dir selbst die Gnaden aus."

Fromm Noah sprach: „Ach lieber Herr,
das Wasser schmeckt mir gar nicht sehr,
dieweil darin ersäufet sind
all sündhaft Vieh und Menschenkind;
drum möcht' ich armer alter Mann
ein anderweit Getränke han."

Da griff der Herr ins Paradies
und gab ihm einen Weinstock süß
und sprach: „Den sollst du pflegen sehr!"
Und gab ihm guten Rat und Lehr
und wies ihm alles so und so.
Der Noah ward ohn' Maßen froh.

Und rief zusammen Weib und Kind,
dazu sein ganzes Hausgesind,
pflanzt' Weinberg rings um sich herum;
der Noah war fürwahr nicht dumm!
Baut' Keller dann und preßt' den Wein
und füllt' ihn gar in Fässer ein.

Der Noah war ein frommer Mann,
stach ein Faß nach dem andern an
und trank es aus, zu Gottes Ehr:
Das macht' ihm eben kein Beschwer.
Er trank, nachdem die Sündflut war,
dreihundert noch und fünfzig Jahr.

Ein kluger Mann hieraus ersicht
daß Weins Genuß ihm schadet nicht;
und item, daß ein guter Christ
in Wein niemalen Wasser gießt,
dieweil darin ersäufet sind
all sündhaft Vieh und Menschenkind.

August Kopisch

DIE HISTORIA VOM JONAS

Als Jonas aus dem Walfisch war,
da trat zu ihm der Herre dar;
der fand den ganzen Spaß nicht schlecht,
und sprach: „Gerad geschieht dir recht!
Doch jetzt, du arme Wassermaus,
jetzt bitt dir eine Gnade aus."

Da sprach der Jonas: „Lieber Herr!
Das war ein schlechter Witz, auf Ehr!
Drei Tage in dem finstern Loch –
denk' ich daran, mich graust es noch!
Drum möcht' ich jetzt, ich armer Mann,
drei Tag ein' besser' Einkehr han."

Da griff der Herr in sein Gilet
und gab ihm achtzehn Pfennige,
und sprach: „Da kannst du leben sehr
zu Ninive beim Goldnen Bär;
so, bhüt' dich Gott, schneid kein so Gsicht
und mach mir ja kein' Lumpen nicht.'

Im Goldnen Bär zu Ninive
der Jonas soff und schrie „juchhe!"
Und sang aus dem Kommersbuch gar:
„Als Noah aus dem Kasten war ...";
zu Ninive beim Goldnen Bär,
da zwickt' er auch die Rachel sehr.

Im Goldnen Bär am zweiten Tag
der Jonas hatt' den Zungenschlag,
er wurde stets moralischer
und schimpft' die Niniviten sehr,
und rief mit dem Prophetenmund:
„Ihr Heidenpack und Schweinehund'!"

Zwei Tage hielt er solchen Schmaus,
am dritten warf man ihn hinaus,
sein' Stock und den Zylinder auch;
da lag der Jonas auf dem Bauch –
man schrieb, nachdem die Sündflut war
dreitausend wohl und etlich Jahr'.

Ein kluger Mann hieraus ersieht:
Mehr als zwölf Stunden sauft man nit,
und item, daß ein Moralist
im Wirtshaus unverdaulich ist,
dieweil darin versammelt sind
zum Saufen bloß all Menschenkind.

Georg Costa

ALTASSYRISCHE BALLADE

Im Schwarzen Walfisch zu Askalon,
da trank ein Mann drei Tag,
bis daß er steif wie ein Besenstiel,
am Marmortische lag.

Im Schwarzen Walfisch zu Askalon,
da sprach der Wirt: „Halt an!
Der trinkt von meinem Dattelsaft
mehr, als er zahlen kann."

Im Schwarzen Walfisch zu Askalon,
da bracht' der Kellner Schar
in Keilschrift auf sechs Ziegelstein
dem Gast die Rechnung dar.

Im Schwarzen Walfisch zu Askalon,
da sprach der Gast: „O weh!
Mein bares Geld ging alles drauf
im Lamm zu Ninive!"

Im Schwarzen Walfisch zu Askalon,
da schlug die Uhr halb vier,
da warf der Hausknecht aus Nubierland
den Fremdling vor die Tür.

Im Schwarzen Walfisch zu Askalon
wird kein Prophet geehrt,
und wer vergnügt dort leben will,
zahlt bar, was er verzehrt.

Joseph Victor von Scheffel

CHAMPAGNER

Fünfmalhunderttausend Teufel
kamen einstens in die Welt,
aber ach! die armen Teufel
hatten keinen Heller Geld.
Alle fingen an zu winseln,
alle fingen an zu schrein.
Keiner von den armen Pinseln
wußte weder aus noch ein.

Da sprach Pipifax der Kleine:
Ihr seid dumm wie Bohnenstroh;
ich allein, ja, ich alleine
bin ein Teufel comme il faut!
Ihr habt Durst und nichts zu trinken,
freilich ist das Teufelsqual.
Seht ihr dort nicht Fenster blinken?
Dorten winkt uns der Pokal.

Hurra! schrien alle Teufel
und spazierten stracks hinein,
leerten schnell zehntausend Flaschen
von dem allerbesten Wein.
Sangen drauf im wilden Chore:
Nichts geht über Lieb' und Wein!
Und sie tranken con amore
in die späte Nacht hinein.

Als der Hahn fing an zu krähen
und die Flaschen alle leer
und die Teufel schon betrunken,
da kam Satanas daher.
Sperrte in die leeren Flaschen
die betrunknen Teufel ein
und verpichte dann die Flaschen,
zwängt' mit Draht die Pfropfen ein.

Fünfmalhunderttausend Teufel
sind in Flaschen festgebannt,
jede dieser Teufelsflaschen
wird Champagnerwein genannt.
Wenn die Stöpsel munter knallen,
öffnet sich der Freude Schoß,
Lieder ringsumher erschallen,
ja, dann ist der Teufel los.

Eduard Maria Oettinger

Des Morgens ist ein Bier so gut,
desgleichen am Mittage,
des Nachmittags nicht Schaden tut,
macht abends keine Plage.
Herentgegen soll ein Branntewein
um Mitternacht nicht schädlich sein.

Wirtshausspruch zu Bruneck

DAS HILDEBRANDSLIED

Hildebrand und sein Sohn Hadubrand
ritten selbander von Wut entbrannt
gegen die Seestadt Venedig.
Hildebrand und sein Sohn Hadubrand,
keiner die Seestadt Venedig fand,
da fluchten sie beide unflätig.

Hildebrand und sein Sohn Hadubrand
ritten bis da, wo ein Wirtshaus stand,
Wirtshaus mit kühlen Bieren.
Hildebrand und sein Sohn Hadubrand
soffen sich da einen Riesenbrand,
krochen heim auf allen vieren.

Joseph Victor von Scheffel

ELEGIE

Nach dem Strand der Isar
mit umflortem Blick
schau' ich oft aus dieser
Musenstadt zurück.
Ob der Witz mich höhne,
ich gesteh' mit Schmerz:
Eine braune Schöne
fesselt dort mein Herz.

Freunde, ja, gefunden
hatt' ich dort ein Lieb,
das zu allen Stunden
freundlich hold mir blieb.
Morgens mild und labend,
mittags frisch und klar,
und am stillen Abend
zum Entzücken gar.

Schon ihr Nahestehen
tat dem Herzen gut;
ihr ins Auge sehen,
machte muntres Blut;
doch wenn sie den Lippen
sich geneigt ergab,
mit verschämtem Nippen
ging es da nicht ab.

Nein, im Land der Blonden
halt' ein andrer Haus!
Ich, in wenig Monden,
wandre wieder aus.
Dann, mit welchen Launen
mir das Glück auch droht,
trennt vom lieben braunen
Bier mich nur der Tod.

David Friedrich Strauß

STILLEBEN

Aufm Tisch, da steht a Maßkruag,
Salz und Pfeffer in der Büchs,
und a Glasl mit an Schmalzler,
und a Schnupftuach und sunst nix.

Und koa Hunderl und koa Katzerl,
und koa Kellnerin in der Stubn,
und koa Wirt net und koa Wirtin,
und koa Hausknecht umadum.

Grad de Uhr macht tickel tackel,
und a Fliagn summst umadum,
und der Mondschei scheint durchs Fenster
aufn Maßkruag in der Stubn.

Alles still, als wia im Freidhof,
lauta Ruah und lauta Fried,
grad a so, als wollt's vakünden:
Unterm Tisch, da liegt der Schmied.

Georg Eberl

FÜHR UNS NICHT IN VERSUCHUNG

Da ständ' ich wieder an der Ecke!
Höchst wunderbar! Wie kam es nur?
Die Beine wollen nicht vom Flecke,
recht nach Philisterpferds-Natur.
Der Weinkranz, der im Winde schwanket,
er winkt und winkt: So tritt doch ein!
Ja, locke nur! Gott sei's gedanket,
auf ewig schwur ich ab dem Wein.

's ist doch recht heiß! Mir klebt die Zunge
am Gaumen. Wie die Sonne sticht!
Der Kellner grüßt. Schön' Dank, mein Junge!
Was sagst du? Laut! – Ich höre nicht. –
Leicht möglich, daß ich was vergessen –
wohl gar vom letzten Male her
die Zeche. Zahlen gern – indessen
Wein trinken – nun und nimmermehr!

Was gibt es? Nichts? – Der Schlingel freute
sich nur, mich so gesund zu sehn.
Das ist wohl hübsch, mein Kind, doch heute –
ich bin – ich habe – ich muß gehn.
Nein, nein – ich sagt' es klar und deutlich:
Ich trinke nicht. Wem soll dies Glas?
Ei, nun, die Blume ist ganz leidlich –
und, was du sagst, vom neuen Faß?

Nun ja, für Wein vom vor'gen Jahre
passiert er, läßt sich wacker an.
Doch weißt du, daß mit junger Ware
ich nie mich recht befreunden kann.
Ja, meine alte Sorte kennst du –
bring mir ein Achtel doch von der –
ein Schöppchen höchstens – und – was rennst du –
bring lieber gleich 'ne Ganze her.

Wie kommt's, daß, geht erst auf die Neige
die Flasche, stets das letzte Glas
am liebenswürdigsten sich zeige?
Ein Phänomen – wie deut' ich das?

Heißt es: noch eine? – Ob ich's wage?
Sie sprechen: So jung käme man
nicht mehr zusammen. – Nun, ich frage
beim Schicksal, Knöpfe zählend, an.

Ja – nein – ja – nein – Wie? schon der letzte?
O weh, der letzte Knopf brummt: nein.
Das harte Schicksal widersetzte
sich meinem Durst – es soll nicht sein. –
Und weil der Spruch mit nein beschlossen,
wär' ich gebunden? Kinderei!
Nein, just dem dummen Knopf zum Possen
trink' ich noch eine – ja, noch zwei.

Franz von Gaudy

ZWANZIG MARK

Herr Wirt, heut hab' ich zwei Zehner im Sack,
dafür kann ich den König kaufen,
und könnt' ich ihn kaufen, zwei Zehner im Sack,
den König mit Krone und Orden und Frack,
ich lachte und ließ' ihn laufen.
Zwei goldene Zehner macht zwanzig Mark,
ja, zwanzig Mark,
und die, die will ich versaufen!

Und hier auf dem Tisch, heraus aus dem Sack,
wie köstlich das klimpert und klappert!
Zwei goldene Zehner heraus aus dem Sack,
zwei silberne Flaschen, herunter den Lack,
kein Tröpfchen werde verlappert.
Zwei goldene Zehner macht zwanzig Mark,
ja, zwanzig Mark,
doch vor allem, Herr Wirt, nicht geplappert!

Denn hört es ein Dritter: zwei Zehner im Sack –
die Stadt gleich wird es durchlaufen,
der Schneider, der Schuster, zwei Zehner im Sack,
die Wirtin, die Waschfrau, o Weiberschnack,
sie kommen und zetern in Haufen:
Zwei goldene Zehner macht zwanzig Mark,
ja, zwanzig Mark,
und die, die will er versaufen.

Und darum, Herr Wirt, zwei Zehner im Sack,
was rund ist, was rund ist, muß laufen,
so lauf denn, mein Freund, zwei Zehner im Sack,
he, tummel dich, hurtig! Zwei Zehner im Sack,
zwei, ‚Witwen' will ich mir kaufen.
Zwei goldene Zehner macht zwanzig Mark,
ja, zwanzig Mark,
und die, die will ich versaufen!

Gustav Falke

GRABSCHRIFT ZU DOBERAN

Wiek, Düvel, wiek, wiek wiet van my,
ick scheer my nig en Hoar um dy.
Ick bin en mecklenbörgisch Edelmann,
wat geit dir, Düvel, min Supen[1] an.
Ick sup mit meinem Herrn Jesu Christ,
wann du, Düvel, ewig dörsten müßt,
und sup met öhm en söte Kolleschal[2],
wann du sitzt in der Hölle Qual;
drum rahd ick, wiek, loop, renn und gah,
eft[3] by dem Düvel ick to slah.

[1] Saufen [2] Kaltschale [3] oder

TOTENKLAGE UM SAMOGONSKI

Brüder, Samogonski ist gestorben!
Ewige Ruhe seiner starken Seele!
Unablässig soll sein Nachruhm dauern.

Welcher Ruhm? Er brannte, brannte Branntwein,
brannte Branntwein, wie kein andrer brannte,
und sein Branntwein brannte wie kein andrer.

Nicht an Krankheit starb er, nicht an Alter.
Weil die Trübsal in der Welt sich mehrte,
hat der Gott der Bäume und der Trinker
und der Bienen ihn davongenommen.

Liebreich mög' er uns vor Augen bleiben:
Warzig, harzig, knollig wie ein Wildbaum,
bärtig, borstig, bräunlich, rotgesichtig.

Tief im Wald versteckt lag seine Hütte.
Niemals fand sie einer der Verfluchten,
niemals ein Beamter der Akzise,
niemals einer von den Landgendarmen,
nie auch eins von jenen Frauenzimmern,
den gehässigen Helfershelferinnen,
den denunziationsbereiten
Vorstandsdamen vom Zentralvereine
gegen Mißbrauch geistiger Getränke.

Ach, er brannte Branntwein wie kein andrer!
Einstmals, so gedenk' ich, sind drei Tropfen,
drei verschüttete, hinabgefallen.

Kam die Maus und schleckte einen Tropfen.
Herrlich hat sie sich emporgerichtet.
Alle Schläfer hörten ihre Stimme.
„Katze, Katze", rief sie, „sprich, wo bist du?
Katze, komm hervor! Wir wollen kämpfen."
Doch die Katze kam nicht. Sie auch hatte
einen Tropfen aufgeleckt vom Boden.
Augenblicklich war sie ausgezogen,
nach dem Löwen, dem Gepard zu suchen.

Ungesogen blieb der dritte Tropfen.
Durch den Teppich, durch die Dielenbretter
fraß er höhlend sich die Feuerstraße,
zischte abwärts durch die Grundgewässer,
unvermischlich, unverlöschlich fuhr er
durch den Lehm und der Gesteine Schichtung
immer tiefer. Und wir knieten nieder,
preßten unsere Augen an die Öffnung,
spähten bebend durch die schmale Röhre:
In der Mitte der geschaffnen Dinge
sahn wir rot das Herz der Erde schlagen.

Werner Bergengruen

DER TAMBOUR

Wenn meine Mutter hexen könnt',
da müßt' sie mit dem Regiment
nach Frankreich, überall mit hin
und wär' die Marketenderin.
Im Lager, wohl um Mitternacht,
wenn niemand auf ist als die Wacht,
und alles schnarchet, Roß und Mann,
vor meiner Trommel säß' ich dann:
Die Trommel müßt' eine Schüssel sein,
ein warmes Sauerkraut darein,
die Schlegel Messer und Gabel,
eine lange Wurst mein Sabel,
mein Tschako wär' ein Humpen gut,
den füll' ich mit Burgunderblut.
Und weil es mir an Lichte fehlt,
da scheint der Mond in mein Gezelt;
scheint er auch auf Franzö'sch herein,
mir fällt doch meine Liebste ein:
Ach weh! Jetzt hat der Spaß ein End!
– Wenn nur meine Mutter hexen könnt'!

Eduard Mörike

DER LEIBER

Was ist des Kriegers seligstes Vergnügen,
was ist des Kriegers allerhöchste Lust?
Als wie des Nachts beim Mädchen zu liegen,
die treue Liebe in der stolzen Brust?
Ja, das erfreuet jeden, der es kennt,
und auch den Tapfern – aberi juhe! –
Vom Leiberregiment.

Marschieren wir des Tages auf und nieder,
und wenn wir stehen auf der stillen Wacht,
dann weihen wir der Liebsten unsre Lieder
und seufzen leise: morgen auf die Nacht,
ja, morgen komm' ich wieder hochbeglückt,
denn Liebe ist es – aberi juhe! –
Die wo das Leben schmückt.

O laß uns heimlich in die Küche gehen
und dort empfangen süßen Liebeslohn!
Hast du nicht etwas in dem Kasten stehen?
Mein Schätzigen, das andere weißt du schon.
Wir wollen essen und gar fröhlich sein,
denn unsere Treue – aberi juhe! –
Das ist kein leerer Schein.

So leben wir Soldaten stets in Freuden,
nichts anderes wünschen wir ja niemals nicht.
Ade, Feinsliebchen, und jetzt muß ich scheiden,
weil mich zu Bette ruft die harte Pflicht.
Doch wenn uns auch die bittre Stunde trennt,
verbleib' dein Schatz ich – aberi juhe! –
Vom Leiberregiment.

Ludwig Thoma

GLOSSE

„Wer nicht liebt Wein, Weib und Gesang
der bleibt ein Narr sein Leben lang."
Gut.
Doch wer es tut?
Wer Weiber liebt, der wird zum Narren;
die Sänger haben ihren Sparren;
und gar der Wein, wie allbekannt,
bringt seine Leute vom Verstand.
Drum, du guter
Doktor Luther,
es treib' es einer, wie er woll',
wir bleiben samt und sonders toll.

David Friedrich Strauß

DAS CANAPEE

Das Canapee ist mein Vergnügen,
drauf ich mir was zugute tu',
da kann ich recht bequeme liegen
in meiner ausgestreckten Ruh';
tut mir's in allen Gliedern weh,
so leg' ich mich aufs Canapee.

Ein Pfeifchen Knaster ist mein Leben,
und dieser himmelsblaue Rauch
kann meiner Seele Labsal geben
bei jedem heißen Sommertag;
ich rauche, wo ich geh' und steh',
auch liegend auf dem Canapee.

Ich mag so gerne Coffee trinken,
fürwahr, man kann mich mit dem Trank
auf eine halbe Meile winken,
und ohne Coffee bin ich krank;
doch schmecket mir Coffee und Thee
am besten auf dem Canapee.

Wenn ich mich in die Länge strecke,
so setzt mein Schätzchen sich zu mir
und hält mir anstatt einer Decke
ein lilienweißes Kißchen für;
das kitzelt in der großen Zeh
auf meinem lieben Canapee.

Soll ich auf diesem Lager sterben,
so halt' ich wie ein Lämmchen still;
ich weiß, mein Geist kann nicht verderben,
er spricht: Herr, es gescheh' dein Will!
Die Seele schwingt sich in die Höh',
der Leib liegt auf dem Canapee.

DER MENSCH MIT SEINEM WIDERSPRUCH

HOMO SUM

Ich halte Leib und Geist in strenger Zucht
und werde doch vom Teufel hart versucht.

Ich wünsche meiner Seele Seligkeit
und bin mit Petri Schlüsselamt im Streit.

Am Tisch der Fugger speist' ich dort und hie
und schimpfte weidlich Pfeffersäcke sie.

Den Städterhochmut haßt' ich allezeit
und hätte gern ein städtisch Kind gefreit.

Auf ehrenfeste Sitten geb' ich viel
und fröne dem verdammten Würfelspiel.

Ich bin des Kaisers treuster Untertan
und riet dem Sickingen Empörung an.

Das plumpe Recht der Faust ist mir verhaßt
und selber hab' ich wohl am Weg gepaßt.

Ich bete christlich, daß es Friede sei,
und mich ergötzen Krieg und Kriegsgeschrei.

Der Heiland weidet alle Völker gleich –
nur meinen Deutschen gönn' ich Ruhm und Reich!

Das heißt: ich bin kein ausgeklügelt Buch,
ich bin ein Mensch mit seinem Widerspruch

• *Conrad Ferdinand Meyer*

ALTDEUTSCHES RÄTSEL

Der junge Held Dietrich von Bern
hatt' edle Sprüch' und Rätsel gern.
Da sprach der alte Hildebrand,
sein weiser Meister, wohlbekannt,
des Abends bei der Herdesruh'
einstmalen ihm auch dieses zu:

„Wer ist gar trübe, starr und karg,
freudlos wie ein verschloßner Sarg?
Wer sehnt sich hold zum Himmel auf,
stellt nach dem Christ den Lebenslauf?
Wer sinkt in Erdenlust und Not,
vergißt all göttliches Gebot?
Nun rate, wer da raten kann!
Das alles ist ein einz'ger Mann."
Errötend sprach Herr Dieterich:
„Ach, lieber Meister, das bin ich!" –
„Ja", sprach der Meister ernstgesinnt;
„doch ist es auch all Menschenkind."

Friedrich de la Motte-Fouqué

GRABSCHRIFT

Als Knabe verschlossen und trutzig,
als Jüngling anmaßlich und stutzig,
als Mann zu Taten willig,
als Greis leichtsinnig und grillig!

Auf deinem Grabstein wird man lesen:
Das ist fürwahr ein Mensch gewesen!

Goethe

Es ist wohl angenehm, sich mit sich selbst
beschäft'gen, wenn es nur so nützlich wäre.
Inwendig lernt kein Mensch sein Innerstes
erkennen; denn er mißt nach eignem Maß
sich bald zu klein und leider oft zu groß.
Der Mensch erkennt sich nur im Menschen, nur
das Leben lehret jedem, was er sei.

Goethe

O, diese Zeit hat fürchterliche Zeichen!
Das Niedre schwillt, das Hohe senkt sich nieder,
als könnte jeder nur am Platz des andern
Befriedigung verworrner Wünsche finden,
nur dann sich glücklich fühlen, wenn nichts mehr
zu unterscheiden wäre, wenn wir alle,
von einem Strom vermischt dahingerissen,
im Ozean uns unbemerkt verlören.

Goethe

Suche nicht vergebne Heilung!
Unsrer Krankheit schwer Geheimnis
schwankt zwischen Übereilung
und zwischen Versäumnis.

Goethe

„Sag nur, warum du in manchem Falle
so ganz untröstlich bist?“
Die Menschen bemühen sich alle,
umzutun, was getan ist.

Goethe

Gescheit gedacht und dumm gehandelt,
so bin ich mein' Tage durchs Leben gewandelt.

Franz Grillparzer

Liegt Scylla links, Charybdis rechts bereit,
was kann dem armen Erdenpilger glücken?
Der falsche Weg ist viele Meilen breit,
der rechte schmäler als ein Messerrücken.

Ludwig Fulda

PECH

Wahrlich, aus mir hätte vieles
werden können in der Welt,
hätte tückisch nicht mein Schicksal
sich mir in den Weg gestellt.

Hoher Ruhm war zu erwerben,
wenn die Waffen ich erkor;
mich den Kugeln preiszugeben,
war ich aber nicht der Tor.

Um der Musen Gunst zu buhlen,
war ich minder schon entfernt;
ein Gelehrter wär' ich worden,
hätt' ich Lesen nur gelernt.

Bei den Frauen, sonder Zweifel,
hätt' ich noch mein Glück gemacht
hätten sie mich allerorten
nicht unmenschlich ausgelacht.

Wie zum reichen Mann geboren
hätt' ich diesen Stand erwählt,
hätte nicht vor allen Dingen
immer mir das Geld gefehlt.

Über einen Staat zu herrschen,
war vor allen ich der Mann,
meine Gaben und Talente
wiesen diesen Platz mir an.

König hätt' ich werden sollen,
wo man über Fürsten klagt.
Doch mein Vater war ein Bürger,
und das ist genug gesagt.

Wahrlich, aus mir hätte vieles
werden können in der Welt,
hätte tükisch nicht mein Schicksal
sich mir in den Weg gestellt.

Adelbert von Chamisso

WENN

Ja, hätte mir von Anbeginn
so manches nicht gefehlt,
und hätt' ich nur mit anderm Sinn
den andern Weg erwählt,
und hätt' ich auf dem rechten Pfad
die rechte Hilf' empfahn
und so statt dessen, was ich tat,
das Gegenteil getan,
und hätt' ich vieles nicht gemußt
auf höheres Geheiß
und nur die Hälft' vorher gewußt
von dem, was heut ich weiß,
und hätt' ich ernstlich nur gewollt,
ja, wollt' ich nur noch jetzt,
und wäre mir das Glück so hold
wie manchem, der's nicht schätzt,
und hätt' ich zehnmal soviel Geld
und könnt', was ich nicht kann,
und käm' noch einmal auf die Welt –
ja, dann!

Ludwig Fulda

Wie sich Verdienst und Glück verketten,
das fällt den Toren niemals ein;
wenn sie den Stein der Weisen hätten,
der Weise mangelte dem Stein.

Goethe

Daß Glück ihm günstig sei,
was hilft's dem Stöffel?
Denn regnet's Brei,
fehlt ihm der Löffel.

Goethe

Es wäre schön, was Guts zu kauen,
müßte man es nur nicht auch verdauen;
es wäre herrlich, genug zu trinken,
tät' einem nur nicht Kopf und Knie sinken;
hinüberzuschießen, das wären Possen,
würde nur nicht wieder herübergeschossen;
und jedes Mädchen wär' gern bequem,
wenn nur eine andre ins Kindbett käm'.

Goethe

Wonach du sehnlich ausgeschaut,
es wurde dir beschieden.
Du triumphierst und jubelst laut:
Jetzt hab' ich endlich Frieden!
Ach, Freundchen, rede nicht so wild.
Bezähme deine Zunge.
Ein jeder Wunsch, wenn er erfüllt,
kriegt augenblicklich Junge.

Wilhelm Busch

Das Gestern tiefgründig überdenken,
aufs Morgen behutsame Pläne lenken –
das ist das Mittel der sinnreichen Leute,
um zu verschwenden den Reichtum des Heute.

Oskar Blumenthal

Die Zeit zum Handeln jedesmal verpassen
nennt ihr: die Dinge sich entwickeln lassen.
Was hat sich denn entwickelt, sagt mir an,
das man zur rechten Stunde nicht getan?

Emanuel Geibel

EUGENIE

Gebildet ist ihr Geist, doch nicht zur Tat,
und wenn sie richtig fühlt und weise spricht,
so fehlt noch viel, daß sie gemessen handle.
Des Unerfahrnen hoher, freier Mut
verliert sich leicht in Feigheit und Verzweiflung,
wenn sich die Not ihm gegenüberstellt.

Goethe

DIE SORGLICHEN

Im Frühling, als der Märzwind ging,
als jeder Zweig voll Knospen hing,
da fragten sie mit Zagen:
Was wird der Sommer sagen?

Und als das Korn in Fülle stand,
in lauter Sonne briet das Land,
da seufzten sie und schwiegen:
Bald wird der Herbstwind fliegen.

Der Herbstwind blies die Bäume an
und ließ auch nicht ein Blatt daran.
Sie sahn sich an: Dahinter
kommt nun der böse Winter.

Das war nicht eben falsch gedacht,
der Winter kam auch über Nacht.
Die armen, armen Leute,
was sorgen sie nur heute?

Sie sitzen hinterm Ofen still
und warten, ob's nicht tauen will,
und bangen sich und sorgen
um morgen.

Gustav Falke

Die menschlichste der Schwächen
ist, über das, was uns das Herz gebrochen,
noch obendrein den Kopf uns zu zerbrechen.

Paul Heyse

Das sind die Traurigen, Flachen,
die tief und stark sich scheinen:
Die Frauen, die nicht lachen,
die Männer, die nicht weinen.

Paul Heyse

Ein Philosoph von ernster Art,
der sprach und strich sich seinen Bart:
Ich lache nie. Ich lieb' es nicht,
mein ehrenwertes Angesicht
durch Zähnefletschen zu entstellen
und närrisch wie ein Hund zu bellen;
ich lieb' es nicht, durch ein Gemecker
zu zeigen, daß ich Witz Entdecker;
ich brauche nicht durch Wertvergleichen
mit andern mich herauszustreichen,
um zu ermessen, was ich bin,
denn dieses weiß ich ohnehin.
Das Lachen will ich überlassen
den minder hoch begabten Klassen.
Ist einer ohne Selbstvertraun
in Gegenwart von schönen Fraun,
so daß sie ihn als faden Gecken
abfahren lassen oder necken,
und fühlt er drob geheimen Groll
und weiß nicht, was er sagen soll,
dann schwebt mit Recht
auf seinen Zügen
ein unaussprechliches Vergnügen.
Und hat er Kursverlust erlitten,
ist er moralisch ausgeglitten,
so gibt es Leute, die doch immer
noch dümmer sind als er und schlimmer,
und hat er etwa krumme Beine,
so gibt's noch krümmere als seine.
Er tröstet sich und lacht darüber
und denkt: Da bin ich mir doch
lieber.
Den Teufel lass' ich aus dem Spiele,
auch sonst noch lachen ihrer viele,
besonders jene ewig Heitern,
die unbewußt den Mund erweitern,
die sozusagen auserkoren
zum Lachen bis an beide Ohren.
Sie freuen sich mit Weib und Kind
schon bloß, weil sie vorhanden sind.
Ich dahingegen, der ich sitze
auf der Betrachtung höchster Spitze,
weit über allem Was und Wie,
ich bin für mich und lache nie.

Wilhelm Busch

Jeder hat einen Sparren frei,
wer's nit glaubt, hat ihrer zwei.

Du toller Wicht, gesteh nur offen:
Man hat dich auf manchem Fehler betroffen!
„Ja wohl! doch macht' ich ihn wieder gut."
Wie denn? „Ei, wie's ein jeder tut!"
Wie hast du denn das angefangen?
„Ich hab' einen neuen Fehler begangen.
Darauf waren die Leute so versessen,
daß sie des alten gern vergessen."

Goethe

DIE WAHRHEIT OHNE HERBERGE

Wer klopft bei solchem Wetter? ,,Ich bin's, ein armer Mann,
der, weil er Wahrheit redet, nicht unterkommen kann.“
Wie schlimm sind doch die Leute! geh, Hans, tu auf die Tür!
Ich such' indes was Warmes dem armen Mann herfür.
Herein! Wir li – li – lieben ein wa – wa – wahres Wort!
,,Wer weiß, vielleicht muß ich hier auch balde wieder fort.
Drum sagt mir, krumme Mutter und stotteriger Mann,
wo häng' ich etwa jetzo mein Reiseränzel an?“
Er Grobian! Er Flegel! Fo – fort aus unserm Haus!
,,Da habt ihr's! Niemand hält mehr die reine Wahrheit aus!“

August Kopisch

BOTENART

Der Graf kehrt heim vom Festturnei,
da wallt an ihm sein Knecht vorbei.

,,Hallo, woher des Wegs, sag an!
Wohin, mein Knecht, geht deine Bahn?“

,,Ich wandle, daß der Leib gedeih',
ein Wohnhaus such ich mir nebenbei.“

,,Ein Wohnhaus? Nun, sprich grad heraus,
was ist geschehn bei uns zu Haus?“

,,Nichts Sonderlichs! Nur todeswund
liegt euer kleiner weißer Hund.“

,,Mein treues Hündchen todeswund!
Sprich, wie begab sich's mit dem Hund?“

,,Im Schreck Eur Leibroß auf ihn sprang,
drauf lief's in den Strom, der es verschlang.“

,,Mein schönes Roß, des Stalles Zier!
Wovon erschrak das arme Tier?“

,,Besinn' ich recht mich, erschrak's davon,
als von dem Fenster stürzt' Euer Sohn.“

„Mein Sohn? Doch blieb er unverletzt?
Wohl pflegt mein süßes Weib ihn jetzt?“

„Die Gräfin rührte stracks der Schlag,
als vor ihr des Herrleins Leichnam lag.“

„Warum bei solchem Jammer und Graus,
du Schlingel, hütest du nicht das Haus?“

„Das Haus? Ei, welches meint Ihr wohl?
Das Eure liegt in Asch und Kohl!

Die Leichenfrau schlief ein an der Bahr,
und Feuer fing ihr Kleid und Haar.

Und Schloß und Stall verlodert' im Wind,
dazu das ganze Hausgesind.

Nur mich hat das Schicksal aufgespart,
Euch's vorzubringen auf gute Art.“

Anastasius Grün

OFFNE TAFEL

Viele Gäste wünsch' ich heut
mir zu meinem Tische!
Speisen sind genug bereit,
Vögel, Wild und Fische.
Eingeladen sind sie ja,
haben's angenommen.
Hänschen, geh und sieh dich um!
Sieh mir, ob sie kommen!

Schöne Kinder hoff' ich nun,
die von gar nichts wissen,
nicht, daß es was Hübsches sei,
einen Freund zu küssen.
Eingeladen sind sie all,
haben's angenommen.
Hänschen, geh und sieh dich um!
Sieh mir, ob sie kommen!

Frauen denk' ich auch zu sehn,
die den Ehegatten,
ward er immer brummiger,
immer lieber hatten.
Eingeladen wurden sie,
habens' angenommen.
Hänschen, geh und sieh dich um!
Sieh mir, ob sie kommen!

Junge Herrn berief ich auch,
nicht im mindsten eitel,
die sogar bescheiden sind
mit gefülltem Beutel.
Diese bat ich sonderlich,
haben's angenommen.
Hänschen, geh und sieh dich um!
Sieh mir, ob sie kommen!

Männer lud ich mit Respekt,
die auf ihre Frauen
ganz allein, nicht nebenaus
auf die schönste schauen.
Sie erwiderten den Gruß,
haben's angenommen.
  Hänschen, geh und sieh dich um!
  Sieh mir, ob sie kommen!

Dichter lud ich auch herbei,
unsre Lust zu mehren,
die weit lieber fremdes Lied
als ihr eignes hören.
Alle diese stimmten ein,
haben's angenommen.
  Hänschen, geh und sieh dich um!
  Sieh mir, ob sie kommen!

Doch ich sehe niemand gehn,
sehe niemand rennen.
Suppe kocht und siedet ein,
Braten will verbrennen.
Ach, wir haben's, fürcht ich, nur
zu genau genommen!
  Hänschen, sag, was meinst du wohl!
  Es wird niemand kommen.

Hänschen, lauf und säume nicht,
ruf mir neue Gäste!
Jeder komme, wie er ist,
das ist wohl das beste!
Schon ist's in der Stadt bekannt,
wohl ist's aufgenommen.
  Hänschen, mach die Türen auf:
  Sieh nur, wie sie kommen!

Goethe

EIN LIED VON DER WEIBERTREUE

Sie haben zwei Tote zur Ruhe gebracht:
Der Hauptmann fiel in rühmlicher Schlacht;
mit Ehren ward er beigesetzt,
und der, den jüngst er wacker gehetzt,
  der Räuber hängt am Galgen.

Da hält die Wacht als Schildergast
ein junger Landsknecht, verdrießlich fast.
Die Nacht ist kalt; er flucht und friert,
und wird ihm geraubt, der den Galgen ziert,
  so muß er für ihn hangen.

Im Grabgewölb bei des Hauptmanns Leib
verweilt verzweiflungsvoll sein Weib.
Sie hat geschworen in bittrer Not,
für ihn zu sterben den Hungertod;
  die Amme zur Gesellschaft.

Die Amme spricht: ,,Gebieterin!
Ich habe geschworen nach Eurem Sinn.
Beklagt und lobt den sel'gen Herrn,
da stimm' ich mit ein, von Herzen gern,
  doch plagt mich sehr der Hunger.

Er war, so alt er war, gar gut,
nicht eifersüchtig, von sanftem Mut;
ach, edle Frau, Ihr findet zwar
den zweiten nicht, wie der erste war,
  doch plagt mich sehr der Hunger."

Euch war's, es ist mir wohl bewußt,
ein harter Schlag, ein großer Verlust;
doch seid Ihr noch schön, doch seid Ihr noch jung,
und könntet noch haben der Freude genung;
  es plagt mich sehr der Hunger.

Die Amme so; und stumm beharrt
die edle Frau, im Schmerz erstarrt.
Erloschen scheint der Augen Licht;
sie klaget nicht, sie weinet nicht,
  es plagt sie sehr der Hunger.

Und draußen bläst der Wind gar scharf.
Der Landsknecht läuft, so weit er darf,
indem er sich zu erwärmen sucht;
und wie er läuft, und wie er flucht,
  so sieht ein Licht er schimmern.

Von wannen mag der Schimmer sein?
Er schleicht hinzu, er tritt hinein:
„Gegrüßet mir, ihr edle Fraun!
Wie muß ich hier im Grabe schaun
  so hoher Schönheit Schimmer!"

So staunend er; und stumm beharrt
die edle Frau, im Schmerz erstarrt;
erloschen scheint der Augen Licht,
sie klaget nicht, sie weinet nicht,
  es plagt sie sehr der Hunger.

Die Amme drauf: „Das seht Ihr ja!
Wir trauern um den Toten da.
Wir haben geschworen in bittrer Not,
für ihn zu sterben den Hungertod.
  Es plagt mich sehr der Hunger."

Drauf er: „Das ist nicht wohlgetan
und hilft zu nichts dem toten Mann.
So schön! So jung! Ihr seid nicht klug,
es hat die Welt der Freude genug!
  Entsetzlich nagt der Hunger.

Ich sage nur: Ihr Frauen sollt
mich essen sehn, dann tun, was ihr wollt.
Hier hab ich Brot, hier bab ich Wurst,
hier eine Flasche für den Durst!
  Es plagt auch mich der Hunger."

Und wie er tut, was er gesagt,
und ihm so wohl das Essen behagt,
da sinkt der Alten ganz der Mut:
„Ach, edle Frau, das schmeckt so gut!
  Und, ach, mich plagt der Hunger!"

Drauf er: „So eßt! Ich habe für zwei
genug und habe genug für drei.
Ich esse sonst allein für vier!
So eßt und trinkt getrost mit mir;
  das hilft schon für den Hunger."

Die Amme versucht, auf gutes Glück,
ein Stückchen erst und dann ein Stück,
sie sieht der Herrin ins Angesicht:
Sie klaget nicht, sie weinet nicht;
  es plagt sie sehr der Hunger.

„Ach, edle Frau, das schmeckt so gut,
Ihr wißt schon, wie der Hunger tut;
was hat davon Euer Herr Gemahl?
Es sei genug für dieses Mal,
  entsetzlich nagt der Hunger!"

Er tritt zu ihr: „Versuch es nur."
Sie aber spricht: „Mein Schwur! mein Schwur!"
Und stößt ihn dennoch nicht zurück;
sie nimmt ein Stückchen und dann ein Stück,
  das hilft denn für den Hunger.

Er fällt vor ihr auf seine Knie:
,,Ich sah ein schöneres Weib noch nie!
Nur sollt Ihr hinfort mir klüger sein.
Nun muß ich gehen; gedenket mein!
Ich komme morgen wieder;

nichts da von Lebensüberdruß!"
Er spricht's und raubt ihr einen Kuß
und stürzt hinaus, er ist schon fort;
die Alte ruft: ,,So halt auch Wort,
du lieber, lieber Landsknecht!"

Und ferner spricht sie zu der Frau:
,,Bedenk' ich, Herrin, die Sache genau,
er hat es gar nicht schlecht gemacht
und uns auf guten Weg gebracht,
der liebe, liebe Landsknecht!"

Sie sagt nicht nein, sie sagt nicht ja;
sie steht betroffen, errötend da,
gibt ihren Tränen freien Lauf
und seufzet leis eratmend auf:
,,Du lieber, lieber Landsknecht!"

Der Landsknecht aber verwundert sich sehr,
er steht vor dem Galgen, und der steht leer.
,,Blitz Hagel! Das war mein Henkersschmaus.
Den Platz da füll' ich morgen noch aus!
Ich armer, armer Landsknecht!"

Er läuft zurück: ,,Nun schafft auch Rat,
sonst muß ich hangen; ich kam zu spat!"
Sie fragen ihn aus; wie er alles gesagt,
da weint die edle Frau und klagt:
,,Du armer, lieber Landsknecht!"

Die Alte spricht: ,,Geduld! Geduld!
Ich wasch' ihn rein von aller Schuld!
Er hat uns errettet, das wißt Ihr doch,
versteht mich, Frau, was zaudern wir noch?
Du lieber, lieber Landsknecht!

Man hat ihm seinen Toten geraubt.
Wir haben auch einen, wenn Ihr es erlaubt,
gebt ihm den unsern, gebt Euren Schatz,
der füllt wie einer seinen Platz.
Du lieber, lieber Landsknecht!

Und wer betrachtet's scharf genug,
daß er entdeckte den Betrug?
Frisch angefaßt und schnell ans Werk!
Daß keiner dort den Mangel merk'!
Du lieber, lieber Landsknecht!"

Wie er die Hand an den Toten legt,
da ruft der Landsknecht tief bewegt:
„Mein Hauptmann! Was? Du bist es fürwahr!
Nun bring' ich dich an den Galgen gar!
Du lieber, guter Hauptmann!"

Die Frau versetzt: „Was zauderst du?
Geschwind! Sonst kommen noch Leute dazu,
geschwind! Ich helfe, was ich kann!
Geschwind! geschwind! Du lieber Mann,
du lieber, lieber Landsknecht!"

Und er darauf: „Es geht nicht an;
dem Räuber fehlt 'ein Vorderzahn."
Da nimmt sie selber einen Stein
und schlägt den Zahn dem Toten ein.
Du lieber, lieber Landsknecht!

So schleifen hinaus ihn alle drei
und hängen ihn an den Galgen frei.
Und streift nun der Wind die Heide entlang,
so geben die Knochen gar guten Klang
zum Lied von der Weibertreue.

Adelbert von Chamisso

Ein Mann ist zu berechnen ganz genau;
wozu jedoch im Guten wie im Bösen
sich aufzuschwingen fähig eine Frau –
die Frage wird ihr bester Freund nicht lösen!

Friedrich Halm

Welch hohe Künstlerinnen sind die Frauen,
den Himmeluns auf Erden aufzubauen;
und welche Meisterinnen, uns um Bagatellen
die schönsten Lebensstunden zu vergällen.

Wilhelm Jensen

Das ist unselige Minne,
wenn Weiber das Herz dir rühren,
bei denen Gemüt und Sinne
getrennte Wirtschaft führen.

Paul Heyse

Das Weib ist eine Nuß,
die man aufbeißen muß;
dem Manne Gott genad,
der keine Zähne mehr hat.

Peter Rosegger

Hüte dich, wahllos einzustimmen,
wenn Lästerzungen die Frauen kränken!
Man kann nicht schlimm genug von den schlimmen,
nicht gut genug von den guten denken.

Paul Heyse

HERR UND HERRIN

Ein Mann:

Da du so schön bist, darf ich dich beschwören,
errege nicht mein leicht erregtes Blut.
Da du so schön bist, kann ich dir nicht wehren,
daß deine Hand zu sehr in meiner ruht.
Da du so schön bist, muß ich dich begehren,
denn alle Schönheit ist mir freies Gut.
Da du so schön bist, will ich dich zerstören,
damit es nicht ein andrer tut . . .

Das Weib:

Da du so stark bist, darfst du mich begehren,
doch meine Schönheit bleibt mein freies Gut.
Da du so stark bist, kannst du mich zerstören,
wenn dir die Tat nicht selbst zu wehe tut.
Da du so stark bist, mußt du mir beschwören,
daß du beschützen wirst mein schutzlos Blut.
Da du so stark bist, will ich dir nicht wehren,
daß deine Hand in meiner ruht . . .

Richard Dehmel

Das Haupt des Hauses ist der Mann,
das Weib schließt sich als Krone dran,
wer unter einer Krone steht,
ist nicht erniedrigt, ist erhöht.

GUTMANN UND GUTWEIB

Und morgen fällt St. Martins Fest,
Gutweib liebt ihren Mann;
da knetet sie ihm Puddings ein
und bäckt sie in der Pfann'.

Im Bette liegen beide nun.
Da saust ein wilder West;
und Gutmann spricht zur guten Frau:
„Du, riegle die Türe fest!"

„Bin kaum erholt und halb erwarmt!
Wie käm' ich da zu Ruh?
Und klapperte sie einhundert Jahr,
ich riegelte sie nicht zu!"

Drauf eine Wette schlossen sie
ganz leise sich ins Ohr:
So, wer das erste Wörtlein spräch',
der schöbe den Riegel vor.

Zwei Wandrer kommen um Mitternacht
und wissen nicht, wo sie stehn;
die Lampe losch, der Herd verglomm,
zu hören ist nichts, zu sehn.

„Was ist das für ein Hexenort?
Da bricht uns die Geduld!"
Doch hörten sie kein Sterbenswort;
des war die Türe schuld.

Den weißen Pudding speisten sie,
den schwarzen, ganz vertraut;
und Gutweib sagte sich selber viel,
doch keine Silbe laut.

Zum andern sprach der eine dann:
„Wie trocken ist mir der Hals!
Der Schrank, der klafft, und geistig riecht's
da findet sich's allenfalls.

Ein Fläschchen Schnaps ergreif' ich da,
das trifft sich doch geschickt!
Ich bring es dir, du bringst es mir,
und bald sind wir erquickt."

Doch Gutmann sprang so heftig auf
und fuhr sie drohend an:
„Bezahlen soll mit teurem Geld,
wer mir den Schnaps vertan!"

Und Gutweib sprang auch froh heran,
drei Sprünge, als wär' sie reich:
„Du, Gutmann, sprachst das erste Wort.
Nun riegle die Türe gleich!"

Goethe

Wenn trefflich Weib und Mann
sich miteinander ständen,
fingen wir schwerer an
und könnten sie leichter enden.

Paul Heyse

Es legte Adam sich im Paradiese schlafen;
da ward aus ihm das Weib geschaffen.
Du armer Vater Adam, du!
Dein erster Schlaf war deine letzte Ruh'.

Matthias Claudius

Um in Alkmenens Herz und Haus sich einzuschleichen,
nahm Zeus von ihrem Mann
Gestalt und Kleidung an:
Auf die Art würd' er jetzt sein Ziel nicht mehr erreichen.

Ignaz Franz Castelli

Als Kind von angenehmen Zügen
war Röschen ein gar lustig Ding.
Gern zupfte sie das Bein der Fliegen,
die sie geschickt mit Spucke fing.

Sie wuchs, und größere Objekte
lockt' sie von nun an in ihr Garn,
nicht nur die jungen, nein, sie neckte
und rupft' auch manchen alten Narrn.

Inzwischen tat in stillem Walten
die Zeit getreulich ihre Pflicht.
Durch wundersame Bügelfalten
verziert sie Röschens Angesicht.

Und locker wurden Röschens Zähne.
Kein Freier stellte sich mehr ein.
Und schließlich kriegt' sie gar Migräne,
und die pflegt dauerhaft zu sein.

Dies führte sie zum Aberglauben,
obwohl sie sonst nicht gläubig schien.
Sie meinte fest, daß Turteltauben
den Schmerz der Menschen an sich ziehn.

Zwei Stück davon hat sie im Bauer,
ein Pärchen, welches zärtlich girrt.
Jetzt liegt sie täglich auf der Lauer,
ob ihnen noch nicht übel wird.

Wilhelm Busch

Man ist ja von Natur kein Engel,
vielmehr ein Welt- und Menschenkind,
und rings umher ist ein Gedrängel
von solchen, die dasselbe sind.

In diesem Reich geborner Flegel,
wer könnte sich des Lebens freun,
würd' es versäumt, schon früh die Regel
der Rücksicht kräftig einzubleun.

Es saust der Stock, es schwirrt die Rute.
da darfst nicht zeigen, was du bist.
Wie schad, o Mensch, daß dir das Gute
im Grunde so zuwider ist!

Wilhelm Busch

Die erste alte Tante sprach:
Wir müssen nun auch dran denken,
was wir zu ihrem Namenstag
dem guten Sophiechen schenken.

Drauf sprach die zweite Tante kühn:
Ich schlage vor, wir entscheiden
uns für ein Kleid in Erbsengrün,
das mag Sophiechen nicht leiden.

Der dritten Tante war das recht:
Ja, sprach sie, mit gelben Ranken!
Ich weiß, sie ärgert sich nicht schlecht
und muß sich auch noch bedanken.

Wilhelm Busch

Der alte Wirt steht vor der Tür,
aufs Glatteis tropft der Regen,
a Fremder, der geht aa grad für,
pumps – is er dorten g'legen.

Jetzt hat der Fremde aufbegehrt:
„Dös Glatteis is so z'wider!"
„Ja", sagt der Wirt, „hab mirs schon denkt:
Sie schlagen dorten nieder.

Denn auf dem Fleck san heut schon g'falln
g'wiß zehne, darf i sagen,
i paß jetzt schon die ganze Zeit,
ob Sie net aa hinschlagen."

Karl Stieler

Gehorchen wird jeder mit Genuß
den Frauen, den hochgeschätzten,
hingegen machen uns meist Verdruß
die sonstigen Vorgesetzten.

Nur wenn ein kleines Mißgeschick
betrifft den Treiber und Leiter,
dann fühlt man für den Augenblick
sich sehr befriedigt und heiter.

Als neulich am Sonntag der Herr Pastor
eine peinliche Pause machte,
weil er den Faden der Rede verlor.
da duckt' sich der Küster und lachte.

Wilhelm Busch

„Wer andern eine Grube gräbt" –
dies Wort mag trefflich sein!
Doch: wer sie aus der Grube hebt,
auch der fällt meist hinein.

Ernst von Feuchtersleben

Ja, wenn die Welt gescheiter wär',
dann ging's dem Teufel schlecht:
Die Dummheit ist von alters her
der Bosheit Henkersknecht.

Ludwig Fulda

Sahst du das wunderbare Bild von Brouwer?
Es zieht dich an wie ein Magnet,
du lächelst wohl, derweil ein Schreckenschauer
durch deine Wirbelsäule geht.

Ein kühler Doktor öffnet einem Manne
die Schwäre hinten im Genick;
daneben steht ein Weib mit einer Kanne,
vertieft in dieses Mißgeschick.

Ja, alter Freund, wir haben unsre Schwäre
meist hinten. Und voll Seelenruh
drückt sie ein andrer auf. Es rinnt die Zähre,
und fremde Leute sehen zu.

Wilhelm Busch

Der satte Reichtum hat's ausgedacht,
daß Armut niemandem Schande macht.
Die Schlemmer lehren am vollen Tisch,
wie Salz und Brot hält die Wangen frisch.
Die Tauben gurren vom Dachesrand:
„Nehmt lieber den Sperling in der Hand!" ...
Und die Dummen faßten den Mehrheitsbeschluß,
daß stets der Klügere nachgeben muß.

Oskar Blumenthal

Dümmer ist nichts zu ertragen,
als wenn Dumme sagen den Weisen,
daß sie sich in großen Tagen
sollten bescheidentlich erweisen.

Goethe

Wann im Haus und auf den Gassen
stets am heftigsten du zankst? –
Wenn du selbst im Innern schwankst
und du willst's nicht merken lassen.

Emanuel Geibel

SELBSTKRITIK

Die Selbstkritik hat viel für sich.
Gesetzt den Fall, ich tadle mich;
so hab' ich erstens den Gewinn,
daß ich so hübsch bescheiden bin;
zum zweiten denken sich die Leut,
der Mann ist lauter Redlichkeit;
auch schnapp' ich drittens diesen Bissen
vorweg den andern Kritiküssen;
und viertens hoff' ich außerdem
auf Widerspruch, der mir genehm.
So kommt es dann zuletzt heraus,
daß ich ein ganz famoses Haus.

Wilhelm Busch

Wie verfährt die Natur, um Hohes und Niedres im Menschen
zu verbinden? Sie stellt Eitelkeit zwischen hinein.

Schiller

Ein jeder Mensch pflegt insgeheim
sein eigener Bewundrer, und zwar der einzige zu sein.

Berthold Heinrich Brockes

Magst den Tadel noch so fein,
noch so zart bereiten,
weckt er Widerstreiten

Lob darf ganz geschmacklos sein,
hocherfreut und munter
schlucken sie's hinunter.

Marie von Ebner-Eschenbach

Warum du wider alles Hoffen
noch niemals mitten ins Schwarze getroffen?
Weil du's nicht lassen konntest, beim Zielen
immer ins Publikum zu schielen.

Emanuel Geibel

O heischt nicht, daß man kühl und achtsam
im Grenzbild seiner Kräfte lebt
und daß man niemals unbedachtsam
das eigne Können überstrebt.
Der Selbstvergrößerung Rausch und Wonne
erhält lebendig mich und dich –
denn jeder braucht, wie Luft und Sonne,
den Aberglauben an sein Ich.

Oskar Blumenthal

SCHEIN UND SEIN

Mein Kind, es sind allhier die Dinge,
gleichviel, ob große, ob geringe,
im wesentlichen so verpackt,
daß man sie nicht wie Nüsse knackt.

Wie wolltest du dich unterwinden,
kurzweg die Menschen zu ergründen.
Du kennst sie nur von außenwärts.
Du siehst die Weste, nicht das Herz.

Wilhelm Busch

INNERES UND ÄUSSERES

„Gott nur siehet das Herz.“ – Drum eben, weil Gott nur das Herz sieht,
sorge, daß wir doch auch etwas Erträgliches sehn.

Schiller

Der weise Schopenhauer spricht –
und gern betret' ich seine Spur:
„Ein jedes Menschenangesicht
ist ein Gedanke der Natur."

Es folgt daraus das eine nur,
wenn man dem Worte Glauben schenkt:
Daß auch die ewige Natur
mehr Dummes als Gescheites denkt.

Oskar Blumenthal

HAMLET

Als Hamlet hat sich unser großer Mime
photographieren lassen, einen Schädel
hält in den Händen er, und düster blickt er,
unsäglich düster in die Welt hinein.
So ist er in der Kunst- und Bilderhändler
Schaufenstern überall bei uns zu sehn,
und wer des Weges kommt, der bleibt bewundernd
vor diesem Bildnis stehn und sagt zu sich:
„Das ist er! O wie tief doch in die Rolle
des Dänenprinzen hat sich unser Künstler
hineingedacht! Das ist er wahrlich, wie
er leibt' und lebte. So sah Hamlet aus!"

Was dachte wohl bei sich der große Mann,
als mit dem Schädel in den Händen er
dem Photographen saß und dieser rief:
„Jetzt geht es los, jetzt, bitte, lieber Herr,
recht freundlich aussehn!"
Was er da gedacht,
will ich verraten euch, doch sagt's nicht weiter!

Es war Vormittag, und, der nahen Mahlzeit
gedenkend, überlegte so der Mime:
„Ob es heut wieder Klöße geben wird?
Wenn dem so ist – und eine Ahnung sagt mir:
Es wird heut Klöße geben – o, dann soll
dreinschlagen doch ein Donnerwetter gleich.
Dann will daheim ich einen Lärm vollführen
und eine Szene machen meiner Gattin,
daß ihr, so hoff' ich, für geraume Zeit
die Lust zum Klößekochen soll vergehn."

So hat gedacht bei sich der große Mime,
darum als Hamlet blickt so düster er.

Johannes Trojan

Ein graues Auge,
ein schlaues Auge;
auf schelmische Launen
deuten die braunen;
des Auges Bläue
bedeutet Treue;
doch eines schwarzen Augs Gefunkel
ist stets, wie Gottes Wege, dunkel.

Friedrich von Bodenstedt

Die Welt ist dumm, die Welt ist blind,
wird täglich abgeschmackter!
Sie spricht von dir, mein schönes Kind:
Du hast keinen guten Charakter.

Die Welt ist dumm, die Welt ist blind,
und dich wird sie immer verkennen;
sie weiß nicht, wie süß deine Küsse sind,
und wie sie beseligend brennen.

Heinrich Heine

BRUNNENPROMENADE

Als ich ankam, Johannistag war grade,
gleich ging ich auf die Brunnenpromenade.
Kaum wollt' ich meinen Augen traun,
soviel des Herrlichen war da zu schaun,
Eine lange Reihe der schönsten Damen.
wer zählt die Völker, wer nennt die Namen!

Eine ganz Teint und Taille war,
aschblond das schlicht gescheitelt Haar,
blendende Zähne, feines Kinn,
Typus einer Engländerin,
aber solcher, die palankin-überdacht
weit draußen ihre Tage verbracht,
in Hongkong oder Singapor
(ihr Diener Malaie halb, halb Mohr),
und neben ihr plaudert ein junger Lord
von Lachsfang im Stavanger-Fjord,
alles albionmäßig abgestempelt,
die Beinkleider unten umgekrempelt.

Es plätschert der Springbrunn, es duften die Blumen,
fremd blicken die Bonnen und Kindermuhmen,
noch fremder die Ammen; die Badekapelle
spielt eben eine Wagnerstelle,
Lohengrin-Arie, jetzt laut, jetzt leis,
die Damen schließen einen Kreis,
und in den Kreis, auf den Schlag des Gong,
tritt jetzt die Schönheit der Saison.

Ihr Aug' ist wie getaucht in Glut,
rot ist ihr Kleid und rot ihr Hut,
ein Hut, wie die Kirchenfürsten ihn tragen,
breitkrempig, ein Schleier umgeschlagen,
der Schleier auch rot – am Arme Koralln,
rot alles, worauf die Blicke falln,
eine Römerin (flüstert man) soll es sein,
andre sagen: aus Frankfurt am Main.

Und herwärts wogt es und wieder zurück,
auf Wagner folgt ein ungrisch Stück,
ein Czardas, und auf dem bewässerten Rasen
blitzt es wie von Goldtopasen;
überirdisch, ein paradiesisch Revier,
und die Frage kommt mir: ,,Was willst du hier?"
Eine Freiin grüßt mich . . . doch, wer sie nicht kennte,
die Macht der höheren Elemente!

Nun ist die erste Woche dahin,
verändert schon fühl' ich Herz und Sinn,
und eh' eine zweite Woche vergangen,
ist es nahezu vorbei mit meinem Bangen;
Mummenschanz alles und Fastnachtsorden,
selbst der rote Hut ist mir komisch geworden,
ob aus Rom oder Frankfurt – ich seh' in Ruh
jetzt lieber dem Paukenschläger zu,
der kränklich und mürrisch und doch begeistert
auch Becken noch und Triangel meistert;
zu Schemen ist plötzlich alles verschwommen,
ich bin wieder zu mir selbst gekommen,
und während mir Scheuheit und Demut entschlummern,
zähl' ich mich zu den ,,besseren Nummern".

Theodor Fontane

Sie saßen und tranken am Teetisch
und sprachen von Liebe viel.
Die Herren, die waren ästhetisch,
die Damen von zartem Gefühl.

Die Liebe muß sein platonisch,
der dürre Hofrat sprach.
Die Hofrätin lächelt ironisch,
und dennoch seufzet sie: Ach!

Der Domherr öffnet den Mund weit:
Die Liebe sei nicht zu roh,
sie schadet sonst der Gesundheit.
Das Fräulein lispelt: Wieso?

Die Gäfin spricht wehmütig:
Die Liebe ist eine Passion!
Und präsentiert gütig
die Tasse dem Herren Baron.

Am Tische war noch ein Plätzchen;
mein Liebchen, da hast du gefehlt.
Du hättest so hübsch, mein Schätzchen,
von deiner Liebe erzählt.

Heinrich Heine

HUMSTI-BUMSTI

Humsti war ein schöner Mann,
wohl beliebt bei allen Frauen;
doch auf Bumsti konnte man
nur mit Widerwillen schauen.

Humsti trug sich elegant,
abends Frack und weiße Weste –
Bumsti, dieser trübe Fant,
kam zerlumpt zu jedem Feste.

Humsti rauchte Henry Clays,
parfümierte sich die Haare,
Bumsti roch nach altem Käs'
und nach Pfälzer Ausschußware.

Humsti war recht muskulös,
Brust und Waden ohne Fehle,
Bumsti sagte maliziös:
Ich hab' eine größere Seele!

Adolfine hieß die Frau,
der sie beide Liebe schworen.
Humsti nahm das sehr genau,
Bumsti ließ es ungeschoren.

Humsti schickt' ihr Blumen hin,
Wagenräder, ungeheuer;
Bumsti dacht' in seinem Sinn:
Schenken ist recht hübsch, doch teuer.

Humsti nannt sie Schmetterling,
Engel, Göttin, Philomele;
Bumsti, wenn er mit ihr ging,
sprach von seiner großen Seele.

Adolfine, sicherlich
wirst du doch den Humsti nehmen?
Denn mit Bumsti muß man sich
auf der Promenade schämen.

Humsti ist ein Ehrenmann,
makellos, von höchster Reinheit.
Bumsti, jeder sieht's ihm an
ist das Urbild der Gemeinheit.

Adolfine sagte: Schwer
ist die Frage, wen ich wähle.
Humsti, der gefällt mir sehr,
Bumsti hat die große Seele.

Adolfine, diese Frau,
blieb nicht stehen beim Verdrusse;
und sie kam – denn sie war schlau –
schnell zu folgendem Entschlusse:

Tags gab sie mit Wohlbedacht
Humsti lächelnde Befehle
und empfing galant zur Nacht
Bumsti mit der großen Seele.

Rudolf Alexander Schröder

DER VERSCHWENDER

Ein Mensch, der ein sehr hohes Maß
von reiner Leidenschaft besaß
vermeinte, daß bei so viel Gnade
es vorerst weiter gar nicht schade,
so ab und zu in kleinen Summen
die Zinsen quasi zu verdummen.
Die Liebeleien wurden häufig,
Verschwenden wurde ihm geläufig.
Noch hab' ich, kommt das Glück einmal,
so dachte er, das Kapital!
Die Liebe kam dann, unvermutet,
die wert ist, daß man für sie blutet.
Der Mensch griff tief in seine Seele –
und merkte plötzlich, daß sie fehle.
Zwar fand er noch, als Mann von Welt,
in allen Taschen Wechselgeld,
doch reichte es für Liebe nimmer,
nur mehr für billige Frauenzimmer ...

Eugen Roth

TOTALITÄT

Ein Kavalier von Kopf und Herz
ist überall willkommen;
er hat mit feinem Witz und Scherz
manch Weibchen eingenommen.
Doch wenn's ihm fehlt an Faust und Kraft,
wer mag ihn dann beschützen?
Und wenn er keinen Hintern hat,
wie mag der Edle sitzen?

Goethe

Daß es dir nur nicht gleich Bedenken mache,
horcht eine Frau zerstreut auf deiner Stimme Ton.
Vielleicht ist sie nicht völlig bei der Sache,
doch desto mehr bei der Person.

Paul Heyse

Willst du Männer gesprächig machen,
sprich von Sachen;
soll das Gespräch mit Frauen sich lohnen,
sprich von Personen.

Ludwig Fulda

Sei, willst du unter Menschen gehn,
mit geist'gem Kleingeld vorgesehn.
Gedanken tief und groß und stark
laß lieber ganz zu Haus:
Auf einen Schein von tausend Mark
gibt niemand gern heraus.

Ludwig Fulda

Den Streitgesprächen bleib' ich fern,
die um den Biertisch wandern:
Ein jeder hört sich selber gern
und überhört den andern.
Und hat man sich den Kopf beschwert
mit zorniger Verneinung,
geht man nach Hause, neu bekehrt –
zu seiner alten Meinung.

Ludwig Fulda

Gibt's ein Gespräch, wenn wir uns nicht belügen,
mehr oder weniger versteckt?
So ein Ragout von Wahrheit und von Lügen,
das ist die Köcherei, die mir am besten schmeckt.

Goethe

Aus einer großen Gesellschaft heraus
ging einst ein stiller Gelehrter zu Haus.
Man fragte: Wie seid Ihr zufrieden gewesen?
„Wären's Bücher", sagt' er, „ich würd' sie nicht lesen."

Goethe

Das ist ein Jagen auf dieser Erden
nach Rang und Würden und gleißendem Schein . . .
im hitzigen Fieber, etwas zu werden,
versäumen die Toren, etwas zu sein.

Oskar Blumenthal

Einst sprach ein satter Philosoph:
„Ich habe Haus und Stall und Hof:
Ist nicht die Welt vollkommen?"

Ein anderer drauf: „Dies wär' der Fall,
hätt' ich dir Haus und Hof und Stall
erst glücklich abgenommen."

Ludwig Fulda

Der adelige Rat:

Mein Vater war ein Reichsbaron!
Und Ihrer war, ich meine . . .?

Der bürgerliche Rat:

So niedrig, daß, mein Herr Baron,
ich glaube, wären Sie sein Sohn,
Sie hüteten die Schweine.

Johann Heinrich Voss

DAS GOLDNE KALB

Doppelflöten, Hörner, Geigen
spielen auf zum Götzenreigen,
und es tanzen Jakobs Töchter
um das goldne Kalb herum –
Brum – brum – brum –
Paukenschläge und Gelächter!

Hochgeschürzt bis zu den Lenden
und sich fassend an den Händen,
Jungfraun edelster Geschlechter
kreisen wie ein Wirbelwind
um das Rind –
Paukenschläge und Gelächter!

Aaron selbst wird fortgezogen
von des Tanzes Wahnsinnswogen,
und er selbst, der Glaubenswächter,
tanzt im Hohenpriesterrock
wie ein Bock –
Paukenschläge und Gelächter!

Heinrich Heine

ARM ODER REICH

„Sagen Sie, sind Sie dem lieben Gold
in der Tat so wenig hold?
Blicken Sie wirklich, fast stolz, auf die Hüter
aller möglichen irdischen Güter?
Ist der Kohinoor, dieser ‚Berg des Lichts‘,
Ihnen allen Ernstes nichts?“

So stellen zuzeiten die Fragen sich ein,
und ich sage dann „ja“ und sag' auch „nein“.

Wie meistens hierlandes die Dinge liegen,
bei dem Spatzenflug, den unsre Adler fliegen
(nicht viel höher als ein Scheunentor),
zieh' ich das Armsein entschieden vor.

Dieses Armsein ist mir schon deshalb genehmer,
weil für den Alltag um vieles bequemer.
Von Vettern und Verwandtenhaufen
werd' ich nie und nimmer belaufen,
es gibt – und dafür will Dank ich zollen –
keine Menschen, die irgendwas von mir wollen.
Ich höre nur selten der Glocke Ton,
keiner ruft mich ans Telefon,
ich kenne kein Hasten und kenne kein Streben
und kann jeden Tag mir selber leben.

Und doch, wenn ich irgend etwas geschrieben,
das, weil niemand es will, mir liegengeblieben,
oder wenn ich Druckfehler ausgereutet,
da weiß ich recht wohl, was Geld bedeutet.
Und wenn man trotzdem, zu dieser Frist,
den Respekt vor dem Gelde bei mir vermißt,

so liegt das daran ganz allein:
Ich finde die Summen hier immer zu klein.

Was, um mich herum hier, mit Golde sich ziert,
ist meistens derartig, daß mich's geniert;
der Grünkramhändler, der Weißbierbudiker, –
der Tantenbecourer, der Erbschaftsschlieker,
der Züchter von Southdownhammelherden,
Hoppegartenbarone mit Rennstallpferden,
Wuchrer, hochfahrend und untertänig –
sie haben mir alle viel, viel zu wenig.

Mein Interesse für Gold und derlei Stoff
beginnt erst beim Fürsten Demidoff,
bei Yussupoff und bei Dolgorucky,
bei Sklavenhaltern aus Südkentucky,
bei Mackay und Gould, bei Bennet und Astor –
hierlandes schmeckt alles nach Hungerpastor –
erst in der Höhe von Van der Bilt
seh' ich mein Ideal gestillt:
Der Nil müßte durch ein Nil-Reich laufen,
China würd ich meistbietend verkaufen,
einen Großadmiral würd' ich morgen ernennen,
der müßte die englische Flotte verbrennen,
auf daß Gott segne seine Hände,
das Kattunchristentum aus der Welt verschwände.
So reich sein, das könnte mich verlocken –
sonst bin ich für Brot in die Suppe brocken.

• *Theodor Fontane*

ZEITGENOSSEN, HAUFENWEISE

Es ist nicht leicht, sie ohne Haß zu schildern,
und ganz unmöglich geht es ohne Hohn.
Sie haben Köpfe wie auf Abziehbildern
und, wo das Herz sein müßte, Telephon.

Sie wissen ganz genau, daß Kreise rund sind
und Invalidenbeine nur aus Holz.
Sie sprechen fließend, und aus diesem Grund sind
sie Tag und Nacht – auch sonntags – auf sich stolz.

In ihren Händen wird aus allem Ware.
In ihrer Seele brennt elektrisch Licht.
Sie messen auch das Unberechenbare.
Was sich nicht zählen läßt, das gibt es nicht!

Sie haben am Gehirn enorme Schwielen,
fast als benutzten sie es als Gesäß.
Sie werden rot, wenn sie mit Kindern spielen,
die Liebe treiben sie programmgemäß.

Sie singen nie (nicht einmal im August)
ein hübsches Weihnachtslied auf offner Straße.
Sie sind nie froh und haben immer Lust.
Und denken, wenn sie denken, durch die Nase.

Sie loben unermüdlich unsre Zeit,
ganz als erhielten sie von ihr Tantiemen.
Ihr Intellekt liegt meistens doppelt breit.
Sie können sich nur noch zum Scheine schämen.

Sie haben Witz und können ihn nicht halten.
Sie wissen vieles, was sie nicht verstehn.
Man muß sie sehen, wenn sie Haare spalten!
Es ist, um an den Wänden hochzugehn.

Man sollte kleine Löcher in sie schießen!
Ihr letzter Schrei wär noch ein dernier cri.
Jedoch, sie haben viel zuviel Komplicen,
als daß sie sich von uns erschießen ließen.
Man trifft sie nie.

• *Erich Kästner*

Das Loben ist uns unbequem,
das Schelten ist so angenehm;
und gibt es nicht so viel zu schelten?
Nicht wahr, Prophet, du läßt es gelten?
Nisami: Im Namen Allahs rede ich:
Sich lobt, wer lobt; wer schilt, schilt sich.

Ernst von Feuchtersleben

„So sei doch höflich!“ – Höflich mit dem Pack?
Mit Seide näht man keinen groben Sack.

Goethe

„Ist doch“ – rufen sie vermessen –
„nichts im Werke, nichts getan!“
Und das Große reift indessen
still heran.

Es erscheint nun. Niemand sieht es,
niemand hört es im Geschrei:
Mit bescheidner Trauer zieht es
still vorbei.

Ernst von Feuchtersleben

„Willst du uns, Freund, zu Kindern machen?
Du sagst uns weltbekannte Sachen!“
Verzeiht! ich konnt aus euren Werken,
daß ihr das alles wißt, nicht merken.

Ernst von Feuchtersleben

Der erste hat das Haar gespalten
und einen Vortrag darüber gehalten;
der zweite fügt es neu zusammen
und muß die Ansicht des ersten verdammen;
im Buche des dritten kann man lesen,
es sei nicht das richtige Haar gewesen.

Ludwig Fulda

Zu fragmentarisch ist Welt und Leben!
Ich will mich zum deutschen Professor begeben,
der weiß das Leben zusammenzusetzen,
und er macht ein verständlich System daraus;
mit seinen Nachtmützen und Schlafrockfetzen
stopft er die Lücken des Weltenbaus.

Heinrich Heine

Über den Einwurf eines Gescheiten
läßt sich streiten;
bei der Entgegnung eines Dummen
muß man verstummen.

Ludwig Fulda

AN DIE KRITIKER

Nur nicht gleich das Schwert gewetzt
und das Beil geschliffen!
Was ihr niemals überschätzt,
habt ihr nie begriffen.

Paul Heyse

Die Kritiker, will sagen: die neuen,
vergleich' ich den Papageien;
sie haben drei oder vier Worte,
die wiederholen sie an jedem Orte.

Romantisch, klassisch und modern:
Scheint schon ein Urteil diesen Herrn,
und sie übersehen in stolzem Mut
die wahren Gattungen: schlecht und gut.

Franz Grillparzer

Ja, donnert Gott, Ja, singt der Dichter,
stell etwas hin und laß sie schrein!
Der Teufel nur, der Splitterrichter,
der selbst nichts schafft, sagt ewig: Nein.

Emanuel Geibel

REZENSENT

Da hatt' ich einen Kerl zu Gast,
er war mir eben nicht zur Last;
ich hatt' just mein gewöhnlich Essen.
Hat sich der Kerl pumpsatt gefressen,
zum Nachtisch, was ich gespeichert hatt'.
Und kaum ist mir der Kerl so satt,
tut ihn der Teufel zum Nachbar führen,
über mein Essen zu räsonieren:
„Die Supp' hätt können
gewürzter sein,
der Braten brauner, firner der Wein."
Der Tausendsackerment!
Schlagt ihn tot, den Hund!
Es ist ein Rezensent.

Goethe

ABSCHIED

Unangeklopft ein Herr tritt abends bei mir ein:
„Ich habe die Ehr', Ihr Rezensent zu sein."
Sofort nimmt er das Licht in die Hand,
besieht lang meinen Schatten an der Wand,
rückt nah und fern: „Nun, lieber junger Mann,
sehn Sie doch gefälligst mal Ihre Nas' so von der Seite an!
Sie geben zu, daß das ein Auswuchs is."
„Das? Alle Wetter – gewiß!
Ei Hasen! ich dachte nicht,
all mein Lebtage nicht,
daß ich so eine Weltnase führt' im Gesicht!"

Der Mann sprach noch verschiednes hin und her,
ich weiß, auf meine Ehre, nicht mehr;
meinte vielleicht, ich sollt' ihm beichten.
Zuletzt stand er auf; ich tat ihm leuchten.
Wie wir nun an der Treppe sind,
da geb' ich ihm, ganz froh gesinnt,
einen kleinen Tritt,
nur so von hinten aufs Gesäße, mit –
alle Hagel! ward das ein Gerumpel,
ein Gepurzel, ein Gehumpel!
Dergleichen hab' ich nie gesehn,
all mein Lebtage nicht gesehn,
einen Menschen so rasch die Treppe hinabgehn!

Eduard Mörike

Übermacht, ihr könnt es spüren,
ist nicht aus der Welt zu bannen;
mir gefällt, zu konversieren
mit Gescheiten, mit Tyrannen.

Da die dummen Eingeengten
immerfort am stärksten pochten,
und die Halben, die Beschränkten
gar zu gern uns unterjochten,

hab' ich mich für frei erkläret
von den Narren, von den Weisen,
diese bleiben ungestöret,
jene möchten sich zerreißen;

denken, in Gewalt und Liebe
müßten wir zuletzt uns gatten,
machen mir die Sonne trübe
und erhitzen mir den Schatten.

„Aber nenn uns doch die Feinde!"
Niemand soll sie unterscheiden:
Denn ich hab' in der Gemeinde
schon genug daran zu leiden.

Goethe

RATSKOLLEGIUM

Der Vorsitzende:

Hochweiser Rat, geehrte Kollegen!
Bevor wir uns heute aufs Raten legen,
bitt' ich, erst reiflich zu erwägen,
ob wir vielleicht, um Zeit zu gewinnen,
heut sogleich mit dem Raten beginnen,
oder ob wir erst proponieren müssen,
was uns versammelt und was wir alle wissen? –
Ich muß pflichtmäßig voranschicken hierbei,
daß die Art der Geschäfte zweierlei sei:
Die einen sind die eiligen,
die andern die langweiligen.

Auf jene pfleg' ich cito zu schreiben,
die andern können liegenbleiben.
Die liegenden aber, geehrte Brüder,
zerfallen in wicht'ge und in höchstwicht'ge wieder.
Bei jenen – nun – man wird verwegen,
man schreibt nach amtlichem Überlegen
more solito hier, und dort ad acta,
die Diener rennen, man flucht, verpackt da,
der Staat floriert und bleibt im Takt da.
Doch werden die Zeiten so ungeschliffen,
wild umzuspringen mit den Begriffen,
kommt gar, wie heute, ein Fall, der eilig
und doch höchstwichtig zugleich – dann freilich
muß man von neuem unterscheiden:
Ob er mehr eilig oder mehr wichtig. –
Ich bitte, meine Herrn, verstehn Sie mich richtig!
Der Punkt ist von Einfluß. Denn wir vermeiden
die species facti, wie billig, sofort,
findt sich der Fall mehr eilig als liegend.
Ist aber das Wichtige überwiegend,
wäre die Eile am unrechten Ort.

Meine Herren, Sie haben nun die Prämissen.
Sie werden den Beschluß zu finden wissen.

• *Joseph von Eichendorff*

DER KRÄMER VON ISPAHAN

In Ispahan ein Zoll, ein neuer,
ist auferlegt der Krämerschaft;
ein Krämer aber meint, die Steuer
geh' über seines Beutels Kraft.

Er zählte, rechnet' und verglich es,
dann macht' er rasch sich auf den Weg
dahin, wo eben öffentliches
Gehör erteilt der Beglerbeg.

Er drängt sich durch die dichten Gassen:
„Herr, ich entrichte nicht den Zoll."
„So mußt du diese Stadt verlassen",
erwidert jener ruhevoll.

„Herr, hier kann ich den Zoll nicht geben,
und wohin soll ich in der Welt?"
„Nach Schiras oder Kaschan eben,
wo es am besten dir gefällt."

„In Schiras ist dein jüngrer Bruder",
der Krämer wagt das kühne Wort,
„in Kaschan ist dein Neff' am Ruder;
was kann ich hoffen da und dort?"

„So magst du dich nach Hofe wenden
und klagen, Unrecht tu man dir."
„Am Hofe hat die Macht in Händen
dein ältrer Bruder, der Wesir."

„So geh zur Höll' und laß dein Äffen!"
Der Krämer spricht: „Dort ist vielleicht
dein Vater selig anzutreffen;
wie schwer ist's, daß man euch entweicht."

„So geh mit Gott, ich will's bedenken,
daß auf mein ganz Geschlecht nicht fällt
der Vorwurf, dich am Recht zu kränken
in dieser und in jener Welt."

Friedrich Rückert

DER JUNKER UND DER BAUER

Ein Bauer trat mit seiner Klage
vor Junker Alexander hin:
„Vernehmt, Herr, daß ich heut am Tage
recht übel angekommen bin:
Mein Hund hat Eure Kuh gebissen.
Wer wird den Schaden tragen müssen?"
„Schelm, das sollst du!", fuhr hier der Junker auf,
„für dreißig Taler war mir nicht die Kuh zu Kauf,
die sollst du diesen Augenblick erlegen.
Das sei hiermit erkannt von Rechtes wegen!"
„Ach nein, gestrenger Herr! Ich bitte, hört",
rief ihm der Bauer wieder zu,
„ich hab' es in der Angst verkehrt;
nein, Euer Hund biß meine Kuh." –
Und wie hieß nun das Urteil Alexanders?
„Ja, Bauer! Das ist ganz was anders."

Karl Wilhelm Ramler

DER BAUER NACH GEENDIGTEM PROZESS

Gottlob, daß ich ein Bauer bin,
und nicht ein Advokat,
der alle Tage seinen Sinn
auf Zank und Streiten hat.

Und wenn er noch so ehrlich ist,
wie sie nicht alle sind,
fahr ich doch lieber meinen M . . .
in Regen und in Wind.

Denn davon wächst die Saat herfür,
ohn' Hilfe des Gerichts;
aus nichts wird etwas denn bei mir,
bei ihm aus etwas nichts.

Gottlob, daß ich ein Bauer bin,
und nicht ein Advokat!
Und fahr' ich wieder zu ihm hin,
so breche mir das Rad!

Matthias Claudius

DER BEAMTE

Er reibt sich die Hände: „Wir kriegen's
auch der frechste Bursche spüret [jetzt!
schon bis hinab in die Fingerspitz',
daß von oben er wird regieret.
Bei jeder Geburt ist künftig sofort
der Antrag zu formulieren,
daß die hohe Behörde dem lieben Kind
gestatte zu existieren!"

Theodor Storm

Mein alter Freund, der Rechnungsrat,
ist doch der echte Bürokrat!
Er brachte glücklich es so weit,
daß er schon seit geraumer Zeit
auch mit sich selber – wie man hört –
nur ‚auf dem Dienstweg' noch verkehrt;
und ist die Köchin mal gehässig,
die Scheuerfrau nicht zuverlässig,
das Kindermädchen liebestoll,
vernimmt er sie zu Protokoll.
Sobald ein Rock ist auszuklopfen,
ein Loch im Strumpfe ist zu stopfen,
verfügt er's schriftlich jedesmal
und bucht dies Schriftstück im ‚Journal'.
Die Gattin selbst, die treue, brave,
belegte er mit Ordnungsstrafe;
Anträge, Bitten und dergleichen
hat sie stets schriftlich einzureichen,
und oft passiert es ihr hienieden,
daß sie abschlägig wird beschieden. –
Wird einst der Rat gestorben sein,
dann richtet er sich noch so ein,
daß man ihn ja zu Grabe trage
an einem Sonntag-Nachmittage,
damit die dienstfreien Kollegen
kein Stündchen schwänzen seinetwegen.

Heinrich Schäffer

RECHTZEITIGE EINSICHT

Ein Mensch sieht ein, daß wer, der stirbt,
den andern nur den Tag verdirbt,
an dem, den Freunden zum Verdruß,
er halt beerdigt werden muß.
Den ersten trifft's als harter Schlag:
„Natürlich! Samstag nachmittag!",
der zweite ärgert sich nicht minder:
„Mit meinem schäbigen Zylinder?"
Der dritte sagt: „Paßt wie bestellt!
im Westfriedhof, halb aus der Welt!"
Der vierte ringt mit dem Entschluß,
ob einen Kranz er geben muß.
Der fünfte aber herzlos spricht:
„So nah stand er mir wirklich nicht!"
Der sechste denkt nach altem Brauch:
„Ein Beileidsschreiben tut es auch!"
Und rückhaltlos bekennt der siebte,
daß er ihn überhaupt nicht liebte.
Zeit ist's. Der Sarg wird zugenagelt.
Es regnet draußen, schneit und hagelt –
kann sein auch, Julisonne sticht!
Mensch, das vergessen sie dir nicht!
Es spricht Kollege, Freund und Vetter:
Der damals? bei dem Schweinewetter?!
Der Mensch schreibt drum: Mein letzter
beerdigt mich in aller Stille! [Wille –

Eugen Roth

WELTLAUF

Ein Mensch, erst zwanzig Jahre alt,
beurteilt Greise ziemlich kalt
und hält sie für verkalkte Deppen,
die zwecklos sich durchs Dasein schleppen.
Der Mensch, der junge, wird nicht jünger:
Nun, was wuchs denn auf seinem Dünger?
Auch er sieht, daß trotz Sturm und Drang,
was er erstrebt, zumeist mißlang,
daß, auf der Welt als Mensch und Christ
zu leben, nicht ganz einfach ist,
hingegen leicht, an Herrn mit Titeln
und Würden schnöd herumzukritteln.
Der Mensch, nunmehr bedeutend älter,
beurteilt jetzt die Jugend kälter,
vergessend frühres Sich-Erdreisten:
„Die Rotzer sollen erst was leisten!"
Die Jugend wiedrum hält . . .
Genug – das ist der Lauf der Welt.

Eugen Roth

Die Tugend will nicht immer passen,
im ganzen läßt sie etwas kalt,
und daß man eine unterlassen,
vergißt man bald.

Doch schmerzlich denkt manch alter Knaster,
der von vergangnen Zeiten träumt,
an die Gelegenheit zum Laster,
die er versäumt.

Wilhelm Busch

Man wird nicht besser mit den Jahren –
wie sollt' es auch? Man wird bequem
und bringt, um sich die Reu' zu sparen,
die Fehler all in ein System.

Das gibt dann eine glatte Fläche,
man gleitet unbehindert fort,
und „allgemeine Menschenschwäche"
wird unser Trost- und Losungswort.

Die Fragen alle sind erledigt,
das eine geht, das andre nicht,
nur manchmal eine stumme Predigt
hält uns der Kinder Angesicht.

Theodor Fontane

DER MENSCH MIT SEINEM WIDERSPRUCH

Ein Mensch erhofft sich fromm und still,
daß er einst das kriegt, was er will;
bis er dann doch dem Wahn erliegt
und schließlich das will, was er kriegt.

Eugen Roth

WIR BLEIBEN ALLE KINDER

Und wird die Welt auch noch so alt,
der Mensch, er bleibt ein Kind!
Zerschlägt sein Spielzeug mit Gewalt,
wie eben Kinder sind!

Wann alles erst in klein zerstückt
und nichts mehr zu verderben,
so sucht er wieder – neu beglückt –
und spielt dann mit den Scherben!

Carl Spitzweg

★

Faust:

Ich bin nur durch die Welt gerannt;
ein jed' Gelüst ergriff ich bei den Haaren,
was nicht genügte, ließ ich fahren,
was mir entwischte, ließ ich ziehn.
Ich habe nur begehrt und nur vollbracht
und abermals gewünscht und so mit Macht
mein Leben durchgestürmt; erst groß und mächtig,
nun aber geht es weise, geht bedächtig.
Der Erdenkreis ist mir genug bekannt.
Nach drüben ist die Aussicht uns verrannt;
Tor, wer dorthin die Augen blinzelnd richtet,
sich über Wolken seinesgleichen dichtet!
Er stehe fest und sehe hier sich um;
dem Tüchtigen ist diese Welt nicht stumm.
Was braucht er in die Ewigkeit zu schweifen!
Was er erkennt, läßt sich ergreifen.
Es wandle so den Erdentag entlang;
wenn Geister spuken, geh' er seinen Gang.
Im Weiterschreiten find' er Qual und Glück,
er, unbefriedigt jeden Augenblick.

Goethe

EINSAMKEIT UND SCHWERMUT

VEREINSAMT

Die Krähen schrein
und ziehen schwirren Flugs zur Stadt.
Bald wird es schnein.
Wohl dem, der jetzt noch – Heimat hat!

Nun stehst du starr,
schaust rückwärts, ach! wie lange schon!
Was bist du Narr
vor Winters in die Welt entflohn?

Die Welt – ein Tor
zu tausend Wüsten stumm und kalt!
Wer das verlor,
was du verlorst, macht nirgends halt.

Nun stehst du bleich,
zur Winter-Wanderschaft verflucht,
dem Rauche gleich,
der stets nach kältern Himmeln sucht.

Flieg, Vogel, schnarr
dein Lied im Wüstenvogel-Ton!
Versteck, du Narr,
dein blutend Herz in Eis und Hohn!

Die Krähen schrein
und ziehen schwirren Flugs zur Stadt.
Bald wird es schnein, –
weh dem, der keine Heimat hat!

Friedrich Wilhelm Nietzsche

DES FREMDLINGS ABENDLIED

Ich komme vom Gebirge her,
es ruft das Tal, es rauscht das Meer;
ich wandle still und wenig froh,
und immer fragt der Seufzer: Wo?

Die Sonne dünkt mich hier so kalt,
die Blüte welk, das Leben alt,
und was sie reden, tauber Schall;
ich bin ein Fremdling überall.

Wo bist du, mein gelobtes Land,
gesucht, geahnt und nie gekannt?
Das Land, das Land, so hoffnungsgrün,
das Land, wo meine Rosen blühn?

Wo meine Träume wandeln gehn,
wo meine Toten auferstehn;
das Land, das meine Sprache spricht
und alles hat, was mir gebricht?

Ich wandle still und wenig froh,
und immer fragt der Seufzer: Wo?
Es bringt die Luft den Hauch zurück:
Da, wo du nicht bist, blüht das Glück.

Georg Philipp Schmidt von Lübeck

DIE DREI ZIGEUNER

Drei Zigeuner fand ich einmal
liegen an einer Weide,
als mein Fuhrwerk mit müder Qual
schlich durch sandige Heide.

Hielt der eine für sich allein
in den Händen die Fiedel,
spielte, umglüht vom Abendschein,
sich ein feuriges Liedel.

Hielt der zweite die Pfeif' im Mund,
blickte nach seinem Rauche,
froh, als ob er vom Erdenrund
nichts zum Glücke mehr brauche.

Und der dritte behaglich schlief,
und sein Zimbal am Baum hing,
über die Saiten ein Windhauch lief,
über sein Herz ein Traum ging.

An den Kleidern trugen die drei
Löcher und bunte Flicken;
aber sie boten trotzig frei
Spott den Erdengeschicken.

Dreifach haben sie mir gezeigt,
wenn das Leben uns nachtet,
wie man's verraucht, verschläft, vergeigt
und es dreimal verachtet.

Nach den Zigeunern lang noch schaun
mußt' ich im Weiterfahren,
nach den Gesichtern dunkelbraun,
den schwarzlockigen Haaren.

Nikolaus Lenau

DER LEIERMANN

Drüben hinterm Dorfe steht ein Leiermann
und mit starren Fingern dreht er, was er kann.

Barfuß auf dem Eise schwankt er hin und her
und sein kleiner Teller bleibt ihm immer leer.

Keiner mag ihn hören, keiner sieht ihn an,
und die Hunde knurren um den alten Mann.

Und er läßt es gehen, alles, wie es will,
dreht, und seine Leier steht ihm nimmer still.

Wunderlicher Alter, soll ich mit dir gehn?
Willst zu meinen Liedern deine Leier drehn?

Wilhelm Müller

Die Nacht liegt in den letzten Zügen,
der Regen tropft, der Nebel spinnt . . .
Oh, daß die Märchen immer lügen,
die Märchen, die die Jugend sinnt!
Wie lieblich hat sich einst getrunken
der Hoffnung goldner Feuerwein!
Und jetzt? Erbarmungslos versunken
in dieses Elend der Spelunken –
O Sonnenschein! o Sonnenschein!

Nur einmal, einmal noch im Traume
laßt mich hinaus, o Gott, hinaus!
Denn süß rauscht's nachts im Lindenbaume
vor meines Vaters Försterhaus.
Der Mond lugt golden um den Giebel,
der Vater träumt von Mars-la-Tour,
lieb Mütterchen studiert die Bibel,
ihr Nestling koloriert die Fibel
und leise, leise tickt die Uhr!

O goldene Lenznacht der Jasminen,
o wär' ich niemals dir entrückt!
Das ewige Rädern der Maschinen
hat mir das Hirn zerpflückt, zerstückt!
Einst schlich ich aus dem Haus der Väter
nachts in die Welt mich wie ein Dieb,
und heut – drei kurze Jährchen später?–
Wie ein geschlagner Missetäter
schluchz' ich: Vergib, o Gott, vergib!

Wozu dein armes Hirn zerwühlen?
Du grübelst und die Weltlust lacht!
Denn von Gedanken, von Gefühlen,
hat noch kein Mensch sich satt gemacht!
Ja, recht hat, o du süße Mutter,
dein Spruch, vor dem's mir stets gegraust:
Was soll uns Shakespeare, Kant und Luther?
Dem Elend dünkt ein Stückchen Butter
erhabner als der ganze Faust!

Arno Holz

April 1945

O Nacht der Trauer, Nacht April,
die ich im Feuerdunst durchschwamm,
umweht vom schwarzen Wassergras,
als schwankte Haar auf trübem Schlamm,
mit Pfählen treibend und mit Brettern,
mit Knäuln von Ästen und mit Aas,
versengtem Schilf, vereisten Blättern,
flußabwärts mit den Toten still.

O Grund der Welt, noch ungebunden,
o Pflug, der Gräber nicht verletzt,
o Mensch, verloren und gefunden,
auf morschem Floß noch ausgesetzt,
o öder Anhauch bleicher Lippen,
mit Blut und Regen kam der Tag,
da auf des Flusses steingen Rippen
das Morgenlicht zerschmettert lag!

Peter Huchel

ALTER STROMER

Am Tag, am dämmerhellen,
ob auch die Kälte kracht,
man hat doch seine Quellen –
aber die Nacht, die Nacht!

Wenn überall aus den Stuben
der Schein der Kerzen bricht,
dann gelten bloß Mädeln und Buben,
aber unsereins nicht.

Unsereins sieht die vollen
Teller am Fenstersims.
Unsereins darf sich trollen.
Keiner sagt: „Komm und nimm's!"

Keiner sagt: „Sei heute,
Herr Jesu, unser Gast!"
Heißen sich Christenleute.
Hat keiner das Wort erfaßt.

Im Dorf die Hunde schlagen
wild an . . . Ich drück' mich sacht.
Der Tag wär' zu ertragen –
aber die Nacht, die Nacht!

Owlglass

WALDLIED

Der Nachtwind hat in den Bäumen
sein Rauschen eingestellt,
die Vögel sitzen und träumen
am Aste traut gesellt.

Die ferne schmächtige Quelle,
weil alles andre ruht,
läßt hörbar nun Welle auf Welle
hinflüstern ihre Flut.

Und wenn die Nähe verklungen,
dann kommen an die Reih
die leisen Erinnerungen
und weinen fern vorbei.

Daß alles vorübersterbe,
ist alt und allbekannt;
doch diese Wehmut, die herbe,
hat niemand noch gebannt.

Nikolaus Lenau

IM NEBEL

Seltsam, im Nebel zu wandern!
Einsam ist jeder Busch und Stein,
kein Baum sieht den andern,
jeder ist allein.

Voll von Freunden war mir die Welt,
als noch mein Leben licht war;
nun, da der Nebel fällt,
ist keiner mehr sichtbar.

Wahrlich, keiner ist weise,
der nicht das Dunkel kennt,
das unentrinnbar und leise
von allen ihn trennt.

Seltsam, im Nebel zu wandern!
Leben ist Einsamsein.
Kein Mensch kennt den andern,
jeder ist allein.

Hermann Hesse

Kreuz der straße . .
wir sind am end.
Abend sank schon. .
dies ist das end.
Kurzes wallen
wen macht es müd?
Mir zu lang schon . .
der schmerz macht müd.
Hände lockten:
Was nahmst du nicht?
Seufzer stockten:
Vernahmst du nicht?
Meine straße
du ziehst sie nicht.
Tränen fallen
du siehst sie nicht.

Stefan George

DIE VERSCHEUCHTE

Es ist der Tag im Nebel völlig eingehüllt,
Entseelt begegnen alle Welten sich –
kaum hingezeichnet wie auf einem Schattenbild.

Wie lange war kein Herz zu meinem mild . . .
Die Welt erkaltete, der Mensch verblich.
– Komm bete mit mir – denn Gott tröstet mich.

Wo weilt der Odem, der aus meinem Leben wich?
Ich streife heimatlos zusammen mit dem Wild
durch bleiche Zeiten träumend – ja, ich liebte dich . . .

Wo soll ich hin, wenn kalt der Nordsturm brüllt?
Die scheuen Tiere aus der Landschaft wagen sich
und ich vor deine Tür, ein Bündel Wegerich.

Bald haben Tränen alle Himmel weggespült,
an deren Kelchen Dichter ihren Durst gestillt –
auch du und ich.

Else Lasker-Schüler

DER WEGWEISER

Was vermeid' ich denn die Wege,
wo die andern Wandrer gehn,
suche mir versteckte Stege
durch verschneite Felsenhöhn?

Habe ja doch nichts begangen,
daß ich Menschen sollte scheun –
welch ein törichtes Verlangen
treibt mich in die Wüstenein?

Weiser stehen auf den Straßen,
weisen auf die Städte zu,
und ich wandre sonder Maßen,
ohne Ruh' und suche Ruh'.

Einen Weiser seh' ich stehen
unverrückt vor meinem Blick;
eine Straße muß ich gehen,
die noch keiner ging zurück.

Wilhelm Müller

Wer sich der Einsamkeit ergibt,
ach, der ist bald allein;
ein jeder lebt, ein jeder liebt
und läßt ihn seiner Pein.

Goethe

Es liegt an eines Menschen Schmerz, an eines Menschen Wunde nichts,
es kehrt an das, was Kranke quält, sich ewig der Gesunde nichts!
Und wäre nicht das Leben kurz, das stets der Mensch vom Menschen erbt,
so gäb's Beklagenswerteres auf diesem weiten Runde nichts!
Einförmig stellt Natur sich her, doch tausendförmig ist ihr Tod,
es fragt die Welt nach meinem Ziel, nach deiner letzten Stunde nichts;
und wer sich willig nicht ergibt dem ehrnen Lose, das ihm dräut,
der zürnt ins Grab sich rettungslos und fühlt in dessen Schlunde nichts;
dies wissen alle, doch vergißt es jeder gerne jeden Tag.
So komme denn, in diesem Sinn, hinfort aus meinem Munde nichts!
Vergeßt, daß euch die Welt betrügt und daß ihr Wunsch nur Wünsche zeugt,
laßt eurer Liebe nichts entgehn, entschlüpfen eurer Kunde nichts!
Es hoffe jeder, daß die Zeit ihm gebe, was sie keinem gab,
denn jeder sucht ein All zu sein, und jeder ist im Grunde nichts.

August von Platen

STROPHE

Ich rufe Wehe über diese Welt:
Ich rufe Wehe, weil sie mir gefällt;
ich rufe dreimal Wehe, weil sie, grausam,
was sie verspricht, dem Hungernden nicht hält.

Paul de Lagarde

ROSETTA

O meine müden Füße, ihr müßt tanzen
in bunten Schuhen,
und möchtet lieber tief, tief
im Boden ruhen.

O meine heißen Wangen, ihr müßt
im wilden Kosen, [glühen
und möchtet lieber blühen –
zwei weiße Rosen.

O meine armen Augen, ihr müßt blitzen
im Strahl der Kerzen
und schlieft im Dunkel lieber aus
von euren Schmerzen.

Georg Büchner

Die Freuden, die rosigen Tänzerinnen,
mit Kränzen und Fackeln, mit Spiel und Gesang,
wie fliehn sie auf schimmernden Sohlen von hinnen!
Aber der Kummer hat schleichenden Gang.

Verhallt ist das Fest und das süße Gelächter
der schwärmenden Dirnen, ach, eh' ich's gedacht;
nun tappt er ums Haus mir, ein grimmiger Wächter,
und ruft mir die langsamen Stunden der Nacht.

Emanuel Geibel

GING NICHT DIE TÜR?

Einer ist gegangen
ohne Gruß und Wort,
Räumt den halbgeleerten
Kelch vom Tische fort! . . .

Wer im Saal der Tänze
eben blond noch war,
ach, in seiner Kammer
hat er graues Haar . . .

Karl Mayer

SCHLAFLOS

Aus Träumen in Ängsten bin ich erwacht;
was singt doch die Lerche so tief in der Nacht!

Der Tag ist gegangen, der Morgen ist fern,
aufs Kissen hernieder scheinen die Stern'.

Und immer hör' ich den Lerchengesang;
o Stimme des Tages, mein Herz ist bang.

Theodor Storm

FRAGE

Bist du noch nie beim Morgenschein erwacht
mit schwerem Herzen, traurig und beklommen,
und wußtest nicht, wie du auch nachgedacht,
woher ins Herz der Gram dir war gekommen?

Du fühltest nur: ein Traum war's in der Nacht;
des Traumes Bilder waren dir verschwommen,
doch hat nachwirkend ihre dunkle Macht
dich, daß du weinen mußtest, übernommen.

Hast du dich einst der Erdennacht entschwungen,
und werden, wie du meinst, am hellen Tage
verloren sein des Traums Erinnerungen:

Wer weiß, ob nicht so deine Schuld hienieden
nachwirken wird als eine dunkle Klage,
und dort der Seele stören ihren Frieden?

Nikolaus Lenau

HARFENSPIELER

Wer nie sein Brot mit Tränen aß,
wer nie die kummervollen Nächte
auf seinem Bette weinend saß,
der kennt euch nicht, ihr
himmlischen Mächte!

Ihr führt ins Leben uns hinein,
ihr laßt den Armen schuldig werden,
dann überlaßt ihr ihn der Pein –
denn alle Schuld rächt sich
auf Erden.

Goethe

Faust:

In jedem Kleide werd' ich wohl die Pein
des engen Erdelebens fühlen.
Ich bin zu alt, um nur zu spielen,
zu jung, um ohne Wunsch zu sein.
Was kann die Welt mir wohl gewähren?
Entbehren sollst du! sollst entbehren!
Das ist der ewige Gesang,
der jedem an die Ohren klingt,
den, unser ganzes Leben lang,
uns heiser jede Stunde singt.
Nur mit Entsetzen wach' ich morgens auf,
ich möchte bittere Tränen weinen,
den Tag zu sehn, der mir in seinem Lauf

nicht einen Wunsch erfüllen wird, nicht einen,
der selbst die Ahnung jeder Lust
mit eigensinnigem Krittel mindert,
die Schöpfung meiner regen Brust
mit tausend Lebensfratzen hindert.
Auch muß ich, wenn die Nacht sich niedersenkt,
mich ängstlich auf das Lager strecken:
Auch da wird keine Rast geschenkt,
mich werden wilde Träume schrecken.
Der Gott, der mir im Busen wohnt,
kann tief mein Innerstes erregen;
der über allen meinen Kräften thront,
er kann nach außen nichts bewegen.
Und so ist mir das Dasein eine Last,
der Tod erwünscht, das Leben mir verhaßt.

Goethe

RESIGNATION

Eine Phantasie

Auch ich war in Arkadien geboren,
auch mir hat die Natur
an meiner Wiege Freude zugeschworen,
auch ich war in Arkadien geboren,
doch Tränen gab der kurze Lenz mir nur.

Des Lebens Mai blüht einmal und nicht wieder,
mir hat er abgeblüht.
Der stille Gott – o weinet, meine Brüder –
der stille Gott taucht meine Fackel nieder,
und die Erscheinung flieht.

Da steh' ich schon auf deiner Schauerbrücke,
ehrwürdge Geistermutter – Ewigkeit!
Empfange meinen Vollmachtbrief zum Glücke,
ich bring' ihn unerbrochen dir zurücke,
mein Lauf ist aus. Ich weiß von keiner Seligkeit.

Vor deinem Thron erheb' ich meine Klage,
verhüllte Richterin.
Auf jenem Stern ging eine frohe Sage,
du thronest hier mit des Gerichtes Waage
und nennest dich Vergelterin.

Hier – spricht man – warten Schrecken auf den Bösen
und Freuden auf den Redlichen.
Des Herzens Krümmen werdest du entblößen,
der Vorsicht Rätsel werdest du mir lösen
und Rechnung halten mit dem Leidenden.

Hier öffne sich die Heimat dem Verbannten,
hier endige des Dulders Dornenbahn.
Ein Götterkind, das sie mir Wahrheit nannten,
die meisten flohen, wenige nur kannten,
hielt meines Lebens raschen Zügel an:

„Ich zahle dir in einem andern Leben,
gib deine Jugend mir!
Nichts kann ich dir als diese Weisung geben."
Ich nahm die Weisung auf das andre Leben,
und meiner Jugend Freuden gab ich ihr.

„Gib mir das Weib, so teuer deinem Herzen,
gib deine Laura mir!
Jenseits der Gräber wuchern deine Schmerzen."
Ich riß sie blutend aus dem wunden Herzen
und weinte laut und gab sie ihr.

„Die Schuldverschreibung lautet an die Toten",
hohnlächelte die Welt,
„die Lügnerin, gedungen von Despoten,
hat für die Wahrheit Schatten dir geboten,
du bist nicht mehr, wenn dieser Schein verfällt."

Frech witzelte das Schlangenheer der Spötter:
„Vor einem Wahn, den nur Verjährung weiht,
erzitterst du? Was sollen deine Götter,
des kranken Weltplans schlau erdachte Retter,
die Menschenwitz des Menschen Notdurft leiht?

Was heißt die Zukunft, die uns Gräber decken?
Die Ewigkeit, mit der du eitel prangst?
Ehrwürdig nur, weil Hüllen sie verstecken,
der Riesenschatten unsrer eignen Schrecken
im hohlen Spiegel der Gewissensangst.

Ein Lügenbild lebendiger Gestalten,
die Mumie der Zeit,
vom Balsamgeist der Hoffnung in den kalten
Behausungen des Grabes hingehalten,
das nennt dein Fieberwahn Unsterblichkeit?

Für Hoffnungen – Verwesung straft sie Lügen –
gabst du gewisse Güter hin?
Sechstausend Jahre hat der Tod geschwiegen;
kam je ein Leichnam aus der Gruft gestiegen,
der Meldung tat von der Vergelterin?"

Ich sah die Zeit nach deinen Ufern fliegen,
die blühende Natur
blieb hinter ihr, ein welker Leichnam, liegen,
kein Toter kam aus seiner Gruft gestiegen,
und fest vertraut' ich auf den Götterschwur.

All meine Freuden hab' ich dir geschlachtet,
jetzt werf' ich mich vor deinen Richterthron.
Der Menge Spott hab' ich beherzt verachtet,
nur deine Güte hab' ich groß geachtet,
Vergelterin, ich fordre meinen Lohn.

„Mit gleicher Liebe lieb' ich meine Kinder!"
Rief unsichtbar ein Genius.
„Zwei Blumen", rief er, „– hört es, Menschenkinder –
zwei Blumen blühen für den weisen Finder,
sie heißen Hoffnung und Genuß."

Wer dieser Blumen eine brach, begehre
die andre Schwester nicht.
Genieße, wer nicht glauben kann. Die Lehre
ist ewig, wie die Welt. Wer glauben kann, entbehre.
Die Weltgeschichte ist das Weltgericht.

Du hast gehofft, dein Lohn ist abgetragen,
dein Glaube war dein zugewognes Glück.
Du konntest deine Weisen fragen,
was man von der Minute ausgeschlagen,
gibt keine Ewigkeit zurück."

• *Schiller*

Was ich besitze, mag ich gern bewahren:
Der Wechsel unterhält, doch nutzt er kaum.
Mit jugendlicher Sehnsucht griff ich nie
begierig in den Lostopf fremder Welt,
für mein bedürftig unerfahren Herz
zufällig einen Gegenstand zu haschen.

Wohl ist sie schön, die Welt! In ihrer Weite
bewegt sich so viel Gutes hin und her.
Ach, daß es immer nur um einen Schritt
von uns sich zu entfernen scheint
und unsre bange Sehnsucht durch das Leben,
auch Schritt vor Schritt, bis nach dem Grabe lockt!
So selten ist es, daß die Menschen finden,
was ihnen doch bestimmt gewesen schien,
so selten, daß sie das erhalten, was
auch einmal die beglückte Hand ergriff!
Es reißt sich los, was erst sich uns ergab,
wir lassen los, was wir begierig faßten.
Es gibt ein Glück, allein wir kennen's nicht:
Wir kennen's wohl, und wissen's nicht zu schätzen.

Goethe

DER PILGRIM

Noch in meines Lebens Lenze
war ich, und ich wandert' aus,
und der Jugend frohe Tänze
ließ ich in des Vaters Haus.

All mein Erbteil, meine Habe
warf ich fröhlich glaubend hin,
und am leichten Pilgerstabe
zog ich fort mit Kindersinn.

Denn mich trieb ein mächtig Hoffen
und ein dunkles Glaubenswort:
Wandle, rief's, der Weg ist offen,
immer nach dem Aufgang fort.

Bis zu einer goldnen Pforten
du gelangst, da gehst du ein,
denn das Irdische wird dorten
himmlisch unvergänglich sein.

Abends ward's und wurde Morgen,
nimmer, nimmer stand ich still,
aber immer blieb's verborgen,
was ich suche, was ich will.

Berge lagen mir im Wege,
Ströme hemmten meinen Fuß,
über Schlünde baut' ich Stege,
Brücken durch den wilden Fluß.

Und zu eines Stroms Gestaden
kam ich, der nach Morgen floß;
froh vertrauend seinem Faden,
werf' ich mich in seinen Schoß.

Hin zu einem großen Meere
trieb mich seiner Wellen Spiel;
vor mir liegt's in weiter Leere,
näher bin ich nicht dem Ziel.

Ach, kein Steg will dahin führen,
ach, der Himmel über mir
will die Erde nie berühren,
und das Dort ist niemals hier!

• *Schiller*

Wer wußte je das Leben recht zu fassen,
wer hat die Hälfte nicht davon verloren
im Traum, im Fieber, im Gespräch mit Toren,
in Liebesqual, im leeren Zeitverprassen?

Ja, der sogar, der ruhig und gelassen,
mit dem Bewußtsein, was er soll, geboren,
frühzeitig einen Lebensgang erkoren,
muß vor des Lebens Widerspruch erblassen.

Denn jeder hofft doch, daß das Glück ihm lache;
allein das Glück, wenn's wirklich kommt, ertragen,
ist keines Menschen, wäre Gottes Sache.

Auch kommt es nie, wir wünschen bloß und wagen:
Dem Schläfer fällt es nimmermehr vom Dache,
und auch der Läufer wird es nicht erjagen.

August von Platen

GESANG DES LEBENS

Groß ist das Leben und reich!
Ewige Götter schenkten es uns,
lächelnder Güte voll,
uns, den Sterblichen, Freudegeschaffenen.

Aber arm ist des Menschen Herz!
Schnell verzagt, vergißt es der reifenden Früchte.
Immer wieder mit leeren Händen
sitzt der Bettler an staubiger Straße,
drauf das Glück mit den tönenden Rädern
leuchtend vorbeifuhr.

Otto Erich Hartleben

Über ein Glück, das du flüchtig besessen,
tröstet Erinnern, tröstet Vergessen,
tröstest die alles heilende Zeit.
Aber die Träume, die nie errungnen,
nie vergeßnen und nie bezwungnen,
nimmer verläßt dich ihr sehnendes Leid.

Isolde Kurz

Ach! warum, ihr Götter, ist unendlich
alles, alles, endlich unser Glück nur!
Sternenglanz, ein liebereich Beteuern,
Mondenschimmer, liebevoll Vertrauen,
Schattentiefe, Sehnsucht wahrer Liebe
sind unendlich, endlich unser Glück nur.

Goethe

TRISTAN

Wer die Schönheit angeschaut mit Augen,
ist dem Tode schon anheimgegeben,
wird für keinen Dienst auf Erden taugen,
und doch wird er vor dem Tode beben,
wer die Schönheit angeschaut mit Augen!

Ewig währt für ihn der Schmerz der Liebe,
denn ein Tor nur kann auf Erden hoffen
zu genügen einem solchen Triebe:
Wen der Pfeil des Schönen je getroffen,
ewig währt für ihn der Schmerz der Liebe!

Ach, er möchte wie ein Quell versiechen,
jedem Hauch der Luft ein Gift entsaugen,
und den Tod aus jeder Blume riechen:
Wer die Schönheit angeschaut mit Augen,
ach, er möchte wie ein Quell versiechen!

August von Platen

HÄLFTE DES LEBENS

Mit gelben Birnen hänget
und voll mit wilden Rosen
das Land in den See,
ihr holden Schwäne,
und trunken von Küssen
tunkt ihr das Haupt
ins heilignüchterne Wasser.

Weh mir, wo nehm' ich, wenn
es Winter ist, die Blumen, und wo
den Sonnenschein
und den Schatten der Erde?
Die Mauern stehn
sprachlos und kalt, im Winde
klirren die Fahnen.

Friedrich Hölderlin

Desiderio:

Siehst du die Stadt, wie jetzt sie drunten ruht?
Gehüllt in Duft und goldne Abendglut
und rosig helles Gelb und helles Grau,
zu ihren Füßen schwarzer Schatten Blau,
in Schönheit lockend, feuchtverklärter Reinheit?
Allein in diesem Duft, dem ahnungsvollen,
da wohnt die Häßlichkeit und die Gemeinheit,
und bei den Tieren wohnen dort die Tollen;
und was die Ferne weise dir verhüllt,
ist ekelhaft und trüb und schal erfüllt
von Wesen, die die Schönheit nicht erkennen
und ihre Welt mit unsren Worten nennen . . .
Denn unsre Wonne oder unsre Pein
hat mit der ihren nur das Wort gemein . . .
Und liegen wir in tiefem Schlaf befangen,
so gleicht der unsre ihrem Schlafe nicht:
Da schlafen Purpurblüten, goldne Schlangen,
da schläft ein Berg, in dem Titanen hämmern –
sie aber schlafen, wie die Austern dämmern.

Antonio:

Darum umgeben Gitter, hohe, schlanke,
den Garten, den der Meister ließ erbauen,
darum durch üppig blumendes Geranke
soll man das Außen ahnen mehr als schauen.

Paris:

Das ist die Lehre der verschlungnen Gänge.

Batista:

Das ist die große Kunst des Hintergrundes
und das Geheimnis zweifelhafter Lichter.

Tizianello:

Das macht so schön die halbverwehten Klänge,
so schön die dunklen Worte toter Dichter
und alle Dinge, denen wir entsagen.

Paris:

Das ist der Zauber auf versunknen Tagen
und ist der Quell des grenzenlosen Schönen,
denn wir ersticken, wo wir uns gewöhnen.

Gianino:

Du darfst dich nicht so trostlos drein versenken,
nicht unaufhörlich an das eine denken.

Tizianello:

Als ob der Schmerz denn etwas andres wär'
als dieses ewige Dran-denken-müssen,
bis es am Ende farblos wird und leer . . .
So laß mich nur in den Gedanken wühlen,
denn von den Leiden und von den Genüssen
hab' längst ich abgestreift das bunte Kleid,
das um sie webt die Unbefangenheit,
und einfach hab' ich schon verlernt zu fühlen.

Hugo von Hofmannsthal

Was weiß denn ich vom Menschenleben?
Bin freilich scheinbar dringestanden,
aber ich hab' es höchstens verstanden,
konnte mich nie darein verweben.
Hab' mich niemals daran verloren.
Wo andre nehmen, andre geben,
blieb ich beiseit', im Innern stummgeboren.
Ich hab' von allen lieben Lippen
den wahren Trank des Lebens nie gesogen,
bin nie von wahrem Schmerz durchschüttert,
die Straße einsam, schluchzend, nie! gezogen.
Wenn ich von guten Gaben der Natur
je eine Regung, einen Hauch erfuhr,
so nannte ihn mein überwacher Sinn,
unfähig des Vergessens, grell beim Namen.
Und wie dann tausende Vergleiche kamen,
war das Vertrauen, war das Glück dahin.
Und auch das Leid! zerfasert und zerfressen
vom Denken, abgeblaßt und ausgelaugt!
Wie wollte ich an meine Brust es pressen,
wie hätt' ich Wonne aus dem Schmerz gesaugt:
sein Flügel streifte mich, ich wurde matt,
und Unbehagen kam an Schmerzes Statt . . .

Hugo von Hofmannsthal

Wo wir die Beeren mit den Vögeln teilten
und mit dem Eidechs unterm Busche schliefen
und mit dem Kuckuck um die Wette riefen
und an den Bächen bei den Fischen weilten,

wo uns der Teich empfing mit seinen bleichen
und traumversunkenen Rosen, wo die Schwäne
das Wasser adeln und im Schilf die Kähne
verschwiegen warten, wo geheime Zeichen

in alten Linden weiterwachsen. Haben
wir nicht den Schwur getan als Knaben,
daß groß und rein das Leben werden muß?

Und gingen hin und haben ihn vergessen
und haben das vertan, was wir besessen,
als hätten wir davon im Überfluß.

Rudolf Hagelstange

IN EIN ALTES STAMMBUCH

Immer wieder kehrst du Melancholie,
o Sanftmut der einsamen Seele.
Zu Ende glüht ein goldener Tag.

Demutsvoll beugt sich dem Schmerz der Geduldige
tönend von Wohllaut und weichem Wahnsinn.
Siehe! es dämmert schon.

Wieder kehrt die Nacht und klagt ein Sterbliches
und es leidet ein anderes mit.

Schaudernd unter herbstlichen Sternen
neigt sich jährlich tiefer das Haupt.

Georg Trakl

DIE SCHWERMUT

Gewaltig bist du dunkler Mund
im Innern, aus Herbstgewölk
geformte Gestalt,
goldner Abendstille;

ein grünlich dämmernder Bergstrom
in zerbrochenen Föhren
Schattenbezirk;
ein Dorf,
das fromm in braunen Bildern abstirbt.

Da springen die schwarzen Pferde
auf nebliger Weide.
Ihr Soldaten!
Vom Hügel, wo sterbend die Sonne rollt,
stürzt das lachende Blut –
unter Eichen
sprachlos! O grollende Schwermut
der Heers; ein strahlender Helm
sank klirrend von purpurner Stirne.

Herbstesnacht so kühle kommt,
erglänzt mit Sternen
über zerbrochenem Männergebein
die stille Mönchin.

Georg Trakl

WELTSCHMERZ

Ich, der brennende Wüstenwind,
erkaltete und nahm Gestalt an.

Wo ist die Sonne, die mich auflösen kann,
oder der Blitz, der mich zerschmettern kann!

Blick nun, ein steinernes Sphinxhaupt,
zürnend zu allen Himmeln auf.

Else Lasker-Schüler

DIE FRAGE BLEIBT

Halte dich still, halte dich stumm,
nur nicht forschen, warum? warum?

Nur nicht bittre Fragen tauschen,
Antwort ist doch nur wie Meeresrauschen.

Wie's dich auch aufzuhorchen treibt,
das Dunkel, das Rätsel, die Frage bleibt.

Theodor Fontane

Laß die heil'gen Parabolen,
laß die frommen Hypothesen –
suche die verdammten Fragen
ohne Umschweif uns zu lösen.

Warum schleppt sich blutend, elend,
unter Kreuzlast der Gerechte,
während glücklich als ein Sieger
trabt auf hohem Roß der Schlechte?

Woran liegt die Schuld? Ist etwa
unser Herr nicht ganz allmächtig?
Oder treibt er selbst den Unfug?
Ach, das wäre niederträchtig.

Also fragen wir beständig,
bis man uns mit einer Handvoll
Erde endlich stopft die Mäuler –
aber ist das eine Antwort?

Heinrich Heine

DAS SCHIFF

Das eilende Schiff, es kommt durch die Wogen
wie Sturmwind geflogen;
voll Jubel ertönt's vom Mast und vom Kiele:
„Wir nahen dem Ziele!"
Der Fährmann am Steuer spricht traurig und leise:
„Wir segeln im Kreise."

Marie von Ebner-Eschenbach

RÜCKBLICK

Nun, da ich entsagen lerne
und der Jugend schöne Ferne
halb sich auftut, halb verhüllt, –
Nacht zeigt ihre ersten Sterne –
trügt die Welt, als hätt' sie gerne
frühe Wünsche mir erfüllt.

Jeder Weg scheint nun verbreitert,
Felsen golden überleitert,
Abgrund wipfelgrün verdeckt.
Ach, und abendlich erheitert
sehe ich: Wo ich gescheitert,
hat mich nur ein Wahn erschreckt.

Mutig schaut vom sichern Steige
auf den Berg zurück der Feige,
wo er ging, auf Graten schmal,
auf des Schneefelds steilster Neige:
Deinem Engel dank und schweige
keinen führt er noch einmal!

Narr, von Wünschen aufgewiegelt,
glaube nicht, was Trug dir spiegelt:
Tausendfältig von Gefahr
Menschenwege sind verriegelt.
Das Geheimnis sei versiegelt,
wie dir deiner offen war . . .

Eugen Roth

O stünd' auf einem Reißbrett aufgerissen
der Weltplan mir, ein Licht in Finsternissen!
Doch meines eignen Lebens wirr verschlungene Fäden –
kenn' ich sie wohl? Und will den Weltplan wissen!

Paul de Lagarde

NACHLASS

Ich werde so von hinnen eilen
mit tief geschlossenem Visier,
und ein paar arme, stumpfe Zeilen,
die bleiben dann der Welt von mir.
Nach diesen werden sie mich wägen,
Verdammung sprechen oder Lob,
nicht ahnend, ach, mit welchen Schlägen
sich oft mein Herz in meinem Busen hob;
wie ich am schönen Tag, in guter Stunde,
verschmelzend Geist in Geist gewebt,
mit einem kleinen Menschenbunde
ein ganzes, volles Leben durchgelebt;
wie wir das Herz, wie wir die Welt gemessen,
wie manch gewichtig Wort in Lethes Wellen fiel,
und wie wir dann in seligem Vergessen
manch kecken Scherz geübt, manch übermütig Spiel.
Vor solchem Leben frisch und reich
wie sind die Lettern tot und bleich!

Doch was ich nur in mir gewesen,
das hat kein Freund gesehn, wird keine Seele lesen.

Hermann Kurz

★

WANDRERS NACHTLIED

Der du von dem Himmel bist,
alles Leid und Schmerzen stillest,
den, der doppelt elend ist,
doppelt mit Erquickung füllest,
ach, ich bin des Treibens müde!
Was soll all der Schmerz und Lust?
Süßer Friede,
komm, ach komm in meine Brust!

Goethe

EIN BUCH SPRÜCHE

Ein Wahlspruch? Lange sinn' ich hin und her,
ja, Kinder, wenn die Welt so einfach wär'!
Ich brauche, wie ich mich beschränken mag,
doch ungefähr ein Dutzend jeden Tag.
Und wollt' ich je für morgen einen sparen,
daß er verjährt war, mußt' ich stets erfahren.
So schrieb' am besten ich ,,von Fall zu Fall''; –
doch leider gilt auch der nicht überall.

Arthur Schnitzler

*

Meistens alles auf der Erden, drauf die Leut' am meisten streben,
stehet unter denen Dingen, die sich auf ein G anheben:
Gold, Geld, Gut, Geschenke, Gaben, Gunst, Gewinn, Gewalt, Geschicke,
Glaube, Glimpf, Gesund, Gewissen und mit einem Worte Glücke
will sich alles drunterstellen. Wann zu diesem zu sich zählet
Gott mit seiner Gnad' und Güte, weiß ich nicht, was Gutes fehlet.

Friedrich von Logau

HAUSINSCHRIFT

Gottes Gnade, ein gesunder Leib,
ein gutes Bett, ein schönes Weib,
tausend Dukaten in der Not,
fröhliche Urständ nach dem Tod,
wer die sechs Glück zusammen hat,
der komm' und lösch' den Reimen ab.

Das Paradies der Erde
liegt auf dem Rücken der Pferde,
in der Gesundheit des Leibes
und am Herzen des Weibes.

Friedrich von Bodenstedt

Begehre nie ein Glück zu groß und nie ein Weib zu schön,
sonst könnte dir's in seinem Zorn der Himmel zugestehn.

Was der Mensch auch gewinne, er muß es zu teuer bezahlen,
wär' es auch nur mit der Furcht, ob er's nicht wieder verliert.

Friedrich Hebbel

Kummer, nimm erst Gestalt! Nur das Formlose ängstet und martert;
hat sich der Feind 'mal gestellt, halb ist gewonnen der Sieg.

Franz Grillparzer

Das Leben ist ein genauer Wirt
läßt pünktlich zahlen Lust und Leide.
Kommt einer mit vieren ankutschiert,
den bedient es mit doppelter Kreide.
Wer glaubt, daß er frei ausgehen wird,
der macht die Rechnung ohne den Wirt.

Paul Heyse

Im Glücke ist ein wunderliches Walten!
Viel besser magst du's finden als behalten.

nach Gottfried von Straßburg

Willst du dich in dem Glück nicht ausgelassen freun,
im Unglück nicht unmäßig kränken,
so lern so klug wie Eulenspiegel sein,
im Unglück gern ans Glück, im Glück ans Unglück denken.

Christian Fürchtegott Gellert

Ein Glück, das Grund hat, geht mit ihm zu Grunde stündlich,
und nur ein grundlos Glück ist wahr und unergründlich.

Hieronymus Lorm

Wer nichts verlangt, hat alls. Wer alles tut verlangen,
der hat in Wahrheit noch nicht einen Stiel empfangen.

Angelus Silesius

Geflügelt ist das Glück und schwer zu binden,
nur in verschloßner Lade wird's bewahrt.
Das Schweigen ist zum Hüter ihm gesetzt.
Und rasch entfliegt es, wenn Geschwätzigkeit
voreilig wagt, die Decke zu erheben.

Schiller

Erst die Erinnerung muß uns offenbaren
den Segen, den uns das Geschick verlieh.
Wir wissen stets nur, daß wir glücklich waren;
doch daß wir glücklich sind, wir wissen's nie.

Josef Pape

Und sind ja doch die Dinge dieser Welt
ganz angetan, uns leidlich zu vergnügen:
In einem zarten Schleier so zu lügen,
daß es uns Lächelnden gefällt.

Richard von Schaukal

Mit echtem, strahlendem Humor
kann Glück uns nimmer begaben:
Er blüht nur über der Gruft empor,
in der wir die Wünsche begraben.

Ludwig Fulda

„Was lehrt das Leben? Gib
mir bündigen Bescheid."
Hingeben, was dir lieb,
hinnehmen, was dir leid.

Paul Heyse

Genieße, was dir Gott beschieden,
entbehre gern, was du nicht hast.
Ein jeder Stand hat seinen Frieden,
ein jeder Stand hat seine Last.

Christian Fürchtegott Gellert

„So viel, was einzig mich beglückt,
warum versagt sich's mir?"
Die Rose, die du nie gepflückt,
sie duftet ewig dir!

Emanuel Geibel

„Was drückt dich, lieber Freund?" – „Ich wollt', ich könnte fliegen
und alle Lebenslast und Erdenpein besiegen.
Ich bin so voll davon und wiege, ach, so schwer!
Warum bin ich nicht leicht?" – „Warum bist du nicht leer?"

Owlglas

Glücklich, wer in ruhigen Händen
seines Lebens Schale hält,
daß kein Tropfen zu Boden fällt.

Richard von Schaukal

Nichts taugt Ungeduld,
noch weniger Reue:
Jene vermehrt die Schuld,
diese schafft neue.

Goethe

Wer schneller sich will als andre sputen,
verfehlt nicht selten das Ziel:
Wißt, eine Uhr, die in fünfzig Minuten
die Stunde zurücklegt, taugt nicht viel.

Julius Stettenheim

Ja, schelte nur und fluche fort,
es wird sich Bessres nie ergeben;
denn Trost ist ein absurdes Wort.
Wer nicht verzweifeln kann, der muß nicht leben.

Goethe

Die Welt ist nicht aus Brei und Mus geschaffen,
deswegen haltet euch nicht wie Schlaraffen;
harte Bissen gibt es zu kauen:
Wir müssen erwürgen oder sie verdauen.

Goethe

Ein Tor klagt andre an, und ein Halbweiser sich;
sei ganz weis', und du klagst nicht andre an noch dich.

Friedrich Rückert

Das sind die Weisen,
die durch Irrtum zur Wahrheit reisen.
Die bei dem Irrtum verharren,
das sind die Narren.

Friedrich Rückert

Irrtum verläßt uns nie, doch ziehet ein höher Bedürfnis
immer den strebenden Geist leise zur Wahrheit hinan.

Goethe

Die Großen gehn zum Ziel auf graden Gleisen,
die Größten kommen ihm durch Irrtum nah:
Die wollen ganz verkehrt nach Indien reisen
und finden unterwegs Amerika.

Ludwig Fulda

Ins Sichere willst du dich betten!
Ich liebe mir inneren Streit:
Denn, wenn wir die Zweifel nicht hätten,
wo wäre denn frohe Gewißheit?

Goethe

„Du hast Unsterblichkeit im Sinn;
kannst du uns deine Gründe nennen?“
Gar wohl! Der Hauptgrund liegt darin,
daß wir sie nicht entbehren können.

Goethe

Willst du ins Unendliche schreiten,
geh nur im Endlichen nach allen Seiten.

Goethe

Sehnsucht ins Ferne, Künftige zu beschwichtigen,
beschäftige dich hier und heut im Tüchtigen.

Goethe

Der Himmel ist in dir und auch der Höllen Qual:
Was du erkiest und willst, das hast du überall.

Angelus Silesius

Geh! gehorche meinen Winken,
nutze deine jungen Tage,
lerne zeitig klüger sein!
Auf des Glückes großer Waage
steht die Zunge selten ein:
Du mußt steigen oder sinken,
du mußt herrschen und gewinnen,
oder dienen und verlieren,
leiden oder triumphieren,
Amboß oder Hammer sein.

Goethe

Immer strebe zum Ganzen, und kannst du selber kein Ganzes
werden, als dienendes Glied schließ an ein Ganzes dich an!

Schiller

Willst du, daß wir mit hinein
in das Haus dich bauen,
laß es dir gefallen, Stein,
daß wir dich behauen.

Friedrich Rückert

Des Menschen Taten und Gedanken, wißt,
sind nicht wie Meeres blind bewegte Wellen.
Die innre Welt, sein Mikrokosmos, ist
der tiefe Schacht, aus dem sie ewig quellen.
Sie sind notwendig wie des Baumes Frucht,
sie kann der Zufall gaukelnd nicht verwandeln.
Hab' ich des Menschen Kern erst untersucht,
so weiß ich auch sein Wollen und sein Handeln.

Schiller

Soll ich dein tiefstes Wesen klar erkennen,
so mußt du redlich mir zwei Dinge nennen:
Nicht bloß den Zielpunkt deines Tatendrangs –
nein, auch den Inhalt deines Müßiggangs.

Oskar Blumenthal

Eigenheiten, die werden schon haften;
kultiviere deine Eigenschaften!

Goethe

Willst du dich deines Wertes freuen,
so mußt der Welt du Wert verleihen.

Goeth

Frauen, richtet mir nie des Mannes einzelne Taten;
aber über den Mann sprechet das richtende Wort!

Schiller

Gaben, wer hätte sie nicht?
Talente – Spielzeug für Kinder.
Erst der Ernst macht den Mann,
erst der Fleiß das Genie.

Theodor Fontane

Noch ist es Tag, da rühre sich der Mann,
die Nacht tritt ein, wo niemand wirken kann.

Goethe

Erholung reichet Müden jede Nacht genug.
Des echten Mannes wahre Feier ist die Tat!

Goethe

Nur eines beglückt zu jeder Frist:
Schaffen, wofür man geschaffen ist.

Paul Heyse

Nichts ist so elend als ein Mann,
der alles will und der nichts kann.

Matthias Claudius

Wer mit dem Leben spielt,
kommt nie zurecht;
wer sich nicht selbst befiehlt,
bleibt immer ein Knecht.

Goethe

Des Gesetzes strenge Fessel bindet
nur den Sklavensinn, der es verschmäht;
mit des Menschen Widerstand verschwindet
auch des Gottes Majestät.

Schiller

Wer die Zeit sich suchen mag,
hat sie stets gefunden:
Für den Fleißigen hat der Tag
achtundvierzig Stunden.

Ludwig Fulda

Am Abend wird man klug
für den vergangenen Tag,
doch niemals klug genug
für den, der kommen mag.

Friedrich Rückert

Es ließe sich alles trefflich schlichten,
könnte man die Sachen zweimal verrichten.

Goethe

Wer früh erwirbt, lernt früh den hohen Wert
der holden Güter dieses Lebens schätzen;
wer früh genießt, entbehrt in seinem Leben
mit Willen nicht, was er einmal besaß;
und wer besitzt, der muß gerüstet sein.

Goethe

Aber Eins verleihst du, o himmlisches Geld, was wenige, die dich besitzen,
zu genießen verstehn. Was ist dies Eine? Die Freiheit.

August von Platen

Du trägst sehr leicht, wenn du nichts hast;
aber Reichtum ist eine leichtere Last.

Goethe

Mann mit zugeknöpften Taschen,
dir tut niemand was zulieb.
Hand wird nur von Hand gewaschen:
Wenn du nehmen willst, so gib!

Goethe

Wer seine Bitte nur weiß zitternd vorzutragen,
lehrt, den er bittet, ihm sein Bitten abzuschlagen.

Berthold Heinrich Brockes

Für den Bauch und für den Kasten
trägt man jeden Kummers Lasten.

Friedrich von Logau

So hart ist kein Tyrann,
zu fordern von einem Mann,
was einer aus freien Stücken
sich ladet auf seinen Rücken.

Johannes Trojan

Junges Blut,
spar dein Gut!
Armut im Alter wehe tut.

AM LEIHHAUS ZU BREMEN

Wer borgt und lehnet ohne Pfand,
der hat'n Wurm in seinem Verstand.

Ruhm und du, geflügelt Gold,
ich entsag' euch beiden;
wenn ihr selbst mich suchen wollt,
will ich euch nicht meiden.

Willst du immer weiter schweifen?
Sieh, das Gute liegt so nah.
Lerne nur das Glück ergreifen,
denn das Glück ist immer da.

Goethe

Herr, laß dir gefallen
dieses kleine Haus,
größre kann man bauen,
mehr kommt nicht heraus.

Goethe

Ich hab' gebauet nach meinem Sinn,
drum, Neider, geh nur immerhin,
und wem die Bauart nicht gefällt,
der bau' es besser für sein Geld.

Die neidisch wie die Hunde sein,
verzehren sich selbst ihr Mark und Bein.

Das ist das Beste auf der Welt,
daß Tod und Teufel nimmt kein Geld,
sonst müßte mancher arme Gesell
für einen Reichen in die Höll.

DIE BESTE STAATSVERFASSUNG

Diese nur kann ich dafür erkennen, die jedem erleichtert,
gut zu denken, doch nie, daß er so denke, bedarf.

Schiller

AN DIE GESETZGEBER

Setzet immer voraus, daß der Mensch im ganzen das Rechte
will; im einzelnen nur rechnet mir niemals darauf.

Schiller

„Woran erkenn' ich den besten Staat?" Woran du die beste
Frau kennst! daran, mein Freund, daß man von beiden nicht spricht.

Schiller

Wo der Bürgermeister schenket den Wein,
die Fleischhauer im Rate sein,
und der Bäcker wiegt das Brot,
da leid't die Gemeinde große Not.

Gothaer Rathaus

Ist die Wiese allgemein,
deren Gras ist gerne klein.

Meint ihr, ein jeder sei dazu geschickt,
daß er das Staatswohl überwache?
Ein jeder weiß zwar, wo der Schuh ihn drückt,
doch Rat zu schaffen, ist des Schusters Sache.

Paul Heyse

Warum ich Royaliste bin,
das ist sehr simpel:
Als Poet fand ich Ruhms Gewinn,
frei Segel, freie Wimpel;
mußt' aber alles selber tun,
konnt' niemand fragen;
der alte Fritz wußt' auch zu tun,
durft' ihm niemand was sagen.

• *Goethe*

POLITISCHE LEHRE

Alles sei recht, was du tust; doch dabei lass' es bewenden,
Freund, und enthalte dich ja, alles, was recht ist, zu tun.
Wahrem Eifer genügt, daß das Vorhandne vollkommen
sei; der falsche will stets, daß das Vollkommene sei.

Schiller

Um Schöpsenbraten gut zu essen,
will man nicht selber Gras auch fressen;
genug ist's, daß der Schöps es fraß;
zu Gründlicher, o merke das.

Gustav Theodor Fechner

Majestät der Menschennatur! dich soll ich beim Haufen
suchen? Bei wenigen nur hast du von jeher gewohnt.
Einzelne wenige zählen, die übrigen alle sind blinde
Nieten; ihr leeres Gewühl hüllet die Treffer nur ein.

Schiller

Nullen, tretend hinter eine Eins,
würden Tausende zählen;
weil sie den Führer nicht wählen,
zählen sie alle zusammen keins.

Friedrich Rückert

Was ist die Mehrheit? Mehrheit ist Unsinn,
Verstand ist stets bei wen'gen nur gewesen.
Bekümmert sich ums Ganze, wer nicht hat?
Hat der Bettler eine Freiheit, eine Wahl?
Er muß dem Mächtigen, der ihn bezahlt,
um Brot und Stiefel seine Stimm' verkaufen.
Man soll die Stimmen wägen und nicht zählen;
der Staat muß untergehn, früh oder spät,
wo Mehrheit siegt und Unverstand entscheidet.

Schiller

Nie gelingt es der Menge, für sich zu wollen, wir wissen's;
doch, wer verstehet, für uns alle zu wollen, er zeig's.

Goethe

Säume nicht, dich zu erdreisten,
wenn die Menge zaudernd schweift;
alles kann der Edle leisten,
der versteht und rasch ergreift.

Goethe

Glaub mir, die Herrschaft ist ein Zauber eigner Art,
und stark genug, den Stärksten zu betören.
Wer oben steht, mag keine Weisheit hören,
und würde sie von Engelchören
ihm durch ein Wunder offenbart.

Emanuel Geibel

Wer befehlen soll,
muß im Befehlen Seligkeit empfinden.
Ihm ist die Brust von hohem Willen voll,
doch was er will, es darf's kein Mensch ergründen.
Was er den Treusten in das Ohr geraunt,
es ist getan, und alle Welt erstaunt.
So wird er stets der Allerhöchste sein,
der Würdigste. Genießen macht gemein.

Goethe

WÜRDE DES MENSCHEN

Nichts mehr davon, ich bitt' euch. Zu essen gebt ihm, zu wohnen;
habt ihr die Blöße bedeckt, gibt sich die Würde von selbst.

Schiller

„Gib eine Norm zur Bürgerführung!"
Hienieden
im Frieden
kehre jeder vor seiner Türe;
bekriegt,
besiegt,
vertrage man sich mit der Einquartierung.

Goethe

Begeisterung ist keine Heringsware,
die man einpökelt auf einige Jahre.

Goethe

Anders sein und anders scheinen,
anders reden, anders meinen,
alles loben, alles tragen,
allen heucheln, stets behagen,
allem Winde Segel geben,
Bösen, Guten dienstbar leben,
alles Tun und alles Dichten
bloß auf eignen Nutzen richten.
Wer sich dessen will befleißen,
kann politisch heuer heißen.

Friedrich von Logau

Der eine fragt: Was kommt danach?
Der andere fragt nur: Ist es recht?
Und also unterscheidet sich
der Freie von dem Knecht.

Theodor Storm

Wer immer nach dem Nutzen strebt,
der glaubt wohl, daß er ewig lebt,
sonst würd' er vor der Frage stutzen:
Am letzten Tag, wo bleibt der Nutzen?

Oskar Blumenthal

Wonach soll man am Ende trachten?
Die Welt zu kennen und sie nicht verachten.

Goethe

Die Flöhe und die Wanzen
gehören auch zum Ganzen.

Goethe

Sollen dich die Dohlen nicht umschrein,
mußt nicht Knopf auf dem Kirchturm sein.

Goethe

Wes Lobspruch dich nicht adelt,
des Schimpf dich auch nicht tadelt.

Oskar Blumenthal

WANDERERS GEMÜTSRUHE

Übers Niederträchtige
niemand sich beklage;
denn es ist das Mächtige,
was man dir auch sage.

In dem Schlechten waltet es
sich zu Hochgewinne,
und mit Rechtem schaltet es
ganz nach seinem Sinne.

Wandrer! – Gegen solche Not
wolltest du dich sträuben?
Wirbelwind und trocknen Kot,
laß sie drehn und stäuben.

Goethe

HAUSINSCHRIFT

Wenn einer kommt und sagen kann,
er hab' es allen Leuten recht getan,
so bitt' ich diesen lieben Herrn,
er woll' mich diese Kunst auch lehrn.

Lebe nur! Dem Widerspruch
wird Lebendiges nicht entgehen.
Totgeborenes trifft der Fluch,
niemand je im Weg zu stehen.

Paul Heyse

Wenn dich die Lästerzunge sticht,
so laß dir dies zum Troste sagen:
Die schlecht'sten Früchte sind es nicht,
woran die Wespen nagen.

Gottfried August Bürger

KLÄFFER

Wir reiten in die Kreuz und Quer
nach Freuden und Geschäften,
doch immer kläfft es hinterher
und bellt aus allen Kräften.

So will der Spitz aus unserm Stall
uns immerfort begleiten,
und seines Bellens lauter Schall
beweist nur, daß wir reiten.

Goethe

OFEN-SPRUCH

Wer redet, was ihn gelüstet,
muß hören, was ihn entrüstet.

Ist das Wort der Lipp' entflohen, du ergreifst es nimmermehr,
fährt die Reu auch mit vier Pferden augenblicklich hinterher.

Wilhelm Müller

Wenn schlechte Leute zanken, riecht's übel um sie her;
doch wenn sie sich versöhnen, so stinkt es noch viel mehr!

Gottfried Keller

Als Gegner achte, wer es sei!
Strauchdiebe aber sind keine Partei!

Gottfried Keller

HAUSINSCHRIFT

Redt einer schlecht von dir – sei's ihm erlaubt,
doch du, du lebe so, daß keiner es ihm glaubt!

Närrische Tadler und Lober auf beiden Seiten! doch darum
hat mir mein Schöpfer den Kopf zwischen die Ohren gesetzt.

Eduard Mörike

Unsinn ist der Erbauung am wenigsten hinderlich; wo sie
nicht ergründet den Sinn, legt sie den tiefsten hinein.

Friedrich Rückert

Das ist ein häßliches Gebrechen,
wenn Menschen wie die Bücher sprechen.
Doch reich und fruchtbar sind für jeden
die Bücher, die wie Menschen reden.

Oskar Blumenthal

Lernt darum den Kunstgriff üben,
der euch den Erfolg verbriefe:
Müßt das seichte Wasser trüben,
daß man glaub', es habe Tiefe.

Paul Heyse

Lasset Gelehrte sich zanken und streiten,
streng und bedächtig die Lehrer auch sein!
Alle die Weisesten aller der Zeiten
lächeln und winken und stimmen mit ein:
Töricht, auf Bessrung der Toren zu harren!
Kinder der Klugheit, o habet die Narren
eben zum Narren auch, wie sich's gehört!

Goethe

Wenn ich den Scherz will ernsthaft nehmen,
so soll mich niemand drum beschämen;
und wenn ich den Ernst will scherzhaft treiben,
so werd' ich immer derselbe bleiben.

Goethe

Wenn aller Raketenspuk verweht,
der hoch ergötzt die lieben Kleinen,
dann werden in stiller Majestät,
die alten ewigen Sterne scheinen.

Paul Heyse

Wer sich nur einen Blick kann über sich erschwingen,
der kann das Gloria mit Gottes Engeln singen.

Angelus Silesius

Efeu und ein zärtlich Gemüt
heftet sich an und grünt und blüht.
Kann es weder Stamm noch Mauer finden,
es muß verdorren, es muß verschwinden.

Goethe

GÜTE UND GRÖSSE

Nur zwei Tugenden gibt's. O, wären sie immer vereinigt,
immer die Güte auch groß, immer die Größe auch gut!

Schiller

Mensch, alls, was außer dir, das gibt dir keinen Wert,
das Kleid macht keinen Mann, der Sattel macht kein Pferd.

Angelus Silesius

Adel ist auch in der sittlichen Welt. Gemeine Naturen
zahlen mit dem, was sie tun, edle mit dem, was sie sind.

Schiller

Ist rätselschwanger auch der Zukunft Schoß,
das Schicksal blind –
Nicht, was wir tun, entscheidet unser Los . . .
Nur, was wir sind.

Oskar Blumenthal

Haß, als minus und vergebens,
wird vom Leben abgeschrieben.
Positiv im Buch des Lebens
steht verzeichnet nur das Lieben.
Ob ein Minus oder Plus
uns verblieben, zeigt der Schluß.

Wilhelm Busch

★

Wenn sich die Sprüche widersprechen,
ist's eine Tugend und kein Verbrechen.
Du lernst nur wieder von Blatt zu Blatt,
daß jedes Ding zwei Seiten hat.

Paul Heyse

BUCH DER HEITERKEIT

HUMOR

Man spricht von Humor jetzt oft und viel
und denkt dabei nur an ein leeres Spiel.
Mancher kursiert als Humorist,
der nichts weiter als Spaßmacher ist,
nichts ahnt von dem inneren Widerspruch,
von dem Zickzack, dem tiefen Bruch,
der durch das ganze Weltall dringt,
daß man immer fürchtet: es zerspringt,
während die also geborstne Welt
doch immer noch steht und zusammenhält . . .
Hat aber einer die Geistesmacht,
die scharf durchschaut und doch heiter lacht,
bleibt er fest und verzweifelt nie,
hat er mehr als Witz, hat er Phantasie,
versteht er über sich selbst zu schweben,
sich selber dem Lachen preiszugeben:
Dem sei es gegönnt von ganzem Herzen,
auch einmal einfach närrisch zu scherzen,
ohne versteckte Gedankentiefen
seine Freude zu haben am Naiven.

Friedrich Theodor Vischer

Es sitzt ein Vogel auf dem Leim,
er flattert sehr und kann nicht heim.
Ein schwarzer Kater schleicht herzu,
die Krallen scharf, die Augen gluh.
Am Baum hinauf und immer höher
kommt er dem armen Vogel näher.

Der Vogel denkt: Weil das so ist
und weil mich doch der Kater frißt,
so will ich keine Zeit verlieren,
will noch ein wenig quinquilieren
und lustig pfeifen wie zuvor.
Der Vogel, scheint mir, hat Humor.

Wilhelm Busch

Ich bin der Doktor Eisenbart,
kurier' die Leut nach meiner Art,
kann machen, daß die Blinden gehn,
und daß die Lahmen wieder sehn.

Zu Potsdam trepanierte ich
den Koch des großen Friederich.
Ich schlug ihn mit dem Beil vor'n Kopf,
gestorben ist der arme Tropf.

Zu Ulm kuriert' ich einen Mann,
daß ihm das Blut vom Beine rann.
Er wollte gern gekuhpockt sein,
ich impft's ihm mit dem Bratspieß ein.

Des Küsters Sohn zu Dideldum,
dem gab ich zehn Pfund Opium,
drauf schlief er Jahre, Tag und Nacht
und ist bis jetzt noch nicht erwacht.

Es hatt' ein Weib in Langensalz
ein'n zentnerschweren Kropf am Hals,
den schnürt' ich mit dem Hemmseil zu,
probatum est, sie hat nun Ruh!

Zu Wien kuriert' ich einen Mann,
der hatte einen hohlen Zahn.
Ich schoß ihn raus mit der Pistol,
ach Gott! wie ist dem Mann so wohl!

Mein allergrößtes Meisterstück,
das macht' ich einst zu Osnabrück:
Podagrisch war ein alter Knab',
ich schnitt ihm beide Beine ab.

Vertraut sich mir ein Patient,
so macht er erst sein Testament,
ich schicke niemand aus der Welt,
bevor er nicht sein Haus bestellt.

Sehr wohlfeil ist auch meine Kur,
denn jeder braucht sie einmal nur;
was mancher nicht im Jahr vermag,
kuriere ich in einem Tag.

Das ist die Art, wie ich kurier',
sie ist probat, ich bürg' dafür,
daß jedes Mittel Wirkung tut,
schwör' ich bei meinem Doktorhut.

RICHTSZENE

Zugehaun! Was trödelt er?
Ich werde doch nicht ewig knien sollen! –
„Sie sind ja längst geköpft, mein Herr!
Wenn gütigst Sie nur schütteln wollen!"

Friedrich Haug

DIE WUNDERWIRKUNG DER LATINITÄT

Ihr lieben Jungens in Stadt und Land,
ich weiß euch eine Geschichte!
Ich kenn' euch, ihr hört so trefflich zu
mit sehr ernsthaftem Gesichte,
doch in den Winkeln am Auge blitzt's,
wie von ganz anderen Sachen,
und eure Lippen beben dabei, –
das ist verhaltenes Lachen, –
ihr seid nämlich eine ganz dolle Schwefelbande! –

Der Kurfürst Johann von Brandenburg,
der war gelehrt wie sonst keiner,
er sprach das flüssigste, klarste Latein
noch besser als selbst die Lateiner,
da nannten sie ihn den ‚Cicero'
– er fand das übel geraten, –
viel besser hätte ihm ‚Cäsar' gepaßt,
so liebte er die Soldaten,
vor allem seine sechstausend schweren märkischen Reiter!

Nun hatten einst einen großen Streit
die Könige von Ungarn und Polen,
da ließ der Kaiser, den das verdroß,
den Johann Cicero holen:
„Herr Kurfürst, Ihr sprecht das berühmte Latein,
so bitt' ich Euch, habt die Gnade
und zieht gen Warschau und söhnt sie aus
mit Eurer lateinischen Suade, –
vielleicht nehmt Ihr auch ein paar Soldaten mit?"

„Herr Kaiser, der Auftrag paßt mir gut!",
sprach Johann mit tiefem Verneigen,
„Die klassische Kunst der Rhetorik wird
sich stark an Barbaren erzeigen,
die Ungarn und Polen versöhne ich
ganz ohne Schwertstreich und Wunde,
so wirkt der Wohllaut der Latinität
in meinem beredsamen Munde –
und außerdem nehm' ich meine sechstausend schweren Reiter mit!"

Vor Warschau, auf dem weiten Plan,
da standen Ungarn und Polen,
die beiden Könige rechts und links,
die saßen wie auf Kohlen,
denn Johann Cicero sprach und sprach,
wie troff die Rede von Milde,
und wenn er von „christlichen Gründen" sprach,
so waren doch alle im Bilde, –
hinter ihm standen Sechstausend aufgesessen und Lanzen eingelegt!

Was Johann Cicero dort gesagt,
es ist der Nachwelt verloren,
den feindlichen Königen klangen nur
so einzelne Worte in Ohren:
„Totschlago vos sofortissime,
nisi vos benehmitis bene!!“ –
Da söhnten die Gegner gerührt sich aus,
und Johann vergoß eine Träne,
und seine sechstausend Kerle brüllten: „Hurra, vivat Cicero!“

Ihr lieben Jungens, euch ist ja gelehrt,
warum die Dichter was dichten,
ihr wißt, der Zweck ist stets die Moral
bei allen solchen Geschichten,
drum, wenn einen Klassenaufsatz es gibt
über Münchhausens letzte Ballade,
so schreibt: Ein tadelloses Latein,
das ebnet im Leben die Pfade, –
vorausgesetzt, daß einer eine gute Faust daneben haut!

Börries von Münchhausen

DER GUTE PFALZGRAF

Es war ein Pfalzgraf an dem Rhein,
geboren zum Regieren.
Regieren tät er groß und klein,
die Menschen samt den Tieren:
Er ließ sie gehn und ließ sie stehn,
es ward ihm gar nicht sauer,
es blieb der Fisch in seinen Seen,
bei seinem Pflug der Bauer.

Der Mundschenk trank den besten Wein
wohl in dem ganzen Lande,
und wer ein Ritter wollte sein,
der trug ein Kreuz am Bande;
und wenn das Hofgesinde sah
die Tafel wohl servieret,
so rief es: „Cara patria.
Wie gut bist du regieret!“

Der edle Pfalzgraf, baß erfreut
ob seines Landes Segen,
berauschte sich in Seligkeit
und ließ ins Bett sich legen.
Da lag und schlief und schnarcht' er dann
bis an den hellen Morgen.
Wohl ihm, der also ruhen kann
und läßt den Herrgott sorgen!

Der gute Pfalzgraf ist nun tot
und tut nichts mehr regieren;
er hat sie nicht erlebt die Not,
die jetzt heißt Gouvernieren.
Regieren will nun jedermann,
niemand regieret werden:
Was jeder will und keiner kann,
wer macht das recht auf Erden?

Der gute Pfalzgraf ist nun tot,
und würd' er neu geboren,
so wären wir aus aller Not,
die Klugen samt den Toren.
Wir wählten ihn zum Herrn der Welt,
er ließ' sie gehn und stehen,
wo sie der Herrgott hingestellt
in seines Himmels Höhen.

Und wenn wir hier bei Wein und Sang
selbander jubilieren,
so ist uns um die Welt nicht bang
und um das Weltregieren.
O gebt mir einen Becher her,
dem alten Herrn zu Ehren!
Und wer es besser kann als der,
er soll's den andern lehren.

Wilhelm Müller

DIE KRÄHWINKLER LANDWEHR

Nur immer langsam voran, nur immer langsam voran,
daß die Krähwinkler Landwehr nachkommen kann.
Hätt' der Feind unsre Stärke schon früher gekannt,
wär' er sicher schon früher zum Kuckuck gerannt.
Jetzt marschiern wir grad nach Paris hinein,
dort, Kinder, soll das Rauchen nicht verboten sein.

Kein Säbel hängt uns an der Seit',
weil's g'fährlich wär' für hitzige Leut.
Das Marschiern, das nimmt auch gar kein End',
das macht, weil der Hauptmann die Landkart' nicht kennt.
Herr Hauptmann, mein Hintermann läuft immer so im Trab,
er tritt mir beinah die Hinterhacken ab.
Hat denn keiner den Fähnrich mit der Fahne gesehn?
Man weiß ja nicht, wie der Wind tut wehn!
Unser Fähnlein, das ist drei Ellen Taft,
so'n Ding ist bald wieder angeschafft.
Tambour! strapazier doch die Trommel nicht so sehr,
alleweil sind die Kalbsfell so wohlfeil nicht mehr!
Unser Hauptmann ist 'n gar braver Mann,
nur schad, daß er gar kein Pulver riechen kann.
Unser Leutnant ist ein g'waltiger Held,
wenn's drauflos geht, hat er hinter die Fronte sich gestellt.
Der Herr General hat doch die meiste Couraasch,
wenn's schießt, versteckt er sich hinter die Bagaasch.
Bei Lützen, da ist 'ne Bombe geplatzt,
potz Wetter! wie sind wir da ausgekratzt!
Denn wenn so 'n Biest am Ende einen trifft,
hilft einem, weiß Gott, der ganze Feldzug nischt.
Da lob' ich mir so 'nen bayrischen Kloß,
so 'n Ding geht doch so leicht nicht los.

Bei Leipzig, in der großen Völkerschlacht,
da haben wir beinah 'nen Gefangenen gemacht.

Was geht da im Busch herum?
Das ist gewiß Napolium!
Reißt aus, Kameraden, reißt alle, alle aus!
Dort steht ein französisches Schilderhaus.
Ach, wie wird's uns erst in Frankreich ergehn!
Dort soll ja kein Mensch das Deutsch verstehn.
Und was da klug die Leute sind:
Da spricht französisch ein jedes Kind!
Die Franzosen schießen so ins Blaue hinein,
sie bedenken gar nicht, daß da Leut' könnten sein.
Jetzt, Bauern, kochts Knödel und Hirsenbrei,
wenn die Landwehr kommt, wird sie hungrig sei'.
Immer lustig voran, nur immer lustig voran,
daß ma' brav in die Knödel einhauen kann!

KÖNIG WILHELM SASS GANZ HEITER

König Wilhelm saß ganz heiter
jüngst zu Ems, dacht' gar nicht weiter
an die Händel dieser Welt.
Friedlich, wie er war gesunnen,
trank er seinen Kränchenbrunnen
als ein König und ein Held.

Da trat in sein Kabinette
eines Morgens Benedette,
den gesandt Napoleon.
Der fing zornig an zu kollern,
weil ein Prinz von Hohenzollern
sollt' auf Spaniens Königsthron.

Wilhelm sagte: „Benedettig!
Sie ereifern sich unnötig,
brauchen Sie man nur Verstand;
vor mir mögen die Spaniolen
sich nach Lust' nen König holen,
meinthalb aus dem Pfefferland."

Der Gesandte, so beschieden,
war noch lange nicht zufrieden,
weil er's nicht begreifen kann;
und er schwänzelt und er tänzelt
um den König und scharwenzelt,
möcht' es gerne schriftlich ha'n.

Da sieht unser Wilhelm Rexe
sich das klagliche Gewächse
mit den Königsaugen an.
Sagte gar nichts weiter, sundern
wandte sich, so daß bewundern
jener seinen Rücken kann.

Als Napoleon das vernommen,
ließ er gleich die Stiebeln kommen,
die vordem sein Onkel trug.
Diese zog der Bonaparte
grausam an, und auch der zarte
Lulu nach den seinen frug.

So in grauser Kriegesrüstung,
rufen sie in stolzer Brüstung:
„Auf, Franzosen, übern Rhein!“
Und die Kaiserin Eugenie
ist besonders noch diejen'ge,
die ins Feuer bläst hinein.

Deutschland lauschet mit Erstaunen
auf die fränk'schen Kriegsposaunen,
ballt die Faust, doch nicht im Sack;
nein, mit Fäusten, mit Millionen,
prügelt es auf die Kujonen,
auf das ganze Lumpenpack.

Wilhelm spricht mit Moltk' und Roone
und spricht dann mit seinem Sohne:
„Fritz, geh hin und haue ihm!“
Fritze, ohne lang zu feiern,
nimmt sich Preußen, Schwaben, Bayern,
geht nach Wörth und hauet ihm.

Haut ihm, daß die Lappen fliegen,
daß sie all die Kränke kriegen
in das klappernde Gebein,
daß sie, ohne zu verschnaufen,
bis Paris und weiter laufen,
und wir ziehen hinterdrein.

• *Woland Kreusler*

DAS GROSSVATERLIED

Als der Großvater die Großmutter nahm,
da wußte man nichts von Mamsell und Madam;
die züchtige Jungfrau, das häusliche Weib,
sie waren echt deutsch noch an Seel' und an Leib.

Als der Großvater die Großmutter nahm,
da herrschte noch sittig verschleierte Scham;
man trug sich fein ehrbar und fand es nicht schön,
in griechischer Nacktheit auf Straßen zu gehn.

Als der Großvater die Großmutter nahm,
da war ihr die Wirtschaft kein widriger Kram;
sie las nicht Romane, sie ging vor den Herd,
und mehr war ihr Kind als ein Schoßhund ihr wert.

Als der Großvater die Großmutter nahm,
da war es ein Biedermann, den sie bekam;
ein Handschlag zu jener hochrühmlichen Zeit
galt mehr als im heutigen Leben ein Eid.

Als der Großvater die Großmutter nahm,
da rief noch der Vaterlandsfreund nicht vor Gram:
O gäbe den Deutschen ein holdes Geschick
die glücklichen Großvaterzeiten zurück!

August Friedrich Ernst Langbein

DIE ALTE

Zu meiner Zeit
bestand noch Recht und Billigkeit.
Da wurden auch aus Kindern Leute,
da wurden auch aus Jungfern Bräute,
doch alles mit Bescheidenheit.
Es ward kein Liebling zum Verräter,
und unsre Jungfern freiten später,
sie reizten nicht der Mütter Neid.
O gute Zeit!

Zu meiner Zeit
befliß man sich der Heimlichkeit.
Genoß der Jüngling ein Vergnügen,
so war er dankbar und verschwiegen,
und itzt entdeckt er's ungescheut.
Die Regung mütterlicher Triebe,
der Fürwitz und der Geist der Liebe
fährt oftmals schon ins Flügelkleid,
o schlimme Zeit!

Zu meiner Zeit
ward Pflicht und Ordnung nicht entweiht.
Der Mann ward, wie es sich gebühret,
von einer lieben Frau regieret,
trotz seiner stolzen Männlichkeit.
Die Fromme herrschte nur gelinder,
uns blieb der Hut und ihm die Kinder.
Das war die Mode weit und breit.
O gute Zeit!

Zu meiner Zeit
war noch in Ehen Einigkeit.
Itzt darf der Mann uns fast gebieten,
uns widersprechen und uns hüten,
wo man mit Freunden sich erfreut.
Mit dieser Neuerung im Lande,
mit diesem Fluch im Ehestande
hat ein Komet uns längst bedräut.
O schlimme Zeit!

• *Friedrich von Hagedorn*

AUS DER GUTEN ALTEN ZEIT

Es melden Bücher und Sagen
so manches Wunderding
von einem gelben Wagen,
der durch die Länder ging.
Die Kutsche fuhr, man denke,
des Tags drei Meilen weit
und hielt vor jeder Schenke.
O gute, alte Zeit!

Es ward von den Passagieren
zuvor das Haus bestellt.
Sie schieden von den Ihren,
als ging's ans End der Welt.
Sie trugen die Louisdore
vernäht in Stiefel und Kleid,
im Sack zwei Feuerrohre. –
O gute, alte Zeit!

Oft, wenn die Reisegenossen
sich sehnten nach Bett und Wirt,
da brummte der Schwager verdrossen
„Potz Blitz! Ich hab mich verirrt."
Von fern her Wolfsgeheule,
kein Obdach weit und breit;
es schnaubten zitternd die Gäule. –
O gute, alte Zeit!

Auch war es sehr ergötzlich,
wenn mit gewaltigem Krach
in einem Hohlweg plötzlich
der Wagen zusammenbrach.
War nur ein Rad gebrochen,
so herrschte Fröhlichkeit.
Mitunter brachen auch Knochen. –
O gute, alte Zeit!

Der Abenteuer Perle
war doch das Waldwirtshaus.
Es spannten verdächtige Kerle
die müden Schimmel aus.
Ein Bett mit Federdecken
stand für den Gast bereit,
das zeigte blutige Flecken. –
O gute, alte Zeit!

Und waren der Gäste hundert
verschwunden im Waldwirtshaus,
dann schickte der Rat verwundert
berittene Häscher aus.
Die Leichen wurden gefunden,
bestattet und geweiht,
der Wirt, gerädert, geschunden. –
O gute, alte Zeit!

Rudolf Baumbach

UNSTERN

Unstern, diesem guten Jungen,
hat es seltsam sich geschickt;
manches wär' ihm fast gelungen,
manches wär' ihm schier geglückt;
alle Glückesstern im Bunde
hätten weihend ihm gelacht,
wenn die Mutter eine Stunde
früher ihn zur Welt gebracht.

Waffenruhm und Heldenehre
hätten zeitig ihm geblüht;
war doch in dem ganzen Heere
keiner so von Mut erglüht!
Nur, als schon in wilden Wogen
seine Schar zum Sturme drang,
kam ein Bote hergeflogen,
der die Friedensfahne schwang.

Nah ist Unsterns Hochzeitsfeier,
hold und sittig glüht die Braut;
sieh! da kommt ein reicher Freier,
der die Eltern baß erbaut.
Dennoch hätte die Geraubte
ihn als Witwe noch beglückt,
wäre nicht der Totgeglaubte
plötzlich wieder angerückt.

Reich wär' Unstern noch geworden
mit dem Gut der neuen Welt,
hätte nicht ein Sturm aus Norden
noch im Port das Schiff zerschellt.
Glücklich war er selbst entschwommen
(einer Planke hatt' er's dank),
hatte schon den Strand erklommen,
glitt zurück noch und versank.

In den Himmel sonder Zweifel
würd' er gleich gekommen sein,
liefe nicht ein dummer Teufel
just ihm in den Weg hinein.
Teufel meint, es sei die Seele,
die er eben holen soll,
packt den Unstern an der Kehle,
rennt mit ihm davon wie toll.

Da erscheint ein lichter Engel
rettend aus dem Nebelduft,
donnert flugs den schwarzen Bengel
in die tiefste Höllenkluft,
schwebt der goldnen Himmelsferne
mit dem armen Unstern zu,
über gut und böse Sterne
führt er den zur ew'gen Ruh.

Ludwig Uhland

DAS IST NUR CHIMÄRE

Wem a traurige Wirklichkeit nur is beschert,
der muß als Ressource[1] sich alls denken verkehrt;
ich schau oft mein' Sack an und denk mir dann: Ah!
Da is a Million drin, in dem san gar zwa! –
Wenn jetzt die, die in d'r Equipagi umfahrn,
sich plötzlich verwandleten in arme Narrn,
müßten betteln bei mir um a Gwand, um a alts –
das is wohl nur Chimäre[2], aber mich unterhalt's.

Mich schaun d'Madeln nit an, denn die Hübschen nur liebn s',
und an meiner Schönheit is nix Übertriebns;
ich tu aber mein Bild mir höchst reizend ausmaln
wie d'Mädln über mich alle in Wahnsinn verfalln;
und sie rennen mir nach, und sie schlafn in mein' Stall,
als wie's Käthchen von Heilbronn beim Wetter von Strahl,
und sie gehn nicht, wann i auch mit der Reitgerten schnalz –
das is wohl nur Chimäre, aber mich unterhalt's.

Quält mich einer aufs Blut und macht mir viel Verdruß,
und 's is aber einer, wo ich kuschen muß,
da denk ich mir, indem ich abischlick meine Rage[3]:

[1] Hilfe [2] Einbildung [3] Wut

Ich bin in Amerika, hab a Plantage,
und ich bin der Herr, und der Kerl is mein G'schlav,[4]
und der Kerl hat was angstellt, er war heut nicht brav,
und karbatsch'n in Gedanken, so recht aus'n Salz –
ja, das is wohl nur Chimäre, aber mich unterhalt's.

• *Johann Nestroy*

[4] Sklave

WO BLEIBT'S?

Wo bleibt mein Geld? So ruf' ich alle Tage;
vergeblich sinnend, kehr' ich spät nach Haus.
Wo bleibt mein Geld? Mit dieser ewgen Frage
schütt' ich den Rest von meiner Börse aus.
Die Tasche hat kein Loch. Die harten Taler,
wo sind sie hin? Gott weiß. In alle Welt.
Des Morgens noch ein Rothschild – abends kahler
als eine Kirchenmaus – wo bleibt mein Geld?

Im Buche steht es, was ich eingenommen –
denn in der Ordnung treib' ich's fast zu weit.
Wüßt' ich nur, wie ich um mein Geld gekommen,
um alles – in so kurzer Spanne Zeit?
Der Onkel ist splendid. Die Redakteure
bezahlen prompt – vernimm's, ungläubge Welt! –
Buchhändler geben mehr als ich begehre –
ich schreibe viel – und doch: wo bleibt mein Geld?

Ich spiele nie! – Dem Faro – Gott bewahre! –
ich opfern – nein, die Zeiten sind vorbei.
Und bieg' ich nun auch ein paarmal im Jahre
mein Kärtchen – 's ist 'ne wahre Lumperei.
Zwar leugn' ich nicht, daß mein Gewinnst nur spärlich –
im Gegenteile, meine Karte fällt
stets linker Hand – doch der Bankier ist ehrlich,
das löst die Frage nicht: wo bleibt mein Geld?

Ich trinke nicht! – Ess' ich auch manchmal ein Hundert
Stück Austern – nun, dafür ist's Januar,
ist's Austernzeit. Und wird dazu burgundert,
nur zur Verdauung tu ich's, das ist klar.

Daß man die Austern nicht im Mühlenbache
kann fischen, daß ihr Preis so hoch gestellt –
's ist hart – allein das ist nicht meine Sache;
das einz'ge frag ich nur: wo bleibt mein Geld?

Daß ich für Mädchen mich in Schulden stürze,
fällt mir nicht ein. Sich Lieb' erkaufen? Pfui!
Schenk' ich Mathilden auch einmal 'ne Schürze,
'nen neuen Seidenhut, ein Parapluie,
'ne Damenuhr, 'nen echten Blondenkragen
und was den jungen Mädchen sonst gefällt –
was wollen diese Lappereien sagen?
Da frag' ich immer noch: wo bleibt mein Geld?

Franz von Gaudy

Ich gehe meinen Schlendrian
und trinke meinen Wein,
und wenn ich nicht bezahlen kann,
so ist die Sorge mein.
Ja, schlüg' ich auch dies Glas
in hunderttausend Trümmern,
so hat sich doch kein Mensch,
kein Mensch darum zu kümmern! –

Ich gehe meinen Schlendrian,
zieh' an, was mir gefällt;
und wenn ich's nicht mehr tragen kann,
so mach' ich es zu Geld.
Und sollte auch mein Hemd
durch tausend Löcher schimmern,
so hat sich doch kein Mensch,
kein Mensch darum zu kümmern.

Ich gehe meinen Schlendrian
bis an mein kühles Grab,
und schlägt mir auch der Sensenmann
den letzten Segen ab.
Ja, sollt' ich auch dereinst
noch in der Hölle wimmern,
so hat sich doch kein Mensch,
kein Mensch darum zu kümmern.

ELYSIUM

Und ist's mit dieser Welt herum,
und komm' ich ins Elysium,
meiner Ahne Haus muß mit hinein,
sonst mag ich nicht darinnen sein.
Hinter dem Hause muß am Hag
die Sonne lagern den langen Tag,
daß golden durch der Blätter Luken
wie Engelsbacken die Kürbiss' gucken,
daß die Nachbarn wieder herüberschaun,
die Arme aufgestemmt am Zaun,
wie sie am Sonntag aus den Pfeifen
lassen die blauen Wolken schweifen;
lustige Mägde ziehn am Haus
in weißer Schürze den Weg hinaus;
doch draußen schütteln am Gartensaum
wir Buben den frühsten Birnenbaum.
So sei es im Elysium,
sonst scher' ich mich den Teufel drum.

Johann Georg Fischer

FRUMME WÜNSCHE

Und vum Uckse de Kraft,
und vum Sperrlich a Saft,
und vum Marder a Zahn,
und do wär ihch a Man!

Annen Bart wie a Buck,
und an'n Zippelpelzruck,
wie a Zeiske[1] su grien,
und do wär ihch wul schien!

Und de Nase vum Fuchs,
und de Oogen vum Luchs,
und de Beene vum Färd,
und do wär ihch was wärt!

Wie a Löwe an Mutt,
wie a Bählamm su gutt,
und su flink wie a Querl,
und do wär ihch a Kerl!

Wie a Hirsch nie nich matt,
wie a Schlammpeißker glatt,
wie Schalastern[2] gescheit,
und do käm ihch wul weit!

Oder 'sch kan nu nich sein,
und do find ihch mihch nein,
und ihch bleib wie ihch bihn,
und's muhß haldich giehn.

Karl von Holtei

[1] Zeisig [2] Elster

Günd, achter de Bloomspütt,[1] schreeg över de Straat,
Persepter[2] sin Döchder – dat is di en Staat!
Persepter sin Lischen, sin Witjen un Trien,
dree Deerns, als dree Rosen, künnt all dree all frien.[3]

Wa hebbt se för Haar, – rein so blank un so glatt!
Un Ogen,[4] – de Swarte, as Aalbein so swatt,[5]
de Gele,[6] – so blau as Vergißmeinnichblom,
de Brune, – so brun als Kastanjen vun'n Bom.

Se danzt un se springt un se hüppt als en Reh,
sünd rot as en Ros', un so witt as de Snee,
se singt as en Drossel, un lacht as en Duv,[7]
un scheert sick den Deuwel um Hochtid un Huv.[8]

Günd, achter de Bloomspütt, schreeg över de Straat,
Persepter sin Döchder – dat is di en Staat!
Un schull ick een rutnehm'n,[9] un günn[10] he mi een,
ick sä: „Herr Persepter, all dree – oder keen!" –

Johann Meyer

[1] Gegenüber, hinter den Blumentöpfen [2] Präzeptor [3] könnte alle drei freien [4] Augen [5] wie schwarze Johannisbeeren so schwarz [6] die Gelbe [7] wie eine Taube [8] Haube [9] sollte ich eine herausnehmen, wählen [10] gönnte

SPATZ UND SPÄTZIN

Auf dem Dache sitzt der Spatz,
und die Spätzin sitzt daneben;
und er spricht zu seinem Schatz:
„Küsse mich, mein holdes Leben!

Bald nun wird der Kirschbaum blühn;
Frühlingszeit ist so vergnüglich!
Ach, wie lieb' ich junges Grün
und die Erbsen ganz vorzüglich!"

Spricht die Spätzin: „Teurer Mann,
denke doch der neuen Pflichten!
Fangen wir noch heute an,
uns ein Nestchen einzurichten!"

Spricht der Spatz: „Das Nesterbaun,
Eier brüten, Junge füttern
und dem Mann den Kopf zu kraun,
liegt den Weibern ob und Müttern."

Spricht die Spätzin: „Du Barbar,
soll ich bei der Arbeit schwitzen,
und du willst nur immerdar
zwitschern und herumstibitzen?"

Spricht der Spatz: „Ich will dir hier
mit zwei Worten kurz berichten:
Für den Spatz ist das Pläsier,
für die Spätzin sind die Pflichten!"

Karl Mayer

Er kommt nach Hause und macht eine Entdeckung:

Ach, mein Schatz ist durchgegangen,
Laridah!
Erst wollt' ich ihn wiederfangen,
Laridah!
Doch dann hab' ich mich besonnen,
Laridah!
Manch Verloren ist Gewonnen.
Laridah!

Zwar es war ein süßes Mädchen,
Laridah!
Und wir hatten manches Beetchen,
Laridah!
Nicht bloß Veilchen, Tulpen, Rosen,
Laridah!
Auch zwei Stämmchen Aprikosen.
Laridah!

Und wir wohnten ganz alleine,
Laridah!
Hatten Nachbarinnen keine,
Laridah!
Unser Nest war zungensicher,
Laridah!
Vor Gekeife und Gekicher.
Laridah!

Ach, nun sing' ich all das Holde,
Laridah!
Was ich doch vergessen wollte,
Laridah!
Nein, das heißt nicht klug gesungen,
Laridah!
Denn der Hase ist entsprungen.
Laridah!

Treue war nicht seine Sache,
Laridah!
Drum ist's besser, daß ich lache:
Laridah!
Wär's nicht gestern mir geschehen,
Laridah!
Müßt ich's morgen mich versehen.
Laridah!

Also, Herze, sei zufrieden,
Laridah!
Viele Hasen gibt's hienieden,
Laridah!
Ist der eine dir entlaufen,
Laridah!
Kannst du einen andern kaufen,
Laridah!

Einen schönen, weichen, weißen,
Laridah!
Mucki-Nucki soll er heißen,
Laridah!
Ach, wie schlägt das Herz mir schnelle,
Laridah!
Springt er über meine Schwelle,
Laridah!

Otto Julius Bierbaum

EIN MENSURERLEBNIS

Mensurtag draußen auf grünem Plan;
da pfeifen die Terzen und Quarten;
auf mancher Backe gibt's rote Bahn,
in manchem Schädel Scharten.
Jetzt wieder Hieb und Gegenhieb –
Fuchs, deck dich, wenn dir dein Frätzchen lieb!
U jeh, da liegt im Grase
die Nase.

Der Paukarzt späht besorgt umher,
sie ist nicht zu erblicken.
„Die Nase her, die Nase her!
Nur warm läßt sie sich flicken!"

Man sucht, man flucht, doch hilft das nichts,
futsch ist die Zierde des Gesichts.
Tief birgt sie sich im Grase,
die Nase.

Da greift in seinen Hosensack
der brave Fax als Retter;
die Dose mit dem Schnupftabak
klappt auf – ei Donnerwetter!
Er streut den Tabak ringsumher,
als ob es Rübensamen wär.
Hazi!! springt aus dem Grase
die Nase.

Arthur Rehbein

Das Zahnweh, subjektiv genommen,
ist ohne Zweifel unwillkommen;
doch hat's die gute Eigenschaft,
daß sich dabei die Lebenskraft,
die man nach außen oft verschwendet,
auf einen Punkt nach innen wendet
und hier energisch konzentriert.
Kaum wird der erste Stich verspürt,
kaum fühlt man das bekannte Bohren,
das Rucken, Zucken und Rumoren –
und aus ist's mit der Weltgeschichte,
vergessen sind die Kursberichte,
die Steuern und das Einmaleins,
kurz, jede Form gewohnten Seins,
die sonst real erscheint und wichtig,
wird plötzlich wesenlos und nichtig.
Ja, selbst die alte Liebe rostet –
man weiß nicht, was die Butter kostet –
denn einzig in der engen Höhle
des Backenzahnes weilt die Seele,
und unter Toben und Gesaus
reift der Entschluß: Er muß heraus!! –

Wilhelm Busch

Ein gutes Tier
ist das Klavier,
still, friedlich und bescheiden,
und muß dabei
doch vielerlei
erdulden und erleiden.

Der Virtuos
stürzt darauf los
mit hochgesträubter Mähne.
Er öffnet ihm
voll Ungestüm
den Leib, gleich der Hyäne.

Und rasend wild,
das Herz erfüllt
von mörderlicher Freude,
durchwühlt er dann,
soweit er kann,
des Opfers Eingeweide.

Wie es da schrie,
das arme Vieh,
und unter Angstgewimmer
bald hoch, bald tief
um Hilfe rief,
vergess' ich nie und nimmer.

Wilhelm Busch

VICE VERSA

Ein Hase sitzt auf einer Wiese,
des Glaubens, niemand sähe diese.

Doch, im Besitze eines Zeißes,
betrachtet voll gehaltnen Fleißes

vom vis-a-vis gelegnen Berg
ein Mensch den kleinen Löffelzwerg.

Ihn aber blickt hinwiederum
ein Gott von fern an, mild und stumm.

• *Christian Morgenstern*

PALMSTRÖM

Palmström steht an einem Teiche
und entfaltet groß ein rotes Taschentuch:
Auf dem Tuch ist eine Eiche
dargestellt, sowie ein Mensch mit einem Buch.

Palmström wagt nicht sich hineinzuschneuzen. –
Er gehört zu jenen Käuzen,
die oft unvermittelt – nackt
Ehrfurcht vor dem Schönen packt.

Zärtlich faltet er zusammen,
was er eben erst entbreitet.
Und kein Fühlender wird ihn verdammen,
weil er ungeschneuzt entschreitet.

Christian Morgenstern

DIE UNMÖGLICHE TATSACHE

Palmström, etwas schon an Jahren,
wird an einer Straßenbeuge
und von einem Kraftfahrzeuge
überfahren.

„Wie war" (spricht er, sich erhebend
und entschlossen weiterlebend)
„möglich, wie dies Unglück, ja –:
Daß es überhaupt geschah?

Ist die Staatskunst anzuklagen
in bezug auf Kraftfahrwagen?
Gab die Polizeivorschrift
hier dem Fahrer freie Trift?

Oder war vielmehr verboten,
hier Lebendige zu Toten
umzuwandeln, – kurz und schlicht:
Durfte hier der Kutscher nicht –?"

Eingehüllt in feuchte Tücher,
prüft er die Gesetzesbücher
und ist alsobald im klaren:
Wagen durften dort nicht fahren!

Und er kommt zu dem Ergebnis:
Nur ein Traum war das Erlebnis.
Weil, so schließt er messerscharf,
nicht sein kann, was nicht sein darf.

Christian Morgenstern

DIE BEHÖRDE

Korf erhält vom Polizeibüro
ein geharnischt Formular,
wer er sei und wie und wo.

Welchen Orts er bis anheute war,
welchen Stands und überhaupt,
wo geboren, Tag und Jahr.

Ob ihm überhaupt erlaubt,
hier zu leben und zu welchem Zweck,
wieviel Geld er hat und was er glaubt.

Umgekehrten Falls man ihn vom Fleck
in Arrest verführen würde, und
darunter steht, Borowsky, Heck.

Korf erwidert darauf kurz und rund:
„Einer hohen Direktion
stellt sich, laut persönlichem Befund,

untig angefertigte Person
als nichtexistent im Eigen-Sinn
bürgerlicher Konvention

vor und aus und zeichnet, wennschonhin
mitbedauernd nebigen Betreff,
Korf. (An die Bezirksbehörde in –.)"

Staunend liest's der anbetroffne Chef.

Christian Morgenstern

DIE BRILLE

Korf liest gerne schnell und viel;
darum widert ihn das Spiel
all des zwölfmal unerbetnen
Ausgewalzten, Breitgetretnen.

Meistes ist in sechs bis acht
Wörtern völlig abgemacht,
und in ebensoviel Sätzen
läßt sich Bandwurmweisheit schwätzen.

Es erfindet drum sein Geist
etwas, was ihn dem entreißt:
Brillen, deren Energien
ihm den Text – zusammenziehen!

Beispielsweise dies Gedicht
läse, so bebrillt, man – nicht!
Dreiunddreißig seinesgleichen
gäben erst – Ein – – Fragezeichen!!

Christian Morgenstern

DIE ZEIT

Es gibt ein sehr probates Mittel,
die Zeit zu halten am Schlawittel:
Man nimmt die Taschenuhr zur Hand
und folgt dem Zeiger unverwandt.

Sie geht so langsam dann, so brav
als wie ein wohlgezogen Schaf,
setzt Fuß vor Fuß so voll Manier
als wie ein Fräulein von Saint-Cyr.

Jedoch verträumst du dich ein Weilchen
so rückt das züchtigliche Veilchen
mit Beinen wie der Vogel Strauß
und heimlich wie ein Puma aus.

Und wieder siehst du auf sie nieder;
ha, Elende! – Doch was ist das?
Unschuldig lächelnd macht sie wieder
die zierlichsten Sekunden-Pas.

• *Christian Morgenstern*

DAS LIED VOM BLONDEN KORKEN

Ein blonder Korke spiegelt sich
in einem Lacktablett –
allein er säh sich dennoch nich',
selbst wenn er Augen hätt'!

Das macht, dieweil er senkrecht steigt
zu seinem Spiegelbild!

Wenn man ihn freilich seitwärts neigt,
zerfällt, was oben gilt.

O Mensch, gesetzt, du spiegelst dich
im, sagen wir, – im All!
Und senkrecht! – wärest du dann nicht
ganz in demselben Fall?

Christian Morgenstern

Im heil'gen Teich zu Singapur
da liegt ein altes Krokodil
von äußerst grämlicher Natur
und kaut an einem Lotosstiel.

Es ist ganz alt und völlig blind,
und wenn es einmal friert des Nachts,
so weint es wie ein kleines Kind,
doch, wenn ein schöner Tag ist, lacht's.

Hermann Lingg

Es rauscht in den Schachtelhalmen,
verdächtig leuchtet das Meer,
da schwimmt mit Tränen im Auge
ein Ichthyosaurus daher.

Ihn jammert der Zeiten Verderbnis,
denn ein sehr bedenklicher Ton
war neuerlich eingerissen
in der Liasformation.

„Der Plesiosaurus, der alte,
er jubelt in Saus und Braus,
der Pterodaktylus selber
flog neulich betrunken nach Haus.

Der Iguanodon, der Lümmel,
wird frecher zu jeglicher Frist,
schon hat er am hellen Tage
die Ichthyosaura geküßt.

Mir ahnt eine Weltkatastrophe,
so kann es ja länger nicht gehn;
was soll aus dem Lias noch werden,
wenn solche Dinge geschehn?"

So klagte der Ichthyosaurus,
da ward es ihm kreidig zu Mut,
sein letzter Seufzer verhallte
im Qualmen und Zischen der Flut.

Es starb zu derselbigen Stunde
die ganze Saurierei,
sie kamen zu tief in die Kreide,
da war es natürlich vorbei.

Joseph Victor von Scheffel

Ich weiß eine friedliche Stelle
im schweigenden Ozean,
kristallhell schäumet die Welle
am Felsengestade hinan.
Im Hafen erblickst du kein Segel,
keines Menschen Fußtritt am Strand;
viel tausend reinliche Vögel
hüten das einsame Land.

Sie sitzen in frommer Beschauung,
kein einzger versäumt seine Pflicht,
gesegnet ist ihre Verdauung
und flüssig als wie ein Gedicht.

Die Vögel sind all' Philosophen,
ihr oberster Grundsatz gebeut:
Den Leib halt allezeit offen
und alles andre gedeiht.

Was die Väter geräuschlos begonnen,
die Enkel vollenden das Werk;
geläutert von tropischen Sonnen,
schon türmt es empor sich zum Berg.
Sie sehen im rosigsten Lichte
die Zukunft und sprechen in Ruh:
„Wir bauen im Lauf der Geschichte
noch den ganzen Ozean zu."

Und die Anerkennung der Besten
fehlt ihren Bestrebungen nicht,
denn fern im schwäbischen Westen
der Böblinger Repsbauer spricht:

,,Gott segn' euch, ihr trefflichen Vögel,
an der fernen Guanoküst', –
trotz meinem Landsmann, dem Hegel,
schafft ihr den gediegensten Mist!"

• *Joseph Victor von Scheffel*

DAS HUHN UND DER KARPFEN

Auf einer Meierei,
da war einmal ein braves Huhn;
das legte, wie die Hühner tun,
an jedem Tag ein Ei
und kakelte,
mirakelte,
spektakelte,
als ob's ein Wunder sei!

Es war ein Teich dabei,
darin ein braver Karpfen saß
und stillvergnügt sein Futter fraß;
der hörte das Geschrei:

Wie's kakelte,
mirakelte,
spektakelte,
als ob's ein Wunder sei!

Da sprach der Karpfen ,,Ei!
Alljährlich leg ich 'ne Million
und rühm' mich des mit keinem Ton;
wenn ich um jedes Ei
so kakelte,
mirakelte,
spektakelte,
was gäb's für ein Geschrei!"

Heinrich Seidel

ARM KRÄUTCHEN

Ein Sauerampfer auf dem Damm
stand zwischen Bahngeleisen,
machte vor jedem D-Zug stramm,
sah viele Menschen reisen.

Und stand verstaubt und schluckte Qualm
schwindsüchtig und verloren,
ein armes Kraut, ein schwacher Halm,
mit Augen, Herz und Ohren.

Sah Züge schwinden, Züge nahn.
Der arme Sauerampfer
sah Eisenbahn um Eisenbahn,
sah niemals einen Dampfer.

Joachim Ringelnatz

LÜGENLIED

Die Donau ist ins Wasser gefalln,
der Rheinstrom ist verbrannt.
Ein altes Weib ist drüber gegangen
und hat die Schürz verbrannt.

In Frankfurt ist ein Spaß passiert,
der Geißbock hat's erzählt:
Sie hab'n ein' toten Schneidergeselln
zum Bürgermeister erwählt.

Und wer mit Katzen ackern will,
der spann' die Mäus voran,
dann geht's die ganze Furch' hinauf
die Hetz, die Hetz, die Hetz!

Der Stiefel und der Stiefelknecht,
die führten einen Prozeß,
der Esel fährt im Luftballon,
der Ochse fährt Kalesch.

Das Kräuterweib von Luxemburg,
das handelt mit Spinat:
Jetzt wird der alte Stephansturm
in Wien sogar Soldat.

'S GSCHEITI BÜABL

Wem ghörst denn du, Büabl? –
Mein' Vatern ghör ih! –
Und wia hoassen[1] s' dein' Vatern? –
Den hoassen s' wia mih. –
No, wia schrein s' di zum Essen,
an' Nam hast ja doh? –
Da schrein s' mir gar nit,
da kimm ih a so!

Hans Fraungruber

[1] heißen, nennen

WAS DIE KLEINE DIRN ALLES KANN

Alles kann i, alles woaß i,
mit mir ist recht guat zum sei.
Wer a guate kloane Dirn braucht,
fragt nöt lang und stellt mi ei.
Abspüln kann i, unterkendn[1],
abstaubn, nachlegn, 's Liacht
anzendn,
zammkihrn, waschn, Suppn kocha,
d' Stubn ausputzn alle Wocha,
Wassa holn und Holz herbringa,
d' Kinda fest in Schlaf einsinga,
d' Schuah schä putzn, s' Gwand
zammflicka,
Handschuah, Strümpf und Söckl stricka,
Henna greifa, d' Katzn fuadan,
nachschaun bei der krankn Muadan,
Federn schleißn, Ofa kihrn,
Messer wötzn, Buda rührn,
spinna, bögln, 's Bett aufbettn –
neamd kanns schöna, i mecht wettn –,
Kraut eitretn und d' Wösch
auswindn,
Bluat rührn, d' Sach holn,
Besn bindn,
Ruabn abstößn, Schmalz auswögn,
kloane Kinda trucka lögn – –.
Und oas hätt i bald vergessn:
d'Hauptsach kann i aa guat: essn!

Max Peinkofer

[1] Feuer anmachen

Ja wann der Bua fuchtig[1] is,
da röd't[2] er nit viel,
da haut er sei Alte,
und mant,[3] 's war a G'spiel.

Und wann der Bua fuchtig is,
da kennt er ka Schand,
da ißt er das Sauerkraut
mit helledíger Hand.

Und wann der Bua fuchtig is,
so schimpft er alls z'samm',
und fragt ihn wer, wrum?
„A Ruha will i ham!"

Und wann der Bua fuchtig is,
da raft er mit vier,
Und sein dö am Boden,
so tratzt[4] er den Stier.

Ja wann der Bua fuchtig is,
da g'schiecht allerhand,
da packt er sich selber
und schmeißt sich an d'Wand.

Thomas Koschat

[1] wütend [2] redet [3] meint [4] hänselt

VOLKSSPRÜCHE

Wer Heu genug im Stalle hat,
dem wird die Kuh nicht mager.
Und wer 'ne schöne Schwester hat,
der kriegt bald einen Schwager.

Ich hab' ein bös Kindchen;
wenn's immer so bleibt,
so stell' ich's in Garten
daß 's Spatzen vertreibt.

Vier Ochsen, drei Kälber
eine bucklige Kuh,
das gibt mir mein Vater,
wenn ich heiraten tu.

Schön jung ist mei Blut,
und schön rund ist mei Hut,
und Kurasch wie a Teufel!
Will sehn, wer mir was tut.

Sauerkraut und Rüben,
die haben mich vertrieben.
Hätt' meine Mutter Fleisch gekocht,
so wär' ich bei ihr blieben.

Wird scho wieder wern,
sagt die Mutter Bern,
bei der Mutter Horn
is' auch wieder worn.

Der Hans im Schnakenloch
hat alles, was er will.
Und was er will, das hat er nicht
und was er hat das will er nicht.
Der Hans im Schnakenloch
hat alles, was er will.

SCHNADAHÜPFLN

Da Frühling is kemma,
hot d' Veigei[1] mitbrocht.
Und zan Schotz bin i genga
oll Tog moast af d'Nocht.

Dein Aug is a Sunn
und dein Göscherl[2] a Brunn,
za den kimm i g'rennt,
bol mi d'Sunn aso brennt.

A lustiger Bua
zreißt oft a Paar Schuah,
grad a trauriger Narr
hat lang an oam Paar.

„Ja, ja" und „na, na"
und „i mag" und „i muaß":
So geht bei der Liebschaft
der ganze Dischkurs.

Und i kenn a scheans Deandl,
dös hat an schean Gang:
Mit oam Fuaß tuat's 'Gras mahn,[3]
mit'm andern heugt[4] s' zsamm.

Ja, 's Deandl is sauber
vom Fuaß bis zum Kopf:
Nur am Hals hats a Pinkerl,
an kindsgroßen Kropf.

Und überall hoaßts:
Auf da Alm gibts koa Sünd,
aber Prügel kannst ham,
wann da Bua zuawa kimmt.[5]

Geh her, du g'rings Bürscherl
i pack di bei'n Gwand –
Bippadi – bappadi –
pickst an da Wand!

Und machst von mein Deandl
allweil so a Gschroa[6],
na kriegst amal oane,
daß d'moanst, du kriegst zwoa!

Zu dir bin i gange
drei ganzi Wocha:
Wann i noh amal geh,
wer' i heili gsprocha.

Du zaundürre Lattn,
wannst moanst, du bist schön,
i nimm di als Steckn
zum Bergsteigngehn.

Für d'Flöh gibts a Pulva,
für d'Schuah gibts a Wix,
für'n Durscht gibts a Wassa –
bloß für d'Dummheit gibts nix.

Und bal da Hahn kraht,
nacha kraht er am Mist,
nacha ändert sichs Wetta
oders bleibt so, wias ist.

Und da Hund hat leicht z'wackln
mit'm Schwoaf[7] hi und her,
weil da Schwoaf des halt net so ko –
is eahm da Hund ja viel z'schwer.

Faulsein hat Gold im Mund,
da Dumme kimmt nöt am Hund,
an Gscheitn gehts öfta schlecht –
geschiacht eahm grad recht.

O du mein Gott und Herr!
gib ma, was i begehr,
es is ja net vill,
nur grad dös, was i will.

[1] Veilchen [2] Mund [3] mähen [4] harkt [5] dazukommt [6] Geschrei [7] Schweif

MARTERLN

Er hat sich mit sein Kraxeln
brochn beide Haxeln,
die Bratzeln a dazua,
mit dem war's no nit gnua:
's Gnack[1] hats ihm a verrenkt,
dös hatn am meisten kränkt.

[1] Genick

Hier ruht der Brauersepp,
Gott Gnad für Recht ihm geb'!
Denn viele hat, was er gemacht,
frühzeitig in das Grab gebracht.
Da liegt er nun, der Bierverhunzer,
bet, o Christ, fünf Vaterunser.

Durch einen Ochsenstoß
kam ich in des Himmels Schoß.
Mußte ich auch gleich erblassen
und Weib und Kind verlassen,
kam ich doch zur ewigen Ruh
durch dich, du Rindvieh du.

GRABINSCHRIFTEN

Im Leben rot wie Zinnober,
im Tode wie Kreide so bleich,
gestorben am 12. Oktober,
am 14. war die Leich!

Der Weg zur Ewigkeit
ist gar nicht so sehr weit,
um neun Uhr bin ich fort,
um elf Uhr war ich dort.

Hier liegt der Förster Rupert Huß,
er starb an einem Büchsenschuß,
der auf der Jagd von ohngefähr
ihn hat getroffen folgenschwer.
Zum Glück konnt' man ihn noch versehn.
Gott lass' ihn fröhlich auferstehn!
Ich nannt' ihn oben Rupert Huß,
um hinzuweisen auf den Schuß,
doch hieß er in der Tat Franz Leim,
das aber paßte nicht zum Reim.
Was hätt' ich mit dem Leim gemacht?
Wie hätt' den Schuß ich angebracht,
an dem er doch verschieden ist
als Jägersmann und guter Christ?

Hier ruhet Gottlieb Merkel
in sin Jugend was hei 'n Ferkel,
in sin Oller was hei 'n Swin,[1]
min Gott, wat mag hei nu woll sin?

[1] Schwein

LUSTIGE BEGEBENHEITEN

DER KOCH MIT DEM KRANICH

Hört, zu Florenz ein Ritter saß,
der ein bewährter Weidmann was
und mit dem Federspiel umstrich.
Einst fing er einen Kranich sich
und seinem Koch den anbefahl,
daß er ihn briete zum Abendmahl.
Dem Rittersmann und seinen Gästen
bereitete der Koch zum besten
den Kranich, tat Wurzelwerk daran
und briet den feisten Braten dann.
Bald strömte aus der Küch' heraus
der Bratenduft durch Gass' und Haus.
Indem des Koches Buhlschaft kam
und bat den Koch ohn' alle Scham,
einen Kranichschenkel ihr zu schenken.
Der sprach: „Da ließ der Herr mich henken;
geh hin, ich geb' kein Stückchen dir."
Sie sprach: „Versagst du die Bitte mir,
so ist es aus mit dir und mir."
Da gab er einen Schenkel ihr.
Als man den Kranich trug zu Tisch,
wollt' ihn der Herr zerlegen frisch,
da hatt' der Kranich nur ein Bein.
Gleich fordert' er den Koch herein
und sagt' ihm ernst, daß er erkläre,
wo der eine Schenkel geblieben wäre.
Der Koch vermochte nichts zu sagen
und tät die Augen niederschlagen
und sprach: „Gestrenger Herre mein,
ein Kranich hat doch nur ein Bein."
Mit Zürnen sprach der Ritter da:
„Meinst du, daß ich noch keinen sah?"
Der Koch beschwor, es wäre wahr,
er wollt' das Ding beweisen klar.
So sprach der Koch aus großen Sorgen.
Der Ritter sprach: „Das sollst du morgen!
Wenn du das nicht beweisen tust,
am nächsten Baum du hängen mußt."
Kein Schlaf des Nachts dem Koche ward,
ihm bangt', der Herr bestraft' ihn hart. –
Früh ritten sie zu einem See,
wo Kraniche man traf von je.
Als sie dem Wasser kamen nah,
zwölf Kraniche wohl der Koch ersah;
ein jeder stand auf einem Bein.
Die zeigt' er gleich dem Herren sein
und sprach: „Jetzt seht die Wahrheit an!"
Der Herr lief dicht an sie heran
hob auf die Händ und schrie: „hu, hu!"
und schreckte sie aus ihrer Ruh.
Schnell zog ein jeder noch hervor
ein Bein und gleich die Flucht erkor.
„Wer hat nun recht?", so sprach der Ritter.
Da sprach der Koch und schluchzte bitter:
„Herr, hättet gestern Ihr gemacht
auch einen solchen Lärm, hervorgebracht
hätt auch der Braten ein zweites Bein,
des dürft Ihr fest versichert sein.
Ihr seht, es ist nicht meine Schuld."
Durch dieses Wort erlangt' er Huld;
der Herr mußt' seiner Einfalt lachen.
So wird oft Scherz aus ernsten Sachen,
wo man erst fürchtet, daß erwachs'
Unheil daraus, so spricht

Hans Sachs

DER KAISER UND DER ABT

Ich will euch erzählen ein Märchen, gar schnurrig:
Es war mal ein Kaiser; der Kaiser war knurrig;
auch war mal ein Abt, ein gar stattlicher Herr;
nur schade! sein Schäfer war klüger als er.

Dem Kaiser ward's sauer in Hitz' und in Kälte:
Oft schlief er bepanzert im Kriegesgezelte;
oft hatt' er kaum Wasser zu Schwarzbrot und Wurst;
und öfter noch litt er gar Hunger und Durst.

Das Pfäfflein, das wußte sich besser zu hegen,
und weidlich am Tisch und im Bette zu pflegen.
Wie Vollmond glänzte sein feistes Gesicht.
Drei Männer umspannten den Schmerbauch ihm nicht.

Drob suchte der Kaiser am Pfäfflein oft Hader.
Einst ritt er, mit reisigem Kriegesgeschwader,
in brennender Hitze des Sommers vorbei.
Das Pfäfflein spazierte vor seiner Abtei.

„Ha", dachte der Kaiser, „zur glücklichen Stunde!"
Und grüßte das Pfäfflein mit höhnischem Munde:
„Knecht Gottes, wie geht's dir? Mir deucht wohl ganz recht,
das Beten und Fasten bekomme nicht schlecht.

Doch deucht mir daneben, Euch plage viel Weile.
Ihr dankt mir's wohl, wenn ich Euch Arbeit erteile,
man rühmet, Ihr wäret der pfiffigste Mann,
ihr höret das Gräschen fast wachsen, sagt man.

So geb' ich denn Euren zwei tüchtigen Backen
zur Kurzweil drei artige Nüsse zu knacken.
Drei Monden von nun an bestimm' ich zur Zeit.
Dann will ich auf diese drei Fragen Bescheid.

Zum ersten: Wann hoch ich, im fürstlichen Rate,
zu Throne mich zeige im Kaiserornate,
dann sollt Ihr mir sagen, ein treuer Wardein,
wieviel ich wohl wert, bis zum Heller, mag sein?

Zum zweiten sollt Ihr mir berechnen und sagen:
Wie bald ich zu Rosse die Welt mag umjagen?
Und keine Minute zu wenig und viel!
Ich weiß, der Bescheid darauf ist Euch nur Spiel.

Zum dritten noch sollst du, o Preis der Prälaten,
aufs Härchen mir meine Gedanken erraten.
Die will ich dann treulich bekennen; allein
es soll auch kein Titelchen Wahres dran sein.

Und könnt Ihr mir diese drei Fragen nicht lösen,
so seid Ihr die längste Zeit Abt hier gewesen;
so laß ich Euch führen zu Esel durchs Land
verkehrt, statt des Zaumes den Schwanz in der Hand."

Drauf trabte der Kaiser mit Lachen von hinnen.
Das Pfäfflein zerriß und zerspliß sich mit Sinnen.
Kein armer Verbrecher fühlt mehr Schwulität,
der vor hochnotpeinlichem Halsgericht steht.

Er schickte nach ein, zwei, drei, vier Un'vers'täten,
er fragte bei ein, zwei, drei, vier Fakultäten,
er zahlte Gebühren und Sporteln vollauf;
doch löste kein Doktor die Fragen ihm auf.

Schnell wuchsen, bei herzlichem Zagen und Pochen,
die Stunden zu Tagen, die Tage zu Wochen,
die Wochen zu Monden; schon kam der Termin!
Ihm ward's vor den Augen bald gelb und bald grün.

Nun sucht' er, ein bleicher hohlwangiger Werther,
in Wäldern und Feldern die einsamsten Örter.
Da traf ihn, auf selten betretener Bahn,
Hans Bendix, sein Schäfer, am Felsenhang an.

„Herr Abt", sprach Hans Bendix, „was mögt Ihr Euch grämen?
Ihr schwindet ja wahrlich dahin wie ein Schemen.
Maria und Joseph! Wie hotzelt Ihr ein!
Mein Sixchen! Es muß Euch was angetan sein."

„Ach, guter Hans Bendix, so muß sich's wohl schicken.
Der Kaiser will gern mir am Zeuge was flicken,

und hat mir drei Nüss' auf die Zähne gepackt,
die schwerlich Beelzebub selber wohl knackt.

Zum ersten: Wann hoch er, im fürstlichen Rate,
zu Throne sich zeiget, im Kaiserornate,
dann soll ich ihm sagen, ein treuer Wardein,
wieviel er wohl wert, bis zum Heller, mag sein?

Zum zweiten soll ich ihm berechnen und sagen:
Wie bald er zu Rosse die Welt mag umjagen?
Um keine Minute zu wenig und viel!
Er meint, der Bescheid darauf wäre nur Spiel.

Zum dritten, ich ärmster von allen Prälaten,
soll ich ihm gar seine Gedanken erraten;
die will er mir treulich bekennen; allein
es soll auch kein Titelchen Wahres dran sein.

Und kann ich ihm diese drei Fragen nicht lösen,
so bin ich die längste Zeit Abt hier gewesen;
so läßt er mich führen zu Esel durchs Land,
verkehrt, statt des Zaumes den Schwanz in der Hand."

„Nichts weiter?" erwidert Hans Bendix mit Lachen,
„Herr, gebt Euch zufrieden! Das will ich schon machen.
Nur borgt mir Eur Käppchen, Eur Kreuzchen und Kleid:
So will ich schon geben den rechten Bescheid.

Versteh' ich gleich nichts von lateinischen Brocken,
so weiß ich den Hund doch vom Ofen zu locken.
Was Ihr Euch, Gelehrte, für Geld nicht erwerbt,
das hab ich von meiner Frau Mutter geerbt."

Da sprang wie ein Böcklein der Abt vor Behagen.
Mit Käppchen und Kreuzchen, mit Mantel und Kragen
ward stattlich Hans Bendix zum Abte geschmückt
und hurtig zum Kaiser nach Hofe geschickt.

Hier thronte der Kaiser im fürstlichen Rate,
hoch prangt' er, mit Zepter und Kron im Ornate:
„Nun sagt mir, Herr Abt, als ein treuer Wardein,
wieviel ich jetzt wert, bis zum Heller, mag sein?"

„Für dreißig Reichsgulden ward Christus verschachert:
drum gäb' ich, so sehr Ihr auch pochet und prachert,
für Euch keinen Deut mehr als zwanzig und neun,
denn einen müßt Ihr doch wohl minder wert sein."

„Hum", sagte der Kaiser, „der Grund läßt sich hören,
und mag den durchlauchtigen Stolz wohl bekehren.
Nie hätt' ich, bei meiner hochfürstlichen Ehr!
geglaubet, daß so spottwohlfeil ich wär'.

Nun aber sollst du mir berechnen und sagen:
Wie bald ich zu Rosse die Welt mag umjagen?
Um keine Minute zu wenig und viel!
Ist dir der Bescheid darauf auch nur ein Spiel?"

„Herr, wenn mit der Sonn' Ihr früh sattelt und reitet
und stets sie in einerlei Tempo begleitet,
so setz' ich mein Kreuz und mein Käppchen daran,
in zweimal zwölf Stunden ist alles getan."

„Ha", lachte der Kaiser, „vortrefflicher Haber!
Ihr futtert die Pferde mit Wenn und mit Aber.
Der Mann, der das Wenn und das Aber erdacht,
hat sicher aus Häckerling Gold schon gemacht.

Nun aber zum dritten, nun nimm dich zusammen!
Sonst muß ich dich dennoch zum Esel verdammen.
Was denk' ich, das falsch ist? das bringe heraus!
Nur bleib mir mit Wenn und mit Aber zu Haus!"

„Ihr denket, ich sei der Herr Abt von St. Gallen."
„Ganz recht! und das kann von der Wahrheit nicht fallen." –
„Sein Diener, Herr Kaiser! Euch trüget Eur Sinn:
Denn wißt, daß ich Bendix, sein Schäfer, nur bin!"

„Was Henker! Du bist nicht der Abt von St. Gallen?"
Rief hurtig, als wär er vom Himmel gefallen,
der Kaiser mit frohem Erstaunen darein;
„Wohlan denn, so sollst du von nun an es sein!

Ich will dich belehnen mit Ring und mit Stabe.
Dein Vorfahr besteige den Esel und trabe!
Und lerne fortan erst quid juris verstehn!
Denn wenn man will ernten, so muß man auch sä'n."

„Mit Gunsten, Herr Kaiser! Das laßt nur hübsch bleiben!
Ich kann ja nicht lesen, noch rechnen und schreiben;
auch weiß ich kein sterbendes Wörtchen Latein.
Was Hänschen versäumet, holt Hans nicht mehr ein."

„Ach guter Hans Bendix, das ist ja recht schade!
Erbitte demnach dir ein' andere Gnade!
Sehr hat mich ergötzet dein lustiger Schwank;
drum soll dich auch wieder ergötzen mein Dank."

„Herr Kaiser, groß hab' ich so eben nichts nötig:
Doch seid Ihr im Ernst mir zu Gnaden erbötig,
so will ich mir bitten zum ehrlichen Lohn,
für meinen hochwürdigen Herren Pardon."

„Ha, bravo! Du trägst, wie ich merke, Geselle,
das Herz, wie den Kopf, auf der richtigen Stelle.
Drum sei der Pardon ihm in Gnaden gewährt,
und obendrein dir ein Panisbrief beschert:

Wir lassen dem Abt von St. Gallen entbieten:
Hans Bendix soll ihm nicht die Schafe mehr hüten.
Der Abt soll sein pflegen, nach unserm Gebot,
umsonst, bis an seinen sanftseligen Tod."

Gottfried August Bürger

FRIEDRICHS DES ZWEITEN KUTSCHER

Des alten Fritz Leibkutscher soll aus Stein
zu Potsdam auf dem Stall zu sehen sein –
da fährt er so einher,
als ob er lebend wär':
Aller Kutscher Muster, treu und fest und grob.
Pfund genannt, Umschmeißen kannt' er nicht: das war sein Lob!

Mordwege fuhr er ohne Furcht, sein Mut
hielt aus in Schnee, Nacht, Sturm und Wasserflut.
Ihm war das einerlei,
er fand gar nichts dabei;
in dem Schnurrbart fest und steif blieb sein Gesicht,
und man sah darauf kein schlimmes Wetter niemals nicht.

Doch rührte man an seinen Kutscherstolz,
war jedes Wort von ihm ein Kloben Holz;
woher es auch geschah,
daß er es einst versah
und dem alten Fritz etwas gröblich kam,
wessenhalb derselbe eine starke Prise nahm

und sprach: „Ein grober Knüppel wie Er ist,
der fährt fortan mit Eseln Knüppel oder Mist!“
Und so geschah's. Ein Jahr
bereits verflossen war,
als der Pfund einst Knüppel fuhr und guten Muts
ihm begegnete der alte Fritz; der frug: „Wie tut's?“

„I nu, wenn ich nur fahre“, sagte Pfund,
indem er fest auf seinem Fahrzeug stund,
„so ist's mir einerlei
und weiter nichts dabei,
ob's mit Pferden oder ob's mit Eseln geht,
fahr' ich Knüppel oder fahr' ich Euer Majestät.“

Da nahm der alte Fritz Tabak gemach
und sah den groben Pfund sich an und sprach:
„Hüm, findt Er nichts dabei
und ist Ihm einerlei,
ob es Pferd, ob Esel, Knüppel oder ich;
lad' Er ab und spann' Er um, und fahr' Er wieder mich.“

August Kopisch

AUF DIE FORM KOMMT ES AN

Einst zur Nachtzeit lag und schlief
Harun Raschid, der Kalif,
und ihm träumte mancherlei.
Aber von den Träumen allen
gab ihm einer viel zu sorgen,
als er früh erwacht' am Morgen,
denn es waren ihm dabei
alle Zähne ausgefallen.

Als der Zeichendeuter kam
und des Traumes Art vernahm,
sprach er: „Gott beschütze dich!
Also wird es dir ergehen:
Die sich deines Blutes nannten,
deine lieben Anverwandten,
wirst, o Fürst, du sicherlich
alle vor dir sterben sehen!“

Ob der bösen Deutung Art
wühlte sich in seinem Bart
der Kalif und rief in Wut:
,,Fort, hinaus mit diesem Raben!
Kann er nichts als Unheil krähen,
mag er seinen Lohn besehen:
Hundert Streiche voll und gut
soll er auf die Sohlen haben!"

Einen andern rief man dann.
Dieser war ein kluger Mann.
Und er sprach, als er gefragt:
,,Allah wolle Gnade geben,
langes Leben nach Gefallen
deinen Anverwandten allen,
aber dieser Traum besagt:
Du wirst alle überleben!"

Diese Deutung sagte zu,
und der Mann erhielt im Nu
hundert Golddukaten bar,
weil er wußte, wie man läutet.
Denn im Grunde sagten beide
Gleiches – nur in anderm Kleide. –
Hieran zeigt sich sonnenklar,
was die richt'ge Form bedeutet!

Heinrich Seidel

WIRKUNG IN DIE FERNE

Die Königin steht im hohen Saal,
da brennen der Kerzen so viele;
sie spricht zum Pagen: ,,Du läufst einmal
und holst mir den Beutel zum Spiele.
Er liegt zur Hand
auf meines Tisches Rand."
Der Knabe, der eilt' so behende,
war bald an Schlosses Ende.

Und neben der Königin schlürft zur Stund'
Sorbett die schönste der Frauen.
Da brach ihr die Tasse so hart an dem Mund,
es war ein Greuel zu schauen.
Verlegenheit! Scham!
Ums Prachtkleid ist's getan!
Sie eilt und fliegt so behende
entgegen des Schlosses Ende.

Der Knabe zurück zu laufen kam
entgegen der Schönen in Schmerzen.
Es wußt' es niemand, doch beide zusamm',
sie hegten einander im Herzen!
Und o des Glücks,
des günst'gen Geschicks!
Sie warfen mit Brust sich zu Brüsten
und herzten und küßten nach Lüsten.

Doch endlich beide sich reißen los.
Sie eilt in ihre Gemächer;
der Page drängt sich zur Königin groß
durch alle die Degen und Fächer.
Die Fürstin entdeckt
das Westchen befleckt:
Für sie war nichts unerreichbar,
der Kön'gin von Saba vergleichbar.

Und sie die Hofmeisterin rufen läßt:
,,Wir kamen doch neulich zu Streite,
und ihr behauptet steif und fest,
nicht reiche der Geist in die Weite;

die Gegenwart nur
die lasse wohl Spur;
doch niemand wirk' in die Ferne,
sogar nicht die himmlischen Sterne.

Nun seht! Soeben ward mir zur Seit'
der geistige Süßtrank verschüttet,
und gleich darauf hat er dort hinten
dem Knaben die Weste zerrüttet. [so weit
Besorg dir sie neu!
Und weil ich mich freu',
daß sie mir zum Beweise gegolten,
ich zahl' sie!
Sonst wirst du gescholten."

Goethe

RHAMPSENIT

Als der König Rhampsenit
eintrat in die goldne Halle
seiner Tochter, lachte diese,
lachten ihre Zofen alle.

Auch die Schwarzen, die Eunuchen,
stimmten lachend ein, es lachten
selbst die Mumien, selbst die Sphinxe,
daß sie schier zu bersten dachten.

Die Prinzessin sprach: „Ich glaubte
schon den Schatzdieb zu erfassen,
der hat aber einen toten
Arm in meiner Hand gelassen.

Jetzt begreif' ich, wie der Schatzdieb
dringt in deine Schatzhauskammern
und die Schätze dir entwendet,
trotz den Schlössern, Riegeln, Klammern.

Einen Zauberschlüssel hat er,
der erschließet allerorten
jede Türe, widerstehen
können nicht die stärksten Pforten.

Ich bin keine starke Pforte
und ich hab nicht widerstanden;
schätzehütend diese Nacht
kam ein Schätzlein mir abhanden."

So sprach lachend die Prinzessin,
und sie tänzelt im Gemache,
und die Zofen und Eunuchen
hoben wieder ihre Lache.

An demselben Tag ganz Memphis
lachte, selbst die Krokodile
reckten lachend ihre Häupter
aus dem schlammig gelben Nile,

als sie Trommelschlag vernahmen
und sie hörten an dem Ufer
folgendes Reskript verlesen
von dem Kanzelei-Ausrufer:

„Rhampsenit, von Gottes Gnaden
König zu und in Ägypten,
Wir entbieten Gruß und Freundschaft
Unsern Vielgetreun und Liebden.

In der Nacht vom dritten zu dem
vierten Junius des Jahres
Dreizehnhundertvierundzwanzig
vor Christi Geburt, da war es,

daß ein Dieb aus Unserm Schatzhaus
eine Menge von Juwelen
uns entwendet'; es gelang ihm,
Uns auch später zu bestehlen.

Zur Ermittelung des Täters
ließen schlafen Wir die Tochter
bei den Schätzen – doch auch jene
zu bestehlen schlau vermocht' er.

Um zu steuern solchem Diebstahl
und zu gleicher Zeit dem Diebe
Unsre Sympathie zu zeigen,
Unsre Ehrfurcht, Unsre Liebe,

wollen Wir ihm zur Gemahlin
unsre einz'ge Tochter geben
und ihn auch als Thronnachfolger
in den Fürstenstand erheben.

Sintemal Uns die Adresse
Unsres Eidams noch zur Stunde
unbekannt, soll dies Reskript ihm
bringen Unsrer Gnade Kunde.

So geschehn den dritten Jänner
Dreizehnhundert zwanzig sechs
vor Christi Geburt. – Signieret
von Uns: Rhampsenitus Rex."

Rhampsenit hat Wort gehalten,
nahm den Dieb zum Schwiegersohne,
und nach seinem Tode erbte
auch der Dieb Ägyptens Krone.

Er regierte wie die andern,
schützte Handel und Talente;
wenig, heißt es, ward gestohlen
unter seinem Regimente.

Heinrich Heine

GRAF EBERSTEIN

Zu Speyer im Saale, da hebt sich ein Klingen,
mit Fackeln und Kerzen ein Tanzen und Springen.
Graf Eberstein
führet den Reihn
mit des Kaisers holdseligem Töchterlein.

Und als er sie schwingt nun im luftigen Reigen,
da flüstert sie leise (sie kann's nicht verschweigen):
„Graf Eberstein,
hüte dich fein!
Heut nacht wird dein Schlößlein gefährdet sein."

„Ei", denket der Graf, „Euer kaiserlich' Gnaden,
so habt Ihr mich darum zum Tanze geladen?"
Er sucht sein Roß,
läßt seinen Troß
und jagt nach seinem gefährdeten Schloß.

Um Ebersteins Feste, da wimmelt's von Streitern,
sie schleichen im Nebel mit Haken und Leitern.
Graf Eberstein
grüßet sie fein,
er wirft sie vom Wall in die Gräben hinein.

Als nun der Herr Kaiser am Morgen gekommen,
da meint er, es seie die Burg schon genommen.
  Doch auf dem Wall
  tanzen mit Schall
der Graf und seine Gewappneten all:

„Herr Kaiser, beschleicht Ihr ein andermal Schlösser,
tut's not, Ihr versteht aufs Tanzen Euch besser.
  Euer Töchterlein
  tanzet so fein,
dem soll meine Feste geöffnet sein."

Im Schlosse des Grafen, da hebt sich ein Klingen,
mit Fackeln und Kerzen ein Tanzen und Springen.
  Graf Eberstein
  führet den Reihn
mit des Kaisers holdseligem Töchterlein.

Und als er sie schwingt nun im bräutlichen Reigen,
da flüstert er leise (nicht kann er's verschweigen):
  „Schön Jungfräulein,
  hüte dich fein!
Heut nacht wird ein Schlößlein gefährdet sein."

Ludwig Uhland

DER SCHELM VON BERGEN

Zu Frankfurt auf dem Römer war heute Königswahl,
und abends drehn Vermummte sich bei der Fackeln Strahl:
Der König ist gekoren,
des Reiches Not beschworen;
ihr Masken, schwingt euch froh im Saal.

Zum Tanze lädt's, zum Tanze! der König fliegt dahin
und mit dem schwarzen Ritter die junge Königin:
Wer ist wohl der Beglückte,
den solche Ehre schmückte?
Sie wäre Fürsten Hochgewinn.

Und wieder lädt's zum Tanze, gar mancher Tänzer keicht:
Wem hat die junge Königin die Hand zum Tanz gereicht?
Es ist der schwarze Ritter,

er tanzt fürwahr nicht bitter,
ja, keiner schwebt so frei und leicht.

Und immer ist's der Schwarze, der sie zum Tanze führt:
Doch ist sie wohl zu tadeln, daß sie den Tänzer kürt? –
Die Larven werden fallen,
dann muß sein Name schallen,
dann zeigt sich, ob es ihm gebührt.

„Wollt Ihr euch nicht entmummen, Herr Ritter, es ist Zeit;
die Larven alle fielen, laßt schauen, wer Ihr seid!"
„Das, Herrin, nicht begehre!
Bei dein und meiner Ehre,
du forderst unser beider Leid."

„Wärt Ihr des Reiches Ächter", begann der König hehr,
„hier dulden Ehrenwächter jetzt keine Masken mehr."
Da kann er sich nicht bergen:
‚Der Scharfrichter von Bergen!'
Erschrocken schallt es rings umher.

„Unehrlicher, dein Atem befleckt die Königin,
den Frevel wirst du büßen, der Tod ist dein Gewinn.
Legt Hand an ihn, ihr Schergen,
den Scharfrichter von Bergen,
zum Richtplatz schleift ihn selber hin."

„Was könnt' es helfen?", spricht er, „die Kön'gin blieb' entehrt,
ich will Euch besser raten, Herr König, zieht das Schwert,
schlagt mich damit zum Ritter:
Beschimpft sie dann ein dritter,
das räch' ich ritterlich bewehrt." –

„Der Rat ist gut, knie nieder, ich lohn' ihn mit der Tat:
Du bist ein Schelm gewesen, und schelmisch war dein Rat,
so heiße Schelm von Bergen:
Der darf sich nicht verbergen,
dem dies der Deutschen König tat."

Und wieder lädt's zum Tanze, gar mancher Tänzer keicht:
Wem hat die junge Königin die Hand zum Tanz gereicht?
Es ist der schwarze Ritter,
er tanzt mit offnem Gitter,
kein Reichsfürst tanzt so frei und leicht.

Karl Simrock

JAN BART

Jan Bart geht über den Vlissinger Damm.
„Hür', Katrin, wi treken tosamm;
en Huus, en Boot, 'ne Zieg un 'ne Kuh,
wat mienst, Katrin? sy miene Fru."

Katrin an ihrem Friesrock zog:
„Ne, Jan, bist mi nich Mynheer noog.".
Der nickt und lacht: „Na, denn Adje."
Und nach Frankreich geht er und sticht in See.

Matrose, Maat, so fängt er an,
auf der zweiten Reise: Steuermann,
auf der dritten: Leutnant unter Du Quesne,
auf der vierten: Flottenkapitän.

Und als es mit England kommt zum Krieg,
wo Jan Bart erscheint, erscheint der Sieg;
wie stolz das britische Banner auch weh',
Jan Bart ist Herr und fegt die See.

Heut aber tritt er vor seinen Herrn,
vor Louis quatorze. Der sieht ihn gern.
„Willkommen, Jan Bart, in diesem Saal,
ich ernenn' Euch zu meinem Groß-Admiral."

Jan Bart verneigt sich: „Majestät,
was klug und recht ist, kommt nie zu spät."
Alles starrt auf den König, der aber lacht –
Jan Bart hat sich wieder heimgemacht.

Und am Vlissinger Damm, an alter Stell',
sitzt wieder Katrin auf ihrer Schwell',
ihren Ältesten hält sie bei der Hand,
der Jüngste liegt und spielt im Sand.

Er grüßt sie lachend und noch einmal:
„Katrin, ich bin nu Groß-Admiral,
Katrin, w'rüm biste nich mit mi goahn?"
„Joa, wenn ick't wußt hätt, hätt ick't doahn."

Theodor Fontane

DIE ORDNUNG DER NATUR

Der Bauer sprach zu seinem Weib:
,,Dein Schaffen ist nur Zeitvertreib.
Das bißchen Kochen ist bequem;
verhungern wirst du nicht bei dem;
ich muß dazu die Klötze hacken,
mich schinden auf dem Feld und
placken.''
,,Hast du wohl einen Tausch im Sinn?''
fragt sie; ,,es bringt mir nur Gewinn,
wenn ich hinfort das Feld bestelle,
und du die Suppen kochst, Geselle.''

Er sprach: ,,Das bin ich gern zufrieden.''
So schlossen sie beim Frühstück Frieden:
Die Frau nahm einen Strick zur Hand
und zog die Walzen übers Land,
dieweil der Mann zu Hause blieb
und fröhlich schon die Hände rieb.
,,Nun muß ich erst das Feuer stochen,
mein Leibgericht dabei zu kochen:
Reisbrei mit Zucker und Kaneel,
das hält zusammen Leib und Seel'.''
Er dachte jetzt den Krug zu füllen;
da hört die Kuh im Stall er brüllen.

,,Ja, brülle nur! Du wirst versehn;
muß erst das Wasser holen gehn,
weil sonst das Feuer am Holze frißt,
da noch sein Brennen unnütz ist.''
Er ging, den Eimer in der Hand,
zum Brunnen, wo schon mancher stand,
der auch den Schwengel schwingen woll-
der ihm das Wasser schöpfen sollte. [te,
Darüber brüllt' die Kuh aufs neu.
,,So schweig doch still, du kriegst schon
Nun kam zuletzt die Reih' an ihn, [Heu!''
da setzt' er seinen Eimer hin,
und als er voll war, lief der Tropf
und goß das Wasser in den Topf
und hob ihn auf des Herdes Glut;
und eh' er noch sich ausgeruht,
brüllt' schon die Kuh zum drittenmal.
,,Das ew'ge Brüllen ist fatal!
Mir wird ganz wüst davon im Kopf.
Erst muß der Reis ja in den Topf:
Wie sollt' er sonst denn kochen können?
Die Zeit wird mir die Kuh noch gönnen.''
So sprang er hin, den Reis zu holen,
und schüttet' ihn halb in die Kohlen
mit einem derben Fluch, der Schlöffel;
den Rest dann rührt' er mit dem Löffel.
Doch wieder brüllte jetzt die Kuh.
,,Ja'', sagt er, ,,nun bekommst auch du,
hübsch immer einer nach dem andern,
wie jenes Mädchen sprach von Flandern!''
Doch wie er jetzt im Stalle war,
nicht Heu, er ward's mit Schreck gewahr,
noch Gras war da. ,,Das ist zu toll,
wenn ich erst Futter machen soll,
darüber fängt das Wasser an
zu brodeln, ich geschlagner Mann,
und läuft mir über: welcher Schade
an meinem Leibgericht gerade!
Doch gibt's zu allen Dingen Rat:
Ein Mittel weiß ich, ganz probat.''
Er nahm die Kuh beim Strick und
brachte
vom Berge her sie sachte, sachte
auf seines Hauses moos'gen First:
,,Da weide du; ich weiß, du wirst
zufrieden sein, es wächst da viel.''

Zur Küche eilt' er dann, da fiel
ihm ein: wenn sie vom Dache stürzte
und sich um Hals und Bein verkürzte,
da käm' er schlecht an bei der Frau.
Doch half er sich gewandt und schlau:
Am Hals der Kuh den langen Strick

nahm er und warf ihn mit Geschick
in die Küchen durch das Schornsteinloch;
dann in der Küche band er noch
sich ihn ans Bein. „Nun kann ich mir
geruhig Reisbrei kochen hier."
Er goß auch gleich das Wasser ab
und hob die Milch vom Brett herab,
maß einen Schoppen in den Brei;
den Topf dann setzt' er wieder bei,
mit der linken Hand das Feuer schürend
und mit der rechten eifrig rührend –
der Reisbrei brennt sonst an: ihr wißt,
wie widrig das dem Gaumen ist.
Inzwischen auf dem schmalen Grat
des Daches ging die Kuh und tat
vorsichtig keinen Schritt voran,
der sie zu Falle bringen kann.
Doch wie sie jetzt den Hals gereckt
nach einem Kraute, das ihr schmeckt,
verliert sie – hieß das Kraut Schabab? –
das Gleichgewicht und stürzt herab.
Zum Glücke, weil der Strick zu kurz,
kommt sie zu Boden nicht im Sturz:
Zwischen Erd und Himmel bleibt sie
schweben,
vom Strick gewürgt, doch noch am
am andern Ende zog der Strick [Leben;
den Mann im gleichen Augenblick
empor, daß er im Schornstein hing
und vor dem Schwaden schier verging.
Darüber kommt die Frau nach Haus
vom Feld und sieht mit Schreck und Graus
ihr Kühchen in der Luft verrecken,
schon aus dem Hals die Zunge strecken.
Zum Messer greift sie in der Hast,
den Strick sie mit der Rechten faßt
und läßt, abschneidend mit der Linken,
das teure Gut zu Boden sinken.
Wie sie gerettet hat die Kuh,
der Küche rennt sie eilend zu,
dem Bauer recht den Marsch zu machen,
doch nicht vermochte sie's vor Lachen:
Die fand den Armen mit dem Kopf
gesunken in den Reisbreitopf;
die Füße in die Luft gestreckt,
dieweil die Zunge Reisbrei schmeckt.
So mußte sie den Ehgesellen
erst wieder auf die Füße stellen.
Auch jetzt noch war's nicht Zeit
zum Schelten,
das läßt die Eifrigste wohl gelten,
um Aug und Ohren hing ihm Brei,
erst mußt' ein großer Schwamm herbei.
Und als sie ihm den Kopf gewaschen,
da gedachte für sein Reisbrei-Naschen
sie jetzt die Predigt anzuheben.
Doch ward ihm alles bald vergeben,
als er die Torheit eingestand
und sich zur Buße willig fand.
Er sprach: „Du hast wohl recht
behalten;
wir lassen's künftig hübsch beim alten." –
Man soll nicht, mag dies Beispiel lehren,
die Ordnung der Natur verkehren.

Karl Simrock

VERSCHIEDENE ANSICHT

G'n Dag, Jan Kruß! Ne, wat'n Freid,
dat man di ok mal sütt, wie geit't?
„Ick bün min eegen[1] worden nu!"
Nu kik mal, dat's ja prächtig, du!
Wie gunn denn dat mit eemal to?
„Je süh, ick neum mi leider 'n Fro."

Wat leider? I Schockschwerenot!
Man sull doch denken, dat weur[2] god!
,,Nee, dat weur slecht, dat hett dran legen:
Ick heff en ganze Ole kregen!"
Ja freelich, denn weur't slecht bestellt.
,,Ne god! de ole Fro har Geld."
Dat's god! ,,Nee, holl di jonich op:
Dat's slecht – dat Geld steeg er to Kopp."
Dat's slimm! ,,Nee, god weur't", seggt Jan Kruß,
se koff[3] sick ja en eegen Hus."
Dat's god! ,,Nee slecht! Bedenk doch mal,
letzt Nacht da brenn dat Hus mi dal[4]."
Pfui Deubel, dat weur slecht! ,,Nee, stopp,
't weur god, de Olsch brenn ok mit op."

Heinrich Jürs

[1] eigen, selbständig [2] wurde [3] kaufte [4] nieder

D'R ABSCHIDD

D'r Christoff, der am Schterwe leit,
der sa't zu seiner Fraa:
,,Kathrin, ich hann die längschte Zeit
gelebt, mei Enn is nah.
Guck, wann ich sterb, dann heierat
den Gottlieb, unsern Knecht;
der schteht d'r bei mit Rat unn Dhat,
der wertschafft aach nett schlecht.
Der halt dei' Sach sesamme gut
unn bringt noch meh' dezu.
Du wärscht bei dem in sich'rer Hut,
Kathrin, waß mähnscht dann Du?"

,,Ach Chrischtoff", greint die Kathrin do,
,,hann aach schun so gedenkt;
doch, Liewer, schterb' serscht mol, herno
wer alles schun gelenkt
vun unserm Hergott, der schafft Rot,
verlier nor nett de Mut,
dann, Chrischtoff, bischte nor mol dod,
dann werd schun alles gut." –

Daniel Kühn

Ein reicher Bauer lag im Sterben
und sprach zu seiner Frau:
„All meine Habe sollst du erben,
nur eins beachte mir genau!
Wir hatten immer gut zu leben!
Und hatten doch, Gott sei's geklagt,
den Armen selten was gegeben.
Drum weil mich nun die Reue plagt,
versprich mir, daß – sobald ich eingesargt –
du gleich zum Markt
mit unserm besten Pferde ziehst
und vorteilhaft es zu verkaufen siehst,
um den Erlös mit christlichem Erbarmen
zu spenden unsres Dorfes Armen!"

Der Bauer starb. Die Bäuerin nicht faul,
nimmt aus dem Stall den allerschönsten Gaul,
legt ihm den ersten besten Sattel auf,
trabt in die Stadt und bietet jedermann
das Pferd zum Kauf
mit wohlgesetzten Worten an.

Ein Käufer tritt bald vor sie hin,
nachdem er sich das Tier genau besehen,
und fragt: „Was kostet Euer Pferd?" –
„Zwei Kreuzer," spricht die Bäuerin,
„allein: Ihr müßt den Sattel auch erstehen,
und der ist fünfzig Gulden wert!"

„Ihr seid ein närrisch Weib!" – der Käufer lacht –
„daß Ihr so hoch den Sattel angesetzt
und Euren Schimmel nur zwei Kreuzer schätzt!
Doch mir ist's gleich, wie Ihr die Rechnung macht.
Nehmt fünfzig Gulden hier fürs Sattelzeug
und für den Gaul zwei Kreuzer – Gott mit Euch!"

Der Käufer zog von dannen mit dem Pferd –
und als die Bäuerin heimgekehrt,
gab sie getreu nach des Verstorbnen Sinn
zwei Kreuzer für die Armen hin.

Johannes Pauli

DER TEUFEL UND DIE BOGNERIN

Den Bognermeister Kaspar
quält seine böse Frau.
Bald zwickt sie ihn voll Tücken,
bald bleut sie ihm den Rücken
und tut das sehr genau.

,,Jetzt geh' ich in die Donau,
ich halt's nicht länger aus!"
Schnell läuft er wie noch keiner,
da steht und winkt ihm einer
im schwarzen Sammetflaus.

,,Wohin, o Meister Kaspar,
so eilig und so blaß?"
,,Ich will ins tiefe Wasser!"
,,Das Wasser, Freund, das laß Er,
das ist zu kalt und naß.

Ich weiß ein bessres Mittel
zu leckrem Zeitvertreib.
Ich will euch gern befreien,
wollt auf drei Tag Ihr leihen
mir Euer böses Weib!"

,,O nehmt sie hin für immer",
schreit Kaspar, ,,nehmt sie hin!"
Der andre spricht: ,,Gelinde, –
das geht nicht so geschwinde,
Ihr wißt nicht, wer ich bin."

,,Und wärt Ihr selbst der Satan
und fordert' Seel und Leib,
will gern mit Haut und Haaren
mit Euch zur Hölle fahren,
nur zähmt mir dieses Weib!"

,,Topp!" ruft der andre freudig,
,,schon ist es halb getan!
Sie wird als sanfter Engel
mit einem Lilienstengel
in Demut Euch empfahn." –

Es naht am ersten Tage
Herr Satan, zart und fein.
In Meister Kaspars Kleide,
mit einem Wams von Seide,
stellt er sich lächelnd ein.

Er spricht: ,,O Katherine,
zur Liebe lockt der Mai!
O küsse mich, mein Weibchen,
mein süßes Turteltäubchen,
da ist doch nichts dabei?"

Da braust ihm eine Schelle
aufs Ohr mit solcher Macht,
daß ihm die Zähne wackeln,
aus Mund und Nas wie Fackeln
ein Höllenfeuer kracht.

Es naht am zweiten Tage
Herr Satan sacht und schlau.
Er spricht von Glück und Frieden,
die nirgends so beschieden
als zwischen Mann und Frau.

Sie sagt mit holdem Lächeln:
,,Da bin ich auch dabei!"
Schwupp! klebt ihm auf dem Kopfe
aus siedend heißem Topfe
ein glüher Hirsebrei.

Da kommt am dritten Tage
Herr Satan, wie er war:
Mit wildem Teufelssprunge,
Bockshorn und Feuerzunge,
geschwärzt an Haut und Haar.

,,Hei!" ruft Frau Katherine,
,,nun seh' ich, wer du bist!
Halt aus, Gardinenstange,
Kochlöffel, Feuerzange!
Gelobt sei Jesus Christ!"

Anhub ein wildes Schlachten
von solcher Macht und Wut,
daß Hieb auf Hieb nur flitzte
und rings die Wand bespritzte
viel rotes Satansblut.

Hoch stand Frau Katherine
mit Amazonenzorn.
Der Teufel schrie: „Erbarmen!"
Da haut sie noch dem Armen
hohnlachend ab ein Horn.

Am Abend spricht Herr Satan
zu Kaspar, wund und bleich:
„Ich kann dir nicht mehr dienen,
behalte Katherinen,
dein ist das Himmelreich!"

Da faltet seine Hände
Herr Kaspar, blaß und stumm.
Er fühlt, ihm ist beschieden
des Himmels Glanz und Frieden,
doch weiß er auch, warum.

Erst in der Sterbestunde
ward er des Lebens froh.
Mit lieblichem Gebimmel
fuhr seine Seel' gen Himmel
in dulci jubilo.

Franz Karl Ginzkey

DIE KATZE

Der schönste Jüngling, der in Ispahan
gelebt seit des Kalifen Harun Zeiten,
wer ist es? – „Sadik-Beg!" ruft jedermann.

Am kecksten seinen Hengst versteht zu reiten?
„Derselbe Beg!" – Wer wirft den besten Speer?
„Auch Sadik! Keiner wagt mit ihm zu streiten."

Wer sagt den Koran an den Fingern her?
Wer dichtet jetzt die zärtlichsten Ghaselen? –
„Wer sonst als Sadik?" Er und immer er.

Wo Männer sich den Vorzug nicht verhehlen
des Manns, dort hat gewiß der Weiber Rat
schon längst entschieden – das kann niemals fehlen.

Beim Namen Sadik-Beg schwört der Soldat;
beim Namen Sadik glühen ros'ge Wangen,
und „Sadik!" klingts im Lager wie im Bad.

So dringt denn trotz Eunuch und Eisenstangen
sein Ruf auch zu des Sultans Töchterlein,
weckt Neugier erst und hinterdrein Verlangen.

Sie denkt: „Sollt' es der weiße Sperling sein?
Dann lohnt' es wohl der Müh', ihn zu beschauen.
Und ist er weiß – dann fang' ich ihn mir ein."

Wie sie ihn sah – ob vom Gemach der Frauen,
ob aus dem Palankin – dies Wagestück
vergaß mir der Erzähler zu vertrauen.

Genug, sie sah ihn – und er machte Glück.
In Ispahan genügt, den Bund der Seelen
zu schließen, schon ein rascher Kennerblick. –

„Oft war die Rede schon, mich zu vermählen,
Papa", hebt die Prinzessin abends an.
„Jetzt hab' ich Lust – ich werde Sadik wählen."

Der Sultan nickt: „Scharmant. Er wird dein Mann.
Es ist beschlossen. Gleich soll Sadik kommen."
Zwölf Sklaven schleppen ihn im Nu heran.

„Sadik, mein Kind wird gleich zur Frau genommen,
wo nicht, Kopf ab – doch tu, was dir gefällt!
Du wählst?" – „Die Frau!" stöhnt Sadik-Beg beklommen.

„Eidam, komm an mein Herz!" – der Mufti hält
im Nebenzimmer, kopuliert und segnet,
dann Cour und Glückwunsch von der halben Welt.

Doch wo in Ispahan sich zwei begegnet,
da zischeln sie sich in das Ohr halblaut:
„Dem armen Sadik hat's ins Korn geregnet!"

„Was denn? Ist's wahr?" – „Ja doch, sie sind getraut!"
„O weh! Eh' ich des Sultans Tochter freite,
wählt' ich mir Satans Großmama zur Braut!"

„Wohl wahr. Allein der Henker stand zur Seite –
frei'n oder Kopf ab!" – „Seht, dort kommt er schon."
„Er jammert mich; ich suche still das Weite." –

Verwundert sieht des Sultans Schwiegersohn
rings scheue Blicke, klägliche Gesichter,
sieht, wie die besten Freunde schüchtern flohn.

„Hat mich die Trauung so verwandelt?" spricht er,
„ich dächte doch – was fällt den Leuten ein?
Heda, Freund Merdek! kommt heran, Herr Richter!"

Merdek, ein Knirps, fast kleiner noch als klein,
des Weibs geplagter Sklav', tritt ihm entgegen,
hebt auf den Zehn sich und fängt an zu schrein:

„Gott grüß' Euch, Sadik; jetzt sind wir Kollegen!" –
„Daß ich nicht wüßte", spricht der Beg mit Hohn.
„Kollegen? Wir? Und jetzt? Sagt doch, weswegen?"

„Ziert Euch doch nicht. Das kennen wir ja schon.
Ihr müßt gleich mir jetzt den Pantoffel küssen,
kniend vor dem Bett, vor Eurer Fürstin Thron!"

„So? Meint Ihr, Merdek? Welcher Mann muß müssen?
Ein Narr nur muß. Dank würde meine Frau
für die Kollegenschaft mir schwerlich wissen."

„Ei, sprecht doch, Sadik", fragt der Kleine schlau,
„wie habt Ihr denn das Kunststück angefangen?
Ihr zähmtet sie? Erzählt mir das genau!"

„Höchst einfach, Schatz. Als ich zu Bett gegangen,
fand ich den Kater meines Weibes dort,
der auf dem Pfühl zu ruhn sich unterfangen.

Er war ihr Lieblingstier. Ich zog sofort
den Säbel, köpfte ihn mit einem Hiebe
und warf ihn aus dem Fenster ohn' ein Wort."

„Den Kater – schlugt Ihr tot – und Eure liebe
Gemahlin?" – „Schwieg nach guter Frauen Art.
Auch wüßt' ich nichts, was da zu sagen bliebe?"

„Brav, Sadik, brav! Bei des Propheten Bart!
Ihr seid mein Mann! Ihr bringt mich auf die Sprünge!
Ich hab's auch meiner Frau längst aufgespart!"

Fort rennt der Kleine mit gezückter Klinge,
erwischt den Kater, schlägt den Kopf ihm ab,
stolz, daß so leicht das Heldenstück gelinge.

Da tritt sein Weib herein und schlägt klipp, klapp!
Ihn rechts und links, daß ihm die Ohren klingen:
„Du kommst von Sadik, der den Rat dir gab?

Jetzt willst du um die Hosen mit mir ringen?
Am Hochzeitstage war der Katzenmord
an seiner Zeit – dann konntest du mich zwingen!"
Am Hochzeitstag! Merkt, Männer, euch dies Wort!

Franz von Gaudy

DIE BEIDEN SCHWESTERN

Es waren mal zwei Schwestern,
ich weiß es noch wie gestern.
Die eine namens Adelheid
war faul und voller Eitelkeit.
Die andre, die hieß Käthchen
und war ein gutes Mädchen.
Sie quält sich ab von früh bis spät,
wenn Adelheid spazierengeht.
Die Adelheid trank roten Wein,
dem Käthchen schenkt' sie Wasser ein.

Einst war dem Käthchen anbefohlen,
im Walde dürres Holz zu holen.
Da saß an einem Wasser
ein Frosch, ein grüner, nasser;
der quakte ganz unsäglich,
gottsjämmerlich und kläglich:
„Erbarme dich, erbarme dich,
ach, küsse und umarme mich!"

Das Käthchen denkt: „Ich will's nur tun,
sonst kann der arme Frosch nicht ruhn!"
Der erste Kuß schmeckt recht abscheulich.
Der gräsig grüne Frosch wird bläulich.
Der zweite schmeckt schon etwas besser;
der Frosch wird bunt und immer größer.
Beim dritten gibt es ein Getöse
als ob man die Kanonen löse.
Ein hohes Schloß steigt aus dem Moor,
ein schöner Prinz steht vor dem Tor.

Er spricht: „Lieb Käthchen, du allein
sollst meine Herzprinzessin sein!"
Nun ist das Käthchen hochbeglückt,
kriegt Kleider schön mit Gold bestickt
und trinkt mit ihrem Prinzgemahl
aus einem goldenen Pokal.

Indessen ist die Adelheid
in ihrem neusten Sonntagskleid
herumspaziert an einem Weiher,
da saß ein Knabe mit der Leier.
Die Leier klang, der Knabe sang:
„Ich liebe dich, bin treu gesinnt:
Komm, küsse mich, du hübsches Kind!“

Kaum küßt sie ihn, so wird er grün,
so wird er struppig, eiskalt und
schuppig.

Und ist, o Schreck!
Der alte, kalte Wasserneck.
„Ha!“ – lacht er – „diese hätten wir!!“
Und fährt bis auf den Grund mit ihr.

Da sitzt sie nun bei Wasserratzen,
muß Wassernickels Glatze kratzen,
trägt einen Rock von rauhen Binsen,
kriegt jeden Mittag Wasserlinsen;
und wenn sie etwas trinken muß,
ist Wasser da im Überfluß.

Wilhelm Busch

NORWEGISCHES MÄRCHEN

Auf dem Hofe in Dovre, da lebt' eine Frau,
die war eine Hexe, man wußt' es genau.
An einem Julabend, die Sonne schon sank,
da wusch ihre Magd einen Braukessel blank.

Inzwischen die Frau einen Besen ergriff,
bestrich ihn mit Salbe und laut dazu pfiff.
Sie setzte sich rittlings, die Stange voraus,
und fuhr trololo durch den Schornstein hinaus.

Es lachte die Magd: Diese Kunst ist nicht schwer!
Bestrich auch den Kessel und pfiff nebenher.
Sie setzte sich stracks in den Kessel hinein
und fuhr trololo ihrer Frau hinterdrein.

Sie kamen zum Blauberg in stürmischer Fahrt,
dort saßen Trollhexen verschiedenster Art,
der Jungen genung und der Alten genung,
und manche dabei, die nicht alt und nicht jung.

Sie saßen im Kreis um den Teufel herum.
Der hielt eine Predigt, die war nicht so dumm.
Die Augen der Hexlein, sie leuchteten hell.
Es war doch Herr Urian ein feiner Gesell!

Es nahm dann der Teufel sein Büchlein zur Hand
und spähte umher, wo sich jede befand:
Und seid ihr auch, Kinderchen, alle bei mir?
Er rief sie beim Namen und jede rief: Hier!

Als letzte verblieb nur die Magd noch allein.
Aha, du bist neu! also schreib dich hier ein!
Sie aber, sie schrieb, von Demut geziert,
was als Kind sie einst schrieb, wenn sie Federn probiert,

in Einfalt sie schrieb: Der Herr Jesus Christ,
in Ewigkeit Amen, der Heiland uns ist.
Drauf sagte der Teufel mit schiefem Gesicht:
Behalte das Buch nur, ich brauche es nicht!

Er gab dann den Hexlein ein köstliches Fest,
dieweil er als Gastherr nicht spotten sich läßt.
Man tanzte rundum mit Gesumm und Gebrumm
und ritt auf den Besen auch fleißig herum.

Bevor noch den Blauberg der Frühwind umkühlt,
da flogen sie heimwärts, die Haare zerwühlt.
Es sprangen die Besen wie Rößlein, hopphopp,
die Magd auch im Kessel ritt strammen Galopp.

Sie schlug mit der Peitsche die Weichen ihm blank,
so daß über Täler und Klüfte er sprang.
Ei, schrie sie und wär' fast vor Lachen erstickt:
Es springt ja mein Pferdchen verteufelt geschickt!

Kaum war ihr das Wörtchen verteufelt entflohn,
da saß ohne Pferd auf der Erde sie schon.
Im knietiefen Schnee mußte heimwärts sie gehn,
erfror auf dem Weg sich die Nas' und zwei Zehn.

Franz Karl Ginzkey

DER GESTRICHENE SCHEFFEL

„O weh, o weh, ich armer Mann!
Ich hab' kein Geld, was fang ich an?
Und kann ich's nicht erschwingen,
so mag's der Teufel bringen!" –

Da kam der Teufel, bot dem Mann
von Gold einen ganzen Scheffel an,
gehäuft, und sprach mit Tücke:
„Gib ihn im Jahr zurücke!

Du kriegst das Maß gehäufelt, Mann,
gestrichen nehm ich's wieder an." –
Er denkt: das muß verführen,
er wird's verjubilieren!

„Gern nehm ich's", sprach darauf der Mann
und schrieb am Pakt – „doch sag mir an:
Darf ich dir's dann nur eben,
nicht eher wiedergeben?" –

„Auch eher! ja, mein lieber Mann!" –
„Gut, schön! so nimm es jetzo an:
Ich hab es abgestrichen;
so ist das all verglichen!" –

Noch beut der Teufel unserem Mann
krumm, dumm und stumm den Scheffel an,
doch der sagt frisch und heiter:
„Ich dank', ich brauch nichts weiter!"

Seit dieser Zeit sieht seinen Mann
der Teufel sich viel besser an!
Gar raffiniert im Takte
sind jetzt Kontrakt' und Pakte.

August Kopisch

BÖSER MARKT

Einer kam vom Königsmahle
in den Park, sich zu bewegen;
aus dem Busch mit einem Male
trat ein andrer ihm entgegen;
zwischen Rock und Kamisole
griff der schnell, und die Pistole
setzt' er jenem auf die Brust.

„Leise, leise! muß ich bitten;
was wir hier für Handel treiben,
mag vom unberufnen Dritten
füglich unbelauschet bleiben.
Wollt Ihr Uhren nebst Gehenken
wohl verkaufen? nicht verschenken;
nehmt drei Batzen Ihr dafür?"

„Mit Vergnügen!" – „Nimmer richtig
ist die Dorfuhr noch gegangen;
tut der Küster auch so wichtig,
weiß er's doch nicht anzufangen.
Jeder weiß in unsern Tagen,
was die Glocke hat geschlagen;
gottlob! nun erfahr' ich's auch.

Sagt mir ferner: Könnt Ihr missen,
was da blinkt an Euren Fingern?
Meine Hausfrau, sollt Ihr wissen,
ist gar arg nach solchen Dingern;
solche Ringe, solche Sterne,
wie Ihr da habt, kauf' ich gerne;
nehmt drei Batzen Ihr dafür?"

„Mit Vergnügen!" – „Habt Ihr künftig
mehr zu handeln, laßt mich holen;
edel seid Ihr und vernünftig
und ich lob' Euch unverhohlen.
Gleich mich dankbar Euch zu zeigen,
laß' ich jede Rücksicht schweigen
und verkauf' Euch, was Ihr wollt.

Seht den Ring da, den ich habe;
nur von Messing, schlecht, unscheinsam,
aber meiner Liebsten Gabe;
ach, sie starb und ließ mich einsam!
Nicht um einen Goldeshaufen . . .!
Aber Ihr, wollt Ihr ihn kaufen,
gebt mir zehn Dukaten nur!"

„Mit Vergnügen!“ – „Ei! was
seh’ ich?!
Schöner Beutel, goldgeschwollen!
Du gefällst mir, das gesteh’ ich;
die Pistole für den vollen!
Sie ist von dem besten Meister,
Kuchenreuter, glaub’ ich, heißt er,
nehmt sie für den Beutel hin!“

„Mit Vergnügen! Nun, Geselle,
ist die Reih’ an mich gekommen!
Her den Beutel auf der Stelle!
Her, was du mir abgenommen!
Gib mir das Geraubte wieder,
gleich! ich schieße sonst dich nieder,
wie man einen Hund erschießt!“ –

„Schießt nur, schießt nur,
wahrlich, Schaden
wärt Ihr fähig anzurichten,
wäre nur das Ding geladen.
Ihr gefallt mir so mitnichten.
Unfein dürft’ ich wohl Euch schelten:
Abgeschloßne Händel gelten,
merkt es Euch und – gute Nacht!“

Ihn verlachend unumwunden,
langgebeint, mit leichten Sätzen,
war er in dem Busch verschwunden
mit den eingetauschten Schätzen.
Jener, mit dem Kuchenreuter
in der Hand, sah nicht gescheiter
aus, als augenblicks zuvor.

Adelbert von Chamisso

DIE GESCHICHTE VON GOLIATH UND DAVID IN REIME GEBRACHT

War einst ein Riese Goliath,
gar ein gefährlich Mann!
Er hatte Tressen auf dem Hut
mit einem Klunker dran,
und einen Rock von Drap d’argent
und alles so nach advenant.

An seinen Schnurrbart sah man nur
mit Gräsen und mit Graus,
und dabei sah er von Natur
pur wie der – – aus!
Sein Sarraß war, man glaubt
es kaum,
so groß schier als ein Weberbaum.

Er hatte Knochen wie ein Gaul,
und eine freche Stirn,
und ein entsetzlich großes Maul
und nur ein kleines Hirn;
gab jedem einen Rippenstoß
und flunkerte und prahlte groß.

So kam er alle Tage her
und sprach Israel Hohn.
„Wer ist der Mann? Wer wagt’s mit mir?
Sei Vater oder Sohn,
er komme her, der Lumpenhund,
ich bax ’n nieder auf den Grund.“

Da kam in seinem Schäferrock
ein Jüngling zart und fein;
er hatte nichts als seinen Stock,
als Schleuder und den Stein,
und sprach: „Du hast viel Stolz und
Wehr,
ich komm im Namen Gottes her.“

Und damit schleudert’ er auf ihn,
und traf die Stirne gar;
da fiel der lange Esel hin,
so lang und dick er war.
Und David haut’ in guter Ruh
ihm nun den Kopf noch ab dazu.

Trau nicht auf deinen Tressenhut,
noch auf den Klunker dran!
Ein großes Maul es auch nicht tut:
Das lern vom langen Mann;
und von dem kleinen lerne wohl:
Wie man mit Ehren fechten soll.

Matthias Claudius

DER RECHTE BARBIER

„Und soll ich nach Philisterart
mir Kinn und Wange putzen,
so will ich meinen langen Bart
den letzten Tag noch nutzen;
ja! ärgerlich, wie ich nun bin,
vor meinem Groll, vor meinem Kinn
soll mancher noch erzittern.

Holla! Herr Wirt, mein Pferd! macht fort!
Ihm wird der Hafer frommen.
Habt Ihr Barbierer hier im Ort?
Laßt gleich den rechten kommen!
Waldaus, waldein, verfluchtes Land!
Ich ritt die Kreuz und Quer und fand
doch nirgends noch den rechten.

Tritt her, Bartputzer, aufgeschaut!
Du sollst den Bart mir kratzen;
doch kitzlig sehr ist meine Haut:
ich biete hundert Batzen;
nur, machst du nicht die Sache gut,
und fließt ein einzges Tröpflein Blut –
fährt dir mein Dolch ins Herze."

Das spitze, kalte Eisen sah
man auf dem Tische blitzen
und dem verwünschten Ding gar nah
auf seinem Schemel sitzen
den grimmgen, schwarzbehaarten Mann
im schwarzen, kurzen Wams, woran
noch schwärzre Troddeln hingen.

Dem Meister wird's zu grausig fast:
Er will die Messer wetzen,
er sieht den Dolch, er sieht den Gast,
es packt ihn das Entsetzen,
er zittert wie das Espenlaub,
er macht sich plötzlich aus dem Staub
und sendet den Gesellen.

„Einhundert Batzen mein Gebot,
falls du die Kunst besitzest;
doch, merk es dir, dich stech' ich tot,
so du die Haut mir ritzest."
Und der Gesell: „Den Teufel auch!
Das ist des Landes nicht der Brauch."
Er läuft und schickt den Jungen.

„Bist du der Rechte, kleiner Molch?
Frisch auf! fang an zu schaben;
hier ist das Geld, hier ist der Dolch,
das beides ist zu haben!
Und schneidest, ritzest du mich bloß,
so geb' ich dir den Gnadenstoß;
du wärest nicht der erste."

Der Junge denkt der Batzen, druckst
nicht lang und ruft verwegen:
„Nur still gesessen! nicht gemuckst!
Gott geb Euch seinen Segen!"
Er seift ihn ein, ganz unverdutzt,
er wetzt, er stutzt, er kratzt, er putzt:
„Gottlob! nun seid Ihr fertig!"

„Nimm, kleiner Knirps, dein Geld
du bist ein wahrer Teufel! nur hin;
Kein andrer mochte den Gewinn,
du hegtest keinen Zweifel,
es kam das Zittern dich nicht an,
und wenn ein Tröpflein Blutes rann,
so stach ich dich doch nieder!"

„Ei! guter Herr, so stand es nicht;
ich hielt Euch an der Kehle:
Verzucktet Ihr nur das Gesicht,
und ging der Schnitt mir fehle,
so ließ ich Euch dazu nicht Zeit,
entschlossen war ich und bereit,
die Kehl' Euch abzuschneiden."

„So, so! Ein ganz verwünschter Spaß!"
Dem Herrn ward's unbehäglich;
er wurd' auf einmal leichenblaß
und zitterte nachträglich:
„So, so! das hatt' ich nicht bedacht,
doch hat es Gott noch gut gemacht;
ich will's mir aber merken."

Adelbert von Chamisso

DER SCHNEIDERJUNGE VON KRIPPSTEDT

In Krippstedt wies ein Schneiderjunge
dem Bürgermeister einst die Zunge:
Es war im Jahr Eintausendsiebenhundert,
der Bürgermeister sehr sich wundert
und find't es wider den Respekt,
weshalb er in den Turm ihn steckt.
Es war nach der Nachmittagpredigt,
die Kirche noch nicht ganz erledigt,
am heil'gen Trinitatis Tag,
da geschah auf einmal ein großer Schlag!
Es schlug, mit Gedonner, im Wettersturm
der Blitz in denselben Sankt Niklasturm.
Der Schreck durchfährt die ganze Stadt,
die kaum sich vom Brand erhoben hat.
Was innen ist im Gotteshaus,
das dringt mit aller Gewalt heraus:
Was außen ist, das will hinein! –
Da sieht man auf einmal Flammenschein
von außen an des Turmes Spitze:
Da rief man „Feuer! Wasser! Wo ist die Spritze?"

– Die Spritze, ja, die ist dicht dabei;
doch Kasten und Röhren sind entzwei!
Wie saure Milch läuft alles zusammen:
Man schreit und blickt auf die Feuerflammen.
Dazwischen – es war ein böser Tag –
hallt mancher Donner- und Wetterschlag! –
Nun sammelt sich der Magistrat,
und jeder weiß etwas und keiner weiß Rat!
Der Bürgermeister, ein weiser Mann,
sieht sich das Ding bedenklich an
und spricht: „Hört mich, wir zwingen's nicht!
Der Turm brennt nieder wie ein Licht,
es kommt, wer hätte das gedacht sich,
wie Anno sechzehnhundertachtzig!
Erst brennt der Turm, die Kirche, die Stadt sodann;
drum ist mein Rat: rett' jeder, was er kann!" –

Da laufen die Bürger; mit aller Kraft
ein jeder das Seine zusammenrafft.
Das ist ein Gerenne, wie fliegen die Zöpfe,
wie stoßen zusammen die Puderköpfe!
Auf einmal – was krabbelt dort aus dem Loch
am Turm? – der Junge! – Nein! – Und doch!
Er ist's, er klettert zu Turmes Spitze –
der Schlingel! Er nimmt vom Kopf die Mütze,
er schlägt auf das Feuer und – daß dich der Daus! –
Er löscht es mit seiner Mütze aus!
Er tupft am ganzen Turm umher,
man sieht nicht eine Flamme mehr!
Und während alle jubelnd schrein,
schlüpft er von neuem ins Loch hinein.
Er scheut des Magistrates Wesen
und sitzt, als wär gar nichts gewesen.
Das mehrt den Jubel; die Bürger alle
rufen ihm Vivat! mit großem Schalle;
der Bürgermeister aber spricht,
indem sein großer Zorn sich bricht:
,,Holt ihn heraus, ich erzeig' ihm Ehr,
und tu' für ihn zeitlebens mehr!" –
,,Da kommt er ganz rußig, der Knirps, der Zwerg!
Hoch lebe der kleine Liewenberg!" –
Der Bürgermeister sprach: ,,Komm, Junge!
Streck noch einmal heraus die Zunge!
Ich leg' dir lauter Dukaten drauf!
So, sperr den Mund recht angelweit auf!
Nur immer mehr herausgereckt!
Wir haben alle vor dir Respekt!
Und morgen wird, daß nichts manquiert,
die große Spritze hier probiert
und was entzwei ist, repariert!"

August Kopisch

DER SCHNEIDER IN DER HÖLLE

Es wollt' ein Schneider wandern
am Montag in der Fruh,
begegnet ihm der Teufel,
hat weder Strumpf noch Schuh.
,,He, he, du Schneidergsell!
Du mußt mit mir in d' Höll,
du mußt uns Teufel kleiden,
es gehe, wie es wöll!"

Sobald der Schneider in die Höll' neinkam,
nahm er sein Ellenstab,
er schlug den Teuflen die Buckel voll,
die Höll wohl auf und ab.
,,He, he, du Schneidergsell!
Mußt wieder aus der Höll!
Wir brauchen nicht das Messen,
es gehe wie es wöll."

Nachdem er all gemessen hat,
nahm er seine lange Scher
und stutzt' den Teuflen d' Schwänzlein ab,
sie hüpfen hin und her.
,,He, he, du Schneidergsell,
pack dich nur aus der Höll,
wir brauchen nicht das Stutzen,
es gehe, wie es wöll."

Da zog er's Bügeleisen 'raus
und warf es in das Feuer,
er strich den Teuflen die Falten raus;
sie schrieen ungeheuer:
,,He, he, du Schneidergsell',
geh du nur aus der Höll,
wir brauchen nicht zu bügeln,
es gehe wie es wöll."

Er nahm den Pfriemen aus dem Sack
und stach sie in die Köpf,
er sagt: „Halt still, ich bin schon da,
so setzt man bei uns Knöpf."
„He, he, du Schneidergsell,
geh einmal aus der Höll,
wir brauchen nicht zu kleiden,
es geh nun, wie es wöll."

Darauf nahm er Nadl und Fingerhut
und fängt zu stechen an,
er flickt den Teuflen die Naslöcher zu,
so eng er immer kann.
„He, he, du Schneidergsell,
pack dich nur aus der Höll,
wir können nimmer riechen,
es geh nun, wie es wöll."

Nach diesem kam der Luzifer
und sagt': „Es ist ein Graus,
kein Teufel hat kein Schwänzerl mehr!
Jagt ihn zur Höll hinaus!"
„He, he, du Schneidergsell,
pack dich nur aus der Höll,
wir brauchen keine Kleider,
es geh nun, wie es wöll."

Nachdem er nun hat aufgepackt,
da war ihm erst recht wohl,
er hüpft und springet unverzagt,
lacht sich den Buckel voll,
ging eilends aus der Höll
und blieb ein Schneidergsell;
drum holt der Teufel keine Schneider mehr,
er stehl', soviel er wöll.

DE BLINNE SCHAUSTERJUNG

„Ach, Meister! Meister! ach, ick unglückselig Kind!
Wo geiht mi dit? Herr Je, du mein!
Ach, Meister! Ick bün stockenblind,
ick kann ok nich en Spirken seihn!"[1]
De Meister smit den Leisten weg,
hei smit den Spannreim in de Eck
un löppt nah sinen Jungen hen:
„Herr Gott doch, Jung! Wo is di denn?" –
„Ach, Meister! Meister! Kiken S' hir!
Ick seih de Botter up't Brod nich mihr!"
De Meister nimmt dat Butterbrod,
bekikt dat nipp von vörn un hin'n:
„So slag doch Gott den Düwel dod!
Ick sülwst kann ok kein Botter fin'n.
Na, täuw!"[2] Hei geiht tau de Fru Meistern hen
un seggt tau ehr: „Wat makst du denn?
Wo is hir Botter up dat Brod?
Dor slag doch Gott den Düwel dod!" –
„Is dat nich gaud för so'n Jungen?
Ji sünd man all so'n Leckertungen;[3]
ji müggten Hus un Hof vertehren,[4]
un ick sall fingerdick upsmeren.
So geiht dat doch nich los! Prahl sacht!
De Botter gelt en Gröschner acht."[5] –
„Ih, Mudder, ward man nich glik bös,
hest du den nich en beten Käs?"
Un richtig! Sei lett sick bedüden
un deiht den Jungen Käs upsniden.
De Meister bringt dat Botterbrod herin,
giwwt dat den Jungen hen un fröggt,
ob sick sin Blindheit nu hadd leggt,
un ob hei wedder seihen künn.
„Ja, Meister", seggt de Jung ganz swipp[6]
„ja, Meister, ja! Ick seih so nipp,[7]
as hadd 'ck 'ne Brill um mine Näs,
ick seih dat Brod all dörch den Käs."

Fritz Reuter

[1] sehen [2] warte [3] Leckerzungen [4] verzehren [5] kostet einen Groschen 8 Pfennig [6] rasch [7] genau

DIE HEINZELMÄNNCHEN

Wie war zu Köln es doch vordem
mit Heinzelmännchen so bequem!
Denn, war man faul – man legte sich
hin auf die Bank und pflegte sich.
Da kamen bei Nacht,
ehe man's gedacht,
die Männlein und schwärmten
und klappten und lärmten
und rupften
und zupften
und hüpften und trabten
und putzten und schabten.
Und eh' ein Faulpelz noch erwacht',
war all sein Tagewerk bereits gemacht.

Die Zimmerleute streckten sich
hin auf die Spän und reckten sich.
Indessen kam die Geisterschar
und sah, was da zu zimmern war.
Nahm Meißel und Beil
und die Säg' in Eil';
sie sägten und stachen
und hieben und brachen,
berappten
und kappten,
visierten wie Falken
und setzten die Balken.
Eh' sich's der Zimmermann versah . . .
klapp, stand das ganze Haus schon fertig da.

Beim Bäckermeister war nicht Not,
die Heinzelmännchen backten Brot.
Die faulen Burschen legten sich,
die Heinzelmännchen regten sich –
und ächzten daher
mit den Säcken schwer!
Und kneteten tüchtig
und wogen es richtig
und hoben
und schoben
und fegten und backten
und klopften und hackten.
Die Burschen schnarchten noch im Chor:
Da rückte schon das Brot, das neue, vor.

Beim Fleischer ging es just so zu:
Gesell und Bursche lag in Ruh'.
Indessen kamen die Männlein her
und hackten das Schwein die kreuz und quer.
Das ging so geschwind
wie die Mühl' im Wind!
Die klappten mit Beilen,
die schnitzten an Speilen,
die spülten,
die wühlten
und mengten und mischten
und stopften und wischten.
Tat der Gesell die Augen auf –
wapp! hing die Wurst da schon im Ausverkauf!

Beim Schenken war es so: es trank
der Küfer bis er niedersank,
am hohlen Fasse schlief er ein,
die Männlein sorgten um den Wein
und schwefelten fein
alle Fässer ein
und rollten und hoben
mit Winden und Kloben
und schwenkten
und senkten
und gossen und panschten
und mengten und manschten.
Und eh' der Küfer noch erwacht',
war schon der Wein geschönt und fein gemacht.

Einst hatt' ein Schneider große Pein:
Der Staatsrock sollte fertig sein;
warf hin das Zeug und legte sich
hin auf das Ohr und pflegte sich.
Da schlüpften sie frisch
in den Schneidertisch;
und schnitten und rückten
und nähten und stickten
und faßten
und paßten
und strichen und guckten
und zupften und ruckten,
und eh' mein Schneiderlein erwacht',
war Bürgermeisters Rock bereits
gemacht.

Neugierig war des Schneiders Weib,
und macht sich diesen Zeitvertreib:
Streut Erbsen hin die andre Nacht.
Die Heinzelmännchen kommen sacht;
eins fährt nun aus,
schlägt hin im Haus,
die gleiten von Stufen
und plumpen in Kufen,
die fallen
mit Schallen,
die lärmen und schreien
und vermaledeien!
Sie springt hinunter auf den Schall
mit Licht: husch husch husch husch! –
verschwinden all!

O weh! Nun sind sie alle fort
und keines ist mehr hier am Ort!
Man kann nicht mehr wie sonsten ruhn,
man muß nun alles selber tun!
Ein jeder muß fein
selbst fleißig sein
und kratzen und schaben
und rennen und traben
und schniegeln
und bügeln
und klopfen und hacken
und kochen und backen.
Ach, daß es noch wie damals wär'!
Doch kommt die schöne Zeit nicht
wieder her!

• *August Kopisch*

DER GROSSE KREBS IM MOHRINER SEE

Die Stadt Mohrin hat immer acht,
kuckt in den See bei Tag und Nacht:
Kein gutes Christenkind erleb's,
daß los sich reiß' der große Krebs!
Er ist im See mit Ketten geschlossen unten an,
weil er dem ganzen Lande Verderben bringen kann!

Man sagt, er ist viel Meilen groß
und wendt sich oft und, kommt er los,
so währt's nicht lang, er kommt ans Land,
ihm leistet keiner Widerstand,
und weil das Rückwärtsgehen bei Krebsen alter Brauch,
so muß dann alles mit ihm zurückegehen auch.

Das wird ein Rückwärtsgehen sein!
Steckt einer was ins Maul hinein,
so kehrt der Bissen, vor dem Kopf,
zurück zum Teller und zum Topf!
Das Brot wird wieder zu Mehle, das Mehl wird wieder Korn –
und alles hat beim Gehen den Rücken dann nach vorn.

Der Balken löst sich aus dem Haus
und rauscht als Baum zum Wald hinaus;
der Baum kriecht wieder in den Keim,
der Ziegelstein wird wieder Leim,
der Ochse wird zum Kalbe, das Kalb geht nach der Kuh,
die Kuh wird auch zum Kalbe, so geht es immerzu!

Zur Blume kehrt zurück das Wachs,
das Hemd am Leibe wird zu Flachs,
der Flachs wird wieder blauer Lein
und kriecht dann in den Acker ein.
Man sagt, beim Bürgermeister zuerst die Not beginnt,
der wird von allen Leuten zuerst ein Päppelkind.

Dann muß der edle Rat daran,
der wohlgewitzte Schreiber dann;
die erbgeseßne Bürgerschaft
verliert gemach die Bürgerkraft.
Der Rektor in der Schule wird wie ein Schülerlein,
kurz eines nach dem andern wird Kind und dumm und klein.

Und alles kehrt im Erdenschoß
zurück zu Adams Erdenkloß.
Am längsten hält, was Flügel hat;
doch wird zuletzt auch dieses matt,
die Henne wird zum Küchlein, das Küchlein kriecht ins Ei,
das schlägt der große Krebs dann mit seinem Schwanz entzwei.

Zum Glücke kommt's wohl nie so weit.
Noch blüht die Welt in Fröhlichkeit!
Die Obrigkeit hat wacker acht,
daß sich der Krebs nicht locker macht.
Auch für dies arme Liedchen wär' das ein schlechtes Glück:
Es lief' vom Mund der Leute ins Tintenfaß zurück.

August Kopisch

A GMOA-HUAT[1]

A Gmoasteg über an Waldbach is
amal recht runtakema;
da muaß da Burgamoasta naus
und muaß an Augnschei nehma, –
und wiara grod so übalegt,
was dee Sach kostn ko,
da kimmt a Windstoß auf amal,
nimmt eahm an Huat davo. –
Bei'n Jahrschluß kimt da Kommissär,
schaugt d'Rechnung ein: ,,Ja, Deixlnei,
für Burgamoasta an neun Huat
8 Mark! Wie kimmt denn der da rei?"
– Ja, i hon halt in Deanst[2] valorn,
na wern wohl i net büaßn. –
,,Schau, dees waar neu!", sagt da Beamt,
,,daß Gmoa hätt Hüat zahln müaßn!
Der Huat muaß raus!" – No meinet-
wegn aa,
i schreibn halt 's naachst Jahr ein! –
,,Gar nix werd eingschriebn, sakradi,
es darf amal net sein!"
Jaatz is da Burgamoasta staad
und bsinnt si no a Wei –
na druckt a dee acht Markerln raus
und denkt eam was dabei. –
'S Jahr drauf, da muaß da Kommissär
sich wieda dort einfindn,
und blattlt in da Rechnung rum,
schaugts durch von vorn bis hintn –
,,aha, da Huat is do net drin", –
hat da Beamte gredt; –
er ist scho drin – sagt der und lacht,
aba findn teats'n[3] net! –

[1] Gemeinde-Hut [2] Dienst [3] tuts ihm

Peter Auzinger

A SCHARFER ZEUGN

Beim Gricht, da hams zum Zeugn gsagt:
,,Du warst dabei!
Jetzt sags, wenn hast an Hans begegnt?"
,,Um halbe drei."

,,Kunnts nit dreiviertel gwesen sein?
So sags nur frei!
Auf dös kimmt jetzt dös Ganze an!" –
,,Um halbe drei!"

,,Ja, geht dei Uhr denn so akkrat?[1]
So bsinn die nur!"
,,Ja", sagt der Zeugn, ,,akkrat gehts nit,
i han koa Uhr!

Mir hat mei Lebtag neamand nie
no koane gschenkt."
,,Wie woaßt denn na, daß's halbe war?"
,,I hab mirs – denkt!"

Karl Stiele

[1] akkurat, genau

BITTGANG

Im Sonnenfeuer lechzt die Flur,
versengt stehn Wälder und Almen,
verschmachten muß die Kreatur,
die Frucht verbrennt an den Halmen.

Das Bächlein, das ihr Kühle gesandt,
verlernte sein muntres Rieseln;
es glüht und glastet Julibrand
über den staubigen Kieseln.

Ein Bauer stapft entlang dem Rain,
ist einer von den Frommen,
und flucht doch still in den Bart hinein;
da sieht er den Pfarrer kommen.

Er zieht die Kappe und weist umher:
,,Zugrund geht all der Segen.
Hochwürden, das Gescheitste wär,
einen Bittgang tun um Regen."

Der P farrer nickt: ,,Ein fromm Gebet
tä t not. Doch warten wir, Peter,
zw ei Täglein noch. Einstweilen steht
zu hoch d er Barometer."

Paul Heyse

DIE SCHÖNE PREDI'

Der alte Pfarrer von Waxelmoos
der hat neuli predigt. Ah, der schießt los!
Kreuzhimmelsakra – der hats ihna gsagt,
all Leut habn gwoant und an jeden hats packt.
Nur oaner lahnt so an der Kirchtür dran.
,,No", sag i, ,,kann dir denn jetzt gar nix an?"
,,Ja", sagt er und rührt si gar nit dabei,
,,Ja, wissens, i bin nit aus dera Pfarrei!"

Karl Stieler

'S GEBET

A gar kloans Diendl mit der Muatta
hat in der Kirch in Sunnta bett[1]
und is halt gwest so voller Andacht,
als wenn s'es glei recht nötig hätt;
dees hat der Muatta gar guat gfalln
und nach der Kircha sagt s' dazua:
,,Du bist amol a recht a frummi,
du hast scho bett, in aller Fruah,
was hast jetzt bett, dees muaßt ma sagn,
du Schatzerl du, so brav und nett?"
Unds Maderl sagt auf ihre Fragn:
,,Daß d'Kirch bald aus werd, hon i bett."

Franz von Kobell

[1] am Sonntag gebetet

DIE GABEN

Es war ein Pastor, wer weiß wo?
Der predigte nur leeres Stroh,
und manche Klage war geschehn.
Ihn selbst zu hören und zu sehn,
beschloß der Superintendent.
Und als die Predigt war zu End,
da mußte er bedauernd sagen:
Die Leute haben recht, zu klagen.
Wie bring' ich ihm das glimpflich bei,
daß ihm das nicht zu schimpflich sei?
Und darum fing der gute Mann
ganz heimlich und verloren an:
„Ich hörte Sie und war ganz Ohr.
Doch, wie bereiten Sie sich vor,
mein lieber Bruder, möcht ich wissen?"
Und jener drauf: „Das kann ich missen!
So mancher druckt und sinnt und
schreibt –
ich rede, wie der Geist mich treibt!"
„Ei, ei, was sind mir das für Sachen!
So könnt' ich das fürwahr nicht
machen!"
Sprach nun der Superintendent:
„Das wäre nicht mein Element.
Am Donnerstag schon fang ich an
und überlege mir den Plan.
Am Freitag wird er dann entfaltet
und durchgeführt und ausgestaltet.
Dann schreib ich alles sorglich auf
und lern' es in des Samstags Lauf
und bin dann sicher meiner Sachen –
so, denk' ich, müßt' es jeder machen!"
Der Pastor aber schmunzelt sehr,
als ob ihm stark geschmeichelt wär.
„Ja, ja, das glaub' ich. Sicherlich
kann das nicht jedermann wie ich –
das muß der Mensch so in sich haben,
mein lieber Bruder – das sind Gaben!"

Heinrich Seidel

ABRAHAM A SANCTA CLARA

Ein Mann, der mehr uns gab als nahm
(wie schwer ist solcher Kunst Bestand),
das war Herr Pater Abraham,
auch Bruder Fabelhans genannt.
Die Seelen flatterten ihm zu
wie Motten, die ein Licht befällt.
Es gellte in des Bürgers Ruh
sein „Hui der Welt! und Pfui der Welt!
Wie sündhaft schwankt der Zeiten Lauf!
Auf, auf, ihr Christen, auf!"

Man sagt, als er geboren ward,
begann er jämmerlich zu schrei'n.
Hingegen soll vergnügter Art
und lachend er gestorben sein.
Ihn hat Herr Kaiser Leopold
zum Prediger bei Hof ernannt,
dieweil ihm Volk und Adel hold
und weit sein Witz berühmt im Land.
Von seinen Späßen frech und froh,–
erzähl ich einen, der war so:

Im Schloß zu Ebreichsdorf geschah's,
dort saß Herr Abraham zu Gast.
Es klang Burgunder Glas an Glas,
kaum trug der Tisch des Bratens Last.
So zwischen Fraß und Völlerei
geschah's, daß eine Sehnsucht kam
nach einem Mann, der geistlich sei
und fromm wie Pater Abraham.
Und man erbat von ihm als Gunst
ein Pröblein seiner Kanzelkunst.

Er sprach: „Ihr wünschet mich herbei,
so sei das Wort euch nicht versagt.
Der Arzt auch spendet Arzenei,
wenn irgendwo ein Siecher klagt.
Euch alle, die ihr hier vereint,
bezwing' ich mit des Wortes Macht,
auf daß ihr mir zur Rechten weint,
hingegen ihr zur Linken lacht!"
Da staunten all die Gäste rings:
Wir weinen rechts? Ihr lachet links?

Er ließ für eine Spanne Zeit
die Lichter löschen rund im Saal.
Dann scholl es durch die Dunkelheit:
„Nun spendet Licht zum andernmal!"
Und sieh – bei Kerzenflackerschein
prophetisch auf dem Tische stand
der Pater, mitten obendrein
den Stuhl vor sich als Kanzelwand.
Nach rechts sah nun sein Angesicht.
Nach links sah – ei, das sagt man nicht.

Und nun begann er also stark
zu predigen von Not und Tod,
daß all den Gästen fror das Mark
vorm Zorn des Gottes Zebaoth.
Es schlug an sünd'ger Seelen Tor
ingrimmig seiner Rede Wucht,
als reuig Bächlein brach hervor
der Tränen ungestüme Flucht.
„O mea culpa", klang es weh
und bang „peccavi, domine!"
Indessen schwoll, wie sonderbar,
Gelächter hinter ihm herfür.
Es war der Lauscher andre Schar,
die dort sich drängte Tür an Tür.
O seht – an seiner Kutte hing
ein Fuchsschwanz, buschig, wonniglich,
der baumelnd auf und nieder ging
und lieblich predigte für sich!
Je donnernder der Pater stritt,
je froher sprang das Schwänzlein mit.

Dies ist die Kunde, wie es kam,
daß dort geweint ward, hier gelacht.
Mich dünkt, nie hat Herr Abraham
so gute Predigt je vollbracht.
Zwiefache Predigt hielt er so,
uralter Seligkeit gewiß,
daß unzertrennlich ernst und froh
und eins sind Licht und Finsternis.
Es war wohl eines Schalks Gewinn,
doch trug es auch verborgnen Sinn!

Franz Karl Ginzkey

DER FLUCHENDE BISCHOF

„So hole Pest und Höllenbrand
die gottverdammte Reise!"
Sprach gallig Bischof Megingand
und haute auf den Tisch die Hand
– hoch sprang die Fastenspeise. –
„Will ich nach Rom – verflucht: ich muß!
Ach, wie gedeiht zur Kümmernus,
wie stört die Lebensweise
die italiän'sche Reise!"

Der Bischof hat zu sehr geflucht,
und weil's der Papst vernommen,
hat ein Legat ihn jüngst besucht,
der lichtvoll sprach von Kirchenzucht.
Nun soll nach Rom er kommen . . .
Sein Beicht'ger, dem's ins Herze schnitt,
gab ihm zur Reise Ablaß mit
für hundert Flüche frank und frei, –
man hoffte, daß das reichlich sei.

Der Reisewagen wiegt dahin
im kühlen Morgengrauen,
noch ist es mäuschenstill darin.
Am Fenster schwankt ein Doppelkinn
und zucken Augenbrauen.
Das Schaukeln schuf dem Bischof Pein,
da trieb heraus das Zipperlein
das erste: „Gottverdimmian!
Ich komm' nicht heil zum Vatikan!"

Der Hausknecht in Burg Elberdamm
vergaß das zeit'ge Wecken –
schockschwerenot, da schmolz zusamm'
der mitgenommene Vorratsstamm,
den Bischof faßt' ein Schrecken!
Bei Lemnitz in dem Hohlweg brach
ein Rad – (die Straße war danach!) –
und auch dies Rad kam teuer:
„Mord, Brand und Höllenfeuer!!"

Heil München! Heil das Bitterbier,
du kühler Trost in Bayern!
Im Pschorrbräu stieß ein Stadtbalbier
des Bischofs Maßkrug aufs Brevier,
das auf dem Tisch tät feiern.
Ei du! Da gab's kein Gottvergelt's!
„Du Schweinehund, du Lausepelz,
du grüner Teufelsbraten!
Potz Bomben und Granaten!!"

Des Bischofs Zorn war bald verraucht.
Die Maß der Bartscher zahlte,
als ihn Hochwürden angehaucht, –
der letzte Fluch war jetzt verbraucht,
jedoch der Bischof strahlte:
„München! Wie gut, daß hier vorbei
die gottverdammte Knauserei!
Jetzt mag zu Rom die Klerisei
lang warten zornbeklommen,
bis Ablaß hergekommen,
bis neuer Vorrat ist herein! –
Ich hatt' ihn ja doch viel zu klein,
ich Leichtsinn, mitgenommen!"

Börries von Münchhausen

WIE HIERONYMUS ZUM KANDIDATEN EXAMINIERT WARD UND WIE ES IHM DABEI ERGING

Der Herr Inspektor machte den Anfang,
hustete viermal mit starkem Klang,
schnäuzte und räusperte auch viermal sich
und fragte, indem er den Bauch strich:

„Ich, als zeitlicher pro tempore Inspektor,
und der hiesigen Geistlichkeit Direktor,
frage Sie: Quid sit Episcopus?"
Alsbald antwortete Hieronymus:

„Ein Bischof ist, wie ich denke,
ein sehr angenehmes Getränke
aus rotem Wein, Zucker und Pomeranzensaft
und wärmet und stärket mit großer Kraft."

Über diese Antwort des Kandidaten Jobses
geschah allgemeines Schütteln des Kopfes,
der Inspektor sprach zuerst, hem! hem!
Drauf die anderen, secundum ordinem.

Nun hub der Assessor an zu fragen:
,,Herr Hieronymus! tun Sie mir sagen,
wer die Apostel gewesen sind?"
Hieronymus antwortete geschwind:

,,Apostel nennet man große Krüge,
darin gehet Wein und Bier zur Genüge,
auf den Dörfern und sonst beim Schmaus
trinken die durstigen Burschen daraus."

Über diese Antwort des Kandidaten Jobses
geschah allgemeines Schütteln des Kopfes,
der Inspektor sprach zuerst, hem! hem!
Drauf die andern, secundum ordinem.

Nun traf die Reihe den Herrn Krager,
und er sprach: ,,Herr Kandidat! sag' er,
wer war der heilige Augustin?"
Hieronymus antwortete kühn:

,,Ich habe nie gehört oder gelesen,
daß ein anderer Augustin gewesen,
als der Universitätspedell Augustin,
er zitierte mich oft zum Prorektor hin."

Über diese Antwort des Kandidaten Jobses
geschah allgemeines Schütteln des Kopfes,
der Inspektor sprach zuerst, hem! hem!
Drauf die andern, secundum ordinem.

Nun folgte Herr Krisch ohn Verweilen
und fragte: ,,Aus wie vielen Teilen
muß eine gute Predigt bestehn,
wenn nach Regeln sie sollte geschehn?"

Hieronymus, nachdem er sich eine Weile
bedacht, sprach: ,,Die Predigt hat zwei Teile,

den einen Teil niemand verstehen kann,
den andern Teil aber verstehet man."

Über diese Antwort des Kandidaten Jobses
geschah allgemeines Schütteln des Kopfes,
Der Inspektor sprach zuerst, hem! hem!
Drauf die andern, secundum ordinem.

Nun kam auch an den Herrn Schreie,
den Hieronymus zu fragen, die Reihe,
er fragte also: „Wie mancherlei
die Gattung der Engel eigentlich sei?"

Hieronymus tat die Antwort geben:
„Er kenne zwar nicht alle Engel eben,
doch wär' ihm ein blauer Engel bekannt
auf dem Schild an der Schenke, zum Engel genannt."

Über diese Antwort des Kandidaten Jobses
geschah allgemeines Schütteln des Kopfes,
der Inspektor sprach zuerst, hem! hem!
Drauf die andern, secundum ordinem.

Nun folgte Herr Keffer, der geistliche Herre,
seine Frage schien zu beantworten sehr schwere,
sie betraf der Manichäer Ketzerei,
und was ihr Glaube sei?

Antwort: „Ja, diese einfältigen Teufel
glaubten, ich würde sie ohne Zweifel
vor meiner Abreise bezahlen noch,
ich habe sie aber geprellet doch."

Über diese Antwort des Kandidaten Jobses
geschah allgemeines Schütteln des Kopfes,
der Inspektor sprach zuerst, hem! hem!
Drauf die andern, secundum ordinem.

Als nun die Prüfung zu Ende gekommen,
hat Hieronymus einen Abtritt genommen,
damit man die Sache nach Kirchenrecht
in reife Überlegung nehmen möcht':

„Ob es mit gutem Gewissen zu raten,
daß man in die Klasse der Kandidaten
des heiligen Ministerii den
Hieronymum aufnehmen könn."

Es ging also an ein Votieren,
doch ohne vieles Disputieren
ward man einig alsobald:
„Es könne zwar dermal und solchergestalt

Herr Hieronymus es gar nicht verlangen,
den Kandidatenorden zu empfangen,
jedoch aus besonderer Konsideration
wolle man stilleschweigen davon."

Es hat auch wirklich in vielen Jahren
kein Fremder davon etwas erfahren,
sondern jedermann hielt früh und spat
den Hieronymus für einen Kandidat.

Karl Arnold Kortum

DER BAUER UND SEIN SOHN

Ein guter, dummer Bauernknabe,
den Junker Hans einst mit auf Reisen nahm,
und der, trotz seinem Herrn, mit einer guten Gabe,
recht dreist zu lügen, wiederkam,
ging kurz nach der vollbrachten Reise
mit seinem Vater über Land.
Fritz, der im Gehn recht Zeit zum Lügen fand,
log auf die unverschämtste Weise.
Zu seinem Unglück kam ein großer Hund gerannt.
„Ja, Vater", rief der unverschämte Knabe,
„Ihr mögt mir's glauben oder nicht,
so sag ich's Euch und jedem ins Gesicht,
daß ich einst einen Hund bei – Haag gesehen habe,
hart an dem Weg, wo man nach Frankreich fährt,
der – ja, ich bin nicht ehrenwert,
wenn er nicht größer war als Euer größtes Pferd."

„Das", sprach der Vater, „nimmt mich wunder;
wiewohl ein jeder Ort läßt Wunderdinge sehn.

Wir, zum Exempel, gehn itzunder
und werden keine Stunde gehn,
so wirst du eine Brücke sehn,
(wir müssen selbst darüber gehn,)
die hat dir manchen schon betrogen,
(denn überhaupt soll's dort nicht gar zu richtig sein;)
auf dieser Brücke liegt ein Stein,
an den stößt man, wenn man denselben Tag gelogen,
und fällt und bricht sogleich das Bein."

Der Bub erschrak, sobald er dies vernommen.
„Ach!", sprach er, „lauft doch nicht so sehr!
Doch wieder auf den Hund zu kommen,
wie groß, sagt' ich, daß er gewesen wär'?
Wie Euer größtes Pferd? Dazu will viel gehören.
Der Hund, itzt fällt mir's ein, war erst ein halbes Jahr;
allein das wollt' ich wohl beschwören,
daß er so groß als mancher Ochse war."

Sie gingen noch ein gutes Stücke;
doch Fritzen schlug das Herz. Wie konnt' es anders sein?
Denn niemand bricht doch gern ein Bein.
Er sah nunmehr die richterliche Brücke
und fühlte schon den Beinbruch halb.
„Ja Vater", fing er an, „der Hund, von dem ich redte,
war groß, und wenn ich ihn auch was vergrößert hätte,
so war er doch viel größer als ein Kalb."

Die Brücke kommt. Fritz! Fritz! wie wird dir's gehen!
Der Vater geht voran; doch Fritz hält ihn geschwind.
„Ach Vater", spricht er, „seid kein Kind
und glaubt, daß ich dergleichen Hund gesehen;
denn kurz und gut, eh' wir darüber gehen:
Der Hund war nur so groß, wie alle Hunde sind."

Du mußt es nicht gleich übelnehmen,
wenn hie und da ein Geck zu lügen sich erkühnt.
Lüg auch und mehr als er und such ihn zu beschämen,
so machst du dich um ihn und um die Welt verdient.

Christian Fürchtegott Gellert

DER KLUGE KRANICH

„Ich bin mal so", sprach Förster Knast,
„die Flunkerei ist mir verhaßt,
doch sieht man oft was Sonderbares.

Im Frühling vor fünf Jahren war es,
als ich stockstill, den Hahn gespannt,
bei Mondschein vor dem Walde stand.
Da läßt sich plötzlich flügelsausend
ein Kranichheer, wohl an die tausend,
ganz dicht zu meinen Füßen nieder.
Sie kamen aus Ägypten wieder
und dachten auf der Reise nun
sich hier ein Stündchen auszuruhn.

Ich selbstverständlich, schlau und sacht,
gab sehr genau auf alles acht.
‚Du, Hans', so rief der Oberkranich,
‚hast heut die Wache, drum ermahn' ich
dich ernstlich, halt dich stramm und paß
gehörig auf, sonst gibt es was!'

Bald schlief ein jeder ein und sägte,
Hans aber stand und überlegte.
Er nahm sich einen Kieselstein,
erhob ihn mit dem rechten Bein
und hielt sich auf dem linken nur
in Gleichgewicht und Positur.

Der arme Kerl war schrecklich müd.
Erst fiel das linke Augenlid,
das rechte blinzelt zwar noch schwach,
dann aber folgt's dem andern nach.
Er schnarcht sogar. Ich denke schon:
Wie wird es dir ergehn, mein Sohn?
So denk' ich, doch im Augenblick,
als ich es dachte, geht es klick!
Der Stein fiel Hänschen auf die Zeh,
das weckt ihn auf, er schreit auweh!
Er schaut sich um, hat mich gewittert,
pfeift, daß es Mark und Bein erschüttert,
und alsogleich im Winkelflug
entschwebt der ganze Heereszug.

Ich rief hurra! und schwang den Hut.
Der Vogel, der gefiel mir gut.
Er lebt auch noch. Schon oft seither
sah man ihn fern am Schwarzen Meer
auf einem Bein auf Posten stehn.

Dies schreibt mein Freund, der Kapitän,
und was er sagt, ist ohne Frage
so wahr, als was ich selber sage."

Wilhelm Busch

DER WEISSE HIRSCH

Es gingen drei Jäger wohl auf die Birsch,
sie wollten erjagen den weißen Hirsch.

Sie legten sich unter den Tannenbaum,
da hatten die drei einen seltsamen Traum.

Der erste:
„Mir hat geträumt, ich klopf' auf den Busch,
da rauschte der Hirsch heraus, husch, husch!"

Der zweite:

„Und als er sprang mit der Hunde Geklaff,
da brannt' ich ihn auf das Fell, piff, paff!"

Der dritte:

„Und als ich den Hirsch an der Erde sah,
da stieß ich lustig ins Horn, trara!"

So lagen sie da und sprachen, die drei,
da rannte der weiße Hirsch vorbei,

und eh' die drei Jäger ihn recht gesehn,
so war er davon über Tiefen und Höhn.
Husch, husch! piff, paff! trara!

Ludwig Uhland

EN ARGERLICHEN DROM

Hans kümmt to Klas un finnt em argerlich.
„Watt fehlt di?" – „Ach, so gah und frag mi nich!
To dumm is di so'n Saak! – Mi dreumt vör Nacht,
ick bün biem Börgermeister! Nu giv acht!
De Mann is di so fründlich gegen mi
un sprickt so gradeweg wie ick mit di
un snackt[1] vun dütt un jeens . . ., mit eenmal seggt
he: ‚Klas, sühst dar datt Schapp![2] Verstah mi recht,
datt is min Liev-Avthek![3] Watt meenst, mien Fründ,
da wi doch beid keen Kostverachters sünd,
wenn ick s'on lüttjen Pähl-Grock för uns broo?'
‚Ja', segg ick, „Börgermeister, süh, datt doh!
Da bün ick mit dabi!' – Un he an't Schapp.
Heur,[4] Junge, wie he datt so apenklapp
un ick di da so'n ganze Buddelreh[5]
vull Magentrösters un Krambamblis sehg –
ick har den Kerl woll küssen muggt! – He nimmt
en Glas herut: ‚Dat is för di bestimmt',
seggt he. ‚Söss Stücken Zucker! Nu den Pähl![6]
Wie wullt em nu? Koold oder heet? Befehl!'
Natürlich heet! – ‚Na ja; denn will'k erst mal
na Köök,[7] dat ick mi kaakend[8] Waater haal.'

[1] spricht [2] Schrank [3] Leib-Apotheke [4] hör [5] Flaschenreihe
[6] Pale-Kognak [7] Küche [8] kochend

Weg is he, un ick teuv[9] – un teuv – da! rutsch!
Da waak ick op – un datt Gedränk is futsch!
Süh, bün'k nu nich en rechten Esel, watt?
Har'k[10] koolen Grock verlangt – den har ick hatt!"

Daniel Bartels

[9] warte [10] hätt ich

DER MILCHTOPF

Wohl aufgeschürzt, mit starken, weiten Schritten,
den Milchtopf auf dem Kopf, ging Marthe nach der Stadt,
um ihre Sahne feilzubieten.
Weil doch nun beim Verkauf ein jeder Sorgen hat,
so überdachte sie, was, wenn's das Glück ihr gönnte,
sie wohl damit gewinnen könnte.
Sechs Groschen, dachte sie, gibt mir doch jedermann,
denn in der Stadt ist alles teuer.
Die streich' ich also ein und lege sie mir an
und kaufe mir, so weit sie reichen, Eier.
Die bring' ich wieder in die Stadt.
Das Glück hat oft sein Spiel! Für das, was ich gewänne,
kauft ich mir lauter Hühner ein.
Dann legt mir eine jede Henne;
ich zieh' auch dreimal Brut. Wie wird sich Marthe freun,
wenn so viel Hühner um sie flattern!
Die soll gewiß kein Fuchs ergattern!
Denn, sind sie groß genug, so kauf' ich mir ein Schwein.
Aus Kälbern, sagt man, werden Kühe.
Das Ferklein wird ja groß; ich spar' auch keine Mühe,
die Kleie hab' ich schon dazu.
Wenn ich das Schwein verkauft, kauf' ich mir eine Kuh;
die wirft ein Kalb, ein Ding voll Mut, voll Feuer!
He! wie es springt! hopf, Anna Marthe! hopf!
Hier springt sie – Gute Nacht, Kalb, Kuh, Schwein, Hühner, Eier,
da lag der Topf.

Johann Benjamin Michaelis

VON DES KAISERS BART

Im Schank zur goldnen Traube
da saßen im Monat Mai
in blühender Rosenlaube
guter Gesellen drei.

Ein frischer Bursch war jeder,
der erst' am Gurt das Horn,
der zweit' am Hut die Feder,
der dritte mit Koller und Sporn.

Es trug in funkelnden Kannen
der Wirt den Wein auf den Tisch;
lustige Reden sie spannen
und sangen und tranken frisch.

Da war auch einer drunter,
der grüne Jägersmann,
vom Kaiser Rothbart munter
zu sprechen hub er an:

,,Ich habe den Herrn gesehen
am Rebengestade des Rheins,
zur Messe wollt' er gehen
wohl in den Dom nach Mainz.

Das war ein Bild, der Alte,
fürwahr von Kaiserart!
Bis auf die Brust ihm wallte
der lange braune Bart."

Ins Wort fiel ihm der zweite,
der mit dem Federhut:
,,Ei, Bursch, bist du gescheite?
Dein Märlein ist nicht gut.

Auch ich hab' ihn gesehen
auf seiner Burg im Harz,
am Söller tät er stehen,
sein Bart, sein Bart war schwarz!"

Da fuhr vom Sitz der dritte,
der Mann mit Koller und Sporn,
und in der Zänker Mitte
rief er in hellem Zorn:

,,So geht mir doch zur Höllen,
ihr Lügner! Glück zur Reis'! –
Ich sah den Kaiser zu Köllen,
sein Bart war weiß, war weiß!"

Das gab ein grimmes Zanken
um Weiß und Schwarz und Braun;
es sprangen die Klingen, die blanken,
und wurde scharf gehaun.

Verschüttet aus den Kannen
floß der vieledle Wein,
blutige Tropfen rannen
aus leichten Wunden drein.

Und als es kam zum Wandern,
ging jeder in zornigem Mut,
sah keiner nach dem andern,
und waren sich jüngst so gut. –

Ihr Brüder, lernt das eine
aus dieser schlimmen Fahrt:
,,Zankt, wenn ihr sitzt beim Weine,
nicht um des Kaisers Bart."

Emanuel Geibel

SASSAFRAS UND SASSAPARILLE[1]

De gnädje Frau ruft zum Fanster naus:
,,Wu is der Brasselsche[2] Bote?"
,,Do drunden stieht a am Gaertnerhaus
und wurgt ahn sem Frühstücksbrote."
,,He, hier' amol, Spille[3], mei Hundel is krank.
Gieh fix ei de Stadt nei, Spille,
und feedre[4] dihch uf deinem Gang;
hul[5] Sassafras und Sassaparille."

[1] Medikamente [2] Breslauer [3] Name des Boten [4] spute [5] hol

Mei Spille gieht und schwadreniert
im giehn de dunnerschen[6] Wohrte;
se giehn i'm vum Munde als wie geschmiert:
Nu is a am rechten Ohrte,
nu rufft a zum kleenen Fänsterle nein
mit grußem Praasch,[7] der Spille:
„Herr Abdecker[8], wihl a su gutt wul sein?
A sass, a frass, a hatt anne Prille!"

Der Herr Aptheker, in guder Ruh,
aß just anne Putterschniete
und ooch a Kannewürschtel derzu, –
(seine Prille hott' a immer miete)
där hürt nich gutt, weil a juste kaut,
und spricht: „Hae, wahs is sei Wille?"
Do schreit der Spille irschte recht laut:
„A sass, a frass, a hatt anne Prille!"

Do reckt der Aptheker de rechte Faust
zum Fänsterle naus: „Du Uckse[9]!"
Und gibt i'm eene, daß 's ock a su saust,
und spricht: „Du Lümmel, nu muckse;
was schiert dihch meine Prille, du Viech?
Do gieh und verschluck nu de Pille;
do gieh du Raekel[10], im giehn do spriech:
A sass, a frass, a hatt anne Prille!"

Mei Spille schüttelt wul a Kupp,
de Zähne tun i'm nich süße;
a sat: „De Medizin is gar grub[11]";
derweile rührt a de Füße
und wie a kümmt zur Herrschaft naus,
do gieht a in aller Stille
zum Hundekürbel, zerrt's Möpsel raus:
„A sass, a frass, a hatt anne Prille!"

[6] sonderbar [7] Lärm [8] Apotheker [9] Ochse [10] Flegel [11] grob

Und schlaet[12], als waersch anne Mandel Kurn[13],
und schlaet, als sölld a se dräschen!
Die gnädje Frau in vullem Zurn
rufft a Jäger, a sol en präschen![14]
Der Jäger kallascht[15] i'n wie nich gescheidt,
('s war wul sein Freund nich, der sille[16]!)
der Spille mit blutiger Gusche[16] schreit:
„A sass, a frass, a hat anne Prille!"

Und wie a nu derheeme war,
do tat sich die Sache äntscheiden:
Zum Narren gehat han s' i'n manches Jahr
sei Laebelang mußt a's derleiden;
wenn a mid Seiner[18] geurbert[19] hat,
do sproch se: Du sei mer ack stille,
suste schick ich dich gleich wieder nei in de Stadt,
nach Sassafras und Sassaparille.

Karl von Holtei

[12] schlägt [13] Korn [14] jagen [15] prügelt [16] derselbe
[17] Mund [18] seiner Frau [19] gezankt

OH, JÖCHING PÄSEL, WAT BÜST DU FÖR'N ESEL!

De Leutnant von Karfunkelstein,
de kümmt tau Hus, dunn liggt dor ein
Inladungskort up sinen Arbeitsdisch
(so würd de Disch gewöhnlich heiten,
wil doran drunken würd un eten
un af un an ok spelt en beten
mit Rechtsch un Linksch;[1] doch dat
[dürft keiner weiten)
Kort, up den Disch do liggt de Kort,
un as hei s' nimmt un sik besüht,
hadd hei binah vör Arger rohrt:[2]
dit schöne Middageten hüt! –
De gned'ge Fru von Diamant
was in de ganze Stadt bekannt,
dat sei am besten ded traktieren;
un in 'ne Stunn süll hei marschieren!
Un dortau was – „nein, wie infam!" –
De Witwe ok sin Herzens-Dam.
Hei hadd so girn hüt bi ehr seten,
an ehr Gerichten satt sik eten,
denn heites Hart[3] un hungrig Magen,
de seten bi em dicht tausam! –
Un 't was ok würklich ganz infam! –
Doch dor helpt nicks, dor helpt kein
Klagen,
hei müßt marschieren, dat müßt sin.
Hei röppt nun sinen Burssen 'rin
un seggt em ganz genau Bescheid.
Dat hei unmäglich kamen künn.
„Weißt du's nun auch?" – „Herr
Leutnant, ja!"
Un uns' gaud Jochen Päsel geiht.
Den Leutnant föllt wat in, hei ritt[4]
dat Finster up un röppt em nah:

[1] Glückspiel [2] geweint [3] Herz [4] reißt

„Und dann bring gleich das Essen mit." –
Un Jochen Päsel kümmt tau'r
gned'gen Fru:
„Was gibt's, mein Sohn, was
bringest du?"
„Empfehlung von'n Herrn Leutinant
an gned'ge Fru von Diamant,
un was mein gnedigst Leutnant wär',
der kem heut nich zu's Essent her,
denn nah 'ner guten Stunde schon
müßt allens gnedigst abmarschieren,
in Woldegk wär 'ne Rebelljon,
un täten hellschen[5] rebellieren,
von wegen einer Holzgeschicht,
un dorum könnt Herr Leutnant nicht." –
„Das ist ja schad, das tut mir leid!" –
Un Jochen Päsel steiht un steiht
un ward de Feldmütz dörch de Knäwel[6]
wringen.
Sei fröggt, worüm hei denn nich geiht?
„Das Essent", seggt hei, „süll ich
bringen!" –
Na, sei is denn en lustig Wiw,
dat up en Spaß sik gaud versteiht,
un seggt tau em: „Na, täuw[7], denn bliw
man noch en Ogenblicking hir."
Un in en blotes Ümseihn wir
en groten Korf vull Eten packt
un Jochen Päseln upgesackt.
Dei dröggt denn munter dormit furt. –
Sin gnedigst Leutnant hett all lurt[8]
un set't sik ganz verdreitlich nedder:
„So", seggt hei, „na nu giwwt dat
wedder
den ew'gen Swins- un Hamelbraden.
Ach! Bei der Diamant geladen,
bei einem solchen Weib zum Küssen,
und dann von Platen[9] essen müssen!"

Doch ward em bald ganz narsch
tau Maud.
Dat Eten, dat is würklich gaud,
so hett em dat seindag nich smeckt;
un Brad, Pasteten, Is, Konfekt –
un nu noch gor 'ne Buddel Sekt!
Dat is en Eten, as sik't hürt,
as sik dat för en Leutnant hürt,[10]
dei in den blassen Dod marschiert
un sick tauletzt noch regaliert.
Hei fröggt den Kirl, ob denn bi Platen
villicht 'ne Hochtid utrüst't wir,
oder ob hei wedder döpen laten.[11] –
„Ne", seggt uns' Jochen, „dat's
von ehr."
„Wo", fröggt de Leutnant, „is es her?" –
„Na, von de Fru von Diamant,
ik süll mi dat dor glik jo föddern."[12] –
Na, nu denn uns' Herr Leutinant!
De ward denn los nu dunnerwedern
up unsen leiwen Jochen Päsel;
up Ihr un Gasch' und Talj'[13] tauswören,
hei wir de allergrötste Esel,
dei up twei Beinen 'rümmer lep,
un wenn hei't mal taufällig dröp,[14]
dat sei mit Jöching Veihusdören[15]
inrönnen deden,
hei, de Herr Leutnant, würd't nich
wehren. –
Indessen ok so'n Leutnantszorn
hett sine Tid, hei towt[16] sick ut,
un as de Leutnant ruhig word'n,
dunn treckt hei sinen Büdel 'rut
un langt drei Daler drut hervör
un nimmt s' un röppt: „Komm
hier mal her!
Hier sind drei Taler. Siehst du, Esel?" –
„Wohl, zu Befehl", seggt Jochen Päsel. –

[5] höllisch [6] Knöchel [7] wart [8] lauert [9] Plato, berühmter Wirt [10] gehört [11] taufen lassen [12] fordern [13] Ehre, Gage und Taille [14] zufällig träfe [15] Stalltüren [16] tobt

„Die nimmst du hier und gehst sogleich
zu dem Konditor Butterteig –
verstehst du mich auch recht, du Esel?" –
„Befehl, Herr Leutnant", seggt –
uns' Päsel. –
„Da forderst du dir eine Torte,
die schönste, die da ist im Laden,
und trägst sie nach demselben Orte,
wo ich zu Mittag war geladen,
und sagst zu Frau von Diamant:
Du wärst als Esel längst bekannt,
sie möge gnädigst dir verzeihn,
und wenn die Tort ihr halb so schmeckte,
wie mir die Braten und Konfekte,
die sie so freundlich mir gesandt,
so würds für mich 'ne Wollust sein.
Hast nun verstanden, dummer Esel?" –
„Befehl", seggt wedder Jochen Päsel. –
Un Jochen geiht un bringt denn nu
den Kauken tau de gnedge Fru:
„Empfehlung von Herrn Leutinant
an gnedge Fru von Diamant ..." –
„Was bringst du da, mein lieber Sohn?"
„Un wär as Esel längst bekannt,
un gned'ge Fru von Diamant ..." –
„Na, laß nur, laß, ich weiß das schon." –
„Und sollten gnedigst doch verzeihn,
un einen Kauken is dadrein,
un sollt for Sie 'ne Wollust sein." –
De gned'ge Fru, de lacht denn sihr:
„Na, sag' dem Herrn Lieutenant,
wenn er erst wäre wieder hier,
dann sprächen wir wohl mal darüber.
Und grüß ihn nur, und hier, mein
Lieber",
Drückt em en Daler in de Hand,
un denkt denn nu, hei sall nu gahn;
doch Jochen, de bliwwt stramm bestahn
un höllt de Hand so vö sick hen
un kickt sick in de Hand herin,
as hadd hei nie en Daler seihn.[17]
„Was stehst Du noch? Was wartest Du?"
Fröggt em tauletzt de gned'ge Fru,
„nun ist ja alles in der Reih." –
„Ne", seggt uns' Jochen, „dit 's man ein,
de Kauken kost't uns sülwen[18] drei."

Fritz Reuter

[17] gesehen [18] selber

DE KOPPWEIHDAG'

„Gun Morgen, Herr Apteiker!
Seggen S' mal
wat is woll gaud för Koppweihdag'?"
„Min Sähn, dat is de düllste Qual,
dat is 'ne niderträcht'ge Plag.
Na, sett di man en beten dal.[1]
Du büst woll her ut Frugenmark?" –
„Ja Herr! Ick dein dor up den Hof." –
„Na, sünd de Koppweihdag' denn stark?"
„Ja, Herr! Sei maken't gor tau groww[2]." –
„Na, denn kumm her un dauh
mal irst din beiden Ogen tau[3]. –
Süh! So ist' recht! Nu rück[4] mal swinn
all, wat du kannst, in dese Buddel 'rin." –
De Bengel deiht ok ganz genau,
wat hei em heit: makt irst de Ogen tau
un rükt recht düchtig 'rinner dunn.
Bautz! föll hei rügglings von den Staul
herun.
Als hei nu wedder sick besunn,
seggt de Apteiker: „Sähn, nu segg:
Sünd dine Koppweihdag' nu weg?" –
„Ih, Herr, von mi is nich de Frag'.
Uns' Frölen hett de Koppweihdag!"

Fritz Reuter

[1] hin [2] grob [3] zu [4] riech

AUS DER BAYERISCHEN WELTGESCHICHT

Die Allerweltserschaffung
oder
Wia d' Welt auf d' Welt kemmå is

Wia na' der ganze Erdenplan
so fertig war mi'n Drum und Dran,
da war koa Mensch no' da, koa Viech
da wars no' friedlich, feierlich.

Doch weil der Zuastand, dees is klar,
so auf díe Dauer letschert[1] war,
hat – als Versuch gewissermaßen –
Gott z'erscht die Viecher kemma lassen.
Dees war a Fliagats und a Laufats,
a Hupfats, Fressats und a Saufats.
Auf daß a Ordnung herrscht im Lebn,
hat er de Viecher Nama gebn.
Die Gäul, de hat er Rösser ghoaßn,
die Ziegen – na' dees warn die Goaßn,
das Rindviech hoaßt er Ochs und Kuah,
da ghört der Gmoastier[2] aa dazua.
Die Schweine hat er tauft als Säu,
die Papagei als – Papagei
's Rhinozeros hat saudumm gschaugt,
dem hat sei' Nama gar net taugt.
Und die Giraffe jedenfalls
hätt lieba net den langen Hals.
Der Pfau auf dem Piedestal
möcht gern a Stimm wia d'Nachtigall.
Der Elefant taat so gern fliagn,
als wia den blöden Rüassel kriagn.
Die Wildsau grunzt: Möcht liaba hinka,
als wia so gottserbärmlich stinka.
Der Esel schreit ganz unverfrorn:
,,Warum kriag i so lange Ohrn?" –
,,Gibs mir", schreit da der Uhu glei.
,,Ja freili!", sagt der Spatz, ,,halts Mäu!"
Und d' Henna, de macht erst a Gschroa:
,,I leg fast jeden Tag a Oa[3]
und er, der Gockel, – is dees recht?
der hat die Federn, wo i möcht!"
An Goaßbock, den treibts umadum,
der meckert und woaß net warum.
Die Maus, de quickst als wia a Ratz,
sie möcht so groß sei' wia a Katz.
Sogar die Flunder macht a Gfries,
weil s' brettlebn und broat tetscht[4] is.
Oa Viech war halt dem andern neidi;
net lang hats dauert, scho' wern s' streiti
und s' Stärkere packt dees Schwächere o'
und zreißts und frists. – Wer ko',
der ko'!

Michl Ehbauer

[1] langweilig [2] Gemeindestier [3] Ei [4] breit gedrückt

MATTEN[1] HAS

Lütt[2] Matten de Has
de mak sik en Spaß,
he weer bi't Studeern,
dat Danzen to lehrn,
un danz ganz alleen
op de achtersten[3] Been.

Keem Reinke de Voß
un dach: das en Kost!
Un seggt: ,,Lüttje Matten,
so flink oppe Padden?[4]
Un danzst hier alleen
op de achtersten Been?

[1] Martin [2] klein [3] hintersten [4] Pfoten

Kumm, lat uns tosam!
Ik kann as de Dam!
De Krei[5] de spelt Fitel,
denn geit dat canditel,[6]
denn geit dat mal schön
op de achtersten Been!"

Lütt Matten gev Pot.
De Voß beet em dot
un sett sik in Schatten,
verspis de lütt Matten:
De Krei de kreeg een
vun de achtersten Been.

Klaus Groth

[5] Krähe [6] lustig

VON KATZEN

Vergangnen Maitag brachte meine Katze
zur Welt sechs allerliebste kleine Kätzchen,
Maikätzchen, alle weiß mit schwarzen Schwänzchen.
Fürwahr, es war ein zierlich Wochenbettchen!
Die Köchin aber – Köchinnen sind grausam,
und Menschlichkeit wächst nicht in einer Küche –
die wollte von den sechsen fünf ertränken,
fünf weiße, schwarzgeschwänzte Maienkätzchen
ermorden wollte dies verruchte Weib.
Ich half ihr heim! – der Himmel segne
mir meine Menschlichkeit! Die lieben Kätzchen,
sie wuchsen auf und schritten binnen kurzem
erhobnen Schwanzes über Hof und Herd;
ja, wie die Köchin auch ingrimmig dreinsah,
sie wuchsen auf, und nachts vor ihrem Fenster
probierten sie die allerliebsten Stimmchen.
Ich aber, wie ich sie so wachsen sahe,
ich pries mich selbst und meine Menschlichkeit. –
Ein Jahr ist um, und Katzen sind die Kätzchen,
und Maitag ist's! – Wie soll ich es beschreiben,
das Schauspiel, das sich jetzt vor mir entfaltet!
Mein ganzes Haus, vom Keller bis zum Giebel,
ein jeder Winkel ist ein Wochenbettchen!
Hier liegt das eine, dort das andre Kätzchen,
in Schränken, Körben, unterm Tisch und Treppen,
die Alte gar – nein, es ist unaussprechlich,
liegt in der Köchin jungfräulichem Bette!

Und jede, jede von den sieben Katzen
hat sieben, denkt euch! sieben junge Kätzchen,
Maikätzchen, alle weiß mit schwarzen Schwänzchen!
Die Köchin rast, ich kann der blinden Wut
nicht Schranken setzen dieses Frauenzimmers;
ersäufen will sie alle neunundvierzig!
Mir selber, ach, mir läuft der Kopf davon –
o Menschlichkeit, wie soll ich dich bewahren!
Was fang ich an mit sechsundfünfzig Katzen! –

Theodor Storm

DIE KATZEN UND DER HAUSHERR

Tier' und Menschen schliefen feste,
selbst der Hausprophete schwieg,
als ein Schwarm geschwänzter Gäste
von den nächsten Dächern stieg.

In dem Vorsaal eines Reichen
stimmten sie ihr Liedchen an,
so ein Lied, das Stein' erweichen,
Menschen rasend machen kann.

Hinz, des Murners Schwiegervater,
schlug den Takt erbärmlich schön,
und zween abgelebte Kater
quälten sich, ihm beizustehn.

Endlich tanzten alle Katzen,
poltern, lärmen, daß es kracht,
zischen, heulen, sprudeln, kratzen,
bis der Herr im Haus erwacht.

Dieser springt mit einem Prügel
in dem finstern Saal herum,
schlägt um sich, zerstößt den Spiegel,
wirft ein Dutzend Schalen um,

stolpert über ein'ge Späne,
stürzt im Fallen auf die Uhr
und zerbricht zwo Reihen Zähne:
Blinder Eifer schadet nur.

Magnus Gottfried Lichtwer

BALLADE IN U-DUR

Es lebte Herr Kunz von Karfunkel
mit seiner verrunzelten Kunkel
auf seinem Schlosse Punkpunkel
in Stille und Sturm.
Seine Lebensgeschichte war dunkel,
es murmelte manch Gemunkel
um seinen Turm.

Täglich ließ er sich sehen
beim Auf- und Niedergehen
in den herrlichen Ulmenalleen
seines adligen Guts.
Zuweilen blieb er stehen
und ließ die Federn wehen
seines Freiherrnhuts.

Er war just hundert Jahre,
hatte schneeschlohweiße Haare
und kam mit sich ins klare:
Ich sterbe nicht.
Weg mit der verfluchten Bahre
und ähnlicher Leichenware!
Hol' sie die Gicht!

Werd' ich, neugiertrunken
ins Gartengras hingesunken,
entdeckt von dem alten Halunken,
dann grunzt er plump:
Töw, Sumpfhuhn, ick will di glieks tunken
in den Uhlenpfuhl zu den Unken,
du schrumpliger Lump.

Einst lag ich im Verstecke
im Park an der Rosenhecke,
da kam auf der Ulmenstrecke
etwas angemufft.
Ich bebe, ich erschrecke:
Ohne Sense kommt mit Geblecke
der Tod, der Schuft.

Und von der andern Seite,
mit dem Krückstock als Geleite,
in knurrigem Geschreite,
kommt auch einer her.
Der sieht nicht in die Weite,
der sieht nicht in die Breite,
geht gedankenschwer.

Hallo, du kleine Mücke,
meckert der Tod voll Tücke,
hier ist eine Gräberlücke,
hinunter ins Loch!
Erlaube, daß ich dich pflücke,
sonst hau' ich dir auf die Perücke,
oller Knasterknoch.

Der alte Herr, mit Grimassen,
tut seinen Krückstock festfassen:
Was hast du hier aufzupassen,
du Uhu du!
Weg da aus meinen Gassen,
sonst will ich dich abschrammen lassen
zur Uriansruh'!

Sein Krückstock saust behende
auf die dürren, gierigen Hände,
die Knöchel- und Knochenverbände:
Knicksknucksknacks.
Freund Hein schreit: Au, mach ein Ende!
Au, au, ich lauf' ins Gelände
nach Haus schnurstracks.

Noch heut lebt Herr Kunz von Karfunkel
mit seiner verrunzelten Kunkel
auf seinem Schloß Punkpunkel
in Stille und Sturm.
Seine Lebensgeschichte ist dunkel,
es murmelt und raunt manch Gemunkel
um seinen Turm.

Detlev von Liliencron

EIN WENIG SPOTT

David und Salomo waren große Sünder,
sie hatten schöne Weiber lieb und zeugten viele Kinder;
da kamen sie ins Alter,
macht' der eine Sprüch' und der andre Psalter.

Es war einmal ein König,
der hatt' einen großen Floh,
den liebt' er gar nicht wenig,
als wie seinen eignen Sohn.
Da rief er seinen Schneider,
der Schneider kam heran:
„Da, miß dem Junker Kleider
und miß ihm Hosen an!“

In Sammet und in Seide
war er nun angetan,
hatte Bänder auf dem Kleide,
hatt' auch ein Kreuz daran,
und war sogleich Minister
und hatt' einen großen Stern.
Da wurden seine Geschwister
bei Hof auch große Herrn.

Und Herrn und Fraun am Hofe,
die waren sehr geplagt,
die Königin und die Zofe
gestochen und genagt,
und durften sie nicht knicken
und weg sie jucken nicht. –
Wir knicken und ersticken
doch gleich, wenn einer sticht.

Goethe

UNFREIHEIT

Ach, lieber Herr Amtmann, habet Geduld!
Ich gesteh's, ich habe gestohlen;
doch das hat der Kosmos selber schuld,
das sag' ich Euch unverhohlen.

Die Neigung zum Stehlen war in mir schon
von Anbeginn entzündet;
sie lag schon in der Konstitution
meiner Urgroßmutter begründet.

Rings drängten auf mich der ganzen Natur
vieltausendfältige Triebe;
ich ward nach höhern Gesetzen nur
unwiderstehlich zum Diebe.

Wie könnt Ihr mich strafen, der ich doch nicht
aus freiem Willen gesündigt? –
„Jetzt schweige, du naseweiser Wicht,
und höre, was man verkündigt.

Die hochwohllöbliche Polizei
steht auch unter kosmischem Zwange,
sie fängt die Diebe und hängt sie dabei
aus unwiderstehlichem Drange.“

Arthur Fitger

DAS MENSCHENBEWUSSTSEIN

Wie muß ich meinem Schöpfer danken,
daß ich nicht eine Kröte ward,
die ohne sittlichen Gedanken
im Kote nur sich wälzt und scharrt,
ich bin ein Mensch, vor Gott zu wandeln,
kein Schamgefühl bringt mir mein
Handeln.

Wär' ich ein Ochs an seiner Krippe,
ich wüßte mir zu helfen nicht,
kein Wort belebte meine Lippe,
verstehen könnt' ich kein Gedicht.
Wie müßt' ich mich unglücklich fühlen,
wenn ich nur könnte sinnlos brüllen!

Wär' ich zum Tiger gar verfluchet,
der raubt und mordet grausen Sinns,
in Wildheit sich die Gattin suchet –
ich schauderte zu sehn: ich bin's.
Gottlob, daß ich ein Mensch geworden,
der nicht den Trieb hat, wild
zu morden.

Oh, Mensch zu sein von Gottes Gnaden,
gut sein zu dürfen, fromm und rein,
die Vögel, Fische, Molche, Maden,
sie ahnen nicht, was das mag sein.
Der Seraph aber muß uns neiden,
denn er entbehrt Familienfreuden.

• *Ludwig Eichrodt*

CÄSARS ABSCHIED VON CLEOPATRA

Der Kranz, der meine kahle Stirne
als gütiges Versatzstück säumt,
gibt keinen Trost, daß diese Dirne
bei mir von jungen Kerlen träumt.

Hast du das Daseinswerk erledigt,
so stehst du als enttäuschter Gast,
und keine Weltentat entschädigt
dich für die Glatze, die du hast.

Könnt ich den Zweck des Blödsinns ahnen!
Ich führte manchen schweren Streich,
bezwang mit Mühe die Germanen –
trotzdem kommt Sedan und das Reich . .

Der Erdball taumelt in Ellipsen
mit uns. Urplötzlich naht die Nacht,
da fühlt man sich (wie nennt es Ibsen?)
als einen Toten, der erwacht.

Alfred Kerr

MIR TRÄUMT': ICH BIN DER LIEBE GOTT

Mir träumt': ich bin der liebe Gott
und sitz' im Himmel droben,
und Englein sitzen um mich her,
die meine Verse loben.

Und Kuchen ess' ich und Konfekt
für manchen lieben Gulden,
und Kardinal trink' ich dabei,
und habe keine Schulden.

Doch Langeweile plagt mich sehr,
ich wollt', ich wär' auf Erden,
und wär' ich nicht der liebe Gott?
Ich könnt' des Teufels werden.

Du langer Engel Gabriel,
geh, mach dich auf die Sohlen,
und meinen teuren Freund Eugen
sollst du herauf mir holen.

Such ihn nicht im Kollegium,
such ihn beim Glas Tokaier;
such ihn nicht in der Hedwigskirch',
such ihn bei Mamsell Meyer.

Da breitet aus sein Flügelpaar
und fliegt herab der Engel,
und packt ihn auf, und bringt herauf
den Freund, den lieben Bengel.

Ja, Jung, ich bin der liebe Gott,
und ich regier' die Erde!
Ich hab's ja immer dir gesagt,
daß ich was Rechts noch werde.

Und Wunder tu' ich alle Tag',
die sollen dich entzücken!
Und dir zum Spaße will ich heut
die Stadt Berlin beglücken.

Die Pflastersteine auf der Straß',
die sollen jetzt sich spalten,
und eine Auster frisch und klar,
soll jeder Stein enthalten.

Ein Regen von Zitronensaft
soll tauig sie begießen,
und in den Straßengössen soll
der beste Rheinwein fließen.

Wie freuen die Berliner sich,
sie gehen schon ans Fressen;
die Herren von dem Landgericht,
die saufen aus den Gössen.

Wie freuen die Poeten sich
bei solchem Götterfrase!
Die Leutnants und die Fähnderichs,
die lecken ab die Straße.

Die Leutnants und die Fähnderichs,
das sind die klügsten Leute,
sie denken, alle Tag geschieht
kein Wunder so wie heute.

Heinrich Heine

AN MEINEM FÜNFUNDSIEBZIGSTEN

Hundert Briefe sind angekommen
ich war vor Freude wie benommen,
nur etwas verwundert über die Namen
und über die Plätze, woher sie kamen.
Ich dachte, von Eitelkeit eingesungen:
Du bist der Mann der „Wanderungen",
du bist der Mann der märk'schen Geschichte,
du bist der Mann der märk'schen Gedichte,
du bist der Mann des Alten Fritzen
und derer, die mit ihm bei Tafel sitzen,
einige plaudernd, andere stumm,
erst in Sanssouci, dann in Elysium;
du bist der Mann der Jagow und Lochow,
der Stechow und Bredow, der Quitzow und Rochow,

du kanntest keine größeren Meriten
als die von Schwerin und vom alten Zieten,
du fandst in der Welt nichts so zu rühmen
als Oppen und Groeben und Kracht und Thümen,
an der Schlachten und meiner Begeisterung Spitze
marschierten die Pfuels und Itzenplitze,
marschierten aus Uckermark, Havelland, Barnim
die Ribbecks und Kattes, die Bülow und Arnim,
marschierten die Treskows und Schlieffen und Schlieben,
und über alle hab' ich geschrieben.

Aber die zum Jubeltag da kamen,
das waren doch sehr andre Namen.
Auch „sans peur et reproche", ohne Furcht und Tadel,
aber fast schon von prähistorischem Adel:
Die auf „berg" und auf „heim" sind gar nicht zu fassen,
sie stürmen ein in ganzen Massen,
Meyers kommen in Bataillonen,
auch Pollacks, und die noch östlicher wohnen,
Abram, Isak, Israel,
alle Patriarchen sind zur Stell',
stellen mich freundlich an ihre Spitze,
was sollen mir da noch die Itzenplitze!
Jedem bin ich was gewesen,
alle haben sie mich gelesen,
alle kannten mich lange schon,
und das ist die Hauptsache – – „Kommen Sie, Cohn!"

Theodor Fontane

ZWEI RITTER

Crapülinski und Waschlapski,
Polen aus der Polackei,
fochten für die Freiheit, gegen
Moskowiter-Tyrannei.

Fochten tapfer und entkamen
endlich glücklich nach Paris –
leben bleiben, wie das Sterben
für das Vaterland, ist süß.

Wie Achilles und Patroklus,
David und sein Jonathan,
liebten sich die beiden Polen,
küßten sich: „Kochan! Kochan!"

Keiner je verriet den andern,
blieben Freunde, ehrlich, treu,
ob sie gleich zwei edle Polen,
Polen aus der Polackei.

Wohnten in derselben Stube,
schliefen in demselben Bette;
eine Laus und eine Seele,
kratzten sie sich um die Wette.

Speisten in derselben Kneipe,
und da keiner wollte leiden,
daß der andre für ihn zahle,
zahlte keiner von den beiden.

Auch dieselbe Henriette
wäscht für beide edle Polen;
trällernd kommt sie jeden Monat,
um die Wäsche abzuholen.

Ja, sie haben wirklich Wäsche,
jeder hat der Hemden zwei,
ob sie gleich zwei edle Polen,
Polen aus der Polackei.

Sitzen heute am Kamine,
wo die Flammen traulich flackern;
draußen Nacht und Schneegestöber
und das Rollen von Fiakern.

Eine große Bowle Punsch
(es versteht sich, unverzückert,
unversäuert, unverwässert)
haben sie bereits geschlückert.

Und von Wehmut wird beschlichen
ihr Gemüte; ihr Gesicht
wird befeuchtet schon von Zähren,
und der Crapülinski spricht:

„Hätt' ich doch hier in Paris
meinen Bärenpelz, den lieben
Schlafrock und die Katzfell-Nachtmütz',
die im Vaterland geblieben!"

Ihm erwiderte Waschlapski:
„O du bist ein treuer Schlachzitz,
denkest immer an der Heimat
Bärenpelz und Katzfell-Nachtmütz.

Polen ist noch nicht verloren,
unsre Weiber, sie gebären,
unsre Jungfraun tun dasselbe,
werden Helden uns bescheren,

Helden, wie der Held Sobieski,
wie Schelmufski und Uminski,
Eskrokewitsch, Schubiakski,
und der große Eselinski."

Heinrich Heine

BEGEGNUNG

Wohl unter der Linde erklingt die Musik,
da tanzen die Burschen und Mädel,
da tanzen zwei, die niemand kennt.
Sie schaun so schlank und edel.

Sie schweben auf, sie schweben ab,
in seltsam fremder Weise,
sie lachen sich an, sie schütteln das Haupt;
das Fräulein flüstert leise:

„Mein schöner Junker, auf Eurem Hut
schwankt eine Neckenlilie,
die wächst nur tief im Meeresgrund –
ihr stammt nicht aus Adams Familie.

Ihr seid der Wassermann, Ihr wollt
verlocken des Dorfes Schönen.
Ich hab' Euch erkannt, beim ersten Blick,
an Euren fischgrätigen Zähnen."

Sie schweben auf, sie schweben ab
in seltsam fremder Weise,
sie lachen sich an, sie schütteln das Haupt.
Der Junker flüstert leise:

„Mein schönes Fräulein, sagt mir, warum
so eiskalt Eure Hand ist?
Sagt mir, warum so naß der Saum
an Eurem weißen Gewand ist?

Ich hab' Euch erkannt, beim ersten Blick,
an Eurem spöttischen Knickse –
du bist kein irdisches Menschenkind,
du bist mein Mühmchen, die Nixe."

Die Geigen verstummen, der Tanz ist aus,
es trennen sich höflich die beiden.
Sie kennen sich leider viel zu gut,
suchen sich jetzt zu vermeiden.

Heinrich Heine

ES WAREN DREI JUNGE LEUTE

Es waren drei junge Leute,
die liebten ein Mädchen so sehr.
Der eine war der Gescheite,
floh zeitig über das Meer.
Er fand eine gute Stelle
und ward seiner Jugend froh,
und lebt als Junggeselle
noch heut auf Borneo.

Der Zweite schied mit Weinen.
Er sang seiner Liebe Leid
und ließ es gebunden erscheinen
just um die Weihnachtszeit.

Das kalte Herz seiner Dame,
die Quelle all seines Wehs,
macht ihm die schönste Reklame
auf allen ästhetischen Tees.

Der Dritte nur war dämlich,
wie sich die Welt erzählt.
Er liebte die Holde nämlich
und hat sich mit ihr vermählt;
und sitzt jetzt ganz bescheiden
dabei mit dummem Gesicht,
wenn sie von den anderen beiden
mit Tränen im Auge spricht. . . .

Ludwig Eichrodt

LIEBE

Ein Mensch, zur Zeit ganz unbeweibt,
bemüht sich, daß er es nicht bleibt.
Das bessere Ich hebt an zu warnen:
„Laß nicht schon wieder dich umgarnen!
O armer Narr, erinnre dich,
die Weiberzeit ist fürchterlich!
Dies Girren, Betteln, Warten, Schmachten,
Verachtet-Sein, Sich-selbst-Verachten,
dies ewige Blumensträuße-Kaufen,
dies zweklos Durch-die-Straßen-Laufen,
dies Neppen und dies Zeitverschleppen,
kurz, dies Gefühl von einem Deppen,

bis eine dir gewogen scheint,
die du im Grunde nicht gemeint
und die, kaum hast du sie berührt,
schon auftrumpft, daß du sie verführt.
Dann zapple wieder in den Netzen
von Ängsten und Moralgesetzen,
wenn du nicht, was noch zehnmal schlimmer,
kommst an ein freches Frauenzimmer,
das dich verrät an einen Laffen,
der mehr für solches Glück geschaffen,
und das für Bitten, Schwüre, Tränen
nichts hat als ein gemeines Gähnen –"
Der Mensch spricht barsch zum bessern Ich:
„Behalte deinen Schmarrn für dich!
Denn was verstehst du schon von Liebe?!"
und folgt dem unglückseligen Triebe.

Eugen Roth

Am Grab der Gattin sprach zum trauernden Geleite
der Leichenredner viel von Wiedersehn;
beim Heimweg sprach der Mann zum Pastor: „Scherz beiseite,
wird meine Frau denn wirklich auferstehn?"

Konrad Pfeffel

DIE WERBUNG

Isidor, genannt der Schöne,
geht auf dem Produktenmarkte,
auf den Lippen süßes Lächeln,
holdes Schmachten in den Blicken
und im Herzen Liebesflammen,
aber sonst ganz beim Geschäfte.
Spiritus belebt und steigend,
Mehl behauptet, Roggen fest.

Und auf dem Produktenmarkte
sieht er der Geliebten Vater.
Auf ihn zu geht er mit Lächeln,
redet vieles, glühend wirbt er.

Und der Alte hört ihn zornig,
aber sonst ganz beim Geschäfte.
Rüböl ruhig, Weizen fester,
Hafer loco kein Geschäft.

Isidor, genannt der Schöne,
geht auf dem Produktenmarkte.
Seine Blicke sind erloschen
und sein Hut ist eingetrieben.
Innerlich ist er zerschmettert,
aber sonst ganz beim Geschäfte.
Butter leblos, Leinöl weichend,
Gerste still und Erbsen flau.

Johannes Trojan

DE ENDECKUNGK VON HAMEREGA

Wo de Wasser des atlantschen
Ozeans mit Saus un Braus
an Hispanjens Giste plantschen,
blickt Golumbus spähend aus.
Manches geht in Gopp ihm rum . . .
merkste was, o Buwligum?[1]

Händeringend an Gestade
leeft er jetzo hin un her:
„Nee, das weer doch jammerschade,
wenn de Welt hier alle wär!"
Pletzlich hemmt er seinen Schritt
un – begibt sich nach Madrid.

Doch sobald Madrid vernommen,
wer in seinen Mauern sei,
läßt mer weeche Eier gommen,
un Golumbus nimmt ä Ei,
stellts mit stillvergniegden Sinn
lächelnd uf de Spitze hin.

Wiedhig schrein de hohen Gordes:[2]
„Fui, welch schneede Leimerei!"
Doch de Schändlichgeet des Wordes
is den Forscher eenerlei.
Er verbeigt sich feierlich:
„Mißverstehen Se mich nich!

Glädden Se de Zornesfalden,
stehn Se nicht so grimmig da;
länger laß ich mich nich halden –
ich endeck Hamerega!"
Sprichtsunschifftsichschleinigstein...
Buwligum, was gann da sein?

Un so segelt er der Quere
dorch den feichden Ozean
nach der linken Hemisphäre,
der er innig zugedahn.
Awwer ach, der Schmach un Schand –
eegal zeigt sich noch gee Land!

Weider, weider, gehts nach Westen,
un schon wärds ihn gruselig.
„Hält de Hoffnungk mich zun besten?"
fragt Golumbus stindlich sich.
Un das Schiffsvolk is so frei,
plant de scheenste Meiderei.[3]

„Ha wir wollen ihn an Kragen!
Denn uns liegt, Schockschwerenot!
das Endecken längkst in Magen –
schießt Golumbum mausedodt!"
Un schonst is der Hahn gespannt,
horch – da brillt es pletzlich: ‚Land'!

Un den Arm der grimmen Meide
hält das Schicksal freindlich uf.
„Seht ihr, spricht Golumbus, Leide,
ich verstehe mich dadruf;
un was noch so sehr versteckt,
endlich wärd es doch endeckt!" –

Awwer als mer an den frommen
Ferdenand es debeschirt,
sprach er: „Ja, so muß es gommen,
wemmer Eier balangxiert!"
Sprachs un lächelde derzu . . .
Buwligum, was sagste nu?

Edwin Bormann

[1] Publikum [2] Cortes [3] Meuterei

PARODIEN

PETRARCHISCHE BETTLERODE

Wenn mit leisen Hutfilzsöckchen
meine braune Trutschel geht,
und ihr rotes Büffelröckchen
um die dicken Schinken weht,
über Zäune, Steg' und Brücken,
jeden ausgeschlagnen Tag,
humpl' ich dann auf beiden Krücken
ihr mit Sack und Packe nach.

Wär' ich nur ein Dorn der Hecke,
welche schlau ihr Röckchen ritzt!
Nur ein Tröpfchen von dem Drecke,
der an ihre Wade spritzt!
Wär' ich nur das Fledermäuschen,
das um ihre Mütze schwirrt!
Nur das kleine Silberläuschen,
das von Ohr zu Ohr ihr irrt!

Könnt' ich als ein Kamm ihr dienen,
wenn sie hinterm Zaun sich kämmt!
Könnt' ich an dem Teiche grünen,
wo sie ihre Glieder schwemmt!
Wär' ich doch auf Veltens Diele,
Schatz, für dich ein Bündel Stroh!
Nagt' ich, ach! mit süßem Spiele
dir dein Leder als ein Floh!

Würde doch von Niklas Mutter,
durch den alten Teufelstext
und ein Stückchen Hexenbutter,
dir ein Traum von mir gehext!
Schmunzelnd in dem Schlafe, drücke
fest mein Bild mit einem Schmatz!
Morgens trabst bei meiner Krücke
du einher und bist mein Schatz!

• *Ludwig Christoph Heinrich Hölty*

GROSSE DEUTSCHE LITERATURBALLADE

Gegen Abend in der Abendröte.
Ferne von der Menschen rohem Schwarm,
wandelten der Schiller und der Goethe
oft spazieren Arm in Arm.
Sie betrachteten die schöne Landschaft,
drückten sich die großen edlen Händ',
glücklich im Gefühl der Wahlverwandt-
unterhielten sie sich excellent. [schaft

„Sehen Sie", so redete der Goethe,
„dort die edle Pflanze in dem Gras,
jenes Steingebilde, diese Kröte,
dort den Schmetterling und dies und das!"
„Und – die Sonn'", erwiderte verwundert
drauf der Schiller, „sehen Sie, o Freund,
eben, sehn Sie, eben geht sie unter!
So hab ich's im Räuber Moor gemeint!"

Und ein andermal begann der Schiller
als sie wandelten am Wiesenbach,
und der Goethe wurde immer stiller,
während der entzückte Schiller sprach:
„Sehen Sie, wie diese Wellen fließen
ohne Ruh' und ohne Rast dahin,
wie die Menschen alle wandern müssen
und die Zeiten unaufhaltsam fliehn!"

„Herrlich ist, was Sie mir da bemerkten,"
gab der Goethe seinem Freund zurück:
„Hören Sie, daß Sie mir da bestärkten,
meine Meinung von des Menschen Glück.
Alles seh' ich gleichsam in dem Wasser,
Form und Ordnung, Maßstab und Bezug,
vieles Trefflichen bin ich Verfasser,
doch am Ende sei's gerad genug."

„Alexander und Homerus starben,
dieses ist das Los von allem fast.“
„Und was sagen Sie denn von den Farben,
welchen ich so sorgsam aufgepaßt?“
„Geht es Ihnen auch so sehr zu Herzen,
Herr Geheimerat, das Ideal?“
‚Mich ergreift, ich weiß nicht,
soll ich scherzen,
himmlisches Behagen auf einmal!“

Manchmal blieben sie auf einmal stehen,
wie in plötzlicher Versteinerung,
tief durchschauert von dem heil'gen
Wehen
gegenseitiger Bewunderung.
Auf dem Rücken faltete die Hände
dann der Goethe, eh' man sich's versah,
und so ganz in seinem Elemente
war der große Schiller da.

Hochbegeistert schwebten sie
nach Hause;
jener brannte schon vor Ungeduld,
dieser knitterte an seiner Krause,
bis er stünd' an seinem Schreibepult.
„Sehe nun ein jeder, wie er's treibe“,
sprach der ältre zu dem jüngeren,
der versetzte mit verneigtem Leibe:
„Geh du rechtwärts, laß mich
linkwärts gehn!“

Und bis zu der nächsten Morgenröte
schrieb der Schiller an dem siebten Band,
und den dreißigsten diktiert' der Goethe
seinem Sekretär noch in die Hand.
Still und dunkel auf den Straßen war es,
nur die Lampe brannte wieder hell
in den Zellen unseres Dichterpaares,
mahnend an der Wahrheit Strahlenquell.

Ludwig Eichrodt

SCHILLERS LOB DER FRAUEN

Ehret die Frauen! Sie stricken die Strümpfe,
wollig und warm, zu durchwaten die Sümpfe,
flicken zerrissene Pantalons aus;
kochen dem Manne die kräftigen Suppen,
putzen den Kindern die niedlichen Puppen,
halten mit mäßigem Wochengeld Haus.
Doch der Mann, der tölpelhafte,
findt am Zarten nicht Geschmack.
Zum gegornen Gerstensafte
raucht er immerfort Tabak;
brummt wie Bären an der Kette,
knufft die Kinder spat und fruh,
und dem Weibchen nachts in Bette
kehrt er gleich den Rücken zu usw.

August Wilhelm von Schlegel

NACH SCHILLER

Rauschend in den Katarakt der Wonne
wogt die unbekannte Sonne
des Verlustes seelenvoll dahin;
ew'ge Harmonien wallen über,
in die bodenlosen Freudenzüber
schöpft der Menschen Danaidensinn.
Keine Hoffnung adelt ihren Schaden,
auch der Glückliche fühlt sich beladen
und, den Stachel in der eignen Brust,
sinkt er abwärts, krank und
schuldbewußt.
Durchs Getümmel ausgebrannter Krater
schleicht der Würde schwergeprüfter
Vater
zu dem Traum des wandelnden
Geschlechts;
der Vergeltung Antwort grüßt die Klage,
und es schwankt die umgekehrte Waage
in den Ausdruck eines Totenrechts.
Ungeläutert aus den Wirklichkeiten
siehst du das Verhängnis rückwärts
schreiten,
in der stillverbißnen Schranke starrt
schon die Zukunft durch die Gegenwart.
Einstens aber labt den Adamiden
der Erkenntnis trauter Seelenfrieden,
und das Urteil bricht sich ab den Zahn;
jenseits flüstert heimliche Gebärde,
auf der kummerlosen Vatererde
schweigt der ungerührte Wahn.
Welten lodern und Begierden
schlummern,
Hermes selber nimmt sich einen
krummern,
einen minder starren Todesstab
in die Schattenwelt hinab.

Ludwig Eichrodt

NACH FELIX DAHN

Der Rolf und der Ralf, zween Recken gut,
Gesellen waren durch Schwur und Blut.

Sie saßen bei festlichem Mahl,
weg schob Ralf düster den vollen Pokal.

„Freund Rolf, vor Tisch ein rüstiger Ritt!
Deß hätten wir besseren Appetit!"

Da zog der Rolf sein blinkendes Schwert
und hieb auf den Freund, einen Ritter wert.

Ralf war itzt auch nicht länger träg
sie kriegten selbander wuchtige Schläg.

Der Rolf verlor den Fuß mit dem Bein,
ein Ohr und die Nase obendrein.

EIN WENIG SPOTT

Ralf büßte nur die linke Hand,
Ralf Einhand ward er fürder genannt.

Da lachte grimmig der Rolf zum Ralf:
„Nun wird's dir schmecken! Ich hoff', es half!"

Und soff nun wacker der Ralf mit dem Rolf
und hatte Hunger als wie ein Wolf.

Fritz Mauthner

UNGEDULD

Ich schnitt' es gern in alle Rinden ein,
ich grüb' es gern in jeden Kieselstein,
ich möcht' es sän auf jedes frische Beet
mit Kressesamen, der es schnell verrät,
auf jeden weißen Zettel möcht' ich's schreiben:
Dein ist mein Herz und soll es ewig bleiben!

Ich meint', es müßt' in meinen Augen stehn,
auf meinen Wangen müßt' man's brennen sehn,
zu lesen wär's auf meinem stummen Mund,
ein jeder Atemzug gäb's laut ihr kund:
Und sie merkt nichts von all dem bangen Treiben;
dein ist mein Herz und soll es ewig bleiben!

Ich möcht' mir ziehen einen jungen Star,
bis daß er spräch' die Worte rein und klar,
bis er sie spräch' mit meines Mundes Klang,
mit meines Herzens vollem, heißen Drang –
dann säng' er hell durch ihre Fensterscheiben:
Dein ist mein Herz und soll es ewig bleiben!

• Wilhelm Müller

LIEBESJUBEL

Ich ritzt' es gern in alle Rüben ein,
ich stampft' es gern in jeden Pflasterstein,
ich biss' es gern in jeden Apfel rot,
ich strich' es gern auf jedes Butterbrot,
auf Wand, Tisch, Boden, Fenster möcht' ich's schreiben:
Dein ist mein Herz und soll es ewig bleiben!

Ich schör' es gern in jede Taxusheck,
graviert' es gern in jedes Eßbesteck,
ich sät' es gern als lecker grüne Saat
ins Gartenbeet mit Kohlkopf und Salat,
in alle Marzipane möcht' ich's drücken
und spicken gern in alle Hasenrücken
und zuckerzäh auf alle Torten treiben:
Dein ist mein Herz und soll es ewig bleiben!

Ich möcht' mir ziehn ein junges Känguruh,
bis daß es spräch' die Worte immerzu,
zehn junge Kälbchen sollen froh sie brüllen,

hell wiehern hundert buntgescheckte Füllen,
trompeten eine Elefantenherde,
ja, was nur kreucht und fleucht auf dieser Erde,
das soll sie schmettern, pfeifen, quaken, bellen,
bis daß es dröhnt in allen Trommelfellen
mit einem Lärm, der gar nicht zu beschreiben:
Dein ist mein Herz und soll es ewig bleiben!!!

Hanns von Gumppenberg

LIED DES JAMES MONMOUTH

*Es zieht sich eine blutige Spur
durch unser Haus von alters,
meine Mutter war seine Buhle nur,
die schöne Lucy Walters.*

*Am Abend war's, leis wogte das Korn,
sie küßten sich unter der Linde,
eine Lerche klang und ein Jägerhorn –
ich bin ein Kind der Sünde.*

*Meine Mutter hat mir oft erzählt
von jenes Abends Sonne,
ihre Lippen sprachen: Ich habe gefehlt!
Ihre Augen lachten vor Wonne.*

*Ein Kind der Sünde, ein Stuartkind,
es blitzt wie Beil von weitem:
Den Weg, den alle geschritten sind,
ich werd' ihn auch beschreiten.*

*Das Leben geliebt und die Krone geküßt
und den Frauen das Herz gegeben,
und den letzten Kuß auf das schwarze Gerüst –
das ist ein Stuart-Leben.*

• *Theodor Fontane*

MONMOUTH-SELBSTPARODIE

Ich heiße James Monmouth und bin der Sohn
Karl Stuarts und Lucy Walters,
ich wurde geköpft vor Jahren schon,
das war so Mode von alters.

Meine Mutter liebte Vatern sehr,
und sie küßten sich unter 'ner Buche,
sie sahen sich oft und dann nicht mehr,
und stehn nicht im Kirchenbuche.

Und das ist mein Pech, Potzsapperment,
daß sie nie die Ringe gewechselt,
so hieß ich zeitlebens ein Prätendent –
bis den Kopf sie mir abgedrechselt.

Ich hab' es bezahlt mit meinem Blut
und fühle noch das Messer.
Und die Moral, die lautet: Ja, Lieb' ist gut,
doch die Ehe, die ist besser.

Theodor Fontane

GRÄFIN MONBIJOU

Am ersten Tag im Karneval,
– der erste Tag, der machte es, –
am ersten Tag im Karneval
auf allen Straßen lachte es,
da küßte Gräfin Monbijou
die Perlweinschale von Kristall,
sie trank dem blonden Pagen zu,
der Page, der hieß d'Autreval.

Graf Monbijou, was tatest du? –
Im Saale braust die Karmagnole,
er sah dem Spiel der Masken zu,
wer war die schönste Maske wohl?
Die schönste Maske lacht und tollt,
und mit ihr tanzt ein junger Fant,
vom Nacken fließt wie flüssig Gold
ihr Blondhaar über seine Hand.

Und kühles Haar auf heißer Hand . . .
ein dunkler Blick, der Blick wird hell, –
das junge Blut hat sich erkannt,
und junges Blut erkennt sich schnell!
„Du lieber, liebster Page, sprich,
kommst du heut nacht zum Schloß am Meer?" –
Der Page kam, die Nacht verstrich,
das Tor stand auf, der Saal war leer. –

Am letzten Tag im Karneval,
– der letzte Tag, der machte es, –
am letzten Tag im Karneval
im Forst von Digne lachte es,
vom Digner Paß in aller Früh'
durch die Provence ein Jauchzen strich,
im selben Sattel saßen sie
und küßten sich und küßten sich.

• *Börries von Münchhausen*

GRÄFIN FLOR DOLORES

Selbstparodie

Hei, sprang das Roß, das weiße Roß,
der Gräfin Flor Dolores,
fern blieb der Troß, der Jägertroß
am Rand des Reihermoores,
der Page nur, der junge Fant,
ließ seinem Tier die Zügel,
da schoß er übers Heideland
als hätte es Falkenflügel.

Und wo die wilde Rose stand,
griff sonder Scheu und Schame,
da griff ein Dorn mit flinker Hand
ins Kleid der edlen Dame,
und riß ins Kleid den feinen Riß,
und riß, der kühne, rasche,
und riß mit starkem Zahn den Riß
in ihre Jagdgamasche.

Des Trosses Horn verhallte fern,
ins Waldtal ging's hinunter,
dem Pagen winkte wie ein Stern
der Riß und seine Wunder . . .
Ich tu' der Märe Schluß euch kund:
Im feuchten Farrengrunde
da schloß ein roter heißer Mund
die kühle weiße Wunde!

• *Börries von Münchhausen*

AUS „ZWEI MENSCHEN"

Zwischen zwei Rappen jachtert ein Schimmel
Sonne glitzert auf Schneestaubgewimmel:
Ein Schlitten stiebt mit zwei Menschen dahin
schwarz funkeln die Schellen der silbernen Bügel.

EIN WENIG SPOTT

Ein Weib schwingt die Peitsche, der Mann führt die Zügel.
Jetzt reckt er das Kinn:
Lea! seit meinen Jugendjahren
bin ich nicht so im Fluge gefahren,
so rasend noch nie.
Aber noch rasender war's gestern morgen
als ich im Sturm deinen Namen schrie
und, als wäre mein Gott drin verborgen,
mit ihm rang um dich, Knie an Knie:
Schleife mich, Sturmgott, um die Erde,
sei sie unrein, sei sie rein!
Gönne mir nur kein Glück am Herde,
hingerissen will ich sein!
Sage mir – du! ich frage dich: schreit
dein Gott auch so Meinen Namen?
Peitscht dich der Schnee auch wie Frühlingssamen?
Kennst du den Wahnsinn dieser Seligkeit?
Er reißt ihr die Peitsche weg; die Rappen schäumen schon.
Die Zügel schlackern; die Bügel bäumen schon,
das Weib umschlingt ihn fallbereit:

Nenn's nicht Wahnsinn! Nenn's lieber Ahnsinn!
Lukas, ich hab in manch furchtbaren Wochen
dagelegen wie zerbrochen,
und wußte doch: ich will, muß, willmuß fliegen!
Ja Lux: rase! laß brechen, laß biegen!
Mir wiegt ein Gefühl der Erleuchtung die Brüste,
als ob es die Sonne blindmachen müßte.
Und wenn mir dein Sturmgott den Atem bräche,
ich lasse mich wiegen, du – wiegen – wiegen –

Sie starrt verzückt in das wilde Gewimmel:
Zwei Menschen glauben sich im Himmel.

• *Richard Dehmel*

DIE ENTSCHEIDENDE SCHLITTENPARTIE

Zwischen zwei Rappen jappjachtert ein Schimmel!
Getümmel, Gebimmel, Verschwimmelgewimmel . . .
Ein Weib und ein Lümmel
hetzen dahin zwischen Erd und Himmel!
Das Weib schwingt die Peitsche, der Lümmel die Zügel,
jetzt reckt er sein Kinn über Tal und Hügel:

„Sarah! seit meiner Jugend Gewitter
rast' ich noch nie so im Glitzergeschlitter!

Aber noch herrlicher raste ich gestern,
als ich im Sturm deinen Namen schrie, Weib,
meinen Orkangott hervorzulästern,
mit ihm zu ringen Kniescheib an Kniescheib,
daß du nun frei,
daß wir zwei
in einem Schrei
zwei sind, aber auch einerlei!
Schleif mich, Zyklongott, rund um den Erdball,
sei der nun mulmig oder rein –
ob auf die Nas' ich oder verkehrt fall:
Hingeschmissen will ich sein!
Sage mir, du! jetzt muß ich es wissen –
bist auch du so hingeschmissen?
Schreist du, Weib, vor allen Damen
ebenso rasend auch meinen Namen?
Kennst du den Wahnsinn dieser Gottähnlichkeit??"
– Das Weib umklaftert ihn purzelbereit:

„Nenn es nicht Wahnsinn, nenns lieber Ahnsinn,
nenn's nicht Profansinn, nenn's Nahedransinn!
Isidor, schau – in den furchtbaren Wochen
hast alle Knochen
du mir schon zerbrochen ...
Doch ob mir auch graust:
Ich will, muß, kann,
willmuß, mußwill,
kannwillmuß, willmußkann
fliegen mit dir, o Mann!
Ja, Isidor, rase! Reck deine Nase.
Laß brechen, laß biegen,
laß dich, laß mich,
laß michdich, dichmich fliegen!!"

Schwupp, da saust
in den Graben das Paar, das durchtobte –
zwei Menschen empfehlen sich als Verlobte.

Hanns von Gumppenberg

NACH STEFAN GEORGE

Fahlgrüne Nebel in gedunsnen Schwaden
verdächtig brauen über bleicher Feuchte.
Ein mattes Blech, des Mondes schwele Leuchte
spinnt kümmerlich der Strahlen Schwefelfaden.

Wildenten rauchbraun müde Köpfe baden.
Die blanke Schwalbe floh, die frostgescheuchte.
Mein Herz die Herbstgefühle wiederkeuchte,
die Lebensschwund dem Anger aufgeladen.

Da, plötzlich, purpurn fühl ich Tod umwittern
die Schläfe, wo verwelkte Rosen staken.
Es ebbt die Seele. – Schafft ihn auf die Morgue.

Mir aber schleunigst einen derben Bittern,
denn bei der Poesie der Kakerlaken,
da schwiemelt mir. Dank für Stefan George!

Ulrich von Wilamowitz-Moellendorff

DIE SEIENDE

nach Rainer Maria Rilke

Und dann kam sie, ganz von dem erfüllt,
was ihr droht in dunklen Corridoren,
seiend, aber beinah wie verloren
und von manchen Stunden wie enthüllt.

Daß das grenzenlose Ungemeine
ihrem jungen Herzen sich vermähle,
legte sie das schimmernde Juwele
um das Innerste der Kinderseele;
und dann stand sie plötzlich wie beraubt.

Aber manchmal wußte sie das Eine,
sah das singend Seiende und Seine,
groß verstanden und von ihr geglaubt.

Hans Heinrich von Twardowski

MORITATEN UND REIMSPIELE

RINALDO RINALDINI

In des Waldes finstern Gründen
und in Höhlen tief versteckt,
ruht der Räuber allerkühnster,
bis ihn seine Rosa weckt.

,,Rinaldini!", ruft sie schmeichelnd,
,,Rinaldini, wache auf!
Deine Leute sind schon munter,
längst schon ging die Sonne auf!"

Und er öffnet seine Augen,
lächelt ihr den Morgengruß.
Sie sinkt sanft in seine Arme,
sie erwidert seinen Kuß.

Draußen bellen laut die Hunde,
alles flutet hin und her;
jeder rüstet sich zum Streite,
ladet doppelt das Gewehr.

Und der Hauptmann, wohl gerüstet,
tritt nun mitten unter sie:
,,Guten Morgen, Kameraden,
sagt, was gibt's denn schon so früh?" –

,,Unsre Feinde sind gerüstet,
ziehen gegen uns heran." –
,,Nun wohlan, sie sollen sehen,
ob der Waldsohn fechten kann."

,,Laßt uns fallen oder siegen!" –
Alle rufen: ,,Wohl' es sei!"
Und es tönen Berg' und Wälder
rundherum vom Feldgeschrei.

Seht sie fechten, seht sie streiten!
Jetzt verdoppelt sich ihr Mut;
aber ach! Sie müssen weichen,
nur vergebens strömt ihr Blut.

Rinaldini, eingeschlossen,
haut sich mutig kämpfend durch,
und erreicht im finstern Walde
eine alte Felsenburg.

Zwischen hohen, düstern Mauern
lächelt ihm der Liebe Glück,
es erheitert seine Seele
Dianorens Zauberblick.

,,Rinaldini! lieber Räuber!
Raubst den Weibern Herz und Ruh'.
Ach! wie schrecklich in dem Kampfe
wie verliebt im Schloß bist du!".

HÖCHST SCHAUDERHAFTE BEGEBENHEIT

Ihr Leute merkt und nehmt zu Herzen
die traurige Geschicht';
der Diebstahl, der bringt große Schmerzen
und nie kein' Segen nicht.

Sabine war ein Frauenzimmer,
sie war auch tugendhaft;
deshalben war zufrieden immer
mit ihr auch die Herrschaft.

Da kam einstmals von Treuenbrietzen
ein junger Mensch daher
und sprach: Ich möchte sie besitzen!
Es war ein Schumacher.

Sie hat sich nicht sehr lang bedenket
und sprach: es mag so sein!
Sie hat zu leicht Vertraun geschenket
des Schusters falschem Schein.

Da tut er gleich das Geld verschwenden
in Schnaps und auch in Bier;
und tut sich nochmals an sie wenden:
Will wieder Geld von ihr.

Sie kann nicht mehr kein Geld sich leihen;
drum geht sie auf der Stell',
und muß der Herrschaft veruntreuen
zwei silberne Löffel.

Als aber sind zwei Tag' vergangen,
da kommt der Diebstahl raus.
Die Herrschaft jug mit Schimpf und Schanden
Sabinen aus dem Haus.

Sie klagt's in ihren Gewissensbissen,
ihr ist das Herz so schwer;
doch will jetzt nichts mehr von ihr wissen
der Treuenbrietzener.

Er kommt allnächtlich zu Sabinen
und seufzt: Ich steck' in Not!
Gerührt von seinen bittern Mienen
gibt sie ihm, was sie hot.

Sie seufzt: du böser Pflichtvergessner,
du rabenschwarze Seel'!
Da nimmt er schnell ein Tranchiermesser
und schneidt't ihr ab die Kehl'.

Das Herzblut tut sogleich 'rausspritzen,
sie sinket um und um.
Der falsche Schuster von Treuenbrietzen
der steht um sie herum.

Sie tut auch gleich die Glieder strecken,
nebst einem Todesschrei;
den bösen Wicht tun jetzt einstecken
zwei Mann von der Polizei.

In Ketten und in Eisenbanden,
bei Wasser und bei Brot,
hat er reumütig eingestanden
die schwarze Freveltot.

Am Galgen wurd' der Treuenbrietzner
gehängt durch einen Strick;
dazu hat ihn gebracht die Untreu'
und auch die falsche Tück'.

Drum soll man keine Kehl' abschneiden,
es tut kein gut ja nicht. –
Der Krug, der geht so lang zum Wasser,
bis ihm der Henkel bricht.

EDUARD UND KUNIGUNDE

In Bayreuth ward er geboren,
wo sein Vater war der Schloßkast'llan;
doch den er sich zum Morden auserkoren,
war ein reicher Privatmann.

Seine Mutter, eine geborne Lerche,
hat das ganze Unglück angericht',
denn sie hielt ihn nicht zur Schule, nicht zur Kerche,
soff gar sehr und starb drum an der Gicht.

In Leipzig bei einem Schustermeister
lernte er das grasse Metier,
warf der Meisterin den Topf mit Kleister
an den Kopf und schumpf ihr: „Bestie!"

Gottlob Käsemeyer huß der Arme –
sechzehn Messerstich durch Arm
und Brust
gab er ihm, daß Gott erbarme!
Und sein Lebenslicht war ausgepust.

Kunigunde, seine Vielgeliebte,
trug noch größre Schändlichkeit
zur Schau,
denn mit einem Strumpfenband
verübte
sie den Mord an Käsemeyers Frau.

Sieh, o Mensch, im Hintergrunde
einen Galgen aufgericht'!
Daran hängt die schöne Kunigunde,
eben durch des Henkers Hand verblicht.

Mit gelassener, kaltblüt'ger Miene
besteigt Eduard das Blutgerüst,
wirft noch einen Blick nach seiner
Konkubine,
aber stirbt doch als ein guter Christ.

Ein Schandarm mit schnurrig-bärtger
Miene
gibt dem Unglücksel'gen einen Klaps –
geht darauf zur Marketenderin Kathrine,
und verlangt kaltlächelnd einen Schnaps.

Diese Grausamkeit erregt im Publikume
lautes Murmeln rings umher –
da dreht sich der Schandarm wütend ume
und's verstummen alle Murmeler.

Drum, o Mensch bezähme deine Triebe
hier in dieser Zeitlichkeit,
denn das sind die Folgen von der Liebe
und der mütterlichen Trunken-
boldenhaftigkeit!

DER ARME SÜNDER

Zu Grüneberg in der längsten Nacht,
in später Geisterstunde,
erbrauset mit Schneegestöber der Sturm,
die Eule kreischet im alten Turm,
und ängstlich winseln die Hunde.

Im untern Dorf in des Schulzen Haus
vermehret ein Traum das Grauen;
die Frau schreit auf: „Mein Kind! mein Kind!
Auf, Vater, auf! Zum Förster geschwind,
nach unserm Sohne zu schauen!"

„Was sollte dem Burschen geschehen sein?
Verscheuche mit Beten die Träume!
Zum Förster ist's weit, der Pfad ist verschneit;
schlaf ein! schlaf ein! 's ist Schlafenszeit,
es sind ja Träume nur Schäume."

,,Unsägliches muß ihm geschehen sein,
o Vater, bedenke das Ende!
Er saß im Bette, verstört und bleich,
und rang, dem armen Sünder gleich,
verzweiflungsvoll die Hände!"

Es grauset dem Vater bei solchem Wort;
da will er den Gang doch wagen.
Er kleidet sich an, er eilet hinaus
durch Nacht und Sturm nach dem Jägerhaus,
nach seinem Kinde zu fragen.

Kaum atmend erreicht er das Haus und beginnt,
an Tür und Fenster zu schlagen:
,,Wach auf, du Förster! und öffne mir bald!
Ist hier mein Jürgen oder im Wald?
Was hat sich zugetragen?"

Der läßt ihn ein, er fragt ihn aus,
es will ihn seltsam bedunken:
,,Dein Jürgen schläft. Gesund und rot,
hat gestern er noch zum Abendbrot
gegessen wie zwei und getrunken."

,,Ich will in sehen! ich muß ihn sehen!"
Den Förster rührt der Jammer.
Er treppenhinauf mit dem Alten steigt,
er öffnet die Tür, die sich da zeigt,
er leuchtet ihm in die Kammer.

Und was sie sehen – ! Es sträubt sich ihr Haar
zu Berge, sie stehen versteinet.
Der sitzt im Bette verstört und bleich
und ringt, dem armen Sünder gleich,
die Hände verzweifelt und weinet.

,,Was ist geschehn?" – ,,Nichts! nichts! hinweg!" –
,,O sprich! was hast du begangen?" –
,,Ich kann's nicht sagen!" – ,,Entdeck es uns nur!
Wir schwören dir hier den heiligsten Schwur,
du sollst Vergebung erlangen."

„O wie ihr doch zudringlich seid!
Und wollt ihr's, und müßt ihr es wissen,
ich hab' – ich weiß nicht, wie es kam,
ich hab' – es überfällt mich die Scham,
ich hab ins . . .
desunt quaedam in manuscripto.

Adelbert von Chamisso

ENTSETZLICH

Es sitzt die Gräfin auf der Zinne ihrer Burgen,
das Angesicht umflort von Kummer und von Surgen.
Halb welk ist schon die jungendliche Holde;
so schaut sie tief hinab auf das Gefolde.
Da blühet alles in des Frühlings Prangen,
und Jubel tönet von der Vöglein Zangen.
Die Rosen duften und die Nelken sprossen,
und Philomele flötet aus Cyprossen.
Die Lerchen schmettern und die Käfer summen;
da klagt die Gräfin: „Wann wird er wohl kummen?
Ob mich ein Dämon seiner wohl beraubet?
Wo säumt der Mann, den meine Seele laubet?
Ist er mir jetzt schon gram; will er mir trotzen?
Daß er mich läßt auf dieser Zinne sotzen?
Bricht er die Treue, die er mir geschworen,
bricht er die Treue schon nach dritthalb Johren?
Hab ich's verschuldet, daß er meiner spottet?
War mein Geschick mit seinem nicht verkottet?"
So klagt die Gräfin, und ihr Aug, ihr schwarzes,
es rinnt im Übermaß des tiefsten Schmarzes.
Ihr Wort erstickt im bittersten Geschluchze;
und in Verzweiflung faßt sie eine Buchse,
sie spannt den Hahn – von Satanas verlocket –
drückt los und – ach! – schon liegt sie hingestrocket.
Sie liegt entseelt, durchschossen auf dem Boden!
Und neben ihr die Waffe, die sie selbst geloden.
Kaum aber hat ihr Leben sie verloren,
sieht man aufs Schloß zu einen Ritter galopporen.
Schon ist er da; schon springt er von dem Rappen
und eilt hinauf die langen Wandeltrappen.
Schon ist er auf der Zinne, ach! und sieht mit Schrecken

die starre Leiche vor den starren Blecken.
Da stampft er wild den Boden mit den Stiefeln
und ruft: „Warum, o Gräfin, mußtest du verzwiefeln?
Warum konnt'st du, o Holdeste der Holden,
dich nicht noch einen Augenblick gedolden?
Und muß ich dich als blutge Leiche schauen,
was soll ich jetzt in dieser Welt noch tauen?"
Er spricht's; es funkeln seine wilden Augen,
und aus der Scheide zieht er seinen Daugen.
Und schwingt ihn keck, und mit dem grimmsten Trotze
stößt er sich in die Brust die scharfe Spotze.
Er sinket um mit einem Schmerzenslaute,
und schon liegt er entpsycht in seinem Blaute.
Mit Schrecken sieht man bald vom Zinnengatter
den Leichnam von der Gräfin und dem Ratter.

Nutzanwendung:
Der Übereilung kann nichts Gutes nicht entwachsen:
O hüte dich vor Degen, Dolch und Bachsen!
Und wisse, daß sein Grab sich selber schaufelt,
wer an dem eigenen Geschick verzwaufelt.

JAKOB UND SÖHNE

Jakob lebte einst in Kanaan
schlecht und recht ultramontanaan,
richtet' nach der Vorschrift sich,
sparsam, gottesfürchterlich.

Lieber als die andern Söhne all
hatte Jakob – o du Skanderal! –
Seinen Joseph, keusch von Ruf,
weil er ihn so spät erschuf.

Und er schenkt' ein rotes Röcklein ihm,
zu der Brüder Neid und Schrecklajim,
Joseph machte viel Geschrei,
Wohldienst und Angeberei.

Jugendstreiche tat der Josef nicht,
war in keiner Art ein Bösewicht
und zufrieden mit ihm war
der Herr Lehrer immerdar.

Als sie weilten nun zu Dothanä,
ärgerte das Röcklein sothanä
seine Brüder dergestalt,
daß sie ihn gern machten kalt.

Retten wollt' der sanft're Ruben ihn,
werft ihn, sprach er, in die Gruben hin!
Eine Karawane grad
kam daher von Gilead.

Dummheit wär's, den Schlingel steinigen,
schächten und verun- sich reinigen!
Ascher sprach's – seid ihr gescheut?
Wozu sein wir Handelsleut?

Also ward er kühn verschacheret
an die Männer Ismaels hernacheret,
die verkauften gleich ihn bar
an den Meister Potiphar.

Potiphar, der Kämmrer Pharaos,
setzt den Joseph ob die Baaraos,
weil er rechnen konnte gut
und auch hübsch war als ein Jud.

Dieses merkt' auch gleich sein Eheweib,
möchte, daß er ihr die Flöh' vertreib',
sie erwischet ihn beim Rock,
er tat wie ein Kleiderstock.

Kein Piano, kein Fortissimo
half, er hielt am Katechissimo.
Wer errät des Menschen Sinn?
Löblich war es immerhin.

Die Geschichte wurde weltbekannt,
Joseph wird als Musterheld genannt.
Ja, des Augenblickes Kuß
wiegt nicht auf des Ruhms Genuß.

Doch die Falsche aus Egypterland
fluchet, daß er nicht verliebterant,
hat den Rock ihm wegstibitzt,
schreiet, bis der Joseph – sitzt.

Aber sieh, auch in Carceribus
hält der Amtmann ihn in Ehribus,
da der Herr wohl mit ihm sei,
tut er ihn zur Schreiberei.

Man beriet im Ministerio
einen Traum längst hin und herio,
aus geheimstem Kabinett:
von den Kühen dürr und fett.

Joseph spricht ganz vorbereitungslos,
denn so hat er die Traumdeutung los,
„Fette Jahr' und magre Jahr' –
Pharao, mach 's Inventar!

Pharao, mach 's Inventarium,
denn bald sind die fetten Jahr herum,
und die magern kommen schon,
kosten dir vielleicht den Thron!

Und die letzten sind die pauvresten!
König, such dir einen Obersten,
einen sehr verständ'gen Mann,
der Egypten helfen kann!"

Schreiber war er, schlechtbezahleter,
Joseph macht den Sprung mortaliter,
wird vom simplen Aktuar
Großvezier, Minister gar.

Und obwohl jetzt Reichskornwucherer
widerstand doch dem Versucher er,
für den edlen König sein
macht' er das Geschäft allein.

Schau, da strömten auch von Bethlehem
Jakobs Söhne, treu und redlehem,
wollten für Jakob und Söhn'
kaufen Mumienwaizoen.

Rührend schon war die Erkennungsszen',
nimmer sollt' es geben Trennungswehn,
und fürwahr die Trunkenheit
war so groß als wie die Freud.

Wunderbar, der Same Abrahams
lallte da in lauter Stabrahams,
wie die alten Deutschen, knüll,
in gemütlichem Gebrüll.

„Holet jetzt nur auch den Erzpapa!
Soll heraufziehn gleich von Bersaba!
Mit den Wagen, Weib und Kind,
Schaf', Ochs', Esel, Kalb und Rind!

Daß er gar nicht war nachträgerisch,
Großmut übte unabwegerisch,
rechn' ich hoch ihm an aus Pflicht,
denn Berechnung war es nicht.

Pharao zog Sonntagshosen an,
wies dem Volk die Landschaft Gosen an;
eigentlich wie alt er wär'?
Fragt den Jakob gnädig er.

Es verdiente aber viel Geld da
Gottes Volk in diesem Nildelta,
und vermehrte fürchterlich
nach Pläsir und Vorschrift sich.

Also in der Ramsau wimmelte
Israel, und es verkümmelte
alsbald das Egyptervolk
an den König, was es molk.

Als das Vieh jedoch veräußert war,
an die Äcker ging's und Häuser gar,
Joseph und der Pharao
wurden drob ohnmaßen froh.

In die Hofschatulle fließt der Saft
alles Lands, und bloß die Priesterschaft
darf behalten, was sie hat,
denn sie ist oft delikat.

Joseph nahm sich nur den Feigensaft,
er begründet die Leibeigenschaft
der Egypter, die sein Brot
aßen in der Hungersnot.

Und der König, vor Bewünderung
über diese Volksausplünderung,
machte den genialen Sohn
Jakobs eilends zum Baron.

Also steht's im Buche Genesis
das wir lesen, weil so schön es is,
wenn auch drin Kapitel stehn
mehr für die Erwachsenen.

Ludwig Eichrodt

WANDERLUST

Nach Italien, nach Italien
möcht' ich , Alter, jetzt einmaligen!
Wo die Pomeranze wohnt,
wo die wunderschönen Mädchen
munter süße Triolettigen
singend wandeln unterm Mond –
dahin, Alter, laß mich ziehn!

Nach Ostindien, nach Ostindien
möcht' ich auch den Pfad ergründigen,
möcht' ich jetzt mit Hand und Ohr!
Wo die Elefanten kreisen,
wo die Enkel stiller Weisen
singen den Bramanenchor –
dahin, Alter, laß mich ziehn!

Nach Brasilien, nach Brasilien
reißen jetzt mich die Gefühligen,
wo der Käfer leuchtend hüpft,
wo sich bäumt der Krokodile,
wo verwegen der Mandrile
durch die seltnen Pflanzen schlüpft –
dahin, Alter, laß mich ziehn!

Nach Sibirien, nach Sibirien
zu den wildgebornen Tierichen
jetzt es meinen Busen drängt,
wo die Bären munter springen,
wo in unwirtbaren Schlingen
sich der biedre Zobel fängt –
dahin, Alter, laß mich ziehn!

Nach Neuyorkien, nach Neuyorkien
sollst du jetzt das Geld mir borgien.
Wo die Ware stumm sich kreuzt,
wo genest der Europarier,
wo der letzte Proletarier
sich in seidne Tücher schneuzt –
dahin, Alter, laß mich ziehn!

Zum Äquator, zum Äquator
laß mich eilen, greiser Vator!
Wo die schwarze Linie[1] glüht,
wo der Wüstenkönig schreitet,
wo der Neger Unrecht leidet
und der Mensch vor Götzen kniet –
dahin, Alter, laß mich ziehn!

[1] Linie = Äquator

MANDELKERNGEDICHT

In einem geselligen Kreise bei Gelegenheit einer verlorenen Wette

Zwischen Akten, dunkeln Wänden
bannt mich Freiheitbegehrenden
nun des Lebens strenge Pflicht,
und aus Schränken, Aktenschichten
lachen mir die beleidigten
Musen in das Amtsgesicht.

Als an Lenz und Morgenröte
noch das Herz sich erlabete,
o du stilles, heitres Glück!
Wie ich auch nun heiß mich sehne,
ach, aus dieser Sandebene
führt kein Weg dahin zurück.

Als der letzte Balkentreter
steh' ich armer Enterbeter
in des Staates Symphonie,
ach, in diesem Schwall von Tönen
wo fänd' ich da des eigenen
Herzens süße Melodie?

Ein Gedicht soll ich euch spenden:
Nun, so geht mit dem Leidenden
nicht so strenge ins Gericht!
Nehmt den Willen für Gewährung,
kühnen Reim für Begeisterung,
diesen Unsinn als Gedicht!

Joseph von Eichendorff

VERRÜCKTE AKZENTE

Wenn ich zart die Worte stellte,
wenn ich süß dich anlächelte,
schenktest du kein Lächeln mir.
Soll ich all den Schmerz dir nennen,
wenn ich mit dem verlorenen
Herzen stand, o Weib, vor dir?

Doch, ob wund von tausend Stichen,
öffn' ich noch dem verderblichen
Zagen nicht die Mannesbrust.
Schau, welch neue Kunst der Rede
sich dein Sänger aneignete,
ob du ihr nicht weichen mußt!

Magst du meine Lieb' erkennen
in der pomphaft erhabenen
Reime desperatem Gang.
Krampfhaft wild durch Nacht zum Lichte,
wie der Waldbach im Dickichte,
breche Bahn sich mein Gesang.

Ja, dein Herz, das starke, feste,
ist's, du angebeteteste
härter nicht als Felsgestein?
O, so gib's in meine Hände
und es schlägt der Wildrasende
sich mit ihm den Schädel ein!

Ludwig Eichrodt

DER SPAZIERGANG IM WALDE

Zwei Löwen gingen einst selband
in einem Wald spazoren,
und haben da vor Wut entbrannt
einander aufgezohren.

Da kamen eines Tags daher
des Wegs zwei Leute, edel,
die fanden von dem Kampf nichts mehr
als beider Löwen Wedel.

Daraus geht nun für groß und klein
die weise Lehr hervor:
„Selbst mit dem besten Freunde dein
im Walde nie spazor!"

EIN WENIG SPOTT

Durch die Mitte der Natur
zieht sich eine Pappelschnur.
Rechts sind Bäume, links sind Bäume
und dazwischen Zwischenräume.
In der Mitte fließt ein Bach –
Ach!

Eine Wassermaus und eine Kröte
stiegen eines Abends spöte
einen steilen Berg hinan.
Sprach die Wassermaus zur Kröte:
„Warum gehst du abends spöte
diesen steilen Berg hinan?"
Sprach zur Wassermaus die Kröte:
„Zum Genuß der Abendröte
geh' ich diesen Abend spöte
diesen steilen Berg hinan."

Dies ist ein Gedicht von Goethe,
das er eines Abends spöte
auf dem Sofa noch ersann.

EIN KETTENREIM

Meine Damen und Herrn,
Äppel sinn keene Bern',
Bern' sinn keene Äppel,
de Wurscht hat zwee Zäppel,
zwee Zäppel hat de Wurscht,
der Bauer hat Durscht,
Durscht hat der Bauer,
das Leben wird ihm sauer,
sauer wird ihm das Leben,

der Weinstock hat viel Reben,
viel Reben hat der Weinstock,
ein Kalb ist kein Ziegenbock,
ein Ziegenbock ist kein Kalb,
meine Predigt ist halb,
halb ist meine Predigt,
der Brotschrank ist ledig,
ledig ist der Brotschrank,
ein Tisch ist keine Ofenbank,

eine Ofenbank ist kein Tisch,
im See sind viel Fisch',
viel Fisch' sind im See,
der Hund hat viel Flöh',
viel Flöh' hat der Hund,
ein Viertel ist kein Pfund,
ein Pfund ist kein Viertel,

Bauernmädchen tragen rote Gürtel,
rote Gürtel tragen Bauernmädchen,
eine Maus ist kein Rotkehlchen,
ein Rotkehlchen ist keine Maus.

Meine Predigt ist aus.

KLAPPHORN-VERSE

Zwei Knaben gingen durch das Korn,
der zweite hat seinen Hut verlorn,
der erste würd' ihn finden,
ging' er statt vorne hinten.

Zwei Knaben gingen durch das Korn,
die sind noch immer Assessorn,
Amtsrichter wären sie schon heute,
doch sind zu viele Vorderleute.

EIN WENIG SPOTT

Zwei Knaben gingen durch das Korn,
sie waren beide Feger des Schorn.
Der eine konnte gar nicht fegen,
der andre fog brillant dagegen.

Zwei Knaben machten sich den Jokus
und tranken Most im Keller,
da mußten beide auf den Lokus.
Jedoch der Most war schneller.

Dunkel war's, der Mond schien helle,
schneebedeckt die grüne Flur,
als ein Wagen blitzesschnelle
langsam um die Ecke fuhr.
Drinnen saßen stehend Leute
schweigend ins Gespräch vertieft,
als ein totgeschoßner Hase
auf der Wiese Schlittschuh lief.
Und auf einer roten Bank,
die blau angestrichen war,
saß ein blondgelockter Jüngling
mit kohlrabenschwarzem Haar.
Neben ihm 'ne alte Schachtel,
zählte kaum erst sechzehn Jahr.
Und sie aß 'ne Butterstulle,
das mit Schmalz bestrichen war.
Droben auf dem Apfelbaume,
der sehr süße Birnen trug,
hing des Frühlings letzte Pflaume
und an Nüssen noch genug.

LEBERREIME

Die Leber ist von einem Hecht
und nicht von einem Fuchse,
und wenn dein Weib im Wasser ist,
sei mutig dann und duck se!

Die Leber ist von einem Schwein,
à la carte heißt sie ‚vom Kalbe',
auch macht der Küchenchef aus ein
Portion leicht anderthalbe.

LIMERICKS

Ein Knabe in Tehuantepec,
der lief auf der Bahn seiner Tante weg,
sie lief hinterher,
denn sie liebte ihn sehr,
und außerdem trug er ihr Handgepäck!

• *Curt Peiser*

Stets trug nur ein Tuch statt des Wamses,
auch bei Regen, der selige Ramses.
Der Arzt warnt' ihn sehr,
doch er fand kein Gehör,
zuletzt sprach er nur noch: „Da ham Se's!"

Curt Peiser

EIN WENIG SPOTT

Ein Fischer, geboren in Allenstein,
saß bei Java auf einem Korallenstein.
Und wie er da saß,
den Fischen er las
aus Shakespeare vor oder aus Wallenstein.

Walter Meckauer

Es gingen zwei Mädchen aus Schlesien
beim Oktoberfest auf der Theresien-
wies' gänzlich allein.
Ein Prinz lud sie ein,
nun sind sie in Indonesien . . .

Walter Meckauer

SCHÜTTELREIME

Ein Schüttelreim ist Lautverschiebung
aus manchem Auge schaut Verliebung.

Den Toren packt die Reisewut,
indes im Bett der Weise ruht.

Den Mägdlein, die nur flirten möchten,
wird keiner gerne Myrten flechten.

Wenn kalter Regen niederfließt,
die Nachtigall im Flieder niest.

Was gehst du bloß in Mottls ‚Tristan'
und hörst dir dieses Trottels Mist an?
Schaff lieber dir ein Drittel Most an,
trink dir mit diesem Mittel Trost an!

Zwecks Heirat fährt die Nichte Schi,
doch klappt halt die Geschichte nie.

Oft hängt bei einem forschen Mädchen
die Tugend nur an morschen Fädchen.

Arthur Schnabel

Bei einem Stück von Richard Strauß
da kriegt man nie die Strichart 'raus.

Den Arm um sie geschlungen zag,
fragt er mit sanftem Zungenschlag:
„Was war das für ein Schlangenzug,
der mich in deine Zangen schlug?"

Hans Kleinstück

Oft in erregender Hast ward einer vom Triebe gelenket,
während bei hegender Rast den andern die Liebe getränket.

Wir wollen, Freunde, nicht zu sehr beim Wandern eilen,
laßt uns zu froher Schau beim ein und andern weilen!
Sind wir am Ziel, so hat nicht Fern noch Näh Gewicht,
wir kennen Fuß und Stab und Land und Wege nicht.

Benno Papentrigk

*

DAS ÄSTHETISCHE WIESEL

Ein Wiesel
saß auf einem Kiesel
inmitten Bachgeriesel.

Wißt ihr
weshalb?

Das Mondkalb
verriet es mir
im stillen:
Das raffinier-
te Tier
tat's um des Reimes willen.

Christian Morgenstern

DIE ARME KLEINE IDEE

Es war einmal eine kleine Idee,
ein armes, schmächtiges Wesen.
Da kamen drei Dichter des Weges
– o weh! –
und haben sie aufgelesen.
Der eine macht' einen Spruch daraus –
das hielt die kleine Idee noch aus;
der zweite eine Ballade –
da wurde sie schwach und malade;
der dritte wollt' sie verwenden
zu einem Roman in zwei Bänden –
dem starb sie unter den Händen!

Otto Sommerstorff

BUCH DER RÄTSEL

(Auflösungen in den Anmerkungen)

DAS ÄLTESTE GERMANISCHE RÄTSEL

Es kam ein Vogel federlos,
saß auf dem Baume blattlos,
da kam die Jungfer mundlos
und fraß den Vogel federlos
von dem Baume blattlos.

Was ist nackter als nackt,
so nackt, daß es knackt?

Was will ein jeder werden,
was will doch keiner sein?

Ich rede ohne Zunge,
ich schreie ohne Lunge,
ich habe auch kein Herz,
und nehm' doch teil an Freud und Schmerz.

Verfertigt ist's vor langer Zeit,
doch mehrenteils gemacht erst heut;
sehr schätzbar ist es seinem Herrn,
und dennoch hütet's niemand gern.

Der es macht, der will es nicht;
der es trägt, behält es nicht;
der es kauft, der braucht es nicht;
der es hat, der weiß es nicht.

Immer ist es nah,
niemals ist es da.
Wenn du denkst, du seist daran,
nimmt es andern Namen an.

Es ist kein Haus, doch baut man es,
man ißt es nicht, doch kaut man es,
wenn man's nicht kaut, verbrennt man es –
ihr kennt es; sagt: Wie nennt man es?

Friedrich Güll

Der arme Tropf
hat keinen Kopf;
das arme Weib
hat keinen Leib;
die arme Kleine
hat keine Beine.
Sie ist ein langer Darm,
doch schlingt sie einen Arm
bedächtig in den andern ein.
Was mag das für ein Weiblein sein?

Johann Peter Hebel

Ich hab' ein Ding im Sinn,
wohl lieben es die Mädchen traut,
es liegt um ihre zarte Haut,
doch stecken Nägel drin.

Johann Peter Hebel

Fünf Finger und doch keine Hand,
ein Schuh doch ohne Sohle;
bald weiß wie eine Wand,
bald schwarz wie eine Kohle.

Friedrich Güll

Auf dem weißen See
schwimmt eine rote Rose.
Willst du die schwarzen Fischchen sprechen,
mußt du die rote Rose brechen.

Welcher Igel eins – zwei – drei
legt ein Mahagoni-Ei?

Friedrich Wagner-Poltrock

Mit Zweien fährt der Bürgersmann,
der Edelmann spannt Viere an.
Die Potentaten lieben
das reichgeschmückte Sechsgespann.
Nun sagt: Wer fährt mit Sieben?

Johann Peter Hebel

Nudeldicke Dirn!
Schädel ohne Hirn!
Dreimal dreien Junggesellen
bietend deine Stirn,
wirst du Stand und Stolz zerschellen!

Friedrich Wagner-Poltrock

Die besten Freunde, die wir haben,
sie kommen nur mit Schmerzen an,
und was sie uns für Weh getan,
ist fast so groß als ihre Gaben.
Und wenn sie wieder Abschied nehmen,
muß man zu Schmerzen sich bequemen.

Goethe

Kennst du das Bild auf zartem Grunde?
Es gibt sich selber Licht und Glanz.
Ein andres ists zu jeder Stunde,
und immer ist es frisch und ganz.
Im engsten Raum ist's ausgeführet,
der kleinste Rahmen faßt es ein;
doch alle Größe, die dich rühret,
kennst du durch dieses Bild allein.

Und kannst du den Kristall mir nennen?
Ihm gleicht an Wert kein Edelstein;
er leuchtet, ohne je zu brennen,
das ganze Weltall saugt er ein.
Der Himmel selbst ist abgemalet
in seinem wundervollen Ring;
und doch ist, was er von sich strahlet,
noch schöner, als was er empfing.

Schiller

Ein Bruder ist's von vielen Brüdern,
in allem ihnen völlig gleich,
ein nötig Glied von vielen Gliedern
in eines großen Vaters Reich;
jedoch erblickt man ihn nur selten,
fast, wie ein eingeschobnes Kind;
die andern lassen ihn nur gelten
da, wo sie unvermögend sind.

Goethe

Da kommt ein Knabe gegangen,
mit klingenden Glocken behangen,
sagt, Müßiggang heiße ihm Pflicht;
und was ihm die Brüder mit Darben,
mit Mühe und Sorgen erwarben,
verzehrt er im leckern Gericht.
Sonst schön wie ein Engel und heilig dazu,
mißgönnt er dem Küster und Pfarrer die Ruh'.

Johann Peter Hebel

Unter allen Schlangen ist eine,
auf Erden nicht gezeugt,
mit der an Schnelle keine,
an Wut sich keine vergleicht.

Sie stürzt mit furchtbarer Stimme
auf ihren Raub sich los,
vertilgt in einem Grimme
den Reiter und sein Roß.

Sie liebt die höchsten Spitzen,
nicht Schloß, nicht Riegel kann
vor ihrem Anfall schützen;
der Harnisch – lockt sie an.

Sie bricht, wie dünne Halmen,
den stärksten Baum entzwei;
sie kann das Erz zermalmen,
wie dicht und fest es sei.

Und dieses Ungeheuer
hat zweimal nie gedroht –
es stirbt im eignen Feuer:
Wie's tötet, es ist tot!

Schiller

Es ist eine süße Zauberfrucht,
die einer umsonst zu brechen versucht.
Nur zweie zusammen können sie brechen,
doch kann es niemals geschehen im Sprechen;
und wollte sie einer haschen allein,
er haschte und schnappte ins Blaue hinein.

Gustav Theodor Fechner

Zwei Schwestern kenn' ich, kannst du es fassen?
Die ganz zusammen passen,
jed' Werk gemeinsam tun
und nachts zusammen ruhn;

doch gilt's in kleinsten Fragen
Ja oder Nein zu sagen,
wirst jedesmal du sehn,
daß die zwei Schwestern auseinandergehn.

Franz Brentano

Ein Bild des Lebens ist's, des regen Lebens,
das aufwärts bald uns treibt und wieder abwärts strebt,
das wie des Herzens Hoffen, wie unstetes Sehnen
jetzt sinkt, jetzt steigt und schwindelnd hoch uns hebt.
Es trägt Euch unter Blütenzweige. Staunend
schaut über Wald und Flur der Blick. – Es schwebt
auf Sturmesschwingen fort. – Doch in dem Augenblicke,
wo Ihr am höchsten steht, zieht's wieder Euch zurücke.
Und wie ein rastlos Herz durch Freude, Hoffnung, Bangen,
führt's doch am Ende nur, von wo Ihr ausgegangen.

Helmuth von Moltke

Noch sitzt auf halbverfallnem Throne,
noch hält die längst bestrittne Krone
die alte Königin der Welt.
Ob sie wohl je vom Throne fällt?
Vielleicht; doch liest du sie von hinten,
so wirst du einen König finden,
der herrscht, seitdem die Welt besteht,
des Reich nur mit der Welt vergeht;
sie schießt nicht ewig Donnerkeile,
doch treffen ewig seine Pfeile.

Du findest mich stets,
du magst mich nun lesen
von vorne, von hinten,
stets bin ich gewesen,
stets bleibe ich auch
nach altem Gebrauch.

Wenn du vorwärts mich beherrscht, darfst du fröhlich lachen;
rückwärts kann dir alles sein, was die Gegner machen.

Franz Brentano

Wer es besitzt, hat Grund sich zu beklagen,
und wem es fehlt, der ist gesund.
Wer es verschweigt, vermag uns viel zu sagen,
und wer es sagt, der hält stets reinen Mund.
Der Geizige vermag es fortzuschenken;
der üppige Verschwender knappt sich's ab.
Wer niemals denkt, wird immer daran denken,
und jeder nimmt es mit sich in das Grab.

Es bleibt es am Grab der Weise;
es ist am Ringe der Stein;
es wird es, fehlt's am Fleiße,
am Ohr das Schülerlein.

Franz Brentano

Es ist mehr als Veralten
und soviel als Verwalten;
es erhält uns die Güter
und zerstört die Gestalten.

Friedrich Rückert

Ich bin ein Gewinn
im Whist und im Skat,
und, läßt man dich drin,
so schreist du: Verrat!

Franz Brentano

Himmlische Tugend,
scheußlicher Mord,
Fehler im Kartenspiel –
alles ein Wort.

Friedrich Ernst Daniel Schleiermacher

Es ist ein Wort, dreideutig den Germanen;
einst war das Erste furchtbar seinen Ahnen;
der schwere Zeiger der Geschichte rückt,
der Deutsche erbt das Zepter; ihr erblickt,
wie dem erwählten deutschen Sohne,
im Zweiten die gewichtge Krone
der Bischof auf die Stirne drückt.
Es kreist im hochgewölbten Saale
das Dritte bei dem Krönungsmahle.

Wilhelm Hauff

So fang den widrigen Gesell, bevor er mehr dich plagt;
ich kann nicht, denn er tat gar schnell, was uns sein Name sagt.

Wir sind's gewiß in vielen Dingen,
im Tode sind wir's nimmermehr,
die sind's, die wir zu Grabe bringen,
und eben diese sind's nicht mehr.
Denn, weil wir leben, sind wir's eben
von Geist und Angesicht;
und weil wir leben, sind wir's eben
zur Zeit noch nicht.

Friedrich Ernst Daniel Schleiermacher

Der ist überall willkommen
darf zur sprödsten Schönen kommen.
Die kann durch ein leises Drücken
zarte Liebe hoch beglücken.
Das zu finden ist oft schwer,
mancher trifft's von ungefähr.

Friedrich Ernst Daniel Schleiermacher

Mit A hat's die Lösung gefunden,
mit E hat's den Knoten gewunden;
mit I ist's schelmisch, froh gelaunt,
mit O betroffen und erstaunt.
Mit U, ein Sonderling, dich's flieht,
doch jeder treib' es, wie er's sieht!

Franz Brentano

Schmeicheln und Streicheln
lieblicher Kinder –
nenn das Gelindeste! –
Ich bin gelinder

Tausche den Mittellaut!
Über den Steg,
geh' ich zur Seite dir,
Sichre den Weg!

Franz Brentano

Wer aus den ersten beiden
sehr oft die Dritte tut,
Den könnt ihr unterscheiden
an seiner Nase Glut.

Sonst geht stets aus den Höhen
herab des Steines Lauf;
das Ganze läßt ihn gehen
hoch in die Luft hinauf.

Gustav Theodor Fechner

IDYLL

Hinter Trümmern einer Halle
saß ein Frosch und spuckte Galle.
Was bedeutet dieses Ganze?
Einen Menschen (üble Pflanze)!

Ernst Buschor

DER LOHN EIN HOHN

Ein Hirt zog ein Lamm
aus furchtbarem Schlamm.
Was ward ihm beschert?
Ein wertloses Schwert!

Ernst Buschor

Wer rät, wie das Letzte im Glas, ein Schrei,
und eine Soldatenportion dabei
ein Ort zum essen und trinken sei?

Franz Brentano

Ein Schmerz, ein Ausruf und ein ewig Nein
wird stets der Grund von aller Freundschaft sein.

Franz Brentano

Es ist der Name einer Frucht,
die zwar dem Gaumen wohlbehagt;
doch wo sie sich dem Ohr vereint,
da wird darüber nur geklagt;
und wer sich die gefallen läßt,
der ist das, was der Name sagt.

Friedrich Rückert

In das Herz des größten Weltbezwingers
setze Du hinein,
und es wird der größte Leidensüberwinder
bezeichnet sein.

Friedrich Ernst Daniel Schleiermacher

Es muß das ganze Wort,
hat man's mit List gefangen,
durch seines dritten Kraft
hoch an dem ersten hangen.

Theodor Körner

Mein Erstes ist nicht wenig,
mein Zweites ist nicht schwer,
mein Ganzes läßt dich hoffen,
doch hoffe nicht zu sehr.

Friedrich Ernst Daniel Schleiermacher

Vers bin ich zur Hälfte,
zur Hälfte nur Tand,
errätst du mein Ganzes,
so hast du Verstand.

Mein Erstes ist nicht schmutzig;
mein Zweites ist nicht rund;
mein Ganzes ist ein schlaues Tier,
weit schlauer als der Hund.

Schwörst du's in der Hitze,
magst du dich fragen,
wird's ohne Spitze
nicht an dir nagen?

Franz Brentano

Rat, wenn du kannst!
Es nennen einen Wanst
fünf Zeichen dir,
und auch die letzten vier.

Franz Brentano

LEBEND UND TOT

Das Erste und Ganze sind völlig das gleiche,
sie sind vom lebendigen Zweiten die Leiche.
Den Lebenden fesselt des Erdreichs Schwere,
der Tote fährt fröhlich durch alle Meere.

Ernst Buschor

LEICHT UND SCHWER

Im Mondschein schweben die Ersten
und schwingen das Zweite im Tanze,
doch führen die Dicksten und Schwersten
als härteste Waffe das Ganze.

Ernst Buschor

Die ersten sind ein Untertan,
die Dritte ist ein Untertan;
das Ganze ist ein Untertan,
der von dem andern Untertan
wird unter den ersten Untertan
ganz untertänig getan.

Gustav Theodor Fechner

APRILSCHERZ

Wärst, betont auf meiner Ersten,
selbst du's, wähltest du die Deine –
liegt der Ton auf meiner Zweiten,
denkst du sicher an die Seine. –

Friedrich Schaefer

Getrennt mir heilig –
vereint abscheulich.

Friedrich Ernst Daniel Schleiermacher

Ich helfe Kisten laden,
doch mach ich auch Charaden.

Johann Peter Hebel

Rätst du mich recht, so hast du falsch geraten;
und rätst du falsch, so hast du recht geraten.

DIE KUNST ZU LEBEN

NEUJAHRSLIED

Mit der Freude zieht der Schmerz
traulich durch die Zeiten.
Schwere Stürme, milde Weste,
bange Sorgen, frohe Feste
wandeln sich zur Seiten.

Und wo eine Träne fällt,
blüht auch eine Rose.
Schon gemischt, noch eh' wir's bitten,
ist für Thronen und für Hütten
Schmerz und Lust im Lose.

War's nicht so im alten Jahr?
Wird's im neuen enden?
Sonnen wallen auf und nieder,
Wolken gehn und kommen wieder,
und kein Wunsch wird's wenden.

Gebe denn, der über uns
wägt mit rechter Waage,
jedem Sinn für seine Freuden,
jedem Mut für seine Leiden
in die neuen Tage,

jedem auf des Lebens Pfad
einen Freund zur Seite,
ein zufriedenes Gemüte,
und zu stiller Herzensgüte
Hoffnung ins Geleite!

Johann Peter Hebel

JEDEN ABEND

Jeden Abend sollst du deinen Tag
prüfen, ob er Gott gefallen mag,
ob er freudig war in Tat und Treue,
ob er mutlos lag in Angst und Reue;
sollst die Namen deiner Lieben nennen,
Haß und Unrecht still vor dir bekennen,
sollst dich alles Schlechten innig schämen,
keinen Schatten mit ins Bette nehmen,
alle Sorgen von der Seele tun,
daß sie fern und kindlich möge ruhn.
Dann getrost in dem geklärten Innern
sollst du deines Liebsten dich erinnern,
deiner Mutter, deiner Kinderzeit;
sieh, dann bist du rein und bist bereit,

aus dem kühlen Schlafborn tief zu trinken,
wo die goldnen Träume tröstend winken,
und den neuen Tag mit klaren Sinnen
als ein Held und Sieger zu beginnen.

Hermann Hesse

TÄGLICH ZU SINGEN

Ich danke Gott und freue mich
wie's Kind zur Weihnachtsgabe,
daß ich bin, bin! und daß ich dich,
schön menschlich Antlitz! habe;

Daß ich die Sonne, Berg und Meer
und Laub und Gras kann sehen
und abends unterm Sternenheer
und lieben Monde gehen;

und daß mir denn zumute ist,
als wenn wir Kinder kamen
und sahen, was der Heil'ge Christ
bescheret hatte, Amen!

Ich danke Gott mit Saitenspiel,
daß ich kein König worden;
ich wär geschmeichelt worden viel
und wär vielleicht verdorben.

Auch bet' ich ihn von Herzen an,
daß ich auf dieser Erde
nicht bin ein großer, reicher Mann
und auch wohl keiner werde.

Denn Ehr und Reichtum treibt und bläht,
hat mancherlei Gefahren,
und vielen hat's das Herz verdreht,
die weiland wacker waren.

Und all das Geld und all das Gut
gewährt zwar viele Sachen;
Gesundheit, Schlaf und guten Mut
kann's aber doch nicht machen.

Und die sind doch, bei Ja und Nein!,
Ein rechter Lohn und Segen!
Drum will ich mich nicht groß kastein
des vielen Geldes wegen.

Gott gebe mir nur jeden Tag,
soviel ich darf zum Leben.
Er gibt's dem Sperling auf dem Dach;
wie sollt er's mir nicht geben!

Matthias Claudius

DIE MITGIFT

Ich ging am grünen Berge hin,
wo sich der Weih im Äther wiegt
und reisemüd der Sonnenstrahl
ausruhend auf der Quelle liegt,
wo wilde Rosen einsam blühn,
die Föhre hoch den Gipfel kränzt
und drüberhin noch eine Burg
von weißen Sommerwolken glänzt.

Und wie in solcher Weihezeit
der Herr der Welt schon zu mir trat,
erschien er jetzo in des Bergs
noch frisch ergrünter Eichensaat;
der jungen Stämme schlanke Schar
umschwankte säuselnd seine Knie,
so groß und herrlich ging er her
vor meiner regen Phantasie!

Sein Haupthaar war wie Morgengold
und wallte gar so reich und schwer,
und in den klaren Augen ruht'
ein ätherblaues Liebemeer;
ein Regenbogen gürtete
sein Kleid mit edler Farbenlust;
er trug 'nen duftigen Blütenstrauß
von jungen Linden an der Brust.

Es traf mich seiner Augen Licht
wie wolkenlos ein Tag im Mai,
und als er meinen Namen sprach,
erhob mein Haupt ich stolz und frei.
Ich wuchs und rankte rasch empor,
daß ich mir selbst ein Wunder schien,
und wandelte mit leichtem Schritt
an Gottes hoher Seite hin.

Und nun erzählte plaudernd ich
dem Herrn mein irdisch Tun und Sein;
doch alles dies besteht ja nur
in dir, du gutes Kind, allein!
Aus vollem Herzen sprach ich drum
von dir, von dir die ganze Zeit;
er aber spiegelt' lächelnd sich
in meiner frohen Seligkeit.

Dann trug ich ihm auch klagend vor,
wie ich so sehr ein armes Blut,
und bat darauf um Haus und Hof,
nm Tisch und Schrein, um Geld und Gut,
um Garten, Feld und Rebenland,
um eine ganze Heimat traut,
darin ich dich empfangen könnt'
als myrtenschöne Schleierbraut.

Es mußte doch einmal geschehn,
drum schilt mich nicht und werd nicht
Hör an, was mir der Herr für dich [rot!
Für eine wackre Mitgift bot!
Er sprach: „Zu wenig und zu viel
hast du verlangt, mein lieber Sohn!
Drum tu' ich dir noch viel dazu
und nehm' ein wenig auch davon.

Nicht Haus und Hof verleih' ich euch,
doch meine ganze große Welt,
darinnen ihr euch lieben könnt,
wie's euren Herzen wohlgefällt;
zwei jungen Seelen ist zu eng
das größte Haus, sei's noch so weit;
doch finden sie noch eben Raum
in meiner Schöpfung Herrlichkeit.

Der ganze Lenz soll euer sein,
so weit nur eine Blume blüht,
doch nicht das allerkleinste Land,
um das sich eine Hecke zieht.
Kein Prunkgetäfel geb' ich euch,
kein Silberzeug, kein Kerzenlicht,
weil sich ob Silberbronnenglanz
Goldstern an Stern zum Kranze flicht.

Und alles soll besonders blühn
für euch und schöner, wo ihr geht,
dieweil euch in mein Paradies
ein eigen Pförtlein offen steht.
So führe deine junge Braut
getrost in deine Wirtschaft ein,
Brautführer soll mein lieblichster
und allerschönster Frühling sein.

Hofjungfer soll die Anmut sein
bei deines Herzens Königin,
ihr hübscher flinker Page sei
ein immergrüner Jugendsinn!
Zum Haushofmeister geb' ich euch
ein unvergänglich Gottvertraun,
es ist ein klug erfahrner Mann,
und Felsen dürft ihr auf ihn baun!"

Ist unser Haus nicht gut bestellt
und auserlesen das Gesind?
So zaudre nun nicht länger mehr
und folge mir, du blödes Kind!
Ich glaub', auf deinen Wangen spielt
vom Morgenrot ein Widerschein:
Sobald die Sonn am Himmel steht,
will ich als Freier bei dir sein.

Gottfried Keller

Was frag' ich viel nach Geld und Gut,
wenn ich zufrieden bin!
Gibt Gott mir nur gesundes Blut,
so hab' ich frohen Sinn
und sing' aus dankbarem Gemüt
mein Morgen- und mein Abendlied.

Johann Martin Miller

DER ALTE LANDMANN AN SEINEN SOHN

Üb immer Treu und Redlichkeit
bis an dein kühles Grab
und weiche keinen Finger breit
von Gottes Wegen ab!

Dann wirst du wie auf grünen Aun
durchs Pilgerleben gehn,
dann kannst du sonder Furcht und Graun
dem Tod ins Auge sehn.

Dann suchen Enkel deine Gruft
und weinen Tränen drauf,
und Sommerblumen, voll von Duft,
blühn aus den Tränen auf.

Ludwig Christoph Heinrich Hölty

Es kam ein Herz an einem Jahrestage
vor seinen Herrn, zu weinen diese Klage:

„So muß ich Jahr für Jahr denn mehr verarmen!
Kein Gruß, kein Brieflein heute zum Erwarmen!
Ich brauch' ein Tröpflein Lieb, ein Sönnchen Huld.
Ist mein der Fehler? ist's der andern Schuld?
Hab' jede Güte doch mit Dank erfaßt
und auf die Dauer niemand je gehaßt.
Noch ist kein Trauriger zu mir gekommen,
der nicht ein freundlich Wort von mir vernommen.
Wer weiß es besser, wie man Gift vergibt?
Wer hat in Strömen so wie ich geliebt?
Doch dieses eben schmeckt so grausam schnöde:
Da, wo ich liebte, grinst die leerste Öde."

An seinem Schreibtisch waltete der Herr,
schaute nicht auf und sprach von ungefähr:
„Ein jeder wandle einfach seine Bahn.
Ob öd, ob schnöde, ei was geht's dich an?
Was tut das Feuer in der Not? Es sprüht.
Was tut der Baum, den man vergißt? Er blüht.
Drum übe jeder, wie er immer tut.
Wasch deine Augen, schweig und bleibe gut."

Karl Spitteler

Im Glück nicht jubeln und im Sturm nicht zagen,
das Unvermeidliche mit Würde tragen,
das Rechte tun, am Schönen sich erfreuen,
das Leben lieben und den Tod nicht scheuen
und fest an Gott und bessre Zukunft glauben
heißt leben und dem Tod sein Bittres rauben.

Karl Streckfuß

Laß ab von diesem Zweifeln, Klauben,
vor dem das Beste selbst zerfällt,
und wahre dir den vollen Glauben
an diese Welt trotz dieser Welt.

Schau hin auf eines Weibes Züge,
das lächelnd auf den Säugling blickt,
und fühl's: es ist nicht alles Lüge,
was uns das Leben bringt und schickt.

Und, Herze, willst du ganz genesen,
sei selber wahr, sei selber rein!
Was wir in Welt und Menschen lesen,
ist nur der eigene Widerschein.

Theodor Fontane

Geliebte, willst du doppelt leben,
so sei des Todes gern gedenk
und nimm, was dir die Götter geben,
tagtäglich hin wie ein Geschenk.

Mach dich vertraut mit dem Gedanken,
daß doch das Letzte kommen muß,
und statt in Trübsinn hinzukranken,
wird dir das Dasein zum Genuß.

Du magst nicht länger mehr vergeuden
die Spanne Zeit in eitlem Haß,
du freust dich reiner deiner Freuden
und sorgst nicht mehr um dies und das.

Du setzest an die rechte Stelle
das Hohe, Göttliche der Zeit,
und jede Stunde wird die Quelle
gesteigert neuer Dankbarkeit.

Theodor Fontane

Beutst du dem Geiste seine Nahrung,
so laß nicht darben dein Gemüt,
des Lebens höchste Offenbarung
doch immer aus dem Herzen blüht.

Ein Gruß aus frischer Knabenkehle,
ja mehr noch, eines Kindes Lall'n
kann leuchtender in deine Seele
wie Weisheit aller Weisen fall'n.

Erst unter Kuß und Spiel und Scherzen
erkennst du ganz, was Leben heißt;
o lerne denken mit dem Herzen,
und lerne fühlen mit dem Geist.

Theodor Fontane

DIE NARDE

Nach einem venezianischen Bilde

Die brave Marthe tat, was sie vermocht,
sie rupfte, spickte, briet und sott und kocht',
sie schob dem Herrn die braunsten Kuchen zu,
und: „Diesen", sagt' sie, „Herr, versuche du!"

Maria nahte, die den schlanken Krug,
gefüllt mit einer seltnen Narde, trug.
Sie neigt' das Knie, den Krug. Die Narde floß.
Sie neigt' das Herz, das strömend sich ergoß.

In der beseelten Hand Mariens ruht
der edle Fuß. Drauf quoll der Narde Flut.
Ihn abzutrocknen, löste sie des Haars
geschlungnen Knoten. Blond und seiden war's.

Ein spitz Geflüster regte sich am Tisch,
wie der getretnen Viper scharf Gezisch:
„Das duftet! Tausend oder mehr Denar
verduften mit! Ich wollt', wir hätten's bar!

Bei Levi legten wir's auf Zins geschwind
und draus erzögen wir ein Waisenkind –"
„Still", sagt' der Göttliche, „laß unentweiht,
Judas! Wer liebt, verschwendet allezeit."

• *Conrad Ferdinand Meyer*

AN DAS HERZ

Willst du nicht dich schließen,
Herz, du offnes Haus!
Worin Freund' und Feinde
gehen ein und aus?

Schau, wie sie verletzen
dir das Hausrecht stets!
Fühllos auf und nieder,
polternd, lärmend geht's.

Keiner putzt die Schuhe,
keiner sieht sich um,
staubig brechen alle
dir ins Heiligtum;

trinken aus den goldnen
Kelchen des Altars,
schänden Müh und Segen
dir des ganzen Jahrs;

Werfen die Penaten
wild vom Herde dir,
pflanzen drauf mir Prahlen
ihr entfärbt Panier.

Und wenn zu verwüsten
nichts sie finden mehr,
lassen sie im Scheiden
dich, mein Herz, so leer!

Nein! und wenn nun alles
still und tot in dir,
oh, noch halt dich offen,
offen für und für!

Laß die Sonne scheinen
heiß in dich herein,
Stürme dich durchfahren
und den Wetterschein!

Wenn durch deine Kammern
so die Windsbraut zieht,
laß dein Glöcklein stürmen,
schallen Lied um Lied!

Denn noch kann's geschehen,
daß auf irrer Flucht
eine treue Seele
bei dir Obdach sucht!

• *Gottfried Keller*

Wenn Gift und Galle die Welt dir beut,
und du möchtest das Herz dir gesund bewahren:
Mach andern Freude! Du wirst erfahren,
daß Freude freut.

Friedrich Theodor Vischer

Mußt dich nur vom Neide reinigen,
dann verzehnfachst du dein Glück,
machst in jedem Augenblick
fremde Freuden zu den deinigen.

Paul Heyse

Du schmachtest nach der Freundin Blick
als nach des Lebens schönstem Glück?
Glaub mir: so schaut dich niemand an,
wie jener, dem du wohlgetan.

Ernst von Feuchtersleben

Das ‚Unser Vater' ein schön Gebet,
es dient und hilft in allen Nöten,
wenn einer auch ‚Vater unser' fleht,
in Gottes Namen, laß ihn beten.

Goethe

Wirf dein Talent nicht so hinaus,
Beleidigung damit zu rächen!
Die Biene, die versucht zu stechen,
bringt keinen Honig mehr nach Haus.

Emanuel Geibel

Ein Barometer hängt in meines Freundes Zimmer,
das geht nicht, sondern steht auf gutem Wetter immer.
Ein solches Wetterglas ziemt philosophischen Sinnen:
was draußen wechselnd schwankt, sei stete Ruhe drinnen.

Friedrich Rückert

ÜBERLASS ES DER ZEIT

Erscheint dir etwas unerhört,
bist du tiefsten Herzens empört,
bäume nicht auf, versuch's nicht mit Streit,
berühr es nicht, überlaß es der Zeit.
Am ersten Tag wirst du feige dich schelten,
am zweiten läßt du dein Schweigen schon gelten,
am dritten hast du's überwunden;
alles ist wichtig nur auf Stunden,
Ärger ist Zehrer und Lebensvergifter,
Zeit ist Balsam und Friedensstifter.

Theodor Fontane

Wer weiß zu leben? Wer zu leiden weiß.
Wer zu genießen? Der zu meiden weiß.
Wer ist der Reiche? Der sich beim Ertrag
des eigenen Fleißes zu bescheiden weiß.
Wer lenkt die Herzen? Der den herben Ernst
stets in ein heitres Wort zu kleiden weiß.
Wer ist der Weise? Der das falsche Gold
vom echten schnell zu unterscheiden weiß.
Und wer der Fromme? Der vom Menschen wohl,
doch nichts von Christen oder Heiden weiß.

David Friedrich Strauß

Willst du dir ein hübsch Leben zimmern,
mußt dich ums Vergangne nicht bekümmern;
das Wenigste muß dich verdrießen;
mußt stets die Gegenwart genießen,
besonders keinen Menschen hassen
und die Zukunft Gott überlassen.

Goethe

„Wie doch, betrügerischer Wicht,
verträgst du dich mit allen?"
Ich leugne die Talente nicht,
wenn sie mir auch mißfallen.

Goethe

„Du bist ein wunderlicher Mann,
warum verstummst du vor diesem Gesicht?"
Was ich nicht loben kann,
davon sprech' ich nicht.

Goethe

SO UND NICHT ANDERS

Die Menschen kümmerten mich nicht viel,
eigen war mein Weg und Ziel.

Ich mied den Markt, ich mied den Schwarm,
andre sind reich, ich bin arm.

Andre regierten (regieren noch),
ich stand unten und ging durchs Joch.

Entsagen und lächeln bei Demütigungen,
das ist die Kunst, die mir gelungen.

Und doch, wär's in die Wahl mir gegeben,
ich führte noch einmal dasselbe Leben.

Und sollt' ich noch einmal die Tage beginnen,
ich würde denselben Faden spinnen.

Theodor Fontane

Was hilft's, nach dem Applaus der Welt
mit vorgebundner Maske schielen?
Da der allein nie aus der Rolle fällt,
der immer wagt, sich selbst zu spielen.

Paul Heyse

Wer sich an andre hält,
dem wankt die Welt.
Wer auf sich selber ruht,
steht gut.

Paul Heyse

DER LÖWE UND DER FUCHS

„Herr Löwe", sprach ein Fuchs, „ich muß
es dir nur sagen, mein Verdruß
hat sonst kein Ende.
Der Esel spricht von dir nicht gut;
er sagt, was ich an dir zu loben fände,
das wüßt' er nicht; dein Heldenmut
sei zweifelhaft; auch gäbst du keine Proben
von Großmut und Gerechtigkeit;
und würgest ohne Unterscheid,
er könne dich nicht loben."
Ein Weilchen schwieg der Löwe still,
dann sprach er: „Fuchs! er spreche, was er will;
denn was von mir ein Esel spricht,
das acht' ich nicht!"

Johann Wilhelm Ludwig Gleim

DER VATER UND SEINE SÖHNE

Ein Bürger einer rheinischen Stadt,
der klügsten einer aus dem Rat,
der hatt viel Söhn, denselben er
durch Gleichnis gab eine solche Lehr:
Ein' Besen mit ein'm starken Band
gab er den Kindern in die Hand,
das einer nach dem andern sollt
versuchen, ob ers brechen wollt.
Der Besen hatte zuviel Stärk.
Er sprach: ,,Dabei ein jeder merk:
Wann ihr euch fest zusammen halt,
so werdt Ihr wohl stehn für Gewalt."
Da nahm der Vater in die Hand
den Besen und löst auf das Band
und jedem gab ein sonder Reis:
,,Versucht", sagt er, ,,auf diese Weis,
ob Ihr dem Besen seid zu schwach?"
Ein jeder seine Gert zerbrach.
,,Sieh, also", sprach er, ,,wird's euch gehn,
werdt Ihr nicht bei einander stehn.
Durch Eintracht wächst eine kleine Hab',
durch Zwietracht nimmt ein' große ab."

Nach Erasmus Alberus

FÜR MEINE SÖHNE

Hehle nimmer mit der Wahrheit!
Bringt sie Leid, nicht bringt sie Reue;
doch, weil Wahrheit eine Perle,
wirf sie auch nicht vor die Säue.

Blüte edelsten Gemütes
ist die Rücksicht; doch zu Zeiten
sind erfrischend wie Gewitter
goldne Rücksichtslosigkeiten.

Wackrer heimatlicher Grobheit
setze deine Stirn entgegen;
artigen Leutseligkeiten
gehe schweigend aus den Wegen.

Wo zum Weib du nicht die Tochter
wagen würdest zu begehren,
halte dich zu wert, um gastlich
in dem Hause zu verkehren.

Was du immer kannst, zu werden,
Arbeit scheue nicht und Wachen;
aber hüte deine Seele
vor dem Karrieremachen.

Wenn der Pöbel aller Sorte
tanzet um die goldnen Kälber,
halte fest: du hast vom Leben
doch am Ende nur dich selber.

Theodor Storm

Zwei Dinge sollen tapfren Mann
nicht mit Verdruß erfassen:
Die, die er nicht mehr ändern kann,
und die sich ändern lassen.

Julius Lohmeyer

DAS HOBELLIED

Da streiten sich die Leut herum
oft um den Wert des Glücks,
der eine heißt den andern dumm,
am End weiß keiner nix.
Das ist der allerärmste Mann,
der andre oft zu reich,
das Schicksal setzt den Hobel an
und hobelt s' beide gleich.

Die Jugend will halt stets mit Gwalt
in allem glücklich sein,
doch wird man nur ein bissel alt,
da, gibt man sich schon drein.
Oft zankt mein Weib mit mir, o Graus!
Das bringt mich nicht in Wut,
da klopf' ich meinen Hobel aus
und denk', du brummst mir gut.

Zeigt sich der Tod einst mit Verlaub
und zupft mich: ‚Brüderl, kumm',
da stell' ich mich im Anfang taub
und schau' mich gar nicht um.
Doch sagt er: ‚Lieber Valentin,
mach keine Umständ, geh!',
da leg' ich meinen Hobel hin
und sag' der Welt ade.

Ferdinand Raimund

LIED EINES INVALIDEN

Ihr guten Leute, hört mich an!
Ich bin ein alter Kriegesmann,
zerhauen und zerschossen!
Wär' was Gesundes, außer Bauch
und Maul an mir: wohl wär' ich auch
zur Arbeit unverdrossen.

Doch schaut! Mir armen Grenadier
sind leider! die drei Finger hier
bei Torgau weggehauen,
und kann nun drüber, daß ich muß
so müßig gehn, mich aus Verdruß
nicht mal am Kopfe krauen.

Und als ich drauf mich bückte, um
die Finger von der Erde zum
Wahrzeichen aufzuheben,
da fuhr mir eine Kugel, just
hier oben, durch die linke Brust,
kaum Fingerbreit vom Leben.

Nun hat der Feldscher zwar geschickt
mich wieder so zurechtgeflickt,
doch ohne mein Verlangen.
Was nun zu tun? Was fang' ich an?
Gebettelt alter Kriegesmann!
Wo nicht? dich aufgehangen.

So fragt denn euren Herrn Pastor,
ihr Leut', ob der will stehn davor,
daß ich mich ohne Schaden
an meiner Seele, hangen kann:
Gleich hängt der alte Kriegesmann
am nächsten Bäckerladen.

Doch steht mir der dafür nicht ein,
und muß es denn gebettelt sein,
so gebt mir ohne Zählen,
was ihr mir geben wollt; denn ich,
wenn gleich ein Krüppel, lasse mich
von niemand lange quälen!

Leopold Friedrich Günther von Goeckingk

A Mensch, der ma zwider is,
dem sag i's gschwind,
und a Ding, das ma Mucken[1]
macht, schlag i in Wind.

Der sö plagn laßt und arant't[2],
das is da recht Narr,
kriagt bo Zeiten a wilds Gsicht
und an öselgrawa[3] Haar.

Aft knotzt[4] ar in Winkel
und brüat't ah so furt,
az wann[5] öbba von Brüaten
öbs andasta wurd. –

Mi juckt nix, mi druckt nix,
mir lat[6] nix streng an,
und vo mir herts mein Löbta[7]
nöt: Häd i's nöt than.

A Scheiba wos is,[8]
schaut sö d' Kögelstatt an,
nimmt dö Kugel und soat:
As[9] gilt ah schan! –

Wias kimmt, also nimm i's,
wia's geht, laß i's gehn,
und wann's öbbas nöt thoan will,[10]
so sag i: laß's stehn!

Franz Stelzhamer

[1] Verdruß [2] kränken [3] eselgrau [4] dann hockt [5] als wenn [6] liegt [7] Lebtag
[8] Wer Kegelschieber ist [9] es [10] glücken will

DIE SCHWARZE KATZ

Bei uns, da is a Staarenhäusl,
die Staarl habn dir halt a G'schwatz,
die kümmern si um d'Welt koa kreisl:[1]
Grad untauf hockt a schwarze Katz.

Die Katz roast[2] allweil auf und nieder,
bald gspürt ma s'hint, na gspürt ma s'vorn,
dös werd halt do die Staarl zwider,
und zletzt san's völli ängstli worn.

Jetzt hä'en s' so a lustigs Leben,
grad Futter gnua und s' Häusl gschenkt
nur grad die Katz sollts halt nit geben –
so habn die Staarl ihna denkt.

Ja, ja – a Sorg die muaßs schon geben!
Und bist aar auf dem besten Platz
und gehts dir no so guat im Leben:
A jeder hat – sei' schwarze Katz.

Karl Stieler

[1] bißchen [2] rast

S' PFEIFENSTOPFEN

Da Farmer Naz[1], der hat an Knecht,
dem is no nia was gwesen recht.

Is recht a zwidrer alter Gaul,
hat'n ganzen Tag sei Pfeif' im Maul.

Und nimmt sie kam bei'n Essen Zeit,
daß er sei Gstemm[2] af d'Seiten geit.

So puchelt[3] a und schneidt dazua
a Gfriß als wia a kranke Kuah.

Und lachen siehst 'n nia, den Tropf,
als wann er si die Pfeifen stopft.

Da frag i'n: Hansl, sag' m'r's do,
was freut di denn dös Stopfen so?

Ja, sagt er, dös is d' oanzge Freud,
jatz stopf i schon dö achte heut.

Siehst, Bua, i denk ma halt dabei,
i stopf das ganze Dörfal nei.

Af z'unterst z'erst 'n Farmer Naz,
den druck i ganz z'samm zu an Paz.[4]

Und nacha kimmt da Pfarra glei
und unsa Meßna an die Reih.

Da Vorstand kriagt an festn Magga,[5]
aft kimmt da Kirchpropst
dran, der Ragga!

Und bals dann alle drinnen sein,
da Schulmoasta no obendrein.

Die Gitschen[6] sein banand
und d' Gspun,[7]
i zünd den ganzen Krempl un.

Drum muaß i halt allweil so lach'n,
wann i dös Zeug tua zsamma rach'n.[8]

Rudolf Greinz

[1] Ignaz [2] Pfeife [3] qualmt [4] Brei [5] Druck [6] Dirndeln [7] Liebsten [8] rauchen

DR GUKGUK UFFN ZAUNE SASS

Dr Gukguk uffn Zaune saß,
un's reente sihr, da wuhr e naß.
Itzt scheen de warme Sunne drei,
dr Gukguk wuhr widder hübsch un fei.
Druhts Unglück – Du Harr Jemeneh!
Glei denkt dr Mensch, 's giht allz enzwee.
Un wenkt 'n 's Glück nar Gutt behüt'ch!
Glei is e widder übbermüt'ch!
Drümm sallt de, wenn de klugk willt sei,
nar immer hübsch gelahssen blei.
Denn Sunn un Reen sinn zeiten da,
un war d'ch nass macht, treicht d'ch a!

Titus Ulbricht

Verstand wie 'n Pudel die Ohren spitzt,
wenn's Herz an festlicher Tafel sitzt.
Gib ihm nur ein Knöchlein zu benagen,
so wird er höflich sich betragen.
Doch willst du auch das Knöchlein sparen,
wird er dir in die Waden fahren.

Paul Heyse

Vom heut'gen Tag, von heut'ger Nacht
verlange nichts,
als was die gestrigen gebracht.

Goethe

NEUJAHRSWÜNSCHE

Jeder wünscht sich langes Leben,
seine Kisten voller Geld,
Wiesen, Wälder, Äcker, Reben –
Klugheit, Schönheit, Ruhm der Welt,
doch wenn alles würde wahr
was man wünscht zum neuen Jahr,
dann erst wär' es um die Welt,
glaubt es, jämmerlich bestellt.

Lebten alle tausend Jahre,
was gewönnen wir dabei?
Kahle Köpfe, graue Haare
und das ew'ge Einerlei!
Im erschrecklichen Gedränge
ungeheurer Menschenmenge
würden Stadt und Dorf zu enge,
und die ganze Welt zu klein.
Niemand könnte etwas erben,
denn es würde keiner sterben;
und wer möchte Doktor sein?

Wäre jedermann so reich,
als wohl jeder wünscht zu werden:
Nun, dann würden wir auf Erden
uns, in Sorgen, alle gleich.
Da niemand des andern Bürde
künftig auf sich laden würde,
müßte jeglicher allein
sein höchsteigner Diener sein;
selber sein Paar Strümpfe stricken,
möcht' er nicht gern barfuß gehn;
selber Rock und Hosen flicken
möcht' er nicht wie Adam stehn;
müßte kochen, braten, backen,
liebte er gesunde Kost.
Wäre er kein Freund vom Frost,
müßt' er selber Holz sich hacken.

Ständen alle ohne Mängel
wir hienieden schon, als Engel,
o wie wär' es böse Zeit
für die liebe Geistlichkeit!
Wer denn könnte Pfarrer werden
in dem Himmel hier auf Erden,
wenn der Laie besser wäre,
als die Predigt, die er hört?
Nur wo nötig ist die Lehre,
und sonst nirgends, hat sie Wert.
Advokaten gingen müßig;
Richter wären überflüssig;
und Dragoner und Husaren,
wären überflüss'ge Waren
ach, in diesem Weltgetümmel
wüchse wieder neue Not,

denn es brächte unser Himmel
manchen braven Mann ums Brot.

Wären alle Mädchen schön,
und von außen und von innen,
und vom Wirbel bis zum Zehn
zauberische Huldgöttinnen:
zu alltäglich, zu gemein
würden schöne Mädchen sein;
niemand würde auf sie blicken. –
Wäre alles Diamant,
was jetzt Kiesel ist und Sand,
niemand möchte sich drum bücken.

Jeder wünscht zum neuen Jahr!
Aber würde alles wahr,
dann erst wär' es um die Welt,
glaubt es, jämmerlich bestellt!
Wollet Ihr die Welt verbessern,
(bloße Wünsche tun es nie,
Spiele sind's der Phantasie!)
wollet Ihr die Welt verbessern,
fange jeder an bei sich,
denn der Mittelpunkt der größern
Welt ist jeglichem sein Ich.
Dieses Ich wirft seine Strahlen,
einer innern Sonne gleich,
durch des Lebens weites Reich.
Wie es selber ist, so malen
sich die Dinge klein und groß,
prächtig oder farbenlos!

Heinrich Zschokke

BEHERZIGUNG

Ach, was soll der Mensch verlangen?
Ist es besser, ruhig bleiben?
Klammernd fest sich anzuhangen?
Ist es besser, sich zu treiben?

Soll er sich ein Häuschen bauen?
Soll er unter Zelten leben?
Soll er auf die Felsen trauen?
Selbst die festen Felsen beben.

Eines schickt sich nicht für alle!
Sehe jeder, wie er's treibe,
sehe jeder, wo er bleibe,
und wer steht, daß er nicht falle!

Goethe

FREISINN

Laßt mich nur auf meinem Sattel gelten!
Bleibt in euren Hütten, euren Zelten!
Und ich reite froh in alle Ferne,
über meiner Mütze nur die Sterne.

Goethe

Bleibe nicht am Boden heften,
frisch gewagt und frisch hinaus!
Kopf und Arm mit heitern Kräften,
überall sind sie zu Haus;
wo wir uns der Sonne freuen,
sind wir jede Sorge los;
daß wir uns in ihr zerstreuen,
darum ist die Welt so groß.

Goethe

DER FROHE WANDERSMANN

Wem Gott will rechte Gunst erweisen,
den schickt er in die weite Welt;
dem will er seine Wunder weisen
in Berg und Wald und Strom und Feld.

Die Trägen, die zu Hause liegen,
erquicket nicht das Morgenrot;
sie wissen nur von Kinderwiegen,
von Sorgen, Last und Not um Brot.

Die Bächlein von den Bergen springen,
die Lerchen schwirren hoch vor Lust,
was sollt' ich nicht mit ihnen singen
aus voller Kehl' und frischer Brust?

Den lieben Gott lass' ich nur walten;
der Bächlein, Lerchen, Wald und Feld
und Erd und Himmel will erhalten,
hat auch mein' Sach' aufs best bestellt!

Joseph von Eichendorff

GUTER RAT

An einem Sommermorgen
da nimm den Wanderstab,
es fallen deine Sorgen
wie Nebel von dir ab.

Des Himmels heitere Bläue
lacht dir ins Herz hinein
und schließt, wie Gottes Treue,
Mit seinem Dach dich ein.

Rings Blüten nur und Triebe
und Halme von Segen schwer,
dir ist, als zöge die Liebe
des Weges nebenher.

So heimisch alles klingt
als wie im Vaterhaus,
und über die Lerchen schwingt
die Seele sich hinaus.

Theodor Fontane

ZWEI HEIMGEKEHRTE

Zwei Wanderer zogen hinaus zum Tor,
zur herrlichen Alpenwelt empor.
Der eine ging, weil's Mode just,
den andern trieb der Drang in der Brust.

Und als daheim nun wieder die zwei,
da rückt die ganze Sippe herbei,
da wirbelt's von Fragen ohne Zahl:
„Was habt ihr gesehn?
Erzählt einmal!"

Der eine drauf mit Gähnen spricht:
„Was wir gesehn? Viel Rares nicht!
Ach, Bäume, Wiesen, Bach und Hain,
und blauen Himmel und Sonnenschein!"

Der andere lächelnd dasselbe spricht,
doch leuchtenden Blicks, mit
verklärtem Gesicht:
„Ei, Bäume, Wiesen, Bach und Hain,
und blauen Himmel und Sonnenschein!"

Anastasius Grün

Heb dich hinweg mit deinem Schelten
aus unsern Frühlingswanderreih'n!

Wer nur den schönsten Baum läßt gelten,
dem kann im Walde wohl nicht sein.

Arthur Schnitzler

SOMMER

Dein ist alles, all und jede Wonne,
wenn sie aufgeht dir als eigne Sonne;
jeder Tag, vom Licht emporgetragen,
wenn er aufgeht dir als eigenes Tagen.

Dein ist alles, all der Blumen Glühen,
wenn hervor sie aus dir selber blühen;
all die Rosenknospen auf der Erden,
wenn sie Rosen in dir selber werden.

Dein ist alles, was in Tal und Hügeln
lichtvoll sich in dir kann widerspiegeln;
dein der Himmel selbst, und selbst die Sterne,
wenn du Glanz hast für den Glanz der Ferne.

Christian Wagner

... Denn der ist König über alle Dinge,
und den berührt der Engel goldne Schwinge,
der seine Blicke so aussenden kann,
daß sie wie Adler Beute heimwärts tragen,
und dem die Morgenstunden leuchtend sagen:
Du Mensch mit hellen Augen, nimm uns an!

Otto Julius Bierbaum

EIN TAGESLAUF

Sitz' ich sinnend, Haupt in Hand gestützt:
Schöner Tag, hab' ich dich recht genützt?

Einen Kuß auf meines Weibes Mund,
Liebesgruß in früher Morgenstund.

Sorg' ums Brot in treuer Tätigkeit,
offnes Wort in scharfem Männerstreit.

Einen guten Becher froh geleert,
kräftig einem argen Wunsch gewehrt.

Leuchtend kommt aus ewigem Sternenraum
noch zuletzt ein seliger Dichtertraum.

Sinnend sitz' ich, Haupt in Hand gestützt:
Schöner Tag, ich hab dich ausgenützt.

Gustav Falke

IM GRASE

Laßt mich in Gras und Blumen liegen
und schaun dem blauen Himmel zu:
Wie goldne Wolken ihn durchfliegen,
in ihm ein Falke kreist in Ruh'.

Die blaue Stille stört dort oben
kein Dampfer und kein Segelschiff,
kein Menschentritt, kein Pferdetoben,
nicht des Dampfwagens wilder Pfiff.

Laßt satt mich schauen in die Klarheit,
in diesem stillen, sel'gen Raum:
Denn bald könnt' werden ja zur Wahrheit
das Fliegen, der unsel'ge Traum.

Dann flieht der Vogel aus den Lüften,
wie aus dem Rhein der Salme schon,
und wo einst singend Lerchen schifften,
schifft grämlich stumm Britannias Sohn.

Blick' ich gen Himmel, zu gewahren,
warum's so plötzlich dunkel sei,
erblick' ich einen Zug von Waren,
der an der Sonne schifft vorbei.

Fühl' Regen ich im Sonnenscheine,
such' ich den Regenbogen keck,
ist es nicht Regen, wie ich meine,
ward in der Luft ein Ölfaß leck.

Laßt schaun mich von dem Erdgetümmel
zum Himmel, eh' es ist zu spät,
eh' wie vom Erdball, so vom Himmel
die Poesie still trauernd geht.

Verzeiht dies Lied des Dichters Grolle,
träumt er von solchem Himmelsgraus,
er, den die Zeit, die dampfestolle,
schließt von der Erde lieblos aus.

Justinus Kerner

ERWIDERUNG AN KERNER

Dein Lied ist rührend, edler Sänger,
doch zürne dem Genossen nicht,
wird ihm darob das Herz nicht bänger,
das, dir erwidernd, also spricht:

Die Poesie ist angeboren,
und sie erkennt kein Dort und Hier!
Ja, ging' die Seele mir verloren,
sie führ' zur Hölle selbst mit mir.

Inzwischen sieht's auf dieser Erde
noch lange nicht so graulich aus,
und manchmal scheint mir, daß das: Werde!
ertön' erst recht dem „Dichterhaus".

Schon schafft der Geist sich Sturmesschwingen
und spannt Eliaswagen an;
willst träumend du im Grase singen,
wer hindert dich, Poet, daran?

Ich grüße dich im Schäferkleide,
herfahrend, – doch mein Feuerdrach'
trägt mich vorbei, die dunkle Heide
und deine Geister schaun uns nach.

Was deine alten Pergamente
von tollem Zauber kund dir tun,
das seh' ich durch die Elemente
in Geistes Dienst verwirklicht nun.

Ich seh' sie keuchend glühn und sprühen
stahlschimmernd bauen Land und Stadt,
indes das Menschenkind zu blühen
und singen wieder Muße hat.

Und wenn vielleicht in hundert Jahren
ein Luftschiff hoch mit Griechenwein
durchs Morgenrot käm' hergefahren –
wer möchte da nicht Fährmann sein?

Dann bög' ich mich, ein sel'ger Zecher,
wohl über Bord von Kränzen schwer,
und gösse langsam meinen Becher
hinab in das verlaßne Meer.

Gottfried Keller

EURE WEISHEIT

Ich sah am liebsten hoch im Turm
weit nach den blauen Landen,
bin jauchzend bei dem lauten Sturm
des Glockenschwungs gestanden;
ich kam hernieder, doch empor
schlägt noch mein Herz nach Jahren.
So blieb ich immer euch ein Tor,
die niemals droben waren.

Johann Georg Fischer

DER TAUGENICHTS

Die ersten Veilchen waren schon
erwacht im stillen Tal;
ein Bettelpack stellt' seinen Thron
ins Feld zum ersten Mal.
Der Alte auf dem Rücken lag,
das Weib, das wusch am See;
bestaubt und unrein schmolz im Hag
das letzte Häuflein Schnee.

Der Vollmond warf den Silberschein
dem Bettler in die Hand,
bestreut' der Frau mit Edelstein
die Lumpen, die sie wand;
ein linder West blies in die Glut
von einem Dorngeflecht,
drauf kocht' in Bettelmannes Hut
ein sündengrauer Hecht.

Da kam der kleine Betteljung,
vor Hunger schwach und matt,
doch glühend in Begeisterung
vom Streifen durch die Stadt,
hielt eine Hyazinthe dar
in dunkelblauer Luft;
dicht drängte sich der Kelchlein Schar,
und selig war der Duft.

Der Vater rief: ,,Wohl hast du mir
viel Pfennige gebracht?"
Der Knabe rief: ,,O sehet hier
der Blume Zauberpracht!
Ich schlich zum goldnen Gittertor,
sooft ich ging, zurück,
bedacht' nur, aus dem Wunderflor
zu stehlen mir dies Glück!

O sehet nur, ich werde toll,
die Glöcklein alle an!
Ihr Duft, so fremd und wundervoll,
hat mir es angetan!
O schlaget nicht mich armen Wicht,
laßt Euren Stecken ruhn!
Ich will ja nichts, mich hungert nicht,
ich will's nicht wieder tun!"

,,O wehe mir geschlagnem Tropf!"
Brach nun der Alte aus,
,,Mein Kind kommt mit verrücktem Kopf
anstatt mit Brot nach Haus!
Du Taugenichts, du Tagedieb
und deiner Eltern Schmach!"
Und rüstig langt' er Hieb auf Hieb
dem armen Jungen nach.

Im Zorn fraß er den Hecht, noch eh'
der gar gesotten war,
schmiß weit die Gräte in den See
und stülpt' den Filz aufs Haar.
Die Mutter schmält' mit sanftem Wort
den mißgeratnen Sohn,
der warf die Blume zitternd fort
und hinkte still davon.

Es perlte seiner Tränen Fluß,
er legte sich ins Gras
und zog aus seinem wunden Fuß
ein Stücklein scharfes Glas.
Der Gott der Taugenichtse rief
der guten Nachtigall,
daß sie dem Kind ein Liedchen pfiff
zum Schlaf mit süßem Schall.

Gottfried Keller

LEGENDE VOM HUFEISEN

Als noch, verkannt und sehr gering,
unser Herr auf der Erde ging
und viele Jünger sich zu ihm fanden,
die sehr selten sein Wort verstanden,
liebt' er sich gar über die Maßen,
seinen Hof zu halten auf der Straßen,
weil unter des Himmels Angesicht
man immer besser und freier spricht.
Er ließ sie da die höchsten Lehren
aus seinem heiligen Munde hören;
besonders durch Gleichnis und Exempel
macht' er einen jeden Markt zum Tempel.

So schlendert' er in Geistes Ruh
mit ihnen einst einem Städtchen zu.
Sah etwas blinken auf der Straß',
das ein zerbrochen Hufeisen was.
Er sagte zu Sankt Peter drauf:
„Heb doch einmal das Eisen auf!“
Sankt Peter war nicht aufgeräumt,
er hatte so eben im Gehen geträumt,
so was vom Regiment der Welt,
was einem jeden wohlgefällt:
Denn im Kopf hat das keine Schranken;
das waren so seine liebsten Gedanken.
Nun war der Fund ihm viel zu klein,
hätte müssen Kron und Zepter sein;
aber wie sollt' er seinen Rücken
nach einem halben Hufeisen bücken?
Er also sich zur Seite kehrt
und tut, als hätt er's nicht gehört.

Der Herr, nach seiner Langmut, drauf
hebt selber das Hufeisen auf
und tut auch weiter nicht dergleichen.
Als sie nun bald die Stadt erreichen,
geht er vor eines Schmiedes Tür,
nimmt von dem Mann drei Pfennig dafür.
Und als sie über den Markt nun gehen,
sieht er daselbst schöne Kirschen stehen,
kauft ihrer, so wenig oder so viel,
als man für einen Dreier geben will,
die er sodann nach seiner Art
ruhig im Ärmel aufbewahrt.

Nun ging's zum andern Tor hinaus,
durch Wies' und Felder ohne Haus,
auch war der Weg von Bäumen bloß;
die Sonne schien, die Hitz' war groß,
so daß man viel an solcher Stätt'
für einen Trunk Wasser gegeben hätt'.
Der Herr geht immer voraus vor allen,
läßt unversehens eine Kirsche fallen.
Sankt Peter war gleich dahinter her,
als wenn es ein goldner Apfel wär;
das Beerlein schmeckte seinem Gaum.
Der Herr nach einem kleinen Raum
ein ander Kirschlein zur Erde schickt,
wonach Sankt Peter schnell sich bückt.

So läßt der Herr ihn seinen Rücken
gar vielmal nach den Kirschen bücken.
Das dauert' eine ganze Zeit.
Dann sprach der Herr mit Heiterkeit:

„Tätst du zur rechten Zeit dich regen,
hätt'st du's bequemer haben mögen.
Wer geringe Ding wenig acht't,
sich um geringere Mühe macht."

Goethe

GLÜCK

Wanderer, nicht aus Fortunens Rade
erwarte einst dein schönstes Los.
Zum Kriechen dünke dich zu groß,
und ohne das verschenkt sie keine Gnade.
Den Pöbel laß im Staub zu ihren Füßen
um vieles Geld und viele Sorgen flehn,
der Freiheit leere Hand verschmähn,
und sein erbettelt Gold mit Ängstlichkeit genießen.
Ein Diadem, das meine Stirn' beschwert,
ist keiner Hirtenbinde wert.

August Neithardt von Gneisenau

DER SCHATZGRÄBER

Arm am Beutel, krank am Herzen
schleppt' ich meine langen Tage.
Armut ist die größte Plage,
Reichtum ist das höchste Gut!
Und, zu enden meine Schmerzen,
ging ich, einen Schatz zu graben.
Meine Seele sollst du haben!
Schrieb ich hin mit eignem Blut.

Und so zog ich Kreis um Kreise,
stellte wunderbare Flammen,
Kraut und Knochenwerk zusammen:
Die Beschwörung war vollbracht.
Und auf die gelernte Weise
grub ich nach dem alten Schatze
auf dem angezeigten Platze;
schwarz und stürmisch war die Nacht.

Und ich sah ein Licht von weiten,
und es kam gleich einem Sterne
hinten aus der fernsten Ferne,
eben als es zwölfe schlug.
Und da galt kein Vorbereiten:
Heller ward's mit einem Male
von dem Glanz der vollen Schale,
die ein schöner Knabe trug.

Holde Augen sah ich blinken
unter dichtem Blumenkranze;
in des Trankes Himmelsglanze
trat er in den Kreis herein.
Und er hieß mich freundlich trinken.
Und ich dacht': es kann der Knabe
mit der schönen lichten Gabe
wahrlich nicht der Böse sein.

„Trinke Mut des reinen Lebens!
Dann verstehst du die Belehrung,
kommst, mit ängstlicher Beschwörung,
nicht zurück an diesen Ort.
Grabe hier nicht mehr vergebens.
Tages Arbeit, abends Gäste!
Saure Wochen, frohe Feste!
Sei dein künftig Zauberwort."

Goethe

Nicht Wünschelruten, nicht Alraune,
die beste Zauberei liegt in der guten Laune.

Goethe

Du wirst es nie zu Tücht'gem bringen
bei deines Grames Träumerein,
die Tränen lassen nichts gelingen:
Wer schaffen will, muß fröhlich sein.

Wohl Keime wecken mag der Regen,
der in die Scholle niederbricht,
doch golden Korn und Erntesegen
reift nur heran bei Sonnenlicht.

Theodor Fontane

„Bist du denn nicht auch zugrunde gerichtet?
Von deinen Hoffnungen trifft nichts ein!"
Die Hoffnung ist's, die sinnet und dichtet,
und da kann ich noch immer lustig sein.

Goethe

„Was machst du, wenn die Kritik dich kränkt?"
Meine Antikritik: ich bleibe heiter.
„Und wenn sie dich an den Galgen gehängt?"
Meine Antikritik: ich lebe weiter.

Oskar Blumenthal

So unvermeidbar ein Geschick dir scheine,
neig ihm dein Haupt in frommer Demut nie.
Was heute sich des Schicksals Maske lieh,
war gestern vieler Möglichkeiten eine,
und wird heut ohne dich die Wahl gefällt –
von morgen die ist dir anheimgestellt.

Arthur Schnitzler

TROST

Wenn dich Glück und Freunde fliehen,
sei du nicht zu tief besorgt,
wie besitzen nur geliehen
ist verloren nur geborgt.

So an trüben Herbstestagen,
wenn erlosch des Jahres Glanz,
schau im Wind die Blätter jagen,
ein entfleischter Totentanz.

Aber kaum der Lenz erschienen,
zahlt ein Erbe, lusterstarkt,
er mit barem, blanken Grünen,
was der Vorfahr abgekargt.

Hold von neuem sind die Götter,
üb'rall Wonne, Lust und Licht,
neue Freuden, neue Blätter –
freilich nur dieselben nicht.

Franz Grillparzer

Nicht Glückes bar sind deine Lenze,
du forderst nur des Glücks zu viel;
gib deinem Wunsche Maß und Grenze,
und dir entgegen kommt das Ziel.

Wie dumpfes Unkraut laß vermodern,
was in dir noch des Glaubens ist:
Du hättest doppelt einzufordern
des Lebens Glück, weil du es bist.

Das Glück, kein Reiter wird's erjagen,
es ist nicht dort, es ist nicht hier;
lern überwinden, lern entsagen,
und ungeahnt erblüht es dir.

Theodor Fontane

Ein Chinese ('s sind nun schon an zweihundert Jahr)
in Frankreich auf einem Hofball war.
Und die einen frugen ihn: ob er das kenne?
Und die andern frugen ihn: wie man es nenne?
„Wir nennen es tanzen", sprach er mit Lachen,
„aber wir lassen es andere machen."

Und dieses Wort, seit langer Frist,
mir immer in Erinnerung ist.
Ich seh' das Rennen, ich seh' das Jagen,
und wenn mich die Menschen umdrängen und fragen:
„Was tust du nicht mit? Warum stehst du beiseit?"
So sag ich: „Alles hat seine Zeit.
Auch die Jagd nach dem Glück. All derlei Sachen,
ich lasse sie längst durch andere machen."

Theodor Fontane

Wohl dem, auf dessen Grabgewölb zu lesen,
ob auch gering war seines Schaffens Stärke:
„Sein Leben selbst ist seine Kunst gewesen,
und seine Tage waren seine Werke."

Oskar Blumenthal

Das Leben ist eine freie Kunst.
Wer die nach Regeln will betreiben,
wird meist ein trauriger Stümper bleiben
und nie gewinnen Meistergunst.

Paul Heyse

BERLINER PFINGSTEN

Heute sah ich ein Gesicht,
freudevoll zu deuten:
In dem frühen Pfingstenlicht
und beim Glockenläuten
schritten Weiber drei einher,
feierlich im Gange,
Wäscherinnen fest und schwer,
jede trug 'ne Stange.

Mädchensommerkleider drei
Flaggten von den Stangen,
schönre Fahnen, stolz und frei,
als je Krieger schwangen;
frisch gewaschen und gesteift,
tadellos gebügelt,
blau und weiß und rot gestreift,
wunderbar geflügelt!

Lustig blies der Wind, der Schuft,
Falbeln auf und Büste,
und mit frischer Morgenluft
füllten sich die Brüste;
und ich sang, als ich gesehn
ferne sie entschweben:
Auf und laßt die Fahnen wehn,
lustig ist das Leben!

Gottfried Keller

DER GLÜCKSTAG

Ich war am Morgen
so frohen Mutes,
als müßt' begegnen
mir etwas Gutes.
Wohlan, es komme
das Glück gegangen!
Bereit hier sitz' ich,
es zu empfangen.

Da kam ein Brief,
den die Post mir brachte,
ich brach ihn auf, sah
hinein und lachte.
Logierbesuch will
ins Haus mir kommen:
Sei er mit Jubel
denn aufgenommen!

Drauf kam ein Mann, um
von mir zu borgen,
obwohl ich selbst war
bedrängt von Sorgen.
Daß er auf mich sein
Vertrauen setzte,
rührt' mich, ich gab ihm
sorglos das Letzte.

Nun eine Zeitung
nahm in die Hand ich,
darin auf mich was
geschrieben fand ich,
was Böses, Arges.
Wie das mich freute!
Seht, so beachten
mich schon die Leute!

Ich war noch immer
bei frohem Mute,
als müßte kommen
noch andres Gute.
Um mehr des Glückes
noch zu empfangen,
bin aus dem Haus ich
hinausgegangen.

Da überfiel mich
mit Donnerschlägen,
mich unbeschirmten,
ein heft'ger Regen.
Dem Himmel dankt' ich,
weil er uns schenkte
ersehntes Naß und
die Saaten tränkte.

Von einem Fenster-
brett fiel ein bunter
Tontopf mit Nelken
auf mich herunter.
Doch meinen Hut nur
hat er zertrümmert,
heil blieb ich selber
und unbekümmert.

Nach Hause eilt' ich,
da sah ich jagen
scharf um die Ecke
'nen Schlächterwagen.
Zu Boden riß er
mich freilich nieder,
doch kaum verletzt sprang
empor ich wieder.

Allmählich wurde
der Himmel heller;
nach Hause hinkt' ich,
stieg in den Keller,
holt' eine Flasche
mit gutem Weine,
wohl mir, ich hatte
just noch die eine!

Zusammen rief ich
darauf die Meinen,
mit mir im Jubel
sich zu vereinen.
Kommt her und trinket,
seid frohen Mutes!
Mir ist begegnet
heut so viel Gutes.

Johannes Trojan

HUNDEKUR

Früh war ich aufgewacht verdroßnen Muts;
vom ganzen Tag verhieß ich mir nichts Guts.
Mit Knurren fiel zuerst mein Weib ich an,
dann kam die Magd und dann die Kinder dran.
So ward ein Stündchen um und um gebellt,
und endlich trollt' ich bissig mich ins Feld.

An einem Bauernhaus stapft' ich vorbei.
Ei, guter Tyras, welch ein wüst Geschrei!
Ich kam doch oft daher auf diesen Wegen:
Mit Wedeln sprang der Hund mir sonst entgegen,

ließ sich behaglich kraun die zott'ge Mähne,
heut aber knurrt' er muffig, fletscht' die Zähne;
und allen Ernstes, wenig fehlte nur,
daß schnappend er mir in die Waden fuhr.

Der Bauer schimpft' zurück das grobe Tier
und sprach, sich knapp entschuldigend, zu mir:
„Der kommt nun, merk' ich, auch zum Schinder bald.
Er ist seit kurzem so. Das Biest wird alt."
Ich grüßte dankend, schritt nun hast'ger aus
und trollte neu verärgert mich nach Haus.
Ich murrte weiter, Stimmung grau in grau.
Fast ängstlich aber sprach die arme Frau:
„Du bist seit kurzem so. Was hast du nur?" –
Ein Schreck da seltsam mir zum Herzen fuhr;
und heimlich dräuend eine Stimme schalt
von seitwärts mir ins Ohr: „Das Biest wird alt."

Und jählings ward verwandelt mir der Sinn:
Gott Lob und Dank, daß ich so jung noch bin!
Mit sechzig mag man knurren gut und gern;
ich aber bin den Fünfzigen noch fern! –
Ich küßte meine Frau, ich lächelt' heiter.
An diesem Tage quält' ich sie nicht weiter.

Hans Hoffmann

Weißt du, worin der Spaß des Lebens liegt?
Sei lustig! – geht es nicht, so sei vergnügt.

Goethe

„Nein! heut ist mir das Glück erbost!" –
Du sattle gut und reite getrost!

Goethe

Das Spiel des Lebens sieht sich heiter an,
wenn man den sichern Schatz im Herzen trägt,
und froher kehr' ich, wenn ich es gemustert,
zu meinem schönern Eigentum zurück.

Schiller

Du fragst: ob mir in dieser Welt
überhaupt noch was gefällt?
Du fragst es und lächelst spöttisch dabei.

Lieber Freund, mir gefällt noch allerlei:
Jedes Frühjahr das erste Tiergartengrün,
oder wenn in Werder die Kirschen blühn,
zu Pfingsten Kalmus und Birkenreiser,
der alte Moltke, der alte Kaiser,
und dann zu Pferd, eine Stunde später,
mit dem gelben Streifen der „Halberstädter";
Kuckucksrufen, im Wald ein Reh,
ein Spaziergang durch die Lästerallee,
Paraden, der Schapersche Goethekopf
und ein Backfisch mit einem Mozartzopf.

Theodor Fontane

Ich kenne manchen, der laut und dreist
sich selbst mit liebreichen Worten preist.
Doch hab' ich nur wenige noch gesehn,
die froh sich selbst zu genießen verstehn.

Oskar Blumenthal

Das mach' ich mir denn zum reichen Gewinn,
daß ich getrost ein Pedante bin.

Goethe

Ein Mensch am Ende seiner Kraft,
hat sich noch einmal aufgerafft.
Statt sich im Schmerze zu vergeuden
beschließt er, selbst sich zu befreuden,
und tut dies nun durch die Erdichtung
von äußerst peinlicher Verpflichtung.
So ist ihm Reden eine Qual:
Sitzt er nun wo als Gast im Saal,
befiehlt er streng sich in den Wahn,
er käm' jetzt gleich als Redner dran,
macht selber Angst sich bis zum Schwitzen –
und bleibt dann glücklich lächelnd sitzen.
Dann wieder bildet er sich ein,
mit einem Weib vermählt zu sein,
das trotz erbostem Scheidungsrütteln
auf keine Weise abzuschütteln.

Wenn er die Wut, daß sie sich weigert,
bis knapp zum Mord hinaufgesteigert,
so lacht er über seine List
und freut sich, daß er ledig ist.
Ein Mensch, ein bißchen eigenwillig,
schafft so sich Wonnen, gut und billig.

Eugen Roth

Wer einsam ist, der hat es gut,
weil keiner da, der ihm was tut.
Ihn stört in seinem Lustrevier
kein Tier, kein Mensch und kein Klavier,
und niemand gibt ihm weise Lehren,
die gut gemeint und bös zu hören.
Der Welt entronnen, geht er still
in Filzpantoffeln, wann er will.
Sogar im Schlafrock wandelt er
bequem den ganzen Tag umher.
Er kennt kein weibliches Verbot,
drum raucht und dampft er wie ein Schlot.
Geschützt vor fremden Späherblicken,
kann er sich selbst die Hose flicken.
Liebt er Musik, so darf er flöten,
um angenehm die Zeit zu töten,
und laut und kräftig darf er prusten,
und ohne Rücksicht darf er husten,
und allgemach vergißt man seiner.
Nur allerhöchstens fragt mal einer:
Was, lebt er noch? Ei schwerenot,
ich dachte längst, er wäre tot.
Kurz, abgesehn vom Steuerzahlen,
läßt sich das Glück nicht schöner malen.
Worauf denn auch der Satz beruht:
Wer einsam ist, der hat es gut.

Wilhelm Busch

Mit Koffern, Schachteln, Reisesäcken
dein Glück zu suchen ziehst du aus?
Freund, nimm den leichten Wanderstecken,
du bringst es wahrlich eh'r nach Haus!

Friedrich Rückert

MARSCHLIED

Ich will es öfters sagen,
damit ihr's alle wißt,
die ihr mich könntet fragen,
wie schön das Leben ist.

Die Leute, welche meinen,
die Welt sei schlecht gemacht,
sind nicht mit sich im reinen
und gar noch nicht erwacht.

Im Guten wie im Schlechten,
hört eines Freundes Rat:
Nicht mit dem Schöpfer rechten,
der wußte, was er tat!

Gehst du am End zu Grunde,
so trags mit starkem Mut:
Die eine Schöpferstunde
macht alle Tode gut.

Carl Zuckmayer

Die Flut steigt bis an den Ararat,
und es hilft keine Rettungsleiter,
da bringt die Taube Zweig und Blatt –
und es kribbelt und wibbelt weiter.

Es sicheln und mähen von Ost nach West
die apokalyptischen Reiter,
aber ob Hunger, ob Krieg, ob Pest,
es kribbelt und wibbelt weiter.

Ein Gott wird gekreuzigt auf Golgatha
es brennen Millionen Scheiter,
Märtyrer hier und Hexen da,
doch es kribbelt und wibbelt weiter.

So banne dein Ich in dich zurück
und ergib dich und sei heiter;
was liegt an dir und deinem Glück?
Es kribbelt und wibbelt weiter.

Theodor Fontane

Laß nur die Sorge sein,
das gibt sich alles schon;
und fällt der Himmel ein,
kommt doch eine Lerche davon.

Goethe

Wie wohl ist dem, der dann und wann
sich etwas Schönes dichten kann!

Der Mensch, durchtrieben und gescheit,
bemerkte schon seit alter Zeit,
daß ihm hienieden allerlei
verdrießlich und zuwider sei.
Die Freude flieht auf allen Wegen;
der Ärger kommt uns gern entgegen.
Gar mancher schleicht betrübt umher;
sein Knopfloch ist so öd und leer.
Für manchen hat ein Mädchen Reiz,
nur bleibt die Liebe seinerseits.
Doch gibt's noch mehr Verdrießlichkeiten
zum Beispiel läßt sich nicht
bestreiten.
Die Sorge, wie man Nahrung findet,
ist häufig nicht so unbegründet.
Kommt einer dann und fragt: Wie geht's?
Steht man gewöhnlich oder stets
gewissermaßen peinlich da,
indem man spricht: Nun, so lala!
Und nur der Heuchler lacht vergnüglich
und gibt zur Antwort: Ei, vorzüglich!
Im Durchschnitt ist man kummervoll
und weiß nicht, was man machen soll. –

Nicht so der Dichter. Kaum mißfällt
ihm diese altgebackne Welt,
so knetet er aus weicher Kleie
für sich privatim eine neue.

O, wie beglückt ist doch ein Mann,
wenn er Gedichte machen kann!

Wilhelm Busch

RAUCHLIED

Laßt uns unsre Pfeifen stopfen!
Alles in der Welt ist Rauch;
Herzen, die vor Wonne klopfen,
bange Herzen, sind es auch.

In den lieben blauen Wölkchen
blasen wir die Grillen weg;
sind wir doch ein eignes Völkchen,
ohne Arbeit, ohne Zweck;

hören nicht des Mißmuts Flüstern,
der nur fern von Rauchern schleicht;
hören bloß der Blätter Knistern,
wie das Feuer durch sie streicht;

riechen nicht, wie weis're Männer,
schon von fern Verräterluft;
riechen nur als Kräuterkenner
unsres lieben Krautes Duft.

Unsre Feinde müssen weichen,
Dampf und Qualm sind unser Schutz;
unser Trost bei bösen Streichen
ist: auch wir sind nicht viel nutz.

Drum, die Götter zu versöhnen,
zündet ihnen Opfer an!
Zwischen des Gesanges Tönen
dampft mit Andacht himmelan!

EIN FREUDENTAG

Jaja, ich hab' mir 'ne Pfeife gekauft,
eine Tabakspfeife von Ton!
Ja, Weibchen, ja: der Sparsamkeit
und aller Vernunft zum Hohn!

Haha, ich hab' mir' ne Pfeife gekauft,
eine stattliche Pfeife von Ton,
wie sie Mynheer van Holland raucht,
der reiche Zuckerbaron!

Ja, lache nur, Weib, du hast ganz recht:
Ich rauch' überhaupt keine Pfeif';
doch weil ich so überglücklich war,
so mußt' ich sie kaufen: begreif!

Daß unser Junge nun wieder gesund,
das machte mich wunderfroh.
Und bin ich vergnügt, so kauf' ich was,
ganz einerlei was und wo.

Und bin ich vergnügt, so verschwend' ich
leichtsinnig, wie ich nun bin. [was,
So bin ich geboren, so sterb' ich einst,
so leb' ich inzwischen dahin.

Und siehst du: so hab' ich die Pfeife
ist sie nicht schön und lang? [gekauft;
Ich gab, bei Gott! eine Mark dafür,
ein Markstück rund und blank.

Die Pfeif' in der Hand, so schlendert' ich
und sang und summte beglückt. [hin
Die Spießer glotzten und stießen sich an
und grinsten: „Der ist verrückt."

Und wenn du, mein Liebchen, dasselbe
ich stell' es dir gänzlich frei. [meinst,
Ich hab' meine Pfeife von feinstem Ton;
da, Junge, schmeiß sie entzwei!

Otto Ernst

Ist auch das Dasein voller harter Schmerzen,
spielt ewig die Tragödie auch hinein,
mein Gott, wir haben Sonnenschein im Herzen,
laßt nur die Freude sommerfroh gedeihn,
denn so viel Lust, sie ist nicht auszumerzen,
sie soll, sie muß der Plagen uns befrein.
Hinauf, hinab, wie tolle Kinder spielen,
wer sich das wahrt, der kommt zu hohen Zielen.

Singt durch den Wald! Seid Füllen auf der Wiese!
Geht mit dem Handwerksburschen, mit dem Jäger,
besteigt den Hengst, tanzt mit der braunen Lise,
seid meinethalb bei Bacchus Beckenschläger.
Reist durch die Welt, sie wird zum Paradiese,
Beelzebub dient euch als Kofferträger.
Habt ihr im Portemonnaie gar drei Mark achtzig,
da gilt der alte Reim: die Sache macht sich.

Hoch! Sursum corda! Hurra, schwenkt die Mützen!
Schmeißt alle Sorgen in den Tartarus!
Dann wird der Frohsinn euer Zelt beschützen,
im Sturm verfliegen Ärger und Verdruß.
Zum Schluß mag „folgende Moral" auch nützen,
des Siebes letzter Tropfen nach dem Guß:
Des Lebens Blume heißt die Gegenwart,
pflückst du sie nicht, hast du dich selbst genarrt!

Detlev von Liliencron

DIE GUNST DES AUGENBLICKS

Und so finden wir uns wieder
in dem heitern bunten Reihn,
und es soll der Kranz der Lieder
frisch und grün geflochten sein.

Aber wem der Götter bringen
wir des Liedes ersten Zoll?
Ihn vor allen laßt uns singen,
der die Freude schaffen soll.

Denn was frommt es, daß mit Leben
Ceres den Altar geschmückt?
Daß den Purpursaft der Reben
Bacchus in die Schale drückt?

Zückt vom Himmel nicht der Funken,
der den Herd in Flammen setzt,
ist der Geist nicht feuertrunken
und das Herz bleibt unergötzt.

Aus den Wolken muß es fallen,
aus der Götter Schoß, das Glück,
und der mächtigste von allen
Herrschern ist der Augenblick.

Von dem allerersten Werden
der unendlichen Natur –
alles Göttliche auf Erden
ist ein Lichtgedanke nur.

Langsam in dem Lauf der Horen
füget sich der Stein zum Stein,
schnell, wie es der Geist geboren,
will das Werk empfunden sein.

Wie im hellen Sonnenblicke
sich ein Farbenteppich webt,
wie auf ihrer bunten Brücke
Iris durch den Himmel schwebt –

So ist jede schöne Gabe
flüchtig wie des Blitzes Schein,
schnell in ihrem düstern Grabe
schließt die Nacht sie wieder ein.

Schiller

GENERALBEICHTE

„Lasset heut im edlen Kreis
meine Warnung gelten:
Nehmt die ernste Stimmung wahr,
denn sie kommt so selten.
Manches habt ihr vorgenommen,
manches ist euch schlecht bekommen,
und ich muß euch schelten.

Reue soll man doch einmal
in der Welt empfinden:
So bekennt, vertraut und fromm,
eure größten Sünden!
Aus des Irrtums falschen Weiten
sammelt euch und sucht beizeiten
euch zurechtzufinden.“

„Ja, wir haben, sei's bekannt,
wachend oft geträumet,
nicht geleert das frische Glas,
wenn der Wein geschäumet;
manche rasche Schäferstunde,
flücht'gen Kuß vom lieben Munde
haben wir versäumet.

Still und maulfaul saßen wir,
wenn Philister schwätzten,
über göttlichen Gesang
ihr Geklatsche schätzten,
wegen glücklicher Momente,
deren man sich rühmen könnte,
uns zur Rede setzten.

Willst du Absolution
deinen Treuen geben,
wollen wir nach deinem Wink
unabläßlich streben,
uns vom Halben zu entwöhnen
und im Ganzen, Guten, Schönen
resolut zu leben.

Den Philistern allzumal
wohlgemut zu schnippen,
jenen Perlenschaum des Weins
nicht nur flach zu nippen,
nicht zu liebeln leis mit Augen,
sondern fest uns anzusaugen
an geliebte Lippen.“

Goethe

DIE GESÄNGE

Wo man singet, laß dich ruhig nieder,
ohne Furcht, was man im Lande glaubt;
wo man singet, wird kein Mensch beraubt;
Bösewichter haben keine Lieder.

Wenn der Becher mit dem Traubenblute
unter Rosen unsre Stunden kürzt,
und die Weisheit unsre Freuden würzt,
macht ein Lied den Wein zum Göttergute.

Wenn die Sprache stirbt von meinem Munde
und der Schauer mein Gebein durchläuft,
und mit Eisenarm der Tod mich greift;
singt ein Lied zu meiner schönen Stunde!

Johann Gottfried Seume

DER HIDALGO

Es ist so süß, zu scherzen
mit Liedern und mit Herzen
und mit dem ernsten Streit.
Erglänzt des Mondes Schimmer,
da treibt's mich fort vom Zimmer
durch Platz und Gassen weit;
da bin zur Lieb' ich immer
wie zum Gefecht bereit.

Die Schönen von Sevilla
mit Fächer und Mantilla
blicken den Strom entlang;
sie lauschen mit Gefallen,
wenn meine Lieder schallen
zum Mandolinenklang,
und dunkle Rosen fallen
mir vom Balkon zum Dank.

Ich trage, wenn ich singe,
die Zither und die Klinge
von Toledanischem Stahl.
Ich sing' an manchem Gitter,
und höhne manchen Ritter
mit keckem Lied zumal.
Der Dame gilt die Zither,
die Klinge dem Rival.

Auf denn zum Abenteuer!
Schon losch der Sonne Feuer
hinter den Bergen aus;
der Mondnacht Dämmerstunden,
sie bringen Liebeskunden,
sie bringen blut'gen Strauß;
und Blumen oder Wunden
trag' morgen ich nach Haus.

• *Emanuel Geibel*

TRINKSPRUCH

Ist der Himmel mir gewogen,
soll's noch oft beschieden sein:
Irgendwo ein Rosenbogen,
irgendwo ein goldner Wein,
eine Schenkin, die mir leise
um den Hals die Arme legt,
und im Herzen eine Weise,
die mich zu den Sternen trägt.

Georg Schmückle

TRINKLIED

Greift zum Becher und laßt das Schelten!
Die Welt ist blind . . .
Sie fragt, was die Menschen gelten,
nicht, was sie sind.

Uns aber laßt zechen . . . und krönen
mit Laubgewind
die Stirnen, die noch dem Schönen
ergeben sind!

Und bei den Posaunenstößen,
die eitel Wind,
laßt uns lachen über Größen,
die keine sind.

Heinrich Leuthold

OKTOBERLIED

Der Nebel steigt, es fällt das Laub;
schenk ein den Wein, den holden!
Wir wollen uns den grauen Tag
vergolden, ja vergolden!

Und geht es draußen noch so toll,
unchristlich oder christlich,
ist doch die Welt, die schöne Welt,
so gänzlich unverwüstlich!

Und wimmert auch einmal das Herz –
stoß an und laß es klingen!
Wir wissen's doch, ein rechtes Herz
ist gar nicht umzubringen.

Der Nebel steigt, es fällt das Laub;
schenk ein den Wein, den holden!
Wir wollen uns den grauen Tag
vergolden, ja vergolden!

Wohl ist es Herbst; doch warte nur,
doch warte nur ein Weilchen!
Der Frühling kommt, der Himmel lacht,
es steht die Welt in Veilchen.

Die blauen Tage brechen an
und ehe sie verfließen,
wir wollen sie, mein wackrer Freund,
genießen, ja genießen!

Theodor Storm

Wer fröhlich sein will die halbe Stunde,
halt' eine brennende Pfeif' im Munde.
Wer fröhlich sein will den halben Tag,
erwart' auf den Abend ein Trinkgelag.
Wer fröhlich sein will die ganze Wochen,
lass' täglich sich seine Leibspeise kochen.
Wer fröhlich sein will einen ganzen Mon't,
tu' Tag für Tag, was er ist gewohnt.
Wer fröhlich sein will das ganze Jahr,
frage nicht, das wievielst' es war.
Wer fröhlich sein will sein Leben lang,
lasse der Welt ihren tollen Gang.

Friedrich Rückert

KOMM, SAGE MIR, WAS DU FÜR SORGEN HAST

Es zwitschert eine Lerche im Kamin,
wenn du sie hörst.
Ein jeder Schutzmann in Berlin
verhaftet dich, wenn du ihn störst.

Im Faltenwurfe einer Decke
klagt ein Gesicht,
wenn du es siehst.

Der Posten im Gefängnis schießt,
wenn du als kleiner Sträfling ihm entfliehst.
Ich tät' es nicht.

In eines Holzes Duft
lebt fernes Land.
Gebirge schreiten durch die blaue Luft.
Ein Windhauch streicht wie Mutter deine Hand.
Und eine Speise schmeckt nach Kindersand.
Die Erde hat ein freundliches Gesicht,
so groß, daß man's von weitem nur erfaßt.
Komm, sage mir, was du für Sorgen hast.
Reich willst du werden? – Warum bist du's nicht?

Joachim Ringelnatz

VOR WEIHNACHTEN

O süßer Weihnachtsvorgeschmack:
Mit einem neuen Bücherpack,
der mich zu toller Neugier reizt,
komm' ich nach Haus und mache Licht.
Eisblume sich am Fenster spreizt.
Bald glüht und sprüht mit Knick und Knack
der Ofen, tüchtig eingeheizt.
Nun her mit Pfeife und Tabak!
Wie lieblich mir's die Nase beizt . . .

Gar noch Kaffee? Nur nicht gegeizt:
So heimlich war's seit Jahren nicht!
Aufs alte Sofa ich mich flack'
und schmökre erst in Schnick und Schnack –
doch bald versink' ich im Gedicht,
indes mit Jagdruf, Wind und Wicht
die wilde Rauhnacht draußen weizt.[1]

Eugen Roth

[1] spukt

MEINE ALTE SCHIFFSUHR

In meinem Zimmer hängt eine runde,
alte, achteckige Segelschiffsuhr.
Sie schlägt weder Glasen noch Stunde,
sie schlägt, wie sie will, und auch nur,

wann sie will. Die Uhrmacher gaben
sie alle ratlos mir zurück;
sie wollten mit solchem Teufelsstück
gar nichts zu tun haben.

Und gehe sie, wie sie wolle,
ich freue mich, weil sie noch lebt.
Nur schade daß nie eine tolle
Dünung sie senkt oder hebt

oder schüttert. Nein, sie hängt sicher
geborgen. Doch in ihr kreist
ein ruhelos wunderlicher
Freibeuter-Klabautergeist.

Nachts, wenn ich still vor ihr hocke,
dann höre ich mehr als Ticktack.
Dann klingt was wie Nebelglocke
und ferner Hundswachenschnack.

Und manche Zeit versäume
ich vor der spukenden, unkenden Uhr,
indem ich davon träume,
wie ich mit ihr nach Westindien fuhr.

Joachim Ringelnatz

DER LESER

Sag: ist das nicht ein wunderliches Leid?
Um fremde Menschen trauern, die nicht leben,
und über Dinge, die sich nie begeben,
voll Sehnsucht träumen in der Einsamkeit.

Geheimnis, dessen Sinn ich nie verstand:
Sich über Worte atemlos zu neigen
und zu vernehmen in gespanntem Schweigen,
was einer dachte, fühlte und erfand.

Wenn Zeile so nach Zeile still verrinnt,
sich wohlig weit zurück im Sessel lehnen,

Die Arme breiten, lächeln unter Tränen.
Und wieder müßig blättern wie als Kind.

Und auf und ab in Abendgassen gehn
und Verse summen, darin Glocken läuten,
und ahnen, daß sie Welt und Leben deuten
und dennoch dunkel in den Wind verwehn . .

Felix Braun

TROST IN TRÄNEN

Wie kommt's, daß du so traurig bist,
da alles froh erscheint?
Man sieht dir's an den Augen an,
gewiß, du hast geweint.

,,Und hab' ich einsam auch geweint,
so ist's mein eigner Schmerz.
Und Tränen fließen gar so süß,
erleichtern mir das Herz.''

Die frohen Freunde laden dich:
O, komm an unsre Brust!
Und was du auch verloren hast,
vertraue den Verlust.

,,Ihr lärmt und rauscht und ahnet nicht,
was mich, den Armen, quält.
Ach nein, verloren hab' ich's nicht,
so sehr es mir auch fehlt.''

So raffe denn dich eilig auf!
Du bist ein junges Blut.
In deinen Jahren hat man Kraft
und zum Erwerben Mut.

,,Ach nein, erwerben kann ich's nicht,
es steht mir gar zu fern.
Es weilt so hoch, es blinkt so schön,
wie droben jener Stern.''

Die Sterne, die begehrt man nicht,
man freut sich ihrer Pracht,
und mit Entzücken blickt' man auf
in jeder heitern Nacht.

,,Und mit Entzücken blick' ich auf
so manchen lieben Tag;
verweinen laßt die Nächte mich,
so lang ich weinen mag.''

Goethe

NACH DER KRANKHEIT

Ich lag und schlief; da fiel ein böses Fieber
im Schlaf auf mich daher,
und stach mir in der Brust und nach dem Rücken über,
und wütete fast sehr.

Es sprachen Trost, die um mein Bette saßen;
lieb Weibel grämte sich,
ging auf und ab, wollt' sich nicht trösten lassen,
und weinte bitterlich.

Da kam Freund Hein: „Lieb Weib, mußt nicht so grämen,
ich bring' ihn sanft zur Ruh";
und trat ans Bett, mich in den Arm zu nehmen,
und lächelte dazu.

„Sei mir willkommen, sei gesegnet, Lieber!
Weil du so lächelst; doch –
doch, guter Hein, hör an, darfst du vorüber,
so geh und laß mich noch!"

„Bist bange, Asmus? – Darf vorübergehen
auf dein Gebet und Wort.
Leb also wohl, und bis auf Wiedersehen!"
Und damit ging er fort.

Und ich genas! Wie soll' ich Gott nicht loben!
Die Erde ist doch schön,
ist herrlich doch wie seine Himmel oben,
und lustig drauf zu gehn!

Will mich denn freun noch, wenn auch Lebensmühe
mein wartet, will mich freun!
Und wenn du wiederkommst, spät oder frühe,
so lächle wieder, Hein!

Matthias Claudius

PSST!

Träume deine Träume in Ruh.

Wenn du niemandem mehr traust,
schließe die Türen zu,
auch deine Fenster,
damit du nichts mehr schaust.

Sei still in deiner Stille,
wie wenn dich niemand sieht.
Auch was dann geschieht,
ist nicht dein Wille.

Und im dunkelsten Schatten
lies das Buch ohne Wort.

Was wir haben, was wir hatten,
was wir –
eines Morgens ist alles fort.

Joachim Ringelnatz

SEGEN DER KRANKHEIT

Wie dank' ich euch, ihr Krankheitstage,
die ihr so hoch gesegnet seid!
Die ihr uns trennet von der Plage
der irdischen Beweglichkeit!

Wo still der Geist bei sich zu Hause,
der sonst sich stachelnd vorwärtstreibt,
wo von dem wilden Lebensbrause
ein Flüstern nur noch übrigbleibt.

Wie eine Mutter voll Erbarmen
die Schmerzen stillt dem kranken Kind,
so hält dich Gott in milden Armen,
die nie dem Flehn geschlossen sind.

Und ist die Welt von dir geschieden,
nach innen wende Aug' und Sinn;
aus Angst entflieh zu tiefem Frieden,
aus Schmerz zur ewgen Wonne hin.

Es liegt vom Ostmeer tief umfangen
die alte Stadt im Wunderglanz,
und ruht das Meer, siehst du sie prangen
in Trümmern schön und herrlich ganz.

Das ist dein eigen Innenleben;
ist nur sein Spiegel still und gleich,
tief unten schaust du sich erheben
das sonst verborgne Gottesreich.

Gottfried Kinkel

Genieße, was der Schmerz dir hinterließ!
Ist Not vorüber, sind die Nöte süß.

Goethe

DER GENESENE

Jetzt, da ich's bestanden habe,
leuchtet mir's erst deutlich ein:
Krankheit, du bist Gottes Gabe,
er soll drum gepriesen sein!

Wie der Mensch dich schwer bekämpfe:
doch im Ringen allzumal
lösen sich der Seele Krämpfe –
innrer Schmerz in äußrer Qual.

Besserst an der Menschheit Bilde,
scharfe Züge mäßigst du;
war sonst rauh, jetzt bin ich milde,
unstet sonst und jetzt in Ruh'.

Auch die andern, die da kamen,
waren alle gut und weich;
weil sie mich als Gleichen nahmen –
gleiches Leiden macht ja gleich.

Ob man sonst nach Fernem jage,
setzest du ein näher Ziel,
machst den Tag zum Ziel dem Tage,
eine ruh'ge Nacht scheint viel.

Das Gemüt verstockt, verquollen,
von so manchem, das es trug,
öffnet sich, wie Ackers-Schollen,
aufgelockert durch den Pflug.

Und als ob der Lenz erwache
all mit seiner Freuden Chor,
treibt es nach der langen Brache
grüne Spitzen neu hervor.

Und erquickt von all der Labe
ruf' ich froh im Sonnenschein:
Krankheit auch ist Gottes Gabe!
Er soll drum gepriesen sein!

Franz Grillparzer

Eins hat mich dieses Wetterspiel gelehrt:
Ein Tor, wer reines Erdenglück begehrt.

Das eben ist des Menschen seltsam Los:
Nur weil dies klein, erscheint ihm jenes groß.

Wir klagen stets, nichts bleibe treu und fest –
doch nur der Wechsel ist's, der leben läßt.

Wollt' gleiches Glück sich jeden Tag erneun,
wir könnten uns des Freudigsten nicht freun.

Wir würden stumpf und sehnten nur zurück
das Leid des Wechsels als das wahre Glück.

Ernst Zitelmann

SOLDATENLIED

Es leben die Soldaten
so recht von Gottes Gnaden,
der Himmel ist ihr Zelt,
ihr Tisch das grüne Feld.

Ihr Bette ist der Rasen,
Trompeter müssen blasen:
Guten Morgen! Gute Nacht!
Daß man mit Lust erwacht.

Ihr Wirtschild ist die Sonne,
ihr Freund die volle Tonne,
ihr Schlafbuhl ist der Mond,
der in der Sternschanz wohnt.

Die Sterne haben Stunden,
die Sterne haben Runden
und werden abgelöst,
drum Schildwach sei getröst'.

Wir richten mit dem Schwerte,
der Leib gehört der Erde,
die Seel' dem Himmelszelt,
der Rock bleibt in der Welt.

Wer fällt, der bleibet liegen,
wer steht, der kann noch siegen,
wer übrigbleibt hat recht,
wer fortläuft, der ist schlecht.

Zum Hassen oder Lieben
ist alle Welt getrieben,
es bleibet keine Wahl,
der Teufel ist neutral.

Bedienet uns ein Bauer,
so schmeckt der Wein fast sauer,
doch ist's ein schöner Schatz,
so kriegt sie einen Schmatz.

Clemens Brentano

BRUNNENINSCHRIFT

All eures Fragens Sinn ist heißer Durst.
Erwartet keine Antwort. Doch erwartet
vom Quell des Lebens einen kühlen Trunk.

Wilhelm von Scholz

HARLEKIN

Lieben, Hassen, Hoffen, Zagen,
alle Lust und alle Qual,
alles kann ein Herz ertragen
einmal um das andere Mal.

Aber weder Lust noch Schmerzen,
abgestorben auch der Pein,
das ist tödlich deinem Herzen,
und so darfst du mir nicht sein!

Mußt dich aus dem Dunkel heben,
wär' es auch um neue Qual,
leben mußt du, liebes Leben,
leben noch dies eine Mal!

Hugo von Hofmannsthal

ÜBER EIN STÜNDLEIN

Dulde, gedulde dich fein!
Über ein Stündlein
ist deine Kammer voll Sonne.

Über den First, wo die Glocken hangen,
ist schon lange der Schein gegangen,
ging in Türmers Fenster ein.
Wer am nächsten dem Sturm der Glocken,
einsam wohnt er, oft erschrocken,
doch am frühsten tröstet ihn Sonnenschein.

Wer in tiefen Gassen gebaut,
Hütt' an Hüttlein lehnt sich traut,
Glocken haben ihn nie erschüttert,
Wetterstrahl ihn nie umzittert,
aber spät sein Morgen graut.

Höh' und Tiefe hat Lust und Leid.
Sag ihm ab, dem törigen Neid:
Andrer Gram birgt andre Wonne.

Dulde, gedulde dich fein!
Über ein Stündlein
ist deine Kammer voll Sonne.

Paul Heyse

Allzeit fröhlich ist gefährlich,
allzeit traurig ist beschwerlich,
allzeit glücklich ist betrüglich,
eins ums andre ist vergnüglich.

IN DER FRÜHE

Kein Schlaf noch kühlt das Auge mir,
dort gehet schon der Tag herfür
an meinem Kammerfenster.
Es wühlet mein verstörter Sinn
noch zwischen Zweifeln her und hin
und schaffet Nachtgespenster.
– Ängste, quäle
dich nicht länger, meine Seele!
Freu dich! schon sind da und dorten
Morgenglocken wach geworden.

Eduard Mörike

GEBET

Herr! schicke, was du willt,
ein Liebes oder Leides;
ich bin vergnügt, daß beides
aus deinen Händen quillt.

Wollest mit Freuden
und wollest mit Leiden
mich nicht überschütten!
Doch in der Mitten
liegt holdes Bescheiden.

Eduard Mörike

Warum geben wir uns hin
jedem eitlen Grauen?
Laßt uns doch mit höchstem Sinn
dem Gestirn vertrauen,
das zwar ewig nicht vernimmt
unser Jubeln, Klagen,
doch sein Licht so milde stimmt,
daß wir es ertragen!

Hans Carossa

GRÖSSE DES LEBENS

LEGENDE VON DER ENTSTEHUNG DES BUCHES TAOTEKING AUF DEM WEGE DES LAOTSE IN DIE EMIGRATION

Als er siebzig war und war gebrechlich,
drängte es den Lehrer doch nach Ruh'
denn die Güte war im Lande wieder einmal schwächlich
und die Bosheit nahm an Kräften wieder einmal zu.
Und er gürtete den Schuh.

Und er packte ein, was er so brauchte:
Wenig. Doch es wurde dies und das.
So die Pfeife, die er immer abends rauchte,
und das Büchlein, das er immer las.
Weißbrot nach dem Augenmaß.

Freute sich des Tals noch einmal und vergaß es,
als er ins Gebirg den Weg einschlug.
Und sein Ochse freute sich des frischen Grases
kauend, während er den Alten trug.
Denn dem ging es schnell genug.

Doch am vierten Tag im Felsgesteine
hat ein Zöllner ihm den Weg verwehrt:
,,Kostbarkeiten zu verzollen?" – ,,Keine."
Und der Knabe, der den Ochsen führte, sprach: ,,Er hat gelehrt."
Und so war auch das erklärt.

Doch der Mann, in einer heitren Regung,
fragte noch: ,,Hat er was rausgekriegt?"
Sprach der Knabe: ,,Daß das weiche Wasser in Bewegung
mit der Zeit den mächtigen Stein besiegt.
Du verstehst, das Harte unterliegt."

Daß er nicht das letzte Tageslicht verlöre,
trieb der Knabe nun den Ochsen an.
Und die drei verschwanden schon um eine schwarze Föhre,
da kam plötzlich Fahrt in unsern Mann
und er schrie: ,,He, du! Halt an!

Was ist das mit diesem Wasser, Alter?"
Hielt der Alte: „Interessiert es dich?"
Sprach der Mann: „Ich bin nur Zollverwalter,
doch wer wen besiegt, das interessiert auch mich.
Wenn du weißt, dann sprich!

Schreib mir's auf! Diktier es diesem Kinde!
So was nimmt man doch nicht mit sich fort.
Da gibt's doch Papier bei uns und Tinte,
und ein Nachtmahl gibt es auch: ich wohne dort.
Nun, ist das ein Wort?"

Über seine Schulter sah der Alte
auf den Mann: Flickjoppe. Keine Schuh.
Und die Stirne eine einzige Falte.
Ach, kein Sieger trat da auf ihn zu.
Und er murmelte: „Auch du?"

Eine höfliche Bitte abzuschlagen,
war der Alte, wie es schien, zu alt.
Denn er sagte laut: „Die etwas fragen,
die verdienen Antwort." Sprach der Knabe: „Es wird auch schon kalt."
„Gut, ein kleiner Aufenthalt."

Und von seinem Ochsen stieg der Weise,
sieben Tage schrieben sie zu zweit,
und der Zöllner brachte Essen (und er fluchte nur noch leise
mit den Schmugglern in der ganzen Zeit.)
Und dann war's so weit.

Und dem Zöllner händigte der Knabe
eines Morgens einundachtzig Sprüche ein,
und mit Dank für eine kleine Reisegabe
bogen sie um jene Föhre ins Gestein.
Sagt jetzt: kann man höflicher sein?

Aber rühmen wir nicht nur den Weisen,
dessen Name auf dem Buche prangt!
Denn man muß dem Weisen seine Weisheit erst entreißen.
Darum sei der Zöllner auch bedankt:
Er hat sie ihm abverlangt.

Bert Brecht

Wär' nicht das Auge sonnenhaft,
die Sonne könnt' es nie erblicken;
läg' nicht in uns des Gottes eigne Kraft,
wie könnt' uns Göttliches entzücken?

Goethe

ARION

Arion war der Töne Meister,
die Zither lebt' in seiner Hand;
damit ergötzt' er alle Geister,
und gern empfing ihn jedes Land.
Er schiffte goldbeladen
jetzt von Tarents Gestaden,
zum schönen Hellas heimgewandt.

Es bleiben Wind und See gewogen,
auch nicht ein fernes Wölkchen graut;
er hat nicht allzuviel den Wogen,
den Menschen allzuviel vertraut.
Er hört die Schiffer flüstern,
nach seinen Schätzen lüstern,
doch bald umringen sie ihn laut.

„Du darfst, Arion, nicht mehr leben:
Begehrst du auf dem Land ein Grab,
so mußt du hier den Tod dir geben;
sonst wirf dich in das Meer hinab.“ –
„So wollt ihr mich verderben?
Ihr mögt mein Gold erwerben,
ich kaufe gern mein Blut euch ab.“ –

„Nein, nein! wir lassen dich nicht wan-
du wärst ein zu gefährlich Haupt. [dern,
Wo blieben wir vor Periandern,
verrietst du, daß wir dich beraubt?
Uns kann dein Gold nicht frommen,
wenn wieder heimzukommen
uns nimmermehr die Furcht erlaubt.“ –

„Gewährt mir denn noch eine Bitte,
gilt, mich zu retten, kein Vertrag,
daß ich nach Zitherspieler-Sitte,
wie ich gelebet, sterben mag.
Wann ich mein Lied gesungen,
die Saiten ausgeklungen,
dann fahre hin des Lebens Tag.“ –

Die Bitte kann sie nicht beschämen,
sie denken nur an den Gewinn.
Doch solchen Sänger zu vernehmen,
das reizet ihren wilden Sinn.
„Und wollt ihr ruhig lauschen,
laßt mich die Kleider tauschen:
Im Schmuck nur reißt Apoll mich hin.“–

Der Jüngling hüllt die schönen Glieder
in Gold und Purpur wunderbar.
Bis auf die Sohlen wallt hernieder
ein leichter, faltiger Talar;
die Arme zieren Spangen,
um Hals und Stirn und Wangen
fliegt duftend das bekränzte Haar.

Die Zither ruht in seiner Linken,
die Rechte hält das Elfenbein.
Er scheint erquickt die Luft zu trinken,
er strahlt im Morgensonnenschein.
Es staunt der Schiffer Bande,
er schreitet vorn zum Rande
und sieht ins blaue Meer hinein.

Er sang: „Gefährtin meiner Stimme!
Komm, folge mir ins Schattenreich!
Ob auch der Höllenhund ergrimme,
die Macht der Töne zähmt ihn gleich.
  Elysiums Heroen,
  dem dunkeln Strom entflohen!
Ihr friedlichen, schon grüß' ich euch!

Ich muß hinab, ich will nicht zagen!
Die Götter schauen aus der Höh'.
Die ihr mich wehrlos habt erschlagen,
erblasset, wenn ich untergeh'!
  Den Gast, zu euch gebettet,
  ihr Nereïden, rettet!" –
So sprang er in die tiefe See.

Ihn decken alsobald die Wogen,
die sichern Schiffer segeln fort.
Delphine waren nachgezogen,
als lockte sie ein Zauberwort:
  Eh' Fluten ihn ersticken,
  beut einer ihm den Rücken
und trägt ihn sorgsam hin zum Port.

Arion eilt nun leicht von hinnen,
wie einst er in die Fremde fuhr;
schon glänzen ihm Korinthus' Zinnen,
er wandelt singend durch die Flur.
  Mit Lieb und Lust geboren,
  vergißt er, was verloren,
bleibt ihm der Freund, die Zither, nur.

Er tritt hinein: „Vom Wanderleben
nun ruh' ich, Freund, an deiner Brust.
Die Kunst, die mir ein Gott gegeben,
sie wurde vieler Tausend Lust.
  Zwar falsche Räuber haben
  die wohlerworbnen Gaben,
doch bin ich mir des Ruhms bewußt."

Dann spricht er von den Wunderdingen,
daß Periander staunend horcht.
„Soll jenen solch ein Raub gelingen?
Ich hätt' umsonst die Macht geborgt.
  Die Täter zu entdecken,
  mußt du dich hier verstecken,
so nahn sie wohl sich unbesorgt." –

Und als im Hafen Schiffer kommen,
bescheidet er sie zu sich her.
„Habt vom Arion ihr vernommen?
Mich kümmert seine Wiederkehr." –
  „Wir ließen, recht im Glücke,
  ihn zu Tarent zurücke." –
Da, siehe! tritt Arion her.

Gehüllt sind seine schönen Glieder
in Gold und Purpur wunderbar.
Bis auf die Sohlen wallt hernieder
ein leichter, faltiger Talar;
  die Arme zieren Spangen,
  um Hals und Stirn und Wangen
fliegt duftend das bekränzte Haar.

Die Zither ruht in seiner Linken,
die Rechte hält das Elfenbein.
Sie müssen ihm zu Füßen sinken,
es trifft sie wie des Blitzes Schein.
  „Ihn wollten wir ermorden;
  er ist zum Gotte worden:
O schläng' uns nur die Erd' hinein!" –

„Er lebet noch, der Töne Meister;
der Sänger steht in heil'ger Hut.
Ich rufe nicht der Rache Geister,
Arion will nicht euer Blut.
  Fern mögt ihr zu Barbaren,
  des Geizes Knechte, fahren;
nie labe Schönes euren Mut."

• *August Wilhelm von Schlegel*

BERTRAN DE BORN

Droben auf dem schroffen Steine
raucht in Trümmern Autafort,
und der Burgherr steht gefesselt
vor des Königs Zelte dort:
„Kamst du, der mit Schwert und Liedern
Aufruhr trug von Ort zu Ort,
der die Kinder aufgewiegelt
gegen ihres Vaters Wort?

Steht vor mir, der sich gerühmet
in vermeßner Prahlerei,
daß ihm nie mehr als die Hälfte
seines Geistes nötig sei?
Nun der halbe dich nicht rettet,
ruf den ganzen doch herbei,
daß er neu dein Schloß dir baue,
deine Ketten brech' entzwei!"

„Wie du sagst, mein Herr und König,
steht vor dir Bertran de Born,
der mit einem Lied entflammte
Perigord und Ventadorn,
der dem mächtigen Gebieter
stets im Auge war ein Dorn,
dem zu Liebe Königskinder
trugen ihres Vaters Zorn.

Deine Tochter saß im Saale,
festlich, eines Herzogs Braut,
und da sang vor ihr mein Bote,
dem ein Lied ich anvertraut,
sang, was einst ihr Stolz gewesen,
ihres Dichters Sehnsuchtlaut,
bis ihr leuchtend Brautgeschmeide
ganz von Tränen war betaut.

Aus des Ölbaums Schlummerschatten
fuhr sein bester Sohn empor,
als mit zorn'gen Schlachtgesängen
ich bestürmen ließ sein Ohr.
Schnell war ihm das Roß gegürtet,
und ich trug das Banner vor,
jenem Todespfeil entgegen,
der ihn traf vor Montforts Tor.

Blutend lag er mir im Arme;
nicht der scharfe, kalte Stahl –
daß er sterb' in deinem Fluche,
das war seines Sterbens Qual.
Strecken wollt' er dir die Rechte
über Meer, Gebirg' und Tal;
als er deine nicht erreichet,
drückt' er meine noch einmal.

Da, wie Autafort dort oben,
ward gebrochen meine Kraft;
nicht die ganze, nicht die halbe,
blieb mir, Saite nicht, noch Schaft.
Leicht hast du den Arm gebunden,
seit der Geist mir liegt in Haft;
nur zu einem Trauerliede
hatt' er sich noch aufgerafft."

Und der König senkt die Stirne:
„Meinen Sohn hast du verführt,
hast der Tochter Herz verzaubert,
hast auch meines nun gerührt.
Nimm die Hand, du Freund des Toten,
die, verzeihend, ihm gebührt!
Weg die Fesseln! Deines Geistes
hab ich einen Hauch verspürt."

Ludwig Uhland

Der Fluß bleibt trüb, der nicht durch einen See gegangen,
das Herz unlauter, das nicht durch ein Weh gegangen.

Friedrich Rückert

DER SÄNGER

„Was hör' ich draußen vor dem Tor,
was auf der Brücke schallen?
Laß den Gesang vor unserm Ohr
im Saale widerhallen!"
Der König sprach's, der Page lief;
der Knabe kam, der König rief:
„Laßt mir herein den Alten!"

„Gegrüßet seid mir, edle Herrn,
gegrüßt ihr, schöne Damen!
Welch reicher Himmel! Stern bei Stern!
Wer kennet ihre Namen?
Im Saal voll Pracht und Herrlichkeit
schließt, Augen, euch: hier ist nicht Zeit,
sich staunend zu ergötzen."

Der Sänger drückt' die Augen ein
und schlug in vollen Tönen;
die Ritter schauten mutig drein
und in den Schoß die Schönen.
Der König, dem das Lied gefiel,
ließ, ihn zu ehren für sein Spiel,
eine goldne Kette reichen.

„Die goldne Kette gib mir nicht,
die Kette gib den Rittern,
vor deren kühnem Angesicht
der Feinde Lanzen splittern;
gib sie dem Kanzler, den du hast,
und laß ihn noch die goldne Last
zu andern Lasten tragen.

Ich singe, wie der Vogel singt,
der in den Zweigen wohnet;
das Lied, das aus der Kehle dringt,
ist Lohn, der reichlich lohnet.
Doch darf ich bitten, bitt' ich eins:
Laß mir den besten Becher Weins
in purem Golde reichen."

Er setzt' ihn an, er trank ihn aus:
„O Trank voll süßer Labe!
O wohl dem hochbeglückten Haus,
wo das ist kleine Gabe!
Ergeht's euch wohl, so denkt an mich,
und danket Gott so warm, als ich
für diesen Trunk euch danke."

Goethe

DIE TEILUNG DER ERDE

„Nehmt hin die Welt!" rief Zeus von seinen Höhen
den Menschen zu. „Nehmt, sie soll euer sein!
Euch schenk' ich sie zum Erb' und ew'gen Lehen –
doch teilt euch brüderlich darein."

Da eilt', was Hände hat, sich einzurichten,
es regte sich geschäftig jung und alt.
Der Ackermann griff nach des Feldes Früchten,
der Junker birschte durch den Wald.

Der Kaufmann nimmt, was seine Speicher fassen,
der Abt wählt sich den edlen Firnewein,
der König sperrt' die Brücken und die Straßen
und sprach: „Der Zehente ist mein."

Ganz spät, nachdem die Teilung längst geschehen,
naht' der Poet, er kam aus weiter Fern
ach, da war überall nichts mehr zu sehen,
und alles hatte seinen Herrn!

„Weh mir! so soll den ich allein von allen
vergessen sein, ich, dein getreuster Sohn?"
So ließ er laut der Klage Ruf erschallen
und warf sich hin vor Jovis Thron.

„Wenn du im Land der Träume dich verweilet",
versetzt der Gott, „so hadre nicht mit mir.
Wo warst du denn, als man die Welt geteilet?"
„Ich war", sprach der Poet, „bei dir.

Mein Auge hing an deinem Angesichte,
an deines Himmels Harmonie mein Ohr –
verzeih dem Geiste, der, von deinem Lichte
berauscht, das Irdische verlor!"

„Was tun?" spricht Zeus. „Die Welt ist weggegeben,
der Herbst, die Jagd, der Markt ist nicht mehr mein,
willst du in meinem Himmel mit mir leben –
so oft du kommst, er soll dir offen sein."

Schiller

AUS DEM OLYMPISCHEN FRÜHLING

Inzwischen immerdar am Quell im Haine lag
Apoll. Da horch: am dritten nach dem Hochzeitstag
naht' ein Geräusch vom Walde, unten, längs dem Bache,
wie wenn ein starker Keiler oder eine Bache
mit wuchtgen Tritten durch die Lorbeerstauden bräche,
den Grund aufpflügend mit dem wühlenden Gebreche.
Drohend rief an Apoll: „Wer wagt's? in meinen Hain?
wer du auch seist, du sollst mir unwillkommen sein."
Da schwebt' ein schwarzer Schatten aus dem Wald empor,
und finstern Hauptes trat der große Zeus hervor.
Aufsprang Apoll und sein ergrimmtes Auge maß
den Feind, der seinen Ruhm, sein Reich, sein Weib besaß.
Als einz'gen Gruß hob Zeus den Aigismantel hoch.
„Apoll", beschloß er düster, „neidest du mich noch?"

Und sieh: lebendge Traufen roten Blutes troffen
innen vom Mantel, außen starrten Augen offen,
dazwischen tönt' es wie von kindlichem Gewimmer,
und beide aufgesperrten Augen tränten immer.
„Elender!" rief Apoll, von Grausen jach erfaßt.
„Sag an, Unseliger, wie trägst du diese Last?
„Dies ist mein Herrschermantel und mein täglich Hemd,
auf ewig unabwerfbar mir ins Fleisch geklemmt.
Nun sprich, antworte, Bruder, wirst du noch mir neiden?"
„Ist das der Preis, sei du der König von uns beiden."
„Wohlan", sprach Zeus, „vernimm denn meiner Ankunft Grund:
Willst du, so laß uns schließen einen Fürstenbund.
Zwar du bedarfst mich nicht, ich kann dir nichts gewähren,
ich aber und mein Volk kann deiner nicht entbehren.
In dieser Welt, von Übeln krank, von Blute rot,
tut Geist und Schönheit, tut ein Fleckchen Himmel not,
ein Glücklicher, der nichts vom Pfuhl des Jammers weiß,
ein Edler, rein von Schuld, ein Held, des Helmbusch weiß.
Ich kann nicht dulden, daß du feindlich ferne weilest,
ich fordre dich, daß du die Herrschaft mit mir teilest.
Zwar mir der Weltenlärm, der Völker Not und Streit,
die strenge Rute, waltend der Notwendigkeit,
doch dir im lichten Ätherglanz das Reich des Schönen,
wo hoch im freien Raume die Gedanken tönen.
Ich setz' dir im Gebirg ein unabhängig Schloß,
darin als Fürst du schaltest mit Gesind' und Troß:
Vor seiner Schwelle ende meines Zepters Fug.
Ich heische kein Entgelt. Dein Dasein gilt genug.
Nun laß durchs Ohr ins Herz dir meine Rede rinnen."
Apoll erwiderte: „Ich heische kein Besinnen.
Vom Bösen bist du, Unhold, aber groß und wahr.
Die Freundschaft schlag' ich aus, das Bündnis nehm' ich dar."
Er sprach's. Mit diesem schieden friedlich und versöhnt
er, der die Welt beherrscht, und der, der sie verschönt.

Carl Spitteler

DIE GÖTTER

Du stiller Äther! immer bewahrst du schön
die Seele mir im Schmerz und es adelt sich
zur Tapferkeit vor deinen Strahlen,
Helios! oft die empörte Brust mir.

Ihr guten Götter! arm ist, wer euch nicht kennt,
im rohen Busen ruhet der Zwist ihm nie,
und Nacht ist ihm die Welt, und keine
Freude gedeihet und kein Gesang ihm.

Nur ihr, mit eurer ewigen Jugend, nährt
in Herzen, die euch lieben, den Kindersinn,
und laßt in Sorgen und in Irren
nimmer den Genius sich vertrauern.

Friedrich Hölderlin

HARZREISE IM WINTER

Dem Geier gleich,
der auf schweren Morgenwolken
mit sanftem Fittich ruhend
nach Beute schaut,
schwebe mein Lied.

Denn ein Gott hat
jedem seine Bahn
vorgezeichnet,
die der Glückliche
rasch zum freudigen
Ziele rennt:
Wem aber Unglück
das Herz zusammenzog,
er sträubt vergebens
sich gegen die Schranken
des ehernen Fadens,
den die doch bittre Schere
nur einmal löst.

In Dickichts-Schauer
drängt sich das rauhe Wild,
und mit den Sperlingen
haben längst die Reichen
in ihre Sümpfe sich gesenkt.

Leicht ist's folgen dem Wagen,
den Fortuna führt,
wie der gemächliche Troß
auf gebesserten Wegen
hinter des Fürsten Einzug.

Aber abseits, wer ist's?
Ins Gebüsch verliert sich sein Pfad,
hinter ihm schlagen
die Sträuche zusammen,
das Gras steht wieder auf,
die Öde verschlingt ihn.
Ach, wer heilet die Schmerzen
des, dem Balsam zu Gift ward?
Der sich Menschenhaß
aus der Fülle der Liebe trank!
Erst verachtet, nun ein Verächter,
zehrt er heimlich auf
seinen eignen Wert
in ung'nügender Selbstsucht.

Ist auf deinem Psalter
Vater der Liebe, ein Ton
seinem Ohre vernehmlich,
so erquicke sein Herz!
Öffne den umwölkten Blick
über die tausend Quellen
neben dem Durstenden
in der Wüste!

Der du der Freuden viel schaffst,
jedem ein überfließend Maß,
segne die Brüder der Jagd
auf der Fährte des Wilds
mit jugendlichem Übermut
fröhlicher Mordsucht,
späte Rächer des Unbills,
dem schon Jahre vergeblich
wehrt mit Knütteln der Bauer.

Aber den Einsamen hüll
in deine Goldwolken!
Umgib mit Wintergrün,
bis die Rose wieder heranreift,
die feuchten Haare,
o Liebe, deines Dichters!

Mit der dämmernden Fackel
leuchtest du ihm
durch die Furten bei Nacht,
über grundlose Wege
auf öden Gefilden;
mit dem tausendfarbigen Morgen
lachst du ins Herz ihm;
mit dem beizenden Sturm
trägst du ihn hoch empor.

Winterströme stürzen vom Felsen
in seine Psalmen,
und Altar des lieblichsten Danks
wird ihm des gefürchteten Gipfels
schneebehangner Scheitel,
den mit Geisterreihen
kränzten ahnende Völker.

Du stehst mit unerforschtem Busen
geheimnisvoll offenbar
über der erstaunten Welt
und schaust aus Wolken
auf ihre Reiche und Herrlichkeit,
die du aus den Adern deiner Brüder
neben dir wässerst.

Goethe

DAS GEWITTER

Ihr wilden Gebirge, der Adler
erhabene Trauer.
Goldnes Gewölk
raucht über steinerner Öde.
Geduldige Stille odmen die Föhren,
die schwarzen Lämmer am Abgrund,
wo plötzlich die Bläue
seltsam verstummt,
das sanfte Summen der Hummeln.
O grüne Blume –
o Schweigen.

Traumhaft erschüttern des Wildbachs
dunkle Geister das Herz,
Finsternis,
die über die Schluchten hereinbricht!

Weiße Stimmen
irrend durch schaurige Vorhöfe,
zerrissne Terrassen,
der Väter gewaltiger Groll, die Klage
der Mütter,
des Knaben goldener Kriegsschrei
und Ungebornes
seufzend aus blinden Augen.

O Schmerz, du flammendes Anschaun
der großen Seele!
Schon zuckt im schwarzen Gewühl
der Rosse und Wagen
ein rosenschauriger Blitz
in die tönende Fichte.
Magnetische Kühle
umschwebt dies stolze Haupt,
glühende Schwermut
eines zürnenden Gottes.

Angst, du giftige Schlange,
schwarze, stirb im Gestein!
Da stürzen der Tränen
wilde Ströme herab,
Sturm-Erbarmen,
Hallen in drohenden Donnern
die schneeigen Gipfel rings.
Feuer
läutert zerrissene Nacht.

Georg Trakl

DAS GLÜCK

Selig, welchen die Götter, die gnädigen, vor der Geburt schon
liebten, welchen als Kind Venus im Arme gewiegt,
welchem Phöbus die Augen, die Lippen Hermes gelöset
und das Siegel der Macht Zeus auf die Stirne gedrückt!
Ein erhabenes Los, ein göttliches, ist ihm gefallen,
schon vor des Kampfes Beginn sind ihm die Schläfen bekränzt.
Ihm ist, eh' er es lebte, das volle Leben gerechnet,
eh' er die Mühe bestand, hat er die Charis erlangt.

Groß zwar nenn' ich den Mann, der, sein eigner Bildner und Schöpfer,
durch der Tugend Gewalt selber die Parze bezwingt;
aber nicht erzwingt er das Glück, und was ihm die Charis
neidisch geweigert, erringt nimmer der strebende Mut.
Vor Unwürdigem kann dich der Wille, der ernste, bewahren,
alles Höchste, es kommt frei von den Göttern herab.
Wie die Geliebte dich liebt, so kommen die himmlischen Gaben;
oben in Jupiters Reich herrscht, wie in Amors, die Gunst.
Neigungen haben die Götter, sie lieben der grünenden Jugend
lockigte Scheitel, es zieht Freude die Fröhlichen an.
Nicht der Sehende wird von ihrer Erscheinung beseligt,
ihrer Herrlichkeit Glanz hat nur der Blinde geschaut.
Gern erwählen sie sich der Einfalt kindliche Seele,
in das bescheidne Gefäß schließen sie Göttliches ein.
Ungehofft sind sie da und täuschen die stolze Erwartung,
keines Bannes Gewalt zwinget die Freien herab.
Wem er geneigt, dem sendet der Vater der Menschen und Götter
seinen Adler herab, trägt ihn zu himmlischen Höhn.
Unter die Menge greift er mit Eigenwillen, und welches
Haupt ihm gefället, um das flicht er mit liebender Hand
jetzt den Lorbeer und jetzt die herrschaftgebende Binde,
krönte doch selber den Gott nur das gewogene Glück.
Vor dem Glücklichen her tritt Phöbus, der pythische Sieger,
und, der die Herzen bezwingt, Amor, der lächelnde Gott.
Vor ihm ebnet Poseidon das Meer, sanft gleitet des Schiffes
Kiel, das den Cäsar führt und sein allmächtiges Glück.
Ihm zu Füßen legt sich der Leu, das brausende Delphin
steigt aus den Tiefen, und fromm beut es den Rücken ihm an.
Zürne dem Glücklichen nicht, daß den leichten Sieg ihm die Götter
schenken, daß aus der Schlacht Venus den Liebling entrückt.
Ihn, den die Lächelnde rettet, den Göttergeliebten beneid' ich,
jenen nicht, dem sie mit Nacht deckt den verdunkelten Blick.
War er weniger herrlich, Achilles, weil ihm Hephästos
selbst geschmiedet den Schild und das verderbliche Schwert?
Weil um den sterblichen Mann der große Olymp sich beweget?
Das verherrlichet ihn, daß ihn die Götter geliebt,
daß sie sein Zürnen geehrt und, Ruhm dem Liebling zu geben,
Hellas' bestes Geschlecht stürzten zum Orkus hinab.
Zürne der Schönheit nicht, daß sie schön ist, daß sie verdienstlos,
wie der Lilie Kelch prangt durch der Venus Geschenk!

Laß sie die Glückliche sein; du schaust sie, du bist der Beglückte!
Wie sie ohne Verdienst glänzt, so entzücket sie dich.
Freue dich, daß die Gabe des Lieds vom Himmel herabkommt,
daß der Sänger dir singt, was ihn die Muse gelehrt:
Weil der Gott ihn beseelt, so wird er dem Hörer zum Gotte;
weil er der Glückliche ist, kannst du der Selige sein.
Auf dem geschäftigen Markt, da führe Themis die Waage,
und es messe der Lohn streng an der Mühe sich ab;
aber die Freude ruft nur ein Gott auf sterbliche Wangen,
wo kein Wunder geschieht, ist kein Beglückter zu sehn.
Alles Menschliche muß erst werden und wachsen und reifen,
und von Gestalt zu Gestalt führt es die bildende Zeit;
aber das Glückliche siehest du nicht, das Schöne nicht werden,
fertig von Ewigkeit her steht es vollendet vor dir.
Jede irdische Venus ersteht, wie die erste des Himmels,
eine dunkle Geburt, aus dem unendlichen Meer;
wie die erste Minerva, so tritt, mit der Ägis gerüstet,
aus des Donnerers Haupt jeder Gedanke des Lichts.

• *Schiller*

SOKRATES UND ALKIBIADES

„Warum huldigest du, heiliger Sokrates,
diesem Jünglinge stets? Kennest du Größers nicht?
Warum siehet mit Liebe,
wie auf Götter, dein Aug' auf ihn?"

Wer das Tiefste gedacht, liebt das Lebendigste.
Hohe Tugend versteht, wer in die Welt geblickt,
und es neigen die Weisen
oft am Ende zu Schönem sich.

• *Friedrich Hölderlin*

Die Ros' ist ohn' warum, sie blühet, weil sie blühet,
sie acht' nicht ihrer selbst, fragt nicht, ob man sie siehet.

Angelus Silesius

Wenn im Unendlichen dasselbe
sich wiederholend ewig fließt,
das tausendfältige Gewölbe
sich kräftig ineinanderschließt,

strömt Lebenslust aus allen Dingen,
dem kleinsten wie dem größten Stern,
und alles Drängen, alles Ringen
ist ewige Ruh' in Gott dem Herrn.

Goethe

AN DIE FREUDE

Freude, schöner Götterfunken,
Tochter aus Elysium,
wir betreten feuertrunken,
Himmlische, dein Heiligtum.
Deine Zauber binden wieder,
was die Mode streng geteilt;
alle Menschen werden Brüder,
wo dein sanfter Flügel weilt.

Chor:

Seid umschlungen, Millionen!
Diesen Kuß der ganzen Welt!
Brüder – überm Sternenzelt
muß ein lieber Vater wohnen.

Wem der große Wurf gelungen,
eines Freundes Freund zu sein,
wer ein holdes Weib errungen,
mische seinen Jubel ein!
Ja – wer auch nur eine Seele
sein nennt auf dem Erdenrund!
Und wer's nie gekonnt, der stehle
weinend sich aus diesem Bund!

Chor:

Was den großen Ring bewohnet,
huldige der Sympathie!
Zu den Sternen leitet sie,
wo der Unbekannte thronet.

Freude trinken alle Wesen
an den Brüsten der Natur,
alle Guten, alle Bösen
folgen ihrer Rosenspur.
Küsse gab sie uns und Reben,
einen Freund, geprüft im Tod;
Wollust ward dem Wurm gegeben,
und der Cherub steht vor Gott.

Chor:

Ihr stürzt nieder, Millionen?
Ahndest du den Schöpfer, Welt?
Such ihn überm Sternenzelt!
Über Sternen muß er wohnen.

Freude heißt die starke Feder
in der ewigen Natur.
Freude, Freude treibt die Räder
in der großen Weltenuhr.
Blumen lockt sie aus den Keimen,
Sonnen aus dem Firmament,
Sphären rollt sie in den Räumen,
die des Sehers Rohr nicht kennt.

Chor:

Froh, wie seine Sonnen fliegen
durch des Himmels prächt'gen Plan,
wandelt, Brüder, eure Bahn,
freudig wie ein Held zum Siegen.

Aus der Wahrheit Feuerspiegel
lächelt sie den Forscher an.
Zu der Tugend steilem Hügel
leitet sie des Dulders Bahn.
Auf des Glaubens Sonnenberge
sieht man ihre Fahnen wehn,
durch den Riß gesprengter Särge
sie im Chor der Engel stehn.

Chor:

Duldet mutig, Millionen!
Duldet für die beßre Welt!
Droben überm Sternenzelt
wird ein großer Gott belohnen.

Göttern kann man nicht vergelten;
schön ist's, ihnen gleich zu sein.
Gram und Armut soll sich melden,
mit den Frohen sich erfreun.
Groll und Rache sei vergessen,
unserm Todfeind sei verziehn,
keine Träne soll ihn pressen,
keine Reue nage ihn.

Chor:

Unser Schuldbuch sei vernichtet!
Ausgesöhnt die ganze Welt!
Brüder – überm Sternenzelt
richtet Gott, wie wir gerichtet.

Freude sprudelt in Pokalen,
in der Traube goldnem Blut
trinken Sanftmut Kannibalen,
die Verzweiflung Heldenmut.
Brüder, fliegt von euren Sitzen,
wenn der volle Römer kreist,
laßt den Schaum zum Himmel spritzen:
Dieses Glas dem guten Geist!

Chor:

Den der Sterne Wirbel loben,
den des Seraphs Hymne preist
dieses Glas dem guten Geist
überm Sternenzelt dort oben!

Festen Mut in schweren Leiden,
Hilfe, wo die Unschuld weint,
Ewigkeit geschwornen Eiden,
Wahrheit gegen Freund und Feind,
Männerstolz vor Königsthronen –
Brüder, gält' es Gut und Blut:
Dem Verdienste seine Kronen,
Untergang der Lügenbrut!

Chor:

Schließt den heilgen Zirkel dichter,
schwört bei diesem goldnen Wein,
dem Gelübde treu zu sein,
schwört es bei dem Sternenrichter!

• *Schiller*

AN LANDAUER

Sei froh! Du hast das gute Los erkoren,
denn tief und treu war eine Seele dir;
der Freunde Freund zu sein, bist du geboren,
dies zeugen dir am Feste wir.

Und selig, wer im eignen Hause Frieden,
wie du, und Lieb' und Fülle sieht und Ruh';
manch Leben ist, wie Licht und Nacht, verschieden,
in goldner Mitte wohnest du.

Dir glänzt die Sonn' in wohlgebauter Halle,
am Berge reift die Sonne dir den Wein,
und immer glücklich führt die Güter alle
der kluge Gott dir aus und ein.

Und Kind gedeiht und Mutter um den Gatten,
und wie den Wald die goldne Wolke krönt,
so seid auch ihr um ihn, geliebte Schatten!
Ihr Seligen, an ihn gewöhnt!

O seid mit ihm! Denn Wolk' und Winde ziehen
unruhig öfters über Land und Haus,
doch ruht das Herz von allen Lebensmühen
im heil'gen Angedenken aus.

Und sieh! aus Freude sagen wir von Sorgen;
wie dunkler Wein, erfreut auch ernster Sang;
das Fest verhallt, und jedes gehet morgen
auf schmaler Erde seinen Gang.

Friedrich Hölderlin

AN DIE FREUNDE

Liebe Freunde, es gab schönre Zeiten
als die unsern – das ist nicht zu streiten!
Und ein edler Volk hat einst gelebt.
Könnte die Geschichte davon schweigen,
tausend Steine würden redend zeugen,
die man aus dem Schoß der Erde gräbt.
Doch es ist dahin, es ist verschwunden,
dieses hochbegünstigte Geschlecht.
Wir, wir leben! Unser sind die Stunden,
und der Lebende hat recht.

Freunde, es gibt glücklichere Zonen
als das Land, worin wir leidlich wohnen,
wie der weitgereiste Wandrer spricht.
Aber hat Natur uns viel entzogen,
war die Kunst uns freundlich doch gewogen,
unser Herz erwarmt an ihrem Licht.
Will der Lorbeer hier sich nicht gewöhnen,
wird die Myrte unsers Winters Raub,
grünet doch, die Schläfe zu bekrönen,
uns der Rebe muntres Laub.

Wohl von größerm Leben mag es rauschen
wo vier Welten ihre Schätze tauschen,
an der Themse, auf dem Markt der Welt.
Tausend Schiffe landen an und gehen;
da ist jedes Köstliche zu sehen,
und es herrscht der Erde Gott, das Geld.
Aber nicht im trüben Schlamm der Bäche,
der von wilden Regengüssen schwillt,
auf des stillen Baches ebner Fläche
spiegelt sich das Sonnenbild.

Prächtiger als wir in unserm Norden
wohnt der Bettler an der Engelspforten,
denn er sieht das ewig einz'ge Rom!
Ihn umgibt der Schönheit Glanzgewimmel,
und ein zweiter Himmel in den Himmel
steigt Sankt Peters wunderbarer Dom.
Aber Rom in allem seinem Glanze
ist ein Grab nur der Vergangenheit;
Leben duftet nur die frische Pflanze,
die die grüne Stunde streut.

Größres mag sich anderswo begeben
als bei uns in unserm kleinen Leben,
Neues – hat die Sonne nie gesehn.
Sehn wir doch das Große aller Zeiten
auf den Brettern, die die Welt bedeuten,
sinnvoll, still an uns vorübergehn.
Alles wiederholt sich nur im Leben,
ewig jung ist nur die Phantasie:
Was sich nie und nirgend hat begeben,
das allein veraltet nie!

Schiller

SCHILLER

Aus dem ‚Epilog zu Schillers Glocke'

Denn er war unser! Mag das stolze Wort
den lauten Schmerz gewaltig übertönen!
Er mochte sich bei uns im sichern Port
nach wildem Sturm zum Dauernden gewöhnen.
Indessen schritt sein Geist gewaltig fort
ins Ewige des Wahren, Guten, Schönen,
und hinter ihm in wesenlosem Scheine
lag, was uns alle bändigt, das Gemeine.

Ihr kanntet ihn, wie er mit Riesenschritte
den Kreis des Wollens, des Vollbringens maß,
durch Zeit und Land, der Völker Sinn und Sitte,
das dunkle Buch mit heiterm Blicke las;
doch wie er, atemlos, in unsrer Mitte,
in Leiden bangte, kümmerlich genas,
das haben wir in traurig schönen Jahren,
denn er war unser, leidend miterfahren.

Auch manche Geister, die mit ihm gerungen,
sein groß Verdienst unwillig anerkannt,
sie fühlen sich von seiner Kraft durchdrungen,
in seinem Kreise willig festgebannt:
Zum Höchsten hat er sich emporgeschwungen,
mit allem, was wir schätzen, eng verwandt.
So feiert ihn! Denn, was dem Mann das Leben
nur halb erteilt, soll ganz die Nachwelt geben.

So bleibt er uns, der vor so manchen Jahren –
schon zehne sind's! – von uns sich weggekehrt!
Wir haben alle segenreich erfahren:
Die Welt verdank' ihm, was er sie gelehrt;
schon längst verbreitet sich's in ganze Scharen,
das Eigenste, was ihm allein gehört.
Er glänzt uns vor, wie ein Komet entschwindend,
unendlich Licht mit seinem Licht verbindend.

Goethe

AUFGABE

Keiner ist gleich dem andern, doch gleich sei jeder dem Höchsten!
Wie das zu machen? Es sei jeder vollendet in sich.

Schiller

AN DIE PARZEN

Nur einen Sommer gönnt, ihr Gewaltigen!
Und einen Herbst zu reifem Gesange mir,
daß williger mein Herz, vom süßen
Spiele gesättiget, dann mir sterbe!

Die Seele, der im Leben ihr göttlich Recht
nicht ward, sie ruht auch drunten im Orkus nicht;
doch ist mir einst das Heilge, das am
Herzen mir liegt, das Gedicht, gelungen:

Willkommen dann, o Stille der Schattenwelt!
Zufrieden bin ich, wenn auch mein Saitenspiel
mich nicht hinabgeleitet: einmal
lebt' ich wie Götter, und mehr bedarf's nicht.

Friedrich Hölderlin

LYNKEUS DER TÜRMER

Zum Sehen geboren,
zum Schauen bestellt,
dem Turme geschworen,
gefällt mir die Welt.
Ich blick' in die Ferne,
ich seh' in der Näh
den Mond und die Sterne,
den Wald und das Reh.

So seh' ich in allen
die ewige Zier,
und wie mir's gefallen,
gefall' ich auch mir.
Ihr glücklichen Augen,
was je ihr gesehn,
es sei, wie es wolle,
es war doch so schön!

Goethe

ABENDLIED

Augen, meine lieben Fensterlein,
gebt mir schon so lange holden Schein,
lasset freundlich Bild um Bild herein:
Einmal werdet ihr verdunkelt sein!

Fallen einst die müden Lider zu,
löscht ihr aus, dann hat die Seele Ruh';
tastend streift sie ab die Wanderschuh',
legt sich auch in ihre finstre Truh'.

Noch zwei Fünklein sieht sie glimmend stehn,
wie zwei Sternlein, innerlich zu sehn,
bis sie schwanken, und dann auch vergehn,
wie von eines Falters Flügelwehn.

Doch noch wandl' ich auf dem Abendfeld,
nur dem sinkenden Gestirn gesellt;
trinkt, o Augen, was die Wimper hält,
von dem goldnen Überfluß der Welt.

Gottfried Keller

VERBORGENHEIT

Laß, o Welt, o laß mich sein!
Locket nicht mit Liebesgaben,
laßt dies Herz alleine haben
seine Wonne, seine Pein!

Was ich traure, weiß ich nicht,
es ist unbekanntes Wehe;
immerdar durch Tränen sehe
ich der Sonne liebes Licht.

Oft bin ich mir kaum bewußt,
und die helle Freude zücket
durch die Schwere, so mich drücket,
wonniglich in meiner Brust.

Laß, o Welt, o laß mich sein!
Locket nicht mit Liebesgaben,
laßt dies Herz alleine haben
seine Wonne, seine Pein!

Eduard Mörike

Schläft ein Lied in allen Dingen,
die da träumen fort und fort,
und die Welt hebt an zu singen,
triffst du nur das Zauberwort.

Joseph von Eichendorff

Ich weiß, daß mir nichts angehört
als der Gedanke, der ungestört
aus meiner Seele will fließen,
und jeder günstige Augenblick,
den mich ein liebendes Geschick
von Grund aus läßt genießen.

Goethe

Was im weinenden Auge mir oft die Tränen zurückhält,
ist ein spielendes Kind oder ein Vogel im Flug.

Justinus Kerner

DIE IDEALE

So willst du treulos von mir scheiden
mit deinen holden Phantasien,
mit deinen Schmerzen, deinen Freuden,
mit allen unerbittlich fliehn?
Kann nichts dich, Fliehende verweilen,
o meines Lebens goldne Zeit?
Vergebens, deine Wellen eilen
hinab ins Meer der Ewigkeit.

Erloschen sind die heitern Sonnen,
die meiner Jugend Pfad erhellt;
die Ideale sind zerronnen,
die einst das trunkne Herz geschwellt;
er ist dahin, der süße Glaube
an Wesen, die mein Traum gebar,
der rauhen Wirklichkeit zum Raube,
was einst so schön, so göttlich war.

Wie einst mit flehendem Verlangen
Pygmalion den Stein umschloß,
bis in des Marmors kalte Wangen
Empfindung glühend sich ergoß,
so schlang ich mich mit Liebesarmen
um die Natur mit Jugendlust,
bis sie zu atmen, zu erwarmen
begann an meiner Dichterbrust.

Und, teilend meine Flammentriebe,
die Stumme eine Sprache fand,
mir wiedergab den Kuß der Liebe
und meines Herzens Klang verstand;
da lebte mir der Baum, die Rose,
mir sang der Quellen Silberfall,
es fühlte selbst das Seelenlose
von meines Lebens Widerhall.

Es dehnte mit allmächt'gem Streben
die enge Brust ein kreisend All,
herauszutreten in das Leben,
in Tat und Wort, in Bild und Schall.
Wie groß war diese Welt gestaltet,
solang die Knospe sie noch barg!
Wie wenig, ach! hat sich entfaltet,
dies Wenige, wie klein und karg!

Wie sprang, von kühnem Mut beflügelt,
beglückt in seines Traumes Wahn,
von keiner Sorge noch gezügelt,
der Jüngling in des Lebens Bahn.
Bis an des Äthers bleichste Sterne
erhob ihn der Entwürfe Flug;
nichts war so hoch und nichts so ferne,
wohin ihr Flügel ihn nicht trug.

Wie leicht ward er dahingetragen,
was war dem Glücklichen zu schwer!
Wie tanzte vor des Lebens Wagen
die luftige Begleitung her!
Die Liebe mit dem süßen Lohne,
das Glück mit seinem goldnen Kranz,
der Ruhm mit seiner Sternenkrone,
die Wahrheit in der Sonne Glanz!

Doch ach! schon auf des Weges Mitte
verloren die Begleiter sich,
sie wandten treulos ihre Schritte,
und einer nach dem andern wich.
Leichtfüßig war das Glück entflogen,
des Wissens Durst blieb ungestillt,
des Zweifels finstre Wetter zogen
sich um der Wahrheit Sonnenbild.

Ich sah des Ruhmes heil'ge Kränze
auf der gemeinen Stirn entweiht.
Ach, allzuschnell, nach kurzem Lenze
entfloh die schöne Liebeszeit!
Und immer stiller ward's und immer
verlaßner auf dem rauhen Steg;
kaum warf noch einen bleichen Schimmer
die Hoffnung auf den finstern Weg.

Von all dem rauschenden Geleite
wer harrte liebend bei mir aus?
Wer steht mir tröstend noch zur Seite
und folgt mir bis zum finstern Haus?
Du, die du alle Wunden heilest,
der Freundschaft leise, zarte Hand,
des Lebens Bürden liebend teilest,
du, die ich frühe sucht' und fand.

Und du, die gern sich mit ihr gattet,
wie sie der Seele Sturm beschwört,
Beschäftigung, die nie ermattet,
die langsam schafft, doch nie zerstört,
die zu dem Bau der Ewigkeiten
zwar Sandkorn nur für Sandkorn reicht,
doch von der großen Schuld der Zeiten
Minuten, Tage, Jahre streicht.

• *Schiller*

Natur und Kunst, sie scheinen sich zu fliehen
und haben sich, eh' man es denkt, gefunden;
der Widerwille ist auch mir verschwunden,
und beide scheinen gleich mich anzuziehen.

Es gilt wohl nur ein redliches Bemühen!
Und wenn wir erst in abgemeßnen Stunden
mit Geist und Fleiß uns an die Kunst gebunden,
mag frei Natur im Herzen wieder glühen.

So ist's mit aller Bildung auch beschaffen.
Vergebens werden ungebundne Geister
nach der Vollendung reiner Höhe streben.

Wer Großes will, muß sich zusammenraffen.
In der Beschränkung zeigt sich erst der Meister,
und das Gesetz nur kann uns Freiheit geben.

Goethe

DER RÖMISCHE BRUNNEN

Aufsteigt der Strahl und fallend gießt
er voll der Marmorschale Rund,
die, sich verschleiernd, überfließt
in einer zweiten Schale Grund;
die zweite gibt, sie wird zu reich,
der dritten wallend ihre Flut,
und jede nimmt und gibt zugleich
und strömt und ruht.

Conrad Ferdinand Meyer

Da dich das geflügelte Entzücken
über manchen frühen Abgrund trug,
baue jetzt der unerhörten Brücken
kühn berechenbaren Bug.

Wunder ist nicht nur im unerklärten
Überstehen der Gefahr;
erst in einer klaren reingewährten
Leistung wird das Wunder wunderbar.

Mitzuwirken ist nicht Überhebung
an dem unbeschreiblichen Bezug,
immer inniger wird die Verwebung,
nur Getragensein ist nicht genug.

Deine ausgeübten Kräfte spanne,
bis sie reichen, zwischen zwein
Widersprüchen ... Denn im Manne
will der Gott beraten sein.

Rainer Maria Rilke

Kaum legtet ihr aus eurer hand die kelle
und saht zufrieden hin nach eurem baun:
War alles werk euch nur zum andren schwelle
wofür noch nicht ein stein behaun.

Da du die bunten äpfel überm meere
und du der fremden reben wein erhobst:
Verdorrte eurer gärten vollste beere
  und um euch her viel reifes obst.

Und da ihr horchtet auf der goldnen imme
und eines windes lockendes gekling:
So überhörtet ihr gar oft die stimme
  der süßen die vorüberging.

Stefan George

URWORTE, ORPHISCH

ΔΑΙΜΩΝ, *Dämon*

Wie an dem Tag, der dich der Welt verliehen,
die Sonne stand zum Gruße der Planeten,
bist alsobald und fort und fort gediehen
nach dem Gesetz, wonach du angetreten.
So mußt du sein, dir kannst du nicht entfliehen,
so sagten schon Sibyllen, so Propheten;
und keine Zeit und keine Macht zerstückelt
geprägte Form, die lebend sich entwickelt.

ΤΥΧΗ, *Das Zufällige*

Die strenge Grenze doch umgeht gefällig
ein Wandelndes, das mit und um uns wandelt;
nicht einsam bleibst du, bildest dich gesellig
und handelst wohl so, wie ein andrer handelt.
Im Leben ist's bald hin-, bald widerfällig,
es ist ein Tand und wird so durchgetandelt.
Schon hat sich still der Jahre Kreis geründet,
die Lampe harrt der Flamme, die entzündet.

ΕΡΩΣ, *Liebe*

Die bleibt nicht aus! – Er stürzt vom Himmel nieder,
wohin er sich aus alter Öde schwang,
er schwebt heran auf luftigem Gefieder,
um Stirn und Brust den Frühlingstag entlang,

scheint jetzt zu fliehn, vom Fliehen kehrt er wieder:
da wird ein Wohl im Weh, so süß und bang.
Gar manches Herz verschwebt im Allgemeinen,
doch widmet sich das edelste dem Einen.

ΑΝΑΓΚΗ, *Nötigung*
Da ist's denn wieder, wie die Sterne wollten:
Bedingung und Gesetz, und aller Wille
ist nur ein Wollen, weil wir eben sollten,
und vor dem Willen schweigt die Willkür stille;
das Liebste wird vom Herzen weggescholten,
dem harten Muß bequemt sich Will' und Grille.
So sind wir scheinfrei denn, nach manchen Jahren
nur enger dran, als wir am Anfang waren.

ΕΛΡΙΣ, *Hoffnung*
Doch solcher Grenze, solcher ehrnen Mauer
höchst widerwärt'ge Pforte wird entriegelt,
sie stehe nur mit alter Felsendauer!
Ein Wesen regt sich leicht und ungezügelt:
Aus Wolkendecke, Nebel, Regenschauer
erhebt sie uns, mit ihr, durch sie beflügelt,
ihr kennt sie wohl, sie schwärmt durch alle Zonen –
ein Flügelschlag – und hinter uns Äonen!

Goethe

DEM UNBEKANNTEN GOTT

Noch einmal, eh' ich weiterziehe
und meine Blicke vorwärts sende,
heb' ich vereinsamt meine Hände
zu Dir empor, zu dem ich fliehe,
dem ich in tiefster Herzenstiefe
Altäre feierlich geweiht,
daß allezeit
mich deine Stimme wieder riefe.

Darauf erglüht tief eingeschrieben
das Wort: Dem unbekannten Gotte.
Sein bin ich, ob ich in der Frevler Rotte
auch bis zur Stunde bin geblieben:
Sein bin ich – und ich fühl' die Schlingen,
die mich im Kampf darniederziehn
und, mag ich fliehn,
mich doch zu seinem Dienste zwingen.

Ich will Dich kennen, Unbekannter,
Du tief in meine Seele Greifender,
mein Leben wie ein Sturm Durchschweifender,
du Unfaßbarer, mir Verwandter!
Ich will Dich kennen, selbst Dir dienen.

Friedrich Wilhelm Nietzsche

AN DEN MISTRAL

Mistral-Wind, du Wolken-Jäger,
Trübsal-Mörder, Himmels-Feger,
Brausender, wie lieb' ich dich!
Sind wir zwei nicht eines Schoßes
Erstlingsgabe, eines Loses
Vorbestimmte ewiglich?

Hier auf glatten Felsenwegen
lauf' ich tanzend dir entgegen,
tanzend, wie du pfeifst und singst:
Der du ohne Schiff und Ruder
als der Freiheit freister Bruder
über wilde Meere springst.

Kaum erwacht, hört' ich dein Rufen,
stürmte zu den Felsenstufen,
hin zur gelben Wand am Meer.
Heil! da kamst du schon gleich hellen
diamantnen Stromesschnellen
sieghaft von den Bergen her.

Auf den ebnen Himmels-Tennen
sah ich deine Rosse rennen,
sah den Wagen, der dich trägt,
sah die Hand dir selber zücken,
wenn sie auf der Rosse Rücken
blitzesgleich die Geißel schlägt. –

Sah dich aus dem Wagen springen,
schneller dich hinabzuschwingen,
sah dich wie zum Pfeil verkürzt
senkrecht in die Tiefe stoßen, –
wie ein Goldstrahl durch die Rosen
erster Morgenröten stürzt.

Tanze nun auf tausend Rücken,
Wellen-Rücken, Wellen-Tücken – –
heil, wer neue Tänze schafft!
Tanzen wir in tausend Weisen,
frei – sei unsre Kunst geheißen,
fröhlich – unsre Wissenschaft!

Raffen wir von jeder Blume
eine Blüte uns zum Ruhme
und zwei Blätter noch zum Kranz!
Tanzen wir gleich Troubadouren
zwischen Heiligen und Huren,
zwischen Gott und Welt den Tanz!

Wer nicht tanzen kann mit Winden,
wer sich wickeln muß mit Binden,
angebunden, Krüppel-Greis,
wer da gleicht den Heuchel-Hänsen,
Ehren-Tölpeln, Tugend-Gänsen,
fort aus unsrem Paradeis!

Wirbeln wir den Staub der Straßen
allen Kranken in die Nasen,
scheuchen wir die Kranken-Brut!
Lösen wir die ganze Küste
von dem Odem dürrer Brüste,
von den Augen ohne Mut!

Jagen wir die Himmels-Trüber,
Welten-Schwärzer, Wolken-Schieber,
hellen wir das Himmelreich!
Brausen wir . . . o aller freien
Geister Geist, mit dir zu zweien
braust mein Glück dem Sturme gleich. –

Und daß ewig das Gedächtnis
solchen Glücks, nimm sein Vermächtnis
nimm den Kranz hier mit hinauf!
Wirf ihn höher, ferner, weiter,
stürm empor die Himmelsleiter,
häng ihn – an den Sternen auf!

Friedrich Wilhelm Nietzsche

WELT UND ICH

Im großen ungeheuren Ozeane
willst du, der Tropfe, dich in dich verschließen?
So wirst du nie zur Perl' zusammenschießen,
wie dich auch Fluten schütteln und Orkane!

Nein! öffne deine innersten Organe
und mische dich im Leiden und Genießen
mit allen Strömen, die vorüberfließen:
Dann dienst du dir und dienst dem höchsten Plane!

Und fürchte nicht, so in die Welt versunken,
dich selbst und dein Ureignes zu verlieren:
Der Weg zu dir führt eben durch das Ganze!

Erst wenn du kühn von jedem Wein getrunken,
wirst du die Kraft im tiefsten Innern spüren,
die jedem Sturm zu stehn vermag im Tanze!

Friedrich Hebbel

AN SICH

Sei dennoch unverzagt, gib dennoch unverloren,
weich keinem Glücke nicht, steh höher als der Neid,
vergnüge dich an dir und acht' es für kein Leid,
hat sich gleich wider dich Glück, Ort und Zeit verschworen.

Was dich betrübt und labt, halt alles für erkoren,
nimm dein Verhängnis an, laß alles unbereut,
tu, was getan muß sein, und eh' man dir's gebeut.
Was du noch hoffen kannst, das wird noch stets geboren.

Was klagt, was lobt man doch? Sein Unglück und sein Glücke
ist ihm ein jeder selbst. Schau alle Sachen an.
Dies alles ist in dir, laß deinen eiteln Wahn,

und eh' du förder gehst, so geh in dich zurücke.
Wer sein selbst Meister ist und sich beherrschen kann,
dem ist die weite Welt und alles untertan.

Paul Fleming

GRÖSSE DES LEBENS

Vor jedem steht ein Bild des, was er werden soll;
solang er das nicht ist, ist nicht sein Friede voll.

Friedrich Rückert

Nur dem Ernst, den keine Mühe bleichet,
rauscht der Wahrheit tief versteckter Born;
nur des Meißels schwerem Schlag erweichet
sich des Marmors sprödes Korn.

Schiller

ENTSAGUNG

Eins ist, was altersgraue Zeiten lehren,
und lehrt die Sonne, die erst heut getagt:
Des Menschen ew'ges Los, es heißt: Entbehren,
und kein Genuß, als den du dir versagst.

Die Speise, so erquicklich deinem Munde,
beim frohen Fest genippter Götterwein,
des Teuren Kuß auf deinem heißen Munde –
dein wär's? Sieh zu! ob du vielmehr nicht sein.

Denn der Natur alther notwend'ge Mächte,
sie hassen, was sich freie Bahnen zieht,
als vorenthalten ihrem ewgen Rechte,
und reißen's lauernd in ihr Machtgebiet.

All, was du hältst, davon bist du gehalten,
und wo du herrschest, bist du auch der Knecht.
Es sieht Genuß sich vom Bedarf gespalten,
und eine Pflicht knüpft sich an jedes Recht.

Nur was du abweist, kann dir wiederkommen,
was du verschmähst, naht ewig schmeichelnd sich;
und in dem Abschied, vom Besitz genommen,
erhältst du dir das einzig Deine: Dich!

Franz Grillparzer

DIE SÖHNE HARUNS

Harun sprach zu seinen Kindern Assur, Assad, Scheherban:
„Söhne, werdet ihr vollenden, was ich kühnen Muts begann?
Seit ich Bagdads Thron bestiegen, bin von Feinden ich umgeben!
Wie befestigt ihr die Herrschaft? Wie verteidigt ihr mein Leben?“

Assur ruft, der feurig schlanke: „Schleunig werb' ich dir ein Heer,
zimmre Masten, webe Segel! Ich bevölkre dir das Meer!
Rosse schul' ich. Säbel schmied' ich. Ich erbaue dir Kastelle.
Dir gehören Stadt und Wüste! Dir gehorchen Strand und Welle!“

Assad mit der schlauen Miene sinnt und äußert sich bedächtig:
„Sicher schaff' ich deinen Schlummer, Sorgen machen übernächtig.
Daß du dich des Lebens freuest, bleibe, Vater, meine Sache!
Über jedem deiner Schritte halten hundert Augen Wache!

Wirte, Kuppler und Barbiere, jedem setz' ich einen Sold,
daß sie alle mir berichten, wer dich liebt und wer dir grollt.“
Harun lächelt. Zu dem Jüngsten, seinem Liebling, sagt er: „Ruhst du.
Wie beschämst du deine Brüder? Zarter Scheherban, was tust du?“

„Vater“, redet jetzt der Jüngste, keusch errötend, „es ist gut,
daß ein Tropfen rinne nieder warm ins Volk aus deinem Blut!
Über ungezählte Lose bist allmächtig du auf Erden,
das ist Raub an deinen Brüdern – und du wirst gerichtet werden.

Dein erhaben Los zu sühnen, das sich türmt den Blitzen zu,
laß mich in des Lebens dunkle Tiefe niedertauchen du!
Such mich nicht! Ich ging verloren! Sende weder Kleid noch Spende!
Wie der Ärmste will ich leben von der Arbeit meiner Hände!

Mit dem Hammer, mit der Kelle laß mich, Herr, ein Maurer sein!
Selber maur' ich mich in deines Glückes Grund und Boden ein!
Jedem Hause wird ein Zauber, daß es unzerstörlich dauert,
etwas Liebes und Lebend'ges in den Grundstein eingemauert!

Hörest du die Straße rauschen unter deinem Marmorschloß?
Morgen bin ich dieser Menge namenloser Tischgenoß –
blickst du nieder auf die vielen Unbekannten, die dir dienen,
einer segnet dich vom Morgen bis zum Abend unter ihnen!“

Conrad Ferdinand Meyer

DAS GÖTTLICHE

Edel sei der Mensch,
hilfreich und gut!
Denn das allein
unterscheidet ihn
von allen Wesen,
die wir kennen.

Heil den unbekannten
höhern Wesen,
die wir ahnen!
Ihnen gleiche der Mensch
sein Beispiel lehr' uns
jene glauben.

Denn unfühlend
ist die Natur:
Es leuchtet die Sonne
über Bös' und Gute,
und dem Verbrecher
glänzen, wie dem Besten,
der Mond und die Sterne.

Wind und Ströme,
Donner und Hagel
rauschen ihren Weg
und ergreifen,
vorübereilend,
einen um den andern.

Auch so das Glück
tappt unter die Menge,
faßt bald des Knaben
lockige Unschuld,
bald auch den kahlen
schuldigen Scheitel.

Nach ewigen, ehrnen,
großen Gesetzen
müssen wir alle
unseres Daseins
Kreise vollenden.

Nur allein der Mensch
vermag das Unmögliche:
Er unterscheidet,
wählet und richtet;
er kann dem Augenblick
Dauer verleihen.

Er allein darf
den Guten lohnen,
den Bösen strafen,
heilen und retten,
alles Irrende, Schweifende
nützlich verbinden.

Und wir verehren
die Unsterblichen,
als wären sie Menschen,
täten im großen,
was der Beste im kleinen
tut oder möchte.

Der edle Mensch
sei hilfreich und gut!
Unermüdet schaff' er
das Nützliche, Rechte,
sei uns ein Vorbild
jener geahneten Wesen!

Goethe

Die Linien des Lebens sind verschieden,
wie Wege sind und wie der Berge Grenzen.
Was hier wir sind, kann dort ein Gott ergänzen
mit Harmonien und ewigem Lohn und Frieden.

Friedrich Hölderlin

ERKENNTNIS

Willst du, o Herz! ein gutes Ziel erreichen,
mußt du in eigner Angel schwebend ruhn;
ein Tor versucht zu gehn in fremden Schuhn,
nur mit sich selbst kann sich der Mann vergleichen!

Ein Tor, der aus des Nachbars Kinderstreichen
sich Trost nimmt für das eigne schwache Tun,
der immer um sich späht und lauscht und nun
sich seinen Wert bestimmt nach falschen Zeichen!

Tu frei und offen, was du nicht willst lassen,
doch wandle streng auf selbstbeschränkten Wegen
und lerne früh nur deine Fehler hassen!

Und ruhig geh den anderen entgegen;
kannst du dein Ich nun fest zusammenfassen,
wird deine Kraft die fremde Kraft erregen.

Gottfried Keller

Warum das Leben, das Lebend'ge hassen?
Beschaue nur in mildem Licht
das Menschenwesen, wiege zwischen Kälte
und Überspannung dich im Gleichgewicht;
und wo der Dünkel hart ein Urteil fällte,
so laß ihn fühlen, was ihm selbst gebricht;
du, selbst kein Engel, wohnst nicht unter Engeln,
Nachsicht erwirbt sich Nachsicht, liebt geliebt.
Die Menschen sind, trotz allen ihren Mängeln,
das Liebenswürdigste, was es gibt;
fürwahr, es wechselt Pein und Lust.
Genieße, wenn du kannst, und leide, wenn du mußt,
vergiß den Schmerz, erfrische das Vergnügen.
Zu einer Freundin, einem Freund gelenkt,
mitteilend lerne, wie der andre denkt.
Gelingt es dir den Starrsinn zu besiegen,
das Gute wird im ganzen überwiegen.

Goethe

O schmäht des Lebens Leiden nicht!
Seht ihr die Blätter, wenn sie sterben,
sich in des Herbstes goldnem Licht
nicht reicher als im Frühling färben?
Was gleicht der Blüte des Vergehns
im Hauche des Oktoberwehns?

Kristallner als die klarste Flut
erglänzt des Auges Tränenquelle,
tief dunkler flammt die Abendglut
als hoch am Tag die Sonnenhelle,
und keiner küßt so heißen Kuß
als wer für ewig scheiden muß.

Adolf Friedrich von Schack

DIE HIMMLISCHE RECHENKUNST

Was dem Herzen sich verwehrte,
laß es schwinden unbewegt,
allenthalben das Entbehrte
wird dir mystisch zugelegt.

Liebt doch Gott die leeren Hände,
und der Mangel wird Gewinn.
Immerdar enthüllt das Ende
sich als strahlender Beginn.

Jeder Schmerz entläßt dich reicher.
Preise die geweihte Not.
Und aus niegeleertem Speicher
nährt dich das geheime Brot.

Werner Bergengruen

FRAGE UND ANTWORT

„Der die Welt erfuhr,
faltig und ergraut
Narb' an Narbenspur
auf gefurchter Haut,

den die Not gehetzt,
den der Dämon trieb –
sage, was zuletzt
dir verblieb."

„Was aus Schmerzen kam,
war Vorübergang.
Und mein Ohr vernahm
nichts als Lobgesang."

Werner Bergengruen

Freund, so du etwas bist, so bleib doch ja nicht stehn:
Man muß aus einem Licht fort in das andre gehn.

Angelus Silesius

STUFEN

Wie jede Blüte welkt und jede Jugend
dem Alter weicht, blüht jede Lebensstufe,
blüht jede Weisheit auch und jede Tugend
zu ihrer Zeit und darf nicht ewig dauern.
Es muß das Herz bei jedem Lebensrufe
bereit zum Abschied sein und Neubeginne,
um sich in Tapferkeit und ohne Trauern
in andre, neue Bindungen zu geben.
Und jedem Anfang wohnt ein Zauber inne,
der uns beschützt und der uns hilft, zu leben.

Wir sollen heiter Raum um Raum durchschreiten,
an keinem wie an einer Heimat hängen,
der Weltgeist will nicht fesseln uns und engen,
es will uns Stuf' um Stufe heben, weiten.
Kaum sind wir heimisch einem Lebenskreise
und traulich eingewohnt, so droht Erschlaffen;
nur wer bereit zu Aufbruch ist und Reise,
mag lähmender Gewöhnung sich entraffen.

Es wird vielleicht auch noch die Todesstunde
uns neuen Räumen jung entgegensenden,
des Lebens Ruf an uns wird niemals enden ...
wohlan denn, Herz, nimm Abschied und gesunde.

Hermann Hesse

TALISMANE

Im Atemholen sind zweierlei Gnaden:
Die Luft einziehen, sich ihrer entladen;
jenes bedrängt, dieses erfrischt;
so wunderbar ist das Leben gemischt.
Du danke Gott, wenn er dich preßt,
und dank ihm, wenn er dich wieder entläßt.

Goethe

SYMBOLE UND TRÄUME

PATMOS

Nah ist
und schwer zu fassen der Gott.
Wo aber Gefahr ist, wächst
das Rettende auch.
Im Finstern wohnen
die Adler und furchtlos gehn
die Söhne der Alpen über den Abgrund weg
auf leichtgebaueten Brücken.
Drum, da gehäuft sind rings
die Gipfel der Zeit, und die Liebsten
nahe wohnen, ermattend auf
getrenntesten Bergen,
so gib unschuldig Wasser,
o Fittiche gib uns, treuesten Sinns
hinüberzugehn und wiederzukehren . . .

Friedrich Hölderlin

AUS DEM „NORNENBUCH"

Schwerlippig Volk wird singen das seligste Lied,
schwersinnig Kind wird finden den lichtesten Sinn,
schwerblütig Herz wird pochen den mächtigsten Schlag.

Die langsam rollende Woge bereitet Schaum,
die langsam wandelnde Wolke gebiert den Blitz,
das langsam nahende Segel, es trägt den Herrn.

Auf dieser glatten Stirne gewittert Tod,
in diesem kindischen Auge zögert Strahl,
die Rune reift an diesem stillsten Mund.

Ernst Bertram

GESANG DER GEISTER ÜBER DEN WASSERN

Des Menschen Seele
gleicht dem Wasser:
Vom Himmel kommt es,
zum Himmel steigt es,
und wieder nieder
zur Erde muß es.
Ewig wechselnd.

Strömt von der hohen,
steilen Felswand
der reine Strahl,
dann stäubt er lieblich
in Wolkenwellen
zum glatten Fels,
und leicht empfangen
wallt er verschleiernd,
leisrauschend
zur Tiefe nieder.

Ragen Klippen
dem Sturz entgegen,
schäumt er unmutig
stufenweise
zum Abgrund.

Im flachen Bette
schleicht er das Wiesental hin,
und in dem glatten See
weiden ihr Antlitz
alle Gestirne.

Wind ist der Welle
lieblicher Buhler;
Wind mischt vom Grund aus
schäumende Wogen.

Seele des Menschen,
wie gleichst du dem Wasser!
Schicksal des Menschen,
wie gleichst du dem Wind!

Goethe

PROTEUS

Was oben und unten in Fülle und Kraft
die ewige Mutter erschuf und erschafft,
sie hat es in Formen, in steife, gehüllt,
in starrende Normen das Leben gefüllt.

Und wie's in den Formen auch brauset und zischt,
so bleibt es doch immer mit Erde gemischt,
nie kann sich's entreißen der dumpfen Gewalt,
da wird es so trübe, da wird es so kalt.

Doch mich hat sie nimmer gebannt in den Ring,
mit welchem sie grausam die Wesen umfing,
ich steige hinunter, ich steige empor,
nach eignem Behagen im wirbelnden Chor.

Ich schlürfe begierig aus jeglichem Sein
mit tiefem Entzücken den Honig hinein,
an keines gebunden, muß jedes mir schnell
die Pforten entriegeln zum innersten Quell.

Ich bin's, der die Welle des Lebens bewegt,
der ihre gewaltigste Strömung erregt,
und dann, was sie innerlich eigen besitzt,
enteilend, ins dürstende Weltall verspritzt.

Ha! oben in Wolken in bläulichem Glanz
mit brausenden Stürmen der schwindelnde Tanz!
Als Blitz, dies Verflammen im nächtlichen Blau!
Als Regen, dies Tränken der durstigen Au!

Im Kelche der Blume, im farbigen, nun
das stille Verschließen, das liebliche Ruhn!
Und wenn ich entsteige der tauigen Gruft,
umströmt mich, entbunden, der glühendste Duft!

O seliges Wohnen in Nachtigallbrust,
o süßes Zerrinnen in heimlicher Lust!
Ich hauch' ihr die Liebe ins klopfende Herz,
dann scheid' ich, da singt sie in ewigem Schmerz.

In Seelen der Menschen hinein und hinaus!
Sie möchten mich fesseln, o neckischer Strauß!
Die fromme des Dichters nur ist's, die mich hält,
ihr geb' ich ein volles Empfinden der Welt.

• Friedrich Hebbel

DIE MÄR VOM RITTER MANUEL

Das ist die Mär vom Ritter Manuel,
der auf des fremden Magiers Geheiß
sein Haupt in eine Zauberschale bog.
Und als er's wieder aus dem Wasser zog,
da seufzte er und sprach: ,,Mein Haar ist weiß,
gebrochen meine Kraft. O allzulange
qualvolle Wanderschaft!" Die Höflingsschar,
die ringsum stand, rief: ,,Dunkel ist dein Haar,
frage den König!"
Staunend sprach und bange
da der Verzauberte: ,,O Herr, die Zeit
ist hold und spurlos dir vorbeigeglitten!
Als ich vor zwanzig Jahren fortgeritten,
warst du wie heut. An dem gestickten Kleid
trugst du den Gürtel mit den Pantherschließen
und an der Hand den gleichen Amethyst."
,,Erzähle", sprach der Fürst und sprach's voll List,
,,was dir begegnet, seit wir uns verließen!"

Der Arme sann, und seine Augen waren
wie Kinderaugen noch vom Traum befangen.
,,König, ich bin so weit von Euch gegangen,
so vieles sah ich! und in späten Jahren,
an dunklen Wintertagen und in schwülen
Hochsommernächten will ich dir erzählen
von allem. Und vor deinen stillen Sälen
soll meines bunten Lebens Brandung spülen.
Nur jetzt noch laßt mich schweigen.
Denn ein Gram
durchrüttelt mich, den nie ein Mensch gekannt.
Sieh, ich verließ mein Weib in jenem Land
und weiß es nicht mehr, welchen Weg ich kam.
Und weiß den Namen jenes Landes nicht,
wo sie am Fenster kauernd, kinderschmal,

aus dem Kastell hinabspäht in das Tal,
bis jäh die Felsen glühn im Abendlicht
und jäh erbleichen.
Durch das samtne Dunkel
der Nacht strahlt freundlich einer Ampel Schein,
um Führer meiner Wanderschaft zu sein,
und purpurn glänzt, wie ein Rubingefunkel,
in ihrem Licht des Bergstroms dunkle Flut.
Sein Name nur? Sehr seltsam klang er, wie
der Felsen Name, uralt auch wie sie.
Und jene Frau, die mir im Arm geruht, –
weh, meine Liebe kann sie nicht mehr rufen,
der süße Laut entglitt mir, wie im Tann
dem Schlafenden entglitt der Talisman,
den sie mir umhing auf des Schlosses Stufen!" . . .

Dann schrie er auf und hielt des Königs Knie
wie ein um Hilfe Flehender umklammert.
Der sprach – und er war bleich und ernst –: „Mich jammert
der Qual des armen Narrn, die zu mir schrie.
Magier, tritt vor! Zerbrich des Zaubers Bann!"
Der König wartete. Die Diener liefen
in allen Gängen hin und her und riefen,
die Ritter sahn sich groß, verwundert an.
Denn keiner fand den Magier. Ein'ge schwuren,
sie hätten an dem Springbrunn ihn gesehn
murmelnd die goldne Zauberschale drehn, –
doch in dem Sande sah man keine Spuren.

Und wie die Stürme auf dem hohen Meer
das längstverlaßne Wrack des Seglers jagen,
so trieb durch Jahre voller Sorg' und Fragen
Erinnerungsqual den Grübelnden umher,
bis ihn beim Jagen einst ein fremd Geschoß,
vielleicht aus Mitleid, in die Schläfe traf.
Still wie ein Kind sank er ins Moos zum Schlaf
und stammelte, eh er die Augen schloß:
„Tamara!" Und er starb.
Die Zeit verrann.

Doch einmal abends klang im Hof Geklirr
von vielen Waffen, und ein bunt Geschwirr
landfremder Sprachen. Und ein brauner Mann,

sehr alt und fürstlich, dessen welke Hand
auf seidnem Kissen trug der Herrschaft Zeichen,
trat vor den König wie vor seinesgleichen
und rief: ,,Wo ist, nach dem wir ausgesandt,
mein König Manuel, Tamaras Gatte,
den sie in ihrem Felsenschloß beweint?
Westwärts ging ich, soweit die Sonne scheint,
bis ich zu deinem Reich gefunden hatte.
Hier, sprach der sternenkundige Magier, werde
ich meinen Herren finden. – Weise mich,
daß ich ihn krönen kann!"
Da neigte sich
der König still, griff eine Handvoll Erde
aus einer Schale, drin die Rosen blühten,
und wies sie stumm dem Suchenden.
Der stand
ganz lange still. Dann schlug er sein Gewand
weit um den Kronreif, dessen Steine sprühten,
so schritt er aus dem Saal.
Ein Klaggesang
kam langgezogen, trostlos durch die Nacht.
Dann ein Geklirr und Hufgetrappel, sacht
und langsam, – bis auch das im Sturm verklang.

In jener Nacht, bei seiner Kerzen Qualmen
saß lang der König auf. Sein Page schlief
und schrak empor, denn eine Stimme rief:
,,Sieh, keine Antwort find' ich in den Psalmen!
Erbarmer aller Welt, sprich: was ist Schein?" . . .
Und lange vor dem Kruzifixe stand
der König starr, mit ausgestreckter Hand. –
So sagt der Page. Doch er ist noch klein,
furchtsam, und hat den Kopf voll Märchenflausen . . . .

Agnes Miegel

GESANG WEYLAS

Du bist Orplid, mein Land!
das ferne leuchtet;
vom Meere dampfet dein besonnter Strand
den Nebel, so der Götter Wange feuchtet.

Uralte Wasser steigen
verjüngt um deine Hüften, Kind!
Vor deiner Gottheit beugen
sich Könige, die deine Wärter sind.

• *Eduard Mörike*

LEBENSLIED

Den Erben laß verschwenden
an Adler, Lamm und Pfau
das Salböl aus den Händen
der toten alten Frau!
Die Toten, die entgleiten,
die Wipfel in dem Weiten –
Ihm sind sie wie das Schreiten
der Tänzerinnen wert!

Er geht wie den kein Walten
vom Rücken her bedroht.
Er lächelt, wenn die Falten
des Lebens flüstern: Tod!
Ihm bietet jede Stelle
geheimnisvoll die Schwelle;
es gibt sich jeder Welle
der Heimatlose hin.

Der Schwarm von wilden Bienen
nimmt seine Seele mit;
das Singen von Delphinen
beflügelt seinen Schritt:
Ihn tragen alle Erden
mit mächtigen Gebärden.
Der Flüsse Dunkelwerden
begrenzt den Hirtentag!

Das Salböl aus den Händen
der toten alten Frau
laß lächelnd ihn verschwenden
an Adler, Lamm und Pfau:
Er lächelt der Gefährten. –
Die schwebend unbeschwerten
Abgründe und die Gärten
des Lebens tragen ihn.

• *Hugo von Hofmannsthal*

KINDHEIT

Voll Früchten der Holunder; ruhig wohnte die Kindheit
in blauer Höhle. Über vergangenen Pfad,
wo nun bräunlich das wilde Gras saust,
sinnt das stille Geäst; das Rauschen des Laubs

und in heiliger Bläue läuten leuchtende Schritte fort.
Ein gleiches, wenn das blaue Wasser im Felsen tönt.
Sanft ist er Amsel Klage. Ein Hirt

folgt sprachlos der Sonne, die vom herbstlichen Hügel rollt.
Ein blauer Augenblick ist nur mehr Seele.
Am Waldsaum zeigt sich ein scheues Wild und friedlich

ruhn im Grund die alten Glocken und finsteren Weiler.
Frömmer kennst du den Sinn der dunklen Jahre,
Kühle und Herbst in einsamen Zimmern;

leise klirrt ein offenes Fenster; zu Tränen
rührt der Anblick des verfallenen Friedhofs am Hügel,
Erinnerung an erzählte Legenden; doch manchmal erhellt sich die Seele,
wenn sie frohe Menschen denkt, dunkelgoldene Frühlingstage.

Georg Trakl

Alle Landschaften haben
sich mit Blau erfüllt.
Alle Büsche und Bäume des Stromes,
der weit in den Norden schwillt.

Leichte Geschwader, Wolken,
weiße Segel dicht,
die Gestade des Himmels dahinter
zergehen in Wind und Licht.

Wenn die Abende sinken
und wir schlafen ein,
gehen die Träume, die schönen,
mit leichten Füßen herein.

Zymbeln lassen sie klingen
in den Händen licht.
Manche flüstern und halten
Kerzen vor ihr Gesicht.

Georg Heym

PARGOLETTA

Das Haus ist zwischen tiefen Hecken
auf einen wilden Stein gebaut,
die steilen Lilien verstecken
es Nacht und Tag vor jedem Laut –

Das Land, durch dessen stumme Pforten
der Fremde geht mit bangem Sinn,
bequemt sich tief geheimen Worten:
Ein Kind ist dort die Königin.

Sie geht durch Tau und grüne Wiesen
im Winde, der sie laut umstreicht,
von dunklem Stahle, voll Türkisen –
die alte Krone trägt sie leicht!

Sie scheint im Lauschen vorgebogen
zu Sprüchen, die im Boden ruhn,
der Mund, geheimnisvoll gezogen,
schweigt Liebliches, wie Blumen tun.

So schön hat sie der Bann gezwungen,
der sich um ihre Hände flicht:
Ein Lied ist über ihr gesungen,
sie sucht sich, und sie kennt sich nicht.

In einem tiefen Schlafe geht sie
durch einen zugewachsenen Hag,
wie die vergessene Kerze weht sie
loh ohne Licht an mitten Tag.

Du brauchst die Spur nicht erst zu finden,
darauf sie so-versunken glitt:
Vorauf gesandte Tauben binden
schon deinen Schritt an ihren Schritt,

Ziehn dich hinein in die Legende,
dich und den vorgeschriebenen Stein –
es schließen deine beiden Hände
die Geisterglut des Lebens ein –

o nicht umsonst die rechten Worte
vertraute dir der Mund im Traum,
der Zeigefinger vor dem Horte –
sie wird sich, und sie weiß es kaum,

in einem tiefen Blick erkennen,
wenn der Rubin den Bann zerreißt,
und deinen Namen wird sie nennen,
wenn du das eine Wort noch weißt.

Dann springen die verbotenen Türen:
Die Wiederkunft wird offenbar,
aus Grüften wird der Engel führen
den Stier, den Löwen und den Aar,

ein Winterstern auf Erden walten –
aus Duft und Stille aufgenährt,
mit deiner Glut und ihrer, schalten
die Flamme, hausend auf dem Herd.

Rudolf Borchardt

DER ALTE GARTEN

Kaiserkron' und Päonien rot,
die müssen verzaubert sein,
denn Vater und Mutter sind lange tot,
was blühn sie hier so allein?

Der Springbrunn plaudert noch immerfort
von der alten schönen Zeit,
eine Frau sitzt eingeschlafen dort,
ihre Locken bedecken ihr Kleid.

Sie hat eine Laute in der Hand,
als ob sie im Schlafe spricht,
mir ist, als hätt' ich sie sonst gekannt –
still, geh vorbei und weck sie nicht!

Und wenn es dunkelt das Tal entlang,
streift sie die Saiten sacht,
da gibt's einen wunderbaren Klang
durch den Garten die ganze Nacht.

Joseph von Eichendorff

ENGELSGESANG

Wir bringen ein erstes Grüßen
durch Finsternisse getragen;
wir haben auf unsern Federn
ein erstes Hauchen von Glück.

Wir führen am Saum unsrer Kleider
ein erstes Duften des Frühlings;
es blüht von unsern Lippen
die erste Röte des Tags.

Es leuchtet vor unsern Füßen
der grüne Schein unsrer Heimat;
es blitzen im Grund unsrer Augen
die Zinnen der ewigen Stadt.

Gerhart Hauptmann

MIGNON

Kennst du das Land, wo die Zitronen blühn,
im dunkeln Laub die Goldorangen glühn,
ein sanfter Wind vom blauen Himmel weht,
die Myrte still und hoch der Lorbeer steht?
Kennst du es wohl?
Dahin! Dahin
möcht' ich mit dir, o mein Geliebter, ziehn.

Kennst du das Haus? Auf Säulen ruht sein Dach,
es glänzt der Saal, es schimmert das Gemach,
und Marmorbilder stehn und sehn mich an:
Was hat man dir, du armes Kind, getan?
Kennst du es wohl?
Dahin! Dahin
möcht' ich mit dir, o mein Beschützer, ziehn.

Kennst du den Berg und seinen Wolkensteg?
Das Maultier sucht im Nebel seinen Weg;
in Höhlen wohnt der Drachen alte Brut;
es stürzt der Fels und über ihn die Flut,
Kennst du ihn wohl?
Dahin! Dahin
geht unser Weg! O Vater, laß uns ziehn!

Goethe

So laßt mich scheinen, bis ich werde;
zieht mir das weiße Kleid nicht aus!
Ich eile von der schönen Erde
hinab in jenes feste Haus.

Dort ruh' ich eine kleine Stille,
dann öffnet sich der frische Blick,

ich lasse dann die reine Hülle,
den Gürtel und den Kranz zurück.

Und jene himmlischen Gestalten,
sie fragen nicht nach Mann und Weib,
und keine Kleider, keine Falten
umgeben den verklärten Leib.

Zwar lebt' ich ohne Sorg und Mühe,
doch fühlt' ich tiefen Schmerz genung.
Vor Kummer altert' ich zu frühe –
macht mich auf ewig wieder jung!

Goethe

VERKLÄRUNG

Wenn es Abend wird,
verläßt dich leise ein blaues Antlitz.
Ein kleiner Vogel singt im Tamarindenbaum.

Ein sanfter Mönch
faltet die erstorbenen Hände.
Ein weißer Engel sucht Marien heim.

Ein nächtiger Kranz
von Veilchen, Korn und purpurnen Trauben
ist das Jahr des Schauenden.

Zu deinen Füßen
öffnen sich die Gräber der Toten,
wenn du die Stirne in die silbernen Hände legst.

Stille wohnt
an deinem Mund der herbstliche Mond,
trunken von Mohnsaft dunkler Gesang;

blaue Blume,
die leise tönt in vergilbtem Gestein.

Georg Trakl

DAS TRUNKENE LIED

O Mensch! Gib acht!
Was spricht die tiefe Mitternacht?

„Ich schlief, ich schlief –
aus tiefem Traum bin ich erwacht: –
Die Welt ist tief,
und tiefer als der Tag gedacht.
Tief ist ihr Weh –,
Lust – tiefer noch als Herzeleid:
Weh spricht: Vergeh!
Doch alle Lust will Ewigkeit –,
will tiefe, tiefe Ewigkeit!“

Friedrich Wilhelm Nietzsche

Gott spricht zu jedem nur, eh' er ihn macht,
dann geht er schweigend mit ihm aus der Nacht.
Aber die Worte, eh' jeder beginnt,
diese wolkigen Worte, sind:

Von deinen Sinnen hinausgesandt,
geh bis an deiner Sehnsucht Rand;
gib mir Gewand.

Hinter den Dingen wachse als Brand,
daß ihre Schatten, ausgespannt,
immer mich ganz bedecken.

Laß dir alles geschehn: Schönheit und Schrecken.
Man muß nur gehn: Kein Gefühl ist das fernste.
Laß dich von mir nicht trennen.
Nah ist das Land,
das sie das Leben nennen.

Du wirst es erkennen
an seinem Ernste.

Gib mir die Hand.

Rainer Maria Rilke

Die Jungfrau:

Gott, sag mir an, was soll ich tun!
Es ist die sechste Stunde nun,
und ich bin hell auf seit der Terzen
von dieser Unruh' meines Herzen.

Drei Stunden sind durch mich geronnen,
und habe nichts davon gewonnen,
wie nüchtern Wasser durch ein Sieb
ein Tore siebt und gar nichts blieb!
Als wär' ich von der Zeh' zum Scheitel
unnütz und ohnmächtig und eitel!

. . . .

O Mutter, die du niemals klagst, –
habt Ihr nie aufgeklagt? die Ihr nie zaudert,
habt Ihr nie so gezweifelt, daß man schaudert?

. . . .

Die Mutter:
Man weiß nicht immer, was man meinte,
und in der Ferne wird es klein.
Ich weiß, daß ich bei meiner Mutter weinte;
daran laß dir Genüge sein.

Die Jungfrau:
Mutter, was war's, was Eure Mutter sagte?

Die Mutter:
Was ihr die Ähnin sagte, der sie's klagte;
dahinter wächst's ins Zeitengrau;
ein Andres geht von Frau zu neuer Frau,
als zwischen Männern und Geschwistern, –
dort lautet's deutlich und genau,
hier heißt's Beschweigen und Beflüstern.
Der Priester singt, es singt der Chor,
doch geht ein Händefalten vor,
bei dem die Lider niederschlagen, –
Gott wohnt in Wald und Donnerbraus
und Sturm beim eingeweihten Volke,
doch er betrat sein neues Haus
einsam im Schweben einer Wolke:
Und mehr denn dies soll ich nicht sagen.

Die Jungfrau:
Vergebt mir denn und laßt mich schweigen,
denn wenn ich spreche, will ich keine Scham.

Die Mutter:
Wenn du erst kommst wohin ich kam,
und wenn sich deine Tage neigen,
so lehrst du wohl ein weiblich Kind,
was ohne Scham wir Frauen sind.

Rudolf Borchardt

DAS SPIEGELBILD

Schaust du mich an aus dem Kristall
mit deiner Augen Nebelball,
Kometen gleich, die im Verbleichen,
mit Zügen, worin wunderlich
zwei Seelen wie Spione sich
umschleichen, ja, dann flüstre ich:
Phantom, du bist nicht meinesgleichen!

Bist nur entschlüpft der Träume Hut,
zu eisen mir das warme Blut,
die dunkle Locke mir zu blassen;
und dennoch, dämmerndes Gesicht,
drin seltsam spielt ein Doppellicht,
trätest du vor, ich weiß es nicht,
würd' ich dich lieben oder hassen.

Zu deiner Stirne Herrscherthron,
wo die Gedanken leisten Fron
wie Knechte würd' ich schüchtern [blicken;
doch von des Auges kaltem Glast
voll toten Lichts, gebrochen fast,
gespenstig, würd', ein scheuer Gast,
weit, weit ich meinen Schemel rücken.

Und was den Mund umspielt so lind,
so weich und hilflos wie ein Kind,
das möcht' in treue Hut ich bergen;
und wieder, wenn er höhnend spielt,
wie von gespanntem Bogen zielt,
wenn leis es durch die Züge wühlt,
dann möcht' ich fliehen wie vor Schergen.

Es ist gewiß, du bis nicht Ich,
ein fremdes Dasein, dem ich mich
wie Moses nahe, unbeschuhet;
voll Kräfte, die mir nicht bewußt,
voll fremden Leides, fremder Lust;
Gnade mir Gott, wenn in der Brust
mir schlummernd deine Seele ruhet!

Und dennoch fühl' ich, wie verwandt,
zu deinen Schauern mich gebannt,
und Liebe muß der Furcht sich einen.
Ja, trätest aus Kristalles Rund,
Phantom, du lebend auf den Grund,
nur leise zittern würd' ich, und
mich dünkt – ich würde um dich weinen!

Annette von Droste-Hülshoff

DIE INNERE GESTALT

Mich erschreckt das Bild,
das der Spiegel malt:
Ein Verächter wild,
ein Zerbrochner bald;
denn ich weiß es gut,
daß ich Flamme bin;
eine steile Glut
und der Gott darin –

ja, der Gott darin,
o wie oft entweiht!
Doch von Anbeginn
vor der Zeit gefeit,
und ein dauernd Licht
noch im Lastermal,
das die Frucht aufbricht
meiner Sünd' und Qual.

All was sterblich ist,
weht um Aug und Mund,
doch die Seele mißt
ihren innern Grund,
sieht sich furchtlos stehn
in des Gotts Gewalt,
einen Jüngling schön,
schmale Huldgestalt.

O du ferne Zeit
mit dem holden Licht,
die voll süßem Leid
mir herüberspricht:

Wie das Leid mich hält,
bist du wieder mein,
und die irre Welt
will gebändigt sein.

Nach dem Ebenbild,
nach der Traumgestalt.
Ein Verächter wild,
ein Zerbrochner bald
singt den Kanon rein,
lebt zurück zum Lied.
Alles sonst ist Schein,
was an ihm geschieht.

Josef Weinheber

MANCHE FREILICH

Manche freilich müssen drunten sterben,
wo die schweren Ruder der Schiffe streifen,
andre wohnen bei dem Steuer droben,
kennen Vogelflug und die Länder der Sterne.

Manche liegen immer mit schweren Gliedern
bei den Wurzeln des verworrenen Lebens,
andern sind die Stühle gerichtet
bei den Sibyllen, den Königinnen,
und da sitzen sie wie zu Hause,
leichten Hauptes und leichter Hände.

Doch ein Schatten fällt von jenen Leben
in die anderen Leben hinüber,
und die leichten sind an die schweren
wie an Luft und Erde gebunden:

Ganz vergessener Völker Müdigkeiten
kann ich nicht abtun von meinen Lidern,
noch weghalten von der erschrockenen Seele
stummes Niederfallen ferner Sterne.

Viele Geschicke weben neben dem meinen,
durcheinander spielt sie alle das Dasein,

und mein Teil ist mehr als dieses Lebens
schlanke Flamme oder schmale Leier.

Hugo von Hofmannsthal

Man soll nicht immer fragen:
Was ist ein Ding? Zuweilen auch: was gilt's?
Ich weiß gewiß, die Zeit wird einmal kommen,
wo alles denkt, wie ich; was steckt denn auch
in Schleiern, Kronen oder rost'gen Schwertern,
das ewig wäre? Doch die müde Welt
ist über diesen Dingen eingeschlafen,
die sie in ihrem letzten Kampf errang,
und hält sie fest. Wer sie ihr nehmen will,
der weckt sie auf. Drum prüf' er sich vorher,
ob er auch stark genug ist, sie zu binden,
wenn sie, halb wachgerüttelt, um sich schlägt,
und reich genug, ihr Höheres zu bieten,
wenn sie den Tand unwillig fahren läßt.
Nur rühre nimmer an den Schlaf der Welt! –

Friedrich Hebbel

Bist du beschränkt, daß neues Wort dich stört?
Willst du nur hören, was du schon gehört?
Dich störe nichts, wie es auch weiter klinge,
schon längst gewohnt der wunderbarsten Dinge.

Goethe

DÄMMEREMPFINDUNG

Was treibt mich hier von hinnen?
Was lockt mich dort geheimnisvoll?
Was ist's, das ich gewinnen,
und was, womit ich's kaufen soll?

Trat unsichtbar mein Erbe,
ein Geist, ein luft'ger, schon heran,
und drängt mich, daß ich sterbe,
weil er nicht eher leben kann?

Und winkt mir aus der Ferne
die Traube schon, die mir gereift
auf einem andern Sterne,
und will, daß meine Hand sie streift?

Friedrich Hebbel

ERLEUCHTUNG

In unermeßlich tiefen Stunden
hast du, in ahnungsvollem Schmerz,
den Geist des Weltalls nie empfunden,
der niederflammte in dein Herz?

Jedwedes Dasein zu ergänzen
durch ein Gefühl, das ihn umfaßt,
schließt er sich in die engen Grenzen
der Sterblichkeit als reichster Gast.

Da tust du in die dunkeln Risse
des Unerforschten einen Blick
und nimmst in deine Finsternisse
ein leuchtend Bild der Welt zurück;

du trinkst das allgemeinste Leben,
nicht mehr den Tropfen, der dir floß,
und ins Unendliche verschweben
kann leicht, wer es im Ich genoß.

Friedrich Hebbel

Wie hoch die Welt sich bäumet,
wie laut auf breiter Spur
das Leben schäumet,
uns alle träumet
der Weltgeist nur.

Friedrich Theodor Vischer

Ein Traum, ein Traum ist unser Leben
auf Erden hier.
Wie Schatten auf den Wogen schweben
und schwinden wir,
und messen unsre trägen Tritte
nach Raum und Zeit;
und sind (und wissen's nicht) in Mitte
der Ewigkeit.

Johann Gottfried Herder

Den bängsten Traum begleitet
ein heimliches Gefühl,
daß alles nichts bedeutet,
und wär' uns noch so schwül.

Da spielt in unser Weinen
ein Lächeln hold hinein,
ich aber möchte meinen,
so sollt' es immer sein!

Friedrich Hebbel

Wenn nicht mehr Zahlen und Figuren
sind Schlüssel aller Kreaturen,
wenn die, so singen oder küssen,
mehr als die Tiefgelehrten wissen,
wenn sich die Welt ins freie Leben
und in die Welt wird zurückbegeben,
wenn dann sich wieder Licht und Schatten
zu echter Klarheit werden gatten
und man in Märchen und Gedichten
erkennt die wahren Weltgeschichten,
dann fliegt von einem geheimen Wort
das ganze verkehrte Wesen fort.

Novalis

EIN WORT

Ein Wort, ein Satz –: aus Chiffern steigen
erkanntes Leben, jäher Sinn,
die Sonne steht, die Sphären schweigen
und alles ballt sich zu ihm hin.

Ein Wort –, ein Glanz, ein Flug, ein Feuer,
ein Flammenwurf, ein Sternenstrich –,
und wieder Dunkel, ungeheuer,
im leeren Raum um Welt und Ich.

Gottfried Benn

Was reif in diesen Zeilen steht,
was lächelnd winkt und sinnend fleht,
das soll kein Kind betrüben;
die Einfalt hat es ausgesät,
die Schwermut hat hindurch geweht,
die Sehnsucht hat's getrieben.
Und ist das Feld einst abgemäht,
die Armut durch die Stoppeln geht,
sucht Ähren, die geblieben;
sucht Lieb', die für sie untergeht,
sucht Lieb', die mit ihr aufersteht,
sucht Lieb', die sie kann lieben.
Und hat sie einsam und verschmäht
die Nacht durch, dankend in Gebet,
die Körner ausgerieben,
liest sie, als früh der Hahn gekräht,
was Lieb' erhielt, was Leid verweht,
ans Feldkreuz angeschrieben:
O Stern und Blume, Geist und Kleid,
Lieb', Leid und Zeit und Ewigkeit.

Clemens Brentano

ZUEIGNUNG

Der Morgen kam; es scheuchten seine Tritte
den leisen Schlaf, der mich gelind umfing,
daß ich, erwacht, aus meiner stillen Hütte
den Berg hinauf mit frischer Seele ging;
ich freute mich bei einem jeden Schritte
der neuen Blume, die voll Tropfen hing;
der junge Tag erhob sich mit Entzücken,
und alles war erquickt, mich zu erquicken.

Und wie ich stieg, zog von dem Fluß der Wiesen
ein Nebel sich in Streifen sacht hervor.
Er wich und wechselte mich zu umfließen,
und wuchs geflügelt mir ums Haupt empor:
Des schönen Blicks sollt' ich nicht mehr genießen,
die Gegend deckte mir ein trüber Flor;

bald sah ich mich von Wolken wie umgossen
und mit mir selbst in Dämmrung eingeschlossen.

Auf einmal schien die Sonne durchzudringen,
im Nebel ließ sich eine Klarheit sehn.
Hier sank er, leise sich hinabzuschwingen;
hier teilt' er steigend sich um Wald und Höhn.
Wie hofft' ich ihr den ersten Gruß zu bringen!
Sie hofft' ich nach der Trübe doppelt schön.
Der luft'ge Kampf war lange nicht vollendet –
ein Glanz umgab mich, und ich stand geblendet.

Bald machte mich, die Augen aufzuschlagen,
ein innrer Trieb des Herzens wieder kühn,
ich konnt' es nur mit schnellen Blicken wagen,
denn alles schien zu brennen und zu glühn.
Da schwebte mit den Wolken hergetragen
ein göttlich Weib vor meinen Augen hin,
kein schöner Bild sah ich in meinem Leben,
sie sah mich an und blieb verweilend schweben.

„Kennst du mich nicht?" sprach sie mit einem Munde,
dem aller Lieb und Treue Ton entfloß,
„erkennst du mich, die ich in manche Wunde
des Lebens dir den reinsten Balsam goß?
Du kennst mich wohl, an die zu ew'gem Bunde
dein strebend Herz sich fest und fester schloß.
Sah ich dich nicht mit heißen Herzenstränen
als Knabe schon nach mir dich eifrig sehnen?"

„Ja!" rief ich aus, indem ich selig nieder
zur Erde sank, „lang hab' ich dich gefühlt;
du gabst mir Ruh, wenn durch die jungen Glieder
die Leidenschaft sich rastlos durchgewühlt;
du hast mir wie mit himmlischem Gefieder
am heißen Tag die Stirne sanft gekühlt;
du schenktest mir der Erde beste Gaben,
und jedes Glück will ich durch dich nur haben!

Dich nenn' ich nicht. Zwar hör' ich dich von vielen
gar oft genannt, und jeder heißt dich sein,

ein jedes Auge glaubt auf dich zu zielen,
fast jedem Auge wird dein Strahl zur Pein.
Ach, da ich irrte, hatt' ich viel Gespielen,
da ich dich kenne, bin ich fast allein;
ich muß mein Glück nur mit mir selbst genießen,
dein holdes Licht verdecken und verschließen.“

Sie lächelte, sie sprach: „Du siehst, wie klug,
wie nötig war's, euch wenig zu enthüllen!
Kaum bist du sicher vor dem gröbsten Trug,
kaum bist du Herr vom ersten Kinderwillen,
so glaubst du dich schon Übermensch genug,
versäumst die Pflicht des Mannes zu erfüllen!
Wieviel bist du von andern unterschieden?
Erkenne dich, leb mit der Welt in Frieden!“

„Verzeih mir“, rief ich aus, „ich meint' es gut;
soll ich umsonst die Augen offen haben?
Ein froher Wille lebt in meinem Blut,
ich kenne ganz den Wert von deinen Gaben!
Für andre wächst in mir das edle Gut,
ich kann und will das Pfund nicht mehr vergraben!
Warum sucht' ich den Weg so sehnsuchtsvoll,
wenn ich ihn nicht den Brüdern zeigen soll?“

Und wie ich sprach, sah mich das hohe Wesen
mit einem Blick mitleid'ger Nachsicht an;
ich konnte mich in ihrem Auge lesen,
was ich verfehlt und was ich recht getan.
Sie lächelte. Da war ich schon genesen,
zu neuen Freuden stieg mein Geist heran;
ich konnte nun mit innigem Vertrauen
mich zu ihr nahn und ihre Nähe schauen.

Da reckte sie die Hand aus in die Streifen
der leichten Wolken und des Dufts umher;
wie sie ihn faßte, ließ er sich ergreifen,
er ließ sich ziehn, es war kein Nebel mehr.
Mein Auge konnt' im Tale wieder schweifen,
gen Himmel blickt' ich, er war hell und hehr.

Nur sah ich sie den reinsten Schleier halten,
er floß um sie und schwoll in tausend Falten.

„Ich kenne dich, ich kenne deine Schwächen,
ich weiß, was Gutes in dir lebt und glimmt!"
– So sagte sie, ich hör' sie ewig sprechen –
„Empfange hier, was ich dir lang bestimmt!
Dem Glücklichen kann es an nichts gebrechen,
der dies Geschenk mit stiller Seele nimmt:
Aus Morgenduft gewebt und Sonnenklarheit,
der Dichtung Schleier aus der Hand der Wahrheit.

Und wenn es dir und deinen Freunden schwüle
am Mittag wird, so wirf ihn in die Luft!
Sogleich umsäuselt Abendwindes Kühle,
umhaucht euch Blumenwürzgeruch und Duft.
Es schweigt das Wehen banger Erdgefühle,
zum Wolkenbette wandelt sich die Gruft,
besänftiget wird jede Lebenswelle,
der Tag wird lieblich, und die Nacht wird helle." –

So kommt denn, Freunde, wenn auf euren Wegen
des Lebens Bürde schwer und schwerer drückt,
wenn eure Bahn ein frischerneuter Segen
mit Blumen ziert, mit goldnen Früchten schmückt,
wir gehn vereint dem nächsten Tag entgegen!
So leben wir, so wandeln wir beglückt.
Und dann auch soll, wenn Enkel um uns trauern,
zu ihrer Lust noch unsre Liebe dauern.

• *Goethe*

SELIGE SEHNSUCHT

Sagt es niemand, nur den Weisen,
weil die Menge gleich verhöhnet;
das Lebend'ge will ich preisen,
das nach Flammentod sich sehnet.

In der Liebesnächte Kühlung,
die dich zeugte, wo du zeugtest,
überfällt dich fremde Fühlung,
wenn die stille Kerze leuchtet.

Nicht mehr bleibest du umfangen
in der Finsternis Beschattung,
und dich reißet neu Verlangen
auf zu höherer Begattung.

Keine Ferne macht dich schwierig,
kommst geflogen und gebannt,
und zuletzt, des Lichts begierig,
bist du Schmetterling verbrannt.

Und solang du das nicht hast,
dieses: Stirb und werde!
Bist du nur ein trüber Gast
auf der dunklen Erde.

Goethe

GLEICHUNG

Soll ich dann nicht mehr sein,
wenn ich dir fern bin?
Wirst du dann Erde sein,
wenn ich ein Stern bin?

Leben und Tod ist nur
gleiches Berauschen.
Sterne und Erde sind
nicht mehr zu tauschen.

Folgest du mir nicht mehr,
wenn ich entschwunden?
Wenn ich entfesselt schon,
bist du gebunden? –

Sterb' ich dir heute nicht,
sterb' ich dir morgen:
Schwebend im Gleich des All
sind wir geborgen.

Rudolf G. Binding

★

Alles Vergängliche
ist nur ein Gleichnis;
das Unzulängliche,
hier wird's Ereignis;
das Unbeschreibliche,
hier ist's getan;
das Ewig-Weibliche
zieht uns hinan.

Goethe

BUCH DES GLAUBENS

DIE DREI RINGE

Vor grauen Jahren lebt' ein Mann im Osten,
der einen Ring von unschätzbarem Wert
aus lieber Hand besaß. Der Stein war ein
Opal, der hundert schöne Farben spielte,
und hatte die geheime Kraft, vor Gott
und Menschen angenehm zu machen, wer
in dieser Zuversicht ihn trug. Was Wunder,
daß ihn der Mann im Osten darum nie
vom Finger ließ und die Verfügung traf,
auf ewig ihn bei seinem Hause zu
erhalten? Nämlich so. Er ließ den Ring
von seinen Söhnen dem geliebtesten
und setzte fest, daß dieser wiederum
den Ring von seinen Söhnen dem vermache,
der ihm der liebste sei, und stets der liebste,
ohn' Ansehn der Geburt, in Kraft allein
des Rings, das Haupt, der Fürst des Hauses werde. –
So kam nun dieser Ring, von Sohn zu Sohn,
auf einen Vater endlich von drei Söhnen,
die alle drei ihm gleich gehorsam waren,
die alle drei er folglich gleich zu lieben
sich nicht entbrechen konnte. Nur von Zeit
zu Zeit schien ihm bald der, bald dieser, bald
der dritte – so wie jeder sich mit ihm
allein befand und sein ergießend Herz
die andern zwei nicht teilten – würdiger
des Ringes, den er denn auch einem jeden
die fromme Schwachheit hatte, zu versprechen.
Das ging nun so, so lang es ging. – Allein
es kam zum Sterben, und der gute Vater
kommt in Verlegenheit. Es schmerzt ihn, zwei
von seinen Söhnen, die sich auf sein Wort
verlassen, so zu kränken. – Was zu tun?
Er sendet in geheim zu einem Künstler,
bei dem er nach dem Muster seines Ringes
zwei andere bestellt und weder Kosten
noch Mühe sparen heißt, sie jenem gleich,

vollkommen gleich zu machen. Das gelingt
dem Künstler. Da er ihm die Ringe bringt,
kann selbst der Vater seinen Musterring
nicht unterscheiden. Froh und freudig ruft
er seine Söhne, jeden insbesondre,
gibt jedem insbesondre seinen Segen –
und seinen Ring – und stirbt. –
Kaum war der Vater tot, so kommt ein jeder
mit seinem Ring, und jeder will der Fürst
des Hauses sein. Man untersucht, man zankt,
man klagt. Umsonst; der rechte Ring war nicht
erweislich – fast so unerweislich, als
uns jetzt – der rechte Glaube. – Die Söhne
verklagten sich; und jeder schwur dem Richter,
unmittelbar aus seines Vaters Hand
den Ring zu haben – wie auch wahr! – nachdem
er von ihm lange das Versprechen schon
gehabt, des Ringes Vorrecht einmal zu
genießen – wie nicht minder wahr! – Der Vater,
beteuerte jeder, könne gegen ihn
nicht falsch gewesen sein; und eh' er dieses
von ihm, von einem solchen lieben Vater,
argwohnen lass', eh müss' er seine Brüder,
so gern er sonst von ihnen nur das Beste
bereit zu glauben sei, des falschen Spiels
bezeihen, und er wolle die Verräter
schon auszufinden wissen, sich schon rächen. –
Der Richter sprach: „Wenn ihr mir nun den Vater
nicht bald zur Stelle schafft, so weis' ich euch
von meinem Stuhle. Denkt ihr, daß ich Rätsel
zu lösen da bin? Oder harret ihr,
bis daß der rechte Ring den Mund eröffne? –
Doch halt! Ich höre ja, der rechte Ring
besitzt die Wunderkraft, beliebt zu machen,
vor Gott und Menschen angenehm. Das muß
entscheiden! Denn die falschen Ringe werden
doch das nicht können! Nun, – wen lieben zwei
von euch am meisten? – Macht, sagt an! – Ihr schweigt?
Die Ringe wirken nur zurück? und nicht
nach außen? Jeder liebt sich selber nur
am meisten? Oh, so seid ihr alle drei

betrogene Betrüger! Eure Ringe
sind alle drei nicht echt. Der echte Ring
vermutlich ging verloren. Den Verlust
zu bergen, zu ersetzen, ließ der Vater
die drei für einen machen." –
„Und also", fuhr der Richter fort, „wenn ihr
nicht meinen Rat statt meines Spruches wollt:
Geht nur! – Mein Rat ist aber der: ihr nehmt
die Sache völlig wie sie liegt. Hat von
euch jeder seinen Ring von seinem Vater,
so glaube jeder sicher seinen Ring
den echten. – Möglich, daß der Vater nun
die Tyrannei des einen Rings nicht länger
in seinem Hause dulden wollen! – Und gewiß,
daß er euch alle drei geliebt, und gleich
geliebt, indem er zwei nicht drücken mögen,
um einen zu begünstigen. – Wohlan!
Es eifre jeder seiner unbestochnen
von Vorurteilen freien Liebe nach!
Es strebe von euch jeder um die Wette,
die Kraft des Steins in seinem Ring an Tag
zu legen! komme dieser Kraft mit Sanftmut,
mit herzlicher Verträglichkeit, mit Wohltun,
mit innigster Ergebenheit in Gott
zu Hilf'! Und wenn sich dann der Steine Kräfte
bei euern Kindes-Kindeskindern äußern:
So lad' ich über tausend tausend Jahre
sie wiederum vor diesen Stuhl. Da wird
ein weisrer Mann auf diesem Stuhle sitzen,
als ich, und sprechen. – Geht!" So sagte der
bescheidne Richter.

Gotthold Ephraim Lessing

GLAUBE UND TAT

Was auf das Leben folgt, deckt tiefe Finsternis;
was uns zu tun gebührt, des nur sind wir gewiß.
Dem kann kein Mißgeschick, kein Tod die Hoffnung rauben,
der glaubt, um recht zu tun, recht tut, um froh zu glauben.

Immanuel Kant

GESANG DER ERZENGEL

Raphael:

Die Sonne tönt nach alter Weise
in Brudersphären Wettgesang,
und ihre vorgeschriebne Reise
vollendet sie mit Donnergang.
Ihr Anblick gibt den Engeln Stärke,
wenn keiner sie ergründen mag;
die unbegreiflich hohen Werke
sind herrlich wie am ersten Tag.

Gabriel:

Und schnell und unbegreiflich schnelle
dreht sich umher der Erde Pracht,
es wechselt Paradieseshelle
mit tiefer, schauervoller Nacht;
es schäumt das Meer in breiten Flüssen
am tiefen Grund der Felsen auf,
und Fels und Meer wird fortgerissen
in ewig schnellem Sphärenlauf.

Michael:

Und Stürme brausen um die Wette,
vom Meer aufs Land, vom Land aufs Meer,
und bilden wütend eine Kette
der tiefsten Wirkung ringsumher.
Da flammt ein blitzendes Verheeren
dem Pfade vor des Donnerschlags;
doch Deine Boten, Herr, verehren
das sanfte Wandeln deines Tags.

Zu drei:

Der Anblick gibt den Engeln Stärke,
da keiner Dich ergründen mag,
und alle Deine hohen Werke
sind herrlich wie am ersten Tag.

• *Goethe*

DIE EHRE GOTTES AUS DER NATUR

Die Himmel rühmen des Ewigen Ehre,
ihr Schall pflanzt seinen Namen fort.
Ihn rühmt der Erdkreis, ihn preisen die Meere;
vernimm, o Mensch, ihr göttlich Wort!

Wer trägt der Himmel unzählbare Sterne?
Wer führt die Sonn' aus ihrem Zelt?
Sie kömmt, und leuchtet, und lacht uns von ferne,
und läuft den Weg, gleich als ein Held.

Vernimm's, und siehe die Wunder der Werke,
die die Natur dir aufgestellt!
Verkündigt Weisheit und Ordnung und Stärke
dir nicht den Herrn, den Herrn der Welt?

Kannst du der Wesen unzählbare Heere,
den kleinsten Staub fühllos beschaun?

Durch wen ist alles? O gib ihm die Ehre!
Mir, ruft der Herr, sollst du vertraun.

Mein ist die Kraft, mein Himmel und Erde;
an meinen Werken kennst du mich.
Ich bin's, und werde sein, der ich sein werde,
dein Gott und Vater ewiglich.

Ich bin dein Schöpfer, bin Weisheit und Güte,
ein Gott der Ordnung, und dein Heil;
ich bin's! Mich liebe von ganzem Gemüte,
und nimm an meiner Gnade teil!

Christian Fürchtegott Gellert

Gottes ist der Orient,
Gottes ist der Okzident;
nord- und südliches Gelände
ruht im Frieden seiner Hände.

Goethe

Mensch, werde wesentlich: denn wann die Welt vergeht,
so fällt der Zufall weg, das Wesen, das besteht.

Angelus Silesius

DER SPRUCH

In einem alten Buche stieß ich auf ein Wort,
das traf mich wie ein Schlag und brennt durch meine Tage fort:
Und wenn ich mich an trübe Lust vergebe,
Schein, Lug und Spiel zu mir anstatt des Wesens hebe,
wenn ich gefällig mich mit raschem Sinn belüge,
als wäre Dunkles klar, als wenn nicht Leben tausend wild verschloßne Tore trüge,
und Worte wieder spreche, deren Weite nie ich ausgefühlt,
und Dinge fasse, deren Sein mich niemals aufgewühlt,
wenn mich willkommner Traum mit Sammethänden streicht,
und Tag und Wirklichkeit von mir entweicht,
der Welt entfremdet, fremd dem tiefsten Ich,
dann steht das Wort mir auf: Mensch, werde wesentlich!

Ernst Stadler

DER VORHANG

Ein Vorhang hängt vorm Heiligtume,
gestickt mit bunten Bildern
von Tier und Pflanze, Stern und Blume,
die Gottes Größe schildern.
Die Andacht knieet anzubeten
vor diesen reichen Falten,
ein Lichtstrahl hinter den Tapeten
verkläret die Gestalten.
Ich neige mich zum tiefsten Saume,
und küss' ihn nur mit Beben;
mir fällt nicht ein im kühnsten Traume,
den Vorhang wegzuheben.

Friedrich Rückert

GEBET

Herr, in dieser Zeit Gewog',
da die Stürme rastlos schnauben,
wahr', o wahre mir den Glauben,
der noch nimmer mich betrog,

der noch sieht in Nacht und Fluch
eine Spur von deinem Lichte,
ohne den die Weltgeschichte
wüster Greuel nur ein Buch;

daß, wo trostlos unbeschränkt
dunkle Willkür scheint zu spielen,
Liebe doch nach ew'gen Zielen
die verborgnen Fäden lenkt;

daß, ob wir nur Einsturz schaun,
Trümmer, schwarzgeraucht vom Brande,
doch schon leise durch die Lande
waltet ein geheimes Baun;

daß auch in der Völker Gang
Wehen deuten auf Gebären,
und wo tausend weinten Zähren,
einst Millionen singen Dank;

ja, daß blind und unbewußt
deiner Gnade heil'gen Schlüssen
selbst die Teufel dienen müssen,
wenn sie tun nach ihrer Lust.

Herr, der Erdball wankt und kreist;
laß, o laß mir diesen Glauben,
diesen starken Hort nicht rauben,
bis mein Geist dich schauend preist!

Emanuel Geibel

GEBET

Gib Liebe mir und einen frohen Mund,
daß ich dich, Herr der Erde, tue kund;
Gesundheit gib bei sorgenfreiem Gut,
ein frommes Herz und einen festen Mut;
gib Kinder mir, die aller Mühe wert;
verscheuch die Feinde von dem trauten Herd;
gib Flügel dann und einen Hügel Sand;
den Hügel Sand im lieben Vaterland;
die Flügel schenk dem abschiedsschweren Geist,
daß er sich leicht der schönen Welt entreißt.

Ludwig Achim von Arnim

AN DEN HERRN

Du, in den wir münden,
Du, aus dem wir erwacht:
Wer, wer darf Dich verkünden,
der Du Dich selbst erdacht!

Der Du über den Zeiten
thronst in Unendlichkeit:
Über die Meere gleiten
Schatten von Deinem Kleid.

Tage und Nächte schleichen
unten an seinem Saum.
Erblühen und Verbleichen
gabst Du uns als Traum.

Richard von Schaukal

DER UMKEHRENDE

Es wandelt, was wir schauen,
Tag sinkt ins Abendrot,
die Lust hat eignes Grauen,
und alles hat den Tod.

Ins Leben schleicht das Leiden
sich heimlich wie ein Dieb,
wir alle müssen scheiden
von allem, was uns lieb.

Was gäb' es doch auf Erden,
wer hielt' den Jammer aus,
wer möcht' geboren werden,
hieltst du nicht droben haus!

Du bist's, der, was wir bauen,
mild über uns zerbricht,
daß wir den Himmel schauen –
darum so klag' ich nicht.

Joseph von Eichendorff

TROST

Wenn alles eben käme,
wie du gewollt es hast,
und Gott dir gar nichts nähme
und gäb' dir keine Last,
wie wär's da um dein Sterben,
du Menschenkind, bestellt?
Du müßtest fast verderben,
so lieb wär' dir die Welt!

Nun fällt – eins nach dem andern –
manch süßes Band dir ab,
und heiter kannst du wandern
gen Himmel durch das Grab;
dein Zagen ist gebrochen,
und deine Seele hofft. –
Dies ward schon oft gesprochen,
doch spricht man's nie zu oft.

Friedrich de la Motte-Fouqué

ROBUR ET AES TRIPLEX

Und hättest du das Reich verlassen,
die Deinen, Herr, verläßt du nicht;
mir winkt durch alle Lebensgassen
Dein unverlierbar Angesicht.

Und ob ich mich im Pfuhl der Sünde
bis an den Hals im Schlamm verlor,
mir bleibt die angestammte Pfründe
dort aufgehoben wie zuvor.

Ich lass' den dunklen Geier schweifen,
bis er sein letztes Aas erflog,
ich brauch' die Hand nicht zu ergreifen,
die nie sich aus der meinen zog;

ich brauch' den Mund nicht zu beschwören
um einer Tröstung schales Pfand:
Das Wunder, drin wir uns gehören,
geht über Bitten und Verstand.

• Rudolf Alexander Schröder

GEWISSHEIT

Woher kommt mir in banger Nacht
so süße Tröstung zu,
aus welchen Herzens Übermacht
strömt mir so tiefe Ruh?

Mir ist, wie wenn ein Flügelschlag
vom Himmel niederrauscht,
wie wenn mein Herz im Frühlingshag
der Kindheit Liedern lauscht.

Mir ist, als schwebt' ich schwerelos
durch seliges Gefild,
als wüchs' am Himmel riesengroß
ein nie geschautes Bild.

Noch bin ich taub dem dunkeln Ruf,
noch blind so starkem Licht,
doch der mich taub und blind erschuf,
ich fühl's, er läßt mich nicht.

Paul Jaeger

NEUE LIEBE

Kann auch ein Mensch des andern auf der Erde
ganz, wie er möchte, sein?
– In langer Nacht bedacht' ich mir's, und mußte sagen, nein!

So kann ich niemands heißen auf der Erde,
und niemand wäre mein?
– Aus Finsternissen hell in mir aufzückt ein Freudenschein:

Sollt' ich mit Gott nicht können sein,
so wie ich möchte, Mein und Dein?
Was hielte mich, daß ich's nicht heute werde?

Ein süßes Schrecken geht durch mein Gebein!
Mich wundert, daß es mir ein Wunder wollte sein,
Gott selbst zu eigen haben auf der Erde!

Eduard Mörike

Mein sind die Jahre nicht, die mir die Zeit genommen;
mein sind die Jahre nicht, die etwa möchten kommen;
der Augenblick ist mein, und nehm' ich den in acht,
so ist der mein, der Jahr und Ewigkeit gemacht.

Andreas Gryphius

HUSSENS KERKER

Es geht mit mir zu Ende,
mein Sach' und Spruch ist schon
hoch über Menschenhände
gerückt vor Gottes Thron;
schon schwebt auf einer Wolke,
umringt von seinem Volke,
entgegen mir des Menschen Sohn.

Den Kerker will ich preisen,
der Kerker, der ist gut!
Das Fensterkreuz von Eisen
blickt auf die frische Flut,
und zwischen seinen Stäben
seh' ich ein Segel schweben,
darob im Blau die Firne ruht.

Wie nah die Flut ich fühle,
als läg' ich drein versenkt,
mit wundersamer Kühle
wird mir der Leib getränkt –
Auch seh' ich eine Traube
mit einem roten Laube,
die tief herab ins Fenster hängt.

Es ist die Zeit zu feiern!
Es kommt die große Ruh'!
Dort lenkt ein Zug von Reihern
dem ew'gen Lenze zu,
sie wissen Pfad und Stege,
sie kennen ihre Wege –
Was, meine Seele, fürchtest du?

• *Conrad Ferdinand Meyer*

MEDIA VITA

Aus Todes Furcht, aus Angst des Lebens,
aus mittler Mitte dieser Zeit
schrei' ich zu Dir und schrei' vergebens,
ich rufe Dich; und Du bist weit.

In dumpfer Dämmernis gefangen
der ewig widerspenstigen Pein,
fühl' ich nicht Reue, nur Verlangen,
nicht mehr von Adams Blut zu sein.

Viel hat sich schon mit mir begeben,
und wieder viel bereitet sich;
da dennoch alles, Tod und Leben,
nur ein Geschwätz und ohne Dich.

• *Rudolf Alexander Schröder*

DIE NACHT

Er wachte auf von einem Schmerz,
der ihn im Nacken stach.
Es griff ein Frost ihm so ans Herz,
daß ihm der Traum zerbrach.

Das war nicht von dem scharfen Trunk,
den er des Abends pflag;
das war nicht Traums Erschütterung,
was auf der Brust ihm lag –

Was auf der Brust ihm lag, das war
sein Böses, nicht der Wein;
der Wort' und Taten Galgenschar,
Haut worden und Gebein.

Er warf sich stöhnend hin und her,
er ward in Ohnmacht still:
Das Dunkel auf der Seele schwer
von ihm nicht weichen will.

Der Morgen fand, das fahle Licht
ihn feucht in seinem Graun.
Es war sein dumpfes Angesicht
wie Fäulnis anzuschaun.

Er hob sich auf, er schleppt' mit Plag
zum Fensterkreuz sich hin:
Er sah erschreckt den jungen Tag,
drin Gottes Sonne schien –

Er sah den Tag, er sah den Baum
vor seinem Fenster blühn;
er sah der Wolken leichten Schaum
durch blaue Frühe ziehn –

Er sah – schon wird ihm leicht – den Hauch
der Unschuld nah und fern.
Da fiel er auf die Knie, er auch,
und lobte Gott den Herrn.

Ein schwarzer Vogel, der im Baum
genistet dunkelsam,
fiel tot herab – im Himmelsraum
hub eine Lerche an.

Josef Weinheber

Der Mensch ist bald vergessen,
der Mensch vergißt so bald,
der Mensch hat nichts besessen,
er sterb' jung oder alt.

Der Mensch ist bald vergessen,
nur Gott vergißt uns nicht,
hat unser Herz ermessen,
wenn es in Schmerzen bricht.

Wir steigen im Gebete
zu ihm wie aus dem Tod,
sein Hauch, der uns durchwehte,
tat unserm Herzen not.

Ludwig Achim von Arnim

WENN ICH IHN NUR HABE

Wenn ich ihn nur habe,
wenn er mein nur ist,
wenn mein Herz bis hin zum Grabe
seine Treue nie vergißt:
Weiß ich nichts von Leide,
fühle nichts als Andacht, Lieb und Freude.

Wenn ich ihn nur habe,
lass' ich alles gern,
folg' an meinem Wanderstabe
treugesinnt nur meinem Herrn;
lasse still die andern
breite, lichte, volle Straßen wandern.

Wenn ich ihn nur habe,
schlaf' ich fröhlich ein;
ewig wird zu süßer Labe
seines Herzens Flut mir sein,
die mit sanftem Zwingen
alles wird erweichen und durchdringen.

Wenn ich ihn nur habe,
hab' ich auch die Welt;
selig wie ein Himmelsknabe,
der der Jungfrau Schleier hält.
hingesenkt in Schauen
kann mir vor dem Irdischen nicht grauen.

Wo ich ihn nur habe,
ist mein Vaterland;
und es fällt mir jede Gabe
wie ein Erbteil in die Hand;
längst vermißte Brüder
find' ich nun in seinen Jüngern wieder.

Novalis

Es mag sein, daß alles fällt,
daß die Burgen dieser Welt
um dich her in Trümmer brechen.
Halte du den Glauben fest,
daß dich Gott nicht fallen läßt:
Er hält sein Versprechen.

Es mag sein, daß Trug und List
eine Weile Meister ist,
wie Gott will, sind Gottes Gaben.
Rechte nicht um Mein und Dein;
manches Glück ist auf den Schein,
laß es Weile haben.

Es mag sein, daß Frevel siegt,
wo der Fromme niederliegt;
doch nach jedem Unterliegen
wirst du den Gerechten sehn
lebend aus dem Feuer gehn,
neue Kräfte kriegen.

Es mag sein, die Welt ist alt;
Missetat und Mißgestalt
sind in ihr gemeine Plagen.
Schau dir's an und stehe fest:
Nur wer sich nicht schrecken läßt,
darf die Krone tragen.

Es mag sein, so soll es sein!
Faß ein Herz und gib dich drein;
Angst und Sorge wird's nicht wenden.
Streite, du gewinnst den Streit!
Deine Zeit und alle Zeit
stehn in Gottes Händen.

Rudolf Alexander Schröder

Aus tiefer Not schrei' ich zu dir,
Herr Gott! erhör mein Rufen.
Dein gnädig Ohren kehr zu mir
und meiner Bitt' sie öffne.
Denn so du willst das sehen an,
was Sünd' und Unrecht ist getan,
wer kann, Herr, vor dir bleiben?

Bei dir gilt nichts denn Gnad und Gunst,
die Sünden zu vergeben.
Es ist doch unser Tun umsonst
auch in dem besten Leben.
Vor dir niemand sich rühmen kann,
des muß dich fürchten jedermann
und deiner Gnaden leben.

Darum auf Gott will hoffen ich,
auf mein Verdienst nicht bauen.
Auf ihn mein Herz soll lassen sich
und seiner Güte trauen,
die mir zusagt sein wertes Wort,
das ist mein Trost und treuer Hort,
des will ich allzeit harren.

Martin Luther

Wer aber nicht glaubt, der ist schon gerichtet.
Joh. 3, 16-21

Ist es der Glaube nur, dem du verheißen,
dann bin ich tot.
Oh, Glaube wie lebend'gen Blutes Kreisen,
er tut mir not!
Ich hab' ihn nicht.
Ach, nimmst du statt des Glaubens nicht die Liebe
und des Verlangens tränenschweren Zoll,
so weiß ich nicht, wie mir noch Hoffnung bliebe:
Gebrochen ist der Stab, das Maß ist voll
mir zum Gericht.

Mein Heiland, der du liebst, wie niemand liebet,
fühlst du denn kein
Erbarmen, wenn so krank und tiefbetrübet
auf kaltem Stein
dein Ebenbild
in seiner Angst vergehend kniet und flehet?
Ist denn der Glaube nur dein Gotteshauch?
Hast du nicht tief in unsre Brust gesäet
mit deinem eignen Blut die Liebe auch?
O sei doch mild!

Ein hartes, schweres Wort hast du gesprochen:
Daß, wer nicht glaubt,
gerichtet ist. So bin ich ganz gebrochen;
doch so beraubt
läßt er mich nicht,
der hingab seinen Sohn, den eingebornen,
für Sünder wie für Fromme allzugleich.
Zu ihm ich schau, die Ärmste der Verlornen,
nur um ein Hoffnungswort; er ist so reich,
mein Gnadenlicht.

Du Milder, der die Taufe der Begierde
so gnädiglich
besiegelt selbst mit Sakramentes Würde:
Nicht zweifle ich,
du hast gewiß
den Glauben des Verlangens, Sehnens Weihe
gesegnet auch; sonst wärst du nimmermehr

so groß an Milde und so stark an Treue,
schlügst du den Kranken, der sich leidensschwer
auf dich verließ.

Was durch Verstandes Irren ich verbrochen,
ich hab' es ja
gebüßt so manchen Tag und manche Wochen;
so sei mir nah!
Nach meiner Kraft,
die freilich ich geknickt durch eigne Schulden,
doch einmal aufzurichten nicht vermag,
will hoffen ich, will sehnen ich, will dulden:
Dann gibst du Treuer wohl den Glauben nach,
der Hülfe schafft.

• *Annette von Droste-Hülshoff*

Viel kann mißlingen, was wir säten
auf ird'schem Rund,
was stets gelingt, das ist ein Beten
aus Herzensgrund.
Denn möcht' auch Gott nicht so es lenken,
wie dir's gefiel:
Er wird dafür dir andres schenken
und Schönres viel.

Friedrich de la Motte-Fouqué

Was Gott tut, das ist wohlgetan,
es bleibt gerecht sein Wille.
Wie er fängt meine Sachen an,
will ich ihm halten stille.
Er ist mein Gott,
der in der Not
mich wohl weiß zu erhalten,
drum lass' ich ihn nur walten.

Was Gott tut, das ist wohlgetan,
er wird mich nicht betrügen.
Er führet mich auf rechter Bahn,
so lass' ich mich begnügen
an seiner Huld
und hab' Geduld.
Er wird mein Unglück wenden.
Es steht in deinen Händen.

Was Gott tut, das ist wohlgetan,
er wird mich wohl bedenken,
er, als mein Arzt und Wundermann,
wird mir nicht Gift einschenken,
für Arzenei,
Gott ist getreu,
drum will ich auf ihn bauen,
und seiner Güte trauen.

Was Gott tut, das ist wohlgetan,
er ist mein Licht und Leben,
der mir nichts Böses gönnen kann,
ich will mich ihm ergeben
in Freud und Leid,
es kömmt die Zeit,
da öffentlich erscheinet,
wie treulich er es meinet.

Was Gott tut, das ist wohlgetan,
muß ich den Kelch gleich schmecken,
der bitter ist nach meinem Wahn,
lass' ich mich doch nicht schrecken,
weil doch zuletzt
ich werd' ergetzt
mit süßem Trost im Herzen,
da weichen alle Schmerzen.

Was Gott tut, das ist wohlgetan,
dabei will ich verbleiben,
es mag mich auf die rauhe Bahn
Not, Tod und Elend treiben,
so wird Gott mich
ganz väterlich
in seinen Armen halten.
Drum lass' ich ihn nur walten.

Samuel Rodigast

Befiehl du deine Wege
und was dein Herze kränkt
der allertreusten Pflege
des, der den Himmel lenkt!
Der Wolken, Luft und Winden
gibt Wege, Lauf und Bahn,
der wird auch Wege finden,
da dein Fuß gehen kann.

Dem Herren mußt du trauen,
wenn dir's soll wohlergehn;
auf sein Werk mußt du schauen,
wenn dein Werk soll bestehn.
Mit Sorgen und mit Grämen
und mit selbsteigner Pein
läßt Gott sich gar nichts nehmen,
es muß erbeten sein.

Dein ewge Treu und Gnade,
o Vater, weiß und sieht,
was gut sei oder schade
dem sterblichen Geblüt:
Und was du dann erlesen,
das treibst du, starker Held,
und bringst zum Stand und Wesen,
was deinem Rat gefällt.

Weg hast du allerwegen,
an Mitteln fehlt dir's nicht;
Dein Tun ist lauter Segen,
Dein Gang ist lauter Licht.
Dein Werk kann niemand hindern,
Dein Arbeit darf nicht ruhn,
wenn du, was deinen Kindern
ersprießlich ist, willst tun.

Und ob gleich alle Teufel
hie wollten widerstehn,
so wird doch ohne Zweifel
Gott nicht zurücke gehn;
was Er ihm fürgenommen
und was Er haben will,
das muß doch endlich kommen
zu seinem Zweck und Ziel.

Hoff, o du arme Seele,
hoff und sei unverzagt:
Gott wird dich aus der Höhle,
da dich der Kummer plagt,
mit großen Gnaden rücken;
erwarte nur der Zeit,
so wirst du schon erblicken
die Sonn' der schönsten Freud.

AUF, auf, gib deinem Schmerze
und Sorgen gute Nacht!
Laß fahren, was das Herze
betrübt und traurig macht!
Bist du doch nicht Regente,
der alles führen soll;
Gott sitzt im Regimente
und führet alles wohl.

IHN, ihn laß tun und walten,
Er ist ein weiser Fürst
und wird sich so verhalten,
daß du dich wundern wirst,
wann Er, wie ihm gebühret,
mit wunderbarem Rat
das Werk hinausgeführet
das dich bekümmert hat.

ER wird zwar eine Weile
mit seinem Trost verziehn
und tun an seinem Teile,
als hätt' in seinem Sinn
Er deiner sich begeben;
und solltst du für und für
in Angst und Nöten schweben
so frag Er nichts nach dir.

WIRD's aber sich befinden,
daß du ihm treu verbleibst,
so wird Er dich entbinden,
da du's am wengsten gläubst;
Er wird dein Herze lösen
von der so schweren Last,
die du zu keinem Bösen
bisher getragen hast.

WOHL dir, du Kind der Treue,
du hast und trägst davon
mit Ruhm und Dankgeschreie
den Sieg und Ehrenkron'.
Gott gibt dir selbst die Palmen
in deine rechte Hand,
und du singst Freudenpsalmen
dem, der dein Leid gewandt.

MACH End', o Herr, mach Ende
an aller unser Not!
Stärk unser Füß und Hände
und laß bis in den Tod
uns allzeit Deiner Pflege
und Treu' befohlen sein,
so gehen unsre Wege
gewiß zum Himmel ein.

Paul Gerhardt

DIE GOTTESMAUER

Drauß bei Schleswig vor der Pforte
wohnen armer Leute viel.
Ach, des Feindes wilder Horde
werden sie das erste Ziel.
Waffenstillstand ist gekündet,
Dänen ziehen ab zur Nacht.
Russen, Schweden sind verbündet,
brechen her mit wilder Macht.
Drauß bei Schleswig, weit vor allen,
steht ein Häuslein ausgesetzt.

Drauß bei Schleswig in der Hütte
singt ein frommes Mütterlein:
„Herr, in deinen Schoß ich schütte
alle meine Angst und Pein."
Doch ihr Enkel, ohn' Vertrauen,
zwanzigjährig, neuster Zeit,
will nicht auf den Herren bauen,
meint, der liebe Gott wohnt weit.
Drauß bei Schleswig in der Hütte
singt ein frommes Mütterlein.

„Eine Mauer um uns baue“,
singt das fromme Mütterlein,
„daß dem Feinde vor uns graue,
hüll in deine Burg uns ein.“ –
„Mutter“, spricht der Weltgesinnte,
„eine Mauer uns ums Haus
kriegt unmöglich so geschwinde
euer lieber Gott heraus.“ –
„Eine Mauer um uns baue“,
singt das fromme Mütterlein.

Rings in alle Hütten brechen
Schwed und Russe mit Geschrei,
lärmen, fluchen, drängen, zechen,
doch dies Haus ziehn sie vorbei.
Und der Enkel spricht in Sorgen:
„Mutter, uns verrät das Lied“,
aber sieh, das Heer von Morgen
bis zur Nacht vorüberzieht.
„Eine Mauer um uns baue“,
singt das fromme Mütterlein.

Und am Abend tobt der Winter,
an das Fenster stürmt der Nord,
„Schließt den Laden, liebe Kinder“,
spricht die Alte und singt fort.
Aber mit den Flocken fliegen
vier Kosakenpulke an,
rings in allen Hütten liegen
sechzig, auch wohl achtzig Mann.
„Eine Mauer um uns baue“,
singt das fromme Mütterlein.

Bange Nacht voll Kriegsgetöse;
wie es wiehert, brüllet, schwirrt,
Kantschuhiebe, Kolbenstöße,
weh! des Nachbarn Fenster klirrt.
Hurra, Stupai, Boschkə, Kurwa,
Schnaps und Branntwein, Rum und Rack,
schreit und flucht und plackt die Turba,
erst am Morgen zieht der Pack.
„Eine Mauer um uns baue“,
singt das fromme Mütterlein.

„Eine Mauer um uns baue“,
singt sie fort die ganze Nacht;
morgens wird es still: „O schaue,
Enkel, was der Nachbar macht.“
Auf nach innen geht die Türe,
nimmer käm' er sonst hinaus;
daß er Gottes Allmacht spüre,
lag der Schnee wohl mannshoch drauß.
„Eine Mauer um uns baue“,
sang das fromme Mütterlein.

„Ja, der Herr kann Mauern bauen,
liebe, fromme Mutter, komm,
Gottes Mauer anzuschauen!“
rief der Enkel und ward fromm.
Achtzehnhundertvierzehn war es,
als der Herr die Mauer baut',
in der fünften Nacht des Jahres.
Selig, wer dem Herrn vertraut!
„Eine Mauer um uns baue“,
sang das fromme Mütterlein.

Clemens Brentano

Verzage nicht, du Häuflein klein,
obschon die Feinde willens sein,
dich gänzlich zu verstören,
und suchen deinen Untergang,
darvon dir wird ganz angst und bang;
es wird nicht lange währen.

Tröste dich des, daß deine Sach
ist Gottes, dem befiehl die Rach'
und laß es ihn nur walten.
Er wird durch einen Gedeon,
den er wohl weiß, dir helfen schon,
dich und sein Wort erhalten.

So wahr Gott Gott ist und sein Wort,
muß Teufel, Welt und Höllenpfort'
und was dem tut anhangen,
endlich werden zu Hohn und Spott.
Gott ist mit uns, und wir mit Gott,
den Sieg wolln wir erlangen.

Michael Altenburg

EIN FESTE BURG IST UNSER GOTT

Ein feste Burg ist unser Gott,
ein gute Wehr und Waffen.
Er hilft uns frei aus aller Not,
die uns jetzt hat betroffen.
Der alt böse Feind,
mit Ernst er's jetzt meint,
groß Macht und viel List
sein grausam Rüstung ist,
auf Erd ist nicht seins gleichen.

Mit unser Macht ist nichts getan,
wir sind gar bald verloren.
Es streit für uns der rechte Mann,
den Gott hat selbst erkoren.
Fragst du, wer der ist?
Er heißt Jesus Christ,
der Herr Zebaoth
und ist kein ander Gott,
das Feld muß er behalten.

Und wenn die Welt voll Teufel wär'
und wollt' uns gar verschlingen,
so fürchten wir uns nicht zu sehr,
es soll uns doch gelingen.
Der Fürst dieser Welt,
wie saur er sich stellt,
tut er uns doch nicht,
das macht, er ist gericht,
ein Wörtlein kann ihn fällen.

Das Wort sie sollen lassen stahn
und kein Dank dazu haben.
Er ist bei uns wohl auf dem Plan
mit seinem Geist und Gaben.
Nehmen sie den Leib,
Gut, Ehr, Kind und Weib:
Laß fahren dahin,
sie haben's kein Gewinn,
das Reich muß uns doch bleiben.

Martin Luther

DER SOLDAT

Und wenn es einst dunkelt,
der Erd' bin ich satt,
durchs Abendrot funkelt
eine prächtge Stadt:
Von den goldenen Türmen
singet der Chor,
wir aber stürmen
das himmlische Tor.

Joseph von Eichendorff

★

Wie soll ich dich empfangen
und wie begegn' ich dir,
o aller Welt Verlangen,
o meiner Seelen Zier?
O Jesu, Jesu, setze
mir selbst die Fackel bei,
damit, was dich ergetze,
mir kund und wissend sei!

Was hast du unterlassen
zu meinem Trost und Freud,
als Leib und Seele saßen
in ihrem größten Leid?
Als mir das Reich genommen,
da Fried und Freude lacht,
da bist du, mein Heil, kommen
und hast mich froh gemacht.

Ich lag in schweren Banden,
du kommst und machst mich los;
ich stand in Spott und Schanden,
du kommst und machst mich groß
und hebst mich hoch zu Ehren
und schenkst mir großes Gut,
das sich nicht läßt verzehren,
wie irdisch Reichtum tut.

Das schreib dir in dein Herze,
du hochbetrübtes Heer,
bei denen Gram und Schmerze
sich häuft je mehr und mehr;
seid unverzagt, ihr habet
die Hilfe vor der Tür;
der eure Herzen labet
und tröstet, steht allhier.

Ihr dürft euch nicht bemühen
noch sorgen Tag und Nacht,
wie ihr ihn möget ziehen
mit eures Armes Macht:
er kommt, er kommt mit Willen,
ist voller Lieb und Lust,
all Angst und Not zu stillen,
die ihm an euch bewußt.

Auch dürft ihr nicht erschrecken
vor eurer Sündenschuld;
nein, Jesus will sie decken
mit seiner Lieb und Huld.
Er kommt, er kommt den Sündern
zu Trost und wahrem Heil,
schafft, daß bei Gottes Kindern
verbleib' ihr Erb und Teil.

Paul Gerhardt

Macht hoch die Tür, die Tor macht weit,
es kommt der Herr der Herrlichkeit,
ein König aller Königreich,
ein Heiland aller Welt zugleich,
der Heil und Leben mit sich bringt,
derhalben jauchzt, mit Freuden singt:
Gelobet sei mein Gott, mein Schöpfer reich von Rat.

Macht hoch die Tür, die Tor macht weit,
eur Herz zum Tempel zubereit;
die Zweiglein der Gottseligkeit
steckt auf mit Andacht, Lust und Freud;

so kommt der König auch zu euch,
ja, Heil und Leben mit zugleich.
Gelobet sei mein Gott, voll Rat, voll Tat, voll Gnad!

Komm, o mein Heiland Jesu Christ,
meins Herzens Tür dir offen ist.
Ach zeuch mit deiner Gnade ein,
dein Freundlichkeit auch uns erschein'.
Dein heil'ger Geist uns führ' und leit'
den Weg zur ew'gen Seligkeit.
Den Namen dein, o Herr, sei ewig Preis und Ehr!

Georg Weissel

WEIHNACHTEN

Gelobet seist du, Jesu Christ,
daß du Mensch geboren bist
von einer Jungfrau, das ist wahr,
des freuet sich der Engel Schar.
Kyrieleis.

Des ew'gen Vaters einig Kind
jetzt man in der Krippe findt,
in unser arme Fleisch und Blut
verkleidet sich das ew'ge Gut.
Kyrieleis.

Den aller Welt Kreis nie beschloß,
der liegt in Marien Schoß;
er ist ein Kindlein worden klein,
der alle Ding erhält allein.
Kyrieleis.

Das ew'ge Licht geht da herein,
gibt der Welt ein' neuen Schein;
es leucht wohl mitten in der Nacht
und uns des Lichtes Kinder macht.
Kyrieleis.

Er ist auf Erden kommen arm,
daß er unser sich erbarm
und in dem Himmel mache reich
und seinen lieben Engeln gleich.
Kyrieleis.

Das hat er alles uns getan,
sein groß Lieb zu zeigen an:
Des freu' sich alle Christenheit
und dank' ihm des in Ewigkeit.
Kyrieleis.

Martin Luther
(erste Strophe 14. Jahrhundert)

Es ist ein Ros' entsprungen
aus einer Wurzel zart,
als uns die Alten sungen:
Aus Jesse kam die Art.
Und hat ein Blümlein bracht
mitten im kalten Winter
wohl zu der halben Nacht.

Das Röslein, das ich meine,
davon Jesaias sagt,
hat uns gebracht alleine
Maria, die reine Magd:
Aus Gottes ewigem Rat
hat sie ein Kindlein gboren
wohl zu der halben Nacht.

O du fröhliche, o du selige,
gnadenbringende Weihnachtszeit!
Welt ging verloren,
Christ ist geboren:
Freue, freue dich, o Christenheit!

O du fröhliche, o du selige,
gnadenbringende Weihnachtszeit!
Christ ist erschienen,
uns zu versühnen:
Freue, freue dich, o Christenheit!

O du fröhliche, o du selige,
gnadenbringende Weihnachtszeit!
Himmlische Heere
jauchzen dir Ehre:
Freue, freue dich, o Christenheit!

Johann Daniel Falk

Stille Nacht, heilige Nacht!
Alles schläft, einsam wacht
nur das traute, hochheilige Paar.
Holder Knabe im lockigen Haar,
schlaf in himmlischer Ruh!

Stille Nacht, heilige Nacht!
Hirten erst kundgemacht,
durch der Engel Halleluja
tönt es laut von fern und nah:
Christ, der Retter, ist da!

Stille Nacht, heilige Nacht!
Gottes Sohn, o wie lacht
Lieb' aus deinem göttlichen Mund,
da uns schlägt die rettende Stund,
Christ, in deiner Geburt!

Joseph Mohr

NEUJAHRGESANG

Nun laßt uns gehn und treten
mit Singen und mit Beten
zum Herrn, der unserm Leben
bis hierher Kraft gegeben.

Wir gehn dahin und wandern
von einem Jahr zum andern,
wir leben und gedeihen
vom alten bis zum neuen.

Durch so viel Angst und Plagen,
durch Zittern und durch Zagen,
durch Krieg und große Schrecken,
die alle Welt bedecken.

Ach Hüter unsers Lebens,
fürwahr, es ist vergebens
mit unserm Tun und Machen,
wo nicht dein' Augen wachen.

Schleuß zu die Jammerpforten
und laß an allen Orten,
wo Krieg und Blutvergießen,
die Freudenströme fließen.

Hilf gnädig allen Kranken,
gib fröhliche Gedanken
den hochbetrübten Seelen,
die sich mit Schwermut quälen!

Und endlich, was das meiste,
füll uns mit deinem Geiste,
der uns hier herrlich ziere
und dort zum Himmel führe.

Das alles wollst du geben,
o meines Lebens Leben
mir und der Christenschare
zum sel'gen neuen Jahre!

Paul Gerhardt

ZUM NEUEN JAHR

Wie heimlicher Weise
ein Engelein leise
mit rosigen Füßen
die Erde betritt,
so nahte der Morgen.
Jauchzt ihm, ihr Frommen,
ein heilig Willkommen!
Ein heilig Willkommen,
Herz, jauchze du mit!

In ihm sei's begonnen,
der Monde und Sonnen
an blauen Gezelten
des Himmels bewegt.
Du, Vater, du, rate!
Lenke du und wende!
Herr, dir in die Hände
sei Anfang und Ende,
sei alles gelegt!

Eduard Mörike

ERSCHEINUNG DES HERRN

Ein Stern ist aufgegangen,
ein Stern aus Jakobs Haus;
drei Weise sahn ihn prangen;
drei Kön'ge zogen aus.

Zu schauen sie begehrten
das Kindlein wert und hold,
und Weihrauch sie bescherten
und Myrrhe ihm und Gold.

Weihrauch dem Gotteserben,
dem Königskinde Gold,
die Myrrhe ihm, der sterben
für uns am Kreuze wollt'.

Dank, daß du uns berufen
aus tiefer, tiefer Nacht
zu deines Thrones Stufen,
zu deines Lichtes Pracht!

Laß alle Völker sehen
hell leuchtend deinen Stern,
ihn sehen und verstehen
und finden ihren Herrn!

Guido Maria Dreves

TRAUERGESANG VON DER NOT CHRISTI AM ÖLBERG IN DEM GARTEN

Bei stiller Nacht zur ersten Wacht
ein Stimm sich gund zu klagen;
ich nahm in acht, was die doch sagt;
tat hin mit Augen schlagen.

Ein junges Blut, von Sitten gut,
alleinig, ohn Gefährten,
in großer Not, fast halber tot,
im Garten lag auf Erden.

Es war der liebe Gottessohn,
sein Haupt er hat in Armen,
viel weiß und bleicher dann der Mon,
ein Stein es möcht erbarmen.

,,Ach, Vater, liebster Vater mein,
und muß den Kelch ich trinken?
Und mags dann ja nit anders sein?
Mein Seel nit laß versinken!"

,,Ach, liebes Kind, trink aus geschwind,
dirs laß in Treuen sagen:
Sei wohl gesinnt, bald überwind,
den Handel mußt du wagen."

,,Ach, Vater mein, und kanns nit sein,
und muß ichs je dann wagen,
will trinken rein den Kelch allein,
kann dirs ja nit versagen.

Doch Sinn und Mut erschrecken tut.
Soll ich mein Leben lassen?
O bitter Tod! mein Angst und Not
ist über alle Maßen.

Maria zart, jungfräulich Art,
sollst du mein Schmerzen wissen,
mein Leiden hart zu dieser Fahrt,
dein Herz wär schon gerissen.

Ach, Mutter mein, bin ja kein Stein,
das Herz mir dürft zerspringen;
sehr große Pein muß nehmen ein,
mit Tod und Marter ringen.

Ade, ade, zu guter Nacht,
Maria, Mutter milde!
Ist niemand, der denn mit mir wacht
in dieser Wüsten wilde?

Der schöne Mon will untergohn,
vor Leid nit mehr mag scheinen;
die Sternen lan ihr Glitzen stahn,
mit mir sie wollen weinen.

Kein Vogelsang noch Freudenklang
man höret in den Lüften,
die wilden Tier traurn auch mit mir
in Steinen und in Klüften."

Friedrich von Spee

PASSIONSLIED

O Haupt voll Blut und Wunden,
voll Schmerz und voller Hohn;
o Haupt, zu Spott gebunden
mit einer Dornenkron';
o Haupt, sonst schön gezieret
mit höchster Ehr' und Zier,
jetzt aber hoch schimpfieret,
gegrüßet seist du mir!

Du edles Angesichte,
davor sonst schrickt und scheut
das große Weltgewichte,
wie bist du so bespeit?
Wie bist du so erbleichet?
Wer hat dein Augenlicht,
dem sonst kein Licht mehr gleichet,
so schändlich zugericht't?

Die Farbe deiner Wangen,
der roten Lippen Pracht
ist hin und ganz vergangen:
Des blassen Todes Macht
hat alles hingenommen,
hat alles hingerafft,
und daher bist du kommen
von deines Leibes Kraft.

Nun, was du, Herr, erduldet,
ist alles meine Last;
ich hab' es selbst verschuldet,
was du getragen hast.
Schau her! hier steh' ich Armer,
der Zorn verdienet hat:
Gib mir, o mein Erbarmer,
den Anblick deiner Gnad'!

Wenn ich einmal soll scheiden,
so scheide nicht von mir;
wenn ich den Tod soll leiden,
so tritt du dann herfür.

Wenn mir am allerbängsten
wird um das Herze sein,
so reiß mich aus den Ängsten
kraft deiner Angst und Pein!

Erscheine mir zum Schilde,
zum Trost in meinem Tod,
und laß mich sehn dein Bilde
in deiner Kreuzesnot!
Da will ich nach dir blicken,
da will ich glaubensvoll
dich fest an mein Herz drücken:
Wer so stirbt, der stirbt wohl.

Paul Gerhardt

OSTERN

Christ ist erstanden
von der Marter alle.
Des solln wir alle froh sein;
Christ will unser Trost sein.
Kyrieleis.

Wär' er nit erstanden,
die Welt, die wär' zergangen.
Seit daß er erstanden ist,
so freut sich alles, was da ist!
Kyrieleis.

PFINGSTEN

Nun bitten wir den Heiligen Geist
um den rechten Glauben allermeist,
daß er uns behüte an unserm Ende,
wenn wir heimfahren aus diesem Elende.
Kyrieleis!

*

AUF DIE SIXTINISCHE MADONNA

Sie trägt zur Welt ihn: und er schaut entsetzt
in ihrer Greu'l chaotische Verwirrung,
in ihres Tobens wilde Raserei,
in ihres Treibens nie geheilte Torheit,
in ihrer Qualen nie gestillten Schmerz –
entsetzt: doch strahlet Ruh und Zuversicht
und Siegesglanz sein Aug', verkündigend
schon der Erlösung ewige Gewißheit.

Arthur Schopenhauer

Es gingen drei heilige Frauen
zu morgens in dem Tauen.
Sie suchten den Herrn Jesum Christ,
der von dem Tod erstanden ist.
Kyrie eleison.

Maria, du reine,
du hast gar heiß geweinet
um unsern Herrn Jesum Christ,
der von dem Tod erstanden ist.
Kyrie eleison.

Maria, du zarte,
du bist ein Rosengarte,
den Gott selber gezieret hat
mit dem, der von dir geboren ward.
Kyrie eleison.

Die Engel singen ein' süßen Sang,
daß es im hohen Himmel klang.

Sie singen: „Ave, Jungfrau rein,
du sollst des Himmels Königin sein.
Dir ist bereit ein herrlich Thron,
inmitten der Himmel, bei deinem Sohn.
Ein königlich gülden Kron'
gibt dir Dreifaltigkeit zum Lohn.

Alle Völker sprechen selig dich,
auf Erd, im Himmel, ewiglich."

MARIENLIED

Wunderschön prächtige, hohe und mächtige,
liebreich holdselige himmlische Frau,
der ich mich ewiglich weihe herzinniglich,
Leib dir und Seele zu eigen vertrau',
Gut, Blut und Leben will ich dir geben,
alles, was immer ich hab', was ich bin,
geb' ich mit Freuden, Maria, dir hin.

Die Sonn' begleitet dich, es unterwirfet sich
zu deinen Füßen der silberne Mond.
Kein' Unvollkommenheit mindert dein' Herrlichkeit
um dein Haupt machen die Stern' eine Kron'.
Alles, was lebet, alles, was webet,
alles, was Himmel und Erde schließt ein,
muß dir, o Königin, untertan sein.

ICH SEHE DICH IN TAUSEND BILDERN

Ich sehe dich in tausend Bildern,
Maria, lieblich ausgedrückt,
doch keins von allen kann dich schildern,
wie meine Seele dich erblickt.

Ich weiß nur, daß der Welt Getümmel
seitdem mir wie ein Traum verweht
und ein unnennbar süßer Himmel
mir ewig im Gemüte steht.

Novalis

VERKÜNDIGUNG

Als Maria, da der Engel ihr
Jungfrauengemach verlassen, schier,
wie die Flut ihr Herz hinuntertrank,
hinverlöschend durch des Weinens Gier
auf das Kissen, wo sie kniete, sank,
da, noch eh' der Tau vom Auge brach,
sah sie, daß vorm Fenster – ihr Gemach
wurde hell davon – ein Baum im Reif
stand, wie knospet Gold durch Wasser, sprach
sie, die weiße Flamme. – Herz begreif!

Konrad Weiß

ANDACHT BEI NÄCHTLICHEM WACHEN

Nun schläfet man,
und wer nicht schlafen kann,
der bete mit mir an
den großen Namen,
dem Tag und Nacht
wird von der Himmelswacht
Preis, Lob und Ehr' gebracht,
o Jesu, Amen!

Weg, Phantasie!
Mein Herr und Gott ist hie;
du schläfst, mein Wächter, nie;
dir will ich wachen.

Ich liebe dich,
ich geb' zum Opfer mich
und lasse ewiglich
dich mit mir machen.

Es leuchte dir
der Himmelslichter Zier;
ich sei dein Sternlein, hier
und dort zu funkeln.
Nun kehr' ich ein;
Herr, rede du allein
beim tiefsten Stillesein
zu mir im Dunkeln.

Gerhard Tersteegen

DIE STERNSEHERIN LISE

Ich sehe oft um Mitternacht,
wenn ich mein Werk getan
und niemand mehr im Hause wacht,
die Stern' am Himmel an.

Sie gehn da, hin und her zerstreut,
als Lämmer auf der Flur,
in Rudeln auch und aufgereiht
wie Perlen an der Schnur.

Und funkeln alle weit und breit
und funkeln rein und schön;
ich seh' die große Herrlichkeit
und kann mich satt nicht sehn...

Dann saget unterm Himmelszelt
mein Herz mir in der Brust:
„Es gibt was Bessers in der Welt
als all ihr Schmerz und Lust."

Ich werf' mich auf mein Lager hin
und liege lange wach
und suche es in meinem Sinn;
und sehne mich darnach.

Matthias Claudius

ABENDLIED

Nun ruhen alle Wälder,
Vieh, Menschen, Städt' und Felder,
es schläft die ganze Welt.
Ihr aber, meine Sinnen,
auf, auf, ihr sollt beginnen,
was eurem Schöpfer wohlgefällt.

Wo bist du, Sonne, blieben?
Die Nacht hat dich vertrieben,
die Nacht, des Tages Feind.
Fahr hin, ein andre Sonne,
mein Jesus, meine Wonne,
gar hell in meinem Herzen scheint.

Der Tag ist nun vergangen,
die güldnen Sterne prangen
am blauen Himmelssaal.
Also werd' ich auch stehen,
wenn mich wird heißen gehen
mein Gott aus diesem Jammertal.

Der Leib eilt nun zur Ruhe,
legt ab das Kleid und Schuhe,
das Bild der Sterblichkeit.
Die zieh' ich aus; dagegen
wird Christus mir anlegen
den Rock der Ehr und Herrlichkeit.

Nun geht, ihr matten Glieder,
geht, geht und legt euch nieder,
der Betten ihr begehrt.
Es kommen Stund' und Zeiten,
da man euch wird bereiten
zur Ruh' ein Bettlein in der Erd.

Mein Augen stehn verdrossen,
im Nu sind sie geschlossen;
wo bleibt dann Leib und Seel?
Nimm sie zu deinen Gnaden,
sei gut für allen Schaden,
du Aug' und Wächter Israel.

Breit aus die Flügel beide,
o Jesu, meine Freude,
und nimm dein Küchlein ein.
Will Satan mich verschlingen,
so laß die Englein singen:
Dies Kind soll unverletzet sein.

Auch euch, ihr meine Lieben
Soll heinte[1] nicht betrüben
kein Unfall noch Gefahr.
Gott laß euch selig schlafen,
stell' euch die güldnen Waffen
ums Bett und seiner Engel Schar.

[1] heute nacht

Paul Gerhardt

EIN GEISTLICH ABENDLIED

Es ist so still geworden,
verrauscht des Abends Wehn;
nun hört man allerorten
der Engel Füße gehn;
rings in die Tale senket
sich Finsternis mit Macht –
wirf ab, Herz, was dich kränket
und was dir bange macht!

Es ruht die Welt im Schweigen,
ihr Tosen ist vorbei,
stumm ihrer Freude Reigen
und stumm ihr Schmerzensschrei.
Hat Rosen sie geschenket,
hat Dornen sie gebracht –
wirf ab, Herz, was dich kränket
und was dir bange macht!

Und hast du heut gefehlet,
o schaue nicht zurück;
Empfinde dich beseelet
von freier Gnade Glück.
Auch des Verirrten denket
der Hirt auf hoher Wacht –
wirf ab, Herz, was dich kränket
und was dir bange macht!

Nun stehn im Himmelskreise
die Stern' in Majestät;
in gleichem, festem Gleise
der goldne Wagen geht.
Und gleich den Sternen lenket
er deinen Weg durch Nacht –
wirf ab, Herz, was dich kränket
und was dir bange macht!

Gottfried Kinkel

Morgenglanz der Ewigkeit,
Licht vom unerschöpften Lichte,
schick uns diese Morgenzeit
deine Strahlen zu Gesichte
und vertreib durch deine Macht
unsre Nacht.

Deiner Güte Morgentau
fall' auf unser matt Gewissen;
laß die dürre Lebensau
lauter süßen Trost genießen
und erquick uns, deine Schar,
immerdar.

Gib, daß deiner Liebe Glut
unsre kalten Werke töte,
und erweck uns Herz und Mut
bei entstandner Morgenröte,
daß wir, eh' wir gar vergehn,
recht aufstehn.

Christian Knorr von Rosenroth

Ich komm', weiß nit woher,
ich bin und weiß nit wer,
ich leb', weiß nit wie lang,
ich sterb' und weiß nit wann,
ich fahr', weiß nit wohin:
Mich wundert's, daß ich fröhlich bin.

Da mir mein Sein so unbekannt
geb' ich es ganz in Gottes Hand, –
die führt es wohl, so her wie hin:
Mich wundert's, wenn ich noch traurig bin.

Hans Thoma

Gar viele Wege gehn zu Gott, auch deiner geht
zu Gott, geh ihn getrost mit Preisen und Gebet.
Und laß dich nicht darin von denen irre machen,
die andre Wege gehn, und mach nicht irr die Schwachen.
Wer mit auf meinem Weg will gehn, der sei willkommen;
und geh' ich auch allein, doch geh' ich unbeklommen.

Friedrich Rückert

Herr, deine Welt ist schön, Herr, deine Welt ist gut;
gib mir nur hellen Sinn, gib mir nur frohen Mut!
Ich fühle, daß ich bin, ich fühle, daß du bist,
und daß mein Sein von dir ein sel'ger Abglanz ist.
Die Welt beseligst du, beseligst dich in ihr;
sollt' ich nicht selig sein, Allseliger, in dir!

Friedrich Rückert

Getrost, das Leben schreitet
zum ew'gen Leben hin,
von innrer Glut geweitet
verklärt sich unser Sinn.
Die Sternwelt wird zerfließen
zum goldnen Lebenswein,
wir werden sie genießen
und lichte Sterne sein.

Die Lieb' ist freigegeben,
und keine Trennung mehr.
Es wogt das volle Leben
wie ein unendlich Meer.
Nur *eine* Nacht der Wonne –
ein ewiges Gedicht –
und unser aller Sonne
ist Gottes Angesicht.

Novalis

★

SO ODER SO

Die handeln und die dichten –
das ist der Lebenslauf,
der eine macht Geschichten,
der andre schreibt sie auf,

und der will beide richten;
so schreibt und treibt sich's fort,
der Herr wird alles schlichten,
verloren ist kein Wort.

Joseph von Eichendorff

ANMERKUNGEN

Die Seitenzahlen beziehen sich auf die Gedichtanfänge.

36 quae mutatio rerum: welcher Wandel der Dinge

42 Die Dichter des 18. Jahrhunderts verwenden oft Frauen- und Männernamen der Antike (Phyllis, Silvia, Phidile, Galathee, Elisse, Koridon, Damon).

45 Plato, Epikur: griechische Philosophen; Jesus Sirach: Buch der Bibel

46 Gretna Green: Ort an der schottisch-englischen Grenze, in dem ein Schmied Liebespaare trauen durfte.

53 Manen: abgeschiedene Seelen

55 Baccalaureus: junger Gelehrter

60 Dionys: Tyrann von Syrakus (um 400 v. Chr.)

65 Schwager: alte Bezeichnung für Postillion

67 Gott: Amor; Cythere: Venus

69 Aus dem Text zu Mozarts „Entführung aus dem Serail"

76 Der Vers liegt dem „Sinngedicht" von Gottfried Keller zugrunde.

99 Pallas Athene und Juno: antike Göttinnen; Terpsichore, Euterpe, Melpomene: Musen; Aglaja: eine der Grazien

100 Goethe nannte sich im Westöstlichen Divan Hatem; anspielend reimt er Hatem auf Morgenröte; das Gedicht sandte der Vierundsechzigjährige an die dreißigjährige Marianne von Willemer.

104 Poeta Creator: der Dichter-Schöpfer. Der Dichter zählt eine Fülle von Sternen, Meeren, Gebirgen, Flüssen, Städten, Völkern, Bauten, Blumen und Tieren auf, die er für seine Geliebte geschaffen habe.

113 Philine ist eine Figur aus Wilhelm Meisters Lehrjahren.

126 „Mouche" (Fliege) nannte Heine die Pflegerin seines letzten Jahres, Elise Krinitz.

145 Melusine: Meerfrau, nach einer altfranzösischen Sage die Ahnfrau der Grafen von Lusignan.

153 Goethe hat dies Gedicht stillschweigend in seinen Westöstlichen Divan aufgenommen; Marianne v. Willemer ist das Urbild Suleikas.

160 Dem Gedicht liegt die Idee Platos zugrunde, daß in der Liebe Seelen wieder zusammenstreben, die ursprünglich eine Einheit gebildet haben.

164 Panazee: Allheilmittel

170 Das Gedicht entstand, als der vierundsiebzigjährige Goethe sich von der neunzehnjährigen Ulrike von Levetzow losgerissen hatte. Das Motto ist ein Zitat aus Tasso; Seraph: Lichtengel; Pandora: griechische Sagenfigur

178 Urfassung und ursprünglicher Titel

182 Hag(en): Gebüsch; falliert: wird zahlungsunfähig

211 Chidher: ewig wandernde, unsterbliche Gestalt der islamischen Legende

215 Vanitas! Vanitatum vanitas: Eitelkeit, nur Eitelkeit! aus dem Alten Testament, Prediger Salomo 1, 2.

219 Dieses Gedicht ist Goethe zugeschrieben worden, bis Friedrich Förster in der von ihm eingeleiteten Hempelschen Ausgabe von Goethes Werken den Irrtum richtigstellte.

230 Adelbert v. Chamisso ist auf Schloß Boncourt geboren worden.

243 Apologie: von Platon verfaßte Verteidigungsrede des Sokrates

253 Nänie: Trauergesang; Aphrodite: Göttin der Schönheit und Liebe; der schöne Knabe: Adonis, ihr Geliebter, von einem Eber getötet, von ihr in eine Blume verwandelt; göttlicher Held: Achill, am skäischen Tor Trojas gefallen; Orkus: Unterwelt

254 Lethe: im griechischen Mythos das eine der fünf Gewässer, aus dem die Toten vor Eintritt in den Hades das Vergessen des irdischen Lebens trinken.

282 Syringen: Flieder

293 ,,Fabian, Sebastian" usw. sind die Heiligen bestimmter Tage

313 Färse: Jungrind; Seiger: Uhr; Syringen: Flieder; Daguerre († 1851): Erfinder der Photographie

223 Der Strom symbolisiert zugleich den Siegeslauf des Islam

325 Mänade: rasende Priesterin des Bacchus

329 Silvaplana: Ort im Oberengadin

337 Hektor: Königssohn von Troja (Pergamon), Sohn des Priamus; Andromache: sein Weib; Achill und Patroklus: griechische Helden; Styx und Cocytus: Flüsse der Unterwelt (Orkus)

338 Kassandra: Tochter des Königs Priamus, zukunftskundige Priesterin Apollos; Thymbrier oder pythischer Gott: Apollo; bacchantisch: ausgelassen (vom Weingott Bacchus); Hymen: Gott der Hochzeit; Polyxena: Braut des griechischen Helden Achill. Achill war der Sohn des Peleus (griechisch: Pelide) und der Meergöttin Thetis. Gatte: der phrygische Fürst Koribos warb um Kassandra; Proserpina: Göttin der Unterwelt; Eris: Göttin des Streites. Achill wurde von Kassandras Bruder Paris vor der Hochzeit ermordet; Kassandra wurde von Agamemnon nach Griechenland mitgenommen und dort ermordet.

340 Kalchas: griechischer Priester; Pallas Athene: griechische Göttin; Ägis: Schild des Zeus; Atreus' Sohn: Agamemnon; Skamander: Fluß bei Troja; Ulyss: Odysseus, griechischer Held (prophezeit das Schicksal Agamemnons); Atride: Menelaos, Bruder des Agamemnon, Gatte der zurückgeholten Helena; Kronide: Zeus, Sohn des Kronos; Oileus' Sohn: der jüngere Ajax; Patroklus: griechischer Held; Thersites: häßlicher Schmähredner vor Troja; ,,Bruder": diesen Vers spricht ein Bruder des älteren Ajax, der nach geistiger Verwirrung sich selbst das Leben genommen hatte; die Waffen Achills hatte nicht er, sondern Odysseus erhalten; Neoptolem: Sohn Achills; Sohn des Tydeus: Diomedes; Hektor: trojanischer Königssohn; Nestor: neunzigjähriger König von Pylos; Hekuba: gefangene Gattin des Priamus; Niobe: griechische Sagengestalt; ihre Kinder wurden alle ermordet.

342 Der Trojanische Krieg war entbrannt, weil der trojanische Prinz Paris Helena, die Gattin des Königs Menelaos von Sparta, entführt hatte. Dies Gedicht spielt, nachdem Troja zerstört und Paris getötet war; Helena war nach Sparta zurückgekehrt. Telemach war der Sohn des Odysseus, der damals verschollen umherirrte. Artemis: Göttin der Jagd; ,,Jüngling": Paris

343 In Korinth war ein Mädchen nach altem Brauche als Kind einem Knaben in Athen verlobt worden. Als die korinthische Familie zum Christentum übertrat, mußte die Tochter Nonne werden. Sie starb und erscheint nun dem Jüngling, als er nichtsahnend in das Haus ihrer Eltern kommt.

348 Mahadöh: indischer Gott; Bajadere: Tänzerin und Freudenmädchen. Die Witwen wurden früher in Indien mit der Leiche des Gatten verbrannt.

351 1. Buch Samuelis, Kapitel 28

354 Hagen hatte Kriemhilds Gatten Siegfried ermordet. Kriemhild heiratete den Hunnenkönig Etzel und lockte Hagen und ihre Brüder, die Könige Gunther, Gernot und Giselher, ins Hunnenland. Volker: der Sänger der Burgunden

355 Dietrich von Bern: mächtigster Lehnsmann König Etzels. Er überwand Hagen und übergab ihn Kriemhild; sie schlug ihm das Haupt ab.

356 Gudrun, Herwigs Verlobte, Ortwins Schwester, war von Hartmut entführt worden.

370 Kaiser Karl der Große hat nach der Sage seine Schwester Berta verstoßen. Bertas Sohn Roland wurde einer seiner Ritter.

376 Ganelon: Ritter Kaiser Karls, der später Roland an die Sarazenen verriet

394 Vinum sacrum: heiliger Wein, Abendmahlswein

397 Alexander der Große: König von Makedonien, Sohn König Philipps, eroberte Persien und drängte nach Indien, er ließ sich als Gott verehren; Kleitos: sein Feldherr; Thyrsus: Rebenstab. Alexander war schief gewachsen.

398 Des Barkas Enkel: Hannibal, Feldherr Karthagos; Kapitol: Sitz der römischen Behörde; Tribun: Vertreter des Volkes; Quiriten: Römer; Quästor: Rechnungsführer

399 L. Ämilius Paulus: römischer Feldherr, Sieger über Perseus von Macedonien († 160 v. Chr.); Quadrige: Viergespann.

405 Der Sage nach war Kaiser Friedrich I. Rotbart (Barbarossa), der auf einem Kreuzzug ertrank, in den Kyffhäuser versetzt worden.

406/08 Agnes Bernauer: Herzog Albrecht III. von Bayern heiratete 1432 die schöne Augsburger Baderstochter. Sein Vater Herzog Ernst ließ sie als Hexe 1435 ertränken.

408 Julius: Papst Julius II. († 1513), kunstfreudiger, kriegerischer Papst, Urbild des Mose Michelangelos, Schutzherr Bramantes und Raffaels; Hades: Totenreich; Lemuren: römische Totengeister; Charon: Schiffer des Totenkahns

409 Anna Bullen: Ann Boleyn, Gattin Heinrichs VIII. von England, von ihm unter Vorwänden hingerichtet (1536).

410 Ulrich von Hutten: protestantischer, aufständischer Reichsritter († 1523)

414 Pilgrim: Karl V. legte die Kronen von Deutschland und Spanien nieder und zog sich in ein Kloster zurück.
Maria Stuart: jung vermählt mit dem französischen König Franz II., Chastelard war ein Sänger, der in ihrem Schlafgemach gefunden und hingerichtet wurde (1562).

416 Verwitwet heiratete Maria erst Lord Darnley, dann dessen Mörder Bothwell; sie wurde von Elisabeth von England 22 Jahre lang gefangengehalten, zuletzt hingerichtet (1587). Karl I., aus dem Geschlecht der Stuarts, wurde bei Marston-Moor und Naseby von den protestantischen Puritanern, den „Rundköpfen", geschlagen (1546); das königliche Heer wurde von Prinz Rupprecht von der Pfalz, das Puritanerheer von Oliver Cromwell geführt. König Karl wurde hingerichtet. Belial: Höllenfürst

419 Barenberg: Schlacht bei Lutter am Barenberg im 30jährigen Kriege (1626) zwischen dem katholischen Feldherrn des Kaisers, Tilly, und dem protestantischen König Christian von Dänemark

421 Wallenstein: Kaiserlicher Feldherr; 1634 wurden erst seine drei getreuen Generale, dann er selbst von Oberst Butler ermordet.

423 Condé: Feldherr Ludwigs XIV. († 1686). Sponton: kurze Pike.

438 Kaiserin: Maria Theresia beendete durch Nachgiebigkeit den Bayerischen Erbfolgekrieg.

439 Louis Ferdinand: preußischer Prinz, fiel bei Saalfeld (1806)

440 Marsen: germanischer Stamm

442 Lützow: Führer einer Freischar 1813, in deren Reihen Körner gefallen ist

444 Die Deutsche Burschenschaft wurde 1819 durch die Karlsbader Beschlüsse aufgelöst.

444/45 Uhland kämpfte dafür, daß die Fürsten das Versprechen von 1813 erfüllen und dem Volke eine freie Verfassung geben sollten; in Württemberg entsprach dieser Gedanke dem ,,alten Recht".

447 Hecker: Führer eines badischen Aufstandes 1848

Diego Leon: Spanischer General. 1841 von der siegreichen Gegenpartei hingerichtet. Bei Freiligrath lautet die Überschrift des Gedichtes ,,Aus Spanien". Darunter steht das lateinische Vergilzitat vollständig. Es wird meist folgendermaßen übersetzt: ,,Möge ein Rächer aus meinen Gebeinen erstehen."

448 Die Revolution von 1848 war im wesentlichen gescheitert; Herwegh erhoffte ihren Sieg vom Jahr 1849. Robert Blum wurde 1848 als Rebell erschossen.

449 Enfant perdu: verlorenes Kind.

Die Revolution war in Wien zunächst siegreich. Viele erhofften von ihr die Erneuerung des deutschen Kaisertums.

451 Radetzky siegte im Jahr der Revolution über die Italiener, welche Oberitalien von Österreich losreißen wollten.

453 1840 verlangten französische Demagogen das linke Rheinufer.

455 Mit diesem Gedicht antwortete 1873 Uhlands Landsmann Vischer dem 1862 gestorbenen Dichter auf sein Gedicht ,,Zum 18. Oktober 1816" (S. 444) mit dem Hinweis auf die Gründung des Reiches.

456 Anmerkung des Dichters: Bei der Thronbesteigung Leos XIII. brach im Vatikan eine kleine Palastrevolte aus, weil der sparsame Papst den Schweizern das übliche Donativ zurückhielt. (Donativ = Geschenk)

460 Aus Raumgründen wurde das Gedicht in der ersten Ausgabe dieser Sammlung nur gekürzt gedruckt. Hier ist es vollständig wiedergegeben.

462 Metanoeite: Ändert Euern Sinn

463 Stirling-Schloß: Residenz der schottischen Könige. Linlithgow: Königsschloß bei Edinburgh; Seneschall: Hofmarschall

467 Rütli-Schwur der aufständischen Schweizer in Schillers Tell.

469 Storm mußte 1853 das dänische Schleswig verlassen.

471 Zu diesem Gedicht gibt es eine Mittelstrophe:

> Und als ich nun ins fremde Ausland kam,
> da war das Mädchen zauberschön
> und blond von Haar zu sehn:
> es war ein Traum.

Diese Strophe stammt aber nicht von Heine.

481 Die Stadt: Husum

487 Prometheus: Titan, Empörer gegen Zeus

489 Huri: Mädchen im Paradies des Islam

491 Aus ,,Huttens letzte Tage". Helge: Heiliger.

498 Der Sohn des Konsuls Titus Manlius Torquatus besiegte im Latiner Krieg 340 v. Chr. einen gewaltigen Gegner im Zweikampf. Sein Vater ließ ihn hinrichten, weil Duelle in Rom verboten waren; Römische Wölfin: Symbolgestalt Roms

502 Goethe hat dem Gedicht folgende Widmung vorangestellt: Zum Andenken der siebzehnjährigen Schönen Guten aus dem Dorfe Brienen, die am 13. Januar 1809 bei dem Eisgange des Rheins und dem großen Bruche des Dammes von Kleverham Hilfe reichend unterging.

517 Parzen: Schicksalsgöttinnen

519 Schwager: alte Bezeichnung für Postillion. Kronos (griech. Chronos) versinnbildlicht die Zeit bei der Fahrt durchs Leben; Hauderer: Lohnfuhrmann, haudern: langsam fahren

521 Polykrates: Tyrann von Samos, um 537–522 v. Chr.

528 Ibykus: lyrischer Dichter um 530 v. Chr.; Rhegium: südital. Stadt; Akrokorinth: Burg von Korinth, wo alle vier Jahre Kampfspiele stattfanden; ,,Der Gastliche": Zeus, Schützer des Gastrechts. Gedrang: eng; Prytanen: Obrigkeit; Manen: Geister der Toten; Erinnyen, Eumeniden: Rachegöttinnen

567 Ilion: Troja; Memnons Säule: ägyptische tönende Säule; Kant und Wolf: Philosophen; Laudon: General Maria Theresias

587 Motto: Die Lebenden ruf' ich, die Toten beklag' ich, die Blitze brech' ich; Schwalch: Öffnung des Schmelzofens; Pfeifen: Windpfeifen, Zuglöcher

595 Restauration: wörtlich Wiederherstellung

597 Elysium: antike Bezeichnung für das Reich der Seligen; Magna Graecia: Groß-Griechenland; Banks und Solander: Forschungsreisende

601 Bacchus: Gott des Weines; Apoll: Gott der Kunst; Parnaß: Sitz der Musen

603 Ergo bibamus: also laßt uns trinken

607 Lacrimae Christi: Tränen Christi

610 Elegie: Trauerlied

617 homo sum: ich bin ein Mensch, zu ergänzen: nichts Menschliches ist mir fremd (Zitat aus dem römischen Lustspieldichter Terenz). Das Gedicht ist ,,Huttens letzten Tagen" entnommen. Fugger: ein reiches Kaufmannsgeschlecht

642 Kohinoor: berühmter Diamant; Demidoff und die folgenden Namen: berühmte Millionäre

643 dernier cri: letzter Schrei, letzte Neuheit

647 Man hatte Goethe sein Gespräch mit Napoleon verübelt.
cito: schnell; more solito: nach gewohnter Art; species facti: Bild der Sache

661 Resignation: Entsagung; Arkadien: ein griechisches Land, Symbol ländlichen Glücks

664 Der Strom ist die Philosophie.

671 Parabolen (ursprünglich Kegelschnitt): Gleichnisse; Hypothesen: Vermutungen

681 Royaliste: Anhänger des Königtums

689 trepanieren: am Schädel operieren; probatum est: es ist erprobt

694 Prinz Leopold von Hohenzollern verzichtete 1870 auf seine spanische Thronkandidatur, aber Napoleon III., unter dem Einfluß seiner ehrgeizigen Gattin Eugenie, stellte durch seinen Gesandten Benedetti an König Wilhelm in Bad Ems weitergehende Forderungen.

696 itzt: jetzt

698 Chimäre: Einbildung

704 vice versa: umgekehrt

706 Saint-Cyr: französisches Erziehungsinstitut

707 Ichthyosaurus: vorsintflutliches Tier, ebenso die folgenden Namen. Diese Erdperiode heißt Lias, die folgende Kreide.
Guano: Vogelmist der Südsee, als Düngemittel verwendet

714 Wardein: Prüfbeamter der Münze; hotzeln: zusammenschrumpfen; Panisbrief: Versorgungsbrief, Rentenzusage; panis lat. = Brot

738 Drap d'argent: Silberstoff; advenant: den Umständen gemäß, angenehm; Sarras: großer Säbel

743 berappten: sägten zurecht; Speilen: Holzstäbchen

768 Seraph: Engel

775 Parodien sind heitere Nachahmungen eines bestimmten Gedichtes, eines Dichters oder eines Zeitstils. Die Parodien auf Seite 775 richten sich gegen Zeitstile.
petrarchisch: im Stil des italienischen Dichters Petrarca

778/79/80 Das parodierte Gedicht ist im kleineren Druck vorangestellt.

780 Zu diesem Gedicht hat B. v. Münchhausen die Selbstparodie ,,Gräfin Flor Dolores" 1922 veröffentlicht. Wie die Parodie entstanden ist, schildert der Dichter in seinem Buch ,,Fröhliche Woche mit Freunden".

784 Moritaten: schauerliche Erlebnisse, heiter erzählt

794 Leberreim: Gesellschaftsspiel, bei dem der eine die beiden ersten Zeilen sagt und der nächste den Reim darauf machen muß.
Limerick: aus dem Englischen übernommener Reimscherz, bei dem ein Reim auf ein schwieriges Wort gefunden werden muß.

797 Schnee und Sonne; Skelett; alt; Glocke; Bett; Sarg; Morgen; Tabak

798 Brezel; Handschuh; Handschuh; Brief mit Siegel; Kastanie; Siebmacher; Kegel; Zähne

799 Auge; Schalttag; Sonntag; Blitz

800 Kuß; Lippen; Schaukel; Roma, Amor; stets

801 Lage, egal; nichts; gefaßt; verwesen; Stich; Vergeben; Römer; Floh

802 Verschieden; der – die – das Rechte; Aha usw.; gelinder, Geländer; Flaschenzug; Halunke; Lamm, Schlamm

803 Rest-au-ration; Harm-o-nie; Ohrfeige; Ge-du-ld; Galgenstrick; viel-leicht; Vers-tand; Reinecke Fuchs; T-reue; B-auch

804 Mastbaum; Elfenbein; Stiefelknecht; Paris; Mein-eid; Hebel; falsch

810 Narde: duftende Flüssigkeit; Penaten: Hausgötter

834 Sursum corda: empor die Herzen

837 Hidalgo: spanischer Adelstitel

849 Periander: Herrscher von Korinth, Freund Arions

853 Kern: Die Macht der Welt kann man nur um den Preis ausüben, Böses zu tun.

857 Phöbus: Apoll, der seherische Gott der Dichter; Hermes: der beredte Gott der Kaufleute; Charis: Anmut, Gnadengabe; Zeus (römisch: Jupiter): oberster Gott; Phöbus, der pythische Sieger: Apollon, der den Drachen tötete; Poseidon: Gott des Meeres; Hephästos: der Waffenschmied unter den Göttern; Themis: Göttin des Rechtes; Venus: Göttin der Liebe und der Schönheit, aus dem Schaum des Meeres geboren; Minerva: Göttin der Kunst und Wissenschaft, aus dem Haupt des Zeus entsprungen; Ägis: Schild des Zeus; Kern des Gedichts: Ohne Verdienst fällt den Menschen das Glück zu.

859 Sokrates: griechischer Philosoph; Alkibiades: durch Schönheit berühmter Jüngling, später Feldherr und Staatsmann

860 Elysium: Heim der Götter; Seraph: Lichtengel

866 Pygmalion: in der antiken Sage ein Bildhauer, der sich in eine von ihm geschaffene weibliche Statue verliebte; auf Pygmalions Flehen belebte Aphrodite den Stein.

869 Die Orphik war eine Geheimlehre der Griechen. Für dieses Gedicht hat Goethe selbst Erläuterungen geschrieben: Dämon bedeute das Besondere, die Individualität jedes Menschen. Aber diese Besonderheit werde von Erziehung und Umwelt abgewandelt. Der Mensch werde von der Liebe ergriffen und laufe Gefahr, sich ins Allgemeine zu verlieren. Aber der Dämon sorge bei den Edelsten dafür, daß sie sich selbst bestimmten und ein Wesen mit ewiger Neigung umfaßten. Den Zwang der Welt erfahre jeder, und nur die Hoffnung hebe uns in ein höheres Reich.

879 Patmos: griechische Insel, auf der der Evangelist Johannes die ,,Offenbarung" schrieb. Anfang eines sehr viel längeren Gedichtes von Hölderlin

881 Proteus: griechischer sagenhafter Meergreis, der sich ständig verwandelte

884 Weyla: die Schutzgöttin der von Mörike erdichteten Märcheninsel Orplid

885 Das Gedicht gibt Sinnbilder des völlig unbeschwerten Lebens.

892 Phantom: Trugbild, hier das eigene Bild im Spiegel

896 Die Wahrheit empfängt der Mensch in der Gestalt der Dichtung.

899 Das Gedicht hieß erst ,,Selbstopfer", dann ,,Vollendung". Unsere Sehnsucht treibt uns zur Hingabe, wie der Schmetterling ans Licht fliegt; in ihr sterben wir und werden wir. Das Geheimnis dieses Gedichtes läßt sich durch Erläuterungen nicht näherbringen.

904 Nach der Lehre der Pythagoräer äußerte sich die Harmonie des Weltalls auch in einem für uns unhörbaren Klang der Planeten bei ihren Bewegungen.

907 robur et aes triplex: Stärke und dreifaches Erz (Anfang einer Ode des Horaz)

909 Johann Hus wurde 1415 als Ketzer verbrannt.
Media vita: aus der Mitte des Lebens

912 In dem Zyklus ,,Das geistliche Jahr" trägt das Gedicht die Überschrift ,,Zum Pfingstmontage".

923 Sixtinische Madonna: Bild Raffaels

VERZEICHNIS
DER GEDICHTANFÄNGE UND GEDICHTÜBERSCHRIFTEN

Gekürzte Gedichte sind hier mit einem hochgestellten Punkt gekennzeichnet

VERZEICHNIS DER DICHTER

QUELLENANGABEN

(soweit sie von den Verfassern gewünscht wurden)

Werner Bergengruen, Dies Irae. 1946. Die heile Welt, 1950. Verlag Die Arche

Felix Braun, Gedichte. 1909. Verlag Haupt & Hammon

Georg Britting, Gesamtausgabe in Einzelbänden. Bd. I/II. 1957. Nymphenburger Verlagshandlung

Franz Theodor Csokor, Immer ist Anfang. 1952. Österreichische Verlagsanstalt

Michl Ehbauer, Bayrische Weltgeschicht. 6. Auflage. Süddeutscher Verlag

Franz Karl Ginzkey, Altwiener Balladen. 1955. Österreichischer Bundesverlag

Joachim v. der Goltz, Mich hält so viel mit Liebesbanden. 1951. C. Bertelsmann-Verlag

Manfred Hausmann, Die Gedichte. 1957. S. Fischer-Verlag

Hermann Hesse, Die Gedichte. 1953. Suhrkamp Verlag

Erich Kästner, Bei Durchsicht meiner Bücher. 1953. Atrium-Verlag Cecilie Dressler

Wilhelm Lehmann, Meine Gedichtbücher. 1957. Suhrkamp Verlag

Walter Meckauer, Der ewige Kalender. 1953. Langen-Müller Verlag
Zwei Knaben auf dem Schüttelrost. 1954. Verlag Braun & Schneider

Emil Merker, Die große Trunkenheit. 1950. Umschau-Verlag

Agnes Miegel, Gesammelte Gedichte. 1952. Gesammelte Balladen. 1953. Verlag Diederichs

Eugen Roth, Mensch und Unmensch. 1958. Ein Mensch. 1958. Rose und Nessel. 1951. Carl Hanser-Verlag

Oda Schaefer, Grasmelodie. 1959. Verlag R. Piper & Co.

R. A. Schröder, Die Gedichte. 1952. Suhrkamp Verlag

Ina Seidel, Gedichte (1905–1955). Deutsche Verlags-Anstalt